Kompendien
für Studium, Praxis und Fortbildung

René Pöltl

Polizeirecht
Baden-
Württemberg

10. Auflage

Die Deutsche Nationalbibliothek verzeichnet diese Publikation in der Deutschen Nationalbibliografie; detaillierte bibliografische Daten sind im Internet über http://dnb.d-nb.de abrufbar.

ISBN 978-3-7560-0309-9 (Print)
ISBN 978-3-7489-3694-7 (ePDF)

10. Auflage 2024
© Nomos Verlagsgesellschaft, Baden-Baden 2024. Gesamtverantwortung für Druck und Herstellung bei der Nomos Verlagsgesellschaft mbH & Co. KG. Alle Rechte, auch die des Nachdrucks von Auszügen, der fotomechanischen Wiedergabe und der Übersetzung, vorbehalten. Gedruckt auf alterungsbeständigem Papier.

Vorwort

Die Vorauflage des Kompendiums zum Polizeirecht Baden-Württemberg wurde von der Leserschaft sehr freundlich angenommen, so dass die nunmehr vorliegende 10. Auflage mit kürzerem Abstand erscheinen konnte. Dies tut der Aktualität des Kompendiums gut.

Der erfreulich gute Zuspruch der Leserschaft war für mich Ansporn, die Neuauflage für weitere Verbesserungen und Ergänzungen zu nutzen. Mit der Neuauflage wurden zu Beginn jedes Kapitels Hinweise auf den besonders prüfungs- und examensrelevanten Stoff aufgenommen. Da das Kompendium sowohl auf die Ausbildung als auch auf die polizeiliche Praxis abzielt, macht es Sinn, den Prüfungsstoff auf das dort Notwendige zu reduzieren, das gilt vor allem für den inzwischen umfangreichen Bereich des polizeilichen Datenschutzes. Der Hinweis auf den nur online zur Verfügung stehenden Teil des Kompendiums wurde verbessert, damit der Zugriff leichter erfolgen kann. Komplett überarbeitet und erweitert wurden wegen der hohen Praxisrelevanz die Ausführungen in § 9 über die HuV BW und den Umgang der Polizeibehörden mit Kampfhunden und gefährlichen Hunden.

Im Polizeirecht ist wegen der hohen Praxisrelevanz der Materie nach wie vor viel Bewegung. Dies bildet sich auch in der Neuauflage des Kompendiums ab. Zu berücksichtigen waren vor allem:

- Die Einführung der teilweisen Kennzeichnungspflicht für den Polizeivollzugsdienst durch das Gesetz zur Änderung des Landesbeamtengesetzes vom 4.7.2023 (GBl. S. 257) sowie die Entscheidungen des BVerwG (NVwZ 2020, 247) und des BVerfG (NVwZ 2023, 159) zur Vereinbarkeit der Kennzeichnungspflicht mit dem Verfassungs- und Datenschutzrecht.
- Die Auswirkungen der Recht auf Vergessen II-Entscheidung des BVerfG (NJW 2020, 314) auf die Grundrechte-Prüfung im Bereich des polizeirechtlichen Datenschutzes.
- Die Entscheidungen des BVerfG zum Data-Mining (NVwZ 2021, 226), zur elektronischen Fußfessel (NStZ 2021, 348), zu den IT-Sicherheitslücken (NJW 2021, 3033) und zur Telekommunikationsüberwachung eines Nachrichtenmittlers (NJW 2023, 1645).
- Die Entscheidungen des BVerfG zur teilweisen Verfassungswidrigkeit des bayerisches Verfassungsschutzgesetzes (NJW 2022, 1583) und zur Datenweitergabe durch das Bundesamt für Verfassungsschutz (GSZ 2022, 299).
- Die für das Polizeirecht sehr grundlegenden Entscheidungen des BVerfG zur teilweisen Verfassungswidrigkeit des Gesetzes über die öffentliche Sicherheit und Ordnung in Mecklenburg-Vorpommern (GSZ 2023, 98) und zur automatisierten Datenanalyse im HSOG und HambPolDVG (NJW 2023, 1196).
- Der Beschluss des BGH zur Zulässigkeit einer längerfristigen Observation und den Einsatz technischer Mittel im Fall einer terroristischen Bedrohung (Beschl. v. 10.6.2020 – 3 ZB 1/20, HRRS 2021 Nr. 1243) sowie das Urteil des BGH zur (nicht gegebenen) Staatshaftung für pandemiebedingte Betriebsschließungen (NJW 2022, 2252).
- Die grundlegenden Entscheidungen des VGH BW zum Schutz der Nachtruhe durch Regelungen in Polizeiverordnungen (VBlBW 2021, 501), zur Rechtmäßigkeit von Kostenbescheiden bei Vollstreckungsmaßnahmen (VBlBW 2022, 16), zur Zulässigkeit ordnungsrechtlicher Regelungen in kommunalen Satzungen (KommJur 2022, 53), zur bodenschutzrechtlichen Handlungs- bzw. Verhaltensverantwortlichkeit (Beschl. v. 16.8.2022 – 10 S 2801/21 = AbfallR 2022, 278 [Ls.]), zur Blockadeversammlung und zur Abgrenzung des Versammlungsrechts vom Polizeirecht (VBlBW 2022, 297), zur Kostenerstattung bei einer Abschleppmaßnahme (VBlBW 2022, 413), zur Schutzpflicht menschenwürdiger Behandlung von in Gewahrsam ge-

nommenen Personen (VBlBW 2022, 376) und zum Schutz der Nachtruhe durch polizeiliche Maßnahmen (Urt. v. 3.8.2023 – 1 S 1718/22).
- Die Entscheidungen des EuGH zur anlasslosen Vorratsdatenspeicherung (NJW 2021, 531 ff., u. NJW 2022, 3135 ff.).

Die Überarbeitung des Kompendiums befindet sich insgesamt auf aktuellem Stand. Literatur und Rechtsprechung wurden durchgängig bis September 2023 berücksichtigt. Im Nomos Shop auf https://www.nomos-shop.de/nomos/titel/polizeirecht-baden-wuerttemberg-id-112755/ unter dem Reiter „Service zum Buch" finden Sie frei abrufbar Zusatzmaterialien zum Werk.

Ich hoffe, dass die Neuauflage weiterhin auf positives Interesse bei der Leserschaft stößt. Auch dieses Mal habe ich versucht, mit größtmöglicher Sorgfalt zu arbeiten. Dennoch können sich an der einen oder anderen Stelle Fehler eingeschlichen haben. Ich freue mich daher über alle Hinweise aus der Leserschaft, die zur weiteren Verbesserung des Kompendiums führen können. Hinweise können mir jederzeit unter der E-Mail-Adresse „info@polizeirecht-bw.de" gegeben werden. Für die 10. Auflage danke ich den Leser*innen Brameyer, Fromberg, Hiesinger, Ruyter, Schwager und Zühlsdorf sowie dem Rezensenten Hettich (VBlBW 2021, 527 f.) für ihre hilfreichen Hinweise. Ganz herzlicher Dank geht einmal mehr an meine Frau Stefanie Braner-Pöltl, die meine vielfache Arbeit an der Neuauflage des Kompendiums wieder stets unterstützt hat. Danken möchte ich auch meinem Lektor beim Nomos-Verlag Dr. Peter Schmidt für die stets konstruktive und vertrauensvolle Zusammenarbeit.

Schwetzingen im September 2023   René Pöltl

Inhaltsübersicht

Inhaltsverzeichnis	9
Literaturverzeichnis	17
§ 1 Entwicklung des Polizeirechts	19
§ 2 Gesetzgebungsbefugnisse auf dem Gebiet des Polizei- und Ordnungsrechts	51
§ 3 Die Organisation der Polizei	56
§ 4 Die Aufgaben der Polizei	91
§ 5 Der Adressat der polizeilichen Maßnahme	120
§ 6 Die Polizeiverfügung	143
§ 7 Der Realakt	175
§ 8 Die unmittelbare Ausführung	180
§ 9 Die Polizeiverordnung	191
§ 10 Verarbeitung von Daten	230
§ 11 Polizeiliche Einzelmaßnahmen – Spezialermächtigungen	419
§ 12 Polizeizwang	526
§ 13 Die Polizei im Straf- und Ordnungswidrigkeitenverfahren	555
§ 14 Entschädigungs- und Ausgleichsansprüche für polizeiliche Maßnahmen	564
§ 15 Kosten der Polizei	573
Sachregister	591

Inhaltsverzeichnis

Literaturverzeichnis 17
§ 1 Entwicklung des Polizeirechts 19
    I. Entwicklung des Polizeibegriffs 19
        1. Der Polizeibegriff bis 1945 19
        2. Die Entwicklung der Polizei nach 1945 22
        3. Die Entwicklung in Baden-Württemberg 31
    II. Europäische Zusammenarbeit 36
        1. Grundlagen der polizeilichen Kooperation 36
        2. Sicherheitsbehörden auf EU-Ebene 41
        3. Sonstige Arten der Zusammenarbeit 46
    III. Entwicklung und Reformbedarf des PolG BW 48
        1. Entwicklung des PolG BW 48
        2. Reformbedürftigkeit des PolG BW 48

§ 2 Gesetzgebungsbefugnisse auf dem Gebiet des Polizei- und Ordnungsrechts 51
    I. Gesetzgebungsbefugnis der Länder 51
    II. Gesetzgebungsbefugnis des Bundes 51
        1. Geschriebene Zuständigkeiten 52
        2. Zuständigkeiten kraft Sachzusammenhangs 54
        3. Verwaltungskompetenzen im Bereich des Polizei- und Ordnungsrechts 54
    III. Musterentwurf eines einheitlichen Polizeigesetzes des Bundes und der Länder 55

§ 3 Die Organisation der Polizei 56
    I. Organisation der Polizeibehörden 56
        1. Allgemeines 56
        2. Allgemeine Polizeibehörden 57
        3. Zuständigkeiten 59
        4. Besondere Polizeibehörden 60
        5. Dienst- und Fachaufsicht 61
        6. Weisungsrecht und Unterrichtungspflicht 62
    II. Organisation des Polizeivollzugsdienstes 63
        1. Der Aufbau des Polizeivollzugsdienstes 63
        2. Aufsicht und Kontrolle 66
        3. Kennzeichnungspflicht der Polizeivollzugsbeamten 68
    III. Aufgabenverteilung zwischen Polizeibehörden und Polizeivollzugsdienst 69
        1. Grundsätzliches Verhältnis Polizeibehörden – Polizeivollzugsdienst 69
        2. Sachliche Zuständigkeit des Polizeivollzugsdienstes 70
        3. Wahrnehmung vollzugspolizeilicher Aufgaben durch das Innenministerium 73
    IV. Wahrnehmung polizeilicher Aufgaben durch gemeindliche Vollzugsbedienstete 74
        1. Allgemeines 74
        2. Aufgaben und Befugnisse 74

V.	Freiwilliger Polizeidienst	76
	1. Allgemeines	76
	2. Aufgaben und Befugnisse	76
VI.	Wahrnehmung polizeilicher Aufgaben durch Beliehene	77
VII.	Private Sicherheitsdienste	78
	1. Allgemeines	78
	2. Grenzen der Privatisierung	78
	3. Exkurs: Gewerberechtliche Erlaubnispflicht	79
VIII.	Subsidiäre Zuständigkeiten der Polizei	80
	1. Tätigwerden für andere Stellen gem. § 2 Abs. 1 PolG	80
	2. Schutz privater Rechte gem. § 2 Abs. 2 PolG	82
IX.	Zuständigkeit gegenüber anderen Hoheitsträgern	85
	1. Materielle Polizeipflicht der Träger öffentlicher Gewalt	85
	2. Grundsatz: Keine Anordnungs- und Vollstreckungsbefugnisse	85
	3. Ausnahmen	85
X.	Örtliche Zuständigkeiten	86
	1. Polizeibehörden	86
	2. Polizeivollzugsdienst	87
XI.	Amtshandlungen „fremder" Polizei- und Vollzugsbeamter im Zuständigkeitsbereich des Landes	87
	1. Allgemeines und Gesetzeszweck	87
	2. Amtshandlungen von Polizeibeamten anderer Bundesländer	88
	3. Amtshandlungen von Polizeibeamten des Bundes	89
	4. Amtshandlungen von ausländischen Vollzugsbeamten	89
XII.	Amtshandlungen außerhalb des Zuständigkeitsbereichs des Landes BW	89

§ 4 Die Aufgaben der Polizei 91

I.	Präventive und repressive Aufgaben	91
	1. Gefahrenabwehr	91
	2. Erweiterung der Aufgaben durch sog. Vorfeldtätigkeiten	91
	3. Öffentlichkeitsarbeit insbesondere in sozialen Netzwerken	93
II.	Übertragene Aufgaben	95
	1. Verfolgung von Straftaten und Ordnungswidrigkeiten	95
	2. Weitere übertragene Aufgaben	96
III.	Zuweisung der Aufgabe der Gefahrenabwehr	96
	1. Unterscheidung zwischen Aufgaben und Befugnissen	96
	2. § 1 Abs. 1 PolG als Zuweisungsnorm	96
	3. Befugnisse im Gefahrenvorfeld	97
	4. Spezialfall öffentliche Warnung	97
IV.	Grundsätze für die Feststellung einer Polizeigefahr	98
	1. Begriff der Gefahr	98
	2. Einzelne Gefahrenbegriffe	101
	3. Gefahrenverdacht und Gefahrerforschung	107
	4. Das Schutzgut der öffentlichen Sicherheit	109
	5. Das Schutzgut der öffentlichen Ordnung	116
	6. Die Störung der öffentlichen Sicherheit und Ordnung	119
	7. Öffentliches Interesse	119

Inhaltsverzeichnis

§ 5 Der Adressat der polizeilichen Maßnahme — 120

- I. Polizeipflicht — 120
- II. Theorie der unmittelbaren Verursachung — 121
  1. Ursachenzusammenhang — 121
  2. Theorie der unmittelbaren Verursachung — 121
  3. Der Zweckveranlasser — 122
- III. Der Handlungsstörer — 124
  1. Allgemeines — 124
  2. Verantwortlichkeit für eigenes Verhalten (§ 6 Abs. 1 PolG) — 124
  3. Verantwortlichkeit für fremdes Verhalten (§ 6 Abs. 2 und 3 PolG) — 126
- IV. Der Zustandsstörer — 128
  1. Allgemeines — 128
  2. Verantwortlichkeit des Eigentümers — 128
  3. Verantwortlichkeit des Inhabers der tatsächlichen Gewalt — 131
- V. Rechtsnachfolge in die Polizeipflicht — 131
  1. Allgemeines — 131
  2. Rechtsnachfolge in die durch Polizeiverfügung konkretisierte Polizeipflicht — 131
  3. Rechtsnachfolge in die kraft Gesetzes abstrakt bestehende Polizeipflicht — 134
- VI. Verjährung der Polizeipflicht — 134
- VII. Auswahl unter mehreren Verantwortlichen — 135
  1. Allgemeines — 135
  2. Auswahl des Polizeipflichtigen zur Gefahrenabwehr — 136
  3. Störerauswahl auf Kostenebene — 137
- VIII. Die Inanspruchnahme Nichtverantwortlicher — 139
  1. Allgemeines — 139
  2. Die Tatbestandsvoraussetzungen des § 9 PolG — 140
  3. Anspruch auf Entschädigung — 142

§ 6 Die Polizeiverfügung — 143

- I. Begriffe, Rechtscharakter — 143
  1. Verwaltungsakt der Polizei — 143
  2. Abgrenzung zum Realakt — 144
  3. Grundvoraussetzung: Vorliegen einer konkreten Gefahr — 144
- II. Ermächtigungsgrundlage — 146
  1. Allgemeines — 146
  2. Grundsatz des Gesetzesvorbehalts — 147
  3. Spezialermächtigungen — 147
  4. Die Generalklausel — 152
- III. Formelle Rechtmäßigkeitsvoraussetzungen — 153
  1. Zuständigkeiten — 153
  2. Formvorschriften — 154
  3. Verfahrensvorschriften — 154
- IV. Bestimmung des Adressaten — 156
- V. Ermessen — 156
  1. Allgemeines — 156
  2. Pflichtgemäße Ermessensausübung — 157
  3. Ermessensreduzierung und Anspruch auf Einschreiten — 157
- VI. Grundsatz der Verhältnismäßigkeit — 158

VII.	Bestimmtheitsgrundsatz	160
VIII.	Bekanntgabe	160
IX.	Förmliche Rechtsbehelfe	162
	1. Rechtsbehelfsbelehrung	162
	2. Widerspruch	162
	3. Anfechtungsklage	163
X.	Vollstreckung	163
XI.	Im Besonderen: Die polizeiliche Unterbringung von Obdachlosen	164
	1. Gesellschaftliche Tragweite	164
	2. Die unfreiwillige Obdachlosigkeit als Störung der öffentlichen Sicherheit	164
	3. Die Zuständigkeit der Ortspolizeibehörde	166
	4. Vorrang der Selbsthilfe	167
	5. Anspruch auf Einweisung	167
	6. Anschlussunterbringung von Flüchtlingen	168
	7. Mindestanforderungen an eine menschenwürdige Unterkunft	169
	8. Abgrenzung zum Sozialrecht	170
	9. Maßnahmen der Ortspolizeibehörde	171

§ 7 Der Realakt 175

I.	Begriff	175
	1. Allgemeines	175
	2. Beispiele für Realakte der Polizei	175
	3. Gefährderansprache	176
	4. Abgrenzung zum Verwaltungsakt	177
II.	Rechtmäßigkeitsanforderungen	177
III.	Rechtsschutz	178

§ 8 Die unmittelbare Ausführung 180

I.	Begriff	180
II.	Rechtscharakter	181
III.	Rechtmäßigkeitsvoraussetzungen	181
	1. Fiktive Grundverfügung	181
	2. Zusätzliche Voraussetzungen des § 8 Abs. 1 S. 1 PolG	182
IV.	Abgrenzung zu Vollstreckungsmaßnahmen	183
V.	Selbst- und Fremdvornahme	184
VI.	Kostenersatz	185
VII.	Rechtsschutz	185
VIII.	Im Besonderen: Abschleppmaßnahmen	185
	1. Eingriffsermächtigungen	185
	2. Zuwiderhandlungen gegen Verkehrszeichen und -einrichtungen	186
	3. Abschleppen im Wege der unmittelbaren Ausführung	188
	4. Sicherstellung gem. § 37 Abs. 1 PolG	188
	5. Beschlagnahme gem. § 38 Abs. 1 PolG	189
	6. Verhältnismäßigkeit	189

§ 9 Die Polizeiverordnung 191

I.	Begriff und Bedeutung	191
	1. Allgemeines	191
	2. Abgrenzung zum Verwaltungsakt	191

Inhaltsverzeichnis

3. Abgrenzung zu Benutzungsordnungen	192
II. Rechtmäßigkeitsvoraussetzungen	193
1. Materielle Rechtmäßigkeit	193
2. Formelle Rechtmäßigkeit	220
III. Prüfung durch die Aufsichtsbehörde und Weisungsrecht	225
IV. Aufhebung oder Änderung	226
V. Bußgeldbewehrung	226
VI. Einziehung von Gegenständen (§ 26 Abs. 3 PolG)	227
VII. Rechtsfolgen bei Verstößen	227
VIII. Förmliche Rechtsbehelfe	227
1. Normenkontrollverfahren gem. § 47 VwGO	227
2. Inzidente Normenkontrolle	228
3. Verfassungsbeschwerde	229

§ 10 Verarbeitung von Daten — 230

I. Grundlagen des Datenschutzrechts	230
1. Allgemeines	230
2. Recht auf informationelle Selbstbestimmung / Schutz des Kernbereichs privater Lebensgestaltung	230
3. Schutz des Kernbereichs privater Lebensgestaltung	235
4. Richtervorbehalt	239
II. Rechtsgrundlagen des Datenschutzes	241
1. EU-Datenschutz-Grundverordnung	241
2. EU-Datenschutz-Richtlinie 2016/680 Polizei/Justiz	242
3. Datenschutzrecht des Bundes	245
4. Datenschutzrecht BW	252
III. Grundsystematik im Datenschutzrecht (Gesamtüberblick)	258
1. DSGVO und nationales Recht	258
2. DSLR 2016/680 und nationales Recht (PolG BW)	259
3. Datenschutzgesetze und spezielle Datenschutzregelungen	259
4. Zusammenwirken der Datenschutzregelungen	260
5. Vorgehensweise im Datenschutz	260
IV. Grundlagen des Datenschutzrechts nach dem PolG	262
1. Allgemeines	262
2. Grundlegende Inhalte des PolG zum Datenschutz	265
3. Grundlegende Systematik des PolG zum Datenschutz	265
V. Allgemeine Datenschutznormen (§§ 11 bis 16 PolG)	266
1. Allgemeines	266
2. Anwendungsbereich (§ 11 PolG)	267
3. Begriffsbestimmungen (§ 12 PolG)	269
4. Allgemeine Grundsätze (§ 13 PolG)	272
5. Allgemeine Regeln für die Datenerhebung (§ 14 PolG)	280
6. Allgemeine Regeln für die weitere Datenverarbeitung (§ 15 PolG)	282
7. Allgemeine Regeln für die Datenübermittlung (§ 16 PolG)	296
VI. Datenverarbeitung bei polizeilichen Einzelmaßnahmen / verdeckte Ermittlungsbefugnisse / weitere Datenverarbeitung / Datenübermittlung (§§ 42 bis 62 PolG)	300
1. Allgemeines	300

	2. Einwilligung in Datenverarbeitung (§ 42 PolG)	300
	3. Befragung und Datenerhebung (§ 43 PolG)	311
	4. Offener Einsatz technischer Mittel zur Bild- und Tonaufzeichnung (§ 44 PolG)	317
	5. Aufzeichnung eingehender Telefonanrufe (§ 45 PolG)	339
	6. Projektbezogene gemeinsame Dateien mit dem Landesamt für Verfassungsschutz (§ 46 PolG)	344
	7. Datenabgleich (§ 47 PolG)	347
	8. Rasterfahndung (§ 48 PolG)	349
	9. Besondere Mittel der Datenerhebung (§ 49 PolG)	355
	10. Datenerhebung in oder aus Wohnungen (§ 50 PolG)	373
	11. Einsatz automatischer Kennzeichensysteme (§ 51 PolG)	381
	12. Telekommunikationsdaten (§§ 52 bis 55 PolG)	388
	13. Ausschreibung von Personen und Fahrzeugen (§ 56 PolG)	414

§ 11 Polizeiliche Einzelmaßnahmen – Spezialermächtigungen ... 419

    I. Allgemeines ... 419
        1. Verhältnis zur Generalermächtigung der §§ 1, 3 PolG ... 419
        2. Verhältnis zu anderen Spezialvorschriften außerhalb des PolG ... 420
        3. Rechtscharakter ... 420
        4. Zuständigkeit ... 421
    II. Einzelmaßnahmen ... 422
        1. Personenfeststellung (§ 27 PolG) ... 422
        2. Vorladung (§ 28 PolG) ... 438
        3. Gefährderansprache und -anschreiben, Gefährdetenansprache (§ 29 PolG) ... 440
        4. Platzverweis, Aufenthaltsverbot, Wohnungsverweis, Rückkehrverbot und Annäherungsverbot (§ 30 PolG) ... 449
        5. Aufenthaltsvorgabe und Kontaktverbot (§ 31 PolG) ... 458
        6. Elektronische Aufenthaltsüberwachung (§ 32 PolG) ... 466
        7. Gewahrsam (§ 33 PolG) ... 478
        8. Durchsuchung von Personen (§ 34 PolG) ... 491
        9. Durchsuchung von Sachen (§ 35 PolG) ... 494
        10. Betreten und Durchsuchung von Wohnungen (§ 36 PolG) ... 498
        11. Sicherstellung (§ 37 PolG) ... 504
        12. Beschlagnahme (§ 38 PolG) ... 508
        13. Einziehung (§ 39 PolG) ... 518
        14. Vernehmung (§ 40 PolG) ... 520
        15. Erkennungsdienstliche Maßnahmen (§ 41 PolG) ... 521

§ 12 Polizeizwang ... 526

    I. Allgemeines ... 526
    II. Zwangsmittel ... 527
        1. Allgemeines ... 527
        2. Zwangsgeld ... 528
        3. Zwangshaft ... 529
        4. Ersatzvornahme ... 529
        5. Unmittelbarer Zwang ... 530

III. Vorliegen eines vollstreckbaren Verwaltungsakts 530
   1. Vollstreckungsfähiger Verwaltungsakt 530
   2. Vollstreckbarer Verwaltungsakt 531
IV. Vollstreckungsverfahren 536
   1. Allgemeines 536
   2. Androhung 536
   3. Festsetzung 537
   4. Anwendung 538
   5. Adressat der Vollstreckung 539
   6. Vollstreckungsbehörde 540
   7. Auswahl des Zwangsmittels 541
   8. Einstellung der Vollstreckung 541
V. Unmittelbarer Zwang 541
   1. Begriffe und Mittel 541
   2. Durchführung und Begrenzungen 543
   3. Schusswaffengebrauch 545
   4. Notrechtsvorbehalt 550
   5. Gebrauch von Explosivmitteln (§ 69 PolG) 550
VI. Rechtsschutz 553
   1. Rechtsschutz gegen Vollstreckungsmaßnahmen im Bereich der Gefahrenabwehr 553
   2. Rechtsschutz gegen Vollstreckungsmaßnahmen im Straf- und Ordnungswidrigkeitenverfahren 554

§ 13 Die Polizei im Straf- und Ordnungswidrigkeitenverfahren 555

I. Die Polizei im Strafverfahren 555
   1. Aufgabenübertragung durch die Strafprozessordnung 555
   2. Aufgaben der Polizei im Strafverfahren 556
   3. Eingriffsermächtigungen und Befugnisse 557
   4. Abgrenzungsprobleme 558
II. Die Polizei im Ordnungswidrigkeitenverfahren 562

§ 14 Entschädigungs- und Ausgleichsansprüche für polizeiliche Maßnahmen 564

I. Allgemeines 564
II. Entschädigung bei rechtmäßigen Maßnahmen 565
   1. Ansprüche des Störers 565
   2. Ansprüche des Nichtstörers gem. § 100 PolG 565
   3. Ansprüche des Anscheinsstörers gem. § 100 Abs. 1 PolG analog 567
   4. Ansprüche unbeteiligter Dritter 568
   5. Ansprüche freiwilliger Helfer 569
   6. Anspruch aus enteignungsgleichem Eingriff und Aufopferungsanspruch 569
III. Entschädigung bei rechtswidrigen Maßnahmen 570
   1. Ansprüche wegen schuldhaft rechtswidriger Maßnahmen 570
   2. Ansprüche des rechtswidrig in Anspruch genommenen Nichtstörers 571

§ 15 Kosten der Polizei 573

I. Allgemeines 573
II. Kosten und Kostenträgerschaft 573
   1. Kosten 573

	2. Kostenträger	573
III.	Polizeikostenersatz von Dritten	574
	1. Einführung in die Problematik	574
	2. Erfordernis einer Ermächtigungsgrundlage	575
	3. Festsetzung durch Kostenbescheid	575
	4. Einzelne Kostenerstattungsansprüche	577
	5. Kostenersatz für öffentliche Leistungen nach dem Landesgebührengesetz	582
	6. Im Besonderen: Gebührenerhebung bei missbräuchlicher Veranlassung von Polizeieinsätzen (Nr. 15.8 GebVerz)	583
	7. Zurückhaltungsbefugnis	584
	8. Kostenersatz bei privaten Großveranstaltungen und Demonstrationen	584

Sachregister 591

Literaturverzeichnis

Basten, Recht der Polizei, 1. Aufl. 2016
Beck/Ryter, Fälle und Lösungen zum Polizeigesetz Baden-Württemberg, 2. Aufl. 2019
Belz/Mußmann/Kahlert/Sander, Polizeigesetz für Baden-Württemberg, 9. Aufl. 2022
Brommer (Hrsg), Polizeigesetz Baden-Württemberg, 5. Aufl. 2021
Ennuschat/Ibler/Remmert, Öffentliches Recht in Baden-Württemberg, 4. Aufl. 2022
Geis, Fälle zum Polizei- und Ordnungsrecht, 4. Aufl. 2022
Götz/Geis, Allgemeines Polizei- und Ordnungsrecht, 17. Aufl. 2022
Gusy/Eichenhofer, Polizei- und Ordnungsrecht, 11. Aufl. 2023
Huttner/Strecker, Handbuch für die Ortspolizeibehörden Baden-Württemberg, 4. Aufl. 2014
Kenntner (Hrsg), Öffentliches Recht Baden-Württemberg, 3. Aufl. 2021
Johannes/Weinhold, Das neue Datenschutzrecht bei Polizei und Justiz, 1. Aufl. 2018
Kingreen/Poscher, Polizei- und Ordnungsrecht, 12. Aufl. 2022
Knemeyer/Schmidt, Polizei- und Ordnungsrecht (Prüfe dein Wissen), 5. Aufl. 2022
Lisken/Denninger (hrsg von Bäcker/Denninger/Graulich), Handbuch des Polizeirechts, 7. Aufl. 2021
Möllers (Hrsg), Wörterbuch der Polizei, 3. Aufl. 2018
Möstl/Trurnit (Hrsg), Polizeirecht Baden-Württemberg, 1. Auf. 2020
Pewestorf/Söllner/Tölle, Polizei- und Ordnungsrecht, Kommentar, 3. Aufl. 2022
Schenke, Polizei- und Ordnungsrecht, 12. Aufl. 2023
Schenke/Graulich/Ruthig (Hrsg), Sicherheitsrecht des Bundes, 2. Aufl. 2019
Schmidt, Polizei- und Ordnungsrecht, 22. Aufl. 2022
Stephan/Deger, Polizeigesetz für Baden-Württemberg, Kommentar, 7. Aufl. 2014
Thiel, Polizei- und Ordnungsrecht, 5. Aufl. 2023
Trurnit, Eingriffsrecht – Maßnahmen der Polizei nach der Strafprozessordnung und dem Polizeigesetz Baden-Württemberg, 4. Aufl. 2017
Würtenberger/Heckmann/Tanneberger, Polizeirecht in Baden-Württemberg, 7. Aufl. 2017
Zeitler/Trurnit, Polizeirecht für Baden-Württemberg, 4. Aufl. 2023

Eine umfassende Übersicht über die **weitere verwendete Literatur** findet sich im **ergänzenden Online-Angebot**.

§ 1 Entwicklung des Polizeirechts

> Besondere Relevanz für Studium, Prüfung und Examen (grundsätzlich können alle Themen des Polizeirechts Prüfungsgegenstand sein!):
> - Entwicklung des Polizeibegriffs (→ Rn 1 bis 35);
> - Grundlagen der polizeilichen Kooperation (→ Rn 36 bis 45).

I. Entwicklung des Polizeibegriffs

1. Der Polizeibegriff bis 1945. a) Der Ursprung des Polizeibegriffs. Das Wort „Polizei" stammt aus dem Griechischen: **„politeia"** und bedeutete ursprünglich so viel wie „Verfassung des Staates", „Zusammenwirken der Staatsorgane" oder „Zusammenspiel der Staatsfunktionen". Im alten Rom wurde unter **„politia"** die republikanische Verfassung und die sie tragende allgemeine Verwaltungstätigkeit verstanden.[1]

b) Der Polizeibegriff in Deutschland. In Deutschland taucht das Wort **„Polizey"** erstmals im 15. Jahrhundert auf und bezeichnet dort einen **„Zustand guter Ordnung des Gemeinwesens"**.[2] Eine Gliederung der Staatstätigkeit hatte noch nicht stattgefunden, das Wort „Polizey" umfasste die gesamte staatliche Verwaltung. Dieser Begriff der Polizei lag den Reichspolizeiverordnungen von 1530, 1548 und 1577 sowie den Landespolizeiordnungen zugrunde. Im Laufe der weiteren Entwicklung wurden aus dem Polizeibegriff die auswärtigen Angelegenheiten, das Finanz- und Heerwesen sowie die Justiz ausgegliedert.[3]

In der Zeit des **Absolutismus** wurde die Polizei zum Verwaltungsinstrument des Staatsoberhauptes, das an rechtliche Schranken praktisch nicht mehr gebunden war. Der Landesherr konnte die **„Wohlfahrt"** seiner Bürger bis in alle Einzelheiten regeln: „Die Policeywissenschaft aber lehrt, wie das innerliche und äußerliche Wesen eines Staates in guter Verfassung, zu eines jeden und zur allgemeinen Glückseligkeit zu erhalten sey. Das innerliche Wesen eines Staates begreift in sich die Menge der Einwohner, derselben christliches, tugendhaftes Leben und Wandeln, Gesundheit, Politesse, Nahrung und Reichtum; das äußerliche aber besteht in guter Ordnung der Personen und Sachen, wie auch Zierlichkeit des Landes".[4] Die Polizeigewalt wurde zum juristischen Inbegriff der absoluten Herrschaft.[5]

In der Geschichte der Verwaltung wird der absolute Staat auch als **Polizeistaat** bezeichnet. Gegen diese umfassende Zuständigkeit der Polizei wandte sich die **Philosophie der Aufklärung**.[6] Im Jahr 1770 forderte der Göttinger Staatsrechtsprofessor Johann Stephan Pütter: „Aufgabe der Polizei ist die Sorge für die Abwendung bevorstehender Gefahren; die Wohlfahrt zu fördern ist nicht eigentlich Aufgabe der Polizei" (Institutiones juris publici Germanici, 1770, 6. Auflage 1802, Cap. III § 331).[7] Die Ausgrenzung der Wohlfahrt aus dem Begriff der Polizei konnte sich jedoch in der Folgezeit nicht durchsetzen. Zwar ist im **Preußischen Allgemeinen Landrecht** (PrALR) vom 1.6.1794 in § 10 Teil II, Titel 17, ausgeführt: „Die nöthigen Anstalten zur Erhaltung der öffentlichen

---

1 Vgl. dazu auch Drews/Wacke/Vogel/Martens, Gefahrenabwehr, § 1 Nr. 2 (S. 2).
2 Götz/Geis, Allg. Polizei- und Ordnungsrecht, § 1 Rn 2.
3 Stolleis/Kremer, in: Lisken/Denninger, Handbuch des Polizeirechts, Kap. A Rn 5a.
4 Justus Christoph Dithmar, Einleitung in die ökonomischen Policey- und Cameral-Wissenschaften, 1. Auflage 1731, Abt. IV § 4, zitiert nach Lohse/Heinrich.
5 Kingreen/Poscher, Polizei- und Ordnungsrecht, § 1 Rn 4; Möstl, in: Möstl/Trurnit, Polizeirecht BW, Rn 55.
6 Götz/Geis, Allg. Polizei- und Ordnungsrecht, § 1 Rn 6.
7 Schenke, Polizei- und Ordnungsrecht, Rn 3.

Ruhe, Sicherheit und Ordnung und zur Abwendung der dem Publiko, oder einzelnen Mitgliedern desselben bevorstehenden Gefahr zu treffen, ist das Amt der Polizey".[8]

5 Wie sich aus der Stellung dieser Vorschrift im Gesetzestitel „Von der Gerichtsbarkeit" ergibt, sollte damit aber keine Ausgrenzung der „Wohlfahrtspolizei" vorgenommen werden, sondern lediglich die Abgrenzung der polizeilichen von der ordentlichen Gerichtsbarkeit.[9] Auch die preußische „Verordnung wegen verbesserter Einrichtung der Provinzial-Polizei- und Finanzbehörden" aus dem Jahr 1808 ging ebenso wie das **Preußische Gesetz über die Polizeiverwaltung vom 11.3.1850**[10] von einer „fast unbegrenzten" Polizeigewalt aus: „Sie fängt da an, wo die Rechtspflege, die Finanz- u. Kriegsverwaltung aufhört und umgekehrt. Was Staatsgesetze und höhere Verordnungen ungeregelt gelassen haben, muss, wenn es im örtlichen Interesse ist, polizeilich geregelt werden".[11]

6 Erst mit der Durchsetzung des liberalen bürgerlichen Rechtsstaates im **19. Jahrhundert** kam es zu einer **Begrenzung des Polizeibegriffs**.[12] Die **süddeutschen Staaten** erließen **Polizeistrafgesetzbücher** (wüPolStGB von 1839/1871, hessPolStGB von 1847, bayPolStGB von 1861/1871 und badPolStGB von 1863/1871). Diese Polizeistrafgesetzbücher enthielten zum einen Ermächtigungen zum Erlass von Polizeiverordnungen, zum anderen spezielle Verbotstatbestände mit Strafandrohungen. In **Württemberg** wurden – soweit nicht spezielle Verbotstatbestände vorhanden waren – polizeiliche Einzelmaßnahmen auf den gewohnheitsrechtlich geltenden materiellen Polizeibegriff gestützt. Der besagte, „dass den Polizeibehörden als Ausfluss der in der allgemeinen Staatsgewalt enthaltenen Polizeigewalt das Recht zusteht, in dem ihrer Fürsorge anvertrauten Bereich der öffentlichen Verwaltung und innerhalb ihrer gesetzlichen Grenzen die unumgängliche Ordnung im Gemeinwesen entsprechend den Bedürfnissen der Bevölkerung gegen drohende Gefahren zu schützen und hierbei die persönliche Handlungsfreiheit des Einzelnen entsprechend zu beschränken".[13] Demgegenüber enthielt das **badische PolStGB** vom 30.10.1863 in § 30 eine Generalermächtigung für die Beseitigung aller rechts- und ordnungswidrigen Zustände: „Neben den Bestimmungen des gegenwärtigen Gesetzbuches bleibt den Polizeibehörden die Befugnis vorbehalten, auch unabhängig von der strafrechtlichen Verfolgung rechts- und ordnungswidrige Zustände innerhalb ihrer Zuständigkeit zu beseitigen und deren Entstehung und Fortsetzung zu hindern".[14]

7 Für die **preußischen Staaten** war die Rechtsprechung des **preußischen Oberverwaltungsgerichts** (PrOVG) richtungsweisend. In seinem berühmt gewordenen **Kreuzberg-Urteil** vom 14.6.1882 entschied das Gericht, dass die Verwaltungsgerichte befugt sind, Polizeiverordnungen auf ihre Rechtsgültigkeit zu überprüfen und dass die Polizei nicht befugt ist, über den in § 10 Teil II, Titel 17 ALR gezogenen Rahmen hinaus tätig zu werden. Das PrOVG erklärte eine Berliner Polizeiverordnung für ungültig, die das Bebauen des Kreuzbergs, auf dem ein Kriegerdenkmal stand, um der schönen Aussicht willen verboten hatte.[15] Als einzige in Frage kommende Ermächtigungsgrundlage für eine Ablehnung der Baugenehmigung bzw. zum Schutz des Denkmals sah das Gericht § 10 II 17 ALR an, der aber hier nicht eingreife, da er nur der Gefahrenabwehr, nicht aber der „positiven Förderung des Gemeinwohls" diene. Das Gericht

---

8   Zitiert nach Pappermann, Preußisches Allgemeines Landrecht, S. 166.
9   Preu, Polizeibegriff und Staatszwecklehre, S. 274 ff.
10 Preußische Gesetzsammlung 1831, S. 77.
11 Erläuterungen der preußischen Regierung zum preußischen Gesetz über die Polizeiverwaltung, zitiert nach Clausen, Der Landkreis 1984, S. 260.
12 Ibler, in: Ennuschat/Ibler/Remmert, Öffentliches Recht BW, § 2 Rn 4; Schmidt, Polizei- und Ordnungsrecht, Rn 6.
13 Vgl. Urteil VGH Stuttgart, 2. Senat, ESVGH 2, 109, zitiert nach Schlez.
14 Vgl. Pioch, Polizeirecht, Rn 70.
15 Kreuzberg-Urteil, PrOVG E 9, 353 ff., u. VBlBW 1993, 271, m. Anm. Kroeschell.

I. Entwicklung des Polizeibegriffs

stellte fest, dass in diesem Fall die Polizei ihre Befugnisse überschritten habe und dass die ästhetischen, wohlfahrtspolizeilichen Gründe der Polizei keine Befugnis gäben, mit staatlichem Zwang eine Bebauung in der von einem Grundstückseigentümer gewünschten Weise zu verhindern. Die Bedeutung der Entscheidung lag vor allem darin, dass das Handeln der Polizei an eine **Ermächtigungsgrundlage** gebunden und auf die **Aufgabe der Gefahrenabwehr** beschränkt wurde – sie sollte sich jeder gestaltenden Förderung der Wohlfahrt enthalten.[16] Unter Polizei wurde nun **jedwede Gefahrenabwehr** verstanden, gleichgültig von welcher Verwaltungsbehörde sie vorgenommen wurde. So wurde fortan von Bau-, Fremden-, Fischerei-, Gesundheits-, Markt-, Versammlungspolizei etc. gesprochen.

Die Rechtsprechung des PrOVG führte schließlich zur Regelung des § 14 im **preußischen Polizeiverwaltungsgesetz** vom 1.6.1931: „Die Polizeibehörden haben im Rahmen der geltenden Gesetze die nach pflichtmäßigem Ermessen notwendigen Maßnahmen zu treffen, um von der Allgemeinheit oder dem Einzelnen Gefahren abzuwehren, durch die die öffentliche Sicherheit oder Ordnung bedroht wird. Daneben haben die Polizeibehörden diejenigen Aufgaben zu erfüllen, die ihnen durch Gesetz besonders übertragen sind".[17]

8

In der **nationalsozialistischen Zeit** gingen die Rechte der Länder auf dem Gebiet des Polizeirechts auf das Reich über.[18] Die Polizei wurde ganz in den Dienst der nationalsozialistischen Ideologie gestellt und „entstaatlicht".[19] Ihre Aufgabe war nunmehr der Schutz der „Volksgemeinschaft". Im Jahre 1936 wurde die politische Polizei der Länder zu einer reichseinheitlichen **Geheimen Staatspolizei** (Gestapo)[20] zusammengefasst sowie ein **Reichskriminalpolizeiamt** gegründet. Der Auftrag der Gestapo war „die Bekämpfung aller staatsgefährlichen Bestrebungen im gesamten Staatsgebiet".[21] Ihre Verfügungen unterlagen keiner verwaltungsgerichtlichen Nachprüfung.[22] In erschreckendem Ausmaß wurden rechtsstaatliche Bindungen preisgegeben und die Polizei zu einem gefügigen Werkzeug der Nationalsozialisten umfunktioniert.[23] So wurde die Generalklausel durch Formulierungen wie „jedes von der völkischen Ordnung und von der Führung des Reichs für wichtig gehaltene Gut sei mit polizeilichen Mitteln zu schützen" pervertiert.[24] Durch die Gestapo und das sie stützende und steuernde nationalsozialistische System fand eine „Entgrenzung der politisch-polizeilichen Methoden bis hin zum Massen- und Völkermord" statt.[25] Das **Gestapogesetz** des Jahres 1936 bestärkte die Möglichkeit der Verhängung einer „Schutzhaft" durch die Gestapo, die einen unbefristeten Freiheitsentzug ohne rechtförmliches Verfahren zuließ[26], und die letztlich auf die §§ 1, 2 der Verordnung des Reichspräsidenten zum Schutz von Volk und Staat" vom 28.2.1933[27] zurückging, die nur einen Tag nach dem Reichstagsbrand erlassen worden war. Zur Zerstörung rechtsstaatlicher Grundlagen

9

---

16 Knemeyer/Schmidt, Polizei- und Ordnungsrecht (PdW), S. 3.
17 PrPVG, GS S. 77.
18 Art. 2 Abs. 1 des Gesetzes über den Neuaufbau des Reiches vom 30.1.1934 (RGBl. I S. 75); Pünder, JURA 2023, 10 ff., der zutr. darauf hinweist, dass gegen diese „Verreichlichung" der Polizei seitens der rechtswissenschaftlichen Literatur kein Widerspruch kam.
19 Pünder, JURA 2023, 10, 14.
20 Zur Organisationskultur der Gestapo vgl. Becker, in: Lüdtke/Reinke/Sturm, Polizei, Gewalt und Staat, S. 249 ff.; Paul, in: Topographie des Terrors, S. 170 bis 181; vgl. auch Gemmerich, Sonderpolizeien, S. 20, u. Pünder, JURA 2023, 10, 14 ff.
21 § 1 Abs. 1 S. 1 des Preußischen Gesetzes über die Geheime Staatspolizei vom 10.2.1936 (PGS S. 21).
22 § 7 des Preußischen Gesetzes über die Geheime Staatspolizei.
23 Stolleis/Kremer, in: Lisken/Denninger, Handbuch des Polizeirechts, Kap. A Rn 65; Kniesel/Braun/Keller, Besonderes Polizei- und Ordnungsrecht, Rn 3.
24 Vgl. etwa die damalige Kommentierung von Maunz, Gestalt und Recht der Polizei (1943), S. 56; vgl. eingehend dazu Pünder, JURA 2023, 136, 138 ff.
25 So zutr. Paul, in: Topographie des Terrors, S. 170, 175.
26 Paul, in: Topographie des Terrors, S. 170, 175.
27 Reichsgesetzblatt 1933 S. 83.

trug in erheblichem Maße auch die Justiz bei, die allzu bereitwillig die nationalsozialistische Ideologie zur Grundlage ihrer Rechtsprechung machte.[28] Mithin hatte sich in Deutschland ein **totaler Polizeistaat** etabliert.[29]

10 **2. Die Entwicklung der Polizei nach 1945. a) Neubeginn nach 1945.** Nach dem Zweiten Weltkrieg wurde die Polizeigewalt zunächst durch die **Militärpolizei** der Siegermächte und deren Hilfspolizisten ausgeübt. Die steigende Nachkriegskriminalität machte bald wieder die Aufstellung deutscher Polizeieinheiten erforderlich. Die Neuorganisation verlief aber in den einzelnen Besatzungszonen unterschiedlich. Die bei den Konferenzen von Jalta und Potsdam entwickelten allgemeinen Grundsätze, die eine Entmilitarisierung, Entnazifizierung, Demokratisierung und Dezentralisierung Deutschlands vorsahen, wurden nur teilweise umgesetzt.[30]

11 Unter dem Stichwort „**Entpolizeilichung**" wurden in den Ländern Bayern, Berlin, Hamburg, Hessen, Niedersachsen, Nordrhein-Westfalen und Schleswig-Holstein (amerikanische/englische Besatzungszonen) die Aufgaben der Verwaltungspolizei (etwa Melde- und Ausländerwesen) aus der Polizeiorganisation ausgegliedert und eine Trennung zwischen Ordnungs- bzw. Sicherheitsbehörden einerseits und Polizeivollzugsdienst andererseits eingeführt.[31] Unter Polizei wurde in diesen Ländern organisatorisch nur noch der Vollzugsdienst verstanden (**sog. Ordnungsbehörden- oder Trennsystem** [→ § 3 Rn 3]).[32]

12 Demgegenüber wurde in BW, Bremen und im Saarland – der preußischen Tradition folgend – an einem einheitlichen Polizeibegriff festgehalten, und sowohl die Verwaltungs- bzw. Ordnungsbehörden als auch der Vollzugsdienst als Polizei organisiert (**sog. Polizeibehörden- oder Einheitssystem** [→§ 3 Rn 6]).[33]

13 Mit der **Gründung der Bundesrepublik** im Jahre 1949 war der Weg für eine eigene Gestaltung des Staates und somit auch der Polizeiorganisation frei. Zwar dauerte die Besatzungsherrschaft mit entsprechenden Vorbehaltsrechten und Richtlinienbefugnissen der Alliierten bis 1955 fort. Mit dem Inkrafttreten des GG in der ersten Fassung vom 23.5.1949 konnten aber grundsätzliche Weichenstellungen für eine „Restauration der Polizei" getroffen werden. Im Gegensatz zur Weimarer Verfassung hat das GG dem Bund keine generelle Gesetzgebungszuständigkeit im Bereich der Polizei eingeräumt. Durch die Übertragung der grundlegenden Polizeizuständigkeiten auf die Länder sollte die erneute Schaffung einer zentralen Polizeidienststelle auf Bundesebene (Gestapo) verhindert werden.[34] Im Laufe der fünfziger Jahre erließen alle Länder entsprechende Polizeigesetze.[35]

14 In der **sowjetisch besetzten Zone** (Gebiet der ehemaligen DDR) bestimmte zunächst die Militäradministration bzw. Kontrollkommission das polizeiliche Handeln. Durch Erlass der Deutschen Verwaltung des Inneren vom 12.5.1949 erhielt die deutsche Polizei in dieser Zone offiziell den Namen **Deutsche Volkspolizei**.[36] Am 11.6.1968 wurde das **Volkspolizeigesetz** (VoPolG) erlassen, das bis zum Inkrafttreten der neuen Polizeigesetze in den neuen Bundesländern

---

28 Würtenberger/Heckmann/Tanneberger, Polizeirecht BW, § 1 Rn 14.
29 Götz/Geis, Allg. Polizei- und Ordnungsrecht, § 1 Rn 12.
30 Siehe die Übersicht über die unterschiedliche Umsetzung und Entwicklung bei Stolleis/Kremer, in: Lisken/Denninger, Handbuch des Polizeirechts, Kap. A Rn 69.
31 Möstl, in: Möstl/Trurnit, Polizeirecht BW, Rn 55; Knemeyer/Schmidt, Polizei- und Ordnungsrecht (PdW), S. 4 f.; Pünder, JURA 2023, 136, 145.
32 Wehr, Polizeirecht, Rn 23; Thiel, Polizei- und Ordnungsrecht, § 3 Rn 14; Pöltl/Ruder, in: Eiding/Hofmann-Hoeppel, Verwaltungsrecht, § 62 Rn 2 f.; Hofmann/Lukosek/Schulte-Rudzio, GSZ 2020, 233, 237 ff.
33 Ibler, in: Ennuschat/Ibler/Remmert, Öffentliches Recht BW, § 2 Rn 9; Thiel, Polizei- und Ordnungsrecht, § 3 Rn 13, 17; Bruckert/Frey/Kron/Marz, Besonderes Verwaltungsrecht, Rn 77.
34 Ebert, LKV 2018, 399.
35 Stolleis/Kremer, in: Lisken/Denninger, Handbuch des Polizeirechts, Kap. A Rn 73 ff.
36 Pünder, JURA 2023, 136, 145.

galt. Die Volkspolizei unterstand seit Gründung der DDR dem Ministerium des Innern. Sie war zentralistisch organisiert und hatte die Zielsetzungen des sozialistischen Einheitsstaates zu verwirklichen. Zur Volkspolizei zählte daher auch der **Staatssicherheitsdienst (SSD oder „Stasi")**. Dieser war die politische Geheimpolizei der DDR mit dem eigens geschaffenen **Ministerium für Staatssicherheit**. Die „Stasi" unterhielt ein ausgeklügeltes Spitzelsystem mit exekutiven Befugnissen für Verhaftungen, Vernehmungen und zur Unterdrückung jeglicher Opposition. Nach der Wende wurde der Staatssicherheitsdienst aufgelöst. Durch das „Gesetz über die Aufgaben und Befugnisse der Polizei" vom 13.9.1990 (Übergangs-PAG, GBl. DDR I S. 1489) hatte die damalige Volkskammer der DDR eine Übergangsregelung geschaffen, die bis zum Inkrafttreten eigener Polizeigesetze der neuen Bundesländer, längstens bis zum 31.12.1991, galt. Heute verfügen **alle 16 Bundesländer** über **eigene Polizeigesetze**.[37]

b) Auswirkungen der deutschen Wiedervereinigung. Nach **1990** erfolgten zentrale Weichenstellungen für eine verstärkte europäische und internationale polizeiliche Zusammenarbeit und für eine stetige Erweiterung der Befugnisse der Polizei und Strafverfolgungsbehörden. Im Jahre 1992 trat das **Gesetz zur Bekämpfung des illegalen Rauschgifthandels und anderer Erscheinungsformen der Organisierten Kriminalität (OrgKG)** in Kraft (BGBl. I S. 1226). Die **Atommülltransporte** (Castor-Transporte) ab April 1995 erforderten in diesem Umfang bisher nicht gekannte länderübergreifende Polizeieinsätze. Durch die Neufassung des **Gesetzes über das Bundeskriminalamt und die Zusammenarbeit des Bundes und der Länder in kriminalpolizeilichen Angelegenheiten (BKAG)** vom 7.7.1997 (BGBl. I S. 1650) und schließlich durch das **Verbrechensbekämpfungsgesetz** vom 4.5.1998 (BGBl. I S. 845) wurden den Sicherheits- und Strafverfolgungsbehörden weitere Befugnisse übertragen.[38]

15

c) Islamistischer Terrorismus I. Nach den **Terroranschlägen vom 11.9.2001** in New York, Pennsylvania und Washington D.C. wurde die Sicherheitspolitik sowohl auf europäischer Ebene als auch in Deutschland weiter ausgebaut.[39] So wurden die Zuständigkeiten von **Europol** erweitert und die europäische Stelle **Eurojust** zur Verstärkung der Bekämpfung der organisierten Kriminalität eingerichtet (→ Rn 46 ff.). Am 14.12.2004 wurde in Berlin das **Gemeinsame Terrorismusabwehrzentrum (GTAZ)** eingerichtet und am 22.12.2006 vom Bundestag das **Gemeinsame Dateiengesetz** erlassen (BGBl. I S. 3409). Im Jahr 2009 wurde von der Ständigen Konferenz der Innenminister und -senatoren des Bundes und der Länder das **Programm „Innere Sicherheit"** neu herausgegeben, welches den verstärkten Informationsaustausch zwischen Jugend- und Gesundheitsämtern, Schulen, Polizei-, Ordnungs- und Justizbehörden zum Ziel hatte. Durch die Neufassung des **BKAG** vom 12.11.2008 wurden dem BKA erneut erweiterte Zuständigkeiten wie etwa die Durchführung von Online-Durchsuchungen, insbesondere zur Bekämpfung des internationalen Terrorismus, eingeräumt.[40]

16

d) Rechtsextremistischer Terror. Trotz der nachhaltigen Bemühungen des Staates, die Zusammenarbeit und Vernetzung von Sicherheitsbehörden und Geheimdiensten auf Bundes- und auf Landesebene zu verstärken, konnten die Morde einer Gruppe rechtsextremer Terroristen durch die **„Zwickauer Terrorzelle"** nicht verhindert werden. Die Mitglieder dieser Terrorgruppe gehörten der terroristischen Vereinigung **„Nationalsozialistischer Untergrund" (NSU)** an, die aus der rechtsextremen Szene der 1990er Jahre hervorging. Dem NSU werden unter anderem eine Mordserie in den Jahren 2000 bis 2006, das Nagelbomben-Attentat in Köln im Jahr 2004 und der Mord an einer Polizistin in Heilbronn im Jahr 2007 zugeordnet. Der Generalbundesanwalt beim

17

---

37 Zum Überblick vgl. Gusy/Eichenhofer, Polizei- und Ordnungsrecht, Rn 29 ff., mit Literaturhinweisen in Rn 31.
38 Vgl. im Einzelnen Petri/Kremer, in: Lisken/Denninger, Handbuch des Polizeirechts, Kap. A Rn 115 ff.
39 Zum durch den Terrorismus veränderten Sicherheitsverständnis und seiner verfassungsrechtlichen Einordnung vgl. Hofmann/Lukosek/Schulte-Rudzio, GSZ 2020, 233 ff.
40 Zu den Einzelheiten vgl. Petri/Kremer, in: Lisken/Denninger, Handbuch des Polizeirechts, Kap. A Rn 115 ff.

BGH bezeichnete den NSU als „rechtsextremistische Gruppierung", deren Zweck es gewesen sei, „aus einer fremden- und staatsfeindlichen Gesinnung heraus vor allem Mitbürger ausländischer Herkunft zu töten".[41]

Nachlässigkeiten, Vernichtung von Akten, der Einsatz von V-Personen, Ermittlungspannen und organisatorische Defizite der Sicherheitsbehörden wurden im **„NSU-Ausschuss"** des Deutschen Bundestags sowie in einzelnen Bundesländern untersucht. Der **2. Untersuchungsausschuss** des Bundestags zur Mordserie des Nationalsozialistischen Untergrundes (NSU) legte seinen Abschlussbericht am 22.8.2013 vor.[42] Bei der Vorstellung des Abschlussberichts übten die beiden Vorsitzenden sowie die fünf Fraktionsobleute des Untersuchungsausschusses scharfe Kritik an den Sicherheitsinstanzen.[43] Der **3. Untersuchungsausschuss** legte am 23.6.2017 seinen Abschlussbericht vor, worin er die Ergebnisse des 2. Untersuchungsausschusses bekräftigte.[44]

Mit **Urteil des OLG München**[45], dessen 3025 Seiten lange Begründung am 21.4.2020 zu den Akten genommen wurde, wurde das einzige überlebende Mitglied der „Zwickauer Terrorzelle" Beate Tschäpe wegen Mordes in 9 Fällen, wegen versuchten Mordes in zahlreichen Fällen, wegen Raubüberfällen und wegen Mitgliedschaft in einer terroristischen Vereinigung zu einer lebenslangen Freiheitsstrafe mit Feststellung der besonderen Schwere der Schuld verurteilt. Gegen die weiteren Mitangeklagten wurden unterschiedliche Freiheitsstrafen verhängt.[46] Das Urteil wurde vom **BGH** in der Revision weitgehend bestätigt.[47]

Am **2.6.2019** wurde der **Kasseler Regierungsprädient Dr. Walter Lübcke ermordet.** Schnell stellte sich im Rahmen der polizeilichen Ermittlungen heraus, dass der Ermordung offensichtlich ein **rechtextremistisches Motiv** zugrunde lag, nachdem Walter Lübcke sich zuvor stark wahrnehmbar für Flüchtlinge eingesetzt hatte und sich seitdem zahlreichen Bedrohungen – vor allem auch in den neuen Medien – ausgesetzt sah.[48] Am **9.10.2019** kam es **in Halle zu einem rechtsextremistischen Anschlag mit zahlreichen Opfern**. Der Attentäter hatte am höchsten jüdischen Feiertag Jom Kippur erfolglos versucht, in der Synagoge in Halle ein Blutbad anzurichten und in diesem Kontext zwei Menschen erschossen.[49] Am **7.12.2022** fand in ganz Deutschland eine groß angelegte **Reichsbürger-Razzia** mit der Festnahme von 25 Personen statt, nachdem Ermittlungen zuvor ergeben hatten, dass eine radikalisierte und bewaffnete Reichsbürger-Gruppe ernsthaft und konkret den **gewaltsamen Umsturz der Bundesregierung und des demokratischen Rechtsstaats** geplant hatte.[50] Die Bundesinnenministerin sprach im Zusammenhang mit der Großrazzia von einem **„Abgrund terroristischer Bedrohung"** und dass die aufgedeckte mutmaßliche terroristische Vereinigung nach dem Stand der Ermittlungen **von gewaltsamen Umsturzfantasien und Verschwörungsideologien getrieben** sei.[51]

---

41 Pressemitteilung v. 13.11.2011 anlässlich des Haftbefehls gegen Beate Tschäpe wegen mutmaßlicher Mitgliedschaft in der terroristischen Vereinigung NSU.
42 BT-Drs. 17/14600.
43 BT-Drs. 17/14600, S. 861 bis 867.
44 BT-Drs. 18/12950, S. 1176.
45 openJur 2018, 9551 (nach 5 Jahren Prozessdauer, über 400 Prozesstagen und 30 Mio. € Kosten [Sasse, NJ 2018, 373]).
46 Vgl. dazu auch die – positive – Rechtseinschätzung des Urteils durch Sasse, NJ 2018, 373 f.
47 BGH, NJW 2021, 2896 = NStZ 2021, 663. Vgl. dazu auch BVerfG, NJW 2022, 3413 (erfolglose Verfassungsbeschwerde) = DVBl 2022, 1320, HRRS 2022, 350 (Ls.).
48 Der (Haupt)Täter wurde zu einer lebenslangen Freiheitsstrafe mit Feststellung der besonderen Schwere der Schuld verurteilt und die Anordnung der Sicherungsverwahrung gegen ihn vorbehalten (OLG Frankfurt, openJur 2021, 31437).
49 Der Täter wurde zu einer lebenslangen Freiheitsstrafe mit Feststellung der besonderen Schwere der Schuld und Unterbringung in der Sicherheitsverwahrung verurteilt (OLG Naumburg, openJur 2022, 22460).
50 Goertz, Kriminalistik 2023, 219 f.
51 Spiegel Online v. 7.12.2022.

I. Entwicklung des Polizeibegriffs

Die Ermordung Walter Lübckes, das Attentat von Halle und die Reichsbürger-Razzia haben deutlich gemacht, dass **vom Rechtsextremismus in Deutschland nach wie vor erhebliche Gefahren** für den Staat, die Allgemeinheit und Einzelne **ausgehen**.[52] Diese wurden in den vergangenen Jahren **von den deutschen Sicherheitsbehörden in dieser Dimension nicht erkannt.** Der **Verfassungsschutzbericht BW 2021**[53] geht davon aus, dass die **Coronapandemie als Katalysator** für die virtuelle Vernetzung von Rechtsextremisten, staatsfeindlichen Akteuren sowie „Reichsbürgern" und „Selbstverwaltern" wirkte[54] und das Bedrohungspotenzial nach wie vor hoch ist.[55]

Mit der Coronapandemie (→ Rn 24) entstand das Phänomen der sog. **„Querdenker"**. Diese Bewegung ist dadurch gekennzeichnet, dass sie die vom Staat angeordneten Schutzmaßnahmen (Masken- und Impflicht, Kontaktbeschränkungen, Schul- und Geschäftsschließungen etc.) weitgehend ablehnt und dem Staat die Legitimität für diese Maßnahmen vehement abspricht. Die Querdenker setzen sich im Kern aus Zugehörigen der **Reichsbürger- und Selbstverwalterszene**[56] zusammen, hinzu kommen auch Rechtsextremisten.[57] An den in ganz Deutschland stattgefundenen Demonstrationen und den sog. **Montagsspaziergängen** nahmen zeitweise auch weitere Personenkreise aus der Bürgerschaft teil, die Federführung lag aber weit überwiegend bei den Querdenkern.[58] Mittlerweile wird sehr deutlich, dass sich der Kern der Querdenker-Bewegung zunehmend **radikalisiert** und von der **Delegitimierung des Staates** ausgeht.[59] Sie ist ebenso wie die Reichsbürgerbewegung als grundlegend und potenziell gefährlich anzusehen.[60]

e) Räumung des Stuttgarter Schlossparks im Jahr 2010. Der massive **Polizeieinsatz am 30.11.2010** zur Räumung des Schlossparks in **Stuttgart** (sog. „schwarzer Donnerstag")[61] sorgte über längere Zeit für heftige und kontroverse Diskussionen über das Verhältnis von Politik und Polizei und über die Angemessenheit des Einsatzes polizeilicher Zwangsmittel. Damals demonstrierten tausende Bürger gegen das Milliardenprojekt der Deutschen Bahn zum Umbau des Stuttgarter Hauptbahnhofs („Stuttgart 21", „S 21"). Sog. „Parkschützer" ketteten sich an Bäume, die dem Bau weichen sollten. Durch den Einsatz von Wasserwerfern und Polizeigewalt wurden rund 160 Menschen verletzt.

Das **VG Stuttgart** stellte die Menschenansammlung im Stuttgarter Schlossgarten vom 30.9.2010 unter den **Schutz des Versammlungsrecht** (Art. 8 GG) und ging davon aus, dass es sich weder um eine reine Verhinderungsblockade handelte noch von der Versammlung in größerem Umfang Gewalttätigkeiten ausgingen. Die gegen die Teilnehmer der Versammlung ausgesprochenen

---

52 Masala/Scheffler Corvaja, in: Dietrich/Fahrner/Gazeas/von Heintschel-Heinegg, Handbuch Sicherheits- und Staatsschutzrecht, § 1 Rn 47 ff.; Goertz, Kriminalistik 2022, 199, 203 ff.
53 Verfassungsschutzbericht Baden-Württemberg 2021, hrsg vom Ministerium für Inneres, Digitalisierung und Migration Baden-Württemberg, vorgestellt am 14.7.2022.
54 Verfassungsschutzbericht BW 2021, S. 28, 31 f., 145 ff.
55 Verfassungsschutzbericht BW 2021, S. 36.
56 Vgl. dazu Herrmann, Kriminalistik 2022, 195 ff., u. Goertz, Kriminalistik 2022, 199, 205 f. Zu Begriff und Tragweite der „Reichsbürgerbewegung" vgl. VGH BW, VBlBW 2022, 123, 125, Goertz, Kriminalistik 2023, 219, 220 f., u. Neuwald, Kriminalistik 2023, 67 f. Zur Psychologie der Reichsbürger vgl. Ayerle, in: Stuttgarter Zeitung v. 9.1.2023, S. 4.
57 Vgl. dazu Goertz, Kriminalistik 2022, 138 ff., u. Die Polizei 2022, 201 ff.
58 Vgl. dazu Pöltl, NJW 2022, 919, 923 f.
59 Goertz, Kriminalistik 2022, 138, 143 ff.
60 Goertz, Kriminalistik 2023, 219, 222 ff., Kriminalistik 2022, 138, 144 f., 199, 203 ff., u. Die Polizei 2022, 201, 203 ff.; Herrmann, Kriminalistik 2022, 195, 196 f.; Blume, Kriminalistik 2022, 209, 210; Sicherheitsbericht „Sicherheit 2022" des Landes BW, hrsg vom Ministerium für Inneres, Digitalisierung und Migration Baden-Württemberg, veröffentlicht am 23.3.2023, S. 117 ff.
61 Vgl. dazu etwa Bilger/Warrlich, in: Stuttgarter Zeitung vom 28.9.2020, S. 3: „Als Schwarzer Donnerstag ging der Tag in die Landesgeschichte ein."

Platzverweise und deren Durchsetzung mittels Polizeizwang waren wegen der Polizeifestigkeit des Versammlungsrechts (→ § 6 Rn 15) rechtswidrig.[62]

19 **f) Geheimdienstliche Überwachungsmaßnahmen.** Anfang Juni 2013 sorgten die Enthüllungen des US-amerikanischen Whistleblowers und ehemaligen Geheimdienstmitarbeiters Edward Snowden von als Top Secret gekennzeichneten Dokumenten der **National Security Agency (NSA)** über die **globale Überwachungs- und Spionagetätigkeiten der Geheimdienste** für weltweites Entsetzen und Fassungslosigkeit. Die USA und Großbritannien hatten seit spätestens 2007 in großem Umfang die Telekommunikation und insbesondere das Internet global und verdachtsunabhängig überwacht. Zur Rechtfertigung wurde von den Verantwortlichen darauf hingewiesen, dass die Maßnahmen zur Vorbeugung terroristischer Anschläge erforderlich seien.

2014 wurde durch den Deutschen Bundestag der sog. „**Snowden-Untersuchungsausschuss**" eingesetzt, der am 23.6.2017 seinen Abschlussbericht vorlegte.[63] Die Schlussfolgerungen und politischen wie rechtlichen Bewertungen einschließlich der Sondervoten sind sehr umfassend ausgefallen.[64] Im Kern wird die **Notwendigkeit geheimdienstlicher Tätigkeiten** anerkannt, im Detail aber eine **sensiblere und die Rechte der Bürger bewahrende Vorgehens- und Arbeitsweise** angemahnt.

Die EU hat durch die **Richtlinie (EU) 2019/1937 des Europäischen Parlaments und des Rates vom 23.10.2019 zum Schutz von Personen, die Verstöße gegen das Unionsrecht melden**[65] Presseinformanten unter besonderen Schutz gestellt.[66] Damit soll erreicht werden, dass Hinweise auf Verstöße gegen das EU-Recht nicht aus Angst vor Repressalien unterdrückt und die Hinweisgeber besonders geschützt werden.[67] Die Umsetzung der Richtlinie in das deutsche Recht erfolgte (deutlich verspätet!) durch das **HinSchG**.[68] Das **Kommunale-Meldestellen-Gesetz** des Landes BW erklärt für die Kommunen die Regelungen des HinSchG für entsprechend anwendbar.

Das **BVerfG** hat in seinem richtungsweisenden **BNDG-Urteil**[69] für die Tätigkeit des BND festgestellt, dass „die Einräumung der Befugnis zur Auslandsaufklärung im Wege der strategischen Fernmeldeüberwachung durch Art. 10 Abs. 1 GG nicht von vornherein ausgeschlossen ist. Obwohl sie nicht auf konkrete und objektiviert bestimmte Anlassfälle begrenzt ist und damit ohne Eingriffsschwelle zu schweren Grundrechtseingriffen berechtigt, kann sie durch das Ziel der Auslandsaufklärung und deren besondere Handlungsbedingungen bei hinreichend begrenzter Ausgestaltung vor Art. 10 Abs. 1 GG und dem Verhältnismäßigkeitsgrundsatz gerechtfertigt werden."[70] Das BVerfG hat aber deutlich gemacht, dass die **Grundrechte auch für die Auslandsaufklärung** gelten und dass das GG eine **globale und pauschale Überwachung** auch zu Zwecken der Auslandsaufklärung **nicht zulässt**, vor allem müssen die **Daten der Inlandskommunikation ausgesondert** werden.[71]

---

62 VG Stuttgart, openJur 2015, 21316.
63 BT-Drs. 18/12850.
64 BT-Drs. 18/12850, S. 1265 bis 1705.
65 EU ABl. L 305 v. 26.11.2019, S. 17 bis 56.
66 Vgl. dazu auch Fehr, ZD 2022, 256 ff.; Gerdemann, NJW 2021, 3489 ff.; Nöcker, NVwZ 2021, 1497 ff.; Tinnefeld, DuD 2020, 391 ff.
67 Erwägungsgrund 35 der EU-RL 2019/1937, EU ABl. L 305, S. 17.
68 Gesetzentwurf: BT-Drs. 20/5992. Zutr. krit. zu den Problemen und Umgehungen im Gesetzgebungsverfahren Schiemann/Schnabel, KriPoZ 2023, 62 ff.
69 BVerfG, NJW 2020, 2235 ff. = DVBl 2020, 945 ff., mit zust. Anm. Durner, 951 ff., JA 2020, 631, mit zust. Anm. Muckel, 635.
70 BVerfG, NJW 2020, 2235, 2248 (Rn 143).
71 BVerfG, NJW 2020, 2235, 2238 (Rn 68 ff. [Geltung der Grundrechte], 2250 (Rn 168 [keine unbeschränkte Auslandsüberwachung], 2251 (Rn 170 ff. [Aussonderung der Inlandsdaten]).

I. Entwicklung des Polizeibegriffs

g) Kölner Silvesternacht 2015/16. In der **Silvesternacht 2015/2016** kam es in **Köln** zu 20 zahlreichen sexuellen Übergriffen von Personen mit Migrationshintergrund auf sich im öffentlichen Raum aufhaltende Frauen. In der folgenden Silvesternacht 2016/2017 setzten die Kölner Polizei und die weiteren Sicherheitsbehörden in Reaktion auf die Ereignisse des Vorjahres ein Sicherheitskonzept um, das dafür sorgte, dass erneute Ausschreitungen unterbunden werden konnten. Starke Kritik gab es im Nachfeld zu diesem Polizeieinsatz aber zum Thema „**Racial Profiling**", bei dem unter Rückgriff auf die Ethnie/Rasse einer Person ein Täter- oder Verdächtigtenprofil als Differenzierungsmerkmal erstellt wird.[72] Ein Racial Profiling ist jedenfalls dann verfassungsrechtlich unzulässig, wenn es zum **tragenden Motiv des polizeilichen Handelns** geworden ist.[73] Die öffentliche Diskussion hat deutlich gemacht, dass die Polizei gehalten ist, **mit zur Diskriminierung geeigneten Handlungen und Vorgehensweisen sehr sensibel und zurückhaltend umzugehen.** Racial Profiling → § 5 Rn 40.

h) Islamistischer Terrorismus II. Gravierende Auswirkungen auf Inhalte und Systematik 21 des Polizei-, Ordnungs- und Sicherheitsrecht des Bundes und der Länder hatte der **terroristische Anschlag auf den Berlin-Charlottenburger Weihnachtsmarkt am Breitscheidplatz am 19.12.2016**[74]. Der Täter nutzte einen Lkw als Tatwaffe, durch die Kollision mit dem Lkw starben 11 Besucher des Weihnachtsmarktes und weitere 55 Besucher wurden verletzt. Dem Täter – dem aus Tunesien stammenden **islamistischen Terroristen Anis Amri** – war es gelungen, trotz polizeilicher Erkenntnisse in Bezug auf seinen Status als terroristischer Gefährder durch das Netz der polizeilichen und ausländerrechtlichen Überwachung zu schlüpfen, indem er mehrfache Ortswechsel innerhalb der deutschen Bundesländer vornahm. Zudem konnte er nach dem Attentat über Frankreich nach Italien fliehen, wo er durch italienische Polizeikräfte erschossen wurde.

Durch das Attentat vom 19.12.2016 und die anschließende Flucht des Täters wurden **eklatante Schwächen der deutschen** – und auch europäischen – **Polizei- und Sicherheitsstruktur** offengelegt.[75] Es war nicht gelungen, die Erkenntnisse einzelner Sicherheits- und Polizeieinheiten des Bundes und der Länder so untereinander auszutauschen, dass eine erkannte Gefährdung hätte gebannt werden können.[76] Unter anderem hatte der marokkanische Geheimdienst dem BND eine Gefährderwarnung zukommen lassen. Auch zwischen den Sicherheitseinheiten der betroffenen Bundesländer fand keine ausreichende Kommunikation und Information statt.

Als Ausfluss des Attentats vom 19.12.2016 wurden deutschlandweit die **Sicherheitsanforde-** 22 **rungen an öffentliche Veranstaltungen erheblich verschärft.**[77] Zudem hat eine intensive sicherheitspolitische Diskussion begonnen, die nach wie vor andauert.[78] Die Verschärfung der Bedrohungslage durch terroristische Anschläge hat in verschiedenen Bundesländern zu Änderungen der Polizeigesetze geführt. Dies gilt auch für BW, wo durch das **Gesetz zur Änderung des Polizeigesetzes vom 28.11.2017**[79] entsprechende Änderungen des PolG umgesetzt wurden. Durch das **PolG 2020** wurden **weitere Spezialbefugnisse der Polizei** geschaffen (→ Rn 32).

---

72 Froese, DVBl 2017, 293; Schneider/Olk, JURA 2018, 936, 942.
73 OVG NRW, NVwZ 2018, 1497, 1500 (Rn 42), mit zust. Anm. Kerkemeyer, NVwZ 2018, 1501 f.; Schneider/Olk, 936; JURA 2018, 943.
74 Zu den Auswirkungen des islamistischen Terrorismus auf die Sicherheitslage vgl. auch Goertz, Die Polizei 2021, 394 ff., u. Die Polizei 2018, 313 ff.
75 Vgl. dazu Schmidt, Die Polizei 2020, 348 ff., u. Ebert, LKV 2018, 399, 402.
76 Vgl. Bericht des 1. Untersuchungsausschusses des Abgeordnetenhauses von Berlin zur Untersuchung des Ermittlungsvorgehens im Zusammenhang mit dem Terroranschlag am Breitscheidplatz am 19.12.2016 (Drs. 18/4000), S. 941 f.
77 Brommer, Polizeigesetz BW, Einf. S. 9.
78 Vgl. dazu etwa Thiel, GSZ 2021, 97 f.; Schmidt, Die Polizei 2020, 348 ff.; Strobl, BWGZ 2017, 77 f.; krit. dazu Logvinov, Die Polizei 2018, 262 ff.
79 GBl. S. 624.

23 Es steht außer Frage, dass sich die Polizei und ihre gesetzlichen Befugnisse zunehmend in einem **Spannungsfeld zwischen Verbrechensverhütung und Bewahrung der Bürgerrechte** befinden.[80] Die richtige Balance dieser unterschiedlichen Ausprägungen des Polizeirechts bleibt eine der grundlegenden Herausforderungen.

Rechtspolitisch muss konstatiert werden, dass die rechtsgeschichtlich bedingte Systematik des deutschen Polizei- und Sicherheitsrechts **deutliche kommunikative und organisatorische Risiken und Schwächen** aufweist. Die Aufteilung des Polizeirechts zwischen Bund und Ländern, die Differenzierung und strikte Trennung zwischen Geheimdienst- und Polizeibehörden[81] und die Aufgabenverteilung zwischen Polizeibehörden und Polizeivollzugsdienst[82] führen dazu, dass grundlegende Erkenntnisse einzelner Sicherheits- und Polizeistellen Gefahr laufen, nicht an die für die konkrete Gefahrenabwehr fachlich wie sachlich zuständige Stelle weitergeleitet zu werden. Das durch deutsches und EU-Recht gebildete Polizeirecht erscheint zersplitterter denn je.[83] Die **Architektur des deutschen Sicherheitsapparates ist sehr komplex und schwer steuerbar.**

Kontinuierliche Änderungen, Anpassungen und Verbesserung der deutschen Sicherheitsarchitektur sind **zwingend notwendig**, um stets besser gewährleisten zu können, dass mögliche Bedrohungen für die Sicherheit der Allgemeinheit frühzeitig und umfassend erkannt und verhindert werden.[84] Dabei muss aber beachtet werden, dass nach den Erfahrungen des Dritten Reiches und der DDR eine **grundlegende Abkehr vom Trennungsgebot und der Aufgabenverteilung zwischen Bund und Ländern ausscheidet.** Entscheidend wird daher sein, die **Zusammenarbeit** der deutschen Sicherheits- und Polizeibehörden zu vereinfachen und grundlegend zu **verbessern**.

24 i) Coronapandemie. Im **März 2020** ereilte die Bundesrepublik Deutschland nach China und vielen anderen Ländern der Welt sowie der gesamten EU die **Coronapandemie**. Diese wurde durch das neu aufgetretene **Coronavirus SARS-CoV-2** ausgelöst, das sich rasend schnell um die globalisierte Welt verbreitete und im Verlauf der Pandemie immer wieder Mutationen entwickelte. Durch das Virus erkrankten sehr schnell sehr viele Menschen weltweit[85], viele vor allem ältere Menschen starben nach einer Infektion mit dem Virus. Es handelte sich um die bis dahin **größte gesellschaftliche und rechtspolitische Krise in Deutschland** seit 1945, die alle Teile der Bevölkerung umfasste.

Der Schutz der Bevölkerung machte **umfassende Schutzmaßnahmen** erforderlich.[86] **Bund und Länder** agierten hier in einem engen und letztlich guten Zusammenspiel, legten **gemeinsame Leitziele und Maßnahmen** fest, die Länder bestanden allerdings auch auf der **Berücksichtigung lokaler und regionaler Besonderheiten**, was vielfach zu unübersichtlichen Regulierungsszenarien führte; die Umsetzung der infektionsschutzrechtlich gebotenen polizeilichen Maßnahmen erfolgte durch den Bund, die Länder, die Ortspolizeibehörden und die Gesundheitsämter.[87]

---

80 Vgl. dazu grundlegend Knape, Die Polizei 2018, 290 ff.
81 Sog. Trennungsgebot, vgl. dazu etwa Würtenberger/Heckmann/Tanneberger, Polizeirecht BW, § 3 Rn 30, sowie → § 16 Rn 12.
82 Vgl. exempl. dazu etwa VGH BW, VBlBW 2018, 316, 318 ff. (mit zust. Anm. Nachbaur, VBlBW 2018, 320 ff.), wonach die Polizeibehörden für die Gefährderansprache sachlich zuständig sind und nicht der Polizeivollzugsdienst.
83 So zutr. Ebert, LKV 2018, 399, 401: „Die ursprünglich gewollte „Einheit in Vielfalt" ist passé".
84 Vgl. dazu auch Thiel, GSZ 2021, 97, 99 f., u. Bäcker, GSZ 2018, 213 ff.
85 Am 1.3.2020 waren weltweit ca. 88.000 Menschen mit dem Corona-Virus SARS-CoV-2 infiziert und 10.000 Menschen verstorben. Am 15.09.2023 waren in 192 Ländern der Welt – bei hoher Dunkelziffer – bereits 677 Mio. Menschen als mit dem SARS-CoV-2-Virus infiziert erfasst worden, darunter 6,9 Mio. verstorbene Menschen (Quelle: Johns Hopkins University).
86 Plogmann, ZLVR 2020, 64: „Politische Akteure und staatliche Strukturen befinden sich in einem noch nie da gewesenen Stresstest."
87 Grundlegend dazu Pöltl, NJW 2022, 919, 922 ff.

I. Entwicklung des Polizeibegriffs

Rechtsgrundlage waren die §§ 32 u. 28 Abs. 1 S. 1, 28 a, 28 b u. 28 c IfSG und die landesrechtlichen Corona-Verordnungen. Im Frühjahr 2021 ergriff der Bund die Initiative und führte mit § 28 b IfSG eine **Bundesnotbremse** ein.[88]

Zu ergreifende Maßnahmen mit dem Ziel der Unterbindung sozialer Kontakte waren u. a. die Untersagung von Veranstaltungen und Versammlungen, eine Begrenzung der Begegnung im öffentlichen und privaten Raum, die Schließung praktisch aller öffentlichen und vieler privater Einrichtungen sowie fast aller Geschäfte und der Gaststätten. In **BW** wurden diese Maßnahmen durch die von der Landesregierung erstmals am 16.3.2020 auf der Grundlage von § 32 i. V. m. §§ 28 bis 31 IfSG erlassene **Verordnung über infektionsschützende Maßnahmen gegen die Ausbreitung des Virus SARS-CoV-2 (Corona-Verordnung – CoronaVO)**[89] und zahlreiche ergänzte Spezialverordnungen umgesetzt. Mit **Wirkung ab dem 23.3.2020** wurde für ganz BW angeordnet, dass im öffentlichen Raum ein **Verweilen in Gruppen von mehr als 2 Personen untersagt** ist. Mit Wirkung **ab dem 2.11.2020** wurde ein erneuter **Teil-Shutdown** angeordnet, **ab dem 16.12.2020** dann ein **umfassender Shutdown mit Ausgangsverboten**.[90] Ende 2021 mussten die Maßnahmen der CoronaVO wegen wieder stark steigender Infektionszahlen vor allem durch nach wie vor ungeimpfte Personen **wieder verschärft** werden[91], was vorrangig durch strengere Vorgaben (Testungen) gegenüber ungeimpften Personen erfolgte.[92] Im Nachgang der Corona-Pandemie müssen **Erforderlichkeit und Geeignetheit der getroffenen Schutzmaßnahmen betrachtet und kritisch hinterfragt** werden, damit in künftigen vergleichbaren Gefahrensituationen durch zielgerichtetere staatliche Schutzmaßnahmen das Verfassungsrecht besser gewahrt werden kann.[93]

Die **vehementen Eingriffe in die Aufenthaltsbestimmungs-, Versammlungs- und Bewegungsfreiheit der Menschen** waren grundsätzlich durch die erhebliche und konkrete Bedrohung von Leib und Leben durch das Corona-Virus SARS-CoV-2 grundsätzlich geboten und gerechtfertigt.[94] Zu Recht weisen *Gusy/Eichenhofer* aber darauf hin, dass die Regelungen des IfSG und die staatlichen Schutzmaßnahmen stets einer **kritischen Prüfung** aller drei Staatgewalten bedürfen.[95] Die grundsätzliche Rechtmäßigkeit der staatlichen Schutzmaßnahmen wurde vom BVerfG und zahlreichen Verwaltungsgerichten entsprechend festgestellt.[96] Der **EGMR** entschied, dass landesweite Ausgangssperren keine Freiheitsentziehung i. S. d. Art. 5 EMRK darstellen.[97] Das **BVerfG** machte deutlich, dass die notwendigen starken Grundrechtseinschränkungen eine

---

88 Vgl. dazu BVerfG (Bundesnotbremse I), NJW 2022, 139, m. Bespr. Degenhart, NJW 2022, 123 ff., u. → § 6 Rn 14.
89 Die erste Fassung der Corona-Verordnung stammte vom 16.3.2020 (GBl. S. 117); die Corona-Verordnung wurde nach Beendigung der pandemischen Lage durch Verordnung v. 28.2.2023 (GBl. S. 74) aufgehoben.
90 Best. durch VGH BW, openJur 2021, 16 (Rn 22 ff.).
91 Durch die Dritte, Vierte und Fünfte Verordnung der Landesregierung zur Änderung der Corona-Verordnung v. 23.11.2021 (GBl. S. 961), v. 3.12.2021 (GBl. S. 981) u. v. 17.12.2021 (GBl. S. 989).
92 Best. durch VGH BW, openJur 2021, 40866. Überblick der Maßnahmen bei Kießling, NVwZ 2021, 1801, 1804 ff.
93 Zutr. Blankenagel, DVBl 2023, 179, 181 f.: „Corona hat ... die Rechtfertigungsanforderungen an Gefahrenabwehr und Vorsorge ... durch die unbekümmerte Akzeptanz einer Expansion des Vorsorge-Gedankens ... einer erheblichen Erosion unterworfen."
94 Grundlegend krit. zur Einschränkung der Grundrechte Papier, GewArch 2022, 350 ff.
95 Gusy/Eichenhofer, Polizei- und Ordnungsrecht, Rn 78.
96 So etwa BVerfG, NJW 2022, 1366, NJW 2022, 612, 613 (Rn 8 ff.), u. NJW 2021, 2724, 2725 (Rn 13 ff.); VGH BW, VBlBW 2020, 322 ff., openJur 2020, 34823 (Rn 26, 32 ff.), openJur 2020, 34829 (Rn 26 ff.), openJur 2020, 34840 (Rn 38 ff.), openJur 2020, 77648 (Rn 31 ff.). Von einer Verfassungswidrigkeit landesweiter Ausgangsverbote geht Schmitt, NJW 2020, 1626 ff., aus, *a.* etwa Ziekow, DVBl 2020, 732 ff.; vgl. auch Kloepfer, VerwArch 2021, 169 ff., u. Hase, JZ 2020, 697, 703. Übersicht der Rechtsprechung des BVerfG zu den sog. Corona-Fällen bei Zuck/Zuck, NJW 2020, 2302 ff.
97 EGMR, EuGRZ 2021, 370, 371 f. (Rn 32 ff.).

ständige Überprüfung der Notwendigkeit der ergriffenen Maßnahmen erforderten.[98] Zudem entschied es, dass die Auswirkungen der Einschränkung von Grundrechten bei jeder Entscheidung (hier: Untersagung einer Versammlung[99]) in das **Ermessen der zuständigen Behörde** einfließen müssten.[100] Das **BVerwG** hielt Kontaktbeschränkungen sowie die Schließung von Gastronomiebetrieben und Sportstätten einschließlich Golfplätzen in Sachsen für verfassungsgemäß[101], dagegen die in Bayern im Frühjahr 2020 in Kraft befindlichen Regelungen über das Verlassen der eigenen Wohnung für unverhältnismäßig.[102] Ebenso bestätigte das BVerwG die Rechtmäßigkeit der Schließung von Gastronomiebetrieben Ende Oktober 2020 auf der Grundlage der infektionsschutzrechtlichen Generalklausel.[103] Der **VGH BW** hielt die Begrenzung der Verkaufsflächen nach Wiedereröffnung der Einzelhandelsgeschäfte ab 20.4.2020 auf 800 qm für nicht mit dem Gleichheitssatz vereinbar.[104] Zudem hielt er die vom Land BW (in der sog. „Corona-VO Einzelhandel") vorgesehene **Richtgröße für die Beschränkung der Kunden in Geschäften** auf eine Person pro 20 qm Verkaufsfläche wegen fehlender Bestimmtheit für unwirksam.[105] Im Oktober 2020 setzte der VGH BW das vom Land BW erlassene **Betriebsverbot für Prostitutionsstätten**[106] und das **Beherbergungsverbot** für Personen aus Regionen in Deutschland mit besonders hohen Corona-Fallzahlen[107] wegen Unverhältnismäßigkeit außer Vollzug, im Februar 2021 das landesweit geltende **nächtliche Ausgangsverbot**.[108] Ende 2021 setzte der VGH BW die **2G-Regelung**, die Ungeimpfte vom **Zugang zu den Hochschulen** weitgehend ausschloss, vorläufig außer Vollzug[109], ebenso im Januar 2022 für den Bereich des **Einzelhandels**.[110] Im Juli 2022 **bestätigte** der VGH BW in drei Hauptsacheverfahren die **Rechtmäßigkeit** der vom Land BW vorgesehenen zeitweisen **Betriebsschließungen** in unterschiedlichen Gewerbebereichen.[111]

Mit **Grundsatzbeschluss vom 19.11.2021** stellte das **BVerfG** fest, dass die im April 2021 vom Bundestag durch Änderung des IfSG erlassene **Bundesnotbremse verfassungsgemäß** war.[112] Dies galt sowohl für die **Kontaktbeschränkungen** gem. § 28 b Abs. 1 S. 1 Nr. 1 IfSG als auch für die nächtlichen **Ausgangsbeschränkungen** gem. § 28 b Abs. 1 S. 1 Nr. 2 IfSG. Grundlegend war dabei, dass die gesetzlichen Einschränkungen des § 28 b Abs. 1 Nr. 1, 2 IfSG zwar erhebliche Eingriffe in verschiedene Grundrechte bewirkten[113], diese tiefgreifenden Eingriffe aber wegen der **dem Staat aus Art. 2 Abs. 2 GG obliegenden Schutzpflicht zur Vorsorge gegen Gesundheitsbeeinträch-**

---

98 NJW 2020, 1427, 1428 (Rn 14).
99 Vgl. dazu Gusy/Eichenhofer, Polizei- und Ordnungsrecht, Rn 427.
100 BVerfG, NJW 2020, 1426, 1427 (Rn 13), mit Anm. Sachs JuS 2020, 474 ff. Ebenso die Entscheidungen des BVerfG, NVwZ 2020, 1749, 1750 f. (Rn 10 f.), NVwZ 2020, 711, 712 (Rn 20 ff.), u. NVwZ 2020, 783, 784 f. (Rn 13 ff.); vgl. auch VGH BW, DÖV 2020, 790 f. (Ls.), u. openJur 2020, 71141 (Rn 20 f.).
101 BVerwG, NVwZ 2023, 1000; zust. Hollo, in: „verfassungsblock.de" v. 25.11.2022: „Das Bundesverwaltungsgericht entscheidet mit Augenmaß" u. „die Judikative funktioniert".
102 BVerwG, NVwZ 2023, 1011.
103 BVerwG, Urt. v. 16.5.2023 – 3 C 4.22, 5.22.
104 VGH BW, VBlBW 2020, 333 ff.
105 VGH BW, DVBl 2020, 1154, 1159 f. (Rn 38 ff.) = VBlBW 2021, 42.
106 VGH BW, openJur 2020, 74510.
107 VGH BW, COVuR 2020, 711, 712 ff. (Rn 13 ff.) = DÖV 2021, 45 (Ls.).
108 VGH BW, KommJur 2021, 106.
109 VGH BW, openJur 2021, 46228, u. ZLVR 1/2002, 20.
110 VGH BW, openJur 2022, 2151.
111 VGH BW, DÖV 2022, 827 f. (Fitnessstudio), openJur 2022, 13338 (Gaststätte), u. openJur 2022, 13462 (Parfümerie).
112 BVerfG (Bundesnotbremse I), NJW 2022, 139, m. Bespr. Degenhart, NJW 2022, 123 ff.; vgl. dazu u. a. krit. Rhein-Fischer/Nußberger, EuGRZ 2022, 184 ff., u. Schwarz, NVwZ-Beilage 1/2022, 3.
113 BVerfG (Bundesnotbremse I), NJW 2022, 139, 142 (Rn 110 ff.), 158 (Rn 239 ff.).

I. Entwicklung des Polizeibegriffs

tigungen[114] **verfassungsgemäß und insbesondere verhältnismäßig** waren.[115] Ebenso stellte das BVerfG in einer weiteren Grundsatzentscheidung fest, dass die zum Schutz vor dem Coronavirus angeordneten **Schulschließungen verfassungsgemäß** waren.[116]

In der Krise zeigte sich, dass zwar die föderale Struktur das Risiko zu langwieriger und uneinheitlicher Entscheidungsprozesse birgt, dass aber das **spezialpolizeiliche gesetzliche Instrumentarium** (hier vor allem das Infektionsschutzrecht) **insgesamt gut funktioniert**.[117] Die föderale Struktur ermöglichte darüber hinaus **differenzierte**, den örtlichen und regionalen Besonderheiten angepasste **Schutzmaßnahmen**.[118] Dennoch war es wichtig, dass der Bund im April 2021 mit dem zu diesem Zweck erlassenen §§ 28 b IfSG befristet gültige, an den jeweiligen Inzidenzen orientierte und **bundesweit einheitliche Schutzmaßnahmen** als Mindeststandard vorgab. **Kritisch** muss für künftige vergleichbare Gefahrensituationen gefragt werden, ob tatsächlich **alle staatlichen Schutzmaßnahmen** aus einer ex-post-Sicht **erforderlich und angemessen** waren[119], die Coronapandemie sollte als **Lernstück künftiger Gefahrenabwehr** dienen.

3. Die Entwicklung in Baden-Württemberg. a) Anfänge der Rechtsentwicklung. Nach der Bildung des Landes BW im Jahr 1952[120] wurde die Organisation des staatlichen Polizeivollzugsdienstes zunächst durch Verordnungen der vorläufigen Regierung vereinheitlicht.[121] Am 21.11.1955 wurde für das neue Bundesland ein **einheitliches Polizeigesetz** für Baden-Württemberg erlassen (GBl. S. 249), neu bekanntgemacht am 16.1.1968 (GBl. S. 369). Unter Beibehaltung des Polizeistrafrechts regelte das Gesetz zusammenfassend die Aufgaben, Rechte, Organisation und Kosten der Polizei. Unter „Polizei" waren sowohl die Polizeibehörden als auch der Polizeivollzugsdienst zu verstehen. Hauptaufgabe der Polizei war, von dem einzelnen und dem Gemeinwesen Gefahren abzuwehren, durch die „Recht und Ordnung" bedroht werden, soweit es im öffentlichen Interesse geboten ist (vgl. § 1 Abs. 1 PolG [Fassung 1968]).

Seither wurde das PolG immer wieder geändert und ergänzt. Die wichtigsten Änderungen sind:[122]

b) Änderungen der Jahre 1974 bis 1996. Durch **Gesetz vom 2.7.1974** zur Ablösung des Polizeistrafrechts wurde das Polizeistrafrecht abgeschafft und in BW erstmals eine volle Rechtsvereinheitlichung erreicht. In § 1 Abs. 1 PolG wurden die Begriffspaare „Recht und Ordnung" durch die unbestimmten Rechtsbegriffe „öffentliche Sicherheit und Ordnung" ersetzt.[123] Mit **Gesetz vom 3.3.1976** wurden der Polizei zur Bekämpfung des Terrorismus neue bzw. erweiterte Ermächtigungsgrundlagen gegeben.[124] Durch das **Änderungsgesetz vom 22.10.1991** (GBl. S. 625) und die Neubekanntmachung durch Gesetz vom 13.1.1992 (GBl. S. 1) wurden zur Umsetzung des Volkszählungsurteils des BVerfG[125] in das PolG zum Schutz des Rechts auf informationelle

---

114 Vgl. dazu auch Papier, GewArch 2022, 350, 351, Frenz, DVBl 2021, 834 ff, u. Gärditz, NJW 2021, 2761, 2764 f.
115 BVerfG (Bundesnotbremse I), NJW 2022, 139, 150 (Rn 176), 152 (Rn 188), 157 (Rn 227, 231), 162 (Rn 275). Vgl. zur Verhältnismäßigkeit auch Michaelis, JA 2021, 573, 575.
116 BVerfG (Bundesnotbremse II), NJW 2022, 167, m. Bespr. Degenhart, NJW 2022, 123 ff.
117 Pöltl, NJW 2022, 919, 922 ff.; vgl. dazu auch Gundling, ZLVR 2020, 31, 37 f.: „Kein Grund, den Föderalismus zu beseitigen." Ein positives Zwischenfazit der föderalen Maßnahmen zieht insgesamt auch Plogmann, ZLVR 2020, 64 ff.
118 Pöltl, NJW 2022, 919, 922, 925.
119 In diesem Sinne zutreffend und instruktiv Blankenagel, DVBl 2023, 179, 180 ff.
120 Zur Rechtslage vor dem Jahr 1952 vgl. etwa Trurnit, in: Möstl/Trurnit, Polizeirecht BW, Rn 9.
121 Zur Entwicklung vgl. Stephan/Deger, Polizeigesetz BW, Einf. Rn 4 ff.
122 Vgl. im Einzelnen auch Stephan, in: Stephan/Deger, Polizeigesetz BW, Einf. IV, Änderungen des Polizeigesetzes nach 1955, sowie nachfolgend die Übersicht über alle Änderungen des PolG seit 1992 in Rn 65.
123 GBl. S. 210; vgl. auch Erlass des Innenministeriums über die Durchführung des Gesetzes zur Ablösung des Polizeistrafrechts, GABl. 1974, S. 1009.
124 GBl. S. 171.
125 BVerfGE 65, 1.

Selbstbestimmung bereichsspezifische **Regelungen zur Datenerhebung und -verarbeitung** aufgenommen, der sog. gezielte Rettungsschuss geregelt und nähere Bestimmungen zur Abgrenzung der Zuständigkeiten zwischen Polizeibehörden und Polizeivollzugsdienst und zur Dienst- und Fachaufsicht eingeführt. Am **16.9.1994** wurde die **Verordnung des Innenministeriums zur Durchführung des Polizeigesetzes** (DVO PolG) erlassen (GBl. S. 567), die zahlreiche Erläuterungen insbesondere zur Durchführung von Einzelmaßnahmen und zu den Aufgaben und zur Gliederung des Polizeivollzugsdienstes enthält. Mit **Gesetz vom 22.7.1996** wurden u. a. die Ermächtigungsgrundlage für verdachtsunabhängige Personenfeststellungen in öffentlichen Einrichtungen des internationalen Verkehrs und auf Durchgangsstraßen und die sog. Schleierfahndung ermöglicht (GBl. S. 501). In der **Verwaltungsvorschrift des Innenministeriums** zur Durchführung des Polizeigesetzes (VwV PolG) vom 18.7.1997 wurden wichtige Hinweise zur Auslegung einzelner Vorschriften des Polizeigesetzes gegeben (GABl. S. 406 ff.).

27 c) **Änderungen des Jahres 2004 (Verwaltungsstruktur).** Durch das **Gesetz zur Reform der Verwaltungsstruktur, Justizreform und zur Erweiterung des kommunalen Handlungsspielraums** (Verwaltungsstruktur- Reformgesetz [VRG]) **vom 1.7.2004** wurde die Organisation der Polizei teilweise neu geregelt (GBl. S. 469). Durch das Gesetz sollten die Einheit der staatlichen Verwaltung als Voraussetzung für integrierte Entscheidungen verwirklicht und der **dreistufige Verwaltungsaufbau** zum prägenden Element der Landesverwaltung ausgestaltet werden. Die Bündelungsfunktion der Regierungspräsidien, der Landratsämter und der Stadtkreise zur Erfüllung staatlicher Aufgaben wurde wesentlich erweitert und gestärkt. Im Grundsatz wurden die Landesoberbehörden sowie die höheren Sonderbehörden in die Regierungspräsidien, die unteren Sonderbehörden in die Landratsämter als Staatsbehörden und die Bürgermeisterämter in die Stadtkreise eingegliedert.[126] Weitere Organisationsänderungen betrafen die **staatlichen Sonderbehörden** wie die Forstämter und Forstdirektionen, Straßenbauämter, Gewässerdirektionen, Staatliche Gewerbeaufsichtsämter, Landesgewerbeamt, Landesgesundheitsamt etc., deren Aufgaben vorwiegend auf die Regierungspräsidien übertragen wurden.

28 d) **Änderungen des Jahres 2008 (Überwachung / Datenschutz).** Eine weitere gravierende Änderung erfuhr das Polizeirecht durch das **Gesetz zur Änderung des Polizeigesetzes vom 18.11.2008** (GBl. S. 390). Durch dieses Änderungsgesetz wurden u. a. in § 10 PolG das Zeugnisverweigerungsrecht neu eingeführt und in § 44 PolG die Zulässigkeit der Videoüberwachung bei öffentlichen Veranstaltungen und Ansammlungen und an öffentlich zugänglichen Orten erweitert. Auch datenschutzrechtliche Regelungen wurden neu gefasst bzw. neu in das Gesetz eingeführt, wie etwa § 49 PolG (längerfristige Observation durch den verdeckten Einsatz technischer Mittel), § 51 PolG (Einsatz automatischer Kennzeichenlesesysteme). Der Einsatz technischer Mittel zur Datenerhebung in oder aus Wohnungen und die Erhebung von Verkehrsdaten ohne Wissen der betroffenen Person wurden in § 50 PolG erweitert. Die Regelungen der §§ 53 bis 55 PolG über polizeiliche Maßnahmen mit Bezug auf die **Telekommunikation** wurden an die neuere Rechtsprechung des BVerfG (BVerfGE 130, 151) angepasst. In § 30 PolG wurde eine spezielle Ermächtigungsgrundlage für die Anordnung eines Platzverweises, eines Betretungs- und Aufenthaltsverbots, eines Wohnungsverweises und eines Rückkehr- und Annäherungsverbots zur Bekämpfung der häuslichen Gewalt eingeführt (vgl. auch § 133 PolG). Weitere Änderungen betrafen einzelne Standardmaßnahmen und die Datenerhebung und -verarbeitung. In § 129 PolG wurde für die Polizei eine Zurückbehaltungsbefugnis gesetzlich geregelt.

29 e) **Änderungen der Jahre 2013 / 2019 (Polizeistrukturreform).** Mit dem **Gesetz zur Umsetzung der Polizeistrukturreform** (Polizeistrukturreformgesetz [PolRG]) **vom 23.7.2013** wurde

---

126 VRG Art. 1 (Übertragung von Aufgaben auf die unteren Verwaltungsbehörden), Art. 2 (Übertragung von Aufgaben auf die Regierungspräsidien), Art. 3 (Veränderungen bei der Landespolizei), Dritter Teil (Anpassungen im Bereich des Innenministeriums) und Art. 27 (Änderungen des Polizeigesetzes).

erneut eine Polizeireform durchgeführt, die vor allem eine Änderung der Polizeistrukturen zum Ziel hatte (GBl. S. 233). Das PolRG mit insgesamt 39 Artikeln trat zum 1.1.2014 in Kraft.

Das Reformgesetz wurde auf der Grundlage der Vorschläge einer Projektgruppe ausgearbeitet und beinhaltete im Wesentlichen **5 Eckpunkte** (vgl. Art. 1 §§ 1 u. 2 PolRG [Veränderungen bei der Landespolizei, Aufgabenübertragungen]):

1. Verschmelzung der vier Landespolizeidirektionen bei den Regierungspräsidien mit den 37 Polizeipräsidien und Polizeidirektionen zu **zwölf** vergleichbar leistungsstarken und regional zuständigen **Polizeipräsidien** mit unmittelbarer Anbindung an das Innenministerium;
2. Bündelung der Einsatzeinheiten der bisherigen Bereitschaftspolizei und aller Spezialeinheiten in einem **Polizeipräsidium Einsatz**;
3. Integration der technischen Aufgabenwahrnehmung in einem **Präsidium Technik, Logistik, Service der Polizei**;
4. Bündelung der polizeilichen Aus- und Fortbildung sowie Personalgewinnung bei **einem** Bildungsträger, der **Hochschule für Polizei Baden-Württemberg**;
5. Umgestaltung des **LKA** zu einer **Zentral- und Servicestelle**.

Ziel der Reform war die **Schaffung einheitlicher Voraussetzungen für eine effektive, professionelle und bürgernahe Polizeiarbeit**.[127]

Die Polizeistrukturreform war von Anfang an **stark umstritten**. Kritiker hielten sie für „überdimensioniert" und überhastet. Die (mehrfachen) Organisationsreformen führten dazu, dass der **Polizeivollzugsdienst** innerhalb des Landes sowohl in sachlicher als auch in personeller Hinsicht über einen noch stärkeren **eigenen** Behörden- und Verwaltungsaufbau verfügt und sich somit gegenüber anderen staatlichen / kommunalen Behörden weiter abgrenzt und verselbstständigt. In einem demokratischen Staatswesen muss diese Entwicklung der „Polizei" zu einer Art „Sonderverwaltung" innerhalb der staatlichen Verwaltungsorganisation grundsätzlich kritisch gesehen werden.

Die **Auswirkungen der Polizeireform 2013** wurden durch die Landesregierung in der 16. Wahlperiode **evaluiert**.[128] Im September 2017 wurde das Umsetzungsprojekt „Evaluierung der Polizeistrukturreform Baden-Württemberg (Projekt Polizeistruktur 2020)" eingerichtet, das die im Abschlussbericht des Lenkungsausschusses „Evaluierung der Polizeistrukturreform Baden-Württemberg (EvaPol)" dargelegten Handlungsempfehlungen tiefgreifend prüfte und die für die Erstellung einer Kabinettsvorlage erforderlichen Ergebnisse erarbeitete.[129] Die Landesregierung beschloss auf Grundlage der Evaluierungsergebnisse die **Polizeistruktur 2020**.[130] Mit der Neustruktur wollte der Gesetzgeber „einen wichtigen Beitrag zur Stärkung der öffentlichen Sicherheit und zur Verbesserung des Sicherheitsgefühls in der Bevölkerung" leisten.[131] Durch das **Gesetz zur Umsetzung der Polizeistruktur 2020** (Polizeistrukturgesetz 2020 – PolSG2020)[132] vom 26.3.2019 wurde die Polizeireform 2013 in Teilen wieder geändert oder modifiziert. Im Wesentlichen bedeutete dies:

- Die **Anzahl der Polizeipräsidien** wurde von zuvor 12 **auf 13 erhöht**. Das Polizeipräsidium Tuttlingen wurde aufgelöst, in Pforzheim und Ravensburg entstanden zwei neue Polizeiprä-

---

127 Stephan, in: Stephan/Deger, Polizeigesetz BW, Einf. Rn 45 ff.; Brommer, Polizeigesetz BW, Vorwort, S. 4.
128 Vgl. dazu eingehender die Ausführungen des Innenministers in LT-Plenarprot. 16/86, S. 5219.
129 LT-Drs 16/4162, S. 2.
130 Pressemitteilung des Landes BW vom 24.7.2018.
131 LT-Drs. 16/5603, S. 12.
132 GBl. S. 93. Zum Gesetzgebungsverfahren vgl. Gesetzentwurf LT-Drs. 16/5603; erste Gesetzesberatung LT-Plenarprot. 16/86, S. 5218 bis 5225; Beschlussempfehlung und Bericht des Ausschusses für Inneres, Digitalisierung und Migration LT-Drs. 16/5846; zweite Gesetzesberatung LT-Plenarprot. 16/87, S. 5262 bis 5274; Gesetzesbeschluss LT-Drs. 16/5932.

sidien. Der Bodenseekreis sowie die Landkreise Ravensburg und Sigmaringen bilden das neue Polizeipräsidium mit Sitz in Ravensburg; der Sitz der Kriminalpolizeidirektion verblieb in Friedrichshafen. Die Landkreise Calw, Freudenstadt und der Enzkreis bilden zusammen mit dem Stadtkreis Pforzheim das neue Polizeipräsidium mit Sitz in Pforzheim; der Sitz der Kriminalpolizeidirektion ist in Calw.[133]

- Die **örtlichen Zuschnitte** der Polizeipräsidien wurden umfassend **modifiziert**. Das Polizeipräsidium Tuttlingen wurde aufgelöst und der regionale Zuschnitt der Polizeipräsidien Karlsruhe, Konstanz und Reutlingen verändert.
- Die **Zuständigkeiten** des Polizeivollzugsdienstes für **Verkehrsunfälle** wurden geändert. Einfach gelagerte Verkehrsunfälle mit schweren Folgen werden durch die Polizeireviere aufgenommen, die spezialisierte Verkehrsunfallaufnahme wird daneben beibehalten.

Die Polizeistruktur 2020 **trat am 1.1.2020 in Kraft**.[134] Im **Juni 2021** wurde dem Land BW dem Landtag ein **Bericht über die durch das Polizeistrukturreformgesetz erzielten Effizienzgewinne** für das Jahr 2020 vorgelegt.[135]

32 **f) Änderungen des Jahres 2017 (Terrorismusbekämpfung).** Durch das **Gesetz zur Änderung des Polizeigesetzes vom 28.11.2017**[136] wurde eine umfassende Ergänzung des PolG vorgenommen. Das Gesetz diente in erster Linie der **Verbesserung der Terrorismusbekämpfung**. Es war eine Reaktion auf die Erkenntnisse aus dem Attentat auf den Berliner Weihnachtsmarkt am 19.12.2016 (→ Rn 21 ff.). Ein Teil der neuen Regelungen war zudem Ergebnis der vom 15. Landtag von BW beschlossenen Handlungsempfehlungen, die der NSU-Untersuchungsausschuss des Bundestags gegeben hatte[137].

Der Gesetzgeber wollte die aus seiner Sicht für eine wirksame Terrorismusbekämpfung **notwendigen Eingriffsbefugnisse** der Polizei in das PolG einfügen.[138] Zu diesem Zweck wurden im PolG folgende Ergänzungen vorgenommen:

1. Mit § 44 Abs. 4 PolG wurde die Möglichkeit der automatischen Auswertung von Bildaufzeichnungen geschaffen.
2. Auf der Grundlage des § 54 PolG kann die Polizei ohne Wissen der betroffenen Person deren Telekommunikation überwachen.
3. § 31 PolG ermöglicht der Polizei zur Verhütung terroristischer Straftaten den Erlass einer Aufenthaltsvorgabe oder eines Kontaktverbots.
4. Durch § 32 PolG wurde zur Verhütung terroristischer Straftaten die Möglichkeit zur Anordnung einer elektronischen Aufenthaltsüberwachung geschaffen.
5. Durch § 69 PolG wird der Polizei in bestimmten Fällen der Gebrauch von Explosivmitteln erlaubt.

Mit den aufgeführten Gesetzesänderungen sollten **bessere Aufklärung und Erkenntnisgewinnung zur Aufdeckung islamistisch-terroristischer Strukturen** ermöglicht werden. Nach der Landesregierung „ist alles daran zu setzen, Personen, die unerkannt und konspirativ Anschläge vorbereiten, aufzuspüren und schwerste Straftaten zu verhindern. Wirksame Terrorismus- und

---

[133] Vgl. auch die Übersicht in LT-Drs. 16/5603, S. 11, 13.
[134] Art. 5 PolSG2020 (GBl. S. 96).
[135] LT-Drs. 17/247 v. 17.6.2021.
[136] GBl. S. 624. Zum Gesetzgebungsverfahren vgl. Gesetzentwurf LT-Drs. 16/2741; erste Gesetzesberatung LT-Plenarprot. 16/42, S. 2380 bis 2396; Beschlussempfehlung und Bericht des mitberatenden Ständigen Ausschusses und des federführenden Ausschusses für Inneres, Digitalisierung und Migration LT-Drs. 16/2915; zweite Gesetzesberatung LT-Plenarprot. 16/47, S. 2723 bis 2838; Gesetzbeschluss LT-Drs. 16/3011.
[137] Vgl. LT-Drs. 15/8000, S. 972, sowie → Rn 17.
[138] LT-Drs. 16/2741, S. 1, 20.

Kriminalitätsbekämpfung muss deshalb, soweit dies verfassungsrechtlich möglich ist, bereits im Vorfeld konkreter Straftaten ansetzen."[139]

Vor allem die **grundlegenden Eingriffe in die informationelle Selbstbestimmung** durch die Möglichkeiten der Telekommunikationsüberwachung (TKÜ) waren im Gesetzgebungsverfahren umstritten. Es steht außer Frage, dass die Ergänzungen des PolG **geeignete Maßnahmen zur Terrorismusbekämpfung** darstellen. Wichtig bleibt, dass die durch das Verfassungsrecht bedingten **datenschutzrechtlichen Grenzen eingehalten** werden und das Recht der informationellen Selbstbestimmung gewahrt bleibt; hier wird der **Überwachung durch die Datenschutzbeauftragten** grundlegende Bedeutung zukommen.

33

g) Änderungen des Jahres 2017 (Alkoholkonsumverbot). Durch das **Gesetz zur Abwehr alkoholbedingter Störungen der öffentlichen Sicherheit** vom 28.11.2017[140] wurde § 18 PolG neu in das PolG eingefügt. Über § 18 PolG kann durch Polizeiverordnung der **Alkoholkonsum an örtlichen Brennpunkten zeitlich begrenzt untersagt** werden. Mit der gesetzlichen Regelung sollen die Kommunen in die Lage versetzt werden, alkoholbedingten Straftaten und Ordnungswidrigkeiten an diesen Örtlichkeiten vor allem in den Abend- und Nachtstunden an Wochenenden oder vor Feiertagen wirksamer entgegenzutreten; die Ortspolizeibehörden sollen gezielt gegen alkoholbedingte Störungen der öffentlichen Sicherheit vorgehen können.[141]

34

Die Neuregelung in § 18 PolG war eine **Reaktion auf die Rechtsprechung des VGH BW**, wonach örtliche Alkoholkonsumverbote in der Regel nicht durch eine auf § 17 PolG gestützte Polizeiverordnung ausgesprochen werden können.[142] Der VGH BW hatte darauf hingewiesen, dass es hierzu einer eigenständigen Regelung durch den Gesetzgeber bedürfe.[143] In Reaktion auf diese Rechtsprechung hatten die **kommunalen Spitzenverbände** darauf gedrängt, dass durch das Land eine geeignete gesetzliche Rechtsgrundlage geschaffen werde.[144]

Die vom Gesetzgeber in § 18 PolG vorgesehenen stringenten und umfassenden Tatbestandsvoraussetzungen für den Erlass eines Alkoholkonsumverbots haben dazu geführt, dass in der Praxis entsprechende Rechtsverordnungen bislang **keine größere Rolle** spielen[145], die Regelung läuft weitgehend ins Leere.

h) Änderungen des Jahres 2020 (Neufassung PolG / EU-Datenschutzrecht). Durch das **Gesetz zur Umsetzung der Richtlinie (EU) 2016/680 für die Polizei in Baden-Württemberg und zur Änderung weiterer polizeilicher Vorschriften** vom 6.10.2020[146] erfuhr das PolG **weitreichende Änderungen und Ergänzungen** und erhielt eine vollständige **Neufassung**. Das Gesetz diente vor allem **drei Zielen**[147]:

35

---

139 LT-Drs. 16/2741, S. 20.
140 GBl. S. 631. Zum Gesetzgebungsverfahren vgl. Gesetzentwurf LT-Drs. 16/2741; erste Gesetzesberatung LT-Plenarprot. 16/42, S. 2380 bis 2396; Beschlussempfehlung und Bericht des mitberatenden Ständigen Ausschusses und des federführenden Ausschusses für Inneres, Digitalisierung und Migration, LT-Drs. 16/2915; zweite Gesetzesberatung LT-Plenarprot. 16/47, S. 2723 bis 2838; Gesetzesbeschluss LT-Drs. 16/3012.
141 LT-Drs. 16/2741, S. 1, 22 ff.
142 VGH BW, VBlBW 2010, 33 (fehlende Bestimmtheit einer Rechtsverordnung), VBlBW 2010, 29 (keine hinreichende Gefahr durch Alkoholkonsum im öffentlichen Raum). Vgl. dazu auch Braun, BWGZ 2018, 76 f., u. Pölli, VBlBW 2018, 221, 223 ff.
143 VGH BW, VBlBW 2010, 29, 33.
144 Vgl. dazu eingehend Pöltl, VBlBW 2018, 221, 226, sowie → § 9 Rn 39 ff.
145 Entsprechende Einschätzung bereits durch Braun, BWGZ 2018, 76, 81 f., u. Pöltl, VBlBW 2018, 221, 233 f.
146 GBl. S. 735, ber. S. 1092. Zum Gesetzgebungsverfahren vgl. Gesetzentwurf LT-Drs. 16/8484; erste Gesetzesberatung LT-Plenarprot. 16/126, S. 7788 bis 7796; Beschlussempfehlung und Bericht des mitberatenden Ständigen Ausschusses und des federführenden Ausschusses für Inneres, Digitalisierung und Migration LT-Drs. 16/8811; zweite Gesetzesberatung LT-Plenarprot. 16/127/, S. 7851 bis 7867; Gesetzesbeschluss LT-Drs. 16/8886.
147 LT-Drs. 8484, S. 1.

1. **Umsetzung** der **DSRL 2016/680** in das PolG. Zu diesem Zweck wurden nicht nur die zuvor bereits bestehenden datenschutzrechtlichen Normen ergänzt und erweitert, sondern **zahlreiche neue datenschutzrechtliche Normen** erlassen. Zudem fanden verschiedene Anpassungen statt, die der **Rechtsprechung des BVerfG** zur Geltung verhelfen. Nunmehr befassen sich fast die Hälfte der im PolG enthaltenen Normen mit dem Datenschutz der Polizei (→ Rn 68).
2. Die umfangreichen **Ausführungen und Vorgaben des BVerfG** in seinem **Urteil vom 20.4.2016 (BKAG-Urteil)**[148] wurden in das PolG BW **eingearbeitet**. Dies betrifft vor allem die eingriffsintensiven Polizeibefugnisnormen. Gleiches gilt für die **Vorgaben des BVerfG zum Einsatz automatischer Kennzeichenlesesysteme.**[149]
3. Es wurden Änderungen und Ergänzungen des PolG vorgenommen, um **Gefahren vor allem des internationalen Terrorismus** sowie im Bereich der **häuslichen oder sexuellen Gewalt** noch wirksamer begegnen zu können. Zu diesem Zweck wurden die **polizeilichen Befugnisnormen effektiviert.**[150]

Die **verschiedenen Inhalte und Änderungen des Gesetzes** waren – bis auf die umfangreichen Ergänzungen im Datenschutz zur Umsetzung der DSRL 2016/680 – zwischen den beiden Regierungsparteien **sehr umstritten**. Es kam darüber zum offenen politischen Disput.[151] Eine Einigung konnte erst im Dezember 2019 herbeigeführt werden.[152] Auch in der Öffentlichkeit kam es zu **Diskussionen und Protesten** gegen die geplanten Änderungen des PolG.[153]

Ergänzende Gesetzesänderungen erfolgten durch das **Gesetz zur Anpassung landesrechtlicher Rechtsvorschriften an die Neufassung des Polizeigesetzes** (Polizeigesetz-Anpassungsgesetz – PolGAnpG) vom 3.2.2021.[154]

II. Europäische Zusammenarbeit

1. **Grundlagen der polizeilichen Kooperation. a) Europäisierung des Polizeirechts.** Die Bedeutung des EU-Rechts und des internationalen Rechts für die Tätigkeit der Polizei nimmt stetig zu. *Pilniok* sieht die **Sicherheit** zutreffend als **europäischen Integrationsfaktor** an.[155] Das Zusammenwachsen Europas erfordert eine stärkere Zusammenarbeit der europäischen Polizei in Sicherheitsfragen. Es gibt im Bereich des Sicherheits- und Polizeirechts eine zunehmende **Europäisierungstendenz**[156], ein **europäisches Polizeirecht** ist im Entstehen.[157] Der Schwerpunkt der internationalen Kooperation liegt beim Bund und nicht bei den Ländern. Es steht außer Frage, dass die grenzüberschreitende Kriminalität angesichts offener europäischer Binnengrenzen und eines grenzfreien elektronischen Marktes (Internet etc.) zunimmt und zunehmend schwerer zu bekämpfen ist.[158]

---

148 BVerfGE 141, 220 ff.
149 BVerfG, NJW 2019, 842 ff.
150 LT-Drs. 8484, S. 1, 117 ff.
151 Dies dauerte bis unmittelbar vor dem Gesetzgebungsverfahren an, vgl. dazu etwa Rieger, in: Stuttgarter Zeitung v. 9.7.2020.
152 Vgl. dazu etwa Stuttgarter Zeitung v. 5.12.2019, v. 12.12.2019 und v. 1.10.2020.
153 Stuttgarter Zeitung v. 13.7.2019: „Bei einer Demonstration gegen geplante Verschärfungen des Polizeigesetzes von Baden-Württemberg kommt es zu einem Konflikt: Die Protestierenden und die Polizei geraten aneinander."
154 GBl. S. 53; Gesetzentwurf: LT-Drs. 16/9241.
155 Pilniok, in: Dietrich/Fahrner/Gazeas/von Heintschel-Heinegg, Handbuch Sicherheits- und Staatsschutzrecht, § 9 Rn 4.
156 Kingreen/Poscher, Polizei- und Ordnungsrecht, § 1 Rn 35; Pfeffer, NVwZ 2022, 294 f., 296 f.; Gärditz, GSZ 2017, 1, 5 f.
157 Möstl, in: Möstl/Trurnit, Polizeirecht BW, Rn 65.
158 Vgl. dazu etwa Hartmann/Holland/Holland, Geldwäsche in Europa, S. 103 ff.

II. Europäische Zusammenarbeit

Ein wesentliches Motiv für die polizeiliche Zusammenarbeit in (West-)Europa war in den 70er Jahren die Bedrohung durch terroristische Gewalttaten. Bei der Tagung des Europäischen Rats im Dezember 1975 in Rom wurde erstmals ein Gremium eingerichtet, die sog. **TREVI-Gruppe** (**T**errorismus-**R**adicalisme-**E**xtremisme-**Vi**olance), die sich ab 1976 auf Ministerebene regelmäßig zu Konsultationen traf. Von dieser TREVI-Kooperation als Planungs- und Koordinationsinstanz gingen bedeutende Impulse für die Zusammenarbeit der Polizei in Europa aus. Im **Vertrag von Maastricht** über die Europäische Union vom 7.2.1992 wurde die polizeiliche Zusammenarbeit zur Verhütung und Bekämpfung des Terrorismus, des illegalen Drogenhandels und sonstiger schwerwiegender Formen der internationalen Kriminalität vereinbart (BGBl. II S. 1253). Diese Form der intergouvernementalen Kooperation wird als „dritte Säule" neben den Verträgen über die Europäische Wirtschaftsgemeinschaft (als erste) und der gemeinsamen Außen- und Sicherheitspolitik (als zweite) unter dem gemeinsamen Dach der EU bezeichnet.[159] Es soll ein **europäischer Raum der Freiheit, der Sicherheit und des Rechts** entstehen.[160] In dem Vertrag wurde erstmals die Schaffung des europäischen Polizeiamtes „**Europol**" vereinbart (→ Rn 46).

Im **Vertrag von Amsterdam** über die Europäische Union vom 2.10.1997 (BGBl. 1998 II S. 387) wurden alle Bestimmungen über den „freien Personenverkehr" (Zollangelegenheiten, Außengrenzen, Visum-, Asyl- und Einwanderungspolitik) in den Gemeinschaftsbereich überführt. Die Zusammenarbeit im Bereich der Polizeiangelegenheiten blieb aber weiterhin weitgehend den zwischenstaatlichen Regelungen überlassen. Nach langen Verhandlungen wurde am 26.2.2001 der **Vertrag von Nizza** unterzeichnet. Neben dem bereits bestehenden Europäischen **Polizeiamt „Europol"** (→ Rn 36, 46) wurde im Bereich der justiziellen Zusammenarbeit die Koordinierungsstelle „**Eurojust**" geschaffen, die verstärkt europaweit die strafrechtlichen Ermittlungen unterstützen und die Bearbeitung von Rechtshilfeersuchen vereinfachen soll. In Deutschland trat am 18.5.2004 das sog. **Eurojust-Gesetz** – EJG – in Kraft (BGBl. I S. 1902), nunmehr in der Fassung vom 9.12.2019 (BGBl. I S. 2010); → Rn 52.

Die Rechtssetzungskompetenz der EU im Bereich des **Datenschutzrechts** hat für den Bereich des Sicherheits- und Polizeirechts zu einem „**Kompetenzsog**" auf europäischer Ebene gesorgt (→ § 10 Rn 23 ff.)[161], hier ist mit weiteren Rechtssetzungen der EU zu rechnen.[162]

b) Schengener Informationssystem (SIS). Am 14.6.1985 beschlossen die Regierungschefs von Frankreich, den Benelux-Ländern und der Bundesrepublik Deutschland in Schengen/Luxemburg das **Schengener Übereinkommen** über den schrittweisen Abbau ihrer Binnengrenzen (SchÜK)[163] – Schengen I –.[164] Am 19.6.1990 schlossen diese **Vertragspartner das Schengener Durchführungsübereinkommen (SDÜ)** – Schengen II –, das in Deutschland am 1.9.1993 in Kraft trat (BGBl. II S. 1013). Diesem Übereinkommen sind weitere Staaten beigetreten, so etwa 1990 Italien, 1991 Spanien und 2004 die Schweiz als nicht EU-Staat. Gem. Art. 3 der Akte zum Beitrittsvertrag waren die Übereinkommen bzw. der „Schengen Besitzstand" für weitere zehn Beitrittsstaaten ab 1.5.2004 verbindlich. Mit Bulgarien und Rumänien wurden 2005 entsprechende Regelungen getroffen.

Das Schengener Durchführungsabkommen ist in acht Abschnitte gegliedert. Titel III (Polizei und Sicherheit) enthält Regelungen über die polizeiliche Zusammenarbeit (Art. 39 bis 47 SDÜ)

---

159 Pfeffer, NVwZ 2022, 294; Di Fabio, DÖV 1997, 94, 96.
160 Möstl, in: Möstl/Trurnit, Polizeirecht BW, Rn 65, 66; vgl. auch Pilniok, in: Dietrich/Fahrner/Gazeas/von Heintschel-Heinegg, Handbuch Sicherheits- und Staatsschutzrecht, § 9 Rn 5, 8 f.
161 Zutr. in diesem Sinne Pfeffer, NVwZ 2022, 294, 296 m. w. N.
162 Vgl. dazu Pfeffer, NVwZ 2022, 294, 296 ff.
163 GMBl. 1986 S. 79.
164 Zur Entwicklung vgl. Germano/Lau, Die Polizei 2021, 206 f.

und über die Rechtshilfe in Strafsachen. Art. 92 bis 119 SDÜ regeln den Aufbau und die Funktion des „Schengener Informationssystems". Das **Schengener Informationssystem (SIS)** soll als datengestütztes Fahndungssystem den für Kontrollen im Inland, an den gemeinsamen Außengrenzen und für die Visumsvergabe zuständigen Behörden zur Verfügung stehen. Jeder Vertragsstaat hat eine nationale Stelle verbindlich festgelegt, die alle Aufgaben im Rahmen der Informationsbeschaffung, der Informationsübermittlung und der Koordination wahrnimmt. Diese Stellen werden **SIRENE** (Supplementary Information Request at the National Entrees) genannt. Die SIRENE für Deutschland wurde beim BKA eingerichtet.[165]

39   Durch die **Verordnung (EG) 2424/2001 des Rates vom 6.12.2001** über die Entwicklung des Schengener Informationssystems der zweiten Generation (SIS II)[166] und den **Ratsbeschluss 2007/533/JI vom 12.6.2007** über die Einrichtung, den Betrieb und die Nutzung des Schengener Informationssystems der zweiten Generation (SIS II)[167] wurde mit **SIS II** eine modernisierte und erweiterte Version von SIS etabliert.[168] Diese ist **am 9.4.2013 in Betrieb gegangen**. SIS II ermöglicht auch die **Verarbeitung biometrischer Daten**.

40   Mit der **Verordnung (EU) 2018/1862 des Europäischen Parlaments und des Rates vom 28.11.2018** über die Einrichtung, den Betrieb und die Nutzung des Schengener Informationssystems (SIS) im Bereich der polizeilichen Zusammenarbeit und der justiziellen Zusammenarbeit in Strafsachen[169] wurden die **Regelungen für die Nutzung von SIS in den Bereichen der Polizei und der Justiz völlig neu aufgestellt** (sie wird ergänzt durch die Verordnungen [EU] 2018/1860 [Nutzung von SIS bei der Rückkehr illegal aufhältiger Drittstaatsangehöriger][170] und 2018/1861 [Nutzung von SIS im Bereich der Grenzkontrollen][171] vom 28.11.2018; alle 3 Verordnungen sollen trotz unterschiedlicher Rechtsgrundlagen sicherstellen, dass **SIS als ein einziges Informationssystem** betrieben wird[172]). Die neuen Regelungen des SIS – SIS 3.0 – traten mit Inbetriebnahme des SIS auf der Grundlage der Verordnung (EU) 2018/1862 in Kraft, zugleich wurden alle bislang bestehenden Regelungen ersetzt, vor allem die des SDÜ (bereits durch den Ratsbeschluss 2007/533/JI erfolgt), der Verordnung (EG) 2424/2001 und des Ratsbeschluss 2007/533/JI (vgl. Art. 78, 79 der Verordnung [EU] 2018/1862).[173] In die Verordnung (EU) 2018/1862 sind die Erkenntnisse der EU-Kommission aus dem notwendigen umfassenden Test von SIS II (gem. Art. 71 Abs. 3 Buchst. c Ratsbeschluss 2007/533/JI) eingeflossen.[174] In SIS 3.0 wurden **neue Datenkategorien** aufgenommen, um schnelle Ergebnisse erzielen zu können, die **Verarbeitung biometrischer und daktyloskopischer Daten** soll ermöglicht werden, eine **automatisierte Fingerabdruck-Identifizierung** wird implementiert, der **DNA-Abgleich** wird unter bestimmten Voraussetzungen erlaubt, das **Anhalten** und die **Befragung von Personen** werden vorgesehen.[175] Zudem enthält die Verordnung (EU) 2018/1862 die notwendigen besonderen **datenschutzrechtlichen Regelungen** im Anwendungsbereich von SIS. Der **Ratsbeschluss 2007/533/JI** wurde bis zu seinem Außerkrafttreten **geändert** und an die kommende Neuregelung

---

165   Art. 6 des Gesetzes zum Schengener Übereineinkommen (BGBl. 1993 II S. 1011).
166   EU ABl. L 328/4 v. 13.12.2001.
167   EU ABl. L 205/63 v. 7.8.2007. Für im deutschen Recht anwendbar erklärt durch das Gesetz zum Schengener Informationssystem der zweiten Generation (SIS-II-Gesetz) vom 6.6.2009 (BGBl. I S. 1226).
168   SIS II wird von 29 europäischen Ländern angewandt (laut LT-Drs. 16/9917, S. 2,Fn 1 sogar von 30). Vgl. dazu auch Aden, in: Lisken/Denninger, Handbuch des Polizeirecht, Kap. M Rn 205 bis 212; Bock, in: Schenke/Graulich/Ruthig, Sicherheitsrecht, § 17 BVerfSchG, Rn 17 f.
169   EU ABl. L 312/56 v. 7.12.2018, geändert durch die Verordnung (EU) 2019/818 v. 20.5.2020 (EU ABl. L 135/85 v. 22.5.2019, ber. EU ABl. L 10/5 v. 15.1.2020).
170   EU ABl. L 312/1 v. 7.12.2018.
171   EU ABl. L 312/14 v. 7.12.2018.
172   Erwägungsgrund 5 zur Verordnung (EU) 2018/1862, EU ABl. L 312, S. 57.
173   Erwägungsgrund 84 zur Verordnung (EU) 2018/1862, EU ABl. L 312, S. 66.
174   Erwägungsgrund 3 zur Verordnung (EU) 2018/1862, EU ABl. L 312, S. 56.
175   Vgl. dazu Germano/Lau, Die Polizei 2021, 206, 207 f.

II. Europäische Zusammenarbeit

von SIS angepasst (Art. 77 der Verordnung [EU] 2018/1862). Das erweiterte System **SIS 3.0** ist seit 7.3.2023 in Betrieb.

Mit der **Verordnung (EU) 2019/818 des Europäischen Parlaments und des Rates vom 20.5.2019** zur Errichtung eines Rahmen der Interoperabilität zwischen EU-Informationssystemen (polizeiliche und justizielle Zusammenarbeit, Asyl und Migration) und zur Änderung der Verordnungen (EU) 2018/1726, (EU) 2018/1862 und (EU) 2019/816[176] erfolgte ein weiterer wichtiger Schritt im Informationsaustausch zwischen den Polizeibehörden innerhalb der EU. Es soll durch unterschiedliche technische Systeme eine **deutlich verbesserte Interoperabilität** zwischen den einzelnen Datenbanken erreicht werden.[177] Zu diesem Zweck werden vier neue Datenabgleichsysteme eingeführt: European search portal (**ESP**), biometric matching system (**BMS**), common identity repository (**CIR**) und multiple-identity detector (**MID**).[178] Insgesamt soll eine deutliche **Verbesserung der Identitätskontrollen** innerhalb der EU erreicht werden (Art. 2 der Verordnung [EU] 2019/818). Auch SIS soll in das neue Datenverbundsystem eingebunden werden (Art. 3 Abs. 1 der Verordnung [EU] 2019/818).

c) Schengen-Acquis. Im **Vertrag von Amsterdam** wurde vereinbart, die Schengener Abkommen in das EU-Recht zu integrieren (sog. „**Schengen-Acquis**"). Diese Änderung ist am 1.5.1999 in Kraft getreten. Die Details der Einbeziehung der Schengener Abkommen sowie der darauf aufbauenden Beschlüsse („Schengen-Besitzstand") regelt das dem Vertrag von Amsterdam beigefügte **Schengen-Protokoll**.[179] Aufgrund der Einbeziehung des Schengener Abkommens in den Rechtsrahmen der EU gelten die Schengener Abkommen nicht mehr als völkerrechtliche Verträge zwischen den Mitgliedsstaaten, sondern als Rechtsakte der EU. Daher konnte die EU mittlerweile große Teile des Schengener Durchführungsübereinkommens aufheben und durch EU-Verordnungen ersetzen.

Durch die Verordnung (EG) Nr. 562/2006 des Europäischen Parlaments und des Rates vom 15.3.2006 über einen Gemeinschaftskodex für das Überschreiten der Grenzen durch Personen (**Schengener Grenzkodex**)[180] wurden die zuvor in den Schengener Übereinkommen enthaltenen Vereinbarungen als unmittelbares EU-Recht kodifiziert. Die Verordnung wurde in den Folgejahren mehrfach und in wesentlichen Punkten geändert. Aus Gründen der Übersichtlichkeit und Klarheit wurde sie deshalb als **Verordnung (EU) 2016/399 des Europäischen Parlaments und des Rates vom 9.3.2016 über einen Gemeinschaftskodex für das Überschreiten der Grenzen durch Personen** (Schengener Grenzkodex)[181] neu kodifiziert. Dabei wird nochmals festgestellt, dass der Aufbau eines Raums, in dem der freie Personenverkehr über die Binnengrenzen hinweg gewährleistet wird, eine der größten Errungenschaften der EU ist.[182]

d) Vertrag von Lissabon. Durch den **Vertrag von Lissabon** wurde am 1.12.2008 die polizeiliche Zusammenarbeit auf der Ebene der EU auf eine neue Grundlage gestellt und eine neue Stufe der Zusammenarbeit erreicht.[183] Nach dem BVerfG war das (deutsche) Zustimmungsgesetz zu dem Vertragswerk verfassungsgemäß, allerdings verstieß das Begleitgesetz zum Vertrag gegen Art. 38

---

176 EU ABl. L 135/85 v. 22.5.2019, ber. EU ABl. L 10/5 v. 15.1.2020.
177 Erwägungsgrund 8 zur Verordnung (EU) 2019/818, EU ABl. L 135, S. 86.
178 Erwägungsgrund 9 zur Verordnung (EU) 2019/818, EU ABl. L 135, S. 86.
179 Vertrag von Amsterdam zur Änderung des Vertrags über die Europäische Union, der Verträge zur Gründung der Europäischen Gemeinschaften sowie einiger damit zusammenhängender Rechtsakte – Protokolle – Protokoll zum Vertrag über die Europäische Union und zum Vertrag zur Gründung der Europäische Gemeinschaft – Protokoll zur Einbeziehung des Schengen-Besitzstands in den Rahmen der Europäischen Union (EU ABl. C 340 v. 10.11.1997, S. 93).
180 EU ABl. L 105 v. 13.4.2006, S. 1.
181 EU ABl. L 77 v. 23.3.2016, S. 1. Vgl. dazu auch Becker, ZJS 2017, 705.
182 Erwägungsgrund 22 zur Verordnung (EU) 2019/818, EU ABl. L 135, S. 87.
183 Pfeffer, NVwZ 2022, 294 f.

Abs. 1 GG i. V. m. Art. 23 Abs. 1 GG, da Beteiligungsrechte des Deutschen Bundestags und des Bundesrates nicht im erforderlichen Umfang ausgestaltet worden waren.[184]

Der Vertrag von Lissabon setzt sich aus zwei Verträgen zusammen, dem **Vertrag über die Europäische Union (EUV)** und dem **Vertrag über die Arbeitsweise der Europäischen Union (AEUV)**. Beide Verträge sind gleichrangig und betreffen eine einheitliche Union, welche die Europäische Gemeinschaft ersetzt und deren Rechtsnachfolgerin ist.[185] In **Art. 67 Abs. 1 AEUV** wird das Ziel einer einheitlichen Europäischen Union deklariert: „Die Union bildet einen Raum der Freiheit, Sicherheit und des Rechts, in dem die Grundrechte und die verschiedenen Rechtsordnungen und -traditionen der Mitgliedstaaten geachtet werden". Gem. **Art. 67 Abs. 3 AEUV** wirkt die Union darauf hin, „durch Maßnahmen zur Verhütung und Bekämpfung von Kriminalität, sowie von Rassismus und Fremdenfeindlichkeit, zur Koordinierung und Zusammenarbeit von Polizeibehörden und Organen der Strafrechtspflege und den anderen zuständigen Behörden, sowie durch gegenseitige Anerkennung strafrechtlicher Entscheidungen und erforderlichenfalls durch die Angleichung der strafrechtlichen Rechtsvorschriften ein hohes Maß an Sicherheit zu gewährleisten". Die Zuständigkeiten der EU erstrecken sich auf polizeiliche und justizielle Aufgaben in den Bereichen Kontrolle der Außengrenzen, Asyl, Einwanderung und Verhütung und Bekämpfung der Kriminalität (vgl. Art. 3 Abs. 2 EUV).

Eine zentrale Rolle bei der Umsetzung dieser Zielsetzungen nimmt der **Rat der EU** ein, der gemeinsam mit dem Europäischen Parlament für die Gesetzgebung zuständig ist und Haushaltsbefugnisse ausübt (Art. 16 Abs. 1 EUV). Für die polizeiliche und justizielle Zusammenarbeit in Strafsachen (PJZS) nach Art. 67 bis 89 AEUV ist der **Rat für Justiz und Inneres** zuständig. Seine Beratungen werden vom **Ausschuss der ständigen Vertreter der Regierungen der Mitgliedstaaten (AStV)** vorbereitet. Gem. Art. 71 AEUV wurde am 25.2.2010 der **Ständige Ausschuss für die operative Zusammenarbeit im Bereich der inneren Sicherheit (COSI)** eingerichtet.[186]

44 **e) Interpol.** Die **Internationale kriminalpolizeiliche Organisation Interpol** – auch **ICPO–Interpol** genannt (*International Criminal Police Organization*) – ist eine internationale Organisation zur Stärkung der Zusammenarbeit nationaler Polizeibehörden. Sie wurde 1923 in Wien gegründet und hat ihren Sitz in Lyon. Derzeit hat Interpol 190 Mitgliedstaaten. In Deutschland werden die Aufgaben der internationalen Zusammenarbeit zur Strafverfolgung vom BKA wahrgenommen (§ 3 BKAG [→§ 16 Rn 2]).

45 **f) EU-Polizeirecht.** Zusammenfassend lässt sich feststellen, dass die europäischen Sicherheitsagenturen immer mehr an Bedeutung gewinnen. Mit Recht weist *Aden* darauf hin, dass trotz der Vereinheitlichung des Sicherheits- und Polizeirechts auf europäischer Ebene immer noch **erhebliche Kohärenzdefizite** bestehen und den einzelnen Mitgliedsstaaten nach wie vor erhebliche Einzelbefugnisse zukommen, so dass eher von einem europäischen **Sicherheitskooperationsrecht** die Rede sein kann.[187] Daneben kommt dem grundlegenden Schutz des Einzelnen vor Eingriffen in seine Grundrechte auch auf EU-Ebene eine immer größere Bedeutung zu[188], wie aus der Rechtsprechung des **EuGH** zu den rechtlichen Grenzen der **Vorratsdatenspeicherung** sehr deutlich wird.[189]

---

184 BVerfGE 123, 186.
185 Art. 1 Abs. 3 S. 2 EUV; Aden, in: Lisken/Denninger, Handbuch des Polizeirechts, Kap. M Rn 1.
186 Vgl. im Einzelnen Aden, in: Lisken/Denninger, Handbuch des Polizeirechts, Kap. M Rn 10 f.
187 Aden, in: Lisken/Denninger, Handbuch des Polizeirechts, Kap. M Rn 360 f.
188 Aden, in: Lisken/Denninger, Handbuch des Polizeirechts, Kap. M Rn 364 f.
189 EuGH, NJW 2014, 2169 ff.; EuGH, NJW 2021, 531 ff., m. Anm.; EuGH, NJW 2021, 2103, 2105 (Rn 33), m. Bespr. Streinz; EuGH, EuZW 2022, 536; EuGH, NJW 2022, 3135. Vgl dazu auch v. Lewinski/Rüpke/Eckhardt, Datenschutzrecht, § 7 Rn 32 ff., Gola/Klug, NJW 2021, 680, 682 u. Müller/Schwabenbauer, NJW 2021, 2079 ff.

2. Sicherheitsbehörden auf EU-Ebene. a) Europol. Im Vertrag von Maastricht vom 7.2.1992 (BGBl. II S. 1253 ff. [→ Rn 36]) wurde erstmals die Schaffung eines europäischen Polizeiamtes namens „Europol" vereinbart und durch das Übereinkommen aufgrund von Artikel K.3 des Vertrags über die Europäische Union über die Errichtung eines Europäischen Polizeiamts (Europol-Übereinkommen)[190] geregelt.[191] Rechtsgrundlage seiner Einrichtung als internationale Organisation mit eigener Rechtspersönlichkeit war zunächst das Europol-Übereinkommen der Mitgliedstaaten der EU vom 26.7.1995 (Europol-Konvention [EPK]).[192] Das Polizeiamt nahm seine Tätigkeit am 1.7.1999 mit Sitz in Den Haag auf.

Ohne das Europol-Übereinkommen förmlich aufzuheben, beschloss der Europäische Rat am 6.4.2009 auf Vorschlag der Kommission die Errichtung des Europäischen Polizeiamtes.[193] Durch diesen **Ratsbeschluss (RbEuropol)** wurden das Europol-Übereinkommen der Mitgliedstaaten und das Protokoll über die Vorrechte und Immunitäten für Europol, die Mitglieder seiner Organe, die stellvertretenden Direktionen und die Bediensteten von Europol (EPK) ersetzt (Art. 62 RbEuropol). Seit 1.10.2010 ist Europol eine **Agentur der EU**[194] mit weitestgehender **Rechts- und Geschäftsfähigkeit in den Mitgliedsstaaten**.[195] Rechtsgrundlage für die Organisation und für die Aufgaben und Zuständigkeiten des Polizeiamtes war bis 2016 der Beschluss des Rates vom 6.4.2009 zur Errichtung des Europäischen Polizeiamts (Europol) – 2009/371/JI -[196] mit seinen einzelnen Artikeln.[197] Deutschland stimmte durch das Gesetz zur Umsetzung des Beschlusses des Rates 2009/371/JI vom 6.4.2009 (Europol-Gesetz) der Errichtung des Polizeiamtes uneingeschränkt zu.[198]

Gem. **Art. 88 Abs. 2 AEUV** werden die Tätigkeiten und die Funktionsweise von Europol durch eine gemäß dem ordentlichen Gesetzgebungsverfahren angenommene Verordnung geregelt.[199] Auf dieser Grundlage wurde die **Verordnung (EU) 2016/794 des europäischen Parlaments und des Rates vom 11.5.2016 über die Agentur der Europäischen Union für die Zusammenarbeit auf dem Gebiet der Strafverfolgung (Europol) und zur Ersetzung und Aufhebung der Beschlüsse 2009/371/JI, 2009/934/JI, 2009/935/JI, 2009/936/JI und 2009/968/JI des Rates erlassen**[200], diese wurde durch die **Verordnung (EU) 2022/991 des europäischen Parlaments und des Rates vom 8.6.2022 zur Änderung der Verordnung 2016/794** geändert.[201] Diese Verordnung regelt nunmehr **mit unmittelbarer Geltung in allen Mitgliedstaaten der EU** umfassend alle Europol betreffenden Rechtsfragen.[202]

---

190 EU ABl. C 316 v. 27.11.1995, S. 1.
191 Vgl. zur Entstehungsgeschichte Rüß/Lutz, GSZ 2022, 221 f., u. Schröder, Kriminalistik 2018, 410 f.
192 EU ABL. C 316 v. 27.11.1995.
193 Beschluss 2009/371/JI des Rates v. 6.4.2009 zur Errichtung des Europäischen Polizeiamts (Europol), EU ABl. L 121 v. 15.5.2009, S. 37.
194 Esser, Europäisches Strafrecht, § 3 Rn 27.
195 Ambos, Internationales Strafrecht, § 13 Rn 8.
196 EU ABl. L 121/37 v. 15.5.2009, S. 37.
197 Vgl. dazu auch Aden, in: Lisken/Denninger, Handbuch des Polizeirechts, Kap. M Rn 100 f.
198 BGBl. 1997 II S. 2150: Gesetz zu dem Übereinkommen vom 26.7.1995 aufgrund von Art. K.3 der Europäischen Union über die Einrichtung eines europäischen Polizeiamts (Europol-Gesetz) vom 16.12.1997.
199 Pilniok, in: Dietrich/Fahrner/Gazeas/von Heintschel-Heinegg, Handbuch Sicherheits- und Staatsschutzrecht, § 9 Rn 50.
200 EU ABl. L 135 v. 24.5.2016, S. 53 (EuropolVO). Zur Entstehungsgeschichte vgl. Schröder, Kriminalistik 2018, 410, 411 f.; Aden, in: Lisken/Denninger, Handbuch des Polizeirechts, Kap. M Rn 102.
201 EU ABl. L 169 v. 27.6.2022, S. 1; vgl. dazu Schröder, Kriminalistik 2022, 624 f., Rüß/Lutz, GSZ 2022, 221 ff., u. Rexin, KriPoZ 2022, 363, 366 f.
202 Vgl. dazu Schröder, Kriminalistik 2022, 624 ff.

Europol ist eine **Agentur der EU mit eigener Rechtspersönlichkeit** (Art. 62 Abs. 1 EuropolVO). **Effizienz und Aufgabenwahrnehmung** von Europol wurden durch die EuropolVO **erhöht**. Dabei kommt es wesentlich auf die **Unterstützung durch die Mitgliedsstaaten** an.[203]

48 Gem. **Art. 3 Abs. 1 EuropolVO unterstützt und verstärkt Europol** die **Tätigkeit der zuständigen Behörden der Mitgliedstaaten** sowie deren gegenseitige Zusammenarbeit bei der Verhütung und Bekämpfung der zwei oder mehr Mitgliedstaaten betreffenden schweren Kriminalität, des Terrorismus und der Kriminalitätsformen, die ein gemeinsames Interesse verletzen, das Gegenstand einer Politik der Union ist, wie in Anhang I der VO aufgeführt.

In **Art. 4 EuropolVO** werden im Einzelnen die Haupt- und zusätzlichen Aufgaben aufgelistet. Danach sammelt, speichert, verarbeitet, analysiert die Polizeibehörde Informationen und Erkenntnisse und unterrichtet die zuständigen Behörden der Mitgliedstaaten (Art. 5 Abs. 1 lit. a, b EuropolVO). Für die Informationsverarbeitung nutzt das Polizeiamt das **Europol-Informationssystem** und **Arbeitsdateien zu Analysezwecken** (vgl. Art. 17 ff. EuropolVO). Zugriff auf dieses Recherchesystem haben u. a. die nationalen Stellen der Mitgliedstaaten, Verbindungsbeamte und weitere Einrichtungen bzw. Europol-Beschäftigte (vgl. Art. 20 EuropolVO).

49 **Organe** von Europol sind der **Verwaltungsrat** und der **Exekutivdirektor** (Art. 9 EuropolVO).[204] Gem. § 6 Abs. 1 Europol-Gesetz[205] benennt für Deutschland das Bundesministerium des Innern die Mitglieder des Verwaltungsrates.[206] Die Leitung von Europol untersteht einem **Exekutivdirektor** (Art. 16 Abs. 1 EuropolVO), der vom Rat der EU ernannt wird (§ 54 Abs. 2 EuropolVO).

Die sog. „**nationalen Stellen**" sind die Verbindungsstellen zwischen dem Polizeiamt und den einzelnen Mitgliedstaaten (vgl. Art. 7 EuropolVO). In Deutschland nimmt das BKA diese Funktion wahr. Von dort aus werden auch die Verbindungsbeamten zu Europol entsandt, welche die nationalen Verbindungsbüros bei Europol bilden (Art. 8 EuropolVO).[207]

50 Die Verantwortung für die Verarbeitung der Daten obliegt grundsätzlich dem Mitgliedstaat, der die Daten eingegeben oder übermittelt hat (vgl. Art. 38 Abs. 2 EuropolVO). Für Deutschland nimmt diese Aufgabe das BKA wahr. Aus Art. 36, 37 EuropolVO folgt ein **Anspruch auf Auskunft / Berichtigung** über die bei Europol gespeicherten Daten.

51 Gem. **Art. 51 Abs. 1 EuropolVO** wird die **Kontrolle der Tätigkeiten von Europol** durch das EU-Parlament zusammen mit den nationalen Parlamenten ausgeübt. Dafür wird ein spezieller Gemeinsamer Parlamentarischer Kontrollausschuss gebildet, den die nationalen Parlamente und der zuständige Ausschuss des EU-Parlaments gemeinsam einsetzen. Die Arbeitsweise und die Geschäftsordnung des Gemeinsamen Parlamentarischen Kontrollausschusses werden vom EU-Parlament und den nationalen Parlamenten gem. Art. 9 des Protokolls Nr. 1 gemeinsam festgelegt.

52 **b) Eurojust und Europäische Staatsanwaltschaft. aa) Eurojust.** Eurojust oder **European Union Agency for Criminal Justice Cooperation** (Agentur der Europäischen Union für justizielle Zusammenarbeit in Strafsachen) ist die Justizbehörde der EU mit Sitz in Den Haag. Eurojust hat mit eigener Rechtspersönlichkeit den **Status einer EU-Agentur** (Art. 1 Abs. 1 VO [EU] 2018/1727) und koordiniert grenzüberschreitende Strafverfahren auf europäischer Ebene. Des Weiteren soll sie die Arbeit der nationalen Justizbehörden Europas im Bereich der grenzüberschreitenden organisierten Kriminalität koordinieren und den Informationsaustausch zwischen den nationalen Justiz- und Polizeibehörden fördern. Arbeitsbereiche sind unter anderem die

---

203 Schröder, Kriminalistik 2018, 410, 415; Esser, Europäisches Strafrecht, § 3 Rn 35 ff.
204 Vgl. dazu eingehend auch Schenke, Polizei- und Ordnungsrecht, Rn 523; Esser, Europäisches Strafrecht, § 3 Rn 45 ff.; Satzger, Europäisches Strafrecht, § 10 Rn 4.
205 Europol-Gesetz v. 16.12.1997 (BGBl. II S. 2150), zul. geänd. durch Art. 8 Gesetz v. 25.6.2021 (BGBl. I S. 2083).
206 Vgl. Aden, in: Lisken/Denninger, Handbuch des Polizeirechts, Kap. M Rn 116.
207 Eingehender dazu Holland/Holland/Piontkowski/Hartmann, Kriminalistik 2022, 538, 539 ff.

Terrorismusbekämpfung, die Bekämpfung und Prävention des illegalen Waffenhandels, des Drogenhandels, des Menschenhandels, der Kinderpornografie und der Geldwäsche. Eurojust wurde 1999 auf Grundlage einer **Vereinbarung des Europäischen Rates in Tampere** mit Beschluss des Rates der Europäischen Union vom 28.2.2002 über die Errichtung von Eurojust zur Verstärkung der Bekämpfung der schweren Kriminalität gegründet.[208] Durch das **Eurojust-Gesetz (EJG)** vom 12.5.2004 hatte Deutschland den Ratsbeschluss umgesetzt (BGBl. I S. 902). Mit dem Vertrag von Lissabon wurde Eurojust auch ausdrücklich im Primärrecht verankert (Art. 85 AEUV).[209] Darüber hinaus sieht der Vertrag von Lissabon vor, dass die Mitgliedstaaten im Falle einer Einigung ausgehend von Eurojust eine Europäische Staatsanwaltschaft einsetzen können (Art. 86 AEUV). Mit der **Verordnung (EU) 2018/1727 des Europäischen Parlaments und des Rates vom 14.11.2018 betreffend die Agentur der Europäischen Union für justizielle Zusammenarbeit in Strafsachen (Eurojust) und zur Ersetzung und Aufhebung des Beschlusses 2002/187/JI des Rates**[210] wurde die Arbeit von Eurojust auf eine neue unionsrechtliche Grundlage gestellt.[211] In deutsches Recht wurde der unionsrechtliche Rechtsrahmen ergänzend durch das **Eurojust-Gesetz**[212] umgesetzt.[213]

Eurojust hat den **Auftrag**, die **Koordinierung und Zusammenarbeit zwischen den nationalen Behörden**, die für die Ermittlung und Verfolgung von schwerer Kriminalität zuständig sind, **zu unterstützen und zu verstärken**, wenn zwei oder mehr Mitgliedstaaten betroffen sind oder eine Verfolgung auf gemeinsamer Grundlage erforderlich ist (Art. 85 Abs. 1 AEUV sowie Art. 2 Abs. 1 VO [EU] 2018/1727).[214] Die einbezogenen schweren Straftaten sind im Anhang 1 der Verordnung (EU) 2018/1727 aufgezählt. Die Mitgliedstaaten entsenden jeweils ein nationales Mitglied sowie stellvertretende Mitglieder zu Eurojust.[215] Die Gesamtheit der nationalen Mitglieder bildet das Eurojust-Kollegium. Durch die Verordnung (EU) 2018/1727 soll auch die **Zusammenarbeit zwischen Europol und der Europäischen Staatsanwaltschaft** verbessert und zugleich die jeweilige Zuständigkeit festgelegt werden.[216]

bb) Europäische Staatsanwaltschaft. Gem. **Art. 86 Abs. 1 AEUV** kann der Rat zur Bekämpfung von Straftaten zum Nachteil der finanziellen Interessen der EU durch eine auf der Grundlage eines einstimmigen Beschlusses nach Zustimmung des EU-Parlaments erlassenen Verordnung ausgehend von Eurojust eine **Europäische Staatsanwaltschaft** einsetzen.[217] Dies erfolgte durch die **Verordnung (EU) 2017/1939 des Rates vom 12.10.2017 zur Durchführung einer Verstärkten Zusammenarbeit zur Errichtung der Europäischen Staatsanwaltschaft (EUStA).**[218] Die **Zuständigkeit** der EUStA ist nach dem AEUV auf **Straftaten zum Nachteil der finanziellen**

---

208 Beschluss 2002/187/JI des Rates (RbEurojust, ABL. EGI. 63 v. 6.3.2002, S. 1), durch Beschluss 2009/426/JI v. 16.12.2008 in einigen Punkten geändert und neu gefasst. Vgl. zur Entstehung eingehender Esser, StV 2020, 636.
209 Pilniok, in: Dietrich/Fahrner/Gazeas/von Heintschel-Heinegg, Handbuch Sicherheits- und Staatsschutzrecht, § 9 Rn 53.
210 EU ABl. L 295, S. 138.
211 Vgl. dazu eingehend Esser, StV 2020, 636 ff.
212 Art. 1 des Gesetzes zur Durchführung der Eurojust-Verordnung v. 9.12.2019 (BGBl. I S. 2010).
213 Vgl. dazu Esser, StV 2020, 636, 642 f.
214 Vgl. dazu eingehender Esser, StV 2020, 636, 634 f., u. Europäisches Strafrecht, § 3 Rn 61 ff., 67 ff.; Satzger, Europäisches Strafrecht, § 10 Rn 13.
215 Gem. § 2 Abs. 1 S. 1 Eurojust-Gesetz wird das Mitglied vom Bundesjustizministerium benannt.
216 Erwägungsgrund 8 der Verordnung (EU) 2018/1727 (EU ABl. L 295, S. 138), vgl. dazu auch Stober, StV 2020, 636, 641.
217 Grundlegend dazu Pilniok, in: Dietrich/Fahrner/Gazeas/von Heintschel-Heinegg, Handbuch Sicherheits- und Staatsschutzrecht, § 9 Rn 68 f.
218 EU ABl. L 283 v. 31.10.2017, S. 1. Vgl. zur Vorgeschichte Duesberg, NJW 2021, 1207 f.; Thomas, KriPoZ 2021, 106, 107 f.; Esser, Europäisches Strafrecht, § 3 Rn 80 f.; Satzger, Europäisches Strafrecht, § 10 Rn 22 ff. Zur Umsetzung im deutschen Recht vgl. Thomas, KriPoZ 2021, 106, 113 f.

Interessen der Union beschränkt.[219] Die Aufgaben der EUStA bestehen in der strafrechtlichen Untersuchung und Verfolgung sowie der Anklageerhebung in Bezug auf Personen, die Straftaten zum Nachteil der finanziellen Interessen der Union im Sinne der Richtlinie (EU) 2017/1371 des Europäischen Parlaments und des Rates und untrennbar damit verbundene Straftaten begangen haben. Für eine Ausdehnung ihrer Zuständigkeit auf schwere Straftaten mit grenzüberschreitender Dimension wäre ein einstimmiger Beschluss des Europäischen Rates erforderlich gewesen, der aber nicht zustande gekommen war.[220]

Der EU-Rat geht davon aus, dass sich – im Einklang mit dem Subsidiaritätsprinzip – die **Bekämpfung von Straftaten zum Nachteil der finanziellen Interessen der Union** in Anbetracht ihres Umfangs und ihrer Wirkungen **besser auf Unionsebene verwirklichen** lässt.[221] Im Sinne des Grundsatzes der loyalen Zusammenarbeit sollen die EUStA und die zuständigen nationalen Behörden einander unterstützen und unterrichten, damit die Straftaten, die in die Zuständigkeit der EUStA fallen, wirksam bekämpft werden können.[222]

Die VO (EU) 2017/1939 ist im **November 2017 in Kraft getreten** und **gilt unmittelbar in allen Mitgliedsstaaten** der EU.[223]

55 Die **Organisationsstruktur der EUStA** soll eine schnelle und effiziente Entscheidungsfindung in Bezug auf die Durchführung strafrechtlicher Ermittlungen und von Strafverfolgungsmaßnahmen ermöglichen, unabhängig davon, ob ein oder mehrere Mitgliedstaaten betroffen sind. Ferner soll die Struktur sicherstellen, dass alle nationalen Rechtsordnungen und -traditionen der Mitgliedstaaten in der EUStA vertreten sind und dass Staatsanwälte, die Kenntnisse über die einzelnen Rechtsordnungen besitzen, grundsätzlich Ermittlungen und Strafverfolgungsmaßnahmen in ihren jeweiligen Mitgliedstaaten durchführen. Zu diesem Zweck ist gem. **Art 3 Abs. 1 VO (EU) 2017/1939** die **EUStA eine unteilbare Einrichtung der Union** mit eigener Rechtspersönlichkeit, die als eine einheitliche Behörde handelt.[224] Die zentrale Ebene besteht gem. **Art. 10 bis 12 VO (EU) 2017/1939** aus dem **Europäischen Generalstaatsanwalt**, der Leiter der EUStA insgesamt und Leiter des Kollegiums Europäischer Staatsanwälte ist, den **Ständigen Kammern** und den **Europäischen Staatsanwälten**. Das **Kollegium der EUStA** besteht gem. **Art. 9 Abs. 1 VO (EU) 2017/1939** aus dem Europäischen Generalstaatsanwalt und einem Europäischen Staatsanwalt je Mitgliedstaat. Die dezentrale Ebene besteht gem. **Art. 13 (EU) 2017/1939** aus den **Delegierten Europäischen Staatsanwälten**, die in den Mitgliedstaaten angesiedelt sind.[225]

56 Die Einrichtung der EUStA ist grundsätzlich zu begrüßen, da sie Voraussetzung für eine einheitliche Verfolgung der in ihrem Zuständigkeitsbereich liegenden Straftaten innerhalb der EU ist.[226] Die **Ausgestaltung ihrer Organisation und Zuständigkeiten** durch die Verordnung (EU) 2017/1939 ist aber durchaus **komplex**.[227] Vor allem die sog. Delegierten Europäischen

---

219 Vgl. dazu Duesberg, NJW 2021, 1207, 1208 f.; Thomas, KriPoZ 2021, 106, 109 f.; Magnus, HRRS 2018, 143, 146 bis 149.
220 Erwägungsgründe 7, 11 der Verordnung (EU ABl. L 283, S. 1 f.); Thomas, KriPoZ 2021, 106, 110 f.
221 Erwägungsgrund 12 der Verordnung (EU ABl. L 283, S. 2).
222 Erwägungsgrund 14 der Verordnung (EU ABl. L 283, S. 2). Die gute Kooperation der EUStA mit den nationalen Strafverfolgungsbehörden ist zwingende Voraussetzungen für den Erfolg der EUStA (Magnus, HRRS 2018, 143, 155).
223 Art. 120 Abs. 1 VO (EU) 2017/1939. Zum Anwendungsvorrang des europäischen Rechts vgl. Magnus, HRRS 2018, 143, 145.
224 Vgl. eingehender dazu Magnus, HRRS 2018, 143, 144; Thomas, KriPoZ 2021, 106, 112.
225 Erwägungsgründe 20, 21 der Verordnung (EU ABl. L 283, S. 3); Duesberg, NJW 2021, 1207, 1208; Thomas, KriPoZ 2021, 106, 111; Magnus, HRRS 2018, 143, 144.
226 Ebenso Duesberg, NJW 2021, 1207, 12011; Thomas, KriPoZ 2021, 106, 114; Magnus, HRRS 2018, 143, 154 f.
227 Ebenso Thomas, KriPoZ 2021, 106, 114.

Staatsanwälte, die in den jeweiligen Mitgliedsstaaten tätig sind, haben faktisch zwei Vorgesetzte, was zu Komplikationen führen kann.[228]

c) Europäische Grenzschutzagentur Frontex. Die **Europäische Grenzschutzagentur „Frontex"** ist eine **Gemeinschaftsagentur der EU** mit Sitz in Warschau. Frontex wurde im Jahr 2004 durch die Verordnung (EG) des Rates der Europäischen Union „zur Errichtung einer Europäischen Agentur für die operative Zusammenarbeit an den Außengrenzen der Europäischen Union" errichtet.[229]

Grundlage der Einrichtung von Frontex ist Art. 77 Abs. 1 c AEUV, wonach die EU schrittweise ein integriertes Grenzschutzsystem an den Außengrenzen einführen soll. Frontex hat die Aufgabe, die mitgliedstaatlichen Grenzpolizeien zu koordinieren und ein **integriertes Grenzschutzsystem an den Außengrenzen der gesamten EU** einzuführen.[230] Die Agentur koordiniert die operative Zusammenarbeit der EU-Mitgliedstaaten und unterstützt diese bei der Ausbildung nationaler Grenzschutzbeamter. Sie erstellt Risiko- und Gefahrenanalysen und soll eine ausgewogene Verteilung der vorhandenen Überwachungs- und Sicherheitsressourcen entlang der Grenzen sicherstellen. Weiterhin koordiniert sie die operative Zusammenarbeit zwischen den Mitgliedstaaten und unterstützt Mitgliedstaaten in Situationen, die unmittelbar einen erhöhten technischen und personellen Bedarf erfordern.[231]

Die Tätigkeit von Frontex richtet sich nach der **Verordnung (EU) 2019/1896 des Europäischen Parlaments und des Rates vom 13.11.2019 über die Europäische Grenz- und Küstenwache** und zur Aufhebung der Verordnungen (EU) Nr. 1052/2013 und (EU) 2016/1624.[232] Ziel der EU ist es, „das Überschreiten der Außengrenzen effizient zu steuern und Migrationsdruck sowie potenzielle künftige Bedrohungen an diesen Grenzen zu bewältigen, und somit einen Beitrag zur Bekämpfung von schwerer Kriminalität mit grenzüberschreitender Dimension zu leisten und ein hohes Maß an innerer Sicherheit in der Union sicherzustellen."[233] Der Name der Agentur lautet **„Europäische Agentur für die Grenz- und Küstenwache"**.[234]

Einsatz- bzw. Operationsgebiete von Frontex sind vor allem das östliche Mittelmeer (Griechenland, Bulgarien), die Kanarischen Inseln, die Küste Nord- und Westafrikas und von Malta und Süditalien. Tragische Unglücksfälle mit hunderten von ertrunkenen Flüchtlingen insbesondere vor der italienischen Mittelmeerinsel Lampedusa haben die Tätigkeit und auch die Problematik der Arbeit der Agentur in das öffentliche Bewusstsein gerückt. Immer wieder wurde / wird gegen Grenzbeamte der Agentur der Vorwurf erhoben, Menschenrechte zu verletzen und Menschen in Seenot nicht geholfen zu haben. Am 16.4.2014 stimmte das europäische Parlament über die **Seeaußengrenzenverordnung** ab und regelte den Umgang von Frontex mit Flüchtlingsbooten. Der Verordnungstext verpflichtet die an einem Seeeinsatz beteiligten Einsatzkräfte ausdrücklich, während des Einsatzes jedem in Seenot befindlichen Schiff und jeder in Seenot befindlichen Person Hilfe zu leisten.[235] Laut EU-Rat konnten durch die verschiedenen Rettungsoperationen der

---

228 Magnus, HRRS 2018, 143, 144: „Zwei-Hüte-Modell". Magnus schlägt zu Recht vor, dass in allen Fällen, die in Zuständigkeit der EUStA fallen, der nationale Staatsanwalt nur den Weisungen seiner EUStA unterworfen ist. Dennoch werden auch in diesen Fällen in der Praxis Abgrenzungsprobleme unvermeidbar sein.
229 EG Verordnung Nr. 2007/2004 (EG ABl. L 349 v. 25.11.2004, S. 1).
230 Knemeyer/Schmidt, Polizei- und Ordnungsrecht (PdW), S. 13.
231 Eingehender dazu Pilniok, in: Dietrich/Fahrner/Gazeas/von Heintschel-Heinegg, Handbuch Sicherheits- und Staatsschutzrecht, § 9 Rn 54 ff.
232 EU ABl. L 295 v. 14.11.2019, S. 1.
233 Erwägungsgrund 1 der Verordnung (EU) 2019/1896 (EU ABL. L 295, S. 1).
234 Art. 4 VO (EU) 2019/1896.
235 Der Rat der Europäischen Union nahm die Verordnung am 13.5.2014 an; vgl. auch Richtlinie 2013/32/EU (Asylverfahrensrichtlinie).

EU[236] in den Jahren 2015 bis 2022 rund **610.000 Menschenleben gerettet** werden, allerdings sind seit dem Jahr 2015 auch bereits **22.000 Menschen** auf See verstorben oder werden vermisst.[237]

59 Durch die **Flüchtlingskrise** der Jahre 2015/2016 wurde deutlich, dass es auch innerhalb des Schengen-Raums einen **Bedarf an Grenzkontrollen** geben kann. Die EU hat hierauf reagiert und entsprechende Möglichkeiten im Schengener Grenzkodex vorgesehen. So sieht Kapitel II „Vorübergehende Wiedereinführung von Grenzkontrollen an den Binnengrenzen" in den **Art. 25 bis 35 Schengener Grenzkodex** unterschiedliche Fälle und Möglichkeiten vor, auch in den Binnengrenzen **Kontrollen vorübergehend wieder einzuführen**.[238]

Art. 25 Abs. 1 Schengener Grenzkodex bestimmt hierzu: „Ist im Raum ohne Kontrollen an den Binnengrenzen die öffentliche Ordnung oder die innere Sicherheit in einem Mitgliedstaat ernsthaft bedroht, so ist diesem Mitgliedstaat unter außergewöhnlichen Umständen die Wiedereinführung von Kontrollen an allen oder bestimmten Abschnitten seiner Binnengrenzen für einen begrenzten Zeitraum von höchstens 30 Tagen oder für die vorhersehbare Dauer der ernsthaften Bedrohung, wenn ihre Dauer den Zeitraum von 30 Tagen überschreitet, gestattet. Die vorübergehende Wiedereinführung von Kontrollen an den Binnengrenzen darf in Umfang und Dauer nicht über das Maß hinausgehen, das zur Bewältigung der ernsthaften Bedrohung unbedingt erforderlich ist."

Die EU führt dazu aus, dass es in einem Raum ohne Kontrollen an den Binnengrenzen einer gemeinsamen Antwort auf Situationen bedarf, die eine **ernsthafte Bedrohung für die öffentliche Ordnung oder die innere Sicherheit** dieses Raums, von Teilen dieses Raums oder eines oder mehrerer ihrer Mitgliedstaaten darstellen. Deshalb werde die vorübergehende Wiedereinführung von Kontrollen an den Binnengrenzen unter außergewöhnlichen Umständen gestattet, ohne dass der Grundsatz des freien Personenverkehrs berührt werde. Vorübergehende Binnengrenzkontrollen stellten eine **Ausnahme** dar und müssten den **Grundsatz der Verhältnismäßigkeit** wahren. Der Umfang und die Dauer der vorübergehenden Wiedereinführung solcher Maßnahmen sei auf das zur Bewältigung einer ernsthaften Bedrohung für die öffentliche Ordnung oder die innere Sicherheit **unbedingt erforderliche Mindestmaß** zu begrenzen.[239] Der **EuGH** hat entscheiden, dass Art. 25 Abs. 4 Schengener Grenzkodex einer vorübergehenden Wiedereinführung von Kontrollen an den Binnengrenzen durch einen Mitgliedstaat entgegensteht, wenn deren Dauer die **Gesamthöchstdauer von sechs Monaten überschreitet** und keine neue Bedrohung vorliegt, die eine erneute Anwendung der in diesem Art. 25 Schengener Grenzkodex vorgesehenen Zeiträume rechtfertigen würde.[240]

Von der **Möglichkeit der Grenzschließungen** innerhalb des Schengen-Raums wurde im **Frühjahr 2020** als Reaktion auf die **Corona-Pandemie** und die rasante Verbreitung des Virus SARS-CoV-2 im europäischen Raum **umfassend Gebrauch gemacht**.[241] Damit sollte eine unkontrollierte Verbreitung des Virus über die einzelnen Staatsgrenzen hinaus verhindert werden.[242]

60 **3. Sonstige Arten der Zusammenarbeit. a) Ratsbeschluss Prüm.** Neben den genannten Formen der Zusammenarbeit gibt es eine Vielzahl von Übereinkommen zwischen EU-Mitglied-

---

236 Die Operation Themis (ehemals Triton) im zentralen Mittelmeer, die Operation Poseidon im östlichen Mittelmeer und die Operation Indalo im westlichen Mittelmeer.
237 Mitteilung des EU-Rats v. 12.12.2022, vgl. „www.consilium.europa.eu".
238 Zutr. krit. zur schwierigen Gesamtsituation im Schengen-Raum Walter, NVwZ 2023, 563 ff.
239 Erwägungsgrund 22 des Schengener Grenzkodex (EU ABl. L 77, S. 3).
240 EuGH, DÖV 2022, 553 (Ls.).
241 Vgl. dazu etwa Brunner, in: Die Zeit Online v. 15.5.2020: „Wo früher der Eiserne Vorhang stand, wuchs der Kontinent zusammen. Jetzt dominiert wieder die Grenze."; ebenso Walter, DVBl 2022, 708 ff.
242 Vgl. dazu eingehend die umfassende Mitteilung der EU-Kommission „COVID-19" im EU ABl. C 102 I, S. 3 ff., vom 20.3.2020.

staaten über die Rechtshilfe in Strafsachen und weitere zwischenstaatliche Abkommen zur Intensivierung der grenzüberschreitenden Zusammenarbeit. Ein Beispiel ist das **Sieben-Länder-Abkommen von Prüm** vom 27.5.2005 über die Vertiefung der grenzüberschreitenden Zusammenarbeit, insbesondere zur Bekämpfung des Terrorismus, der grenzüberschreitenden Kriminalität und der illegalen Migration.[243] Am 26.8.2008 ist der „Beschluss des Rates 2008/615/JI vom 23.6.2008 zur **Vertiefung der grenzüberschreitenden Zusammenarbeit**, insbesondere zur Bekämpfung des Terrorismus und der grenzüberschreitenden Kriminalität" (Ratsbeschluss Prüm) in Kraft getreten. Hierdurch wurden die wesentlichen Inhalte des Prümer Vertrages in den Rechtsrahmen der EU überführt.[244]

Der Vertrag regelt den **automatisierten Austausch von DNA-Daten, Fingerabdruckdaten und Daten aus Kraftfahrzeugregistern** zwischen den Staaten. Das automatisierte Verfahren bedeutet eine enorme Zeitersparnis und einen erheblichen Effizienzgewinn für die Strafverfolgungsbehörden. Daneben regelt der Vertrag den Informationsaustausch über terroristische Gefährder und Hooligans und sieht verschiedene Formen der operative polizeilichen Zusammenarbeit, wie etwa gemeinsame Streifen und polizeiliche Hilfeleistung bei Unglücksfällen und Großereignissen, vor. Er enthält zudem umfangreiche Datenschutzbestimmungen, die insbesondere für den automatisierten Datenaustausch „maßgeschneidert" wurden.

Am **8.12.2021** hat die EU-Kommission einen Vorschlag für **Prüm II-Verordnung** vorgelegt (2021/0410/COD). Prüm II soll auf dem bestehenden Prüm-Rahmen aufbauen, ihn stärken und modernisieren, die Interoperabilität mit anderen EU-Informationssystemen ermöglichen und damit den **Informationsaustausch zwischen den Mitgliedstaaten verstärken** und somit den Strafverfolgungsbehörden der EU bessere Instrumente zur Bekämpfung von Kriminalität und Terrorismus an die Hand geben (S. 1 f. des Vorschlags).

b) Kooperation mit direkten Grenzstaaten. Mit allen Nachbarstaaten Deutschlands bestehen **bilaterale Polizeiverträge**[245], die teilweise über den Schengen-Standard hinausgehen, und um deren Weiterentwicklung und Ergänzung die Bundesregierung sich fortlaufend und erfolgreich bemüht. Wesentliche Merkmale der Verträge sind Regelungen zu grenzüberschreitenden Polizeieinsätzen (etwa Observation, kontrollierte Lieferungen, Nacheile), zu gemeinsamen polizeilichen Einsatzformen (etwa gemischte Streifen), über den gegenseitigen Informationsaustausch und gemeinsame Zentren, sowie zur grenzüberschreitenden personellen Unterstützung.[246]

In den **Gemeinsamen Zentren** arbeiten die Polizei- und Zollbehörden der Partnerstaaten mit Zuständigkeiten im gemeinsamen Grenzgebiet unter einem Dach zusammen. In Deutschland sind das die Bundespolizei, die Polizeien der Länder und der Zoll. Die Gemeinsamen Zentren fördern den grenzüberschreitenden Informationsaustausch und unterstützen die zuständigen Polizei- und Zollbehörden bei der Erfüllung ihrer operativen Aufgaben. Insbesondere helfen die Gemeinsamen Zentren bei der Überwindung sprachlicher Barrieren.

---

243 Siehe Gesetz zur Umsetzung des Vertrags v. 10.7.2006 (BGBl. I S. 1458).
244 Deutschland setzte den Ratsbeschluss Prüm mit dem Gesetz zur Umsetzung des Beschlusses des Rates 2008/615/JI vom 23.6.2008 zur Vertiefung der grenzüberschreitenden Zusammenarbeit, insbesondere zur Bekämpfung des Terrorismus und der grenzüberschreitenden Kriminalität (BGBl. I S. 2507) innerstaatlich weiter um. Es ist seit dem 5.8.2009 in Kraft. Durch eine Verweisung erklärt § 60 Abs. 2 PolG die Bestimmungen des Ratsbeschlusses bei der polizeilichen Zusammenarbeit mit den Mitgliedstaaten der Union für „anwendbar" (→ § 10 Rn 579).
245 Vgl. dazu auch LT-Drs. 17/2067, S. 3 f., für die Grenzländer Baden-Württembergs.
246 So wurden u. a. folgende *bilaterale Vereinbarungen* abgeschlossen: mit Belgien Abkommen v. 27.3.2000 (BGBl. 2002 II S. 1532), mit Dänemark v. 21.3.2001 (BGBl. 2002 II S. 1536), mit Luxemburg v. 24.10.1995 (BGBl. 1996 II S. 1203), mit den Niederlanden v. 17.4.1996 (BGBl. 1997 II S. 702), mit Österreich der deutsch-österreichische Polizei- und Justizvertrag v. 10.11./19.12.2003 (BGBl. 2005 II S. 857), mit Polen das Abkommen v. 18.2.2002 (Vertragsgesetz vom 27.3.2003, BGBl. 2003 II S. 218 ff.) und mit der Tschechischen Republik das Abkommen v. 19.9.2000 (BGBl. 2002 II S. 790). Vgl. zur polizeilichen Tätigkeit in Grenzgebieten auch Kalthoff, Die Polizei 2017, 266 ff., sowie grundlegend LT-Drs. 17/2067.

63 Das „Abkommen zwischen Deutschland und der **Regierung der Französischen Republik** über die Zusammenarbeit der Polizei- und Zollbehörden in den Grenzgebieten" regelt seit 9.10.1997 deren Kooperation. In Offenburg wurde ein deutsch-französisches Kooperationszentrum errichtet, in dem Polizeibeamte beider Staaten zusammenarbeiten (BGBl. II 1998 S. 2479).

Noch deutlich weiter reicht der Vertrag zwischen der BRD und der **Schweizerischen Eidgenossenschaft** über die grenzüberschreitende polizeiliche und justizielle Zusammenarbeit vom 27.4.1999 (BGBl. II 2001 S. 946 ff.). Diese Vereinbarung räumt den Vertragsparteien – was in einem Europa ohne Grenzen zwingend notwendig erscheint – grenzüberschreitende Hoheitsbefugnisse ein und erlaubt Einsätze zum Zwecke einer effektiven Strafverfolgung und vorbeugenden Abwehr von Straftaten auf dem Staatsgebiet des Anderen. Ermöglicht werden u. a. die grenzüberschreitende Observation, die Nacheile, ein Festhalterecht, verdeckte Ermittlungen und gemischt-nationale Streifen bzw. Ermittlungsgruppen (vgl. Art. 14 ff. des deutsch-schweizerischen Polizeivertrages).

III. Entwicklung und Reformbedarf des PolG BW

64 **1. Entwicklung des PolG BW.** Das PolG BW wurde in seiner Erstfassung im Jahr 1955 erlassen.[247] Bis Ende 2017 hatte es **35 Änderungen größerer und kleinerer Art** erfahren.[248] Durch die fortlaufenden gesetzlichen Änderungen konnte das PolG stets an aktuelle Veränderungen tatsächlicher, gesellschaftlicher, politischer und rechtlicher Natur angepasst werden. Die Änderungen haben – insbesondere in den vergangenen Jahren – allerdings auch dazu geführt, dass sich Struktur, Übersichtlichkeit und Verständlichkeit des PolG eher verschlechtert haben.

65 **Ab der Neufassung des PolG im Jahr 1992**[249] hatte das PolG folgende **17 Änderungen** erfahren. Zuletzt wurde das PolG durch **Art. 1 des Gesetzes zur Umsetzung der Richtline (EU) 2016/680 für die Polizei in Baden-Württemberg** vom 6.10.2020[250] **vollständig neu gefasst und neu erlassen** (PolG 2020). Neben einer neuen Gliederung größerer Teile des PolG, die auch verschiedene Paragrafenänderungen bestehender Normen nach sich gezogen hat, wurden umfassende Regelungen zur Umsetzung des EU-Datenschutzrechts[251] eingefügt und neue polizeiliche Rechtsgrundlagen vorgesehen.

Mit dem Gesetz zur Änderung des Landesbeamtengesetzes vom 4.7.2023[252] wurde in BW erstmals **für Teile des Polizeivollzugsdienstes** eine **Kennzeichnungspflicht** eingeführt (→ § 3 Rn 43).

66 **2. Reformbedürftigkeit des PolG BW. a) Reaktionismus des Gesetzgebers.** Das PolG BW hat sich in den vergangenen Jahrzehnten **dem Grunde nach bewährt**. Es ist eine verlässliche gesetzliche Grundlage für die im Schwerpunkt der Gefahrenabwehr und Störungsbeseitigung dienende Arbeit der Polizei. Der Gesetzgeber reagierte in der Vergangenheit aber immer häufiger auf aktuelle gesellschaftliche und polizeiliche Entwicklungen durch Gesetzesänderungen und -ergänzungen, in der 17. Wahlperiode des Landtags BW war aber nach Erlass des PolG 2020 erfreulicherweise mehr Ruhe eingekehrt. Häufig liegen Änderungen des PolG emotional geführte

---

247 Gesetz v. 21.11.1955 (GBl. 249).
248 Vgl. Nachbaur, VBlBW 2018, 45 (mit Fn 2).
249 PolG i. d. F. v. 13.1.1992 (GBl. 1992, S. 1, ber. S. 596, ber. 1993 S. 155), aufgehoben durch Art. 5 S. 2 des Gesetzes v. 6.10.2020 (GBl. S. 735, 786).
250 GBl. S 735, ber. S. 1092; vgl. dazu Pöltl, VBlBW 2021, 45 ff.
251 Richtlinie (EU) 2016/680 des europäischen Parlaments und des Rates vom 27.4.2016 zum Schutz natürlicher Personen bei der Verarbeitung personenbezogener Daten durch die zuständigen Behörden zum Zwecke der Verhütung, Ermittlung, Aufdeckung oder Verfolgung von Straftaten oder der Strafvollstreckung sowie zum freien Datenverkehr und zur Aufhebung des Rahmenbeschlusses 2008/977/JI des Rates (EU ABl. L 119 v. 4.5.2016, S. 89).
252 GBl. S. 257.

politische Diskussionen über die Sicherheitslage zugrunde. Dies führt immer wieder zu hektischen Reaktionen und „mit heißer Nadel gestrickten" Gesetzesänderungen und -ergänzungen. Hinzu kommen die veränderten rechtlichen Anforderungen, die sich aus der Rechtsprechung der Verwaltungsgerichte und insbesondere des BVerfG ergeben und die Eingang in das PolG gefunden haben. *Nachbaur* weist andererseits nicht zu Unrecht darauf hin, dass die **Reaktionszeiten des Gesetzgebers** auf notwendige Gesetzesanpassungen **teilweise deutlich zu lang** sind.[253]

Andererseits ist nicht zu verkennen, dass sich der Gesetzgeber mittlerweile einer **Vielzahl tatsächlicher und rechtlicher Herausforderungen** ausgesetzt sieht. Neben der Bedrohung durch den internationalen und Rechtsterrorismus und dem Autoritätsverlust des Staates und seiner Bediensteten – betroffen sind vielfach Polizeivollzugsbeamte und Rettungshelfer – in zunehmend größeren Teilen der Bevölkerung (→ § 12 Rn 1), sind vor allem die immer höheren Anforderungen der nationalen und europäischen höchstrichterlichen Rechtsprechung kaum mehr zu bewältigen.[254] Der Gesetzgeber muss zwischen der wünschenswerten und erforderlichen Klarheit und Bestimmtheit des Gesetzes, der Komplexität der Rechtsfragen und den verfassungsrechtlichen Vorgaben Lösungen finden. Das gleich schon fast der **Quadratur des juristischen Kreises**. Dabei muss aber anerkannt werden, dass der Landesgesetzgeber mit dem PolG 2020 viele verfassungsrechtliche Regelungen gefunden hat, die den Anforderungen der neueren Rechtsprechung des BVerfG (etwa aus dem Urteil zur automatisierten Datenanalyse [NJW 2023, 1196] genügen.

67

b) Strukturelle Schwächen des PolG BW. Das **PolG BW leidet an strukturellen Schwächen**.[255] Aus Sorge vor rechtlichen, vor allem verfassungsrechtlichen Konsequenzen neigt der Gesetzgeber zur Überregulierung, was zu einer **Überfrachtung zahlreicher Normen des PolG** geführt hat.[256] Besonders deutlich wird dies im Bereich des Datenschutzes. Beispielhaft sei hier der durch Art. 1 Nr. 4 des Gesetzes zur Änderung des Polizeigesetzes vom 28.11.2017[257] eingeführte § 54 PolG (früher § 23 b PolG) – Überwachung der Telekommunikation – genannt. Er wurde vom Gesetzgeber so umfangreich ausgestaltet, dass nur diese einzelne Norm im Gesetzblatt einen Umfang von 4 (sic!) Druckseiten einnimmt (S. 624 bis 627) und dabei 9 (ursprünglich sogar 14) Absätze umfasst. Die Norm ist so komplex gestaltet, dass sie für den Rechtsanwender nur noch mit größtem Aufwand und ausgeprägtem Rechtsverstand zu erfassen ist, so etwa die in Abs. 9 vorgegebenen Maßnahmen zum Schutz der Privatsphäre.[258] Es grenzt schon fast an eine **Zumutung, was hier dem Rechtsanwender** – der Polizei – bei der Gesetzesanwendung nur dieser einen Norm **abverlangt wird**. Auch für die **Normadressaten** – die Bürger – dürften viele Normen des PolG kaum mehr verständlich sein.[259] Hier muss die Rechtsprechung – insbesondere auch des BVerfG – zum Datenschutzrecht dahingehend kritisch hinterfragt werden, ob deren überhöhte Anforderungen[260] in ihrer notwendigen konkreten Rechtsausgestaltung tatsächlich noch dem Bürgerwillen entsprechen.

68

---

253 Nachbaur, VBlBW 2018, 45.
254 Müller/Schwabenbauer, GSZ 2023, 1: Datenschutz als „überkomplexes Rechtsgebiet"; Nachbaur Möstl, BayVBl 2018, 156.
255 Vgl. dazu eingehender Trurnit, in: Möstl/Trurnit, Polizeirecht BW, Rn 28 ff.
256 Ebenso Nachbaur, VBlBW 2018, 45, u. in: Möstl/Trurnit, Polizeirecht BW, § 27 b Rn 21; „Eingriffsermächtigungen in Romanform", sowie Trurnit, in: Möstl/Trurnit, Polizeirecht BW, Rn 28, u. Pöltl, VBlBW 2021, 45.
257 GBl. S. 624.
258 Krit. ebenso der 36. Tätigkeitsbericht Datenschutz 2020 des Landesbeauftragten für Datenschutz und Informationsfreiheit Baden-Württemberg, S. 85: „Einzelne Paragrafen sind derart komplex, dass sie auch für Datenschutzexperten nur schwer zu verstehen sind."
259 Ebenso Brommer, Polizeigesetz BW, Einf. S. 7.
260 BVerfG (Automatisierten Datenanalyse), NJW 2023, 1196, 1207 (Rn 112): „Der Gesetzgeber muss die wesentlichen Grundlagen zur Begrenzung von Art und Umfang der Daten und der Verarbeitungsmethoden selbst durch Gesetz vorgeben", mit weiteren detaillierten Anordnungen (Rn 115 ff.), m. krit. Bespr. Vasel, NJW 2023, 1174 ff. = ZD 2023, 338, m. zust. Anm. Petri, 345 f., CR 2023, R28, DÖV 2023, 353 (Ls.).

Die umfangreich veränderte und ergänzte **Neufassung** des PolG durch **Art. 1 des Gesetzes zur Umsetzung der Richtline (EU) 2016/680 für die Polizei in Baden-Württemberg** hat leider zu keiner Verbesserung geführt.[261] Allein die **Umsetzung der DSRL 2016/680** in das PolG hat dieses derart im Umfang aufgebläht, dass die Kernnormen der polizeilichen Arbeit in den Hintergrund gedrängt werden. Statt 86 Paragrafen umfasst die seit Januar 2021 geltende Fassung des PolG nunmehr **135 Paragrafen, beinahe die Hälfte** davon befassen sich mit dem **Datenschutz** bei der Polizei. Hier wurde **leider die Chance verpasst**, die Neufassung für eine **Neustruktur des polizeirechtlichen Normengefüges** zu nutzen. Wie es im Bereich des Datenschutzes hätte besser gehen können, hat der Bundesgesetzgeber mit der gelungenen Umsetzung der DSLR 2016/680 im BDSG gezeigt, dessen Teil 3 die Bestimmungen für Verarbeitungen zu Zwecken gem. Art. 1 DSRL 2016/680 enthält. Der **Bundesgesetzgeber** hatte das Ziel, beide Unionsakte in einem nationalen Gesetz umzusetzen, um beide Bereiche möglichst zu harmonisieren.[262] Damit hat er zugleich die Datenschutzregelungen in den ordnungs- und strafrechtlichen Spezialgesetzen deutlich reduziert.

69 Ähnlich verhält es sich mit dem durch Art. 1 Nr. 1 des **Gesetzes zur Abwehr alkoholbedingter Störungen der öffentlichen Sicherheit** vom 28.11.2017[263] in das PolG eingefügten § 18 PolG (früher § 10 a PolG). Die Voraussetzungen dieser Norm wurden so umfassend und zugleich begrenzend formuliert, dass der Erlass einer den Alkoholkonsum im öffentlichen Raum untersagenden Polizeiverordnung in der Praxis kaum möglich sein wird.[264] Hier wurde das Gesetz so eng gefasst, dass der Polizei kaum Handlungsspielräume bleiben, sie am Ende faktisch handlungsunfähig bleibt. Dies **widerspricht dem Grundgedanken einer effektiven Polizeiarbeit**, welche die Bürger in der Mehrheit vor Gefährdungen und Störungen schützen soll, diese berechtigte Erwartung aber durch Überregulierung nur noch schwer zu erfüllen ist.

70 Im Ergebnis hat das PolG durch die zuvor aufgezeigten Änderungen längst den **Idealzustand eines knapp und präzise formulierten Gesetzes verloren**, das dem Rechtsanwender einen klaren Rechtsrahmen vorgibt, der bei der rechtlichen Bewältigung von Lebenssachverhalten auch die zwingend notwendigen Anwendungsspielräume (durch unbestimmte Rechtsbegriffe und Ermessentatbestände) gewährt.[265] Der notwendige Vertrauensvorschuss des Gesetzgebers an den sachkundigen Rechtsanwender ist der Sorge vor gerichtlich festgestellten Normdefiziten gewichen.

---

261 Wie hier Nachbaur, VBlBW 2021, 55, 65 f., Brommer, Polizeigesetz BW, Einf. S. 7 f., sowie der 36. Tätigkeitsbericht Datenschutz 2020 des Landesbeauftragten für Datenschutz und Informationsfreiheit Baden-Württemberg, S. 84 ff.; *a*. A. Sckerl, LT-Plenarprot. 16/127, S. 7851: „deutlich gestiegene Übersichtlichkeit."
262 Kühling, NJW 2017, 1985, 1986. Ebenso etwa auch das Datenschutzgesetz Niedersachen (Nds. GVBl. 2018, S. 66), das die Vorgaben der DSRL 2017/680 in seinem Zweiten Teil (§§ 23 bis 58) umsetzt. Vgl. auch Pöltl, VBlBW 2021, 45 f.
263 GBl. S. 631.
264 Vgl. dazu Braun, BWGZ 2018, 76, 81 f., Pöltl, VBlBW 2018, 221, 233 f., sowie → § 9 Rn 39 ff.
265 Wie hier Trurnit, in: Möstl/Trurnit, Polizeirecht BW, Rn 28: „erhebliche Anwendungsprobleme".

§ 2 Gesetzgebungsbefugnisse auf dem Gebiet des Polizei- und Ordnungsrechts

> Besondere Relevanz für Studium, Prüfung und Examen (grundsätzlich können alle Themen des Polizeirechts Prüfungsgegenstand sein!):
> - Gesetzgebungsbefugnis der Länder (→ Rn 1);
> - Gesetzgebungsbefugnis des Bundes (→ Rn 2 bis 7).

I. Gesetzgebungsbefugnis der Länder

Das GG sieht – anders als etwa die Weimarer Reichsverfassung – keine generelle Gesetzgebungszuständigkeit des Bundes im Bereich des Polizei- bzw. Ordnungsrechts vor. Das Recht der Gesetzgebung haben gem. Art. 70 GG die Länder, soweit das GG keine andere Regelung trifft oder zulässt. Somit ist das Sachgebiet „Allgemeines Polizeirecht" grundsätzlich **Gegenstand der Ländergesetzgebung**. Als allgemeines Polizeirecht werden die Regelungen bezeichnet, bei denen die Aufrechterhaltung der öffentlichen Sicherheit und Ordnung den alleinigen und unmittelbaren Gesetzeszweck bildet. Nur sie können einem selbstständigen Sachbereich zugerechnet werden, der auch als **Polizeirecht im engeren Sinne** bezeichnet wird und der in die Gesetzgebungskompetenz der Länder fällt.[1] Alle Bundesländer haben jeweils nach dem dort vorherrschenden Einheits- oder Trennsystem (→ § 1 Rn 11, § 3 Rn 3, 5 f.) Polizei- bzw. Ordnungsgesetze erlassen. Das Land BW hat von seiner Gesetzgebungsbefugnis aus Art. 30, 70 ff. GG erstmals durch Erlass des PolG vom 21.11.1955 Gebrauch gemacht. 1

Grundlegendere Diskussionen zur Gesetzgebungszuständigkeit der Länder löste die im Jahr 2018 durch das Land Bayern erfolgte Einrichtung einer eigenen **Landes-Grenzpolizei** aus.[2] Die Länder können aber nur solche gesetzliche Regelungen erlassen, die **nicht unmittelbar dem Grenzschutz dienen**, da diese Aufgabe dem Bund durch Art. 73 Nr. 5 GG abschließend zugewiesen ist. Denkbar sind aber Befugnisse der Landespolizei, die durch den Grenzverkehr ausgelöst sind, aber letztlich vorrangig der konkreten Gefahrenabwehr dienen.[3] Das **BVerfG** hat betont, dass die dem Bund zugewiesene Aufgabe des Grenzschutzes nicht bewirken dürfe, dass die Bundespolizei allgemeine, mit der Landespolizei konkurrierende Befugnisse erlange.[4] Der **BayVerfGH** hat entschieden, dass der bayerische Landesgesetzgeber zwar befugt war, der bayerischen Landespolizei mit Art. 5 POG grenzpolizeiliche Fahndungsdienste im Rahmen der Schleierfahndung organisatorisch zuzuweisen und diesen Bereich als „Bayerische Grenzpolizei" zu bezeichnen, dass er aber **keine Gesetzgebungsbefugnis** hatte, mit Art. 29 PAG **Regelungen im Bereich des materiellen Grenzschutzrechts** zu erlassen.[5]

II. Gesetzgebungsbefugnis des Bundes

Das **GG** enthält **sowohl formelle als auch materielle Regelungen** für die Organisation und das Handeln der Polizei auf der Ebene des Bundes. Vor allem aus Art. 73 GG (ausschließliche) 2

---

1 BVerfGE 8, 143, 149.
2 Gesetz zur Errichtung der Bayerischen Grenzpolizei vom 24.7.2018 (GVBl. S. 607). Zur Entstehungsgeschichte vgl. Walter, NVwZ 2018, 1685 ff.
3 In diesem Sinne auch Ferreau, JA 2021, 48, 51; Walter, BayVBl 2020, 7, 11 ff., u. Die Polizei 2020, 49, 50; Kingreen/Schönberger, NVwZ 2018, 1825, 1826.
4 BVerfG, NVwZ 1998, 495.
5 BayVerfGH, NJW 2020, 3429, 3432 f. (Rn 58 ff.), 3433 ff. (Rn 72 ff.), m. zust. Anm. Ogorek, 3435 f.; ebenso Barczak, BayVBl 2021, 653 ff., u. Ferreau, JA 2021, 48, 51; vgl. auch Waldhoff, JuS 2021, 286 ff.

§ 2 Gesetzgebungsbefugnisse auf dem Gebiet des Polizei- und Ordnungsrechts

und Art. 74 GG (konkurrierende Gesetzgebungszuständigkeit) ergeben sich Kompetenzen des Bundes zum Erlass präventivrechtlicher Regelungen.

Beispiel: Das **BVerfG**[6] bejahte zwar die Gesetzgebungskompetenz des Bundes zur Festlegung eines Einfuhr- und Verbringungsverbotes für bestimmte gefährliche Hunde und hat insoweit das **Hundeverbringungs- und -einfuhrbeschränkungsgesetz** des Bundes vom 12.4.2001 für verfassungsmäßig gehalten. Das im gleichen Gesetz festgelegte **Züchtungsverbot** wurde dagegen für nichtig erklärt, weil dem Bund für diese Regelung die Gesetzgebungskompetenz fehlte. Nach Auffassung des BVerfG dient diese Regelung in erster Linie nicht der Vermeidung von Schmerzen, Leiden oder Schäden bei Tieren (= Tierschutz, für den der Bund zuständig ist), sondern dem Schutz des Lebens und der Gesundheit von Menschen und damit der Gefahrenabwehr, für die grundsätzlich die Länder zuständig sind.

3   **1. Geschriebene Zuständigkeiten. a) Ausschließliche Gesetzgebungszuständigkeit (Art. 73 GG).** Der Bund hat die ausschließliche Gesetzgebungskompetenz für folgende, dem Recht der Gefahrenabwehr zuzurechnende Gebiete:

- Auswärtige Angelegenheiten sowie die Verteidigung einschließlich des Schutzes der Zivilbevölkerung (Nr. 1);
- Freizügigkeit, Passwesen, Melde- und Ausweiswesen, Ein- und Auswanderung und Auslieferung (Nr. 3);
- Zoll, Grenzschutz und Außenwirtschaft (Nr. 5)[7];
- Luft- und Eisenbahnverkehr (Nr. 6 und 6 a);
- Abwehr von Gefahren des internationalen Terrorismus durch das BKA in bestimmten Fällen (Nr. 9 a);
- Zusammenarbeit des Bundes und der Länder
- in der Kriminalpolizei (Nr. 10 a), im Bereich des Verfassungsschutzes (Nr. 10 b) und zum Schutz gegen Bestrebungen im Bundesgebiet, die durch Anwendung von Gewalt oder darauf gerichtete Vorbereitungshandlungen auswärtige Belange der Bundesrepublik Deutschland gefährden (Nr. 10 c)
- sowie die Errichtung eines Bundeskriminalpolizeiamtes und die internationale Verbrechensbekämpfung (Nr. 10);
- Waffen- und Sprengstoffrecht (Nr. 12 GG).

Aufgrund dieser Ermächtigungsnormen hat der Bund zahlreiche Regelungen in Bundespolizeigesetzen erlassen, so etwa im Gesetz über die Bundespolizei (Bundespolizeigesetz – BPolG, [→ § 16 Rn 5]) oder im Gesetz über das Bundeskriminalamt und die Zusammenarbeit des Bundes und der Länder in kriminalpolizeilichen Angelegenheiten (BKAG) vom 7.7.1997 (→ § 16 Rn 2).

4   **b) Konkurrierende Gesetzgebungszuständigkeit (Art. 74 GG).** Auch im Bereich der konkurrierenden Gesetzgebungszuständigkeit hat der Bund zahlreiche Gesetze im Zusammenhang mit präventivrechtlichen Regelungen erlassen. Die konkurrierende Gesetzgebung erstreckt sich im Bereich der Polizei insbesondere auf folgende Gebiete:

- Strafrecht, Gerichtsverfassung, gerichtliches Verfahren (Nr. 1);
- Aufenthalts- und Niederlassungsrecht der Ausländer (Nr. 4);
- Recht der Wirtschaft (insbesondere Bergbau, Industrie, Energiewirtschaft, Handwerk, Gewerbe, Handel, Bank- und Börsenwesen, privatrechtliches Versicherungswesen) ohne das Recht des Ladenschlusses, der Gaststätten, der Spielhallen, der Schaustellung von Personen, der Messen, der Ausstellungen und der Märkte (Nr. 11);
- Gesundheits- und Infektionsschutz (Nr. 19);
- Lebensmittelrecht, Pflanzenschutz, Tierschutz (Nr. 20);

---

6 BVerfG, NVwZ 2004, 597.
7 Vgl. dazu eingehend Kingreen/Schönberger, NVwZ 2018, 1825 ff.

II. Gesetzgebungsbefugnis des Bundes

- Hochsee- und Küstenschifffahrt (Nr. 21);
- Straßenverkehr (Nr. 22);
- Abfallwirtschaft, Luftreinhaltung, Lärmbekämpfung (Nr. 24).

Wichtiges Beispiel in diesem Zusammenhang sind die Regelungen des **Strafprozessrechts**, nach dem der Polizei insbesondere die (repressive) Aufgabe der Aufklärung begangener Straftaten gem. § 163 StPO obliegt (→ § 4 Rn 11, § 13 Rn 1 ff.). Hier liegt die Gesetzgebungszuständigkeit vorrangig beim Bund. Häufig spielt die **Abgrenzung repressiver** (= Strafrecht, Gesetzgebungsbefugnis Bund) **und präventiver** (= Polizeirecht, Gesetzgebungsbefugnis Länder) **polizeilicher Befugnisse** im Bereich der konkurrierenden Gesetzgebung eine grundlegende Rolle.[8]

Das PolG ermächtigt in mehreren Vorschriften zu **Maßnahmen zur vorbeugenden Bekämpfung von Straftaten**. Im Zusammenhang mit einer verfassungskonformen Auslegung dieses unbestimmten Rechtsbegriffs in § 49 Abs. 2 u. 3 PolG (Einsatz technischer Mittel zur vorbeugenden Bekämpfung von Straftaten), hat der **VGH BW** entschieden, dass dieser Begriff nur die Verhütung von Straftaten (Verhinderungsvorsorge, also die präventive Zielrichtung der Vorschrift), umfasst, nicht jedoch die Verfolgung künftiger Straftaten (Strafverfolgungsvorsorge, repressive Zielrichtung). Zur Begründung wies der VGH BW unter Bezugnahme auf die Rechtsprechung des BVerfG zur Telekommunikationsüberwachung nach dem NdsSOG (BVerfGE 113, 348) darauf hin, dass ein **Bundesland die Gesetzgebungskompetenz nur für die Verhütung von Straftaten habe**, nicht aber für die Vorsorge für die spätere Verfolgung von Straftaten. Die Verhinderung von Straftaten erfasst präventive Maßnahmen, die drohende Rechtsgutverletzungen von vornherein und in einem Stadium verhindern sollen, in dem es noch nicht zu strafwürdigem Unrecht gekommen ist. Aus diesem Grund liegt die Verhinderung von Straftaten in der Gesetzgebungskompetenz eines Landes für die **Gefahrenabwehr** nach Art. 70 Abs. 1 GG. Die **Vorsorge für die spätere Verfolgung von Straftaten** ist dagegen dem „gerichtlichen Verfahren" (vgl. Art. 74 Abs. 1 Nr. 1 GG) und damit der konkurrierenden Gesetzgebungstätigkeit des Bundes zuzuordnen. Da der Bundesgesetzgeber die Überwachung der Telekommunikation in der StPO zu Zwecken der Strafverfolgung umfassend geregelt hat, bleibt für eine Gesetzgebung auf Landesebene für Maßnahmen der Vorsorge für die spätere Verfolgung von Straftaten kein Raum mehr.[9]

Das **BVerfG** hat deutlich gemacht, dass die repressive Verfolgung von Straftätern zwangsläufig auch präventiv dem Schutz der Sicherheit diene, ebenso wie umgekehrt präventive Maßnahmen zum Schutz der Rechtsordnung und damit zum Schutz der Bürger die Ergreifung von Straftätern und anschließende repressive Maßnahmen befördern könnten. Insoweit gingen die **Regelungsbefugnisse von Bund und Ländern Hand in Hand** und seien in ihren Wirkungen eng miteinander verwoben. Dabei sei auch möglich, dass Regelungen **doppelfunktional** ausgerichtet seien und sowohl der Strafverfolgung als auch der Gefahrenabwehr – und entsprechend sowohl der Strafverfolgungsvorsorge als auch der Gefahrenvorsorge – dienten. Für die **Abgrenzung** maßgeblich ist hier zunächst der **Schwerpunkt des verfolgten Zweckes**. Bei doppelfunktionalen Maßnahmen, bei denen sich ein eindeutiger Schwerpunkt weder im präventiven noch im repressiven Bereich ausmachen lässt, **steht dem Gesetzgeber ein Entscheidungsspielraum** für die Zuordnung zu und können entsprechende Befugnisse unter Umständen **sowohl auf Bundes- als auch auf Landesebene** geregelt werden.[10]

---

8 Vgl. dazu BVerfG (SOG MV), Beschl. v. 9.12.2022 – 1 BvR 1345/21, GSZ 2023, 98, 103 (dort ist nur Rn 163 abgedruckt), m. Anm. Graulich, 105 ff.
9 VGH BW, DVBl 2014, 1002 (→ § 4 Rn 5 f. m. w. H.).
10 BVerfGE 150, 244, 275 f. (Rn 72), u. BVerfG (SOG MV), Beschl. v. 9.12.2022 – 1 BvR 1345/21 (Rn 167), GSZ 2023, 98 (dort nicht abgedruckt), m. Anm. Graulich, 105 ff.

6 **2. Zuständigkeiten kraft Sachzusammenhangs.** Neben diesen geschriebenen Gesetzgebungszuständigkeiten auf dem Gebiet des Polizei- und Ordnungsrechts besitzt der Bund auch Kompetenzen unter dem Gesichtspunkt der sog. **Annex-Kompetenz.** Nach Auffassung des BVerfG sind für die Abgrenzung der Gesetzgebungskompetenz Normen, die der Aufrechterhaltung der öffentlichen Sicherheit und Ordnung in einem bestimmten Sachgebiet dienen, jeweils dem Sachbereich zuzurechnen, zu dem sie in einem notwendigen Zusammenhang stehen. Die Ordnungsgewalt kann als Annex (= Anhängsel) des Sachgebiets erscheinen, auf dem sie tätig wird. Die Zuständigkeit zur Gesetzgebung in diesem Sachbereich umfasst dann auch die Regelung der Ordnungsgewalt (Polizeigewalt).[11]

Beispiele:

- Als Annex des **Straßenverkehrsrechts** wurde die Abwehr von Gefahren angesehen, die von außen auf den Straßenverkehr einwirken.[12]
- Die Ausweitung der Kompetenzen der **Bundespolizei** (früher „BGS") auf den **Eisenbahn- und Luftverkehrsbereich** wurde vom BVerfG wegen der tradierten Verwaltungskompetenz des Bundes auf diesen Gebieten als Ausübung einer entsprechenden Annexkompetenz angesehen.[13]
- Dem Bund steht als Annex seiner ausschließlichen Gesetzgebungskompetenz für die Verteidigung die Befugnis zur Regelung des gefahrenabwehrenden **Brandschutzes** für Bundeswehreinrichtungen zu.[14]

In der Praxis kommt es entscheidend darauf an, dass der Bund der Bundespolizei keine allgemeinen Aufgaben zuweisen kann, sondern dass die Bundespolizei verfassungsrechtlich immer eine „**Polizei mit begrenzten Aufgaben**" bleiben muss.[15] Die Grundkompetenz und Zuständigkeit der Länder für das Polizeirecht muss gewahrt bleiben.

7 **3. Verwaltungskompetenzen im Bereich des Polizei- und Ordnungsrechts.** Die Verwaltung der Landespolizei und ihre Organisation sind im PolG von BW als Landesrecht einheitlich geregelt. Das PolG regelt daher sowohl die Organisation der Polizeibehörden als auch des Polizeivollzugsdienstes (→ § 3 Rn 1 ff.). Nach **Art. 83 GG** führen die Länder auch die Bundesgesetze als eigene Angelegenheit aus, soweit das GG keine andere Regelung trifft oder zulässt.[16] Die Länder haben somit eine umfassende Verwaltungszuständigkeit: Sie – und nicht der Bund – regeln grundsätzlich das Verfahren zur Einrichtung der Behörden bei der Ausführung der Bundesgesetze. Im Bereich des Polizei- und Ordnungsrechts gibt es aber zahlreiche Ausnahmen von diesem Grundsatz. Sowohl die **Vollzugspolizeien des Bundes** wie etwa das BKA (→ § 16 Rn 2) als auch die **besonderen Sicherheitsbehörden des Bundes** wie das Bundesamt für Verfassungsschutz, MAD und BND (→ § 16 Rn 12 ff.) verfügen über eine eigene, mit eigenem Verwaltungsaufbau ausgestattete (Bundes)-Verwaltung und -Organisation nach Art. 87 Abs. 1 u. 3 GG[17]. In den letzten Jahren ist festzustellen, dass der Bund mit der Begründung der Terrorismusbekämpfung und Globalisierung immer mehr Aufgaben der Polizei- und Ordnungsverwaltung an sich zieht. Als Beispiel sei hier nur die Diskussion über die Ausweitung der Befugnisse der Besonderen Sicherheitsbehörden und damit unmittelbar einhergehend die Aufweichung des sog. Trennungsprinzips angeführt (→ § 16 Rn 12 ff.).

---

11 BVerfGE 3, 407; 8, 143, 149 ff.; VGH BW, BWVPr. 1995, 134; Thiel, Polizei- und Ordnungsrecht, § 1 Rn 13.
12 BVerwGE 28, 310.
13 BVerfGE 97, 198, 218; vgl. dazu auch Bäcker, in: Lisken/Denninger, Handbuch des Polizeirechts, Kap. B Rn 166 ff.
14 VGH BW, BWVPr. 1995, 134.
15 Bäcker, in: Lisken/Denninger, Handbuch des Polizeirechts, Kap. B Rn 165.
16 BVerfGE 55, 318.
17 Vgl. dazu auch Kingreen/Schönberger, NVwZ 2018, 1825 ff.

III. Musterentwurf eines einheitlichen Polizeigesetzes des Bundes und der Länder

Die Zuständigkeit der Länder für die Gesetzgebung auf dem Gebiet des allgemeinen Polizeirechts unterstreicht zwar ihre Eigenständigkeit, führt aber zu unterschiedlichen Polizei- und Ordnungsgesetzen in den verschiedenen Bundesländern. Es gab und gibt daher immer wieder Bemühungen, das Polizeirecht bundesweit zu vereinheitlichen.[18] Bereits im Jahr 1972 forderte die ständige Konferenz der Innenminister und -senatoren des Bundes und der Länder (IMK) in dem „Programm für die innere Sicherheit in der Bundesrepublik Deutschland" für das materielle Polizeirecht einen Musterentwurf, der von den Ländern übernommen werden sollte.[19] Mit Beschluss vom 25.11.1977 legte die Innenministerkonferenz den **Musterentwurf eines einheitlichen Polizeigesetzes des Bundes und der Länder** vor.[20] Dieser Musterentwurf (ME PolG) sollte als unverbindliche Leitlinie dem jeweiligen Landesgesetzgeber dienen und auf diesem Wege für das gesamte Bundesgebiet sukzessive möglichst einheitliche Rechtsgrundlagen herbeiführen.

8

Der Entwurf löste in der Rechtslehre und in der Öffentlichkeit teilweise heftige Diskussionen aus. Im Jahr 1977 legten acht Wissenschaftler („Arbeitskreis Polizeirecht") einen **„Alternativentwurf einheitlicher Polizeigesetze des Bundes und der Länder"** (AE) vor.

9

Zwischenzeitlich haben die **meisten Bundesländer ihre Polizeigesetze** zwar an den Musterentwurf **angepasst**. Die Hoffnung, dass auf der Grundlage des Musterentwurfs ein einheitliches Polizeirecht aller Bundesländer entstehen könnte, hat sich indes nur teilweise erfüllt. Eine faktische Angleichung des Polizei- und Ordnungsrechts der einzelnen Bundesländer wird zumindest teilweise durch die regelmäßigen Zusammenkünfte und Vereinbarungen der **Innenministerkonferenzen** erreicht.

10

Auf der Grundlage eines **Beschlusses der Ständigen Konferenz der Innenminister vom Juni 2017** soll aktuell ein **neuer Musterentwurf** eines einheitlichen Polizeigesetzes erarbeitet werden.[21] Ob absehbar eine Chance auf Vereinheitlichung der Polizeigesetze der Bundesländer besteht, ist allerdings fraglich.[22]

11

---

18 Überblick über die Entwicklung bei Struzina/Kaiser, BayVBl 2020, 509 ff., u. Thiel, Die Verwaltung 2020, 1, 9 f. Grundlegend auch Graulich, GSZ 2019, 9 ff.
19 GABl. 1974 S. 497.
20 Zum Inhalt vgl. etwa Drews/Wacke/Vogel/Martens, Gefahrenabwehr, § 2 Nr. 2 (S. 19 f.).
21 Vgl. dazu Möstl, Die Verwaltung 2020, 21 ff., u. Thiel, Die Verwaltung 2020, 1, 10 ff.
22 Vgl. dazu eingehender Struzina/Kaiser, BayVBl 2020, 509, 511 ff.: „gemischtes Bild".

§ 3 Die Organisation der Polizei

> Besondere Relevanz für Studium, Prüfung und Examen (grundsätzlich können alle Themen des Polizeirechts Prüfungsgegenstand sein!):
> - Organisation der Polizeibehörden (→ Rn 1 bis 27);
> - Organisation des Polizeivollzugsdienstes (→ Rn 28 bis 43);
> - Aufgabenverteilung zwischen Polizeibehörden und Polizeivollzugsdienst (→ Rn 44 bis 60);
> - Wahrnehmung polizeilicher Aufgaben durch Beliehene (→ Rn 68);
> - Private Sicherheitsdienste (→ Rn 69 bis 72);
> - Subsidiäre Zuständigkeit der Polizei (→ Rn 73 bis 85).

I. Organisation der Polizeibehörden

1 **1. Allgemeines. a) Der formelle (institutionelle) Polizeibegriff.** Unter dem **Begriff der Polizei** werden unterschiedliche staatliche und kommunale Behörden, Aufgaben und Tätigkeiten verstanden. Je nach Betrachtungsweise wird von der Polizei im institutionellen, materiellen oder formellen Sinn gesprochen. Allerdings werden die Begriffe nicht immer einheitlich verwendet. Im Einzelfall ist daher festzulegen, welcher Polizeibegriff gemeint ist.

2 Der **formelle (auch institutioneller oder organisatorischer) Polizeibegriff** beinhaltet die **Summe aller Tätigkeiten**, die in den Zuständigkeitsbereich der Behörden fallen, die institutionell zur Polizei gerechnet werden.[1]

Beispiel: Eine (nur) formell-polizeiliche Tätigkeit ist die Ermittlungstätigkeit der Polizei im Strafverfahren. Diese Aufgabe dient nicht der Gefahrenabwehr und ist deshalb keine materiell-polizeiliche Tätigkeit.

3 **Polizei im formellen (institutionellen) Sinne** sind alle Behörden und Dienststellen, die der Organisation (Institution) „Polizei" zugerechnet werden. In BW sind dies nach dem **Polizeibehördensystem** (Einheitssystem) sowohl die Polizeibehörden (§§ 106 ff. PolG) als auch der Polizeivollzugsdienst (§§ 115 ff. PolG).[2] Bei dieser Unterscheidung kommt es allein auf die organisatorische Zuordnung an. Für die Zuordnung sind weder die Art und Weise der Zuständigkeit noch die Aufgabenerfüllung maßgebend.

In den meisten Bundesländern wird dagegen nach dem **Trennungsprinzip** unter „Polizei" regelmäßig nur der Polizeivollzugsdienst mit seinen Polizeibehörden und Dienststellen verstanden. Die Regelungen für die Ordnungs-, Verwaltungs- und Sicherheitsbehörden einerseits und für den Polizeivollzugsdienst andererseits sind in diesen Bundesländern teilweise in getrennten Gesetzen enthalten.[3]

4 **b) Der materielle Polizeibegriff.** Der **materielle Polizeibegriff** findet sich in § 1 Abs. 1 PolG. Polizei im materiellen Sinn ist derjenige Teil der hoheitlichen Verwaltungstätigkeit, der die **Abwehr von Gefahren** oder die **Beseitigung von Störungen** zum Gegenstand hat. Das bedeutet, dass alle Rechtsnormen, die Fragen der Gefahrenabwehr regeln, zum materiellen Polizeirecht zählen. Mit Recht weisen *Gusy/Eichenhofer* darauf hin, dass sich dieser materielle Polizeibegriff „aufgelöst" hat, weil undeutlich bleibt, was geschützt und was abgewehrt werden soll, da die

---

[1] Knemeyer/Schmidt, Polizei- und Ordnungsrecht (PdW), S. 1; Drews/Wacke/Vogel/Martens, Gefahrenabwehr, § 3 Nr. 1 (S. 33).
[2] Wehr, Polizeirecht, Rn 24; Bruckert/Frey/Kron/Marz, Besonderes Verwaltungsrecht, Rn 78.
[3] Vgl. etwa BbgPolG ↔ BbgOBG; PolG NRW ↔ OBG NRW; SächsPBG ↔ SächsPVDG; ThürPAG ↔ ThürOBG.

I. Organisation der Polizeibehörden

Aufgabe der Gefahrenabwehr nicht nur von der Polizei, sondern auch von einer Vielzahl von Sonderbehörden wahrgenommen wird.[4]

Beispiel: Die **Katastrophenschutzbehörden** haben die Aufgabe, die Bekämpfung von Katastrophen vorzubereiten, Katastrophen zu bekämpfen und bei der vorläufigen Beseitigung von Katastrophenschäden mitzuwirken (vgl. §§ 1, 2 u. 3 LKatSG). Die Wahrnehmung dieser Aufgabe ist inhaltlich Gefahrenabwehr und damit eine polizeiliche Tätigkeit im materiellen Sinne. Institutionell gesehen sind die Katastrophenschutzbehörden aber keine Polizei, sondern (untere) Verwaltungsbehörden. Die Ortspolizeibehörden werden an der Wahrnehmung der Einsatzaufgaben des Katastrophenschutzes nur „beteiligt".

c) Begriff der „Polizei". Die Organisation der Polizei umfasst in BW gem. § 104 PolG nach dem sog. **Polizeibehörden- oder Einheitssystem** die **Polizeibehörden** und den **Polizeivollzugsdienst**. Die Aufgaben der Polizei obliegen daher sowohl den Polizeibehörden als auch den Beamten des Polizeivollzugsdienstes. Beide sind „Polizei" und für beide gelten die Regelungen des PolG. Ihr gemeinsamer Auftrag ist gem. § 1 PolG der Schutz der öffentlichen Sicherheit oder Ordnung, wobei das PolG ihnen im Einzelnen unterschiedliche Funktionen, Aufgaben und Befugnisse zuweist. 5

Im Unterschied dazu beruht das **Trennsystem** auf einer organisatorischen Trennung von Polizei-, Sicherheits- und Ordnungsbehörden.[5] Der Aufbau, die Zuständigkeiten und die Befugnisse sind regelmäßig in getrennten Gesetzen geregelt. **Beim Trennsystem wird unter „Polizei" nur der Polizeivollzugsdienst verstanden.** Polizeirecht ist hier die Summe der Rechtsnormen, die den Polizeivollzugsdienst organisieren, berechtigen und verpflichten.

Die **Organisation der Polizei** ist im PolG BW in den §§ 104 bis 126 PolG näher geregelt. Die letzte größere **Organisationsänderung** erfolgte durch das **Polizeistrukturreformgesetz (PolRG)** vom 23.7.2013, das am 1.1.2014 in Kraft getreten ist. Durch diese Polizeireform sollte vor allem der Polizeivollzugsdienst organisatorisch für die aktuellen Herausforderungen der inneren Sicherheit gewappnet und mehr Personal in die Fläche gebracht werden (im Einzelnen → § 1 Rn 29 ff.). Durch das **PolSG2020** wurde die Polizeireform 2013 mit Wirkung ab 1.1.2020 in Teilen wieder geändert und modifiziert (→ § 1 Rn 31). 6

Die Organisation der Polizei umfasst gem. § 104 PolG nach dem in BW geltenden **Einheits- bzw. Polizeibehördensystem**:[6]

- die Polizeibehörden (Nr. 1)

und

- den Polizeivollzugsdienst mit seinen Beamten (Polizeibeamte) (Nr. 2).[7]

Die **Polizeibehörden** sind in allgemeine Polizeibehörden (§ 106 Abs. 1 PolG) und besondere Polizeibehörden (§ 106 Abs. 2 PolG) gegliedert. Verwendet das PolG den Begriff „Polizeibehörde", sind damit regelmäßig beide Arten von Polizeibehörden gemeint (vgl. etwa §§ 105 Abs. 1, 111 Abs. 1 und 112 bis 114 PolG).

2. Allgemeine Polizeibehörden. Allgemeine Polizeibehörden sind die in § 106 Abs. 1 PolG aufgeführten Behörden. § 106 Abs. 1 PolG legt grundsätzlich den **vierstufigen Aufbau** der allgemeinen Polizeibehörden fest. Hierbei handelt es sich sowohl um staatliche als auch um kommunale Verwaltungsbehörden. 7

---

4 Gusy/Eichenhofer, Polizei- und Ordnungsrecht, Rn 4, 8.
5 Knemeyer/Schmidt, Polizei- und Ordnungsrecht (PdW), S. 4.
6 Thiel, Polizei- und Ordnungsrecht, § 3 Rn 13, 17, 26, 28; Trurnit, in: Möstl/Trurnit, Polizeirecht BW, Rn 4.
7 Ibler, in: Ennuschat/Ibler/Remmert, Öffentliches Recht BW, § 2 Rn 14, 27.

Folgende Behörden sind allgemeine Polizeibehörden (vgl. §§ 106, 107 PolG):

8 **a) Ministerien als oberste Landespolizeibehörden.** Gem. § 106 Abs. 1 Nr. 1 PolG sind allgemeine Polizeibehörden die obersten Landespolizeibehörden. Das sind gem. § 107 Abs. 1 PolG die zuständigen **Ministerien**, nach deren jeweiligen Geschäftsbereichen Aufgaben der Gefahrenabwehr zu erfüllen sind (vgl. § 8 LVwG). Neben der Leitung und **Aufsicht** obliegen den Ministerien auch **erstinstanzliche Polizeiaufgaben**. Wichtiges Beispiel hierfür ist die Zuständigkeit zum Erlass von Polizeiverordnungen nach § 17 PolG (→ § 9 Rn 1 ff.). Die Zuständigkeit der Ministerien im Einzelnen richtet sich nach der MinGeschAbgrBek in der jeweils gültigen Fassung (vgl. auch § 9 LVwG). Zum Geschäftsbereich des **Innenministeriums** gehören etwa die öffentliche Sicherheit und Ordnung.[8]

9 **b) Regierungspräsidien als Landespolizeibehörden.** Gem. § 106 Abs. 1 Nr. 2 PolG sind allgemeine Polizeibehörden die Landespolizeibehörden. Das sind gem. § 107 Abs. 2 PolG die **Regierungspräsidien**. Gem. § 11 Abs. 1 LVwG ist das Landesgebiet in vier Regierungsbezirke (Stuttgart, Karlsruhe, Freiburg und Tübingen) eingeteilt. Für jeden Regierungsbezirk besteht ein Regierungspräsidium (§ 11 Abs. 2 LVwG). Die Regierungspräsidien sind gem. § 10 LVwG auch allgemeine Verwaltungsbehörden. Sie sind gem. § 13 LVwG in ihrem jeweiligen Regierungsbezirk (§ 12 LVwG) für die ihnen durch Gesetz oder Rechtsverordnung zugewiesenen Aufgaben zuständig. Die Regierungspräsidien unterliegen als Landespolizeibehörde der Dienst- und Fachaufsicht durch das Innenministerium bzw. durch die zuständigen Ministerien (vgl. § 108 Abs. 1 Nr. 1, Abs. 2, § 109 Nr. 1 PolG).

10 **c) Untere Verwaltungsbehörden als Kreispolizeibehörden.** Gem. § 106 Abs. 1 Nr. 3 PolG sind allgemeine Polizeibehörden die Kreispolizeibehörden. Das sind gem. § 107 Abs. 3 PolG die **unteren Verwaltungsbehörden**. Untere Verwaltungsbehörden sind gem. § 15 Abs. 1 LVwG in den Landkreisen die Landratsämter (vgl. § 1 Abs. 3 S. 2 LKrO) sowie nach Maßgabe des § 19 LVwG die Großen Kreisstädte und die Verwaltungsgemeinschaften nach Maßgabe des § 17 LVwG und in den Stadtkreisen die Gemeinden. Gem. § 18 LVwG sind die unteren Verwaltungsbehörden für alle ihnen durch Gesetz oder Rechtsverordnung zugewiesenen staatlichen Verwaltungsaufgaben zuständig. Die Kreispolizeibehörden sind je nach ihrer Organisation entweder staatliche oder kommunale Verwaltungsbehörden.

§ 15 Abs. 2 LVwG stellt klar, dass die Aufgaben der unteren Verwaltungsbehörden von den Stadtkreisen, großen Kreisstädten und Verwaltungsgemeinschaften als Pflichtaufgaben nach Weisung erfüllt werden. **Pflichtaufgaben nach Weisung** sind Aufgaben, zu deren Wahrnehmung die Verwaltungsträger gesetzlich verpflichtet sind (vgl. etwa § 2 Abs. 3 GemO). Zuständig für die Erfüllung ist gem. § 44 Abs. 3 S. 1 GemO der **Bürgermeister**. Der Gemeinderat als Hauptverwaltungsorgan der Gemeinde (§§ 23, 24 Abs. 1 GemO) hat nur bestimmte Auskunfts- und Kontrollrechte[9].

Die Kreispolizeibehörden unterliegen der **Dienst- und Fachaufsicht** durch die Regierungspräsidien und durch die zuständigen Ministerien (vgl. § 108 Abs. 1 Nr. 2 u. § 109 Nr. 2 PolG). Innerhalb der Landkreise ist der **Landrat** als Leiter des Landratsamts als Staatsbehörde zuständig (§§ 1 Abs. 3, 42, 53 Abs. 1 LKrO). Er unterliegt den Weisungen der Fachaufsichtsbehörden und der Dienstaufsicht des Regierungspräsidiums (§ 53 Abs. 1 LKrO).

11 **d) Gemeinden als Ortspolizeibehörden.** Gem. § 106 Abs. 1 Nr. 4 PolG sind allgemeine Polizeibehörden die Ortspolizeibehörden. Das sind gem. § 107 Abs. 4 PolG die Gemeinden (einschließlich der Stadtkreise und Großen Kreisstädte, vgl. § 3 GemO). Sie nehmen die ihnen durch das PolG übertragenen Aufgaben als Pflichtaufgabe nach Weisung wahr (§ 107 Abs. 4 S. 2 PolG i. V. m.

---

8 Vgl. Art 1 II Nr. 7 der MinGeschAbgrBek.
9 Vgl. dazu Engel/Heilshorn, Kommunalrecht BW, § 14 Rn 9 bis 13 u. § 15 Rn 26.

I. Organisation der Polizeibehörden

§ 2 Abs. 3 GemO). Zuständig für die Erfüllung ist gem. § 44 Abs. 3 S. 1 GemO der **Bürgermeister** (→ Rn 10). Die Gemeinden unterliegen bei der Wahrnehmung der Pflichtaufgaben nach Weisung der **Fachaufsicht** (§ 129 GemO, § 109 Nr. 3 PolG) und der Dienstaufsicht (§ 108 Abs. 1 Nr. 3 PolG).

3. Zuständigkeiten. a) Instanzielle Zuständigkeit der allgemeinen Polizeibehörde. Durch die instanzielle Zuständigkeit wird festgelegt, welche Stelle bzw. **Verwaltungsstufe innerhalb eines mehrstufigen Behördenaufbaus** für die Wahrnehmung einer Aufgabe zuständig ist. Die instanzielle Zuständigkeit stellt einen Unterfall der sachlichen Zuständigkeit dar. 12

Im Bereich des PolG wird hierdurch bestimmt, welche Polizeibehörde (§§ 106, 107 PolG) bzw. Polizeidienststelle (§ 115 PolG) innerhalb des sachlichen Zuständigkeitsbereichs tätig wird. Im Regelfall werden die Aufgaben der Gefahrenabwehr von der untersten Instanz wahrgenommen (→ Rn 13 u. 28 ff.).

b) Grundsatz der Zuständigkeit der Ortspolizeibehörde. Der Aufbau der allgemeinen Polizeibehörden gem. § 106 Abs. 1 PolG ist vierstufig und wird von dem Grundsatz beherrscht, dass Aufgaben, die von nachgeordneten Behörden zuverlässig und zweckmäßig erledigt werden können, diesen zuzuweisen sind (vgl. Art. 70 Abs. 1 S. 2 LV). Mit dieser Regelung soll erreicht werden, dass grundsätzlich nur **eine** Polizeibehörde zuständig sein kann.[10] 13

Gem. § 111 Abs. 1 PolG wird die sachliche Zuständigkeit der Polizeibehörden von den fachlich zuständigen Ministerien im Einvernehmen mit dem Innenministerium bestimmt. Diese Bestimmung kann nur durch **Rechtsverordnung** erfolgen.[11]

Gem. § 111 Abs. 2 PolG sind die Ortspolizeibehörden sachlich zuständig, soweit nichts anderes bestimmt ist. Innerhalb des vierstufigen Verwaltungsaufbaus der Polizeibehörden sind somit grundsätzlich die Gemeinden als **Ortspolizeibehörden (instanziell) zuständig**. Es kann folglich von einer „Zuständigkeitsvermutung" zugunsten der Ortspolizeibehörde gesprochen werden. 14

Fall 1: Bewohner A wohnt am Rand einer Parkanlage am Ufer der durch D fließenden Elz. Er stellt fest, dass durch das ständige Füttern von Enten und Gänsen auch auf seinem Grundstück immer mehr **Ratten** auftreten. Er begibt sich deshalb zur Gemeindeverwaltung – Ortspolizeibehörde – von D und bittet um die Durchführung geeigneter Maßnahmen, insbesondere um ein **Fütterungsverbot** für Enten und ähnliche Kleintiere.

Da „nichts anderes bestimmt ist", also Spezialgesetze nicht vorhanden sind, ist D im **Fall 1** gem. § 111 Abs. 2 i. V. m. § 106 Abs. 1 Nr. 4 PolG die sachlich zuständige allgemeine Polizeibehörde, um die durch die Fütterung der Tiere verstärkt auftretende Rattenplage und damit eine Gefahr für die öffentliche Sicherheit zu bekämpfen. D kann etwa gem. §§ 1, 3 u. 17 PolG in einer Polizeiverordnung ein Fütterungsverbot festlegen (→ § 9 Rn 1 ff.).

Gem. § 111 Abs. 1 PolG oder durch spezielle Zuweisungsregelungen im Gesetz kann diese Vermutung widerlegt und durch das fachlich zuständige Ministerium die Zuständigkeit einer anderen (allgemeinen) Polizeibehörde begründet werden. 15

c) Zuständigkeits- und Instanzenverschiebungen. Gem. § 112 PolG ist eine Verschiebung der instanziellen Zuständigkeit u. a. möglich bei: 16

- Wahrnehmung der Aufgaben der zuständigen Polizeibehörde durch die zur Fachaufsicht zuständigen Behörden bei Gefahr im Verzug (§ 112 Abs. 1, § 109 PolG: **Notzuständigkeit der Fachaufsichtsbehörden**).
- Wahrnehmung der Aufgaben einer übergeordneten Polizeibehörde durch jede Polizeibehörde bei Gefahr im Verzug (§ 112 Abs. 2 PolG: **Notzuständigkeit der nachgeordneten allgemeinen Behörden**).

---

10 Stephan, in: Stephan/Deger, Polizeigesetz BW, § 66 Rn 1.
11 Stephan, in: Stephan/Deger, Polizeigesetz BW, § 66 Rn 6 m. w. N.

In beiden Fällen handeln die Behörden im eigenen Namen und nicht an Stelle der an sich zuständigen Behörde. **Verantwortlich** für die Rechtmäßigkeit der Maßnahme ist daher der Träger der tätig gewordenen Behörde.

- **Selbsteintrittsrecht** der Fachaufsichtsbehörde im Fall der Weigerung einer Polizeibehörde, einer ihr erteilten Weisung zu folgen (§ 110 Abs. 2 PolG [→ Rn 26]).

Die zuständige Polizeibehörde ist **unverzüglich zu unterrichten** (§ 112 Abs. 3 PolG). In § 112 Abs. 4 PolG wird ausdrücklich klargestellt, dass diese Zuständigkeitsverschiebungen nicht für den Erlass von Polizeiverordnungen gelten (vgl. §§ 21, 22 PolG).

17 **4. Besondere Polizeibehörden. a) Allgemeines.** Besondere Polizeibehörden sind gem. § 106 Abs. 2 PolG Verwaltungsbehörden, die aufgrund besonderer Rechtsvorschriften polizeiliche Aufgaben wahrnehmen, die nicht allgemeine Polizeibehörden gem. § 106 Abs. 1 PolG sind und die nicht zu den „anderen Stellen" i. S. d. § 2 Abs. 1 S. 1 PolG zählen.

Eine Behörde kann daher **nicht gleichzeitig allgemeine und besondere Polizeibehörde** sein. Die besondere Polizeibehörde muss gegenüber den Behörden, denen die Funktion der allgemeinen Polizeibehörde gem. § 106 Abs. 1 PolG übertragen ist, organisatorisch verselbstständigt sein und über eine eigene Organisation außerhalb der Regelung des § 107 PolG verfügen. In Betracht kommen nur Behörden der unmittelbaren Landesverwaltung.[12]

18 Durch das **Gesetz zur Reform der Verwaltungsstruktur** (VRG) im Jahre 2004 wurden die wichtigsten besonderen Polizeibehörden aufgelöst und in die Landratsämter und Stadtkreise integriert (→ § 1 Rn 27). So werden etwa die von den früheren staatlichen Gewerbeaufsichtsämtern wahrgenommenen fachtechnischen Aufgaben nunmehr von den Regierungspräsidien bzw. von den Landratsämtern und den Stadtkreisen als untere Verwaltungsbehörden wahrgenommen (vgl. Art. 1 Abs. 6 u. Art. 2 Abs. 7 VRG). Mit Recht weisen Stephan/Deger darauf hin, dass § 106 Abs. 2 PolG mit dem Erlass des VRG keine praktische Bedeutung mehr hat.[13]

19 **b) Sonderstellung des Landtagspräsidenten.** Der Präsident des Landtags von BW nimmt eine Sonderstellung ein. Gem. **Art. 32 Abs. 2 S. 1 LV** obliegt ihm die Ausübung der **Polizeigewalt im Sitzungsgebäude des Landtags**.[14] Er hat damit kraft Verfassungsrecht die Stellung einer **besonderen Polizeibehörde**[15] und ist berechtigt, zur Erhaltung der Funktionsfähigkeit des Parlaments Maßnahmen der Gefahrenabwehr gem. §§ 1, 3 PolG zu erlassen (etwa Verfügungen oder Verordnungen).[16] Er besitzt eine **ausschließliche Zuständigkeit**.[17] Die Befugnisse der allgemeinen Polizeibehörden und des Polizeivollzugsdienstes werden durch die Polizeigewalt der Präsidentin verdrängt.[18] Die Polizei hat ihm auf Ersuchen **Amtshilfe** zu leisten. Ohne ein derartiges Ersuchen sind weder die Polizeibehörde noch die Vollzugsbeamten berechtigt, polizeiliche Maßnahmen im Sitzungsgebäude wahrzunehmen.[19]

Beispiel: In der 78. Sitzung des 16. Landtags von BW am 12.12.2018 tätigte der Landtagsabgeordnete der AfD-Fraktion Stefan Räpple in Richtung der SPD-Fraktion den Zwischenruf „So sind sie, die roten Terroristen!" Die Landtagspräsidentin ermahnte ihn daraufhin: „Deshalb bekommen Sie jetzt einen Ordnungsruf.

---

12 Stephan, in: Stephan/Deger, Polizeigesetz BW, § 61 Rn 12.
13 Stephan, in: Stephan/Deger, Polizeigesetz BW, § 61 Rn 12.
14 Haug, in: Haug, Landesverfassung BW, Art. 32 Rn 41. Vgl. zum parlamentarischen Ordnungsrecht Geberding, JURA 2021, 265 ff., sowie VerfGH BW, Die Justiz 2021, 306, 311 ff.
15 Haug, in: Haug, Landesverfassung BW, Art. 32 Rn 45 m. w. N.
16 Grundlegend dazu VerfGH BW, DVBl 2022, 659, 666 = NVwZ-RR 2022, 403, u. Haug, in: Haug, Landesverfassung BW, Art. 32 Rn 45.
17 Austermann, JURA 2023, 419, 425.
18 Sander, in: Belz/Mußmann/Kahlert/Sander, Polizeigesetz BW, § 107 Rn 7; Friehe, DÖV 2016, 521; StGH BW, VBlBW 1988, 211 („Zählsorgetelefon").
19 Vgl. Köhler, DVBl 1992, 1577.

I. Organisation der Polizeibehörden

Sollten Sie so etwas noch einmal wiederholen, erfolgt ein Sitzungsausschluss."[20] Nachdem es in der Folge zu weiteren verbalen Auseinandersetzungen durch den Landtagsabgeordneten Räpple gekommen war, wurde er durch die Landtagspräsidentin der Sitzung verwiesen.[21] Weil er den Saal trotz mehrfacher Aufforderung des Landtagspräsidiums nicht verlassen wollte, wurde die Sitzung unterbrochen.[22] Der Landtagsabgeordnete Räpple musste anschließend von der Polizei aus dem Saal begleitet werden. Die Landtagspräsidentin schloss den Landtagsabgeordneten Räpple für drei Sitzungstage von der Sitzung des Landtags aus.

Der **VerfGH BW** wies einen Eilantrag des Landtagsabgeordneten Räpple gegen seinen Sitzungsausschluss zurück.[23] Er führte zur Begründung aus, dass ein durch die Landtagspräsidentin von der Sitzung ausgeschlossenes Mitglied des Landtags den Sitzungssaal sofort zu verlassen habe und dass die für eine Missachtung dieses Gebots vorgesehene Sanktion der Geschäftsordnung des Landtags (drei Tage Ausschluss von den Sitzungen des Landtags) verfassungsrechtlich nicht zu beanstanden sei.[24]

5. Dienst- und Fachaufsicht. a) Dienstaufsicht. § 108 PolG regelt die Dienstaufsicht über die allgemeinen Polizeibehörden. Gem. § 3 Abs. 1 LVwG erstreckt sich die **Dienstaufsicht** auf den Aufbau, die innere Ordnung, den Einsatz und die Verteilung von Personal- und Sachmitteln, die allgemeine Geschäftsführung und die Personalangelegenheiten einer Behörde (organisatorische und personalrechtliche Aufsicht). Zur Dienstaufsicht zählt auch die Entscheidung über **Dienstaufsichtsbeschwerden**, mit der Dritte die Verletzung von Dienstpflichten durch Polizeibeamte geltend machen können (Art. 17 GG). Die **Mittel der Dienstaufsicht** werden im PolG nicht ausdrücklich genannt, sondern ergeben sich aus dem Begriff der Dienstaufsicht und dem umfassenden Weisungsrecht der Dienstaufsichtsbehörden gem. § 110 Abs. 1 PolG, § 3 Abs. 1 u. 3 LVwG. Die Aufsichtsbehörden können sich über dienstliche Vorgänge informieren, Akten anfordern und Beanstandungen oder dienstliche Weisungen erteilen.

Die zuständigen Behörden für die Ausübung der Dienstaufsicht über die allgemeinen Polizeibehörden ergeben sich aus § 108 PolG. Oberste Dienstaufsichtsbehörde ist das Innenministerium. Anders als bei der allgemeinen Staatsaufsicht (§§ 20 ff. LVwG) führen nach dem **Prinzip der Parallelaufsicht** nicht nur die nächsthöheren Aufsichtsbehörden über die unmittelbar nachgeordneten, sondern alle höherrangigen über ihnen nachgeordnete Polizeibehörden die Aufsicht. Im Bereich der Polizei sind somit alle im Instanzenzug übergeordneten Behörden **nebeneinander zur Dienstaufsicht befugt** bzw. konkurrierend zuständig. Ausgenommen von dieser konkurrierenden Zuständigkeit sind gem. § 108 Abs. 1 Nr. 1 PolG nur die Regierungspräsidien.

Beispiel: Die Ortspolizeibehörde O einer kleinen Gemeinde kann sowohl von der Kreispolizeibehörde (Landratsamt) als auch vom Regierungspräsidium (Landespolizeibehörde) oder sogar direkt vom Innenministerium angewiesen werden, eine widerrechtliche Hausbesetzung in der Gemeinde polizeilich zu beenden (vgl. § 108 Abs. 1 Nr. 3 b PolG). Nach Möglichkeit soll aber nur die unmittelbare Aufsichtsbehörde Maßnahmen der Dienstaufsicht vornehmen.

b) Fachaufsicht. § 109 PolG regelt die Zuständigkeiten der **Fachaufsicht** über die allgemeinen Polizeibehörden. Gem. § 3 Abs. 2 LVwG erstreckt sich die Fachaufsicht auf die rechtmäßige und zweckmäßige Wahrnehmung der fachlichen Verwaltungsangelegenheiten der Behörde. Sie umfasst sowohl die Prüfung der Gesetzmäßigkeit der Verwaltung (Rechtsaufsicht) als auch die der Zweckmäßigkeit einer Maßnahme einschließlich der Ausübung des Ermessens (§ 40 LVwVfG). Wichtigstes Mittel der Fachaufsicht ist ein umfassendes Weisungsrecht (→ Rn 24 ff.).

Die für die Ausübung der **Fachaufsicht** über die allgemeinen Polizeibehörden **zuständigen Behörden** ergeben sich aus § 109 PolG. Nach dem **Prinzip der Parallelaufsicht** üben – mit Ausnahme der Aufsicht über die Landespolizeibehörden – die höheren allgemeinen Polizeibehörden

---

20 LT-Plenarprot. 16/78, S. 4678.
21 LT-Plenarprot. 16/78, S. 4688.
22 LT-Plenarprot. 16/78, S. 4688.
23 VerfGH BW, NVwZ 2019, 1437 = VBlBW 2020, 56.
24 VerfGH BW, NVwZ 2019, 1437.

die Fachaufsicht über die untergeordneten Polizeibehörden aus. Die Fachaufsichtsbehörden sind mit den für die Ausübung der Dienstaufsicht zuständigen Behörden identisch.

24 **6. Weisungsrecht und Unterrichtungspflicht. a) Weisungsrecht. aa) Allgemeines.** Gem. § 110 Abs. 1 S. 1 PolG können die zur Dienst- oder Fachaufsicht zuständigen Behörden den allgemeinen Polizeibehörden im Rahmen ihrer Zuständigkeit „unbeschränkt Weisungen erteilen". Mit diesem **Weisungsrecht** können die Aufsichtsbehörden jederzeit in die Verwaltung der allgemeinen Polizeibehörden eingreifen. Die allgemeinen Polizeibehörden haben diesen **Weisungen Folge zu leisten** (§ 110 Abs. 1 S. 2 PolG). Das Weisungsrecht ist unentbehrliches Mittel für die ordnungsgemäße Ausübung der Dienst- und Fachaufsicht. Seine besondere Bedeutung liegt in der Ermächtigung der staatlichen Aufsichtsbehörden, das Weisungsrecht auch gegenüber den (rechtlich verselbständigten) kommunalen Ortspolizeibehörden (Stadtkreise, Große Kreisstädte oder Gemeinden) auszuüben (vgl. Art. 75 Abs. 2 LV, § 2 Abs. 3 GemO). Der Grund für diese staatlichen Aufsichtsrechte liegt darin, dass die **Gefahrenabwehr** eine **staatliche Aufgabe** ist. Die Aufsichts- und Weisungsbefugnisse dienen der Koordination und der Vereinheitlichung der Verwaltungstätigkeit sowie der Kontrolle der einzelnen Behörde[25]. Das Weisungsrecht besteht gem. § 110 Abs. 1 PolG **nur im Rahmen der** eigenen **Zuständigkeit der Aufsichtsbehörde**. Die Aufsichtsbehörde hat daher zu prüfen, ob sie für Maßnahmen der Dienst- oder Fachaufsicht oder für beides zuständig ist. Zudem kann die Aufsichtsbehörde nur zu denjenigen Maßnahmen anweisen, zu deren Durchführung die angewiesene Behörde sachlich und örtlich zuständig ist. „Unbeschränktes" Weisungsrecht bedeutet, dass sich das Weisungsrecht auf alle Tätigkeitsbereiche – einschließlich der Ermessensausübung durch die weisungsunterworfene Behörde – erstreckt. Bei der Ausübung des Weisungsrechts muss die Aufsichtsbehörde aber nach dem Rechtsstaatsprinzip das Gesetz beachten.

Eine bestimmte **Form** ist für die Weisung nicht vorgeschrieben. Sie kann schriftlich, mündlich oder auf sonstige Weise erteilt werden. Die Schriftform empfiehlt sich jedoch aus Beweis- und Kostengründen. Der angewiesenen Polizeibehörde wird empfohlen, vor der Ausführung einer Maßnahme auf die schriftliche Erteilung einer Weisung zu bestehen. Im Außenverhältnis handelt es sich bei jeder Maßnahme der angewiesenen Behörde, die diese aufgrund einer Weisung erlässt, um ihre eigene Anordnung und nicht um eine Anordnung der Aufsichtsbehörde. Die angewiesene Behörde ist daher auch in erster Linie für die Rechtmäßigkeit und Rechtsfolgen der erlassenen Maßnahme verantwortlich. Bei fehlerhafter Weisung können ggf. Regressansprüche geltend gemacht werden (vgl. etwa die Kostenerstattungspflicht gem. § 129 Abs. 5 GemO).

25 **bb) Rechtsschutz.** Gem. § 110 Abs. 1 S. 2 PolG haben die allgemeinen Polizeibehörden den Weisungen Folge zu leisten. Die angewiesene Polizeibehörde bzw. deren Rechtsträger ist daher verpflichtet, die angeordnete Maßnahme auszuführen. **Förmliche Rechtsbehelfe** wie Widerspruch oder Anfechtungsklage sind gegen dienstliche oder fachliche Weisungen **grundsätzlich nicht zulässig**, da Weisungen lediglich behördeninterner Natur sind und mangels Außenwirkung keine Verwaltungsakte gem. § 35 LVwVfG darstellen.[26] Dies gilt auch gegenüber einer Gemeinde als Ortspolizeibehörde, sofern diese im übertragenen Wirkungskreis handelt. Eine Weisung besitzt nur dann **ausnahmsweise Außenwirkung**, wenn sie in ihrer Wirkung über den Bereich der Weisungsunterworfenheit der Gemeinde hinausgeht und diese zugleich in einem ihr als Selbstverwaltungskörperschaft zustehendem Recht trifft. Dies kann insbesondere dann der Fall sein, wenn eine Weisung in unzulässiger Weise in das Recht auf kommunale Selbstverwaltung

---

25 Vgl. auch Maurer/Waldhoff, Allg. Verwaltungsrecht, § 22 Rn 23 ff.
26 VGH BW, VBlBW 1994, 191, 192; BVerwG, Buchholz 442.151, § 45 StVO Nr. 32. Vgl. zur Abgrenzung zwischen VA und innerdienstlicher Weisung auch HambOVG, DVBl 2014, 1337.

eingreift[27], was aber regelmäßig nicht der Fall ist.[28] Die angewiesene Behörde hat die Möglichkeit, im Wege einer **Gegenvorstellung** Bedenken gegen eine Weisung vorzutragen, insbesondere gegen deren Rechtmäßigkeit.[29]

cc) Aufsichtsbehördliches Selbsteintrittsrecht. Leistet die Polizeibehörde einer ihr erteilten Weisung keine Folge, so kann an Stelle der Polizeibehörde jede zur Fachaufsicht zuständige Behörde (§ 109 PolG) die erforderlichen Maßnahmen ergreifen (§ 110 Abs. 2 PolG). Das **Selbsteintrittsrecht** ermächtigt jede Fachaufsichtsbehörde, die erforderlichen Anordnungen an Stelle der angewiesenen Behörde zu treffen. Die aufgrund des Selbsteintritts durchgeführte Maßnahme wird der eigentlich zuständigen Polizeibehörde auch hinsichtlich der Rechtsbehelfe und Kosten zugerechnet, weil die Aufsichtsbehörde nur „an Stelle" der an sich zuständigen Behörde gehandelt hat (sog. **Aufsichtsvertretung**).[30] Der Fachaufsichtsbehörde obliegt ebenso die Aufgabe der Gefahrenabwehr. Für den Erlass von Polizeiverordnungen gem. § 17 PolG (vgl. dazu § 22 Abs. 1 S. 2 PolG) gilt die hiervon abweichende Regelung des § 22 Abs. 1 S. 1 PolG, wonach die Polizeiverordnung von der nächsthöheren zur Fachaufsicht zuständigen Behörde zu erlassen ist.

26

b) Unterrichtungspflicht. Neben dem Weisungsrecht normiert § 110 Abs. 3 PolG die **Verpflichtung** der allgemeinen Polizeibehörden, die Fachaufsichtsbehörden von allen „sachdienlichen Wahrnehmungen" zu **unterrichten**. Die Unterrichtungspflicht ist wichtige Voraussetzung für eine wirksame Ausübung der Dienst- und Fachaufsicht. Zu informieren ist nur die **unmittelbar übergeordnete Aufsichtsbehörde**. Bei der Übermittlung von personenbezogenen Daten ist § 59 Abs. 1 PolG zu beachten, wonach nur Daten übermittelt werden dürfen, die zur Wahrnehmung polizeilicher Aufgaben erforderlich sind (→ § 10 Rn 572).

27

II. Organisation des Polizeivollzugsdienstes

1. Der Aufbau des Polizeivollzugsdienstes. Der Aufbau und die Gliederung des Polizeivollzugsdienstes ist im Grundsatz in § 115 Abs. 1 PolG geregelt. Seine Neuorganisation geht auf das Polizeistrukturreformgesetz (PolRG) vom 23.7.2013 und das PolSG2020 zurück (→ § 1 Rn 29 ff. 31, → Rn 6). Weitere Organisations-, Gliederungs- und Aufgabenzuordnungen enthält die **DVO PolG**. Schließlich sind in der **Verwaltungsvorschrift des Innenministeriums über die Organisation des Polizeivollzugsdienstes (VwV-PolOrg)** wichtige Regelungen insbesondere zur Gliederung der einzelnen Dienststellen festgelegt.

28

Oberste Führungsstelle für den gesamten Polizeivollzugsdienst des Landes ist das **Innenministerium**. Gem. §§ 117, 118 PolG führt es die Dienst- und Fachaufsicht über die Polizei. Innerhalb des Innenministeriums ist das **Landespolizeipräsidium** (Abteilung 3 mit den Referaten 31 bis 35) zuständig (vgl. Nr. 2.1 VwV-PolOrg). Die Behörde wird vom **Landespolizeipräsidenten** geleitet.[31] Gem. § 122 Abs. 1 PolG erfüllt das Innenministerium vollzugspolizeiliche Aufgaben, soweit dies zur landeseinheitlichen Wahrnehmung erforderlich ist.

a) Polizeidienststellen des Landes. Nach dem durch das Polizeistrukturreformgesetz neu gefassten § 115 Abs. 1 PolG (PolRG, → § 1 Rn 29, → Rn 6) unterhält das Land seit dem 1.1.2014 für den Polizeivollzugsdienst folgende Polizeidienststellen:

29

---

27 VGH BW zum Weisungsrecht der höheren Straßenverkehrsbehörde wegen Anordnung einer Tempo 30 km/h Zone durch eine Gemeinde in ihrer Zuständigkeit als untere Straßenverkehrsbehörde, VBlBW 1994, 191, 192; so auch VG Regensburg, Urt. v. 5.7.2000 – RO 9 K 99.627.
28 BVerwG, DÖV 1995, 512.
29 Stephan, in: Stephan/Deger, Polizeigesetz BW, § 64 Rn 7.
30 Mit Recht krit. zu dieser „Stellvertretung in der Gefahrenabwehr" Würtenberger/Heckmann/Tanneberger, Polizeirecht BW, § 5 Rn 24.
31 Anlage 1 zu Nr. 2.3 VwV-PolOrg.

- Nr. 1: die regionalen Polizeipräsidien;
- Nr. 2: das Polizeipräsidium Einsatz;
- Nr. 3: das LKA.

30 **aa) Die regionalen Polizeidienststellen.** „Polizeidienststellen" sind organisatorisch verselbstständigte Gliederungseinheiten des Polizeivollzugsdienstes. Sie sind Behörden i. S. d. Verwaltungsrechts (§ 1 Abs. 4 LVwVfG) und öffentliche Stellen i. S. d. LVwVG und LDSG. Gem. § 120 PolG sind die Polizeidienststellen im ganzen Landesgebiet örtlich zuständig; in der Regel sollen sie jedoch nur in ihrem Dienstbezirk tätig werden. Die Zuordnung der jeweiligen Dienstbezirke ist in § 121 PolG regelt.

31 Die frühere Organisation des Polizeivollzugsdienstes mit den Regierungspräsidien und den diesen nachgeordneten Polizeipräsidien bzw. -direktionen wurde durch das PolRG von 2013 abgeschafft. Ziel der Polizeireform war die Verschmelzung der vier Landespolizeidirektionen mit den 37 Polizeipräsidien und Polizeidirektionen zu **zwölf** (seit 1.1.2020: dreizehn [→ § 1 Rn 31]) vergleichbar leistungsstarken und regional zuständigen **Polizeipräsidien** mit der unmittelbaren Anbindung an das Landespolizeipräsidium im Innenministerium.[32] Aufgrund der Ermächtigung in § 116 PolG hat das Innenministerium durch die neu gefasste **DVO PolG** diese Zielsetzung umgesetzt. Wie sich aus § 121 PolG (Dienstbezirke) ergibt, sind nunmehr in BW, verteilt auf die größeren Städte, insgesamt **13 Dienstbezirke** (bis 31.12.2019: 12 [→ § 1 Rn 31]) für die regionalen Polizeipräsidien vorhanden. Jedes Polizeipräsidium ist für mehrere Stadt- und Landkreise zuständig.

Die regionalen Polizeipräsidien sind in die Direktion Polizeireviere, Kriminalpolizeidirektion und Verkehrspolizeidirektion gegliedert.[33] Gem. § 23 DVO PolG obliegen der **Schutz- und Kriminalpolizei** bei den regionalen Polizeipräsidien die Aufgaben des Polizeivollzugsdienstes, soweit nicht das LKA oder das Polizeipräsidium Einsatz zuständig ist. Die Aufgaben der **Kriminalpolizei**, zu denen vor allem die Verfolgung von schwerer Kriminalität und die Bekämpfung der Jugendkriminalität und -verwahrlosung gehören, sind näher in § 23 Abs. 2 DVO PolG beschrieben.

Die **Schutzpolizei** bei den regionalen Polizeipräsidien nimmt gem. § 23 Abs. 3 DVO PolG die in Abs. 1 genannten Aufgaben wahr, soweit diese nicht nach Abs. 2 der Kriminalpolizei oder gem. § 18 DVO PolG der **Wasserschutzpolizei** obliegen. Die **Schutzpolizei** besitzt damit gegenüber der Kriminalpolizei (nur) eine **Auffangzuständigkeit**. Weiterhin hat die Schutzpolizei gem. § 23 Abs. 3 S. 2 DVO PolG vor allem bei **Gefahr im Verzug** unaufschiebbare Maßnahmen durchzuführen.

Im Zuge der Umstrukturierung erhielten die regionalen Polizeipräsidien jeweils eine Verwaltung, eine **Direktion Polizeireviere**, eine **Schutzpolizeidirektion** (bis 31.12.2019: Direktion Polizeireviere und Verkehrspolizeidirektion)[34] und eine **Kriminalpolizeidirektion** sowie ein professionelles **Führungs- und Lagezentrum** für die Bearbeitung von Notrufen und Maßnahmen zur polizeilichen Einsatzsteuerung.

Im **dienstrechtlichen Sinne** sind nur die Polizeipräsidien „Behörde", nicht dagegen die zuvor genannten Untergliederungen der Präsidien.[35]

32 **bb) Polizeipräsidium Einsatz.** Gem. § 15 DVO PolG unterstützt das **Polizeipräsidium Einsatz** die übrigen Polizeidienststellen mit der **Bereitschaftspolizei**, den **Spezialeinheiten** und der

---

32 Vgl. Art. 1 PolRG, Veränderungen bei der Landespolizei, § 2, Aufgabenübertragung (→ § 1 Rn 29 ff.); vgl. auch Stephan, in: Stephan/Deger, Polizeigesetz BW, § 70 Rn 4 f.
33 Nr. 1 der Anlage 2 zu Nr. 1.3 und 2.3 VwV-PolOrg.
34 Vgl. LT-Drs. 16/5603, S. 11.
35 VGH BW, NVwZ-RR 2016, 393 (Ls.) = openJur 2016,3557 (Volltext, dort Rn 9).

II. Organisation des Polizeivollzugsdienstes 65

Polizeihubschrauberstaffel bei der Aufgabenwahrnehmung, soweit dies für die operative Einsatzbewältigung erforderlich ist. Die **Aufgaben** des Polizeipräsidiums Einsatz werden in § 16 DVO PolG näher beschrieben. Dazu gehören der Betrieb des **Technikzentrums für Spezialeinheiten** (Nr. 1), die Fortbildung der geschlossenen Einsatzeinheiten (Nr. 2), **Personenschutz** (Nr. 3), Trainings- und Kompetenzzentrum für **Polizeihundeführer** (Nr. 4), **Koordination** des Einsatzes von Spezialkräften (Nr. 5), Sammlung und Bewertung von einsatzbezogenen Informationen (Nr. 6) und Hilfeleistung bei schweren Katastrophen etc. (Nr. 7). Mit diesen Regelungen sollen die Einsatzeinheiten der bisherigen Bereitschaftspolizei sowie der Spezialeinheiten stärker gebündelt werden.

In § 17 DVO PolG sind nähere Vorschriften zum **Einsatz** der Bereitschaftspolizei, der Direktion Spezialeinheiten sowie der Hubschrauberstaffel enthalten.

Aus § 18 Abs. 1 DVO PolG ergibt sich weiterhin, dass das Polizeipräsidium Einsatz die Aufgaben der **Wasserschutzpolizei** wahrnimmt, die unter Nr. 1 bis 3 näher bezeichnet werden.

cc) Landeskriminalamt. Nach der Zielvorstellung des PolRG soll das **Landeskriminalamt** (LKA) zu einer **kriminalpolizeilichen Zentral- und Servicestelle** ausgebaut werden, aber auch originäre Ermittlungsaufgaben erfüllen. 33

Gem. § 10 DVO PolG obliegt dem LKA die fachliche Leitung und **Beaufsichtigung der polizeilichen Kriminalitätsbekämpfung** sowie **der Kriminal- und Verkehrsunfallprävention**. Weiterhin hat es auf die Zusammenarbeit aller Polizeidienststellen in diesen Aufgabenbereichen hinzuwirken. Das LKA kann die zur Durchführung seiner Aufgaben erforderlichen fachlichen **Weisungen** erteilen. Allgemeine Weisungen grundsätzlicher Art bedürfen der Zustimmung des Innenministeriums (§ 10 Abs. 2 DVO PolG).

Die zentrale Aufgabenwahrnehmung im Einzelnen folgt aus § 11 Nr. 1 bis 20 DVO PolG.

In § 12 DVO PolG wird die Zuständigkeit des LKA für die polizeilichen Aufgaben auf dem Gebiet der **Strafverfolgung** näher festgelegt (Verfolgungszuständigkeit).

Aus § 12 Abs. 7 DVO PolG ergibt sich die sachliche Zuständigkeit des LKA für Maßnahmen der Gefahrenabwehr.

§ 13 DVO PolG regelt die Zusammenarbeit des LKA mit anderen Polizeidienststellen, insbesondere die Übermittlung von Daten, Nachrichten, Unterlagen und gegenseitige Unterrichtung.

In § 14 DVO PolG wird die **Weisungsbefugnis der Staatsanwaltschaft** festgelegt.

Gem. § 118 Abs. 2 PolG übt das **LKA** in kriminalpolizeilichen Angelegenheiten die **Fachaufsicht** über die Polizeidienststellen aus und sorgt dadurch für landesweit einheitliche Standards bei der Kriminalitätsbekämpfung.

Aus **Nr. 3 VwV KURS** folgt, dass beim LKA eine **Gemeinsame Zentralstelle (GRZ KURS)** innerhalb der Landeskonzeption zum Umgang mit rückfallgefährdeten Sexualstraftätern (KURS) eingerichtet ist; sie führt u. a. Bewertungsbesprechungen durch.

Gem. § 122 Abs. 1 PolG erfüllt das Innenministerium vollzugspolizeiliche Aufgaben, soweit dies zur landeseinheitlichen Wahrnehmung erforderlich ist.

b) Einrichtungen für den Polizeivollzugsdienst. Gem. § 115 Abs. 2 PolG unterhält das Land für den Polizeivollzugsdienst die Hochschule für Polizei (Nr. 1) und das Polizeipräsidium Technik, Logistik, Service der Polizei (Nr. 2) als **besondere Einrichtungen**. 34

aa) Hochschule für Polizei Baden-Württemberg. Nach der Polizeistrukturreform 2013 ist die **Hochschule für Polizei Baden-Württemberg** die **einzige Aus- und Fortbildungseinrichtung** 35 in BW für den Polizeivollzugsdienst.³⁶ Diese Aufgaben hat sie von der Bereitschaftspolizei und der Akademie der Polizei übernommen, die zwischenzeitlich aufgelöst wurde.³⁷ Weiterhin hat die Hochschule die Aufgabe eines **Polizeipräsidiums Bildung** übertragen bekommen.³⁸

36 **bb) Polizeipräsidium Technik, Logistik, Service der Polizei.** Die Aufgaben des durch das Polizeireformstrukturgesetz neu eingerichteten Präsidiums Technik, Logistik, Service richten sich nach § 19 Abs. 1 DVO PolG. Gem. § 19 Abs. 1 S. 3 DVO PolG ist dem Präsidium das **Landespolizeiorchester** zugeordnet.

Gem. § 19 Abs. 2 S. 1 DVO PolG kann das Präsidium **fachliche Weisungen** erteilen.

37 **2. Aufsicht und Kontrolle. a) Allgemeines.** Der Polizeivollzugsdienst unterliegt **umfassender staatlicher Kontrolle.** Allerdings wird zunehmend diskutiert, ob diese innerstaatliche Kontrolle angesichts einer „**Cop Culture**" ausreichend sein soll. Diese Cop Culture soll dadurch ausgezeichnet sein, dass staatliche Kontroll- und Aufsichtsstellen grundsätzlich „polizeifreundlich" sind und dazu neigen, Kontroll- und Aufsichtsentscheidungen zugunsten der Polizei zu treffen. Insofern werden immer wieder Forderungen erhoben, zur Kontrolle und Aufsicht der Polizei **unabhängige Kommissionen** oder **Beauftragte** zu installieren, die über eine deutlich ausgeprägte Unabhängigkeit verfügen.³⁹ Es ist davon auszugehen, dass Gewaltanwendungen und rechtswidriges Verhalten von Polizeivollzugsbeamten einem größeren **Dunkelfeld** unterliegen.⁴⁰ Regelmäßig unterliegt die Anwendung von Gewalt durch die Polizei (→ § 12 Rn 1 ff.) einer **differenzierten Wahrnehmung und Bewertung**, die häufig zu emotionalen Diskussionen und Auseinandersetzungen führt.⁴¹

38 **b) Dienstaufsicht.** Gem. § 117 PolG wird die Dienstaufsicht über die Polizeidienststellen sowie über das Präsidium Technik, Logistik, Service durch das **Innenministerium** wahrgenommen.⁴²

39 **c) Fachaufsicht.** Gem. § 118 Abs. 1 S. 1 PolG wird die Fachaufsicht über die Polizeidienststellen (§ 115 Abs. 1 Nr. 1 bis 3 PolG) sowie über das Präsidium Technik, Logistik, Service (§ 115 Abs. 2 Nr. 2 PolG) grundsätzlich durch das **Innenministerium** wahrgenommen. Nimmt der Polizeivollzugsdienst Aufgaben gem. § 105 Abs. 2 PolG (also in Not- und Eilfällen), gem. § 105 Abs. 4 PolG (Maßnahmen nach dem IfSG) oder auf **Weisung der Polizeibehörden** wahr, sind gem. § 118 Abs. 1 S. 2 PolG zuständige Fachaufsichtsbehörden die allgemeinen Polizeibehörden gem. § 106 Abs. 1 Nr. 1 bis 3 PolG.

Gem. § 118 Abs. 2 PolG führt das **LKA** die Fachaufsicht über die kriminalpolizeiliche Tätigkeit des Polizeivollzugsdienstes (vgl. auch § 10 Abs. 2 DVO PolG).⁴³

40 Die **Fachaufsicht** umfasst sowohl die **Rechtsaufsicht** als auch die sog. **Zweckmäßigkeitsaufsicht.**⁴⁴ Unentbehrliche Mittel der Fachaufsicht sind gem. § 119 Abs. 1 u. 2 PolG das **Weisungsrecht** und die **Unterrichtungspflicht**. Obwohl dies nicht eindeutig aus dem Wortlaut des § 119 PolG folgt, ist das Weisungsrecht nicht beschränkt. Die anweisende Stelle muss den Rahmen der

---

36 Stephan, in: Stephan/Deger, Polizeigesetz BW, § 70 Rn 13.
37 Polizeistrukturreformgesetz (PRG) vom 23.7.2013 (GBl. S. 244); Landeshochschulgesetz, geändert durch Art. 3 des PRG.
38 Vgl. im Einzelnen dazu (krit.) Stephan, in: Stephan/Deger, Polizeigesetz BW, § 70 Rn 13.
39 Vgl. dazu eingehend van Ooyen, Die Polizei 2019, 327, 330 ff., mit Hinweis auf das Europarecht und die Notwendigkeit einer weitergehenden Überwachung; Thiel, KriPoZ 2019, 167 ff.; Abdul-Rahman/Espín Grau/ Klaus/Singelnstein, Gewalt im Amt, S. 85 f., 274, 435.
40 Abdul-Rahman/Espín Grau/Klaus/Singelnstein, Gewalt im Amt, S. 309.
41 Eingehender dazu Abdul-Rahman/Espín Grau/Klaus/Singelnstein, Gewalt im Amt, S. 195 ff.
42 Der Begriff der Dienstaufsicht entspricht der Regelung in § 108 PolG, vgl. § 3 Rn 20 f.; Stephan, in: Stephan/Deger, Polizeigesetz BW, § 72 Rn 2.
43 Vgl. im Einzelnen – auch zur Kritik an der „komplizierten und unübersichtlichen" Regelung – Stephan, in: Stephan/Deger, Polizeigesetz BW, § 73 Rn 3.
44 Vgl. Hinweise zu den §§ 109, 110 PolG in § 3 Rn 22 f.

II. Organisation des Polizeivollzugsdienstes

Zuständigkeit der angewiesenen Polizeidienststelle beachten. Ein **Selbsteintrittsrecht** besteht im Unterschied zur Regelung des § 109 PolG nicht.[45]
Bei nicht personenbezogenen Daten besteht eine umfassende Unterrichtungspflicht. § 119 Abs. 2 S. 2 PolG stellt klar, dass **personenbezogene Daten** dagegen nur unter den Voraussetzungen des § 59 Abs. 1 PolG übermittelt werden dürfen.

Die **Ortspolizeibehörden** haben gem. §§ 117 und 118 PolG weder Dienst- noch Fachaufsicht gegenüber den Polizeidienststellen. Dennoch gewährt ihnen § 119 Abs. 1 S. 1 PolG ein Weisungsrecht. Sie können deshalb im Rahmen ihrer eigenen Zuständigkeit den Polizeidienststellen **fachliche Weisungen** erteilen. Zu Weisungen, die sich auf Maßnahmen der Dienstaufsicht erstrecken, sind sie nicht befugt. In sachlicher Hinsicht besteht das Weisungsrecht für die Maßnahmen des Polizeivollzugsdienstes, die dieser sowohl im Rahmen der Eil- und Notzuständigkeit gem. § 105 Abs. 2 PolG als auch im Wege der Parallelzuständigkeit gem. § 105 Abs. 3 PolG durchführt.[46] Kein Weisungsrecht der Ortspolizeibehörde besteht für Maßnahmen, für die der Polizeivollzugsdienst **ausschließlich zuständig** ist (etwa für erkennungsdienstliche Maßnahmen gem. § 41 PolG). Wichtiger Anwendungsfall für das Weisungsrecht sind Maßnahmen des Polizeivollzugsdienstes im Zusammenhang mit der Vollstreckung ortspolizeilicher Grundverfügungen. Hierbei sind die Beschränkungen des § 105 Abs. 5 PolG zu beachten.

41

Gem. § 119 Abs. 1 S. 2 PolG haben die Polizeidienststellen den Weisungen Folge zu leisten (**Folgepflicht**). Die Ortspolizeibehörde trägt die Verantwortung für die Rechtmäßigkeit der von ihr erteilten Weisung.

Die Fachaufsichtsbehörden sind in bestimmten Fällen auch **Widerspruchsbehörde**. Gem. § 73 Abs. 1 S. 2 Nr. 1 VwGO entscheidet grundsätzlich die „nächsthöhere Behörde" über einen Widerspruch. Die Zuständigkeit der Widerspruchsbehörde bei Verwaltungsakten von Polizeidienststellen richtet sich nach § 118 Abs. 1 i. V. m. § 115 PolG. Grundsätzlich entscheiden daher Behörden des Polizeivollzugsdienstes über Widersprüche der ihnen untergeordneten Vollzugsbehörden. Soweit der Polizeivollzugsdienst im Wege der Eilzuständigkeit handelt, enthält § 16 AGVwGO eine **Sonderregelung**. Gem. § 16 AGVwGO ist nächsthöhere Behörde i. S. d. § 73 Abs. 1 S. 2 Nr. 1 VwGO bei **Verwaltungsakten einer Polizeidienststelle bei Maßnahmen gem. § 105 Abs. 2 PolG** die **unterste** nach § 118 PolG zur Fachaufsicht zuständige **allgemeine Polizeibehörde**. Das ist gem. § 106 Abs. 1 Nr. 3 i. V. m. § 105 Abs. 2 PolG die jeweilige **Kreispolizeibehörde**. Nur in diesen Ausnahmefällen entscheidet eine allgemeine Polizeibehörde über Maßnahmen des Vollzugsdienstes.

42

Fall 2: Nachdem eine Versammlung zu eskalieren droht, lösen Beamte des Polizeireviers von E die Versammlung gem. § 15 Abs. 3, 4 VersammlG i. V. m. § 105 Abs. 2 PolG auf, da Eile geboten ist. Versammlungsleiter L legt gegen diese Maßnahme gem. §§ 58 ff. VwGO Widerspruch ein.

Bei der Auflösungsverfügung im **Fall 2** handelt es sich um einen Verwaltungsakt einer Polizeidienststelle gem. § 115 Abs. 1 Nr. 1 PolG. Da die Beamten eine Maßnahme gem. § 105 Abs. 2 PolG durchgeführt haben, gilt die Sonderregelung des § 118 Abs. 1 S. 2 PolG. Zuständige **Widerspruchsbehörde** ist gem. § 73 Abs. 1 S. 2 Nr. 1 VwGO i. V. m. § 16 AGVwGO die unterste nach § 118 PolG zur Fachaufsicht zuständige allgemeine Polizeibehörde. Das ist die **Kreispolizeibehörde** gem. § 106 Abs. 1 Nr. 3 PolG.

Da gem. § 106 Abs. 1 Nr. 2 PolG nach den Kreispolizeibehörden die Landespolizeibehörden „nächsthöhere Behörde" sind, entscheiden in den Fällen des § 118 Abs. 1 S. 2 PolG die Regierungspräsidien (Nr. 2) bzw. die obersten Landespolizeibehörden (Nr. 1) gem. § 73 Abs. 1 S. 2 Nr. 2

---

45 Sander, in: Belz/Mußmann/Kahlert/Sander, Polizeigesetz BW, § 119 Rn 4.
46 Stephan, in: Stephan/Deger, Polizeigesetz BW, § 74 Rn 2 m. w. N.; Zeitler/Trurnit, Polizeirecht BW, Rn 72.

VwGO selbst über den Widerspruch gegen einen von ihnen erlassenen Verwaltungsakt. Das Innenministerium ist zwar Fachaufsichtsbehörde, entscheidet aber nicht über Widersprüche gegen Verwaltungsakte der Polizeidienststellen.[47]

43   3. **Kennzeichnungspflicht der Polizeivollzugsbeamten.** Schon seit Jahrzehnten wird bundesweit die Diskussion geführt, ob für die Polizeivollzugsbeamten eine **Kennzeichnungspflicht** eingeführt werden soll.[48] Dadurch soll es ermöglicht werden, Dienstvergehen einzelner Polizeivollzugsbeamter konkreten Personen zuordnen zu können, um diese Dienstvergehen ahnden zu können. Die Argumente für und gegen eine Kennzeichnungspflicht sind vielfältig.[49] Das BVerwG hat entschieden, dass eine gesetzlich verankerte Kennzeichnungspflicht zwar zulasten der betroffenen Polizeibeamten in das **Recht der informationellen Selbstbestimmung** eingreife[50], dieser Eingriff aber **verhältnismäßig** sei und damit das Verfassungsrecht nicht verletze.[51] Das BVerfG hat entschieden, dass sich das Recht auf informationelle Selbstbestimmung auch auf die Basisdaten einer Person wie Namen und Anschrift erstrecke, es sei jedoch **nicht schrankenlos gewährleistet**[52]. Das BVerfG weist daraufhin, dass sich die Situation von Polizeivollzugsbeamten nicht signifikant von der anderer Amtsträger in Behörden oder der von Richtern unterscheide, die unter Angabe ihres Namens Amtshandlungen vornehmen oder Urteile erlassen.[53] Zudem bestünde für von der Kennzeichnungspflicht betroffene Personen die Möglichkeit, sich selbst etwa durch eine Auskunftssperre im Melderegister oder durch Personenbegrenzungen in sozialen Netzwerken zu schützen[54].

Die **fehlende Kennzeichnung** eines Polizeibeamten, die zu einer Einschränkung der Effektivität des Strafverfahrens führt, weil der einer Straftat verdächtigte und behelmte Polizeibeamte nicht ermittelt werden kann, ist geeignet, zu einer **Verletzung von Art. 3 EMRK** zu führen.[55] Aus dem **Rechtsstaats- und Demokratieprinzip** folgt aber keine verfassungsrechtliche Verpflichtung zur Kennzeichnung von Polizeibeamten.[56]

Im Angesicht eines **veränderten bürgerlichen Transparenzverständnisses** gegenüber dem Staat spricht einiges dafür, eine Kennzeichnungspflicht für Polizeivollzugsbeamte zumindest für die Einsatzlagen vorzusehen, in denen der **Anonymität der Polizeivollzugsbeamten**[57] keine grundlegende Bedeutung zukommt. Die Kennzeichnung kann durch **Namensangabe** oder Verwendung einer **Identifizierungsnummer** erfolgen. Wichtig ist aber der Schutz der Polizeivollzugsbeamten vor unzulässigen Einschränkungen ihres Persönlichkeitsrechts.[58]

---

47 Stephan, in: Stephan/Deger, Polizeirecht BW, § 73 Rn 4. § 16 AGVwGO wurde durch Art. 7 des Polizeistrukturreformgesetzes vom 23.7.2013 (→ § 1 Rn 29 ff.) geändert, die frühere Zuständigkeitsregelung des § 16 Abs. 2 AGVwGO wurde aufgehoben.
48 Walter, Die Polizei 2022, 80 f., 83; Guckelberger, DÖV 2018, 421; Braun, Die Polizei 2017, 172 ff.; Knaust, DVBl 2017, 876 f.; Ertl, DÖV 2016, 23.
49 Vgl. dazu den Überblick bei Pöltl, VBlBW 2023, 441 f., Guckelberger, DÖV 2018, 421, 422 f., u. Braun/Albrecht, DÖV 2015, 937, 939 f.
50 BVerwG, NVwZ 2020, 247, 248 (Rn 15 f.), mit zust. Anm. Walter, Die Polizei 2022, 80, 81 f.; Ebert, Die Polizei 2020, 188 f., u. Hebeler, JA 2020, 638, 639. Vgl. auch Pewestorf, in: Pewestorf/Söllner/Tölle, Polizei- und Ordnungsrecht, § 5a Rn 10, u. Hering/Tuchtfeld, JURA 2022, 229, 239 ff.
51 BVerwG, NVwZ 2020, 247, 249 ff. (Rn 26 ff).
52 BVerfG, NVwZ 2023, 159, 160 (Rn. 25 f.).
53 BVerfG, NVwZ 2023, 159, 161 (Rn. 32).
54 BVerfG, NVwZ 2023, 159, 161 (Rn. 35).
55 EGMR, NJW 2018, 3763, 3768 (Rn 99); vgl. dazu etwa Pöltl, VBlBW 2023, 441, 443, u. Walter, Die Polizei 2022, 80, 81.
56 Evers, JuS 2020, 1177, 1180 ff.; Guckelberger, DÖV 2018, 421, 430 f.; Becker, VR 2017, 199, 201, 208 f.; Braun, Die Polizei 2017, 172, 175; Ertl, DÖV 2016, 23, 29; Barczak, LKV 2014, 391, 393, u. NVwZ 2011, 852, 855; Greifeld, ZRP 1982, 318, 320; *a. A.* Spitzer, Persönlichkeitsschutz, S. 251 ff.; Knaust, DVBl 2017, 876, 877 bis 880.
57 Zu deren Notwendigkeit vgl. Ebert, Die Polizei 2018, 249 ff.
58 Vgl. dazu eingehend Braun, Die Polizei 2017, 172, 173 ff.; ebenso Knaust, DVBl 2017, 876, 880 ff.

In BW wurde nach langjährigen Diskussionen durch das **Gesetz zur Änderung des Landesbeamtengesetzes vom 4.7.2023**[59] durch § 55 Abs. 5 S. 1 LBG eine **Kennzeichnungspflicht für Polizeivollzugsbeamte in stehenden geschlossenen Einheiten** (Bereitschaftspolizeidirektionen des Polizeipräsidiums Einsatz sowie der Einsatzhundertschaften der regionalen Polizeipräsidien) eingeführt. Ziele der Kennzeichnungspflicht sind die vereinfachte Möglichkeit zur Aufklärung etwaiger Vorwürfe gegen einzelne Polizeivollzugsbeamte im Rahmen von Einsätzen stehender geschlossener Einheiten und die Verschonung rechtmäßig handelnder Polizeivollzugsbeamter von einer Einbeziehung in konkrete Ermittlungen.[60] Aus § 55 Abs. 5 S. 2 bis 5 LBO ergeben sich die notwendigen **datenschutzrechtlichen Regelungen** zur Umsetzung der Kennzeichnungspflicht, vor allem auch die Voraussetzungen und Grenzen einer nachträgliche Identifizierung betroffener Polizeivollzugsbeamter. Der Landesgesetzgeber hat sich für das einer **pseudonymisierten individuellen Kennzeichnung** entschieden[61]. Die Kennzeichnung erfolgt durch eine Kombination aus der Länderkennung „BW" und eine fünfstelligen Ziffernfolge, die per Klettschild vor Einsatzbeginn gut sichtbar an der Oberbekleidung der Einsatzkleidung angebracht werden, zudem soll jeder Polizeivollzugsbeamter vor jedem Einsatz eine von drei nach dem Zufallsprinzip persönlich zugeteilte Kennzeichnung frei wählen können.[62]

Die personenbezogenen Daten der betroffenen Polizeivollzugsbeamten werden ausdrücklich nur zum Zweck der nachträglichen Identifizierbarkeit erhoben. Sie dürfen nur genutzt werden, wenn **tatsächliche Anhaltspunkte** die Annahme rechtfertigen, dass beim Einsatz eine **strafbare Handlung** oder eine **nicht unerhebliche Dienstpflichtverletzung** begangen wurde und die Identifizierung auf andere Weise nicht oder nur unter erheblichen Schwierigkeiten möglich ist.[63] Aus § 55 Abs. 5 S. 6 LBG folgt die Ermächtigung des Innenministeriums, das Nähere zu Inhalt und Umfang sowie Ausnahmen von der Verpflichtung zum Tragen einer Kennzeichnung durch **Verwaltungsvorschrift** zu regeln. Die Möglichkeit zum Erlass einer ergänzenden und konkretisierenden Verwaltungsvorschrift entspricht den Vorgaben des BVerwG an den Umfang des Gesetzesvorbehalts[64], es muss hierbei aber der Grundsatz des Gesetzvorbehalts gewahrt bleiben, weswegen die grundlegenden gesetzlichen Vorgaben in § 55 Abs. 5 S. 1 bis 5 LBG nicht ausgehöhlt werden dürfen.

III. Aufgabenverteilung zwischen Polizeibehörden und Polizeivollzugsdienst

1. Grundsätzliches Verhältnis Polizeibehörden – Polizeivollzugsdienst. Gem. § 105 Abs. 1 PolG ist für die Wahrnehmung der polizeilichen Aufgaben die **Polizeibehörde** zuständig, soweit das PolG nichts anderes bestimmt. Es gelten somit der **Grundsatz und die Vermutung**, dass die **Polizeibehörde für die Abwehr von Gefahren und zur Beseitigung von Störungen** der öffentlichen Sicherheit oder Ordnung sachlich **zuständig** ist.

Beispiel. Die sachliche Zuständigkeit bezieht sich auf die der Behörde zugewiesenen Sachaufgaben.[65] Gem. § 111 Abs. 2 PolG sind regelmäßig die **Ortspolizeibehörden sachlich zuständig** (Zuständigkeitsvermutung). Dieser Grundsatz wird durchbrochen und die Vermutung widerlegt, wenn und soweit das PolG „etwas anderes bestimmt", d. h. das PolG dem Polizeivollzugsdienst ausdrücklich – parallel zur Zuständigkeit der Polizeibehörde oder ausschließlich – bestimmte Zuständigkeiten gewährt. Durch die mehrmalige Änderung

---

59 GBl. S. 257. Vgl. grundlegend dazu Pöltl, VBlBW 2023, 441 ff.
60 LT-Drs. 17/4621, S. 5, u. Plenarprot. 17/66, S. 3984 f.
61 LT-Drs. 17/4621, S. 1, 5, u. LT-Plenarprot. 17/66, S. 3985.
62 Pressemitteilung des Innenministerium BW v. 22.11.2022, u. Darlegung des Innenministeriums BW im Beteiligungsportal BW.
63 LT-Drs. 17/4621, S. 6; Pöltl, VBlBW 2023, 441, 448 ff.
64 BVerwG, NVwZ 2022, 247, 248 (Rn. 18), 250 f. (Rn. 48 ff.).
65 Maurer/Waldhoff, Allg. Verwaltungsrecht, § 21 Rn 47.

des § 105 Abs. 3 PolG wurde etwa der Zuständigkeitsbereich des Polizeivollzugsdienstes in den letzten Jahren mehrfach erweitert.[66]

45 Das PolG muss genau dahingehend gelesen werden, ob „der Polizei" und, wenn ja, welcher – der Polizeibehörde oder dem Polizeivollzugsdienst – Zuständigkeiten eingeräumt werden (vgl. etwa §§ 1, 17, §§ 36 ff., 43 Abs. 1 bis 3 PolG). Ist eine polizeiliche Aufgabe nicht ausdrücklich dem Polizeivollzugsdienst oder einer anderen Stelle zugewiesen, ist für die Wahrnehmung die Polizeibehörde zuständig.

46 Die sachliche Zuständigkeit der Polizeibehörden wird gem. § 111 Abs. 1 PolG von dem fachlich zuständigen **Ministerium** im Einvernehmen mit dem Innenministerium bestimmt. § 111 Abs. 1 PolG spricht nur von Polizeibehörden allgemein, gilt also sowohl für die allgemeinen Polizeibehörden als auch für die Sonderpolizeibehörden. Die Bestimmung durch den fachlich zuständigen Minister ist einmal eine Ressortbestimmung (allgemeine oder besondere Polizeibehörde) und zum anderen eine Instanzenbestimmung (welche Stufe der allgemeinen oder besonderen Polizeibehörde).

Wegen des **Grundsatzes des Gesetzesvorbehalts** kann die Regelung der sachlichen Zuständigkeit der Polizeibehörden nur durch eine Rechtsverordnung oder ein Gesetz im formellen Sinn erfolgen.

Beispiel: Gem. § 50 Abs. 2 BestattG i. V. m. § 36 Abs. 4 der Rechtsverordnung des Sozialministeriums zur Durchführung des Bestattungsgesetzes (Bestattungsverordnung) vom 13.5.2015 (GBl. S. 348) ist die Ortspolizeibehörde die zuständige Behörde für Maßnahmen nach dem BestattG, soweit in § 36 Abs. 1 bis 4 Bestattungsverordnung keine andere Zuständigkeit bestimmt ist.

47 An die **Annahme einer planwidrigen Regelungslücke**, die über den Weg der **Analogie** ohne ausdrückliche gesetzliche Regelung eine Zuständigkeit des Polizeivollzugsdienstes begründet, sind **strenge Anforderungen** zu stellen.[67] Der Zuständigkeitsvorrang der Ortspolizeibehörde entspricht dem Grundgedanken des PolG, dass auf der Grundlage des Trennprinzips[68] grundlegende polizeiliche Aufgaben und Entscheidungen in der Hand der Ordnungsbehörden liegen, um eine „Allmacht des Polizeivollzugsdienst" zu verhindern. Grundsätzlich ist davon auszugehen, dass der Gesetzgeber die sachliche Zuständigkeit abschließend und in Kenntnis der Sachlage getroffen hat.

48 **2. Sachliche Zuständigkeit des Polizeivollzugsdienstes. a) Ausschließliche Zuständigkeiten.** Dem **Polizeivollzugsdienst** werden durch das PolG teilweise **ausschließliche** Zuständigkeiten übertragen und der Grundsatz des § 105 Abs. 1 PolG insoweit durchbrochen.

Ausschließliche Zuständigkeiten besitzt der Polizeivollzugsdienst nach den Befugnisnormen des PolG insbesondere für die **Datenverarbeitung** sowie für bestimmte **Standardmaßnahmen**.[69]

Weitere ausschließliche Zuständigkeiten können sich aus speziellen Gesetzen wie der StPO ergeben.

49 **b) Parallelzuständigkeiten.** Gem. § 105 Abs. 3 PolG ist der Polizeivollzugsdienst **neben** den Polizeibehörden für bestimmte Standardmaßnahmen und Datenerhebungen zuständig. Durch

---

66 Vgl. Änderungsgesetz vom 22.10.1991 (GBl. S. 625); Änderungsgesetz vom 18.11.2008 (GBl. S. 390); Änderungsgesetz vom 20.12.2012 (GBl. S. 625); Neufassung durch Art. 1 des Gesetzes vom 6.10.2020 (GBl. S. 735, ber. S. 1092); → § 1 Rn 25 ff.
67 In diesem Sinne auch VGH BW, VBlBW 2018, 316 ff. (Rn 43 ff.).
68 Vgl. dazu etwa Würtenberger/Heckmann/Tanneberger, Polizeirecht BW, § 1 Rn 16.
69 Vgl. etwa § 38 Abs. 2, § 41, § 43 Abs. 3, § 44 Abs. 1 bis 4, 9, §§ 47 bis 56, 43 Abs. 3, §§ 65 bis 69 PolG.

diesen Gesetzeswortlaut[70] wurde klargestellt, dass der Polizeivollzugsdienst die in der Vorschrift aufgezählten „vollzugstypischen" Aufgaben in **eigener** Zuständigkeit wahrnimmt.
Im Einzelnen handelt es sich um folgende Maßnahmen:
- Personenfeststellung gem. § 27 PolG,
- Vorladung gem. § 28 PolG,
- Gefährderansprache und -anschreiben, Gefährdetenansprache gem. § 29 PolG,
- Platzverweis gem. § 30 Abs. 1 PolG,
- weitere Standardmaßnahmen gem. §§ 33 bis 38 PolG[71],
- Befragung und Datenerhebung gem. § 43 Abs. 1, 2 PolG,
- Datenübermittlungen gem. §§ 59 bis 61 PolG.

Sofern in **Spezialgesetzen** Befugnisse eingeräumt sind, die den Standardmaßnahmen des PolG entsprechen, greift die eigene parallele Zuständigkeit des Polizeivollzugsdienstes gem. § 105 Abs. 3 PolG nicht. Vgl. etwa § 1 Abs. 3 GastVO, wonach für die Nachschau gem. § 22 Abs. 2 GastG auch der Polizeivollzugsdienst zuständig ist, womit eine spezialgesetzliche Parallelzuständigkeit neben den Gaststättenbehörden (vgl. § 1 Abs. 1, 2, 4 bis 6 GastVO) begründet wird.[72]

Eine **weitere Zuständigkeit** des Polizeivollzugsdienstes folgt aus der Sondervorschrift des § 105 Abs. 4 PolG für bestimmte Maßnahmen gem. § 25 Abs. 1 bis 3 IfSG. Die dort genannten Ermittlungspflichten und Anordnungsbefugnisse etwa zur Blutentnahme oder für körperliche Untersuchungen bestehen parallel zu den Aufgaben der Gesundheitsämter.

§ 105 Abs. 4 PolG regelt nicht nur die **Zuständigkeit** des Polizeivollzugsdienstes. Die Vorschrift stellt vielmehr auch die **Ermächtigungsgrundlage** zur Durchführung der dort genannten Maßnahmen dar. Zu beachten sind weiterhin die Zuständigkeiten der Ortspolizeibehörde nach dem IfSG.[73]

c) Eil- oder Notfallzuständigkeit. aa) Allgemeines. Gem. § 105 Abs. 2 PolG nimmt der Polizeivollzugsdienst vorbehaltlich anderer Anordnungen der Polizeibehörde die polizeilichen Aufgaben gem. § 1 Abs. 1 PolG wahr, wenn ein sofortiges Tätigwerden erforderlich erscheint. Die Vorschrift regelt das Einschreiten des Polizeivollzugsdienstes **anstelle der Polizeibehörde**, wenn diese in Not- und Eilfällen **nicht sofort tätig werden kann**. § 105 Abs. 2 PolG begründet eine subsidiäre Zuständigkeit des Polizeivollzugsdienstes (sog. **Eil- oder Notfallzuständigkeit**). Gesetzgeberisches Ziel ist**,** dem Polizeivollzugsdienst ein rasches Eingreifen zu ermöglichen (sog. **Erstzuständigkeit vor Ort**). Die unverzügliche Gefahrenabwehr soll nicht an der Aufteilung der sachlichen Zuständigkeiten innerhalb der Polizei scheitern. Die Zuständigkeitsregelung darf deshalb nicht eng ausgelegt werden. In den Fällen der Eil- oder Notzuständigkeit wird der Polizeivollzugsdienst **aufgrund eigener Zuständigkeit**, im eigenen Namen und mit rechtlicher Wirkung für das Land als Träger des Polizeivollzugsdienstes tätig.[74]

---

70   Letzte Änderung der Vorschrift durch Art. 1 des Gesetzes zur Umsetzung der Richtlinie (EU) 2016/680 für die Polizei in Baden-Württemberg und zur Änderung weiterer polizeirechtlicher Vorschriften vom 6.10.2020 (GBl. S. 735, ber. S. 1092).
71   Wie etwa § 30 Abs. 3 PolG beim Wohnungsverweis zeigt, ist die vom Gesetzgeber vorgenommene Aufteilung der Zuständigkeiten nicht immer nachvollziehbar. So kann der Polizeivollzugsdienst einen Wohnungsverweis nur auf höchstens 4 Tage erlassen. Demgegenüber kann die Polizeibehörde die Maßnahme auf höchstens zwei Wochen anordnen. Ein sachlicher Grund für diese unterschiedliche Regelung ist nicht zu erkennen. Vgl. dazu auch VG Sigmaringen, openJur 2023, 2115.
72   Tille, GewArch 2017, 184, 187.
73   Vgl. Verordnung des Landessozialministeriums über die Zuständigkeiten nach dem Infektionsschutzgesetz vom 19.7.2007 (GBl. S. 361), die für bestimmte Maßnahmen die sachliche Zuständigkeit der Ortspolizeibehörde festlegt.
74   Stephan, in: Stephan/Deger, Polizeigesetz BW, § 60 Rn 6 ff.

52 Durch den **Vorbehalt** anderer Anordnungen der Polizeibehörde in § 105 Abs. 2 PolG kommt der **Entscheidungsvorrang der Polizeibehörden** zum Ausdruck. Danach steht die Entscheidung des Polizeivollzugsdienstes gem. § 105 Abs. 2 PolG unter dem Vorbehalt, dass die Polizeibehörde eine andere Entscheidung trifft, sobald sie tätig werden kann. Die Polizeibehörde kann daher Maßnahmen des Vollzugsdienstes im Rahmen des § 105 Abs. 2 PolG aufheben oder abändern.[75]

53 **bb) Die Tatbestandvoraussetzungen im Einzelnen.** Die **Merkmale für das sofortige Tätigwerden** wurden aus der Rechtsprechung zum unbestimmten Rechtsbegriff „Gefahr im Verzug" entwickelt. **Gefahr im Verzug** liegt vor, wenn zur Verhinderung eines drohenden Schadens sofort eingeschritten werden muss, weil ein Abwarten bis zum Eingreifen der an sich zuständigen Behörde den Erfolg der notwendigen Maßnahmen erschweren oder vereiteln würde. Ein sofortiges Tätigwerden ist demnach erforderlich, wenn aus Sicht des handelnden Beamten ein **Eil- oder Notfall** vorliegt.[76]

54 Dem Polizeivollzugsdienst kommt in Bezug auf die Beurteilung der Eilbedürftigkeit ein **Einschätzungsspielraum** zu.[77] Maßgebend ist die Beurteilung nach den Verhältnissen und dem Erkenntnisstand im Zeitpunkt des Erlasses der Maßnahme.[78] Ein Not- oder Eilfall muss somit nicht objektiv vorliegen. Maßgebend ist allein, ob der Polizeibeamte vor Ort bei Überprüfung der Sachlage aus seiner Sicht ein polizeiliches Einschreiten für erforderlich halten durfte. Richtigerweise liegt ein solcher Fall vor allem auch zur **Verhütung von Straftaten** vor[79], da diese besonders schwer wiegen.

55 Da durch die Neufassung der Vorschrift das frühere Kriterium der „Nichterreichbarkeit" weggefallen ist, muss der Vollzugsbeamte bei zutreffender Würdigung der Lage nicht zunächst versuchen, die Entscheidung der Polizeibehörde herbeizuführen. Vielmehr kann er unmittelbar selbst entscheiden.

Fall 3: Der Polizeivollzugsbeamte P stellt bei seiner Streife in der Innenstadt von E fest, dass es Hundehalter H trotz eines eindeutigen Gebots in der örtlichen Polizeiverordnung zulässt, dass sein Hund die Notdurft auf einem Gehweg verrichtet. Der ebenfalls in der Polizeiverordnung festgelegten Beseitigungspflicht für Hundekot kommt H ebenfalls nicht nach. P weist durch entsprechende Anordnung H an, den Hundekot sofort zu beseitigen und droht Ersatzvornahme an.

Für die Anordnung im **Fall 3** auf der Grundlage der polizeilichen Generalklausel gem. §§ 1, 3 PolG i. V. m. den Bestimmungen der örtlichen Polizeiverordnung ist P gem. § 105 Abs. 2 PolG zuständig. Eine vorherige Rückfrage bei der allgemeinen Polizeibehörde ist nicht erforderlich, weil der Polizeivollzugsbeamte an Stelle der Behörde handeln kann.

56 **d) Vollzugshilfe.** Gem. § 105 Abs. 5 PolG leistet der Polizeivollzugsdienst Vollzugshilfe. Die **Vollzugshilfe** stellt eine besondere Form der Amtshilfe dar, die in der Ausführung von Vollzugshandlungen besteht. Sie setzt eine im Rahmen der Zuständigkeitsordnung getroffene behördliche Anordnung voraus.[80] Unter **Vollzugshandlungen** fallen nach der Formulierung in Abs. 5 vor allem die Tätigkeiten der Polizeibeamten, die unmittelbar der – notfalls zwangsweisen – Durchführung von Rechtsvorschriften oder von behördlichen, gerichtlichen Anordnungen dienen und deren sachgerechte Durchführung besondere Fähigkeiten, Kenntnisse oder Mittel

---

75 Stephan, in: Stephan/Deger, Polizeigesetz BW, § 60 Rn 10; Sander, in: Belz/Mußmann/Kahlert/Sander, Polizeigesetz BW, § 105 Rn 13. Weitere Hinweise zur Auslegung der Vorschrift enthält die VwV PolG (Nr. 3).
76 VGH BW, VBlBW 2005, 431, 433; Beck/Ryter, Fälle und Lösungen, S. 25; vgl. auch § 4 Rn 35.
77 Trurnit, Eingriffsrecht, Rn 89.
78 Beck/Ryter, Fälle und Lösungen, S. 25.
79 Zutr. Kirchhoff, Die Polizei 2022, 133, 142 f.
80 VGH BW, VBlBW 1997, 66, 67.

III. Aufgabenverteilung zwischen Polizeibehörden und Polizeivollzugsdienst

des Polizeivollzugsdienstes voraussetzt.[81] Die um Amts- oder Vollstreckungshilfe ersuchende Vollstreckungsbehörde bleibt **Herrin des Vollstreckungsverfahrens**.[82]

Fall 4: Die Gemeinde O – Ortspolizeibehörde – beabsichtigt, die in eine Notunterkunft eingewiesene F in eine andere Unterkunft umzusetzen und erlässt eine entsprechende vollstreckbare Umsetzungsverfügung. Da F die ihr zugewiesene Notunterkunft nicht freiwillig räumen will, setzt O den Räumungstermin fest, und droht das Zwangsmittel unmittelbarer Zwang an. O spricht mit dem Polizeivollzugsdienst den Räumungstermin ab. Für den Fall, dass F nicht freiwillig die Notunterkunft räumt, bittet O den Vollzugsdienst um Vollzugshilfe bei der Vollstreckung der Verfügung (vgl. auch § 65 PolG).

Im **Fall 4** besteht die Vollzugshandlung in der Vollstreckung der Räumungsverfügung, insbesondere in der Anwendung des Zwangsmittels unmittelbarer Zwang als letzte Stufe des Vollstreckungsverfahrens (→ § 12 Rn 39).

Weitere Beispiele für Vollzugshandlungen sind verstärkte Polizeipräsenz bei einer Demonstration, Geschwindigkeitsmessungen vor verkehrsrechtlichen Entscheidungen der Straßenverkehrsbehörde, regelmäßige Beobachtungen / Streifen in Parkanlagen zur Einschätzung einer Gefahrenlage durch die Ortspolizeibehörde, Suche nach einer vermissten Person etc.

Eine Amts- bzw. Vollzugshilfe liegt nicht vor, wenn der Vollzugsdienst im Rahmen eines bestehenden Weisungsrechtes etwa gem. § 119 PolG tätig wird.

Neben der Vollzugshilfe besteht die allgemeine Pflicht des Polizeivollzugsdienstes zur Leistung von **Amtshilfe** (Art. 35 GG, §§ 4 bis 8 LVwVfG).[83]

3. Wahrnehmung vollzugspolizeilicher Aufgaben durch das Innenministerium. a) Wahrnehmung landeseinheitlicher Aufgaben. Das **Innenministerium** ist nicht nur eine der obersten Landespolizeibehörden (§ 107 Abs. 1 PolG), sondern auch oberste Dienstaufsichtsbehörde (§ 117 Abs. 1 PolG) und teilweise auch oberste Fachaufsichtsbehörde (§ 118 Abs. 1 PolG). Als oberste allgemeine Polizeibehörde übt es über die Polizeibehörden und Polizeidienststellen des Landes die Dienst- und Fachaufsicht aus (§§ 108 Abs. 2, 109, 117 und 118 Abs. 1 PolG) einschließlich des Weisungsrechts (§§ 110 Abs. 1, 118 Abs. 1 und 119 Abs. 1 PolG).

Bestimmte Aufgaben des Polizeivollzugsdienstes wie etwa die Einstufung von gefährdeten Personen und Objekten oder die Anordnung von Schutzmaßnahmen erfordern eine **landeseinheitliche Regelung**. Für die Wahrnehmung dieser landeseinheitlichen polizeilichen Vollzugsaufgaben überträgt § 122 Abs. 1 PolG dem Innenministerium als oberster Führungsstelle des Polizeivollzugsdienst die **sachliche und instanzielle Zuständigkeit** für die Wahrnehmung vollzugspolizeilicher Aufgaben, „soweit dies zur landeseinheitlichen Wahrnehmung erforderlich ist".

Unter den Voraussetzungen des § 122 Abs. 1 PolG ist die oberste Dienstbehörde berechtigt, Maßnahmen gem. § 105 Abs. 3 PolG oder andere Befugnisse des Polizeivollzugsdienstes wie etwa die meisten Standardmaßnahmen **selbst** durchzuführen (**Selbsteintrittsrecht**). Das Ministerium kann sich hierbei der gesamten vollzugspolizeilichen Einsatz- und Hilfsmittel einschließlich des Rückgriffs auf Dateien bedienen. Hierbei handelt die Behörde an Stelle der sonst sachlich zuständigen Polizeidienststelle.[84]

b) Sonstige Zuständigkeiten. Gem. § 122 Abs. 2 PolG kann sich das Innenministerium vorübergehend die Polizeikräfte des Landes (vgl. § 115 PolG) unmittelbar unterstellen und sie einsetzen, wenn eine Polizeidienststelle nicht in der Lage ist, ihre Aufgaben wahrzunehmen. Dies ist etwa der Fall, wenn erhebliche Störungen der öffentlichen Sicherheit oder Ordnung drohen oder

---

81 Vgl. Stephan, in: Stephan/Deger, Polizeigesetz BW, § 60 Rn 16.
82 VGH BW, openJur 2021, 5377 (Rn 6). Zu den Besonderheiten bei Vollstreckung notwendiger Wohnungsdurchsuchungen, insbes. der Wahrung des Richtervorbehalts (Art. 13 Abs. 2 GG), vgl. BayVGH, NJW 2022, 3798.
83 Vgl. im Einzelnen Zeitler/Trurnit, Polizeirecht BW, Rn 102 f.
84 Stephan, in: Stephan/Deger, Polizeigesetz BW, § 77 Rn 4.

bereits eingetreten sind (Hilfe bei Naturkatastrophen oder schweren Unglücksfällen nach Art. 35 Abs. 2 u. 3 GG, § 1 Abs. 1 LKatSG und bei Fällen des Inneren Notstandes nach Art. 91 Abs. 1 GG).

60 Gem. § 122 Abs. 3 PolG kann bei Gefahr im Verzug (→ § 4 Rn 35) auch ein Polizeipräsidium (vgl. § 115 Abs. 1 Nr. 1 PolG) Maßnahmen nach Abs. 2 treffen, wenn ein rechtzeitiges Tätigwerden des Innenministeriums nicht erreichbar erscheint. Der Fall, dass das Innenministerium nicht erreichbar ist, dürfte aber in der Praxis kaum vorkommen, da das **Lagezentrum** im Innenministerium grundsätzlich ständig – auch außerhalb der regelmäßigen Dienstzeiten – erreichbar ist.

IV. Wahrnehmung polizeilicher Aufgaben durch gemeindliche Vollzugsbedienstete

61 **1. Allgemeines.** Gem. § 125 Abs. 1 PolG können sich die **Ortspolizeibehörden** zur Wahrnehmung bestimmter, auf den Gemeindebereich beschränkter polizeilicher Aufgaben **des Gemeindevollzugsdienstes** (GVD) bedienen. Andere Träger öffentlicher Verwaltung wie Landratsämter oder Landkreise können keine Vollzugsbediensteten einstellen. Die Vollzugsbediensteten müssen in einem **Dienstverhältnis zur Gemeinde** stehen; sie sind daher kommunale Beschäftigte. Ihr Vorgesetzter und Dienstvorgesetzter ist gem. § 44 Abs. 4 GemO der Bürgermeister. Die kompetenzrechtliche **Organzuständigkeit** für die Errichtung und grundlegende Aufgabenzuweisung des Gemeindevollzugsdienst liegt beim **Gemeinderat**[85], da er – auch bei Weisungsaufgaben – die grundlegenden Entscheidungen über die personelle, sachliche und finanzielle Ausstattung der Gemeinde trifft[86], dem Bürgermeister obliegt gem. § 53 GemO die konkrete Ausgestaltung der Aufgabenübertragung durch Beauftragung. Die Gemeinde entscheidet grundsätzlich in eigener Verantwortung und auf ihre Kosten über die Ausbildung, Dienstkleidung, Ausrüstung und Vergütung der Bediensteten. Dieses Ermessen kann aber durch entsprechende Durchführungsvorschriften des Innenministeriums gem. § 130 Abs. 1 S. 1 Nr. 7 PolG eingeschränkt werden. Die **örtliche Zuständigkeit** ist auf das Gemeindegebiet (§ 7 GemO) beschränkt, die Bediensteten können deshalb ihre Aufgaben nur im Gemeindebereich wahrnehmen. Da sie kommunale Beschäftigte sind, sind sie keine Beamten des Polizeivollzugsdienstes i. S. d. § 104 Nr. 2 PolG. Wie § 125 Abs. 2 PolG festlegt, haben sie aber bei der Erledigung ihrer polizeilichen Dienstverrichtungen die **Rechtsstellung von Polizeibeamten**. Diese Gleichstellung gilt aber nur, soweit die Vollzugsbediensteten die ihnen gem. § 31 Abs. 1, 2 DVO PolG übertragenen Aufgaben wahrnehmen. Zur immer wieder diskutierten Frage einer **einheitlichen standardisierten Ausbildung der Gemeindesvollzugsbediensteten** vgl. LT-Drs. 16/7769 v. 19.2.2020 u. 17/1671 v. 20.1.2022.[87]

62 **2. Aufgaben und Befugnisse.** Welche **Aufgaben** im Einzelnen auf die Gemeindevollzugsbediensteten übertragen werden können, ist in § 31 DVO PolG geregelt.[88] In Abs. 1 S. 1 hat das Innenministerium einen konkreten Aufgabenkatalog erstellt. Jede Gemeinde (Bürgermeister) kann selbst entscheiden, welche Aufgaben aus dieser Auflistung „ihr" GVD wahrnehmen soll. Zu den Aufgaben zählen etwa der Vollzug von Gemeindesatzungen und Polizeiverordnungen, die Durchführung von straßenverkehrsrechtlichen Maßnahmen und Überwachungen im Bereich

---

85 AG Konstanz, Beschl. v. 27.11.2021 – 10 Cs 23 Js 15278/21 (Rn 8), Nachbaur, VBlBW 2022, 485, 488, u. Zinell, PUBLICUS v. 12.08.2022; *a. A.* Gmeiner, ZLVR 2023, 4, 5 ff., Hohnberg, PUBLICUS v. 16.11.2002, u. Gassner, VBlBW 2013, 281, 288.
86 Engel/Heilshorn, Kommunalrecht BW, § 15 Rn 26: „Organisationshoheit und Personalhoheit bleiben auch in Weisungsangelegenheiten erhalten".
87 Das Land BW beabsichtigt, durch eine Änderung der DVO PolG für den GVD landesweit einheitliche Mindeststandards zur Ausbildung, Ausrüstung und Dienstkleidung vorzugeben (LT-Drs. 17/1671, S. 2 f.).
88 Zu Recht kritisiert Nachbaur, VBlBW 2022, 485, 488 ff., dass die Rechte, Pflichten und Befugnisse der Gemeindevollzugsbediensteten nur rudimentär geregelt sind.

des Umwelt- und Feldschutzes und des Veterinärwesens.[89] Die Aufgaben des Vollzugsdienstes sind nicht auf die sachliche Zuständigkeit einer Ortspolizeibehörde beschränkt, sondern können diese sogar noch erweitern. Die Aufgabenübertragung durch den Bürgermeister erfolgt regelmäßig im Rahmen einer **Dienstanweisung**.

Fall 5: Im Rahmen einer Dienstanweisung über Aufgaben und Zuständigkeiten des Gemeindevollzugsdienstes überträgt der Bürgermeister von E dem GVD gem. § 31 Abs. 1 S. 1 Nr. 2 a DVO PolG die Aufgabe des Vollzugs der Vorschriften über das Halten und Parken nach der StVO. Bei einer Verkehrskontrolle in der X-Straße wird das Fahrzeug des H beanstandet, das dort verkehrswidrig im absoluten Halteverbot abgestellt ist. H wird gebührenpflichtig verwarnt (vgl. § 56 Abs. 1 OWiG).

Durch die Zuständigkeitsübertragung ist im **Fall 5** der GVD für die Verwarnung sachlich zuständig. Die Ermächtigung erstreckt sich ausschließlich auf die Überwachung des „ruhenden" Verkehrs. Der GVD wäre daher etwa nicht befugt, einen in der X-Straße vorbeirasenden rücksichtslosen Radfahrer anzuhalten bzw. zu verwarnen.

Gem. § 31 Abs. 2 DVO PolG können dem GVD über die Aufgaben des Abs. 1 hin-aus noch weitere polizeiliche Aufgaben mit der Zustimmung des Regierungspräsidiums übertragen werden. Gem. § 31 Abs. 1 S. 2 DVO PolG bleibt die Zuständigkeit des Polizeivollzugsdienstes von der Übertragung polizeilicher Vollzugsaufgaben auf die gemeindlichen Vollzugsbediensteten unberührt.

Gem. § 32 DVO PolG muss die Gemeinde die Übertragung von polizeilichen Vollzugsaufgaben öffentlich bekanntmachen (vgl. § 1 DVO GemO). Gem. § 31 Abs. 3 DVO PolG hat die Ortspolizeibehörde den Polizeivollzugsdienst über den Umfang der Aufgabenübertragung bzw. -wahrnehmung nach § 31 Abs. 1, 2 DVO PolG an den gemeindlichen Vollzugsdienst zu unterrichten.

Die Befugnisse der Vollzugsbediensteten können sich aus dem PolG, aus dem OWiG sowie aus anderen Gesetzen (etwa StrG, Polizeiverordnungen, StVO etc.) ergeben. Sie sind von vornherein auf die Aufgabenbereiche beschränkt, die gem. § 31 DVO PolG übertragen wurden.[90] Nur im Rahmen der übertragenen Aufgaben sind die gemeindlichen Vollzugsbediensteten insbesondere befugt:

- als Vertreter der Gemeinde kommunale Aufgaben wie Botendienste, Zustellungen, Ermittlungstätigkeiten etc. vorzunehmen;
- Aufgaben der Ortspolizeibehörde wahrzunehmen und in dieser Funktion Maßnahmen auf der Grundlage der **polizeilichen Generalklausel** gem. §§ 1, 3 PolG zu ergreifen (§ 105 Abs. 1 PolG);
- als Vertreter einer „Polizei" (= allgemeine Polizeibehörde) die **Standardbefugnisse** der §§ 27 ff. PolG auszuüben, soweit das PolG in diesen Vorschriften nicht nur den Polizeivollzugsdienst ermächtigt und wenn diese Maßnahmen zur Wahrnehmung der ihnen übertragenen Aufgaben erforderlich sind[91];
- gem. § 65 PolG **unmittelbaren Zwang** als letzte Stufe der Verwaltungsvollstreckung anzuwenden[92];
- **Vollzugshilfe** gem. § 105 Abs. 5 PolG zu leisten (→ Rn 55).

---

89 Siehe Aufgabenkatalog in § 31 Abs. 1 S. 1 Nr. 1 bis 9 DVO PolG.
90 So mit Recht Gassner, VBlBW 2013, 281, 285.
91 Nach der hier vertretenen Auffassung wird der GVD in diesen Fällen nicht im Rahmen einer Parallelzuständigkeit als Polizeivollzugsdienst tätig (so Stephan, in: Stephan/Deger, Polizeigesetz BW, § 80 Rn 24), sondern als Vertreter einer Polizeibehörde. Mit Recht weist Gassner (VBlBW 2013, 281, 285) darauf hin, dass der GVD nicht befugt ist, als „Polizeivollzugsdienst" dessen Befugnisse wahrzunehmen.
92 *Str.*, so auch Deger, in: Stephan/Deger, Polizeigesetz BW, § 51 Rn 3; *a. A.* Gassner, VBlBW 2013, 281, 285; → § 12 Rn 39 f.

Die Gemeindevollzugsbediensteten sind keine Polizeivollzugsbeamten. Deshalb stehen ihnen nicht die Befugnisse gem. § 105 Abs. 2 PolG (Eil- und Notzuständigkeit) zu, weil dadurch die Bediensteten grundsätzlich *alle* polizeilichen Befugnisse ausüben könnten.[93] Auch die Wahrnehmung von Aufgaben, für die der Polizeivollzugsdienst *ausschließlich* zuständig ist (etwa Maßnahmen zur vorbeugenden Bekämpfung von Straftaten gem. §§ 43 Abs. 3, 48, 49 PolG etc. [→ § 10 Rn 207 ff.]), ist ausgeschlossen.[94] Diese Befugnisse sind ausschließlich dem Polizeivollzugsdienst vorbehalten.

64 Soweit die Verfolgung von Straftaten zu den gem. § 31 DVO PolG übertragenen Aufgaben gehört, haben die gemeindlichen Vollzugsbediensteten die **Rechte und Pflichten von Polizeibeamten** nach der StPO. Im Rahmen dieser Aufgaben sind sie **Ermittlungspersonen der Staatsanwaltschaft** gem. § 152 GVG (→ § 13 Rn 4). Neben den polizeilichen Vollzugsaufgaben können die Bediensteten ferner als **Außenbeamte der Bußgeldstelle** eingesetzt werden und gem. §§ 56 ff. OWiG Verwarnungen aussprechen oder als **Vollstreckungsbeamte** gem. § 5 S. 1 LVwVG tätig werden.

65 Anders als die Polizeivollzugsbeamten gehören die Gemeindevollzugsbediensteten nach den Bestimmungen des WaffG nicht zu dem Personenkreis, der zum Führen einer **Schusswaffe** berechtigt ist. Sie sind keine Polizeivollzugsbeamten i. S. d. § 6 Abs. 1 WaffG und auch nicht gem. § 5 DVO WaffG von der Anwendung des WaffG freigestellt und deshalb von der Anwendung des WaffG ausgeschlossen.[95] Demgegenüber bestehen gegen das Mitführen von – nicht unter das WaffG fallenden – Abwehrmitteln vor allem zum Eigenschutz wie etwa **Reizstoff-Sprühdosen** grundsätzlich keine Bedenken.

Zur Wahrnehmung der konkurrierenden Zuständigkeiten ist eine **enge Zusammenarbeit** zwischen den Beamten des Polizeivollzugsdienstes und den gemeindlichen Vollzugsbediensteten unumgänglich. Dies kann etwa durch die Teilnahme an regelmäßigen gemeinsamen Dienstbesprechungen, Fortbildungskursen, Durchführung gemeinsamer Streifen etc. geschehen.

V. Freiwilliger Polizeidienst

66 **1. Allgemeines.** Durch Gesetz vom 18.6.1963 über den freiwilligen Polizeidienst (FPolDG) wurde in BW als einem der ersten Länder in Deutschland ein **Freiwilliger Polizeidienst** eingeführt.[96] Der Freiwillige Polizeidienst ist ein **Teil des Polizeivollzugsdienstes.** Er umfasst die Personen, die sich freiwillig für die Wahrnehmung von Aufgaben des Polizeivollzugsdienstes im Rahmen eines besonderen öffentlich-rechtlichen Dienstverhältnisses zur Verfügung gestellt haben, ohne Polizeibeamte (Beamte im staatsrechtlichen Sinn) zu sein, und die entsprechend verpflichtet worden sind (§§ 1 Abs. 2 und 4 Abs. 2 FPolDG).

67 **2. Aufgaben und Befugnisse.** Der Freiwillige Polizeidienst verstärkt den örtlichen Polizeivollzugsdienst nur bei Aufruf (Reservefunktion). Dieser erfolgt, wenn die Polizei die ihr nach § 1 PolG obliegenden Aufgaben mit den vorhandenen Beamten des Polizeivollzugsdienstes nicht erfüllen kann (§§ 1 Abs. 3, 5 Abs. 1 FPolDG). Der freiwillige Polizeidienst soll in der Regel jedoch nur zur Sicherung von Gebäuden und Anlagen, zur Sicherung und Überwachung des Straßenverkehrs, zum Streifendienst, zum Kraftfahrdienst, Fernmeldedienst und zu ähnlichen technischen Diensten eingesetzt werden (§ 1 Abs. 3 FPolDG).

---

93 Stephan, in: Stephan/Deger, Polizeigesetz BW, § 80 Rn 24.
94 Gassner, VBlBW 2013, 281, 285; Stephan, in: Stephan/Deger, Polizeigesetz BW, § 80 Rn 25.
95 A. A. Stephan, in: Stephan/Deger, Polizeigesetz BW, § 80 Rn 12, wonach ausnahmsweise eine Bewaffnung mit Schusswaffen gem. § 3 DVO WaffG i. V. m. § 55 Abs. 2 WaffG in Frage kommen soll.
96 Das Gesetz wurde zuletzt durch Art. 14 des Polizeireformstrukturgesetzes vom 23.7.2013 geändert (GBl. S. 233, 240); → § 1 Rn 29.

VI. Wahrnehmung polizeilicher Aufgaben durch Beliehene

Beispiel: Bei Großsportereignissen wie etwa Fußballbundesligaspielen wird der Freiwillige Polizeidienst zur Verkehrsregelung herangezogen.

Die Angehörigen des Freiwilligen Polizeidienstes haben bei der Erledigung ihrer polizeilichen Dienstverrichtungen Dritten gegenüber die **Stellung von Polizeibeamten** i. S. d. PolG (§ 6 Abs. 1 FPolDG). Soweit sich aus dem FPolDG nichts anderes ergibt, finden die für den Polizeivollzugsdienst geltenden Vorschriften des PolG auf den Freiwilligen Polizeidienst Anwendung (§ 1 Abs. 4 FPolDG). Sie sind **keine Ermittlungspersonen der Staatsanwaltschaft**. Das ergibt ein Umkehrschluss aus der abschließenden Aufzählung in der Verordnung der Landesregierung über die Hilfsbeamten der Staatsanwaltschaft, in welcher der Freiwillige Polizeidienst keine Erwähnung findet, sodass den Angehörigen die entsprechenden strafprozessualen Befugnisse nicht zustehen.

VI. Wahrnehmung polizeilicher Aufgaben durch Beliehene

Grundsätzlich sind nur juristische Personen des öffentlichen Rechts Träger öffentlicher Verwaltung (vgl. Art. 69 LV). Im Einzelfall können aber auch **Private mit hoheitlichen Kompetenzen** ausgestattet sein, die diese selbstständig als sog. **Beliehene bzw. beliehene Unternehmen** im eigenen Namen ausüben. Beliehene sind natürliche oder juristische Personen des Privatrechts, denen die Kompetenz zur selbstständigen hoheitlichen Wahrnehmung bestimmter Verwaltungsaufgaben im eigenen Namen übertragen worden ist.[97] Dadurch erlangen sie die Stellung eines Verwaltungsträgers.[98] Voraussetzung ist, dass die **Übertragung hoheitlicher Befugnisse durch Gesetz** oder **aufgrund eines Gesetzes durch Verwaltungsakt** erfolgt (sog. institutioneller Gesetzesvorbehalt).[99] Neben dem Gesetzesvorbehalt, der vor allem das „Ob" einer Beleihung betrifft, bedarf es auch eines besonderen **Bestellungsakts**, der die wesentlichen Modalitäten regelt.[100] Sind ihnen auf diesem Weg Aufgaben des öffentlichen Rechts und in dessen Handlungsformen übertragen, sind sie Behörden i. S. d. § 1 LVwVfG. Übertragungen polizeilicher Aufgaben und Befugnisse auf Privatpersonen oder auf ähnliche Einrichtungen, die nicht in diesen Formen erfolgen, sind unzulässig.[101]

Das **OLG Frankfurt** hat in mehreren Entscheidungen zutreffend festgestellt, dass der **Einsatz von privaten Dienstleistern zur Überwachung des ruhenden Verkehrs gesetzeswidrig** ist und dass die **Verkehrsüberwachung** und Sanktionierung bei Verstößen eine **hoheitliche Kernaufgabe** ist.[102] Da keine gesetzliche Übertragungsbefugnis an Private besteht, kann diese hoheitliche Kernaufgabe nicht allein durch einen Privaten erledigt werden. Wenn sich die Behörde eines Privaten bedient (etwa durch Nutzung von durch Private gestellter Überwachungstechnik), dann muss die **Behörde** stets **Herrin des Verfahrens** bleiben.[103]

Bei der Ausübung ihrer Tätigkeit haben rechtmäßig beliehene Personen die **Stellung von Polizeibeamten**. Ihre Maßnahmen sind, soweit sie auf unmittelbare Rechtswirkungen nach außen gerichtet sind, Verwaltungsakte. Für schuldhafte Pflichtverletzungen haftet die Körperschaft, die sie mit hoheitlichen Befugnissen ausgestattet hat.

---

97 Basten, Recht der Polizei, Rn 560.
98 Danne/Roth, NVwZ 2020, 1633, 1634.
99 Vgl. dazu auch Brenner, NJW 2020, 700 (Anm. zu OLG Frankfurt, NJW 2020, 696); Danne/Roth, NVwZ 2020, 1633, 1636, sowie OVG NRW, NZV 2022, 190, m. Anm. Herber (zu einem Kfz-Abschleppvorgang).
100 BVerwG, NVwZ 2011, 368; Gusy/Eichenhofer, Polizei- und Ordnungsrecht, Rn 164 m. w. N.; Maurer/Waldhoff, Allg. Verwaltungsrecht, § 23 Rn 63 ff.; zur Beleihung vgl. auch Knorr, VBlBW 2012, 8, 9, VGH BW zur Privatisierung der Bewährungs- und Gerichtshilfe, VBlBW 2013, 219, sowie OVG NRW, NZV 2022, 190, m. Anm. Herber, zum „Erlass" eine Verwaltungsakts anlässlich eines Kfz-Abschleppvorgang.
101 Deger, in: Stephan/Deger, Polizeigesetz BW, § 1 Rn 9.
102 Grundlegend dazu OLG Frankfurt, NStZ-RR 2017, 188 ff.; best. durch OLG Frankfurt, NJW 2020, 696 ff., mit sehr deutlich zust. Anm. Brenner, NJW 2020, 700; zust. Auch Danne/Roth, NVwZ 2020, 1633, 1637.
103 OLG Frankfurt, NStZ-RR 2017, 188, 190.

Beispiele: Beliehene, denen polizeiliche Aufgaben und Befugnisse durch Gesetz bzw. auf der Grundlage eines Gesetzes und hierauf gestützten Verwaltungsakts eingeräumt sind oder übertragen wurden, sind **Luftfahrzeugführer**, die für die Aufrechterhaltung der Sicherheit an Bord zu sorgen haben[104], **Forstschutzbeauftragte** (§§ 79 Abs. 2 Nr. 4, 81, 82 LWaldG), anerkannte **Wildtierschützer** – nach früherem Recht (LJagdG) „bestätigte Jagdaufseher" – (§ 48 Abs. 2 JWMG) und **Fischereiaufseher** (§ 50 Abs. 1, 2 u. 4 LFischG).

VII. Private Sicherheitsdienste

69   **1. Allgemeines.** Private Sicherheitsdienste („**Security**") erhalten wegen des gestiegenen Bedarfs immer mehr Bedeutung.[105] Die Anzahl der Beschäftigen im Sicherheitsgewerbe dürfte bundesweit die Anzahl an Polizeibeamten erreicht haben.[106] Sie arbeiten bei privaten Unternehmen, zunehmend aber auch bei staatlichen oder kommunalen Stellen. Von ihren *privaten* Auftraggebern werden sie etwa bei der Transportbewachung, beim Personenbegleitschutz, bei der Überwachung von Banken, Geschäften, Produktionsbetrieben, Großsportveranstaltungen etc. eingesetzt. Auch im *öffentlichen* Bereich wie etwa im öffentlichen Personennahverkehr, in öffentlichen Einrichtungen wie Asylbewerber- und Flüchtlingsheimen, Bahnhöfen, Fußgängerpassagen, als „Stadtteilwache" (sog. „schwarze Sheriffs") etc. sind sie zunehmend tätig. Private Sicherheitsdienste erfüllen heute in weiten Bereichen die originären polizeilichen Aufgaben der vorbeugenden Bekämpfung von Straftaten.

Die Zunahme des Einsatzes privater Sicherheitsdienste stellt einen „**schleichenden Paradigmenwechsel**"[107] dar und hängt eng mit dem Rückzug der Polizei aus öffentlichen Bereichen zusammen. Es ist nicht von der Hand zu weisen, dass die zunehmende Privatisierung im Gefahrenabwehrrecht **grundlegende Konflikte mit dem Rechtsstaatsprinzip** auslöst.[108]

70   **2. Grenzen der Privatisierung.** Der Auftrag der Polizei einerseits und der privaten Sicherheitsdienste andererseits unterscheidet sich vor allem in rechtlicher Hinsicht. Aufgabe der Polizei ist es, im **öffentlichen Interesse** die öffentliche Sicherheit zu gewährleisten. Demgegenüber ist es grundsätzlich Aufgabe privater Sicherheitsdienste, **private Interessen und Rechtsgüter** zu schützen; ihnen geht es nicht um eine „allseitige Rechtsverwirklichung", sondern um die Durchsetzung ausschließlich der einseitigen Belange ihrer Auftraggeber.[109] Aus diesen Gründen haben Sicherheitsunternehmen und ihre Mitarbeiter „nur" das Recht, die privaten Rechte auszuüben, die ihrem Auftraggeber zustehen (vgl. § 34 a Abs. 5 GewO). Ihre Befugnisse sind im Wesentlichen auf die jedermann kraft Gesetzes zustehenden privaten Rechte beschränkt, wie etwa auf Schutz- und Selbsthilferechte gem. §§ 859, 226 ff. BGB, Notwehr-, Nothilfe und Notstandsrechte gem. §§ 32 ff. StGB, § 16 OWiG und strafprozessuale Verfolgungsrechte gem. § 127 StPO.[110] Diese privatrechtlichen Vorschriften regeln sowohl die Voraussetzungen eines Tätigwerdens privater Sicherheitsdienste als auch Inhalt und Grenzen der Rechte, die ihnen zustehen.

71   Das **staatliche Gewaltmonopol** (→ § 12 Rn 1), das verfassungsrechtlich aus dem Rechtsstaatsprinzip hergeleitet wird, gibt grundsätzlich **nur dem Staat** das **Recht zum Einsatz körperlicher**

---

104   Vgl. § 12 Abs. 1 S. 1 LuftSiG; Buchberger, in: Lisken/Denninger, Handbuch des Polizeirechts, Kap. I Rn 321.
105   Vgl. zu Umfang und Bedeutung des privaten Sicherheitsgewerbes etwa Schoch, in: Schoch, Besonderes Verwaltungsrecht, Kap. 1 Rn 132 ff.; zur Distanzierung der Politik gegenüber dem Sicherheitsgewerbe vgl. Stober, GSZ 2020, 141, er sieht aber die Notwendigkeit einer „dualen Sicherheitsverantwortung" (GSZ 2020, 193, 194), das private Sicherheitsgewerbe sei „unentbehrlich" (195).
106   Stober, GSZ 2020, 141, 145 f.
107   So zutr. Stober, GSZ 2020, 141, 146.
108   Pewestorf, in: Pewestorf/Söllner/Tölle, Polizei- und Ordnungsrecht, § 1 ASOG, Rn 6; Thiel, Polizei- und Ordnungsrecht, § 1 Rn 28 (zur Beleihung); *a. A.* etwa Bäcker, in: Lisken/Denninger, Handbuch des Polizeirechts, Kap. B Rn 268 f. Vgl. auch Lassahn, AöR 2018, 471, 490 f.: „Irritation des staatlichen Gewaltmonopols".
109   So zutr. Gusy/Eichenhofer, Polizei- und Ordnungsrecht, Rn 162.
110   Knemeyer/Schmidt, Polizei- und Ordnungsrecht (PdW), S. 99.

VII. Private Sicherheitsdienste

Gewalt und physischen Zwangs.[111] Nach dem Grundsatz des Gesetzesvorbehalts bedürfen entsprechende Eingriffe ausdrücklicher **gesetzlicher Regelung**. Solche landesgesetzliche Regelungen enthalten die §§ 63 ff. PolG. Dabei obliegt die Anwendung unmittelbaren Zwangs allein den Beamten des Polizeivollzugsdienstes (§ 65 PolG) und zwar unter den in §§ 66 ff. PolG abschließend aufgezählten Voraussetzungen. Demgegenüber sind gesetzliche Möglichkeiten, **hoheitliche Zwangsmaßnahmen** auf Private zu übertragen, nicht vorgesehen. Den privaten Sicherheitsdiensten stehen somit derartige Eingriffsrechte gegenüber Dritten grundsätzlich nicht zu.

Beispiel: Eine private „Security" hat in der städtischen U-Bahn einen „Graffitisprayer" auf frischer Tat ertappt und hält ihn bis zum Eintreffen der Polizei fest. Die Sicherheitsleute haben nur ein vorläufiges Festnahmerecht gem. § 127 StPO. Weitergehende Befugnisse wie Gewahrsamnahme, Identitätsfeststellung, Durchsuchung etc. stehen ihnen nicht zu.

Im Rahmen der Benutzung einer privaten Einrichtung wie etwa einem Fußballstadion kann sich aus den Benutzungs-/Vertragsbestimmungen, denen sich der Benutzer unterwirft, ein Recht von privaten Aufsichtspersonen zur Kontrolle und weitergehender Maßnahmen ergeben.

Beispiel: Eine (privatrechtliche) Stadionordnung, die beim Kauf der Eintrittskarte im Regelfall rechtsgeschäftlich anerkannt wird, kann Ermächtigungen zum Durchsuchen von Stadionbesuchern durch den privaten Ordnungsdienst des Veranstalters enthalten.

Derartige Eingriffe auf vertraglicher Grundlage beurteilen sich allerdings nach Zivilrecht und stellen **kein hoheitliches Handeln** dar.

3. Exkurs: Gewerberechtliche Erlaubnispflicht. Dass das private Sicherheitsgewerbe mit Problemen und Risiken verbunden ist, hat auch der Gesetzgeber erkannt. Demzufolge ist diese Form der gewerblichen Betätigung gem. **§ 34 a GewO** i. V. m. der Verordnung über das Bewachungsgewerbe (BewachV) erlaubnispflichtig.[112] Demnach bedarf derjenige, der gewerbsmäßig Leben oder Eigentum fremder Personen bewachen will (Bewachungsgewerbe) der **Erlaubnis** der zuständigen Behörde (§ 34 a Abs. 1 S. 1 GewO). Die Erlaubnis ist zu versagen, wenn Tatsachen die Annahme rechtfertigen, dass der Antragsteller die für den Gewerbebetrieb erforderliche **Zuverlässigkeit** nicht besitzt, die für den Gewerbebetrieb erforderlichen Mittel oder entsprechenden Sicherheiten nicht nachweist, den Rechtskenntnisnachweis der Industrie- und Handelskammer nicht erbringt oder den Nachweis einer Haftpflichtversicherung nicht erbringt (§ 34 a Abs. 1 S. 3 Nr. 1 bis 4 GewO).[113] Zudem dürfen vom Gewerbebetreibenden nur Personen beschäftigt werden, welche die erforderliche Zuverlässigkeit besitzen[114] und durch eine Bescheinigung der Industrie- und Handelskammer nachweisen, dass sie über die für die Ausübung des Gewerbes notwendigen rechtlichen und fachlichen Grundlagen unterrichtet worden und mit ihnen vertraut sind (§ 34 a Abs. 1 a S. 1 GewO). Für bestimmte Bewachungstätigkeiten ist darüber hinaus ein erweiterter Sachkundenachweis der Industrie- und Handelskammer erforderlich (§ 34 a Abs. 1 a S. 2 GewO). Auf diesem Wege ist es dem Staat möglich, bereits im Vorfeld auf die privaten Sicherheitsdienste Einfluss zu nehmen. Zum Führen von **Schusswaffen** bedürfen die Sicherheitsunternehmen einer Erlaubnis gem. §§ 28 ff. WaffG.[115]

Immer wieder weisen Pressebcrichte über Rechtsverletzungen und Übergriffe durch Mitarbeiter darauf hin, dass die Überwachung der privaten Sicherheitsdienste durch die staatlichen

---

111 Ibler, in: Ennuschat/Ibler/Remmert, Öffentliches Recht BW, § 2 Rn 23; Lassahn, AöR 2018, 471, 484 ff.
112 Schoch, in: Schoch, Besonderes Verwaltungsrecht, Kap. 1 Rn 136. Vgl. zur gewerberechtlichen Rechtsstellung von *Privatdetektiven* Vahle, DVP 2018, 467 ff.
113 Weber, GewArch 2021, 144 ff.
114 Vgl. dazu BayVGH, GewArch 2023, 114.
115 Zur Auflage, einen bewaffneten Werksschutz einzurichten, vgl. BVerwG, DVBl 1989, 517; zur Eigensicherung von Flughäfen vgl. BVerwG, DVBl 1986, 896; zur Sicherung von Häfen vgl. VG Düsseldorf, NWVBl 2012, 280.

Aufsichtsämter oftmals unzureichend ist. Eine Verbesserung soll durch **§ 11 b GewO** erreicht werden, auf dessen Grundlage zum 1.6.2019 ein **Bewacherregister** erstellt wurde[116], in dem bundesweit Daten zu Bewachungsgewerbetreibenden und Bewachungspersonal elektronisch auswertbar zu erfassen und auf dem aktuellen Stand zu halten sind. Die gesetzliche Umsetzung erfolgte im Detail durch die **BewachV**. Damit können im Rahmen des Erlaubnisverfahrens sowie bei Kontrollen vor Ort die notwendigen Informationen über das Vorliegen des erforderlichen Unterrichtungs- bzw. Sachkundenachweises sowie über die Zuverlässigkeit durch Einsichtnahme in das Register schnell beschafft werden. Dies ist insbesondere bei Kontrollen vor Ort wichtig, da Gewerbetreibende häufig bundesweit tätig sind, Bewachungspersonal bundesweit eingesetzt wird und die vor Ort zuständige Behörde keine Kenntnis darüber hat, ob das eingesetzte Bewachungspersonal gemäß § 9 Abs. 3 BewachV gemeldet wurde, über den erforderlichen Unterrichtungs- oder Sachkundenachweis verfügt und zuverlässig ist.[117] Das zentrale Bewacherregister wird beim **Bundesamt für Wirtschaft und Ausfuhrkontrolle (BAFA)** geführt.

Mit dem **Sicherheitsgewerbegesetz** als „gewerberechtlichem Nebengesetz" soll angesichts des rasanten Wachstums der Sicherheitsbranche und gestiegener Anforderungen ein **Stammgesetz zur Regelung des Sicherheitsgewerbes** geschaffen werden, das insbesondere die Sicherheitsstandards verbessern und die bisherigen §§ 11 b u. 34 a GewO nebst Nebenregelungen ersetzen soll.[118]

VIII. Subsidiäre Zuständigkeiten der Polizei

73 **1. Tätigwerden für andere Stellen gem. § 2 Abs. 1 PolG.** § 2 Abs. 1 PolG begründet eine Eilzuständigkeit der Polizei für andere Stellen bei Gefahr im Verzug. Ist zur Wahrnehmung einer polizeilichen Aufgabe nach gesetzlicher Vorschrift eine andere Stelle zuständig, und erscheint deren rechtzeitiges Tätigwerden bei Gefahr im Verzug nicht erreichbar, so hat die Polizei die **notwendigen vorläufigen** Maßnahmen zu treffen (**Notzuständigkeit** der Polizei).

Beispiel: Die Polizei leistet nach einem Verkehrsunfall einem eingeklemmten Fahrer bis zum Eintreffen der Feuerwehr erste Hilfe. Gem. § 2 Abs. 1 Nr. 2 FwG hat die **Feuerwehr** zur Rettung von Menschen aus lebensbedrohlichen Lagen technische Hilfe zu leisten. Gem. § 1 Abs. 1 S. 2 FwG ist sie von der Polizei unabhängig. Die Feuerwehr ist daher eine „andere Stelle" i. S. d. § 2 Abs. 1 PolG.

74 **a) Andere Stellen.** Da das PolG von einem einheitlichen Polizeibegriff (vgl. § 104 PolG) ausgeht, können **andere Stellen i. S. d. § 2 Abs. 1 S. 1 PolG** nur solche Stellen sein, die weder allgemeine oder besondere Polizeibehörden sind, noch zum Polizeivollzugsdienst gehören, aber dennoch polizeiliche Aufgaben wahrnehmen (materieller Polizeibegriff). Andere Stellen in diesem Sinne sind Behörden, die zwar auch Aufgaben der Gefahrenabwehr erfüllen, aber nicht zur Organisation der Polizei gehören.[119] Sie können sich deshalb auch nicht der Befugnisse des PolG bedienen. Derartige **nichtpolizeiliche Stellen** sind etwa:

- **Gefahrenabwehrbehörden des Landes BW**, die im Einzelfall für Aufgaben der Gefahrenabwehr zuständig sind, deren **hauptsächlicher Tätigkeitsbereich** jedoch auf einem anderen Gebiet als der Gefahrenabwehr liegt (etwa das Jugendamt, das zum Schutze Jugendlicher vor Verwahrlosung gem. §§ 42, 43 SGB VIII oder gem. § 26 LKJHG tätig wird;[120]

---

116 Vgl. dazu eingehender Ernst, GewArch 2021, 14 f., u. Holzki, GewArch 2021, 233 ff.; Eisenmenger, GSZ 2020, 66 ff.
117 So die Begründung des Gesetzgebers in BT-Drs. 18/8558, S. 16 f.; Ernst, GewArch 2021, 14. Zur Umsetzung im Einzelnen vgl. Ritsch, GewArch 2021, 15, 16 ff.
118 Referentenentwurf des Bundesministeriums des Innern und für Heimat v. 31.7.2023: „Entwurf eines Gesetzes zur Regelung des Sicherheitsgewerbes".
119 Zeitler/Trurnit, Polizeirecht BW, Rn 74; Thiel, Polizei- und Ordnungsrecht, § 4 Rn 36 f.
120 Vgl. Zeitler/Trurnit, Polizeirecht BW, Rn 76.

VIII. Subsidiäre Zuständigkeiten der Polizei

- Behörden, Einrichtungen usw., die schwerpunktmäßig zwar Aufgaben der Gefahrenabwehr wahrnehmen, aber **durch gesetzliche Regelung** ausdrücklich **nicht der Polizei zugeordnet** sind (etwa Feuerwehr [siehe Beispielsfall → Rn 73]) oder Landesamt für Verfassungsschutz [vgl. §§ 3 Abs. 1, 5 Abs. 3 LVSG]);
- **Beliehene** (→ Rn 67 ff.);
- **Verwaltungsbehörden** mit Aufgaben der Gefahrenabwehr wie etwa Baurechts-, Forst-, Gaststätten- und Gewerbebehörden;[121]
- **Gefahrenabwehrbehörden des Bundes** wie etwa das BKA und die Bundespolizei, Wasser- und Schifffahrtsverwaltung, Organe der Bundeswehr mit polizeilichen Befugnissen (etwa Feldjäger) etc.

b) Gefahr im Verzug. Gefahr im Verzug liegt vor, wenn zur Verhinderung eines drohenden Schadens sofort eingeschritten werden muss, weil ein Abwarten bis zum Eingreifen der an sich zuständigen Behörde den **Erfolg** der notwendigen Maßnahme **erschweren oder vereiteln** würde.[122] Ob die polizeiliche Maßnahme unaufschiebbar ist oder nicht, beurteilt sich hierbei nach den Verhältnissen und dem Erkenntnisstand im Zeitpunkt der Anordnung der Maßnahme. Liegen diese Voraussetzungen nicht vor, kann die Polizei nicht (rechtmäßig) tätig werden. 75

c) Kein rechtzeitiges Tätigwerden der anderen Stelle. Maßgebend ist, ob aus der Sicht der Polizei das rechtzeitige Tätigwerden der anderen, an sich zuständigen Stelle nicht erreichbar **erscheint**. Nicht erforderlich ist also, dass die an sich zuständige Stelle tatsächlich nicht erreichbar ist.[123] 76

Nicht erreichbar erscheint die andere Stelle, wenn etwa
- die Dringlichkeit der Gefahrenlage eine Unterrichtung zunächst nicht zulässt,
- aus technischen Gründen eine Unterrichtung zunächst nicht möglich ist (etwa keine Telefon- oder Funkverbindung in der Nähe),
- sie zwar unterrichtet ist, aber nicht oder nicht rechtzeitig eingreifen kann,
- sie nicht besetzt ist (etwa wegen Dienstschluss oder an Feiertagen),
- sich nicht klären lässt, ob sie eingreifen wird.

Will die zuständige Behörde **bewusst und erkennbar nicht eingreifen**, ist ein Tätigwerden der Polizei für die andere Stelle regelmäßig ausgeschlossen. Nur bei erheblichen Gefahren für besonders wichtige Rechtsgüter (Leben, Gesundheit oder Menschenwürde) oder bei Strafbarkeit des Nichteingreifens kann in diesem Fall die Notzuständigkeit bejaht werden.

d) Vorläufige Maßnahmen. Die Polizei ist nur zuständig, um die **notwendigen vorläufigen, unaufschiebbaren Maßnahmen** zu treffen. Regelmäßig ist die Ortspolizeibehörde (§§ 105 Abs. 1, 111 Abs. 2 PolG) zuständig, in Eil- und Notfällen auch der Polizeivollzugsdienst gem. § 105 Abs. 2 PolG. In allen Fällen kann die Polizei nur auf der Grundlage des PolG und nicht nach den Befugnissen der anderen Stelle tätig werden. 77

e) Unverzügliche Unterrichtung und Kostenerstattung. Die zuständige Stelle ist **unverzüglich**, d. h. ohne schuldhaftes Zögern, zu unterrichten (§ 2 Abs. 1 S. 2 PolG, § 121 BGB). **Strittig** ist, ob die andere, nichtpolizeiliche Stelle, für welche die Polizei tätig geworden ist, der Polizei die **Kosten** der getroffenen Maßnahmen **erstatten** muss. Da andere gesetzliche Anspruchsgrundlagen nicht bestehen, käme allenfalls eine Erstattung nach den Grundsätzen über die Geschäftsführung ohne Auftrag analog §§ 677 ff. BGB in Betracht. Dem steht allerdings der Grundsatz des Gesetzesvorbehalts entgegen. Danach kommen staatliche Ersatzansprüche 78

---

121 Deger, in: Stephan/Deger, Polizeigesetz BW, § 2 Rn 4.
122 VGH BW, VBlBW 2005, 431; → § 4 Rn 35.
123 VGH BW, VBlBW 1990, 300, 301 m. w. N.

grundsätzlich nur im Rahmen einer ausdrücklichen Regelung in Frage und nicht im Wege der Analogie.[124]

79 **2. Schutz privater Rechte gem. § 2 Abs. 2 PolG. a) Subsidiäre Zuständigkeit.** Gem. § 2 Abs. 2 PolG obliegt der Polizei der Schutz privater Rechte nur dann, wenn gerichtlicher Schutz nicht rechtzeitig zu erlangen ist, und wenn ohne polizeiliche Hilfe die Gefahr besteht, dass die Verwirklichung des Rechts vereitelt oder wesentlich erschwert wird. Die Vorschrift ist eine **Aufgabenzuweisungsnorm** (→ § 4 Rn 13). Die Polizei besitzt für den Schutz privater Rechte nur eine **subsidiäre Zuständigkeit**.[125] Zwar sind auch Privatrechte wie etwa Eigentum oder Besitz polizeiliche Schutzgüter. Ihr Schutz obliegt aber primär den ordentlichen Gerichten (§ 13 GVG). Nur wenn dieser **zivilgerichtliche Schutz nicht rechtzeitig** zu erlangen ist und ein Notfall besteht, ist die Polizei auch für den Schutz privater Rechte zuständig. Hier kommt auch die grundrechtlich garantierte **Privatautonomie** zum Ausdruck.[126]

80 **b) Voraussetzungen im Einzelnen. aa) Schutz privater Rechte. Privates** Recht i. S. d. § 2 Abs. 2 PolG ist eine Rechtsposition, die ihre Grundlage **ausschließlich** (→ Rn 85) in der Privatrechtsordnung (etwa im BGB, HGB, Arbeitsrecht) hat. Dazu gehören Eigentum, Besitz, vertragliche Ansprüche, Forderungen aus unerlaubter Handlung (§§ 823 ff. BGB), Pfandrechte und sonstige Nutzungsrechte an beweglichen oder unbeweglichen Sachen. Vereinfacht ausgedrückt sind hierunter **alle privatrechtlichen Rechtsansprüche und Güter** zu verstehen, deren Schutz prinzipiell durch Inanspruchnahme der ordentlichen Gerichte möglich ist.[127] Darunter fallen auch Individualgüter wie Menschenwürde, Ehre, Leben, Gesundheit und Freiheit.[128]

Beispiele:
- Unter den Schutz des § 2 Abs. 2 PolG kann das **Recht einer Privatperson am eigenen Bild** fallen. Auch das **Fotografieren einer Person**, die sich nicht im persönlichen Rückzugsbereich, sondern in der Öffentlichkeit aufhält, kann gegen das allgemeine Persönlichkeitsrecht verstoßen und nach Maßgabe des § 2 Abs. 2 PolG das Einschreiten der Polizei rechtfertigen.[129]
- Unter privates Recht i. S. d. § 2 Abs. 2 PolG kann auch das **Recht eines Polizeibeamten am eigenen Bild** fallen. Voraussetzung ist, dass konkrete Anhaltspunkte für eine bevorstehende Verbreitung des Bildes unter Verstoß gegen §§ 22, 23, 33 KunstUrhG bestehen.[130]

Etwas anderes gilt, wenn gerichtlicher Rechtsschutz nicht rechtzeitig zu erlangen ist und ohne polizeiliche Hilfe die Gefahr besteht, dass die Rechtsverwirklichung vereitelt oder wesentlich erschwert wird (→ Rn 83)[131].

81 **bb) Antrag des Berechtigten und Glaubhaftmachung.** Der Schutz privater Rechte wird nur auf **Antrag** – nicht von Amts wegen – gewährt. Ein Tätigwerden der Polizei aus eigener Motivation – von Amts wegen – wäre unzulässig.[132] Eine besondere Form ist nicht erforderlich. Der Antrag kann schriftlich, mündlich oder auch konkludent gestellt werden. Will man den vorläufigen Schutz des § 2 Abs. 2 PolG nicht leer laufen lassen, dürfen die Anforderungen an diese Antragstellung nicht überspannt werden. Andernfalls würde man die materielle Berechtigung der rechtsuchenden Person auf wirkungsvolle Soforthilfe an formalen Hürden scheitern lassen,

---

124 Deger, in: Stephan/Deger, Polizeigesetz BW, § 2 Rn 12; Sander, in: Belz/Mußmann/Kahlert/Sander, Polizeigesetz BW, § 2 Rn 10.
125 Trurnit, in: Möstl/Trurnit, Polizeirecht BW, § 2 Rn 44; Knemeyer/Schmidt, Polizei- und Ordnungsrecht (PdW), S. 17; Dreiseitel, Die Polizei 2022, 384.
126 So zutr. Thiel, Polizei- und Ordnungsrecht, § 4 Rn 28.
127 Deger, in: Stephan/Deger, Polizeigesetz BW, § 2 Rn 15; Gusy/Eichenhofer, Polizei- und Ordnungsrecht, Rn 91; vgl. auch Thiel, Polizei- und Ordnungsrecht, § 4 Rn 30.
128 Vgl. dazu eingehender Trurnit, in: Möstl/Trurnit, Polizeirecht BW, § 2 Rn 45 bis 49.
129 VGH BW, NVwZ-RR 2008, 700.
130 VGH BW, NVwZ 2001, 1292, 1293; OVG NRW, DÖV 2001, 476; OVG RP, NVwZ-RR 1998, 237.
131 Trurnit, in: Möstl/Trurnit, Polizeirecht BW, § 2 Rn 54 ff.
132 Trurnit, in: Möstl/Trurnit, Polizeirecht BW, § 2 Rn 50.

VIII. Subsidiäre Zuständigkeiten der Polizei

die das PolG in diesem Zusammenhang gerade nicht vorsieht. Andererseits ist es nicht Aufgabe der Polizei, unklare Sachverhalte oder schwierige Rechtsfragen zugunsten des Rechtssuchenden erst noch aufzuklären. Vielmehr kann vom Rechtssuchenden erwartet werden, dass er die Tatsachen, aufgrund derer er ein Einschreiten der Polizei begehrt, entsprechend § 294 ZPO **glaubhaft** macht.[133]

cc) Kein rechtzeitiger gerichtlicher Schutz. Die Polizei darf zum Schutz ausschließlich privater Rechte nur dann tätig werden, wenn **gerichtlicher Schutz nicht rechtzeitig** zu erlangen ist. Grundvoraussetzung hierfür ist stets, dass ein entsprechender Rechtsschutz überhaupt dem Grunde nach besteht. Denn der rechtssuchenden Person sollen mittels § 2 Abs. 2 PolG nur von der Rechtsordnung gedeckte (aber derzeit unerreichbare) Rechte vorübergehend gesichert, nicht jedoch weitergehende Vorteile verschafft werden. § 2 Abs. 2 PolG kommt daher insbesondere dann zur Anwendung, wenn ein zivilprozessualer Eilrechtsschutz, wie Arrest oder einstweilige Verfügung gem. §§ 916 ff. u. 935 ff. ZPO, zwar gesetzlich möglich wäre, dieser aber aus zeitlichen Gründen (etwa wegen fehlendem Bereitschaftsdienst) zu spät kommen würde. Dem steht gleich, wenn die zivilrechtliche Durchsetzung mit besonderen Schwierigkeiten, die einen **wirksamen Rechtsschutz** faktisch unerreichbar machen, verbunden wäre.[134] Ebenso scheidet eine Verweisung auf den Zivilrechtsweg aus, wenn der akut gebotene Schutz im konkreten Fall nach **allgemeinen Erfahrungswerten** dort nicht gewährleistet ist.[135]

Beispiel: Allein der Umstand, dass der Fotograf die Herausgabe eines Filmes verweigert, reicht für ein Eingreifen nach § 2 Abs. 2 PolG nicht aus, wenn die Entscheidung über die Verbreitung der Bilder noch bei der Redaktion liegt. Handelt es sich aber um ein Presseorgan, das dem Persönlichkeitsschutz erfahrungsgemäß nicht immer mit der gebotenen Rücksichtnahme begegnet, kann der betroffenen Person der erkennbar aussichtslose Zivilrechtsschutz nicht zugemutet werden.[136]

dd) Rechtsvereitelung oder -erschwerung. Ein polizeiliches Einschreiten zum Schutz von (reinen) Privatrechten kommt außerdem nur dann in Betracht, wenn andernfalls die Verwirklichung des jeweiligen Rechts vereitelt oder wesentlich erschwert würde (§ 2 Abs. 2 PolG). Ist die berechtigte Person hingegen selbst in der Lage, mit eigenen rechtlichen oder tatsächlichen Mitteln auf **zumutbare** Weise ihre Rechtsposition zu sichern (**Selbsthilfe**), scheidet ein polizeilicher Eingriff aus.

Zu fragen ist also stets, ob die betroffene Person, anstatt polizeiliche Hilfe in Anspruch nehmen zu dürfen, nicht auf die Vorschriften der Selbsthilfe (etwa §§ 229, 230, 561, 581 Abs. 2, 704, 859, 860, 910, 962 BGB) verwiesen werden muss. Dies ist jeweils eine Frage des Einzelfalls, die ebenfalls anhand der tatsächlichen und rechtlichen Probleme bei der möglichen eigenen Rechtsdurchsetzung zu beantworten ist.[137]

c) Vorläufige Maßnahmen. Die Polizei darf grundsätzlich nur vorläufige Sicherungsmaßnahmen treffen, bis das zuständige ordentliche Gericht tätig werden kann.[138] Die polizeiliche Handlung darf die **endgültige Anspruchsverwirklichung nicht vorwegnehmen** und auch keine privaten Ansprüche durchsetzen, welche vom Anspruchsteller nicht ausgeübt werden bzw. verloren sind. Praktisch kommt daher vor allem die Feststellung der Personalien in Betracht, um die Durchsetzbarkeit zivilrechtlicher Ansprüche zu sichern. Daneben ist auch die vorübergehende Beschlagnahme gem. § 38 PolG in der polizeilichen Praxis bedeutsam.[139]

---

133 Deger, in: Stephan/Deger, Polizeigesetz BW, § 2 Rn 15; Trurnit, in: Möstl/Trurnit, Polizeirecht BW, § 2 Rn 52 ff.; VG Karlsruhe, openJur 2012, 63081.
134 Vgl. dazu OLG Köln, NJW 1982, 1888; VG Freiburg, NJW 1979, 2060 ff.; VGH BW, VBlBW 1995, 282.
135 VGH BW, NVwZ 2001, 1292, 1294.
136 VGH BW, NVwZ 2001, 1292, 1293.
137 VG Freiburg, NJW 1979, 2060, 2061.
138 Thiel, Polizei- und Ordnungsrecht, § 4 Rn 35.
139 VGH BW, NVwZ 2001, 1292, 1295.

Die Polizei darf ihre Maßnahmen in allen Anwendungsfällen des § 2 Abs. 2 PolG nur so lange aufrechterhalten, bis die berechtigte Person Rechtsschutz vor den Gerichten erlangen kann.

Beispiel: Die Vernichtung eines eingezogenen Films gem. § 39 Abs. 1, 3 PolG ist keine **vorläufige** Sicherungsmaßnahme. Eine derartige Maßnahme ist im Rahmen des § 2 Abs. 2 PolG nicht zulässig.[140]

85 **d) Primäre Zuständigkeit der Polizei?** Die subsidiäre Zuständigkeit besteht nur hinsichtlich der **Rechtsansprüche und Rechtsgüter, die nicht gleichzeitig durch Normen des öffentlichen Rechts geschützt sind** (etwa Straf- und Ordnungswidrigkeitenrecht, verwaltungsrechtliche Ge- und Verbote).[141] Insoweit handelt es sich um Schutzgüter der öffentlichen Sicherheit im Anwendungsbereich des § 1 Abs. 1 PolG. Wird das private Recht **zusätzlich** durch Bestimmungen des **öffentlichen** Rechts geschützt, wird das Schutzgut der öffentlichen Sicherheit gem. § 1 Abs. 1 PolG verletzt. Die Polizei ist dann in diesem Fall nicht nur subsidiär, sondern primär zuständig. Es ist daher stets zu prüfen, ob der Angriff auf das Individualrechtsgut nicht zugleich auch gegen eine Norm des öffentlichen Rechts verstößt.

Beispiele:

- Bei **häuslicher Gewalt** werden nicht nur private Rechte der Opfer (Gesundheit, Eigentum) beeinträchtigt, sondern zugleich auch Strafrechtstatbestände wie etwa Körperverletzung (§§ 223, 224 StGB) erfüllt. Aus diesem Grund ist die Polizei **primär** für Maßnahmen der Bekämpfung der Gewalt und nicht nur subsidiär zuständig. Wegen der erheblichen Gefährlichkeit der Tathandlung und des hohen Rangs der betroffenen Rechtsgüter hängt ein polizeiliches Einschreiten nicht von der Stellung eines **Strafantrags** ab. Vielmehr ist das polizeiliche **Ermessen** zum Schutz der bedrohten Grundrechte regelmäßig **auf Null reduziert**[142] (→ § 6 Rn 29, § 11 Rn 98). Im Jahr 2021 hat die Polizei BW ein neues **Gefährdungsmanagement** für häusliche Gewalt eingeführt und bei allen regionalen Polizeipräsidien eine **Koordinierungsstelle Häusliche Gewalt** eingerichtet, die eine effektivere Vernetzung der Abläufe in Fällen häuslicher Gewalt sicherstellen soll.
- Im Falle einer widerrechtlichen **Hausbesetzung** werden private Eigentums- bzw. Besitzrechte verletzt und zugleich Straftatbestände (etwa Hausfriedensbruch gem. § 123 StGB) erfüllt, also Normen des öffentlichen Rechtes verletzt. In diesen Fällen kann die Polizei auf der Grundlage der Generalermächtigung gem. §§ 1, 3 PolG einschreiten, ohne dass es der weiteren Voraussetzungen des § 2 Abs. 2 PolG bedarf.[143] Liegt in diesen Fällen kein **Strafantrag** der betroffenen Person vor (vgl. § 123 Abs. 2 StGB), wirkt sich dies auf das Entscheidungsermessen aus – wenn schon der Rechtsinhaber kein Interesse an einer Strafverfolgung hat, muss die Polizei nicht zum Schutz seines privaten Rechts einschreiten.[144]
- Zum Schutz der öffentlichen Sicherheit kann auch das **Abschleppen eines Kfz von einem privaten Stellplatz** im Wege der unmittelbaren Ausführung in Frage kommen. So ist die Maßnahme gerechtfertigt, wenn ein Verkehrsteilnehmer absichtlich das Wegfahren eines anderen Fahrzeuges blockiert und dadurch nicht nur den Fahrzeughalter in seinem privaten Eigentumsrecht (vgl. § 903 BGB) beeinträchtigt, sondern gleichzeitig erkennbar den (öffentlich-rechtlichen) Straftatbestand einer **Nötigung** i. S. d. § 240 StGB erfüllt.[145] Grundsätzlich stehen aber in diesen Fällen dem betroffenen Grundstückseigentümer die **Selbsthilferechte** zu (etwa gem. § 859 BGB).[146]

Wird bei einem **Antragsdelikt** gleichzeitig gegen Strafrechtstatbestände verstoßen, muss bei der **Ausübung des Entschließungsermessens** nach der Schwere und Bedeutung der Rechtsgüter unterschieden werden (→ § 6 Rn 27 ff.). Liegt eine Körperverletzung (§§ 223, 230 StGB) vor, ist grundsätzlich das Ermessen „auf Null" reduziert, die Polizei muss in diesen Fällen auch dann einschreiten, wenn kein **Strafantrag** des betroffenen Opfers vorliegt. Demgegenüber kann die Polizei beim Vorliegen eines Hausfriedensbruchs (§ 123 StGB) oder des Straftatbestands einer Beleidigung (§§ 185, 194 Abs. 1 S. 1 StGB) im Rahmen des ihr zustehenden pflichtgemäßen Ermessens entscheiden, ob sie ein Einschreiten von der Stellung eines Strafantrags abhängig macht.

---

140 VGH BW, VBlBW 1995, 282, 284.
141 Trurnit, Eingriffsrecht, Rn 49; Dreiseitel, Die Polizei 2022, 384, 385, 388.
142 In diesem Sinne auch Bäcker, in: Lisken/Denninger, Handbuch des Polizeirechts, Kap. D Rn 51.
143 So auch Zeitler/Trurnit, Polizeirecht BW, Rn 96.
144 Bäcker, in: Lisken/Denninger, Handbuch des Polizeirechts, Kap. D Rn 51.
145 OVG Saarland, NJW 1994, 878, 879.
146 Vgl. Herrler, in: Grüneberg, Bürgerliches Gesetzbuch, § 859 BGB Rn 4; Deger, in: Stephan/Deger, Polizeigesetz BW, § 2 Rn 18; BGH, NJW 2012, 528.

IX. Zuständigkeit gegenüber anderen Hoheitsträgern

1. Materielle Polizeipflicht der Träger öffentlicher Gewalt. Gem. Art. 20 Abs. 3 GG sind die hoheitlich handelnden Organe des Staates an Recht und Gesetz gebunden. Die Behörden des Staates (Bund und Land), die Gemeinden und andere öffentlich-rechtliche Körperschaften haben sich (mindestens) genauso an die Vorschriften zum Schutz der öffentlichen Sicherheit zu halten wie Privatpersonen. Daher müssen selbst Bundesbehörden auch landesgesetzliche Polizeigesetze beachten. **Dementsprechend gilt das materielle Polizeirecht auch ihnen gegenüber uneingeschränkt.** Hoheitsträger sind daher nicht nur verpflichtet, die materiellen Normen des Polizeirechts, sondern auch fremde Kompetenzen, Befugnisse und Rechtsgüter zu beachten.[147]

Beispiele:
- Bei der Planung / Genehmigung und dem **Betrieb einer kommunalen Mehrzweckhalle** (= öffentliche Einrichtung i. S. d. § 10 GemO) ist eine Gemeinde an die Bestimmungen des BauBG und der LBO gebunden. Sie muss deshalb in eigener Zuständigkeit die Vorschriften zum Brand- und Immissionsschutz beachten.[148]
- Nach der Kontrolle im Bahnhofsbereich von E fahren Bundespolizeibeamte mit ihrem Einsatzfahrzeug in die Fußgängerzone von E, um sich dort erschöpft mit Kaffee und Kuchen zu versorgen. Die Beamten der Bundespolizei sind in diesem Fall verpflichtet, von sich aus die **Regelungen der StVO** zu beachten. Sie sind dabei nicht befugt, mit dem Polizeiauto in eine Fußgängerzone zu fahren, nur um dort Brötchen für ihren Mittagskaffee einzukaufen.

2. Grundsatz: Keine Anordnungs- und Vollstreckungsbefugnisse. Von der Frage, ob Hoheitsträger materiellrechtlich an die Normen des Polizeirechts gebunden sind, ist die Frage zu unterscheiden, ob die Polizei **ihnen gegenüber Maßnahmen der Gefahrenabwehr ergreifen darf.** Dies wird in Rechtslehre und Rechtsprechung vielfach verneint: Eine Hoheitsverwaltung dürfe nicht mit Anordnungen oder gar Zwang in die hoheitliche Tätigkeit einer anderen Hoheitsverwaltung eingreifen. Diese habe vielmehr selbst die Gesetze einzuhalten. Soweit ein Träger öffentlicher Gewalt nicht seinen gesetzlichen Verpflichtungen nachkomme, könne und dürfe die Polizei grundsätzlich nicht mit polizeilichen Mitteln gegen sie vorgehen. Für einen Eingriff fehle ihr die sachliche Zuständigkeit. Sie habe deshalb auch nicht das Recht, einer anderen Behörde die Ausübung ihrer gesetzlichen Aufgaben zu untersagen.[149] **Hoheitsträger** sollen deshalb **nicht formell polizeipflichtig** sein[150], es dürfe zwischen Hoheitsträgern kein System der Über-/Unterordnung geben.[151]

3. Ausnahmen. Mit Recht wird diese **Auffassung zunehmend kritisiert.** Nachdem die Aufrechterhaltung der öffentlichen Sicherheit ureigene Aufgabe der jeweiligen Polizeibehörde ist, muss richtigerweise davon ausgegangen werden, dass ein anderer Hoheitsträger mit seinem Kompetenzbereich zurücktreten muss, wenn und soweit er gegen die öffentliche Sicherheit

---

147 H. L., vgl. Bäcker, in: Lisken/Denninger, Handbuch des Polizeirechts, Kap. D Rn 19 ff.; Deger, in: Stephan/Deger, Polizeigesetz BW, § 6 Rn 7; Gusy/Eichenhofer, Polizei- und Ordnungsrecht, Rn 140.
148 Vgl. BVerwG: Die Deutsche Bundesbahn hat mit eigenen Kräften dafür zu sorgen, dass eine ihren Betriebszwecken dienende Abwasserreinigungsanlage den Anforderungen einer kommunalen Entwässerungssatzung an die Sicherheit und Ordnung der Anlage entspricht (NVwZ 1990, 563). Vgl. auch BVerwG, wonach die zuständige Immissionsschutzbehörde befugt ist, gegenüber einer Gemeinde den beim Betrieb ihrer kommunalen Einrichtung einzuhaltenden Immissionsrichtwert anzuordnen (NVwZ 2003, 346).
149 BVerwG NVwZ 1990, 563; Bäcker, in: Lisken/Denninger, Handbuch des Polizeirechts, Kap. D Rn 20 ff.; Deger, in: Stephan/Deger, Polizeigesetz BW, § 6 Rn 7 m. w. N. Teilweise wird die Auffassung vertreten, dass die Hoheitsträger formell nicht polizeipflichtig sind (etwa VGH BW, VBlBW 1996, 351; HessVGH, NVwZ 2002, 889). Zur Vollstreckung gegen die öffentliche Hand aus einem Verpflichtungsurteil vgl. BayVGH, NVwZ-RR 2014, 370.
150 Vgl. etwa VGH BW, VBlBW 1996, 351; HessVGH, NVwZ 2002, 889; VG Neustadt, openJur 2020, 69030 (Rn 44); Alleweldt/Roggan, NJW 2020, 3424, 3427.
151 VG Neustadt, openJur 2020, 69030 (Rn 44).

verstößt. Zumindest kann die Polizei einen säumigen Hoheitsträger schriftlich auf bestimmte Missstände hinweisen und Abhilfe einfordern. Auch kann die Aufsichtsbehörde eingeschaltet werden. Bei schwerwiegenden Verstößen ist auch die **Anordnung** entsprechender Gefahrenabwehrmaßnahmen möglich.[152] Der **Durchsetzung bzw. Vollstreckung** derartiger Maßnahmen steht aber das Vollstreckungshindernis des § 22 LVwVG entgegen.

In jedem Fall müssen dort Ausnahmen gelten, wo es um besonders **eilbedürftige Maßnahmen** bzw. um **hochrangige Rechtsgüter** geht. In solchen Fällen ist die Polizei berechtigt, auch gegenüber anderen Hoheitsträgern tätig zu werden, um aus Gründen der Gewährleistung der öffentlichen Sicherheit vorläufig schützende Maßnahmen zu treffen.[153]

89 Richten sich die Polizeimaßnahmen gegen das **privatrechtliche (fiskalische) Handeln des Hoheitsträgers**, ist er wie ein Privater zu behandeln. In diesem Fall können gegen ihn polizeirechtliche Maßnahmen erlassen werden.

Fall 6: Bei der wöchentlichen Reinigung der Dienstfahrzeuge des Finanzamtes (= Bundesverwaltung) in E stellt die Ortspolizeibehörde fest, dass der zuständige Hausmeister regelmäßig gegen die Bestimmungen der örtlichen Polizeiverordnung zum Schutze der Umwelt verstößt.

Im **Fall 6** handelt die Behörde im fiskalischen Bereich. Die Polizei kann diese Verstöße beanstanden und ggf. auch ahnden.

90 Erfüllt ein Hoheitsträger dagegen öffentliche Aufgaben in privatrechtlichen Handlungsformen, bleibt es bei dem Grundsatz, dass die Polizei nicht berechtigt ist, gegen den Hoheitsträger Anordnungen zu erlassen.[154]

X. Örtliche Zuständigkeiten

91 Die örtliche Zuständigkeit betrifft den räumlichen Tätigkeitsbereich der Behörde. Sie bestimmt also darüber, ob sich die Polizei in X oder in Y mit einer bestimmten Angelegenheit zu befassen hat.[155]

92 **1. Polizeibehörden. a) Grundsatz.** Soweit keine sondergesetzlichen Zuständigkeiten bestehen, ist die örtliche Zuständigkeit der Polizeibehörden (allgemeine und besondere) grundsätzlich auf ihren Dienstbezirk beschränkt (§ 113 Abs. 1 S. 1 PolG). **Dienstbezirk** ist bei den **Ortspolizeibehörden** der Gemeinden, Großen Kreisstädte und Stadtkreise das **Gemeindegebiet** (§ 7 GemO), beim Landratsamt als Kreisbehörde das **Gebiet des Landkreises**, bei den Regierungspräsidien (Landespolizeibehörden) der **Regierungsbezirk** und bei den obersten Landespolizeibehörden (Ministerien) das **Landesgebiet** (vgl. § 107 Abs. 1 bis 4 PolG).

Fall 7: Ein Obdachloser, der in der Gemeinde A durch Zwangsräumung obdachlos wurde, begibt sich in die Gemeinde B. Dort beantragt er seine Einweisung in eine Notunterkunft.

Anknüpfungspunkt ist der Ort, an welchem die polizeiliche Aufgabe wahrzunehmen ist (§ 113 Abs. 1 S. 2 Hs. 1 PolG), also an welchem die Gefahrenquelle oder die Störung eingetreten ist. Im **Fall 7** ist die Ortspolizeibehörde von B örtlich und sachlich für die Beseitigung der Obdachlosigkeit zuständig. Denn der Obdachlose hält sich auf dem Gemeindegebiet von B auf und in diesem Bereich werden Maßnahmen der Gefahrenabwehr (hier die Einweisung) erforderlich. Es kommt nicht darauf an, an welchem Ort die Obdachlosigkeit entstanden ist.[156] Rechtsmissbräuchlich

---

152 Ebenso etwa Ibler, in: Ennuschat/Ibler/Remmert, Öffentliches Recht BW, § 2 Rn 290.
153 So mit Recht Bäcker, in: Lisken/Denninger, Handbuch des Polizeirechts, Kap. D Rn 20 ff.; Deger, in: Stephan/Deger, Polizeigesetz BW, § 6 Rn 7 m. w. N.; Rausch, Landesrecht BW, § 3 Rn 351.
154 Deger, in: Stephan/Deger, Polizeigesetz BW, § 6 Rn 7; Württenberger/Heckmann/Tanneberger, Polizeirecht BW, § 5 Rn 348 m. w. N.
155 Maurer/Waldhoff, Allg. Verwaltungsrecht, § 21 Rn 48.
156 VGH BW, NVwZ-RR 1996, 439; → § 6 Rn 46.

und daher unbeachtlich ist der Verweis einer an sich zuständigen Ortspolizeibehörde auf das größere Wohnungsangebot in einer Nachbargemeinde; die zuständige Ortspolizeibehörde kann sich dadurch nicht ihrer originären Polizeipflichtigkeit entledigen.[157]

b) Ausnahmen. Der Grundsatz des § 113 Abs. 1 S. 2 PolG hat **drei Ausnahmen**: 93

a) Durch **Rechtsverordnung** kann **zum Zwecke der Verwaltungsvereinfachung** etwas anderes bestimmt werden (§ 113 Abs. 1 S. 2 Hs. 2 PolG).

> Beispiel: § 2 S. 2 der Verordnung über Zuständigkeiten nach dem Versammlungsgesetz (VersGZuV v. 25. 5.1977 [GBl. S. 196], zul. geänd. d. VO v. 17.12.2008 [GBl. 2009 S. 5]).

b) Bei **Gefahr im Verzug** begründet § 113 Abs. 2 S. 1 PolG eine **örtliche Notzuständigkeit** der Polizeibehörde, die an den Dienstbezirk einer Polizeibehörde angrenzt, die nicht rechtzeitig tätig werden kann. Liegen die Voraussetzungen für ein polizeiliches Einschreiten vor, kann die benachbarte Polizeibehörde ausnahmsweise in einem „fremden" Dienstbezirk tätig werden. Sie handelt hierbei – wie im Fall des § 112 Abs. 2 PolG – im eigenen Namen kraft eigener Zuständigkeit und wird also nicht „an Stelle" der für diesen Bezirk an sich zuständigen Behörde tätig. Die Notzuständigkeit gilt nur innerhalb der Landesgrenzen. Die zuständige Polizeibehörde ist von den getroffenen Maßnahmen unverzüglich (= sofort, d. h. ohne schuldhaftes Zögern) zu **unterrichten** (§ 113 Abs. 2 S. 2 PolG).

c) Bei **überörtlichen polizeilichen Aufgaben** wird die Zuständigkeit von der Behörde geregelt bzw. festgelegt, welche die Fachaufsicht über die beteiligten örtlichen Polizeibehörden führt, **soweit** die polizeiliche Aufgabe in mehreren Dienstbezirken **zweckmäßig nur einheitlich wahrgenommen** werden kann (§ 114 PolG). Die Vorschrift soll bei **sog. bezirksübergreifenden Aufgaben** eine einheitliche Bearbeitung einzelner konkreter polizeilicher Aufgaben ermöglichen, die sich über mehrere Dienstbezirke erstrecken. Die Zuständigkeit wird von der gemeinsamen Fachaufsichtsbehörde der betroffenen Polizeibehörden geregelt (vgl. § 109 PolG).

> Beispiel: Eine Großveranstaltung (Autorennen, Flugtag, Nato-Gipfel) oder ein Unglücksfall wirken sich auf den Zuständigkeitsbereich mehrerer Ortspolizeibehörden aus.

2. Polizeivollzugsdienst. Gem. § 120 S. 1 PolG sind die Polizeidienststellen (§ 115 Abs. 1 PolG) **im** 94 **ganzen Land** zuständig. Sie sollen „in der Regel jedoch nur in ihrem Dienstbezirk tätig werden" (§ 120 S. 2 PolG). § 121 Abs. 1 PolG regelt die Dienstbezirke der regionalen Polizeipräsidien. Im Unterschied zu den früheren Polizeidirektionen sind die regionalen Polizeipräsidien – mit Ausnahme des Polizeipräsidiums Stuttgart – auf mehrere Land- und/oder Stadtkreise verteilt.

§ 121 Abs. 2 PolG legt fest, dass Dienstbezirk des **LKA** und des **Polizeipräsidiums Einsatz** das (ganze) Landesgebiet ist. Die Vorschrift soll innerhalb des gesamten Polizeivollzugsdienstes eine effektive Polizeiarbeit gewährleisten.

XI. Amtshandlungen „fremder" Polizei- und Vollzugsbeamter im Zuständigkeitsbereich des Landes

1. Allgemeines und Gesetzeszweck. In § 123 Abs. 1 u. 2 PolG ist geregelt, unter welchen 95 Voraussetzungen Polizeibeamte bzw. Polizeidienststellen **anderer Bundesländer / des Bundes** in BW Amtshandlungen vornehmen können. **Zweck** der Bestimmungen ist, bei länder- und grenzüberschreitenden Einsätzen die Arbeit der Polizei zu erleichtern und effektiv zu gestalten. Dies gilt insbesondere im Hinblick auf den Wegfall der Grenzkontrollen in der EU (→ § 1 Rn 38 ff.). Hierbei ist zu unterscheiden, ob die landesfremden Vollzugsbeamten (nur) ermächtigt werden, im Zuständigkeitsbereich von BW mit rechtlicher Wirkung für die baden-württem-

---

157 VGH BW, VBlBW 2020, 210, 211 f.; → § 6 Rn 46.

bergischen Polizeidienststellen tätig zu werden (vgl. § 123 Abs. 2 S. 2 PolG), oder ob ihnen Zuständigkeiten zur Wahrnehmung polizeilicher Aufgaben in BW übertragen werden, mit der Folge, dass die Dienststellen in BW nicht mehr zuständig sind (vgl. § 123 Abs. 1 S. 1 Nr. 5 PolG).

96   2. **Amtshandlungen von Polizeibeamten anderer Bundesländer.** Die Fälle, in denen **Polizeibeamte** (vgl. § 104 Nr. 2 PolG) **eines anderen Landes** bzw. des **Bundes** (vgl. § 123 Abs. 3 PolG) **in BW tätig werden können**, sind in § 123 Abs. 1 S. 1 Nr. 1 bis 5 PolG abschließend aufgezählt. Dazu gehören etwa **Amtshandlungen** in bestimmten Einzelfällen auf Anforderung oder mit Zustimmung einer zuständigen Stelle (§ 123 Abs. 1 S. 1 Nr. 1 PolG), Rechts- und Amtshilfe zur Aufrechterhaltung oder Wiederherstellung der öffentlichen Sicherheit, oder bei Unglücksfällen oder Naturkatastrophen gem. Art. 35 Abs. 2 und 3 GG, oder zur Abwehr von drohenden Gefahren für den Bestand des Bundes (§ 123 Abs. 1 S. 1 Nr. 2 PolG), zur Abwehr einer gegenwärtigen erheblichen Gefahr, zur Verfolgung von Straftaten auf frischer Tat, oder zur Verfolgung und Wiederergreifung Entwichener (§ 123 Abs. 1 S. 1 Nr. 3 PolG) oder zur Erfüllung polizeilicher Aufgaben im Zusammenhang mit Transporten von Personen oder von Sachen (§ 123 Abs. 1 S. 1 Nr. 4 PolG) – also in den Fällen der sog. **grenzüberschreitenden Nachbarhilfe bzw. der polizeilichen Nacheile**, wie etwa bei Gefangenentransporten oder Beförderung von gefährlichen Sachen (Atommüll).[158]

97   In § 123 Abs. 1 S. 1 **Nr. 5** PolG wird das Land ermächtigt, mit anderen Bundesländern **Verwaltungsabkommen** abzuschließen. Durch diese Übereinkünfte werden entweder die landesfremden Vollzugsbeamten ermächtigt, in BW in Einzelfällen weitere Amtshandlungen im Bereich der Gefahrenabwehr vorzunehmen, oder es werden ihnen dauerhaft Zuständigkeiten zur Wahrnehmung polizeilicher Aufgaben in BW übertragen. Ist Letzteres der Fall, sind die baden-württembergischen Polizeidienststellen nicht mehr zuständig und auch nicht mehr verantwortlich für die Maßnahmen der landesfremden Polizeibeamten. Im **Abkommen der Länder über die erweiterte Zuständigkeit der Polizei bei der Strafverfolgung** werden etwa landesfremde Polizeidienststellen ermächtigt, in BW Amtshandlungen vorzunehmen.[159] Ein Beispiel für die Übertragung von Zuständigkeiten auf landesfremde Polizeibeamte ist das Verwaltungsabkommen über die Wahrnehmung verkehrspolizeilicher Vollzugsaufgaben auf verschiedenen Autobahnabschnitten zwischen BW, Bayern, Rheinland-Pfalz und Hessen (vgl. §§ 27 Abs. 1 u. 3, 28 Nr. 1 u. 29 DVO PolG).

98   In den Fällen des § 123 Abs. 1 S. 1 Nr. 1 bis 5 PolG haben die landesfremden Polizeibeamten gem. § 123 Abs. 2 S. 1 PolG „die gleichen Befugnisse" wie die Vollzugsbeamten des Landes. Dies bedeutet, dass Rechtsgrundlage der polizeilichen Maßnahmen das PolG BW ist und nicht das jeweilige Landesrecht der tätig gewordenen landesfremden Vollzugsbeamten. Soweit landesfremde Vollzugsbeamte im Rahmen des § 123 PolG ermächtigt sind, polizeiliche Maßnahmen in BW durchzuführen, werden ihre Maßnahmen gem. § 123 Abs. 2 S. 2 PolG der Polizeidienststelle zugeordnet, in deren örtlichen und sachlichen Zuständigkeitsbereich sie (in BW) tätig geworden sind. Gem. § 123 Abs. 2 S. 3 PolG unterliegen die landesfremden Polizeibeamten den Weisungen der baden-württembergischen Polizeidienststellen.

Rechtsbehelfe gegen Maßnahmen landesfremder Polizeibeamter oder Amtshaftungsansprüche sind gegen das Land BW zu richten.[160] Soweit landesfremden Polizeibeamten im Rahmen von Abkommen gem. § 123 Abs. 1 S. 1 Nr. 5 PolG Zuständigkeiten übertragen wurden, gelten die Regelungen in Abs. 2 S. 2 u. 3 nicht. In diesem Fall werden die landesfremden Polizeibeamte in **eigener** Zuständigkeit in BW tätig.

---

158   Vgl. Stephan, in: Stephan/Deger, Polizeigesetz BW, § 78 Rn 2 ff.
159   Bekanntmachung v. 2.4.1993 (GABl. S. 719).
160   Stephan, in: Stephan/Deger, Polizeigesetz BW, § 78 Rn 9.

3. Amtshandlungen von Polizeibeamten des Bundes. Gem. § 123 Abs. 3 S. 1 PolG können im Rahmen der Bestimmungen des § 123 Abs. 1 S. 1 Nr. 1 bis 5, Abs. 2 PolG auch Polizeibeamte des Bundes (vgl. § 1 BPolG) in BW tätig werden. Für diese Polizeibeamten gelten dieselben Regelungen wie für die Polizeibeamten eines anderen Landes (→ Rn 96 ff.). Durch das **Änderungsgesetz vom 18.11.2008** wurde der Anwendungsbereich der Regelung auch auf Vollzugsbeamte der **Zollverwaltung** erweitert.[161]

99

4. Amtshandlungen von ausländischen Vollzugsbeamten. Durch das Änderungsgesetz vom 18.11.2008 wurde der polizeiliche Einsatz von **Vollzugsbeamten anderer Staaten** im Zuständigkeitsbereich des Landes in § 123 PolG (früher § 78 PolG) neu geregelt.[162] Der Zusammenarbeit mit ausländischen Polizeibehörden oder Polizeidienststellen kommt nicht nur bei der Aufklärung von Straftaten, sondern auch bei der Gefahrenabwehr und der vorbeugenden Bekämpfung von Straftaten wachsende Bedeutung zu. Polizeibeamte anderer Staaten dürfen Amtshandlungen in BW zum einen aufgrund völkerrechtlicher Vereinbarungen vornehmen.[163] Da der Abschluss völkerrechtlicher Verträge nicht immer oder nicht immer zeitnah möglich ist, wurde durch die Einfügung des § 123 Abs. 3 S. 2 PolG zum anderen die Möglichkeit geschaffen, ausländische Polizeibeamte auch dann einzusetzen, wenn das **Innenministerium** Amtshandlungen ausländischer Polizeibehörden oder Polizeidienststellen allgemein oder im Einzelfall zustimmt. Für die Eingriffsbefugnisse der ausländischen Polizeibeamten gelten dann die Regelungen des PolG, insbesondere gem. § 123 Abs. 3 PolG.

100

Die wesentlichen Vorschriften des in § 123 Abs. 3 S. 2 PolG genannten Abkommens (**Ratsbeschluss Prüm**) **wurden durch die Gesetzesänderung** übernommen. Für die Datenübermittlung innerhalb der EU gilt seit dem Jahr 2021 § 60 PolG (→ § 10 Rn 577 ff.).

XII. Amtshandlungen außerhalb des Zuständigkeitsbereichs des Landes BW

Die Polizeibeamten von BW dürfen gem. § 124 Abs. 1 S. 1 PolG im Zuständigkeitsbereich **eines anderen Bundeslandes oder des Bundes** Amtshandlungen nur dann vornehmen, wenn einer der in § 123 Abs. 1 PolG abschließend aufgeführten Fälle oder wenn die Voraussetzungen des Art. 91 Abs. 2 GG vorliegen und wenn das jeweilige Landes- oder Bundesrecht dies vorsieht. Vollzugsbeamte des Landes können etwa Amtshandlungen zur Wahrnehmung von Aufgaben der Bundespolizei gem. § 64 Abs. 1 S. 1 Nr. 1 u. 2 BPolG vornehmen. Gem. § 167 GVG sind die Polizeibeamten eines deutschen Landes im Wege der Nacheile ermächtigt, die Verfolgung eines Flüchtigen in dem Gebiet eines anderen deutschen Landes fortzusetzen und den Flüchtigen dort zu ergreifen. Die Befugnisse der außerhalb der Landesgrenzen in einem anderen Bundesland eingesetzten Polizeibeamten richten sich nach den Polizeigesetzen der Länder, in welchen der Einsatz erfolgt. Rechtsschutz, Amtshaftungsansprüche usw. gegen Maßnahmen der in einem anderen Bundesland eingesetzten Beamten lassen sich nicht einheitlich bestimmen, weil dies weitgehend vom Recht des jeweiligen Bundeslandes abhängig ist.[164] Eine Verpflichtung des Landes BW, Polizeikräfte in ein anderes Bundesland zu entsenden, kann sich insbesondere aus dem **Grundsatz des bundesfreundlichen Verhaltens** gem. Art. 35 Abs. 2 S. 2, Abs. 3 u. 91 Abs. 1 GG ergeben.

101

Außerhalb der deutschen Grenzen – also im Ausland – dürfen Polizeibeamte des Landes BW gem. § 124 Abs. 1 S. 2 PolG tätig werden, soweit dies durch **völkerrechtliche Verträge** oder durch **Beschluss des EU-Rates 2008/615/JI (Ratsbeschluss Prüm)** geregelt ist (→ § 1 Rn 60 ff. u.

102

---

161 GBl. S. 390, 400.
162 GBl. S. 390, 400.
163 Vgl. etwa die *Schengener Abkommen* über den schrittweisen Abbau der Kontrollen an den gemeinsamen Grenzen (→ § 1 Rn 38).
164 Vgl. Würtenberger/Heckmann/Tanneberger, Polizeirecht BW, § 5 Rn 16.

§ 10 Rn 582) oder wenn es das Recht des jeweiligen Staates vorsieht. § 124 Abs. 2 PolG sieht in bestimmten Fällen die grenzüberschreitende Unterstützung anderer Länder durch Polizeibeamte des Landes BW vor.

§ 4 Die Aufgaben der Polizei

> **Besondere Relevanz für Studium, Prüfung und Examen:**
> Die Ausführungen zu den Aufgaben der Polizei sind insgesamt (→ Rn 1 bis 71) relevant.

I. Präventive und repressive Aufgaben

Die Aufgaben der Polizei werden nach herkömmlicher Auffassung in **zwei große Aufgabenkategorien** eingeteilt: In die Gefahren abwehrenden (präventiven) und in die Straftaten sowie Ordnungswidrigkeiten verfolgenden (repressiven) Aufgaben. Diese Einteilung findet sich auch in § 1 PolG wieder. Gem. § 1 Abs. 1 PolG obliegt der Polizei die Aufgabe der **Gefahrenabwehr**. Gem. § 1 Abs. 2 PolG hat die Polizei außerdem die ihr durch andere Rechtsvorschriften übertragenen Aufgaben wahrzunehmen.

1. Gefahrenabwehr. Klassische Aufgabe der Polizei ist gem. § 1 Abs. 1 S. 1 PolG, den **Schutz der öffentlichen Sicherheit** zu gewährleisten. Sicherheit ist die Sicherheit von Rechtsgütern.[1] Primäre Aufgabe der Polizei ist deshalb, konkrete Gefahren für diese Rechtsgüter abzuwehren und Störungen zu beseitigen. **Gefahrenabwehr** i. S. d. § 1 Abs. 1 PolG hat den Schutz des vorhandenen Bestandes an Rechten, Rechtsgütern und Rechtsnormen zum Ziel.

Aufgabe der Polizei im demokratischen Rechtsstaat ist weiterhin die Aufrechterhaltung des Rechtsfriedens und der **inneren Sicherheit**. Gem. § 1 Abs. 1 S. 2 PolG hat die Polizei „insbesondere die verfassungsmäßige Ordnung und die ungehinderte Ausübung der staatsbürgerlichen Rechte zu gewährleisten". Durch diese Regelung wird die Aufgabe der Gefahrenabwehr nach § 1 Abs. 1 S. 1 PolG teilweise erweitert. Der Bestand des Staates und seiner Einrichtungen ist zwar bereits ein Schutzgut der öffentlichen Sicherheit, sodass der Aufzählung der **verfassungsmäßigen Ordnung** in § 1 Abs. 1 S. 2 PolG insoweit keine weitergehende Bedeutung zukommt. Die dort darüber hinaus aufgeführte Gewährleistung der ungehinderten Ausübung der staatsbürgerlichen Rechte erweitert aber die Aufgabe der Gefahrenabwehr nach § 1 Abs. 1 S. 1 PolG. Denn die Ausübung dieser Rechte fällt nicht in den Schutzbereich der öffentlichen Sicherheit. Zu den **staatsbürgerlichen Rechten** (vgl. Art. 33 Abs. 1 GG) zählen insbesondere die Vorschriften über das Wahlrecht (Art. 28, 38 GG), über die Aufgaben und Rechtsstellung der Parteien (Art. 21 GG), über die Zulassung zu öffentlichen Ämtern (Art. 33 Abs. 2 GG) und zum Petitionsrecht (Art. 17 GG, 35 a LV).

2. Erweiterung der Aufgaben durch sog. Vorfeldtätigkeiten. Durch die Erweiterung des Sicherheitsauftrages und der damit zusammenhängenden Übertragung immer neuer Aufgaben auf die Polizei in den vergangenen Jahren hat sich die „klassische" Aufgabenaufteilung zwischen Prävention und Repression nachhaltig verändert.[2] Dem Bereich der **Gefahrenabwehr** werden Aufgaben zur **vorbeugenden Bekämpfung von Straftaten und zur sog. Gefahrenvorsorge** zugeordnet (→ Rn 5). Entscheidender rechtlicher Gesichtspunkt ist hierbei, dass sich diese Maßnahmen zumindest teilweise nicht gegen einen bestimmten Störer oder Verantwortlichen richten, sondern jedermann treffen können, wie es etwa bei der Videoüberwachung öffentlicher Räume (→ § 10 Rn 238 ff.), der Rasterfahndung (→ § 10 Rn 323 ff.) oder der Schleierfahndung (verdachts- und ereignisunabhängige Polizeikontrollen [→ 11 Rn 39 ff.]) der Fall ist. Nach dem

---

1 Gusy/Eichenhofer, Polizei- und Ordnungsrecht, Rn 80.
2 Grundlegend dazu Volkmann, NVwZ 2021, 1408 ff.

Menschenbild des GG darf die Polizei allerdings nicht jedermann als potenziellen Rechtsbrecher betrachten, sondern hat grundsätzlich von der Verfassungstreue der Bürger auszugehen.[3]
Die Erweiterung der Polizeiaufgaben in das sog. **Vorfeld einer Gefahr** greift nachhaltig in die herkömmliche **Polizeirechtsdogmatik** ein, die zur Abgrenzung der Aufgaben im präventiven Bereich auf den Grundbegriffen von Störer und konkreter Gefahr einerseits und im repressiven Bereich auf Anfangsverdacht einer bestimmten Straftat und Beschuldigteneigenschaft andererseits aufgebaut ist. In der Literatur wird deshalb vorgeschlagen, an Stelle der „Dichotomie von Prävention und Repression" von einer „**Dreiheit der Polizeiaufgaben**" (Gefahrenabwehr, Strafverfolgung und Prävention) zu sprechen. Unter dem Begriff der **Prävention** werden dann die Aufgaben der Straftatenverhütung, Verfolgungsvorsorge und der Sicherheitsvorsorge zusammengefasst.[4] Zutreffend erscheint die Beschreibung, dass die Polizei zunehmend im Bereich der **allgemeinen Risikovorsorge** bzw. des **Risikomanagements** tätig ist.[5]

4   Im Unterschied zu anderen Bundesländern stellt das PolG BW bzw. die Aufgabenzuweisungsnorm des § 1 Abs. 1 PolG nicht klar, welche Aufgaben die Polizei im Vorfeld der Gefahr zu erfüllen hat.[6] Diese Notwendigkeit hat der Gesetzgeber auch nicht bei der Änderung des PolG vom 18.11.2008, im Polizeistrukturreformgesetz vom 23.7.2013 und bei der Neufassung des PolG durch Art. 1 des Gesetzes vom 6.10.2020 gesehen.[7] Ein Hinweis auf die Aufgabenerweiterung findet sich lediglich in der VwV PolG zu § 1 PolG, wonach die **vorbeugende Bekämpfung von Straftaten** die Verhütung von Straftaten und die Vorsorge für die Verfolgung künftiger Straftaten umfassen soll. Zwar wird die **Verhütung von Straftaten** seit jeher als Unterfall der Gefahrenabwehr und somit als eine polizeiliche Aufgabe im Rahmen der Gefahrenabwehr gem. § 1 PolG angesehen.[8] Dennoch ist es schon aus Gründen der Rechtsklarheit und Sicherheit erforderlich, dass das PolG – und nicht eine Verwaltungsvorschrift – klar definiert, welche Aufgaben die Polizei wahrzunehmen hat und was unter den jeweiligen unbestimmten Rechtsbegriffen zu verstehen ist. Dies gilt erst recht, seit die Polizei im Zeichen der Bedrohung durch den internationalen Terrorismus die der Verhinderung von Gefährdungen der öffentlichen und Sicherheit und Ordnung und der Straftatenverfolgung vorgelagerten **Kontrollen deutlich intensiviert** hat.[9]

5   **a) Vorbeugende Bekämpfung von Straftaten.** Unter dem unbestimmten Rechtsbegriff der **vorbeugenden Bekämpfung von Straftaten** werden einerseits Maßnahmen zur **Verhütung von Straftaten** und andererseits Maßnahmen zur **Vorsorge** für die Verfolgung künftiger Straftaten verstanden. **Vorbeugung** wird als Unterfall der Gefahrenabwehr angesehen.[10] Die Maßnahmen setzen weder das Vorliegen einer Gefahr noch eine bereits begangene Straftat bzw. einen Tatverdacht voraus. Die Maßnahmen zur **Verhütung von Straftaten** sollen im Vorfeld einer Gefahr drohende Rechtsgutverletzungen von vornherein und in einem Stadium verhindern, in dem es noch nicht zu strafbaren Handlungen gekommen ist. Diese Maßnahmen haben daher eine präventive Zielrichtung.[11]

---

3   BVerfG, NJW 1967, 1192.
4   Bäcker, in: Lisken/Denninger, Handbuch des Polizeirechts, Kap. D Rn 4 ff., 235 ff.
5   Volkmann, NVwZ 2021, 1408, 1409.
6   Vgl. etwa § 1 Abs. 4 HSOG: „Die Polizeibehörden haben auch zu erwartende Straftaten zu verhüten sowie für die Verfolgung künftiger Straftaten vorzusorgen (vorbeugende Bekämpfung von Straftaten)". Vgl. dazu auch HambOVG, DÖV 2015, 804 (Ls.), sowie Holler, ZJS 2021, 278 f.
7   Zur berechtigten begrifflichen Kritik vgl. etwa Kahlert, in: Belz/Mußmann/Kahlert/Sander, Polizeigesetz BW, § 43 PolG Rn 39, 42. Zur aus Sicht des Landesgesetzgebers fehlenden Notwendigkeit zur Konkretisierung grundlegender Begrifflichkeiten im PolG vgl. LT-Drs. 16/8484, S. 201 f.
8   Deger, in: Stephan/Deger, Polizeigesetz BW, § 1 Rn 4.
9   Zutr. insoweit Tomerius, DVBl 2017, 1399, 1400, 1402 ff. Vgl. auch VGH BW, VBlBW 2015, 167 ff.
10 VGH BW, NJW 1987, 3022.
11 So VGH BW, VBlBW 2015, 167, 170.

I. Präventive und repressive Aufgaben

Demgegenüber dienen Maßnahmen zur **Vorsorge für die spätere Verfolgung von Straftaten** repressiven Zwecken, da die Maßnahmen darauf abzielen, künftige vorsätzlich begangene Straftaten schnell und erfolgreich aufklären zu können.[12] Unter **Vorsorge** soll hierbei auch die Bereitstellung von sächlichen Hilfsmitteln für die Wahrnehmung der Aufgaben, die der Polizei zur Erforschung und Aufklärung von Straftaten durch § 163 StPO zugewiesen sind, fallen. Darunter sollen vor allem die technischen Mittel zur Datenerhebung und die weitere Verarbeitung fallen. So ermächtigt etwa § 43 Abs. 3 PolG den Polizeivollzugsdienst, über die Personen i. S. d. § 70 Nr. 3 bis 5 PolG Daten zum Zweck der vorbeugenden Bekämpfung von Straftaten zu erheben.[13]

Im **Urteil vom 15.5.2014** hat der **VGH BW** der in der Literatur gegen eine weite Auslegung des unbestimmten Rechtsbegriffs vorgetragenen Kritik Rechnung getragen. Im Zusammenhang mit einer Klage auf Feststellung der Rechtswidrigkeit des verdeckten Einsatzes technischer Mittel gem. § 22 Abs. 2 u. 3 PolG 1992 hat das **Gericht festgestellt, dass der Begriff der vorbeugenden Bekämpfung von Straftaten bei der gebotenen verfassungskonformen Auslegung nur die Verhütung von Straftaten (Verhinderungsvorsorge) umfasse**, nicht jedoch die Vorsorge für die Verfolgung künftiger Straftaten (Strafverfolgungsvorsorge).[14] Der Einsatz besonderer Mittel müsse primär auf die Verhütung von Straftaten ausgerichtet sein (präventive Zielrichtung). Unter Bezugnahme auf die Entscheidung des BVerfG zur Telekommunikationsüberwachung[15] wies der VGH BW in den Gründen darauf hin, dass die Vorsorge für die spätere Verfolgung von Straftaten (repressive Zielrichtung) dem gerichtlichen Verfahren und damit der konkurrierenden Gesetzgebungskompetenz des Bundes gem. Art. 74 Abs. 1 Nr. 1 GG zuzuordnen sei.[16] Da der Bundesgesetzgeber die Überwachung der Telekommunikation in den §§ 100 a, 110 b, 100 g u. 100 i StPO umfassend geregelt habe, fehle den Ländern eine entsprechende Gesetzgebungskompetenz für repressive Maßnahmen im Bereich der Strafverfolgungsvorsorge.[17]

6

b) Gefahrenvorsorge. Unter dem unbestimmten Rechtsbegriff der **Gefahrenvorsorge** werden polizeiliche Tätigkeiten und Maßnahmen verstanden, die bereits die Entstehung einer Gefahr verhindern sollen. Darunter fallen Streifentätigkeiten, Verkehrsregelungen, Präsenz bei Veranstaltungen wie Fußballspielen, Pop-Konzerten, Stadtfesten etc., Verkehrserziehung, kommunale Kriminalprävention, Erstellung von Kriminal- und Unfallstatistiken, Aufklärungs- und Beratungstätigkeiten wie etwa die Aktion „Drogen – Nicht mit uns" oder über Sicherungsmaßnahmen zur Vermeidung von Einbrüchen.[18]

7

3. Öffentlichkeitsarbeit insbesondere in sozialen Netzwerken. Es ist allgemein anerkannt, dass die Polizei als Teil der ihr übertragenen staatlichen Aufgaben die **Öffentlichkeit aufklärt** und über **Risiken aus dem Bereich der Gefahrenabwehr frühzeitig informiert** und ggf. vor diesen warnt.[19]

8

---

12 Mit Recht krit. zu diesen „Begriffsunterscheidungen" Stephan, in: Stephan/Deger, Polizeigesetz BW, § 20 Rn 20, u. Zeitler/Trurnit, Polizeirecht BW, Rn 88.
13 Mit Recht weist Stephan, in: Stephan/Deger, Polizeigesetz BW, § 20 Rn 21, darauf hin, dass dem Begriff der „vorbeugenden Bekämpfung von Straftaten" die Tatbestandsmerkmalen eigene *Begrenzungsfunktion* für staatliches Handeln *fehlt* und daher nahezu unbeschränkte Maßnahmen zu erlauben scheint; ähnlich krit. Zeitler/Trurnit, Polizeirecht BW, Rn 88.
14 Ebenso BVerfG (SOG MV), GSZ 2023, 98, 103 (Rn 163 ff.), m. Anm. Graulich, 105 ff., zur Gesetzgebungskompetenz der Bundesländer im Bereich des Polizeirechts.
15 BVerfGE 113, 348.
16 Ebenso BVerfG (SOG MV), Beschl. v. 9.12.2022 – 1 BvR 1345/21 (Rn 169 ff.), GSZ 2023, 98 (dort nur teilweise abgedruckt), m. Anm. Graulich, 105 ff.
17 VGH BW, DVBl 2014, 1002 ff.
18 Deger, in: Stephan/Deger, Polizeigesetz BW § 1 Rn 5, der zwischen allgemeiner und besonderer Gefahrenvorsorge unterscheidet; Zeitler/Trurnit, Polizeirecht BW, Rn 84.
19 Gusy/Eichenhofer, Polizei- und Ordnungsrecht, Rn 166.

Beispiel: Der Polizeivollzugsdienst BW begeht seit vielen Jahren unter einem Motto (etwa „Eine Stunde mehr für mehr Sicherheit") den **Tag des Einbruchschutzes**. An diesem Tag werden im Schwerpunkt von einem der 13 Polizeipräsidien besondere Aktionen vorbereitet und im gesamten Land die Öffentlichkeit über Einbruchsrisiken und -schutzmaßnahmen informiert.

Die Polizei muss sich auch den Herausforderungen des Internet-Zeitalters und der sozialen Netzwerke stellen.[20] Hierin liegen viele Chancen, aber auch Risiken, da der Staat – anders als Private – bei seinem Handeln gesetzlichen Restriktionen unterliegt. Erstmals einer größeren Öffentlichkeit wurde die **Nutzung sozialer Netzwerke durch die Polizei** bekannt, als die Münchener Polizei bei einer Großeinsatzlage während eines Amoklaufs im Bereich eines Einkaufszentrums via Twitter umfassende laufende Informationen an die Allgemeinheit gab.[21] Zum einen berichtete die Münchener Polizei stets aktualisiert über den Stand des Polizeieinsatzes, überdies nutzte sie Twitter auch für Hinweise und Warnungen an die Bevölkerung, um auf deren Verhalten während des Polizeieinsatzes Einfluss zu nehmen. Die Art und Weise dieser aktuellen Öffentlichkeitsarbeit über Twitter fand sehr positive Zustimmung.[22]

Die Tätigkeit der Polizei in den sozialen Netzwerke wird aber durchaus auch **kritisch** gesehen: „Die Polizei ist bei Twitter sichtbarer als in den Fußgängerzonen vieler Kleinstädte."[23] Die Betätigung der Polizei in den sozialen Netzwerken unterliegt der Gefahr, dass sie – um den Nutzerkreis der sozialen Netzwerke mit seiner Sprache zu erreichen – unter Nutzung lockerer und witziger Sprache dem **Gebot staatlicher Neutralität und Sachlichkeit** nicht mehr entspricht.[24] Nicht zu Unrecht wird darauf hingewiesen, dass die Polizei sich weder auf die Meinungsfreiheit noch auf sonstige Grundrechte berufen kann, wenn sie in der Öffentlichkeit der sozialen Netzwerke agiert.[25] Auch hier sind Zurückhaltung und Vorsicht geboten.

Grundsätzlich können die **Einsatzbereiche der sozialen Netzwerke** durch die Polizei wie folgt kategorisiert werden:[26]

- allgemeine Selbstdarstellung der Polizei und ihrer Arbeit,
- allgemeine Bekanntmachungen und Informationen der Polizei,
- Veröffentlichung von Hoheitsakten durch die Polizei,
- Kommunikation und Erläuterung von polizeilichem Handeln durch die Polizei,
- offener Dialog mit der Bevölkerung durch die Polizei.

9 Die **Rechtsgrundlagen** für die Kommunikation über soziale Netzwerke unterscheiden sich je nach kommuniziertem Inhalt: Soweit durch die Polizei **bloße Informationen** in eigener Sache (Werbung für die Polizeiarbeit) oder zur Information der Bevölkerung über bestimmte Sachverhalte (Warnungen und Hinweise allgemeiner Art) erfolgen, sind diese als **Annex** der eigentlichen Aufgabenerfüllung der Polizei grundsätzlich allgemein zulässig, einer gesonderten Rechtsgrundlage bedarf es mangels Rechtsaktqualität nicht.[27] Hier gilt die Rechtsprechung des BVerfG zu öffentlichen staatlichen Warnungen entsprechend (→ Rn 17). Nutzt die Polizei

---

20 Vgl. dazu Schabacker, Polizeiliche Presse- und Öffentlichkeitsarbeit, S. 7 ff.; Mast, VBlBW 2022, 6; Schmitt, JB InfoR 2019, 1 ff., 5 ff.; Wilke, Die Polizei 2018, 337 ff.
21 Bei einem Amoklauf am 22.6.2016 tötete der 18-jährige Schüler David S. im Bereich des Olympia-Einkaufszentrums im Münchener Stadtbezirk Moosach neun Menschen, fünf weitere verletzte er durch Schüsse.
22 Vgl. statt vieler: Spiegel Online am 23.7.2016: „So stolz auf die Münchner Polizei".
23 So etwa Laskus, Sollte sich die Polizei über soziale Medien profilieren?, in: Süddeutsche Zeitung online vom 13.7.2020.
24 Vgl. dazu auch Schmitt, JB InfoR 2019, 1, 8 f.; krit. auch Tschorr, NJW 2020, 3755, 3758 f.
25 Schmitt, Warum Polizeibehörden nicht beliebig twittern dürfen, in: Netzpolitik.org vom 7.7.2020.
26 Ingold, VerwArch 2017, 240, 244 f.; vgl. auch Bilsdorfer, Polizeiliche Öffentlichkeitsarbeit, S. 91 ff.; Schmitt, JB InfoR 2019, 1, 9 ff., 15 ff.; Kühnhenrich, Die Polizei 2015, 3.
27 Im Ergebnis ebenso Ingold, VerwArch 2017, 240, 248 m. w. N., u. Tschorr, NJW 2020, 3755 (Twitter); a. A. Schier, NJW 2023, 1151, 1152; ausdrücklich offen gelassen von OVG NRW, NJW 2023, 1146, 1150 (Rn 53 f.), m. zust. Anm. Schier, 1151 f.

die sozialen Medien im Rahmen ihrer Kernaufgabe der **Gefahrenabwehr** (etwa bei akuten Einsatzlagen), dann folgt die Zulässigkeit der Kommunikation über soziale Netzwerke unmittelbar aus der polizeilichen Generalklausel der §§ 1, 3 PolG.[28] Die Polizei nutzt hier die neuen Kommunikationskanäle zur Erfüllung ihrer originären polizeilichen Aufgaben. Grundlegend ist aber zu beachten, dass die Tätigkeit der Polizei in den sozialen Netzwerken zwingend **durch ihre gesetzliche Aufgabenerfüllung begrenzt** wird.[29] Posts und andere wertende Beiträge als **Gegen(Reaktion)** auf Mitteilungen oder Handlungen der Polizei in den sozialen Medien können von der Polizei auf der Grundlage der §§ 1, 3 PolG nur **geblockt** werden, wenn sie eine Störung der öffentlichen Sicherheit oder Ordnung darstellen; hierbei spielt wegen des besonderen grundrechtlichen Schutzes der Meinungsfreiheit vor allem der Grundsatz der **Verhältnismäßigkeit** eine grundlegende Rolle.[30]

Soweit die Polizei soziale Netzwerke nutzt, unterliegt sie den allgemeinen Anforderungen, die an die **Verantwortlichkeit für die eingestellten Inhalte** zu stellen sind.[31] Für BW wurden dem Polizeivollzugsdienst vom Innenministerium **Richtlinien für die Presseberichterstattung** vorgeben.[32]

Wenn die Polizei Informationen über soziale Netzwerke veröffentlicht, hat sie die allgemeinen **datenschutzrechtlichen Regelungen** (vgl. dazu eingehend § 10) zu beachten. Sie hat vor allem die Persönlichkeitsrechte der von Informationsveröffentlichungen betroffenen Personen (etwa bei Fahndungsaufrufen) zu wahren.[33] Auch die Wahrung des **staatlichen Neutralitätsgebots** kann eine Rolle spielen.[34] In Betracht kommt vor allem eine **Verletzung des allgemeinen Persönlichkeitsrechts** aus Art. 2 Abs. 1 i. V. m. Arts. 1 Abs. 1 GG.[35]

Eine von einer Veröffentlichung im Netz (Facebook, Twitter etc.) betroffene Person kann die Verletzung eigener Rechte im Wege der **Feststellungsklage** gerichtlich überprüfen lassen.[36]

II. Übertragene Aufgaben

1. Verfolgung von Straftaten und Ordnungswidrigkeiten. Nach der sog. Brückenvorschrift des § 1 Abs. 2 PolG hat die Polizei auch die ihr durch andere Rechtsvorschriften **übertragenen Aufgaben** wahrzunehmen. Hierzu zählen insbesondere die **Aufklärung und Verfolgung von Straftaten** nach der StPO und **von Ordnungswidrigkeiten** nach dem OWiG. Insoweit sind in erster Linie die Bestimmungen des Strafverfahrensrechts (vgl. §§ 161, 163 StPO) und des Ordnungswidrigkeitenrechts (§ 53 OWiG) anzuwenden. Dennoch darf nicht übersehen werden, dass es sich auch hierbei um die Wahrnehmung polizeilicher Aufgaben handelt. Wenn und soweit in den Spezialgesetzen eigene Regelungen fehlen, ist das PolG ergänzend heranzuziehen bzw. anzuwenden. Dementsprechend darf die Polizei etwa bei der Erforschung von Straftaten (§ 163 Abs. 1 S. 1 StPO) keine Ermittlungsmaßnahmen ergreifen, die mit anderen gesetzlichen Vorschriften – insbesondere des PolG – unvereinbar sind (§ 163 Abs. 1 S. 2 StPO). **Abgrenzung der Aufgaben** im präventiven und repressiven Bereich → § 13 Rn 11 ff.

---

28 Zu Einschränkungen im Bereich des Versammlungsrechts vgl. Schmitt, JB InfoR 2019, 1, 8 bis 30.
29 So zutr. auch Schmitt, JB InfoR 2019, 1, 25, u. Warum Polizeibehörden nicht beliebig twittern dürfen, in: Netzpolitik.org vom 7.7.2020. Vgl. auch Schabacker, Polizeiliche Presse- und Öffentlichkeitsarbeit, S. 18 ff.
30 Vgl. dazu Tschorr, NVwZ 2020, 1488, 1490 f.
31 Vgl. dazu Kühnherich, Die Polizei 2015, 3, 41 ff., zu Facebook; Milker, NVwZ 2018, 1751, 1753 ff., zu Twitter und Facebook.
32 Vgl. dazu Mast, VBlBW 2022, 6 ff.
33 Vgl. dazu eingehend Ingold, VerwArch 2017, 240, 248 ff.; ebenso Kühnherich, Die Polizei 2015, 3, 44 f.
34 So zutr. Schmitt, JB InfoR 2019, 1, 26; Ingold, VerwArch 2017, 240, 255 ff.
35 OVG NRW, NJW 2023, 1146, 1148 (Rn 37 f.), m. zust. Anm. Schier, 1151 f. = CR 2023, 379, DÖV 2023, 484 (Ls.).
36 OVG NRW, NJW 2023, 1146, 1147 f. (Rn 23 ff.), m. zust. Anm. Schier, 1151 f. = CR 2023, 379, DÖV 2023, 484 (Ls.).

12 **2. Weitere übertragene Aufgaben.** Weitere Aufgaben gem. § 1 Abs. 2 PolG können der Polizei **nur durch Gesetz oder Rechtsverordnung** – nicht durch Satzung oder Verwaltungsvorschrift – übertragen werden. Hierbei kann es sich um besondere Aufgaben der Gefahrenabwehr, aber auch um sonstige Aufgaben handeln. Durch Rechtsvorschrift übertragen sind etwa der **Schutz privater Rechte** gem. § 2 Abs. 2 PolG (→ § 3 Rn 79 ff.) und die **Amtshilfe** gem. Art. 35 Abs. 2 GG, Art. 35 Abs. 3 LV, §§ 1, 2 Nr. 2 LVwVfG (→ § 3 Rn 56 f.).

III. Zuweisung der Aufgabe der Gefahrenabwehr

13 **1. Unterscheidung zwischen Aufgaben und Befugnissen.** Das PolG unterscheidet zwischen der Zuweisung von Aufgaben an die Polizei und der Frage, welche Befugnisse bzw. Rechte sie bei der Wahrnehmung ihrer Aufgaben hat. Mit der **Aufgabenzuweisung** durch eine Regelung im PolG wird die Polizei noch nicht „automatisch" berechtigt bzw. ermächtigt, bestimmte Maßnahmen durchzuführen.[37] **Aufgabenzuweisungsnormen** geben der Polizei lediglich das Recht, im Bereich ihrer Zuständigkeit Handlungen vorzunehmen, für die sie keiner besonderen gesetzlichen Ermächtigung bedarf, und soweit diese nicht ausdrücklich untersagt sind. Handlungen ohne Eingriffscharakter sind im Rahmen einer Aufgabenzuweisungsnorm grundsätzlich zulässig.[38] Hierbei hat die Polizei nach dem Grundsatz des Gesetzesvorrangs allerdings die sonstigen Rechtsvorschriften – insbesondere die Grundsätze der Störerauswahl und der Verhältnismäßigkeit sowie die Zuständigkeitsregeln – zu beachten. Von der Zuweisung der Aufgabe der Gefahrenabwehr ist die Frage zu unterscheiden, ob und unter welchen Voraussetzungen die Polizei zu Maßnahmen befugt ist, die in Rechte eingreifen. Für **Rechtseingriffe** bedarf es nach dem Grundsatz des Gesetzesvorbehalts einer zusätzlichen gesetzlichen **Befugnisnorm** (= Ermächtigungsnorm). Derartige Ermächtigungen sind etwa die §§ 1, 3 PolG als Generalermächtigung für Maßnahmen der Gefahrenabwehr oder die Spezialermächtigungen in den §§ 27 ff. PolG für die Durchführung sog. Standardmaßnahmen.

Beispiel: Die Polizei erlässt „**Gefährderanschreiben**" an Fußballfans oder Demonstranten im Vorfeld bestimmter Veranstaltungen. Je nach Formulierung und Inhalt der Schreiben (sog. Gefährderansprache) sind diese vom maßgeblichen objektiven Empfängerhorizont entweder als allgemeine Hinweise auf die Sach- und Rechtslage oder als unverbindlicher Ratschlag zu werten, ohne jeden Regelungscharakter.[39] Enthalten die Schreiben dagegen die Aufforderung, der Veranstaltung fern zu bleiben, ist eine Befugnisnorm / Eingriffsermächtigung erforderlich, da es sich um eine polizeiliche Maßnahme mit grundrechtseingreifender Wirkung handelt. Die Aufgabenzuweisungsnorm des § 1 Abs. 1 PolG rechtfertigt nicht Eingriffe in die Rechte Dritter, dazu bedarf es vielmehr der speziellen Ermächtigungsgrundlage des § 29 PolG (vgl. NdsOVG, NJW 2006, 391).

Die **Anwendbarkeit** der **Befugnisnorm** bestimmt sich nach der jeweils wahrzunehmenden Aufgabe. Dementsprechend sind Eingriffsbefugnisse nach dem PolG nur im präventiven Bereich, strafprozessuale nur im repressiven Bereich zulässig.

14 **2. § 1 Abs. 1 PolG als Zuweisungsnorm.** Durch § 1 Abs. 1 PolG wird der Polizei die allgemeine Aufgabe der Gefahrenabwehr zugewiesen. Zum einen wird der **Polizei** – und nicht anderen Verwaltungsträgern – die allgemeine Aufgabe der Gefahrenabwehr zugewiesen. Als sog. **Aufgabenabgrenzungsnorm** beschränkt die Aufgabenzuweisungsnorm zugleich auch die Aufgaben der Polizei und bestimmt dadurch – vorbehaltlich spezialgesetzlicher Regelungen – den äußeren Kreis rechtlich zulässiger Polizeitätigkeit. Zugewiesen sind der Polizei im Bereich der Gefahrenabwehr die in § 1 Abs. 1 S. 1 u. 2 PolG genannten Aufgaben (→ Rn 1 ff.).

---

37 Thiel, Polizei- und Ordnungsrecht, § 6 Rn 3.
38 Vgl. dazu auch Geis, Fälle zum Polizei- und Ordnungsrecht, Rn 28 f.
39 Götz/Geis, Allg. Polizei- und Ordnungsrecht, § 24 Rn 23.

III. Zuweisung der Aufgabe der Gefahrenabwehr

3. Befugnisse im Gefahrenvorfeld. Nach **h. L.** werden sowohl Maßnahmen zur vorbeugenden Bekämpfung von Straftaten als auch zur Vorbereitung auf die Gefahrenabwehr von der Aufgabenzuweisungsnorm des § 1 Abs. 1 PolG erfasst (→ Rn 5).

Ein großer Teil der sog. **Vorfeldtätigkeiten** sind von ihrer Rechtsform her betrachtet regelmäßig Realakte, die nicht in die Rechte Dritter eingreifen und deshalb keiner Eingriffsbefugnis bedürfen. Hierzu gehören insbesondere Maßnahmen der Polizei in der Präventions- und Sicherheitsarbeit.[40]

Beispiel: Die Erstellung eines jährlichen (anonymisierten) **Verkehrsunfallberichts** durch den Verkehrsdienst eines regionalen Polizeipräsidiums analysiert das in einer Gemeinde im vergangenen Jahr vorgekommene Unfallgeschehen und versucht, Vorschläge und Hinweise zur Verbesserung der Verkehrssituation und zur Vermeidung von Unfällen zu geben. Mit dieser typischen Maßnahme der Gefahrenvorsorge sind keinerlei Eingriffe in die Rechte der Bürger verbunden. Die Befugnis zur Erstellung des Berichts folgt aus der Aufgabenzuweisung des § 1 Abs. 1 S. 1 PolG.

Andere Vorfeldtätigkeiten besitzen demgegenüber **Eingriffscharakter**. Nach dem Grundsatz des Gesetzesvorbehaltes bedürfen sie deshalb einer speziellen Befugnisnorm.

Beispiele für Befugnisnormen zur vorbeugenden Bekämpfung von Straftaten:
- Datenerhebung gem. §§ 43 Abs. 3, 49 Abs. 1 S. 1 Nr. 2 bis 4, 51 Abs. 1, 53 Abs. 1 S. 1 Nr. 2 bis 5 PolG;
- Ausschreibung von Personen und Kennzeichen gem. § 56 Abs. 1 PolG;
- erkennungsdienstliche Maßnahmen gem. § 41 Abs. 1 Nr. 2 PolG.
- Datenspeicherung gem. § 75 Abs. 3 PolG.

4. Spezialfall öffentliche Warnung. Als Vorfeldmaßnahme zur Gefahrenvermeidung bedienen sich Hoheitsträger auch der öffentlichen Warnung, insbesondere über Rundfunk, Fernsehen, Presse und neue Medien. Sie ist im **Medienzeitalter** häufig weitaus wirkungsvoller als klassisches staatliches Eingriffshandeln durch Verbotsverfügungen, Auflagen etc. Solche öffentlichen Warnungen stellen im Regelfall erhebliche Belastungen für die betroffenen Personen dar.[41] Sie führen oft zu langwierigen und aufwendigen Rechtsstreitigkeiten über mehrere Instanzen hinweg. Dreh- und Angelpunkt ist dabei stets die Frage, ob und unter welchen Voraussetzungen derartig **publikumswirksames staatliches Handeln** zulässig ist.

Staatliche Warnungen sind mangels Rechtsqualität **kein Eingriff im klassischen Sinne**.[42] Nach der Rechtsprechung des BVerfG stellen zumindest zutreffende und sachlich gehaltene Informationen **keinen Grundrechtseingriff** dar. Sie sind als staatliche Aufgabe, die Öffentlichkeit im Rahmen der Staatsleitung über wichtige Vorgänge zu unterrichten, zulässig, soweit hierbei die **grundgesetzliche Kompetenzordnung** beachtet wird.[43] Sofern ein Realakt vorliegt (→ § 7 Rn 1 ff.), stellt die Aufgabenzuweisungsnorm des § 1 Abs. 1 PolG eine ausreichende Rechtsgrundlage für derartige Warnungen dar.[44] Zu Frage der **Anhörungspflicht** betroffener Personen oder Firmen vor Durchführung einer staatlichen Warnung vgl. Lang, ZJS 2020, 234, 237.

Beispiele aus der Rechtsprechung:
- **Warnung vor Jugendsekten** durch ein Faltblatt der Kriminalpolizei als schlicht-hoheitliches Handeln (VGH BW, VBlBW 1989, 185).
- Herausgabe der **Broschüre „Maßnahmen gegen Rechtsextremismus: Ein Handlungsleitfaden für kommunale Entscheidungsträger"** (VerfGH RP, DÖV 2008, 242).
- Veröffentlichung der **„Sektenbroschüre Transzendentale Meditation"** durch die Bundesregierung (BVerfG, NJW 2003, 1305, u. VGH BW, NJW 1996, 2116).

---

40 Siehe dazu etwa Hepp/Fasel, Die Polizei 2013, 41.
41 Götz/Geis, Polizei- und Ordnungsrecht, § 7 Rn 11; Voßkuhle/Kaiser, JuS 2018, 343, 344.
42 Voßkuhle/Kaiser, JuS 2018, 343, 344; Lang, ZJS 2020, 234, 237; Siebrecht, ZJS 2023, 831, 850 f.; Trurnit, in: Möstl/Trurnit, Polizeirecht BW, § 3 Rn 36; krit. dazu Möstl, GewArch 2015, 1, 2.
43 BVerfG, NJW 2002, 2621 u. 2626, sowie VGH BW, NJW 1996, 2116.
44 VGH BW, NVwZ 1989, 279, 280; Trurnit, Eingriffsrecht, Rn 107; vgl. auch Ibler, in: Ennuschat/Ibler/Remmert, Öffentliches Recht BW, § 2 Rn 189.

- Warnungen vor der Religions- oder Weltanschauungsgemeinschaft **„Scientology"** (BVerfG, NJW 2002, 2626, und HambOVG, NVwZ 1995, 498).
- §§ 40, 40 a LFGB stellen Spezialermächtigungen für öffentliche **Warnungen vor Lebens- und Futtermitteln** dar.[45] Zur Veröffentlichung von Verstößen gegen lebensmittelrechtliche Vorschriften vgl. VGH BW, NVwZ 2013, 1020.
- Warnung vor bestimmter **Virenschutz-Software** (OVG NRW, NJW 2022, 1547 = NVwZ 2022, 1391, GewArch 2022, 414; vgl. dazu auch BVerfG, NJW 2022, 2250 = NVwZ-RR 2022, 401, CR 2022, R77, m. Anm. Pfeiffer; krit. Dittrich, NJW 2022, 2971; VG Köln, CR 2023, 16 [Ausgangsentscheidung]; zur Fallbearbeitung vgl. Heinelt, ZJS 2023, 58 ff.).

Allerdings hat das **BVerfG** deutlich gemacht, dass **staatliches Informationshandeln an Art. 12 Abs. 1 GG zu messen** ist, wenn es in seiner Zielsetzung und in seinen mittelbar-faktischen Wirkungen einem Eingriff in die Berufsfreiheit gleichkommt.[46] In seinem Beschluss hat das BVerfG grundsätzlich entschieden, dass der in Streit stehende § 40 LFGB geeignet, erforderlich und verhältnismäßig im engeren Sinne sei[47] und deutlich gemacht, dass auch **ohne Gesundheitsgefährdung** staatliche Warnungen verfassungsrechtlich nicht zu beanstanden seien. Es sah aber § 40 LFGB insofern als unverhältnismäßig an, als im Gesetz eine zeitliche Begrenzung der Informationsverarbeitung fehle.[48]

IV. Grundsätze für die Feststellung einer Polizeigefahr

18   **1. Begriff der Gefahr. a) Überblick.** Der **Begriff** der Gefahr wird im PolG in den verschiedensten Regelungen und **in mehrfachen Abstufungen verwendet.**[49] Er ist der **zentrale Begriff** des Polizei- und Ordnungsrechts.[50] Während die §§ 1, 3 PolG nur von einer „drohenden Gefahr" für die öffentliche Sicherheit oder Ordnung ausgehen (ebenso etwa § 33 Abs. 1 Nr. 2 PolG), ist in anderen Bestimmungen des PolG von „erheblicher Gefahr" (etwa § 30 Abs. 3, § 32 Abs. 3 Nr. 4, Abs. 4 Nr. 4, § 33 Abs. 1 Nr. 1, § 44 Abs. 1 Nr. 2, § 51 Abs. 2 Nr. 2, § 54 Abs. 1 Nr. 1, § 61 Abs. 1 Nr. 2, Abs. 4 Nr. 3, § 123 Abs. 1 Nr. 3 PolG), von einer „unmittelbar bevorstehenden Gefahr" (§ 9 Abs. 1, § 40 Abs. 1 Nr. 1 PolG), von „Gefahr für Leben, Leib und Gesundheit" oder „Gefahr für Leib, Leben oder Freiheit" (etwa § 10 Abs. 2, § 33 Abs. 1 Nr. 3, § 32 Abs. 2 Nr. 4, § 34 Abs. 2, 3, § 43 Abs. 1, § 44 Abs. 5, 8, § 48 Abs. 1, § 49 Abs. 1 Nr. 1, § 50 Abs. 1, § 51 Abs. 1, § 52 Abs. 1, § 54 Abs. 1 S. 1 Nr. 1, § 105 Abs. 1 PolG), von „gegenwärtigen Gefahr" oder „gegenwärtigen Lebensgefahr" (§§ 32 Abs. 2 Nr. 4, Abs. 4 Nr. 4, § 67 Abs. 2, § 68 Abs. 2), von einer „gegenwärtigen erheblichen Gefahr" (§ 61 Abs. 4 Nr. 3 PolG, § 123 Abs. 1 Nr. 3 PolG), von „der dringenden Gefahr" (§ 36 Abs. 1 S. 1, § 44 Abs. 8 S. 2 PolG) oder auch von „Gefahr im Verzug" die Rede (etwa §§ 2 Abs. 1 S. 1, § 15 Abs. 3 S. 6 Hs. 2, § 31 Abs. 3 S. 4, § 32 Abs. 5 S. 4, § 33 Abs. 5 S. 4, § 36 Abs. 5, § 50 Abs. 5 S. 1, § 53 Abs. 5 S. 1, § 54 Abs. 7 S. 1, § 112 Abs. 1, § 113 Abs. 2 S. 1, § 122 Abs. 3 S. 1 PolG). Da es im PolG keinen einheitlichen Gefahrenbegriff gibt, muss jeweils im Einzelfall beurteilt werden, welche Anforderungen das Gesetz an den jeweiligen Gefahrenbegriff als Voraussetzung für die Durchführung polizeilicher Maßnahmen knüpft (→ Rn 20 ff.).

19   **b) Allgemeine Bedeutung der Gefahr.** Der unbestimmte Rechtsbegriff der **Gefahr** ist für das gesamte Polizeirecht von ausschlaggebender Bedeutung:[51]

---

45 Vgl. dazu Becker, NVwZ 2018, 1032; Hamm, NJW 2018, 2099, 2100.
46 BVerfG, NVwZ 2018, 1056 ff. mit Anm. Wiemers, NVwZ 2018, 1062 f.; ebenso OVG NRW, NJW 2022, 1547, 1549 (Rn 9 ff.); Becker, NVwZ 2018, 1032 ff.; vgl. dazu auch Möstl, GewArch 2015, 1, 2.
47 BVerfG, NVwZ 2018, 1056, 1058 bis 1061 (Rn 30 bis 55).
48 NVwZ 2018, 1056, 1061 f. (Rn 56 bis 64). Krit. dazu Hamm, NJW 2018, 2099, 2100: „überschätzter Wert der Befristung im globalen Internet".
49 Holler, ZJS 2021, 578. Vgl. dazu etwa auch den Überblick über die einzelnen Gefahrenbegriffe bei Borsdorff, in: Möllers, Wörterbuch der Polizei, S. 878 bis 880. Zur historischen Entwicklung vgl. Dietrich, Gefahrenbegriff, S. 69 bis 73.
50 Pieroth, GSZ 2018, 133, 134.
51 Krit. („nicht klar konturiert") dazu etwa Vormann/Schönemann/Wagner, JZ 2020, 86, 88.

IV. Grundsätze für die Feststellung einer Polizeigefahr

- Nach herkömmlicher Auffassung können Maßnahmen nach dem PolG nur dann ergriffen werden, wenn und soweit eine Gefahr im polizeirechtlichen Sinne vorliegt;
- bei der Beurteilung der Voraussetzungen der einzelnen Eingriffsermächtigungen muss die im Gesetz genannte Gefahrenlage bestehen (vgl. §§ 1, 3, 27 ff. u. 63 ff. PolG);
- der Gefahrenbegriff ist für die Abgrenzung zur repressiven Tätigkeit der Polizei ausschlaggebend (→ § 13 Rn 11 ff.);
- der Begriff der Gefahr dient der Abgrenzung der Zuständigkeiten zwischen Polizeibehörde und Polizeivollzugsdienst (vgl. etwa §§ 2 Abs. 1, 112 Abs. 1 u. 2, 113 Abs. 2 PolG).

c) Der Gefahrenbegriff. aa) Gefahr oder Belästigung? Nach ständiger Rechtsprechung liegt eine **„Gefahr"** für die öffentliche Sicherheit vor, wenn bei bestimmten Arten von Verhaltensweisen oder Zuständen nach allgemeiner Lebenserfahrung oder fachlichen Erkenntnissen mit hinreichender Wahrscheinlichkeit ein Schaden für die polizeilichen Schutzgüter im Einzelfall, d. h. eine konkrete Gefahrenlage, einzutreten pflegt.[52] Dabei hängt der zu fordernde Wahrscheinlichkeitsgrad von der Bedeutung der gefährdeten Rechtsgüter sowie dem Ausmaß des möglichen Schadens ab.[53] Bloße **Belästigungen, Unbequemlichkeiten und Geschmacklosigkeiten** werden vom polizeilichen Gefahren- bzw. Schadensbegriff nicht erfasst.[54] Wann die **Gefahrenschwelle** überschritten wird, ist stets einzelfallabhängig. Hierbei ist anhand objektiver Kriterien (etwa nach Ort, Zeit sowie Intensität einer Gefahrenlage) zu entscheiden, und nicht auf das subjektive Empfinden Einzelner abzustellen; so kann etwa **„ziviler Ungehorsam"** eine Gefährdung der öffentlichen Sicherheit und Ordnung weder beseitigen noch rechtfertigen.[55]

Beispiele:

- **Hundegebell** kann tagsüber (nur) belästigend und nachts gesundheitsgefährdend sein (Würtenberger/Heckmann/Tanneberger, Polizeirecht BW, § 5 Rn 272, unter Hinweis auf PrOVGE 88, 209). Vgl. grundlegend zu Hundelärm Weber, KommJur 2021, 443 ff.
- Der „normale" **Alkoholgenuss** auf öffentlichen Plätzen, auch durch Angehörige einer Randgruppe, stellt keine ordnungsrechtlich relevante Gefahrenlage dar; bloße Belästigungen überschreiten die Gefahrenschwelle nicht und rechtfertigen daher kein ordnungsrechtliches Einschreiten. Vorsorgemaßnahmen sind unzulässig (VGH BW, VBlBW 2010, 29). Dagegen können **durch mitgeführte Flaschen erzeugte Lärmimmissionen** die Gefahrenschwelle überschreiten (VGH BW, Urt. v. 3.8.2023 – 1 S 1718/22 [Rn 67 ff.]).

Der Gefahrenbegriff ist durch die allgemein anerkannte und über die Rechtswissenschaft und die Rechtsprechung über Jahre ausgeformte Definition **hinreichend bestimmt** und genügt insbesondere den Anforderungen des Art. 20 Abs. 3 GG.[56]

bb) Schaden. Gefahrenabwehr dient der Abwehr eines Schadens. Als **Schaden** gilt nach ständiger Rechtsprechung eine nicht unerhebliche Minderung eines tatsächlich vorhandenen normalen Bestandes an Gütern oder Werten durch von außen kommende Einflüsse.[57] Diese Begriffsbestimmung erscheint wenig praxistauglich. Vorzugswürdig ist deshalb unter Schaden die Verletzung der unter die öffentliche Sicherheit oder Ordnung fallenden Normen, Rechte und Rechtsgüter zu verstehen. Anders formuliert liegt ein Schaden dann vor, wenn ein **polizeiliches Schutzgut verletzt oder gemindert** wird.

---

52 Trurnit, in: Möstl/Trurnit, Polizeirecht BW, § 1 Rn 17; Thiel, Polizei- und Ordnungsrecht, § 8 Rn 5; Fabis, Polizeilicher Gefahrenbegriff, S. 81; Meyer, JA 2017, 1259; Schenke, JuS 2018, 505, 506; Möstl, DVBl 2020, 160, 163 ff.; Holler, ZJS 2021, 578.
53 VGH BW, BWGZ 2013, 1 (Unzulässigkeit präventiver „Glasmitführungsverbote" in Polizeiverordnung); VGH BW, VBlBW 2010, 29, 30 (Unzulässigkeit eines generellen Alkoholkonsumverbots in Polizeiverordnung); Meyer, JA 2017, 1259.
54 VGH BW, VBlBW 2003, 31, 33.
55 OVG NRW, Beschl. v. 9.1.2023 – 5 B 14/23, BeckRS 2023, 501 (Rn 11 f.); Eibenstein, JA 2023, 764, 769.
56 Ibler, in: Ennuschat/Ibler/Remmert, Öffentliches Recht BW, § 2 Rn. 106; Dietrich, Gefahrenbegriff, S. 69, 73.
57 VGH BW, VBlBW 1999, 101, 104.

23 **cc) Drohen des Schadenseintritts.** Maßgebliches Kriterium zur Feststellung einer Gefahr ist die hinreichende Wahrscheinlichkeit des Schadenseintritts. Ein **Schaden droht**, wenn sein **Eintritt wahrscheinlich** und nicht nur theoretisch möglich ist. Erforderlich ist also keine Gewissheit des **Schadenseintritts**. Doch genügt nicht dessen bloße Möglichkeit. Der Schaden muss regelmäßig und typischerweise, wenn auch nicht ausnahmslos, zu erwarten sein.[58] Die Anforderungen, die an das **Maß der Wahrscheinlichkeit** zu stellen sind, schwanken nach der sog. **„Je-desto-Formel"** mit der Bedeutung der beeinträchtigten Rechtsgüter.[59] Geht es um den Schutz besonders hochwertiger Rechtsgüter, wie etwa Leben und Gesundheit von Menschen, so kann auch die entferntere Möglichkeit eines Schadenseintritts ausreichen.[60] Anders herum ist bei geringwertigeren Rechtsgütern ein höheres Maß an Schädigungswahrscheinlichkeit nötig. Der **Gefahrenbegriff** ist somit **relativ**, weil der erforderliche Wahrscheinlichkeitsgrad vom Wert aber auch vom Rang des zu schützenden Rechtsguts, in das eingegriffen werden soll, abhängt.

24 **dd) Subjektiver Gefahrenbegriff.** Richtigerweise wird von der **h. M.** dem polizeilichen Handeln ein **subjektiver Gefahrbegriff** zugrundegelegt: Es wird davon ausgegangen, dass es für die Beurteilung einer Gefahrenlage nicht auf die objektiven Fakten ankommt, sondern auf die **nachvollziehbare Einschätzung der Lage durch die jeweils zur Entscheidung aufgerufenen Mitarbeiter der Polizei.**[61] Dies hat u. a. zur Folge, dass die polizeilichen Maßnahmen auch dann rechtmäßig sind und bleiben, wenn sich nachträglich herausstellt, dass tatsächlich nicht mit hinreichender Wahrscheinlichkeit von einem Schadenseintritt auszugehen war, dies für die handelnden Mitarbeiter der Polizei aber nicht zu erkennen war (→ Rn 25 f., 41).

25 **ee) Beurteilungszeitpunkt.** Das Urteil über den Geschehensablauf beruht auf einer **Prognose.**[62] Diese Gefahrenprognose ist sowohl beim Vorliegen einer abstrakten als auch einer konkreten Gefahr zu stellen. Für die Beurteilung der Rechtmäßigkeit einer Gefahrenprognose ist der Kenntnisstand der Polizei im Zeitpunkt ihres Einschreitens maßgebend (sog. **subjektiver Gefahrenbegriff**). Hat die Polizei die Lage **ex ante**, also im Zeitpunkt ihrer Entscheidung, zutreffend eingeschätzt, dann wird die getroffene Maßnahme **ex post** – also nachträglich betrachtet – nicht deshalb rechtswidrig, weil die Entwicklung anders als prognostiziert verlaufen ist.[63] Ist die Behörde mangels genügender Erkenntnisse über die Einzelheiten der zu regelnden Sachverhalte und / oder über die maßgeblichen Kausalverläufe zu der erforderlichen Gefahrenprognose nicht im Stande, liegt keine Gefahr, sondern – allenfalls – eine mögliche Gefahr oder ein Gefahrenverdacht vor.[64]

Beispiel: Eine Regelung in einer **Polizeiverordnung,** wonach es im zeitlichen und örtlichen Geltungsbereich der Verordnung auf den öffentlich zugänglichen Flächen verboten ist, **alkoholische Getränke** zu konsumieren oder mit sich zu führen, ist nur dann von der Ermächtigungsgrundlage des § 17 i. V. m. § 1 PolG gedeckt, wenn hinreichende Anhaltspunkte dafür vorliegen, dass das verbotene Verhalten regelmäßig und typischerweise Gewaltdelikte zur Folge hat (VGH BW VBlBW 2010, 29). Ein Verbot zum Mitführen von Flaschen an einem bestimmten Platz kann in einer Rechtsverordnung rechtmäßig erfolgen, wenn durch Flaschengeräusche nachweislich gesundheitsschädliche Immissionen zulasten der Anwohner erzeugt werden (VGH BW, Urt. v. 3.8.2023 – 1 S 1718/22).

---

58 VGH BW, VBlBW 2010, 29, 31.
59 Trurnit, Eingriffsrecht, Rn 37; Basten, Recht der Polizei, Rn 588; Schenke, JuS 2018, 505, 506; Hamann, DVP 2016, 311, 314; Bruckert/Frey/Kron/Marz, Besonderes Verwaltungsrecht, Rn 111; VG Freiburg, openJur 2021, 23297 (Rn 23).
60 Würtenberger/Heckmann/Tanneberger, Polizeirecht BW, § 5 Rn 276; Ibler, in: Ennuschat/Ibler/Remmert, Öffentliches Recht BW, § 2 Rn 114; Wehr, Polizeirecht, Rn 92; Bialon/Springer, Eingriffsrecht, Kap. 3 Rn 6; Pewestorf, in: Pewestorf/Söllner/Tölle, Polizei- und Ordnungsrecht, § 1 ASOG Rn 14; Pünder, JURA 2022, 1055; Vahle, DVP 2015, 311, 314; VGH BW, VBlBW 2010, 31.
61 Vgl. dazu ausführlich Meyer, JA 2017, 1259, 1260 bis 1262, 1265 bis 1267.
62 Trurnit, JURA 2019, 258, 263; Bruckert/Frey/Kron/Marz, Besonderes Verwaltungsrecht, Rn 110.
63 VGH BW, BWGZ 1991, 68; Zeitler/Trurnit, Polizeirecht BW, Rn 220; Kenntner, in: Kenntner, Öffentliches Recht BW, Kap. A Rn 83; Wehr, Polizeirecht, Rn 94; Bamberger/Pieper, NVwZ 2022, 38, 40 f.; Meyer, JA 2017, 1259 f.
64 VGH BW, VBlBW 2010, 29, 31.

IV. Grundsätze für die Feststellung einer Polizeigefahr

Ist die Polizei hingegen bereits bei ihrer Einschätzung im Zeitpunkt der Entscheidung aufgrund eines vorwerfbaren Irrtums von einer Gefahrenlage ausgegangen, obwohl bei sachgerechter Würdigung objektiv keine ausreichenden Anhaltspunkte für eine Gefahr für die öffentliche Sicherheit oder Ordnung vorgelegen hat, lag im polizeirechtlichen Sinne keine Gefahr vor, sondern eine sog. **Schein- oder Putativgefahr** (→ Rn 40). Hierauf gestützte Maßnahmen sind rechtswidrig.

ff) Beurteilungsgrundlagen. Die polizeiliche Prognoseentscheidung muss auf einer **verlässlichen Grundlage** basieren, also auf Tatsachen, auf der **allgemeinen Lebenserfahrung** oder auf speziellen polizeilichen, wissenschaftlichen oder technischen **Kenntnissen**.[65] Bloße Vermutungen oder Verdächtigungen reichen demgegenüber nicht aus.[66] Problematisch sind vor allem Hinweise aus der Bevölkerung. Insoweit ist vor einem polizeilichen Einschreiten sorgfältig zu prüfen, von wem die Mitteilung (= „Anzeige") stammt bzw. ob weitere Anhaltspunkte für die behauptete Gefahr gegeben sind. Dies gilt insbesondere bei sog. anonymen Anzeigen.

Beispiel: Geht bei der Polizei eine absenderlose Liste mit zahlreichen Gaststätten und Lokalen sowie anderen Einrichtungen (unter anderem der Mensa einer Uni) ein, in denen sich angeblich Ausländer ohne Aufenthaltserlaubnis aufhalten, so kann allein dieser „Rundumschlag" nicht als Grundlage für dortige Identitätsfeststellungen dienen (VG München, NVwZ-RR 2000, 155).

2. Einzelne Gefahrenbegriffe. Im Ordnungsrecht ist zwischen **verschiedenen Gefahrenbegriffen** zu unterscheiden:

a) Konkrete Gefahr. Eine konkrete Gefahr ist Voraussetzung für eingreifende **Einzelmaßnahmen**, wie etwa den Erlass einer Polizeiverfügung.[67] Sie besteht dann, wenn **in dem zu beurteilenden konkreten Einzelfall** in überschaubarer Zukunft mit dem Schadenseintritt hinreichend wahrscheinlich gerechnet werden muss bzw. eine Sachlage gegeben ist, die bei ungehindertem Geschehensablauf in absehbarer Zeit mit hinreichender Wahrscheinlichkeit zu einem Schaden führen wird.[68] Die **bloß entfernte Möglichkeit** des Schadenseintritts reicht grundsätzlich nicht aus[69], etwas anderes gilt aber in Fällen der drohenden Verletzung von Leben und Gesundheit.[70]

Beispiele:
- In einer Gemeinde streunt ein **herrenloser Hund** durch die Straßen. Es besteht die Gefahr, dass er auf die Fahrbahn läuft und einen Verkehrsunfall verursacht. Nachdem es der Polizei nicht gelingt, die verantwortliche Halterin unter der auf dem Hundehalsband angegebenen Telefonnummer zu erreichen, verbringt die Polizei den Hund im Wege der unmittelbaren Ausführung in ein Tierheim (vgl. HessVGH, DVBl 1995, 370).
- Der Stuttgarter Oberbürgermeister spricht für den Cannstatter Wasen ein sog. „**Kuttenverbot**" aus, das es Motorradclubs verbietet, auf dem Wasen mit szenetypischen Kutten Schaulaufen durchzuführen, nachdem es in den vergangenen Jahren bei solchen Aufmärschen immer wieder zu schwerwiegenden Auseinandersetzungen mit Körperverletzungs- und sogar Tötungsdelikten gekommen ist (vgl. dazu Debus, VBlBW 2018, 394 f., 434 ff.; Knappe/Thelen, JURA 2018, 829, 832 ff.; zur Vereinbarkeit des Kuttenverbots mit Art. 9 GG vgl. BVerfG, NVwZ 2020, 1424, 1425 ff. [Rn 26 ff.]).

Im ersten Beispiel („herrenloser Hund") lag eine **konkrete** Gefährdung der öffentlichen Sicherheit vor, weil jederzeit damit gerechnet werden musste, dass der Hund einen Verkehrsunfall verursacht. Gleiches gilt im zweiten Beispiel („Kuttenverbot"), weil es in den vergangenen Jahren bei den Treffen auf dem Wasen immer zu gewalttätigen Auseinandersetzungen gekommen ist.

---

65 Trurnit, in: Möstl/Trurnit, Polizeirecht BW, § 1 Rn 19.
66 Würtenberger/Heckmann/Tanneberger, Polizeirecht BW, § 5 Rn 274 ff.
67 Schenke, JuS 2018, 505, 506.
68 VGH BW, VBlBW 2013, 12, 14; Trurnit, in: Möstl/Trurnit, Polizeirecht BW, § 1 Rn 18; Bäcker, in: Lisken/Denninger, Handbuch des Polizeirechts, Kap. D Rn 80, 8, u. Graulich a. a. O., Kap. E Rn 88; Borsdorff, in: Möllers, Wörterbuch der Polizei, S. 878; Basten, Recht der Polizei, Rn 589, 605; Holler, ZJS 2021, 278, 280 f.
69 Vahle, DVP 2015, 311, 314; Beck/Ryter, Fälle und Lösungen, S. 18.
70 Debus, VBlBW 2018, 394, 434, 437 m. w. N, zu einem sog. „Kuttenverbot".

29 **b) Abstrakte Gefahr. aa) Allgemeines.** Eine **abstrakte Gefahr** liegt vor, wenn der Eintritt eines konkreten Schadens regelmäßig und typischerweise zu erwarten ist.[71] Die Feststellung einer abstrakten Gefahr verlangt eine in tatsächlicher Hinsicht genügend abgesicherte Prognose, deren Anforderungen umso geringer sind je höher das geschätzte Rechtsgut ist.[72] Ihr Vorliegen ist etwa Voraussetzung für den Erlass einer **Polizeiverordnung** gem. §§ 17 ff. PolG (→ § 9 Rn 17, 33).

30 **bb) Unterscheidung abstrakte und konkrete Gefahr.** Beide Gefahrenbegriffe (konkrete und abstrakte Gefahr) stellen, was den zu erwartenden Eintritt eines Schadens anbelangt, die gleichen Anforderungen an die Wahrscheinlichkeit. Der Unterschied liegt im Bezugspunkt der Gefahrenprognose bzw. in der **Betrachtungsweise**: Eine konkrete Gefahr liegt vor, wenn in dem zu beurteilenden konkreten Einzelfall in überschaubarer Zukunft mit dem Schadenseintritt hinreichend wahrscheinlich gerechnet werden muss; eine abstrakte Gefahr ist gegeben, wenn eine generell-abstrakte Betrachtung für bestimmte Arten von Verhaltensweisen oder Zuständen zu dem Ergebnis führt, dass mit derselben Wahrscheinlichkeit in irgendeinem Einzelfall ein Schaden einzutreten pflegt, dieser Einzelfall aber ex-ante noch nicht identifiziert werden kann, so dass Anlass besteht, dass die Polizei den Eintritt des Schadens mit einem generell-abstrakten Rechtssatz verhindert.[73]

31 **c) Erhebliche Gefahr.** Als erhebliche Gefahr wird eine qualitativ gesteigerte Gefahr bezeichnet, durch die entweder bedeutsame Rechtsgüter gefährdet werden oder bei denen der Umfang des Schadens bzw. die Intensität der Störung erheblich sind (vgl. etwa § 49 Abs. 1 PolG).[74] **Erheblichkeit** ist anzunehmen, wenn die Verletzung eines Vergehenstatbestandes nach dem StGB unmittelbar bevorsteht oder bereits eingetreten ist und noch fortwirkt.[75]

32 **d) Unmittelbar bevorstehende oder gegenwärtige Gefahr.** Eine **unmittelbar bevorstehende Gefahr** (vgl. etwa § 33 Abs. 1 Nr. 1 PolG) bzw. **Störung** ist bei einer Sachlage gegeben, bei der die Einwirkung des schädigenden Ereignisses bereits begonnen hat, oder bei der diese Einwirkung / der Eintritt des Schadens nach allgemeiner Erfahrung sofort oder in allernächster Zeit bevorsteht und als gewiss anzusehen ist, falls nicht eingeschritten wird.[76] An die zeitliche Nähe und an die Wahrscheinlichkeit des Schadenseintritts sind strenge Anforderungen zu stellen.[77] Eine **gegenwärtige Gefahr** (vgl. etwa § 67 Abs. 2 PolG) besteht dann, wenn die Schädigung in allernächster Zeit mit an Sicherheit grenzender Wahrscheinlichkeit bevorsteht, oder die Einwirkung des schädigenden Ereignisses schon begonnen hat.[78] Die Begriffe unmittelbar bevorstehende und gegenwärtige Gefahr sind praktisch gleichbedeutend.

33 **e) Dringende Gefahr.** Der Begriff der dringenden Gefahr wird in § 36 Abs. 1 S. 1 PolG verwendet. Eine **dringende Gefahr** ist gegeben, wenn der baldige Eintritt eines Schadens an einem **wichtigen** Rechtsgut droht, falls nicht alsbald eingeschritten wird.[79] Es muss also ein ernsthafter Schaden an einem wichtigen Rechtsgut drohen.

---

71 VGH BW, Urt. v. 3.8.2023 – 1 S 1718/22 (Rn 131); VGH BW, BWGZ 2013, 77, 78; VGH BW, VBlBW 2010, 29, 31; Trurnit, in: Möstl/Trurnit, Polizeirecht BW, § 1 Rn 21; Borsdorff, in: Möllers, Wörterbuch der Polizei, S. 879.
72 VGH BW, Urt. v. 3.8.2023 – 1 S 1718/22 (Rn 131).
73 VGH BW, Urt. v. 3.8.2023 – 1 S 1718/22 (Rn 131); vgl. dazu auch Basten, Recht der Polizei, Rn 595; Bialon/Springer, Eingriffsrecht, Kap. 3 Rn 2; Holler, ZJS 2021, 278, 279.
74 Beck/Ryter, Fälle und Lösungen, S. 21; Pünder, JURA 2022, 1055, 1057; Holler, ZJS 2021, 578, 581.
75 BVerwG, NJW 1974, 807, u. VGH BW, VBlBW 1986, 308.
76 Knemeyer/Schmidt, Polizei- und Ordnungsrecht (PdW), S. 28; Pünder, JURA 2022, 1055, 1057.
77 Vgl. VGH BW, VBlBW 2013, 178 (Rn 57); VGH BW, NJW 2006, 635; VGH BW, VBlBW 2001, 102; vgl. auch die Legaldefinition in § 2 Nr. 3 b BremPolG.
78 BVerfG, NJW 2006, 1939.
79 BVerwGE 47, 31, 40, u. NJW 1975, 130; Pünder, JURA 2022, 1055, 1057.

f) Gemeine Gefahr. Der Begriff der gemeinen Gefahr wird etwa in § 36 Abs. 1 S. 2 PolG verwendet. Eine **gemeine Gefahr** liegt vor, wenn die Gefährdung in ihrer Ausdehnung unbestimmt ist und für eine **unbestimmte Zahl** von Personen oder Sachen besteht (etwa Überschwemmungen, Brände, giftige Gaswolken, Seuchen, Explosionen etc.). Maßgebend ist nicht die Schwere der Gefahr, sondern die Gefährdung einer Vielzahl von Personen bzw. Sachgütern.[80]

34

g) Gefahr im Verzug. Gefahr im Verzug ist gegeben, wenn zur Verhinderung eines drohenden Schadens sofort eingeschritten werden muss, weil ein Abwarten bis zum Eingreifen der an sich zuständigen Behörde/Stelle den Erfolg der notwendigen Maßnahmen erschweren oder vereiteln würde, die polizeilichen Maßnahmen also unaufschiebbar sind.[81] Ob dies der Fall ist, beurteilt sich nach den Verhältnissen und dem Erkenntnisstand im **Zeitpunkt** des Erlasses einer polizeilichen Maßnahme. Der Polizei ist bei der Beurteilung ein **Einschätzungsspielraum** gegeben. Ihre Einschätzung kann gerichtlich nur dann beanstandet werden, wenn sie offensichtlich von unzutreffenden Voraussetzungen ausging, die sich bereits im Zeitpunkt der Entscheidung erkennen ließen.

35

Die Durchführung von Maßnahmen bei Gefahr im Verzug ist regelmäßig mit einer **Zuständigkeitsverschiebung** verbunden. An Stelle der an sich zuständigen Stelle geht wegen der Eilbedürftigkeit der Maßnahme die Zuständigkeit zur Anordnung auf eine andere Stelle über. So ist etwa die (subsidiäre) Zuständigkeit der Polizei für die Wahrnehmung einer Aufgabe gem. § 2 Abs. 1 PolG (Tätigwerden für andere Stellen) begründet (→ § 3 Rn 73 ff.). Dasselbe gilt für die Maßnahmen der Polizeibehörden und Polizeidienststellen gem. §§ 112 Abs. 1, 113 Abs. 2, 122 Abs. 3 PolG. Vielfach darf die Polizei bei Gefahr im Verzug auch (vorübergehend) anstelle des an sich zuständigen Gerichts handeln (→ § 10 Rn 380, 415, 489, 513, § 11 Rn 121, 162, 250). Wegen dieser Zuständigkeitsverschiebungen sind an das Vorliegen der Voraussetzungen des Verzugs strenge Anforderungen zu stellen.

h) Latente Gefahr. Unter **latenter oder potenzieller Gefahr** wird die einer Sache von vornherein anhaftende Gefahr verstanden, die jedoch erst später durch Hinzutreten weiterer Umstände akut wird und dann zum Einschreiten gegen den Gewaltinhaber der latent gefährlichen Sache als Störer berechtigen soll.[82] Diese Auffassung übersieht jedoch, dass die (nachträglich) beanstandete sog. latent gefährliche Sache in der Regel rechtmäßig erstellt und betrieben wurde, der Gewaltinhaber daher nur von einer ihm zustehenden Befugnis Gebrauch macht. Da es für das Vorliegen einer Gefahr allein auf die gegenwärtige Situation und nicht darauf ankommt, ob bereits früher eine – noch verborgene – Gefahr existiert hat, rechtfertigt allein das Vorliegen dieser „Gefahr" keine polizeilichen Maßnahmen.[83]

36

i) Drohende Gefahr. Die **drohende Gefahr** als Voraussetzung für polizeiliche Maßnahmen wird rechtswissenschaftlich und rechtspolitisch zunehmend diskutiert.[84] Das **BVerfG** hat eine drohende Gefahr in seinem **BKAG-Urteil** und in seinem **zweiten Beschluss zur Bestandsdatenauskunft** ausdrücklich als ausreichende Rechtsgrundlage für Eingriffe der Polizei zugelassen, wenn es um die Bekämpfung terroristischer Gefahren oder den Schutz herausgehobener

37

---

80 Deger, in: Stephan/Deger, Polizeigesetz BW, § 31 Rn 24; Pünder, JURA 2022, 1055, 1057; Holler, ZJS 2021, 578, 581.
81 VGH BW, VBlBW 1990, 300, 301; Knemeyer/Schmidt, Polizei- und Ordnungsrecht (PdW), S. 29; Holler, ZJS 2021, 578, 584.
82 Vgl. hierzu „Schweinemästerfall" des OVG NRW, OVGE 11, 250; Deger, in: Stephan/Deger, Polizeigesetz BW, § 1 Rn 36: „keine Gefahr", ebenso Trurnit, in: Möstl/Trurnit, Polizeirecht BW, § 1 Rn 29.
83 Holler, ZJS 2021, 578.
84 Rick, StudZR WissON 2018, 232, 242: „polizeirechtliche Dogmatik im Wandel"; Möstl, GSZ 2021, 89: „Der Ausgangsbefund ist hierbei nicht gut."

Rechtsgüter geht.[85] Diese Annahme des BVerfG wird vielfach dahingehend ausgelegt, dass eine **allgemeine Erweiterung des Gefahrenbegriffs** erfolge[86] und diese Vorverlagerung der Eingriffsbefugnisse auch in anderen Bereichen des Polizeirechts möglich sei.[87] Hierfür könnte jedenfalls die vom BVerfG gewählte Formulierung „für bestimmte Bereiche" sprechen. In seinem zweiten Beschluss zur Bestandsdatenauskunft hat das BVerfG nochmals verdeutlicht, dass Voraussetzung stets eine tatsachenbezogene Grundlage sei. Auch die im Gefahrenabwehrrecht anerkannten Eingriffsschwellen der „drohenden Gefahr", die in zeitlicher Hinsicht ins Vorfeld verlagert seien, setzten **tatsächliche Anhaltspunkte für die Entstehung einer konkreten Gefahr** voraus.[88] In seinem Urteil zur teilweisen Verfassungswidrigkeit des bayerischen Verfassungsschutzgesetz und in seinem Beschluss zur Datenübermittlung durch das Bundesamt für Verfassungsschutz hat das BVerfG nochmals deutlich gemacht, dass „eine **Gefährdung besonders gewichtiger Rechtsgüter**" gegeben sein muss, wenn die Anforderungen an das Vorliegen einer Gefahr ins Vorfeld verlagert werden.[89] Zuletzt hat das BVerfG in seinem Beschluss zur teilweisen Verfassungswidrigkeit des SOG MV[90] nochmals klargestellt, dass „dem Gewicht eines Eingriffs durch heimliche polizeirechtliche Überwachungsmaßnahmen nicht hinreichend Rechnung getragen wird, wenn der tatsächliche Eingriffsanlass **noch weiter in das Vorfeld einer in ihren Konturen noch nicht absehbaren konkreten Gefahr** für die Schutzgüter der Norm **verlegt** wird. Eine Anknüpfung der Eingriffsschwelle an das Vorfeldstadium ist verfassungsrechtlich angesichts der Schwere des Eingriffs nicht hinnehmbar, wenn zu diesem Zeitpunkt **nur relativ diffuse Anhaltspunkte für mögliche Rechtsgutsgefahren** bestehen."[91]

38 Das Land **Bayern** hat mit seiner in der Öffentlichkeit sehr umstrittenen Änderung des BayPAG[92] in § 11 Abs. 3 BayPAG die drohende Gefahr als „**zusätzliche Gefahrbegriffskategorie**" nach den Maßgaben des BKAG-Urteils des BVerfG zur besseren Erfassung vor allem von Vorbereitungshandlungen eingeführt.[93] Damit wird der Polizei, wenn eine aus zu erwartenden Gewalttaten von erheblicher Intensität oder Auswirkung resultierende Gefahr für bestimmte bedeutende Rechtsgüter zu besorgen ist, neben Maßnahmen der Sachverhaltsaufklärung erforderlichenfalls auch gestattet, Maßnahmen zur Abwehr der (weiteren) Entstehung der Gefahr zu treffen und hierzu auch bereits in den Kausalverlauf einzugreifen.[94] Damit gibt es in Bayern eine **allgemein**

---

85 Vgl. dazu auch Möstl, BayVBl 2020, 649 ff.; Trurnit, JURA 2019, 258, 265 f.; Rick, StudZR WissON 2018, 232, 244 ff.
86 In diesem Sinne etwa Thiel, Polizei- und Ordnungsrecht, § 8 Rn 73, u. Pewestorf, in: Pewestorf/Söllner/Tölle, Polizei- und Ordnungsrecht, § 1 Rn 26. Vgl. den Überblick über den Diskussionsstand bei Enders, DÖV 2019, 205 bis 207, u. Thiel, Die Verwaltung 2020, 1, 3 ff.
87 Pünder, JURA 2022, 1055, 1058; Möstl, DVBl 2020, 160, 165 ff., u. Die Verwaltung 2020, 21, 31 ff.; krit. Kingreen/Poscher, Ordnungs- und Polizeirecht, § 8 Rn 18: „verfassungswidrig".
88 BVerfG (Bestandsdatenauskunft II), NJW 2020, 2699, 2711 (Rn 152); ebenso BVerfG (elektronische Fußfessel), Beschl. v. 1.12 2020 – 2 BvR 916/11 (Rn 205), NStZ 2021, 348 (dort nicht abgedruckt), u. BVerfG („Bay. Verfassungsschutzgesetz"), NJW 2022, 1583, 1586 f. (Rn 158, 163).
89 BVerfG (Bay Verfassungsschutzgesetz), NJW 2022, 1583, 1586 (Rn 158): „eine im Einzelfall drohende Gefahr für ein überragend wichtiges Rechtsgut", u. BVerfG (Übermittlungsbefugnis des Bundesamts für Verfassungsschutz Beschluss), NVwZ-RR 2023, 1, 9 (Rn 126): „Wenn eine operativ handelnde Gefahrenabwehrbehörde mittels solcher Überwachungsbefugnisse selbst Daten erheben würde, wäre zu verlangen, dass dies dem Schutz eines besonders gewichtigen Rechtsguts dient"; ebenso zudem BVerfG (SOG MV), Beschl. v. 9.12.2022 – 1 BvR 1345/21 (Rn 90), GSZ 2023, 98 (dort nicht abgedruckt), m. Anm. Graulich, 105 ff.; Pünder, JURA 2022, 1055, 1058.
90 BVerfG (SOG MV), GSZ 2023, 98 ff., m. Anm. Graulich, 105 ff.
91 BVerfG (SOG MV), Beschl. v. 9.12.2022 – 1 BvR 1345/21 (Rn 92, 95), GSZ 2023, 98 (dort nicht abgedruckt), m. Anm. Graulich, 105 ff.
92 Durch das Gesetz zur effektiveren Überwachung gefährlicher Personen vom 24.7.2017 (BayGVBl. S. 388); vgl. dazu den Gesetzentwurf LT-Drs. 17/16299 v. 4.4.2017. Zur Entstehung Weinrich, NVwZ 2018, 1680 f.
93 LT-Drs. 17/16299, S. 2, 9 ff.
94 LT-Drs. 17/16299, S. 2, 9 ff. Zust. Ebert, LKV 2018, 399, 401, u. Holzner, DÖV 2018, 946 ff., 950 f.; a. A. etwa Löffelmann, GSZ 2018, 85, 87, u. Weinrich, NVwZ 2018, 1680, 1682; diff. Trurnit, JURA 2019, 258, 266;

gültige **Eingriffsnorm** der Polizei für drohende Gefahren, auch wenn diese auf den Schutz besonderer Rechtsgüter begrenzt ist. Die Polizei darf in Bayern damit bereits **im Vorfeld einer Gefahr** tätig werden und Maßnahmen ergreifen.[95]

Das **PolG BW** kennt einer konkreten oder abstrakten Gefahr **vorgelagerte Eingriffsbefugnisse** der Polizei bislang nur in eng begrenzten Fällen.[96] So reicht etwa gem. § 29 Abs. 1 PolG für die Durchführung einer Gefährderansprache, gem. § 31 Abs. 1 PolG für Anordnung einer Aufenthaltsvorgabe oder gem. § 32 Abs. 1 PolG für die Anordnung einer elektronischen Aufenthaltsüberwachung bereits ein – im Gesetz definierter – Gefahrverdacht aus (→ § 11 Rn 66, 108, 136).[97] Eine **allgemeine Eingriffsbefugnis bei drohender Gefahr** sieht das PolG BW dagegen nicht vor. Es ist dem Gesetzgeber auch zu empfehlen, dessen Einführung grundlegend und kritisch zu prüfen.[98] *Volkmann* spricht zu Recht von einem „**Zerfließen des Gefahrbegriffs**".[99] Zwar gibt es nachvollziehbare Argumente dafür, dass eine solche Eingriffsbefugnis angesichts zunehmend vorgelagerter Gefährdungen und Geschehensabläufe rechtspolitisch angezeigt sein könnte[100] und dass wegen der weiteren Tatbestandsvoraussetzungen in § 11 Abs. 3 BayPAG die „drohende Gefahr" dort immer noch hinreichend konkretisiert ist[101], die Übertragbarkeit der vom BVerfG im BKAG-Urteil für den Bereich des Terrorismus angestellten verfassungsrechtlichen Überlegungen auf größere Bereiche der allgemeinen Gefahrenabwehr dürfte aber rechtsdogmatisch schwer begründbar sein.[102] *Enders* spricht hier zutreffend von einer „Verflüssigung des rechtsdogmatischen Kernbestands der rechtsstaatlichen Gefahrenabwehr".[103] Das BVerfG hat sein Zugeständnis einer vorgelagerten Gefahr nur im Bereich von Überwachungsmaßnahmen und Datenerhebungen vorgesehen, nicht für den gesamten Bereich des Gefahrenabwehrrechts.[104] Auch dürfte eine der **Bestimmtheit** genügende Gesetzesformulierung sehr schwer zu finden sein.[105] Sie erscheint in jedem Fall nur bei drohender Verletzung **höchstrangiger Rechtsgüter (Staat, Leib, Leben)** überhaupt vertretbar.[106] Angesichts zahlreicher spezieller polizeilicher Eingriffsnormen ist nicht erkennbar, dass es darüber hinaus einer weitergehenden allgemeinen Eingriffsnorm bei Vorliegen einer drohenden Gefahr bedürfte, die der Polizei umfassendere Vorfeldbefugnisse einräumt. Auch aus rechtspolitischen Erwägungen ist hier eher Rückhaltung geboten, da die Gefahr eines **staatlichen Generalverdachts mit polizeilichem Verhinderungsdrang** nicht von der Hand zu weisen ist.

krit. Dietrich, Gefahrenbegriff, S. 69, 79: „gesetzgeberischer Exzess", u. Holler, ZJS 2021, 278, 280: „schwer greifbar".
95 Pham/Pongratz, ZJS 2018, 396, 397; Rick, StudZR WissON 2018, 232, 234 f.
96 Trurnit, VBlBW 2021, 441, 443.
97 Vgl. dazu auch Kulick, AöR 2018, 175, 208 f.
98 In diesem Sinne wohl auch Trurnit, in: Möstl/Trurnit, Polizeirecht BW, § 1 Rn 30 b.
99 Volkmann, NVwZ 2021, 1408, 1411.
100 Vgl. dazu etwa Leisner-Egensperger, DÖV 2018, 677, 681 ff.; Ebert, LKV 2018, 399, 401; Holzner, DÖV 2018, 946, 949 f.
101 Möstl, BayVBl 2018, 156, 158 ff.; Ogorek, JZ 2019, 63, 68 ff., zu Recht krit. dagegen Weinrich, NVwZ 2018, 1680, 1682.
102 So zutr. etwa Pieroth, Die Verwaltung 2020, 39, 44 ff., u. GSZ 2018, 133, 135; Enders, DÖV 2019, 205, 208 ff.; Welzel/Ellner, DÖV 2019, 211, 217 ff.; Kulick, AöR 2018, 175, 210 f.; Weinrich, NVwZ 2018, 1680, 1682; ebenso Pham/Pongratz, ZJS 2018, 396, 398 f.; Fabis, S. 81, 93; eine schwierige Vereinbarkeit mit der EMRK sehen Lenk/Wiedmann, BayVBl 2018, 803 ff., 808; a. A. Möstl, GSZ 2021, 89, 93 f., Die Verwaltung 2020, 21, 31 ff., u. BayVBl 2020, 649, 651; Schmid/Wenner, BayVBl 2019, 109, 110 f.; Thiel, Polizei- und Ordnungsrecht, § 8 Rn 73.
103 Enders, DÖV 2019, 205, 207.
104 So zutr. Enders, DÖV 2019, 205, 210; ebenso Welzel/Ellner, DÖV 2019, 211, 212 f.; i. E. auch Löffelmann, BayVBl 2019, 212, 131 f.
105 Vgl. zu diesen Bedenken auch Kingreen/Poscher, Polizei- und Ordnungsrecht, § 8 Rn 18; Welzel/Ellner, DÖV 2019, 211, 218; Löffelmann, GSZ 2018, 85, 87 f.; Pham/Pongratz, ZJS 2018, 396, 397 f.; Rick, StudZR WissON 2018, 232, 244 ff.; a. A. Schmid/Wenner, BayVBl 2019, 109, 110.
106 Ebenso Kingreen/Poscher, Polizei- und Ordnungsrecht, § 8 Rn 18; Zaremba, DÖV 2019, 221; 223; Leisner-Egensperger, DÖV 2018, 677, 685 f.; Löffelmann, GSZ 2018, 85, 87; Pieroth, GSZ 2018, 133, 135.

40 j) Scheingefahr. Bei der **Scheingefahr** (= **Putativgefahr**) liegt eine Sachlage vor, die objektiv betrachtet keine Gefahr für die öffentliche Sicherheit oder Ordnung darstellt – **die Gefahr besteht nur „zum Schein".** Dennoch geht die Polizei aufgrund einer fehlerhaften Einschätzung der Sachlage vom Vorliegen einer Gefahr aus. Die Polizei nimmt irrtümlich das Vorliegen einer Gefahr an, obwohl bei vernünftiger „objektivierender" Betrachtung hierzu keinerlei Anlass besteht.[107]

Fall 8: Die Polizei wird von einer Person um Hilfe gerufen, weil aus der Wohnung ihres Nachbarn besorgniserregende Geräusche zu vernehmen sind. Vor Ort stellt die Polizei fest, dass in der Wohnung Licht brennt und aus der Wohnung immer wieder dieselben Schreie und Schüsse zu hören sind. Sonstige Anhaltspunkte, dass in der Wohnung gewalttätige Auseinandersetzungen stattfinden, gibt es nicht. Ein Nachbar weist darauf hin, dass der Wohnungsinhaber oft gewalttätige Filme anschaut und schwerhörig ist. Ohne sich weiter zu informieren, bricht die Polizei gewaltsam in die Wohnung ein, wo sie den Wohnungsinhaber schlafend vor dem laufenden Fernseher vorfindet.

Im Fall 8 lag **objektiv** keine Gefahrensituation vor. Das Abspielen des Gewaltfilms gefährdet die öffentliche Sicherheit oder Ordnung nicht. Aufgrund einer **Fehleinschätzung der Sachlage** ging die Polizei irrtümlich davon aus, dass eine Gefahr für Leib und Leben bestand. Bei verständiger und sachgerechter Würdigung der Situation aus der **Sicht „ex ante"** – also im Zeitpunkt vor dem Öffnen der Haustür – lagen keine ausreichenden Anhaltspunkte für eine Gefährdung von Rechtsgütern vor. Der Gefahrenverdacht war nicht ausreichend begründet, denn die Polizei hat auch keine weiteren Ermittlungen vorgenommen. Die Schreie und Schüsse wurden falsch interpretiert. Hier lag seitens der Polizei ein Tatbestandsirrtum vor, der zu einer unzutreffenden Prognose führte. In diesem Fall waren keine polizeilichen Maßnahmen gerechtfertigt. Das gewaltsame Eindringen in die Wohnung war daher rechtswidrig.[108]

41 k) Anscheinsgefahr. Von der Scheingefahr (= Putativgefahr) ist die **Anscheinsgefahr** zu unterscheiden. Eine **Anscheinsgefahr** besteht, wenn sich nach verständiger Würdigung der Umstände **ex ante** (also im Zeitpunkt der Entscheidung) eine Gefahr ergibt, obwohl sich die Lage **ex post** (= nachträglich) als ungefährlich erweist und zu keinem Zeitpunkt eine wirkliche Gefahr für ein polizeiliches Schutzgut bestand.[109] Für ihr Vorliegen ist entscheidend, ob der handelnde Beamte aus der ex-ante Sicht mit Blick auf die ihm tatsächlich zur Verfügung stehenden Informationen aufgrund hinreichender Anhaltspunkte vom Vorliegen einer Gefahr ausgehen konnte, und diese Prognose dem Urteil eines fähigen, besonnenen und sachkundigen Amtswalters entspricht.[110] Im Fall einer Anscheinsgefahr zweifelt die Polizei wegen der ihr vorliegenden Informationen nicht am tatsächlichen Vorliegen einer Gefahr, obwohl schon zu diesem Zeitpunkt objektiv feststeht, dass eine solche nicht existiert.[111]

Fall 9: Der Firma X wurde ein 60 x 40 x 30 cm großes Paket geliefert, Absender „United Arab Emirates", versehen mit entsprechendem Staatswappen. Die Nachforschungen des Sicherheitsbeauftragten der Firma X ergeben, dass das Paket nicht vom angegebenen Absender, sondern anonym verschickt worden ist. Wegen der Begleitumstände wird der Sicherheitsbeauftragte misstrauisch; er befürchtet, dass es sich bei dem Paket um eine unkonventionelle Spreng- oder Brandvorrichtung handeln könnte und alarmiert deshalb die Polizei. Diese fordert beim LKA zur weiteren Untersuchung des Pakets zwei Delaborierer an, die per Hubschrauber zu der Firma eingeflogen werden. Beim Öffnen des Pakets stellen sie fest, dass sich darin nur

---

107 Bäcker, in: Lisken/Denninger, Handbuch des Polizeirechts, Kap. D Rn 95; Zeitler/Trurnit, Polizeirecht BW, Rn 234; Holler, ZJS 2021, 578, 582; Schenke, JuS 2018, 505, 507 f.; Vahle, DVP 2015, 311, 314.
108 Thiel, Polizei- und Ordnungsrecht, § 8 Rn 59. Zur *Abgrenzung* der Scheingefahr von der Anscheinsgefahr vgl. auch VGH BW, BWGZ 1991, 68, 69 = DVBl 1990, 1047, u. VGH BW, NVwZ 1991, 493 = BWVPr 1991, 113.
109 Holler, ZJS 2021, 578, 581 f.; Schenke, JuS 2018, 505, 507; Vahle, DVP 2015, 311, 314; Trurnit, in: Möstl/Trurnit, Polizeirecht BW, § 1 Rn 23.
110 VGH BW, VBlBW 2022, 297, 301 = DÖV 2022, 256 (Ls.); HambOVG, ZVR-Online Dok. Nr. 7/2022.
111 VGH BW, VBlBW 2022, 297, 301 = DÖV 2022, 256 (Ls.); VGH BW, VBlBW 2014, 56; VGH BW, VBlBW 2011, 155; Deger, in: Stephan/Deger, Polizeigesetz BW, § 1 Rn 34.

IV. Grundsätze für die Feststellung einer Polizeigefahr

Verpackungsmaterial befindet. Kurze Zeit später stellt sich heraus, dass sich der Absender des Pakets nur einen Scherz erlauben wollte.[112]

Im **Fall 9** lag eine Anscheinsgefahr vor. Aus der ex-ante Sicht mit Blick auf die den Polizeibeamten tatsächlich zur Verfügung stehenden Informationen konnten diese auf der Grundlage hinreichender Anhaltspunkte vom Vorliegen einer Gefahr ausgehen.[113]

Überwiegend wird die Anscheinsgefahr als **echte Gefahr** im polizeirechtlichen Sinne verstanden.[114] Sie berechtigt daher zu allen notwendigen Maßnahmen. Nur so kann die Effektivität der Gefahrenabwehr sichergestellt werden, da eine Gefahrenabwehrmaßnahme typischerweise auf einer vorhergehenden Prognoseentscheidung beruht.

Der **Anscheinsstörer** ist Störer im Sinne des Polizeirechts. Durch die Anscheinsgefahr wird die öffentliche Sicherheit bedroht, so dass eine polizeiliche Maßnahme, die aufgrund einer Anscheinsgefahr im Rahmen präventiven Rechtsgüterschutzes erfolgt, nicht deshalb (ex tunc) rechtswidrig wird, weil die prognostische Entwicklung nicht eingetreten ist.[115] Ob dem Anscheinsstörer gegenüber dem Staat ein Ausgleichs- bzw. Entschädigungsanspruch zusteht, wird in der Rechtslehre unterschiedlich beurteilt (→ § 14 Rn 9 ff.). 42

Stellt sich nach dem Eingreifen der Polizei heraus, dass entgegen der Auffassung zum Zeitpunkt des polizeilichen Handelns tatsächlich kein Schaden drohte, so muss die Polizei **alle bereits getätigten Maßnahmen unverzüglich aufheben**, sofern sich daraus noch Beeinträchtigungen für die betroffenen Personen ergeben.[116] 43

l) Lebensgefahr. **Lebensgefahr** (vgl. etwa § 68 Abs. 2 PolG) liegt vor, wenn die Zerstörung eines Menschenlebens oder eine schwere, im allgemeinen lebensgefährliche Beeinträchtigung der menschlichen Gesundheit droht. In vielen Fällen ist die Lebensgefahr mit der **Gesundheitsgefahr** verbunden, so etwa bei der Durchsuchung einer Person nach Waffen gem. § 34 Abs. 2 PolG (Gefahr für Leib und Leben). Die Verbindung von Lebens- und Gesundheitsgefahr lässt darauf schließen, dass nur schwere Gesundheitsgefahren genügen.[117] 44

3. Gefahrenverdacht und Gefahrerforschung. Von der Anscheinsgefahr ist der Gefahrenverdacht zu unterscheiden. Beim **Gefahrenverdacht** hält die Polizei aufgrund objektiver Umstände das Vorhandensein der Gefahr zwar für möglich, nicht aber für sicher. Die Polizei ist nicht sicher, ob tatsächlich eine Gefahr vorliegt. Zwar bestehen Anhaltspunkte, die den Verdacht einer Gefahr begründen. Wegen Unsicherheiten bei der Ermittlung des Sachverhalts oder bei der Prognose des weiteren Kausalverlaufs wird aber die Entscheidung über die Wahrscheinlichkeit eines Schadenseintritts erschwert.[118] Deshalb wird der Gefahrenverdacht auch als „eine Gefahr geringeren Wahrscheinlichkeitsgrades" bezeichnet.[119] 45

---

112 Sachverhalt entnommen aus VGH BW, VBlBW 2014, 56.
113 VGH BW, VBlBW 2014, 56; zu einem weiteren Beispiel vgl. VGH BW, VBlBW 2011, 155, 157; VGH BW, VBlBW 2011, 350.
114 Meyer, JA 2017, 1259, 1262 f.; Schenke, JuS 2018, 505, 507.
115 Vgl. VGH BW, VBlBW 2022, 413, 417, sowie OVG NRW, DVBl 2013, 931, u. die Urteilsbesprechung von Waldhoff zum Verhältnis zwischen ordnungsrechtlicher Verantwortlichkeit und zivilrechtlicher Innenverhältnis einer Personenmehrheit, JA 2014, 383.
116 So zutr. Schenke, JuS 2018, 505, 507.
117 Deger, in: Stephan/Deger, Polizeigesetz BW, § 1 Rn 25.
118 Holla, ZJS 2021, 578, 582; Schenke, JuS 2018, 505, 508.
119 Knemeyer, Polizei- und Ordnungsrecht (PdW), Rn 70 m. w. N. Rausch, Landesrecht BW, § 3 Rn 45, hält den „Gefahrverdacht" für einen der „obskursten und diffusesten" Begriffe des Polizeirechts.

Beim Gefahrenverdacht sind die Abwehrmaßnahmen vorrangig auf die Klärung der Gefahrensituation zu richten.[120] In besonderen Fällen, wie etwa bei einer möglichen unmittelbaren Gefahr für Leib und Leben, können die notwendigen Maßnahmen über die bloß vorläufige Klärung und Sicherung hinaus den Charakter endgültiger Gefahrenabwehr annehmen.[121] Der Gefahrenverdacht ist insbesondere im Bereich des Altlastenrechts von erheblicher praktischer Bedeutung.

Fall 10: Das zuständige Landratsamt stellt nach Bodenluftuntersuchungen fest, dass der Boden eines Grundstücks verunreinigt ist. Es ordnet deshalb gegenüber dem Eigentümer Probebohrungen an. Hierdurch soll das Ausmaß der Verschmutzung festgestellt werden, um entscheiden zu können, ob Sanierungsmaßnahmen erforderlich sind (VGH BW, DÖV 1991, 167).

Im **Fall 10** lassen die aufgefundenen Schadstoffe befürchten, dass der ganze Boden kontaminiert und deshalb das Grundwasser gefährdet ist. Die zuständige Behörde ist sich aber noch nicht sicher, welches Ausmaß die Verunreinigung hat. Sie kann deshalb im Zeitpunkt ihrer Entscheidung nicht mit hinreichender Sicherheit einen Schadenseintritt prognostizieren. Es liegt daher ein Gefahrenverdacht vor.[122]

46 Die angeordnete Untersuchungsmaßnahme stellt eine **Gefahrerforschungsmaßnahme** dar, die im **Fall 10** (→ Rn 45) als Vorbereitungsmaßnahme auf die Behebung einer für die Wasserwirtschaft bestehenden Gefahr gerichtet ist. Derartige Maßnahmen sind Verfügungen der zuständigen Behörden zur Ermittlung oder Untersuchung einer Gefahrenlage, ihrer Ursache, ihres Umfangs und ihres Verursachers durch Messungen, Bodensondierungen oder Probebohrungen etc. (Gefahrerforschungs-, Störererforschungseingriff).[123]

Gefahrerforschungsmaßnahmen bedürfen einer gesetzlichen **Ermächtigungsgrundlage**.[124] Sie werden regelmäßig auf **Spezialermächtigungen** gestützt.[125] Dies gilt insbesondere für Maßnahmen auf der Grundlage des § 9 Abs. 2 BBodSchG („Gefährdungsabschätzung und Untersuchungsanordnungen"). Die **vor** dem Inkrafttreten des BBodSchG im Jahre 1998 geführte Diskussion, ob die polizeiliche Generalklausel der §§ 1, 3 PolG als Ermächtigungsgrundlage für Gefahrerforschungsmaßnahmen herangezogen werden kann[126], wenn eine Spezialvorschrift nicht vorhanden ist, hat sich deshalb in der Verwaltungspraxis mehr oder weniger erledigt.[127] Grundsätzlich muss aber beim Vorliegen einer konkreten Gefahr der Rückgriff auf das Polizeirecht bejaht werden.[128] Demgegenüber können Maßnahmen der Gefahrenerforschung nicht auf den Untersuchungsgrundsatz des § 24 LVwVfG gestützt werden.

47 Bestehen keine spezialgesetzlichen Ermächtigungen, können Gefahrerforschungsmaßnahmen auf die **polizeiliche Generalklausel** der §§ 1, 3 PolG gestützt werden.[129] Dabei ist aber zu beachten, dass es keine Maßnahmen „ins Blaue hinein" geben kann. Vielmehr muss die Polizei sehr gründlich prüfen, wie konkret der Verdacht eines möglichen Schadenseintritts ist. Je konkreter

---

120 Vahle, DVP 2015, 311, 315; Thiel, Polizei- und Ordnungsrecht, § 8 Rn 62; Trurnit, in: Möstl/Trurnit, Polizeirecht BW, § 1 Rn 27; Knemeyer/Schmidt (PdW), Polizei- und Ordnungsrecht. S. 31; vgl. auch Schwarz, JA 2020, 321, 324 ff., zum Gefahrverdacht im IfSG.
121 VGH BW, VBlBW 2014, 56, 57; Deger, in: Stephan/Deger, Polizeigesetz BW, § 1 Rn 25; *krit.* dazu etwa Tomerius, DVBl 2019, 1581, 1583.
122 VGH BW, DÖV 1991, 167.
123 Kenntner, in: Kenntner, Öffentliches Recht BW, Kap. A Rn 85 f.
124 Kießling, VerwArch 2017, 282, 283 ff.
125 Vgl. auch Schenke, JuS 2018, 505, 509.
126 Dafür i. E. etwa Ibler, in: Ennuschat/Ibler/Remmert, Öffentliches Recht BW, § 2 Rn 141.
127 Vgl. dazu auch Ibler, in: Ennuschat/Ibler/Remmert, Öffentliches Recht BW, § 2 Rn 134, mit weiteren Beispielen.
128 VGH BW, VBlBW 1990, 469; Deger, in: Stephan/Deger, Polizeigesetz BW, § 1 Rn 29 m. w. N.
129 Ebenso Schenke, JuS 2018, 505, 509 ff.; Vahle, DVP 2015, 311, 316; krit. zust. Thiel, Polizei- und Ordnungsrecht, § 8 Rn 65, *a. A.* wohl VG Freiburg, openJur 2021, 23297 (Rn 24, 26).

die zugrundeliegenden Anhaltspunkte sind, desto eher handelt die Polizei ermessensfehlerfrei, wenn sie ihre Gefahrerforschungsmaßnahmen auf die §§ 1, 3 PolG stützt. Die **Eingriffsschwelle** ist umso geringer, je größer die Gefahr und die Bedeutung des bedrohten Rechtsguts ist.[130]

4. Das Schutzgut der öffentlichen Sicherheit. a) Definition. Der Begriff der **öffentlichen Sicherheit** des § 1 Abs. 1 PolG ist ein **unbestimmter Rechtsbegriff**. Er wird im PolG nicht ausdrücklich definiert. In ständiger Rechtsprechung hat sich aber eine **allseits anerkannte Definition** herausgebildet: Die öffentliche Sicherheit umfasst die Unversehrtheit der Individualrechtsgüter Leben, Gesundheit, Ehre, Freiheit, Eigentum und Vermögen der Bürger sowie die Unverletzlichkeit des Staates, seiner Einrichtungen und Veranstaltungen sowie der objektiven Rechtsordnung allgemein.[131] Zwischenzeitlich ist das Normengeflecht in der Bundesrepublik Deutschland so dicht, dass die Individualrechtsgüter nahezu vollständig durch eigene Rechtsnormen geschützt sind (→ Rn 59). Der Rückgriff auf die Individualrechtsgüter als solche ist damit weitgehend entbehrlich geworden.[132]

48

b) Schutz des Staates und seiner Einrichtungen und Veranstaltungen. aa) Schutz der freiheitlichen demokratischen Grundordnung. Der Schutz der verfassungsmäßigen Ordnung ist in § 1 Abs. 1 S. 2 PolG ausdrücklich als Aufgabe der Polizei festgelegt. Der **Schutz der Verfassung und der freiheitlichen demokratischen Grundordnung** (Art. 20 GG) ist daher Schutzgut der öffentlichen Sicherheit. Zur verfassungsmäßigen Ordnung gehören u. a. wichtige Verfassungsgrundsätze wie der Grundsatz der Gewaltenteilung (Art. 20 Abs. 2 GG, 25 Abs. 1 LV), der Gesetzmäßigkeit (Art. 20 Abs. 3 GG, 25 Abs. 2 LV), der Verantwortlichkeit der Regierung gegenüber dem Parlament (Art. 67, 68 GG, 54 LV), die Unabhängigkeit der Gerichte (Art. 20 Abs. 3, 97 GG, 25 Abs. 3 LV) und der föderale Aufbau der Bundesrepublik (Art. 28 GG). Weiterhin konkretisieren die Bestimmungen im **StGB** den Schutz der verfassungsmäßigen Ordnung (vgl. §§ 80 ff., §§ 93 ff., §§ 102 ff., §§ 109 ff., §§ 113, 114 StGB) oder Straftatbestände zum Haus-, Landfriedens-, Verwahrungs- und Verstrickungsbruch (§§ 123 ff., 133, 136 StGB).

49

Beispiele:
- Eine Bedrohung der verfassungsmäßigen Ordnung und damit der öffentlichen Sicherheit hatte der Staatsgerichtshof BW in der Unterstützung von Boykottaktionen gegen die **Volkszählung** (etwa das sog. „Zählsorge-Telefon") durch Landtagsabgeordnete der Fraktion der „Grünen" gesehen (vgl. StGH BW, VBlBW 1988, 211 ff.).
- Die **Verwendung des Symbols „Z"** bei Versammlungen oder sonst im öffentlichen Raum erfüllt den Straftatbestand der Billigung eines Angriffskriegs (hier der russischen Armee auf die Ukraine) und stellt daher eine Störung der öffentlichen Sicherheit dar (OVG LRA, DVBl 2022, 740 = LKV 2022, 230, zust. Lange, NVwZ 2022, 1258, 1259 f.).

bb) Schutz staatlicher Einrichtungen und Veranstaltungen. (1) Schutzumfang. Geschützt werden **Einrichtungen des Staates und ihre Funktionsfähigkeit** vor rechtswidrigen Behinderungen ihrer ordnungsgemäßen Tätigkeit.[133] Dazu gehören etwa die Parlamente des Bundes und der Länder, Regierungen, Gerichte, Behörden, Universitäten, Botschaften, Konsulate, Schulen,

50

---

130 Kießling, VerwArch 2017, 282, 285 ff. m. w. N. aus der Rechtsprechung (294 ff.).
131 VGH BW, NVwZ 2001, 1299. In anderen Landespolizeigesetzen existiert eine *Legaldefinition*: Vgl. etwa § 2 Nr. 2 BremPolG, wo die öffentliche Sicherheit als „Unverletzlichkeit der Rechtsordnung, der subjektiven Rechte und Rechtsgüter des einzelnen sowie der Einrichtungen und Veranstaltungen des Staates und der sonstigen Träger der Hoheitsgewalt" definiert wird (vgl. dazu Dietrich, in: Dietrich/Fahrner/Gazeas/von Heintschel-Heinegg, Handbuch Sicherheits- und Staatsschutzrecht, § 6 Rn 62 f.), ebenso § 3 Nr. 1 SOG LSA u. § 54 Nr. 1 ThürOBG. Vgl. auch Möstl, DVBl 2023, 330, 331 f.
132 Möstl, DVBl 2023, 330, 331 f. m. w. N.
133 Raue, in: Dietrich/Fahrner/Gazeas/von Heintschel-Heinegg, Handbuch Sicherheits- und Staatsschutzrecht, § 10 Rn 8 ff.; Vahle, DVP 2015, 311, 313.

Bahnhöfe, Museen, öffentliche Verkehrs- und Versorgungsbetriebe, Einrichtungen der Polizei und (andere) (öffentliche) Einrichtungen.[134]

Beispiel: Der obdachlose O, der zur Beseitigung seiner unfreiwilligen Obdachlosigkeit in eine gemeindliche **Notunterkunft** eingewiesen wurde, bezieht eigenmächtig einen weiteren Raum. Die Ortspolizeibehörde benötigt diesen Raum dringend für die Unterbringung / Einweisung einer anderen obdachlosen Person. Durch sein Vorgehen beeinträchtigt O die Funktionsfähigkeit der gemeindlichen Obdachlosenunterkunft. Die zuständige Ortspolizeibehörde kann deshalb die Räumung des Raumes anordnen (VGH BW, VBlBW 1992, 25, 26; → § 6 Rn 60).

51 Die gemeinschaftsbezogene Schutzrichtung der öffentlichen Sicherheit umfasst auch die sog. **kollektiven Rechtsgüter** wie Natur und Landschaft, Umweltschutz, öffentliche Wasserversorgung, Gesundheit etc., deren Schutz mit Rücksicht auf das Leben in der staatlich organisierten Gemeinschaft geboten ist.[135] Der Schutz dieser Rechtsgüter erfolgt regelmäßig durch Spezialgesetze und spezielle Ermächtigungen (etwa im BBodSchG, BNatSchG, TierSG, BImSchG, IfSG etc.).

52 Der Schutzbereich der öffentlichen Sicherheit ist auch beeinträchtigt, wenn **Veranstaltungen des Staates** wie etwa Staatsbesuche, militärische Übungen, öffentliche Vereidigungen von Bundeswehrsoldaten oder die Tätigkeit der Polizei selbst gestört werden.[136] Hier ist zu beachten, dass jede Art von gewaltlos und ohne Ehrenverletzung geäußerter **Kritik** an staatlichen Organen durch die Grundrechte auf Meinungsfreiheit, Kunstfreiheit und unter Umständen auch der Versammlungsfreiheit geschützt ist. Es ist keine Aufgabe der Polizei, den Staat bzw. seine Organe vor Kritik zu schützen.[137]

Auch die **Behinderung von Einsätzen der Polizei-, Hilfs- und Rettungsdienste** durch sog. „Gaffer" ist grundsätzlich eine Störung staatlicher Veranstaltungen (Rettungseinsatz = Veranstaltung) und kann auf dieser Grundlage die öffentliche Sicherheit beeinträchtigen und polizeiliche Maßnahmen wie etwa einen Platzverweis gem. § 30 Abs. 1 PolG rechtfertigen.[138] Allerdings ist zu beachten, dass

- das **bloße Beobachten** von Rettungseinsätzen bei Unfällen und Unglücken für sich allein nicht ausreicht, sondern dass es durch das Beobachten zu unmittelbaren Beeinträchtigungen der Einsatzkräfte und des Einsatzes oder zu Folgestörungen (etwa Staubildung) kommen muss;
- das „Gaffen" in Form der Beeinträchtigung von Einsatzkräften mittlerweile mit unterschiedlichen Tatbeständen als **Ordnungswidrigkeit** und als **Straftat** geahndet wird[139], so dass in aller Regel die objektive Rechtsordnung beeinträchtigt wird (→ Rn 61), so dass ein Rückgriff auf die Störung staatlicher Veranstaltungen nicht notwendig ist.

53 Die **Warnung anderer Verkehrsteilnehmer** vor polizeilichen Maßnahmen wie etwa Geschwindigkeitsmessungen beeinträchtigt nicht die öffentliche Sicherheit. Mit Ausnahme der Regelung in § 16 Abs. 1 StVO (Schall- und Leuchtzeichen wie etwa Einsatz einer Lichthupe) gibt es kein gesetzliches Verbot derartiger Warnungen.[140] Demgegenüber stellt die Nutzung eines

---

134 Bäcker, in: Lisken/Denninger, Handbuch des Polizeirechts, Kap. D Rn 62, 65 f.
135 Würtenberger/Heckmann/Tanneberger, Polizeirecht BW, § 5 Rn 264; VGH BW, NVwZ 1998, 166; VGH BW, VBlBW 1992, 211, 213.
136 Deger, in: Stephan/Deger, Polizeigesetz BW, § 1 Rn 46; BGH, NJW 2013, 2916 (Zuparken einer Geschwindigkeitsmessanlage).
137 Gusy/Eichenhofer, Polizei- und Ordnungsrecht, Rn 88.
138 Müller, NJ 2021, 298, 299; vgl. dazu auch Gusy/Eichenhofer, Polizei- und Ordnungsrecht, Rn 83, mit Verweis auf die inzwischen bestehenden konkreten Rechtsgrundlagen für einen Platzverweis gegen Gaffer in den PolG anderer Bundesländer.
139 Müller, NJ 2021, 298, 300.
140 Wie hier Kingreen/Poscher, Polizei- Ordnungsrecht, § 7 Rn 39, Schenke, Polizei- und Ordnungsrecht, Rn 65, u. Deger, in: Stephan/Deger, Polizeigesetz BW, § 1 Rn 46; eher *diff.* Gusy/Eichenhofer, Polizei- und Ord-

IV. Grundsätze für die Feststellung einer Polizeigefahr

Radarwarngeräts eine Störung der öffentlichen Sicherheit dar, da dessen Nutzung durch § 23 Abs. 1 c StVO untersagt ist (→ § 11 Rn 266, 289).

(2) Exkurs: Polizei und Hausrecht. Vor allem bei der Durchsetzung von Hausverboten für öffentliche Dienstgebäude stellt sich die Frage, ob und welche Befugnisse die Polizei hat. Hierbei müssen folgende Grundsätze beachtet werden: 54

Fall 11: O wohnt schon seit Monaten illegal in einem Wohnwagen in einem Rebgelände. Als ihn die zuständige Baurechtsbehörde zum Verlassen auffordert, begibt sich O mehrfach ins Rathaus, wo er sich sehr aggressiv verhält und Mitarbeiter bedroht. Bürgermeister B erteilt ihm daraufhin für drei Monate ein Hausverbot für das Rathausgebäude. Gleichzeitig bittet er die Polizei, für die Durchsetzung des Hausverbots zu sorgen.

(1) Das **Hausrecht** gewährt jedem Hausrechtsinhaber (regelmäßig der Eigentümer / Berechtigte eines Grundstücks, Gebäudes oder einer Wohnung) das **Zutritts- und Aufenthaltsbestimmungsrecht** von Personen sowie die Befugnis, für die Benutzung seines Herrschaftsbereiches Verhaltens- und Ordnungsregeln aufzustellen. Hierbei ist zwischen dem privaten und öffentlichen Hausrecht zu unterscheiden. Das **private Hausrecht** wird aus den Regelungen des Besitzes (§§ 854 ff. BGB) und den Eigentumsregelungen (§§ 903, 1004 BGB) hergeleitet und gewährt das Recht, darüber zu entscheiden, wer sich in dem vom Hausrecht abgedeckten Bereich aufhalten darf und wie er sich dort zu verhalten hat. Das **öffentliche Hausrecht** besteht an Grundstücken oder Gebäuden, die durch Widmung der vorgesehenen Bereiche für die Zwecke der öffentlichen Verwaltung zweckgebunden sind. Es wird als Ausfluss der **Ordnungs- bzw. Anstaltsgewalt** bzw. der öffentlich-rechtlichen Sachherrschaft angesehen und dient der Durchsetzung der Funktionsfähigkeit der öffentlichen Einrichtung. Inhaber des Hausrechts ist der zuständige Dienststellen- bzw. Behördenleiter, nicht dagegen (bevollmächtigte) private Personen.[141] Ihm steht das Recht zu, alle Maßnahmen zu treffen, die geeignet und erforderlich sind, um den ordnungsgemäßen Betrieb der Einrichtung / Anstalt zu gewährleisten. Hierzu zählt die Befugnis, durch **Hausverbot** über den Zutritt und das Verweilen im öffentlichen Gebäude zu entscheiden und Störer / Benutzer aus dem Dienstgebäude zu weisen und ihnen das Betreten für die Zukunft zu untersagen.[142] Wegen der öffentlich-rechtlichen **Zweckbindung** der Räumlichkeiten ist die Ausübung des Hausrechts aber **beschränkt**.[143] Denn grundsätzlich hat im Rahmen der Widmung jedermann Zutritt zu einem öffentlichen Gebäude. Über das Hausrecht können daher nur die Störungen verhindert werden, die eine sachgemäße Erfüllung der Verwaltungsaufgaben gefährden oder verhindern.[144] Im **Fall 11** ist die Beschränkung des (öffentlichen) Zutrittsrechts durch das aggressive Verhalten des O gerechtfertigt.

(2) Die **rechtliche Zuordnung** des Hausrechts bzw. eines Hausverbots als zivil- oder öffentlich-rechtliche Maßnahme bestimmt sich nach dem **Zweck der Maßnahme**.[145] Ein Hausverbot ist öffentlich-rechtlicher Natur, wenn und soweit es der Sicherung der Erfüllung der öffentlichen Aufgaben im Verwaltungsgebäude dient, ohne Rücksicht darauf, aus welchen Gründen der Besucher das Gebäude betritt.[146] Soweit das Hausverbot in öffentlich-rechtlicher Form 55

---

nungsrecht, Rn 83; a. A. etwa Götz/Geis, Polizei- und Ordnungsrecht, § 10 Rn 42; Vahle, DVP 2015, 311, 313; VG Saarland, DAR 2004, 668; OVG NRW, DÖV 1997, 512.
141 BayVGH, BayVBl 2022, 48, 49 (Rn 6), für den Fall eines von der Behörde beauftragten Rechtsanwalts.
142 OVG NRW, NJW 1995, 814; Stelkens, JURA 2010, 363, 365; im Einzelnen ist vieles str., vgl. Deger, in: Stephan/Deger, Polizeigesetz BW, § 1 Rn 44.
143 BayVGH, BayVBl 2022, 48 f. (Rn 5).
144 BayVGH, BayVBl 2022, 48, 49 (Rn 9).
145 Grundlegend dazu Austermann, JURA 2023, 419, 420 ff.
146 Str.; so auch Ramm, DVBl 2011, 1506, 1507; Maurer/Waldhoff, Allg. Verwaltungsrecht, § 3 Rn 35 m. w. N.; VG Neustadt, LKRZ 2010, 178; a. A. BGHZ 33, 230; vgl. auch VG Gießen zur Rechtmäßigkeit eines öffentlich-rechtlichen Hausverbots auf der Grundlage des HessHochschG, Urt. v. 24.1.2011 – 4 K 1800/10.GI., u. Michl/Roos, LKRZ 2012, 50; VG Saarlouis, NJW 2012, 3803.

erlassen wird, liegt ein Verwaltungsakt vor. Das Hausrecht endet an den Grenzen des Grundstücks des Hoheitsträgers. Bei einer **öffentlichen Einrichtung** ist auch ein auf privatrechtlicher Rechtsgrundlage beruhender Ausschluss von der Nutzung in Form eines Hausverbots als **„Kehrseite" des kommunalrechtlichen Zugangsanspruchs** anzusehen und unterliegt damit der öffentlich-rechtlichen Prüfung durch die Verwaltungsgerichte. Ein öffentlich-rechtlicher Zulassungsanspruch kann nicht durch ein privatrechtliches Benutzungsverbot umgangen werden.[147]

56 (3) Da das Hausrecht kein höchstpersönliches Recht darstellt, kann es grundsätzlich übertragen werden. Dies gilt sowohl für das private als auch für das öffentliche Hausrecht.[148] So kann etwa ein privater Hauseigentümer einen Sicherheitsdienst oder ein Behördenleiter einen Wachdienst mit der Wahrung des Hausrechts beauftragen. Eine **Übertragung des Hausrechts** auf Hoheitsträger bzw. auf die Polizei oder einzelne Polizeibeamte durch private Hausrechtsinhaber oder Behördenleiter ist hingegen **nicht zulässig**. Dies würde dem Grundsatz der Gesetzmäßigkeit (Gesetzesvorbehalt) widersprechen. Denn die Ausübung des Hausrechts stellt keine Ermächtigungsgrundlage für hoheitliches Verhalten dar.[149]

57 (4) Zum **Schutz des privaten Hausrechts** kann die Polizei grundsätzlich nur Maßnahmen zum Schutze der privaten Rechte gem. § 2 Abs. 2 PolG – also nur subsidiär – ergreifen (→ § 3 Rn 79 ff.). Etwas anderes gilt nur, wenn durch die Beeinträchtigung des privaten Hausrechts zugleich ein strafbares Verhalten vorliegt und somit nicht mehr ausschließlich ein privates Recht bedroht bzw. verletzt ist. Das Hausrecht wird als Rechtsgut des § 123 StGB geschützt. Wenn daher etwa durch ein Verhalten eines Störers der Straftatbestand eines Hausfriedensbruchs erfüllt wird, liegt eine Beeinträchtigung der öffentlichen Sicherheit vor, mit der Folge, dass die Polizei im Rahmen ihres pflichtgemäßen Ermessens einschreiten und etwa Standardmaßnahmen wie Platzverweise, Aufenthaltsverbote etc. ergreifen bzw. vollstrecken kann.[150] Zu beachten ist in diesem Zusammenhang, dass es sich beim Hausfriedensbruch um ein **Antragsdelikt** handelt. Stellt der verletzte Rechtsinhaber keinen Strafantrag und dokumentiert dadurch, dass er kein Interesse an einer Strafverfolgung oder an polizeilichen Maßnahmen hat, braucht die Polizei im Rahmen ihres pflichtgemäßen Ermessens nicht einzuschreiten.[151]

58 (5) Bei der **Durchsetzung eines Hausverbots im öffentlichen Bereich** muss differenziert werden:
- Wurde das Hausverbot aus privatrechtlichen Gründen ausgesprochen, gelten die Ausführungen zuvor unter § 4 Rn 57. Grundsätzlich kann daher die Polizei nur unter den Voraussetzungen des § 2 Abs. 2 PolG zum Schutz der privaten Rechte eines Hoheitsträgers eingreifen. Wurde bereits ein Hausverbot ausgesprochen und weigert sich trotzdem der Adressat dieser Maßnahme, das Dienstgebäude zu verlassen, ist regelmäßig das Schutzgut der öffentlichen Sicherheit beeinträchtigt (strafbares Verhalten gem. § 123 StGB) mit der Folge, dass die Polizei im Rahmen ihres pflichtgemäßen Ermessens einschreiten und entsprechende Verfügungen erlassen bzw. vollstrecken kann (→ Rn 59).
- Hat der (öffentliche) Hausrechtsinhaber ein öffentlich-rechtliches Hausverbot erteilt, liegt regelmäßig ein (Grund)Verwaltungsakt vor, der im Falle von Zuwiderhandlungen zu vollstrecken ist. In diesem Fall kann die Polizei nur im Wege der Amtshilfe bei der

---

147 VGH BW, VBlBW 2023, 165.
148 Vgl. dazu aber BayVGH, BayVBl. 2022, 48, 49 (Rn 6): Keine Übertragung des öffentlichen Hausrechts auf private Personen.
149 Vgl. im Einzelnen Ramm, DVBl 2011, 1506, 1507 f.
150 Vgl. im Einzelnen Ramm, DVBl 2011, 1506, 1507 f.
151 Bäcker, in: Lisken/Denninger, Handbuch des Polizeirechts, Kap. D Rn 51.

Vollstreckung der Grundverfügung des Hoheitsträgers Maßnahmen ergreifen, etwa bei der Anwendung des unmittelbaren Zwangs.

c) Schutz der objektiven Rechtsordnung. aa) Allgemeines. Zur Gefahrenabwehr gehört auch der Schutz der objektiven Rechtsordnung. Unter diesen Schutzbereich fallen grundsätzlich **alle geschriebenen Normen der Rechtsordnung**, gleichgültig ob sie aus dem öffentlichen oder privaten Recht hergeleitet werden.[152] Dennoch kann nicht jeder (drohende) Verstoß gegen eine Rechtsnorm eine abzuwehrende Verletzung der öffentlichen Sicherheit darstellen und ein polizeiliches Eingreifen rechtfertigen. Mit Recht weist *Deger* darauf hin, dass aus rechtstaatlichen Gründen eine Begrenzung notwendig ist.[153] Aus diesen Gründen hat die Polizei (nur) die Aufgabe, die Gefahr der Verletzung von **Normen des öffentlichen Rechts** abzuwehren, die sich mit **zwingenden** Anforderungen, Geboten oder Verboten an den Einzelnen wenden. Beim Schutz öffentlich-rechtlicher Normen ist grundsätzlich erforderlich, dass diese ein konkretes Ge- oder Verbot enthalten und durch ein Tun oder Unterlassen des Einzelnen verletzt werden können.[154] Zu diesen Normen gehören die formellen **Gesetze** wie die Strafgesetze oder gesetzlichen Ordnungswidrigkeiten-Tatbestände und verwaltungsrechtliche Gesetze, die zwingend ein bestimmtes Handeln vorschreiben oder untersagen. Weiterhin werden von dem Schutzgut auch **untergesetzliche Rechtsnormen** (Rechtsverordnungen, Satzungen) erfasst.[155] Schließlich können auch **Allgemeinverfügungen** zwingende Gebote und Verbote begründen, wenn sie auf einer gesetzlichen Grundlage beruhen und die Konkretisierung einer gesetzlichen Norm darstellen.[156]

Angesichts der mittlerweile vorhandenen Normendichte stellt die Rechtsordnung das **wichtigste Schutzgut des Polizeirechts** dar[157] und ist der Hauptanwendungsfall der polizeilichen Tätigkeit zur Abwehr von Störungen der öffentlichen Sicherheit oder Ordnung. Die Durchsetzung der Rechtsordnung ist **grundlegende Säule der polizeilichen Arbeit**.

Der **Schutz privater Rechte** obliegt gem. § 2 Abs. 2 PolG grundsätzlich dem privaten Rechtsinhaber und nicht der Polizei (→ § 3 Rn 79 ff.). Nur wenn der Angriff auf ein Privatrechtsgut zugleich gegen eine Norm des öffentlichen Rechts (etwa Strafrecht) verstößt, liegt auch eine Beeinträchtigung der öffentlichen Sicherheit vor (→ Rn 59).[158] Bei **Antragsdelikten** muss nach der Gefährlichkeit und nach dem Rang eines Rechtsgutes differenziert werden:

- Bei Delikten wie Hausfriedensbruch (§ 123 StGB) oder Beleidigung (§ 185, 194 Abs. 1 S. 1 StGB) führt das Fehlen eines Strafantrags im Rahmen des polizeilichen Ermessens dazu, dass die Polizei grundsätzlich nicht zum Schutz des (privaten) Rechts verpflichtet ist. Denn wenn schon der Rechtsinhaber kein Interesse an einer Strafverfolgung zeigt, ist es nicht die Aufgabe der Polizei, sein Recht zu schützen.
- Bei vorsätzlicher Körperverletzung (§§ 223, 230 StGB) dagegen darf die Polizei ihr präventives Handeln nicht vom Verhalten des Verletzten (Antragstellung) abhängig machen.

Beispiel: Häusliche Gewalt beeinträchtigt nicht nur Grundrechte der Opfer, sondern erfüllt regelmäßig Straftatbestände wie Körperverletzung (§§ 223, 230 StGB) und stellt deshalb eine Gefahr für die öffentliche Sicherheit dar. Das polizeiliche Einschreiten erfordert nicht die Vorlage eines Strafantrags (→ § 11 Rn 95 ff.).

---

152 Vahle, DVP 2015, 311, 312.
153 Deger, in: Stephan/Deger, Polizeigesetz BW, § 1 Rn 59.
154 Deger, in: Stephan/Deger, Polizeigesetz BW, § 1 Rn 59; VGH BW, NVwZ 1994, 1233, 1234; Bäcker, in: Lisken/Denninger, Handbuch des Polizeirechts, Kap. D Rn 54.
155 VGH BW, Urt. v. 3.8.2023 – 1 S 1718/22 (Rn 71).
156 Vgl. dazu Neumann, VBlBW 2014, 357, 386, 387.
157 Wehr, Polizeirecht, Rn 37.
158 So zutr. auch VGH BW, Urt. v. 3.8.2023 – 1 S 1718/22 (Rn 104), im Fall einer Verletzung öffentlich-rechtlicher Verhaltenspflichten aus einer kommunalen Rechtsverordnung.

bb) Beispiele

61 Zur Verdeutlichung des Umfangs des Schutzguts objektive Rechtsordnung einige Beispiele:
- **Begehung von Ordnungswidrigkeiten**, etwa Verstöße gegen § 121 OWiG (Halten gefährlicher Tiere) oder **Verstöße gegen die Halterpflichten** gem. §§ 4, 5, 8 VwVgH [→ § 9 Rn 14 ff.).
- **Beeinträchtigungen der Sicherheits- und Rettungskräfte** bei Einsätzen durch **Gaffer** oder **Übergriffe** sind nunmehr mehrfach gesetzlich verboten und als Ordnungswidrigkeit oder Straftat sanktioniert. Gem. Nr. 50 des Bußgeldkatalogs zur BKatV wird mit einem Bußgeld von bis zu 320 Euro belangt, wer bei stockendem Verkehr auf einer Autobahn oder Außerortsstraße für die Durchfahrt von Polizei- oder Hilfsfahrzeugen keine vorschriftsmäßige Gasse bildet, was faktisch bei im Kfz sitzenden Schaulustigen (Gaffer) der Fall ist. Durch das 52. Gesetz zur Änderung des Strafgesetzbuches – **Stärkung des Schutzes von Vollstreckungsbeamten und Rettungskräften** (StRÄndG 52) vom 23.5.2017 (BGBl. I S. 1226)[159] wurden verschiedene gesetzliche Regelungen zum Schutz von Unfallopfern und Rettungskräften in das StGB eingefügt.[160] Gem. **§ 323 c Abs. 2 StGB** macht sich strafbar, wer eine Person behindert, die bei einem Unglücksfall einem Dritten Hilfe leistet oder leisten will.[161] Das Tatbestandsmerkmal des Behinderns i. S. d. § 323 c Abs. 2 StGB setzt eine **spürbare, nicht unerhebliche Störung der Rettungstätigkeit** voraus. Daher müssen die Hilfsmaßnahmen der hilfeleistenden Person mindestens erschwert werden, wie zum Beispiel durch Beschädigung von technischem Gerät, durch Versperren eines Wegs, durch Nichtbeiseitetreten, durch Blockieren von Notfallgassen oder durch Beeinträchtigung der Tätigkeit von Ärzten und Krankenhauspersonal in der Notaufnahme.[162] Gem. **§ 115 Abs. 3 S. 1 StGB** macht sich strafbar, wer bei Unglücksfällen, gemeiner Gefahr oder Not Hilfeleistende der Feuerwehr, des Katastrophenschutzes oder eines Rettungsdienstes durch Gewalt oder durch Drohung mit Gewalt bei der Ausübung ihrer Tätigkeit behindert. Die Anfertigung von **Fotos oder Filmaufnahmen** von Unfallopfern stellt eine **Straftat** gem. **§ 201 a Abs. 1 Nr. 2 StGB** dar, die **weitere Verwendung** eines solchen Fotos ist gem. § 201 a Abs. 1 Nr. 3, Abs. 2 StGB strafbar.[163]
- Verstöße gegen ein **Tierfütterungsverbot** in einer örtlichen Polizeiverordnung (VG Stuttgart, openJur 2014, 20018 [Taubenfütterungsverbot]; vgl. auch VGH BW, VBlBW 2006, 103).
- **Begehung von Straftaten** (etwa Maßnahmen gegen **Stalking**, Verstoß gegen § 238 StGB) oder illegales **Hütchenspiel** (§§ 284, 263 StGB; VG Frankfurt, NVwZ 2003, 1407).
- Die Frage, ob „**Flatrate-Angebote**" in Bordellen eine Störung der öffentlichen Sicherheit oder Ordnung darstellen (→ Rn 68), wurde mittlerweile durch den Gesetzgeber geklärt. Gem. **§ 14 Abs. 2 Nr. 1 ProstSchG** ist die Betriebserlaubnis für ein Bordell zu versagen, wenn durch das Betriebskonzept des Bordells der Ausbeutung von Prostituierten Vorschub geleistet wird. Der Gesetzgeber hat hierzu ausgeführt, dass dies „regelmäßig bei sog. Flat-Rate-Bordellen der Fall sein dürfte, wo zumindest nach außen der Anschein erweckt und damit geworben wird, dass die in einer Prostitutionsstätte anwesenden Prostituierten unterschiedslos zu einem an den Betreiber zu entrichtenden Pauschalpreis jederzeit für jeden Kunden verfügbar sind."[164] Damit liegt in diesen Fällen regelmäßig eine Störung der öffentlichen Sicherheit vor.
- Die **Abwehr von Drohnen** wegen potenzieller Gefährdung des Luftraums und von Personen (Arzt/Fährmann/Schuster, DÖV 2020, 866, 871; vgl. auch Giemulla/Hoppe, GSZ 2020, 123, 127).

62 **d) Schutz der subjektiven Rechte und Rechtsgüter des Einzelnen.** Aus § 1 Abs. 1 S. 1 PolG folgt, dass die Polizei den **Einzelnen** zu schützen hat. Dessen Individualrechte sind auch Schutzgüter der öffentlichen Sicherheit. Dazu gehören insbesondere die **Grundrechte** wie Schutz des Lebens, der Gesundheit, der Freiheit und Ehre, des allgemeinen Persönlichkeitsrechtes und des Vermögens (Eigentum und Besitz).[165]

Die Grundrechte sind zunächst **subjektive Rechte des Einzelnen**. In dieser klassischen Funktion sind sie **Abwehrrechte** gegen die staatliche Gewalt und damit auch gegen das polizeiliche Handeln. Insoweit kann der Grundrechtsträger vom Staat verlangen, verfassungswidrige Eingriffe in

---

159 Vgl. dazu BT-Drs. 18/11161 u. 18/12153.
160 Vgl. dazu Schiemann, NJW 2017, 1846, 1848, u. KriPoZ 2020, 269, 271; Nehm, ZRP 2016, 158; krit. dazu etwa Voss, DRiZ 2017, 163.
161 Vgl. dazu Müller, NJ 2021, 298, 300.
162 BT-Drs. 18/12153, S. 7.
163 Müller, NJ 2021, 298, 300 f. Zu den Verschärfungen des Strafrechts gegenüber Gaffern vgl. auch Lenk, KriPoZ 2019, 361 ff.
164 BT-Drs. 18/8556, S. 78 f.
165 Vahle, DVP 2015, 311, 312.

IV. Grundsätze für die Feststellung einer Polizeigefahr

das jeweilige Grundrecht zu unterlassen, und / oder die Folgen solcher bereits vorgenommener Eingriffe zu beseitigen. Gegen gesetzwidrige Eingriffe in seine Grundrechte kann sich der betroffene Bürger wehren.[166]

Beispiel: Ein betroffener Verkehrsteilnehmer kann sich unter Berufung auf sein Recht auf informationelle Selbstbestimmung durch eine Verfassungsbeschwerde gegen die Auferlegung eines Bußgeldes / Zurückweisung seines Einspruchs durch die Gerichte wehren, wenn bei der Verkehrsüberwachung von der zuständigen Behörde zum Nachweis einer Geschwindigkeitsüberschreitung sein Bild in unzulässiger Weise durch Videoaufzeichnung festgehalten wurde (BVerfG, NJW 2009, 3293).

Nach ständiger Rechtsprechung des **BVerfG** erschöpfen sich die **Grundrechte** nicht als **subjektive Abwehrrechte** gegenüber Eingriffen in die Freiheits- und Eigentumsrechte des Einzelnen (→ Rn 62). Vielmehr ergeben sich aus den Grundrechten **Handlungspflichten des Staates**.[167] Ohne die Garantie eines gewaltfreien Zustands unter den Menschen und eines gewissen Maßes an Sicherheit können grundlegende Verfassungsprinzipien wie das Demokratiegebot, das Sozialstaats- und Rechtsstaatprinzip nicht realisiert werden. Denn ohne staatliches Handeln kann der Einzelne von seinen Freiheitsrechten keinen Gebrauch machen. Ein Staat, der Freiheit und Gleichheit garantieren will, muss diese Grundrechte nicht nur respektieren, sondern auch gegen Beeinträchtigungen durch Dritte schützen.[168]

63

Aus den einzelnen Grundrechten folgen in der Regel keine bestimmten Handlungsvorgaben. Direkt aus Grundrechten abgeleitete Leistungsrechte werden daher grundsätzlich von der Rechtslehre nicht anerkannt. Vielmehr ist es Sache des Gesetzgebers, ein Schutzkonzept aufzustellen und normativ umzusetzen.[169] Beispielsweise ergeben sich Ansprüche auf staatliche Zuwendungen und Unterstützungen aus den Sozialgesetzbüchern I bis XII.

Bei der Erfüllung der staatlichen **Schutzpflichten** kommt dem Staat ein erheblicher Ermessens-, Einschätzungs-, Wertungs- und Gestaltungsraum zu. Staatliche Stellen sind grundsätzlich nur verpflichtet, ihr **Ermessen** pflichtgemäß auszuüben. In **Ausnahmefällen** kann sich die Schutzpflicht des Staates aus Art. 2 Abs. 2 S. 1 GG zu einem **Anspruch auf Erhaltung der notwendigen Lebensgrundlagen** verdichten. Ein derartiger Anspruch ist zu bejahen, wenn das Leben unmittelbar bedroht ist. Drohen etwa ernstliche Gefahren für das Leben, die Gesundheit oder für andere wichtige Rechtsgüter eines Menschen, wird das behördliche Ermessen auf Null reduziert und ein **Anspruch auf polizeiliches Einschreiten** anerkannt.[170]

Beispiel: Polizeivollzugsbeamte finden bei einer Parkkontrolle bei Außentemperaturen von minus 10 Grad den angetrunkenen Obdachlosen O schlafend auf einer Parkbank. Zum Schutz seines Lebens sind die Beamten verpflichtet, den O vor dem Erfrierungstod zu schützen. Ihr Ermessen ist in diesem Fall „auf Null" reduziert (vgl. Ruder, wohnungslos 2011, 105).

In seiner **Lüth-Entscheidung** aus dem Jahre 1958 hat das **BVerfG** erstmals den Grundrechtskatalog als **objektive Wertordnung** interpretiert. Danach sind die Grundrechte als verfassungsrechtliche Grundentscheidung zu verstehen und strahlen als solche in alle Rechtsbereiche aus.[171] Eine objektiv-rechtliche Wirkung der Grundrechte ist ihre **Schutzpflichtdimension**. Der Schutz der Grundrechte ist der Polizei ausdrücklich durch die Regelung in **Art. 1 Abs. 1 S. 2 GG** aufgetragen. Auch aus Art. 2 Abs. 1 LV folgt, dass die im GG festgelegten Grundrechte und staatsbürgerlichen Rechte Bestandteil der Landesverfassung und unmittelbar geltendes Landesrecht sind. Diese

64

---

166 Kingreen/Poscher, Grundrechte, Rn 118 ff.
167 So auch BVerfG (Bundesnotbremse I), NJW 2022, 139, 150 (Rn 176), das von einer dem Staat aus Art. 2 Abs. 2 GG obliegenden Schutzpflicht zur Vorsorge gegen Gesundheitsbeeinträchtigungen ausgeht.
168 Vgl. grundlegend BVerfGE 49, 140 ff.; Gusy/Eichenhofer, Polizei- und Ordnungsrecht, Rn 73.
169 BVerfG, NVwZ 2001, 908, u. VBlBW 2009, 85.
170 H. L., vgl. BVerwGE 1, 159, 161 ff.; Di Fabio, in: Maunz-Dürig, GG, Art. 2 Rn 45: „Sicherung der Existenzgrundlage"; Jarass, in: Jarass/Pieroth, Grundgesetz, Art. 2 Rn 111: Anspruch, „vor dem Verhungern bewahrt zu werden"; Ruder, wohnungslos 2011, 105.
171 BVerfGE 7, 198.

Schutzpflicht umfasst auch die Pflicht zur Risikoabwehr und gebietet, die Gefahr von Grundrechtsverletzungen einzudämmen.[172] Die **Grundrechte** sind auch **Grundelemente objektiver Ordnung des Gemeinwesens**. In dieser Funktion bestimmen sie die Grundlagen und Inhalte unserer freiheitlich demokratischen Rechtsordnung (vgl. Art. 1 Abs. 2 GG). Die Leitziele und Wertordnung des GG, die den Schutz der Freiheit und der Menschenwürde als obersten Zweck allen Rechtes anerkennen, und die den Bürgern einen Schutzanspruch vermitteln, gelten deshalb als **Maßstab auch für das polizeiliche Handeln**.[173]

Diese **Ausstrahlungswirkung** zeigt sich in der Notwendigkeit, die Gesetze bzw. unbestimmte Rechtsbegriffe grundrechtsorientiert bzw. grundrechtskonform auszulegen. Dies bedeutet, dass auch ordnungsrechtliche Normen – insbesondere im Bereich der polizeilichen Generalklausel und bei unbestimmten Rechtsbegriffen – **grundrechtsorientiert auszulegen** sind.[174]

Beispiele:
- **Anordnung eines Wohnungsverweises** gem. § 30 Abs. 3 PolG zum Schutz der Grundrechte der Opfer auf Leben und körperlicher Unversehrtheit (→ § 11 Rn 95 ff.).
- **Einweisung eines Obdachlosen** in eine Unterkunft zum Schutz seiner Gesundheit und Menschenwürde (→ § 6 Rn 48 ff.).

65 Zu den geschützten Individualgütern gehören auch die **staatsbürgerlichen Rechte**, deren ungehinderte Ausübung die Polizei gem. § 1 Abs. 1 S. 2 PolG zu gewährleisten hat (etwa aktives und passives Wahlrecht, Petitionsrecht, Recht auf Einlegung von Verfassungsbeschwerden und Recht auf den gesetzlichen Richter). Allerdings ist es grundsätzlich nicht Aufgabe der Polizei, private Rechte, Ansprüche etc., deren Durchsetzung vor den ordentlichen Gerichten erreicht werden kann, zu schützen. Der Schutz von privatrechtlichen Forderungen und Ansprüchen (etwa gem. §§ 823 ff. BGB) obliegt der Polizei nur unter den Voraussetzungen des § 2 Abs. 2 PolG (→ § 3 Rn 79 ff.).

66 **5. Das Schutzgut der öffentlichen Ordnung. a) Allgemeines.** Das Schutzgut der „öffentlichen Ordnung" wird – im Gegensatz zum Begriff der öffentlichen Sicherheit, für den sich in § 1 Abs. 1 S. 2 PolG eine Teilaufgabenbeschreibung findet – in § 1 Abs. 1 PolG nicht definiert. Nach einer aus der amtlichen Begründung zu § 14 PrPVG (→ § 1 Rn 8) abgeleiteten Definition des PrOVG, die von der **h. L.** übernommen wurde, wird unter diesem Rechtsbegriff „die Gesamtheit der **ungeschriebenen Regeln** für das Verhalten in der Öffentlichkeit verstanden, deren Befolgung nach den jeweils herrschenden sozialen und ethischen Anschauungen als unerlässliche Voraussetzung eines geordneten menschlichen bzw. staatsbürgerlichen Zusammenlebens innerhalb eines bestimmten Gebiets angesehen wird".[175] Zusammengefasst enthält der Begriff der öffentlichen Ordnung zwei wesentliche Elemente: Er setzt erstens ein nach **außen** in Erscheinung tretendes Verhalten voraus. Die zu beurteilende Handlung muss daher öffentlich – und nicht im privaten Bereich – geschehen. Zweitens muss eine ungeschriebene, aber **anerkannte Sozialnorm** tangiert sein, d. h. eine soziale oder ethische Wertvorstellung, die – am GG gemessen – von der ganz überwiegenden Mehrheit der Bevölkerung in einem bestimmten Bezirk (= örtlicher Bereich) getragen wird.[176]

---

172 BVerfGE 79, 174; 201, 202. So verpflichtet etwa das aus Art. 2 Abs. 1 GG abgeleitete Grundrecht auf informationelle Selbstbestimmung zu Aufklärungs-, Auskunfts- und Löschungspflichten sowie zu Verwertungsverboten (BVerfGE 113, 29, 58).
173 BVerfGE 2, 12; vgl. Hopfauf, in: Schmidt-Bleibtreu/Hofmann/Henneke, GG, Einl., Rn 238, 304 ff.
174 Kühling, JuS 2014, 481 ff.
175 Drews/Wacke/Vogel/Martens, Gefahrenabwehr, § 16 Nr. 1 (S. 245); Deger, in: Stephan/Deger, Polizeigesetz BW, § 1 Rn 1; Zeidler/Trurnit, Polizeirecht BW, Rn 180; Koch, JURA 2021, 1151, 1152; Attendorn/Schnell, NVwZ 2020, 1224, 1225; vgl. auch BVerfG, DVBl 2001, 1054, 1055.
176 Vgl. dazu eingehend Koch, JURA 2021, 1151, 1153 ff.

IV. Grundsätze für die Feststellung einer Polizeigefahr

Für einen **Rückgriff auf das Schutzgut der öffentlichen Ordnung** ist dann **kein Raum**, wenn die Materie (Verbot, Gebot etc.) normativ geregelt ist, da sie dann ausschließlich unter den Begriff der öffentlichen Sicherheit fällt.[177] Wegen seiner Unbestimmtheit ist das Schutzgut „öffentliche Ordnung" gegenüber der öffentlichen Sicherheit **subsidiär**.[178] Es muss daher strikt zwischen geschriebenen und ungeschriebenen Verhaltensregeln bzw. Normen unterschieden werden. Mit der zunehmenden rechtlichen „Durchnormierung" fast aller Lebensbereiche verbleibt für die Anwendung des unbestimmten Rechtsbegriffs „öffentliche Ordnung" nur noch ein „**sehr schmaler Anwendungsbereich**".[179] Insofern stellt sich die Frage nach der Notwendigkeit dieses Schutzgutes. Die Entwicklung des Rechts zeigt, dass frühere Anwendungsbereiche des Schutzgutes „öffentliche Ordnung" durch den nachhaltigen Wandel sozialer und ethischer Wertvorstellungen heute weggefallen sind. Nach der Liberalisierung des Sexualstrafrechts durch das Erste Strafrechtsreformgesetz (BGBl. 1973 I S. 1725) fielen etwa unter den Begriff der öffentlichen Ordnung nicht mehr Tatbestände wie die Ausübung der Prostitution, Konkubinat, Homosexualität, Striptease-Darbietungen, der Betrieb von Bordellen, Dirnenwohnheimen etc. Oder, um ein weiteres Beispiel zu nennen: Der Verkauf von Mikroabhörgeräten wurde früher als Störung der öffentlichen Ordnung angesehen, nach heutigem Recht verstößt dieses Verhalten gegen § 201 StGB und beeinträchtigt somit die öffentliche Sicherheit.[180]

Umstritten ist das Schutzgut der „öffentlichen Ordnung" insbesondere bei polizeilichen Maßnahmen gegen den **Rechtsextremismus**. Es wurde wiederholt die Auffassung vertreten, rechtsradikale Veranstaltungen seien per se eine Störung der öffentlichen Ordnung und könnten daher ohne Weiteres verboten werden.[181] Das **BVerwG** hat „im Anschluss an die Rechtsprechung des BVerfG" die Auffassung vertreten, dass Gründe der öffentlichen Ordnung zum Erlass eines **Versammlungsverbots** berechtigen, wenn Gefahren nicht aus dem Inhalt, sondern aus der Art und Weise der Durchführung der Versammlung drohen, sofern Auflagen zur Gefahrenabwehr nicht ausreichen.[182] Nach Auffassung des BVerfG rechtfertigt eine **bloße Gefährdung der öffentlichen Ordnung** indes regelmäßig **kein Versammlungsverbot**, sondern allenfalls **beschränkende Auflagen**, wie etwa das Verbot des Mitführens von Trommeln und Fahnen oder des Marschierens in Marschordnung.[183]

Das Land Bremen **untersagte** durch „Erlass zum Umgang mit dem öffentlichen Zeigen von Reichskriegsflaggen" des Innensenators vom 14.9.2020 die **öffentliche Verwendung sog. Reichskriegsflaggen** auf der Grundlage des BremPolG. Laut Begründung des Erlasses stellt die Verwendung der Reichskriegsflagge in der Öffentlichkeit „eine nachhaltige Beeinträchtigung der Voraussetzungen für ein geordnetes staatsbürgerliches Zusammenleben und damit eine **Gefahr für die öffentliche Ordnung**" dar. Andere Bundesländer – etwa Niedersachen – hatten ähnlich reagiert und gleiche Verbote erlassen. Anlass war die öffentliche Nutzung von Reichskriegsflaggen vor dem Reichstag in Berlin durch Rechtsextremisten im Rahmen einer „Anti-Corona-Demonstration" am 29.8.2020. Anlässlich von Demonstrationen für und gegen **den russischen Angriffskrieg gegen die Ukraine** im Jahr 2022 kam es wiederholt zu Untersagungen

---

177 Bialon/Springer, Eingriffsrecht, Kap. 3 Rn 28.
178 Trurnit, in: Möstl/Trurnit, Polizeirecht BW, § 1 Rn 43; Ibler, in: Ennuschat/Ibler/Remmert, Öffentliches Rechts BW, § 2 Rn 97; Vahle, DVP 2015, 311, 313; *a. A.* Thiel, Polizei- und Ordnungsrecht, § 8 Rn 36: „aliud".
179 So zutr. Bäcker, in: Lisken/Denninger, Handbuch des Polizeirechts, Kap. D Rn 76; ebenso Götz/Geis, Polizei- und Ordnungsrecht, § 11 Rn 5 f.; Vahle, DVP 2015, 311, 313: „randständige Auffangfunktion".
180 VGH BW, DVBl 1972, 503; VG Berlin, NJW 1983, 1014.
181 OVG NRW, NJW 2001, 2111, 2113.
182 BVerwG, NVwZ 2014, 883.
183 BVerfGE 111, 147, 156 ff.; Gusy/Eichenhofer, Polizei- und Ordnungsrecht, Rn 100; Rhein-Fischer, JZ 2023, 167, 168.

von Flaggenverwendungen.[184] Die **Rechtsprechung** sieht versammlungsrechtliche Verbote der Verwendung von Reichskriegsflaggen überwiegend als **rechtswidrig** an.[185]

68 Die Bedeutung, Problematik und Relativität des Schutzguts öffentliche Ordnung zeigen auch folgende Beispiele aus der Rechtsprechung:

- **Damenboxkämpfe** wurden als Verstoß gegen die öffentliche Ordnung angesehen (PrOVG 91, 93).
- „**Damen-Schlamm-Catchen oben ohne**" war nach Ansicht der Rechtsprechung der guten Ordnung des Zusammenlebens ebenso abträglich (BayVGH, DÖV 1984, 562) wie ein **Dirnenwohnheim**, das nur 100 m von einem Gymnasium entfernt war (VGH BW, VBlBW 1984, 178).
- Gleiches galt für das „**Nacktgehen**" (OVG NRW, NJW 1997, 1180; VGH BW, NJW 2003, 234; VG Karlsruhe, NJW 2005, 3658.) bzw. das **Zurschaustellen des nackten Körpers** in der Öffentlichkeit als angebliche „Interaktionskunst" (OVG NRW, DÖV 1996, 1052).
- Eine **Peep-Show** soll – im Gegensatz zum Striptease – gegen die öffentliche Ordnung verstoßen (vgl. BVerwG, NVwZ 1987, 411).
- Die Aufführung des Theaterstücks „**Der Stellvertreter**" von R. Hochhuth darf auch in einer überwiegend katholischen Gemeinde nicht verboten werden (so damals BVerwG, NJW 1999, 304).
- **Gewerblich veranstaltete Laserspiele** (sog. **Paintball- oder Gotchaspiele**), bei denen Tötungshandlungen simuliert werden, können im Hinblick auf Art. 1 Abs. 1 GG gegen die öffentliche Ordnung verstoßen (für Verbote: BVerwG, NVwZ 2002, 598; OVG NRW, GewArch 2001, 71; vgl. auch EuGH, NVwZ 2004, 1471). Zum „**Quasar**"-**Spiel** bzw. zum Betrieb eines **Laserdomes** vgl. VGH BW, VBlBW 2004, 378.
- Zur Beurteilung des sog. **Free Fight** und **MMA** („gemischte Kampfkünste" = Mixed Martial Arts) vgl. VG Gießen, SpuRr 2012, 42 und Beitrag / Urteilsbesprechung Jacob, NVwZ 2013, 1131, 1132. Das VG Gießen hat im einstweiligen Rechtsschutzverfahren die Untersagungsverfügung der Polizeibehörde auf der Grundlage eines Verstoßes gegen die öffentliche Ordnung „gekippt".

69 **b) Öffentliche Ordnung als Auffangtatbestand.** Die Verfassungsmäßigkeit des Schutzgutes öffentliche Ordnung wird vor allem in der Literatur in Frage gestellt.[186] Zur Begründung verweist etwa *Denninger* auf das **Demokratiegebot** (Art. 20 Abs. 2 GG). Dieses fordere, dass der Gesetzgeber seine vornehmste Aufgabe selbst wahrnehme, nämlich jede Ordnung eines Lebensbereichs durch Sätze objektiven Rechts auf eine Willensentschließung der vom Volke bestellten Gesetzgebungsorgane zurückzuführen und dabei unter Abwägung der verschiedenen, unter Umständen widerstreitenden Interessen, über die von der Verfassung offen gelassenen Fragen des Zusammenlebens, zu entscheiden[187] Diesen Bedenken ist im Grundsatz zuzustimmen.

In der Verwaltungspraxis ist allerdings zu berücksichtigen, dass sich BW, wie die meisten Bundesländer, dafür entschieden hat, in § 1 Abs 1 PolG die **öffentliche Ordnung als eigenständiges Schutzgut beizubehalten**.[188] Auch in Art. 13 Abs. 7 GG und Art. 35 Abs. 2 S. 1 GG wird der Begriff verwendet. Schon im Hinblick auf diese Gesetzeslage und auf das Urteil des BVerwG vom 26.2.2014[189] zum Versammlungsverbot aus Gründen der öffentlichen Ordnung (→ Rn 67) ist davon auszugehen, dass in Einzelfällen Maßnahmen der Polizei auf einen Verstoß gegen die „öffentliche Ordnung" gestützt werden können. Dem Schutzgut kommt insoweit

---

184 Vgl. dazu Lange, NVwZ 2022, 1258 ff.; krit. Rhein-Fischer, JZ 2023, 167, 172. Die Rechtmäßigkeit der Untersagung der Verwendung des sog. „Z-Symbols" russischer Streitkräfte auf Demonstrationen wegen Verstoßes gegen die öffentliche Sicherheit wurde etwa durch OVG SA, NVwZ-RR 2022, 715, angenommen; zust. Rhein-Fischer, JZ 2023, 167, 171.
185 BremOVG, NVwZ 2021, 92, mit Anm. Ullrich; NdsOVG, openJur 2020, 77504 (Rn 45); ebenso Lange, NVwZ 2022, 1258, 1260, 1262.
186 Vgl. dazu Bäcker, in: Lisken/Denninger, Handbuch des Polizeirechts, Kap. D Rn 73 ff. m. w. N., u. Knemeyer/Schmidt, Polizei- und Ordnungsrecht (PdW), S. 22.
187 Bäcker, in: Lisken/Denninger, Handbuch des Polizeirechts, Kap. D Rn 74 f.
188 Auch mit der Neufassung des PolG durch Art. 1 des Gesetzes zur Umsetzung der Richtlinie (EU) 2016/680 für die Polizei in Baden-Württemberg und zur Änderung weiterer polizeirechtlicher Vorschriften vom 6.10.2020 (GB. S. 735, ber. S. 1092) wurde keine diesbezügliche Änderung vorgesehen. Vgl. auch Koch, JURA 2021, 1151, zur Renaissance des Schutzguts der öffentlichen Ordnung.
189 BVerwG, NVwZ 2014, 883.

IV. Grundsätze für die Feststellung einer Polizeigefahr

eine **„Reservefunktion"** zu.[190] Bei der Heranziehung des unbestimmten Rechtsbegriffs ist aber im Hinblick auf die genannten verfassungsrechtlichen Bedenken **Zurückhaltung** geboten.[191] Über die „öffentliche Ordnung" können somit lediglich Handlungen erfasst werden, die unter der Strafbarkeitsschwelle (einschließlich Nebenstraf- und Ordnungswidrigkeitenrecht) liegen. Weiterhin sind die verfassungsrechtlichen Wertmaßstäbe und insbesondere die Grundrechte (Meinungsfreiheit, allgemeines Persönlichkeitsrecht etc.) zu berücksichtigen. Und schließlich ist es nicht die Aufgabe der Polizei, in einer pluralistischen demokratischen Gesellschaft Fragen der Religion, Kunst, Moral und „Sittlichkeit" zu entscheiden.[192] Unter Beachtung dieser Anforderungen kann in begründeten Ausnahmefällen auf das Schutzgut der öffentlichen Ordnung zurückgegriffen werden.

6. Die Störung der öffentlichen Sicherheit und Ordnung. Gemäß § 1 Abs. 1 PolG hat die Polizei u. a. die Aufgabe, **Störungen** der öffentlichen Sicherheit oder Ordnung zu beseitigen. Eine Störung in diesem Sinne liegt vor, wenn sich die **Polizeigefahr verwirklicht** hat – wenn also bei einem Schutzgut bereits ein Schaden entstanden ist und fortwirkt. Die **Beseitigung dieser Störung** stellt regelmäßig eine **Maßnahme der Gefahrenabwehr** dar, weil dadurch weitere, intensivere oder längere Gefahren bzw. (auch erneute) Störungen unterbunden werden. Aus diesem Grund wird der Begriff der Störung vielfach für überflüssig gehalten. 70

7. Öffentliches Interesse. Ein Einschreiten der Polizei gem. § 1 Abs. 1 S. 1 PolG setzt voraus, dass die Gefahrenabwehr **im öffentlichen Interesse geboten** ist. Gleichzeitig obliegt der Polizei nur der Schutz der öffentlichen Sicherheit oder Ordnung. Daraus wird gelegentlich der Schluss gezogen, dass Maßnahmen zur Gefahrenabwehr nur dann zulässig sind, „wenn die Gefährdung in die Öffentlichkeit ausstrahlt".[193] Der Begriff des öffentlichen Interesses ist aber **kein gesondert zu prüfendes Tatbestandsmerkmal**. Denn die drohende Verletzung der Schutzgüter der öffentlichen Sicherheit oder Ordnung rechtfertigt immer ein polizeiliches Einschreiten. Dies gilt insbesondere dann, wenn Gefahren von der Allgemeinheit abgewehrt werden. Das gilt **auch bei der Verletzung privater Rechte**, da diese ebenfalls Schutzgut der öffentlichen Sicherheit sind. Jedoch hindert hier der Subsidiaritätsgrundsatz des § 2 Abs. 2 PolG regelmäßig ein Einschreiten der Polizei (→ § 3 Rn 79 ff). Der **VGH BW** geht dagegen davon aus, dass dem Begriff „öffentliches Interesse" die Funktion zukommt, aus dem Aufgabenbereich der Polizei den **Schutz bestimmter Rechtsgüter und Rechte des Einzelnen auszuscheiden**, vor allem wenn er nur sich selbst gefährdet oder wenn es um den Schutz (nur) privater Rechte geht, der ggfs. auf gerichtlichem Weg möglich ist.[194] 71

---

190 H. L., Deger, in: Stephan/Deger, Polizeigesetz BW, § 1 Rn 67; Zeitler/Trurnit, Polizeirecht BW, Rn 215; Bader, VBlBW 2011, 242, 247.
191 Ebenso Trurnit, in: Möstl/Trurnit, Polizeirecht BW, § 1 Rn 45.
192 Ebenso etwa Bruckert/Frey/Kron/Marz, Besonderes Verwaltungsrecht, Rn 81.
193 Drews/Wacke/Vogel/Martens, Gefahrenabwehr, § 14 (S. 229).
194 VGH BW, Urt. v. 3.8.2023 – 1 S 1718/22 (Rn 102).

§ 5 Der Adressat der polizeilichen Maßnahme

> **Relevanz für Studium, Prüfung und Examen:**
> Die Ausführungen zu den Adressaten polizeilicher Maßnahmen sind insgesamt (→ Rn 1 bis 53) relevant.

I. Polizeipflicht

1 Unter **Polizeipflicht** wird die **allgemeine Rechtspflicht** zur Unterlassung von Störungen der öffentlichen Sicherheit oder Ordnung verstanden.[1] Demgemäß hat jeder sein Verhalten und den Zustand seiner Sachen so einzurichten, dass daraus keine Störungen oder Gefahren für die polizeilichen Schutzgüter entstehen.[2] Wer sich hieran durch sein polizeiwidriges Verhalten, oder indem er einen polizeiwidrigen Zustand schafft, nicht hält, ist **Störer**. Er ist damit **materiell polizeipflichtig** und kann dem Grunde nach ordnungsrechtlich in Anspruch genommen werden.

Ausgangspunkt der Zurechnung dieser Pflichten ist das Kriterium der **Verantwortlichkeit**. Es bildet die wesentliche Grundlage für die Legitimation von Grundrechtseingriffen gegenüber betroffenen Personen.[3]

2 Bei der Feststellung der Polizeipflicht kommt es nicht auf zivilrechtliche Geschäftsfähigkeit (§§ 104 ff. BGB), Verantwortlichkeit (§§ 276 ff. BGB), Deliktsfähigkeit (§§ 827 ff. BGB), Strafmündigkeit (§ 19 StGB) oder verwaltungsverfahrensrechtliche Handlungsfähigkeit (§ 12 LVwVfG) an. **Ziel** der polizeilichen Inanspruchnahme ist die **Vermeidung bzw. Abwehr einer Gefahr**, nicht eine Schuldzuweisung. Die materielle Polizeipflicht[4] trifft daher dem Grunde nach alle natürlichen Personen (so etwa auch Ausländer, Abgeordnete, Diplomaten, Angehörige der Stationierungsstreitkräfte etc.) und juristischen Personen des Privatrechts (etwa AG, GmbH, e. V.). Den juristischen Personen des Privatrechts werden wegen ihrer körperschaftlichen Struktur die OHG, KG und die nicht rechtsfähigen Vereine gleichgestellt.[5] Für die juristischen Personen des öffentlichen Rechts gilt im Ausgangspunkt nichts anderes. Sie haben ihr Verhalten und den Zustand ihrer Sachen ebenfalls so einzurichten, dass daraus keine Störungen oder Gefahren für die öffentliche Sicherheit oder Ordnung entstehen (→ § 3 Rn 86 ff.). Auch sie sind vollumfänglich an das Polizeirecht gebunden (vgl. Art. 20 Abs. 3 GG).

3 Vom Bestehen einer Polizeipflicht ist die Frage zu unterscheiden, **gegen wen** (= welchen Adressaten) sich die polizeiliche Maßnahme zu richten hat bzw. richten darf. Diese Frage ist – **soweit nicht spezialgesetzlich geregelt** – anhand der §§ 6, 7 und 9 PolG zu beantworten. §§ 6 und 7 PolG haben hierbei zunächst die sog. **Störer** im Blick, die wegen ihrer Verantwortlichkeit für eine polizeiwidrige Situation **polizeipflichtig** sind. Wer für eine Gefahr / Störung der öffentlichen Sicherheit verantwortlich ist, kann somit primär in Anspruch genommen werden. Über § 6 PolG ist der **Handlungsstörer** (= Verhaltensstörer) möglicher Adressat. Die Vorschrift knüpft dabei an das Verhalten von Personen selbst an (§ 6 Abs. 1 PolG). Sie rechnet dem Verantwortlichen aber auch das Verhalten anderer wegen bestimmter Haftungstatbestände zu (§ 6 Abs. 2, 3 PolG). § 7 PolG erweitert den Kreis der Verantwortlichen auf Personen, welche die tatsächliche Gewalt über eine gefährliche Sache ausüben – die sog. **Zustandsstörer**. Gegenüber anderen Personen können

---

1 Trurnit, in: Möstl/Trurnit, Polizeirecht BW, § 6 Rn 4.
2 Drews/Wacke/Vogel/Martens, Gefahrenabwehr, § 19 Nr. 3 (S. 293).
3 Gusy/Eichenhofer, Polizei- und Ordnungsrecht, Rn 325.
4 Krit. zum Begriff und der dogmatischen Rechtsfigur Pietsch, DÖV 2023, 544 ff.
5 VGH BW, VBlBW 1996, 221.

polizeiliche Maßnahmen nur im Fall **polizeilichen Notstandes** unter den Voraussetzungen des § 9 PolG getroffen werden.

Mit Recht weist *Trurnit* darauf hin, dass sich mit der Verlagerung der Präventionstätigkeit des Staates in das sog. Vorfeld der Gefahrenabwehr die **Grenzen zwischen Störer und Nichtstörer verwischen**.[6] So sind etwa die §§ 6, 7 PolG nicht anwendbar, wenn sich polizeiliche Maßnahmen gegen jedermann richten (vgl. etwa die Personenfeststellung gem. § 27 Abs. 1 Nr. 2 bis 7 PolG).

Weder für die Verhaltensverantwortlichkeit gem. § 6 PolG noch für die Zustandsverantwortlichkeit gem. § 7 PolG kommt es auf ein Verschulden des Störers an. Ausreichend ist vielmehr, dass die Bedrohung oder Störung **durch** das Verhalten der Person(en) oder Sache(n) hervorgerufen wird. Es geht um effiziente polizeiliche Gefahrenabwehr und nicht darum, jemanden für Störungen zur Rechenschaft zu ziehen. Die **Polizeipflicht** ist daher **verschuldensunabhängig**.

II. Theorie der unmittelbaren Verursachung

1. Ursachenzusammenhang. Zur Bestimmung des Störers bedarf es eines **Ursachenzusammenhangs** zwischen der Gefahr oder Störung einerseits und dem Verhalten oder Zustand andererseits. **Ausgangspunkt** aller Lösungsversuche ist die sog. **„conditio-sine-qua-non-Formel"**. Nach der hierzu geltenden **Bedingungs- oder Äquivalenztheorie** des Reichsgerichts ist jedes Verhalten kausal, das nicht hinweg gedacht werden kann, ohne dass der eingetretene Erfolg entfiele.[7] Diese Kausalitätsformel ist für das Polizeirecht jedoch zu weit.[8] Denn ursächlich für jede Störung wäre – überspitzt formuliert – danach bereits der Beginn der Menschheitsgeschichte. Daher wurde zunächst versucht, die aus dem Zivilrecht bekannte **Adäquanztheorie** ins Polizeirecht zu übertragen. Danach kämen nur solche Bedingungen als Ursachen im Sinne polizeirechtlicher Verantwortlichkeit in Betracht, die nach der Erfahrung des Lebens allgemein geeignet sind, eine Gefahr oder Störung der eingetretenen Art herbeizuführen. Auch diese Theorie hat sich jedoch nicht durchgesetzt. Denn was nach der Lebenserfahrung allgemein gefahr- oder störungsgeeignet ist, ist nahezu willkürlich. Dementsprechend wurde die **Theorie der rechtswidrigen Verursachung** entwickelt. Danach besteht eine Polizeipflichtigkeit dann, wenn der eigene Rechtskreis überschritten wird. Das ist der Fall, wenn Rechtsvorschriften verletzt werden, die sich an den Störer wenden.[9] Auch diese Theorie besitzt indes eine Schwäche – sie greift nur dort, wo spezielle gesetzliche Verhaltens- oder Verkehrssicherungspflichten bestehen.[10]

2. Theorie der unmittelbaren Verursachung. Aus diesen Gründen hat sich in Rechtsprechung und Literatur seit längerem die **Theorie der unmittelbaren Verursachung** durchgesetzt. Störer ist danach, wer bei wertender Betrachtung unter Einbeziehung aller Umstände des jeweiligen Einzelfalls die **polizeiliche Gefahrenschwelle überschritten** und dadurch die unmittelbare Ursache für den Eintritt der Gefahr gesetzt hat.[11]

Die Gefahrengrenze ist nicht überschritten, solange und soweit von Rechten Gebrauch gemacht wird, die **betroffene Person** sich also **mit der Rechtsordnung im Einklang** befindet.

Beispiel: A stellt seinen PKW ordnungsgemäß und den Verkehr nicht behindernd ab. Später parkt auf der gegenüberliegenden Seite B seinen PKW so, dass für andere Verkehrsteilnehmer nicht mehr ausreichend Platz zum Rangieren bleibt. Technisch könnte dieses Problem zwar auch durch die Entfernung des Fahrzeugs des

---

6 Zeitler/Trurnit, Polizeirecht BW, Rn 284.
7 RGSt 44, 230, 244.
8 Knemeyer/Schmidt, Polizei- und Ordnungsrecht (PdW), S. 33.
9 Pietzcker, DVBl 1984, 458 m. w. N.
10 Zur Entwicklung vgl. Poscher/Rusteberg, JuS 2011, 1082, 1083.
11 VGH BW, openJur 2020, 34060 (Rn 74); Trurnit, in: Möstl/Trurnit, Polizeirecht BW, § 6 Rn 12; Thiel, Polizei- und Ordnungsrecht, § 8 Rn 95; VGH BW, VBlBW 2013, 178; Goldhammer, JURA 2021, 638, 641; krit. Bäcker, in: Lisken/Denninger, Handbuch des Polizeirechts, Kap. D Rn 154.

A gelöst werden. A ist jedoch nicht Störer, weil er seinen Rechtskreis nicht verlassen und legal gehandelt hat. Er kann deshalb nicht auf Kostenersatz in Anspruch genommen werden.

Bei Verstößen gegen strafrechtliche oder öffentlich-rechtliche Verbots- bzw. Gebotsnormen ist demgegenüber grundsätzlich immer die Störereigenschaft zu bejahen.[12]

Beispiel: Ehemann E verprügelt zu Hause seine Frau. Sein Verhalten erfüllt den Straftatbestand eines strafbaren Verhaltens (etwa Körperverletzung gem. § 223 StGB). Damit beeinträchtigt er das Schutzgut der öffentlichen Sicherheit. Er ist Störer im polizeirechtlichen Sinne. Gegen ihn können deshalb Maßnahmen gem. § 30 Abs. 3 PolG gerichtet werden (→ § 11 Rn 95 ff.).

7 **3. Der Zweckveranlasser.** Die nur mittelbare Verursachung führt grundsätzlich nicht zur Polizeipflicht. Dieser Grundsatz erfährt in Gestalt des sog. „Zweckveranlassers" jedoch eine wichtige Ausnahme.[13] Es sind nämlich auch Konstellationen denkbar, in denen sich eine Person **selbst** scheinbar rechtmäßig verhält, durch ihr Verhalten aber **Dritte** zu Störungen der öffentlichen Sicherheit oder Ordnung veranlasst. Zweckveranlasser (und damit Handlungsstörer i. S. d. § 6 PolG) ist nur derjenige, der eine Störung der öffentlichen Sicherheit oder Ordnung herbeiführt, indem er den Erfolg, d. h. die Störung **subjektiv bezweckt**, oder wenn sich die Störung als Folge seines Verhaltens **zwangsläufig** einstellt.[14]

Folge der Einstufung als Zweckveranlasser ist, dass die betroffene Person polizeipflichtig ist und als **Störer** zum Adressaten einer Gefahrenabwehrmaßnahme gemacht werden und als Kostenschuldner haften kann (sog. „Täter hinter dem Täter"[15]). Das Vorhandensein eines Zweckveranlassers sperrt nicht die Polizeipflichtigkeit derjenigen, die durch die Zweckveranlassung veranlasst nachfolgend handeln; diese Personen sind ebenfalls Störer und können als Adressaten von polizeilichen Maßnahmen (neben dem Zweckveranlasser) in Anspruch genommen werden (→ Rn 38 ff.).

8 **Beispiele:**
- Der Inhaber eines Ladens kann für **Schaufensterwerbung** verantwortlich sein, die Menschenmassen anzieht und hierdurch den Verkehr behindert.[16]
- Der Lebensmittelhändler kann als Zweckveranlasser für nächtliche Lieferungen und damit für Störungen der Nachtruhe der Nachbarschaft in Anspruch genommen werden, wenn er seine Lieferanten lediglich auf ein **nächtliches Lieferverbot** hinweist, ihnen aber weiterhin die Schlüssel für seine Räume überlässt.[17] Maßnahmen können aber auch gegen die Lieferanten als Verhaltensstörer ergriffen werden.
- Nach der gebotenen wertenden Betrachtungsweise kann ein als „Veranlasser" auftretender **Hintermann** (mit)verantwortlich sein, wenn dessen Handlung zwar nicht die polizeirechtliche Gefahrenschwelle überschritten hat, aber mit der durch den Verursacher unmittelbar herbeigeführten Gefahr oder Störung eine **natürliche Einheit** bildet, welche die Einbeziehung des Hintermanns in die Polizeipflicht rechtfertigt. Eine derartige natürliche Einheit besteht typischerweise beim „Zweckveranlasser" als demjenigen, der die durch den Verursacher bewirkte Polizeiwidrigkeit gezielt ausgelöst hat.[18]

---

12 VG Freiburg, VBlBW 1994, 212.
13 Zur historischen Entwicklung vgl. Pietsch/Sommerfeld, JA 2022, 840.
14 VGH BW, NVwZ-RR 1995, 663; Trurnit, in: Möstl/Trurnit, Polizeirecht BW, § 6 Rn 16; Pietsch/Sommerfeld, JA 2022, 840, 841 f.; Goldhammer, JURA 2021, 638, 641 f.
15 Knemeyer/Schmidt, Polizei- und Ordnungsrecht (PdW), S. 35.
16 PrOVG 40, 216 und 85, 270, sowie HessVGH, DÖV 1992, 753, 754; vgl. dazu auch Pietsch/Sommerfeld, JA 2022, 840, u. Peters/Rind, LKV 2017, 251, 254.
17 OVG NRW, JA 2008, 238.
18 BVerwG zur Rechtmäßigkeit eines Leistungsbescheids gegenüber einem Wiedereinfuhrpflichtigen bei illegaler Abfallverbringung (JA 2007, 317). Zur Zurechnung des die öffentliche Sicherheit gefährdenden Verhaltens Dritter, wenn dieses Verhalten von dem Handelnden ausdrücklich beabsichtigt ist, vgl. VG Hamburg (Heranziehung des Veranstalters einer Sportgroßveranstaltung als *Verhaltensverantwortlichen* [DÖV 2012, 855] und dazu HambOVG (DVBl 2012, 784 das OVG hat das Vorliegen der Voraussetzungen für eine Inanspruchnahme des Veranstalters *als Nichtstörer im polizeilichen Notstand* grundsätzlich bejaht. Vgl. auch Beutel, Die Polizei 2014, 117, u. → Rn 20 u. § 15 Rn 42 ff.

II. Theorie der unmittelbaren Verursachung

- Bei unzureichenden Sicherungsmaßnahmen ist der **Heimbetreiber** als Zweckveranlasser für die durch die Rückbeförderung eines entlaufenen Heimbewohners durch die Polizei entstandenen **Kosten** verantwortlich.[19]
- Wer im Geltungsbereich einer Sperrgebietsverordnung, welche die Prostitutionsausübung verbietet, Prostituierten wissentlich Raum zur **Ausübung der Prostitution** überlässt, ist polizeirechtlich als Verhaltensstörer (Zweckveranlasser) für die Störung der öffentlichen Sicherheit verantwortlich, die im Verstoß der Prostituierten gegen die Verordnung liegt.[20]
- Der **Betreiber eines Lebensmittelmarktes** B verkauft insbesondere abends unter Beachtung des JuSchG an Dritte **alkoholische Getränke**. Diese Getränke werden dann von diesen an Jugendliche weitergegeben. Folge ist, dass so alkoholisierte Jugendliche in den Abendstunden auf einem benachbarten städtischen Platz regelmäßig für Randale sorgen. Die Polizei will diesen Alkoholkonsum unterbinden und gegen B vorgehen. Da sich B legal verhält, kann er auch nicht über die Rechtsfigur des Zweckveranlassers für die Randale der alkoholisierten Jugendlichen verantwortlich gemacht werden.[21]

In jüngerer Zeit wird über die sog. **Veranstalterverantwortlichkeit** bei Großveranstaltungen – insbesondere bei Fußballspielen – diskutiert. Hier stellt sich insbesondere wegen der hohen Polizeieinsatzkosten die Frage, ob und inwieweit die Veranstalter für Gefahren und **Störungen durch Hooligans** polizeirechtlich über die Rechtsfigur des Zweckveranlassers **verantwortlich** gemacht werden können. Zuschauerausschreitungen werden aber vom Veranstalter regelmäßig nicht billigend in Kauf genommen, weil er selbst unter zivilrechtlichen Haftungsgesichtspunkten und wegen möglicher verbandsrechtlicher Strafen eine störungsfreie Veranstaltung wünscht.[22] Mit der Veranstaltung macht der Veranstalter regelmäßig von seinen Grundrechten der Berufsfreiheit (Art. 12 GG) oder der allgemeinen Handlungsfreiheit (Art. 2 Abs. 1 GG) Gebrauch. Daher haftet er auch nach der **Theorie der unmittelbaren Verursachung** nicht für das Fehlverhalten von Besuchern der Veranstaltung. Er kann deshalb auch nicht als Zweckveranlasser in Anspruch genommen werden, wenn es trotz gebotener organisatorischer Vorkehrungen zu Ausschreitungen kommt.[23]

Der – häufig minderjährige – **Veranstalter einer sog. „Facebook-Party"** kann **nicht ohne Weiteres** als **Zweckveranlasser** angesehen werden.[24] Bei einer Facebook-Party erfolgt die Einladung für eine (zumeist private) Veranstaltung über einen Post bei Facebook. Ausschreitungen bei einer Facebook-Party sind nicht der Regelfall und können vom Organisator nicht als typische Folge seiner in Facebook geposteten Einladung angesehen werden.[25] Facebook dient bei der Einladung von Facebook-Freunden nur als einer von vielen möglichen Kommunikationswegen (E-Mail, SMS, WhatsApp, Snapchat, Instagram etc.). Eine Einladung für die Allgemeinheit kann nur erfolgen, wenn der entsprechende Post – zumeist versehentlich – nicht nur an die eigenen „Freunde", sondern an die Allgemeinheit der Facebook-Nutzer erfolgt (was etwa über den „Veranstaltungs-Post" geschehen kann). Auch **Teilen oder Weiterleiten der Einladung** können dem Organisator nicht ohne Weiteres zugerechnet werden, da sie durch Dritte ohne sein Zutun erfolgen. Der Veranstalter genügt regelmäßig seiner **Sorgfaltspflicht**, wenn er seine Freunde auffordert, die Einladung nicht zu teilen oder an andere weiterzuleiten.

---

19 VG Saarland, LKRZ 2009, 423.
20 HessVGH, NVwZ-RR 1992, 1111; Kenntner, in: Kenntner, Öffentliches Recht BW, Kap. A Rn 94.
21 Siehe Fallbesprechung Jann, Sonderbeilage VBlBW 5/2010, 18; OVG NRW: Kioskverkäufer als Zweckveranlasser des im Straßenkarnevals von den Jecken auf der Straße weggeworfenen Glasabfalls (DÖV 2012, 488 [Rn 45 ff.]; VGH BW, NJW 2005, 238 f.)
22 Zum privatrechtlichen Stadionverbot vgl. BVerfG, NJW 2018, 1667, wonach es für ein Stadionverbot keiner Straftat der betroffenen Person bedarf, sondern eine auf Tatsachen beruhende Besorgnis ausreicht, dass künftig von der betroffenen Person Störungen verursacht werden.
23 Deger, in: Stephan/Deger, Polizeigesetz BW, § 6 Rn 10; Böhm, NJW 2015, 3000, 3001 f.; Brüning, VerwArch 2015, 417, 420 bis 423; krit. auch Kenntner, in: Kenntner, Öffentliches Recht BW, Kap. A Rn 94; Goldhammer, JURA 2021, 638, 649 f.; a. A. wohl Peters/Rind, LKV 2017, 251, 254 f. → Rn 20 u. § 15 Rn 42 ff.
24 Herberger, VBlBW 2018, 445, 448.
25 A. A. Knemeyer/Schmidt, Polizei- und Ordnungsrecht (PdW), S. 36.

Eine Zweckveranlassung kann in diesen Fällen nur begründet werden, wenn der Organisator der Veranstaltung bei der Nutzung der elektronischen Medien **die zu erwartende allgemeine Sorgfalt außer Acht gelassen** oder die **Einladung absichtlich an die Allgemeinheit** versandt hat. Unter diesen Voraussetzungen muss er sich Exzesse von Gästen, die zu einer Gefahr oder Störung der öffentliche Sicherheit oder Ordnung führen, zurechnen lassen.

11 Die **Rechtsfigur des Zweckveranlassers** spielt auch im Bereich des **Versammlungsrechts** eine Rolle, insbesondere dann, wenn eine „rechte" Demonstration „linke" Gegendemonstranten auf den Plan ruft (oder umgekehrt). Da diese Konstellation erfahrungsgemäß häufig mit **gewalttätigen Auseinandersetzungen** verbunden ist, wird erwogen, über die Figur des Zweckveranlassers die **Ausgangsveranstaltung** zu verbieten, vor allem dann, wenn von dieser Provokationen etc. ausgehen.[26] Grundsätzlich sind polizeiliche Maßnahmen gegen die Personen zu richten, die durch ihr Verhalten unmittelbar eine Gefahr verursachen. Verhält sich ein Veranstalter einer Demonstration friedlich und gehen Störungen lediglich von Gegendemonstrationen oder anderen Störergruppen aus, sind die **Gegendemonstranten** Adressat polizeilicher Maßnahmen. Demgegenüber ist die Durchführung der **Ausgangsversammlung**, deren Teilnehmer sich friedlich verhalten, von der Polizei zu schützen.[27] Mit Rücksicht auf Art. 5 Abs. 1 GG und die Versammlungsfreiheit als Minderheitenrecht kommt die **Rechtsfigur des Zweckveranlassers** als Begründung einer Störereigenschaft einer – friedlichen – Versammlung (= Ausgangsversammlung) grundsätzlich nicht in Betracht. Selbst wenn die Figur des Zweckveranlassers versammlungsrechtlich herangezogen werden könnte, setzte ihre Anwendung voraus, dass der vom Veranstalter angegebene Zweck nur Vorwand und die Provokation von Gegengewalt das eigentliche vom Veranstalter „objektiv" oder gar „subjektiv" bezweckte Vorhaben ist. Soweit die in der Versammlung geäußerten Inhalte in einer Demokratie trotz ihrer Missbilligung etwa durch die Mehrheit der Bevölkerung oder auch nur durch die Gegendemonstranten verfassungsrechtlich zu tolerieren sind, kann die Zweckveranlassung als Begründung für die Störereigenschaft nicht auf diese Inhalte gestützt werden.[28]

Ein entsprechendes Verbot kann allenfalls unter den strengen Voraussetzungen des **polizeilichen Notstandes** gem. § 9 PolG in Betracht kommen (→ Rn 47 ff.).[29]

III. Der Handlungsstörer

12 **1. Allgemeines.** Verursacht eine Person durch ihr Verhalten eine Gefahr, sind polizeiliche Maßnahmen gegen sie zu richten. Sie ist gem. § 6 PolG **Verhaltensverantwortliche**. Hierbei ist zu unterscheiden: Zum einen kann die Polizei ihre Maßnahmen gegenüber derjenigen Person treffen, welche die öffentliche Sicherheit oder Ordnung durch ihr **eigenes Verhalten** bedroht oder stört (§ 6 Abs. 1 PolG). Zum anderen kann einer Person unter bestimmten Voraussetzungen auch **fremdes Verhalten** zugerechnet und hierdurch die Störereigenschaft begründet werden (§ 6 Abs. 2 u. 3 PolG).

13 **2. Verantwortlichkeit für eigenes Verhalten (§ 6 Abs. 1 PolG). Verhaltensverantwortlichkeit** bedeutet Verantwortlichkeit für die Verursachung von Gefahren für die öffentliche Sicherheit oder Ordnung bzw. von Störungen dieser Schutzgüter durch menschliches Verhalten. Die Verhaltensverantwortlichkeit einer Person wird in erster Linie durch ihr eigenes Verhalten begründet (§ 6 Abs. 1 PolG). **Verhaltensstörer** im polizeirechtlichen Sinne ist nur derjenige, dessen

---

[26] Vgl. etwa VG Minden, NVwZ 1988, 663.
[27] BVerfG, NVwZ 2006, 1049; vgl. auch § 2 Abs. 2 VersammlG, der die Störung von Versammlungen verbietet.
[28] So BVerfG, NVwZ 2000, 1406, 1407; Kniesel/Poscher, in: Lisken/Denninger, Handbuch des Polizeirechts, Kap. J Rn 351.
[29] Vgl. dazu BVerfG, NVwZ-RR 2007, 641, u. Pietsch/Sommerfeld, JA 2022, 840, 846.

III. Der Handlungsstörer

Verhalten die eingetretene Störung unmittelbar verursacht, also selbst im konkreten Fall die polizeiliche Gefahrengrenze überschreitet. Wann dies der Fall ist, kann nicht generell, sondern nur anhand einer **wertenden Betrachtung** der Umstände des Einzelfalls bestimmt werden, wonach zu fragen ist, wer die eigentliche und wesentliche Ursache für den polizeiwidrigen Erfolg gesetzt hat. Nur durch diese wertende Betrachtung des Verhältnisses zwischen dem Zurechnungsgrund und der Gefahr lässt sich ermitteln, ob eine unmittelbare Verursachung im Sinne eines hinreichend engen Wirkungs- und Verantwortungszusammenhangs zwischen der Gefahr oder der Störung und dem Verhalten der Person vorliegt, die deren Pflichtigkeit als zumutbar rechtfertigt.[30] Unter **Verhalten** ist dabei sowohl das positive **Tun** als auch das **Unterlassen** zu verstehen. Die Verhaltensverantwortlichkeit setzt weder Geschäfts- noch Deliktsfähigkeit oder Verschulden voraus. Das **Verhalten** muss **nicht** von einem **Handlungswillen** getragen sein, so dass etwa auch ein Epileptiker oder Betrunkener Handlungsstörer sein kann. Entscheidend ist die objektive Gefahrenlage. Deshalb können auch Kinder, juristische Personen und nicht rechtsfähige Personenvereinigungen als Polizeipflichtige in Anspruch genommen werden.

Beispiel: Die 13-jährige T ist mit ihrem Lieblingshund „Wauzi" unterwegs. Obwohl der Leinenzwang für ihre Strecke durch entsprechende Regelung in der Polizeiverordnung angeordnet ist, nimmt sie den Hund nicht an die Leine. Durch ihr Verhalten verstößt T gegen die Polizeiverordnung und beeinträchtigt die öffentliche Sicherheit. Obwohl T nur eingeschränkt geschäfts- und deliktsfähig ist (vgl. §§ 2, 106, 828 Abs. 1 BGB), ist sie gem. § 6 Abs. 1 PolG **Störerin** und damit Adressat von polizeilichen Maßnahmen zur Durchsetzung des Leinenzwangs (vgl. auch § 6 Abs. 2 PolG).

Zur in Rechtsprechung und Literatur umstrittenen Frage, ob dem **nicht geschäftsfähigen** minderjährigen **Störer** ein durch die Polizei erlassener Verwaltungsakt bei Eilbedürftigkeit und Nichterreichbarkeit der Personenberechtigten **wirksam bekanntgegeben** werden kann, vgl. Schenke, JuS 2016, 507 ff. m. w. N. Sofern diese Möglichkeit abgelehnt wird (so etwa Schenke a. a. O), kann die notwendige polizeiliche Maßnahme im Wege der unmittelbaren Ausführung oder des Sofortvollzugs durchgesetzt werden.[31]

Ein **Unterlassen** ist für das Bestehen einer Polizeipflicht nur relevant, wenn sich aus einer **Gebotsnorm** eine **Rechtspflicht zum Handeln** ergibt.[32] Als entsprechende Regelungen kommen insbesondere **öffentlich-rechtliche Vorschriften** in Betracht, wie etwa § 323 c StGB, der eine Pflicht zur Hilfeleistung bei Unglücksfällen oder gemeiner Gefahr bzw. Not festschreibt (Abs. 1) und die Behinderung von Rettungskräften bei ihren Einsätzen unter Strafe stellt (Abs. 2). Ferner ergeben sich aus § 32 Abs. 1 S. 2 StVO Pflichten zur Beseitigung von Verunreinigungen und zur Sicherung von Verkehrshindernissen. Praxisrelevant ist überdies § 41 Abs. 2 StrG, der die Möglichkeit von Wegereinigungssatzungen eröffnet, sowie § 42 StrG mit seiner Pflicht, Straßenverunreinigungen zu beseitigen. All diese Normen zielen eigens auf Gefahrvermeidung ab und sind geeignet, die Eigenschaft als Handlungsstörer durch Unterlassen zu begründen. Dasselbe gilt auch für die **Bestattungspflicht** von Angehörigen gem. §§ 30, 31 BestattG.

Fall 12: Tochter T des Verstorbenen V teilt in einem Telefonat der Gemeinde O mit, dass ihr Vater V verstorben ist. Sie weist darauf hin, dass sie die einzige noch lebende Verwandte ist. Weil sich V um sie aber nie gekümmert habe, sei sie nicht bereit, für seine Bestattung zu sorgen.

T ist im **Fall 12** gem. § 31 Abs. 1 i. V. m. 21 Abs. 1 Nr. 1 BestattG **bestattungspflichtige Angehörige**. § 31 Abs. 1 BestattG normiert eine (öffentlich-rechtliche) Verpflichtung der T zur Bestattung ihres Vaters.

---

30 VGH BW, VBlBW 2013, 178 ff. (Rn 50).
31 Schenke, JuS 2016, 507, 509 ff.
32 Thiel, Polizei- und Ordnungsrecht, § 8 Rn 88; Trurnit, in: Möstl/Trurnit, Polizeirecht BW, § 6 Rn 10.

Weigert sich T, ihrer gesetzlichen Verpflichtung nachzukommen, hat die **Ortspolizeibehörde** (O) gem. § 31 Abs. 2 BestattG die **Bestattung zu veranlassen**.[33]

O hat zwei Möglichkeiten:

- Die Behörde kann durch Erlass eines (vollziehbaren) Verwaltungsaktes T verpflichten, ihrer Bestattungspflicht nachzukommen, und versuchen, diese Grundverfügung zu vollstrecken.
- In der Praxis wird sie aber regelmäßig den zweiten Weg gehen: O veranlasst durch die Beauftragung eines Bestattungsunternehmens die Bestattung des V im Wege der unmittelbaren Ausführung (→ § 8 Rn 1 ff.). Danach nimmt sie gem. § 31 Abs. 2 BestattG durch Erlass eines entsprechenden Kostenbescheids die T zum Ersatz ihrer verauslagten Bestattungskosten in Anspruch.[34]

Eine Rechtspflicht zur Vermeidung von Gefahren kann sich auch aus (nur) **zivilrechtlichen Handlungspflichten** ergeben. Bei der Frage des Handlungsstörers durch Unterlassen geht es darum, ob eine **Pflicht zur Gefahrvermeidung** besteht oder nicht. So zielen privatrechtliche Verkehrssicherungspflichten oder Schutzgesetze auf die Vermeidung von Gefahren oder den Eintritt von Rechtsgutsverletzungen ab. Werden Leib und Leben von Personen durch die Verletzung derartiger privater Sicherungspflichten gefährdet, muss grundsätzlich eine Verhaltensverantwortlichkeit bejaht werden können.[35]

16 **3. Verantwortlichkeit für fremdes Verhalten (§ 6 Abs. 2 und 3 PolG).** Zusätzlich zur Einstandspflicht für eigenes Verhalten kann gem. § 6 Abs. 2 u. 3 PolG auch eine Verantwortlichkeit für fremdes Verhalten bestehen – die sog. **Zusatzverantwortlichkeit** (nicht zu verwechseln mit der Zustandsverantwortlichkeit gem. § 7 PolG).

17 **a) Zusatzverantwortlichkeit des Personensorgeberechtigten und des Betreuers.** Im Falle von Störungen von Personen, die in ihrer Geschäftsfähigkeit zumindest beschränkt sind, erweitert § 6 Abs. 2 PolG den Kreis der Störer in zweifacher Hinsicht: Zum einen kann die Polizei bei Bedrohungen oder Störungen, die durch eine Person verursacht werden, die das 16. Lebensjahr noch nicht vollendet hat, auch gegenüber den Personensorgeberechtigten einschreiten (§ 6 Abs. 2 S. 1 PolG). Welchen Personen die **Personensorge** obliegt, beurteilt sich nach dem BGB. Im Falle verheirateter **Eltern** trifft sie beide Elternteile, soweit ihnen die Personensorge obliegt (§§ 1626 ff. BGB.; vgl. auch §§ 1671 bis 1681 BGB). Fällt die elterliche Sorge aus, tritt die Personensorge des Vormunds für das minderjährige Mündel an ihre Stelle (§§ 1773, 1793 BGB). Ist für eine volljährige Person ein **Betreuer** bestellt (§§ 1896 ff., 1901 BGB), trifft diesen gem. § 6 Abs. 2 S. 2 PolG die Zusatzverantwortlichkeit.

18 **b) Zusatzverantwortlichkeit des Geschäftsherrn für den Verrichtungsgehilfen.** Ist die Bedrohung oder Störung durch eine Person verursacht worden, die von einem anderen zu einer Verrichtung bestellt worden ist, kann die Polizei ihre Maßnahmen auch gegenüber dem anderen treffen (§ 6 Abs. 3 PolG). Hiermit ist die Zusatzverantwortlichkeit des Geschäftsherrn für den Verrichtungsgehilfen geregelt. **Verrichtungsgehilfe im polizeirechtlichen Sinn** ist dabei jeder, dem von einem anderen, von dessen Weisung er abhängig ist, eine Tätigkeit übertragen wurde. Für das **Weisungsrecht** reicht es aus, dass der Geschäftsherr die Tätigkeit des Handelnden jederzeit beschränken, untersagen oder nach Zeit und Umfang bestimmen kann. Dabei ist die Art des Rechtsverhältnisses zwischen dem Gehilfen und dem Geschäftsherrn ohne Bedeutung. Ausschlaggebend ist allein, dass der Bestellte bei Ausführung der Verrichtung vom Willen

---

33 Zur Zuständigkeit von O vgl. § 50 Abs. 2 BestattG i. V. m. § 31 Abs. 3 BestattVO.
34 Zur Bestattungspflicht vgl. VGH BW, BWGZ 2010, 312, u. VBlBW 2008, 137; Repkewitz, VBlBW 2010, 228.
35 *Str.*, wie hier auch Trurnit, in: Möstl/Trurnit, Polizeirecht BW, § 6 Rn 10.1; Schenke, Polizei- und Ordnungsrecht, Rn 311 m. w. N. Nach Deger, in: Stephan/Deger, Polizeigesetz BW, § 6 PolG Rn 4, soll die Verletzung bloßer zivilrechtlicher Vorschriften allenfalls zur Zustandshaftung führen.

III. Der Handlungsstörer

des Bestellers abhängig ist, mag er im Übrigen auch selbstständig arbeiten.[36] Damit gelten für den Verrichtungsgehilfen **vom Ansatz** her die gleichen Voraussetzungen **wie im Bereich des § 831 BGB**. In Ausführung der Verrichtung handelt der Gehilfe auch dann noch, wenn er auftragswidrig dem geäußerten oder mutmaßlichen Willen des Geschäftsherrn und seinen wohlverstandenen Interessen zuwiderhandelt.[37] Selbst wenn ein Verrichtungsgehilfe entgegen dem Willen des Geschäftsherrn und dessen Auftrag handelt, ändert sich an der Einstandspflicht nichts, solange es sich um eine nicht aus dem Kreis oder allgemeinen Rahmen der anvertrauten Aufgabe und dem damit verbundenen **Risikobereich des Geschäftsherrn** herausfallende Übertretung handelt.

Beispiel: Unternehmer U beauftragt seine Beschäftigten, Behälter, die mit einer teerhaltigen Flüssigkeit gefüllt sind, **ordnungsgemäß** zu entsorgen. Diese halten sich jedoch nicht an diese Anweisung und kippen die Flüssigkeit kurzerhand in einen Grundwassersee. Das Verhalten der Beschäftigten ändert nichts an der Einstandspflicht des U, weil das Verhalten der Mitarbeiter noch zu seinem Risikobereich gehört.[38]

Das die Zusatzhaftung begründende **Abhängigkeitsverhältnis** entfällt jedoch, wenn der Gehilfe einer klaren und speziellen Weisung zur Ausführung des Auftrags zuwiderhandelt und dadurch eine Gefahr verursacht.

§ 831 Abs. 1 S. 2 BGB eröffnet dem Geschäftsherrn im Zivilrecht die Möglichkeit, sich für die Verfehlung seiner Verrichtungsgehilfen zu entlasten, wenn er den Nachweis führen kann, dass er sie sorgfältig ausgesucht und überwacht hat (sog. **Exkulpationsmöglichkeit**). Hierauf kann sich der Geschäftsherr im Rahmen des § 6 Abs. 3 PolG nicht berufen. Denn wenn die Störerverantwortlichkeit **verschuldensunabhängig** ist und selbst Schuldunfähige polizeirechtlich in Anspruch genommen werden können (→ Rn 2, 13), kann sich der Geschäftsherr in Bezug auf seine Störereigenschaft auch nicht durch sorgfältige Auswahl oder Überwachung seiner Gehilfen „exkulpieren".[39]

19

Durch das Hinzutreten weiterer Verantwortlicher gem. § 6 Abs. 2 u. 3 PolG wird der **eigentliche Störer** i. S. d. § 6 Abs. 1 PolG **nicht aus der Verantwortung gelassen**. Dies zeigt zum einen der eindeutige **Wortlaut** des § 6 Abs. 2 u. 3 PolG: Danach kann die Polizei ihre Maßnahmen „**auch**" gegenüber demjenigen treffen (§ 6 Abs. 2 PolG) bzw. „**auch**" gegenüber dem anderen treffen (§ 6 Abs. 3 PolG). Zum anderen folgt dies aus **Sinn und Zweck der Norm**. Bei § 6 Abs. 2 u. 3 PolG geht es darum, den Kreis der Haftpflichtigen zu erweitern. Der eigentlich Störende und der Zusatzverantwortliche sind daher nebeneinander Störer i. S. d. Polizeirechts. Für die **Störerauswahl** gelten im Übrigen die allgemeinen Grundsätze (→ Rn 38 ff.).

c) Exkurs: Zurechnung des Verhaltens Dritter bei Herbeiführung eines Sonderrisikos? In der Rechtslehre wird teilweise auch eine polizeirechtliche Zurechnung des Verhaltens Dritter bejaht, wenn es „zwangsläufige" Folge der in Rede stehenden Handlung ist. In diesen Fällen soll es nicht – wie beim sog. Zweckveranlasser – auf den „bezweckten Erfolg", sondern darauf ankommen, ob die zu beurteilende Handlung ein besonderes, vorhersehbares Risiko eines bestimmten Verhaltens Dritter schafft, das es rechtfertigt, die daraus entstehende Gefahr dem **Hintermann** zuzurechnen.

20

Fall 13: Die Stadt Hamburg untersagte auf der Grundlage der polizeilichen Generalermächtigung einem Fußballverein als Verhaltensverantwortlichen durch entsprechende sofort vollziehbare Verfügung, Eintrittskarten für ein bevorstehendes Fußballspiel an einen Gästeverein abzugeben. Nach Auffassung der Ordnungsbehörde musste wegen der Erfahrungen bei vorausgegangenen Spielen mit hoher Wahrscheinlichkeit davon ausgegangen werden, dass es bei dem Aufeinandertreffen von Problemfangruppen beider Vereine zu Ausschreitungen und strafbaren Handlungen kommen wird. Mit der Verfügung sollten diese Gefahren für die öffentliche Sicherheit abgewehrt werden.

---

36 VGH BW, NJW 1993, 1543, 1544 m. w. N.
37 Vgl. OVG NRW, DVBl 1973, 924, 927 f.
38 OVG NRW, DVBl 1973, 924, 927.
39 Bäcker, in: Lisken/Denninger, Handbuch des Polizeirechts, Kap. D Rn 173.

Nach Auffassung des **VG Hamburg** war dieses Vorgehen der Behörde im **Fall 13** im Ergebnis rechtmäßig. Der das Fußballspiel austragende Verein konnte als Verhaltensverantwortlicher in Anspruch genommen werden, weil er durch die beabsichtigte Abgabe von Eintrittskarten an den Gästeverein ein derartiges objektives „**Sonderrisiko**" für die befürchteten Auseinandersetzungen und damit für die Gefährdung der öffentlichen Sicherheit herbeiführen würde. Das Gericht lehnte deshalb den Antrag des Fußballvereins, die aufschiebende Wirkung der Untersagungsverfügung wieder herzustellen, ab (→ Rn 8 Fn 17 m. w. N.).

Das **HambOVG** wies zwar im Ergebnis die Beschwerde des Fußballvereins gegen diesen Beschluss zurück. In den Gründen vertrat das OVG aber die Auffassung, dass im zu entscheidenden Fall beim Vorliegen der Voraussetzungen des polizeilichen Notstandes (in BW: § 9 PolG) die **Inanspruchnahme** des Fußballvereins **als Nichtstörer** in Frage kommen könne. Dieser Beurteilung ist zuzustimmen. Eine extensive Auslegung des Begriffs der Verhaltensverantwortlichkeit ist abzulehnen.[40]

IV. Der Zustandsstörer

21 **1. Allgemeines.** Wird die öffentliche Sicherheit oder Ordnung durch den Zustand einer Sache bedroht oder gestört, so hat die Polizei ihre Maßnahmen gegenüber dem **Eigentümer** oder gegenüber demjenigen zu treffen, der die **tatsächliche Gewalt über die Sache** ausübt (§ 7 PolG). Die polizeiliche Verantwortlichkeit des Eigentümers oder des Inhabers der tatsächlichen Gewalt für den Zustand von Sachen ist Ausfluss der tatsächlichen und rechtlichen **Sachherrschaft**, welche die Nutzung der Sache mit den sich daraus ergebenden Vorteilen ermöglicht.[41] Wer entsprechende Herrschaftsbefugnisse inne hat, kann und muss dafür sorgen, dass andere nicht durch den gefährlichen Zustand einer Sache gestört oder gar geschädigt werden – oder anders formuliert: Wer die Sache für seine Zwecke rechtmäßig nutzen kann, muss gefährliche Nutzungen unterlassen.[42]

Die Gefahr kann durch **Eigenschaften der Sache** oder durch ihre **Lage in der Umwelt / im Raum** begründet werden. Die Gefahrenquelle muss ihren Sitz in der Sache selbst haben. Bei einem **Grundstück** ist unerheblich, ob der polizei- und ordnungsrechtswidrige Zustand der Sache durch Dritte oder durch höhere Gewalt herbeigeführt worden ist.[43]

22 **2. Verantwortlichkeit des Eigentümers. a) Eigentum i. S. d. § 7 PolG.** Der **polizeirechtliche Eigentumsbegriff** stimmt mit dem zivilrechtlichen Eigentumsbegriff überein.[44] Entscheidend ist damit, wer **nach bürgerlichem Recht** Eigentümer ist. Das Polizeirecht geht also auch vom **Sachbegriff des § 90 BGB** aus. Sachen sind demnach nur (bewegliche oder unbewegliche) körperliche Gegenstände. Das setzt räumliche Abgrenzbarkeit voraus.[45]

Fall 14: E ist Eigentümer eines Grundstücks, auf dem in früheren Jahren ein Bergwerk betrieben wurde. Unter dem Grundstück befinden sich mehrere Stollen bzw. Hohlräume, die auf dem Grundstück immer wieder zu Tagesbrüchen und Einstürzen führen. Wegen der damit verbundenen Einsturzgefahren und Gefährdung der öffentlichen Sicherheit erlässt das Regierungspräsidium, zuständig für stillgelegte „untertägige" Bergwerke, zur Abwehr von Gefahren, durch die die öffentliche Sicherheit bedroht wird, eine entsprechende Verfügung, durch die dem E das Betreten seines Grundstücks untersagt wird.

Das VG Freiburg hat im **Fall 14** die Auffassung vertreten, dass das Altbergwerk Teil des Grundstücks des E geworden ist und E deshalb Zustandsstörer sei. Demgegenüber hat der

---
40 HambOVG, DVBl 2012, 784.
41 BVerwG, openJur 2021, 42594 (Rn 14); Goldhammer, JURA 2021, 638, 642 f.
42 Gusy/Eichenhofer, Polizei- und Ordnungsrecht, Rn 350.
43 BVerwG, openJur 2021, 42594 (Rn 14).
44 VGH BW, BWVPr 1996, 234; Trurnit, in: Möstl/Trurnit, Polizeirecht BW, § 7 Rn 5.
45 Vgl. Ellenberger, in: Grüneberg, Bürgerliches Gesetzbuch, § 90 BGB Rn 1.

VGH BW im Berufungsverfahren entschieden, dass E nicht Zustandsstörer sei. Zwar erstrecke sich das Grundstückseigentum gem. § 905 S. 1 BGB grundsätzlich auch auf den Erdkörper unter der Oberfläche. Das **Bergwerkseigentum** sei davon jedoch nicht erfasst. Die Gefahr für die öffentliche Sicherheit gehe nicht vom Grundstück, sondern von der Instabilität der Stollen darunter aus.[46]

Allgemeingüter wie die freie Luft, fließendes Wasser oder Grundwasser sind mangels Abgrenzbarkeit dem Grunde nach keine Sachen. Zur Sache werden sie unabhängig von ihrem Aggregatzustand erst, wenn sie durch Fassung in einem Behältnis eine körperliche Begrenzung erfahren, so etwa das Wasser in der Flasche oder das Gas im Tank. **Tiere** sind gem. § 1 TierSchG, § 90 a BGB keine Sachen, sondern Mitgeschöpfe. Mangels gegenteiliger polizeirechtlicher Regelung sind aber auf Tiere die für Sachen geltenden Vorschriften entsprechend anzuwenden (§ 90 a S. 2 BGB). 23

Die Verantwortlichkeit beginnt mit dem **Eigentumserwerb** und damit mit dem Beginn des Einwirkungsrechts. Für den **Eigentumsübergang** an beweglichen Sachen gelten die **§§ 929 ff. BGB**. Für den Grundstückserwerb bedarf es der zivilrechtlichen Einigung (Auflassung) und der Eintragung der Rechtsänderung im Grundbuch gem. **§§ 873, 925 BGB**.[47] **Miteigentümer** gelten als Eigentümer, jeder von ihnen ist verantwortlich; in einer Eigentümergemeinschaft (WEG) ist die **Gemeinschaft der Wohnungseigentümer** als Störer polizeirechtlich verantwortlich, nicht dagegen der Verwalter.[48] Auch der **Sicherungseigentümer** kann polizeipflichtig sein.[49] Der **Erbbauberechtigte** ist hingegen kein zivilrechtlicher Eigentümer und damit nicht Zustandsstörer i. S. d. § 7 PolG, sofern er nicht zugleich Inhaber der tatsächlichen Gewalt über die störende Sache ist.[50] 24

b) Haftungsbegrenzungen bei Eigentumsbeeinträchtigung. Grundsätzlich ist jeder, dessen Sache eine Gefahr verursacht, verantwortlich. Haftungsbegrenzungen ergeben sich insbesondere aus dem **Grundsatz der unmittelbaren Verursachung**, welcher auch für den Zustandsstörer gilt. Auch hier ist deshalb eine **wertende** Betrachtung vorzunehmen (→ Rn 6). Anknüpfungspunkt ist die (zumindest) normative Sachherrschaft über und die Einflussmöglichkeit auf eine gefährliche Sache und die sich daraus ergebende Pflicht, für die Störungsfreiheit zu sorgen.[51] 25

Gem. § 7 PolG haftet der Eigentümer nur, wenn und soweit er rechtlich oder tatsächlich auf den Zustand der Sache einwirken kann. An einer solchen Einwirkungsmöglichkeit fehlt es, wenn die **Sache gegen den Willen des Eigentümers entzogen** wird, also etwa durch Diebstahl oder wenn die Sache – etwa durch Naturschutzrecht – der Allgemeinheit genauso zur Verfügung steht wie dem Eigentümer. Ebenso verhält es sich bei **Verlust des Eigentums** durch Veräußerung, Verbindung, Vermischung oder Verarbeitung gem. §§ 946 ff. BGB. Denn die Zustandsverantwortlichkeit knüpft an die **zivilrechtliche Sachherrschaft** an und damit an die rechtliche und tatsächliche Einwirkungsmöglichkeit auf die Sache.[52] Dementsprechend behält der Eigentümer die rechtliche Sachherrschaft und damit die Störerposition i. S. d. § 7 PolG, wenn er wegen eines Schuldverhältnisses wie Leihe, Pacht oder Miete einem Dritten lediglich die tatsächliche Sachherrschaft überlässt. Die Verantwortlichkeit lebt außerdem dann wieder auf, wenn der Verfügungsberechtigte die Sachherrschaft wiedererlangt (wenn etwa die abhanden gekommene Sache gefunden und dem Eigentümer zurückgegeben wird).

---

46 VGH BW, VBlBW 2013, 178 ff. (Rn 46): Abänderung des Urteils des VG Freiburg v. 30.10.2010 – 3 K 1259/08.
47 VGH BW, BWGZ, 1996, 234, 235.
48 NdsOVG, NVwZ 2023, 362 f. (Rn 11); Drasdo, NVwZ, 2023, 312 ff.
49 VGH BW, BWVPr 1978, 150; Deger, in: Stephan/Deger, Polizeigesetz BW, § 7 Rn 10.
50 VGH BW, VBlBW 1997, 463; *a. A.* – auch wegen der dortigen Gesetzeslage – OVG BB, NJW 2012, 3673; vgl. auch OVG NRW, JuS 2013, 378, m. Bespr. Waldhoff.
51 VGH BW, VBlBW 2013, 178 ff. (Rn 48).
52 VGH BW, NJW 1992, 64, 65; Trurnit, in: Möstl/Trurnit, Polizeirecht BW, § 7 Rn 7.

26 **c) Sonderproblem der Eigentumsaufgabe.** Das Zivilrecht ermöglicht es dem Eigentümer, sein Eigentum zu veräußern oder seine Rechtsposition durch **einseitigen Willensakt** aufzugeben. Zur Aufgabe des Eigentums an einer beweglichen Sache genügt die Besitzaufgabe bei gleichzeitiger Absicht, auf das Eigentum zu verzichten (§ 959 BGB). Das Eigentum an einem Grundstück kann durch Verzichtserklärung gegenüber dem Grundbuchamt und entsprechende Eintragung im Grundbuch aufgegeben werden (§ 928 Abs. 1 BGB). Mit der Aufgabe des Eigentums wird die Sache **herrenlos** (vgl. § 959 BGB). Fraglich ist, ob der Eigentümer hierdurch zugleich seine Störereigenschaft i. S. d. § 7 PolG verliert. Diese Frage wird in Literatur und Rechtsprechung seit jeher kontrovers diskutiert. Der praktische Hintergrund der Diskussion liegt auf der Hand: Die zivilrechtlichen Vorschriften laden den Eigentümer gefährlicher Sachen geradezu ein, sich durch bloße Eigentumsaufgabe (Dereliktion) **aus der polizeirechtlichen Verantwortung zu stehlen**. So könnten insbesondere Altlastengrundstücke anstelle einer kostenaufwendigen Sanierung einfach aufgegeben, und schrottreife Pkws im öffentlichen Verkehrsraum stehen gelassen werden, anstatt sie ordnungsgemäß zu beseitigen.

27 Das PolG sieht für diesen Fall – im Unterschied zu fast allen anderen Bundesländern – keine gesetzliche Regelung vor.[53] Zur Lösung der Problematik ist deshalb eine **differenzierte Vorgehensweise** angezeigt, die eine angemessene **Risikoverteilung** zwischen dem Eigentümer und der Allgemeinheit herbeiführt. Hierzu hat die **Rechtsprechung** folgende Grundsätze aufgestellt:

Grundsätzlich endet die Zustandsverantwortlichkeit gem. § 7 PolG dem Grunde nach durch wirksame Veräußerung oder Eigentumsaufgabe.[54] Somit kann der frühere Eigentümer **grundsätzlich** nicht mehr als Zustandsstörer in Anspruch genommen werden.

Zur **Vermeidung des Missbrauchs** bedarf dieser Grundsatz jedoch einer **Einschränkung nach allgemeinen zivilrechtlichen Grundsätzen**: Danach ist ein Rechtsgeschäft, das gegen die guten Sitten verstößt, nichtig (§ 138 BGB). Um ein solches nichtiges Rechtsgeschäft handelt es sich, wenn die Eigentumsaufgabe allein darauf abzielt, die Kosten der Gefahrbeseitigung in erheblichem Umfang auf die Allgemeinheit abzuwälzen.[55] Schon hierdurch lassen sich sozialunverträgliche Dereliktionen wie etwa die Aufgabe eines Altlastengrundstücks oder eines schrottreifen Fahrzeugs im Wesentlichen regeln.[56]

Darüber hinaus ist ein weiterer Gesichtspunkt zu beachten: Wer sein Eigentum an einer gefährlichen Sache in der Absicht aufgibt, sich der Zustandsverantwortlichkeit zu entziehen, kann ggf. als **Verhaltensverantwortlicher** herangezogen werden. Er wird sozusagen zum **Handlungsstörer durch Dereliktion**. So ist es etwa dem Halter / Fahrer eines Fahrzeugs sowohl nach straßen-, straßenverkehrs- als auch nach abfallrechtlichen Vorschriften verboten, sein nicht mehr zugelassenes Fahrzeug auf einer Straße / in der Landschaft stehen zu lassen (§ 16 StrG [Sondernutzung], §§ 27 StVZO, 32 StVO und § 20 Abs. 4 KrWG). In diesen Fällen kann der Derelinquent gem. § 6 PolG in Anspruch genommen werden, weil er durch sein Verhalten (= Abstellen des Fahrzeugs) die öffentliche Sicherheit beeinträchtigt hat.

Im **Bodenschutzrecht** ist das Problem, sich der Haftung durch Dereliktion entziehen zu wollen, durch **§ 4 Abs. 3 S. 4 BBodSchG** spezialgesetzlich geregelt: Danach bleibt zur Sanierung

---

53 Vgl. etwa § 5 Abs. 3 PolG NRW, § 7 Abs. 3 HSOG: „Geht die Gefahr von einer herrenlosen Sache aus, so können die Maßnahmen gegen diejenigen Personen gerichtet werden, die das Eigentum an der Sache aufgegeben haben."
54 VGH BW, NVwZ-RR 1991, 27: „Die Haftung als Zustandsstörer endet mit der Aufgabe der tatsächlichen Gewalt über den polizeiwidrigen Zustand; Graf, in: Pöltl/Ruder, Öffentliche Sicherheit und Ordnung, Stichwort „Dereliktion".
55 VGH BW, VBlBW 1998, 312; zust. etwa Graf, in: Pöltl/Ruder, Öffentliche Sicherheit und Ordnung, Stichwort „doppelfunktionale Maßnahme"; Trurnit, in: Möstl/Trurnit, Polizeirecht BW, § 7 Rn 17.
56 Poscher/Rusteberg, JuS 2011, 1082, 1084.

eines Altlastengrundstücks auch derjenige verpflichtet, der „das Eigentum an einem solchen Grundstück aufgibt".

d) Verfassungsrechtliche Beschränkungen. Die früher vertretene **h. L.** bestand auf der vollen Zustandsverantwortlichkeit ohne Rücksicht darauf, ob Dritte (etwa Tankwagenfahrer), höhere Gewalt wie Naturkatastrophen (Überschwemmung, Orkan, Hagelschlag etc.) oder Krieg oder der Zufall den gefährlichen Zustand einer Sache herbeigeführt haben. Auch heute besteht weitgehend Einigkeit darüber, dass in Fällen der höheren Gewalt oder der Schädigung durch Dritte grundsätzlich die Zustandsverantwortlichkeit uneingeschränkt zu bejahen ist.[57] Im Hinblick auf die Eigentumsgarantie des Art. 14 GG und unter Berücksichtigung des Grundsatzes der Verhältnismäßigkeit hat das **BVerfG** aber Grundsätze zur **verfassungskonformen Auslegung** der bodenschutzrechtlichen Zustandsverantwortlichkeit aufgestellt, wenn etwa der Eigentümer nicht selbst das Grundstück belastet hat oder die Belastung oder das Risiko nicht kannte. Hierbei kommt es entscheidend auf das Verhältnis Kostenbelastung / Verkehrswert des Grundstücks an.[58]

3. Verantwortlichkeit des Inhabers der tatsächlichen Gewalt. Inhaber der tatsächlichen Gewalt ist, wer die Sachherrschaft über eine Sache ausübt, also in der Lage ist, tatsächlich auf sie einzuwirken. Auf den Rechtsgrund der Inhaberschaft der tatsächlichen Gewalt kommt es nicht an. Entscheidend ist allein die tatsächliche Beziehung der Person zu einer Sache, die ihr eine entsprechende **Einflussnahme** ermöglicht. Inhaber der tatsächlichen Gewalt i. S. d. § 7 PolG ist der die tatsächliche Gewalt über die Sache ausübende **unmittelbare Besitzer** i. S. d. § 854 BGB. **Gewaltinhaber** sind etwa der Mieter, Pächter, Nießbraucher (§ 1036 BGB), Erbbauberechtigte, Verwahrer, aber auch der Finder, Schwarzfahrer und der Insolvenzverwalter. Auch der **Besitzdiener** gem. § 855 BGB kann als Zustandsstörer in Anspruch genommen werden, wenn und soweit er die tatsächliche Gewalt über die Sache für den Besitzer ausübt (etwa Hausangestellte; bei den Eltern lebende minderjährige Kinder an Wohnung / Hausrat). Gleiches gilt bei den Rechtsinstituten des Erbenbesitzers (§ 857 BGB) und des mittelbaren Besitzers (§ 858 BGB). Auch hier kommt es in ordnungsrechtlicher Sicht nur darauf an, wer die tatsächliche Herrschaft über die Sache ausübt und deshalb als Störer in Anspruch genommen werden kann. Dementsprechend kann auch der unrechtmäßige Besitzer (etwa der Dieb) Inhaber der tatsächlichen Gewalt i. S. d. § 7 PolG sein. Da der **Dieb** die Sachgewalt gegen oder zumindest ohne den Willen des Eigentümers ausübt, entfällt dessen eigene, zusätzliche Verantwortlichkeit als Zustandsstörer.

V. Rechtsnachfolge in die Polizeipflicht

1. Allgemeines. Unter dem Begriff der Rechtsnachfolge in die Polizeipflicht werden verschiedene Rechtsfragen erörtert. Insbesondere geht es um die Problematik, ob und unter welchen Voraussetzungen die polizeiliche Verantwortlichkeit – also eine Rechtspflicht – von einer Person auf deren Rechtsnachfolger übergehen kann. Die Rechtslehre unterscheidet hierbei zwischen der Rechtsnachfolge in die durch eine Polizeiverfügung konkretisierte Verantwortlichkeit (→ Rn 31 ff.) und der lediglich kraft Gesetzes abstrakt bestehenden Polizeipflicht (→ Rn 35 ff.).

2. Rechtsnachfolge in die durch Polizeiverfügung konkretisierte Polizeipflicht. a) Allgemeines. Durch **eine Verfügung** (= Verwaltungsakt) an einen bestimmten Adressaten bestimmt die Polizei, welche Person **konkret polizeipflichtig** ist.

---

57 BVerwG, openJur 2021, 42594 (Rn 14); Bäcker, in: Lisken/Denninger, Handbuch des Polizeirechts, Kap. D Rn 194 ff.
58 BVerfG, NJW 2000, 2573 ff.; Bäcker, in: Lisken/Denninger, Handbuch des Polizeirechts, Kap. D Rn 194: „Opfergrenze".

Fall 15: Weil eine zu einer öffentlichen Straße hin gelegene Hauswand akut einsturzgefährdet ist, erlässt die zuständige Behörde zur Abwehr von Gefahren für Passanten gegenüber dem Grundstückseigentümer E eine sofort vollziehbare Abbruchverfügung. Kurz nach der Zustellung der Verfügung stirbt E. Sein alleiniger Erbe ist R.

Ist R als Rechtsnachfolger des E verpflichtet, die gegenüber E erlassene Abbruchverfügung zu beachten und die Hauswand umgehend zu beseitigen? Kann er gegen die Verfügung erfolgreich Widerspruch / Klage einreichen?

Kann die Behörde gegenüber R die Abbruchverfügung vollstrecken, ohne nochmals ihm gegenüber eine neue Grundverfügung erlassen zu müssen?

Früher wurde die Ansicht vertreten, alle öffentlich-rechtlichen Rechte und Pflichten und damit auch die Polizeipflicht eines Adressaten seien höchstpersönlicher Natur und daher nicht übertragbar.[59] Eine gegenüber einem Störer erlassene Verfügung konnte folglich weder gegenüber seinem Einzel- noch gegenüber seinem Gesamtrechtsnachfolger, also auch nicht gegenüber dem Erben wirken bzw. vollstreckt werden. Im **Fall 15** würde dies bedeuten, dass die Behörde gegenüber dem Erben R eine neue Verfügung erlassen und diese ihm gegenüber vollstrecken müsste.

Nach **heute h. M.** verpflichtet das öffentliche Recht auch zur Durchführung von Handlungen, die nicht höchstpersönlicher Natur sind und infolgedessen auch von anderen Personen durchgeführt bzw. vorgenommen werden können (sog. vertretbare Handlungen [→ § 12 Rn 9]). Für die Vollstreckung derartiger Pflichten bzw. Verfügungen (etwa Abbruch eines baufälligen Gebäudes, Abschleppen eines verbotswidrig geparkten Pkw) sieht das Vollstreckungsrecht regelmäßig das Zwangsmittel der Ersatzvornahme vor (§§ 63 Abs. 1 PolG, 25 LVwVG). In diesen Fällen wird grundsätzlich eine Rechtsnachfolge in die durch Verwaltungsakt konkretisierte Polizeipflicht unter den nachfolgenden Voraussetzungen bejaht.[60]

32 **b) Rechtsnachfolgefähigkeit und Übergangstatbestand.** Die Frage, ob die Verantwortlichkeit des Störers auf seinen Rechtsnachfolger übergeht bzw. ob ein Rechtsnachfolger verpflichtet ist, die gegenüber seinem Rechtsvorgänger erlassene Verfügung zu befolgen, hängt davon ab, ob die Maßnahme der Behörde rechtsnachfolgefähig ist und ob ein sog. **Übertragungstatbestand** vorliegt.[61] Diese Grundsätze gelten sowohl für die Rechtsnachfolge in die Verhaltens- als auch in die Zustandsverantwortlichkeit.[62] Verfügungen, die zu vertretbaren Handlungen verpflichten und denen nicht nur von einer ganz bestimmten Person nachgekommen werden kann, sind **rechtsnachfolgefähig**. So kann etwa eine baurechtliche **Abbruchverfügung** auch vom nachfolgenden Grundstückseigentümer als Zustandsstörer erfüllt werden.[63] Im **Fall 15** handelt es sich bei dem Abbruch der Hauswand um eine vertretbare Handlung, die Verpflichtung des E zum Abbruch ist somit rechtsnachfolgefähig. Handelt es sich hingegen um Pflichten, die höchstpersönlich sind, so sind diese von vornherein nicht rechtsnachfolgefähig. Dies ist etwa bei Unterlassungspflichten der Fall, die sich an einen ganz bestimmten Adressaten richten.[64] Die Rechtsnach**fähigkeit** ist Grundvoraussetzung für den Übergang der Polizeipflicht auf den Rechtsnachfolger. Zusätzlich bedarf es denknotwendig noch des Rechts**übergangs**. Um in die Rechte des neuen Inhabers eingreifen zu können, ist nach dem Grundsatz des Gesetzesvorbehalts für die Überleitung der öffentlich-rechtlichen Pflichten eine **gesetzliche Grundlage** erforderlich. Welche Gesetzesgrundlagen in Betracht kommen, ist **str.**

---

59 Schenke, Polizei- und Ordnungsrecht, Rn 364.
60 Vgl. dazu etwa Trurnit, in: Möstl/Trurnit, Polizeirecht BW, § 6 Rn 25.
61 Ibler, in: Ennuschat/Ibler/Remmert, Öffentliches Recht BW, § 2 Rn 294.
62 Str., zum Meinungsstand vgl. Bäcker, in: Lisken/Denninger, Handbuch des Polizeirechts, Kap. D Rn 197 ff., u. Deger, in: Stephan/Deger, Polizeigesetz BW, § 7 Rn 23.
63 VGH BW, NJW 1977, 861.
64 BVerwGE 64, 105, 110, u. VGH BW, NJW 1977, 861.

V. Rechtsnachfolge in die Polizeipflicht

Bei der **Zustandsverantwortlichkeit** vertritt die Rechtsprechung die Ansicht, dass beim Vorliegen eines **Gesamtrechtsnachfolgetatbestands** grundsätzlich eine Nachfolge in die (konkretisierte) Polizeipflicht zu bejahen ist. Die gegenüber einem Zustandsverantwortlichen bereits erlassene Polizeiverfügung wirkt somit auch gegenüber dessen Rechtsnachfolgern, eine neue Verfügung muss nicht ergehen. So gehen im **Erbfall** die nachfolgefähigen Polizeipflichten des Erblassers aus der Zustandshaftung entsprechend §§ 1922, 1967 BGB auf den / die Erben als Gesamtrechtsnachfolger über.[65] Eine Übergangsfähigkeit kann sich auch aus den Bestimmungen des Gesellschaftsrechts (etwa aus den §§ 25 Abs. 1, 27 Abs. 1, 28 Abs. 1 HGB) ergeben. Im **Fall 15** ist R als Erbe und (Gesamt-)Rechtsnachfolger des E somit verpflichtet, die Abbruchverfügung, die gegenüber E erlassen worden ist, zu erfüllen. Als Polizeipflichtiger kann er gegen die Verfügung Rechtsbehelfe einlegen. Kommt er der Verpflichtung nicht nach, kann die Behörde die gegen E erlassene Grundverfügung R gegenüber vollstrecken. Allerdings muss sie dem R die gegen E erlassene Grundverfügung unter dem Gesichtspunkt des § 43 LVwVfG vorher bekanntgeben.[66]

Die hier genannten Grundsätze gelten auch für die Fälle der **Sonder- bzw. Einzelrechtsnachfolge**.[67] Würde Grundstückseigentümer E **im Fall 15** das Grundstück an R durch entsprechenden **Kaufvertrag** (= Einzelrechtsnachfolge) veräußern, muss wie folgt unterschieden werden: Als neuer Eigentümer des Grundstücks wird R mit Erwerb des Eigentums gem. § 7 PolG zustandspflichtig und ist somit kraft Gesetzes für den Zustand der einsturzgefährdeten Hausmauer verantwortlich. Diese Zustandsverantwortlichkeit des R wird neu begründet. Die Behörde kann somit R unmittelbar durch den **Erlass einer neuen Grundverfügung** als Zustandsstörer für die Beseitigung in Anspruch nehmen.

33

Die weitere Frage ist, ob R im **Fall 15** als Rechtsnachfolger des E (zusätzlich) verpflichtet ist, die gegenüber E **bereits erlassene Grundverfügung** zu beachten, und ob und unter welchen Voraussetzungen die Behörde den gegenüber E erlassenen Grundverwaltungsakt gegenüber R vollstrecken kann. Dies ist nach der hier vertretenen Auffassung wegen des **dinglichen Charakters** der Zustandshaftung aus Gründen der Effizienz und Verfahrensökonomie grundsätzlich zu bejahen. Die alte – bestandskräftige – Grundverfügung gegen E müsste allerdings, um gegenüber R als Rechtsnachfolger **vollstreckt** werden zu können, durch einen neuen, gegen diesen (R) gerichteten Verwaltungsakt „vollzugsfähig" gemacht werden (vgl. § 43 LVwVfG) und deshalb dem Rechtsnachfolger R zunächst einmal bekanntgemacht werden, um ihm den Einwand fehlender Rechtsnachfolge zu ermöglichen.[68]

34

Eine Rechtsnachfolge in konkretisierte Pflichten aus der **Verhaltensverantwortlichkeit** kommt nur in Frage, wenn ein Fall der Gesamtrechtsnachfolge vorliegt und wenn es sich um vertretbare Leistungen handelt, die auch ein Dritter erfüllen kann. In der Praxis geht es hierbei regelmäßig um die Kosten einer Ersatzvornahme oder einer unmittelbaren Ausführung, welche die Polizei gegenüber den Erben eines Verantwortlichen geltend macht. Der Übergang einer derartigen Verpflichtung, die auf vermögenswerte Leistungen gerichtet ist, ist grundsätzlich zu bejahen, bedarf aber wegen des Grundsatzes des Gesetzesvorbehalts einer ausdrücklichen gesetzlichen Regelung (wie etwa in § 4 Abs. 3 S. 1 BBodSchG).[69]

Beispiel: Weil H sein Fahrzeug im absoluten Halteverbot abgestellt hat, wird es von der Polizei im Wege der Ersatzvornahme abgeschleppt. Dem H wird ein entsprechender Kostenbescheid zugestellt. Kurz danach

---

65 BVerwG, NVwZ 2006, 928, zur Sanierungsverpflichtung einer Altlast; Bäcker, in: Lisken/Denninger, Handbuch des Polizeirechts, Kap. D Rn 197 ff.; VGH BW, VBlBW 1988, 110.
66 Vgl. Bäcker, in: Lisken/Denninger, Handbuch des Polizeirechts, Kap. D Rn 202.
67 Str., vgl. HessVGH, NVwZ 1985, 281, u. OVG NRW, NVwZ 1987, 427; a. A. NdsOVG, BRS 35, Nr. 132, u. Deger, in: Stephan/Deger, Polizeigesetz BW, § 7 Rn 23.
68 Vgl. Bäcker, in: Lisken/Denninger, Handbuch des Polizeirechts, Kap. D Rn 202.
69 Zutr. Bäcker, in: Lisken/Denninger, Handbuch des Polizeirechts, Kap. D Rn 205; Kingreen/Poscher, Polizei- und Ordnungsrecht, § 9 Rn 63; a. A. BVerwG, NVwZ 2006, 928, 931: „allgemeines Polizeirecht steht zur Verfügung".

verstirbt H. Als Rechtsnachfolger des H ist der Alleinerbe E verpflichtet, die bereits durch Bescheid gegenüber H festgesetzten Abschleppkosten zu bezahlen.

35 **3. Rechtsnachfolge in die kraft Gesetzes abstrakt bestehende Polizeipflicht.** In diesen Fällen ergibt sich eine Polizeipflicht unmittelbar aus dem Gesetz, eine entsprechende konkretisierende Verfügung wurde von der Behörde (noch) nicht erlassen.

Im Bereich der **Zustandshaftung** regelt das **Gesetz**, wer unter welchen Umständen für den Zustand einer Sache polizeipflichtig ist (etwa § 7 PolG und § 4 Abs. 2 BBodSchG). Rückt eine Person in die Rechtsposition des früheren Störers ein, so verwirklicht nunmehr sie den jeweiligen normierten Haftungstatbestand. Ihr gegenüber entsteht die gesetzlich geregelte Zustandsverantwortlichkeit also ohne Weiteres, ohne dass es hierfür eines Übertragungsaktes bedürfte. So wird etwa mit Erwerb eines Altlastengrundstücks der Neueigentümer kraft Gesetzes sanierungspflichtig i. S. d. § 4 Abs. 2 BBodSchG, oder der neue Halter eines aggressiven Hundes zum Zustandsstörers gem. § 7 PolG. Im Bereich der Zustandsverantwortlichkeit scheidet daher eine Rechtsnachfolge in die „abstrakt" bestehende Polizeipflicht aus, da die Zustandsverantwortlichkeit beim „alten" Pflichtigen endet und beim „neuen" erstmals entsteht.[70]

36 Im Bereich der **Verhaltensverantwortlichkeit** wird von der Rechtsprechung eine Rechtsnachfolge in die abstrakt bestehende, also nicht durch Verwaltungsakt konkretisierte Polizeipflicht, anerkannt.[71] Die Literatur macht die Möglichkeit einer Rechtsnachfolge hingegen überwiegend vom Vorhandensein eines gesonderten Übergangstatbestands abhängig und beruft sich auf den Grundsatz des Gesetzesvorbehalts.[72] Die Verhaltensverantwortlichkeit knüpft entweder an die Verursachung einer Gefahr an, die eine Person selbst verursacht hat (§ 6 Abs. 1 PolG) oder für die sie kraft Gesetzes einstandspflichtig ist (§ 6 Abs. 2 u. 3 PolG). Es geht daher regelmäßig um **höchstpersönliche Rechtspositionen**, die **nicht übergangsfähig** sind. Schon aus diesen Gründen kommt in diesen Fällen eine Rechtsnachfolge grundsätzlich nicht in Betracht.[73]

VI. Verjährung der Polizeipflicht

37 Die Frage, ob und inwieweit ordnungsrechtliche Pflichten verjähren können, stellt sich in zweifacher Hinsicht: Zum einen ist auf Primärebene an die **Polizeipflicht als solche** zu denken und zu entscheiden, ob der Polizeipflichtige seiner Inanspruchnahme durch polizeiliche Maßnahmen irgendwann einmal den Zeitablauf entgegen halten kann. Zum anderen geht es darum, inwieweit ein Polizeipflichtiger im Hinblick auf die ihn treffende **Kostenlast** (Sekundärebene) die Einrede der Verjährung erheben kann.

Eine **Verjährung** der Polizeipflicht **scheidet** grundsätzlich **aus**.[74] Dementsprechend kann gegenüber der Verhaltens- oder Zustandsverantwortlichkeit nicht die Einrede der Verjährung erhoben werden: Die Polizeipflicht besteht unabhängig davon, wie lange sie schon andauert.[75] Die Polizeipflicht einer Person beruht auf der hoheitlich durchsetzbaren Verpflichtung, eine Gefahr im Interesse der Allgemeinheit abzuwehren. Bei der primären Polizeipflicht scheidet daher auch eine entsprechende Anwendung zivilrechtlicher Verjährungsvorschriften aus. Ein analoger Rückgriff auf die §§ 194 ff. BGB ist ausgeschlossen. Eingriffsbefugnisse sind keine Ansprüche, die durch Nichtgebrauch preisgegeben werden können.[76] Aus diesen Gründen sind auch **Verzicht** und **Verwirkung** als Beendigungstatbestände abzulehnen.

---

70 Sander, in: Belz/Mußmann/Kahlert/Sander, Polizeigesetz BW, § 7 Rn 11c.
71 BVerwGE 125, 325.
72 Poscher/Rusteberg, JuS 2011, 1082, 1084 m. w. N.
73 Wie hier etwa Trurnit, in: Möstl/Trurnit, Polizeirecht BW, § 6 Rn 26, 29.
74 Trurnit, in: Möstl/Trurnit, Polizeirecht BW, § 6 Rn 31.
75 Vgl. VGH BW, VBlBW 2008, 339, 342 m. w. N.
76 Gusy/Eichenhofer, Polizei- und Ordnungsrecht, Rn 364.

Auf der **Kostenebene (Sekundärebene)** gelten die gesetzlichen Regelungen zur Verjährung öffentlich-rechtlicher Kostenersatzansprüche. Teilweise wird die Verjährung in Spezialgesetzen geregelt (vgl. etwa § 24 Abs. 2 S. 3 bis 5 BBodSchG). Zum anderen ist **§ 195 BGB** zu beachten, wonach die regelmäßige Verjährungsfrist drei Jahre beträgt. Unter diese Regelung fallen nach h. M. alle öffentlich-rechtlichen Ansprüche, soweit keine speziellen Verjährungsvorschriften direkt oder entsprechend anwendbar sind. Dies bedeutet, dass die (öffentlich-rechtlichen) Ansprüche der Polizei auf Kostenersatz grundsätzlich in drei Jahren verjähren, da es sich um vermögensrechtliche Forderungen der öffentlichen Hand handelt.[77]

VII. Auswahl unter mehreren Verantwortlichen

Beim Zusammentreffen mehrerer Störer steht die Polizei vor der Frage, welche bzw. welchen Verantwortlichen sie in Anspruch nimmt. Dies ist in zweifacher Hinsicht zu beurteilen: Zum einen auf der **Primärebene der Gefahrenabwehr** (→ Rn 41 f.) und zum anderen auf der **Sekundärebene der Kostenerstattung** (→ Rn 43 ff.). Für die Ermessensentscheidungen gelten unterschiedliche Maßstäbe. Im Einzelnen gelten folgende Grundsätze:

1. Allgemeines. Oft ergeben sich Fallkonstellationen, bei denen mehrere Personen für ein- und dieselbe Gefahr oder Störung polizeirechtlich zur Verantwortung gezogen werden können. So können etwa die Verhaltens- und Zustandsverantwortlichkeit zusammentreffen oder zugleich mehrere Verhaltens- bzw. Zustandsstörer verantwortlich sein.

Beispiel: Ein Baggerführer beschädigt bei Grabarbeiten die Zuleitung zu einem Tank. Hier kommt sowohl der Baggerführer als Handlungsstörer in Betracht als auch der Grundstückseigentümer als Zustandsstörer.[78]

Die Auswahl unter mehreren Polizeipflichtigen ist eine **Ermessensentscheidung**[79] (Auswahlermessen [→ § 6 Rn 27 ff.]). Die Eröffnung dieser Auswahlmöglichkeit begründet zugleich die rechtliche Obliegenheit, vom Ermessen Gebrauch zu machen und das Ermessen in fehlerfreier Weise auszuüben. Hierbei ist zwischen der primären Ebene (Störerauswahl für Maßnahmen der Gefahrenabwehr) und der sekundären Ebene (Auswahl unter mehreren Kostenpflichtigen) zu unterscheiden. Dabei sind die Auswahlkriterien nicht notwendigerweise identisch.

Unzulässiges Kriterium für die Störerauswahl kann das sog. „**Racial Profiling**" sein.[80] Beim Racial Profiling wird ein Täter- oder Verdächtigenprofil unter Rückgriff auf die Ethnie / Rasse einer Person als Differenzierungsmerkmal erstellt.[81] Das Racial Profiling ist jedenfalls dann verfassungsrechtlich unzulässig, wenn es **tragendes Motiv des polizeilichen Handelns** ist[82], dann führt es zu einer rechtswidrigen Ungleichbehandlung.[83] Es ist als **Teil eines sachlich begründeten typisierten Vorgehens** aber nicht unzulässig[84], vor allem, wenn die Anknüpfung

---

77 Vgl. Ellenberger, in: Grüneberg, Bürgerliches Gesetzbuch, § 195 BGB Rn 20 m. w. N.; Schenke, Polizei- und Ordnungsrecht, Rn 355.
78 VGH BW, VBlBW 1990, 31.
79 VGH BW, openJur 2022, 16031 (Rn 87 ff.) = AbfallR 2022, 278 (Ls.); Peters/Rind, LKV 2017, 251, 253.
80 EGMR, NJW 2023, 139, 141 (Rn 24), 142 (Rn 34), m. zust. Bespr. Mehrdad Payandeh, NJW 2023, 123 ff., 127: „Eine rassistische Diskriminierung ist eine besonders scheußliche Form der Diskriminierung". Zur Bedeutung des Racial Profiling in der praktischen Polizeiarbeit vgl. Sterbling, Die Polizei 2021, 122, 124 f.
81 Bramow/Kahn, Die Polizei 2021, 327, 328; Boysen, JURA 2020, 1192 f.; Froese, DVBl 2017, 293; Schneider/Olk, JURA 2018, 936, 942.
82 EGMR, NJW 2023, 139, 141 (Rn 25), m. zust. Bespr. Mehrdad Payandeh, NJW 2023, 123 ff., ebenso zust. Lohe, BayVBl 2023, 1, 37, 49; OVG NRW, NVwZ 2018, 1497, 1500 (Rn 42), mit zust. Anm. Kerkemeyer, NVwZ 2018, 1501 f.; Goldhammer, JURA 2021, 638, 648; Tomerius, DVBl 2019, 1581, 1586, 1587 f.; Waldhoff, JuS 2019, 95 f.; Schneider/Olk, JURA 2018, 936, 943.
83 Bramow/Kahn, Die Polizei 2021, 327, 330.
84 Vgl. dazu eingehend Froese, DVBl 2017, 293 ff.

an die Hautfarbe oder Herkunft nur ein **Teil eines Motivbündels** ist.[85] In jedem Fall ist bei gruppenbezogenen Differenzierungen Zurückhaltung angezeigt.

Beispiel: Die Personengruppen „der Flüchtlinge", „der Asylbewerber", „der Linken" oder „der Rechten" können als solche nicht pauschal verdächtigt und zu potenziellen Störern oder Zielgruppen von Polizeieinsätzen gemacht werden. Nur wenn eindeutige Kriterien und Hinweise vorliegen, dass aus bestimmten Personengruppen konkrete Gefahren drohen, die nicht einzelnen Personen oder Teilen aus der Gruppe zugeordnet werden können, ist eine polizeiliche Typisierung mit dem Verfassungsrecht – insbesondere mit Art. 3 GG – vereinbar.

Die **Tötung des Afroamerikaners George Floyd** (durch Ersticken) in Minneapolis im US-Bundesstaat Minnesota am **25.5.2020** durch einen Polizisten, der George Floyd durch den Druck mit dem Knie auf den Hals am Boden fixierte (wobei George Floyd mehr als 20 Mal auf seine Atemnot hingewiesen hatte), führte zu einer weltweiten Bewegung gegen Rassismus unter dem Leitmotto **„Black Lives Matters"** (die Bewegung Black Lives Matters existiert seit dem Jahr 2013). Dabei ging es vor allem auch um Polizeigewalt und Rassismus innerhalb der Polizei. In Deutschland wurde diese Diskussion ebenfalls ausgelöst, neben Rassismus im Allgemeinen ging es dabei auch um die Zulässigkeit des Racial Profiling durch die Polizei und auch um das Thema **„Rassismus bei der deutschen Polizei".**[86] Im **September 2020** wurden verschiedene **rassistische und diskriminierende Vorfälle bei der Polizei** bekannt, in Berlin, NRW und Hessen wurden rechtsextreme Chatgruppen innerhalb der Polizei aufgedeckt, die beteiligten Polizeibeamten umgehend vorläufig vom Dienst suspendiert und Ermittlungen eingeleitet. Die Diskussion über den Umgang mit diesem Phänomen dauert an.[87]

Die **Europäische Kommission gegen Rassismus und Intoleranz (ECRI)** hatte in ihrem ECRI-Bericht über Deutschland[88] **empfohlen**, dass die Polizeibehörden des Bundes und der Länder ein **Rechtsgutachten** über die Notwendigkeit der Abstimmung ihrer Bestimmungen zur Überprüfungs- und anderen Ermittlungstätigkeiten mit der neueren höchstrichterlichen Rechtsprechung der Verwaltungsgerichtsbarkeit **erstellen lassen**. Es solle eine systematische Untersuchung der Frage des Racial Profiling erfolgen, die zur Empfehlungen führe, Racial Profiling nachhaltig zu verhindern und die Zahl unbegründeter Polizeikontrollen zu reduzieren.[89] Die ECRI geht allerdings in ihrem Bericht fälschlicherweise davon aus, dass sich der VGH BW in seiner in Bezug genommenen Entscheidung[90] mit der Frage des Racial Profiling befasst habe, richtigerweise ging es in dieser Entscheidung aber um die unionsrechtliche Notwendigkeit eines Grenzbezugs für anlasslose Personenkontrollen bei der sog. Schleierfahndung (→ § 11 Rn 47).

41 **2. Auswahl des Polizeipflichtigen zur Gefahrenabwehr.** Auf der **primären Ebene** geht es aus einer ex-ante Sicht um die Gefahrenabwehr. Leitender Gesichtspunkt für die Störerauswahl ist die **Effektivität der Gefahrenabwehr**: Anzustreben ist die schnelle und wirksame Gefahrenbeseitigung.[91] Ein gesetzliches **Rangverhältnis** zur gefahrenabwehrrechtlichen Heranziehung von Störern gibt es nicht.[92] Bei der Ausübung des Auswahlermessens hat sich die Behörde in erster Linie vom Gesichtspunkt der effektiven Gefahrenabwehr unter Berücksichtigung des

---

85 EGMR, NJW 2023, 139, 141 (Rn 25), m. zust. Bespr. Mehrdad Payandeh, NJW 2023, 123 ff., ebenso zust. Lohe, BayVBl 2023, 1, 37, 49; HambOVG, NVwZ 2022, 1219, 1225 f. (Rn 66 ff.); OVG NRW, NVwZ 2018, 1497, 1500 (Rn 43); Bramow/Kahn, Die Polizei 2021, 327, 329 f.; a. A. Gausmann, DÖV 2023, 655, 659 ff.
86 Eingehender dazu Baier/Pfeiffer, Kriminalistik 2021, 3 ff.; Acker, Polizei & Wissenschaft 4/2020, 39 ff.; vgl. auch Abdul-Rahman/Espín Grau/Klaus/Singelnstein, Gewalt im Amt, S. 223, 433.
87 Vgl. dazu Thiel, KriPoZ 2021, 230 ff.
88 ECRI-Bericht über Deutschland (Sechste Prüfrunde), Stand: 19.6.2019, verabschiedet am 10.12.2019, veröffentlicht am 17.3.2020.
89 ECRI-Bericht 2020, S. 39 (Rn 107, 108), S. 45 (Rn 15).
90 VGH BW, NVwZ 2018, 1893 ff. (Rn 21 ff.).
91 VGH BW, openJur 2022, 16031 (Rn 88) (zum Bodenschutzrecht) = AbfallR 2022, 278 (Ls.); Peters/Rind, LKV 2017, 251, 253; Trurnit, in: Möstl/Trurnit, Polizeirecht BW, § 6 Rn 36 f.
92 Trurnit, in: Möstl/Trurnit, Polizeirecht BW, § 6 Rn 39; Goldhammer, JURA 2021, 638, 646.

VII. Auswahl unter mehreren Verantwortlichen

Grundsatzes der Verhältnismäßigkeit leiten zu lassen. Dies schließt nicht aus, dass daneben auch andere Gesichtspunkte berücksichtigt werden – dies kann etwa die größere Gefahrennähe eines der Störer sein. Ferner darf die Behörde bereits auf der Primärebene den Gesichtspunkt der gerechten Lastenverteilung berücksichtigen.[93]

Die Polizei übt ihr Ermessen dann pflichtgemäß aus, wenn sie den Verantwortlichen in Anspruch nimmt, der die Gefahr am **schnellsten und wirksamsten** beseitigen kann. Hierbei sind bei der Entscheidung insbesondere die Kriterien der Sachnähe, Zumutbarkeit und Billigkeit als Ausfluss des Grundsatzes der Verhältnismäßigkeit zu berücksichtigen.

Auswahlkriterien sind unter anderem: 42

- Es ist gerechtfertigt, denjenigen Störer heranzuziehen, der die Gefahr **am schnellsten** und mit geringerem Aufwand als ein anderer Störer beseitigen kann. **Leistungsfähige Störer** sind vor weniger leistungsfähigen in Anspruch zu nehmen. Die Leistungsfähigkeit muss in tatsächlicher und rechtlicher Hinsicht bestehen.[94]
- Einen allgemeinen Grundsatz, wonach der Verhaltensstörer stets vor dem Zustandsstörer heranzuziehen wäre, gibt es nicht. Zwischen der Inanspruchnahme des Handlungsstörers gem. § 6 PolG und des Zustandsstörers gem. § 7 PolG besteht **kein Rangverhältnis**.[95]
- Zulässig ist es, bei Eilbedürftigkeit einer Maßnahme einen **anwesenden** Störer vor Abwesenden in Anspruch zu nehmen.
- Sind nach den genannten Kriterien **mehrere verhaltensverantwortliche Störer** vorhanden, können alle gemeinsam oder auch eine Person allein herangezogen werden. Die Inanspruchnahme einer Person wird vor allem dann in Frage kommen, wenn diese zeitlich oder örtlich der Gefahr am nächsten steht. Die Behörde ist nicht verpflichtet, den Störer in Anspruch zu nehmen, der zeitlich als letzter die Gefahr verursacht hat.[96]
- Ein **Einschreiten gegen den Zustandsstörer**, der auch Inhaber der tatsächlichen Gewalt und wirtschaftlich leistungsfähig ist, ist jedenfalls dann nicht ermessensfehlerhaft, wenn aus rechtlichen oder tatsächlichen Gründen unklar ist, ob und in welchem Umfang die Haftung anderer Personen als Gesamtrechtsnachfolger in Betracht kommt.[97]
- Zulässig ist es, den **Zustandsverantwortlichen** vor dem Handlungsstörer in Anspruch zu nehmen, wenn dies zur Gefahrenabwehr langfristig erfolgversprechender ist.[98]
- Eine **Mehrzahl von Zustandsstörern** kann insgesamt in Anspruch genommen werden, etwa wenn in einer Wohnungseigentumsanlage der Brandschutz für das gesamte Gebäude sichergestellt werden muss.[99]
- Bei einer **Mitverantwortlichkeit** der Polizei kann die alleinige Heranziehung eines Störers zur Gefahrenbekämpfung unter Berücksichtigung der Grundsätze des § 254 BGB (Mitverschulden) ermessensfehlerhaft sein.

3. Störerauswahl auf Kostenebene. Bei der Entscheidung über einen Kostenersatz steht der 43 Polizei in dreierlei Hinsicht ein Ermessen zu: Ob sie überhaupt Kostenersatz verlangt (Entschließungsermessen), von wem sie Kostenersatz fordert (Auswahlermessen) und schließlich in welcher Höhe sie einen Kostenpflichtigen zum Kostenersatz in Anspruch nimmt. Hier geht es in erster Linie um das **Auswahlermessen**, also um die Frage, welcher Störer nach der erfolgten Gefahrenabwehr aus einer Mehrheit von Polizeipflichtigen (Handlungs- und/oder Zustandsstörer) zur Erstattung der Polizeikosten herangezogen wird (Ermessen → § 6 Rn 27 ff.).

---

93 VGH BW, VBlBW 2013, 189 ff. (Rn 36).
94 Vgl. Gusy/Eichenhofer, Polizei- und Ordnungsrecht, Rn 371 m. w. N.
95 VGH BW, NVwZ-RR 2002, 16, 17 m. w. N.
96 BayVGH, BayVBl 1978, 340.
97 VGH BW, VBlBW 2013, 189, zur bodenschutzrechtlichen Störerauswahl; ähnlich VGH BW, VBlBW 2002, 73.
98 OVG NRW, NJW 2000, 2124.
99 Peters/Rind, LKV 2017, 251, 253 f. m. w. N.

Grundsätzlich kann die Behörde nach **Zweckmäßigkeitsgesichtspunkten** auswählen, von wem sie die Kosten einziehen will. Die Ausübung des Ermessens ist nur durch das **Willkürverbot** und offensichtliche **Unbilligkeit** begrenzt. Anders als auf der primären Ebene der Gefahrenabwehr ist für den Erlass eines Bescheids über die Anforderung von Kosten eine **ex-post-Betrachtung** geboten. Hierbei präjudiziert die Störerauswahl auf der primären Ebene nicht die **Auswahl des Kostenschuldners** bzw. der Kostenschuldner bei mehreren Kostenpflichtigen.

44 Folgende **Fallgruppen** sind hierbei zu unterscheiden:

- Haben mehrere Störer **im bewussten und gewollten Zusammenwirken** eine Gefahr verursacht und kann jedem von ihnen die Störung der öffentlichen Sicherheit voll zugerechnet werden, haftet jeder dieser Verantwortlichen der Polizei gegenüber als **Gesamtschuldner** für die (vollen) Kosten. Gem. § 421 S. 1 BGB kann die Polizei in diesen Fällen „nach ihrem Belieben" von jedem der Störer / Schuldner die Erstattung der ihr entstandenen Kosten ganz oder zu einem Teil fordern und den in Anspruch Genommenen auf einen eventuellen Ausgleichsanspruch gegenüber dem oder den mithaftenden weiteren Gesamtschuldner/n gem. § 426 BGB verweisen.[100] Die Erfüllung durch einen Gesamtschuldner wirkt auch für die übrigen Schuldner (§ 422 BGB).

- Haben **mehrere Störer unabhängig voneinander** in einem konkreten Fall eine Störung der öffentlichen Sicherheit verursacht, sind die Störer grundsätzlich nur für ihren Anteil an der Verursachung des die Gefahrenabwehr auslösenden Ereignisses haftbar. Schadensbeiträge Dritter müssen sie sich nicht zurechnen lassen.[101] Unter **gleichrangig Verpflichteten** muss die Auswahl des bzw. der Kostenpflichtigen nach dem Gebot der gerechten Lastenverteilung[102] erfolgen, falls keine speziellen Ermessensdirektiven zum Tragen kommen. Diese Vorgabe findet ihre rechtliche Grundlage im Willkürverbot des Art. 3 Abs. 1 GG.[103] Der Grundsatz der gerechten Lastenverteilung verhindert, dass – vor allem, wenn mehrere Störer auf der primären Ebene zur Gefahrenabwehr durch Verwaltungsakt verpflichtet worden waren – ohne hinreichendem sachlichen Grund **einem** der Verpflichteten allein die Kostenlast auferlegt wird. Demgemäß haften mehrere Störer vom Ansatz her nur für ihren Anteil an der Verursachung des polizeiwidrigen Zustands (sog. **pro-rata-Grundsatz**). Die Polizei ist in diesen Fällen berechtigt bzw. verpflichtet, jeden Störer (nur) in dem Umfang zu den Kosten einer polizeilichen Maßnahme heranzuziehen, in welchem er an der Gefahrenlage mitgewirkt hat. Jeder Störer haftet somit grundsätzlich nur in Höhe seines Verursachungsanteils. Eine Gesamtschuld ist grundsätzlich ausgeschlossen. Um diesen Anteil festzulegen, ist die Behörde verpflichtet, den Sachverhalt nach den Grundsätzen des § 24 LVwVfG so weit wie möglich aufzuklären und die Kosten in dem Leistungsbescheid entsprechend aufzuteilen.

Beispiel: Da mehrere **Teilnehmer einer Sitzblockade** die mehrfache Aufforderung, die Straße zu räumen, nicht beachten, wendet die Polizei zur Durchsetzung / Vollstreckung des Platzverweises unmittelbaren Zwang an. Bei der Aufforderung, die Straße zu räumen, handelt es sich um eine **höchstpersönliche Verpflichtung** jedes Einzelnen. Eine Gesamtschuld scheidet deshalb grundsätzlich aus. Bei der Kostenerstattung geht es ausschließlich um individuell zurechenbare Folgen des störenden Verhaltens.[104]

Da in diesen Fällen **keine Gesamtschuldnerschaft** vorliegt[105] – etwas anderes gilt nur, wenn das Polizeirecht ausdrücklich einen Ausgleich zwischen verschiedenen Störern vorsieht[106] –, bedeu-

---

100 Deger, in: Stephan/Deger, Polizeigesetz BW, § 7 Rn 22; Würtenberger/Heckmann/Tanneberger, Polizeirecht BW, § 5 Rn 364 m. w. N.; BayVGH, BayVBl 2000, 149, 150.
101 HambOVG, NVwZ 1990, 788.
102 Trurnit, in: Möstl/Trurnit, Polizeirecht BW, § 6 Rn 40.
103 VGH BW, NVwZ-RR 2012, 387 ff. (Rn 25).
104 Würtenberger/Heckmann/Tanneberger, Polizeirecht BW, § 5 Rn 363.
105 So ausdrücklich BGH, NJW 2014, 2730, 2731 (Rn 14); krit. dazu etwa Zimmermann, NVwZ 2015, 787, 788 ff.
106 BGH, NJW 2014, 2730, 3731 (Rn 15).

tet dies in der Praxis, dass die Polizei nicht nur das Risiko der Nachweisbarkeit des jeweiligen, dem einzelnen Störer zuzurechnenden Kostenanteils trägt, sondern auch das Ausfallrisiko, wenn einer der Störer seinen Anteil nicht bezahlen kann. Ist dagegen eine individuelle Zuordnung des einzelnen Verursachungsbeitrags eines Störers nicht möglich, ist eine gesamtschuldnerische Inanspruchnahme aller Verantwortlichen nicht zu beanstanden.[107]

Bei einer **Konkurrenz von Handlungs- und Zustandsstörung** ist sowohl der Handlungs- als auch der Zustandsstörer jeweils in vollem Umfang für die polizeirechtliche Störerhaftung und für die Kostenfolge verantwortlich. In diesen Fällen ist das Auswahlermessen der Polizei (nur) durch den Gleichheitsgrundsatz und den Grundsatz der Verhältnismäßigkeit begrenzt.

Fall 16: Fahrer F parkt das Fahrzeug des Halters H im absoluten Halteverbot. Die Polizei lässt deshalb den Pkw im Wege der **Ersatzvornahme** abschleppen. Störer der öffentlichen Sicherheit sind sowohl F als auch H. Als Kostenschuldner kommen sowohl F als Handlungsstörer und H als Zustandsstörer in Frage. Bei der Auswahl des Kostenschuldners kann die Polizei im Rahmen ihres Auswahlermessens grundsätzlich sowohl F als auch H für den gesamten Betrag der Abschleppkosten, aber auch jeden einzeln für den anteiligen (hier hälftigen) Betrag in Anspruch nehmen. In der Praxis allerdings wird die Behörde den Gesamtbetrag nur gegenüber einem Störer durch Erlass eines entsprechenden Kostenbescheids festsetzen.

Ist der Zustandsstörer lediglich „Opfer" des Handlungsstörers, erfordert der Grundsatz der Gleichbehandlung und der Verhältnismäßigkeit, im **Fall 16** allein einen Kostenbescheid gegen den Handlungsstörer (F) zu erlassen.[108]

Im Übrigen dürfen die **Anforderungen** an die Ermessensentscheidung der Polizei über die Kostenverteilung bei mehreren Stören **nicht überspannt** werden. Nach dem **Effektivitätsgrundsatz** kann die Polizei bei der Auswahl eines Kostenschuldners den wirtschaftlich Leistungsfähigsten heranziehen, damit der Kostenaufwand für die Behörde möglichst umfassend und betragsdeckend eingesetzt wird.[109] Ein **Ermessensfehler** liegt vor, wenn die Behörde bei ihrer Auswahlentscheidung nicht berücksichtigt hat, dass durch sie mehrere Personen als Verantwortliche in Anspruch genommen werden konnten. Dies ist etwa der Fall, wenn die Polizei zum Ersatz ihrer entstandenen Kosten den Zustandsstörer mit der Begründung in Anspruch nimmt, die Zahlung werde ihn wirtschaftlich nicht ruinieren, und der Handlungsstörer sei leistungsunfähig, ohne diese Annahme überprüft zu haben.[110]

VIII. Die Inanspruchnahme Nichtverantwortlicher

1. Allgemeines. Gem. § 9 Abs. 1 PolG kann die Polizei als **Ultima Ratio** (= äußerstes Mittel)[111] Maßnahmen gegenüber anderen als in den §§ 6 u. 7 PolG bezeichneten Personen treffen – also gegenüber Personen, die weder Verhaltens- noch Zustandsverantwortliche, sondern **Unbeteiligte** sind (sog. **Notstandspflichtige**). Derartige Maßnahmen sind auf Ausnahmefälle beschränkt und nur unter den engen Grenzen des § 9 PolG zulässig. Man spricht deshalb auch von **„polizeilichem Notstand"**, der **ausnahmsweise** die Inanspruchnahme nichtverantwortlicher Dritter für Maßnahmen der Gefahrenabwehr rechtfertigt.[112] § 9 PolG stellt **keine Ermächtigungsgrundlage** dar, sondern bestimmt ausschließlich, welche unbeteiligte Person **Adressat** einer polizeilichen Maßnahme sein kann.[113] Die Inanspruchnahme eines Notstandspflichtigen ist nur möglich, wenn die allgemeinen Voraussetzungen einer polizeilichen Eingriffsermächtigung

---

107 VGH BW, VBlBW 1991, 30.
108 VGH BW, NVwZ 1990, 781, 784.
109 BVerwG, NJW 2003, 2255.
110 VGH BW, NVwZ 1990, 179.
111 Barczak, Die Verwaltung 2016, 157, 178; Reinhardt, in: Möstl/Trurnit, Polizeirecht BW, § 9 Rn 5; VG Karlsruhe, Beschl. v. 28.6.2020 – 1 K 3155/20 (Rn 13).
112 Goldhammer, JURA 2021, 638, 643; Barczak, Die Verwaltung 2016, 157 ff.; Kießling, JA 2016, 483, 484.
113 Deger, in: Stephan/Deger, Polizeigesetz BW, § 9 Rn 4; Reinhardt, in: Möstl/Trurnit, Polizeirecht BW, § 9 Rn 3.

(etwa §§ 1, 3 PolG) vorliegen *und* die zusätzlichen Voraussetzungen des § 9 PolG dessen Inanspruchnahme zulassen. Voraussetzung ist insbesondere das Vorliegen einer **unmittelbar bevorstehenden** Gefahr.[114] Die rechtliche Möglichkeit, gegen unbeteiligte Dritte belastende Maßnahmen vorzunehmen, stellt einen **Grenzbereich rechtsstaatlichen Polizeirechts** dar. Da von den Unbeteiligten regelmäßig ein Sonderopfer verlangt wird, haben sie gem. § 100 PolG einen **Anspruch auf Entschädigung** (→ § 14 Rn 3 ff.).

Zur **rechtsgeschichtlichen Entwicklung** des sog. polizeilichen Notstands vgl. Barczak, Die Verwaltung 2016, 157, 159 bis 165.

Beispiele:

- Die Gemeinde erlässt als Ortspolizeibehörde gem. § 38 PolG gegenüber einem Wohnungseigentümer eine **Beschlagnahmeverfügung**, um dadurch Verfügungsbefugnis über die Wohnung zu erhalten und die **bisherigen Mieter zur Vermeidung** ihrer **Obdachlosigkeit** in die bisher genutzten Räume einweisen zu können. Der Wohnungseigentümer ist Unbeteiligter i. S. d. § 9 PolG, da er weder Handlungs- noch Zustandsstörer ist. Als Ausgleich für den Eingriff in sein Eigentumsrecht erhält er eine Entschädigung – regelmäßig in Höhe der bisher von den Mietern entrichteten Miete (→ § 11 Rn 282 ff.).
- **Verbote von Risikoveranstaltungen gegenüber einem Veranstalter**, um dadurch erhebliche Gewalttätigkeiten zu vermeiden, wie etwa bei Fußballspielen (vgl. HambOVG zur Frage, unter welchen Voraussetzungen die Inanspruchnahme eines Fußballvereins als Nichtstörer in Betracht kommt zum Zweck der Abwehr von Störungen der öffentlichen Sicherheit, die anlässlich eines bevorstehenden Fußballspiels in Form gewalttätiger Ausschreitungen der Anhänger beider Vereine mit an Sicherheit grenzender Wahrscheinlichkeit zu erwarten sind).[115] → Rn 9, 20 u. § 15 Rn 39 ff.
- Polizeiliche Maßnahmen gegen die **Teilnehmer einer friedlichen und legalen Demonstration** beim Zusammentreffen von **Demonstranten** und **Gegendemonstranten**, um dadurch gewalttätige Auseinandersetzungen mit Gefahren für Leib und Leben zu vermeiden.[116]
- Ist ungewiss, wann sich auf einem Grundstück, unter dem sich ehemalige Bergwerksstollen befinden, eine auf Dauer bestehende **Tagesbruchgefahr** realisieren wird, fehlt es an einer die Inanspruchnahme des Nichtstörers rechtfertigenden **unmittelbar** bevorstehenden Störung (VGH BW, VBlBW 2013, 178).

48 **2. Die Tatbestandsvoraussetzungen des § 9 PolG. a) Anwendungsbereich.** Maßnahmen gem. § 9 PolG kommen nur dort in Betracht, wo keine **spezialgesetzlichen Regelungen** die Inanspruchnahme bestimmter Personen vorschreiben.[117] Solche Vorschriften finden sich etwa im Bereich der Datenerhebung, wo mitunter „von vornherein" im Rahmen der Ausweitung der Prävention in das sog. Gefahrenvorfeld polizeiliche Maßnahmen gegen Unbeteiligte (also Personen, die weder Verhaltens- noch Zustandsstörer sind) zugelassen werden (vgl. etwa § 43 PolG, [Befragung und Datenerhebung]). Zum anderen erlauben spezielle Ordnungsgesetze die Inanspruchnahme bestimmter nichtverantwortlicher Personen (etwa § 20 BPolG, Hilfs- und Leistungspflichten gem. §§ 31 ff. FwG und 25 ff. LKatSG). Im Anwendungsbereich dieser Vorschriften hat der Gesetzgeber sich gezielt für die Inanspruchnahme unbeteiligter Personen entschieden. Soweit diese Sondervorschriften bestehen, kann nicht auf die allgemeine Vorschrift des § 9 Abs. 1 PolG zurückgegriffen werden.

49 **b) Unmittelbar bevorstehende Störung.** Maßnahmen gem. § 9 PolG sind nur zulässig, wenn **eine Störung** der öffentlichen Sicherheit und Ordnung **unmittelbar bevorsteht**. Der Begriff der „unmittelbar bevorstehenden Störung" stellt strenge Anforderungen sowohl an die **zeitliche Nähe** eines Schadens als auch an die **Wahrscheinlichkeit seines Eintritts**, weil polizeiliche Notstandsmaßnahmen in die Rechte Dritter eingreifen.[118] Eine unmittelbar bevorstehende Störung liegt nur vor, wenn der Eintritt der Störung nach allgemeiner Erfahrung sofort oder

---

114 Goldhammer, JURA 2021, 638, 643; Barczak, Die Verwaltung 2016, 157, 176 bis 178; Kießling, JA 2016, 483, 484.
115 HambOVG, DVBl 2012, 784 ff.
116 Vgl. dazu Bäcker, in: Lisken/Denninger, Handbuch des Polizeirechts, Kap. D Rn 226; BVerfG, NVwZ 2006, 1049.
117 Barczak, Die Verwaltung 2016, 157, 167 bis 170.
118 Reinhardt, in: Möstl/Trurnit, Polizeirecht BW, § 9 Rn 11.

in allernächster Zeit bevorsteht und als gewiss anzusehen ist, falls nicht eingeschritten wird. Allein die allgemeine Vermutung, es werde zu einer Störung der öffentlichen Sicherheit kommen, genügt nicht. Vielmehr bedarf es des Nachweises begründeter Tatsachen, die nicht nur die mehr oder weniger entfernte Möglichkeit einer Gefährdung absehbarerweise besorgen lassen.[119]

c) Nachrangigkeit der Inanspruchnahme Unbeteiligter. Gem. § 9 Abs. 1 PolG kann die Polizei ihre Maßnahmen nur treffen, wenn eine unmittelbar bevorstehende Störung der öffentlichen Sicherheit oder Ordnung **auf andere Weise nicht verhindert** oder eine bereits eingetretene Störung **nicht beseitigt** werden kann.[120] Dies ist nach dem Gesetzeswortlaut insbesondere dann der Fall, „wenn die eigenen Mittel der Polizei nicht ausreichen oder wenn durch Maßnahmen gegenüber den Verantwortlichen ein Schaden herbeigeführt würde, der erkennbar außer Verhältnis zum beabsichtigten Erfolg steht". Vor jedem **Notstandseingriff** hat die Polizei also zu prüfen, ob durch den Einsatz eigener Mittel oder durch die Inanspruchnahme eines Störers gem. §§ 6, 7 PolG die Gefahr mit Aussicht auf Erfolg abgewehrt werden kann (sog. **Nachrangigkeit des Notstandseingriffs**). Zu den eigenen Mitteln der Polizei zählen etwa eine entsprechende Personalstärke, Ausrüstung von Einsatzkräften, Dienstfahrzeuge, Absperrvorrichtungen, Notunterkünfte, organisatorische Maßnahmen etc., aber auch die Möglichkeit, Dritte durch vertragliche Regelungen beauftragen zu können.

50

Beispiel: Wegen des mit einer Beschlagnahme von Wohnraum verbundenen Eingriffs in das Eigentumsrecht eines Hauseigentümers sind an diese Maßnahme **hohe Anforderungen** zu stellen. Bevor die Ortspolizeibehörde eine Wohnung zur Unterbringung von Obdachlosen beschlagnahmt, muss sie darlegen, dass sie im fraglichen Zeitpunkt keine freien gemeindeeigenen Unterkünfte zur Unterbringung Obdachloser hat und ihr auch die Beschaffung solcher Unterkünfte bei Dritten (etwa Hotel- bzw. Pensionszimmer, Ferienwohnung) nicht rechtzeitig möglich ist.[121]

Der **Grundsatz der Nachrangigkeit** gilt selbst dann, wenn die Gefahrenabwehr durch den Einsatz eigener Mittel höhere Kosten als die Inanspruchnahme eines Unbeteiligten verursacht[122] oder der Aufwand für die Polizei deutlich größer wäre.[123] Der in § 9 Abs. 1 S. 1 PolG genannte Grundsatz der Verhältnismäßigkeit gilt nur im Verhältnis Verantwortlicher – Nichtverantwortlicher und nicht zwischen der Polizei und einem Nichtstörer. Die **vorrangige Heranziehung eines Verantwortlichen** gem. §§ 6, 7 PolG scheidet dann aus, wenn ein Störer überhaupt nicht vorhanden ist oder wenn er nicht in der Lage ist, die Gefahr zu verhindern oder zu beseitigen. Allein die **Weigerung** eines Störers, die Polizeipflicht zu erfüllen, rechtfertigt noch keine Maßnahmen gegenüber Unbeteiligten.

Beispiel: Die Inanspruchnahme des Veranstalters einer rechtmäßigen Versammlung zur Abwehr einer gewaltbereiten Gegendemonstration kommt grundsätzlich nicht in Betracht. Denn wer sich rechtmäßig verhält, handelt erlaubt (Art. 8 Abs. 1 GG). Das Grundrecht der Versammlungsfreiheit verlangt, dass die Durchführung einer friedlichen Versammlung zu schützen ist und dass Maßnahmen primär gegen die Störer zu richten sind. Derjenige, der sich an die Gesetze hält, soll grundsätzlich nicht Adressat polizeilicher Maßnahmen werden. Ein Verbot einer rechtmäßigen Veranstaltung gegenüber dem Veranstalter als Nichtstörer nach § 9 PolG kann daher nur in begründeten Ausnahmefällen als Ultima Ratio in Betracht kommen. Dies ist etwa der Fall, wenn Maßnahmen gegen die Gegendemonstration keinen Erfolg versprechen und die Polizei zugleich mit eigenen Kräften nicht in der Lage ist, die (erste, friedliche) Versammlung zu schützen.[124]

---

119 St. Rspr: Vgl. VGH BW, VBlBW 2013, 178 ff. (Rn 58), u. VGH BW, NJW 2006, 636.
120 Barczak, Die Verwaltung 2016, 157, 178 ff.
121 H. M., vgl. Ruder/Bätge, Obdachlosigkeit, S. 197 bis 199, u. Singler, JURA 2017, 975, 980 f., jeweils m. w. N.; OVG Saarland, openJur 2017, 1625; VG Oldenburg, openJur 2012, 69543 (Rn 23) m. w. N.; VG Frankfurt, openJur 2012, 34762 (Rn 39); VGH BW, BWVPr 1984, 15.
122 Sander, in: Belz/Mußmann/Kahlert/Sander, Polizeigesetz BW, § 9 Rn 6; Singler, JURA 2017, 975, 981; Barczak, Die Verwaltung 2016, 157, 180.
123 Reinhardt, in: Möstl/Trurnit, Polizeirecht BW, § 9 Rn 14.
124 BVerfG, NVwZ 2006, 1049.

51 **d) Verhältnismäßigkeit und Zumutbarkeitsgrenze.** Wie bei jeder polizeilichen Maßnahme ist auch bei der Inanspruchnahme Notstandspflichtiger der Grundsatz der Verhältnismäßigkeit zu beachten (vgl. §§ 3, 5 PolG). Regelmäßig kommt daher die Inanspruchnahme eines Nichtstörers nur in Betracht, wenn durch die bevorstehende oder bereits eingetretene Störung ein **besonders hochwertiges Rechtsgut** betroffen ist.[125]

Beispiel: Die Eltern eines volljährigen, vollziehbar ausreisepflichtigen Ausländers können auf der Grundlage des § 9 PolG nicht zur **Mitwirkung bei der Passbeschaffung** verpflichtet werden, da der nicht rechtmäßige Aufenthalt eines Ausländers im Bundesgebiet keine ausreichende unmittelbare Gefahr für hochwertige Rechtsgüter i. S. d. § 9 Abs. 1 PolG darstellt (VG Karlsruhe, Beschl. v. 28.6.2020 – 1 K 3155/20 [Rn 14]).

Die Inanspruchnahme ist auf das **sachlich und zeitlich unbedingt Erforderliche** zu schränken. Bei der Verhältnismäßigkeitsprüfung ist besonders darauf zu achten, dass die nicht verantwortliche Person ohne erhebliche eigene Gefährdung oder Verletzung höherwertiger Pflichten in Anspruch genommen werden kann und dass die Zumutbarkeits- und Opfergrenzen nicht überschritten werden. Die **Zumutbarkeit des Eingriffs** wird durch eine **Opfergrenze** konkretisiert[126], die in jedem Einzelfall gesondert festzulegen ist.

Die Inanspruchnahme ist etwa unzumutbar, wenn sie für die unbeteiligte dritte Person zu einer erheblichen eigenen Gefährdung führen (etwa Heranziehung bei Explosions- oder Infektionsgefahr) oder von ihr die Verletzung höherwertiger Pflichten verlangt würde.

52 **e) Zeitliches Übermaßverbot.** Gem. § 9 Abs. 2 PolG dürfen Maßnahmen gegenüber Notstandspflichtigen nur aufrechterhalten werden, „solange die Voraussetzungen des Absatzes 1 vorliegen". Diese Regelung ist Ausfluss des Grundsatzes der Verhältnismäßigkeit im engeren Sinne (Übermaßverbot), der Maßnahmen gegenüber Nichtstörern sachlich und zeitlich begrenzt (→ § 6 Rn 31). Gegen die unbeteiligte Person kommen daher regelmäßig nur **vorläufige Maßnahmen** in Betracht, die von vornherein unter strengen Maßstäben zu befristen sind. So darf etwa gem. § 38 Abs. 4 S. 2 PolG die Beschlagnahme (etwa einer Wohnung) vorbehaltlich besonderer gesetzlicher Regelung nicht länger als sechs Monate aufrechterhalten werden. Die Behörde ist verpflichtet, in der Beschlagnahmeverfügung an einen Wohnungseigentümer zur Einweisung von obdachlosen Personen genau anzugeben, wie lange die Beschlagnahme längstens aufrechterhalten werden soll (→ § 11 Rn 273).

Nach Wegfall der für die Inanspruchnahme des Nichtstörers erforderlichen Voraussetzungen ist die Behörde verpflichtet, die Maßnahmen aufzuheben. § 9 Abs. 2 PolG gewährt dem Nichtverantwortlichen einen **Anspruch auf ständige Prüfung und auf unverzügliche Aufhebung**.

Werden nach einer Inanspruchnahme die Rechte des Nichtverantwortlichen beeinträchtigt, kann ein **Folgenbeseitigungsanspruch** in Betracht kommen. Dieser Anspruch gibt dem „Nichtstörer" das Recht, von der Polizei die Beseitigung der unmittelbaren tatsächlichen Folgen ihrer Notstandsmaßnahme zu verlangen. So hat etwa der private Wohnungseigentümer gegenüber der Ortspolizeibehörde einen Folgenbeseitigungsanspruch, der die Behörde verpflichtet, nach Ablauf der Beschlagnahmefrist auf ihre Kosten eine zur Abwehr von Obdachlosigkeit beschlagnahmte Wohnung **geräumt** an den Eigentümer herauszugeben (→ § 11 Rn 286).

53 **3. Anspruch auf Entschädigung.** Gem. § 100 PolG kann der Notstandspflichtige eine **angemessene Entschädigung** verlangen. Dieser Entschädigungsanspruch (Aufopferungsanspruch[127]) soll das Sonderopfer ausgleichen, das dem Nichtverantwortlichen durch den Eingriff in seine Rechte entstanden ist. Der Anspruch gewährt keinen vollen Schadensersatz, sondern nur einen angemessenen Schadensausgleich in Geld (→ § 14 Rn 3 ff.).

---

125 VG Karlsruhe, Beschl. v. 28.6.2020 – 1 K 3155/20 (Rn 13).
126 Barczak, Die Verwaltung 2016, 157, 181 f.
127 Reinhardt, in: Möstl/Trurnit, Polizeirecht BW, § 9 Rn 25.

§ 6 Die Polizeiverfügung

> Besondere Relevanz für Studium, Prüfung und Examen (grundsätzlich können alle Themen des Polizeirechts Prüfungsgegenstand sein!):
> Die Ausführungen zur Polizeiverfügung sind insgesamt (→ Rn 1 bis 40) relevant. Die Darstellung zur Obdachlosigkeit (→ Rn 41 bis 63) ist vor allem praxisrelevant, kann im Einzelfall aber auch prüfungsrelevant sein.

I. Begriffe, Rechtscharakter

1. Verwaltungsakt der Polizei. Die Polizeiverfügung ist ein **Verwaltungsakt der Polizei, durch den auf dem Gebiet der Gefahrenabwehr ein Gebot oder Verbot angeordnet wird**.[1] Adressat des Verwaltungsakts ist regelmäßig ein Polizeipflichtiger gem. §§ 6, 7 PolG, die Maßnahme kann sich aber auch gegen einen Unbeteiligten richten (vgl. etwa § 9 PolG). Sowohl die Polizeibehörden (§§ 1 ff. PolG) als auch die Polizeidienststellen (§§ 115 ff. PolG) können Polizeiverfügungen erlassen. Die **Polizeibehörden** und die **Polizeidienststellen** sind **Behörden i. S. d. § 1 LVwVfG** (vgl. § 1 Abs. 2 LVwVfG).

Das PolG nennt den Begriff der Polizeiverfügung nicht ausdrücklich. Es spricht nur von Maßnahmen (§§ 3, 5 ff. PolG) bzw. Einzelmaßnahmen (§§ 27 ff. PolG). Dennoch stellt die Polizeiverfügung die **wichtigste Einzelmaßnahme zur Wahrnehmung** und **Durchsetzung der Aufgabe der Gefahrenabwehr** dar.

Die Polizeiverfügung ist ein **klassisches Mittel der Ordnungs- bzw. Eingriffsverwaltung**, bei der die Polizei einseitig anordnend und befehlend in die Rechte Dritter eingreift und notfalls ihre Maßnahmen auch gegen den Willen der betroffenen Personen zwangsweise durchsetzt. Sie gebietet oder verbietet regelmäßig ein bestimmtes Tun, Dulden oder Unterlassen und erzeugt als unmittelbare Rechtsfolge eine Handlungs-, Duldungs- oder Unterlassungspflicht. In vielen Fällen stellt sie die **Grundverfügung** (= Grundverwaltungsakt) dar, die nach den §§ 63 ff. PolG im Wege der Verwaltungsvollstreckung durchgesetzt wird.

Fall 17: Nachdem die von einer Nachbarin herbeigerufenen Polizeivollzugsbeamten feststellen, dass der M gegenüber seiner Ehefrau F gewalttätig geworden ist und ihr mit weiteren Schlägen droht, erteilen sie ihm einen Wohnungsverweis und fordern ihn zum Verlassen der Wohnung auf. Da M nicht freiwillig die Wohnung verlassen will, verbringen sie ihn unter Anwendung unmittelbaren Zwangs aus der Wohnung.

Im **Fall 17** wird die auf der Grundlage des § 30 Abs. 3 PolG erlassene Polizeiverfügung „Wohnungsverweis" als Grundverwaltungsakt gem. §§ 63, 64, 66 PolG i. V. m. den Vorschriften des LVwVG vollstreckt (→ § 12 Rn 1 ff.).

Eine polizeiliche Verfügung kann aber in Form eines **gestaltenden bzw. feststellenden Verwaltungsakts** ergehen.

Beispiel: Die Ortspolizeibehörde weist den Obdachlosen O zum Schutz seiner Grundrechte in eine Notunterkunft ein. Diese **Einweisungsverfügung** hat sowohl eine begünstigende als auch eine belastende Wirkung. Die betroffene Person erhält die Möglichkeit, eine Unterkunft zu beziehen (begünstigende Wirkung). Sie kann – muss aber nicht – die Notunterkunft beziehen. Gleichzeitig beinhaltet die Verfügung die (belastende) Feststellung, dass die Behörde mit der Bereitstellung dieser Unterkunft alle erforderlichen Maßnahmen zur Gefahrenabwehr ergriffen hat. Mit der Wirksamkeit der Einweisungsverfügung (= Bekanntgabe) wird dem Anspruch des O auf Einweisung Rechnung getragen. Die Einweisungsverfügung ist deshalb ein gestaltender bzw. feststellender Verwaltungsakt (→ Rn 59).

---

1 Trurnit, in: Möstl/Trurnit, Polizeirecht BW, § 3 Rn 5.

3   In vielen Fällen werden polizeiliche Verwaltungsakte auch in Form einer **Erlaubnis** erlassen. Die Erlaubnis stellt einen begünstigenden, rechtsgestaltenden Verwaltungsakt i. S. d. § 35 LVwVfG dar. Regelmäßig wird sie nur auf Antrag erteilt und ist daher ein mitwirkungsbedürftiger Verwaltungsakt. Vor allem im Bereich der Ordnungsverwaltung bestehen sog. gesetzliche **Verbote mit Erlaubnisvorbehalt**. In diesen Fällen erhält die Verwaltung die Möglichkeit, einen Vorgang **präventiv** unter dem Gesichtspunkt der Gefahrenabwehr zu prüfen und durch die Erteilung einer Erlaubnis die Voraussetzungen für die rechtmäßige Durchführung einer an sich erwünschten Betätigung zu schaffen. Durch die Erteilung der sog. Kontrollerlaubnis wird das in einer Rechtsvorschrift enthaltene Verbot für den Einzelfall aufgehoben.

Beispiele:
- **Sondernutzungserlaubnis** gem. § 16 StrG;
- gem. § 3 HuV BW / Nr. 3.1 VwVgH bedarf das Halten eines Kampfhundes, der älter als 6 Monate ist, grundsätzlich der Erlaubnis der Ortspolizeibehörde. In § 3 Abs. 2 VwVgH sind die Voraussetzungen für die Erteilung der Erlaubnis näher festgelegt (→ § 9 Rn 14 ff.).

Durch eine Erlaubnis kann auch eine Ausnahme bewilligt bzw. ein Dispens erteilt werden (sog. **repressives Verbot mit Befreiungsvorbehalt**). In diesen Fällen wird durch ein (gesetzliches) Verbot ein sozial unerwünschtes oder schädliches Verhalten grundsätzlich verboten. Nur unter besonderen Voraussetzungen kann eine **Ausnahme** von dem Verbot bewilligt werden.

Beispiel: Nach einer **städtischen Polizeiverordnung** zum Schutz vor umweltschädlichem Verhalten ist bei öffentlichen Veranstaltungen im Freien zum Schutz der Nachtruhe der **Betrieb von Lautsprechern** und Verstärkeranlagen nach 22.00 Uhr untersagt. Die Ortspolizeibehörde kann in begründeten Fällen von diesem Verbot eine Ausnahme erteilen (etwa beim Jubiläumsfest eines Vereins).

4   **2. Abgrenzung zum Realakt.** Eine Polizeiverfügung liegt nur vor, wenn es sich um einen **Verwaltungsakt i. S. d. § 35 LVwVfG** handelt. Für den Erlass und für die Vollstreckung einer Polizeiverfügung gelten die allgemeinen Bestimmungen des Verwaltungsverfahrens (LVwVfG), des Verwaltungsprozessrechts (VwGO) und der Verwaltungsvollstreckung (LVwVG), soweit keine spezielleren Regelungen – insbesondere solche des Polizeirechts – vorgehen.

Demgegenüber handelt es sich bei einem **Realakt** nicht um eine Polizeiverfügung. Bei dieser Handlungsform liegt begrifflich (nur) ein schlichtes Verwaltungshandeln vor, das nach dem Willen der Behörde keine unmittelbare Rechtswirkung erzeugen soll und nur auf einen tatsächlichen Erfolg gerichtet ist (→ § 7 Rn 1 ff.).

5   **3. Grundvoraussetzung: Vorliegen einer konkreten Gefahr.** Der Erlass einer Polizeiverfügung im klassischen Sinn (→ Rn 1) setzt das Bestehen einer **konkreten Gefahr** für die öffentliche Sicherheit und Ordnung voraus (→ § 4 Rn 28). Dies gilt sowohl für den Erlass einer Einzel- als auch einer Allgemeinverfügung. Reine **Vorsorgemaßnahmen** zur Abwehr möglicher Beeinträchtigungen im Gefahrenvorfeld rechtfertigen nicht den Erlass einer Polizeiverfügung.[2] Eine konkrete Gefahr liegt (nur) vor, wenn in dem zu beurteilenden konkreten Einzelfall in überschaubarer Zukunft bei ungehindertem Geschehensablauf mit hinreichender Wahrscheinlichkeit mit dem Eintritt eines Schadens gerechnet werden muss. Der Schadenseintritt braucht nicht mit Gewissheit zu erwarten sein. Andererseits ist aber die Möglichkeit des Schadenseintritts nicht ausreichend. Der erforderliche Grad der Wahrscheinlichkeit ist abhängig vom Rang des Rechtsgutes, in das eingegriffen werden soll, sowie vom Rang des polizeilichen Schutzgutes.[3]

6   **a) Einzelverfügung.** Eine Polizeiverfügung kann als **Einzelverfügung** zur Regelung eines konkreten Einzelfalls gegen einen bestimmten Adressaten gerichtet sein. In diesem Fall richtet

---

2   Insoweit gelten dieselben Grundsätze wie für den Erlass einer Polizeiverordnung, vgl. VGH BW, BWGZ 2013, 77 ff. (Rn 54 ff.), → § 9 Rn 37.
3   VGH BW, VBlBW 2013, 178 ff. (Rn 56), u. VBlBW 2011, 23, 24. Die Gefahrenlage unterscheidet sich dadurch wesentlich von der beim Erlass einer Polizeiverordnung, für die eine abstrakte Gefahr ausreicht (Abgrenzung → § 4 Rn 30).

I. Begriffe, Rechtscharakter

sich die Maßnahme gegen einen oder mehrere namentlich bekannte Störer bzw. polizeipflichtige Personen. Die Verfügung wird direkt der polizeipflichtigen Person gegenüber bekanntgegeben.

Fall 18: Pressefotograf F beabsichtigt, den Einsatz eines Spezialkommandos der Polizei (SEK) in einer Fußgängerzone zu fotografieren. Bei dem Einsatz soll ein sich in Untersuchungshaft befindlicher mutmaßlicher Sicherheitschef einer russischen Mafia zur Behandlung seiner Augen bei einem Augenarzt vorgeführt werden. Der Einsatzleiter E untersagt dem F das Fotografieren und droht für den Fall der Zuwiderhandlung die Beschlagnahme der Kamera und des Filmmaterials an. E befürchtete u. a., dass seine Beamten durch die Bildaufnahmen enttarnt und dadurch die Einsatzfähigkeit des Sonderkommandos gefährdet werden könnte.[4]

Die Untersagung, von dem Einsatz Bildaufnahmen zu machen, stellt im **Fall 18** eine (mündlich erlassene) Polizeiverfügung dar. Das **Fotografierverbot** (= Grundverfügung) und die Androhung eines Zwangsmittels im Falle der Zuwiderhandlung wurden unmittelbar gegenüber dem F als namentlich bekannten (vermeintlichem) Handlungsstörer gem. § 6 PolG ausgesprochen. Für den Erlass und für die Vollstreckung dieser Einzelverfügung gelten die allgemeinen Grundsätze des Verwaltungsverfahrens- und Vollstreckungsrechts.

b) Allgemeinverfügung. Eine Polizeiverfügung kann auch als **Allgemeinverfügung** i. S. d. § 35 S. 2 LVwVfG erlassen werden. Allgemeinverfügungen sind Verwaltungsakte, die sich an einen nach allgemeinen Merkmalen bestimmten oder bestimmbaren Personenkreis richten, oder welche die öffentlich-rechtliche Eigenschaft einer Sache oder die Benutzung einer solchen Sache durch die Allgemeinheit betreffen.[5] Die Allgemeinverfügung weist somit vor allem in Bezug auf den Adressatenkreis Besonderheiten auf. Sie ist nicht an einen ganz (namentlich) bestimmten, individuellen Adressaten gerichtet, sondern sie ermöglicht die Bekanntgabe einer Anordnung gegenüber einem nach allgemeinen Kriterien bestimmten oder zumindest bestimmbaren Kreis von Adressaten. Durch die Verfügung soll ein **Personenkreis** als polizeipflichtige Personen erfasst werden, der dadurch individualisiert wird, dass die von der Regelung betroffenen Personen durch die Beziehung zu dem in der Verfügung genannten Sachverhalt gekennzeichnet sind.

7

Fall 19: Die Ortspolizeibehörde K bringt in Erfahrung, dass in mehreren sozialen Netzwerken und Internetforen zur Teilnahme an einer X-Party in einem Freibad der Stadt zu einer bestimmten Zeit am kommenden Sonntagnachmittag als öffentliche Veranstaltung aufgerufen wird. Weder wurde vom Veranstalter eine Erlaubnis zur Benutzung der öffentlichen Einrichtung beantragt noch sind der Behörde sonstige Vorbereitungsmaßnahmen zur Durchführung der Party bekannt. Die Stadt befürchtet, dass die Veranstaltung ausufert und dass erhebliche Gefahren für die öffentliche Sicherheit durch unvorhersehbare, gruppendynamische Entwicklungen und negative Begleiterscheinungen durch übermäßigen Alkoholkonsum, Verschmutzung etc. entstehen. Sie will deshalb die sog. **Facebook-Party** verbieten.

Die Ortspolizeibehörde kann im **Fall 19** eine entsprechende Polizeiverfügung zum Verbot der Veranstaltung und der Teilnahme auf der Grundlage der polizeilichen Generalermächtigung der §§ 1, 3 PolG erlassen (= Grundverfügung). Frage ist aber, an wen die Behörde die Untersagungsverfügung „adressiert" bzw. richtet. Da die Teilnehmer namentlich nicht bekannt sind und eine individuelle Bekanntgabe auf erhebliche praktische Probleme stoßen würde, kann K das Verbot im Wege einer Allgemeinverfügung erlassen. Adressat der Verfügung sind alle potenziellen Teilnehmer der Party. Damit ist auch der Kreis der Polizeipflichtigen individualisierbar.[6]

Allgemeinverfügungen im Bereich der **Gefahrenabwehr** kommen in Betracht, wenn der Kreis der Adressaten nicht namentlich feststeht oder wenn die individuelle Bekanntgabe der Verfügung

8

---

4 Vgl. VGH BW, VBlBW 2011, 23. Der VGH BW hat der Klage auf nachträgliche Feststellung der Rechtswidrigkeit eines Fotografierverbots, das auf die Generalermächtigung der §§ 1, 3 PolG gestützt worden war, grundsätzlich stattgegeben. Fotografierverbot → § 11 Rn 279 bis 281.
5 Maurer/Waldhoff, Allg. Verwaltungsrecht, § 9 Rn 30 ff.; Trurnit, in: Möstl/Trurnit, Polizeirecht BW, § 3 Rn 6.
6 Vgl. auch Herberger, VBlBW 2015, 445 ff.; Levin/Schwarz, DVBl 2012, 10 ff.

auf erhebliche Schwierigkeiten stoßen würde. Das ist insbesondere bei eilbedürftigen Verfügungen der Fall.[7]

Beispiele:

- Zur Zulässigkeit des **Verbots des Mitführens und Benutzens von Glasbehältnissen** während der Karnevalstage in Köln durch Allgemeinverfügung vgl. OVG NRW, NVwZ-RR 2012, 470 (vgl. dazu auch Schoch, JURA 2012, 858). Mit Recht weist *Deger* darauf hin, dass eine derartige Allgemeinverfügung „für mehrere Tage möglich ist, sogar gegen Nichtstörer". Die Stadt **Konstanz** etwa erlässt jedes Jahr jeweils für den „schmutzigen Donnerstag" eine entsprechende Allgemeinverfügung. Dieses Vorgehen kann nur empfohlen werden.[8] Vgl. aber auch VG Freiburg, openJur 2021, 23297 (Unzulässigkeit eines Glasmitführverbots wegen nicht ausreichender Gefahr für die öffentliche Sicherheit); zw. (→ Rn 31).
- Zur Zulässigkeit eines **Glasmitführungsverbots** bei einem **Schützenfest** vgl. VG Düsseldorf, openJur 2013, 16268 (→ Rn 2 ff.). Nach Auffassung des Gerichts kann das aus Art. 2 Abs. 1 GG resultierende Recht, im Freien Getränke aus Glasflaschen zu konsumieren, zum Schutz der menschlichen Unversehrtheit aus Anlass der besonderen Umstände eines Schützenfestes (Scherbenmeer) für wenige Tage im Jahr eingeschränkt werden. Dem ist grundsätzlich zuzustimmen. Zur Zulässigkeit eines **Flaschenmitführungsverbots durch Polizeiverordnung** → § 9 Rn 33, 35.
- Das **generelle Verbot von Menschenansammlungen**, die sich freitags auf einem innerstädtischen Platz einfinden, um das Wochenende einzuläuten, kann (in Hessen) weder als Allgemeinverfügung noch im Rahmen einer Gefahrenabwehrverordnung erlassen werden (HessVGH, LKRZ 2014, 289). Die Gründe dieser Entscheidung dürften auch für die Rechtslage in BW gelten.
- Zum **Verbot von „Chaos-Tagen" von Punks** vgl. BayOLG, NVwZ 2000, 467; zur Rechtswidrigkeit einer auf die polizeiliche Generalklausel gestützten Allgemeinverfügung, wonach sich Angehörige, die der sog. „Punkszene" angehören, zu bestimmten Zeiten nicht auf einem bestimmten öffentlichen Platz aufhalten dürfen, vgl. VGH BW, VBlBW 2003, 31.
- Auch **Verkehrszeichen** sind Allgemeinverfügungen, soweit sie Gebote oder Verbote enthalten, ebenso **Zeichen und Weisungen der Polizeibeamten** (vgl. VGH BW, VBlBW 2011, 275).
- Ein **präventives Versammlungsverbot** in Gestalt einer Allgemeinverfügung, das auch friedliche Versammlungen erfasst, darf nur unter den Voraussetzungen des polizeilichen Notstandes erlassen werden (VGH BW, VBlBW 2014, 147).

9 Die **Bekanntgabe** der Allgemeinverfügung richtet sich nach § 41 Abs. 3 S. 2 LVwVfG. Danach darf eine Allgemeinverfügung auch dann öffentlich bekanntgegeben werden, wenn eine Bekanntgabe an die Beteiligten untunlich ist.

Untunlich bedeutet, dass die individuelle Bekanntgabe wegen der Natur des in Rede stehenden Verwaltungsaktes nicht möglich oder jedenfalls mit erheblichen Schwierigkeiten verbunden wäre, etwa weil nicht mit Sicherheit feststellbar ist, wer betroffen ist.[9] Die Bekanntgabe der schriftlichen Verfügung wird dadurch bewirkt, dass der verfügende Teil (erlassende Behörde, Adressaten, die Anordnungen im vollen Wortlaut, Unterschrift bzw. Namensangabe) öffentlich bekanntgemacht wird. Zusätzlich muss die Bekanntgabe der Allgemeinverfügung den Hinweis enthalten, an welchem Ort die Verfügung im vollen Wortlaut einschließlich Begründung eingesehen werden kann. Zum **Zeitpunkt der Wirksamkeit** der Verfügung enthält § 41 Abs. 4 LVwVfG eine Sonderregelung.

II. Ermächtigungsgrundlage

10 **1. Allgemeines.** Polizeiverfügungen sind **Verwaltungsakte**. Die Prüfung ihrer Rechtmäßigkeit richtet sich deshalb nach den **allgemeinen Grundsätzen des Verwaltungsrechts**. Zu prüfen sind insbesondere das Vorliegen einer Ermächtigungsgrundlage und die formellen und materiellen Rechtmäßigkeitsvoraussetzungen.[10]

---

7 Abgrenzung zu den Regelungen einer *Polizeiverordnung* → § 9 Rn 2.
8 Deger, in: Stephan/Deger, Polizeigesetz BW, § 3 Rn 17.
9 VGH BW, VBlBW 2014, 147 ff.
10 Zum Musterbeispiel der Prüfung der Rechtmäßigkeit einer Polizeiverfügung vgl. Baumann, VBlBW 2012, 363, 397, u. Poscher/Rusteberg, JuS 2011, 888, 984.

II. Ermächtigungsgrundlage

2. Grundsatz des Gesetzesvorbehalts. Nach dem **Grundsatz des Gesetzesvorbehalts** (Art. 20 Abs. 3 GG) bedarf jeder Eingriff in die Freiheits- und Vermögensrechte des Einzelnen einer **Ermächtigungsgrundlage** in einem (formellen) Gesetz. Da durch die Polizeiverfügung als klassisches Instrument der **Eingriffsverwaltung** regelmäßig in die Rechte Dritter eingegriffen wird, muss die Maßnahme auf eine Ermächtigungsgrundlage gestützt werden.[11] Eine Polizeiverfügung, die ohne Vorliegen einer Ermächtigungsgrundlage erlassen wird, ist rechtswidrig, weil gegen einen wesentlichen Grundsatz des materiellen Rechts verstoßen wurde.[12]

In § 1 Abs. 1 PolG wird der Polizei die Aufgabe der Gefahrenabwehr zugewiesen. Die Bestimmung ermächtigt aber nicht zu Eingriffen in die Rechtssphäre des Einzelnen. § 1 PolG ist als **Aufgabenzuweisungsnorm** lediglich Rechtsgrundlage für das nicht eingreifende Tätigwerden der Polizei (etwa Aufklärungs-, Überwachungs-, Belehrungstätigkeiten [→ § 4 Rn 13 ff.]).[13]

Gem. § 3 PolG hat die Polizei diejenigen Maßnahmen zu treffen, „die ihr nach pflichtgemäßem Ermessen erforderlich erscheinen". § 3 PolG räumt der Polizei somit innerhalb der ihr durch das Recht gesetzten Schranken allgemeine Befugnisse zur Wahrnehmung ihrer Aufgaben – insbesondere zu Eingriffen in Freiheits- und Vermögensrechte (§ 1 PolG) – ein. Aus diesem Grund bilden die §§ 1, 3 PolG zusammen die sog. **polizeiliche Generalklausel oder Generalermächtigung** (→ Rn 18 ff.), die sowohl die Polizeibehörden als auch den Polizeivollzugsdienst zum Erlass von Verfügungen und Anordnungen ermächtigt.

3. Spezialermächtigungen. a) Allgemeines. Nach dem **Grundsatz der Spezialität** geht ein spezielleres Gesetz allgemeinen Gesetzen vor („lex specialis derogat legi generali").[14] Umgekehrt darf entsprechend dem **Grundsatz der Subsidiarität** auf die Generalklausel der §§ 1, 3 PolG nur dann zurückgegriffen werden, wenn und soweit keine Spezialmächtigung besteht.[15] Die Anwendung der Generalermächtigung ist ausgeschlossen, wenn und soweit eine Spezialermächtigung den betreffenden Komplex **abschließend** regelt.[16] Ob dies der Fall ist, muss im Einzelfall durch Auslegung ermittelt werden.[17] Mittlerweile haben Bundes- und Landesgesetzgeber eine **Vielzahl spezialgesetzlicher Eingriffsermächtigungen** geschaffen, so dass ein Rückgriff auf die polizeirechtliche Generalklausel häufig ausscheidet.[18]

Spezialermächtigungen haben somit grundsätzlich **Anwendungsvorrang**. Bevor eine eingreifende Maßnahme auf die §§ 1, 3 PolG gestützt werden kann, muss die Polizei folglich prüfen, ob und inwieweit eine Spezialermächtigung vorliegt und ob und inwieweit darin spezielle Maßnahmen vorgesehen sind.[19]

Bei der Prüfung ist somit folgende **Reihenfolge** zu beachten (sog. **dreistufige Subsidiarität**[20]):

---

11 Ferreau, JA 2021, 48, 50; Vahle, DVP 2015, 311.
12 VGH BW, BWVPr 1996, 92; Maurer/Waldhoff, Allg. Verwaltungsrecht, § 6 Rn 16; BVerwGE 41, 106, 108 ff.; vgl. auch Art. 58 LV.
13 Knemeyer/Schmidt, Polizei- und Ordnungsrecht (PdW), S. 15 f.
14 Kniesel/Braun/Keller, Besonderes Polizei- und Ordnungsrecht, Rn 22.
15 VGH BW, openJur 2022, 17498 (Rn 22) (zu § 31 Abs. 2 BestattG BW) = DÖV 2022, 1051 f. (Ls.); Graulich, in: Lisken/Denninger, Handbuch des Polizeirechts, Kap. E Rn 251, 271; Schoch, in: Schoch, Besonderes Verwaltungsrecht, Kap. 1 Rn 197 ff.; Kingreen/Poscher, Polizei- und Ordnungsrecht, § 5 Rn 11; Ibler, in: Ennuschat/Ibler/Remmert, Öffentliches Recht BW, § 2 Rn 220, 222; Trurnit, Eingriffsrecht, Rn 97; Thiel, Polizei- und Ordnungsrecht, § 6 Rn 4, 6, 10; Hamann, DVP 2016, 311, 312 f.; Vahle, DVP 2015, 311, 315; vgl. auch Peters/Rind, LKV 2017, 251, 252 f., u. Beckermann, DÖV 2020, 144, 147 ff., zum Verhältnis des allgemeinen und besonderen Ordnungsrechts.
16 OLG Karlsruhe, Die Justiz 2023, 298, 299.
17 Vgl. dazu Pünder, JURA 2022, 1055.
18 Götz/Geis, Polizei- und Ordnungsrecht, § 2 Rn 4 ff.; Kingreen/Poscher, Polizei- und Ordnungsrecht, § 5 Rn 13.
19 H. L., vgl. Deger, in: Stephan/Deger, Polizeigesetz BW, § 3 Rn 7 m. w. N.; Zeitler/Trurnit, Polizeirecht BW, Rn 130.
20 Vgl. auch Würtenberger/Heckmann/Tanneberger, Polizeirecht BW, § 5 Rn 31 ff.

- Spezielle Ermächtigung in einem Bundes- oder Landesgesetz,
- spezielle Ermächtigung im PolG, etwa zur Durchführung von polizeilichen Standardmaßnahmen (§§ 27 bis 41 PolG),
- Anwendung der Generalklausel (§§ 1, 3 PolG).

Spezialermächtigungen können sich aus einem Bundes-, Landes- oder auch aus dem PolG ergeben.[21] Eine gute (nicht abschließende) **Übersicht** findet sich bei Ibler, in: Ennuschat/Ibler/Remmert, Öffentliches Recht BW, § 2 Rn 456.

14 **b) Bundesgesetzliche Spezialermächtigungen.** Gemäß **Art. 31 GG** („Bundesrecht bricht Landesrecht") gehen bundesgesetzliche Regelungen Landesgesetzen vor. Entgegenstehendes oder inhaltlich widersprechendes Landesrecht ist nichtig.

Beispiele spezieller Regelungen in Bundesgesetzen:
- Verfügungen gem. **§§ 7, 8, 10 PaßG, § 2 PAuswG** (etwa eine Ausreiseuntersagung gegen gewaltbereite Personen vgl. VGH BW, VBlBW 2005, 231; VG Frankfurt, openJur 2014, 20538 [Rn 25 ff.], zur Ausreiseuntersagung für einen gewalttätigen Hooligan zu einem Fußballspiel im Ausland).
- Maßnahmen gem. **§§ 15 ff. VersammlG** (→ Rn 15).
- Maßnahmen zur **Verhütung** gem. §§ 16 ff. und zur **Bekämpfung** gem. §§ 28 ff. IfSG, § 64 Abs. 4 PolG **von übertragbaren Krankheiten** (→ § 3 Rn 50); vgl. dazu (insb. zum sog. „**Messie-Syndrom**") Stollenwerk, KommJur 2011, 206; VG Stuttgart, NJW 2004, 1404; OVG NRW, DVBl 2010, 1455. Das IfSG ist ein bundesrechtliches Sonderordnungsgesetz der Gefahrenabwehr (Gusy/Eichenhofer, Polizei- und Ordnungsrecht, Rn 78; Blankenagel, DVBl 2023, 179, 180; Kießling, JZ 2022, 53 ff.; Timm, ZVR-Online Dok. 09/2020, Rn 2). Die spezialgesetzlichen Befugnisse des Infektionsschutzes waren die zentrale Rechtsgrundlage während der **Corona-Pandemie,** die zum Schutz der Bevölkerung notwendigen Maßnahmen der Ortspolizeibehörden wurden auf **§ 28 Abs. 1 S. 1 IfSG** gestützt, der eine **Generalklausel** darstellt, welche die zuständigen Behörden zum Handeln verpflichtet und die zum Schutz der Bevölkerung vor den vom Coronavirus SARS-CoV-2 ausgehenden Gefahren erlassenen Beschränkungen ermöglichte[22] (→ § 1 Rn 24).
- Die Spezialregelungen des **§ 46 Abs. 2 bis 4 WaffG** schließen zumindest in der Regel den Rückgriff auf allgemeines Polizeirecht aus. Das WaffG regelt in § 46 Abs. 2, Abs. 4 S. 1 Nr. 1, S. 2, Abs. 3 S. 1, unter welchen Voraussetzungen eine Sicherstellung von Waffen und eine Wohnungsdurchsuchung vorgenommen werden können, nämlich nur in den Fällen der Rücknahme, des Widerrufs oder des Erlöschens der Erlaubnis nach erfolgloser Fristsetzung oder eines vollziehbaren Verbots oder soweit Tatsachen die Annahme rechtfertigen, dass die Waffen oder Munition missbräuchlich verwendet werden sollen. Als Spezialregelungen gehen diese Vorschriften den allgemeinen Bestimmungen des Polizeirechts vor (OLG München, BayVBl 2020, 493 [Rn 21]; OLG Hamm NVwZ-RR 2010, 921, 922).
- **§ 31 Abs. 1 BestattG** ist lex specialis zur polizeilichen Generalklausel und kommt solange zur Anwendung, bis tatsächlich rechtzeitig und ausreichend für die Bestattung der verstorbenen Person gesorgt ist (VGH BW, openJur 2022, 17498 [Rn 21] = DÖV 2022, 1051 f. [Ls.]).
- Maßnahmen gem. § 1, 14 ff., 38 ff. BPolG, (→ § 16 Rn 5).
- **Maßnahmen** auf der Grundlage des **§ 3 Abs. 2 BNatSchG** (vgl. dazu Hiese, JuS 2023, 559 ff.).
- Maßnahmen gem. §§ 17 bis 29 TierSG.
- Maßnahmen gem. **§ 16 a TierSchG.** § 16 a TierSchG ermächtigt nicht zu tierschutzrechtlichen Anordnungen der Gefahrenvorsorge oder zu Gefahrerforschungsmaßnahmen im Vorfeld konkreter tierschutzrechtlicher Gefahren, VGH BW, VBlBW 2013, 31; zu § 16 a TierSchG vgl. auch Ionescu, VBlBW 2013, 438, 473.
- Für eine auf § 32 StVO i. V. m. §§ 1, 3 PolG gestützte **Anordnung zur Beseitigung eines Verkehrshindernisses** ist gem. § 44 Abs. 1 S. 1 StVO als Straßenverkehrsbehörde die untere Verwaltungsbehörde zuständig, nicht hingegen die Ortspolizeibehörde (VGH BW, VBlBW 2015, 296, 297; **a. A.** VGH BW, BWGZ 2008, 950). Die §§ 1, 3 PolG bilden i. V. m. § 32 StVO lediglich die notwendige Eingriffsermächtigung, begründen aber keine eigene Zuständigkeit der Polizeibehörde auf der Grundlage des Polizeirechts.

---

21 Pünder, JURA 2022, 1055, 1056.
22 Zur im Jahr 2020 erlassenen Neufassung vgl. Lutz, Infektionsschutzgesetz, § 28 IfSG Rn 1; Timm, ZVR-Online Dok. 09/2020, Rn 13 ff.; Welter, ZVR-Online Dok. 05/2020, Rn 18 ff.; Barthel/Weidemann, DVP 2020, 171 ff. Grundlegend Siegel, NVwZ 2020, 577 ff., u. Timm, ZVR-Online Dok. 09/2020, Rn 6 ff. Vgl. auch den Überblick über die Rechtsprechung bei Maaß, NVwZ 2020, 589 ff.; vgl. zudem Schmitz/Neubert, NVwZ 2020, 666 ff.; Guckelberger, NVwZ-Extra 9a/2020, 1, 4 ff.; Bender, NVwZ-Extra 9b/2020, 1, 2; Giesberts/Gayger/Weyand, NVwZ 2020, 417 ff.

II. Ermächtigungsgrundlage

- **Maßnahmen** gem. **§ 17 Abs. 1 StVZO** (Einschränkung und Entziehung der Kfz-Zulassung) verbieten als spezialgesetzliche Regelung den Rückgriff auf die polizeiliche Generalklausel. Als Spezialvorschrift schließt es § 17 Abs. 1 StVZO aus, dass die Polizei ein Fahrzeug, das sich als nicht vorschriftsmäßig erweist (etwa abgefahrene Reifen [§ 36 Abs. 2 StVO]), gem. § 33 PolG beschlagnahmt oder auf der Grundlage der Generalermächtigung gem. §§ 1, 3, 8 PolG abschleppt (VGH BW, BWVPr 1994, 16).

Gem. § 1 Abs. 2 VereinsG kann zur Wahrung der öffentlichen Sicherheit oder Ordnung gegen Vereine, welche die Vereinsfreiheit (§ 1 VereinsG) missbrauchen, nur nach Maßgabe des VereinsG eingeschritten werden. Ein Vereinsverbot durch die zuständige Behörde (§ 3 Abs. 2 VereinsG) ist nur unter den (abschließenden) Voraussetzungen des Art. 9 Abs. 2 GG i. V. m. § 3 Abs. 1 VereinsG zulässig.[23] Danach darf ein Verein erst dann als verboten behandelt werden, wenn durch Verfügung der Verbotsbehörde festgestellt ist, dass seine Zwecke oder seine Tätigkeit den Strafgesetzen zuwiderlaufen oder dass er sich gegen die verfassungsmäßige Ordnung oder den Gedanken der Völkerverständigung richtet.[24] Das allgemeine Polizeirecht ist anwendbar, wenn es sich um eine Vereinstätigkeit handelt, die nicht von Art. 9 Abs. 2 GG geschützt wird, sondern den jeweiligen allgemein zur Anwendung gelangenden Grundrechten wie etwa Art. 5 Abs. 1, Art. 12 oder Art. 14 GG unterfällt.[25] Besondere Regelungen gelten gem. §§ 14, 15 VereinsG i. V. m. §§ 19 ff. DVO zum VereinsG für Ausländervereine und ausländische Vereine. Mit dem Verbot ist regelmäßig die Beschlagnahme und die Einziehung des Vereinsvermögens verbunden.[26]

Beispiele:

- Zum Verbot eines eingetragenen Vereins der „**Hells Angels-Bewegung**" durch das Innenministerium Schleswig-Holstein vgl. BVerwG, Beschl. v. 16.9.2014 – 6 B 31/14 –, mit krit. Anm. von Alb-recht, ZVR-Online Dok. Nr. 17/2015.
- Zum Vereinsverbot wegen **salafistischer Bestrebungen** – DawaFFM[27] – durch das Bundesministerium des Innern vgl. BVerwG, NVwZ 2014, 1583.

c) Exkurs: Polizeifestigkeit des Versammlungsrechts. Das VersammlG des Bundes, das in BW unverändert weiter gilt[28], und die neuen Versammlungsgesetze der Länder sind einschränkende Gesetze i. S. d. Art. 8 Abs. 2 GG. Sie sollen einen angemessenen Ausgleich zwischen dem Grundrechtsschutz des Art. 8 GG einerseits und kollidierenden Rechtsgütern der Allgemeinheit und Dritter anderseits leisten. Die Versammlungsgesetze regeln grundsätzlich **abschließend**, unter welchen Voraussetzungen Versammlungen durchgeführt, beschränkt oder verboten werden dürfen. Die speziellen Regelungen der Versammlungsgesetze verdrängen als **leges speciales** die Ermächtigungsgrundlagen der Polizeigesetze der Länder.[29] Aus diesem Grund sind **Rückgriffe auf Befugnisnormen der Polizeigesetze grundsätzlich nicht zulässig** (sog. **Polizeifestigkeit**

---

23 BVerwGE 153, 211; BremOVG, NVwZ-RR 2023, 282.
24 BVerwG, NVwZ 2010, 446. Vgl. auch Baudewin, NVwZ 2013, 1049.
25 Würtenberger/Heckmann/Tanneberger, Polizeirecht BW, § 5 Rn 108.
26 BVerwG, NVwZ 2013, 521; Deger, in: Stephan/Deger, Polizeigesetz BW, § 4 Rn 43.
27 Der Namensbestandteil Dawa steht für Missionierung, die drei Buchstaben FFM kürzen die Stadt Frankfurt am Main ab.
28 Vgl. dazu Trurnit, JURA 2019, 1252 f., u. Brenneisen/Staack/Dähling, Die Polizei 2020, 252, 253.
29 Groscurth, in: Peters/Janz, Versammlungsrecht, Kap. G Rn 9; Schoch, in: Schoch, Besonderes Verwaltungsrecht, Kap. 1 Rn 210; Geron, in: De Clerck/Schmidt, POG RLP, § 1 Rn 103.

der Versammlungs- und Demonstrationsfreiheit).[30] Der Anwendungsbereich des VersammlG erfasst dabei grundsätzlich auch **unfriedliche Versammlungen**.[31]

Die Polizei muss deshalb in jedem Einzelfall prüfen, ob eine Zusammenkunft unter dem Schutz des Art. 8 GG steht. Ist dies der Fall, können versammlungsbezogene Eingriffe nur auf die speziellen Vorschriften des VersammlG gestützt werden.[32] **Soweit das VersammlG nicht, noch nicht oder nicht mehr anzuwenden ist**, können Maßnahmen nach dem PolG ergriffen werden.[33] Dies gilt insbesondere für gesundheits- bzw. seuchenspezifische Aspekte oder für feuer- bzw. baupolizeiliche Aspekte, wenn es sich also nicht um versammlungsspezifische Gefahren handelt. Das VersammlG findet auch keine Anwendung auf eine sog. **Verhinderungsblockade**, deren primärer Zweck es ist, eigene Forderungen durchzusetzen, die Rechte Dritter gezielt zu beeinträchtigen oder das, was politisch missbilligt wird, tatsächlich zu stören oder zu verhindern.[34] Das Versammlungsrecht entfaltet zudem **generell keine Sperrwirkung für polizeiliche Maßnahmen der Strafverfolgung**.[35]

Das **BVerwG** geht davon aus, dass die Polizeifestigkeit des Versammlungsfreiheit nur gilt, **soweit das VersammlG abschließende Regelungen hinsichtlich der polizeilichen Eingriffsbefugnisse enthält**.[36] Es sieht die Notwendigkeit, für die Abwehr von Gefahren, die im Zusammenhang mit einer Versammlung von dieser und ggf. von den Versammlungsteilnehmern ausgehen, in Ermangelung einer speziellen versammlungsrechtlichen Regelung auf das der allgemeinen Gefahrenabwehr dienende Polizeirecht der Länder zurückzugreifen.[37] Im konkreten Fall ging das BVerwG davon aus, dass die Anwendung unmittelbaren Zwangs durch die Polizei zur Durchsetzung einer Anordnung zur Verlegung einer Sitzblockade rechtmäßig war und auf die entsprechende Eingriffsermächtigung des Landespolizeigesetzes gestützt werden konnte. Es vertritt damit eine gegenüber dem BVerfG (NVwZ 2011, 422 [zu einem auf das Polizeirecht gestützten Platzverweis während einer Versammlung]) differenziertere Auffassung.[38] Dieser ist zuzustimmen, soweit und solange durch den Rückgriff auf das Polizeirecht nur offensichtliche Regelungslücken des Versammlungsrechts geschlossen werden. Auch in diesen Fällen muss es möglich sein, Gefahren für die öffentliche Sicherheit und Ordnung abzuwehren, die von einer

---

30 BVerwG, NVwZ 2019, 1281 (Rn 8), m. Anm. Detterbeck, NVwZ 2019, 1282 f., u. Hebeler, JA 2020, 240; VGH BW, VBlBW 2022, 297, 299 ff.; Kniesel/Poschner, in: Lisken/Denninger, Handbuch des Polizeirechts, Kap. J Rn 24, 28 ff.; Unger, in: Dietrich/Fahrner/Gazeas/von Heintschel-Heinegg, Handbuch Sicherheits- und Staatsschutzrecht, § 48 Rn 9; Groscurth, in: Peters/Janz, Versammlungsrecht, Kap. G Rn 9, 23; Thiel, Polizei- und Ordnungsrecht, § 6 Rn 14, § 18 Rn 2; Kniesel/Braun/Keller, Besonderes Polizei- und Ordnungsrecht, Rn 126; Geis, Fälle zum Polizei- und Ordnungsrecht, Rn 1158; Voßkuhle/Schemmel, JuS 2022, 1113, 1116; Brenneisen/Staack/Dähling, Die Polizei 2020, 252, 254 f.; Enders, JURA 2020, 569, 570 f.; Fischer-Uebler/Gölzer, JA 2020, 683; Schulte/Glückert, JURA 2020, 179, 183; Trurnit, JURA 2019, 1252, 1253; Weber, NJ 2019, 472, 473; Buchholtz, JuS 2018, 889, 893; Froese, JA 2015, 679.
31 VGH BW, VBlBW 2022, 297, 299 = DÖV 2022, 256 (Ls.).
32 Froese, JA 2015, 679 f.
33 *H. M.*; vgl. VGH BW, VBlBW 2022, 297, 299; Deger, in: Stephan/Deger, Polizeigesetz BW, § 4 Rn 35; Groscurth, in: Peters/Janz, Versammlungsrecht, Kap. G Rn 10 ff.; Gusy/Eichenhofer, Polizei- und Ordnungsrecht, Rn 419; Thiel, Polizei- und Ordnungsrecht, § 18 Rn 2; Knemeyer/Schmidt, Polizei- und Ordnungsrecht (PdW), S. 93, 95; VGH BW, VBlBW 2010, 468; VG Karlsruhe, VBlBW 2016, 124, 126; VG Stuttgart, VBlBW 2016, 155, 157; Scheu/Jochem, JuS 2022, 330, 334; Fischer-Uebler/Gölzer, JA 2020, 683; Enders, JURA 2020, 569, 570 f., 575 f.; Weber, NJ 2019, 472, 473 f.; Froese, JA 2015, 679, 680.
34 VGH BW, VBlBW 2022, 297, 300; *str.* (vgl. die weiteren Nachweise bei VGH BW a. a. O.).
35 Trurnit, JURA 2019, 1252, 1261.
36 BVerwG, NVwZ 2019, 1281 (Rn 8), m. Anm. Detterbeck, NVwZ 2019, 1282 f., u. Waldhoff, JuS 2020, 191; Rausch, Landesrecht BW, § 3 Rn 412; Enders, JURA 2020, 569, 571; Geron, in: De Clerck/Schmidt, POG RLP, § 1 Rn 108.
37 BVerwG, NVwZ 2019, 1281 (Rn 8), m. Anm. Detterbeck, NVwZ 2019, 1282 f., u. Waldhoff, JuS 2020, 191; *a. A.* Brenneisen, DVBl 2021, 931, 934 f.
38 Vgl. dazu auch BVerwG, openJur 2019, 42175 (Rn 12) = NVwZ 2019, 1281 (Rn 11 dort nicht mehr abgedruckt).

II. Ermächtigungsgrundlage

Versammlung ausgehen. Das Versammlungsrecht kann und darf nicht als Schutzschild für Gefährdungen und Störungen der öffentlichen Sicherheit und Ordnung missbraucht werden. Staat und Polizei bleibt es aber verwehrt, das Polizeirecht zur Aushöhlung der Versammlungsfreiheit zu nutzen. Deshalb kommt ein Rückgriff auf das Polizeirecht nur in Frage, um **rechtmäßige versammlungsrechtliche Anordnungen, Gebote und Verfügungen durchzusetzen**.[39]

Beispiele:
- Die **Versammlungsgesetze** gehen als **Spezialgesetze** dem allgemeinen Polizeirecht vor, mit der Folge, dass auf Letzteres gestützte Maßnahmen gegen eine Person, insbesondere in Form eines Platzverweises, ausscheiden, solange sich diese in einer Versammlung befindet und sich auf die Versammlungsfreiheit berufen kann. Dieser Schutz endet erst mit der eindeutigen Auflösung der Versammlung oder dem eindeutigen Ausschluss der teilnehmenden Person von einer Versammlung (BVerfG, NVwZ 2011, 422). **Diff.** dagegen BVerwG, NVwZ 2019, 1281 (Rn 8, 11), mit Anm. Detterbeck.
- Eine **Blockadeaktion** wird nur dann vom VersammlG erfasst, wenn und soweit diese vom – tatbestandlich für die Annahme einer Versammlung vorausgesetzten – gemeinschaftlichen Zweck der Meinungskundgabe getragen ist. Die Blockade muss untergeordnetes Mittel zur Verstärkung der kommunikativen Wirkung sein. Abzustellen ist darauf, ob sich die Ansammlung im Kern kommunikativer Mittel bedient und nicht nur der Verhinderung einer anderen Veranstaltung dient (VGH BW, VBlBW 2022, 297, 299 f. = DÖV 2022, 256 ([Ls.]).
- Ein **Alkoholverbot** kann auf das VersammlG (hier: § 15 Abs. 1 VersammlG Sachsen) gestützt werden, wenn die vom Alkoholkonsum verursachte Enthemmung der Versammlungsteilnehmer zu Gefahren für andere Personen führt (SächsOVG, NJW 2018, 2429, 2430 [Rn 17], m. Bespr. Hebeler, JA 2019, 77 f.).
- Wenn ein **Kameradschaftsabend** Rechtsgerichteter bereits vom Schutzbereich der Versammlungsfreiheit erfasst ist, kann eine **Razzia** nicht auf das PolG gestützt werden (VGH BW, NVwZ 1998, 761, 763).
- Während einer noch nicht aufgelösten Versammlung dürfen Versammlungsteilnehmer nicht nach präventivpolizeilichen Vorschriften **eingekesselt** werden (OVG NRW, NVwZ 2001, 1315).
- Nach **Auflösung** einer Versammlung können Versammlungsteilnehmer aufgrund polizeigesetzlicher Regelungen in **Gewahrsam** genommen werden, wenn die Voraussetzungen für eine Ingewahrsamnahme vorliegen (OLG Celle, NVwZ-RR 2006, 254).
- **Vor Beginn einer Versammlung** schließt das VersammlG nach **h. M.** eine Anwendung des PolG nicht aus. Dies kann etwa für die Durchsuchung von Fahrzeugen und die Beschlagnahme von Waffen, die auf der Anreise mitgeführt werden, gelten (BVerwGE 129, 142; VGH BW, DÖV 2001, 218; Deger, in: Stephan/Deger, Polizeigesetz BW, § 17 Rn 9 m. w. N.; im Einzelnen ist vieles **str.**).
- Ist das **Versammlungslokal baufällig**, kann die zuständige Baurechtsbehörde Maßnahmen nach der LBO ergreifen. In diesem Fall gilt der Grundsatz der „Polizeifestigkeit des Versammlungsrechts" nicht (Gusy/Eichenhofer, Polizei- und Ordnungsrecht, Rn 419).
- Die **Sperrwirkung des Versammlungsrechts** gilt nicht nur für polizeiliche Anordnungen gegenüber Teilnehmern einer Versammlung, sondern auch für **Folgemaßnahmen**, insbesondere zur **Vollstreckung einer polizeilichen Anordnung** (VG Stuttgart, openJur 2015, 21316).

d) Landesgesetzliche Spezialermächtigungen

Beispiele:
- Maßnahmen der Baurechtsbehörde gem. **§§ 47, 49, 64, 65 LBO** (etwa Baueinstellung, Abbruchanordnung). Das Bauordnungsrecht dient der **präventiven Gefahrenabwehr** (Dürr/Leven/Speckmaier, Baurecht BW, Rn 200). Mit **§ 47 LBO** steht der Baurechtsbehörde eine den §§ 1, 3 PolG entsprechende **Generalklausel** zur Verfügung (Dürr/Leven/Speckmaier, Baurecht BW, Rn 284).
- Maßnahmen der Katastrophenschutzbehörde gem. **§§ 1 ff. LKatSG**; vgl. Peters/Hesselbarth, VBlBW 2014, 130, u. Gusy, DÖV 2011, 299.
- Maßnahmen nach dem **LNRSchG**. Zum Verbot des Rauchens von **Wasserpfeifen** (Shisha-Lokale) vgl. BVerfG, NVwZ-2011, 294, u. OVG NRW, NVwZ 2014, 92. Zum Nichtraucherschutz in BW vgl. auch Pöltl, KommPraxis spezial 2007, 199 ff.
- Maßnahmen der Ortspolizeibehörde gem. §§ 30, 31 Abs. 2, 50 Abs. 2 **BestattG** i. V. m. § 30 BestattVO u. § 62 Abs. 4 S. 1 PolG.

e) Standardmaßnahmen des PolG als abschließende Spezialvorschriften.
Die Standardmaßnahmen in den §§ 27 bis 41 PolG sind spezielle Ermächtigungsgrundlagen. Sie regeln die

---
[39] So auch im vom BVerwG, NVwZ 2019, 1281, entschiedenen Fall.

zur Gefahrenabwehr erforderlichen Einzelmaßnahmen **abschließend**. Die dort vorgesehenen Maßnahmen können deshalb nicht ergänzend auf die Generalermächtigung der §§ 1, 3 PolG gestützt werden (→ Rn 13 u. § 11 Rn 1 ff.).[40]

Beispiel: Gem. § 38 Abs. 1 PolG ist die Polizei zur **Beschlagnahme** einer Sache nur dann berechtigt, wenn dies zum Schutz des Einzelnen oder des Gemeinwesens gegen eine **unmittelbar** bevorstehende Störung erforderlich ist. Für diese Standardmaßnahme genügt es somit nicht, dass lediglich eine Gefahr für die öffentliche Sicherheit i. S. d. §§ 1, 3 PolG besteht (VGH BW, VBlBW 1997, 349, u. 1996, 373, 374 [→ § 11 Rn 266]).

18 **4. Die Generalklausel. a) Allgemeines.** Nach der polizeilichen Generalklausel (§§ 1, 3 PolG)[41] hat die Polizei die Aufgabe, von dem Einzelnen und dem Gemeinwesen Gefahren abzuwehren, durch die die öffentliche Sicherheit oder Ordnung bedroht wird, und Störungen zu beseitigen, soweit es im öffentlichen Interesse geboten ist. Nach dem Grundsatz der Subsidiarität ist in jedem Einzelfall zuerst zu prüfen, ob eine Maßnahme auf eine **Spezialermächtigung** außerhalb oder innerhalb des PolG gestützt, und ob bzw. inwieweit das PolG **neben** einem Spezialgesetz angewandt werden kann (→ Rn 13 u. § 11 Rn 1 ff.). Soweit keine spezialgesetzliche Ermächtigungsgrundlage und keine Standardbefugnisse gem. §§ 27 ff. PolG in Betracht kommen, ist zu entscheiden, ob eine **Polizeiverfügung zur Abwehr einer Gefahr** für die öffentliche Sicherheit und Ordnung aufgrund der Generalermächtigung der §§ 1, 3 PolG erlassen werden kann.[42]

Ein Tätigwerden zum Zweck der Gefahrenabwehr durch Polizeiverfügung setzt in jedem Fall eine **konkrete** Gefahr voraus (→ Rn 5). Die auf die Gefahrenabwehr zielende polizeiliche Generalklausel deckt **keine Maßnahmen der Gefahrenvorsorge**. Schadensmöglichkeiten, die sich deshalb nicht ausschließen lassen, weil nach dem derzeitigen Wissensstand bestimmte Ursachenzusammenhänge weder bejaht noch verneint werden können, begründen keine Gefahr, sondern lediglich einen Gefahrenverdacht oder ein „Besorgnispotential".[43]

Die polizeiliche Generalklausel ist auf eher **komplexe und atypische Gefahrenlagen** ausgerichtet. Dazu gehören auch **neue**, nach Art und Ausmaß **bislang nicht bekannte Gefahren**. Da der Gesetzgeber nicht sämtliche künftige Gefahren und alle daraufhin zu treffenden Maßnahmen im Einzelnen voraussehen und detailliert regeln kann, besitzt die Generalklausel in dieser Hinsicht eine **bedeutende Auffangfunktion**.[44]

b) Beispiele für Polizeiverfügungen aufgrund der Generalermächtigung

19 ▪ **Meldeauflagen** gegenüber „Hooligans", gewaltbereiten Globalisierungsgegnern oder anderen Personen können auf die §§ 1, 3 PolG gestützt werden (BVerwG, NVwZ 2007, 1439; Kirchhoff, NVwZ 2020, 1617, 1618 ff.; **a. A.** Bretthauer, DVBl. 2022, 89, 90 f.). Eine Meldeauflage ist das Gebot, sich für die Dauer einer bestimmten Zeit in regelmäßigen Abständen oder zu bestimmten Zeiten auf einer Polizeidienststelle einzufinden (Kirchhoff, NJW 2020, 1617; Bretthauer, DVBl. 2022, 89, 90). Ihr Zweck besteht darin, den Adressaten daran zu hindern, dass er sich an einen bestimmten Ort begibt oder dass er andere Orte als den seines Wohnortes aufsucht. Sie ergeht als Grundverwaltungsakt schriftlich und wird regelmäßig mit einer Zwangsgeldandrohung versehen (vgl. Graulich, in: Lisken/Denninger, Handbuch des Polizeirechts, Kap. E Rn 284 ff.; Götz/Geis, Polizei- und Ordnungsrecht, § 10 Rn 12; Bretthauer, DVBl. 2022, 89, 90; Kirchhoff, NVwZ 2020, 1617, 1618; Przybulewski, Die Polizei 2018, 240, 247; Benrath, DVBl 2017, 868, 873 ff; VGH BW, VBlBW 2000, 474; angesichts der zunehmenden Häufigkeit polizeilicher Meldeauflagen sollte für diese eine **spezialgesetzliche Ermächtigungslage** im PolG BW geschaffen werden (so auch Kirchhoff, NVwZ 2020, 1617, 1621 f.);

---

40 Schoch, in: Schoch, Besonderes Verwaltungsrecht, Kap. 1 Rn 225 ff.
41 Zu ihrer Vereinbarkeit mit dem Verfassungsrecht vgl. Basten, Recht der Polizei, Rn 494, u. Knemeyer/Schmidt, Polizei- und Ordnungsrecht (PdW), S. 57 f.
42 Borsdorff, in: Möllers, Wörterbuch der Polizei, S. 933 ff.; Thiel, Polizei- und Ordnungsrecht, § 6 Rn 10 ff.
43 So VGH BW, VBlBW 2013, 178 ff. (Rn 57); VG Freiburg, openJur 2021, 23297 (Rn 24, 26).
44 Knemeyer/Schmidt, Polizei- und Ordnungsrecht (PdW), S. 58 f.

III. Formelle Rechtmäßigkeitsvoraussetzungen

- die **Gefährderansprache** (→ § 11 Rn 67) findet in BW ihre Rechtsgrundlage seit Erlass des **PolG 2020** nicht mehr in den §§ 1, 3 PolG (so noch zutr. VGH BW, VBlBW 2018, 316 ff. [dort Rn 40]; Stollwerck, LKV 2016, 103, 107), sondern nunmehr in der spezialgesetzlichen Regelung des § 29 PolG (→ § 11 Rn 61 ff.);
- polizeiliche Maßnahmen gegen sog. **Autoposer** können auf die polizeiliche Generalklausel gestützt werden (VG Karlsruhe, SRV 2019, 315, m. zust. Anm. Koehl, 320; Weber, NZV 2023, 151, 157 ff. [Rn 56 ff.] m. w. N.; a. A. VG Düsseldorf, openJur 2022, 17623);
- zeitlich und räumlich beschränktes Verbot des **Mitführens und Benutzens von Glasbehältnissen** in Form der Allgemeinverfügung bei bestimmten örtlichen Veranstaltungen (Fastnacht, Feste); → Rn 8, 31, § 9 Rn 2, 28, 31;
- Untersagung von **Bildaufnahmen** während eines SEK-Einsatzes zum Schutz der Funktionsfähigkeit des Staates (vgl. dazu VGH BW, VBlBW 2011, 23, der im konkreten Fall das polizeiliche Fotografierverbot beanstandet hat); → Rn 6;
- **Verhinderung** von **Straftaten im digitalen Raum**, insbesondere von IT-Straftaten (Gruber/Brodowski/Freiling, GSZ 2022, 171, 173 ff.);
- das **Blocken eines Beitrags auf Facebook, Twitter** etc. durch die Polizei, wobei wegen des Rechts auf freie Meinungsäußerung hier insbesondere der Grundsatz der Verhältnismäßigkeit zu beachten ist (vgl. dazu Tschorr, NVwZ 2020, 1488, 1490 f.);
- Bekämpfung der **Ambrosia-Pflanze** (vgl. Eiermann/Steffens, VBlBW 2009, 419);
- **Einweisung, Umsetzung von Obdachlosen** in gemeindliche Unterkünfte (→ Rn 58 ff.);
- Erlass einer **Räumungsverfügung durch die Ortspolizeibehörde** nach Ablauf der Frist für die Beschlagnahme einer Wohnung (→ Rn 62);
- Verfügungen wegen Lärmbelästigungen, etwa durch **Kuhglockengeläut** (VGH BW, VBlBW 1996, 232) oder durch **Halten eines Hahns** (OVG NRW, NVwZ-RR 2002, 331); vgl. auch Zuck, VBlBW 2011, 265;
- Maßnahmen zur Durchsetzung der Verbote nach dem **FTG**;
- Verbot einer **Facebook-Party** (→ Rn 7);
- Bekämpfung von Gefahren durch den **Einsatz von Drohnen** im Luftraum (wie hier etwa Knemeyer/Schmidt, Polizei- und Ordnungsrecht (PdW), S. 60 f.; a. A. Arzt/Fährmann/Schuster, DÖV 2020, 866, 875: Generalklausel wegen der Schwere des Eingriffs zu unbestimmt); vgl. dazu auch Giemulla/Hoppe, GSZ 2020, 123 ff., u. VG Freiburg, VBlBW 2022, 210, 212 ff. = MMR 2021, 1013, zum (rechtswidrigen) Einsatz einer Drohne zur Überwachung einer Versammlung;
- **Schutz** von Frauen **vor aggressiven Gehweg-Beratungsangeboten** eines Vereins für den Schutz des ungeborenen Lebens (VG Freiburg, openJur 2012, 63957 [Rn 7 f.], bestätigt durch VGH BW, VBlBW 2011, 468); vgl. dazu Siegel, NVwZ 2013, 479; Sennekamp, VBlBW 2012, 40 ff.; Deger, in: Stephan/Deger, Polizeigesetz BW, § 4 Rn 49;
- die **Durchsetzung** eines durch eine kommunale Zweckentfremdungssatzung auf der Grundlage des ZwEWG festgelegten **Zweckentfremdungsverbots** (hier: Nutzung einer Wohnung als Ferienwohnung) kann auf die Generalklausel der §§ 1, 3 PolG gestützt werden (VG Freiburg, openJur 2020, 34800 [Rn 65 ff.]);
- die **Dauerobservation von Straftätern**, die aus der Sicherungshaft entlassen werden, aber weiterhin als gefährlich eingestuft werden, darf nach einer Entscheidung des BVerfG – nach einer Übergangszeit – nicht mehr auf die polizeiliche Generalklausel gestützt werden (BVerfG, DÖV 2013, 198; VGH BW, openJur 2013, 15384; Deger, in: Stephan/Deger, Polizeigesetz BW, § 3 Rn 18; vgl. auch die Hinweise zu § 49 Abs. 2 PolG → § 10 Rn 361).

III. Formelle Rechtmäßigkeitsvoraussetzungen

1. Zuständigkeiten. Die Polizei (§ 104 PolG) muss beim Erlass einer Polizeiverfügung zunächst prüfen, ob Maßnahmen aufgrund des PolG oder von **Spezialregelungen** in Betracht kommen. Maßnahmen, die aufgrund des PolG ergriffen werden, sind gegenüber spezialgesetzlichen Verfügungen nachrangig (subsidiär). Wenn und soweit Spezialgesetze die Aufgabe der Gefahrenabwehr anderen Behörden zuweisen, ist die Polizei nicht zuständig. Weiterhin sind eventuelle **subsidiäre Zuständigkeiten** beim Tätigwerden für andere Stellen gem. § 2 Abs. 1 PolG und zum Schutz privater Rechte gem. § 2 Abs. 2 PolG zu beachten (→ § 3 Rn 73 ff. u. 79 ff.).

Die Polizei muss beim Erlass einer Polizeiverfügung überdies die Regelungen über die sachlichen, örtlichen und instanziellen Zuständigkeiten beachten. Bei der **sachlichen Zuständigkeit**, die über die Berechtigung zur Wahrnehmung eines bestimmten Aufgabenbereiches entscheidet, ist zu prüfen, ob Spezialregelungen bestehen, der der Aufgabenverteilung nach dem PolG vorgehen. Fehlen derartige Vorschriften, richtet sich die Abgrenzung zwischen den Aufgaben der Polizeibehörde und denen des Polizeivollzugsdienstes nach § 105 PolG (→ § 3 Rn 44 ff.). Die **örtliche Zuständigkeit** richtet sich nach **§ 113 PolG** (→ § 3 Rn 91 ff.), soweit nicht spezialgesetzliche Regelungen vorliegen (vgl. etwa § 7 LKatSG, § 2 VersG-ZuVO). § 113 PolG geht als speziellere Regelung der des § 3 LVwVfG vor. Bei der **instanziellen Zuständigkeit** gilt der Grundsatz, dass die Aufgaben der Gefahrenabwehr von der untersten Instanz wahrgenommen werden. Grundsätzlich sind danach innerhalb der allgemeinen Polizeibehörden die Ortspolizeibehörden (§ 111 Abs. 2 PolG) instanziell zum Erlass einer Polizeiverfügung zuständig.

22   2. **Formvorschriften.** Eine bestimmte Form schreibt das PolG für Polizeiverfügungen im Regelfall nicht vor. Sie können daher nach dem **Grundsatz der Formfreiheit von Verwaltungsakten** schriftlich, mündlich oder in anderer Weise ergehen.[45] Nur einige wenige Bestimmungen ordnen die Schriftform an, so etwa § 39 Abs. 1 S. 2 PolG für den Fall der Einziehung (→ § 11 Rn 291). Ferner ist gemäß § 37 Abs. 2 S. 2 LVwVfG unter den dortigen Voraussetzungen ein mündlicher Verwaltungsakt schriftlich zu bestätigen. Für schriftliche und elektronische polizeiliche Verfügungen gelten in Abweichung von den Regelungen des § 126 BGB bestimmte Mindestforderungen nach **§ 37 Abs. 3 LVwVfG**.

Auch wenn die schriftliche Abfassung im Einzelfall nicht gesetzlich vorgeschrieben ist, empfiehlt es sich schon aus Gründen der **Rechtssicherheit und Rechtsklarheit**, eine Polizeiverfügung **schriftlich** zu erlassen, zumal wenn sie als Grundlage für eine nachfolgende Vollstreckung dienen soll. Weiterhin ist **§ 39 LVwVfG** zu beachten, wonach ein schriftlicher oder schriftlich bestätigter Verwaltungsakt zu begründen ist. Diese **Begründungspflicht** stellt ein wesentliches Erfordernis jedes rechtsstaatlichen Verfahrens dar und gilt deshalb gerade für eingreifende Maßnahmen der Polizei. Die Begründung muss alle Umstände und maßgeblichen Faktoren des zu entscheidenden Falls berücksichtigen.

23   3. **Verfahrensvorschriften.** Wichtige Regelungen, die die Polizei beim Erlass einer Polizeiverfügung zu beachten hat, sind die **Verfahrensgrundsätze der §§ 9 ff. LVwVfG**. Dazu gehören u. a. der Untersuchungsgrundsatz (§ 24 LVwVfG), sog. Beratungs- und Auskunftspflichten gem. § 25 LVwVfG, die Anhörung Beteiligter nach § 28 LVwVfG und das Recht auf Akteneinsicht gem. § 29 LVwVfG.

§ 28 Abs. 1 LVwVfG legt die Verpflichtung zur **Anhörung** der beteiligten Personen, die durch die Polizeiverfügung in ihren Rechten (negativ) betroffen werden können, fest. Die Regelung trägt dem grundsätzlichen Recht des Bürgers auf Gehör im Verwaltungsverfahren Rechnung und stellt das wichtigste Recht der Beteiligten im Verfahren dar.[46] **§ 28 Abs. 2 LVwVfG** sieht mehrere Ausnahmen von der Anhörungspflicht vor, u. a. nach **Nr. 1** bei Gefahr im Verzug oder nach **Nr. 4** beim Erlass einer Allgemeinverfügung. Gem. **§ 28 Abs. 3 LVwVfG** hat eine Anhörung zu unterbleiben, wenn zwingendes öffentliches Interesse (etwa Lebensgefahr) entgegensteht. Eine Unterlassung der Anhörung hat, wenn keine Ausnahmen greifen, die Rechtswidrigkeit der Polizeiverfügung zur Folge.[47] Allerdings sieht **§ 45 Abs. 1 Nr. 3 LVwVfG** die Heilung des Verfahrensfehlers vor, wenn die Anhörung nachgeholt wird. Wichtiger Fall der Nachholung ist die nachträgliche Anhörung im Widerspruchsverfahren gem. §§ 45 Abs. 2 LVwVfG, §§ 44 a, 68 ff. VwGO vor der Entscheidung über den Widerspruch bzw. bis zum Abschluss des gerichtlichen Verfahrens.

Wird eine Polizeiverfügung in Form der **Allgemeinverfügung** erlassen, ist bei der Bekanntgabe der Hinweis gem. **§ 41 Abs. 4 LVwVfG**, wo die Verfügung mit der Begründung eingesehen werden

---

45 Vgl. § 37 Abs. 2 S. 1 LVwVfG; Tegethoff, in: Kopp/Ramsauer, § 37 VwVfG Rn 18.
46 Zur Verletzung des Anspruchs auf Gewährung rechtlichen Gehörs vgl. VGH BW, DVBl 2014, 604; BGH, NVwZ-RR 2014, 864.
47 Ramsauer, in: Kopp/Ramsauer, § 28 VwVfG Rn 78.

III. Formelle Rechtmäßigkeitsvoraussetzungen

kann, entbehrlich, wenn die Allgemeinverfügung **im vollen Wortlaut** einschließlich Begründung und Rechtsbehelfsbelehrung bekanntgegeben worden ist.[48]

Das **Recht auf Akteneinsicht** bedeutet, dass den Beteiligten auf Wunsch Einsicht in die von der Behörde geführten Akten, soweit sie das Verfahren betreffen, sowie in sonstige von der Behörde im Wege der Amtshilfe beigezogenen Akten anderer Behörden, Gerichtsakten etc. zu gewähren ist, soweit deren Kenntnis zur Geltendmachung oder Verteidigung ihrer Rechte und rechtlichen Interessen erforderlich ist.[49]

Die Akteneinsicht muss grundsätzlich bei der zur Gewährung von Akteneinsicht verpflichteten Stelle gewährt werden und schließt die **Aktenzusendung** grundsätzlich nicht ein. Beantragt ein Rechtsanwalt Akteneinsicht im Wege der Zusendung der Akten, erfolgt die Versendung der Akten als zusätzliche Leistung, die Grundlage eines eigenständigen **Gebührentatbestands** sein kann.[50] Sie muss in einer Weise gewährt werden, dass sich die daran interessierten Personen unter zumutbaren Bedingungen über den Inhalt der Akten informieren können. Andere Formen der Akteneinsicht stehen im Ermessen der Behörde. Die Vorschrift gewährt zwar keinen Anspruch auf Herstellung von Abschriften bzw. Kopien von Akten oder Aktenteilen. Der allgemeine Anspruch auf ermessensfehlerfreie Entscheidung der Behörde wird aber zugunsten der Beteiligten regelmäßig auf Null reduziert sein, weshalb der Wunsch, auf eigene Kosten Ablichtungen herstellen zu dürfen, nur bei Vorliegen besonderer Gründe abgelehnt werden darf. Dabei spielt der zeitliche Aufwand für die Überwachung des Kopiervorgangs keine Rolle.[51]

Weitergehende Akteneinsichts- und Informationsrechte ergeben sich unter dem Einfluss des Unionsrechts und des internationalen Rechts aus speziellen **Informationszugangsgesetzen**.[52] Gem. § 1 Abs. 2 LIFG etwa haben Antragsberechtigte nach Maßgabe des LIFG gegenüber den informationspflichtigen Stellen einen **Anspruch auf Zugang zu amtlichen Informationen**. Der Anspruch auf Informationen gilt grundsätzlich auch gegenüber der Polizei. Ausgenommen vom Anwendungsbereich sind gem. § 2 Abs. 2 Nr. 3 LIFG nur die Gerichte, die Strafverfolgungs-, Strafvollstreckungs- und Maßregelvollzugsbehörden sowie Disziplinarbehörden, soweit sie als Organe der Rechtspflege oder aufgrund besonderer Rechtsvorschriften in richterlicher oder sachlicher Unabhängigkeit tätig werden. Insoweit kommt eine Befreiung der Polizei nur in Betracht, soweit sie als Hilfsorgan der Staatsanwaltschaft in einem Strafverfahren tätig ist. Der Gesetzgeber hat dies ausdrücklich klargestellt: „Der Begriff der Strafverfolgungsbehörden ist in einem funktionellen Sinne zu verstehen und erfasst auch die Polizei, sofern sie repressiv, also zur Verfolgung und Aufklärung von Straftaten und Ordnungswidrigkeiten tätig wird".[53] Soweit die Polizei also **im Bereich der Gefahrenabwehr tätig** ist, fällt sie in den **Anwendungsbereich des LIFG**.

Der **Informationsanspruch** gegenüber der Polizei erfährt aber eine **wichtige Einschränkung**: Gem. § 4 Abs. 1 Nr. 2 LIFG besteht der Anspruch auf Informationszugang nicht, soweit und solange das Bekanntwerden der Informationen **nachteilige Auswirkungen** haben kann **auf die Belange der äußeren oder öffentlichen Sicherheit**. Der Zugang zu den Informationen darf damit versagt werden, wenn es für den Schutz von besonderen öffentlichen Belangen im Einzelfall erforderlich ist. Die informationspflichtige Stelle (= Polizei) trägt dafür die

---

48 VGH BW, DVBl 2020, 888 ff.
49 Ramsauer, in: Kopp/Ramsauer, § 29 VwVfG Rn 13.
50 Vgl. VGH BW, VBlBW 2014, 355.
51 So auch Ramsauer, in: Kopp/Ramsauer, § 29 VwVfG Rn 41.
52 Vgl. etwa das Informationsfreiheitsgesetz (LIG) des Bundes von 2005 und das Landesinformationsfreiheitsgesetz Baden-Württemberg (LIFG) aus dem Jahr 2015. Zu den Anforderungen an eine gesetzliche Grundlage für staatliches Informationshandeln vgl. VGH BW, DVBl 2013, 1063.
53 LT-Drs. 15/7720, S. 60; Sicko, in: Debus, Informationszugangsrecht BW, § 2 LIFG Rn 51.

Darlegungslast.[54] Nichtsdestoweniger kann diese sich in bestimmten Konstellationen auf einen Beurteilungsspielraum berufen.[55]

Der Begriff **„Belange der öffentlichen Sicherheit"** knüpft an das Polizei- und Ordnungsrecht an.[56] Öffentliche Sicherheit umfasst die Unversehrtheit der Rechtsordnung und der grundlegenden Einrichtungen und Veranstaltungen des Staates sowie die Unversehrtheit von Gesundheit, Ehre, Freiheit, Eigentum und sonstigen Rechtsgütern der Bürger. Daher besteht etwa kein Anspruch auf Informationszugang in Bezug auf Akten zu Sicherheitsthemen.[57] Die Polizei kann daher vor allem dann die begehrte Auskunft ablehnen, wenn diese **Belange der öffentlichen Sicherheit gefährden** würde. Allein die Erschwerung der polizeilichen Arbeit reicht dagegen nicht aus. Auf der Grundlage des § 1 Abs. 2 LIFG kann etwa ein Anspruch auf **Auskunft der Namen und Dienstdaten von Polizeivollzugsbeamten** bestehen, wenn die betroffene Person ein berechtigtes Interesse geltend macht (Beispiel: möglicher rechtswidriger Übergriff durch Polizeivollzugsbeamte bei einer Versammlung), im jeweiligen Einzelfall Belange der öffentlichen Sicherheit nicht gefährdet sind (Beispiel: es handelt sich um Verdeckte Ermittler) und § 5 LIFG der Auskunft nicht entgegensteht.[58]

Fall 20: Der Ortspolizeibehörde O liegen Erkenntnisse vor, dass der aus Syrien stammende G der islamistischen Szene angehört. Sie prüft aktuell in enger Abstimmung mit der Polizei, dem Landesverfassungsschutz und der Ausländerbehörde, welche polizeilichen und ausländerrechtlichen Maßnahmen getroffen werden können, um die von G ausgehende Gefahr für die Allgemeinheit zu beseitigen. Die Ehefrau E des G erbittet von der Ortspolizeibehörde gem. § 1 Abs. 2 LIFG umfassende Auskunft darüber, welche Erkenntnisse über ihren Ehemann G vorliegen. G hat sein Einverständnis zur Auskunft durch die Polizeibehörde erklärt (§ 5 Abs. 1 LIFG).

Im **Fall 20** kann und wird die Ortspolizeibehörde die erbetene Auskunft unter Berufung auf § 4 Abs. 1 Nr. 2 LIFG verweigern. Angesichts der von G ausgehenden Gefährdung der Allgemeinheit wären „Belange der öffentlichen Sicherheit" tangiert, wenn seine Ehefrau E und G vom Ermittlungsstand und von den weiteren Überlegungen der O Kenntnis erlangen würden.

IV. Bestimmung des Adressaten

26 Bei der Frage, welche Person Adressat einer Polizeiverfügung ist, sind die Regelungen der §§ 6 ff. PolG und des § 40 LVwVfG zu beachten. Die Polizei muss insbesondere prüfen, ob ein Spezialgesetz den Adressaten bestimmt, ob ein oder mehrere Handlungs- oder Zustandsstörer in Betracht kommen, wer von mehreren Störern in Anspruch genommen werden kann, ob – in Ausnahmefällen – Maßnahmen gegen Unbeteiligte (§ 9 PolG) ergriffen werden können, ob eine Rechtsnachfolge in die Polizeipflicht vorliegt usw. Maßgebend sind hierbei die Grundsätze über den Adressaten einer polizeilichen Maßnahme (→ § 5 Rn 1 ff.).

V. Ermessen

27 **1. Allgemeines.** Gem. § 3 PolG hat die Polizei zur Wahrnehmung ihrer Aufgaben diejenigen Maßnahmen zu treffen, die ihr innerhalb der durch das Recht gesetzten Schranken nach pflichtgemäßem Ermessen erforderlich erscheinen. Für polizeiliche Maßnahmen **im Bereich der Gefahrenabwehr** gilt demnach das sog. **Opportunitätsprinzip**[59]: Liegen die gesetzlichen

---

54 Debus, in: Debus, Informationszugangsrecht BW, § 4 LIFG Rn 33.
55 LT-Drs. 15/7720, S. 64; vgl. dazu auch Debus, in: Debus, Informationszugangsrecht BW, § 4 LIFG Rn 33.
56 VG Stuttgart, openJur 2020, 33474 (Rn 43).
57 LT-Drs. 15/7720, S. 65; ebenso VG Stuttgart, openJur 2020, 33474 (Rn 43), für den Fall einer Bekanntgabe der Gefährdungslagebilder und Rahmenbefehle zu Stuttgart 21.
58 Vgl. dazu auch BayVGH, BayVBl 2021, 851 f., zur abweichenden Rechtslage in Bayern.
59 Brenz, JuS 2021, 934.

Voraussetzungen für eine Maßnahme vor, steht es im pflichtgemäßen Ermessen der Polizei, **ob** sie einzelne zulässige Maßnahmen durchführt (**Entschließungsermessen**), und **wie** sie tätig wird – also welche von mehreren zulässigen Maßnahmen sie im Einzelfall wählt (**Auswahlermessen**). Der Polizei ist mithin ein **Spielraum** bei ihren Entscheidungen eingeräumt.[60] Insbesondere ist sie nicht **in jedem Fall** zum Einschreiten verpflichtet. Bei geringen oder nur vorübergehenden Verstößen gegen die öffentliche Sicherheit kann die Polizei im Rahmen ihres pflichtgemäßen Ermessens auch untätig bleiben.[61] Dieses Opportunitätsprinzip gilt aber nur für Maßnahmen der Polizei im Bereich der Gefahrenabwehr. **Im Bereich der Strafverfolgung** ist die Polizei nach dem **Legalitätsprinzip** zum Tätigwerden verpflichtet (§§ 163, 152 ff. StPO [→ § 13 Rn 1 ff.]).

Dem einzelnen Betroffenen steht ein **Anspruch auf ermessenfehlerfreie Entscheidung** der Polizei zu, sofern seine **Rechte gefährdet** sind und die durch einen Dritten verletzte Rechtsnorm auch die Belange Dritter schützen will.[62] Der Anspruch kann bei Ablehnung einer begehrten polizeilichen Realmaßnahme ggf. im Wege der **allgemeinen Leistungsklage** gerichtlich geltend gemacht und durchgesetzt werden (Rechtsschutz gegen ablehnenden Verwaltungsakt → Rn 37 ff.).[63] Die betroffene Polizeibehörde wird bei Erfolg zur **Neuentscheidung unter Beachtung der Rechtsauffassung des zuständigen Verwaltungsgerichts** verpflichtet.[64]

2. Pflichtgemäße Ermessensausübung. Gem. § 3 PolG hat die Polizei die Maßnahmen zu treffen, die ihr nach **pflichtgemäßem** Ermessen erforderlich erscheinen. Ermessen bedeutet daher nicht „schrankenlose Freiheit", sondern ist gebunden. Es muss pflichtgemäß ausgeübt werden und hat sich innerhalb der durch das Recht gesetzten Schranken zu halten. Die Bindungen des § 40 LVwVfG und ihrer Überprüfung durch die Gerichte (§ 114 VwGO) gelten auch hier.[65] Pflichtgemäß ausgeübt ist das Ermessen, wenn es nach **sachlichen**, dem **Zweck der Ermächtigung entsprechenden** Gesichtspunkten betätigt wird[66], dem Prinzip des **geringstmöglichen Eingriffs** i. S. d. § 5 Abs. 1 PolG und dem **Grundsatz der Verhältnismäßigkeit** im engeren Sinne (§ 5 Abs. 2 PolG) entspricht. Eine Begrenzung des Ermessens kann sich insbesondere aus dem **Grundsatz der Gleichbehandlung** (Art. 3 Abs. 1 GG) ergeben.

3. Ermessensreduzierung und Anspruch auf Einschreiten. Gem. § 3 PolG handelt die Polizei nach pflichtgemäßem Ermessen. Grundsätzlich hat der Einzelne daher keinen Anspruch auf ihr Tätigwerden bzw. auf ein **ganz bestimmtes Tun**. Bei erheblichen Gefahren für bedeutsame Rechtsgüter kann der Ermessensspielraum der Polizei aber reduziert werden und sich zu einer **Pflicht zum Einschreiten** verdichten.[67] Sind etwa wichtige Rechtsgüter wie Leben, körperliche Unversehrtheit oder Freiheit gefährdet, ist grundsätzlich eine Verpflichtung zum polizeilichen Handeln gegeben, denn hinsichtlich dieser Rechtsgüter besteht eine umfassende **Schutzpflicht des Staates** (→ § 4 Rn 59 ff.). Drohen ernstliche Gefahren für diese Rechtsgüter und kann die Polizei eingreifen, ohne dass andere, gleichwertige Rechtsgüter gefährdet oder vernachlässigt werden, liegt eine sog. **Ermessensreduzierung auf Null** vor.[68] In diesen Fällen ist nur noch **eine** Entscheidung ermessensfehlerfrei: Das bedrohte individuelle Rechtsgut ist durch bestimmte

---

60 Deger, in: Stephan/Deger, Polizeigesetz BW, § 3 Rn 20; Trurnit, Eingriffsrecht, Rn 23 f., 101.
61 Knemeyer/Schmidt, Polizei- und Ordnungsrecht (PdW), S. 51.
62 VGH BW, Urt. v. 3.8.2023 – 1 S 1718/22 (Rn 106 ff., 117 ff.).
63 VGH BW, Urt. v. 3.8.2023 – 1 S 1718/22 (Rn 64).
64 VGH BW, Urt. v. 3.8.2023 – 1 S 1718/22 (Rn 64, 142 ff.).
65 Gusy/Eichenhofer, Polizei- und Ordnungsrecht, Rn 392 m. w. N.; Brenz, JuS 2021, 934; VG Freiburg, openJur 2021, 23297 (Rn 35).
66 Vgl. grundlegend dazu Brenz, JuS 2021, 934, 935 f.
67 SächsOVG, DVBl 2023, 41, 44 (Rn 14).
68 SächsOVG, DVBl 2023, 41, 44 (Rn 14); Siegel, Allg. Verwaltungsrecht, Rn 218; Knemeyer/Schmidt, Polizei- und Ordnungsrecht (PdW), S. 51.

Maßnahmen zu schützen.[69] Ist eine derartige Ermessensschrumpfung auf Null gegeben, kann sich der Anspruch des Einzelnen auf fehlerfreie Ausübung des Ermessens zu einem **Anspruch auf Einschreiten** verdichten.[70] Da nach heutiger Ansicht sowohl Spezialermächtigungen der Gefahrenabwehr als auch die Generalklausel nicht nur der Allgemeinheit, sondern auch dem Schutz individueller Rechte, Rechtsgüter oder rechtlich geschützter Eigeninteressen dienen, folgt aus diesen Bestimmungen ein subjektiv-öffentliches Recht auf Einschreiten, wenn nur noch die Entscheidung des Einschreitens pflichtgemäß ist.[71] Bleibt die Polizei in den Fällen der Ermessensreduzierung auf Null untätig, kann ggf. ein **Amtshaftungsanspruch** gem. Art. 34 GG i. V. m. § 839 BGB bestehen.

Beispiele für behördliche Ermessensreduzierungen:

- **Anspruch eines Obdachlosen auf Zuweisung einer Notunterkunft** wegen seines verfassungsrechtlich geschützten Rechts auf körperliche Unversehrtheit (→ Rn 48).
- **Anspruch eines Wohnungseigentümers auf Räumung** der beschlagnahmten Wohnung nach Ablauf der Beschlagnahmefrist (VGH BW, VBlBW 1997, 187 [→ Rn 62]).
- Fraglich ist, ob ein Anspruch des Grundeigentümers auf polizeiliches Einschreiten bei **Hausbesetzungen** besteht. Grundsätzlich ist das private Eigentumsrecht gem. § 2 Abs. 2 PolG privatrechtlich mittels Räumungsurteil und mithilfe des Gerichtsvollziehers durchzusetzen. Bei einer Hausbesetzung wird zwar regelmäßig die öffentliche Sicherheit beeinträchtigt (§ 123 StGB). Dennoch stellt sich auch bei Vorliegen eines Strafantrags die Frage, ob der zu erwartende polizeiliche Aufwand noch im angemessenen Verhältnis zum Nutzen der Allgemeinheit steht (→ § 4 Rn 57).
- **Anspruch der Opfer häuslicher Gewalt auf polizeiliches Einschreiten** zum Schutz vor der (drohenden) Verletzung ihrer Grundrechte bei Vorliegen einer erheblichen Gefahr (→ § 4 Rn 57 u. § 11 Rn 98).
- **Anspruch von Anwohnern eines öffentlichen Platzes** auf Einschreiten der Polizei **wegen unzumutbarer nächtlicher Lärmbelästigung**, wenn die maßgeblichen Immissionsrichtwerte überschritten werden (VGH BW, Urt. v. 3.8.2023 – 1 S 1718/22).
- Im **Straßenverkehrsrecht** besteht auch im Bereich der Gefahrenabwehr regelmäßig nur ein Anspruch auf ermessensfehlerfreie Entscheidung der (Polizei)Behörde (SächsOVG, DVBl 2023, 41, 44 [Rn 15]).

30 Für die Ausübung des Ermessens gelten die **Grundsätze des § 40 LVwVfG**. Danach hat die Polizei ihr Ermessen entsprechend dem Zweck der Ermächtigung sachgemäß auszuüben und die gesetzlichen Schranken des Ermessens einzuhalten. Leitlinie ist „eine effektive Gewährleistung von Sicherheit und Ordnung".[72]

Polizeiverfügungen, welche die Grundsätze über die Ausübung des Ermessens nach § 40 LVwVfG verletzen, sind rechtswidrig und in schweren Fällen nichtig.[73] Ermessensentscheidungen unterliegen der gerichtlichen Kontrolle gem. § 114 VwGO. Gem. § 114 S. 2 VwGO kann die Verwaltungsbehörde ihre Ermessenserwägungen hinsichtlich des Verwaltungsakts auch noch im verwaltungsgerichtlichen Verfahren ergänzen (vgl. auch § 45 Abs. 1 Nr. 2 LVwVfG).

VI. Grundsatz der Verhältnismäßigkeit

31 Beim Erlass einer Polizeiverfügung wird das Ermessen der Polizei **durch den Grundsatz der Verhältnismäßigkeit begrenzt**. Dieser Grundsatz hat verfassungsrechtlichen Rang und ist in den §§ 3 u. 5 PolG, aber auch etwa in der abgestuften Regelung der §§ 67, 68 PolG (Schusswaffengebrauch) ausgeprägt. Insbesondere spielt der Grundsatz eine wichtige Rolle bei

---

69 Vgl. Ramsauer, in: Kopp/Ramsauer, § 40 LVwVfG Rn 61; Graulich, in: Lisken/Denninger, Handbuch des Polizeirechts, Kap. E Rn 114; Deger, in: Stephan/Deger, Polizeigesetz BW, § 3 Rn 22; Zeitler/Trurnit, Polizeirecht BW, Rn 259; Huttner/Strecker, Handbuch Ordnungsrecht BW, Rn 68.
70 Guckelberger, Allg. Verwaltungsrecht, § 14 Rn 48.
71 Zum Anspruch auf polizeiliches Einschreiten vgl. auch Albers, VBlBW 4/2004, Sonderbeilage, Fall 5.
72 Würtenberger/Heckmann/Tanneberger, Polizeirecht BW, § 5 Rn 350; Deger, in: Stephan/Deger, Polizeigesetz BW, § 3 Rn 27.
73 Ramsauer, in: Kopp/Ramsauer, § 40 VwVfG Rn 81.

VI. Grundsatz der Verhältnismäßigkeit

der Auslegung von unbestimmten Rechtsbegriffen und bei Generalklauseln, die zu Eingriffen in die Freiheitsrechte ermächtigen.[74]

Die Terminologie in der Rechtslehre ist nicht einheitlich. Teilweise wird auch vom **Übermaßverbot bzw. vom Grundsatz der Verhältnismäßigkeit im weiteren bzw. engeren Sinne** gesprochen.[75] Auch die Regelung in § 5 PolG lässt die notwendige Klarheit vermissen.

Bei der Prüfung, ob eine Maßnahme der Polizei verhältnismäßig ist, sind nach der **h. L.** folgende **Grundsätze** zu beachten:

- **Grundsatz der Geeignetheit** – also die Frage, ob die angeordnete Maßnahme geeignet ist, den erstrebten polizeilichen Zweck zumindest zu fördern bzw. zu erreichen. Ungeeignet ist etwa eine Maßnahme, die einen tatsächlich oder rechtlich unmöglichen Erfolg verlangt oder die an einen falschen Adressaten gerichtet ist.[76]
- **Grundsatz oder Gebot der Erforderlichkeit.** Dieser Grundsatz kommt in § 5 Abs. 1 PolG zum Ausdruck (Gebot des mildesten Mittels, Mindesteingriff). Er verlangt, dass zur Bekämpfung einer Gefahr oder Störung unter mehreren gleichermaßen geeigneten Mitteln dasjenige ausgewählt wird, das zur geringsten Beeinträchtigung der zur Bekämpfung der Gefahr in Anspruch genommenen Person und der Allgemeinheit führt.[77]

Beispiele:
- Die **Beschlagnahme von Wagen einer Wagenburg** ist unverhältnismäßig, wenn die Störung der öffentlichen Sicherheit auch durch eine Räumungsverfügung beseitigt werden kann (VGH BW, DVBl 1998, 96).
- **Standardmaßnahmen** wie etwa Platzverweise, Aufenthaltsverbote, Wohnungsverweise, Gewahrsam, Beschlagnahme und Sicherstellung sind zu beenden, wenn der polizeiliche Zweck erreicht ist (vgl. etwa § 38 Abs. 4 S. 1 PolG).
- Ein von der Ortspolizeibehörde per **Allgemeinverfügung** erlassenes örtlich beschränktes **Verbot des Mitführens von Getränkebehältnissen aus Glas** ist unverhältnismäßig, wenn der Polizeivollzugsdienst je nach Lage im Einzelfall ein modifiziertes Glasverbot aussprechen könnte (VG Freiburg, openJur 2021, 23297 [Rn 35]). Diese Entscheidung ist insoweit **krit.** zu sehen, da es **zw.** erscheint, ob das VG die detaillierte Lagebeurteilung der Ortspolizeibehörde im notwendigen Umfang überprüfen kann. Die Wirksamkeit von situativ ausgesprochener Wegwerfverbote durch den Polizeivollzugsdienst ist bei größeren Menschenansammlungen nur sehr begrenzt und gehört überdies nicht zu den Kernaufgaben des Polizeivollzugsdienstes; beide Aspekte müssen auch Teil der der polizeibehördlichen Ermessensentscheidung sein.

- **Grundsatz der Angemessenheit.** Dieser Grundsatz ist in § 5 Abs. 2 PolG normiert (Verhältnismäßigkeit im engeren Sinn, Übermaßverbot). Hier ist zu prüfen, ob die Maßnahme zumindest nicht völlig außer Verhältnis zum beabsichtigten Erfolg steht. Die Behörde darf nicht mit ihrem Vorgehen „das Kind mit dem Bade ausschütten".[78] Die durch den Eingriff bewirkten Nachteile dürfen nicht schwerer wiegen als die Nachteile, die ohne den Eingriff entstehen. Hier ist eine **Güterabwägung** zwischen den Belangen des Einzelnen und denjenigen der Allgemeinheit vorzunehmen.[79]

---

74 Das BVerfG fordert immer wieder die „strikte Beachtung des Grundsatzes der Verhältnismäßigkeit" (vgl. etwa im sog. Brokdorf-Beschluss, BVerfGE 69, 315).
75 Vgl. dazu Deger, in: Stephan/Deger, Polizeigesetz BW, § 5 Rn 3.
76 Gusy/Eichenhofer, Polizei- und Ordnungsrecht, Rn 397; Kastner, in: Möstl/Trurnit, Polizeirecht BW, § 5 Rn 8 ff.
77 Kastner, in: Möstl/Trurnit, Polizeirecht BW, § 5 Rn 11 ff.
78 Drews/Wacke/Vogel/Martens, Gefahrenabwehr, § 24 Nr. 5 (S. 391).
79 Kastner, in: Möstl/Trurnit, Polizeirecht BW, § 5 Rn 16 ff.

Beispiele:
- Die Anordnung, den Hund regelmäßig auszuführen, ist als milderes Mittel gegenüber einer Wegnahme und einem Hundehalteverbot in Betracht zu ziehen (VG Stuttgart, VBlBW 2011, 286).
- Kann den von einem gem. § 2 HuV BW als gefährlicher Hund eingestuften Hund ausgehenden Gefahren für die Gesundheit von Menschen bereits durch die Anordnung des **Leinenzwangs** wirksam begegnet werden, kann es hinsichtlich des zugleich verfügten **Maulkorbzwangs** an dem erforderlichen besonderen Vollzugsinteresse fehlen (VGH BW, VBlBW 2011, 185 [= BWGZ 2011, 204 ff. mit Anm. des Gemeindetags]).

VII. Bestimmtheitsgrundsatz

32 Gem. **§ 37 Abs. 1 LVwVfG** muss ein Verwaltungsakt – also auch eine Polizeiverfügung – inhaltlich hinreichend bestimmt sein. Dies bedeutet, dass aus der getroffenen Regelung in der Verfügung Zweck, Sinn und Gehalt so vollständig, klar und unzweideutig erkennbar sein müssen, dass die betroffenen Personen ihr Verhalten danach richten können.[80] Maßstab für die Bestimmtheit ist, ob die Verfügung **ohne weitere Konkretisierung** als Grundlage für eine **Verwaltungsvollstreckung** dienen kann. Das Erfordernis hinreichender Bestimmtheit eines Verwaltungsakts verlangt, dass eine Ordnungsverfügung schon wegen ihrer Titelfunktion aus sich heraus verständlich ist. Von der betroffenen Person kann nicht gefordert werden, dass sie unter Hinzuziehung eines Dritten erforscht, was von ihr im Einzelnen verlangt wird. Für die **inhaltliche Bestimmtheit** genügt es, dass aus dem gesamten Inhalt des Verwaltungsakts und aus dem Zusammenhang – vor allem aus der von der Behörde gegebenen Begründung und aus den den Beteiligten bekannten näheren Umständen des Erlasses – im Wege der an den Grundsätzen von Treu und Glauben orientierten **Auslegung** hinreichende Klarheit gewonnen werden kann. Hierbei ist entsprechend § 133 BGB auf den erklärten Willen aus Sicht eines verständigen Empfängers abzustellen.[81] Demgegenüber ist die Angabe eines bestimmten Mittels nicht erforderlich, da es nicht Aufgabe des Staates ist, der betroffenen Person, von deren Handlung oder Unterlassung die Störung ausgeht, das Mittel aufzuzeigen, das zur Beseitigung der Störung am besten geeignet ist.

Beispiele:
- Der **Begriff des „ruhestörenden Lärms"** ist hinreichend bestimmt. Für seine Auslegung kann auf die Regelung des § 117 OWiG zurückgegriffen werden (VGH BW, VBlBW 1997, 346).
- Eine **Ordnungsverfügung**, durch die einem Hundehalter aufgegeben wird, seinen Hund „innerhalb der geschlossenen Ortschaft" an der Leine zu führen, ist nicht hinreichend bestimmt. Gerade an der Peripherie der Städte ist es im Einzelfall höchst zweifelhaft, ob man sich noch innerhalb oder bereits außerhalb der geschlossenen Ortschaft befindet (OVG NRW, NVwZ 1988, 659).
- Bei der Erteilung eines **Aufenthaltsverbots** gem. § 30 Abs. 2 PolG müssen sowohl der räumliche Bereich als auch die zeitlichen Grenzen des Verbots angegeben werden. Der örtliche Bereich ist durch Angabe von Straßennamen, Beifügung eines Auszugs aus dem Stadtplan etc. genau zu beschreiben bzw. zu umgrenzen. Darüber hinaus gebietet es der Bestimmtheitsgrundsatz, dass diejenigen Verhaltensweisen und Verrichtungen konkret bezeichnet werden, die vom Aufenthaltsverbot nicht erfasst sind.
- Ist ein Verwaltungsakt wegen inhaltlicher Unbestimmtheit nicht vollstreckungsfähig, schließt dieser Mangel Maßnahmen in der Verwaltungsvollstreckung aus (VGH BW, VBlBW 2013, 341).

VIII. Bekanntgabe

33 Die Bekanntgabe einer Polizeiverfügung richtet sich nach **§ 41 LVwVfG**. Danach ist der Verwaltungsakt derjenigen beteiligten Person bekanntzugeben, für die er bestimmt oder die von ihm betroffen ist. Die Bekanntgabe der Verfügung ist Voraussetzung für ihre **Rechtswirksamkeit**.

---

80 Trurnit, in: Möstl/Trurnit, Polizeirecht BW, § 3 Rn 9.
81 VGH BW, VBlBW 2014, 147 ff.

VIII. Bekanntgabe

Beispiel: Die **Einziehungsverfügung** gem. § 39 Abs. 1 PolG wird gem. § 43 Abs. 1 LVwVfG mit ihrer Bekanntgabe wirksam (→ § 11 Rn 288). Ab diesem Zeitpunkt tritt auch ihre Rechtswirkung – der Eigentumswechsel – ein.[82]

Der Zeitpunkt der wirksamen Bekanntgabe ist auch für den Beginn der Widerspruchsfrist gem. § 70 Abs. 1 VwGO maßgebend.

Die Auswahl der **Form** der Bekanntgabe steht im Ermessen der Behörde. Sie kann eine mündliche Verfügung durch Mitarbeiter direkt der betroffenen Person gegenüber bekanntgeben. Bei schriftlichen Anordnungen kann sie die Verfügung dem Adressaten per Boten überbringen, durch die Post übermitteln oder förmlich zustellen lassen oder auch persönlich übergeben.

Bei der Übermittlung einer Verfügung durch die **Post** (Normalbrief) gilt gem. § 4 LVwZG, § 41 Abs. 2 LVwVfG die Zustellung bzw. Bekanntgabe mit dem 3. Tag nach der Aufgabe zur Post als erfolgt, es sei denn, das Schriftstück ist nicht oder zu einem späteren Zeitpunkt zugegangen. Bei der Zusendung durch **Einschreibebrief** erfolgt gem. § 4 LVwZG die Bekanntgabe mit der Aushändigung bzw. Abholung. Wird der Brief nicht bei der Post abgeholt, ist keine wirksame Bekanntgabe erfolgt. Mit dem Einlieferungsschein kann letztlich nur der Nachweis geführt werden, dass das Schreiben bei der Post abgegeben wurde. Will die Behörde sicher gehen, dass eine Polizeiverfügung rechtswirksam bekanntgegeben wird, kommt nur die förmliche Zustellung in Betracht (siehe nachfolgend).

Für die **elektronische Zustellung** gelten die besonderen Regelungen des § 5 Abs. 5 bis 7 LVwZG sowie des § 5 a LVwZG. § 5 a LVwZG enthält eine Sonderregelung zur elektronische Zustellung gegen Abholbestätigung über De-Mail-Dienste. Grundsätzlich gilt, dass eine behördliche Zustellung im elektronischen Wege (vor allem per E-Mail) möglich ist und zur wirksamen Bekanntgabe führt. Vor allem wegen der Beweislast der wirksamen Zustellung sind die Vorgaben des § 5 Abs. 5 bis 7 LVwZG bzw. des § 5 a LVwZG zu beachten.

Die **Beweislast für die Bekanntgabe** der Verfügung trifft im Zweifelsfall die Behörde (vgl. § 4 Abs. 2 S. 2 LVwZG, § 41 Abs 2 LVwVfG). Die Einhaltung von Sorgfaltspflichten ersetzt die Bekanntgabe nicht, wenn der Zugang der Verfügung bestritten wird und die Behörde die Bekanntgabe nicht nachweisen kann.[83] Selbst wenn die gesetzlich vorgeschriebene Zustellung weder stattgefunden hat noch beabsichtigt war, genügt für die Wirksamkeit der Verfügung, dass die Behörde dem Adressaten von deren Inhalt formlos Kenntnis gibt. Der Nachweis der formlosen Bekanntgabe kann durch geeignete **Beweismittel** erfolgen. Hat sich eine Behörde für eine förmliche Zustellung entschieden, kann die fehlgeschlagene Zustellung nicht in eine formlose Bekanntgabe umgedeutet werden.

Die Bekanntgabe einer Polizeiverfügung an einen **gesetzliche Vertreter** (etwa die Eltern, vgl. §§ 1626 ff. BGB) richtet sich nach § 6 LVwZG, an einen **Bevollmächtigten** (etwa Rechtsanwalt) nach § 7 LVwZG.

34

Zur in Rechtsprechung und Literatur umstrittenen Frage, ob dem **nicht geschäftsfähigen** minderjährigen **Störer** ein durch die Polizei erlassener Verwaltungsakt bei Eilbedürftigkeit und Nichterreichbarkeit der Personenberechtigten **wirksam bekanntgegeben** werden kann, vgl. Schenke, JuS 2016, 50 ff. m. w. N. (→ § 5 Rn 14).

Ist eine Person nicht geschäftsfähig und damit auch **nicht handlungsfähig** für das Verwaltungsverfahren i. S. d. § 12 Abs. 1 Nr. 1 LVwVfG, ist die Zustellung unwirksam.[84] Nach OVG NRW können sofort vollziehbare Anordnungen auch Personen, deren freie Willensbestimmung durch **Alkoholwirkung** vorübergehend ausgeschlossen ist, wirksam bekanntgegeben und unter

35

---

82 VGH BW, VBlBW 2007, 351; → § 11 Rn 287 ff.
83 NdsOVG, NVwZ-RR 2007, 365.
84 Vgl. VGH BW, VBlBW 2011, 160.

besonderer Berücksichtigung des Grundsatzes der Verhältnismäßigkeit im Wege des Verwaltungszwangs vollstreckt werden.[85]

36 Die **Zustellung** ist die wichtigste förmliche Bekanntgabe einer Verfügung. Hierbei sind die Vorschriften des **LVwZG** zu beachten. Die Zustellung durch die Post mit Zustellungsurkunde ist in § 3 LVwZG und die mittels Einschreiben in § 4 LVwZG geregelt. § 5 LVwZG enthält nähere Ausführungsvorschriften zur Zustellung durch die Behörde gegen Empfangsbekenntnis. Bei einer Zustellung an einen Bevollmächtigten (etwa Rechtsanwalt) mittels **Empfangsbekenntnis** ist gem. § 7 LVwZG der maßgebliche **Zustellungszeitpunkt** nicht das Datum des Eingangsstempels, sondern der Unterschrift des Anwalts unter das Empfangsbekenntnis.[86] Sind von einer Verfügung mehrere Personen betroffen, muss sie grundsätzlich an jede bewirkt werden (§ 8 LVwZG). Betrifft ein zusammengefasster Bescheid **Ehegatten** oder Ehegatten mit ihren Kindern oder Alleinstehende mit ihren Kindern, so reicht es gem. § 8 S. 1 LVwZG für die **Zustellung an alle Beteiligten** aus, wenn ihnen **eine** Ausfertigung unter ihrer gemeinsamen Anschrift zugestellt wird. Soweit sie dies im Einzelfall beantragt haben, ist der Bescheid den Beteiligten jeweils einzeln zuzustellen (§ 8 S. 2 LVwZG).

Der Adressat einer Polizeiverfügung muss nicht über einen festen Wohnsitz oder eine **ladungsfähige Anschrift** verfügen. Zur Wirksamkeit der Verfügung reicht die Bekanntgabe gem. §§ 41, 43 LVwVfG etwa durch Aushändigung aus.

Im Übrigen trifft die Behörde bei der **öffentlichen Zustellung** gem. § 11 LVwZG eine Aufklärungspflicht. Danach hat die Behörde nach der Anordnung der öffentlichen Zustellung einer Verfügung den Verwaltungsakt und seine Bekanntgabe „unter Kontrolle zu halten" und die betroffene Person ggf. auf die bereits erfolgte öffentliche Zustellung und den deswegen drohenden Ablauf der Widerspruchsfrist hinzuweisen.[87]

IX. Förmliche Rechtsbehelfe

37 **1. Rechtsbehelfsbelehrung.** Da die Polizeiverfügung einen Verwaltungsakt darstellt, können hiergegen die **förmlichen Rechtsbehelfe der VwGO** – also insbesondere Widerspruch und Klage gem. §§ 68 ff., 40 ff. VwGO – erhoben werden. Eine ordnungsgemäße Rechtsbehelfsbelehrung (vgl. § 58 VwGO) ist für den Erlass einer Verfügung keine Wirksamkeitsvoraussetzung. Unterbleibt eine Belehrung oder ist sie unrichtig bzw. unvollständig, tritt an Stelle der in den §§ 70, 74 VwGO geregelten **einmonatigen Rechtsbehelfsfrist** die **Jahresfrist** des § 58 Abs. 2 VwGO. Schreibfehler oder ähnliche offenbare Unrichtigkeiten in einer Rechtsbehelfsbelehrung fallen allerdings in der Regel nicht unter § 58 Abs. 2 VwGO. Die Berichtigung einer Entscheidung wegen offenbarer Unrichtigkeiten durch ein Gericht hat grundsätzlich keinen Einfluss auf Beginn und Lauf von Rechtsmittelfristen.[88]

38 **2. Widerspruch.** Im Widerspruchsverfahren werden **Rechtmäßigkeit und Zweckmäßigkeit** der polizeilichen Verfügung nachgeprüft (vgl. § 68 Abs. 1 VwGO). In BW muss vor einer verwaltungsgerichtlichen Klage **Widerspruch** eingelegt werden (§§ 68 ff. VwGO).[89] **Form** und **Frist** des Widerspruchs sind in § 70 VwGO geregelt. Ein Widerspruchsverfahren ist über die gesetzlich geregelten Fälle hinaus ausnahmsweise auch dann **entbehrlich**, wenn dessen Zweck

---

85 OVG NRW, DVBl 2009, 1396.
86 VG Lüneburg, NVwZ-RR 2005, 365, unter Hinweis auf BVerfG, NJW 2001, 1563 ff., u. BVerwGE 58, 107, 108 ff.
87 VGH BW, VBlBW 2009, 115.
88 VGH BW, VBlBW 2014, 117.
89 Zum Verfahren vgl. Schübel-Pfister, JuS 2014, 412; zur Prüfung der Zulässigkeit und Begründetheit eines Widerspruchs vgl. Baumann, VBlBW 2012, 363, 397.

bereits Rechnung getragen ist oder dieser ohnehin nicht mehr erreicht werden kann.[90] Der Widerspruch hat schriftlich oder zur Niederschrift zu erfolgen.

Die Ausgangsbehörde, die ihre mit einem Widerspruch angegriffene Maßnahme als rechtswidrig erkennt, hat die ihr vor Erlass eines Widerspruchsbescheids zustehende **Wahl zwischen Abhilfe und Rücknahme** nach pflichtgemäßem Ermessen zu treffen. Hilft die Ausgangsbehörde dem Widerspruch nicht ab (vgl. § 72 VwGO), legt sie die Akten der Widerspruchsbehörde zur Entscheidung vor. Diese erlässt, wenn sie den Widerspruch für unbegründet hält, einen **Widerspruchsbescheid**. Dieser ist zu begründen, mit einer Rechtsmittelbelehrung zu versehen und zuzustellen (§ 73 VwGO). Ein zureichender Grund für die **Nichtbescheidung** des Widerspruchs i. S. d. § 75 S. 3 VwGO muss objektiv vorliegen und tatsächlich die (wesentliche Mit-) Ursache für die ausbleibende Widerspruchsentscheidung sein.[91] Das Widerspruchsverfahren endet mit der Zustellung des Widerspruchsbescheids.[92]

Grundsätzlich ist die nächsthöhere Behörde, d. h. die Behörde, welche die Fachaufsicht über die Ausgangsbehörde führt, zuständige Widerspruchsbehörde (§ 73 Abs. 1 S. 1 VwGO). Besondere Regelungen zur Bestimmung der zuständigen Widerspruchsbehörde enthält das AGVwGO BW. Gem. **§ 16 S. 1 AGVwGO** ist nächsthöhere Behörde i. S. d. § 73 Abs. 1 S. 2 Nr. 1 VwGO **bei Verwaltungsakten einer Polizeidienststelle** bei Maßnahmen nach § 105 Abs. 2 PolG die unterste gem. § 118 PolG zur Fachaufsicht zuständige allgemeine Polizeibehörde (→ § 3 Rn 42).

3. Anfechtungsklage. Mit der **Anfechtungsklage** kann die Aufhebung einer polizeilichen Verfügung durch das Verwaltungsgericht begehrt werden (§§ 42 Abs. 1, 82, 113 Abs. 1 VwGO).[93] Voraussetzung für die Zulässigkeit der Anfechtungsklage ist, dass die angegriffene polizeiliche Maßnahme ein Verwaltungsakt (§ 35 VwVfG) ist. Äußerungen oder Maßnahmen einer Behörde, die nach dem erkennbaren Willen eine rechtliche Regelung erst ankündigen oder diese vorbereiten, sind – auch wenn sie der betroffenen Person zugehen – kein Verwaltungsakt.

Gegenstand der Anfechtungsklage ist gem. § 79 Abs. 1 Nr. 1 VwGO der ursprüngliche Verwaltungsakt in der Gestalt, die er durch den Widerspruchsbescheid gefunden hat, gem. § 79 Abs. 1 Nr. 2 VwGO der Abhilfebescheid oder Widerspruchsbescheid, wenn dieser erstmals eine Beschwer enthält (vgl. auch § 79 Abs. 2 VwGO).

Aus § 132 Abs. 3 PolG folgt die Besonderheit, dass eine **Anfechtungsklage ausgeschlossen** ist, wenn eine richterliche Entscheidung nach dem PolG ergangen ist. Erfasst werden durch diese Regelung alle Fälle, in denen das PolG einen **Richtervorbehalt** vorsieht, die vorgesehene Maßnahme der Polizei also von einer vorherigen richterlichen Entscheidung abhängt (so etwa in den Fällen der §§ 31 Abs. 3, 32 Abs. 5, 33 Abs. 3 S. 3, 36 Abs. 5, 38 Abs. 5 S. 2, 44 Abs. 6, 48 Abs. 3, 49 Abs. 4, 50 Abs. 2, 53 Abs. 2, 54 Abs. 4, 55 Abs. 1 S. 3 PolG). Ist eine solche Entscheidung auf Antrag der Polizei ergangen, richtet sich das zulässige Rechtsmittel gegen diese richterliche Entscheidung (vgl. auch § 132 Abs. 2 PolG), die Beschreitung des verwaltungsgerichtlichen Rechtswegs ist dagegen durch § 132 Abs. 3 PolG ausgeschlossen. Damit soll die parallele Beschreitung zweier Rechtswege vermieden werden.

X. Vollstreckung

Wird eine von der Polizei erlassene Verfügung vom Polizeipflichtigen nicht freiwillig befolgt, muss die Polizei die Möglichkeit haben, ihren Verwaltungsakt notfalls auch gegen den Willen

---

90 BVerwG, NVwZ 2011, 501.
91 VGH BW, NVwZ-RR 2011, 224.
92 OVG NRW, NVwZ-RR 2005, 450 f.
93 Zur möglichen allgemeinen Rechtswirkung der erfolgreichen Anfechtung einer (polizeilichen) Allgemeinverfügung vgl. Stepanek, NVwZ 2021, 778 ff.

der betroffenen Person durchzusetzen bzw. zu vollstrecken. Ansonsten wäre die Verfügung ein stumpfes Schwert. Durch den Erlass einer (vollstreckbaren) Polizeiverfügung kann sich die Polizei deshalb *selbst* einen **Vollstreckungstitel** (= Grundverfügung) schaffen, ohne dass sie vorher die Gerichte bemühen muss (Ausnahme: Richtervorbehalt im Gesetz!). Außerdem kann sie **mit eigenen Vollzugsorganen vollstrecken**, ohne spezielle Vollstreckungsorgane wie etwa einen Gerichtsvollzieher einschalten zu müssen. Es kann deshalb von einer „Vollstreckung aus einem Guss" gesprochen werden (→ § 12 Rn 1 ff.).

Die **Vollstreckung** einer Polizeiverfügung **erfolgt nach den Grundsätzen des sog. Polizeizwangs**. In § 63 PolG werden abschließend die **Zwangsmittel** bezeichnet, mit denen ein vorausgegangener Verwaltungsakt (= Polizeiverfügung) vollstreckt werden kann: Zwangsgeld, Zwangshaft, Ersatzvornahme und sog. unmittelbarer Zwang. Diese Zwangsmittel sind keine Strafen oder Bußen, sondern **Beugemittel**, mit denen ein bestimmtes Verhalten des Polizeipflichtigen oder die Herstellung eines bestimmten Zustandes erzwungen werden soll. Die Zwangsmittel können deshalb wiederholt eingesetzt werden (vgl. § 19 Abs. 4 LVwVfG), und sie können **neben** Strafen bzw. Bußgeldern verhängt werden.

XI. Im Besonderen: Die polizeiliche Unterbringung von Obdachlosen

41 **1. Gesellschaftliche Tragweite.** Die **Wohnungsnot** und die Obdachlosigkeit beschäftigen in zunehmendem Maße Politik, Gesellschaft, Wissenschaft, Behörden und Gerichte. Die überaus umfangreiche **Aufnahme von Flüchtlingen** in den Jahren 2015 und 2016[94] und mit Beginn des von Russland betriebenen Krieges in der Ukraine in den Jahren 2022 und 2023 hat den deutschen Wohnungsmarkt nochmals zusätzlich angespannt. Die polizeirechtliche Unterbringung von Menschen ohne Obdach gehört längst zum Behördenalltag vieler Gemeindeverwaltungen. Da der Begriff der Wohnungslosigkeit unterschiedlich interpretiert wird und es in der Bundesrepublik nach wie vor keine einheitliche bundesweite Wohnungsnotfallstatistik gibt, ist es nicht einfach, verlässliche Zahlen zu erhalten.[95] Die **Bundesarbeitsgemeinschaft (BAG) Wohnungslosenhilfe e.V.** in Bielefeld schätzt für das Jahr 2020[96] die Gesamtzahl der in Deutschland wohnungslosen Menschen auf rund 417.000 Personen, davon sind 161.000 Personen wohnungslose anerkannte Flüchtlinge. Von den wohnungslosen Personen lebten 2020 rund 45.000 Personen ohne jede Unterkunft auf der Straße.

Nach einer von der **Liga der Freien Wohlfahrtspflege in Baden-Württemberg** – Ausschuss Arbeit und Existenzsicherung, Unterausschuss Straffälligenhilfe/Wohnungslosenhilfe –, Stuttgart, zum **30.9.2022** durchgeführten **Stichtagserhebung** wurden in BW 12.413 wohnungslose Personen ermittelt, die von 350 Kommunen und freien Einrichtungen betreut wurden. **Seit dem Jahr 2013** sind dies in BW **stets über 11.000 Personen**. Neben dem hohen Anteil wohnungsloser Frauen wird in der Erhebung auch auf den hohen Anteil (9,3 %) vor allem junger Erwachsener in der Wohnungslosenhilfe verwiesen.[97]

Die Rechtslehre unterscheidet **zwei Formen**, nämlich die freiwillige und die unfreiwillige Obdachlosigkeit.[98]

42 **2. Die unfreiwillige Obdachlosigkeit als Störung der öffentlichen Sicherheit.** Unfreiwillige **Obdachlosigkeit** liegt nach der **h. L.** vor, wenn die betroffene Person nicht Tag und Nacht über eine Unterkunft verfügt, die Schutz vor den Unbilden des Wetters bietet, Raum für die

---

[94] Ruder, VBlBW 2017, 1 f. m. w. N., u. KommJur 2020, 401.
[95] Engelmann, Notunterkünfte, S. 12.
[96] Vgl. dazu Pressemitteilung der BAG vom 21.12.2021.
[97] Liga Stichtagserhebung 2022, S. 3, 6, 14, 26 ff.
[98] Krit. zu dieser Unterscheidung Engelmann, Notunterkünfte, S. 10 Fn 2.

notwendigsten Lebensbedürfnisse lässt und den Anforderungen an eine menschenwürdige Unterkunft genügt, und sie nicht aufgrund freiwilligen, selbstbestimmten Willensentschlusses ohne eine solche Unterkunft in Zukunft leben will.[99] Die betroffene Person hat, um eine gängige Formulierung zu gebrauchen, kein „Dach über dem Kopf" und muss deshalb ihr Leben tagsüber und auch in der Nacht im Freien – also auf der Straße, in Einkaufspassagen, an Hauseingängen, in Parkanlagen oder unter einer Brücke – verbringen. Dies ist etwa nicht der Fall, wenn sich eine zuvor obdachlose Person zu einer mehrwöchigen Behandlung in einer Reha-Klinik befindet.[100] **Entscheidend ist weiterhin, dass die betroffene Person mit diesem Zustand nicht einverstanden ist.** Klassisches Beispiel ist die drohende Obdachlosigkeit nach der Durchführung einer zivilrechtlichen Zwangsräumung einer Mietwohnung durch den Vermieter. Da die obdachlose Person mit ihrem Zustand nicht einverstanden ist, wird sie sich im Regelfall an die zuständige Behörden wenden, um Hilfe bzw. eine (Not-) Unterkunft zu erhalten. **Endet die befristete Einweisung** in eine Obdachloseunterkunft, entsteht die Obdachlosigkeit jeweils erneut, solange die betroffene Person weiterhin über keine eigene Wohnung verfügt.[101]

Das **Schutzgut der öffentlichen Sicherheit** beinhaltet u. a. die Individualrechtsgüter Leben, körperliche Unversehrtheit, Gesundheit, persönliche Ehre sowie Ehe und Familie und Menschenwürde. Durch den Zustand der Obdachlosigkeit werden mehrere **Grundrechte** einer betroffenen Person in unterschiedlicher Intensität gefährdet.[102] Aus dem Sozialstaatsprinzip gem. Art. 20 Abs. 1 GG folgt die Verpflichtung, öffentliche Einrichtungen zur Daseinsvorsorge zu unterhalten, zu denen auch Unterkünfte für Wohnungslose und Flüchtlinge gehören. Denn sie dienen dem Schutz vor Obdachlosigkeit und damit der Sicherung des Existenzminimums.[103]

Ist die betroffene Person mit der Gefährdung bzw. Beeinträchtigung dieser Rechte nicht einverstanden, stellt ihre Obdachlosigkeit regelmäßig eine **Störung der öffentlichen Sicherheit** dar.[104] Die zuständige Polizeibehörde ist deshalb verpflichtet, im Rahmen des ihr zustehenden Ermessens diese Grundrechte zu schützen und gefahrenabwehrende Maßnahmen zu ergreifen.[105] Zeigt die unfreiwillig obdachlose Person ein **sozialschädliches Verhalten**, das eine „Unterbringungsunfähigkeit" in einer Gemeinschaftsunterkunft bewirkt, bleibt hiervon die generelle Verpflichtung zur Abwehr der durch die Obdachlosigkeit begründeten Störung unberührt.[106] Wenn die betroffene Person selbst nicht in der Lage ist, ihre persönliche Lage realistisch einzuschätzen – etwa wegen einer psychischen Erkrankung –, ist für die Beurteilung der Frage der Freiwilligkeit der Obdachlosigkeit ggf. auch auf das **Handeln des für die obdachlose Person bestellten Betreuers** abzustellen.[107]

Freiwillig obdachlos sind diejenigen Menschen, die – gleichgültig aus welchen Gründen – mit einem Leben „unter freiem Himmel" mehr oder weniger einverstanden sind.[108] Oft entspricht die

43

---

99 VGH BW, openJur 2020, 34524 (Rn 9) = NVwZ-RR 2020, 206 (Ls.); VBlBW 1996, 233; VG Sigmaringen, openJur 2012, 67155 (Rn 26); Pöltl/Ruder, in: Eiding/Hofmann-Hoeppel, Verwaltungsrecht, § 62 Rn 35.
100 VG Freiburg, openJur 2020, 34569 (Rn 12); Ruder, KommJur 2020, 401, 403.
101 VGH BW, openJur 2020, 34775 (dort Rn 10).
102 Vgl. die Nachweise bei Ruder, KommJur 2020, 401, 402; Engelmann, Notunterkünfte, S. 12 f., mit zutr. Hinweisen auch auf das supranationale Recht.
103 VGH BW, VBlBW 2023, 109 = NVwZ 2022, 1576 (Ls.)
104 Ruder, KommJur 2020, 401, 403 f., Die Polizei 2019, 242, 243, 244 f., u. VBlBW 2017, 1, 4 f. m. w. N.; Engelmann, Notunterkünfte, S. 30; Huttner/Strecker, Handbuch Ordnungsrecht BW, Rn 18; Graf, in: Pöltl/Ruder, Öffentliche Sicherheit und Ordnung, Stichwort „Obdachlosigkeit"; Götz/Geis, Polizei- und Ordnungsrecht, § 10 Rn 23; Geis, Fälle zum Polizei- und Ordnungsrecht, Rn 589; Waldhoff, JuS 2020, 380, 381.
105 H. L.; vgl. VGH BW, VBlBW 1997, 187, u. VBlBW 1996, 220; BremOVG, NVwZ-RR 2013, 361; SächsOVG, Beschl. v. 30.7.2013 – 3 B 380/13 (Rn 10); Graulich, in: Lisken/Denninger, Handbuch des Polizeirechts, Kap. E Rn 840, 846; Ruder, NVwZ 2012, 1283, 1284; Deger, in: Stephan/Deger, Polizeigesetz BW, § 1 Rn 76.
106 VGH BW, VBlBW 2020, 248, 249; BayVGH, DÖV 2018, 532 (Ls.); Ruder, KommJur 2020, 401, 404 f.
107 VGH BW, VBlBW 2020, 248, 249.
108 Ruder, VBlBW 2017, 1, 4, u. KommJur 2020, 401, 404.

Obdachlosigkeit ihrer Überzeugung oder Lebensphilosophie, wie es vor allem in den Sommermonaten bei nicht sesshaften Personen der Fall ist. Nach **heutigem Rechtsverständnis** stellen diese Erscheinungsformen der Obdachlosigkeit einen von der Rechtsordnung akzeptierten oder zumindest tolerierten Zustand dar. Die Polizei- bzw. Ordnungsgesetze der Länder kennen keine vergleichbaren Tatbestände mehr in Bezug auf die Strafbarkeit der Obdachlosigkeit. Die Entscheidung jedes Einzelnen, bei Tag und Nacht im Freien zu leben, ist Ausdruck und Folge des nach Art. 2 Abs. 1 GG geschützten Grundrechts auf die freie Entfaltung der Persönlichkeit. Dieses Grundrecht schützt die Selbstverwirklichung des Menschen nach seinen eigenen Vorstellungen. Die freiwillige Obdachlosigkeit stellt in der Regel **keine polizeiliche Gefahr** dar, die mit Mitteln des polizeilichen Obdachlosenrechts zu beseitigen ist.[109]

44 Eine freiwillige Obdachlosigkeit kann sich jederzeit in eine unfreiwillige **umwandeln**. Eine obdachlose Person, die bisher freiwillig ohne Obdach gelebt hat, kann diesen Zustand dadurch beenden, dass sie nicht mehr weiter ihr Leben im Freien verbringen **will**. Ab diesem Zeitpunkt ist die Obdachlosigkeit nicht mehr freiwillig mit der Folge, dass eine polizeirechtliche Gefahrenlage droht.[110]

45 **3. Die Zuständigkeit der Ortspolizeibehörde.** Als unterste allgemeine Polizeibehörde (§§ 106 Abs. 1 Nr. 4, 107 Abs. 4 und 111 Abs. 2 PolG) sind regelmäßig die Gemeinden als **Ortspolizeibehörden** für die Unterbringung von unfreiwillig Obdachlosen **sachlich zuständig**.[111] Da es sich hierbei um eine **Pflichtaufgabe nach Weisung** handelt (§ 107 Abs. 4 S. 2 PolG), liegt gem. §§ 2 Abs. 3, 44 Abs. 3 GemO die **Organkompetenz beim Bürgermeister**. Der Gemeinderat als Hauptverwaltungsorgan (§ 23 GemO) hat lediglich Informations- bzw. Anfragerechte (vgl. § 24 Abs. 3 u. 4 GemO)[112], ihm obliegt aber etwa die Zuständigkeit für die Entscheidung zur Errichtung oder zum Kauf von Grundstücken, Wohnungen und Häusern zur Unterbringung obdachloser Personen, wobei sich diese Entscheidung zu einer Pflicht verdichten kann (→ Rn 52).

46 **Örtlich zuständig** für die Abwehr der aus der Obdachlosigkeit drohenden Gefahren ist die Polizeibehörde, in deren Bezirk die polizeiliche Aufgabe wahrzunehmen ist (§ 113 Abs. 1 PolG). Im Fall der Einweisung von obdachlosen Personen ist die **Ortspolizeibehörde örtlich zuständig, in deren Zuständigkeitsbereich sich die obdachlose Person tatsächlich aufhält** und die Unterbringung begehrt.[113] Darauf, wo wegen des Verlustes der bisherigen Wohnung die Obdachlosigkeit eingetreten ist bzw. die obdachlose Person ihren letzten Wohnsitz hatte, kommt es nicht an, wenn die von der Obdachlosigkeit betroffene Person sich im Bezirk der dortigen Ortspolizei tatsächlich nicht mehr aufhält.[114] Dass die obdachlose Person damit den Ort ihrer Unterbringung mitbestimmen kann, ist im Hinblick auf das in Art. 11 Abs. 1 GG verbürgte **Grundrecht der Freizügigkeit** grundsätzlich – bis zur Grenze des Rechtsmissbrauchs – hinzunehmen.[115] Maßgeblich ist daher auch nicht, wo sie gemeldet war oder in welcher Gemeinde sie zuletzt ihren gewöhnlichen Aufenthalt hatte.[116]

---

109 VGH BW, VBlBW 1996, 233; Ruder, Die Polizei 2019, 242, 243, u. VBlBW 2017, 1, 4; Huttner/Strecker, Handbuch Ordnungsrecht BW, Rn 19.
110 HessVGH, NVwZ 1992, 503, 504.
111 Ruder, KommJur 2020, 401, 403.
112 Vgl. Engel/Heilshorn, Kommunalrecht BW, § 14 Rn 9 ff., § 15 Rn 26.
113 VGH BW, VBlBW 2020, 210, 211 f., m. Bespr. Waldhoff, JuS 2020, 380, 382; VG Freiburg, openJur 2020, 34569 (Rn 19); Ruder, KommJur 2020, 401, 406, u. VBlBW 2017, 1, 5.
114 BayVGH, BayVBl 2020, 197.
115 VGH BW, VBlBW 2020, 210, 211 f., zust. Ruder, KommJur 2020, 401, 405; VG Freiburg, openJur 2020, 34569 (Rn 19).
116 H. L., vgl. VGH BW, BWVPr 1996, 140; VG Würzburg, openJur 2013, 31372; VG Augsburg, BeckRS 2012, 5426.

Beispiele:

- Der Obdachlose O war bisher in eine Notunterkunft der Gemeinde E eingewiesen. Er verlässt diese Gemeinde und beantragt wenige Stunden später seine Unterbringung in der Gemeinde F. Da er sich nunmehr im Bezirk der Ortspolizeibehörde von F tatsächlich aufhält, ist F grundsätzlich für die Einweisung zuständig, wenn O unfreiwillig obdachlos ist.
- Wenn sich der Obdachlose O nach seiner Entlassung aus einer Reha-Klinik in der Gemeinde H unmittelbar in die Gemeinde E begibt, in der er sich vor der Behandlungsmaßnahme aufgehalten und eine Unterbringung wegen Obdachlosigkeit beansprucht hatte, begründet dies (wieder) die örtliche Zuständigkeit der Gemeinde E für seine Unterbringung wegen unfreiwilliger Obdachlosigkeit (VG Freiburg, openJur 2020, 34569 [Rn 20]).

Die örtlich zuständige Behörde kann sich **nicht** dadurch **ihrer Aufgabe der Gefahrenabwehr entledigen**, indem sie den Obdachlosen, der bislang in der Gemeinde lebt und dort auch offensichtlich weiterhin leben will, auf ein größeres Wohnungsangebot in einer anderen Gemeinde verweist.[117] Ein Obdachloser ist nicht verpflichtet, seine Bemühungen zur Selbsthilfe auch auf andere Gemeindegebiete auszudehnen.[118]

4. Vorrang der Selbsthilfe. Die **Selbsthilfe** der betroffenen Person hat stets **Vorrang** vor Maßnahmen der Polizeibehörde. Falls sie mit eigenen Mitteln eine drohende oder bestehende Obdachlosigkeit vermeiden bzw. beseitigen kann, liegt regelmäßig keine Gefahr im polizeirechtlichen Sinne vor.[119] Zumindest ist in diesen Fällen ein Einschreiten der Polizei nicht erforderlich.[120] Verfügt die betroffene Person etwa über Vermögen, Geld, ein Sparbuch etc., so dass sie finanziell in der Lage wäre, selbst eine Wohnung bzw. ein Pensionszimmer zu mieten, besteht keine Unterbringungspflicht der Polizeibehörde.[121] Als obdachlos im rechtlichen Sinne gilt nicht, wer zwar über keine den Mindestanforderungen genügende Unterkunft verfügt, sich aber eine solche unter Ausschöpfung aller ihm zu Gebote stehender zumutbarer Eigenmaßnahmen auch finanzieller Art verschaffen kann.[122]

5. Anspruch auf Einweisung. Verfügt eine obdachlose Person nicht über eine Unterkunft, die Schutz vor den Unbilden des Wetters bietet und Raum für die notwendigsten Lebensbedürfnisse lässt, und kann sie sich nicht selbst helfen, muss die Gemeinde als Ortspolizeibehörde **ein vorläufiges und befristetes Unterkommen einfacher Art zur Verfügung stellen**. Zwar treffen die Polizeibehörden ihre Anordnungen nach pflichtgemäßem Ermessen (Opportunitätsprinzip). Nach allgemeiner Auffassung wird aber das der Behörde eingeräumte Ermessen eingeschränkt bzw. reduziert, wenn höchste Rechtsgüter wie das Leben oder die körperliche Unversehrtheit eines Menschen bedroht sind. Da durch die (unfreiwillige) Obdachlosigkeit elementare Grundrechte akut gefährdet werden, wird nach h. L. das der Behörde eingeräumte Entschließungsermessen „**auf Null reduziert**": Es gibt nur noch eine rechtmäßige Entscheidung, nämlich die betroffene Person notdürftig unterzubringen (sog. Ermessensschrumpfung auf Null [→ Rn 29]). Der Anspruch der obdachlosen Person auf eine ermessensfehlerfreie Verwaltungsentscheidung verdichtet sich in diesen Fällen auf einen **Einweisungsanspruch**, der darauf gerichtet ist, ihr vorläufig und befristet ein vorübergehendes Unterkommen einfacher Art zu gewähren.[123] Die Ortspolizeibehörde kann ihre Verpflichtung zur Einweisung nicht dadurch umgehen, dass sie

---

117 VGH BW, VBlBW 2020, 210, 211 f.
118 VGH BW, VBlBW 2020, 210, 211 f.; BayVGH, BayVBl 2018, 559 (Rn 10).
119 Huttner/Strecker, Handbuch Ordnungsrecht BW, Rn 19; Ruder, KommJur 2020, 401, 447.
120 Ruder, Die Polizei 2019, 242, 246 ff., u. VBlBW 2017, 1, 6; VG Freiburg, openJur 2020, 33536 (Rn 13).
121 Vgl. VG Osnabrück, openJur 2012, 39565 (Rn 14 f.); Ruder, KommJur 2020, 401, 447 f.
122 So VG München, openJur 2012, 128358 (Rn 17 f.).
123 H. L., vgl. VGH BW, BWVP 1996, 161, 162; SächsOVG, Beschl. v. 30.7.2013 – 3 B 380/13 (Rn 10); OVG MV, NJW 2010, 1097; Ruder, KommJur 2020, 401, 4040, u. Die Polizei 2019, 242, 245; Deger, in: Stephan/Deger, Polizeigesetz BW, § 3 PolG Rn 22; Zeitler/Trurnit, Polizeirecht BW, Rn 261.

einer obdachlosen Person anbietet, die Kosten für eine Weiter- oder Rückreise an einen anderen Ort zu übernehmen.[124]

49 Liegt die Ermessensschrumpfung vor, hat die Polizeibehörde nur noch Handlungsermessen hinsichtlich Größe, Einrichtung, Ausstattung und sonstiger Verhältnisse der Unterbringung. Die Notunterkunft muss den Mindestanforderungen an eine menschenwürdige Unterbringung entsprechen. Grundsätzlich besteht seitens einer obdachlosen Person Anspruch auf **ganztägige Unterbringung**.[125] Das Ordnungsrecht gewährt hingegen **keinen Rechtsanspruch auf Zuteilung einer Wohnung**, da die Sicherung einer dauerhaften Unterkunft grundsätzlich Aufgabe des zuständigen Sozialhilfeträgers ist, nicht aber der Ortspolizeibehörde.

Ein **Muster für einen Antrag auf Einweisung** findet sich bei Pöltl/Ruder, in: Eiding/Hofmann-Hoeppel, Verwaltungsrecht, § 62 Rn 44.

50 Der Anspruch auf Einweisung steht jeder Person zu, die unfreiwillig obdachlos ist. Auf die **Nationalität** kommt es grundsätzlich nicht an. Eine Ausnahme gilt etwa für die Personen, die nach dem AsylG Asyl beantragt haben und für deren Unterbringung nach dem FlüAG die staatlichen Behörden (Landratsämter als untere Aufnahmebehörden) zuständig sind.

51 Der Anspruch auf vorübergehende Einweisung wird gerichtlich durch die Erhebung einer **Verpflichtungsklage** gem. § 42 Abs. 2 VwGO geltend gemacht. In Eilfällen kann die betroffene Person den **Erlass einer einstweiligen Anordnung** gem. § 123 VwGO mit dem Ziel beantragen, die Behörde zu verpflichten, sie vorläufig in eine Obdachlosenunterkunft einzuweisen. Der Antragsteller hat einen dahin gehenden Anordnungsanspruch und Anordnungsgrund glaubhaft zu machen. Dabei reicht es zur **Glaubhaftmachung** aus, wenn die obdachlose Person im verwaltungsgerichtlichen Verfahren eine eidesstattliche Erklärung abgibt, aus der sich ergibt, dass sie nicht über ein Obdach verfügt.[126]

Ein **Muster eines Antrags auf Erlass einer einstweiligen Anordnung** zur Durchsetzung der Einweisung in eine Notunterkunft findet sich bei Pöltl/Ruder, in: Eiding/Hofmann-Hoeppel, Verwaltungsrecht, § 62 Rn 46.

52 Von der Zuständigkeit für die Durchführung polizeirechtlicher Maßnahmen durch die Ortspolizeibehörde ist die Aufgabe der Gemeinden zu unterscheiden, geeignete Räume, Wohnungen, Unterkünfte etc. für die Einweisung der Obdachlosen bereitzustellen und zu unterhalten. In den Fällen, in denen die obdachlose Person einen **Anspruch auf eine Unterkunft** hat, **muss die Gemeinde geeignete Räume zur Verfügung stellen**. Eine Gemeinde kann sich ihrer Verpflichtung, obdachlose Personen vorübergehend unterzubringen, nicht mit dem Hinweis auf ihre mangelnde Leistungsfähigkeit oder auf Unmöglichkeit bzw. Unvermögen (§§ 275, 326 BGB) entziehen.[127] Die Gemeinde kann obdachlose Personen in gemeindeeigenen oder in angemieteten Räumen unterbringen. Notfalls muss sie Räume / Container kaufen bzw. anmieten. Sie verstößt gegen ihre Amtspflichten, wenn sie nicht oder nicht rechtzeitig für die Beschaffung oder Errichtung von Notunterkünften sorgt. Notfalls muss die Rechtsaufsichtsbehörde die Gemeinde anweisen, Notunterkünfte bereit zu stellen.

53 **6. Anschlussunterbringung von Flüchtlingen.** Durch die **massive Aufnahme von Flüchtlingen** – vor allem aus Syrien und dem Nahen Osten – in den Jahren 2015/2016 und aus der Ukraine in den Jahren 2022/2023 sind die Gemeinden durch die ihnen obliegende Anschlussunterbringung (→ Rn 54) vor massive Herausforderungen gestellt worden. Der bereits zuvor allgemein angespannte Wohnungsmarkt in Deutschland bewirkte für die Gemeinden eine kaum zu bewäl-

---

124 VG Oldenburg, NVwZ-RR 2014, 195.
125 BayVGH, NVwZ-RR 2017, 575, 576 (Rn 8).
126 VGH BW, VBlBW 1996, 233.
127 *H. L.*, vgl. VGH BW, VBlBW 1996, 233, 234; OVG NRW, NVwZ 1991, 692.

tigende Aufgabe (→ Rn 41). In diesem Kontext stellt sich die Frage, inwieweit ggf. ein **Rückgriff auf das allgemeine Polizeirecht** möglich ist, um Flüchtlinge in Wohnungen unterzubringen.

Gem. §§ 17 S. 1, 18 Abs. 2 **FlüAG** werden den Gemeinden die Personen zugeteilt, die nach dem Abschluss des Asylverfahrens im Wege der sog. **Anschlussunterbringung** von den Gemeinden unterzubringen sind.[128] Die Zuteilung in die Anschlussunterbringung richtet sich im Einzelnen nach den Vorschriften der **DVO FlüAG**. Die – teilweise sehr weitgehenden – Hinweise der DVO FlüAG zu den Mindeststandards vor allem in Gemeinschaftsunterkünften während der vorläufigen Unterbringung sind für die Anschlussunterbringung in den Kommunen nicht verbindlich. Für die Anschlussunterbringung gelten vielmehr die hier dargestellten allgemeinen Grundsätze über die Unterbringung von obdachlosen Personen.

54

Ein **allgemeiner Rückgriff auf die polizeiliche Generalklausel der §§ 1, 3 PolG** zur Unterbringung der Vielzahl von den Gemeinden gem. §§ 17 S. 1, 18 Abs. 2 FlüAG zugewiesenen Flüchtlingen ist **nicht möglich**.[129] Es fehlt an der notwendigen Grundlage für den entsprechenden Eingriff.[130] Hinzu kommt, dass die **Beschlagnahme privater Wohnungen nur Ultima Ratio** sein kann[131], woran es in aller Regel bei der Unterbringung von Flüchtlingen fehlen wird, da es der Gemeinde zumutbar ist, alle anderen – auch sehr kostenintensive – Unterbringungsmaßnahmen (etwa Container, Anmietung von Häusern und Gewerbeimmobilien) vorrangig zu ergreifen[132], zumal den Gemeinden staatliche Erstattungsansprüche (vgl. etwa § 18 Abs. 4 FlüAG) zustehen (die allerdings in der Regel nicht kostendeckend sind). Vielfach wird bei Asylbewerbern – vor allem aus sicheren Drittstatten – auch **keine unfreiwillige Obdachlosigkeit** (→ Rn 42 ff.) vorliegen.[133]

55

7. Mindestanforderungen an eine menschenwürdige Unterkunft. Aus dem Überbrückungscharakter der polizeirechtlichen Unterbringung einer obdachlosen Person wird gefolgert, dass sich die betroffene Person nur vorübergehend und behelfsmäßig in der zugewiesenen Unterkunft einrichten soll. Durch die Unterbringung sollen die **elementarsten Lebensbedürfnisse** ohne gesundheitliche oder sonstige Gefahren befriedigt werden. Die an eine Normalwohnung zu stellenden Anforderungen bezüglich Lage, Größe, Einrichtung und sonstiger Verhältnisse müssen nicht erfüllt sein. Es reicht vielmehr aus, eine Unterkunft bereitzuhalten, die vorübergehend Schutz vor den Unbilden des Wetters bietet, Raum für die notwendigsten Lebensbedürfnisse lässt und insgesamt den Anforderungen an eine **menschenwürdige Unterkunft genügt**.[134] Aus dem **Sozialstaatsgebot** (Art. 20 Abs. 1 GG) ergibt sich die Pflicht, die Nutzung von staatlichen Obdachlosenunterkünften durch die berechtigten Personen zu Bedingungen zu ermöglichen, die die Berechtigten nicht abschrecken und die nicht prohibitiv wirken. Gebühren für solche Einrichtungen dürfen deshalb **keine unüberwindliche soziale Barriere** für den Zugang zur Einrichtung darstellen.[135]

56

Die Anforderungen an eine menschenwürdige Unterkunft sind im Laufe der Zeit Schwankungen unterworfen, die vom Wandel der Verhältnisse bestimmt sind, wobei das allgemeine zivilisatorische Niveau zu berücksichtigen ist. Dafür ist nicht nur eine Entwicklung im Sinne

---

128 Ruder, VBlBW 2017, 1, 2.
129 Anders, Die Polizei 2016, 139 f.; a. A. Dombert, LKV 2015, 529, 531.
130 Anders, Die Polizei 2016, 140.
131 Fischer, NVwZ 2015, 1644, 1646 f.; Dombert, LKV 2015, 529, 532; Guckelberger/Kollmann/Schmidt, DVBl 2016, 1088, 1091 f.; Anders, Die Polizei 2016, 140; Ruder/Bätge, Obdachlosigkeit, S. 197 bis 199.
132 NdsOVG, NVwZ 2016, 164, 166 f. (Rn 30 bis 34); Pfeffer/Steffahn, ZJS 2016, 732, 738.
133 Anders, Die Polizei 2016, 141 f.
134 H. M., vgl. VGH BW, VBlBW 1997, 187; OVG Schleswig, NJW 2022, 642 (Ls.); OVG NRW, NWVBl 2020, 303 ff.; OVG NRW, DÖV 2018, 533 (Ls.); VG Augsburg, openJur 2015, 1336 (Rn 46); Deger, in: Stephan/Deger, Polizeigesetz BW, § 1 Rn 76; Ruder, KommJur 2020, 401, 448 f., u. NVwZ 2012, 1283, 1286; Graulich, in: Lisken/Denninger, Handbuch des Polizeirechts, Kap. E Rn 848; zu den Einzelheiten vgl. Ruder/Bätge, Obdachlosigkeit, S. 117 bis 130 m. w. N. Krit. dazu Engelmann, Notunterkünfte, S. 12 ff.
135 VGH BW, VBlBW 2023, 109 = NVwZ 2022, 1576 (Ls.).

einer Verbesserung der Lebensverhältnisse maßgeblich, sondern auch eine Entwicklung der Anforderungen nach unten denkbar, wenn es hierfür – etwa infolge von Flüchtlingswellen und dem damit verbundenen Unterbringungsbedarf – sachliche Gründe gibt.[136] Ob eine Unterkunft wegen ihrer Lage, Größe, Ausstattung, Möblierung etc. den **Mindestanforderungen** entspricht, muss **im Einzelfall** entschieden werden.[137] So muss die zugewiesene Unterkunft etwa nach **OVG NRW** den schutzwürdigen Belangen von minderjährigen Kindern Rechnung tragen und nach ihrem Zuschnitt Rückzugsmöglichkeit für einzelne (erwachsene) Familienangehörige bieten.[138] Wohnungsaufsichtsrechtliche Anforderungen von **9 m² je Bewohner über 6 Jahre** können als Ausgangspunkt für die einzelfallbezogene Würdigung dienen.[139] Nach **HessVGH** gehören zur Mindestausstattung „ein hinreichend großer Raum, der genügend Schutz vor Witterungsverhältnissen bietet, wozu im Winter die ausreichende Beheizbarkeit gehört, hygienische Grundanforderungen wie genügende sanitäre Anlagen, also eine Waschmöglichkeit und ein WC, eine einfache Kochstelle und eine notdürftige Möblierung mit mindestens einem Bett und einem Schrank bzw. Kommode sowie elektrische Beleuchtung".[140] Nach **OVG Schleswig** umfasst die Unterbringung nur die betroffene Person, nicht deren Besitz.[141]

Beispiel: Nach **VG Neustadt** ist eine Obdachlosenunterkunft für ein Paar mit 8-jähriger Tochter dann **nicht** mehr als **menschenwürdig** anzusehen, wenn der Familie zur alleinigen Nutzung nur ein Raum von einer Größe von 25 qm ohne Rückzugsmöglichkeit zugewiesen wird und die Behörde in diesem Fall davon ausgehen musste, dass die Obdachlosenunterkunft nicht nur eine vorübergehende Notlösung sein wird (Beschl. v. 3.6.2014 – 5 L 469/14.NW).

Nach **VG Mainz** ist eine Gemeinde nicht verpflichtet, einer alleinstehenden Person eine zwei Zimmer große, abgeschlossene Wohnung zur Verfügung zu stellen. Der Obdachlose hat lediglich Anspruch auf einfachste Unterbringung und Gewährleistung seiner notwendigsten Bedürfnisse, wozu nicht jede religiöse Ausgestaltung seines Privatlebens gehört (NVwZ-RR 2013, 363). Auch das **VG Potsdam** lehnte den von einer alleinstehenden Person geltend gemachten Anspruch auf Zuteilung einer mehr als 1-Zimmer-Wohnung ab. Der Anspruch auf menschenwürdige Unterbringung einer obdachlosen Person sei nur vorläufig und in unspezifischer Art und Weise soweit es Größe, Örtlichkeit oder Ausstattung betreffe (VG Potsdam, openJur 2020, 41086 [Rn 13]).

Das **VG Stuttgart** hat entschieden, dass die Unterbringung in einer Obdachlosenunterkunft nicht deshalb unzumutbar ist, weil es in dieser keinen Fernsehanschluss gibt (openJur 2018, 8912 [Rn 44]).

57 **8. Abgrenzung zum Sozialrecht.** Die **Abgrenzung** zwischen polizeirechtlichen und sozialhilferechtlichen Maßnahmen richtet sich nach den unterschiedlichen Aufgabenbereichen. Die Polizei hat durch ihre Maßnahmen eine konkrete Gefahr für die öffentliche Sicherheit abzuwehren. Durch die Einweisung der obdachlosen Person in eine **Notunterkunft** wird ein **akuter Notstand (Gefahrenlage) beseitigt**[142] und der betroffenen Person provisorisch und behelfsmäßig zum Schutz ihrer Grundrechte die Nutzung einer Notunterkunft ermöglicht. Der durch das Polizeirecht herbeigeführte Zustand darf aber weder von der Verwaltung noch von der betroffenen

---

136 VGH BW, DÖV 1994, 569; OVG NRW, NWVBl 2020, 303 ff.
137 OVG NRW, NWVBl 2020, 303 ff.; OVG NRW, DÖV 2018, 533 (Ls.): Besondere Anforderungen bei einem körperbehinderten Obdachlosen; VG Augsburg, openJur 2015, 1336 (Rn 47). Vgl. den Überblick über die Rechtsprechung bei Engelmann, Notunterkünfte, S. 22 f.
138 OVG NRW, DVBl 2020, 823, 825 (Rn 16, 24).
139 OVG NRW, DVBl 2020, 823, 825 (Rn 21); i. E. ebenso VG Augsburg, openJur 2015, 1336 (Rn 49); vgl. auch VG Neustadt, openJur 2020, 23139: 10 m² je Bewohner (ebenso Ruder, KommJur 2020, 401, 447, 449).
140 HessVGH, DVBl 1991, 1371.
141 OVG Schleswig, NJW 2022, 642 (Ls.).
142 VG Berlin, LKV 2017, 571.

XI. Im Besonderen: Die polizeiliche Unterbringung von Obdachlosen

Person als Dauerlösung angesehen werden.[143] Die polizeirechtliche Unterbringung hat lediglich **Überbrückungscharakter** und soll nicht eine Normalwohnung auf Dauer ersetzen. Das **Sozialrecht** ist demgegenüber ein **Leistungsrecht**: Im Fall bestehender Bedürftigkeit hat die betroffene Person im Rahmen der gesetzlichen Vorschriften gegen den Sozialhilfeträger entsprechende Ansprüche auf Geld-, Sachdienstleistungen oder persönliche Hilfe. Diese Leistungen sollen insbesondere dazu eingesetzt werden, dass eine unfreiwillige Obdachlosigkeit erst gar nicht eintritt. Wegen des **Nachrangs des Polizeirechts** gegenüber dem Sozialrecht[144] ist es einer betroffenen Person grundsätzlich zuzumuten, vor der Inanspruchnahme obdachlosenpolizeilicher Hilfe etwaige sozialhilferechtlichen Ansprüche zu verfolgen.[145] Hinzu kommt, dass die Gewährung der Sozialhilfe nicht von einem Antrag, sondern lediglich von der Kenntnis der zuständigen Behörde von den Voraussetzungen des Leistungsanspruchs abhängt.[146] Allein vor diesem Hintergrund hat das **Sozialrecht fachliche und zeitliche Priorität gegenüber dem reaktiven Ordnungsrecht**. Aufgabe der Sozialhilfe ist es somit in erster Linie, den Eintritt der Obdachlosigkeit möglichst zu vermeiden und eine längerfristige und vor allem dauerhafte Lösung anzustreben. Die Gewährung und Sicherung der **Unterkunft auf Dauer** ist, soweit sich die hilfsbedürftige Person nicht selbst helfen kann und nicht Hilfe von anderen erhält, grundsätzlich Aufgabe der zuständigen Träger der Sozialhilfe, nicht der Ortspolizeibehörde.[147]

Beispiel: Nach **VG Berlin** kann bereits **nach drei Monaten** die ordnungsbehördliche Unterbringung einer rumänischen Familie mit vier minderjährigen Kindern in ein Dauerwohnen „umschlagen", so dass kein Anspruch auf Einweisung durch die zuständige Polizeibehörde mehr geltend gemacht werden kann (VG Berlin, LKV 2017, 571, 572). Es obliegt in diesen Fällen den von Obdachlosigkeit bedrohten Personen, sich intensiv und mit Unterstützung des zuständigen Sozialhilfeträgers um eine Wohnung zu kümmern.

9. Maßnahmen der Ortspolizeibehörde. Die wichtigsten Maßnahmen der Ortspolizeibehörde im Zusammenhang mit der Unterbringung von Obdachlosen sind folgende Polizeiverfügungen: 58

a) Einweisungsverfügung. Die Einweisungsverfügung ist das wichtigste Mittel der Polizei, um gefahrenabwehrende Maßnahmen gegen die unfreiwillige Obdachlosigkeit durchzuführen. Der Verwaltungsakt, der auf der polizeilichen Generalklausel der §§ 1, 3 PolG beruht[148], eröffnet der obdachlosen Person die **Möglichkeit, die** zugewiesene **Unterkunft zu nutzen.** Eine **Verpflichtung**, diese auch tatsächlich zu benutzen, wird dagegen **nicht begründet**.[149] 59

Soweit der obdachlosen Person durch die Einweisung die Möglichkeit eröffnet wird, die Unterkunft zu nutzen, liegt ein **begünstigender Verwaltungsakt** vor. Die Einweisungsverfügung ist aber zugleich auch ein **belastender Verwaltungsakt**, weil die Zuweisung einer **bestimmten** Unterkunft zugleich die behördliche Feststellung enthält, dass mit der Bereitstellung **dieser** Unterkunft die Polizeibehörde ihre Verpflichtung zur Unterbringung der obdachlosen Person erfüllt hat.

Durch die polizeirechtliche Einweisung entsteht regelmäßig zwischen der eingewiesenen Person und der Gemeinde als Trägerin der Unterkunft ein **öffentlich-rechtliches Gebrauchs- bzw. Benutzungsverhältnis**, da die polizeirechtliche Unterbringung der obdachlosen Person dem hoheitlichen Bereich der Verwaltung zuzuordnen ist.[150] Der **Zweck der polizeilichen Unterbringung** besteht in der nur vorübergehenden Zuweisung einer Notunterkunft. Da durch die Einweisung in eine Notunterkunft **kein Besitzstand** bzw. kein Bleiberecht der obdachlosen

---

143 VGH BW, VBlBW 2020, 248, 249 f.
144 VGH BW, VBlBW 2020, 248 ff., 250; VG Berlin, LKV 2017, 571; Ruder, KommJur 2020, 401, 405.
145 So BremOVG, NVwZ-RR 2013, 361; ebenso VG Berlin, LKV 2017, 571 f.
146 VGH BW, VBlBW 2020, 248, 250.
147 VGH BW, BWVPr 1996, 140; Ruder/Bätge, Obdachlosigkeit, S. 235 ff.
148 Vgl. dazu grundlegend Singler, JA 2017, 975 bis 978.
149 VGH BW, BWVPr 1996, 141; SächsOVG, Beschl. v. 30.7.2013 – 3 B 380/13 (Rn 10).
150 Sonderrechts-Zuordnungstheorie, vgl. Maurer/Waldhoff, Allg. Verwaltungsrecht, § 3 Rn 13.

Person begründet wird, hat die obdachlose Person kein eigenes Recht auf Verweilen in der konkreten Unterkunft. Sie kann aus sachgerechten Gründen vielmehr in eine andere Unterkunft umgesetzt werden.[151]

Die Gemeinden sind berechtigt, das Benutzungsverhältnis durch **Satzung** zu regeln. Die **Satzungsgewalt** wird durch den Einrichtungszweck begrenzt. Einschränkungen des Entfaltungsrechts der Bewohner können durch den **Anstaltszweck** gerechtfertigt sein. Der Zweck der Einrichtung besteht in der „möglichst störungsfreien und menschenwürdigen Unterkunft von Obdachlosen…; wegen ihres Überbrückungscharakters soll die Unterkunft nur ein vorübergehendes Unterkommen einfachster Art gewährleisten".[152] Ein **Mitbestimmungsrecht** ist den Benutzern nicht einzuräumen.

60 In der Praxis stellt sich immer wieder die Frage, ob und welche **Sanktionsmöglichkeiten** bestehen, wenn eine eingewiesene Person etwa nachhaltig ihre Pflichten nicht erfüllt, gegen die Benutzungssatzung oder Hausordnung verstößt, die überlassene Unterkunft beschädigt oder die Benutzungsgebühr nicht bezahlt. Die Ortspolizeibehörde hat die Möglichkeit, die Person umzusetzen und dadurch ggf. den **Standard der Unterbringung zu reduzieren** (etwa Einweisung in eine Gemeinschaftsunterkunft statt bisher Einzelunterbringung), ggf. auch **auf einfachsten Standard**[153], oder ein Ordnungswidrigkeiten-Verfahren einzuleiten. **Verfassungsrechtliche Bedenken** bestehen indes gegen die Beendigung der Einweisung / Räumung der Unterkunft **ohne gleichzeitiges Angebot einer Nutzungsmöglichkeit** in einer anderen Notunterkunft. Die grundrechtliche Schutzpflicht des Staates gebietet auch in diesen Fällen, dass die für die Gewährleistung der öffentlichen Sicherheit zuständige Behörde nicht selbst durch ihr Verhalten (Aufhebung der Einweisungsverfügung / Räumung der Unterkunft **ohne gleichzeitiges Angebot einer Ersatzunterkunft**) das Schutzgut der öffentlichen Sicherheit gefährdet.[154]

Fall 21: Der verheiratete O ist schon seit längerer Zeit zur Vermeidung seiner Obdachlosigkeit in eine Unterkunft der Gemeinde G eingewiesen. Nachdem es in den letzten Monaten immer wieder zu gewalttätigen Auseinandersetzungen gekommen war und O sein aggressives Verhalten fortsetzte, hob G die Einweisungsverfügung auf und ordnete die Räumung der Notunterkunft an. Eine Ersatzunterkunft wird dem O nicht angeboten. G ist der Meinung, es sei ihr nicht länger zumutbar, den O wegen seiner sozialen Unverträglichkeit unterzubringen.

Da G im **Fall 21** verpflichtet ist, den O zum Schutz seiner Grundrechte notdürftig unterzubringen, hat O nach der hier vertretenen Meinung trotz seines Verhaltens und der nachhaltigen Verstöße gegen die Hausordnung einen Unterbringungsanspruch gegenüber G. Die Ortspolizeibehörde kann ihn deshalb nicht einfach „auf die Straße setzen", sondern muss ihn weiterhin unterbringen.[155]

61 **b) Umsetzungsverfügung.** Die **Umsetzung einer obdachlosen Person von einer zugewiesenen** gemeindlichen **Notunterkunft in eine andere** erfolgt durch den Erlass einer Polizeiverfügung (Umsetzungsverfügung). **Ermächtigungsgrundlage** für die Umsetzungsverfügung ist die

---

151 VGH BW, NJW 1993, 1027; BremOVG, DÖV 1994, 221, 222.
152 VGH BW, VBlBW 1995, 15, zum Satzungsmuster des Gemeindetags BW, BWGZ 1990, 194.
153 VGH BW, VBlBW 2020, 248, 249: „vorübergehender Schutz vor den Unbilden des Wetters und Raum für die notwendigsten Lebensbedürfnisse".
154 So auch Ehmann, Obdachlosigkeit, S. 32, u. BayVGH, NJW 2018, 559, 560 (Rn 12, 14). Die Auffassung des VG München, wonach die polizeirechtliche Unterbringung eines Obdachlosen dessen Unterbringungsfähigkeit und -willigkeit voraussetzt, ist deshalb abzulehnen (VG München, Beschl. v. 24.10.2002 – M 22 E 02.2459).
155 Zu Sanktionsmöglichkeiten vgl. auch VG Augsburg, openJur 2013, 22297 (Rn 29 ff.); VG Osnabrück zur Unterbringung eines Obdachlosen nach erteiltem Hausverbot für *alle* Notunterkünfte, openJur 2012, 68148 (Rn 29 ff.); vgl. auch VG Osnabrück: Die Einweisung in eine Obdachlosenunterkunft darf nicht vorenthalten werden, weil oder solange der Obdachlose die für die Obdachlosenunterkunft von ihm erhobenen Benutzungsgebühren nicht entrichtet (openJur 2012, 69945 [Rn 34]).

Generalklausel der §§ 1, 3 PolG. Die **Umsetzungsverfügung** muss, sofern eine Einweisungsverfügung hinsichtlich der bisherigen Unterkunft vorliegt, diese aufheben, eine Räumungsverfügung hinsichtlich der bisherigen Unterkunft enthalten und die Einweisung in eine neue Unterkunft anordnen. Die obdachlose Person besitzt **keinen Rechtsanspruch auf Verbleiben** in der ihr konkret zugewiesenen Unterkunft.[156] Die Umsetzungsverfügung beendet die Rechtmäßigkeit der Inanspruchnahme der bisherigen Unterkunft. Die Zuweisung der neuen Unterkunft eröffnet der betroffenen Person die Möglichkeit, die zugewiesene Unterkunft zu nutzen und sich darin notdürftig einzurichten.[157]

Eine Umsetzung von einer zugewiesenen in eine andere zumutbare Unterkunft ist dann rechtmäßig, wenn sie aus die Maßnahme rechtfertigenden sachlichen Gründen erfolgt. **Sachliche Gründe** für eine Umsetzung sind etwa der Verkauf des Anwesens, in dem die Notunterkünfte eingerichtet sind, oder eine anderweitige Nutzungsbestimmung der Unterkunft.[158]

Fall 22: Der obdachlose O wurde vor ein paar Jahren in die gemeindliche Notunterkunft in der X-Straße eingewiesen. Jetzt will die Ortspolizeibehörde der Gemeinde das Gebäude, in dem sich die Unterkunft befindet, verkaufen. O soll deshalb in die Notunterkunft in der Y-Straße umgesetzt werden.

Im **Fall 22** ist eine Umsetzung des O sachlich gerechtfertigt und somit rechtmäßig.

Auch das **Erfordernis einer angemessenen Bewirtschaftung** der von der Gemeinde vorgehaltenen Unterkünfte einschließlich des Bestrebens, die Inanspruchnahme privaten Wohnraums zurückzuführen, gehört zu den sachgerechten Umsetzungsgründen. Die Belegung einer Notunterkunft mit anderen Personen rechtfertigt ebenfalls eine Umsetzung.

c) Räumungsverfügung. Der Erlass einer Räumungsverfügung ist erforderlich, wenn eine eingewiesene Person nach Beendigung der Einweisung – im Falle einer Umsetzung oder nach Beendigung einer Beschlagnahme – nicht freiwillig die ihr zugewiesene Notunterkunft räumt. Ermächtigungsgrundlage ist regelmäßig die polizeirechtliche Generalklausel gem. §§ 1, 3 PolG. Das Schutzgut der öffentlichen Sicherheit umfasst auch die **Funktionsfähigkeit staatlicher Einrichtungen** (→ § 4 Rn 49 ff.). Durch das eigenmächtige Verbleiben einer Person in einer gemeindlichen Einrichtung wird die Funktionsfähigkeit dieser Einrichtung beeinträchtigt, da es etwa nicht möglich ist, eine andere Person in die Unterkunft einzuweisen.[159]

62

Im Falle der widerrechtlichen Nutzung einer zuvor **beschlagnahmten** privaten Wohnung liegt eine Gefahr für die öffentliche Sicherheit vor, da das Eigentumsrecht beeinträchtigt wird. Die Subsidiaritätsklausel beim Schutz privater Rechte gem. § 2 Abs. 2 PolG steht der Räumungsverfügung nicht entgegen, da die Eigentumsbeeinträchtigung auf einer polizeirechtlichen Maßnahme (= Beschlagnahme) beruht und die Behörde verpflichtet ist, nach einer Beschlagnahme die Wohnung geräumt an den Inhaber zurückzugeben. Der als Nichtstörer in Anspruch genommene Eigentümer hat in diesem Fall einen **Folgebeseitigungsanspruch**.[160]

d) Beschlagnahme von Wohnungen. Die Beschlagnahme von Sachen (= einer Wohnung) gem. § 38 PolG stellt eine **Polizeiverfügung** im klassischen Sinne dar. Durch diese Maßnahme wird der berechtigten Person die tatsächliche Sachherrschaft über ihre Sache entzogen und zwischen ihr und der Polizei ein **öffentlich-rechtliches Verwahrungsverhältnis** begründet (→ § 11 Rn 282 ff.). Adressat ist regelmäßig der Wohnungseigentümer als Nichtstörer, so dass die Maßnahme nur unter den engen Voraussetzungen der §§ 9 u. 38 PolG durchgeführt werden darf. Diese polizeiliche Einzelmaßnahme ist daher nur zulässig, wenn die **Voraussetzungen des**

63

---

156 BayVGH, NVwZ-RR 2017, 973 (Rn 8).
157 H. L., vgl. HessVGH, LKRZ 2011, 217; VG Düsseldorf, openJur 2014, 216 (Rn 29 ff.); VG Frankfurt, openJur 2012, 34866 (Rn 27 ff.).
158 VGH BW, BWVPr 1993, 90; BremOVG, DÖV 1994, 221, 222; BayVGH, NVwZ-RR 2017, 973, 974 (Rn 9).
159 VGH BW, VBlBW 1993, 382.
160 VGH BW, NJW 1990, 2770.

polizeilichen Notstands gem. § 9 PolG vorliegen (→ § 5 Rn 47 ff.)[161], sie ist **Ultima Ratio** (→ § 11 Rn 283).

Durch die Einweisung des bisherigen Mieters oder einer obdachlosen Person in die beschlagnahmten Räume wird zwischen der Polizeibehörde und der eingewiesenen Person ebenfalls ein **öffentlich-rechtliches Benutzungsverhältnis** begründet. Demgegenüber bleiben die Rechtsverhältnisse zwischen dem Wohnungseigentümer (früherer Vermieter) und der eingewiesenen Person (früherer Mieter) privatrechtlicher Natur.

---

161 Vgl. dazu Anwar/Unger, StudZR 2019, 139, 146 f.

§ 7 Der Realakt

> **Relevanz für Studium, Prüfung und Examen:**
> Die Ausführungen zum Realakt im Polizeirecht sind insgesamt (→ Rn 1 bis 11) relevant.

I. Begriff

1. Allgemeines. Der sog. Realakt stellt neben dem Erlass von Rechtsnormen und Verwaltungsakten eine **weitere Handlungsform im System des Polizeirechts** dar. Terminologie, Rechtsnatur, Rechtmäßigkeitsvoraussetzungen, Rechtsschutz und weitere Probleme werden nicht einheitlich beurteilt. Viele Fragen sind strittig. Dies zeigt sich schon an den unterschiedlichen Begriffen, mit denen dieses Rechtsinstitut bezeichnet wird: Verwaltungsrealakt, Realhandlung, schlichtes, tatsächliches oder faktisches Verwaltungshandeln, Tathandlung, Tatmaßnahme, schlicht-hoheitliche Maßnahme, Maßnahme ohne regelnden Charakter, regelungsersetzender Realakt etc.

Zu den Realakten zählen unter dem **Oberbegriff des schlichten Verwaltungshandelns** vor allem solche Maßnahmen, die nach dem Willen der Behörde keine unmittelbare Rechtswirkung erzeugen[1] – also den faktischen (tatsächlichen) Verwaltungshandlungen zugeordnet werden. Es handelt sich somit um alle diejenigen Verwaltungsmaßnahmen, die nicht auf einen Rechtserfolg, sondern auf einen **tatsächlichen Erfolg** gerichtet sind bzw. um Tathandlungen verwaltungsrechtlicher Subjekte ohne Verbindlichkeit und ohne Regelungsgehalt.[2] In der Literatur wird gelegentlich auch zwischen **Wissenserklärungen** (etwa Auskünfte, Beratungen, Belehrungen, Warnungen, Berichte, Ansprachen) und tatsächlichen **Verrichtungen** (etwa Fahrt mit dem Dienstwagen, Reinigung einer Straße, körperliche Tätigkeiten) unterschieden.[3]

2. Beispiele für Realakte der Polizei

Als Realakt sind u. a. folgende Maßnahmen der Polizei einzuordnen:[4]

- Die **unmittelbare Ausführung** gem. § 8 Abs. 1 PolG (etwa Abschleppen eines Kfz [→ § 8 Rn 1 ff.]);
- die **Anwendung von Zwangsmitteln** als letzte Stufe der Verwaltungsvollstreckung wie die Durchführung der Ersatzvornahme oder des unmittelbaren Zwangs (**str.**, → § 12 Rn 39 ff.);
- **Maßnahmen der Datenerhebung und -verarbeitung** wie etwa die Observation (§ 49 Abs. 1, 2 Nr. 1 PolG), der verdeckte Einsatz technischer Mittel zur Anfertigung von Lichtbildern und Tonaufzeichnungen (§ 49 Abs. 1, 2 Nr. 2 PolG) oder der Einsatz eines verdeckten Ermittlers (§ 49 Abs. 1, 2 Nr. 4 PolG);
- **Sicherstellung** gem. § 37 PolG **vor der Unterrichtung des Berechtigten über die durchgeführte Maßnahme nach Abs. 2** (→ § 11 Rn 254);
- die bloße **Androhung der Beschlagnahme** eines Hundes unter bestimmten Voraussetzungen (VGH BW, openJur 2020, 68931 [→ Rn 26]);
- **Beratungen**, Belehrungen, Hinweise, Mahnungen ohne Bindungswirkungen etc.;
- Durchführung von **Aufklärungsaktionen** wie etwa zur Sicherung eines Gebäudes vor Einbrüchen, Aktionen wie „Die Kriminalpolizei rät";
- Maßnahmen im Rahmen der **Kriminalprävention**[5];
- **Organisationshandlungen** wie Anlage einer Unfallstatistik, des Jahresverkehrsunfallberichts des Verkehrsdienstes, Kriminalitätslagebilder für Gemeinden etc.;

---

1 Guckelberger, Allg. Verwaltungsrecht, § 23 Rn 2; Bull/Mehde, Allg. Verwaltungsrecht, Rn 286; Siegel, Allg. Verwaltungsrecht, Rn 831 f.; VGH BW, openJur 2020, 68931 (Rn 26).
2 Korte, in: Wolff/Bachof/Stober/Kluth, Verwaltungsrecht I, § 57 Rn 2; Maurer/Waldhoff, Allg. Verwaltungsrecht, § 15 Rn 1; Lang, ZJS 2020, 234, 235.
3 Graulich, in: Lisken/Denninger, Handbuch des Polizeirechts, Kap. E Rn 67.
4 Vgl. auch Trurnit, in: Möstl/Trurnit, Polizeirecht BW, § 3 Rn 10.
5 Vgl. dazu Bölkow/Sonka, Die Polizei 2013, 140; Steffen, Die Polizei 2013, 192.

- Verrichtungen wie **Streifengänge**, Kontrollfahrten, Beweissicherung, Tatortarbeit, Aufstellen von Hinweistafeln, Beseitigung von Unfallfolgen wie Wegräumen von Glasscherben, Entfernung einer Ölspur, etc.;[6]
- die sog. **Online-Streifenfahrt im Internet**, bei der die Polizei in allgemein zugänglichen Online-Plattformen (Internet, Facebook, Twitter etc.) nach polizeirechtlich relevanten Informationen und Hinweisen sucht;[7]
- dienstliche **Äußerungen** ohne Verwaltungsaktcharakter wie etwa Tatsachenbehauptungen, Werturteile einer Behörde;
- behördliche **Warnungen** und Empfehlungen, soweit sie sich auf eine reine Informationsübermittlung beschränken (→ § 4 Rn 17 u. → Rn 8).

3 **3. Gefährderansprache.** Durch die sog. **Gefährderansprache** wendet sich die Polizei im Frühstadium von Gefahren durch Anschreiben, Hausbesuche, Telefonate oder Gespräche etc. an einen potenziellen Störer, um ihn auf die Rechtslage hinzuweisen, über unzulässige Aktionen bei Versammlungen oder sonstigen Aktivitäten aufzuklären, oder um ihm unverbindliche Ratschläge zur Vermeidung von Sanktionen zu erteilen. Die Polizei will damit erreichen, dass der Gesprächspartner im Vorfeld von Gefahren über die Gesetzeslage und Rechtsfolgen bei Verstößen informiert ist und dass er ggf. die persönliche Ansprache durch die Polizei zum Anlass nimmt, sich rechtstreu zu verhalten. **Vorrangiges Ziel** ist es damit, das **Verhalten einer Person zu beeinflussen** und diese **von der Begehung von Straftaten abzuhalten**[8], aber keine Regelung zu treffen.[9]

Beispiel: Die Ortspolizeibehörde O beobachtet mit zunehmender Sorge, dass bei den letzten städtischen Veranstaltungen immer wieder eine Gruppe Heranwachsender durch übermäßigen Alkoholkonsum, Gewaltbereitschaft und Aggressivität aufgefallen ist. O befürchtet, dass es beim nächsten Fest in der Innenstadt wieder zu gewalttätigen Auseinandersetzungen kommen wird. Sie lädt deshalb die bekannten Personen zu einem Gespräch ein, in dem sie unverbindlich auf die Rechtslage (etwa Vorschriften der örtlichen Polizeiverordnung) und auf eventuelle Rechtsfolgen / Sanktionen hinweist. Sie macht über dieses Gespräch auch einen Aktenvermerk, der den Teilnehmern zugesandt wird. O hofft, dass die Heranwachsenden durch dieses Vorgehen sensibilisiert sind und dass formelle Maßnahmen wie der Erlass von Polizeiverfügungen (Aufenthaltsverbote für das nächste Stadtfest), Bußgeld- und Strafverfahren mit entsprechenden Rechtsverfahren vermieden werden können.

4 Ihre **Rechtsgrundlage** fand die Gefährderansprache bis zum Jahr 2020 in der Generalklausel der §§ 1, 3 PolG.[10] Im **PolG 2020** findet sich nunmehr eine **spezialgesetzliche Eingriffsgrundlage** für Gefährderansprache, Gefährderanschreiben und Gefährdetenansprache in § 29 PolG (→ § 11 Rn 61 ff.).

Beschränkt sich eine **Gefährderansprache** nicht auf warnende Hinweise, sondern werden **darüber hinaus Ge- und/oder Verbote ausgesprochen** bzw. der Gesprächsteilnehmer aufgefordert, bestimmte Handlungen und Verhaltensweisen zu unterlassen, handelt es sich nicht um einen Realakt, sondern um einen anfechtbaren Verwaltungsakt.[11]

5 **Sachlich zuständig** für die Durchführung einer Gefährderansprache war bis zum Jahr 2020 die Ortspolizeibehörde, nicht der Polizeivollzugsdienst[12]. Durch das **PolG 2020** wurde in § 105 Abs. 3 PolG ausdrücklich die **Parallelzuständigkeit von Ortspolizeibehörde und Polizeivollzugs-

---

6 Geis, Fälle zum Polizei- und Ordnungsrecht, Rn 2 bis 6; Knemeyer/Schmidt, Polizei- und Ordnungsrecht (PdW), S. 19.
7 Zutr. Herberger, VBlBW 2015, 445, 446 m. w. N.
8 VGH BW, VBlBW 2018, 316, 318, m. Anm. Nachbaur VBlBW 2018, 320 ff.; u. Vahle, DVP 2019, 41 ff.; Stollwerck, LKV 2016, 103, 107.
9 Guckelberger, Allg. Verwaltungsrecht, § 12 Rn 10.
10 VGH BW, VBlBW 2018, 316, 318, m. Anm. Nachbaur VBlBW 2018, 320 ff., u. Vahle, DVP 2019, 41 ff.; ebenso VG Saarland, openJur 2021, 9154, Graulich, in: Lisken/Denninger, Handbuch des Polizeirechts, Kap. E Rn 289, u. Herberger, VBlBW 2015, 445, 447.
11 So OVG LSA, NVwZ-RR 2012, 720.
12 So noch VGH BW, VBlBW 2018, 316, 318 ff., m. zust. Anm. Nachbaur, 320 ff., u. Vahle, DVP 2019, 41 ff.

II. Rechtmäßigkeitsanforderungen

dienst für Gefährderansprache, Gefährderanschreiben und Gefährdetenansprache vorgesehen (→ § 3 Rn 49, § 11 Rn 64).

4. Abgrenzung zum Verwaltungsakt. Während eine **Polizeiverfügung** darauf gerichtet ist, eine **Rechtsfolge** herbeizuführen, zielt der Realakt auf einen tatsächlichen Erfolg. **Realakte** sind rein tatsächliche Verwaltungshandlungen, die in einem öffentlich-rechtlichen Sachzusammenhang stehen, aber **keinen Regelungsgehalt** besitzen. Aus diesem Grund sind Realakte keine Verwaltungsakte, da sie grundsätzlich keine Rechtswirkung nach außen setzen.[13]

6

Beispiele:
- Durch die **unmittelbare Ausführung** gem. § 8 Abs. 1 PolG führt die Polizei tatsächlich eine Maßnahme aus, ohne dass eine vorherige Anordnung an den Störer ergeht. Da die Maßnahme nicht auf einen Rechtserfolg gerichtet ist, besitzt sie auch nicht die Qualität eines Verwaltungsakts.
- Beschränkt sich eine **Gefährderansprache** nicht auf warnende Hinweise, sondern werden darüber hinaus Ge- und / oder Verbote ausgesprochen, handelt es sich bei dieser Maßnahme nicht (mehr) um einen Realakt, sondern um einen anfechtbaren Verwaltungsakt (→ § 11 Rn 63).[14]
- Die **Abgrenzung** ist **schwierig** und muss **in jedem Einzelfall** vorgenommen werden.
- Von einem Teil der Rechtslehre wird die Auffassung vertreten, dass in der Anordnung, eine polizeiliche Maßnahme tatsächlich auszuführen, der Erlass einer konkludenten Duldungsverfügung liege, die den Adressaten verpflichte, das jeweilige angeordnete polizeiliche Handeln zu dulden. Damit besäße etwa praktisch jede polizeiliche Zwangsmaßnahme Verwaltungsaktcharakter, weil ihr eine Duldungsverfügung zugrunde liegt. Die Auffassung, in jeder polizeilichen Zwangsmaßnahme den Erlass einer Duldungsverfügung „hineinzulesen", ist schon aus rechtssystematischen Gründen abzulehnen. Auch aus Gründen des Rechtsschutzes bedarf es dieser Auslegung nicht.

II. Rechtmäßigkeitsanforderungen

Wie jedes polizeiliche Handeln, unterliegt auch der Realakt einer Prüfung der Rechtmäßigkeit. Zwar ist wegen der vielen Erscheinungsformen eine einheitliche Beurteilung nicht möglich. Es gelten dennoch die allgemeinen **Verfahrens- und Verwaltungsgrundsätze** zur formellen und materiellen Rechtmäßigkeitsprüfung des Verwaltungshandelns (→ § 6 Rn 20 ff.).[15]

7

Bei der Durchführung eines Realakts hat die Polizei insbesondere den Grundsatz des Gesetzesvorbehalts zu beachten. Soweit mit dem Realakt **kein Rechtseingriff** verbunden ist, bedarf es keiner speziellen Ermächtigung, vielmehr wird in der jeweiligen **Aufgabenzuweisungsnorm** eine ausreichende Rechtsgrundlage für eine schlicht-hoheitliche Tätigkeit gesehen.

Beispiele:
- Im Rahmen eines kriminalpolizeilichen Vorbeugeprogramms warnt das Innenministerium in einem speziell an Jugendliche gerichteten **Faltblatt „Sackgasse Jugendsekten"** vor den Gefahren, die von Jugendsekten ausgehen.[16]
- Der polizeiliche Hinweis „**Vorsicht im Umgang mit Silvesterknallern**" weist keinen Bezug zu individuellen Rechten auf und ist somit „grundrechtsneutral". Die Befugnis zur Herstellung / Verbreitung dieser Hinweise auf einem Flyer folgt aus der Aufgabenzuweisung des § 1 PolG.

Warnungen sind Informationen an die Öffentlichkeit oder bestimmte Dritte in Verbindung mit der Aufforderung zu einem bestimmten Tun oder Unterlassen. Sie erschöpfen sich grundsätzlich in einer bloßen Informationsübermittlung und haben daher keinen **Eingriffscharakter**. Sie sind regelmäßig als Realakte zu qualifizieren, welche die Polizei im Rahmen der Erfüllung ihrer Aufgabe der Gefahrenabwehr gem. § 1 PolG ausführt. Die in § 1 PolG umschriebene polizeiliche **Gefahrenabwehraufgabe** umfasst auch die vorbeugende Tätigkeit. Wird die Polizei

8

---

13 Walter, Die Polizei 1991, 133, 134; Guckelberger, Allg. Verwaltungsrecht, § 23 Rn 2; Siegel, Allg. Verwaltungsrecht, Rn 831 f.
14 OVG SA, NVwZ-RR 2012, 720.
15 Siegel, Allg. Verwaltungsrecht, Rn 836.
16 Vgl. VGH BW, BWVPr 1989, 86.

hierbei schlicht-hoheitlich tätig, ohne dass damit ein Rechtseingriff verbunden ist, bedarf sie weder einer besonderen Ermächtigungsgrundlage noch setzt ihr Tätigwerden voraus, dass eine konkrete Gefahr vorliegt. Einer Ermächtigungsgrundlage bedarf es erst, wenn die Warnung in die Rechte von Privatpersonen eingreift und damit grundrechtseingreifende Qualität erreicht (→ § 4 Rn 17).[17]

Beispiel: Die **spezielle Ermächtigungsgrundlage** des § 40 LFGB ermächtigt die zuständige Behörde zu **öffentlichen Warnungen** vor gesundheitlichen Gefahren oder nicht verkehrsfähigen Lebensmitteln.

9 Als Ermächtigungsgrundlage für einen Realakt, der grundrechtseingreifende Qualität erreicht, kann die polizeirechtliche Generalermächtigung gem. §§ 1, 3 PolG in Betracht kommen.

Beispiel: Ein Fahrzeug wird im Wege der unmittelbaren Ausführung abgeschleppt. Diese Maßnahme ist nur rechtmäßig, wenn die Voraussetzungen für den Erlass einer fiktiven Grundverfügung vorliegen – also insbesondere eine Gefahr für die öffentliche Sicherheit und eine entsprechende Eingriffsermächtigung. Da Spezialermächtigungen nicht gegeben sind, kommt als Befugnisnorm nur die polizeiliche Generalklausel gem. §§ 1, 3 PolG in Betracht (→ § 8 Rn 3).

10 Bei einem Realakt, der in die Rechte Dritter eingreift, sind bestimmte **Verfahrensbestimmungen**, die beim Erlass eines Verwaltungsaktes zu beachten sind – wie **Anhörung** (§ 28 LVwVfG)[18] und **Begründung** (§ 39 LVwVfG) – **entsprechend** anzuwenden (→ § 6 Rn 23). Ist der Realakt gegen eine bestimmte Person gerichtet, muss eine konkrete Gefahr vorliegen. So ist etwa bei behördlichen Warnungen, die in subjektive Rechte Dritter eingreifen, grundsätzlich eine Anhörung geboten.[19] Im Übrigen gelten die allgemeinen Grundsätze über die Rechtmäßigkeit des polizeilichen Handelns (Ermessen, Grundsatz der Verhältnismäßigkeit).

Der durch einen rechtswidrigen Realakt in seinen Rechten verletzte Bürger hat einen entsprechenden **Beseitigungs- und Wiederherstellungsanspruch**. Ferner kann er ggf. einen Schadensersatz- oder Entschädigungsanspruch geltend machen.[20]

III. Rechtsschutz

11 Als Rechtsschutz gegen Realakte, die eine subjektive Rechtsverletzung beinhalten, kommen vor allem die **allgemeine Leistungsklage** gem. §§ 43 Abs. 2 S. 1, 111, 113 Abs. 4, 169 Abs. 2 u. 170 VwGO[21] oder die **Feststellungsklage** gem. § 43 VwGO in Betracht. Dauert die Rechtsbeeinträchtigung noch an, kann die Leistungsklage in Form einer **Klage auf Unterlassung** eines Realakts bzw. auf Rückgängigmachung des Eingriffs bzw. Beseitigung der durch einen Realakt geschaffenen Fakten erhoben werden.[22] Anfechtungs- oder Verpflichtungsklage scheiden dagegen grundsätzlich aus, da kein Verwaltungsakt vorliegt. Deshalb ist auch **kein Widerspruchsverfahren** durchzuführen.

Geht es um die **nachträgliche Feststellung** der Rechtswidrigkeit eines in der Hauptsache erledigten Realakts, kommt als Klageart die (nachträgliche einfache) Feststellungsklage in Betracht. Der Kläger muss gem. § 43 Abs. 1 VwGO ein berechtigtes Interesse an der baldigen Feststellung besitzen.[23]

---

17 Deger, in: Stephan/Deger, Polizeigesetz BW, § 3 Rn 16; Gusy/Eichenhofer, Polizei- und Ordnungsrecht, Rn 317 m. w. N.; Trurnit, in: Möstl/Trurnit, Polizeirecht BW, § 3 Rn 36.
18 *H. M.*, vgl. dazu etwa Lang, ZJS 2020, 234, 235 ff.
19 So auch Hochmuth, NVwZ 2003, 30, 35.
20 Vgl. Maurer/Waldhoff, Allg. Verwaltungsrecht, § 15 Rn 6.
21 Siegel, Allg. Verwaltungsrecht, Rn 838.
22 Vgl. etwa VGH BW, BWVPr 1989, 85.
23 Vgl. als Beispiel VGH BW zur nachträglichen Feststellung der Rechtswidrigkeit eines Fotografierverbots beim Einsatz eines Spezialkommandos der Polizei, VBlBW 2011, 23.

III. Rechtsschutz

Die Feststellung der Rechtswidrigkeit eines Realakts kann auch im Rahmen der Anfechtung eines Kosten- bzw. Leistungsbescheids inzident erfolgen (→ § 15 Rn 8 ff.).

§ 8 Die unmittelbare Ausführung

> **Besondere Relevanz für Studium, Prüfung und Examen (grundsätzlich können alle Themen des Polizeirechts Prüfungsgegenstand sein!):**
> Die Ausführungen zur unmittelbaren Ausführung sind insgesamt (→ Rn 1 bis 12) relevant. Die Darstellung zu den Abschleppmaßnahmen (→ Rn 13 bis 25) ist vor allem praxisrelevant, kann im Einzelfall aber auch prüfungsrelevant sein (dann insbesondere → Rn 13 bis 19).

I. Begriff

1 Unter bestimmten Voraussetzungen kann die Polizei – mit eigenen Mitteln oder durch Beauftragung Dritter – an der Stelle des Verantwortlichen oder für diesen Maßnahmen der Gefahrenabwehr ergreifen. Gem. § 8 Abs. 1 PolG ist dieser Zwangsmitteleinsatz aber **nur** zulässig, wenn „der polizeiliche Zweck durch Maßnahmen gegen die in den §§ 6 und 7 bezeichneten Personen nicht oder nicht rechtzeitig erreicht werden kann". § 8 PolG stellt daher eine Ausnahme vom Grundsatz dar, dass die Polizei in erster Linie Maßnahmen der Gefahrenabwehr gegen die polizeipflichtige Person gem. §§ 6, 7 PolG ergreift.

Das Einschreiten durch unmittelbare Ausführung setzt voraus, dass die **Gefahr nicht oder nicht rechtzeitig durch den Erlass oder die Vollstreckung einer Polizeiverfügung gegen einen Störer (polizeipflichtige Person) abgewehrt werden kann.** Ein Störer kann etwa dann nicht in Anspruch genommen werden, wenn er nicht (rechtzeitig) erreichbar bzw. auffindbar ist oder wenn er nicht in der Lage ist, die Gefahr zu beseitigen.

Fall 23: Ein Kfz wird vom Halter H an einer engen Straßenstelle abgestellt. Dadurch wird der Straßenverkehr blockiert. Da der Aufenthaltsort von H nicht bekannt und H auch nicht erreichbar ist, kann er nicht als Zustandsstörer selbst in Anspruch genommen und zur Beseitigung aufgefordert werden. Aus diesem Grund beauftragt der Polizeivollzugsdienst ein Abschleppunternehmen mit der Beseitigung des Verkehrshindernisses.

Im **Fall 23** hat die Polizei selbst die Handlung vorgenommen, die dem H als dem primär Verantwortlichen (= Störer) oblag.[1] Mangels Adressaten konnte aber keine Verfügung (= Verwaltungsakt) gegen den Polizeipflichtigen erlassen werden. Im Interesse der anderen Verkehrsteilnehmer konnte die Polizei nicht warten, bis H irgendwann selbst sein Fahrzeug beseitigt. Da das Fahrzeug verkehrswidrig abgestellt war, konnte die Polizei auch rechtmäßig das ausführen, wozu eigentlich H verpflichtet gewesen wäre.

Die tatbestandlichen Voraussetzungen des § 8 Abs. 1 S. 1 PolG liegen auch bei einem **anwesenden Störer** vor, wenn das zur Abwehr der konkreten Gefahr nach polizeilicher Einschätzung erforderliche Verhalten dem potenziellen Adressaten rechtlich oder tatsächlich nicht möglich ist, oder der Störer bei besonderer Eilbedürftigkeit erkennbar nicht willens ist, die Störung zu beseitigen.

Beispiel: Gegen den Störer besteht der berechtigte Verdacht der Alkoholisierung, so dass er nicht in der Lage ist, seinen rechtswidrig abgestellten und die Sicherheit des Verkehrs gefährdenden Pkw selbst zu entfernen (VGH BW, VBlBW 2022, 413, 414 f.).

---

[1] H ist zwar Verhaltensverantwortlicher gem. § 6 Abs. 1 PolG. Als Halter des Fahrzeugs kann H aber zusätzlich als Zustandsstörer gem. § 7 PolG in Anspruch genommen werden. Denn er ist zumindest Inhaber der tatsächlichen Gewalt über „sein" Fahrzeug (vgl. Deger, in: Stephan/Deger, Polizeigesetz BW, § 7 Rn 14, 21, unter Hinweis auf VGH BW, NJW 2007, 2058). Da H aber nicht erreichbar ist, kommt er als Adressat einer eilbedürftigen Maßnahme nicht in Frage.

II. Rechtscharakter

Die **Rechtsnatur** der unmittelbaren Ausführung ist **strittig**. Wie der Fall 23 in → Rn 1 zeigt, erfolgt bei der unmittelbaren Ausführung der **Einsatz eines Zwangsmittels, ohne dass vorher ein Verwaltungsakt erlassen wurde**. Zumindest fehlt es an der Wirksamkeitsvoraussetzung der Bekanntgabe gem. § 43 Abs. 1 S. 1 LVwVfG. Deshalb ist diese Maßnahme als **Realakt** zur Gefahrenabwehr zu qualifizieren.[2] Die Grundsätze über das Verfahren zum Erlass und zur Vollstreckung eines Verwaltungsakts (LVwVfG / LVwVG) sind somit grundsätzlich **nicht** anzuwenden.

§ 8 Abs. 1 PolG ist **keine Befugnisnorm**. Die Vorschrift ermächtigt die Polizei nicht, eine Verfügung zu erlassen, sondern legt nur die Voraussetzungen fest, unter denen die Polizei durch tatsächliches Handeln eine Gefahr selbst beseitigen kann. Da die Polizei nur anstelle der oder für die verantwortliche Person handelt, kommen für die unmittelbare Ausführung **nur vertretbare Handlungen** in Betracht, also Handlungen, bei denen die Vornahme durch einen Dritten rechtlich zulässig ist und bei denen es tatsächlich und wirtschaftlich gleich bleibt, ob sie die pflichtige Person oder eine andere Person vornimmt (→ § 12 Rn 9).

2

III. Rechtmäßigkeitsvoraussetzungen

1. Fiktive Grundverfügung. § 8 Abs. 1 PolG legt die Voraussetzungen fest, unter denen die Polizei durch tatsächliches Handeln zur Gefahrenabwehr selbst tätig werden kann. Die Tatbestandsvoraussetzungen der unmittelbaren Ausführung sind von der ausgeführten Maßnahme abhängig. Dies folgt aus dem Rechtscharakter der unmittelbaren Ausführung. Hier handelt die Polizei **anstelle** des Polizeipflichtigen. Die Maßnahme ist daher nur rechtmäßig, wenn alle Voraussetzungen für eine gedachte Verfügung gegenüber dem Störer vorliegen. Zu prüfen ist jeweils, ob der Erlass einer **fiktiven Grundverfügung** sowohl in formeller als auch in materieller Hinsicht rechtmäßig wäre.[3] Insbesondere müssen die Tatbestandsvoraussetzungen einer speziellen Eingriffsnorm oder der polizeilichen Generalklausel erfüllt sein und die allgemeinen polizeirechtlichen Voraussetzungen wie Verfahrens- und Formbestimmungen, fehlerfreie Ermessensausübung, Verhältnismäßigkeit etc. vorliegen. Zudem muss die für die gedachte Verfügung zuständige Behörde gehandelt haben.

3

Fall 24: Kfz-Halter H ist mit seinem Pkw in der Innenstadt von S unterwegs. Wegen eines technischen Defekts geht an seinem Fahrzeug gar nichts mehr. Er stellt es deshalb mittig auf der zweiten Fahrspur einer verkehrsreichen Straße links ab und verlässt das Fahrzeug ohne jede Absicherung. Unglücklicherweise ist auch sein Handy „außer Betrieb". Nachdem H nicht erreichbar ist, lässt die Polizei bei anbrechender Dunkelheit das Fahrzeug von einer Abschleppfirma umsetzen und stellte dem H durch entsprechenden Leistungsbescheid die Kosten in Rechnung.[4]

Im **Fall 24** waren die Voraussetzungen der Durchführung einer rechtmäßigen unmittelbaren Ausführung gegeben: Die Voraussetzungen einer **fiktiven Räumungsverfügung** gegen H lagen vor. Das Fahrzeug des H behinderte massiv den Verkehr und stellte eine Störung der öffentlichen Sicherheit dar. Polizeiliche Maßnahmen auf der Grundlage der polizeilichen Generalermächtigung der §§ 1, 3 PolG waren daher berechtigt. Da H als Störer nicht erreichbar war und sein Pkw bei anbrechender Dunkelheit mitten auf der Fahrspur der Straße ohne jede Absicherung stand und erheblich den Verkehr behinderte, war das Umsetzen zur Beseitigung der Gefahrenlage

---

2 VGH BW, VBlBW 1991, 434; Deger, in: Stephan/Deger, Polizeigesetz BW, § 8 Rn 2 m. w. N.; Kastner, in: Möstl/Trurnit, Polizeirecht BW, § 8 Rn 3; Neckenich, VBlBW 2019, 80; Bruckert/Frey/Kron/Marz, Besonderes Verwaltungsrecht, Rn 119.
3 VGH BW, VBlBW 2022, 413 f.; Kastner, in: Möstl/Trurnit, Polizeirecht BW, § 8 Rn 4; zum Prüfungsschema vgl. Hartmann, VBlBW 2012, 279, 323 ff.; vgl. auch Bruckert/Frey/Kron/Marz, Besonderes Verwaltungsrecht, Rn 122.
4 Vgl. VG Ansbach, openJur 2012, 120217 (Rn 22 ff.).

notwendig. Eine Verfügung gegen H konnte nicht erlassen werden, da er als Adressat nicht erreichbar war.

Fall 25: Die Polizei fängt einen streunenden, herrenlosen und aggressiven Hund ein und verbringt ihn zum Tierheim. Die Ermittlungen ergeben, dass der Hund dem Eigentümer E weggelaufen ist.

Im **Fall 25** lagen die Voraussetzungen für **Maßnahmen der Gefahrenabwehr** im Wege der unmittelbaren Ausführung vor. Zum Zeitpunkt des polizeilichen Einschreitens war die Haltereigenschaft des E nicht bekannt. Aus diesem Grund konnte der polizeiliche Zweck (= Gefahrenabwehr) durch Maßnahmen gegen den E als Störer (= Erlass einer Grundverfügung gegen den Eigentümer / Inhaber der tatsächlichen Gewalt) nicht bzw. nicht rechtzeitig erreicht werden. Wären der Polizei Name und Anschrift des E bekannt gewesen, hätte ggf. die Gefahr durch den Erlass einer Polizeiverfügung gegen E (etwa Anordnung des Leinenzwangs) beseitigt werden können (= Prüfung einer fiktiven Grundverfügung). Da im vorliegenden Fall eine rechtmäßige unmittelbare Ausführung vorlag, waren auch die Voraussetzungen für eine Kostenerhebung gem. § 8 Abs. 2 PolG gegen E gegeben.[5]

War im **Fall 25** dagegen der Hund **herrenlos** und bestand somit kein Eigentum (vgl. §§ 958, 960 BGB), konnte mangels eines Polizeipflichtigen bzw. Adressaten keine Polizeiverfügung gegen einen Berechtigten bzw. Verantwortlichen erlassen werden (sog. fiktive Grundverfügung). In diesem Fall beseitigte zwar die Polizei die Gefahr mit eigenen Mitteln durch tatsächliches Handeln. Dennoch lag formal betrachtet keine unmittelbare Ausführung i. S. d. § 8 Abs. 1 PolG vor. Denn in diesem Fall konnte wegen der Herrenlosigkeit des Tieres „mangels Adressaten" keine Verfügung gegen einen Berechtigten bzw. Polizeipflichtigen ergehen. Aus diesem Grund kommt auch ein Kostenersatz gem. § 8 Abs. 2 PolG nicht in Betracht (→ § 15 Rn 14).

4   **2. Zusätzliche Voraussetzungen des § 8 Abs. 1 S. 1 PolG. a) Allgemeines.** Die fiktive (rechtmäßige) Grundverfügung kann nur dann unmittelbar ausgeführt werden, wenn der polizeiliche **Zweck** durch Maßnahmen **gegen die in den §§ 6 u. 7 PolG bezeichneten Personen nicht oder nicht rechtzeitig** erreicht werden kann. Vor der unmittelbaren Ausführung muss die Polizei daher prüfen, ob sie die Gefahr durch den Erlass und die Vollstreckung einer Verfügung gegen die polizeipflichtige Person rechtzeitig abwehren kann. Die unmittelbare Ausführung ist mithin nur zulässig, wenn **kein Handlungs- oder Zustandsstörer** vorhanden, **erreichbar** oder zur Gefahrenabwehr in der Lage ist. Der Zweck der Maßnahme ist auch dann nicht rechtzeitig erreichbar, wenn die verantwortliche Person nicht mit zumutbarem Aufwand ermittelt werden kann, wenn sie nicht mehr existiert oder nicht (mehr) in Anspruch genommen werden kann bzw. darf.[6] In keinem Fall darf auf die Inanspruchnahme eines bekannten und leistungsfähigen Störers verzichtet werden.[7] Abzustellen ist auf den **Zeitpunkt** der Durchführung der Maßnahmen durch die Polizei[8], die Tauglichkeit einer Maßnahme zur Gefahrenabwehr beurteilt sich aus **der ex ante-Sicht** der handelnden Beamten.[9]

5   **b) Rechtzeitige Zweckerreichung.** Der polizeiliche Zweck kann dann nicht rechtzeitig erreicht werden, wenn die **Maßnahme keinen Aufschub duldet** und eine Verfügung an die verantwortliche Person **nicht rechtzeitig ergehen** oder von dieser nicht rechtzeitig ausgeführt werden kann. Im **Interesse der effektiven Gefahrenabwehr** sind die Anforderungen an diese Prüfungspflicht nicht hoch. So kann die Polizei die Voraussetzungen für ihr unmittelbares Tätigwerden nicht dadurch herbeiführen, dass sie auf die Inanspruchnahme eines ihr bekannten und leistungsfähigen

---

5   HessVGH, NJW 1995, 2123.
6   VGH BW, VBlBW 2022, 413, 414 ff., u. NVwZ 1986, 325.
7   Deger, in: Stephan/Deger, Polizeigesetz BW, § 8 Rn 3, unter Hinweis auf VGH BW, VBlBW 1993, 298.
8   OVG Schleswig, NVwZ 2020, 160, 161 (Rn 33).
9   VGH BW, VBlBW 2022, 413, 414 f.

Störers verzichtet.[10] Bei ungewissen Erfolgsaussichten und nicht abzusehenden Verzögerungen ist die Polizei bei konkreter Gefahrenlage nicht gehalten, weitergehende Ermittlungen zum Störer anzustellen.[11]

Beispiele:
- Es widerspräche der effektiven Gefahrenabwehr, wenn vor einer Abschleppmaßnahme der Halter oder Führer eines Kfz erst durch **Anfrage bei der Kfz-Zulassungsstelle** ermittelt werden müsste.[12]
- Die Polizei findet bei einer **Außenbereichskontrolle** in einem ehemaligen Industriegelände Fässer, die mit einem umweltgefährdenden Inhalt gefüllt sind und akut auszulaufen drohen. Die Ermittlung der verantwortlichen Person würde zu viel Zeit in Anspruch nehmen. Die Polizei beseitigt deshalb die Fässer selbst im Wege der unmittelbaren Ausführung.[13]
- Nach **VG Karlsruhe** soll ein wegen seines jahrelangen schlechten Gesundheitszustands zur Gefahrenabwehr **ungeeigneter Störer** einem nicht rechtzeitig erreichbarem Störer gleichstehen.[14]
- Die Polizei beauftragt die gemeindliche **Feuerwehr** mit der Öffnung einer Wohnungstür, da sie davon ausgeht, dass sich in der Wohnung eine hilflose Person befindet.[15]

c) Pflichtgemäßes Ermessen. Ob die Polizei im Wege der unmittelbaren Ausführung handelt oder nicht, steht in ihrem **pflichtgemäßen Ermessen** (→ § 6 Rn 27 ff.).[16] Für die Ausübung dieses Ermessens gelten die allgemeinen Grundsätze, auch wenn kein Verwaltungsakt erlassen wird. Bei der Prüfung der **Verhältnismäßigkeit** von Zweck und Mittel ist eine Interessens- und Rechtsgüterabwägung durchzuführen (vgl. § 5 PolG, u. → § 6 Rn 31). Die Polizei hat auch pflichtgemäß zu entscheiden, ob sie selbst mit ihren eigenen Mitteln und Kräften eine Gefahr abwehrt (etwa ein rechtswidrig abgestelltes Fahrzeug mit eigenen Mitteln abschleppt) oder Dritte mit der Gefahrenbeseitigung beauftragt (das Fahrzeug also durch ein Abschleppunternehmen abschleppen lässt). Dies gilt insbesondere im Hinblick auf die Kostenfolgen für die betroffene Person. Ist die Polizei selbst ohne besondere Mühewaltung mit eigenen sachkundigen Kräften und eigener Ausrüstung zur unmittelbaren Ausführung in der Lage, wäre die kostenintensive Beauftragung eines Dritten ermessensfehlerhaft.[17] Muss ein Dritter herangezogen werden, besteht bei mehreren in Frage kommenden Beauftragten polizeiliches **Auswahlermessen**.[18]

Beispiel: Sind Polizeivollzugsbeamte im Rahmen einer laufenden Verkehrskontrolle tätig, entspricht es pflichtgemäßer Ermessensausübung, dass diese nicht eingesetzt werden, um einen rechtswidrig abgestellten, die Sicherheit des Verkehrs beeinträchtigenden Pkw wegzufahren. Der Einsatz eines privaten Abschleppunternehmens ist in diesem Fall nicht zu beanstanden (VGH BW, VBlBW 2022, 413, 415 f.).

d) Unverzügliche Unterrichtung. Gem. § 8 Abs. 1 S. 2 PolG ist die von der Maßnahme betroffene Person – also regelmäßig der Störer bzw. Polizeipflichtige – unverzüglich von der unmittelbaren Ausführung zu unterrichten.

IV. Abgrenzung zu Vollstreckungsmaßnahmen

Die unmittelbare Ausführung ist von **Maßnahmen der Verwaltungsvollstreckung** bzw. des **Polizeizwangs gem. §§ 63 ff. PolG** und insbesondere von der Ersatzvornahme **zu unterscheiden**. Bei der Verwaltungsvollstreckung und somit auch bei der Ersatzvornahme geht es um die verwaltungsrechtliche **Vollstreckung eines bereits ergangenen Verwaltungsakts**. Demgegenüber ist die unmittelbare Ausführung nicht dem Verwaltungszwang zuzuordnen. Geht es

---
10 VGH BW, VBlBW 1993, 298.
11 OVG Schleswig, NVwZ-RR 2020, 160, 161 ff. (Rn 32 ff.).
12 VGH BW, VBlBW 1991, 434.
13 Vgl. OVG LSA, Beschl. v. 18.12.2003 – 2 L 43/03.
14 VG Karlsruhe, openJur 2012, 67556 (Rn 21).
15 VGH BW, VBlBW 2011, 153.
16 VGH BW, VBlBW 2022, 413, 415.
17 VGH BW, VBlBW 2022, 413, 415.
18 VGH BW, VBlBW 2011, 153, 154.

darum, einen **vorhandenen Verwaltungsakt** durchzusetzen, sind die §§ 63 ff. PolG anwendbar, fehlt ein solcher, kommt eine Maßnahme gem. § 8 PolG in Betracht. Unmittelbare Ausführung und Ersatzvornahme unterscheiden sich daher nach dem Vorliegen einer Grundverfügung.[19] **Körperliche Gewalt** ist etwa immer als unmittelbarer Zwang zu qualifizieren.[20]

Fall 26: Der **Schwerbehinderte** S parkt am Wochenende seinen Pkw auf einem Sonderparkplatz für Schwerbehinderte. Der Parkplatz ist durch ein entsprechendes Verkehrszeichen (VZ 314 mit Zusatzschild Nr. 857) ausgewiesen. S vergisst, seinen Parkausweis gut lesbar am Armaturenbrett anzubringen. Nach einer Parkdauer von mehr als 30 Minuten wird sein Fahrzeug auf Anordnung des Polizeivollzugsdienstes abgeschleppt.

Die Anordnung des Vollzugsdienstes, das Fahrzeug abzuschleppen, stellt im **Fall 26** eine **Ersatzvornahme** gem. §§ 63 Abs. 1 PolG 1, 25 LVwVG dar. Der dieser Vollstreckung vorausgegangene Verwaltungsakt („Grundverfügung") ist in dem Gebot des aufgestellten Verkehrszeichens zu sehen, ein auf dem Sonderparkplatz unerlaubt parkendes Kraftfahrzeug wegzufahren. Denn die in Verkehrszeichen enthaltenen Gebote stehen den vollziehbaren Verwaltungsakten i. S. d. § 80 Abs. 2 Nr. 2 VwGO gleich. Zu beachten ist allerdings die Zuständigkeit für die Vollstreckung der Ge- und Verbote von Verkehrszeichen. Verkehrszeichen sind Grundverfügungen der Straßenverkehrsbehörde (vgl. § 45 StVO), für deren Vollstreckung grundsätzlich diese Behörde zuständig ist.[21]

Im **Fall 26** war die Zuständigkeit des Polizeivollzugsdienstes gem. § 105 Abs. 2 PolG gegeben (Not- und Eilzuständigkeit).[22]

V. Selbst- und Fremdvornahme

9 Gem. § 8 Abs. 1 PolG kann die **Polizei** eine Maßnahme unmittelbar ausführen. Die Ausführung kann von ihr selbst (Selbstvornahme) oder auch durch einen beauftragten Dritten (Fremdvornahme) vorgenommen werden (etwa durch ein Abschleppunternehmen). Sachlich zuständig sind sowohl die Polizeibehörden als auch der Polizeivollzugsdienst (§§ 104, 105 PolG). Da § 8 Abs. 1 PolG nicht zu Eingriffen in die Rechte Dritter ermächtigt, sondern eine Ermächtigung voraussetzt, richtet sich die Zuständigkeit für die Ausführung der Maßnahme (= Erlass einer fiktiven Grundverfügung) nach der die Polizei zu einer Maßnahme ermächtigenden Vorschrift (→ Rn 3). **Andere Stellen** i. S. d. § 2 Abs. 1 PolG (→ § 3 Rn 74) sind **nicht berechtigt**, Maßnahmen gem. § 8 Abs. 1 PolG durchzuführen. Die **Beauftragung eines Dritten** liegt somit nicht vor, wenn Stellen, die aufgrund eines gesetzlichen Auftrags Hilfe leisten (etwa Feuerwehr, technisches Hilfswerk), in Erfüllung dieser Verpflichtung tätig werden.[23]

Wirkt die gemeindliche **Feuerwehr** auf Anforderung der Polizei bei einem Polizeieinsatz mit und erfüllt sie dadurch eine eigene Aufgabe gem. § 2 Abs. 2 FwG, ist Rechtsgrundlage für den **Kostenerstattungsanspruch** der Feuerwehr nicht § 8 Abs. 2 PolG, sondern § 34 Abs. 2 FwG. Die Polizei kann die Feuerwehrkosten auch dann nicht als Auslagen gem. § 8 Abs. 2 PolG gegenüber dem Kostenpflichtigen geltend machen, wenn sie selbst zu Unrecht als Kostenschuldnerin (hier durch die Feuerwehr) in Anspruch genommen wird.[24]

---

19 VGH BW, DÖV 1996, 84; probl. VG Karlsruhe, openJur 2012, 67556 (Rn 17).
20 Neckenich, VBlBW 2019, 80, 81.
21 VGH BW, VBlBW 2004, 213; → Rn 14.
22 Str.: Der VGH BW hat diese Frage offen gelassen (→ Rn 8 Fn 21); vgl. auch Deger, in: Stephan/Deger, Polizeigesetz BW, § 8 Rn 10 m. w. N.
23 Sander, in: Belz/Mußmann/Kahlert/Sander, Polizeigesetz BW, § 8 Rn 9.
24 VGH BW, VBlBW 2011, 153.

VI. Kostenersatz

Gem. § 8 Abs. 2 PolG sind die in den §§ 6, 7 PolG bezeichneten Personen verpflichtet, der Polizei die durch die unmittelbare Ausführung entstandenen Kosten zu ersetzen. Diese **Anspruchsgrundlage** gibt der Polizei das Recht, durch **Kostenbescheid** die zu ersetzenden Kosten dem eigentlich Polizeipflichtigen auf „Sekundärebene" gegenüber geltend zu machen und notfalls gem. § 8 Abs. 2 S. 2 PolG im Verwaltungsvollstreckungsverfahren festzusetzen bzw. beizutreiben. Die **Kostenerstattungspflicht** gem. § 8 Abs. 2 PolG besteht nur, wenn es sich um eine formell und materiell **rechtmäßige** Ausführung einer Maßnahme gehandelt hat.[25] → § 15 Rn 14 ff.

Nach VGH BW ist § 8 Abs. 2 S. 1 PolG entgegen seinem Wortlaut („sind verpflichtet") eine **Ermessensbefugnis**, damit im Einzelfall dem Grundsatz der Verhältnismäßigkeit Rechnung getragen werden kann. Dieses **intendierte Ermessen** bedeutet, dass in der Regel eine Kostenerstattung durch den Störer erfolgen muss, wenn nicht ausnahmsweise ein atypischer Sonderfall vorliegt.[26] → § 15 Rn 14 ff.

VII. Rechtsschutz

Da die **unmittelbare Ausführung** kein Verwaltungsakt, sondern ein **Realakt** ist, kommt für eine gerichtliche Überprüfung nur die allgemeine **Feststellungsklage** gem. § 43 Abs. 1 VwGO in Betracht[27] und zwar regelmäßig mit dem Antrag, (nachträglich) festzustellen, dass die Polizei nicht berechtigt war, eine bestimmte Maßnahme unmittelbar auszuführen (→ § 7 Rn 11, § 12 Rn 84). Einstweiliger Rechtsschutz gegen Maßnahmen, die zwar begonnen, aber noch nicht vollständig ausgeführt wurden, kann im Verfahren auf Erlass einer einstweiligen Anordnung gem. § 123 VwGO angestrebt werden.

In vielen Fällen wird die Rechtmäßigkeit der unmittelbaren Ausführung „inzident" – also im Rahmen der Anfechtung des Kostenbescheids – überprüft. Der Kostenbescheid gem. § 8 Abs. 2 PolG stellt einen **Verwaltungsakt** dar, der durch Widerspruch und Anfechtungsklage gem. §§ 68 ff., 42 Abs. 1, 113 Abs. 1 VwGO angefochten werden kann (→ § 15 Rn 14 ff.). Prüfungsmaßstab ist insbesondere der Grundsatz der Verhältnismäßigkeit. Ist die zugrundeliegende unmittelbare Ausführung rechtswidrig, besteht grundsätzlich keine Kostenerstattungspflicht.[28]

VIII. Im Besonderen: Abschleppmaßnahmen

1. Eingriffsermächtigungen. Das Abschleppen von Kraftfahrzeugen stellt einen Schwerpunkt der polizeilichen Tätigkeit im Straßenverkehr dar. Als **Ermächtigungsgrundlagen** für Abschleppmaßnahmen kommen insbesondere folgende Vorschriften in Betracht:

- Abschleppmaßnahme wegen **Zuwiderhandlungen gegen Verkehrszeichen und -einrichtungen** durch Einzelanordnung / Allgemeinverfügung und deren Vollstreckung im Wege der Ersatzvornahme (→ Rn 14 ff.).
- Abschleppmaßnahme auf der Grundlage der **polizeilichen Generalermächtigung** im Wege **der unmittelbaren Ausführung** (→ Rn 20).
- Abschleppen durch **Sicherstellung** gem. § 37 PolG (→ Rn 21).
- Abschleppen durch **Beschlagnahme** gem. § 38 PolG (→ Rn 22).

---

25 Kastner, in: Möstl/Trurnit, Polizeirecht BW, § 8 Rn 27.
26 VGH BW, VBlBW 2022, 413, 417 m. w. N.
27 Kastner, in: Möstl/Trurnit, Polizeirecht BW, § 8 Rn 40.
28 VGH BW, VBlBW 2007, 350; zum Prüfungsschema vgl. etwa Hartmann, VBlBW 2012, 279, 321 ff.

Die Unterscheidung zwischen diesen Ermächtigungsgrundlagen ist wichtig, weil sowohl für die Durchführung der Maßnahme als auch für die Kostenerstattung unterschiedliche Rechtsgrundlagen gelten.

14 **2. Zuwiderhandlungen gegen Verkehrszeichen und -einrichtungen.** Besteht ein Verkehrsverstoß in der Missachtung eines **Verkehrszeichens** (etwa „Halteverbot") oder wird eine **Verkehrseinrichtung** nicht richtig bedient (etwa „abgelaufene" Parkuhr), liegt ein Verstoß gegen die öffentliche Sicherheit gem. § 1 PolG vor. Nach der sog. **Verkehrszeichenrechtsprechung** sind die durch Verkehrszeichen und -einrichtungen angeordneten Verkehrsregelungen **Verwaltungsakte in Form der Allgemeinverfügung**[29] und enthalten neben der Verbotsanordnung zugleich auch das sofort vollziehbare Gebot, ein unerlaubt abgestelltes Fahrzeug wegzufahren, sog. **Wegfahrgebot**. Das Abschleppen durch Anordnung der zuständigen Behörde stellt die Vollstreckung des Verwaltungsakts in der Form der Allgemeinverfügung gem. § 35 S. 2 LVwVfG sowohl bei Verkehrszeichen[30] als auch bei Verkehrseinrichtungen[31] dar. Formal betrachtet handelt es sich bei diesem Wegfahrgebot um eine (vollstreckbare) **Grundverfügung**, die im Wege der Ersatzvornahme nach den Bestimmungen des jeweiligen Landesverwaltungsvollstreckungsrechts durchgesetzt wird.

Nach **h. L.** gilt das **Wegfahrgebot** auch für den **Kfz-Halter**, der nicht selbst das Fahrzeug führt bzw. rechtswidrig abgestellt hat. Er wird als Verkehrsteilnehmer betrachtet, demgegenüber ein Verkehrszeichen unmittelbar wirkt, ohne dass es auf die Wahrnehmung bzw. Bekanntgabe ankommt.[32]

Zuständige Behörde ist grundsätzlich die **Straßenverkehrsbehörde**.[33] Ihre Zuständigkeit beruht auf dem allgemeinen Grundsatz, dass für die zwangsweise Durchsetzung eines Verwaltungsakts diejenige Behörde zuständig ist, die den Verwaltungsakt erlassen hat (vgl. § 44 Abs. 1 StVO i. V. m. § 45 StVO). Der Polizeivollzugsdienst ist gem. § 105 Abs. 2 PolG in Not- und Eilfällen zuständig.[34]

Voraussetzung für eine rechtmäßige Abschleppmaßnahme wegen eines Verstoßes gegen ein Verkehrszeichen ist grundsätzlich, dass seiner Aufstellung eine verkehrsrechtliche Anordnung der zuständigen Straßenverkehrsbehörde zugrunde liegt (vgl. § 45 StVO). Ein **Verkehrszeichen** ist etwa **unwirksam** (Schein-Verwaltungsakt bzw. Nichtakt), wenn seiner Aufstellung durch einen Privaten keine verkehrsrechtliche Anordnung der zuständigen Behörde vorausgegangen ist.[35]

15 **Beispiele für Abschleppmaßnahmen im Wege der Ersatzvornahme wegen Verkehrszeichen / -einrichtungen:**[36]
- Mit dem Abschleppen eines Fahrzeugs aus einer **Halteverbotszone** (VZ 290.1, Anwohnerzone) wird das sofort vollziehbare (§ 80 Abs. 2 S. 1 Nr. 2 VwGO in entsprechender Anwendung) Wegfahrgebot vollstreckt, das aus dem Verstoß gegen die Regelung über das Zonenhalteverbot nach der StVO folgt.[37]
- Das Abschleppen eines verbotswidrig auf einem **Sonderparkplatz für Schwerbehinderte** abgestellten Kraftfahrzeugs kann gegenüber dem Kraftfahrzeugführer im Wege der Ersatzvornahme vollstreckt werden.[38]

---

29 Kastner, in: Möstl/Trurnit, Polizeirecht BW, § 8 Rn 7.
30 BVerfG, NJW 2009, 3642; BVerfGE 27, 181, 183; OVG BB, NJW 2018, 3470, 3471 (Rn 14).
31 VGH BW, VBlBW 2010, 196, 197; BVerwG DÖV 1988, 694.
32 BVerwG, NJW 1997, 1021; VGH BW, VBlBW 2007, 350; vgl. dazu auch Klenner, JuS 2020, 1040, 1042; mit Recht krit. zu dieser „Fiktion": Deger, in: Stephan/Deger, Polizeigesetz BW, § 8 Rn 8 m. w. N.
33 VGH BW, VBlBW 2004, 213.
34 Str. (→ Rn 8).
35 VGH BW, VBlBW 2010, 198.
36 Siehe auch die Zusammenstellung bei Deger, in: Stephan/Deger, Polizeigesetz BW, § 8 Rn 7.
37 VGH BW, VBlBW 2010, 196.
38 VGH BW, NVwZ-RR 2003, 558.

VIII. Im Besonderen: Abschleppmaßnahmen

- Ein Fahrzeug, das verbotswidrig im absoluten Halteverbot auf einer als **Brandschutzzone** gekennzeichneten Fläche abgestellt wurde, kann gegenüber dem Kraftfahrzeugführer im Wege der Ersatzvornahme abgeschleppt werden.[39]
- Das Verkehrszeichen VZ 229 (**Taxenstand**) enthält ein Wegfahrgebot.[40]
- Die **Einleitung einer Abschleppmaßnahme** eines Fahrzeugs aus dem Bereich eines absoluten Halteverbots / Kostenersatz (VZ 283) ist rechtmäßig.[41] Zur sog. Leerfahrt → 15 Rn 33.

Der rechtliche Charakter einer Abschleppmaßnahme steht und fällt mit der **Existenz eines Verwaltungsakts**. Hierbei treten zahlreiche **Einzelprobleme** auf:

a) Verwaltungsakte wirken gem. § 43 Abs. 1 S. 1 VwVfG erst dann, wenn sie der betroffenen Person bekanntgegeben wurden. Nach Auffassung des **BVerwG** werden Verkehrszeichen gem. §§ 39 u. 45 StVO **durch ihre Aufstellung** öffentlich bekanntgegeben. Unerheblich ist, ob der jeweilige Verkehrsteilnehmer das Verkehrszeichen tatsächlich wahrgenommen hat. Es genügt vielmehr, dass es so aufgestellt worden ist, dass ein **durchschnittlicher Verkehrsteilnehmer** bei Einhaltung der gem. § 1 StVO erforderlichen Sorgfalt es **erfassen konnte**.[42] Es reicht aus, wenn das Verkehrszeichen **objektiv erkennbar** ist. Praktisch bedeutsam wird diese Rechtsprechung vor allem beim Abschleppen von Fahrzeugen im Fall eines nachträglich aufgestellten oder geänderten Verkehrszeichens.

Beispiel: A parkt sein Fahrzeug auf einer öffentlichen Straße und begibt sich für mehrere Wochen ins Krankenhaus. Nach drei Wochen und noch während des Krankenhausaufenthalts stellt die zuständige Behörde im maßgeblichen Straßenabschnitt **mobile Halteverbotsschilder** zur Durchführung eines Straßenfests auf und lässt das Kfz nach weiteren vier Tagen abschleppen. Nach der Rechtsprechung des BVerwG konnte die Abschleppmaßnahme in diesem Fall im Wege der **Zwangsvollstreckung gem.** §§ 63 Abs. 1 PolG, 25 LVwVG vorgenommen werden. Das Halteverbot ist mit der Aufstellung bekanntgegeben und damit wirksam geworden. Ein durchschnittlicher Verkehrsteilnehmer hätte das Wegfahrgebot bei Einhaltung der gem. § 1 StVO erforderlichen Sorgfalt, jedenfalls bis zu seiner Vollstreckung ohne Weiteres erfassen können. Deshalb galt das Halteverbot auch für A.[43]

b) In Fortführung dieser Rechtsprechung vertritt die **h. M.** die Auffassung, dass ein zunächst erlaubt abgestelltes Kraftfahrzeug **ab dem vierten Tag** der Geltung einer geänderten Verkehrsregelung im Wege der Ersatzvornahme auf Kosten des Halters abgeschleppt werden kann[44], auch wenn der betroffene Kfz-Halter keine Kenntnis von der Änderung der Verkehrsführung hatte (**Vorlaufzeit von 3 vollen Tagen**).[45] Diese Vorlaufzeit von mindestens 3 Tagen erfolgt **ohne Differenzierung nach Wochentagen oder Ferienzeiten** und erfordert **keine stundenscharfe Berechnung** mit Protokollierungszwang der Behörde.[46] Nach Meinung insbesondere des VGH BW darf der Verkehrsteilnehmer nicht darauf vertrauen, dass die Verkehrsverhältnisse unverändert bleiben. Der VGH BW hat sich der vom BVerwG vertretenen Leitlinie angeschlossen, wonach eine Kostenbelastung für ein Abschleppen am vierten Tag nach dem Aufstellen des Verkehrszeichens nicht unverhältnismäßig ist.[47]

c) Umgekehrt sind auch Fälle denkbar, in denen ein **Verkehrszeichen** oder eine **Verkehrseinrichtung** zwar beim Abstellen eines Fahrzeugs wirksam war, aber nicht mehr im Zeitpunkt der Vollstreckung.

---

39 VGH BW, VBlBW 2003, 74.
40 HessVGH, DÖV 2013, 442.
41 VG Düsseldorf, openJur 2014, 15487 (Rn 25 ff.).
42 BVerwG, NJW 2008, 2867; Rebler, Die Polizei 2019, 243 f.
43 BVerwGE 102, 316, 318.
44 BVerwG, NJW 2018, 2910, 2912 (Rn 31), m. Bespr. Hebeler, JA 2019, 398 ff.
45 BVerwG, NJW 2018, 2910, 2911 (Rn 23).
46 BVerwG, NJW 2018, 2910, 2912 (Rn 29 f.).
47 VGH BW, VBlBW 2007, 350; Graulich, in: Lisken/Denninger, Handbuch des Polizeirechts, Kap. E Rn 886; Deger, in: Stephan/Deger, Polizeigesetz BW, § 8 Rn 18.

Beispiel: Wird ein **Parkscheinautomat** abgedeckt und auf dem Seitenstreifen ein Halteverbot eingerichtet, um nach einer Fahrbahnbeschädigung den Verkehr nunmehr dort entlang zu führen, entfällt das mit der Parkscheinregelung verbundene Gebot, das verbotswidrig abgestellte Fahrzeug alsbald zu entfernen. Das Abschleppen eines ohne Parkschein parkenden Fahrzeugs kann dann nicht mehr als Ersatzvornahme qualifiziert werden. Hier kommt nur eine **unmittelbare Ausführung i. S. d. § 8 PolG** in Betracht.[48]

19 d) Die Frage, wann nach der Aufstellung eines Verkehrszeichens die **Widerspruchsfrist** gem. § 58 Abs. 2 VwGO (ein Jahr) zu laufen beginnt, ist umstritten. Nach **BVerwG** beginnt für einen Verkehrsteilnehmer die Frist für die Anfechtung eines Verkehrsverbots, das durch Verkehrszeichen bekanntgegeben wird, zu laufen, wenn er zum ersten Mal auf das Verkehrszeichen trifft. Die Frist wird für ihn nicht erneut ausgelöst, wenn er sich dem Verkehrszeichen später ein weiteres Mal gegenübersieht.[49] Dieser Rechtsprechung hat sich der VGH BW angeschlossen.[50]

20 **3. Abschleppen im Wege der unmittelbaren Ausführung.** Wird ein Fahrzeug unter **Missachtung (nur) gesetzlich festgelegter Ver- bzw. Gebote** abgestellt und ergibt sich ein Park- oder Halteverbot direkt aus der StVO, **ohne dass es noch einer Umsetzung durch ein Verkehrszeichen oder einer Verkehrseinrichtung bedarf**, liegt ein Verstoß gegen die öffentliche Sicherheit vor, so dass polizeiliche Maßnahmen auf der Grundlage der Generalermächtigung der §§ 1, 3 PolG gegen den Störer zulässig sind.

Beispiel: Fahrzeugführer H parkt sein Fahrzeug in rechtswidriger Weise vor einer privaten Grundstückszufahrt. In diesem Fall verbietet weder ein Verkehrszeichen noch eine Verkehrseinrichtung das Parken. Der Verstoß gegen die Vorschriften der StVO ergibt sich vielmehr direkt aus dem Gesetz.[51] Zur Verhältnismäßigkeit einer solchen Maßnahme vgl. Michaelis, JA 2021, 573, 575.

Kann der Störer (Fahrer / Halter) nicht oder nicht rechtzeitig erreicht werden, kommt (nur) eine Abschleppmaßnahme gem. § 8 Abs. 1 PolG in Betracht. In diesen Fällen liegt keine Grundverfügung vor, die zu vollstrecken wäre (→ Rn 1, 8).[52]

Ein **Muster einer Anfechtungsklage** gegen einen Kostenbescheid nach Abschleppen eines Kfz wegen Verstoßes gegen ein Verkehrszeichen findet sich bei Pöltl/Ruder, in: Eiding/Hofmann-Hoeppel, Verwaltungsrecht, § 62 Rn 23.

21 **4. Sicherstellung gem. § 37 Abs. 1 PolG.** Abschleppmaßnahmen können unter Umständen auch in Form der **Sicherstellung** durchgeführt werden (→ § 11 Rn 253 ff., insbes. Rn 258). Eine Sicherstellung ist zulässig, wenn diese Maßnahme erforderlich ist, um den Eigentümer oder den rechtmäßigen Inhaber der tatsächlichen Gewalt vor Verlust oder Beschädigung **der Sache selbst** zu schützen. Zum einen muss also eine Verlust- oder Schädigungsgefahr bestehen. Zum anderen muss geprüft werden, ob an Stelle der Sicherstellung eine andere geeignete Maßnahme getroffen werden kann, die den Eigentümer oder rechtmäßigen Inhaber der tatsächlichen Gewalt geringer belastet (vgl. § 5 Abs. 1 PolG).

Beispiele:
- Das Abschleppen eines abgestellten Fahrzeugs, bei dem ein **Seitenfenster** versehentlich offen gelassen wurde, ist im Wege der Sicherstellung zum Zwecke der Eigentumssicherung zulässig, wenn sich das Fenster nicht schließen lässt.[53]
- Ist ein Fahrzeug im Wege der **Unterschlagung** entwendet worden und befindet sich die Polizei zwischenzeitlich im Besitz der Fahrzeugschlüssel, darf sie das Fahrzeug nicht zwecks Sicherstellung

---

48 HambOVG, NVwZ-RR 2001, 694.
49 BVerwG, NVwZ-RR 2011, 93.
50 VGH BW, VBlBW 2011, 275.
51 HambOVG, NJW 2001, 3647.
52 Gleiches gilt bei polizeilichen Maßnahmen der Gefahrenabwehr, die durch Abschleppen des Fahrzeugs beseitigt werden sollen (vgl. dazu Basten, Recht der Polizei, Rn 692).
53 BayVGH, NJW 2001, 1960.

abschleppen lassen. Hier reicht es aus, den Schlüssel mit auf die Dienststelle zu nehmen und von dort aus den Eigentümer zu benachrichtigen.[54]

5. Beschlagnahme gem. § 38 Abs. 1 PolG. Das Abschleppen eines Kfz kann auch als **Beschlagnahme** gem. § 38 Abs. 1 PolG gerechtfertigt sein. Dies gilt insbesondere, wenn das Abschleppen zum Schutz eines Einzelnen oder des Gemeinwesens gegen eine unmittelbar bevorstehende Störung der öffentlichen Sicherheit oder Ordnung bzw. zur Beseitigung derselben erforderlich ist (§ 38 Abs. 1 Nr. 1 PolG [→ § 11 Rn 266]). Während die Sicherstellung eine Gefahr für das Fahrzeug voraussetzt, geht es bei der Beschlagnahme um eine **vom Fahrzeug ausgehende Gefährdung oder Störung der öffentlichen Sicherheit**. 22

Beispiel: Bei einem im öffentlichen Verkehrsraum abgestellten **Autowrack** liegt zum einen ein Verstoß gegen abfallrechtliche Vorschriften vor. Zum anderen besteht die Gefahr, dass spielende Kinder sich am Wrack verletzen. Zum Schutz der Kinder vor dieser Verletzungsgefahr kann das Autowrack von der Polizei beschlagnahmt werden.

Demgegenüber kann die Beseitigung einer Gefahr, die von einem **bloßen Verkehrsverstoß** ausgeht, nicht auf § 38 Abs. 1 Nr. 1 PolG gestützt werden. Eine Beschlagnahme kommt erst dann in Betracht, wenn die Gefahr nur dadurch beseitigt werden kann, dass die Polizei den Eigentümer oder Besitzer von der **Sachherrschaft** über ein Fahrzeug ausschließt. Beim „normalen" Falschparken hängt die Gefahr aber nicht mit der Herrschaft über die Sache zusammen, sondern lediglich mit ihrer **Lage im Verkehrsraum**.

6. Verhältnismäßigkeit. Unabhängig davon, ob die Abschleppmaßnahme als unmittelbare Ausführung gem. § 8 Abs. 1 PolG, als Ersatzvornahme gem. § 63 Abs. 1 PolG i. V. m. § 25 LVwVG, als Sicherstellung gem. § 37 Abs. 1 PolG oder als Beschlagnahme gem. § 38 Abs. 1 PolG erfolgt, hat die Polizei stets den **Verhältnismäßigkeitsgrundsatz** zu beachten (vgl. § 5 PolG, u. → § 6 Rn 31).[55] In jedem Fall ist somit die Frage zu beantworten, ob die durch das Abstellen des Fahrzeugs hervorgerufene Störung der öffentlichen Sicherheit auf andere, weniger einschneidende Weise als durch das Abschleppen beseitigt werden kann. Selbst wenn die Tatbestandsvoraussetzungen der jeweiligen Eingriffsnorm erfüllt sind, darf die Polizei nur geeignete, erforderliche und angemessene Maßnahmen ergreifen. 23

Zur Frage, wann dies der Fall ist, hat sich eine umfangreiche Rechtsprechung entwickelt.[56] Befindet sich etwa die polizeipflichtige Person in **Ruf- oder Sichtweite**, ist eine Abschleppmaßnahme grundsätzlich unverhältnismäßig. Andererseits besteht keine **Nachforschungspflicht**. Die Polizei ist deshalb nicht verpflichtet, Ermittlungen zum Verbleib der verantwortlichen Person anzustellen oder gar eine Halterabfrage zu starten.[57] Nur wenn konkrete Hinweise auf die Erreichbarkeit und Bereitschaft zum umgehenden Entfernen des Fahrzeugs vorliegen, kann eine Nachforschung in Betracht kommen. Das Hinterlassen der **Handynummer** oder der Mitteilung, sofort zu erscheinen, reichen grundsätzlich nicht aus.[58]

Im Falle einer **Behinderung** von anderen Verkehrsteilnehmern ist ein Abschleppen grundsätzlich immer geboten. Hierbei ist nicht erforderlich, dass bereits eine akute Verkehrsbehinderung eingetreten ist oder unmittelbar bevorsteht. Vielmehr muss aus Sicht der Polizei auch die Möglichkeit bestehen, bereits **im Vorfeld** einer akuten oder konkreten Behinderung des Verkehrs gegen Fahrzeuglenker vorzugehen, die bestehende Ge- oder Verbote missachten. Die Rechtslehre verlangt in diesen Fällen eine **Abwägung** zwischen den Nachteilen, die mit einer

---

54 VG Darmstadt, NVwZ-RR 2001, 796.
55 Grundlegend dazu Michaelis, JA 2021, 573 ff.
56 Deger, in: Stephan/Deger, Polizeigesetz BW, § 8 Rn 17.
57 So auch Graulich, in: Lisken/Denninger, Handbuch des Polizeirechts, Kap. E Rn 880, u. Klenner, JuS 2020, 1040, 1043 f.
58 HambOVG, NJW 2001, 3647; vgl. dazu auch Michaelis, JA 2021, 573, 577.

Abschleppmaßnahme verbunden sind und dem bezweckten Erfolg. Der vor Ort anwesende Polizeibeamte hat eine **Prognose** zu erstellen, wobei die Anforderungen an die Beurteilung durch den Vollzugsbeamten nicht „allzu hoch" angesetzt werden dürfen. Es genügt eine sachgerechte Einschätzung der zu erwartenden Geschehnisse.[59]

24   Bei sog. **qualifizierten Verkehrsverstößen** (Parken im Halteverbot, auf Schwerbehindertenparkplätzen, in einer Feuerwehrzufahrt etc.) bedarf es keiner Feststellung, ob eine konkrete, über die Rechtsverletzung hinausgehende Beeinträchtigung der Sicherheit und Leichtigkeit des Straßenverkehrs gegeben ist. Hier reicht die Möglichkeit einer konkreten Behinderung aus.[60] Dasselbe gilt bei **schwerwiegenden** Verkehrsverstößen und Verkehrsbehinderungen.

Beispiele aus der Rechtsprechung:

- Im Regelfall ist die Polizei nicht verpflichtet, vor einer Abschleppmaßnahme zu dem Fahrer / Halter einen **Kontaktierungsversuch** zu unternehmen, wenn es keine hinreichend klaren Anhaltspunkte dafür gibt, dass sich der Fahrer des Fahrzeugs in unmittelbarer Nähe befindet und nach einer polizeilichen Aufforderung dazu in der Lage wäre, umgehend zu erscheinen und das Fahrzeug zu entfernen.[61]
- Eine Abschleppmaßnahme kann ausnahmsweise unverhältnismäßig sein, wenn in der Umgebung ausreichende Parkplätze vorhanden sind und durch das rechtswidrige Abstellen eines Fahrzeugs keine konkrete Behinderung des Verkehrs vorliegt.[62] Das Abschleppen eines Pkw von einem **Busparkplatz** ohne konkrete Behinderung ist wegen der Beeinträchtigung der bestimmungsgemäßen Funktion des öffentlichen Verkehrsraums gerechtfertigt.[63]
- **Verhältnismäßig** ist es, ein Fahrzeug, das eine „**Ladezone**" (VZ 286) länger als eine halbe Stunde blockiert hat, abzuschleppen.[64]
- Aus **Fußgängerzonen** dürfen regelmäßig Motorräder, Motorroller und Zweiräder abgeschleppt werden.[65]

25   Der **Grundsatz der Verhältnismäßigkeit** kann es im Einzelfall gebieten, ein Fahrzeug an Stelle des Abschleppens zu **versetzen** oder **umzusetzen**.[66] Diese weniger eingreifende Maßnahme ist immer dann angezeigt, wenn eine Verbringung des Fahrzeugs an einen anderen Ort zur Gefahrenabwehr nicht erforderlich ist. Die Prüfung dieser Erforderlichkeit hat sich am Zweck der Abschleppmaßnahme zu orientieren. Schon aus haftungs- und verkehrsrechtlichen Gründen ist die Entscheidung, ein verbotswidrig abgestelltes Fahrzeug abzuschleppen, grundsätzlich ermessensfehlerfrei. Nur in Ausnahmefällen kann es geboten sein, ein Fahrzeug lediglich zu versetzen, weil alle weiteren Maßnahmen unverhältnismäßig wären.

Beispiel: Die Stadt E hat einem Zirkus ihren Festplatz für eine Veranstaltung vertraglich überlassen. Dort wurde ein Kfz verbotswidrig abgestellt. Wenn ein **Umsetzen des Fahrzeugs** um wenige Meter möglich wäre und ausreichen würde, um den Platz für die Aufstellung des Zirkuszeltes frei zu machen, ist das Versetzen des Fahrzeugs die geeignete und gebotene polizeiliche Maßnahme, wenn in unmittelbarer Nähe geeignete öffentliche Parkplätze zur Verfügung stehen.

---

59   BayVGH, BayVBl 2007, 249 m. w. N.
60   Graulich, in: Lisken/Denninger, Handbuch des Polizeirechts, Kap. E Rn 861, 863, 867.
61   HambOVG, NVwZ-RR 2010, 263, 264.
62   HambOVG, NVwZ-RR 2009, 995, m. Bespr. Waldhoff, JuS 2010, 279.
63   OVG NRW, DÖV 1999, 305.
64   OVG NRW, NVwZ 1998, 990.
65   VG Mainz, LKRZ 2012, 415.
66   Deger, in: Stephan/Deger, Polizeigesetz BW, § 8 Rn 15.

§ 9 Die Polizeiverordnung

> Besondere Relevanz für Studium, Prüfung und Examen (grundsätzlich können alle Themen des Polizeirechts Prüfungsgegenstand sein!):
> - Begriff und Bedeutung (→ Rn 1 bis 5);
> - Rechtmäßigkeitsvoraussetzungen (→ Rn 6 bis 38, 55 bis 79, ggf. auch Rn 39 bis 54);
> - förmliche Rechtsbehelfe (→ Rn 86 bis 91).

I. Begriff und Bedeutung

1. Allgemeines. Die **§§ 17 bis 26 PolG** enthalten die **gesetzlichen Grundlagen zum Erlass** 1 **von Rechtsverordnungen** durch die Polizeibehörden. Neben der allgemeinen Rechtsgrundlage des § 17 PolG zum Erlass von Polizeiverordnungen wurde mit Wirkung zum 8.12.2017 durch das **Gesetz zur Abwehr alkoholbedingter Störungen der öffentlichen Sicherheit**[1] mit § 18 PolG eine spezielle Ermächtigungsgrundlage zum Erlass von **Alkoholkonsumverboten** im öffentlichen Raum geschaffen.

Gem. **§ 17 Abs. 1 PolG** können die allgemeinen Polizeibehörden (§ 107 PolG) zur Wahrnehmung ihrer Aufgaben polizeiliche Gebote oder Verbote erlassen, die für eine unbestimmte Anzahl von Fällen an eine unbestimmte Anzahl von Personen gerichtet sind. Gem. **§ 18 Abs. 1 PolG** können die Ortspolizeibehörden örtlich und zeitlich begrenzte Alkoholkonsumverbote für den öffentlichen Raum erlassen, um alkoholbedingte Störungen der öffentlichen Sicherheit zu unterbinden.

Derartige Polizeiverordnungen (= Verordnungen zur Gefahrenabwehr, Gefahrenabwehrverordnungen, Verordnungen über die öffentliche Sicherheit und Ordnung) sind spezielle **Rechtsverordnungen**, die abstrakt-generelle behördliche Anordnungen zur Abwehr von Gefahren enthalten. Sie sind Gesetze im materiellen Sinn, haben Außenwirkung und binden die staatliche Gewalt (Art. 20 Abs. 3 GG). Sie enthalten Verbote, Gebote und Ermächtigungsgrundlagen zum Erlass gefahrenabwehrender Verwaltungsakte. Polizeiverordnungen sind ein anerkanntes und unentbehrliches Instrument der Polizeibehörden, „um ein zeitlich, örtlich und sachlich flexibles Handeln auch ohne detaillierte Vorentscheidungen des parlamentarischen Gesetzgebers zu ermöglichen".[2] Wichtigster **Anwendungsfall** sind Polizeiverordnungen der Gemeinden, die diese als Ortspolizeibehörde gem. §§ 1, 17 ff. PolG erlassen.

Beispiele für Polizeiverordnungen:
- **Muster des Gemeindetags BW für eine Polizeiverordnung gegen umweltschädliches Verhalten**, Belästigungen der Allgemeinheit, zum Schutz der Grün- und Erholungsanlagen und über das Anbringen von Hausnummern (polizeiliche Umweltschutzverordnung), aktualisierte Fassung BWGZ 2011, 990, 993 ff.; BWGZ 2007, 54.
- **Polizeiverordnung des Innenministeriums und des Ministeriums Ländlicher Raum über das Halten gefährlicher Hunde** vom 3.8.2000 (HuV BW [→ Rn 14 ff.]).

2. Abgrenzung zum Verwaltungsakt. **Polizeiverordnungen** beinhalten Gebote oder Verbote, 2 die für eine **unbestimmte Anzahl von Fällen** an eine **unbestimmte Anzahl von Personen** gerichtet sind (vgl. § 17 Abs. 1 PolG).[3] Nur wenn **beide** Voraussetzungen vorliegen, kann eine Polizeiverordnung auf der Grundlage der §§ 17, 18 PolG erlassen werden. Demgegenüber regelt ein **Verwaltungsakt** einen **Einzelfall** (§ 35 S. 1 LVwVfG), der in Form einer Allgemeinverfügung

---
1 GBl. S. 631. Vgl. zur Entstehungsgeschichte und den Inhalten Pöltl, VBlBW 2018, 221, 227 ff.
2 VGH BW, VBlBW 2002, 292, 293.
3 Wehser, DVP 2018, 140 f., u. DVP 2017, 54, 55.

auch an einen **bestimmten oder bestimmbaren** Personenkreis gerichtet sein kann (§ 35 S. 2 LVwVfG).

Die Polizeiverordnung ist insbesondere von der **Allgemeinverfügung** zu unterscheiden. Auch wenn sich die Allgemeinverfügung an einen nach allgemeinen Merkmalen bestimmten Personenkreis richtet, ist sie ein Verwaltungsakt, also eine **Einzelfallentscheidung** (→ § 6 Rn 7 ff.).[4] Demgegenüber enthält die Polizeiverordnung **abstrakt-generelle Regelungen** für eine unbestimmte Anzahl von Fällen. Regelmäßig gilt die Polizeiverordnung für einen längeren Zeitraum und für einen größeren örtlichen Geltungsbereich, während die Allgemeinverfügung zeitlich und örtlich begrenzte Regelungen enthält.[5]

3 **Beispiele:**
- Allgemeinverfügung der Stadt Konstanz über das **Verbot des Mitführens und der Verwendung von Glasbehältnissen** in Teilbereichen der Konstanzer Altstadt jeweils am **Schmutzigen Donnerstag**. In diesem Fall ist das Verbot zeitlich und örtlich begrenzt → § 6 Rn 7 ff.
- Ein zeitlich befristetes **Aufenthaltsverbot**, um dem öffentlichen Alkoholkonsum in Gruppen von Angehörigen der sog. „Trinker- und Punkerszene" vorzubeugen, ist eine Allgemeinverfügung i. S. d. § 35 S. 2 LVwVfG, wenn keine abstrakt-generelle Regelung für eine unbestimmte Vielzahl von Gefahrenlagen und Personen getroffen wird. Andernfalls müsste das Verbot in der Rechtsform der – im PolG zur Bekämpfung abstrakter Gefahren ausdrücklich vorgesehenen – Polizeiverordnung gem. § 17 PolG (= § 10 PolG 1992), oder ggf. gem. § 18 PolG als speziellerer Regelung, erlassen werden (VGH BW, VBlBW 2003, 31).

Im Einzelfall kann sich die Abgrenzung als schwierig erweisen. In der Rechtslehre und Literatur werden dazu unterschiedliche Theorien insbesondere zur Rechtsschutzform vertreten.[6]

4 **3. Abgrenzung zu Benutzungsordnungen.** Die Polizeiverordnung ist ferner von **Benutzungs- und Satzungsregelungen für Anstalten des öffentlichen Rechts** abzugrenzen, insbesondere **für öffentliche Einrichtungen** wie Spielplätze, Schwimmbäder etc. Bei der Festlegung der Benutzungsregeln hat der Träger der öffentlichen Einrichtung einen weiten Gestaltungsspielraum. Grenzen des Ermessens ergeben sich aus der Zweckbestimmung der Einrichtung (Anstalts- bzw. Einrichtungszweck) sowie aus allgemein öffentlich-rechtlichen Bindungen des Hoheitsträgers (etwa dem Willkürverbot oder aus Grundrechten). Der konkrete Leistungszweck ist zentraler Gegenstand der gemeindlichen Einrichtung, sämtliche Benutzungsbedingungen haben sich daran zu orientieren.[7]

Beispiele:
- Zweck der gemeindlichen **Einrichtung einer Obdachlosenunterkunft** ist die möglichst störungsfreie und menschenwürdige Unterkunft von Obdachlosen. Dieser **Einrichtungszweck** rechtfertigt **Satzungsregelungen, die das Entfaltungsrecht der Bewohner einschränken,** etwa hinsichtlich Tierhaltung, Besuchsverkehr, Instandhaltungspflichten etc. (VGH BW, VBlBW 1995, 15).
- In der **Benutzungsordnung für eine Kindertagesstätte** kann für Kinder, die nicht an einer Corona-Testung teilnehmen, kein grundlegendes **Zugangs- und Teilnahmeverbot** vorgesehen werden. Ein solcher Ausschluss kann (per [Allgemein]Verfügung) ggf. auf die §§ 28, 28a, 32 IfSG gestützt werden (VGH BW, KommJur 2022, 53, 55 f.).

5 Eine **Polizeiverordnung** darf nur erlassen werden, um vom Einzelnen und vom Gemeinwesen Gefahren abzuwehren, durch die die öffentliche Sicherheit oder Ordnung bedroht wird, und um Störungen der öffentlichen Sicherheit oder Ordnung zu beseitigen, soweit dies im öffentlichen Interesse geboten ist. Eine Polizeiverordnung stellt Verbotsregelungen und Gebote **zur Abwehr von Gefahren** auf. Durch sie wird nicht etwa verbotenes Verhalten erlaubt, sondern es wird aus

---

4 Wehser, DVP 2017, 54, 55; Reinhardt, in: Möstl/Trunit, Polizeirecht BW, § 10 Rn 4.
5 Vgl. eingehender Reinhardt, in: Möstl/Trunit, Polizeirecht BW, § 10 Rn 4.
6 Vgl. dazu die Hinweise von Marsch, VBlBW 2012, 6, 7. Zur Abgrenzung vgl. auch BVerwG, Beschl. v. 29.7.2014 – 6 B 42.14.
7 VGH BW, VBlBW 1995, 15, 16.

II. Rechtmäßigkeitsvoraussetzungen 193

Gründen der Gefahrenabwehr ein bestimmtes Verhalten untersagt oder gefordert. Durch eine Polizeiverordnung kann deshalb keine Regelung des Benutzungsverhältnisses in der Weise erfolgen, dass abschließende positive Nutzungszeiten der Einrichtung festgesetzt werden, vielmehr bestimmt sich der zulässige Nutzungsumfang insbesondere nach der Widmung der Einrichtung.[8]

Beispiel: Eine kommunale **Polizeiverordnung** („Lärm von öffentlichen Spielplätzen") regelt, dass die Benutzung öffentlicher Spielplätze zu genau angegebenen Zeiten erlaubt ist (etwa in der Zeit vom 01.04. bis 30.09. eines Jahres jeweils von 8.00 bis 12.00 Uhr.

Nach Auffassung des VGH BW hat die Ortspolizeibehörde / Gemeinde in diesem Fall in der Polizeiverordnung die Nutzung der öffentlichen Einrichtung nicht zur Abwehr von Gefahren geregelt. Vielmehr wurde die Nutzung der öffentlichen Einrichtung abschließend in der Weise bestimmt, dass konkrete Nutzungszeiten positiv festgesetzt wurden. Eine derartige Regelung ist aber auf der Grundlage des Polizeirechts nicht zulässig (VBlBW 2013, 27, 28).

Zulässig ist folgende Bestimmung durch die Ortspolizeibehörde in einer Polizeiverordnung:

„Sport- und Spielstätten, die weniger als 50 m von der Wohnbebauung entfernt sind, dürfen in der Zeit zwischen 22.00 und 7.00 Uhr nicht benutzt werden".[9]

II. Rechtmäßigkeitsvoraussetzungen

Aufgrund der Ergänzung des PolG durch das Gesetz zur Abwehr alkoholbedingter Störungen der öffentlichen Sicherheit (→ Rn 1) ist beim Erlass einer Polizeiverordnung **zwischen den tatbestandlichen Voraussetzungen des § 17 PolG und des § 18 PolG zu unterscheiden**. Der Gesetzgeber hat hier **unterschiedliche formelle und materielle Rechtmäßigkeitsvoraussetzungen** vorgesehen.

1. Materielle Rechtmäßigkeit. a) Ermächtigungsgrundlage. aa) Verfassungskonformität der §§ 17 und 18 PolG. Die **Generalklausel** des § 17 Abs. 1 PolG ist **verfassungsrechtlich unbedenklich** und entspricht den Anforderungen des Art. 61 Abs. 1 S. 2 LV. Nach der Rechtsprechung des BVerfG muss sich Inhalt, Zweck und Ausmaß der Ermächtigung nicht ausdrücklich aus dem Text des ermächtigenden Gesetzes ermitteln lassen. Die Aufgaben der Polizei sind durch Rechtsprechung und Literatur heute derart abgegrenzt und inhaltlich ausgefüllt, dass der verfassungsrechtlichen Forderung Genüge getan ist.[10]

6

7

Die Ermächtigungsgrundlage des § 18 PolG begegnet **keinen verfassungsrechtlichen Bedenken**. Der Gesetzgeber hat sich beim Erlass der Regelung umfassend und inhaltlich zutreffend mit der Frage der Vereinbarkeit mit dem Verfassungsrecht befasst.[11] Die Einschränkung der durch Art. 2 Abs. 1 GG geschützten allgemeinen Handlungsfreiheit ist verhältnismäßig. Der **Erlass einer Polizeiverordnung auf der Grundlage des § 18 PolG** erscheint unter den dortigen Tatbestandsvoraussetzungen grundsätzlich **geeignet, erforderlich und verhältnismäßig im engeren Sinne**.[12] Unter den **klar begrenzten und eng gefassten tatbestandlichen Voraussetzungen** des § 18 PolG darf eine dem Schutz der Allgemeinheit dienende Einschränkung der allgemeinen Handlungsfreiheit, die ein örtlich und zeitlich befristetes Alkoholkonsumverbot

---

8 VGH BW, VBlBW 2013, 27; vgl. dazu die Bespr. von Waldhoff, JuS 2013, 287.
9 Vgl. Muster des Gemeindetags zu einer Polizeiverordnung gegen umweltschädliches Verhalten, BWGZ 2011, 990, 993, § 4: Lärm von Sport- und Spielplätzen.
10 *H. M.*: BVerfGE 54, 143, 144, u. VGH BW, VBlBW 2002, 292; Deger, in: Stephan/Deger, Polizeigesetz BW, § 10 Rn 2.
11 LT-Drs. 16/2741, S. 22 bis 25.
12 Vgl. dazu eingehender Reinhardt, in: Möstl/Trurnit, Polizeirecht BW, § 10 a Rn 1.1.

bewirkt, vom Gesetzgeber vorgesehen werden, es bestehen diesbezüglich keine durchgreifenden verfassungsrechtlichen Bedenken.[13]

8   **Inhalt, Zweck und Ausmaß der allgemeinen Ermächtigung** zum Erlass von Polizeiverordnungen ergeben sich im Übrigen aus den §§ 1 bis 9 PolG, die auch für den Erlass von Polizeiverordnungen gem. §§ 17 u. 18 PolG gelten, und aus den durch die Rechtsprechung entwickelten allgemeinen Grundsätzen.

9   **bb) Spezialermächtigungen.** Nach dem **Grundsatz des Gesetzesvorbehalts** (Art. 20 Abs. 3 GG) benötigt die Polizei für den Erlass einer Polizeiverordnung eine gesetzliche Ermächtigung. Als Ermächtigungsgrundlage kommt die **Generalermächtigung des § 17 Abs. 1 i. V. m. § 1 PolG** in Betracht, wenn ein spezielles Gefahrenabwehrgesetz nicht vorliegt. Polizeiverordnungen auf der Grundlage des § 17 Abs. 1 PolG können daher nicht erlassen werden, wenn und soweit die Wahrnehmung bestimmter polizeilicher Aufgaben in Spezialgesetzen abschließend geregelt ist.[14] Landesrechtliche **Spezialermächtigungen** für den Erlass von Polizeiverordnungen sind etwa § 21 Abs. 2 WG, § 70 LWaldG, § 8 KurorteG und § 15 Abs. 2 BestattG.

10 Keine Polizeiverordnungen i. S. d. § 17 PolG sind **Rechtsverordnungen**, die auf der Grundlage besonderer Ermächtigungen erlassen werden können, wenn sie nicht ausdrücklich als Polizeiverordnung bezeichnet werden. Nach dem Grundsatz der Spezialität gehen sie der allgemeinen Ermächtigungsgrundlage des § 17 PolG vor.[15]

Beispiele:
- **Sperrzeitverordnungen** gem. §§ 9, 11 GastVO; vgl. dazu VGH BW, VBlBW 2013, 70, OVG NRW, NVwZ-RR 2012, 516, u. Bader, „Skandal im Sperrbezirk", Examens-Klausurbesprechung, VBlBW 2011, 205 (Sachverhalt), 242 (Lösungsvorschlag).
- Rechtsverordnung über die **Ausübung des Gemeingebrauchs an einem Baggersee** sowie das Verhalten im Seeuferbereich. Ermächtigungsgrundlage für den Erlass dieser Rechtsverordnung (= Mischverordnung) ist nicht § 17 PolG, sondern die Spezialregelung des § 21 Abs. 2 WG (vgl. dazu VGH BW, VBlBW 2001, 324; Muster für Rechtsverordnungen für die Benutzung eines **Baggersees** und über das **Verbot des Gemeingebrauchs** am Badesee in BWGZ 1996, 497 ff.). Zur Abgrenzung von polizei- und wasserrechtlichen Regelungen gem. **§ 21 Abs. 2 Nr. 2 WG** im „Uferbereich" vgl. auch Kibele, VBlBW 2013, 88, 90 ff.
- Die allgemeine Polizeibehörde kann gem. § 17 Abs. 1, § 1 Abs. 1 PolG zur Verhütung der von verwilderten Haustauben ausgehenden Gefahren, insbesondere für das Eigentum und die menschliche Gesundheit, **Taubenfütterungsverbote** im Stadtgebiet erlassen. Die allgemeine polizeirechtliche Ermächtigung zum Erlass dieses Verbots wird nicht durch spezialgesetzliche Vorschriften wie dem IfSG verdrängt (VGH BW, BWGZ 2006, 326; VG Stuttgart, openJur 2014, 20018; BayVGH, openJur 2014, 19841).

11 **cc) Alkoholbedingte Störungen (§ 18 PolG).** Mit **§ 18 PolG** hat der Gesetzgeber innerhalb des PolG eine **weitere Ermächtigungsgrundlage** zum Erlass einer Polizeiverordnung geschaffen. Es stellt sich die Frage, wie § 18 PolG im Verhältnis zu § 17 PolG zu sehen ist. Der **VGH BW** geht davon aus, dass § 18 PolG die Befugnis zum Erlass von Polizeiverordnungen **im Bereich der Gefahrenvorsorge** regelt, während § 17 PolG Polizeiverordnungen zur Gefahrenabwehr zum Gegenstand hat. Auf § 17 PolG gestützte Polizeiverordnungen, die an den Alkoholkonsum oder an mit dem Alkoholkonsum zusammenhängendes Verhalten anknüpfen, können daher (weiterhin) erlassen werden, wenn alle Voraussetzungen für eine gefahrenabwehrrechtliche Polizeiverordnung vorliegen.[16] § 18 PolG soll insoweit gegenüber § 17 PolG auch kein lex

---

13   Vgl. dazu die gute Begründung in LT-Drs. 16/2741, S. 22 bis 25; ebenso etwa SächsOVG, SächsVBl 2017, 278, 282 (Rn 39); BVerfGE 90, 145, 171; VGH BW, VBlBW 2002, 292, 295 ff. (zu gefährlichen Hunden); Pöltl, VBlBW 2018, 221, 234; ausführlich Köppert, Alkoholverbotsverordnungen, S. 183 bis 211 (dort insb. S. 196 bis 206).
14   VGH BW, NVwZ 1988, 168; Wehser, DVP 2017, 54, 57.
15   Deger, in: Stephan/Deger, Polizeigesetz BW, § 10 Rn 4.
16   VGH BW, VBlBW 2021, 501, 510, m. Anm. Pöltl, VBlBW 2021, 511 ff.; Ibler, in: Ennuschat/Ibler/Remmert, Öffentliches Recht BW, § 2 Rn 470.

II. Rechtmäßigkeitsvoraussetzungen

specialis sein (**zw.**)[17], auch wenn die Tatbestandsvoraussetzungen des § 18 PolG einen hohen Konkretisierungsgrad aufweisen, der eher klassischen gefahrenabwehrrechtlichen Maßnahmen entspricht.[18] Diese Auffassung des VGH BW erscheint dogmatisch vertretbar und ist für die Anwendungspraxis als Leitlinie anzusehen, berücksichtigt aber nicht, dass § 18 PolG in seiner konkreten tatbestandlichen Ausgestaltung (→ Rn 38 ff.) faktisch einer Norm des abstrakten Gefahrenrechts gleicht.[19]

Die **Abgrenzung** der tatbestandlichen Anwendungsbereiche beider Rechtsgrundlagen kann im Einzelfall durchaus schwierig sein. Letztlich kommt es auf die **Zielrichtung der jeweiligen Rechtsverordnung oder Einzelregelung** an. Der VGH BW weist richtigerweise darauf hin, dass bei einer Regelung auf der Grundlage des § 17 PolG das verbotene Verhalten regelmäßig und typischerweise die Gefahr der Verletzung der öffentlichen Sicherheit oder Ordnung mit sich bringen muss. Hierfür bedarf es in jedem Einzelfall hinreichender Anhaltspunkte.[20]

Beispiel: Der Ortspolizeibehörde liegen aus der jüngeren Vergangenheit ausreichende Belege (etwa aus Berichten des Polizeivollzugsdienstes) vor, dass das untersagte Verhalten (Konsum mitgebrachten Alkohols im öffentlichen Raum) regelmäßig zu Störungen Dritter führt (etwa Lärm- oder vergleichbare Belästigungen oder Körperverletzungen unbeteiligter Personen).

§ 18 PolG ist für Alkoholkonsumverbote **bei einer reinen Gefahrenvorsorgeregelung lex specialis**.[21] Sofern einzelne Fallkonstellationen nicht erfasst werden, ist eine **Umgehung** der umfassenden Tatbestandsbegrenzungen des § 18 PolG über § 17 PolG oder die §§ 1, 3 PolG **nicht möglich**. Regelungen der Gefahrenvorsorge beim Mitführen oder Konsumieren von Alkohol im öffentlichen Raum bleiben auf § 18 PolG beschränkt, der Gesetzgeber hat die (engen) tatbestandlichen Voraussetzungen abschließend beschrieben. Dagegen kann durch Alkoholkonsum bedingten abstrakten Gefahren durch eine auf § 17 PolG gestützte Rechtsverordnung begegnet werden[22], was aber in der Rechtspraxis aufgrund der hohen Hürden des VGH BW regelmäßig ausscheiden dürfte.[23]

Im Einzelfall kann zudem der **Erlass einer Allgemeinverfügung** oder **von Auflagen** für ein örtlich und zeitlich beschränktes Alkoholkonsumverbot in Betracht kommen, etwa auf Grundlage der §§ 1, 3 PolG oder des VersammlG, sofern durch den Alkoholkonsum eine **konkrete Gefahr** für die öffentliche Sicherheit oder Ordnung zu erwarten ist.[24]

dd) Verhältnis zum Immissionsschutzrecht. Gem. **§ 22 Abs. 2 BImSchG** bleiben weitergehende öffentlich-rechtliche Vorschriften über den Betrieb nicht genehmigungsbedürftiger Anlagen unberührt. Durch § 22 Abs. 2 BImSchG werden ergänzende immissionsschutzrechtliche Regelungen der Länder ermöglicht.[25] Der **VGH BW** hat entschieden, dass hierzu auch auf der Grundlage des § 17 Abs. 1 PolG erlassene Regelungen in Polizeiverordnungen gehören, soweit eine detaillierte bundesrechtliche Regelung immissionsschutzrechtlicher Anforderungen durch eine Verordnung der Bundesregierung nicht vorliegt und insoweit nur die allgemeine Vorschrift

---

17 A. A. Pöltl, VBlBW 2018, 221, 233; Pautsch, Polizeirecht BW, Rn 209: „wird ... vollständig verdrängt", u. Schenke, Polizei- und Ordnungsrecht, § 11 Rn 668: „Spezialermächtigung zum Erlass örtlicher Alkoholverbote"; → Rn 15.
18 So VGH BW, VBlBW 2021, 501, 510, m. Anm. Pöltl, 511 ff.
19 Pöltl, VBlBW 2021, 511, 513.
20 VGH BW, VBlBW 2021, 501, 511, m. Anm. Pöltl, 511 ff.
21 Konsequenz aus VGH BW, VBlBW 2021, 501 ff.
22 So jedenfalls VGH BW, VBlBW 2021, 501, 510, m. Anm. Pöltl, 511 ff.; Reinhardt, in: Möstl/Trurnit, Polizeirecht BW, § 10 a, Rn 1.2
23 Pöltl, VBlBW 2021, 511, 513.
24 So zutr. Reinhardt, in: Möstl/Trurnit, Polizeirecht BW, § 10 a, Rn 1.2; ebenso SächsOVG, NJW 2018, 2429 f. (Rn 16).
25 BVerwG, Beschl. v. 07.08.1991 - 7 B 48/91 -.

des § 22 Abs. 1 BImSchG gilt.[26] In diesen Fällen wird die Anwendbarkeit des § 17 Abs. 1 PolG durch das Immissionsschutzrecht des Bundes nicht gesperrt.

Beispiel:[27] § 2 der von der Stadt Konstanz erlassenen Polizeiverordnung 2021 über ein nächtliches Musik- und Spielverbot im öffentlichen Raum lautet: „In der Zeit von 22:00 Uhr bis 6:00 Uhr (Nachtzeit im Sinne des Bundesimmissionsschutzgesetzes) ist es verboten, Rundfunk- und Fernsehgeräte, Lautsprecher, Bluetooth-Boxen, Tonwiedergabegeräte und Musikinstrumente zu betreiben oder zu spielen, es sei denn dies geschieht so leise, dass die Nachtruhe anderer Personen dadurch nicht gestört werden kann." Dieser gem. § 17 Abs. 1 PolG erlassenen Regelung stehen die Vorgaben des BImSchG und der auf dieser Grundlage erlassenen Rechtsverordnungen nicht entgegen.[28]

Bei **durch menschliches Verhalten hervorgerufenem Lärm**, der keinen Anlagen-Bezug hat – etwa durch Schreien, Musikspielen, Flaschenklirren, Partys –, kann durch die Polizeibehörde die **Freizeitlärmrichtlinie**[29] als Orientierungshilfe für die Beurteilung der Lärmbelastung herangezogen werden.[30]

14 Die **Geräte- und Maschinenlärmschutzverordnung** vom 29.8.2002 (32. BImSchV)[31] **regelt** als Teil des Gewerberechts **abschließend** den anlagebezogenen Lärm von Geräte- und Maschinenarten, die im Anhang der Verordnung einzeln aufgeführt sind, wie etwa **Baumaschinen** und **Heimwerkergeräte**. Nach der vom **VGH BW** vorgenommenen Abgrenzung knüpft der vom BImSchG geregelte Sachbereich der Lärmbekämpfung an die Errichtung und den Betrieb von Anlagen an und ist somit **anlagenbezogen**. Demgegenüber werden vom *menschlichen Verhalten* (verhaltensbezogen) ausgehende Emissionen grundsätzlich nicht vom Regelungsbereich des BImSchG erfasst.[32] Daraus folgt: Soweit die spezialgesetzlichen Vorschriften der 32. BImSchV (anlagenbezogene Betriebsregelungen für Geräte und Maschinen) gelten, ist kein Raum für die Anwendung des Polizeirechts.[33] Die Ortspolizeibehörden sind nur befugt, in einer Polizeiverordnung Regelungen zum Schutz vor verhaltensbezogenen Lärmbelästigungen zu treffen.

Beispiel: Bestimmungen in einer örtlichen Polizeiverordnung **zum Schutz der Mittagsruhe** sind unwirksam, wenn sie *Geräte* oder *Maschinen* betreffen, deren anlagenbezogener Betrieb in der Geräte- und Maschinenlärmschutzverordnung geregelt ist (etwa der Betrieb bestimmter Rasenmäher). Sind in der örtlichen Polizeiverordnung für bestimmte lärmverursachende *Verhaltensweisen* (etwa Teppichklopfen oder Holzspalten) Benutzungszeiten festgelegt, die nicht von der Geräte- und Maschinenlärmschutzverordnung erfasst werden, ist die Zuständigkeit der Ortspolizeibehörde gegeben (vgl. § 5: Haus- und Gartenarbeiten des Musters des Gemeindetags für eine Polizeiverordnung gegen umweltschädliches Verhalten [BWGZ 2011, 990, 993]).

15 **b) Polizeiverordnung über das Halten gefährlicher Hunde (HuV BW). aa) Rechtsgrundlagen.** Aufgrund zahlreicher Beißattacken durch Hunde – insbesondere durch sog. „**Kampfhunde**" – wurden in den Bundesländern **Gefahrhundeverordnungen** erlassen.[34] Dies führte zu einer Vielzahl von Gerichtsverfahren und zu einer kaum noch zu überblickenden Rechtsprechung.[35] Das Thema hat nach wie vor eine **hohe Praxisrelevanz** und ist **streitanfällig**.[36] Jedes einzelne Bundesland verfügt über eigene Regelungen zum Schutz der Gefahren vor

---

26 VGH BW, VBlBW 2021, 501, 505, m. Anm. Pöltl, 511 ff.
27 Nach dem vom VGH BW, VBlBW 2021, 501 ff. (dort Rn 6) = NVwZ-RR 2021, 29 (dort jeweils nicht abgedruckt), entschiedenen Sachverhalt.
28 VGH BW, VBlBW 2021, 501, 505, m. Anm. Pöltl, 511 ff., u. Beschl. v. 19.12.2023 – 1 S 1365/23 (Satzung).
29 Freizeitlärm-Richtlinie der Bund/Länder-Arbeitsgemeinschaft Immissionsschutz – LAI – (Stand: 06.03.2015).
30 VGH BW, Urt. v. 3.8.2023 – 1 S 1718/22 (Rn 84 ff., 144 ff.).
31 Geräte- und Maschinenlärmschutzverordnung v. 29.8.2002 (BGBl. I S. 3478), zul. geänd. d. Art. 110 der Verordnung v. 19.6.2020 (BGBl. I S. 1328).
32 VGH BW, VBlBW 1997, 346, u. Urt. v. 3.8.2023 – 1 S 1718/22 (Rn 145).
33 Insoweit ausdrücklich offen gelassen von VGH BW, VBlBW 2021, 501, 505, m. Anm. Pöltl, 511 ff.
34 Vgl. zur Rechtsentwicklung Gängel, NJ 2020, 340, 341 ff., und zur Entwicklung der Hundepopulationen und der Beißvorfälle NJ 2020, 340, 345 ff.
35 Übersicht grundlegender Gerichtsentscheidungen bei Ackenheil/Huttner, Problemfall Hund, S. 200 ff.
36 Zutr. Hettich, VBlBW 2021, 527, 528.

II. Rechtmäßigkeitsvoraussetzungen

gefährlichen Hunden.[37] Die Rechtslage ist daher uneinheitlich[38] und nach wie vor in einzelnen Punkten umstritten.

Immer wieder wird – vor allem bei aktuellen Fällen von Beißattacken durch Hunde – die Forderung nach Einführung eines **„Hundeführerscheins"** gestellt. Hier soll die Haltung von Hunden unter den Vorbehalt eines Hundebefähigungsnachweises gestellt werden. Ob eine solche mit erheblichem zusätzlichen Verwaltungsaufwand verbundene Lösung geeignet wäre, die von einzelnen Hunden ausgehende Gefährlichkeit signifikant zu verringern, muss bezweifelt werden.[39]

Ermächtigungsgrundlage für Maßnahmen gegen Gefahrhunde ist in **BW** die **Polizeiverordnung des Innenministeriums und des Ministeriums Ländlicher Raum über das Halten gefährlicher Hunde vom 3.8.2000**.[40] Die **Verwaltungsvorschrift des Innenministeriums und des Ministeriums Ländlicher Raum vom 15.12.2003/16.2.2011/6.11.2018** enthält weitere konkrete Hinweise zur Umsetzung der Polizeiverordnung.[41] Die HuV BW konnte auf der Grundlage des § 17 Abs. 1 i. V. m. § 1 Abs. 1 PolG vom Innenministerium und Ministerium für Ländlichen Raum und Verbraucherschutz gemeinsam erlassen werden.[42] Die HuV BW ist **rechtmäßig** und verstößt insbesondere nicht gegen das Bestimmtheitsgebot (→ Rn 52), den Grundsatz der Verhältnismäßigkeit (→ Rn 53), den Gleichheitsgrundsatz (→ Rn 54) und gegen höherrangiges Recht (→ Rn 55).[43]

16

Anordnungen auf der Grundlage der HuV BW wirken grundsätzlich **nicht im Ausland**, da die HuV BW keine exterritoriale Anwendung vorsieht.[44] Entsprechende behördliche Anordnungen sind im Ausland wirkungslos, das gilt etwa für die Anordnung eines Maulkorbzwangs.[45]

Die Ortspolizeibehörden haben zur Abwehr von Gefahren durch Hunde **folgende Regelungen** zu beachten bzw. anzuwenden:

- Die speziellen Vorschriften der **HuV BW** i. V. m. der VwVgH;
- die speziellen Regelungen einer **örtlichen Polizeiverordnung** gem. § 17 PolG;
- Maßnahmen auf der Grundlage der **polizeilichen Generalklausel** gem. §§ 1, 3 PolG.

Nach der gesetzlichen **Regelungshierarchie** (vgl. § 19 PolG, → Rn 57) ergibt sich bei der Rechtsanwendung folgende **Rangfolge**:[46]

17

---

37 BVerwG, NVwZ 2022, 1303, 1304 (Rn 7): „Ausdruck des förderalen Systems".
38 Ackenheil/Huttner, Problemfall Hund, S. 17.
39 Vgl. dazu etwa Braun, BWGZ 2018, 305 f.
40 HuV BW, GBl. S. 574, zuletzt geändert durch Art. 116 der Verordnung vom 25.1.2012 (GBl. S. 65, 79); vgl. dazu VGH BW, VBlBW 2002, 292 = BWGZ 2002, 79 = ESVGH 52, 80 (das BVerwG hat die Nichtzulassungsbeschwerden gegen diese Entscheidung verworfen, Beschl. v. 4.9.2002 – 6 BN 3.02 u. a.).
41 Die Verwaltungsvorschrift des Innenministeriums und des Ministeriums für Ländlichen Raum und Verbraucherschutz zur Polizeiverordnung des Innenministeriums und des Ministeriums für Ländlichen Raum und Verbraucherschutz über das Halten gefährlicher Hunde (VwVgH) i. d. F. v. 6.8.2018 – Az.: 3–1119.5/34–9142.25 – (GABl. S. 426).
42 VGH BW, VBlBW 2002, 292 f., u. VBlBW 2003, 354; Schenke, Polizei- und Ordnungsrecht, Rn 671 f.; Thiel, Polizei- und Ordnungsrecht, § 16 Rn 4; Wehr, Polizeirecht, Rn 552; diff. Pewestorf, in: Pewestorf/Söllner/Tölle, Polizei- und Ordnungsrecht, § 56 Rn 6; a. A. BVerwG, NVwZ 2003, 95 ff. = BVerwGE 116, 347, DVBl 2002, 1562, u. Ibler, in: Ennuschat/Ibler/Remmert, Öffentliches Recht BW, § 2 Rn 143.
43 VGH BW, VBlBW 2002, 292, 293; Württemberger/Heckmann/Tanneberger, Polizeirecht BW, § 7 Rn 31 ff.; BVerfGE 110, 141, 156 ff.; vgl. auch Gassner, VBlBW 2011, 376, 377; BayVGH, BayVBl 2019, 743 ff.; Kingreen/Poscher, Polizei- und Ordnungsrecht, § 23 Rn 14; Reinhardt, in: Möstl/Trurnit, Polizeirecht BW, § 10 Rn 16.2. Zur Zulässigkeit der Einschränkung der Berufsausübungsfreiheit bei Hundezüchtern vgl. BVerwG, NVwZ 2022, 1303, 1304 (Rn 9).
44 In diesem Sinne auch OVG LSA, NJW 2019, 2417, 2418 (Rn 19), für das LSAHundeG.
45 OVG LSA, NJW 2019, 2417, 2418 (Rn 24).
46 Vgl. dazu auch Götz/Geis, Allg. Polizei- und Ordnungsrecht, § 19 Rn 26 ff.

- Die **HuV BW** geht als vom Innenministerium und Ministerium für Ländlichen Raum und Verbraucherschutz erlassene Rechtsverordnung den von den Gemeinden als Ortspolizeibehörden erlassenen Rechtsverordnungen **vor**. Dies folgt bereits aus Art. 20 Abs. 3 GG (Grundsatz des Gesetzesvorrangs) sowie unmittelbar aus § 19 PolG, wonach Polizeiverordnungen nicht mit Rechtsverordnungen übergeordneter Behörden in Widerspruch stehen dürfen (→ Rn 57). Damit sind Regelungen in Polizeiverordnungen der Ortspolizeibehörden immer dann und insoweit rechtswidrig und unbeachtlich (§ 24 Abs. 2 Hs. 2 PolG: „nichtig" [→ Rn 57])[47], wenn die HuV BW abschließende Regelungen enthält und die Regelungen der kommunalen Polizeiverordnung dazu im Widerspruch stehen.
- Die **VwVgH** ist eine vom Ministerium für Inneres, Digitalisierung und Migration und Ministerium für Ländlichen Raum und Verbraucherschutz gemeinsam erlassene sog. **norminterpretierende, normkonkretisierende und ermessenslenkende Verwaltungsvorschrift**.[48] Sie entbindet die zuständigen Behörden nicht von der Notwendigkeit einer **einzelfallbezogenen Zuverlässigkeitsprüfung**.[49] Ihre Funktion liegt darin, den die Regelungen der HuV BW anwendenden Polizeibehörden weitergehende Hinweise und Vorgaben für die Rechtsanwendung zu geben. Als Verwaltungsvorschrift entfaltet die VwVgH **Innenwirkung** und bindet die Polizeibehörden bei der Anwendung der HuV BW, entfaltet aber **keine Außenwirkung** gegenüber Bürgern, gegen die durch eine Polizeibehörde auf der Grundlage der HuV BW und der VwVgH Maßnahmen erlassen wurden.[50] Die Vorgaben der VwVgH sind darüber hinaus mangels Gesetzeskraft als Verwaltungsvorschrift **ohne Bindung für die Verwaltungsgerichte**, so dass diese die Anwendung der HuV BW uneingeschränkt – und ggf. abweichend von den Vorgaben der VwVgH – nachprüfen.[51]

Beispiele:
- Bei einem Kampfhund i. S. d. § 1 Abs. 1 HuV BW kann das Vorliegen eines Tatbestandsmerkmals des § 2 S. 2 HuV BW die Durchführung eines Wesenstests nur dann entbehrlich machen kann, wenn der zugrundeliegende Sachverhalt ausnahmsweise auch unmittelbar einen Rückschluss auf eine i. S. d. § 1 Abs. 1 HuV BW gesteigerte Aggressivität und Gefährlichkeit gegenüber Menschen oder Tieren erlaubt. Ein **Verzicht auf einen Wesenstest** gem. § 1 Abs. 4 HuV BW kommt deshalb entgegen Nr. 1.2.1 VwVgH nur in diesen besonderen Fällen in Betracht (→ Rn 26).[52]
- Ob die von Nr. 2.4 VwVgH geforderte **Dokumentation eines Beißvorfalls** vorliegt, ist im Hinblick auf § 2 HuV BW ohne Bedeutung.[53]

- Die Gemeinden können gem. §§ 19, 24 Abs. 2 PolG keine Regelungen in ihren Rechtsverordnungen vorsehen, die im Widerspruch zu Regelungen der HuV BW stehen (siehe zuvor). Allerdings sieht § 6 HuV BW ausdrücklich vor, dass **weitergehende Verordnungen** nachgeordneter allgemeiner Polizeibehörden unberührt bleiben (→ Rn 16 u. 57).
- Ergeben sich aus den anwendbaren und zu beachtenden Rechtsverordnungen keine spezifischen Regelungen oder Eingriffsermächtigungen oder fällt ein Hund nicht unter die HuV BW, kommt ggf. eine polizeiliche Maßnahme auf der Grundlage der Generalklausel der **§§ 1, 3**

---

47 Vgl. zur vollständigen oder ggf. nur teilweisen Nichtigkeit einer Polizeiverordnung Reinhardt, in: Möstl/Trurnit, Polizeirecht BW, § 16 PolG Rn 15.
48 Vgl. dazu Maurer/Waldhoff, Allg. Verwaltungsrecht, § 24 Rn 11 f.; VG Freiburg, openJur 2020, 79255 (Rn 44).
49 VGH BW, VBlBW 2005, 28, 29.
50 St. Rspr des VGH BW, VBlBW 2017, 197, 198; vgl auch Maurer/Waldhoff, Allg. Verwaltungsrecht, § 24 Rn 22 ff.
51 VGH BW, openJur 2020, 32998 (Rn 13), u. VBlBW 2005, 28, 29; VG Karlsruhe, openJur 2014, 12790 (Rn 41); VG Freiburg, openJur 2012, 65940 (Rn 19).
52 So jedenfalls VG Karlsruhe, openJur 2014, 12790 (Rn 41, 44).
53 VGH BW, openJur 2020, 32998 (Rn 13), VBlBW 2017, 197, 198, u. Beschl. v. 2.5.2013 – 1 S 329/13; Hettich, VBlBW 2021, 527, 528.

II. Rechtmäßigkeitsvoraussetzungen

PolG in Betracht.[54] Diese erfolgt dann durch eine **Polizeiverfügung**. Ein Rückgriff auf die polizeiliche Generalklausel gem. §§ 1, 3 PolG für die **Anordnung eines Maulkorbzwangs** ist nicht ausgeschlossen, wenn es sich nicht um einen Kampfhund oder gefährlichen Hund i. S. d. HuV BW handelt – die HuV BW stellt in diesen Fällen keine abschließende Regelung dar.[55]

Beispiele:
- **Untersagung der Haltung** eines Kampfhundes durch Polizeiverfügung gem. § 3 Abs. 3 HuV BW (VGH BW, openJur 2020, 76935 [Rn 24] = DÖV 2021, 176 [Ls.]).
- **Anordnung des Leinenzwangs** für bestimmte Bereiche des Gemeindegebiets in einer Rechtsverordnung der Ortspolizeibehörde (VGH BW, VBlBW 2008; Götz/Geis, Allg. Polizei- und Ordnungsrecht, § 19 Rn 26; Ackenheil/Huttner, Problemfall Hund, S. 33.).
- **Anordnung zum Schutz betroffener Nachbarn vor Lärm** durch Hundegebell im Wege einer polizeirechtlichen Verfügung auf der Grundlage der §§ 1, 3 PolG (vgl. dazu Weber, KommJur 2021, 443 ff., u. Peters/Rind, LKV 2017, 251, 256).

bb) Vorliegen einer abstrakten Gefahr. Der VGH BW hat das Vorliegen einer **abstrakten Gefahr** für die öffentliche Sicherheit oder Ordnung i. S. d. § 17 Abs. 1 PolG zum Erlass der HuV BW bejaht. Diese liegt bei einer Sachlage vor, die nach **allgemeiner Lebenserfahrung** oder **fachlichen Erkenntnissen** mit hinreichender Wahrscheinlichkeit das Eintreten einer konkreten Gefahrenlage möglich erscheinen lässt. Das Halten von Hunden stellt wegen der von den Tieren allgemein ausgehenden Gefahr eines spontanen und unbeherrschbaren aggressiven Verhaltens gegen Menschen oder Tiere – insbesondere bei **Hunden ab einer gewissen Größe und Stärke** – eine solche abstrakte Gefahr dar.[56]

Der bei Annahme einer abstrakten Gefahr zu **fordernde Wahrscheinlichkeitsgrad** hängt grundsätzlich von der **Bedeutung** der gefährdeten Rechtsgüter sowie dem **Ausmaß** des möglichen Schadens ab. Angesichts der Bedeutung des gefährdeten und möglicherweise beeinträchtigten Rechtsgutes – zumindest die **menschliche Gesundheit**, möglicherweise wegen der Größe und Beißkraft des Hundes aber auch das Leben besonders verletzlicher Menschen (Kinder, Alte, Kranke) – sind an die erforderliche praktische Wahrscheinlichkeit eines Schadenseintritts **keine zu hohen Anforderungen** zu stellen.[57]

cc) Begriffsbestimmungen. Die HuV BW unterscheidet in den §§ 1, 2 HuV BW (mit Nr. 1 u. 2 VwVgH) **unterschiedliche Kategorien bestimmter Hunderassen und -klassen**, an die in der HUV BW **differenzierte Maßnahmen und Vorgaben** anknüpfen. Das BVerfG hat richtigerweise entschieden, dass der Gesetzgeber zum Schutz des menschlichen Lebens und der menschlichen Gesundheit gesetzliche Vorkehrungen treffen darf, wenn genügend Anhaltspunkte dafür vorliegen, dass Hunde bestimmter Rassen – und sei es auch erst im Zusammenwirken mit anderen Faktoren der genannten Art – für diese Schutzgüter in besonderer Weise gefährlich werden können.[58] Dabei knüpfen die Regelungen der HUV BW in aller Regel an die Eigenschaft als Kampfhund (§ 1 HuV BW) oder als gefährlicher Hund (§ 2 HuV BW) an, nur ausnahmsweise werden auch sonstige Hunde erfasst.

---

54 VGH BW, VBlBW 2011, 425 (= NVwZ-RR 2011, 725); VG Karlsruhe, openJur 2022, 20987 (Rn 33 f.); Gusy/Eichenhofer, Polizei- und Ordnungsrecht, Rn 409; Ackenheil/Huttner, Problemfall Hund, S. 18 f.
55 VGH BW, VBlDW 2011, 425 (= NVwZ-RR 2011, 725); VG Karlsruhe, openJur 2022, 20987 (Rn 34); VG Trier, openJur 2020, 23782 (Rn 40); Geis, Fälle zum Polizei- und Ordnungsrecht, Rn 824 f.; a. A. VG Stuttgart, openJur 2013, 12915 (Rn 8 f.).
56 VGH BW, VBlBW 2002, 292, 293 = BWGZ 2002, 79 = ESVGH 52, 80; Württemberger/Heckmann/Tanneberger, Polizeirecht BW, § 7 Rn 32; Wehser, DVP 2017, 54, 58 f.
57 VGH BW, VBlBW 2021, 72, 74 = NVwZ-RR 2021, 203, 205 (Rn 29); VG Freiburg, openJur 2012, 65940 (Rn 26).
58 BVerfGE 110, 141, 159 ff., i. E. ebenso BVerwG, NVwZ 2022, 1303, 1304 (Rn 9); Götz/Geis, Allg. Polizei- und Ordnungsrecht, § 19 Rn 28 f.; Württemberger/Heckmann/Tanneberger, Polizeirecht BW, § 7 Rn 32; Thiel, Polizei- und Ordnungsrecht, § 16 Rn 4; a. A. BVerwG, NVwZ 2003, 95, 97 f. = BVerwGE 116, 347, u. Ibler, in: Ennuschat/Ibler/Rennert, Öffentliches Recht BW, § 2 Rn 143; vgl. auch Schenke, Polizei- und Ordnungsrecht, Rn 672.

20 **(1) Kampfunde.** Der Kategorie „**Kampfhunde**" können Hunde aus nachfolgenden Gründen zugeordnet werden:

1. Kampfhunde:

- **Kampfhunde gem. § 1 Abs. 1 HuV BW** („abstrakter Begriff", vgl. Erläuterungen dazu in Nr. 1.1, dort Nr. 1.1.1 u. 1.1.2 VwVgH). Kampfhunde sind danach Hunde, bei denen aufgrund rassespezifischer Merkmale, durch Zucht oder im Einzelfall wegen ihrer Haltung oder Ausbildung von einer gesteigerten Aggressivität und Gefährlichkeit gegenüber Menschen oder Tieren auszugehen ist. Kampfhunde gelten als **abstrakt gefährlich**.[59]
- **Kampfhunde kraft Vermutung** – § 1 Abs. 2 HuV BW (vgl. Erläuterungen dazu in Nr. 1.2, dort Nr. 1.2.1 bis 1.2.3 VwVgH). Es handelt sich um die Hunderassen und -klassen der American Staffordshire Terrier, Bullterrier und Pit Bull Terrier.[60]

Der Verordnungsgeber durfte bei den in der Regelung genannten Hunderassen davon ausgehen, dass diese eine angeborene hohe Kampfkraft und Aggressivität zeigen und diese eine grundlegende Gefährlichkeit für Menschen und Tiere mit sich bringt[61]. **Kreuzungen** der genannten Hunderassen bzw. des Hundetyps sind nur solche, bei denen maßgebliche Merkmale des Rassestandards bzw. des Erscheinungsbildes der aufgezählten Hunderassen signifikant in Erscheinung treten[62]; es muss mindestens ein Elternteil des betroffenen Hundes zu den in der Regelung genannten Rassen gehören[63], wobei bei diesem Elternteil **keine Reinrassigkeit erforderlich** ist.[64] Zur Prüfung, ob ein Hund als Kreuzung einer der in § 1 Abs. 2 HuV BW genannten Rassen angehört, stehen unterschiedliche Methoden zur Verfügung.[65] Aufgrund der besonderen Schutzwirkung dürfen an das Vorliegen der Tatbestandsvoraussetzungen des § 1 Abs. 2 HuV BW **keine zu strengen Anforderungen** gestellt werden.[66]

Bei den in § 1 Abs. 2 HuV BW genannten Hunderassen und -klassen wird die **Eigenschaft als Kampfhund durch eine sog. Regelvermutung** unterstellt. Diese Vermutung kann nur dadurch **beseitigt** werden, dass der Hundehalter gegenüber der zuständigen Behörde (§ 1 Abs. 4 S. 2 HuV BW) für den einzelnen Hund nachweist, dass dieser keine gesteigerte Aggressivität und Gefährlichkeit gegenüber Menschen oder Tieren aufweist. Dieser Nachweis erfolgt regelmäßig durch einen sog. **Wesenstest** / eine sog. **Verhaltensprüfung** (§ 1 Abs. 4 S. 1 HuV BW), deren Inhalte und Ablauf in Nr. 1.4 VwVgH detailliert vorgegeben sind (→ Rn 26).

Wer einen **Kampfhund** nach § 1 Abs. 2 HuV BW **als Halter übernimmt**, hat sich ab diesem Zeitpunkt **selbstständig und aktiv** um die Erfüllung der sich aus der HuV BW und anderen gesetzlichen Regelungen ergebenden Voraussetzungen für die Haltung des Hundes zu **kümmern**.[67]

- **Kampfhunde kraft Rasse und Feststellung im Einzelfall** – § 1 Abs. 3 HuV BW (vgl. Erläuterungen dazu in Nr. 1.3, dort Nr. 1.3.1 u. 1.3.2 VwVgH). Es handelt sich um die Hunderassen

---

59 VGH BW, VBlBW 2021, 72, 73; Ackenheil/Huttner, Problemfall Hund, S. 37.
60 Zu den Begrifflichkeiten und deren Herkunft vgl. Ackenheil/Huttner, Problemfall Hund, S. 323 ff., u. VG Karlsruhe, openJur 2020, 34166 (Rn 12).
61 VGH BW, VBlBW 2021, 72, 73 f.; vgl. auch BayVGH, openJur 2020, 71319 (Rn 4); Knemeyer/Schmidt, Polizei- und Ordnungsrecht (PdW), S. 103 f.
62 VG Karlsruhe, openJur 2020, 34884 (Rn 20); VGH BW, VBlBW 2002, 292; OVG NRW, openJur 2019, 26184 (Rn 33).
63 VG Karlsruhe, openJur 2020, 34884 (Rn 20).
64 VG Karlsruhe, openJur 2020, 34884 (Rn 20); VGH BW, VBlBW 202, 292; a. A. VG Stuttgart, VBlBW 2008, 357.
65 Eingehend dazu VGH BW, VBlBW 2021, 72, 74 f.; vgl. auch VG Potsdam, NJ 2022, 228 f., zum Einsatz einer Genanalyse, u. VG Berlin, ZLVR 2023, 37 f.
66 VGH BW, VBlBW 2021, 72, 74.
67 VGH BW, openJur 2020, 76935 (Rn 27) = DÖV 2021, 176 (Ls.).

der Bullmastiff, Staffordshire Bullterrier, Dogo Argentino, Bordeaux Dogge, Fila Brasileiro, Mastin Espanol, Mastino Napoletano, Mastiff und Tosa Inu.[68]

Die **Aufzählung** der genannten Hunderassen ist **nicht abschließend** („insbesondere"). Die Rasseeigenschaft reicht als solche nicht aus, vielmehr müssen bei einem betroffenen Hund **Anhaltspunkte für eine gesteigerte Aggressivität und Gefährlichkeit gegenüber Menschen oder Tieren** vorliegen.

- **Kampfhunde i. S. d. Regelung der Nr. 1.1.3 VwVgH:** „Neben den in § 1 Abs. 2 und 3 HuV BW genannten Hunden können auch andere Hunde die Eigenschaft als Kampfhund haben". Dies ergibt sich auch unmittelbar aus der nicht abschließenden Aufzählung der Hunderassen in § 1 Abs. 3 HuV BW.

Um das Ziel des § 1 HuV BW einer effektiven Gefahrenabwehr zu erreichen und sicherzustellen, sind an das Vorliegen der Tatbestandsvoraussetzungen der Regelung **keine allzu hohen Anforderungen** zu stellen. Die zuständige Polizeibehörde ist berechtigt, bei der Feststellung der Eigenschaft als Kampfhund **auf alle geeigneten Methoden zurückzugreifen**.[69]

(2) Gefährliche Hunde. Der Kategorie „gefährliche Hunde" können Hunde aus den in § 2 HuV BW genannten Gründen zugeordnet werden. Gem. **§ 2 S. 1 HuV BW** gelten als gefährliche Hunde solche Hunde, die nicht bereits Kampfhunde i. S. d. § 1 HuV BW sind und die **wegen ihres Verhaltens die Annahme rechtfertigen**, dass durch sie eine **Gefahr für Leben und Gesundheit von Menschen und Tieren** besteht.[70] § 2 S. 2 HuV BW nennt folgende **Regelbeispiele**:

- **Bissiger Hund** gem. § 2 S. 2 Nr. 1 HuV BW (vgl. Erläuterungen dazu in Nr. 2.1 VwVgH),
- **anspringender Hund** gem. § 2 S. 2 Nr. 2 HuV BW (vgl. Erläuterungen dazu in Nr. 2.2 VwVgH) oder
- **hetzender oder reißender Hund** gem. § 2 S. 2 Nr. 3 HuV BW (vgl. Erläuterungen dazu in Nr. 2.3 VwVgH).

Die Voraussetzungen der Regelbeispiele müssen **nicht kumulativ** („oder") vorliegen. Die in § 2 S. 2 Nr. 1 bis 3 HuV BW genannten Fallkonstellationen sind **nicht abschließend** („insbesondere"), so dass auch eine **sonstige Aggressivität** für die Annahme der Gefährlichkeit genügen kann, etwa wenn ein Hund eine klar erkennbare grundlegende Angriffshaltung erkennen lässt.[71]

Die Frage, ob von einem Hund i. S. d. § 2 HuV BW tatsächlich Gefahren ausgehen, stellt sich grundsätzlich nicht, wenn er – ohne angegriffen oder sonst provoziert worden zu sein – **bereits einen Menschen oder ein Tier gebissen** und damit seine Gefährlichkeit unter Beweis gestellt hat.[72] I. S. d. § 2 S. 2 Nr. 1 HuV BW **genügt bereits ein Beißvorfall**, um einen Hund als gefährlich einzustufen[73]. Die Annahme der Gefährlichkeit kann nach Beißvorfällen grundsätzlich auch nicht durch (privatrechtliche) Gutachten des Halters widerlegt werden.[74] Andererseits reicht allein das aggressive Anbellen, das Zerreißen einer Sache oder der Zubiss auf Befehl regelmäßig für die Annahme der Gefährlichkeit nicht aus[75], vielmehr bedarf es in einem solchen Fall

---

68 Vgl. zu den gefährlichen Hunderassen auch Ackenheil/Huttner, Problemfall Hund, S. 323 ff.
69 VGH BW, VBlBW 2021, 72, 74.
70 Vgl. auch Ackenheil/Huttner, Problemfall Hund, S. 38.
71 Zutr. Ackenheil/Huttner, Problemfall Hund, S. 44.
72 St. Rspr des VGH BW, openJur 2020, 32998 (Rn 8), openJur 2020, 32999 (Rn 7), VBlBW 2017, 197, 198 f., u. NJW 2019, 103 (Ls.) = DÖV 2018, 720 (Ls.); ebenso OVG LSA, LKV 2022, 371 f.
73 VGH BW, VBlBW 2011, 185 f.; VG Freiburg, Beschl. v. 20.4.2018 – 1 K 2099/18 (Rn 10); OVG MV, NJW 2023, 1002 (Ls.); OVG BB, LKV 2017, 34, 35, mit Anm. Neubauer; VG Aachen, KommJur 2022, 102; Ackenheil/Huttner, Problemfall Hund, S. 40.
74 VG Freiburg, openJur 2013, 14532 (Rn 29); VG Karlsruhe, openJur 2013, 13547 (Rn 45); HessVGH, DÖV 2023, 643 (Ls.). Dies gilt auch für Junghunde, die „ein Leben lang" gefährlich bleiben (OVG LSA, LKV 2023, 189 [Ls.]).
75 Ackenheil/Huttner, Problemfall Hund, S. 40 f.

konkreter Hinweise und belastbarer Rückschlüsse auf das Aggressionsverhalten des Hundes.[76] Beim alleinigen **Anspringen** kann regelmäßig nur von einer Gefährlichkeit ausgegangen werden, wenn der Hund eine Person in aggressiver und unvorhersehbarer Weise anspringt und dies mit einer Gefahr von Verletzungen der angesprungenen Person verbunden ist (im Gegensatz zum lediglich begrüßenden Anspringen); bei kleinen Hunden wird eine Gefährlichkeit regelmäßig ausscheiden.[77] Von einer „Neigung zum **unkontrollierten Hetzen oder Reißen** von Wild oder Vieh oder anderen Tieren" (§ 2 S. 2 Nr. 3 HuV BW) ist auszugehen, wenn ein Hund wiederholt ohne Steuerungsmöglichkeit oder -wille des Hundehalters andere Tiere hetzt oder reißt.

Die verbindliche Einstufung als gefährlicher Hund erfolgt in aller Regel durch **Erlass eines feststellenden Verwaltungsakts** durch die zuständige Ortspolizeibehörde. Beschlagnahme und Einziehung → Rn 30 ff.

22 **(3) Sonstige Hunde.** **Sonstige Hunde** können Hunde sein, die zwar dem Grunde nach von der HuV BW erfasst werden, von denen aber **keine besondere Gefährlichkeit** ausgeht.

Beispiel: Gem. § 4 Abs. 6 S. 1 HuV BW können für Hunde der in § 1 Abs. 2 u. 3 HuV BW genannten Rassen und ihrer Kreuzungen, **die keine Kampfhunde** sind, im Einzelfall von der Ortspolizeibehörde Ausnahmen von der Anleinpflicht des § 4 Abs. 3 S. 1 zugelassen werden, wenn Menschen, Tiere oder Sachen nicht gefährdet werden. Erfasst werden damit Hunde der in § 1 Abs. 2, 3 HuV BW ausdrücklich genannten Rassen, bei denen von keiner gesteigerten Aggressivität und Gefährlichkeit gegenüber Menschen oder Tieren auszugehen ist. Der Hundehalter kann den Nachweis etwa durch eine Bescheinigung über das erfolgreiche Ablegen einer Gehorsamsprüfung des Hundes führen.

Sonstige Hunde sind überdies solche Hunde, die **nicht unter die Vorschriften der HuV BW** fallen, da sie weder Kampfhunde noch gefährliche Hunde sind. Bei ihnen kommen gegenüber den Haltern Maßnahmen auf der Grundlage der **§§ 1, 3 PolG** in Betracht.[78]

23 **dd) Maßnahmen gegen Kampfhunde / gefährliche Hunde.** Die HuV BW sieht für Kampfhunde und gefährliche Hunde **unterschiedliche Maßnahmen** vor. Dabei differenziert die HuV BW die Art der Maßnahmen grundsätzlich nach der Kategorie, welcher der jeweilige Hund zuzuordnen ist.

24 **(1) Maßnahmen bei Kampfhunden.** Die **Haltung** von **Kampfhunden (§ 1 Abs. 1 HuV BW)**, die älter als 6 Monate sind, bedarf gem. § 3 Abs. 1 HuV BW i. V. m. Nr. 3 VwVgH einer **Erlaubnis** (Verbot mit Erlaubnisvorbehalt [→ § 6 Rn 3]). Gem. **§ 3 Abs. 2 S. 1 HuV BW** darf die Erlaubnis darf nur erteilt werden, wenn der Antragsteller ein berechtigtes Interesse an der Haltung nachweist, gegen seine Zuverlässigkeit und Sachkunde keine Bedenken bestehen und Gefahren für Leben, Gesundheit, Eigentum oder Besitz nicht entgegenstehen (weitere Details sind in Nr. 3.2 VwVgH geregelt). Die für den Halter eines Kampfhunds erforderliche **Zuverlässigkeit** besitzt danach derjenige nicht, der keine Gewähr dafür bietet, dass der Hund künftig ordnungsgemäß, d. h. in einer Weise sicher geführt wird, dass von dem Hund keine der mit der HuV BW bekämpften Gefahren für Menschen oder Tiere ausgehen werden.[79]

Das Halten eines Kampfhundes ohne die erforderliche Erlaubnis stellt eine **Ordnungswidrigkeit** gem. **§ 8 Abs. 1 Nr. 1 HuV BW** dar. Kann eine Erlaubnis nicht erteilt werden, hat die Ortspolizeibehörde nach der speziellen **Ermächtigungsgrundlage** des § 3 Abs. 3 HuV BW durch eine entsprechende Polizeiverfügung die **Haltung des Tieres** zu untersagen.[80] Der VGH BW hat entschieden, dass eine **Haltungsuntersagung** in der Regel **rechtswidrig** ist, wenn (kumulativ)

---

76 OVG Saarlouis, NJW 2023, 1001 (Rn 11): dort zutr. bejaht.
77 Ackenheil/Huttner, Problemfall Hund, S. 42 f.
78 Vgl. dazu etwa VGH BW, VBlBW 2011, 425, 426 f.
79 VGH BW, VBlBW 2005, 28, 29.
80 Ackenheil/Huttner, Problemfall Hund, S. 25, 48 f.

- keine Bedenken gegen die **Zuverlässigkeit oder Sachkunde** des Halters bestehen,
- der Halter unverzüglich nach Begründung der Haltereigenschaft für den betroffenen Hund eine **Erlaubnis nach § 3 Abs. 1 HuV BW beantragt** hat und
- der Halter den Hund zur **Prüfung nach § 1 Abs. 4 HuV BW anmeldet** sowie diese Prüfung binnen einer angemessenen Frist von in der Regel drei Monaten durchführt.[81]

Besondere Halterpflichten folgen aus **§ 4 HuV BW**. Danach bestehen gem. § 4 Abs. 1 HuV BW i. V. m. Nr. 4 VwVgH u. a.:

- Für Kampfhunde[82] und Hunde der in § 1 Abs. 2 u. 3 HuV BW genannten Rassen und ihrer Kreuzungen eine **Pflicht zur sicheren Haltung** (§ 4 Abs. 1 HuV BW, Nr. 4.1 VwVgH);
- für Kampfhunde besondere Anforderungen an die **Führung des Hundes durch Dritte** (§ 4 Abs. 2 HuV BW, Nr. 4.2.1 u. 4.2.2 VwVgH);
- für Kampfhunde und Hunde der in § 1 Abs. 2 u. 3 HuV BW genannten Rassen und ihrer Kreuzungen, die älter als 6 Monate sind, eine **Leinenpflicht** und unabhängig vom Alter eine **Kennzeichnungspflicht** (§ 4 Abs. 3 HuV BW, Nr. 4.3.1 u. 4.3.2 VwVgH);
- für Kampfhunde, die älter als sechs Monate sind, ein **Maulkorbzwang** (§ 4 Abs. 2 HuV BW, Nr. 4 VwVgH)[83];
- beim Führen von Kampfhunden und von Hunden der in § 1 Abs. 2 u. 3 HuV BW genannten Rassen und ihrer Kreuzungen außerhalb des befriedeten Besitztums eine **Mitführpflicht bestimmter Erlaubnis- / Nachweispapiere** (§ 4 Abs. 5 HuV BW).

(2) Maßnahmen bei gefährlichen Hunden. Bei gefährlichen Hunden sind gem. **§ 4 HuV BW** folgende Maßnahmen vorgesehen:

- **Haltungsverbot** (§ 4 Abs. 1 S. 2 i. V. m. § 3 Abs. 4 S. 3 HuV BW)[84];
- besondere Anforderungen an die **Führung des Hundes durch Dritte** (§ 4 Abs. 2 HuV BW, Nr. 4.1, 4.2.1 u. 4.2.2 VwVgH)[85];
- **Leinenpflicht** (vgl. § 4 Abs. 3 S. 1 HuV BW); zum (nicht bestehenden) Anspruch auf **Erlass einer Regelung zur Anleinpflicht aller Arten von Hunden** aus Gründen der Gleichbehandlung vgl. Bay VerfGH, NVwZ-RR 2019, 292 ff.;
- **Maulkorbpflicht** außerhalb des befriedeten Besitztums (§ 4 Abs. 4 HuV BW).

ee) Feststellung der Gefährlichkeit (insbesondere Wesenstest). (1) Allgemeines. Nach den Regelungen der HuV BW hat die **Ortspolizeibehörde** die Eigenschaft eines Hundes als Kampfhund oder als gefährlicher Hund i. S. d. § 2 HuV BW mit den sich daraus jeweils ergebenden Rechtsfolgen durch **Verwaltungsakt** festzustellen. Die VwVgH sieht ein umfangreiches und detailliertes Verfahren zur Feststellung der Kampfhundeeigenschaft, zur Erlaubniserteilung oder zur Feststellung der Gefährlichkeit eines Hundes nach § 2 HuV BW vor (vgl. Nr. 1.4 der VwVgH zu § 1 Abs. 4 HuV BW). **Ermächtigungsgrundlage** für die Feststellung der Eigenschaft als Kampfhund / gefährlicher Hund ist § 1 Abs. 4 bzw. § 2 HuV BW.[86] Insbesondere bei gefährlichen Hunden gem. § 2 HuV BW kann die **Feststellung der Gefährlichkeit** auch inzident durch die Anordnung eines Leinen- und Maulkorbzwangs auf der Grundlage des § 4 HuV BW erfolgen.[87]

---

81 VGH BW, openJur 2020, 76935 (Rn 24) = DÖV 2021, 176 (Ls.).
82 Vgl. zur Verfassungsmäßigkeit des Kampfhundebegriffs ausführlich BayVGH, BayVBl 2019, 743 ff.
83 Vgl. dazu auch den Klausurfall bei Wernsmann/Hübsch, JA 2023, 569 ff.
84 Ackenheil/Huttner, Problemfall Hund, S. 48.
85 Vgl. dazu ThürOVG, LKV 2021, 83 (Führung eines Hundes durch unzuverlässige dritte Person).
86 Str.: Vgl. Gassner, VBlBW 2011, 376, 379; zur Einstufung eines Hundes als gefährlich vgl. auch OVG RP, KommJur 2013, 358.
87 Vgl. etwa VG Freiburg, Beschl. v. 5.2.2001 – 7 K 2015/01; VG Karlsruhe, openJur 2012, 61932 (Rn 17 ff.); VGH BW, VBlBW 2011, 185 f. (Rn 6); ebenso BayVGH, BayVBl 2021, 122, 123 f. Vgl. dazu auch Ackenheil/Huttner, Problemfall Hund, S. 26.

Adressat der Verfügung ist regelmäßig der Hundehalter. Für die **Hundehaltereigenschaft** im polizeirechtlichen Sinne kommt es entscheidend auf die tatsächliche Sachherrschaft und die daraus folgende gefahrenrelevante Einwirkungsmöglichkeit an.[88]

(2) Gefährliche Hunde

Fall 27: Halter H ist Eigentümer von „Aika", einer Australian Shepherd-Hündin. Nachweislich der Akten hat die Hündin schon zweimal ohne besonderen Anlass im Beisein von H Spaziergänger gebissen und verletzt. Die Ortspolizeibehörde O beabsichtigt, Aika als gefährlichen Hund i. S. d. § 2 HuV BW einzustufen und H dazu zu bringen, die daraus folgenden Halterpflichten (Leinen- und Maulkorbzwang) zu beachten.

28 **Gefährliche Hunde** i. S. d. § 2 S. 2 Nr. 1 HuV BW sind insbesondere Hunde, die bissig sind. Gem. Nr. 2.1 Abs. 1 S. 1 VwVgH ist ein Hund in der Regel als **bissig** anzusehen, wenn er eine Person „gebissen hat und es sich hierbei nicht nur um eine Reaktion auf einen Angriff oder um ein bewusst herausgefordertes Verhalten handelt".[89] Die **Anlage 6 a** zu Nr. 2.1 VwVgH enthält Hinweise und Fragebögen zur Beurteilung von Beißvorfällen mit Hunden. Ggf. kann O im **Fall 27** auch ein Sachverständigengutachten einholen (vgl. Nr. 2.4 Abs. 3 VwVgH). Bei gefährlichen Hunden i. S. d. § 2 HuV BW stellt sich die Frage, ob von einem Hund tatsächlich Gefahren ausgehen, indes grundsätzlich nicht, wenn der Hund – wie hier mehrfach – **bereits einen Menschen oder ein Tier gebissen und damit seine Gefährlichkeit unter Beweis gestellt hat**.[90]

Kommt im **Fall 27** O im Rahmen ihres Ermessens zum Ergebnis, dass Aika „bissig" ist, kann sie an H eine entsprechende Verfügung erlassen, in der die Gefährlichkeit des Hundes festgestellt und die Halterpflichten des § 4 HuV BW i. V. m. Nr. 4 VwVgH angeordnet werden.

29 **(3) Wesenstest.** Gem. **§ 1 Abs. 4 S. 1 HuV BW** stützt die Ortspolizeibehörde die Vermutung bzw. Entscheidung über die Eigenschaft als Kampfhund regelmäßig auf das Ergebnis einer Prüfung. Es handelt sich dabei um den sog. **Wesenstest**[91], bei dem geprüft wird, ob der Hund eine gesteigerte Aggressivität oder Gefährlichkeit gegenüber Menschen oder Tieren aufweist.[92] Die Prüfung wird von einem im öffentlichen Dienst beschäftigten Tierarzt und einem sachverständigen Beamten des Polizeivollzugsdienstes durchgeführt; eine weitere sachkundige Person kann hinzugezogen werden (§ 1 Abs. S. 3 HuV BW).[93] Aus Nr. 1.4 VwVgH ergeben sich für die zuständige Behörde (§ 1 Abs. 4 S. 2 HuV BW i. V. m Nr. 1.4.1 VwVgH) **detaillierte Vorgaben** für die Durchführung des Wesenstests.

Die HuV BW gibt vor, dass die Beurteilung der Eigenschaft als Kampfhund „regelmäßig" durch einen Wesenstest erfolgt. Ein Abweichen bzw. ein **Verzicht** auf die Durchführung eines Wesenstest kommt daher **nur ausnahmsweise** in Betracht. Der VGH BW geht davon aus, dass es grundsätzlich keines Wesenstests bedarf, wenn sich die (vermutete) **Gefährlichkeit eines Kampfhundes** insbesondere durch einen Beißvorfall oder auf andere Art und Weise **in tatsächlich gesteigerter Aggressivität und Gefährlichkeit gegenüber Menschen oder Tieren konkretisiert** hat (ebenso Nr. 1.4.3. VwVgH: keine Zulassung zum Wesenstest bei erwiesener Gefährlichkeit): „Eine Haltungsuntersagung ist in der Regel verhältnismäßig, wenn es bereits zu einem oder mehreren Vorfällen gekommen ist, in denen sich die Gefährlichkeit des Hundes

---

88 VGH BW, VBlBW 2011, 425; nach VG Gießen spielt auch eine Rolle, wer die finanzielle Sorge für den Hund innehat (DÖV 2022, 557 [Ls.]).
89 Nach st. Rspr ist ein Hund bissig, der bereits einmal im Beisein eines Verantwortlichen einen Menschen gebissen und dabei verletzt hat, vgl. VGH BW, NVwZ-RR 1993, 411. Vgl. dazu auch Waldhoff, JuS 2018, 93, 95 m. w. N., u. Abbate, ZJS 2020, 126, 130 f.
90 St. Rspr, vgl. u. a. VGH BW, openJur 2020, 33978 (Rn 16) = NJW 2019, 103 (Ls.), VBlBW 2017, 197, 198 f., u. openJur 2020, 32998 (Rn 8).
91 VGH BW, VBlBW 2021, 72, 73; Ackenheil/Huttner, Problemfall Hund, S. 35.
92 Götz/Geis, Allg. Polizei- und Ordnungsrecht, § 19 Rn 31.
93 Ackenheil/Huttner, Problemfall Hund, S. 35; VGH BW, VBlBW 2021, 72, 73.

gezeigt hat. Denn in solchen Fällen bedarf es einer Verhaltensprüfung nach § 1 Abs. 4 HuV BW nicht, da die konkrete Gefährlichkeit des Hundes erwiesen ist, und gebührt dem durch die Regelungen in §§ 1, 3 HuV BW bezweckten Schutz von Menschen und anderen Tieren Vorrang".[94] Grundsätzlich sieht die HuV BW nicht vor, dass dem Halter eines Kampfhundes ein Anspruch auf einen **weiteren Wesenstest** zusteht.[95] In der Praxis kann es aber dennoch Fälle geben, die zu einem weiteren Wesenstest führen (dies sieht auch Nr. 1.4.4. VwVgH vor). Dies ist etwa der Fall, wenn aufgrund objektiver Umstände von einer möglichen **positiven Wesensänderung** des betroffenen Hundes ausgegangen werden kann[96], oder wenn aufgrund **längerer rechtswidriger Beschlagnahmen** die Aussagekraft des Wesenstests infrage gestellt ist.[97]

ff) Verhältnismäßigkeit. Bei der Anordnung der Halterpflichten bzw. bei der Anordnung 30 ihrer sofortigen Vollziehung im überwiegenden öffentlichen Interesse gem. § 80 Abs. 2 S. 1 Nr. 4 VwGO (→ § 12 Rn 25 ff.) muss die Behörde den **Grundsatz der Verhältnismäßigkeit** beachten.[98] Dabei ist zu beachten, dass **Leben und Gesundheit von Menschen**, deren Schutz durch die Regelungen der HuV BW sichergestellt werden soll, einen **besonders hohen Rang** haben und diese Schutzinteressen stets besonders schwer wiegen.[99]

Die **Haltungsuntersagung eines Kampfhundes** ist in der Regel verhältnismäßig, wenn es bereits zu einem oder mehreren Vorfällen gekommen ist, in denen sich die Gefährlichkeit des Hundes gezeigt hat. Denn in solchen Fällen bedarf es – es sei denn es liegen gewichtige Anhaltspunkte für eine positive Verhaltensänderung vor –, einer Verhaltensprüfung nach § 1 Abs. 4 HuV BW nicht, da die konkrete Gefährlichkeit des Hundes erwiesen ist.[100] Bei **gefährlichen Hunden** kommt es besonders auf den **jeweiligen Einzelfall** an, die jeweiligen Maßnahmen zum Schutz der Allgemeinheit vor von einem Hund ausgehenden Gefahren sind **sorgfältig zu prüfen**[101]; dem Grundsatz der Verhältnismäßigkeit kommt hier eine besondere Bedeutung zu. So ist etwa die Anordnung eines **Maulkorbzwangs** nach Ansicht des VGH BW nicht immer angemessen.[102] Auch die Ausdehnung eines Maulkorbzwangs auf Bereiche außerhalb bewohnter Gebiete kann mangels konkreter Gefahr unverhältnismäßig sein.[103] Andererseits ist das **(Fehl)Verhalten von Menschen, die Angst vor Hunden haben**, dem Hund zuzurechnen, da das Verhalten von Hunden grundsätzlich unberechenbar ist.[104] Von arglosen Menschen kann nicht erwartet werden, dass sie sich gegenüber aggressiven oder bedrängenden Hunden angstfrei und fachkundig verhalten.

Die **Tötung eines Hundes** durch Einschläfern ist **Ultima Ratio**[105], aber grundsätzlich nicht ausgeschlossen. Sie kommt insbesondere in Betracht, wenn das aggressive Verhalten eines Hund aufgrund seiner Veranlagung nicht mehr geändert oder signifikant verbessert werden kann, eine Weitervermittlung des Hundes ausgeschlossen ist und mildere Mittel nicht (mehr) zur Verfügung stehen. **Nr. 3.3 VwVgH** geht davon aus, dass Hunde, welche die Verhaltensprüfung

---

94 VGH BW, openJur 2020, 76935 (Rn 24) = DÖV 2021, 176 (Ls.); ebenso etwa openJur 2021, 13238 (Rn 17) = ESVGH 71, 189 (Ls.), sowie HessVGH, DÖV 2023, 643 (Ls.).
95 VGH BW, openJur 2020, 76935 (Rn 24) = DÖV 2021, 176 (Ls.).
96 VGH BW, Beschl. v. 2.4.2012 – 1 S 330/12.
97 VGH BW, Beschl. v. 11.2.2011 – 1 S 27/11, u. Beschl. v. 2.3.2018 – 1 S 2522/17.
98 VGH BW, openJur 2020, 76935 (Rn 24) = DÖV 2021, 176 (Ls.).
99 BVerfGE 110, 141, 166.
100 VGH BW, openJur 2020, 76935 (Rn 24) = DÖV 2021, 176 (Ls.).
101 Zutr. Ackenheil/Huttner, Problemfall Hund, S. 39; vgl. auch Geis, Fälle zum Polizei- und Ordnungsrecht, Rn 803 f., 818, 825.
102 Vgl. VGH BW, VBlBW 2011, 185, 186: „Nur bei konkreter Gefahr eines Übergriffs durch den Hund". Vgl. zur Verhältnismäßigkeit von Maßnahmen gegen gefährliche Hunde auch Vockeroth, DVP 2018, 298, 300.
103 BayVGH, NVwZ-RR 2017, 784, m. Bespr. Waldhoff, JuS 2018, 93, 95.
104 VG Stuttgart, openJur 2020, 33691 (Rn 8).
105 Ackenheil/Huttner, Problemfall Hund, S. 46.

nicht erfolgreich abgelegt haben, auf Kosten des Halters unter Vermeidung von Schmerzen getötet werden dürfen, wenn ihre Abgabe aus rechtlichen oder tatsächlichen Gründen innerhalb angemessener Frist nicht möglich erscheint. Dies erscheint **zw.**, da in jedem Fall als Auswirkung des Grundsatzes der Verhältnismäßigkeit und mit Blick auf das verfassungsrechtlich verankerte **Tierschutzprinzip** (Art. 20 a GG)[106] **mildere Mittel** ernsthaft und abschließend zu prüfen sind. Art. 20 a GG steht indes regelmäßig dem Schutz von Leben und Gesundheit von Menschen nicht entgegen.[107]

31 gg) **Zwangsmaßnahmen.** Bei Kampfhunden und gefährlichen Hunden muss die Polizei zum Schutz der Allgemeinheit regelmäßig **Zwangsmaßnahmen** ergreifen, insbesondere die betroffenen Hunde **beschlagnahmen** und ggf. auch **einziehen**. Nr. 3.3 S. 2 VwVgH (zu § 3 Abs. 3 HuV BW) sieht Beschlagnahme und Einziehung ausdrücklich zur Durchsetzung eines Haltungsverbots bei Kampfhunden vor.[108]

32 **(1) Beschlagnahme (§ 38 PolG).** Für die Beschlagnahme von Hunden und insbesondere gefährlichen Hunden gelten die allgemeinen Vorgaben des **§ 38 PolG** (→ Rn 263 ff.). Gem. § 38 Abs. 1 Nr. 1 PolG kann die Polizei eine Sache beschlagnahmen, wenn dies zum Schutz eines Einzelnen oder des Gemeinwesens gegen eine unmittelbar bevorstehende Störung der öffentlichen Sicherheit oder Ordnung oder zur Beseitigung einer bereits eingetretenen Störung erforderlich ist. Hunde sind als Tiere im rechtlichen Sinne eine **Sache** (vgl. § 90 a BGB)[109] und daher einer Beschlagnahme zugänglich (→ Rn 266).

Eine gegenwärtige Gefahr für die öffentliche Sicherheit i. S. d. § 38 Abs. 1 Nr. PolG liegt bei einem **Kampfhund** i. S. d. § 1 HuV BW bereits vor, wenn dieser **ohne die erforderliche Erlaubnis** (§ 3 Abs. 1 HuV BW) gehalten wird.[110] Der VGH BW geht davon aus, dass die **Beschlagnahme** eines Kampfhundes **in der Regel verhältnismäßig** ist, wenn es bereits zu einem oder mehreren Vorfällen gekommen ist, in denen sich die Gefährlichkeit des Hundes gezeigt hat. Denn in solchen Fällen bedarf es keiner Verhaltensprüfung gem. § 1 Abs. 4 HuV BW, da die konkrete Gefährlichkeit des Hundes erwiesen ist, und dem durch die Regelungen in §§ 1, 3 HuV BW bezweckten Schutz von Menschen und anderen Tieren gebührt Vorrang.[111] Dagegen ist die Beschlagnahme eines Kampfhundes **rechtswidrig**, wenn – kumulativ – ein Vorfall, bei dem der Hund seine Gefährlichkeit gezeigt hat, nicht vorliegt, keine Bedenken gegen die Zuverlässigkeit oder Sachkunde des Halters bestehen, dieser unverzüglich nach Begründung der Haltereigenschaft für den Hund eine Erlaubnis gem. § 3 Abs. 1 HuV BW beantragt und den Hund zur Prüfung gem. § 1 Abs. 4 HuV BW anmeldet sowie diese Prüfung binnen einer angemessenen Frist von in der Regel drei Monaten durchführt.[112]

Bei **gefährlichen Hunden** kommt eine Beschlagnahme nur in Betracht, wenn die Tatbestandsmerkmale des § 2 S. 2 Nr. 1 bis 3 HuV BW erfüllt sind und deswegen von einer Gefährlichkeit des Hundes auszugehen ist.[113]

---

106 Jarass, in: Jarass/Pieroth, GG, Art. 20 a Rn 1, 12 f.
107 BVerfGE 110, 141, 166; Jarass, in: Jarass/Pieroth, GG, Art. 20 a GG Rn 17.
108 Ackenheil/Huttner, Problemfall Hund, S. 21 f. Zur Beschlagnahme eines Hundes vgl. auch VGH BW, VBlBW 2014, 377: Im entschiedenen Fall war die Beschlagnahme rechtswidrig, weil sie länger als sechs Monate aufrechterhalten worden war. Zur rechtmäßigen Beschlagnahme und Einziehung eines Kampfhundes (American Staffordshire Terrier) vgl. VG Freiburg, openJur 2020, 79255 (Rn 19 ff.).
109 VG Freiburg, openJur 2020, 79255 (Rn 26); VG Karlsruhe, openJur 2020, 34884 (Rn 16).
110 VGH BW, openJur 2020, 76935 (Rn 24) = DÖV 2021, 176 (Ls.); VG Freiburg, openJur 2020, 79255 (Rn 28); Ackenheil/Huttner, Problemfall Hund, S. 25.
111 VGH BW, openJur 2020, 76935 (Rn 24) = DÖV 2021, 176 (Ls.).
112 VGH BW, openJur 2020, 76935 (Rn 24) = DÖV 2021, 176 (Ls.).
113 VGH BW, VBlBW 2010, 240 = BWGZ 2010, 566.

II. Rechtmäßigkeitsvoraussetzungen

Beispiel: Ein Schäferhund hatte schon mehrfach durch Bisse Menschen erheblich verletzt. Nachdem der Hund erneut ein Kind gebissen hat, ordnet die Polizei die **Beschlagnahme und die Einziehung des gefährlichen Hundes** an.[114]

Der **VGH BW** betont zu Recht, dass solchen Gefahren (insbesondere durch wiederholte Beißverfälle) nur durch einen absolut verlässlichen Hundehalter begegnet werden kann, der sich seiner besonderen Verantwortung immer gewachsen zeigt.[115] Dabei ist zu beachten, dass wegen des Grundsatzes der Verhältnismäßigkeit **keine geeigneten milderen Mittel** (etwa Leinen- und/ oder Maulkorbzwang, Haltung in eingefriedetem Gelände etc.) gegeben sein dürfen.[116] Wegen der höheren Anforderungen kommen in der polizeilichen Praxis Beschlagnahmen gefährlicher Hunde deutlich seltener vor als solche von Kampfhunden.

Bei der Beschlagnahme sind die weiteren tatbestandlichen Voraussetzungen des § 38 PolG zu beachten. Daher kann die Beschlagnahme eines Hundes gem. § 38 Abs. S. 2 PolG grundsätzlich **nicht länger als 6 Monate** andauern; nach Ablauf der 6 Monate tritt die Beschlagnahme automatisch außer Kraft, ohne dass es einer ausdrücklichen Aufhebung der Beschlagnahme bedürfte. Die Frist beginnt mit dem Vollzug der Beschlagnahme, also mit dem Zeitpunkt, zu dem die Behörde die beschlagnahmte Sache in amtliche Verwahrung nimmt.[117] Die Polizeibehörde darf die Beschlagnahme auch nicht über sechs Monate hinaus erneuern oder aus dem gleichen Grund erneut verfügen.[118] Wird der **Vollzug der Beschlagnahme** aufgrund der Rückgabe des Hundes an den Halter im Anschluss an einen erfolgreichen Antrag auf vorläufigen Rechtsschutz des Halters **vor dem Ablauf von sechs Monaten unterbrochen**, kann die Beschlagnahme nach einer Ablehnung des Antrags auf vorläufigen Rechtsschutz in der Beschwerdeinstanz wieder vollzogen werden. Da die amtliche Verwahrung in einem solchen Fall den Zeitraum von sechs Monaten noch nicht erreicht hat, ist eine erneute Wegnahme und amtliche Verwahrung für den restlichen Zeitraum so lange möglich, bis insgesamt sechs Monate des Vollzugs der Beschlagnahme erreicht sind.[119] Auch nach Ablauf der 6-Monatsfrist des § 38 Abs. 4 S. 2 PolG **erledigt** sich die Beschlagnahme (noch) nicht, da das durch die Beschlagnahme begründete Verwahrverhältnis erst mit Rückgabe des Hundes an den Eigentümer endet.[120] Eine Erledigung der Beschlagnahme tritt aber **mit Einziehung des Hundes** ein, da der mit der Einziehung begründete öffentlich-rechtliche Eigentumsübergang die maßgebliche Rechtsgrundlage für den tatsächlichen Besitzentzug des Hundes gegenüber dem Halter ist.[121]

(2) Einziehung (§ 39 PolG). Auch die Einziehung von Kampfhunden und gefährlichen Hunden kommt in Betracht. Voraussetzungen ist gem. **§ 39 Abs. 1 PolG**, dass der beschlagnahmte Hund nicht mehr herausgegeben werden kann, ohne dass die Voraussetzungen der Beschlagnahme erneut eintreten. Mit der Einziehungsanordnung **geht das Eigentum** vom bisherigen Eigentümer auf die Körperschaft **über**, der die einziehende Polizeibehörde angehört.[122] Der mit der Einziehungsverfügung bezweckte Eigentumsübergang auf den Rechtsträger der Polizeibehörde tritt mit der Wirksamkeit der Verfügung ein.[123]

Die Einziehung eines Hundes setzt die **rechtmäßige Beschlagnahme dieses Hundes** voraus. Die Rechtmäßigkeit der Beschlagnahmeanordnung wird daher im Rahmen eines Rechtsbehelfs

---

114 VG Karlsruhe, openJur 2012, 61932; OVG NRW, NVwZ 2001, 227; OVG LSA, openJur 2020, 29502, zur Beschlagnahme eines gefährlichen Hundes, der ohne die erforderliche Erlaubnis gehalten wird.
115 VGH BW, VBlBW 2010, 240.
116 Vgl. dazu die Ausführungen des VGH BW, VBlBW 2010, 240, u. VG Karlsruhe, openJur 2012, 61932 (Rn 20).
117 VGH BW, openJur 2020, 76935 (Rn 24) = DÖV 2021, 176 (Ls.), u. VBlBW 2014, 377, 378.
118 VGH BW, VBlBW 1997, 187, u. VBlBW 2014, 377, 378.
119 VGH BW, openJur 2020, 76935 (Rn 24) = DÖV 2021, 176 (Ls.).
120 VGH BW, ESVGH 71, 189 (Ls.).
121 Vgl. dazu VG Stuttgart, openJur 2020, 34110 (Rn 10 ff.).
122 VGH BW, VBlBW 2007, 351 f.
123 VGH BW, VBlBW 2007, 351 f.

gegen die Einziehungsverfügung durch das Verwaltungsgericht **inzident geprüft**, wenn die vorausgegangene Beschlagnahmeanordnung noch nicht bestandskräftig ist.[124] Wenn zum Zeitpunkt der Einziehung die 6-Monatsfrist des § 38 Abs. 4 S. 2 PolG abgelaufen war, lag keine wirksame Beschlagnahme der Sache vor[125]

Aus dem **Grundsatz der Verhältnismäßigkeit** folgt nicht, dass die Polizeibehörde dem Halter eines Kampfhundes vor einer Einziehung des Hundes eine **Gelegenheit zur Ablegung einer Wiederholungsprüfung oder eines Privatgutachtens** einräumen muss.[126]

Bei wirksamer **aufschiebender Wirkung** eines gegen die Einziehungsverfügung erhobenen Rechtsbehelfs darf die Behörde im Falle der aufschiebenden Wirkung eines Rechtsbehelfs **keine Schlüsse aus dieser Eigentümerstellung ziehen**, ihr ist jedes Gebrauchmachen der rechtsgestaltenden Wirkung des Verwaltungsakts untersagt. Sie darf daher nicht nur die in § 39 Abs. 2 u. 3 PolG vorgesehenen Verwertungsmaßnahmen nicht ergreifen und auch sonst über den Hund nicht verfügen, sondern sie darf den eingezogenen Hund auch nicht behalten.[127]

34 **c) Voraussetzungen des § 17 Abs. 1 PolG. aa) Abstrakte Gefahr und Ursachenzusammenhang.** Gem. § 17 Abs. 1 S. 1 PolG setzt der Erlass einer Polizeiverordnung eine Gefahr für die öffentliche Sicherheit oder Ordnung voraus. Es muss eine **Aufgabe der Gefahrenabwehr gem. § 1 Abs. 1 PolG** zugrunde liegen. **Eine Polizeiverordnung muss demnach den Zweck haben, vom Einzelnen und vom Gemeinwesen Gefahren abzuwehren, durch die die öffentliche Sicherheit oder Ordnung bedroht wird, soweit es im öffentlichen Interesse geboten ist.**

Für den Erlass einer Polizeiverordnung gem. § 17 PolG ist das Vorliegen einer **abstrakten Gefahr** für das Schutzgut erforderlich. Diese setzt eine nach allgemeiner Lebenserfahrung oder fachlichen Erkenntnissen bestehende Sachlage voraus, die bei ungehindertem Geschehensablauf mit hinreichender Wahrscheinlichkeit das Eintreten einer konkreten Gefahr als möglich erscheinen lässt.[128] Die Gefahr liegt vor, wenn der Eintritt eines konkreten Schadens **regelmäßig** und **typischerweise** zu erwarten ist. Die **Feststellung einer abstrakten Gefahr** verlangt eine in tatsächlicher Hinsicht genügend abgesicherte Prognose: Es müssen – bei abstrakt genereller Betrachtung – hinreichende Anhaltspunkte dafür vorhanden sein, die den Schluss auf den drohenden Eintritt von Schäden rechtfertigen.[129] Abzugrenzen ist die Gefahr vom bloßen Gefahrenverdacht und von sog. Vorsorgemaßnahmen, die den Erlass einer Verordnung nicht rechtfertigen (→ Rn 36).[130]

Beispiele:

- Das **Abspritzen von Fahrzeugen auf öffentlichen Straßen kann durch Polizeiverordnung verboten werden** (vgl. Mustersatzung des Gemeindetags, BWGZ 2011, 990, 994). Soll das **Autowaschen auf Privatgrundstücken** verboten werden, gehen die speziellen örtlichen Satzungsregelungen zur Oberflächen- bzw. Abwasserbeseitigung vor.
- Das durchgängige **Abspielen von Musik insbesondere aus Musikboxen in den Sommermonaten zur Nachtzeit** kann zum Vorliegen einer abstrakten Gefahr i. S. d. § 17 Abs. 1 PolG führen und ein entsprechendes Verbot in einer Polizeiverordnung rechtfertigen (VGH BW, VBlBW 2021, 501, 506, m. Anm. Pöltl, 511 ff., u. Beschl. v. 19.12.2023 – 1 S 1365/23 [Satzung]).
- Wenn festgestellt ist, dass es auf einem städtischen Platz in warmen Nächten typischerweise in sehr erheblicher Anzahl **zu von Flaschen verursachten Lärmimmissionen** – etwa durch Klirren von Flaschen, Rollen von Flaschen über das Pflaster, Umfallen von Flaschen, Geräusche durch Flaschensammler – **kommt** und hierdurch Anwohner in ihrer Nachtruhe erheblich gestört werden, begründet **bereits das**

---

124 VG Freiburg, openJur 2020, 79255 (Rn 21).
125 VGH BW, VBlBW 2014, 377, 378; VG Freiburg, openJur 2020, 79255 (Rn 39).
126 VG Freiburg, openJur 2020, 79255 (Rn 44 f.).
127 VGH BW, VBlBW 2007, 351; VG Stuttgart, openJur 2020, 34110 (Rn 23).
128 Reinhardt, in: Möstl/Trurnit, Polizeirecht BW, § 10 Rn 10; Wehser, DVP 2017, 54, 58.
129 St. Rspr: VGH BW, VBlBW 2021, 501, 506, m. Anm. Pöltl, 511 ff.; VBlBW 2013, 12, 14; VBlBW 2010, 29; SächsOVG, LKV 2021, 465, 467 f.
130 VGH BW, VBlBW 2021, 501, 506, m. Anm. Pöltl, 511 ff.

- **Mitführen von Glasflaschen** eine abstrakte Gefahr i. S. d. § 17 Abs. 1 PolG für das polizeiliche Schutzgut der körperlichen Unversehrtheit nach Art. 2 Abs. 2 S 1 GG (VGH BW, Urt. v. 3.8.2023 – 1 S 1718/22 [Rn 129 ff.]).
- Die **Regelung der Beseitigungspflicht für Hundekot** durch Polizeiverordnung ist nach h. L. zulässig. Die Verunreinigung der Straßen, Grün- und Erholungsanlagen durch Hundekot stellt eine **Gesundheitsgefährdung** dar. Die Einstufung von Hundekot als Abfall schließt die Regelung in einer Polizeiverordnung nicht aus.
- Auch Regelungen zum **Betteln** sind zulässig. Allerdings muss unterschieden werden: Das Betteln in seiner „stillen", also nicht aggressiven, beleidigenden oder betrügerischen Erscheinungsform beeinträchtigt nicht die öffentliche Sicherheit.[131] Ein **generelles Verbot des Bettelns** wird deshalb nicht durch die polizeiliche Generalermächtigung gedeckt. Demgegenüber kann das die körperliche Nähe suchende oder sonst besonders aufdringliche Betteln verboten werden.[132] Das **gewerbliche Betteln** stellt eine straßenrechtliche Sondernutzung dar, mit der Folge, dass für entsprechende Regelungen / Verbote der Träger der Straßenbaulast zuständig ist. Zum **rechtswidrigen Einsatz von Kindern** beim Betteln vgl. Weidinger, JA 2021, 749 ff.
- Der **Aufstieg von sog. Himmelslaternen im Luftraum** kann wegen Brandgefahr durch Polizeiverordnung verboten werden. Ausnahmen kommen nur in Betracht, wenn sich die Brandgefahr im Einzelfall hinreichend sicher ausschließen lässt.[133] In BW wurde durch die Polizeiverordnung des Innenministeriums zur Verhütung von Gefahren durch unbemannte ballonartige Leuchtkörper (**Himmelslaternenverordnung**) vom 24.1.2012 (GBl. S 62), geändert durch Art. 7 des Gesetzes vom 3.2.2021 (GBl. S. 53, 54), das Aufsteigenlassen von Himmelslaternen verboten. Der **Bund** plant, die Einfuhr, das Inverkehrbringen und das Bereitstellen von Himmelslaternen durch Rechtsverordnung zu verbieten.
- Das „**Niederlassen außerhalb von Freischankflächen ausschließlich oder überwiegend zum Zwecke des Alkoholgenusses**" kann nicht pauschal durch Polizeiverordnung untersagt werden. Nach Auffassung des VGH BW bildet § 17 Abs. 1 i. V. m. § 1 Abs. 1 PolG hierfür keine ausreichende Grundlage.[134]
- Das **Mitführen gefährlicher Gegenstände** (hier: Äxte, Beile, Schlagstöcke, Baseballschläger und vergleichbare Gegenstände) kann durch eine Rechtsverordnung nur dann rechtswirksam verboten werden, wenn das Mitführen solcher Gegenstände typischerweise Gewaltdelikte zur Folge hat (SächsOVG, LKV 2021, 465, 468 [hier verneint]).

Die **Festlegung des Leinenzwangs zum Schutz der öffentlichen Grün- und Erholungsanlagen und anderer gefährdeter Orte** – wie etwa einer Innenstadt – wird von der Ermächtigung des § 17 Abs. 1 PolG gedeckt. Der **VGH BW** hat mehrfach entschieden, dass erholungsuchende Benutzer öffentlicher Anlagen – vor allem ältere Menschen und Kleinkinder – durch das unberechenbare Verhalten freilaufender Hunde (Umherjagen, Schnappen, Anspringen, Nachrennen, Beschnüffeln etc.) – aber auch durch Verunreinigungen – typischerweise mit hinreichender Wahrscheinlichkeit erheblich belästigt und gesundheitlich gefährdet werden. Zur Abwehr dieser Gefahren ist das Gebot, Hunde in öffentlichen Anlagen oder an sonst gefährdeten Orten (etwa Fußgängerzone, Spazierwege, Innenbereich) an der Leine zu führen, geeignet und verhältnismäßig.[135] Ein **allgemeiner Leinenzwang für große Hunde** innerhalb geschlossener Ortschaften sowie auf ausgewiesenen Geh- und Radwegen auch im Außenbereich kann jedenfalls in einer großflächigen Gemeinde mit einer Anzahl vorwiegend ländlich geprägter Ortsteile verhältnismäßig sein.[136]

---

131 Wie hier etwa Geis, Fälle zum Polizei- und Ordnungsrecht, Rn 949, u. Enzensperger, NJW 2018, 3550, 3552 f.
132 Vgl. VGH BW, VBlBW 1998, 428; VBlBW 1999, 101, 104; Deger, in: Stephan/Deger, Polizeigesetz BW, § 10 Rn 18; Enzensperger, NJW 2018, 3550, 3552 f.; Schoch, JURA 2012, 858, 863; ebenso NdsOVG, DÖV 2017, 736 f. (Ls.).
133 BVerwGE 160, 157, 159 (Rn 13), 162 ff. (Rn 20 ff.). Vgl. dazu eingehend Kalscheuer, KommJur 2019, 207 ff. In der *Silvesternacht 2019/2020* kam es durch eine Fluglaterne im *Krefelder Zoo* zu einem Großbrand im Affenhaus, bei dem über 50 Tiere getötet wurden.
134 VGH BW, VBlBW 1999, 101; vgl. auch VGH BW, VBlBW 2010, 29.
135 VGH BW, VBlBW 2008, 134; OVG RP, DÖV 2007, 82; BayVGH, BayVBl 2021, 122, 123 f. (für große Hunde); Deger, in: Stephan/Deger, Polizeigesetz BW, § 10 Rn 11; NdsOVG, NVwZ 1991, 693; Waldhoff, JuS 2018, 93, 96.
136 BayVGH, BayVBl 2021, 751, 754 (Rn 62 ff.); a. A. OLG Hamm, NVwZ 2002, 765 (Verstoß gegen das Übermaßverbot).

36 Weitere Voraussetzung ist der **Ursachenzusammenhang** zwischen dem zu regelnden Sachverhalt (etwa aggressives Betteln) und dadurch bedingt regelmäßig und typischerweise eintretenden Gefahren bzw. Folgeerscheinungen (etwa Belästigungen, Beleidigungen, Körperverletzungen etc.). Der fehlende Nachweis dieses Zusammenhangs bzw. einer Gefahr war für den VGH BW der Grund, Regelungen in Polizeiverordnungen zur Beschränkung des Alkoholkonsums auf öffentlichen Flächen für unzulässig bzw. nichtig zu erklären. Das Gericht sah in derartigen Verboten bloße Vorsorgemaßnahmen (→ Rn 36).[137]

37 **bb) Unzulässigkeit von Vorsorgemaßnahmen.** Eine Regelung in einer Polizeiverordnung, die nicht der Gefahren*abwehr*, sondern nur der Gefahren*vorsorge* dient, hält sich nicht im Rahmen der gesetzlichen Ermächtigung von § 17 i. V. m. § 1 PolG.[138] Existieren keine hinreichenden Anhaltspunkte, dass ein Verhalten regelmäßig und typischerweise zu Störungen der öffentlichen Sicherheit oder Ordnung führt, liegt allenfalls ein Gefahren*verdacht* vor und keine abstrakte Gefahr. Ein Gefahrenverdacht rechtfertigt keine Polizeiverordnung. Es ist vielmehr Aufgabe des Gesetzgebers, unter Abwägung widerstreitender Interessen und grundrechtlicher Vorgaben die Rechtsgrundlagen für abstrakt-generelle Grundrechtseingriffe zu schaffen.[139]

Beispiele:
- Eine **Regelung in einer Polizeiverordnung, wonach es im zeitlichen und örtlichen Geltungsbereich der Verordnung auf den öffentlich zugänglichen Flächen verboten ist, alkoholische Getränke zu konsumieren** oder in Konsumabsicht mit sich zu führen, ist nur dann durch die Ermächtigungsgrundlage des § 17 i. V. m. § 1 PolG gedeckt, wenn hinreichende Anhaltspunkte dafür vorliegen, dass das verbotene Verhalten regelmäßig und typischerweise Gewaltdelikte zur Folge hat. Weil die dem Verbot zugrundeliegenden Studien einen Zusammenhang zwischen Alkoholkonsum und Gewalttaten nicht hinreichend sicher belegen konnten, hat der VGH BW die Polizeiverordnung der Stadt Freiburg vom 22.7.2008 zur Bekämpfung von Folgen des übermäßigen Alkoholkonsums und der damit verbundenen Gewaltexzessen durch Normenkontrollurteil für unwirksam erklärt (VGH BW, VBlBW 2010, 29). Vgl. dazu auch Götz/Geis, Polizei- und Ordnungsrecht, § 12 Rn 23 bis 25; Pöltl, VBlBW 2018, 221, 223 ff.; Hecker, NVwZ 2010, 359, 360; Ruder, KommPraxis spezial 2009, 174, 176 f.; Pewestorf, in: Pewestorf/Söllner/Tölle, Polizei- und Ordnungsrecht, § 56 Rn 7, u. DVBl 2009, 1396, 1398; Kaufmann, ZJS 2010, 261, 267; Winkelmüller/Misera, LKV 2010, 259, 260 f.; Köppert, Alkoholverbotsverordnungen, S. 215 f. Rechtsgrundlage für Alkoholkonsumverbote im öffentlichen Raum kann nunmehr § 18 PolG sein (→ Rn 38 ff.).
- Diese Rechtsprechung hatte der **VGH BW** bei der Prüfung des sog. **„Konstanzer Glasverbots"** fortgeführt. Im entschiedenen Fall hatte die Stadt Konstanz am 21.7.2011 eine Polizeiverordnung zum Schutz des frei zugänglichen Seeufers vor Verunreinigungen und den damit verbundenen Gefahren erlassen. In den §§ 2, 4 dieser Verordnung wurde u. a. das Mitführen von Glasflaschen, Gläsern etc. verboten, „wenn aufgrund der konkreten Umstände die Absicht erkennbar ist, dass deren Inhalt beim dauerhaften Verweilen im Geltungsbereich der Verordnung konsumiert werden soll" (VGH BW, VBlBW 2013, 12 ff.). Eine derartige Regelung ist nach VGH BW von § 17 Abs. 1 PolG nur gedeckt, wenn hinreichende Anhaltspunkte dafür vorliegen, dass das verbotene Verhalten regelmäßig und typischerweise erhebliche Rechtsgutverletzungen zur Folge hat.[140] Für den **Augustinerplatz in Freiburg** hat der VGH BW mittlerweile allerdings zutreffend entschieden, dass bereits das **Mitführen von Glasflaschen eine abstrakte Gefahr darstellt** und damit die Voraussetzungen für den **Erlass einer Verbotsregelung in der Polizeiverordnung** erfüllt, wenn festgestellt wird, dass es in warmen Nächten typischerweise in sehr erheblicher Anzahl zu von Flaschen verursachten Lärmimmissionen – etwa Klirren von Flaschen, Rollen von Flaschen über das Pflaster, Umfallen von Flaschen, Geräusche durch Flaschensammler – kommt und hierdurch Anwohner in ihrer Nachtruhe erheblich gestört werden (Urt. v. 3.8.2023 – 1 S 1718/22 [dort Rn 129 ff.]).

---

137 Schoch, JURA 2012, 858, 860; VGH BW, VBlBW 2010, 29; VGH BW BWGZ 2013, 77. Alkoholkonsum allein stellt keine polizeiliche Gefahr dar, vgl. dazu Pöltl, VBlBW 2018, 221, 224, u. Herberger, VBlBW 2015, 445, 449.
138 Reinhardt, in: Möstl/Trurnit, Polizeirecht BW, § 10 Rn 10.
139 VGH BW, VBlBW 2010, 29. Zust. etwa Schmidt, Polizei- und Ordnungsrecht, Rn 869; Ruder, KommJur 2009, S. 46 f.; Pöltl, VBlBW 2018, 221, 224.
140 Vgl. dazu auch Wehser, DVP 2018, 140, 141 f.

II. Rechtmäßigkeitsvoraussetzungen

cc) Rechtsprechungsübersicht. Die Zulässigkeit von Regelungen in einer Polizeiverordnung zur **Einschränkung des Alkoholkonsums** auf öffentlichen Straßen und Plätzen wird in Literatur und Rechtsprechung teilweise unterschiedlich beurteilt.[141] Der VGH BW hatte in seinen beiden NK-Urteilen des Jahres 2009[142] sehr deutlich gemacht, dass ein Alkoholkonsumverbot im öffentlichen Raum durch eine Rechtsverordnung gem. § 17 PolG **nur unter sehr engen Voraussetzungen** erlassen werden kann[143]. Mit **§ 18 PolG** wurde nunmehr eine **spezialgesetzliche Rechtsgrundlage** für Alkoholkonsumverbote im öffentlichen Raum erlassen. Des Weiteren sind folgende Gerichtsentscheidungen von Bedeutung:

38

- OVG RP zum (nach Meinung des Gerichts fragwürdigen) **Verbot des Mitführens** und Verzehrens von **hochprozentigen alkoholischen Getränken** auf einem Weinfest in einer Gefahrenabwehrverordnung zur Verhütung von Gewaltdelikten (LKRZ 2012, 427);
- OLG Braunschweig zur grundsätzlich zulässigen Einschränkung des Konsums von Alkohol auf öffentlichen Straßen durch eine Polizeiverordnung / Rechtmäßigkeit eines bußgeldbewehrten **Alkoholkonsumverbots** und zur Unzulässigkeit eines Alkoholverbots für den gesamten Innenstadtbereich (openJur 2013, 43119);
- OVG RP zur Zulässigkeit eines in der Verordnung **partiell angeordneten Alkoholverbots** (DVBl 2013, 330);
- OVG LSA zur **Begrenzung des Alkoholkonsums** in der Öffentlichkeit: Eine Regelung in der Polizeiverordnung ist nur zulässig, wenn hinreichende Anhaltspunkte dafür vorliegen, dass das verbotene Verhalten regelmäßig und typischerweise zu einer Beeinträchtigung der durch die Ermächtigung geschützten Rechtsgüter führt (DVP 2011, 211);
- NdsOVG zur Zulässigkeit eines zum Schutz der Bewohner erlassenen, auf eine 214 Meter lange Straße und die Nachtstunden von Samstag, Sonntag sowie **auf einzelne Feiertage begrenzten Alkoholkonsumverbots** (DÖV 2013, 241);
- SächsOVG zur Notwendigkeit der **Mitursächlichkeit des Alkoholkonsums** bei Störungen als Voraussetzungen zum Erlass eines Alkoholkonsumverbots durch Rechtsverordnung. Es müssen danach Anhaltspunkte vorliegen, die eine Alkoholbeeinflussung der begangenen Straftat objektiv vermuten lassen (SächsVBl 2017, 278 [Rn 29]);
- OVG BB zur **Konkretisierung eines Alkoholkonsumverbots**: Allein das Konsumieren oder Genießen von Alkohol in der Öffentlichkeit verletzt regelmäßig kein Schutzgut der öffentlichen Sicherheit; zur **Verhältnismäßigkeit**: Die Erforderlichkeit eines Verbots dürfte zu verneinen sein, wenn der betroffenen Kommune bereits ohne die Rechtsverordnung weitreichende Mittel zur Verfügung stehen, deren konsequente Durchführung vergleichbar erfolgreich sein dürfte (Urt. v. 14.7.2017 – OVG 12 S 7.17, ZVR-Online Dok. Nr. 06/2019; ebenso VG Düsseldorf, DVP 2021, 71).

d) Voraussetzungen des § 18 PolG. Für den Erlass einer **Rechtsverordnung zum Erlass eines Alkoholkonsumverbots im öffentlichen Raum** hat der Gesetzgeber in § 18 PolG **umfassende tatbestandliche Voraussetzungen** vorgesehen. Die Anforderungen sind so zahlreich und eng gefasst, dass davon ausgegangen werden muss, dass auf der Grundlage des § 18 PolG erlassene Rechtsverordnungen in der kommunalen Praxis keine größere Rolle spielen werden.[144] Tatsächlich hatten bis Ende 2018 nur wenige Gemeinden von dieser Möglichkeit Gebrauch gemacht[145], bis Mitte 2020 hatte sich dies nicht geändert.[146] So hatte etwa die Stadt Karlsruhe für den Bereich des Werderplatzes ein Alkoholkonsumverbot durch Polizeiverordnung auf der Grundlage des § 18 PolG erlassen.[147] Vor allem für kleinere Gemeinden und Städte scheidet eine Anwendung des § 18 PolG mangels Erfüllbarkeit der tatbestandlichen Voraussetzungen regelmäßig aus.[148]

39

---

141 Vgl. auch die Übersicht bei Pöltl, VBlBW 2018, 221, 223 ff., sowie Schoch, JURA 2012, 858, 860.
142 VGH BW, VBlBW 2010, 29 ff., u VBlBW 2010, 33 ff.
143 I. E. ebenso VGH BW, VBlBW 2021, 501 ff., m. Anm. Pöltl, 511 ff.
144 Pschorr, DÖV 2019, 389, 394: „wahrscheinlich leerlaufen". Krit. dazu auch Braun, BWGZ 2018, 76 f., 82; Pöltl, VBlBW 2018, 221, 233 f.; Rausch, Landesrecht BW, § 3 Rn 333. Vgl. dazu auch die Glosse in BWGZ 2017, 107.
145 LT-Drs. 16/5076, S. 4.
146 Erhardt, die:gemeinde 8/2020, 8, 10.
147 Beschluss des Gemeinderats der Stadt Karlsruhe vom 11.12.2018 (vgl. Beschlussvorlage 2018/0790).
148 Erhardt, die:gemeinde 8/2020, 8, 10.

Hinzu kommt, dass die Ortspolizeibehörden mit einer **Vielzahl unbestimmter Rechtsbegriffe** konfrontiert werden, deren Anwendung sie vor besondere Herausforderungen stellt.[149]

Bei der Anwendung des § 18 PolG ist zu beachten, dass es durch die deutsche Rechtsordnung **kein grundsätzliches Alkoholkonsumverbot im öffentlichen Raum** gibt. Der nichtstörende Alkoholkonsum im öffentlichen Raum ist grundsätzlich erlaubt und kann ordnungsrechtlich nicht beanstandet werden[150], er wird durch die in **Art. 2 Abs. 1 GG** grundrechtlich verankerte **allgemeine Handlungsfreiheit** geschützt.[151]

Zu den Begriffen „Alkohol" und „alkoholisches Getränk" vgl. die weitergehenden Ausführungen bei Reinhardt, in: Möstl/Trurnit, Polizeirecht BW, § 10 a Rn 3 bis 3.3. Richtigerweise ist als Grenzwert für ein alkoholisches Getränk ein **Alkoholgehalt von mindestens 0,5 Volumenprozent** vorauszusetzen.[152]

40 **aa) Anwendungsvoraussetzungen § 18 Abs. 1 PolG. (1) Öffentlicher Ort.** Die Ermächtigung gilt nur für **öffentlich zugängliche Orte**, wie dem Wortlaut des § 18 Abs. 1 PolG klar zu entnehmen ist. „Öffentlicher Ort" ist ein **unbestimmter Rechtsbegriff**, der einem eigenen Beurteilungsspielraum der Kommune (Ortspolizeibehörde) unterliegt.

Die Formulierung „öffentlich zugängliche Orte" könnte nahelegen, dass auch allgemein zugängliche Privatgrundstücke und -flächen erfasst werden. Der Gesetzgeber hat hierzu aber ausführt, „dass in nichtöffentlichen Bereichen innerhalb des Geltungsbereichs der Polizeiverordnung, also beispielsweise in Wohnungen oder auch Gaststätten einschließlich der genehmigten Außenbewirtschaftungsflächen, weiterhin Alkohol konsumiert werden darf."[153] Damit werden **nur öffentliche Flächen vom Geltungsbereich des Gesetzes erfasst**, die entsprechend gewidmet sind.[154] Das werden in der Regel nur öffentliche Straßen, Plätze und vergleichbare Flächen (Parkanlagen, Spielflächen etc.) sein. Privatflächen sind dem Geltungsbereich entzogen, stehen sie im Eigentum der Kommune oder der öffentlichen Hand, wäre das **Hausrecht** (→ § 4 Rn 54 ff.) ausreichendes und richtiges Mittel zur Bekämpfung von alkoholbedingten Störungen aus der Nutzung der Grundstücke. Im Kern will der Landesgesetzgeber mit § 18 PolG den Kommunen ermöglichen, grundlegende alkoholbedingte Störungen im öffentlichen Raum (also auf den öffentlichen Straßen und Plätzen einer Gemeinde) zu unterbinden.

Das **Durchqueren der Verbotszone mit alkoholischen Getränken** ist auch im Geltungsbereich einer Rechtsverordnung nach § 18 PolG **gestattet**, ebenso das Mitführen alkoholischer Getränke, wenn diese in nichtöffentlichen Bereichen innerhalb der Verbotszone konsumiert werden sollen.[155]

41 **(2) Ausschluss konzessionierter Gaststättenbetriebe.** § 18 Abs. 1 PolG stellt klar, dass der Geltungsbereich einer Rechtsverordnung nicht für Gebäude und Außenbewirtschaftungsflächen von Gewerbebetrieben gilt, für die eine Erlaubnis oder Gestattung nach gaststättenrechtlichen Vorschriften vorliegt. Damit erfasst der **Geltungsbereich einer Rechtsverordnung nach § 18 PolG konzessionierte Gaststättenbetriebe nicht**. Soweit Gewerbebetriebe eine Gaststättenerlaubnis oder eine gaststättenrechtliche Gestattung zum Ausschank alkoholischer Getränke

---

149 Braun, BWGZ 2018, 76, 77 : „Ein Festival der unbestimmten Rechtsbegriffe"; krit. ebenso Rausch, Landesrecht BW, § 3 Rn 331 bis 333.
150 Zur Einschätzung der Auswirkungen der von Alkoholkonsum ausgehenden Beeinträchtigungen und der dagegen ergriffenen hoheitlichen Maßnahmen vgl. Kemmer/Taefi, Polizei & Wissenschaft 4/2020, 51 ff.
151 Vgl. dazu eingehender Pöltl, VBlBW 2018, 221, 222 m. w. N.; ebenso Wehser, DVP 2017, 54, 59; BVerfGE 90, 145, 171; OVG LSA; DVP 2011, 211, 215; Hebeler/Schäfer, DVBl 2009, 1424, 1426; Ruder, KommJur 2009, 46, 48; Erhardt, die:gemeinde 8/2020, 8, 11.
152 Reinhardt, in: Möstl/Trurnit, Polizeirecht BW, § 10 a Rn 4 m. w. N.
153 LT-Drs. 16/2741, S. 26.
154 A. A. Reinhardt, in: Möstl/Trurnit, Polizeirecht BW, § 10 a Rn 4, 4.1.
155 So eindeutig LT-Drs. 16/2741, S. 26.

haben, müssen von diesen ausgehende Störungen über die Regelungen des Gaststättenrechts abgehandelt werden.

(3) Erhebliche Störungen. § 18 Abs. 1 Nr. 1 PolG stellt darauf ab, dass Störungen auf die Begehung **alkoholbedingter Straftaten oder Ordnungswidrigkeiten** zurückzuführen sind. Damit wird zweierlei deutlich: Zum einen geht es nicht um Störungen aller Art, sondern nur um solche, die durch Straftaten oder Ordnungswidrigkeiten ausgelöst werden. Zum anderen ist ein Rückgriff auf die öffentliche Ordnung im Rahmen des § 18 PolG nicht möglich.

42

Die begangenen **Straftaten und Ordnungswidrigkeiten** müssen **alkoholbedingt** sein. Hierbei handelt es sich um einen **unbestimmten Rechtsbegriff**, dessen Anwendung den Kommunen einen eigenen Beurteilungsspielraum gibt. Der Gesetzgeber führt zu diesem Begriff nichts weiter aus. Gemessen an der allgemeinen Lebenserfahrung und den Erkenntnissen der Kriminologie ist davon auszugehen, dass mit „alkoholbedingt" nicht gemeint sein kann, dass der Alkoholkonsum der alleinige Grund für die Begehung der Straftaten ist. Es reicht grundsätzlich aus, dass der **Alkoholkonsum mitursächlich für die Begehung der Straftaten und Ordnungswidrigkeiten** war.[156] Allerdings sagt das Gesetz auch klar, dass die **Mitkausalität des Alkoholkonsums** für die Begehung der Straftaten und Ordnungswidrigkeiten **zwingende Voraussetzung** für die Anwendung des § 18 PolG ist. Dies bedeutet für die Praxis, dass ein Rückgriff auf die allgemeine Polizeistatistik keinesfalls ausreichend ist.[157] Vielmehr muss die Kommune gemeinsam mit der Polizei eine Faktenlage zugrunde legen, aus der deutlich wird, inwieweit der Alkoholkonsum mitursächlich für die entstandenen und zu erwartenden weiteren Störungen ist. Maßstab ist der **Kausalzusammenhang** zwischen Alkoholkonsum und Straftat oder Ordnungswidrigkeit.[158]

(4) Hohe Belastung. § 18 Abs. 1 PolG verlangt, dass den **Störungen im öffentlichen Raum eine erhebliche Relevanz** zukommt. Der Gesetzgeber beschreibt dieses Tatbestandsmerkmal dadurch, dass er zum einen auf die „Häufigkeit" oder die „Bedeutung" der begangenen alkoholbedingten Straftaten und Ordnungswidrigkeiten abstellt, und zum anderen fordert, dass sich die dadurch entstehende Belastung am betroffenen Ort „deutlich" von anderen Orten im Gemeindegebiet abhebt. Der Gesetzgeber geht mehrfach von einem „örtlichen Brennpunkt" aus.[159] Die Prüfung dieser Voraussetzungen erfordert eine **Gesamtbetrachtung aller relevanten Umstände**.[160]

43

Die Merkmale „Häufigkeit" und „Bedeutung" müssen **nicht kumulativ** vorliegen, sondern es reicht dem Grunde nach aus, dass eine der beiden Tatbestandsvarianten erfüllt ist.[161] In der Praxis werden regelmäßig beide Tatbestandsmerkmale erfüllt sein. In beiden Fällen handelt es sich um **unbestimmte Rechtsbegriffe**, die einem eigenen Beurteilungsspielraum der Kommune (Ortspolizeibehörde) unterliegen. Der Gesetzgeber verlangt für den Nachweis der Häufigkeit oder Bedeutung einen Beleg durch **polizeiliche Erkenntnisse**.

Von einer **Häufigkeit** kann ausgegangen werden, wenn in dem betroffenen Bereich **erheblich mehr Straftaten und Ordnungswidrigkeiten** begangen werden **als im übrigen Gemeindegebiet**. Die Häufigkeit unterliegt damit sowohl einer **objektiven** als auch einer **relativen Komponente**. Die objektive Komponente stellt auf die absolute Anzahl der an dem öffentlichen Ort begangenen Straftaten und Ordnungswidrigkeiten ab. Es muss also die Anzahl der dort begangenen Delikte erfasst und dokumentiert werden. Die relative Komponente verlangt einen

44

---

156 Ebenso Reinhardt, in: Möstl/Trurnit, Polizeirecht BW, § 10 a Rn 8.
157 Wie hier auch VGH BW, VBlBW 2010, 29, 32, u. Reinhardt, in: Möstl/Trurnit, Polizeirecht BW, § 10 a Rn 8.
158 Pschorr, DÖV 2019, 389, 392; vgl. dazu auch Geis, Fälle zum Polizei- und Ordnungsrecht, Rn 118 bis 121.
159 LT-Drs. 16/2741, S. 26.
160 Braun, BWGZ 2018, 76, 78.
161 Wie hier Reinhardt, in: Möstl/Trurnit, Polizeirecht BW, § 10 a Rn 7.

Vergleich mit der Anzahl der begangenen Straftaten und Ordnungswidrigkeiten im übrigen Gemeindegebiet.

In der Gesetzesbegründung finden sich weitergehende Ausführungen zur objektiven Komponente der „Häufung" dahin gehend, dass auf der Grundlage einer Erhebung der Polizeidienststellen in BW aus dem Jahr 2010 versucht wurde, **Schwellenwerte** zu ermitteln, die der Gesetzgeber als **Orientierungsrahmen** ansieht. Bei diesen **Anwendungshinweisen des Gesetzgebers** ist insofern **Zurückhaltung geboten**, als es bei der Beurteilung des Vorliegens einer abstrakten Gefahr für die öffentliche Sicherheit stets nur auf den **jeweiligen Einzelfall** ankommen kann.[162] Dabei werden die Struktur der Gemeinde, die Größe der Gemeinde, die allgemeine Kriminalitätsbelastung und weitere relevante Faktoren einzubeziehen sein.[163] Die vom Gesetzgeber genannten Zahlen aus dem Jahr 2010 können weitere wichtige Anhaltspunkte sein.

45 Straftaten und Ordnungswidrigkeiten von **Bedeutung** liegen vor, wenn sie **aufgrund ihrer Schwere deutlich über das Normalmaß alkoholbedingter Delikte hinausgehen**. Aufgrund der durch Art. 2 Abs. 1 GG geschützten allgemeinen Handlungsfreiheit können normale Begleiterscheinungen des Alkoholkonsums (wie leichte Beleidigungen oder einfachste Körperverletzungen wie Anrempeln) regelmäßig – wenn überhaupt – nur über die Häufigkeit tatbestandsrelevant sein. Das Merkmal der „Bedeutung" wird nur von schwerwiegenderen Straftaten erfüllt werden können, das können etwa erheblichere Körperverletzungen, Sexualstraftatdelikte, schwerere Eigentumsdelikte und Sachbeschädigungen, schwerwiegende Verstöße gegen den Jugendschutz oder vergleichbare Straftaten sein.

Regelmäßig werden hier **Ordnungswidrigkeiten** nicht in Betracht kommen, da ihnen lediglich eine „Denkzettelfunktion" zukommt und der Gesetzgeber dies bei der Schwere der erfassten Delikte bereits berücksichtigt hat. Ordnungswidrigkeiten reichen daher nur aus, wenn sie über das übliche Maß deutlich hinausgehen. Ein Beispiel hierfür können Lärmbelästigungen sein, die aufgrund ihrer Stärke signifikant über den in den gesetzlichen oder technischen Regelwerken vorgegebenen Grenz- und Richtwerten liegen.[164]

46 Schließlich verlangt § 18 Abs. 1 Nr. 1 PolG noch, dass sich die **Belastung des betroffenen Gebiets deutlich von der des übrigen Gemeindegebiets abhebt**. Es handelt sich dabei um eine relative Komponente zur Ermittlung von „Häufigkeit" und „Bedeutung". Die Vergleichsfläche muss von ihrer Prägung und Charakteristik der Fläche des potenziellen „Brennpunkts" ähnlich sein.[165] Die betroffene Kommune muss daher nicht nur Anzahl, Bedeutung und Alkoholbezug der im betroffenen öffentlichen Raum begangenen Straftaten und Ordnungswidrigkeiten detailliert erfassen, sondern dies muss wegen des zwingenden Vergleichs auch für das in Bezug genommene Vergleichsgebiet geschehen.[166] Der Gesetzgeber macht zahlenmäßige Angaben zum deutlichen Abheben, dieser Anwendungshinweis muss kritisch gesehen werden, denn nur im **jeweiligen Einzelfall** kann beurteilt werden, ob die Art und Menge der Störungen die erforderliche Vergleichsrelevanz hat.[167] In der Praxis wird man von einer Häufung und besonderen Bedeutung vielfach bereits ausgehen können, wenn die **Anzahl der Straftaten zumindest doppelt so hoch wie im übrigen Gemeindegebiet** ist.

---

162 Ebenso Pschorr, DÖV 2019, 389, 392; krit. auch Reinhardt, in: Möstl/Trurnit, Polizeirecht BW, § 10 a Rn 7.1, 7.2.
163 Ebenso Braun, BWGZ 2018, 76, 80.
164 Reinhardt, in: Möstl/Trurnit, Polizeirecht BW, § 10 a Rn 7.2; Pöltl, VBlBW 2018, 221, 231 m. w. N.; diff. Braun, BWGZ 2018, 76, 78; *a. A.* Pschorr, DÖV 2019, 389, 391.
165 LT-Drs. 16/2741, S. 27.
166 Vgl. dazu eingehender Pöltl, VBlBW 2018, 221, 231.
167 Ähnlich Braun, BWGZ 2018, 76, 78.

II. Rechtmäßigkeitsvoraussetzungen

(5) Künftige Störungen. § 18 Abs. 1 Nr. 4 PolG verlangt, dass Tatsachen die Annahme rechtfertigen, dass an dem betroffenen öffentlichen Ort **auch künftig mit der Begehung alkoholbedingter Straftaten oder Ordnungswidrigkeiten zu rechnen** ist. Es reicht mithin nicht aus, dass Störungen mit der erforderlichen Intensität begangen wurden, sondern es muss auf den betroffenen Flächen auch künftig mit entsprechenden Belastungen zu rechnen sein, um ein Verbot zu rechtfertigen. Hier wird der Kommune in ihrer Funktion als Ortpolizeibehörde eine **sachliche Prognose** abverlangt.[168] Kriterien sind die Dauer und Intensität der bisher begangenen alkoholbedingten Straftaten und Ordnungswidrigkeiten, der Nachweis fehlender alternativer wirksamer Maßnahmen und ernsthafte Anhaltspunkte für eine Fortsetzung der bisherigen erheblichen Störungen.[169] Dabei muss eine **nicht nur unerhebliche Wahrscheinlichkeit für weitere Straftaten und Ordnungswidrigkeiten** gegeben sein. Aus dem Kontext mit der Nr. 1 des § 18 Abs. 1 PolG ist zu folgern, dass nicht nur die künftig zu erwartende Begehung irgendwelcher Straftaten und Ordnungswidrigkeiten ausreicht, sondern dass auch die künftigen Delikte die **Intensität und Bedeutung der bisherigen Störungen** bewirken müssen.

47

(6) Menschenmenge. Aus § 18 Abs. 1 Nr. 2 PolG folgt, dass an dem zum Erlass der Polizeiverordnung vorgesehenen öffentlichen Ort **regelmäßig eine Menschenmenge anzutreffen** sein muss. Damit erfolgt eine **Abgrenzung** des Anwendungsbereichs des § 18 Abs. 1 PolG **zu den polizeilichen Einzelmaßnahmen.** Gehen die Störungen von einer überschaubaren Anzahl einzelner Personen aus, dann kann und muss gegen die Störer mit polizeilichen Einzelmaßnahmen vorgegangen werden. Es sind Zweifel angebracht, dass der vom Gesetzgeber verwendete Begriff „Menschenmenge" noch im Sinne des Verfassungsrechts hinreichend bestimmt ist[170], auch wenn er ebenfalls in § 68 PolG vorkommt (→ § 12 Rn 58, 64 80). Jenseits dieser verfassungsrechtlichen Bedenken ist **„Menschenmenge"** ein **unbestimmter Rechtsbegriff** und unterliegt damit einem behördlichen Beurteilungsspielraum.[171] Es ist schwierig, hier eine konkrete Zahl zu nennen, ab der eine Menschenmenge im Sinne der Norm anzunehmen ist, vielmehr ist eine **Einzelfallbetrachtung** vorzunehmen und von einer solchen Menschenmenge auszugehen, wenn die Polizei und die kommunalen Ordnungsbehörden aufgrund der vorhandenen Anzahl an Menschen nicht mehr in der Lage sind, mit anderen geeigneten polizeilichen Maßnahmen die Situation so in den Griff zu bekommen, dass die dort begangenen Störungen sicher und nachhaltig unterbunden werden können.[172] **„Regelmäßig"** meint wiederholend bzw. immer wieder. Hierfür reicht es aus, wenn sich eine Menschenmenge in nicht allzu großen Abständen immer wieder an dem betroffenen Ort versammelt. Bei größeren zeitlichen Abständen wird dieses Tatbestandsmerkmal eher nicht erfüllt sein, **Jahrestage** (1. Mai etc.) dürften aber darunter fallen.[173]

48

(7) Verhältnismäßigkeit. Gem. § 18 Abs. 1 Nr. 3 PolG ist Voraussetzung für den Erlass einer Polizeiverordnung, dass **mit anderen polizeilichen Maßnahmen keine nachhaltige Entlastung** erreicht werden kann. Der Gesetzgeber statuiert damit den **Grundsatz der Verhältnismäßigkeit** unmittelbar im Gesetz. Der Erlass einer Polizeiverordnung auf der Grundlage des § 18 PolG ist **Ultima Ratio.**[174] Die Kommunen haben im Rahmen der Ausübung ihres Ermessens zu prüfen, ob es nicht mildere, ebenso effektive Mittel gibt, um die Situation an einem örtlichen „Brennpunkt" zu entschärfen. Für die Praxis bedeutet dies, dass ein Rückgriff auf § 18 PolG erst in Betracht kommt, wenn die Kommune in ihrer Funktion als Ortpolizeibehörde **alle anderen polizeirechtlichen Mittel ausgeschöpft hat. Mildere kommunale und polizeiliche Maßnahmen** in

49

---

168 Ebenso Braun, BWGZ 2018, 76, 79: „Prognose auf der Basis von Tatsachen"; Pschorr, DÖV 2019, 389, 303.
169 Vgl. dazu auch Braun, BWGZ 2018, 76, 79.
170 So zutr. Pschorr, DÖV 2019, 389, 293.
171 A. A. hinsichtlich des behördlichen Beurteilungsspielraums Rausch, Landesrecht BW, § 3 Rn 333.
172 Krit. zu den vom Gesetzgeber genannten Schwellenwerten auch Braun, BWGZ 2018, 76, 80 f.
173 Zutr. Reinhardt, in: Möstl/Trurnit, Polizeirecht BW, § 10 a Rn 9; Pschorr, DÖV 2019, 389, 393.
174 Reinhardt, in: Möstl/Trurnit, Polizeirecht BW, § 10 a Rn 10; Braun, BWGZ 2018, 76, 79, u. bei Erhardt, die:gemeinde 8/2020, 8, 12; Rausch, Landesrecht BW, § 3 Rn 333.

diesem Sinne sind Präventionsmaßnahmen aller Art, verstärkte Streifentätigkeit, das gezielte Ansprechen alkoholisierter Personen, Ermahnungen, Platzverweise und Aufenthaltsverbote. Diese milderen Mittel müssen **ernsthaft und über längere Zeit zur Anwendung gekommen sein**, ohne dass eine nachhaltige Verbesserung erreicht werden konnte.

50 bb) **Zeitliche und örtliche Begrenzung. (1) Räumliche Begrenzung.** Aus dem Anwendungsbereich und Zweck des § 18 PolG ergibt sich, dass der **räumliche Geltungsbereich des** durch die Polizeiverordnung angeordneten **Alkoholkonsumverbots** in der Verordnung **eindeutig festgelegt** werden muss. Dies ist zum einen der hinreichenden Bestimmtheit der Rechtsverordnung geschuldet, zum anderen darf das Alkoholkonsumverbot räumlich nur so weit ausgedehnt werden, dass sein Geltungsbereich den tatbestandlichen Anforderungen des § 18 Abs. 1 PolG genügt. Unschädlich ist dabei, wenn der räumliche Geltungsbereich auf zur Kontrolle des Verbots **zwingend notwendige Zu- und Abgangsbereiche** ausgedehnt wird. Im Kern darf aber nur der eigentliche „Brennpunkt" erfasst und geschützt werden. In der **Praxis** erfolgt die Definition des räumlichen Geltungsbereichs durch eine **Aufzählung** der begrenzenden Straßen und Plätze sowie der öffentlichen Flächen innerhalb der Fläche, und durch Hinzufügen eines Lageplans, in dem der Geltungsbereich der Rechtsverordnung kenntlich gemacht ist.

51 **(2) Zeitliche Begrenzung.** § 18 Abs. 2 PolG verlangt eine **zeitliche Beschränkung des Alkoholkonsumverbots**. Das Verbot soll **auf bestimmte Tage und an diesen zeitlich beschränkt** werden. Auch dies ist Ausdruck der Verhältnismäßigkeit: Das Verbot soll in der Regel nur so lange gelten wie es aufgrund der Umstände des Einzelfalls erforderlich erscheint. Der Gesetzgeber führt dazu aus, dass Verbote auch an „Brennpunkten" nur zu den Zeiten gerechtfertigt seien, an denen erfahrungsgemäß mit Störungen der öffentlichen Sicherheit und Ordnung zu rechnen sei. Dies werde insbesondere in den Abend- und Nachtstunden an den Wochenenden und vor Feiertagen der Fall sein.[175] Die Rechtsverordnung **muss im Regelfall** („soll") eine zeitliche Regelung enthalten, die das Alkoholkonsumverbot auf bestimmte Tage und Zeiten an diesen Tagen begrenzt. In der Regel sind dies die Abend- und Nachtzeiten von Freitag bis Sonntag und an Feiertagen; in manchen Städten können noch die Mittwoche und Donnerstage hinzukommen. „Soll" bedeutet, dass ein **Abweichen** von dieser Vorgabe **nur in atypischen Fallkonstellationen** in Betracht kommt. In der Praxis ist ein zeitlich unbegrenztes – also durchgehendes – Alkoholkonsumverbot kaum denkbar.[176]

52 cc) **Befristung.** Gem. § 18 Abs. 3 PolG sind **Polizeiverordnungen** nach § 18 Abs. 1 PolG zu **befristen**. Der Gesetzgeber macht keine Angabe zur Dauer der Befristung. Als Ausfluss des Grundsatzes der Verhältnismäßigkeit ist davon auszugehen, dass die Geltungsdauer der Rechtsverordnung **nur so lange** sein darf, **wie für den angestrebten Zweck** (nachhaltiges Unterbinden der alkoholbedingten Störungen) **zwingend erforderlich und notwendig** erscheint.[177] Eine darüber hinausgehende Einschränkung der durch Art. 2 Abs. 1 GG geschützten allgemeinen Handlungsfreiheit wäre rechtswidrig. Darüber hinaus kommt den Ortspolizeibehörden die Pflicht zu, die Berechtigung der Rechtsverordnung auch **nach deren Erlass dauernd** zu **überprüfen** und bei Wegfall der Erlassvoraussetzungen sofort zu reagieren.[178]

53 dd) **Polizeiliche Maßnahmen.** Sofern die tatbestandlichen Voraussetzungen des § 18 Abs. 1 PolG erfüllt sind, kann durch die Polizeiverordnung sowohl der **Konsum von Alkohol als auch das Mitführen von alkoholischen Getränken zum Konsum an diesem Ort** untersagt werden. Es werden mithin der Konsum von Alkohol und das Mitführen von Alkohol zum Zweck

---

175 LT-Drs. 2741, S. 27; vgl. dazu auch Braun, BWGZ 2018, 76, 79.
176 Braun, BWGZ 2018, 76, 79, 81 f.; i. E. ebenso Reinhardt, in: Möstl/Trurnit, Polizeirecht BW, § 10 a Rn 12.
177 Reinhardt, in: Möstl/Trurnit, Polizeirecht BW, § 10 a Rn 13, geht von einer regelmäßigen Gesamtdauer von *maximal 2 bis 3 Jahren* aus.
178 Braun, BWGZ 2018, 76, 79.

II. Rechtmäßigkeitsvoraussetzungen

des Konsums untersagt. Beide **Untersagungstatbestände sind alternativ** („oder"), werden aber regelmäßig in Kombination zur Anwendung kommen. Beim Untersagen des Mitführens von Alkohol zum Konsum wird sich in der Praxis häufig das Problem des Nachweises ergeben, ob der Alkohol mitgeführt wird, um ihn am von der Verbotszone erfassten öffentlichen Ort zu konsumieren. Der Gesetzgeber hat klargestellt, dass es nicht untersagt werden kann, mitgebrachten Alkohol durch die Verbotszone zu bringen oder innerhalb der Verbotszone an privaten Orten zu konsumieren.[179]

ee) Muster einer Polizeiverordnung gem. § 18 PolG. Die Inhalte einer Polizeiverordnung gem. § 18 PolG variieren je nach zugrundeliegendem Sachverhalt und örtlichen Verhältnissen. Die Grundstruktur könnte indes wie folgt aussehen: 54

Polizeiverordnung der Gemeinde / Stadt XXXXX
über ein Alkoholkonsumverbot
in der XXXXX-Straße / auf dem XXXXX-Platz
vom XXXXX (Datum), Amtsblatt vom XXXXX (Datum)

Aufgrund von § 18 Abs. 1 i V. m. § 1 Abs. 1 sowie § 26 Polizeigesetz Baden-Württemberg in der Fassung der Bekanntmachung vom 6.10.2020 (GBl. S. 735, ber. S. 1092), zuletzt geändert durch Gesetz vom XXXXX (GBl. XXXXX), sowie § 44 Abs. 3 Gemeindeordnung Baden-Württemberg in der Fassung vom 24.7.2000 (GBl. S. 582, ber. S 698), zuletzt geändert durch Gesetz vom XXXXX (GBl. XXXXX), erlässt der Gemeinderat der Gemeinde / Stadt XXXXX am XXXXX *(Datum)* folgende Polizeiverordnung:

§ 1
Geltungsbereich

(1) Diese Polizeiverordnung gilt für den Bereich der XXXXX-Straße, / des XXXX-Platzes in XXXXX *(Name der Gemeinde / Stadt)*. Der Geltungsbereich liegt zwischen XXXXX-Straße und XXXXX-Straße ..... *(schriftliche Bezeichnung der begrenzenden Straßen und Plätze)* und ergibt sich aus dem beigefügten Lageplan, in dem der Geltungsbereich farblich gekennzeichnet ist.
(2) Der in der Anlage beigefügte Lageplan ist Bestandteil dieser Polizeiverordnung.

§ 2
Alkoholkonsumverbot

(1) In dem durch § 1 festgelegten Geltungsbereich dieser Polizeiverordnung ist an öffentlich zugänglichen Orten außerhalb von Gebäuden und Außenbewirtschaftungsflächen von Gewerbetreibenden während den Öffnungszeiten, für die eine Erlaubnis oder Gestattung nach gaststättenrechtlichen Vorschriften vorliegt, untersagt:
(a) Alkoholische Getränke zu konsumieren oder
(b) alkoholische Getränke zum Konsum im Geltungsbereich des Verbots mitzuführen.
(2) Das Alkoholkonsumverbot gilt im Zeitraum vom 1. April bis zum 31. Oktober jeden Jahres, jeweils donnerstags bis samstags von 18 bis 24 Uhr und sonntags von 11 Uhr bis 20 Uhr.

§ 3
Ausnahmen

In Einzelfällen oder aus Anlass besonderer Ereignisse kann die Ortspolizeibehörde auf vorherigen Antrag Ausnahmen von diesem Verbot zulassen, sofern keine öffentlichen Interessen entgegenstehen.

§ 4
Ordnungswidrigkeiten

(1) Ordnungswidrig handelt, wer

---

179 LT-Drs. 16/2741, S. 26; Reinhardt, in: Möstl/Trurnit, Polizeirecht BW, § 10 a Rn 3.

1. entgegen § 2 Abs. 1 a in dem in § 1 bezeichneten Bereich alkoholische Getränke konsumiert,
2. entgegen § 2 Abs. 1 b in dem in § 1 bezeichneten Bereich alkoholische Getränke zum Konsum im Geltungsbereich des Verbots mitführt.
(2) Abs. 1 gilt nicht, soweit der Alkoholkonsum außerhalb der in § 2 Abs. 2 genannten Zeiten erfolgt oder eine Ausnahme gem. § 3 erteilt wurde.
(3) Die Ordnungswidrigkeiten können mit einer Geldbuße von bis zu 5.000 Euro geahndet werden.

§ 5
Inkrafttreten und Befristung

Diese Polizeiverordnung tritt am XXXXX (Datum) in Kraft und ist befristet bis zum XXXXX (Datum).
Gemeinde/ Stadt XXXXX
Die / der Bürgermeister/in

55 **e) Bestimmtheit und Vollständigkeit.** Das **Rechtsstaatsprinzip** und die aus ihm folgenden **Gebote der Normklarheit und Justitiabilität** fordern vom Normgeber, dass er abstrakt-generelle Verbote so klar und bestimmt fasst, dass die betroffene Person die Rechtslage, d. h. Inhalt und Grenzen von Gebots- und Verbotsnormen, in zumutbarer Weise erkennen und ihr Verhalten danach ausrichten kann.[180] Das in einer Polizeiverordnung statuierte Verbot muss deshalb in seinem zeitlichen und räumlichen Geltungsbereich sowie seinem Inhalt nach ausreichend bestimmt sein. Erforderlich sind **Bestimmtheit** und **Vollständigkeit** der Verordnung. Das **rechtsstaatliche Gebot hinreichender Bestimmtheit von Normen** zwingt den Normgeber nicht, Normtatbestände stets mit genau erfassten Maßstäben zu umschreiben. Generalklauseln und unbestimmte, der Ausfüllung bedürftige Begriffe sind schon deshalb grundsätzlich zulässig, weil sich die Vielfalt der Verwaltungsaufgaben nicht immer in klar umrissenen Begriffen einfangen lässt. Der Normgeber ist gehalten, seine Regelungen so bestimmt zu fassen, wie dies nach der Eigenart der zu ordnenden Lebenssachverhalte und mit Rücksicht auf den Normzweck möglich ist.[181] Prüfungsmaßstab für bei Beurteilung hinreichender Bestimmtheit ist bei einer verwaltungsrechtlichen Norm einer Rechtsverordnung allein Art. 20 Abs. 3 GG, nicht dagegen Art. 103 Abs. 2 GG, der nur Straf- und Ordnungswidrigkeitsnormen zum Gegenstand hat.[182]

Beispiele:
- Das **Verbot in einer Polizeiverordnung**, auf öffentlichen Straßen und in öffentlichen Anlagen außerhalb von Freischankflächen oder Einrichtungen wie Grillstellen **ausschließlich oder überwiegend zum Zwecke des Alkoholgenusses zu lagern oder dort dauerhaft zu verweilen**, wenn dessen Auswirkungen geeignet sind, Dritte erheblich zu belästigen, ist wegen fehlender Bestimmtheit unwirksam (VGH BW, VBlBW 2010, 29, 33; so auch OVG LSA, DVP 2011, 211).
- Die **räumliche Abgrenzung des Geltungsbereichs eines Leinenzwangs für Hunde** muss im Text oder als Anlage einer Polizeiverordnung vorgenommen werden. Sie darf nicht der Verwaltung zur beliebigen Konkretisierung und Veränderung überlassen werden. Eine Polizeiverordnung, die auf den bauplanungsrechtlichen Begriff des Innenbereichs Bezug nimmt, genügt den Anforderungen an die Bestimmtheit (VGH BW, VBlBW 2008, 134, 135 ff.).

56 **f) Grundsatz der Verhältnismäßigkeit.** Die Regelungen in einer Polizeiverordnung dürfen nicht gegen den Grundsatz der Verhältnismäßigkeit verstoßen. Sie müssen zur Abwehr von Gefahren für die öffentliche Sicherheit oder Ordnung geeignet sein, den geringsten Eingriff darstellen und angemessen sein (§ 5 PolG [→ § 6 Rn 31]). Für ein Alkoholkonsumverbot

---

180 VGH BW, VBlBW 2021, 501, 507, m. Anm. Pöltl, 511 ff.; Reinhardt, in: Möstl/Trurnit, Polizeirecht BW, § 10 Rn 16.
181 VGH BW, VBlBW 2010, 29, 33; Zeitler/Trurnit, Polizeirecht BW, Rn 1160.
182 VGH BW, VBlBW 2021, 501, 507 f., m. Anm. Pöltl, 511 ff., m. w. N.

im öffentlichen Raum folgt die Verhältnismäßigkeit im engeren Sinne unmittelbar aus § 18 Abs. 1 Nr. 3 PolG.

Beispiele:

- Eine Polizeiverordnung, wonach nur für den Bereich einer Fußgängerzone ein **Leinenzwang für Hunde** angeordnet wird, ist **verhältnismäßig**. Sie stellt im Vergleich zu einer Vorschrift, die das Mitnehmen der Hunde in diesem Bereich ganz verbieten würde, das mildere Mittel dar (VGH BW, BWGZ 1989, 54, 56).
- Der **Schutz** der Bevölkerung **vor Gesundheitsgefahren** zählt zu den überragend wichtigen Gemeinschaftsgütern, hierzu gehört insbesondere auch der **Schutz der Nachtruhe**. Regelungen zum Schutz der Nachtruhe sind daher regelmäßig verhältnismäßig (VGH BW, VBlBW 2021, 501, 505 ff., m. Anm. Pöltl, VBlBW 2021, 511 ff.).
- Der Erlass eines umfassenden **Alkoholkonsumverbots** durch eine Gefahrenabwehrverordnung allein zu dem Zweck, die von den zum Alkoholkonsum verwendeten **Glasbehältnissen** möglicherweise ausgehenden Gefahren zu verhindern, ist regelmäßig unverhältnismäßig (OVG LSA, DVP 2011, 211).

g) Grundsatz der Gleichbehandlung. Beim Erlass einer Polizeiverordnung muss die Behörde den Grundsatz der Gleichbehandlung beachten. Der **allgemeine Gleichheitssatz** aus Art. 3 Abs. 1 GG **gebietet**, wesentlich Gleiches gleich und wesentlich Ungleiches seiner Eigenart entsprechend verschieden zu behandeln. Seine Anwendung beruht auf einem Vergleich von Lebensverhältnissen, die nie in allen, sondern nur in einzelnen Elementen übereinstimmen. Der **Gleichheitssatz** ist dann **verletzt**, wenn eine vom Verordnungsgeber vorgenommene Differenzierung sich nicht auf einen vernünftigen oder sonst wie einleuchtenden Grund zurückführen lässt. Insbesondere darf die Behörde bei der Formulierung der Verbote und Gebote in einer Polizeiverordnung **nicht willkürlich** – also ohne Vorliegen eines sachlich einleuchtenden Grundes – unterschiedliche Regelungen vornehmen. Bei zahlreichen Sachverhalten, die von den Regelungen einer Polizeiverordnung erfasst werden, sind (notwendige) **Typisierungen** zulässig.[183]

Beispiel: Die in § 1 HuV BW getroffene Unterscheidung zwischen Hunden, deren Kampfhundeeigenschaft *vermutet* wird und solchen, die im *Einzelfall* als gefährlich anzusehen sind, ist mit dem Gleichheitssatz vereinbar (VGH BW, VBlBW 2002, 292, 295). Andererseits verstößt eine Aufzählung der als Kampfhunde geltenden Hunderassen in einer Verordnung gegen das **Gleichbehandlungsgebot**, wenn es der Verordnungsgeber ohne erkennbaren sachlichen Grund unterlässt, auch andere gefährliche Hunderassen in die Aufzählung der sog. **Kampfhunde** aufzunehmen (VGH BW, NVwZ 1992, 1105).

h) Vereinbarkeit mit höherrangigem Recht. Gem. § 19 PolG dürfen Polizeiverordnungen nicht mit Gesetzen oder mit Rechtsverordnungen übergeordneter Behörden im Widerspruch stehen. Mit dieser Bestimmung bringt das PolG den **Grundsatz des Gesetzesvorrangs** bzw. des Vorrangs der ranghöheren Norm zum Ausdruck und legt die Reihenfolge der Polizeiverordnungen innerhalb der **Normenhierarchie** fest. **Rechtsnormen höherrangigen Rechts** sind insbesondere Bestimmungen aus dem EU-Recht, soweit sie gegenüber dem innerstaatlichen Recht Vorrang besitzen (etwa EU-Vertrag, EU-Verordnungen, EU-Ratsbeschlüsse), Bundesrecht (Grundgesetz, formelle Gesetze, Rechtsverordnungen, vgl. Art. 31 GG) und Landesrecht (Landesverfassung und formelle Gesetze, Rechtsverordnungen). Ein Widerspruch gegen höherrangiges Recht liegt auch vor, wenn ein Spezialgesetz eine abschließende Regelung enthält (etwa das VersammlG) und wenn die Polizeiverordnung höherrangige Regelungen ergänzen oder erweitern würde. Verstößt eine Polizeiverordnung gegen höherrangiges Recht, ist sie von Anfang an nichtig (vgl. § 24 Abs. 2 Hs 2 PolG). Kollidiert die Verordnung mit einer rangniedrigen Norm (etwa mit einer kommunalen Satzung), geht die Polizeiverordnung vor.[184]

Beispiel: Die Vorschriften der Polizeiverordnung des Innenministeriums und des Ministeriums Ländlicher Raum über das Halten gefährlicher Hunde (HuV BW) gehen den Regelungen einer örtlichen Polizeiverordnung vor. So kann etwa eine Ortspolizeibehörde nicht in ihrer Polizeiverordnung gem. § 17 PolG die

---

183 Reinhardt, in: Möstl/Trurnit, Polizeirecht BW, § 10 Rn 19 a.
184 Kahlert, in: Belz/Mußmann/Kahlert/Sander, Polizeigesetz BW, § 19 Rn 5; Reinhardt, in: Möstl/Trurnit, Polizeirecht BW, § 11 Rn 1.2.

Kampfhundeeigenschaft definieren, da § 1 HuV BW dazu eine abschließende Regelung enthält. Gem. § 6 HuV BW kann die Ortspolizeibehörde aber „weitergehende" Regelungen in einer örtlichen Polizeiverordnung vornehmen, wie etwa zum Leinenzwang für Hunde.

Beim Widerspruch einer nachgeordneten Rechtsverordnung gegen die Rechtsverordnung einer übergeordneten Behörde (§ 19 PolG) kommt eine **Teilnichtigkeit** der betroffenen Regelung nur in Betracht, wenn die nachgeordnete Rechtsverordnung auch ohne die dann nichtige Regelung einen sinnvollen Anwendungsbereich besitzt.[185]

59 **2. Formelle Rechtmäßigkeit. a) Zuständigkeit.** Bei der Zuständigkeit ist zwischen dem Erlass einer Rechtsverordnung auf der allgemeinen Ermächtigungsgrundlage des § 17 PolG und einer Rechtsverordnung auf der speziellen Rechtsgrundlage des § 18 PolG zu unterscheiden. Mit dem Gesetz zur Abwehr alkoholbedingter Störungen der öffentlichen Sicherheit[186] hat der Gesetzgeber für eine Rechtverordnung nach § 18 PolG eine abweiche Zuständigkeitsregelung eingeführt.

60 **aa) Sachliche Zuständigkeit. (1) Rechtsverordnung gem. § 17 PolG.** Gem. **§ 17 Abs. 1 PolG** können die **allgemeinen Polizeibehörden** Polizeiverordnungen erlassen. **Sachlich zuständig** sind somit gem. §§ 106 Abs. 1, 107 PolG die dort bestimmten Polizeibehörden, etwa die Gemeinden als Ortspolizeibehörden. Die **besonderen Polizeibehörden** (§ 106 Abs. 2 PolG) sind nicht ermächtigt, Polizeiverordnungen gem. §§ 17 ff. PolG zu erlassen.[187] Sie können dies nur aufgrund spezieller Ermächtigungen. Der **Polizeivollzugsdienst** (§§ 115 ff. PolG) besitzt keine Befugnis zum Erlass einer Polizeiverordnung. Eine derartige Zuständigkeit lässt sich auch nicht aus der **Parallelzuständigkeit** des § 105 Abs. 2 PolG herleiten. Fälle, in denen ein **sofortiges** Tätigwerden durch Erlass einer Polizeiverordnung erforderlich erscheint, sind nicht denkbar.

Beispiel: Eine Gemeinde konnte außerhalb der ausdrücklichen Ermächtigung des § 17 PolG oder einer spezialgesetzlichen Ermächtigung (etwa IfSG) und damit außerhalb ihrer Funktion als Ortspolizeibehörde keine Satzungsregelung (hier: Benutzungsordnung) erlassen, die eine Corona-Testpflicht der Kinder für die von ihr betriebenen Kindertagesstätten begründete. Hier war die Zuständigkeit des Gesundheitsamts des Landkreises gegeben (VGH BW, KommJur 2022, 53, 55 f.).

61 **(2) Rechtsverordnung gem. § 18 PolG.** Gem. **§ 18 PolG** erfolgt der Erlass einer Rechtsverordnung zur Beseitigung alkoholbedingter Störungen durch die **Ortspolizeibehörde**. Aus **§ 107 Abs. 4 S. 1 PolG** folgt unmittelbar, dass dies die **Gemeinden** sind.

62 **bb) Instanzielle Zuständigkeit. (1) Rechtsverordnung gem. § 17 PolG.** Für den Erlass von Polizeiverordnungen gem. **§ 17 PolG** besteht **keine Vermutung der Zuständigkeit der Ortspolizeibehörden** (vgl. § 111 Abs. 2 PolG). Vielmehr sind die allgemeinen Polizeibehörden nebeneinander zuständig (sog. konkurrierende Zuständigkeit). Für das Gebiet einer kreisangehörigen kleineren Gemeinde kann daher **jede allgemeine Polizeibehörde** eine Polizeiverordnung erlassen, also sowohl die Gemeinde selbst als Ortspolizeibehörde, die Kreispolizeibehörde als untere Verwaltungsbehörde (Landratsamt), das Regierungspräsidium als Landespolizeibehörde oder das Ministerium. Ohne sachliche Gründe kann die höhere Polizeibehörde wegen Art. 70 Abs. 1 S. 2 LV nicht anstelle der nachgeordneten Behörde tätig werden.[188] Verordnungen übergeordneter Behörden haben Vorrang (§§ 19, 24 Abs. 2 PolG).

Dementsprechend kommt der Regelung in **§ 22 PolG**, wonach die zur Fachaufsicht zuständige Behörde ein sog. **Selbsteintrittsrecht** besitzt, wenig praktische Bedeutung zu. Denn die eintrittsberechtigte Behörde (§ 109 PolG) ist bereits gem. § 21 PolG für den Erlass einer Polizeiverordnung für den Geltungsbereich der nachgeordneten Polizeibehörde zuständig. Praktische Bedeutung hat das Selbsteintrittsrecht gem. § 22 PolG nur, wenn eine kommunale Vertretungskörperschaft

---

185 Reinhardt, in: Möstl/Trurnit, Polizeirecht BW, § 16 Rn 15.
186 GBl. S. 631.
187 Reinhardt, in: Möstl/Trurnit, Polizeirecht BW, § 10 Rn 5.
188 Deger, in: Stephan/Deger, Polizeigesetz BW, § 13 Rn 1; SächsOVG, LKV 2021, 465, 466.

II. Rechtmäßigkeitsvoraussetzungen

(etwa Gemeinderat oder Kreistag) die gem. § 23 PolG zum Erlass einer Polizeiverordnung vorgesehene Zustimmung versagt.

Gem. § 21 S. 1 PolG werden Polizeiverordnungen von den Ministerien innerhalb ihres Geschäftsbereichs oder von den übrigen allgemeinen Polizeibehörden für ihren Dienstbezirk erlassen.

Beispiel: Da die HuV BW sowohl den **Geschäftsbereich** des Innenministeriums als auch den des Ministeriums Ländlicher Raum betrifft, muss sie gemeinsam erlassen werden (vgl. VGH BW, NVwZ 1992, 1105).

(2) Rechtsverordnung gem. § 18 PolG. Aus § 18 PolG folgt für den Erlass einer Polizeiverordnung zwecks Alkoholkonsumverbot im öffentlichen Raum die unmittelbare Zuständigkeit der **Ortspolizeibehörde**. Ortspolizeibehörde sind gem. **§ 107 Abs. 4 S. 1 PolG** die **Gemeinden**. Selbsteintrittsrecht → Rn 66. 63

cc) Organzuständigkeit. (1) Rechtsverordnung gem. § 17 PolG. Die Wahrnehmung der Aufgaben nach dem PolG stellt in kommunalrechtlicher Hinsicht eine Pflichtaufgabe nach Weisung dar (vgl. § 2 Abs. 3, § 44 Abs. 3 GemO). Für den Erlass von **Polizeiverordnungen gem. § 17 PolG** (vgl. § 107 Abs. 4 S. 1 PolG) ist daher gem. **§ 21 S. 2 PolG** der **Bürgermeister zuständig**[189] und nicht der Gemeinderat als Hauptverwaltungsorgan der Gemeinde (§§ 23, 24 GemO). Wird eine Polizeiverordnung gem. § 17 PolG nicht vom Bürgermeister, sondern vom Gemeinderat erlassen, hat innerhalb der Gemeinde nicht das zuständige Organ gehandelt. Eine solche Polizeiverordnung ist **nicht wirksam** erlassen.[190] Hierbei hat der Bürgermeister die **Zustimmungsvorbehalte des § 23 PolG** zu beachten: Gem. 23 Abs. 1, 2 PolG bedürfen Polizeiverordnungen, die **länger als einen Monat gelten** sollen, der **Zustimmung des Gemeinderats** (→ Rn 72). 64

Der Gemeinderat besitzt die sog. **Befassungskompetenz** und kann somit polizeirechtliche Angelegenheiten beraten und darüber Beschluss fassen. Eine Verpflichtung des Bürgermeisters zur Vollziehung derartiger Beschlüsse besteht indes nicht.

(2) Rechtsverordnung gem. § 18 PolG. Gem. § 18 PolG erfolgt der Erlass der Rechtsverordnung durch die Ortspolizeibehörde. Aus § 17 Abs. 1 PolG i. V. m. § 21 S. 1 PolG in der seit 8.12.2017 geltenden Fassung folgt, dass die unmittelbare Zuständigkeit des Bürgermeisters auf § 17 PolG begrenzt ist und für § 18 PolG nicht gilt. Somit **gelten die allgemeinen Zuständigkeitsregelungen.** 65

Gem. § 107 Abs. 4 S. 1 PolG sind **Ortspolizeibehörden die Gemeinden**. Gem. § 107 Abs. 4 S. 2 PolG handelt es sich um eine Pflichtaufgabe nach Weisung. Aus § 44 Abs. 3 S. 1 GemO folgt, dass der Bürgermeister Weisungsaufgaben in eigener Zuständigkeit erledigt, soweit gesetzlich nichts anderes bestimmt ist. Abweichend hiervon ist der Gemeinderat für den Erlass von Satzungen und Rechtsverordnungen zuständig, soweit Vorschriften anderer Gesetze nicht entgegenstehen.[191] Daraus folgt, dass für den Erlass einer Rechtsverordnung gem. § 18 PolG die **originäre Zuständigkeit für den Erlass beim Gemeinderat** liegt.[192] Das besondere Zustimmungserfordernis des § 23 Abs. 2 PolG (Geltungsdauer länger als einen Monat) läuft dabei ins Leere.[193]

Die abschließende Zuständigkeit des Gemeinderats für den Erlass einer Rechtsverordnung gem. § 18 PolG dürfte und sollte in der kommunalpolitischen Praxis dazu führen, dass sich der **Gemeinderat intensiver mit den Voraussetzungen und Rechtsfragen für den Erlass der Rechtsverordnung befasst.** Der die **Beschlussvorlage** erstellende Bürgermeister muss dafür Sorge tragen, dass in der Beschlussbegründung eine ausführliche Auseinandersetzung mit allen 66

---

189 Vgl. Engel/Heilshorn, Kommunalrecht BW, § 15 Rn 24; Reinhardt, in: Möstl/Trurnit, Polizeirecht BW, § 13 Rn 4.
190 VGH BW, VBlBW 2014, 292, Ls. Ziff. 1.
191 Engel/Heilshorn, Kommunalrecht BW, § 15 Rn 27.
192 Ebenso ausdrücklich LT-Drs. 16/2741, S. 28: „Für den Erlass von Polizeiverordnungen nach § 10 a ist daher nach § 44 Abs. 3 S. 1 GemO der Gemeinderat zuständig."
193 Ebenso Braun, BWGZ 2018, 76, 81.

tatbestandlichen Voraussetzungen des § 18 PolG erfolgt und dass insbesondere deutlich wird, dass der Gemeinderat das ihm beim Erlass der Rechtsverordnung zukommende Ermessen in der Gemeinderatssitzung richtig und vollständig ausgeübt hat. Andernfalls läuft die Gemeinde Gefahr, dass der Beschluss einer gerichtlichen Überprüfung nicht standhält. Dies führt ohne Zweifel zu einem erheblichen Begründungsaufwand bei der Erstellung der gemeinderätlichen Beschlussvorlage durch den Bürgermeister und die Verwaltung.

Darüber hinaus muss der **Bürgermeister** bei vom Gemeinderat beschlossenen Rechtsverordnungen nach § 18 PolG als Ausfluss der ihm gem. § 43 Abs. 2 GemO obliegenden **Pflicht zur Wahrung der Gesetzmäßigkeit** von Gemeinderatsbeschlüssen stets **prüfen**, ob die besonderen Tatbestandsvoraussetzungen des § 18 PolG für den Erlass einer Rechtsverordnung gegeben sind. Ist dies nicht der Fall, muss er dem **Gemeinderatsbeschluss** gem. § 43 Abs. 1 S. 1 GemO **widersprechen**.

67 Wegen der ausschließlichen Zuständigkeit des Gemeinderats für den Erlass einer Rechtsverordnung gem. § 18 PolG gibt es bei einer solchen Rechtsverordnung **kein Selbsteintrittsrecht der Fachaufsichtsbehörden**, was durch eine Änderung des § 22 PolG klargestellt ist.[194] Hier setzt sich die beim Gemeinderat besonders ausgeprägte und durch Art. 28 Abs. 1, 2 GG und Art. 72 Abs. 1 LV geschützte Selbstverwaltungsgarantie durch.

68 **(3) Verbundener Verordnungstext der Rechtsverordnungen gem. §§ 17, 18 PolG.** Es wäre grundsätzlich rechtlich möglich, **auf § 17 PolG und § 18 PolG beruhende polizeirechtliche Regelungen in einer einzigen Rechtsverordnung** zu erlassen. Praktisch wird sich dies aber kaum umsetzen lassen, da Rechtsverordnungen gem. § 17 PolG vom Bürgermeister mit Zustimmung des Gemeinderats erlassen werden, während Rechtsverordnungen gem. § 18 PolG unmittelbar vom Gemeinderat zu erlassen sind. Diese zwei Zuständigkeiten lassen sich in einem Verordnungstext und einer gemeinderätlichen Beschlussvorlage kaum vereinen. Hinzu kommt, dass Rechtsverordnungen gem. § 18 PolG zu befristen sind und die Befristung dem Grundsatz der Verhältnismäßigkeit genügen muss, während Rechtsverordnungen gem. § 17 PolG in der Regel erst nach 20 Jahren außer Kraft treten.

69 **dd) Örtliche Zuständigkeit.** Die **örtliche Zuständigkeit** richtet sich nach § 21 i. V. m. § 113 PolG. Mit Ausnahme der Ministerien ist der **Dienstbezirk** der jeweiligen allgemeinen Polizeibehörde bzw. Teile davon maßgebend. Bei den Gemeinden als Ortspolizeibehörden beschränkt sich die örtliche Zuständigkeit auf das **Gemeindegebiet** (§§ 1 Abs. 4, 7 GemO; vgl. auch § 8 LKrO und §§ 8 bis 11 LVG). Eine Gemeinde als Ortspolizeibehörde kann folglich nur für ihren Zuständigkeitsbereich Polizeiverordnungen erlassen. Zur Herbeiführung möglichst einheitlicher Regelungen empfiehlt es sich, zwischen benachbarten Gemeinden die polizeilichen Ver- und Gebote aufeinander abzustimmen.

Beispiel: Die Gemeinde G erlässt für einen Geh- und Radweg auf einem Hochwasserdamm einen **Leinenzwang für Hunde**. Dieser Leinenzwang endet an der Gemeindegrenze von G. Wird von der Nachbargemeinde N nicht eine gleichlautende Polizeiverordnung erlassen, können die Hunde bei gleicher Gefahrenlage auf dem Gemeindegebiet von N frei herumlaufen.

70 **b) Form- und Sollerfordernisse. aa) Allgemeines.** § 20 PolG legt in **Abs. 1** sog. **zwingende Formerfordernisse** und in **Abs. 2** sog. **Sollerfordernisse** fest. Die Beachtung der Anforderungen gem. § 20 Abs. 1 PolG ist zwingende Voraussetzung für die Gültigkeit einer Polizeiverordnung (vgl. § 19 PolG). Verstößt eine Polizeibehörde beim Erlass einer Polizeiverordnung gegen diese zwingenden Grundsätze, ist die Verordnung insgesamt von Anfang an ungültig bzw. **nichtig**, eine Heilung der von § 20 PolG erfassten Verstöße ist nicht möglich.[195] Die Feststellung der Ungültigkeit gem. § 24 Abs. 2 PolG hat nur deklaratorische Bedeutung. Obwohl die Polizeibehör-

---

194 LT-Drs. 16/2741, S. 28; Braun, BWGZ 2018, 76, 81.
195 Reinhardt, in: Möstl/Trurnit, Polizeirecht BW, § 12 Rn 4 f.

II. Rechtmäßigkeitsvoraussetzungen

den verpflichtet sind, auch die Sollvorschriften der Absätze 2 und 3 zu beachten, führt deren Nichtbeachtung nicht zur Ungültigkeit der Verordnung.

bb) Zwingende Formerfordernisse des § 20 Abs. 1 PolG. Gem. **§ 20 Abs. 1 Nr. 1 PolG muss** jede Polizeiverordnung die Rechtsgrundlage angeben, die zu ihrem Erlass ermächtigt (vgl. Art. 61 Abs. 1 S. 3 LV). **Rechtsgrundlage** in diesem Sinne ist die gesetzliche Ermächtigung im formellen Sinne, also diejenige Gesetzesnorm, die einem bestimmten Adressaten die Befugnis zur Rechtssetzung durch Rechtsverordnung erteilt. Sonstige Normen des ermächtigenden Gesetzes, welche die Ermächtigung nach Inhalt, Zweck und Ausmaß weiter konkretisieren, unterliegen nicht dem **Zitiergebot**. Beruht eine Vorschrift auf mehreren gleichrangigen gesetzlichen Ermächtigungen, so sind sie alle anzugeben. Ob dies in der Einleitungsformel oder an anderer Stelle der Verordnung geschieht, ist verfassungsrechtlich unerheblich. Eine Polizeiverordnung, die keine bzw. nur nicht einschlägige Ermächtigungsgrundlagen angibt, kann selbst dann keinen Bestand haben, wenn eine sie tragende, jedoch nicht genannte Ermächtigungsgrundlage tatsächlich vorhanden ist.[196] Unschädlich ist es hingegen, wenn eine Polizeiverordnung neben einer richtigen Ermächtigungsgrundlage eine unzutreffende angibt.

71

Gem. **§ 20 Abs. 1 Nr. 2 PolG** muss die Polizeiverordnung die **erlassende** Behörde (allgemeine Polizeibehörde i. S. d. §§ 106, 107 PolG) bezeichnen. Wo dies geschieht (etwa in der Überschrift, im Vorspruch, bei der Unterschrift), ist unerheblich.

72

Formulierungsbeispiel: Verordnung der **Ortspolizeibehörde der Großen Kreisstadt Emmendingen** gegen umweltschädliches Verhalten und Belästigung der Allgemeinheit (Polizeiliche Umweltschutzverordnung).

Gem. **§ 20 Abs. 1 Nr. 3 PolG** muss eine Polizeiverordnung, die länger als einen Monat gelten soll, darauf hinweisen, dass die nach **§ 23 PolG** erforderliche Zustimmung der kommunalen Vertretungskörperschaft erteilt ist. Für die Gültigkeit der Polizeiverordnung ist zwingende Voraussetzung, dass das zuständige Kollegialorgan **tatsächlich** im Rahmen einer ordnungsgemäßen Beratung und Beschlussfassung nach den jeweiligen kommunalverfassungsrechtlichen Bestimmungen die Zustimmung erteilt hat. Das **Zustimmungsbedürfnis** darf nicht dadurch umgangen werden, dass die erlassende Polizeibehörde die Polizeiverordnung mehrmals hintereinander mit einer Geltungsdauer von jeweils unter einem Monat erlässt. Die Zustimmung nach § 23 PolG ergeht einheitlich für die ganze Rechtsverordnung.

73

cc) Sollerfordernisse des § 20 Abs. 2 PolG. Gem. **§ 20 Abs. 2 Nr. 1 PolG** soll die Polizeiverordnung eine ihren **Inhalt kennzeichnende Überschrift** tragen. Gem. **Nr. 2** soll in der Überschrift das Wort „Polizeiverordnung" verwendet werden.

74

Beispiel: Polizeiverordnung des Innenministeriums und des Ministeriums Ländlicher Raum **über das Halten gefährlicher Hunde** (HuV BW [→ Rn 14 ff.]).

Gem. **§ 20 Abs. 2 Nr. 3 PolG** soll der Tag bestimmt werden, an dem die Verordnung in Kraft tritt („Die Polizeiverordnung tritt am 1.4.2015 in Kraft" [→ Rn 77]).

c) Ausfertigung. Polizeiverordnungen müssen von der Stelle, die sie erlässt, ausgefertigt werden (Art. 63 Abs. 2 LV). Obwohl das PolG dies nicht erwähnt, ist die Ausfertigung einer Polizeiverordnung **Wirksamkeitsvoraussetzung**. Polizeiverordnungen sind von der Stelle, die sie erlässt, auszufertigen. Die Ausfertigung hat als sog. **Authentizitätsfunktion** die Aufgabe, mit öffentlich-rechtlicher Wirkung zu bezeugen, dass der textliche sowie ggf. zeichnerische Inhalt der Urkunde mit dem Willen des Rechtsetzungsberechtigten übereinstimmt (Identitätsnachweis) und die für die Rechtswirksamkeit maßgebenden Umstände beachtet sind (Verfahrensnachweis). Für die ordnungsgemäße Ausfertigung ist erforderlich, dass die erlassende Behörde das

75

---

196 VGH BW, BWGZ 2012, 875, 876; Deger, in: Stephan/Deger, Polizeigesetz BW, § 12 Rn 3.

Original der Polizeiverordnung mit vollem Text mit der **Unterschrift** des Behördenleiters oder seines ständigen Vertreters und mit Amtsbezeichnung und Datum versieht und bei den Akten aufbewahrt. Wesentliche Mängel der Ausfertigung oder ihr Fehlen führen zur Nichtigkeit der Polizeiverordnung.[197] Der bestätigende Text ist auf der Verordnung selbst oder durch einen gesonderten Vermerk, den sog. **Ausfertigungsvermerk**, auf einem besonderen Blatt niederzuschreiben. Die Ausfertigung hat zeitlich **vor** der Verkündung zu erfolgen. Ist die Zustimmung eines kommunalen Vertretungsorgans gem. § 23 PolG erforderlich, darf die Verordnung erst nach deren Erteilung ausgefertigt werden.

Beispiel für einen Ausfertigungsvermerk: „ausgefertigt am...", Name/Unterschrift/Datum.

Beispiel: In einem **Normenkontrollverfahren** gem. § 47 VwGO kann die Ortspolizeibehörde, deren Polizeiverordnung angefochten wird, keine ausgefertigte Originalurkunde vorlegen. Unklar ist deshalb, ob bzw. mit welchem Inhalt die Verordnung öffentlich bekanntgemacht wurde. Somit liegt wegen der fehlenden Ausfertigung ein wesentlicher materieller Gesetzesverstoß vor, der zur Ungültigkeit der Verordnung führt (VGH BW, VBlBW 2014, 292).

76 **d) Verkündung.** Aus dem Rechtsstaatsprinzip folgt, dass Polizeiverordnungen der **Verkündung** bedürfen (Art. 63 Abs. 2 LV, § 5 VerkG, § 4 Abs. 3 S. 1 GemO, § 1 Abs. 1 S. 1 Nr. 1 DVO GemO). Die ordnungsgemäße Verkündung ist eine **zwingende Voraussetzung** für **die Gültigkeit der Polizeiverordnung**. Sie bedeutet, dass die Rechtsnorm der Öffentlichkeit in einer Weise förmlich zugänglich gemacht wird, dass die betroffenen Personen sich verlässlich Kenntnis von ihrem Inhalt verschaffen können. Die Art der Verkündung regelt das VerkG. Gem. **§ 2 VerkG** werden Polizeiverordnungen der obersten Landesbehörden (hier Ministerien als oberste Landespolizeibehörden) und der Regierungspräsidien (hier als Landespolizeibehörden) im Gesetzblatt für Baden-Württemberg verkündet. Polizeiverordnungen der Kreispolizeibehörden und der Ortspolizeibehörden werden gem. **§§ 5 u. 6 VerkG** in der Form öffentlich bekanntgemacht, die der Landkreis bzw. die Gemeinde in ihrer **Satzung über die Form der öffentlichen Bekanntmachung** festgelegt hat (vgl. § 1 DVO GemO). Polizeiverordnungen sind in ihrem **vollen Wortlaut** bekanntzumachen.[198] Erscheint eine rechtzeitige Verkündung in der vorgeschriebenen Form nicht möglich, so kann eine Polizeiverordnung in anderer geeigneter Weise öffentlich bekanntgemacht werden (Notverkündung); die Verkündung in der vorgeschriebenen Form ist nachzuholen, sobald die Umstände es zulassen (**§ 4 VerkG**). Weiterhin sieht § 3 VerkG die Ersatzverkündung vor.

77 Die **Heilungsvorschriften** der §§ 4 Abs. 4 u. 5 GemO sowie des § 3 Abs. 4 LKrO gelten nur für die Verletzung von Form- und Verfahrensvorschriften der Gemeinde- bzw. Landkreisordnung. Nicht heilbar sind Verstöße gegen das materielle Recht und wesentliche Fehler bei der Verkündung bzw. öffentlichen Bekanntmachung. Die Verletzung von Form- und Verfahrensbestimmungen, die im PolG festgelegt sind, kann nicht geheilt und deshalb ohne zeitliche Begrenzung geltend gemacht werden. Das **PolG enthält keine** § 4 Abs. 4 u. 5, § 18 Abs. 6 GemO, § 3 Abs. 4 LKrO entsprechenden **Heilungsvorschriften**.

Fehlt die Verkündung oder leidet sie an wesentlichen Mängeln, führt dies zur **Nichtigkeit** der Polizeiverordnung.

78 **e) Inkrafttreten.** Gem. § 20 Abs. 2 Nr. 3 PolG kann die Polizeibehörde selbst in der Polizeiverordnung den Tag bestimmen, an dem sie in Kraft treten soll (→ Rn 73). Fehlt in der Polizeiverordnung eine derartige Festlegung, so tritt sie gem. § 20 Abs. 3 PolG mit dem vierzehnten Tag

---

197 VGH BW, VBlBW 2014, 292.
198 Zu den Anforderungen an die öffentliche Bekanntmachung im Amtsblatt einer Gemeinde vgl. VGH BW, VBlBW 2014, 292, u. VBlBW 2008, 380.

III. Prüfung durch die Aufsichtsbehörde und Weisungsrecht

nach Ablauf des Tages in Kraft, an dem sie verkündet (amtlich bekanntgemacht) worden ist. Eine **Rückwirkung** von Polizeiverordnungen ist **nicht zulässig**.[199]

f) Außerkrafttreten. Gem. **§ 25 Abs. 1 PolG** treten Polizeiverordnungen spätestens 20 Jahre nach ihrem Inkrafttreten außer Kraft. Diese zeitliche Beschränkung gilt gem. **§ 25 Abs. 2 PolG** nicht für Polizeiverordnungen der obersten Landespolizeibehörden (§ 107 Abs. 1 PolG). Polizeiverordnungen der anderen allgemeinen und der besonderen Polizeibehörden können somit nur für eine höchstzulässige **Geltungsdauer von 20 Jahren** erlassen werden. Spätestens nach Ablauf dieser Frist treten sie kraft Gesetzes außer Kraft; dies gilt auch für gem. § 18 Abs. 3 PolG zwingend zu befristende Polizeiverordnungen, die in der Praxis aber regelmäßig deutlich kürzer befristet sein werden. Eine **Verlängerung** nach Fristablauf ist **nicht zulässig**, die Verordnung **muss neu erlassen werden**. Die Frist beginnt mit dem Zeitpunkt des Inkrafttretens der Verordnung. **Änderungen und Ergänzungen** führen zu keinem neuen Fristbeginn, vielmehr teilen diese das Schicksal der Ausgangsverordnung.[200]

Fall 28: Eine Polizeiverordnung der Stadt H über den Leinenzwang in der Innenstadt gilt seit 1.1.2020. Durch eine Ergänzung im Jahre 2023 infolge der Einbeziehung eines Neubaugebietes wird die Geltungsdauer der Verordnung nicht verlängert. Insgesamt tritt die Verordnung mit der Ergänzung im Jahr 2023 zum 2.1.2040 außer Kraft.

Im **Fall 28** könnte die Stadt H die Ergänzung im Jahr 2023 aber auch zum Anlass nehmen, die Polizeiverordnung mit den notwendigen Ergänzungen vollständig als **Neufassung** zu beschließen. In diesem Fall beginnt die Frist des § 25 Abs. 1 PolG neu zu laufen. Die Rechtsverordnung tritt im Jahr 2043 außer Kraft.

Den Polizeibehörden bleibt es unbenommen, in der Verordnung eine **kürzere Geltungsdauer** festzulegen.

Beispiel: Die Stadt Stuttgart erlässt zur Aufrechterhaltung der öffentlichen Sicherheit und Ordnung während des jährlich durchgeführten Frühlingsfestes auf dem Cannstatter Wasen eine Polizeiverordnung. In § 2 wird die Geltungsdauer der Verordnung mit Datum und Uhrzeit angegeben.

III. Prüfung durch die Aufsichtsbehörde und Weisungsrecht

Gem. **§ 24 Abs. 1 PolG** sind (nur) die Kreis- und Ortspolizeibehörden verpflichtet, ihre Polizeiverordnungen der nächsthöheren zur Fachaufsicht bestimmten Behörde unverzüglich vorzulegen. Diese **Vorlage** ist nicht Voraussetzung für die Wirksamkeit der Verordnung, vielmehr tritt sie nach der Verkündung in Kraft, auch wenn sie nicht vorgelegt worden ist. Die Prüfung durch die Fachaufsicht sollte sich auf die Kontrolle der Gesetzmäßigkeit (formelle und materielle Rechtmäßigkeit) und auf Zweckmäßigkeitserwägungen erstrecken (vgl. § 24 Abs. 2 PolG). Werden bei der Prüfung Rechtsmängel oder sonstige Fehler festgestellt, kann die Fachaufsichtsbehörde die untergeordnete Polizeibehörde notfalls gem. § 110 Abs. 1 PolG **anweisen**, die Polizeiverordnung aufzuheben oder zu ändern. Im Fall einer Weigerung kommt der Erlass einer Verordnung im Wege des Selbsteintritts gem. § 22 PolG in Frage. Die Verwaltungspraxis zeigt allerdings, dass die Aufsichtsbehörden bei der Wahrnehmung ihrer Kontrollaufgabe eher zurückhaltend sind. Regelmäßig sind es die Gerichte und nicht die Aufsichtsbehörden, die bestimmte gesetzwidrige Regelungen in kommunalen Polizeiverordnungen beanstanden bzw. für ungültig erklären (vgl. etwa die Normenkontrollurteile des VGH BW zur Beschränkung des Alkoholkonsums im öffentlichen Raum [→ Rn 36]).

---

199 BVerwGE 10, 282, 286 ff.
200 VGH BW, BWVPr 1975, 61; Deger, in: Stephan/Deger, Polizeigesetz BW, § 7 Rn 5.

IV. Aufhebung oder Änderung

81 Gem. § 24 Abs. 2 Hs. 1 PolG ist eine Polizeiverordnung **aufzuheben**, wenn sie gegen Anordnungen übergeordneter Behörden verstößt, das Wohl des Gemeinwesens beeinträchtigt oder Rechte Einzelner verletzt. Diese Regelung bezieht sich nicht nur auf die vorlagepflichtigen Verordnungen gem. § 24 Abs. 1 PolG, sondern gilt allgemein.

Die Polizeiverordnung wird geändert oder aufgehoben durch Polizeiverordnung der Behörde, die für ihren Erlass zuständig ist. Die Aufsichtsbehörde muss daher die betreffende Polizeibehörde durch Erlass **anweisen**, die beanstandete Verordnung aufzuheben. Die angewiesene Behörde ist zur Aufhebung verpflichtet.

Gem. § 24 Abs. 2 PolG ist aber auch die zuständige **Fachaufsichtsbehörde** befugt, die Verordnung aufzuheben, wenn die untergeordnete Behörde nicht freiwillig zur Aufhebung bereit ist. Die Aufhebung durch die Fachaufsichtsbehörde ist **nur** aus den in § 24 Abs. 2 Hs. 1 PolG genannten Gründen zulässig, da § 24 Abs. 2 PolG insoweit lex specialis ist. Eine Polizeiverordnung, die gegen § 19 PolG verstößt, ist gem. **§ 24 Abs. 2 Hs. 2 PolG** von Anfang an nichtig. Die Feststellung der Ungültigkeit hat daher nur rechtserklärende Wirkung.

V. Bußgeldbewehrung

82 Gem. § 26 PolG kann die schuldhafte Zuwiderhandlung gegen Verbote oder Gebote einer Polizeiverordnung als **Ordnungswidrigkeit** mit einer Geldbuße geahndet werden. Voraussetzung für derartige Sanktionen ist, dass in der Polizeiverordnung der Tatbestand der Ordnungswidrigkeit genau und bestimmt angegeben wird. Gem. **Art. 103 Abs. 2 GG** kann eine Tat nur bestraft werden, wenn die Strafbarkeit gesetzlich bestimmt war, bevor die Tat begangen wurde. Die Vorschrift verpflichtet den Gesetzgeber, die Voraussetzungen der Strafbarkeit so konkret zu umschreiben, dass Tragweite und Anwendungsbereich der Straftatbestände zu erkennen sind und sich durch Auslegung ermitteln lassen. Diese Verpflichtung dient einem **doppelten Zweck**: Sie soll sicherstellen, dass der Normadressat vorhersehen kann, welches Verhalten mit Strafe oder Buße bedroht ist. Zugleich soll sie gewährleisten, dass der Gesetzgeber und nicht erst die Gerichte über die Strafbarkeit oder Ahndbarkeit entscheiden.[201] **§ 26 PolG** gilt nur für Polizeiverordnungen, die gem. §§ 17 Abs. 1, 18 Abs. 1 PolG erlassen wurden und nicht für Verordnungen, zu deren Erlass Spezialgesetze ermächtigen.

83 **Für das Verfahren** gilt das **OWiG**. Gem. § 26 Abs. 4 PolG sind die Ortspolizeibehörden die zuständigen Verwaltungsbehörden i. S. d. § 36 Abs. 1 Nr. 1 OWiG. Danach ist jede **Gemeinde** (vgl. § 107 Abs. 4 PolG) als **Bußgeldbehörde** für die Verfolgung und Ahndung von Ordnungswidrigkeiten gem. § 26 PolG i. V. m. dem jeweiligen Bußgeldtatbestand in einer örtlichen Polizeiverordnung zuständig. Die **Befugnisse der Bußgeldbehörden** richten sich nach dem OWiG bzw. nach der StPO. **§ 26 Abs. 2 S. 2 PolG** legt den Rahmen und den Höchstbetrag für die **Höhe der Geldbuße** fest. Gem. **§ 56 Abs. 1 OWiG** können die zuständige Behörde oder die hierzu ausdrücklich ermächtigten Mitarbeiter **bei geringfügigen Ordnungswidrigkeiten** die **betroffene Person verwarnen** und ein **Verwarnungsgeld** erheben. Von dieser Möglichkeit sollte vor allem der **GVD** bei der Überwachung kommunaler Polizeiverordnungen Gebrauch machen können.

Beispiel: Nach der städtischen Polizeiverordnung von S besteht in allen Grün- und Erholungsanlagen ein **Leinenzwang** für Hunde. Ein Verstoß gegen diese Verpflichtung ist nach der örtlichen Regelung eine Ordnungswidrigkeit. Bei einer Parkkontrolle stellt der gemeindliche Vollzugsbeamte V fest, dass der Hundehalter H seinen Hund frei herumlaufen lässt. Soweit dem V durch entsprechende Dienstanweisung nicht nur die **Überwachung des Leinenzwangs** in den Grün- und Erholungsanlagen übertragen worden

---

201 BVerfG, NJW 1995, 3050 (zum BSeuchG).

ist, sondern **auch die Zuständigkeit, als Außenbeamter der Bußgeldstelle** tätig zu werden, kann er im Rahmen seines Ermessens gem. **§ 56 Abs. 1 OWiG** den Verstoß des H durch eine Verwarnung ahnden. Dadurch wäre der Vorgang abgeschlossen. Bezahlt H nicht freiwillig die angebotene Verwarnung, bleibt V nur die Möglichkeit, gegen H durch eine Anzeige ein Bußgeldverfahren einzuleiten, das ggf. durch einen von S (Ortspolizeibehörde) zu erlassenden Bußgeldbescheid abgeschlossen wird.

Gem. **§ 26 Abs. 5 PolG** kann das fachlich zuständige Ministerium durch eine Rechtsverordnung eine von Abs. 4 abweichende Zuständigkeit für die Ahndung und Verfolgung von Ordnungswidrigkeiten festlegen.

VI. Einziehung von Gegenständen (§ 26 Abs. 3 PolG)

§ 26 Abs. 3 PolG wurde durch Art. 1 des Gesetzes zur Umsetzung der Richtline (EU) 2016/680 für die Polizei in Baden-Württemberg vom 6.10.2020[202] neu in das PolG eingefügt. Der Gesetzgeber wollte damit eine **Regelungslücke** schließen, da die Einziehung von Gegenständen als Nebenfolge einer Ordnungswidrigkeit nur zulässig ist, wenn das Gesetz dies ausdrücklich vorsieht (vgl. § 22 Abs. 1 OWiG).[203]

84

Gem. § 26 Abs. 3 PolG können **Gegenstände, auf die sich eine Ordnungswidrigkeit bezieht oder die zu ihrer Vorbereitung verwendet worden sind, eingezogen** werden. Voraussetzung ist, dass die **Polizeiverordnung** für einen bestimmten Tatbestand ausdrücklich auf § 26 Abs. 3 PolG **verweist**. Vorrangig sind Regelungen in Polizeiverordnungen denkbar, die das **Mitführen von gefährlichen, jedoch nicht verbotenen Gegenständen untersagen**.[204] Damit kommt nicht nur eine Beschlagnahme, sondern darüber hinaus eine dauerhafte Einziehung dieser Gegenstände in Betracht. Dies ermöglicht nicht nur eine **klare Reaktion gegenüber der betroffenen Person** (generalpräventive Wirkung), sondern verhindert vor allem eine erneute Tatbegehung mit dem eingezogenen Gegenstand.

VII. Rechtsfolgen bei Verstößen

Verstößt eine Polizeibehörde beim Erlass einer Polizeiverordnung gegen zwingende, wesentliche Regelungen und Grundsätze des formellen und materiellen Rechts, ist die Verordnung insgesamt oder teilweise von Anfang an ungültig bzw. nichtig. Die Rechtsfolge der Ungültigkeit tritt insbesondere dann ein, wenn die genannten materiellrechtlichen Rechtmäßigkeitsvoraussetzungen (→ Rn 7 ff.) oder die zwingenden Verfahrens- und Formerfordernisse (→ Rn 58 ff.) nicht eingehalten werden.

85

Beispiel: Normenkontrollurteile des VGH BW vom 28.7.2009 zur Ungültigkeit bestimmter Regelungen in Polizeiverordnungen zur Bekämpfung des übermäßigen Alkoholkonsums im öffentlichen Raum / Glasmitführungsverbote, VBlBW 2010, 29, u. VBlBW 2013, 12.

Die Verordnung ist insoweit ohne Weiteres von Anfang an nichtig. Der Feststellung der Ungültigkeit gem. § 24 Abs. 2 Hs. 2 PolG kommt nur deklaratorische Bedeutung zu (→ Rn 80).

VIII. Förmliche Rechtsbehelfe

1. Normenkontrollverfahren gem. § 47 VwGO. Eine Person, die geltend machen kann, durch eine Polizeiverordnung oder deren Änderung in ihren Rechten verletzt zu sein, kann innerhalb eines Jahres nach Bekanntgabe der Verordnung Normenkontrollklage gem. § 47 Abs. 1 u. 2

86

---

202 GBl. S. 735, ber. S. 1092.
203 LT-Drs. 16/8484, S. 131.
204 LT-Drs. 16/8484, S. 131.

VwGO / § 4 AGVwGO vor dem **VGH BW** erheben.[205] Der VGH prüft, ob die Polizeiverordnung **formell gültig zustande gekommen** ist und ob sie **materiell mit dem ermächtigenden Gesetz übereinstimmt**. Wird die Fehlerhaftigkeit festgestellt, wird die Verordnung für ungültig bzw. teilweise für ungültig erklärt (vgl. § 47 Abs. 5 S. 2 VwGO). In diesen Fällen ist die Entscheidung allgemeinverbindlich. Die Entscheidungsformel ist öffentlich bekanntzumachen (§ 47 Abs. 5 S. 2 Hs. 2 VwGO).[206]

Beispiele:
- Durch **Normenkontrollurteil vom 28.7.2009** hat der VGH BW Regelungen in einer Polizeiverordnung für ungültig erklärt, welche die **Bekämpfung der negativen Begleiterscheinungen eines übermäßigen Alkoholkonsums** auf öffentlichen Flächen zum Ziel hatten (VGH BW, VBlBW 2010, 29).
- Durch **Normenkontrollurteil vom 26.7.2012** hat der VGH BW Regelungen in einer Polizeiverordnung für ungültig erklärt, die für die Benutzung eines öffentlichen Uferwegs **Glasmitführungsverbote** u. a. zur Vermeidung von Verletzungsgefahren durch Glasscherben zum Ziel hatten (VBlBW 2013, 12).
- Durch **Normenkontrollurteil vom 17.7.2012** hat der VGH BW Regelungen in einer Polizeiverordnung für ungültig erklärt, die positiv abschließende **Benutzungszeiten für einen öffentlichen Spielplatz** festgelegt hatten (VBlBW 2013, 27).

Ein **Muster eines Normenkontrollantrags** gegen eine Polizeiverordnung wegen Anordnung eines Leinenzwangs findet sich bei Pöltl/Ruder, in: Eiding/Hofmann-Hoeppel, Verwaltungsrecht, § 62 Rn 89.

87 Im Normenkontrollverfahren kann gem. **§ 47 Abs. 6 VwGO** zur Abwehr schwerer Nachteile oder aus anderen wichtigen Gründen und beim Vorliegen weiterer Voraussetzungen **einstweiliger Rechtsschutz**, insbesondere die **Aussetzung des Vollzugs einer Polizeiverordnung** beantragt werden. Die Aussetzung des Vollzugs einer Rechtsvorschrift ist wegen ihrer weitreichenden Bedeutung nur unter besonders strengen Voraussetzungen möglich.[207]

Beispiel: Der VGH BW hat mit Beschl. v. 6.10.2020 das in § 13 Nr. 2 CoronaVO geregelte **Verbot des Betriebs von Prostitutionsstätten**, Bordellen und ähnlichen Einrichtungen als unverhältnismäßig angesehen und **vorläufig außer Vollzug gesetzt** (VGH BW, openJur 2020, 74510).

88 **2. Inzidente Normenkontrolle.** Eine weitere Möglichkeit, die formelle und materielle Rechtmäßigkeit einer Polizeiverordnung überprüfen zu lassen, besteht im sog. **inzidenten Normenkontrollverfahren**.[208] Gegenstand dieses Verfahrens, für das die Verwaltungsgerichte gem. §§ 40, 42 VwGO zuständig sind, ist in erster Linie die Rechtmäßigkeit eines angefochtenen Verwaltungsakts (vgl. § 113 VwGO). Kommt es bei der Entscheidung auf die Gültigkeit einer Polizeiverordnung an, etwa deshalb, weil sie die Ermächtigungsgrundlage für einen Verwaltungsakt (wie etwa eine Polizeiverfügung) darstellt, prüft das Gericht „inzident", ob die Verordnung überhaupt gültig ist. Wird dies bejaht, folgt in einer weiteren Stufe die Prüfung der Rechtmäßigkeit des Verwaltungsakts. Wird dagegen die Verordnung für nichtig gehalten, fehlt dem Verwaltungsakt die Rechtsgrundlage, so dass er schon aus diesem Grund fehlerhaft ist.

Im Unterschied zum Normenkontrollverfahren gem. § 47 VwGO hat die gerichtliche Entscheidung über die Gültigkeit einer Regelung in einer Polizeiverordnung im Inzidentverfahren **keine allgemeinverbindliche Wirkung**. Sie **wirkt nur zwischen den am Verfahren Beteiligten** (sog. Wirkung „**inter partes**"). Doch sind die Polizeibehörden, die über gleiche oder ähnliche Verbote verfügen – und die Aufsichtsbehörde (vgl. § 24 PolG) – gut beraten, dass gerichtlich festgestellte Mängel in einer Polizeiverordnung korrigiert werden.

---

205 Reinhardt, in: Möstl/Trurnit, Polizeirecht BW, § 10 Rn 2, § 10 a Rn 16.
206 Zur Prüfung eines Normenkontrollantrags im Einzelnen vgl. Marsch, VBlBW 2013, 6 ff.
207 VGH BW, VBlBW 2021, 501, 502 f., m. Anm. Pöltl, 511 ff. (einstweilige Anordnung gegen Teile der Konstanzer Musik- und Spielverbot-Verordnung); VGH BW, NVwZ 2001, 827 (einstweilige Anordnung gegen Hundeverordnung); BVerfG, NVwZ 2002, 592.
208 Reinhardt, in: Möstl/Trurnit, Polizeirecht BW, § 10 Rn 22.3.

VIII. Förmliche Rechtsbehelfe

3. Verfassungsbeschwerde. a) Allgemeines. Grundsätzlich kann auch gegen eine Polizeiverordnung **Verfassungsbeschwerde** (Art. 93 Abs. 1 Nr. 4 a GG, §§ 13 Nr. 8a, 90 ff. BVerfGG) erhoben werden. Da BW von der Ermächtigung des § 47 Abs. 1 Nr. 2 VwGO Gebrauch gemacht hat und das Verfahren der abstrakten Normenkontrolle eingeführt hat, wird der Zulässigkeit einer Verfassungsbeschwerde regelmäßig der **Grundsatz der Subsidiarität der verfassungsgerichtlichen Rechtsbehelfe** entgegenstehen. Dieser verpflichtet den jeweiligen Beschwerdeführer, mit seinem Anliegen vor einer Anrufung des BVerfG grundsätzlich die dafür allgemein zuständigen Gerichte zu befassen.[209]

89

b) Verfassungsbeschwerde nach Landesrecht. In BW besteht die Möglichkeit der Verfassungsbeschwerde beim Verfassungsgerichtshof seit dem 1.4.2013.[210] Sie kann gem. **§ 55 Abs. 1 Hs. 1 VerfGHG** gegen **jegliche Verletzung durch die öffentliche Gewalt des Landes** erhoben werden. Der **Rechtsschutz** ist **umfassend**[211] und schließt damit grundsätzlich auch Regelungen in Rechtsverordnungen ein. Die Landesverfassungsbeschwerde ist gem. § 55 Abs. 1 Hs. 2 VerfGHG **subsidiär**, wenn in der gleichen Sache bereits eine Verfassungsbeschwerde beim BVerfG anhängig ist. Darüber hinaus muss gem. § 55 Abs. 2 S. 1 VerfGHG der **ordentliche Rechtsweg ausgeschöpft** sein, die Verfassungsbeschwerde ist auch insoweit subsidiär.

90

c) Verfassungsbeschwerde nach Bundesrecht. Ebenso wie bei der Landesverfassungsbeschwerde muss bei einer Verfassungsbeschwerde zum BVerfG gem. **§ 90 Abs. 2 S. 1 BVerfGG** der ordentliche Rechtsweg ausgeschöpft sein.[212] Voraussetzung für eine Verfassungsbeschwerde beim BVerfG ist überdies, dass die Beschwerdefrist des § 93 Abs. 3 BVerfGG[213] noch nicht abgelaufen ist. Weiterhin muss der Beschwerdeführer **allein durch die Rechtsverordnung** (also ohne dass es eines ausführenden Verwaltungsaktes bedürfte) **tatsächlich, selbst, gegenwärtig und unmittelbar** in einem der in Art. 93 Abs. 1 Nr. 4 a GG aufgeführten Rechte **verletzt sein**.[214]

91

---

209 Vgl. zur Zulässigkeit StGH BW, VBlBW 2014, 426; BVerfG, NVwZ 2000, 1407, zur erfolglosen Verfassungsbeschwerde von Hundehaltern gegen eine Landes-Hunde-Polizeiverordnung.
210 Durch das Gesetz zur Einführung einer Landesverfassungsbeschwerde vom 13.11.2012 (GBl. S. 569).
211 LT-Drs. 15/2153, S. 13.
212 BVerfG (IT-Sicherheitslücken), NVwZ 2021, 1361, 1367 ff. (Rn 67 ff.), m. Bespr. Pöltl, NVwZ 2022, 45 ff., u. BVerfG (SOG MV), GSZ 2023, 98, 103 (Rn 160), m. Anm. Graulich, 105 ff.
213 § 93 Abs. 3 BVerfGG: „Richtet sich die Verfassungsbeschwerde gegen ein Gesetz oder gegen einen sonstigen Hoheitsakt, gegen den ein Rechtsweg nicht offensteht, so kann die Verfassungsbeschwerde nur binnen eines Jahres seit dem Inkrafttreten des Gesetzes oder dem Erlass des Hoheitsaktes erhoben werden." BVerfG (IT-Sicherheitslücken), NVwZ 2021, 1361, 1362 ff. (Rn 25 ff.), m. Bespr. Pöltl, NVwZ 2022, 45 ff.
214 BVerfG (IT-Sicherheitslücken), NVwZ 2021, 1361, 1362 ff. (Rn 25 ff.), m. Bespr. Pöltl, NVwZ 2022, 45 ff., zur Anfechtung einer landesgesetzlichen Norm.

§ 10 Verarbeitung von Daten

> **Besondere Relevanz für Studium, Prüfung und Examen** (grundsätzlich können alle Themen des Polizeirechts Prüfungsgegenstand sein!):
> - Grundlagen des Datenschutzrechts (→ Rn 1 bis 27), falls noch nicht bekannt;
> - Rechtsgrundlagen des Datenschutzes (→ Rn 25 bis 58), falls noch nicht bekannt;
> - Grundsystematik im Datenschutzrecht (→ Rn 59 bis 67);
> - allgemeine Regeln für die Datenerhebung (→ Rn 124 bis 134);
> - allgemeine Regeln für die weitere Datenverarbeitung (→ Rn 135 bis 167);
> - offener Einsatz technischer Mittel zur Bild- und Tonaufzeichnung (→ Rn 225 bis 288);
> - Datenerhebung in oder aus Wohnungen (→ Rn 396 bis 424);
> - Einsatz automatischer Kennzeichensysteme (→ Rn 425 bis 453).

I. Grundlagen des Datenschutzrechts

1 **1. Allgemeines.** Das **Datenschutzrecht** wurde **durch die EU vereinheitlicht** und seine **Rechtssystematik** grundlegend **verändert**. Dies gilt auch für das durch die Polizeibehörden zu beachtende Datenschutzrecht. Die Polizeibehörden müssen nunmehr bei der Datenverarbeitung exakt darauf achten, nach welcher Rechtsgrundlage sich der Datenschutz richtet. Dabei sind die **Regelungen des EU-, des Bundes- und des Landesrechts** einzubeziehen.

Auch wenn die Vereinheitlichung des Datenschutzrechts innerhalb der EU zu begrüßen ist, muss kritisch gesehen werden, dass das **Datenschutzrecht** durch die verschiedenen Regelungsebenen (EU, Bund, Land) **sehr komplex ausgestaltet** worden ist.[1] Die Rechtspraxis steht vor der Herausforderung, stets die richtigen Datenschutzregelungen anzuwenden, was sich im Einzelfall kompliziert gestalten kann. Hinzu kommt, dass in deutsches Recht umgesetztes Unionsrecht stets anhand der Vorgaben des Unionsrechts auszulegen und anzuwenden ist.

Die **unzulässige Verarbeitung** personenbezogener Daten kann den Tatbestand einer Ordnungswidrigkeit oder einen Straftatbestand erfüllen (vgl. § 134 Abs. 2 PolG i. V. m. § 29 LDSG).

Hinweis: Nachfolgend (→ Rn 1 bis 67) werden die **verfassungs- und unionsrechtlichen allgemeinen Grundlagen** des Datenschutzrechts dargelegt, die Umsetzung ins deutsche Recht dargestellt und notwendige Abgrenzungsfragen aufgezeigt, soweit sie für die Anwendung und das Verständnis des Datenschutzrechts der Polizei grundlegend sind. *Kühling/Klar/Sackmann* (Datenschutzrecht, Rn 209) weisen zu Recht darauf hin, dass das Zusammenspiel der verschiedenen Datenschutzregime eine der größten Herausforderungen des Datenschutzrechts ist. Wem diese Grundsätze geläufig sind, kann sich für die weitere Befassung mit dem Datenschutzrecht der Polizei auf die Ausführungen ab § 10 Rn 68 ff. konzentrieren.

2 **2. Recht auf informationelle Selbstbestimmung / Schutz des Kernbereichs privater Lebensgestaltung. a) Grundlagen des Grundrechtsschutzes.** Die **Verarbeitung** personenbezogener Daten durch die Polizei stellt regelmäßig einen **Eingriff in das Recht auf informationelle Selbstbestimmung gem. Art. 2 Abs. 1 GG i. V. m. Art. 1 Abs. 1 GG** dar. Dieses aus dem allgemeinen Persönlichkeitsrecht abgeleitete **Grundrecht**[2] schützt den Bürger vor einer ungesetzlichen

---

[1] Kühling/Klar/Sackmann, Datenschutzrecht, Rn 209; Müller/Schwabenbauer, GSZ 2023, 1.
[2] Vgl. dazu etwa Pieper, JA 2018, 598, 599, 602; Eßer/Frack, Datenschutzrecht, Rn 6.

I. Grundlagen des Datenschutzrechts

Preisgabe und Verwendung seiner persönlichen Daten.[3] Es gewährleistet die Befugnis des Einzelnen, grundsätzlich selbst über die Preisgabe und Verwendung seiner persönlichen Daten zu bestimmen. Die Gewährleistung greift insbesondere, wenn die Entfaltung der Persönlichkeit dadurch gefährdet wird, dass personenbezogene Informationen von staatlichen Behörden in einer Art und Weise genutzt und verknüpft werden, die Betroffene weder überschauen noch beherrschen können.[4] Dieses Recht wird jedoch nicht schrankenlos gewährleistet, denn der Einzelne hat kein Recht im Sinne einer absoluten, uneinschränkbaren Herrschaft über „seine" Daten. Vielmehr muss er im überwiegenden Interesse der Allgemeinheit – etwa aus Gründen der Gefahrenabwehr oder der Strafverfolgung – Einschränkungen hinnehmen.[5]

Immer wieder muss das BVerfG im Bereich des Datenschutzes **begrenzend eingreifen**, sehr grundlegend mit seinem **BKAG-Urteil**[6] und seinem **BNDG-Urteil**.[7] Es hat dabei immer wieder zu Grundsatzfragen der Datenerhebung und -verarbeitung Stellung genommen und die verfassungsrechtlichen Grenzen staatlicher Überwachungsmaßnahmen aufgezeigt.[8] Auch der EuGH hat wiederholt die Grenzen der Datenverarbeitung aufgezeigt.[9] Mittlerweile prüft das BVerfG unionsrechtlich vollständig vereinheitlichte Regelungen – also im Bereich der sog. **Vollharmonisierung** – nicht anhand der Grundrechte des GG, sondern anhand der **Charta der Grundrechte der EU**, soweit diese Grundrechte mit ihrem Schutzstandard nicht hinter denen des GG zurückstehen.[10] In diesem Fall besteht ein **Anwendungsvorrang** des EU-Rechts und der EU-Grundrechte-Charta, den Grundrechten des GG kommt nur eine **Reservefunktion**

---

3 Wysk, VerwArch 2018, 141, 144 ff.; Hebeler/Berg, JA 2021, 617, 619 ff.; Schwabenbauer, in: Lisken/Denninger, Handbuch des Polizeirechts, Kap. G Rn 13 ff.
4 BVerfG (Antiterrordateigesetz II), NVwZ 2021, 226, 229 (Rn 71) = GSZ 2021, 25, m. krit. Anm. Löffelmann, 33 ff. = JA 2021, 260, m. Anm. Muckel; Botta, ZJS 2021, 59, 62; vgl. auch Golla, NJW 2021, 667 ff.
5 Vgl. etwa BVerfG, NJW 1984, 419 ff. (Volkszählungsurteil), u. NJW 1988, 961 ff.; Pieper, JA 2018, 598, 602 ff.
6 BVerfGE 141, 220 ff.
7 BVerfG, NJW 2020, 2235 ff. = DVBl 2020, 945 ff., m. zust. Anm. Durner, 951 ff.; JA 2020, 631, m. zust. Anm. Muckel, 635. Vgl. eingehender auch Uerpmann-Wittzack, JURA 2020, 953 ff.
8 BVerfG zur Beschränkung der Zulässigkeit der Vorratsdatenspeicherung, NVwZ 2009, 96; zur Ungültigkeit der Regelungen zur automatisierten Erfassung und Auswertung von Kfz-Kennzeichen im HSOG, NJW 2008, 1505; zu den Grenzen staatlicher Videoüberwachung eines Denkmals im öffentlichen Raum, NVwZ 2007, 688; zur Zulässigkeit präventiver Rasterfahndung, NJW 2006, 1939; zu den gesetzlichen Anforderungen einer Wohnraumüberwachung für Zwecke der Strafverfolgung vgl. BVerfGE 109, 279; zur Verfassungsmäßigkeit der Regelungen des BKAG, BVerfG 141 220 ff.; zur teilweisen Verfassungswidrigkeit der Regelung zur automatisierten Kennzeichenerfassung, BVerfGE 150, 244 ff. u. 309 ff.; zur Verfassungswidrigkeit der Regelungen der Auslandsüberwachung im BNDG, NJW 2020, 2235 ff.; zur Verfassungswidrigkeit der manuellen Bestandsdatenauskunft, NJW 2020, 2699 ff. (Bestandsdatenauskunft II); zur erweiterten Nutzung (Data-Mining) der Verbunddatei der Polizeibehörden und Nachrichtendienste, NVwZ 2021, 226; zur verfassungsrechtlichen Zulässigkeit der elektronischen Fußfessel, NStZ 2021, 348 = HRRS 2021 Nr. 157 (Volltext); zum Umgang mit der Polizei bekannten IT-Sicherheitslücken, NVwZ 2021, 1361 = NJW 2021, 3033; zur Datenübermittlung durch das Bundesamt für Verfassungsschutz, NVwZ-RR 2023, 1, m. Bespr. Eichenhofer, NVwZ 2023.
9 Zuletzt etwa EuGH, NJW 2021, 531 ff.: Anlasslose Vorratsdatenspeicherung zu polizeilichen Zwecken nur bei erheblicher Gefahrenlage und zur Bekämpfung schwerer Kriminalität (538 [Rn 140], 539 [Rn 146], 540 [Rn 156]) m. Anm. Ogorek = ZD 2021, 520, EuGRZ 2020, 681; ebenso EuGH, NJW 2021, 2103, 2105 (Rn 33), m. Bespr. Streinz in: JuS 2021, 801 ff., EuZW 2021, 316, ND 2021, 517, NVwZ 2021, 628 (Ls.), dazu auch v. Lewinski/Rüpke/Eckhardt, Datenschutzrecht, § 7 Rn 32 ff.; Müller-Schwabenbauer, NJW 2021, 2079 ff., u. Gola/Klug, NJW 2021, 680, 682; EuGH (Grenzen der Vorratsdatenspeicherung), EuZW 2022, 536 = CR 2022, 306, KriPoZ 2022, 191; EuGH (Grenzen der Vorratsdatenspeicherung), NJW 2022, 3135 = NVwZ 2022, 1697, m. Anm. Graulich, DVBl 2022, 1315, m. Anm. Durner, 1318, GSZ 2022, 280, m. Anm. Gärditz, CR 2022, 643, m. Anm. Härting, 654, RDV 2022, 272, m. Anm. Burkhardt, 274, DÖV 2022, 956, EUGZ 2022, 516; vgl. auch Petri, in: Dietrich/Fahrner/Gazeas/von Heintschel-Heinegg, Handbuch Sicherheits- und Staatsschutzrecht, § 22 Rn 1 ff., u. Roßnagel, ZD 2022, 650 ff.
10 BVerfG (Recht auf Vergessen II), NJW 2020, 314, 315 (Rn 32 ff.), 316 ff. (Rn 42 ff.), 322 ff. (Rn 94 ff.) = BVerfGE 152, 216 = NVwZ 2020, 63; vgl. dazu etwa Chatziathanasiou/Neumann, JuS 2022, 229, 231; Kühling, NJW 2020, 275 ff.; Hoffmann, NVwZ 2020, 33 ff.; Edenharter, DÖV 2002, 349 ff.; Karpenstein/Kottmann, EuZW 2020, 185 ff; Neumann/Eichberger, JuS 2020, 502 ff.; Lehner, JA 2022, 177 ff.

zu.¹¹ Dies ist in jedem Fall für die Regelungen der DSGVO anzunehmen¹², für den Bereich der **DSRL 2016/680** dagegen nicht¹³, da der Richtliniengeber Abweichungen von den Vorgaben der Richtlinie im Wege der Verschärfung ausdrücklich erlaubt hat (Art. 1 Abs. 3 DSRL 2016/680).¹⁴

Hinweis: Soweit wegen der Vollharmonisierung der zu prüfenden Regelungen – vgl. dazu beispielhaft BVerfG (Recht auf Vergessen II), NJW 2020, 314, 322 (Rn 94), zu §§ 29, 35 BDSG a. F. – die Verfassungsgemäßheit anhand der Charta der Grundrechte der EU zu prüfen ist, erfolgt diese Prüfung ausschließlich auf der Grundlage der **Art. 1 ff. GRCh**.¹⁵ Ein Rückgriff auf den Grundrechtskatalog des GG scheidet aus, da davon auszugehen ist, dass die EU-Grundrechte-Charta einen umfassend wirksamen Schutzstandard bewirkt.¹⁶ Vgl. dazu das **Prüfungsschema** bei Neumann/Eichberger, JuS 2020, 502, 506.

Der **EGMR** hat entschieden, dass die **Speicherung von personenbezogenen Daten einer Person durch die Polizei** (Aufnahme und Speichern eines Fotos, Abnahme und Speichern von Fingerabdrücken, Speicherung von Informationen und Kontaktdaten, Aufnahme einer Personenbeschreibung in Polizeiakten) einen **Eingriff in das Recht auf Achtung des Privatlebens gem. Art. 8 EMRK** darstellt.¹⁷ Zudem muss ein **Mindestmaß an Sicherheitsvorkehrungen** bestehen, die eine hinreichende Garantie gegen Missbrauch der gespeicherten Daten gewährleisten.¹⁸

3 Nicht vom informationellen Selbstbestimmungsrecht erfasst werden die informationstechnischen Systeme vom Computer bis zum Internet, in denen persönliche Verhältnisse, soziale Kontakte und ausgeübte Tätigkeiten der Nutzer ihren Niederschlag finden. Gegen eine heimliche Infiltration der Systeme, um dort gespeicherte personenbezogene Daten zu erlangen, schützt nur das **Grundrecht auf Gewährleistung der Vertraulichkeit und Integrität informationstechnischer Systeme (IT-Grundrecht)**.¹⁹ Dabei hat die grundrechtliche Gewährleistung der Vertraulichkeit und Integrität informationstechnischer Systeme auch eine **staatliche Schutzdimension**.²⁰ Den Staat trifft die **doppelte Pflicht**, zum einen die berechtigten Erwartungen an die Integrität und Vertraulichkeit von informationstechnischen Systemen zu achten und zum anderen dazu beizutragen, dass die Integrität und Vertraulichkeit informationstechnischer Systeme gegen Angriffe durch Dritte geschützt werden. Weiß der Staat von Sicherheitslücken, die den Herstellern und Nutzern unbekannt sind, verdichtet sich der allgemeine Schutzauftrag zu einer konkreten **grundrechtlichen Verpflichtung**, die Nutzer informationstechnischer Systeme davor zu schützen, dass Dritte über unbekannte Sicherheitslücken die genutzten Systeme infiltrieren.²¹ Die staatliche Schutzpflicht schließt hier eine **Verpflichtung des Gesetzgebers** ein,

---

11 BVerfG (Recht auf Vergessen II), NJW 2020, 314, 317 (Rn 47).
12 Vgl. dazu BVerfG (Recht auf Vergessen II), NJW 2020, 314, 316 (Rn 37 ff.).
13 BVerfG (IT-Sicherheitslücken), NVwZ 2021, 1361, 1362 (Rn 23), m. Bespr. Pöltl, NVwZ 2022, 45 ff.: „nicht vollständig unionsrechtlich determiniert".
14 Erwägungsgrund Nr. 15 der DSRL 2016/680, EU ABl. L 119, S. 91; i. d. S. auch BVerfG (Recht auf Vergessen II), NJW 2020, 314, 316 (Rn 39), u. BVerfG (IT-Sicherheitslücken), NJW 2021, 3033, 3034 (Rn 23).
15 Vgl. dazu etwa die Prüfung durch BVerfG (Recht auf Vergessen II), NJW 2020, 314, 322 (Rn 94 ff.), anhand der Art. 7, 8 GRCh.
16 BVerfG (Recht auf Vergessen II), NJW 2020, 314, 317 (Rn 47 f.).
17 EGMR, NJW 2021, 3379, 3381 (Rn 56 ff.), 3382 (Rn 70) = StV 2022, 349 (Ls.), vgl. auch EGMR, NJW 2021, 999 (zu den Regelungen des TKG); v. Lewinski/Rüpke/Eckhardt, Datenschutzrecht, § 6 Rn 5 ff.
18 EGMR, NJW 2021, 3379, 3381 (Rn 62) = StV 2002, 349 (Ls.).
19 BVerfGE 120, 274, 302; BVerfG (IT-Sicherheitslücken), NVwZ 2021, 1361, 1362 (Rn 29), m. Bespr. Pöltl, NVwZ 2022, 45 ff.; v. Lewinski/Rüpke/Eckhardt, Datenschutzrecht, § 5 Rn 5; Hebeler/Berg, JA 2021, 617, 621 f.; vgl. aber auch BVerfGE 141, 220, 269 (Rn 105); Botta, ZJS 2021, 59, 64.
20 Vgl. dazu Roggan, DVBl 2021, 1471, 1473.
21 BVerfG (IT-Sicherheitslücken), NVwZ 2021, 1361 (Rn 33 ff.); Pöltl, NVwZ 2022, 45, 47; Dickmann/Vettermann, MMR 2022, 740, 741 ff.

I. Grundlagen des Datenschutzrechts

den Umgang der Polizeibehörden mit Sicherheitslücken, die den Herstellern nicht bekannt sind, zu regeln.[22]

b) Vorgaben des BVerfG (vor allem BKAG-Urteil). Sehr ausführlich[23] hat sich das **BVerfG** mit den verfassungsrechtlichen Voraussetzungen und Grenzen des Datenschutzrechts und der heimlichen Erhebung personenbezogener Daten im sog. **BKAG-Urteil vom 20.4.2016** befasst.[24] Die dortigen Ausführungen sind **grundlegender Prüfmaßstab** für die gesetzlichen Vorgaben und die Umsetzung des Datenschutzes vor allem bei der Überwachung verdächtiger Personen durch Polizei und Staat.

Das BVerfG hat klargestellt, dass die **Einräumung von Überwachungsbefugnissen** in allen Fällen nach dem Grundsatz der Verhältnismäßigkeit **einem legitimen Ziel dienen** und zu dessen Erreichung geeignet, erforderlich und verhältnismäßig im engeren Sinne sein muss.[25] Es hat aber auch deutlich gemacht, dass die dem BKA zugebilligten gesetzlichen Überwachungsbefugnisse einem solchen legitimen Ziel dienen und hierfür geeignet und erforderlich sind.[26] Grundlegende Bedeutung kommt der **Verhältnismäßigkeit im engeren Sinne** zu, da es Aufgabe des Gesetzgebers ist, einen Ausgleich zwischen der Schwere der mit den hier zur Prüfung stehenden Eingriffen in die Grundrechte potenziell betroffener Personen auf der einen Seite und der Pflicht des Staates zum Schutz der Grundrechte auf der anderen Seite zu schaffen.[27]

Für **tief in die Privatsphäre eingreifende Ermittlungs- und Überwachungsbefugnisse** hat das BVerfG aus dem Verhältnismäßigkeitsgrundsatz im engeren Sinne **übergreifende Anforderungen** abgeleitet:[28]

1. Heimliche Überwachungsmaßnahmen, die tief in die Privatsphäre eingreifen, sind mit der Verfassung nur vereinbar, wenn sie dem **Schutz oder der Bewehrung von hinreichend gewichtigen Rechtsgütern** dienen, für deren Gefährdung oder Verletzung im Einzelfall **belastbare tatsächliche Anhaltspunkte** bestehen. Sie setzen grundsätzlich voraus, dass der Adressat der Maßnahme in die mögliche Rechtsgutverletzung aus Sicht eines verständigen Dritten den objektiven Umständen nach verfangen ist. Eine vorwiegend auf den Intuitionen der Sicherheitsbehörden beruhende bloße Möglichkeit weiterführender Erkenntnisse genügt zur Durchführung solcher Maßnahmen nicht.[29]
2. Verfassungsrechtlich ausreichend sind hierfür zunächst die **Anforderungen zur Abwehr konkreter, unmittelbar bevorstehender oder gegenwärtiger** Gefahren gegenüber polizeipflichtigen Personen nach den Maßgaben des allgemeinen Sicherheitsrechts für die hier relevanten Schutzgüter.[30] Die Eingriffsgrundlagen müssen eine **hinreichend konkretisierte Gefahr** in dem Sinne verlangen, dass **zumindest tatsächliche Anhaltspunkte für die Entstehung einer konkreten Gefahr für die Schutzgüter** bestehen. Eine hinreichend konkretisierte Gefahr in diesem Sinne kann danach schon bestehen, wenn sich der zum Schaden führende Kausalverlauf noch nicht mit hinreichender Wahrscheinlichkeit vorhersehen lässt, sofern bereits bestimmte Tatsachen auf eine im Einzelfall drohende Gefahr für ein überragend wichtiges Rechtsgut hinweisen.[31]

---

22 BVerfG (IT-Sicherheitslücken), NVwZ 2021, 1361 (Rn 41); Pöltl, NVwZ 2022, 45, 47; Dickmann/Vettermann, MMR 2022, 740, 741 ff.
23 Trute, Die Verwaltung 2020, 99, 104: „schon vom schieren Umfang her eine Herausforderung".
24 BVerfGE 141, 220 bis 378.
25 BVerfGE 141, 220, 265 (Rn 93); BVerfG („elektronische Fußfessel"), HRRS 2021 Nr. 157 (Rn 201 ff.).
26 BVerfGE 141, 220, 265 bis 267 (Rn 95 bis 97).
27 BVerfGE 141, 220, 267 f. (Rn 98 bis 102).
28 Vgl. dazu Pieper, JA 2018, 598, 602 bis 604.
29 BVerfGE 141, 220, 268 bis 275 (Rn 104 bis 116).
30 BVerfGE 141, 220, 271 f. (Rn 111).
31 BVerfGE 141, 220, 272 f. (Rn 112).

3. In Bezug auf **terroristische Straftaten**, die oft durch lang geplante Taten von bisher nicht straffällig gewordenen Einzelnen an nicht vorhersehbaren Orten und in ganz verschiedener Weise verübt werden, können Überwachungsmaßnahmen auch dann erlaubt werden, wenn zwar noch nicht ein seiner Art nach konkretisiertes und zeitlich absehbares Geschehen erkennbar ist, jedoch das individuelle Verhalten einer Person die konkrete Wahrscheinlichkeit begründet, dass sie solche Straftaten in **überschaubarer Zukunft** begehen wird.[32] Die herabgestuften Anforderungen an eine drohende Gefahr kommen auch **zum Schutz herausgehobener Rechtsgüter** in Betracht.[33]
4. Es ist dem Gesetzgeber verfassungsrechtlich grundsätzlich auch nicht verwehrt, zur Bestimmung der Eingriffsvoraussetzungen an die **Gefahr der Begehung von Vorfeldstraftatbeständen** anzuknüpfen. Er muss dann aber eigens sicherstellen, dass in jedem Einzelfall eine konkrete oder konkretisierte Gefahr für die durch den Straftatbestand geschützten Rechtsgüter vorliegt. Knüpft der Gesetzgeber an die Begehung solcher Straftaten an, muss er also zusätzlich fordern, dass damit bereits eine **konkretisierte oder konkrete Gefahr für das durch den Straftatbestand geschützte Rechtsgut** vorliegt.[34]
5. Bei der näheren Ausgestaltung der Einzelbefugnisse kommt es für deren Angemessenheit wie für die zu fordernde Bestimmtheit maßgeblich auf das **Gewicht des jeweils normierten Eingriffs** an. Je tiefer Überwachungsmaßnahmen in das Privatleben hineinreichen und berechtigte Vertraulichkeitserwartungen überwinden, desto strenger sind die Anforderungen. Besonders tief in die Privatsphäre dringen die Wohnraumüberwachung sowie der Zugriff auf informationstechnische Systeme.[35]
6. Für Maßnahmen, die der Gefahrenabwehr dienen und damit **präventiven Charakter** haben, kommt es unmittelbar auf das **Gewicht der zu schützenden Rechtsgüter** an. Heimliche Überwachungsmaßnahmen, die tief in das Privatleben hineinreichen, sind nur zum Schutz besonders gewichtiger Rechtsgüter zulässig. Hierzu gehören Leib, Leben und Freiheit der Person sowie der Bestand oder die Sicherheit des Bundes oder eines Landes.[36]
7. Eingriffsintensive Überwachungs- und Ermittlungsmaßnahmen, bei denen damit zu rechnen ist, dass sie auch höchstprivate Informationen erfassen und die gegenüber den betroffenen Personen heimlich durchgeführt werden, bedürfen grundsätzlich einer **vorherigen Kontrolle durch eine unabhängige Stelle**, bevorzugt in Form einer **richterlichen Anordnung**.[37] → § 10 Rn 17 ff.
8. Für die Durchführung von besonders eingriffsintensiven Überwachungsmaßnahmen ergeben sich aus dem Verfassungsrecht **besondere Anforderungen an den Schutz des Kernbereichs privater Lebensgestaltung**.[38] → § 10 Rn 8 ff.
9. Eigene verfassungsrechtliche Grenzen ergeben sich hinsichtlich des Zusammenwirkens der verschiedenen Überwachungsmaßnahmen. Eine **Überwachung darf sich nicht über einen längeren Zeitraum erstrecken**[39] und nicht derart umfassend sein, dass **nahezu lückenlos**

---

32 BVerfGE 141, 220, 272 f. (Rn 112), u. BVerfG (SOG MV), Beschl. v. 9.12.2022 – 1 BvR 1345/21 (Rn 91), GSZ 2023, 98 (dort nicht abgedruckt), m. Anm. Graulich, 105 ff.; ebenso BGH, HRRS 2021 Nr. 1243 (Rn 39 ff.).
33 BVerfG (Bestandsdatenauskunft II), NJW 2020, 2699, 2710 (Rn 149).
34 BVerfG (BVerfSchG), GSZ 2022, 299, 303 f. (Rn. 134), m. Anm. Schneider, 306 ff., u. BVerfG (SOG MV), Beschl. v. 9.12.2022 – 1 BvR 1345/21 (Rn 91), GSZ 2023, 98 (dort nicht abgedruckt), m. Anm. Graulich, 105 ff = ZD 2023, 346, m. zust. Anm. Petri, 351, JA 2023, 344, m. zust. Anm. Muckel, 347 f., DÖV 2023, 398 (Ls.).
35 BVerfGE 141, 220, 269 (Rn 105).
36 BVerfGE 141, 270 f. (Rn 108).
37 BVerfGE 141, 220, 275 f. (Rn 117 f.).
38 BVerfGE 141, 220, 276 bis 280 (Rn 119 bis 129); vgl. dazu auch Schneider, JuS 2021, 29 ff., u. Basten, Recht der Polizei, Rn 659 f.
39 Vgl. dazu aber BGH, DVBl 2022, 101, 103 (Rn 27, 29) = HRRS 2021 Nr. 1243 (Rn 47): Auch ein mehrjähriger Zeithorizont kann ggf. noch ein „überschaubarer Zeitraum" sein.

I. Grundlagen des Datenschutzrechts

alle Bewegungen und Lebensäußerungen der betroffenen Person registriert** werden und zur Grundlage für ein Persönlichkeitsprofil werden können.[40]

10. Eigene verfassungsrechtliche Grenzen heimlicher Überwachungsmaßnahmen können sich unter Verhältnismäßigkeitsgesichtspunkten gegenüber **bestimmten Berufs- und anderen Personengruppen** ergeben, deren Tätigkeit von Verfassung wegen eine besondere Vertraulichkeit voraussetzt. Der Gesetzgeber muss gewährleisten, dass die Behörden bei der Anordnung und Durchführung von Überwachungsmaßnahmen solche Grenzen beachten.[41] Indes ist der Gesetzgeber in der Regel nicht verpflichtet, bestimmte Personengruppen von Überwachungsmaßnahmen von vornherein gänzlich auszunehmen, sondern er kann den Schutz der Vertraulichkeit in der Regel von einer Abwägung im Einzelfall abhängig machen.[42]

11. Der Verhältnismäßigkeitsgrundsatz stellt auch **Anforderungen an Transparenz, individuellen Rechtsschutz und aufsichtliche Kontrolle.** Transparenz der Datenerhebung und -verarbeitung soll dazu beitragen, dass Vertrauen und Rechtssicherheit entstehen können und der Umgang mit Daten in einen demokratischen Diskurs eingebunden bleibt.[43]

12. Der Gesetzgeber hat zur Gewährleistung subjektiven Rechtsschutzes i. S. d. Art. 19 Abs. 4 GG vorzusehen, dass die betroffen Personen **zumindest nachträglich** von den Überwachungsmaßnahmen grundsätzlich **in Kenntnis zu setzen** sind. Ausnahmen kann er in Abwägung mit verfassungsrechtlich geschützten Rechtsgütern Dritter vorsehen. Sie sind jedoch auf das unbedingt Erforderliche zu beschränken.[44]

13. Zu den übergreifenden Verhältnismäßigkeitsanforderungen gehört auch die **Regelung von Löschungspflichten.** Mit ihnen ist sicherzustellen, dass eine Verwendung personenbezogener Daten auf die die Datenverarbeitung rechtfertigenden Zwecke begrenzt bleibt und nach deren Erledigung nicht mehr möglich ist. Die Löschung der Daten ist zur Gewährleistung von Transparenz und Kontrolle zu protokollieren.[45]

Das BVerfG statuiert mit seiner Rechtsprechung im Bereich des Datenschutzes **hohe Hürden** 7 **für den Gesetzgeber.**[46] Im Interesse des Schutzes von Überwachungsmaßnahmen betroffener Personen ist dies zu begrüßen, zugleich muss aber festgestellt werden, dass der Gesetzgeber diesen Vorgaben nur wirksam begegnen kann, indem er die datenschutzrechtlichen Bestimmungen überaus detailliert ausgestaltet, auch um den vom BVerfG geforderten Anforderungen an die Bestimmtheit[47] zu genügen. Dies führt leider teilweise zu „**Regelungsungetümen**", die dem Rechtsanwender fundierte juristische Befähigungen abverlangen und vom normalen Bürger kaum mehr nachzuvollziehen sind. Ob damit den Anforderungen eines Gesetzes im Hinblick auf Klarheit und Verständlichkeit genügt werden kann, darf bezweifelt werden.[48]

3. Schutz des Kernbereichs privater Lebensgestaltung. a) Allgemeines. Der Landesgesetz- 8 geber setzt in den §§ 32 Abs. 2, 44 Abs. 7, 49 Abs. 8, 50 Abs. 6, 54 Abs. 9 PolG die vom BVerfG aufgestellten verfassungsrechtliche Maßgaben zum **Schutz des Kernbereichs privater Lebensgestaltung** um. Die dortigen Regelungen sind zwar teilweise sehr umfänglich[49], wirken

---

40 BVerfGE 141, 220, 280 f. (Rn 130).
41 BVerfGE 141, 220, 281 f. (Rn 131 bis 133).
42 BVerfGE 141, 220, 281 (Rn 132).
43 BVerfGE 141, 220, 282 bis 285 (Rn 134 bis 143).
44 BVerfGE 141, 220, 282 f. (Rn 136).
45 BVerfGE 141, 220, 285 f. (Rn 144).
46 Graulich, KriPoZ 2016, 75, 80: „Die Entscheidungsgründe des Urteils sind teils auf überwölbende Weise grundsätzlich und teils in minutiöser Weise kleinteilig" (→ Rn 7).
47 BVerfGE 141, 220, 265 (Rn 94).
48 Krit. in diesem Sinne auch Vasel, NJW 2023, 1174, 1178: „Freiheit stirbt mit Sicherheit – und hat deshalb Präponderanz."
49 R. Schenke, in: Schenke/Graulich/Ruthig, Sicherheitsrecht, § 45 BKAG Rn 43: „detailliertes und komplexes Rechtsregime".

aber insgesamt durchaus gelungen, da sie das notwendige Verarbeitungsverbot solcher Daten **über alle Schritte der Datenverarbeitung hinweg** kodifizieren. Aufgrund ihrer Komplexität wird der Polizei allerdings eine **sehr anspruchsvolle Gesetzesanwendung** zugemutet[50], die das Risiko von Anwendungsfehlern zulasten der von der Datenverarbeitung betroffenen Personen beinhaltet; betroffene Personen dürften ihrerseits kaum in der Lage sein, die Einhaltung der Regelungen zu kontrollieren. Die Vorgaben und Anforderungen des BVerfG sind indes sehr stringent und umfassend, eine Umsetzung durch den Gesetzgeber geboten.

9 **b) Rechtsprechung des BVerfG.** Das BVerfG hat in seinem **BKAG-Urteil** sehr deutlich gemacht, dass der Bereich privater Lebensgestaltung einem besonders herausragenden Schutz unterliegt.[51] Es hat hierzu ausgeführt: „Der verfassungsrechtliche Schutz des Kernbereichs privater Lebensgestaltung gewährleistet dem Individuum einen **Bereich höchstpersönlicher Privatheit gegenüber Überwachung**. Er wurzelt in den von den jeweiligen Überwachungsmaßnahmen betroffenen Grundrechten in Verbindung mit Art. 1 Abs. 1 GG und sichert einen dem Staat nicht verfügbaren Menschenwürdekern grundrechtlichen Schutzes gegenüber solchen Maßnahmen. **Selbst überragende Interessen der Allgemeinheit können einen Eingriff** in diesen absolut geschützten Bereich privater Lebensgestaltung **nicht rechtfertigen.**"[52] Dieser Schutzbereich umfasst insbesondere die nichtöffentliche Kommunikation mit Personen des höchstpersönlichen Vertrauens, die in der berechtigten Annahme geführt wird, nicht überwacht zu werden, wie es insbesondere bei Gesprächen im Bereich der Wohnung der Fall ist.[53] Damit ist der Kernbereich privater Lebensgestaltung **dem Zugriff der öffentlichen Gewalt schlechthin** entzogen.[54] Eine zeitliche und / oder räumliche **„Rundumüberwachung"** (Totalüberwachung) ist mit dem Schutz des Kernbereichs der privaten Lebensgestaltung nicht zu vereinbaren (→ Rn 361).[55]

Das BVerfG hat aber auch betont, dass „demgegenüber **die Kommunikation unmittelbar über Straftaten nicht geschützt** ist, selbst wenn sie auch Höchstpersönliches zum Gegenstand hat. Die **Besprechung und Planung von Straftaten gehört** ihrem Inhalt nach **nicht zum Kernbereich privater Lebensgestaltung**, sondern hat Sozialbezug.[56] Die konkrete Bewertung des Einzelfalls kann hierbei sehr schwierig sein, was auch aus den weiteren diesbezüglichen Ausführungen des BVerfG sehr deutlich wird. Denn viele Gesprächssituationen im Privatumfeld der eigenen Wohnung sind auch dann einer Nutzung durch die Sicherheitsbehörden entzogen, wenn sie Rückschlüsse auf ein strafbares Verhalten zulassen (etwa Inhalte aus Beichtgesprächen).[57]

Zum Schutz des Kernbereichs privater Lebensgestaltung muss der Staat **umfangreiche Vorkehrungen auf allen Eingriffsebenen** treffen: „Des Weiteren folgt hieraus, dass bei der Durchführung von Überwachungsmaßnahmen dem Kernbereichsschutz auf zwei Ebenen Rechnung getragen werden muss. Zum einen sind auf der Ebene der Datenerhebung Vorkehrungen zu

---

50 Vgl. zum Datenschutzrecht des PolG auch den 36. Tätigkeitsbericht Datenschutz 2020 des Landesbeauftragten für Datenschutz und Informationsfreiheit Baden-Württemberg, S. 85: „Einzelne Paragrafen sind derart komplex, dass sie auch für Datenschutzexperten nur schwer zu verstehen sind."
51 Petri, in: Dietrich/Fahrner/Gazeas/von Heintschel-Heinegg, Handbuch Sicherheits- und Staatsschutzrecht, § 20 Rn 60; Gusy/Eichenhofer, Polizei- und Ordnungsrecht, Rn 193, 208, 212.
52 BVerfGE 141, 220, 276 (Rn 120); BVerfG („elektronische Fußfessel"), HRRS 2021 Nr. 157 (Rn 206) = NStZ 2021, 348, m. Anm. Schiemann, 353 f. (dort nicht abgedruckt); v. Lewinski/Rüpke/Eckhardt, Datenschutzrecht, § 5 Rn 20 ff.; Schenke, Polizei- und Ordnungsrecht, Rn 222; Schneider, JuS 2021, 29, 30; krit. Götz/Geis, Polizei- und Ordnungsrecht, § 17 Rn 119: „Übersteigerung" des BVerfG.
53 BVerfGE 141, 220, 276 f. (Rn 121).
54 Schwabenbauer, in: Lisken/Denninger, Handbuch des Polizeirechts, Kap. G Rn 143.
55 Zeitler/Trurnit, Polizeirecht BW, Rn 695.
56 BVerfGE 141, 220, 277 (Rn 122); v. Lewinski/Rüpke/Eckhardt, Datenschutzrecht, § 5 Rn 42; Schneider, JuS 2021, 29, 31.
57 Vgl. dazu die Nachweise und Fallbeispiele bei Schwabenbauer, in: Lisken/Denninger, Handbuch des Polizeirechts, Kap. G Rn 148 bis 158.

I. Grundlagen des Datenschutzrechts

treffen, die eine unbeabsichtigte Miterfassung von Kernbereichsinformationen nach Möglichkeit ausschließen. Zum anderen sind auf der Ebene der nachgelagerten Auswertung und Verwertung die Folgen eines dennoch nicht vermiedenen Eindringens in den Kernbereich privater Lebensgestaltung strikt zu minimieren."[58]

Soweit es praktisch unvermeidbar ist, dass staatliche Stellen (unbeabsichtigt) Informationen zur Kenntnis nehmen, bevor sie deren Kernbereichsbezug erkennen, ist es verfassungsrechtlich nicht gefordert, den Eingriff wegen des Risikos einer Kernbereichsverletzung auf der Erhebungsebene von vornherein zu unterlassen. In Fällen dieser Art ist es aber geboten, für **ausreichenden Schutz in der Auswertungsphase** zu sorgen. Der Gesetzgeber hat durch geeignete Verfahrensvorschriften sicherzustellen, dass bei der Erhebung von Daten mit Bezug zum Kernbereich privater Lebensgestaltung die **Intensität** der Kernbereichsverletzung und ihre Auswirkungen für die Persönlichkeit und Entfaltung der betroffenen Person **so gering wie möglich** bleiben. Entscheidende Bedeutung hat insoweit die **Durchsicht der erhobenen Daten auf kernbereichsrelevante Inhalte**. Ergibt die Durchsicht, dass kernbereichsrelevante Inhalte erhoben wurden, sind diese **unverzüglich zu löschen**. Eine Weitergabe oder sonstige Verwendung ist auszuschließen. Außerdem ist die Löschung in einer Weise zu **protokollieren**, die eine spätere Kontrolle ermöglicht.[59]

c) Umsetzung im PolG. Der Landesgesetzgeber hat mit dem PolG 2020 ein **gestuftes Schutz- und Prüfverfahren** zum Schutz des Kernbereichs privater Lebensgestaltung eingeführt[60], das in allen Phasen der Datenverarbeitung zur Anwendung kommt und sicherstellt, dass die Vorgaben des Verfassungsrechts beachtet werden. Flankiert wird es vom zwingenden **Richtervorbehalt** bei bestimmten Schritten der Datenverarbeitung (→ Rn 17 ff.). 10

aa) Anordnungs- und Durchführungsverbot. In einer **ersten Stufe** ist bereits die Erhebung von Daten ausgeschlossen, wenn der Kernbereich privater Lebensgestaltung tangiert ist (**Verbot der Datenerhebung**). Dieser ersten Schutzebene kommt eine **vorrangige Bedeutung** beim Kernbereichsschutz zu.[61] 11

Gem. § 32 Abs. 2 S. 2 PolG ist – soweit es technisch möglich ist – sicherzustellen, dass innerhalb der Wohnung der betroffenen Person **keine über den Umstand ihrer Anwesenheit hinausgehenden Aufenthaltsdaten erhoben** werden. Gem. §§ 44 Abs. 7 S. 1, 50 Abs. 6 S. 1 PolG ist die Datenerhebung nur zulässig, wenn der Polizeivollzugsdienst davon ausgehen kann, dass durch die Überwachung **keine Daten erfasst** werden, die dem Kernbereich privater Lebensgestaltung zuzurechnen sind. In diesen Fällen ist eine Datenerhebung also immer ausgeschlossen, wenn (zumindest auch) der Kernbereich privater Lebensgestaltung betroffen sein dürfte. Im Fall der §§ 49 Abs. 8 S. 1, 54 Abs. 9 S. 1 PolG ist die Erhebung personenbezogener Daten unzulässig, wenn der Polizeivollzugsdienst davon ausgehen muss, dass durch die Maßnahme **allein Erkenntnisse aus dem Kernbereich privater Lebensgestaltung** erlangt würden; **unschädlich** ist nach dem eindeutigen Wortlaut dieser Regelungen, wenn nach der Prognose der Polizei durch die Maßnahme neben dem möglicherweise betroffenen Kernbereich privater Lebensgestaltung **zumindest auch andere Erkenntnisse erlangt** werden. Ist nur mit der Erhebung von Daten aus dem Kernbereich privater Lebensgestaltung zu rechnen, ist bereits die Datenerhebung unzulässig.

---

58 BVerfGE 120, 278 f. (Rn 126); BVerfG („elektronische Fußfessel"), HRRS 2021 Nr. 157 (Rn 207) = NStZ 2021, 348, m. Anm. Schiemann, 353 f. (dort nicht abgedruckt); v. Lewinski/Rüpke/Eckhardt, Datenschutzrecht, § 5 Rn 45 ff.; Schenke, Polizei- und Ordnungsrecht, Rn 222; Schneider, JuS 2021, 29, 31 f.
59 BVerfG („elektronische Fußfessel"), HRRS 2021 Nr. 157 (Rn 208) = NStZ 2021, 348, m. Anm. Schiemann, 353 f. (dort nicht abgedruckt).
60 Pöltl, VBlBW 2021, 45, 53; Trurnit, VBlBW 2021, 441, 445 f.; vgl. auch Schenke, Polizei- und Ordnungsrecht, Rn 222; Merdian, GSZ 2021, 59, 63 (zu § 20c PolG NRW).
61 Merdian, GSZ 2021, 59, 63.

12   Der Polizeivollzugsdienst muss eine **Prognose** (sog. **negative Kernbereichsprognose**[62]) vornehmen, ob durch die geplante Maßnahme Informationen erlangt werden, die dem Kernbereich privater Lebensgestaltung entstammen. Dafür ist **keine vollständige Gewissheit** erforderlich[63]. Besonders geschützt ist die nicht öffentliche Kommunikation der von der Maßnahme betroffenen Person mit anderen Personen. Werden (auch) Daten aus dem Kernbereich privater Lebensgestaltung erlangt, gelten die jeweiligen **Erhebungsverbote und -einschränkungen** der §§ 32 Abs. 2, 44 Abs. 7, 49 Abs. 8, 50 Abs. 6, 54 Abs. 9 PolG.

13   Aus den Vorgaben des PolG ergibt sich nicht nur (ggf. teilweise) ein **absolutes Maßnahmenverbot**, sondern auch eine **vorherige umfassende Prüfpflicht** der Beamten des Polizeivollzugsdienstes in jedem Einzelfall, also **vor** der Durchführung jeder Maßnahmen gem. §§ 32, 44, 49, 50, 54 PolG. Der Polizeivollzugsdienst muss mithin nicht nur stets die tatbestandlichen Voraussetzungen der §§ 32, 44, 49, 50, 54 PolG zur Anwendung der polizeilichen Maßnahmen, sondern auch die der §§ 32 Abs. 2, 44 Abs. 7 S. 1, 49 Abs. 8 S. 1, 50 Abs. 6 S. 1, 54 Abs. 9 S. 1 PolG zum Schutz des Kernbereichs privater Lebensgestaltung prüfen; liegen deren tatbestandlichen Voraussetzungen vor, ist die **Durchführung der Maßnahme unzulässig**, sie darf gar nicht erst angeordnet oder durchgeführt werden (**absolutes Anordnungs- und Durchführungsverbot**). Die Prüfung muss durch die Protokollierung (§§ 73, 74 PolG) nachvollziehbar sein.

14   **bb) Unterbrechungsgebot.** In einer **zweiten Stufe** ist der Kernbereich privater Lebensgestaltung auch ab der Datenerhebung uneingeschränkt geschützt (**Gebot der Unterbrechung der Datenerhebung**):

Gem. §§ 44 Abs. 7 S. 2, 49 Abs. 8 S. 3, 50 Abs. 6 S. 3, 54 Abs. 9 S. 2 PolG ist die **Maßnahme unverzüglich zu unterbrechen**, sofern sich **während der Überwachung** Anhaltspunkte dafür ergeben, dass Daten, die dem Kernbereich privater Lebensgestaltung zuzurechnen sind, erfasst werden. Daraus folgt auch eine **fortwährende Überprüfungspflicht** des Polizeivollzugsdienstes während einer datenschutzrechtlichen Maßnahme gem. §§ 44, 49, 50, 54 PolG. Stellt die Polizei fest, dass von der Maßnahme der Kernbereich privater Lebensgestaltung tangiert ist, muss die **Maßnahme** sofort (= ohne schuldhaftes Zögern) unterbrochen werden.

Beispiel zu § 44 Abs. 7 PolG (Einsatz der Bodycam in Wohnungen): Die Beamten des Polizeivollzugsdiensts betreten nach einem Notruf wegen häuslicher Gewalt die Wohnung des betroffenen Ehepaars. Aufgrund des Notrufs müssen sie von einer weiteren Gewaltbereitschaft des Ehemanns ausgehen und haben deshalb die Bodycams aktiviert. Nach Betreten der Wohnung stellen sie fest, dass der gewalttätige Ehemann die Wohnung bereits verlassen hat und sich neben der Ehefrau auch mehrere Kinder in der Wohnung aufhalten. Die in der Wohnung befindlichen Polizeibeamten müssen die Aufzeichnung der Bodycams wegen § 44 Abs. 7 S. 2 PolG sofort stoppen (diese Pflicht ergibt sich auch aus dem Wegfall der Voraussetzungen des § 44 Abs. 5 S. 2 PolG [vgl. auch § 44 Abs. 8 S. 1 PolG]).

Eine **Fortsetzung der unterbrochenen Maßnahme** kommt nur unter strengen tatbestandlichen Voraussetzungen in Betracht, die in den §§ 44 Abs. 7, 49 Abs. 8, 50 Abs. 6, 54 Abs. 9 PolG unterschiedlich festgelegt sind. Teilweise ist sie auch von einer **richterlichen Zustimmung** abhängig.

15   **cc) Absolutes Datenverwertungsverbot.** In einer **dritten Stufe** wird sichergestellt, dass den Kernbereich privater Lebensgestaltung betreffende Daten keinesfalls (weiter) verarbeitet und genutzt werden dürfen (**Verbot der Datenverwertung**):

Erkenntnisse aus dem Kernbereich privater Lebensgestaltung dürfen gem. § 32 Abs. 2 S. 7, § 44 Abs. 7 S. 5, § 49 Abs. 8 S. 8, 9, § 50 Abs. 6 S. 8, 9, § 54 Abs. 9 S. 8, 9 PolG **nicht verwertet** werden (**absolutes Datenverwertungsverbot**). Diese Regelungen sichern das Datenverarbeitungsverbot weiter ab. Wenn Daten aus dem Kernbereich privater Lebensgestaltung aufgenommen und gespeichert werden, ist es dem Polizeivollzugsdienst verboten, diese zu verwerten.

---

62   R. Schenke, in: Schenke/Graulich/Ruthig, Sicherheitsrecht, § 46 BKAG Rn 31; Pöltl, VBlBW 2021, 45, 53.
63   R. Schenke, in: Schenke/Graulich/Ruthig, Sicherheitsrecht, § 45 BKAG Rn 46.

I. Grundlagen des Datenschutzrechts

Beispiel zu § 50 PolG: Der Polizeivollzugsdienst hat durch den Einsatz technischer Mittel zur Überwachung einer Privatwohnung umfangreiche Erkenntnisse gewonnen. Bei der Auswertung des Materials stellt die Polizei fest, dass in Teilen der Kernbereich privater Lebensgestaltung verletzt ist, weil rein private Gesprächsinhalte erfasst wurden. Diese Inhalte sind jeglicher Auswertung entzogen. Daraus gezogene Erkenntnisse können zu keinen weiteren Ermittlungen führen. Darüber hinaus sind die entsprechenden Aufzeichnungen unverzüglich zu löschen oder zu vernichten.

dd) Datenlöschung. In der **dritten Stufe** wird zudem sichergestellt, dass den Kernbereich privater Lebensgestaltung betreffende Daten sofort gelöscht werden müssen (**Gebot der Datenlöschung**):

Aufzeichnungen aus dem Kernbereich der privaten Lebensführung sind gem. §§ 32 Abs. 2 S. 7, 44 Abs. 7 S. 3, 49 Abs. 8 S. 9, 50 Abs. 6 S. 9, 54 Abs. 7 S. 7 PolG **unverzüglich** zu **löschen**.

4. Richtervorbehalt. a) Allgemeines. Aus der **Rechtsprechung des BVerfG** ergibt sich im Polizei- und Sicherheitsrecht an verschiedenen Stellen die zwingende Notwendigkeit der richterlichen Entscheidung (**Richtervorbehalt**).[64] Das BVerfG hat in seinem richtungsweisenden **BKAG-Urteil** hierzu ausgeführt: „Demgegenüber ist eine **unabhängige Kontrolle verfassungsrechtlich unverzichtbar**, wenn Observationen längerfristig – zumal unter Anfertigung von Bildaufzeichnungen oder unter Nutzung besonderer technischer Mittel wie Peilsender – durchgeführt werden, wenn nichtöffentliche Gespräche erfasst oder Vertrauenspersonen eingesetzt werden. Diese Maßnahmen **dringen unter Umständen so tief in die Privatsphäre ein**, dass deren Anordnung einer unabhängigen Instanz, etwa einem Gericht, vorbehalten bleiben muss. Insoweit reicht es nicht, die Anordnung der Maßnahmen zunächst der Sicherheitsbehörde selbst zu überlassen und die disziplinierende Wirkung wegen des Erfordernisses einer richterlichen Entscheidung erst für deren Verlängerung – möglicherweise auf der Grundlage der so gewonnenen Erkenntnisse – vorzusehen."[65] Immer dann, wenn **hoheitliche Maßnahmen besonders tief in die Grundrechte betroffener Personen eingreifen**, ist die Einbindung der Gerichtsbarkeit geboten. Je nach polizeilicher Maßnahme muss die richterliche Einbindung *vor* Einleitung der Maßnahme oder unverzüglich *nach* Einleitung der Maßnahme erfolgen.

Ein Schwerpunkt des Richtervorbehalts im Polizei- und Ordnungsrecht liegt wegen der besonderen Eingriffsintensität in **staatlichen und polizeilichen Überwachungsmaßnahmen** (insbesondere in der Datenverarbeitung). Bei Datenverarbeitungen können auch einzelne Teilschritte dem Richtervorbehalt unterliegen (etwa die Datenerhebung oder die weitere Datenverarbeitung). Entscheidend ist immer die besondere Intensität der jeweiligen polizeilichen Maßnahme.

b) Richtervorbehalte im PolG BW. Das PolG sieht bei folgenden Maßnahmen den **zwingenden Richtervorbehalt** vor:

- weitere Verwendung von personenbezogenen Daten, die mit Hilfe technischer Mittel zur Überwachung von Wohnungen erlangt wurden, die ausschließlich zum Schutz der bei einem Einsatz in Wohnungen tätigen Personen vorgesehen sind (§ 15 Abs. 3 S. 6 PolG);
- Anordnung von Aufenthaltsvorgaben und Kontaktverboten (§ 31 Abs. 3 S. 1 PolG);
- Anordnung der elektronischen Fußfessel (§ 32 Abs. 5 S. 1 PolG);
- länger andauernder polizeilicher Gewahrsam (§ 33 Abs. 3 S. 2 bis 4 PolG);
- Durchsuchung von Wohnungen (§ 36 Abs. 5 PolG);
- Verlängerung einer Beschlagnahme (§ 38 Abs. 5 S. 2 PolG);
- weitere Verarbeitung einer per Bodycam erlangten Aufzeichnung (§ 44 Abs. 6 S. 1 PolG);
- Anordnung der Rasterfahndung (§ 48 Abs. 3 S. 1 PolG);
- Anwendung bestimmter besonderer Mittel der Datenerhebung (§ 49 Abs. 4 S. 1 PolG);

---

64 Trurnit, VBlBW 2021, 441, 446 f.
65 BVerfGE 141, 220, 294 (Rn 174).

- Schutz des Kernbereichs privater Lebensgestaltung bei besonderen Mitteln der Datenerhebung (§ 49 Abs. 8 S. 5 PolG);
- Einsatz technischer Mittel zur Datenerhebung in oder aus Wohnungen (§ 50 Abs. 2 S. 1, Abs. 5 S. 2 PolG);
- Schutz des Kernbereichs privater Lebensgestaltung bei Datenerhebung in oder aus Wohnungen (§ 50 Abs. 6 S. 6 PolG);
- Erhebung von Telekommunikationsverkehrsdaten und Nutzungsdaten (§ 53 Abs. 2 S. 1, Abs. 5 S. 3 PolG);
- Maßnahmen zur Überwachung der Telekommunikation (§ 54 Abs. 4 S. 1, Abs. 7 S. 2 PolG);
- Schutz des **Kernbereichs privater Lebensgestaltung** bei Maßnahmen zur Überwachung der Telekommunikation (**§ 54 Abs. 9 S. 4 PolG**);
- längeres **Unterbleiben der gesetzlich vorgesehenen Benachrichtigung** betroffener Personen bei verdeckten und eingriffsintensiven Maßnahmen (§ 86 Abs. 3 S. 5 PolG).

19 **c) Vorgaben für das gerichtliche Verfahren (§ 132 Abs. 1, 2 PolG).** Mit dem PolG 2020 hat der Gesetzgeber in § 132 PolG eine **zentrale Regelung für das gerichtliche Verfahren** eingeführt. Sie enthält grundsätzlich für sämtliche Richtervorbehalte im PolG Regelungen über die **gerichtlichen Zuständigkeiten** und über das **zu beachtende Verfahrensrecht**. Die Regelungen in § 132 PolG sind damit für sämtliche polizeigesetzliche Richtervorbehalte zentral „vor die Klammer gezogen".[66] Die Vorgaben des § 132 PolG sind zu beachten, sofern das PolG BW nicht unmittelbar im Zusammenhang mit dem jeweiligen Richtervorbehalt spezielle abweichende Regelungen zur gerichtlichen Zuständigkeit oder zum Verfahren vorsieht; diese gehen dann den allgemeinen Bestimmungen in § 132 PolG als **lex specialis** vor.

20 **aa) Zuständigkeit (§ 132 Abs. 1 PolG).** Zuständig ist gem. § 132 Abs. 1 PolG das **Amtsgericht**, in dessen Bezirk die zuständige Polizeidienststelle ihren Sitz hat. Es handelt sich dabei um eine zulässige sog. **abdrängende Sonderzuweisung** des Rechtswegs i. S. d. § 40 Abs. 1 S. 2 VwGO.[67] Von dieser grundlegenden Zuständigkeitsregel abweichende Zuständigkeiten sind vor allem in § 31 Abs. 3 S. 6 PolG (→ § 11 Rn 118), § 32 Abs. 5 S. 6 PolG (→ § 11 Rn 159), § 33 Abs. 4 S. 1 PolG (→ § 11 Rn 193), § 36 Abs. 5 PolG (→ § 11 Rn 249), § 38 Abs. 5 S. 2 PolG (→ § 11 Rn 273), § 50 Abs. 2 S. 1 PolG (→ § 10 Rn 407) u. § 54 Abs. 4 S. 4 PolG (→ § 10 Rn 508) vorgesehen.

21 **bb) Verfahren (§ 132 Abs. 2 PolG).** Für das gerichtliche Verfahren sieht § 132 Abs. 2 PolG umfassende Vorgaben vor, die grundsätzlich das besondere **Verfahrensrecht des FamFG** für anwendbar erklären, dieses aber **in Teilen auch modifizieren**. Im Einzelnen gilt:
- Für das Verfahren gelten die Vorschriften des FamFG (§ 132 Abs. 2 S. 1 PolG).
- Das zuständige Amtsgericht ermittelt von Amts wegen (§ 26 FamFG).
- Die Entscheidungen bedürfen abweichend von §§ 40, 41 FamFG zu ihrer Wirksamkeit **nicht der Bekanntmachung** an die betroffene Person (§ 132 Abs. 2 S. 2 PolG).
- Gegen die Entscheidung des Gerichts findet die **Beschwerde zum OLG** statt (§ 132 Abs. 2 S. 3 PolG).[68] Die Beschwerde hat **keine aufschiebende Wirkung** (§ 132 Abs. 2 S. 4 PolG). Die **Beschwerdefrist** beginnt bei Nichtbekanntgabe des Beschlusses wegen der Rechtsschutzgarantie des Art. 103 Abs. 1 GG[69] abweichend von § 63 Abs. 3 FamFG erst mit der Kenntnis der betroffenen Person vom Gerichtsbeschluss zu laufen; dies gilt auch für die 5-Monats-Frist des

---

66 LT-Drs. 16/8484, S. 189.
67 Vgl. dazu etwa Buchberger, in: Lisken/Denninger, Handbuch, Kap. L Rn 30.
68 OLG Karlsruhe, Die Justiz 2023, 298, 299.
69 Vgl. dazu auch BVerfGE 107, 395, 406.

§ 63 Abs. 3 S. 2 FamFG.[70] Die Kenntnisnahme ist durch die Benachrichtigungspflichten der §§ 85, 86 PolG gewährleistet.

- Eine **weitere Rechtsbeschwerde** findet abweichend von den §§ 70 ff. FamFG nicht statt (§ 132 Abs. 2 S. 5 PolG).

- Der Polizeivollzugsdienst ist **nicht zur Vorlage von Urkunden oder Akten, zur Übermittlung elektronischer Dokumente oder zu Auskünften verpflichtet,** wenn das Bekanntwerden des Inhalts dieser Urkunden, Akten, elektronischen Dokumente oder Auskünfte dem Wohl des Bundes oder eines Landes Nachteile bereiten würde oder wenn die Vorgänge nach einem Gesetz oder ihrem Wesen nach geheim gehalten werden müssen (§ 132 Abs. 5 S. 5 PolG).

cc) Ausschluss der Anfechtungsklage (§ 132 Abs. 3 PolG). Gem. § 132 Abs. 3 PolG ist eine **Anfechtungsklage ausgeschlossen**, wenn eine richterliche Entscheidung nach dem PolG ergangen ist. Damit soll die **doppelte Beschreitung des Rechtswegs** zu den Zivil- und Verwaltungsgerichten **ausgeschlossen** werden, zudem wird der **Rechtsfrieden** möglichst früh sichergestellt. Sobald eine richterliche Entscheidung nach dem PolG ergangen ist, verbleibt es für das weitere Verfahren beim zivilrechtlichen Rechtsweg. Die betroffene Person kann gegen die Entscheidung des Amtsgerichts / Landgerichts die **Beschwerde zum OLG** erheben (§ 132 Abs. 2 S. 3 PolG), soweit keine davon abweichende Sonderregelung vorgesehen ist.

22

Fraglich ist, ob § 132 Abs. 3 PolG zur Anwendung kommt, wenn es sich bei der in Frage stehenden polizeilichen Maßnahme nicht um einen Verwaltungs-, sondern einen **Realakt** handelt, so dass die Erhebung einer Anfechtungsklage ausgeschlossen ist, sondern richtiges Rechtsmittel die verwaltungsgerichtliche **Feststellungklage** wäre. Dies gilt etwa für die innerdienstliche Einsatzanordnung zur Anwendung besonderer Mittel der Datenerhebung gem. § 49 PolG (→ Rn 384). Nach dem Wortlaut der Regelung gilt diese nur für die Fälle der „Anfechtungsklage". Wegen der klaren **Zielsetzung** (Vermeidung doppelter Rechtswege) spricht indes einiges dafür, dass § 132 Abs. 3 PolG in Fällen anderer Klagearten (vor allem der Feststellungsklage) zur **analogen Anwendung** kommt.

II. Rechtsgrundlagen des Datenschutzes

1. EU-Datenschutz-Grundverordnung. Durch die **Verordnung (EU) 2016/679 des europäischen Parlaments und des Rates vom 27.4.2016 zum Schutz natürlicher Personen bei der Verarbeitung personenbezogener Daten, zum freien Datenverkehr und zur Aufhebung der Richtlinie 95/46/EG (Datenschutz-Grundverordnung)**[71] wurde durch die EU ein gemeinsames Datenschutzrecht für alle Mitgliedsstaaten der EU beschlossen. Die DSGVO gilt gem. Art. 99 Abs. 2 DSGVO **seit dem 25.5.2018**. Sie ist in allen ihren Teilen verbindlich und **gilt unmittelbar in jedem Mitgliedstaat.**[72]

23

---

70 § 63 Abs. 3 S. 2 FamFG lautet: „Kann die schriftliche Bekanntgabe an einen Beteiligten nicht bewirkt werden, beginnt die Frist spätestens mit Ablauf von fünf Monaten nach Erlass des Beschlusses." Bei einer unterlassenen Bekanntmachung auf der Grundlage des § 132 Abs. 2 S. 2 PolG liegt kein Fall i. S. d. § 63 Abs. 3 S. 2 FamFG vor: Die Bekanntgabe könnte durchaus bewirkt werden, ist aber aus übergeordneten Gründen von Gesetzes wegen nicht vorgesehen – die betroffene Person erhält erst später Nachricht von der heimlichen Datenerhebung, um den Erfolg der polizeilichen Maßnahme nicht zu gefährden. Die Beschwerdefrist beginnt daher nicht zu laufen, sondern erst mit späterer Kenntnis der betroffenen Personen von der polizeilichen Maßnahme (i. E. ebenso Roßmann, in: Schulte-Bunert/Weinrich, FamFG, § 63 FamFG Rn 20). Die eigentliche Funktion des § 63 Abs. 3 S. 2 FamFG, endgültig Rechtsfrieden herzustellen (vgl. dazu etwa Kräft, in: Bahrenfuss, FamFG, § 63 FamFG Rn 12) greift nicht. Vgl. dazu auch BGH, NJW-RR 2017, 970, zur bis dahin strittigen Frage des Fristlaufs gegenüber versehentlich rechtswidrig nicht am Verfahren beteiligter Personen.
71 EU ABl. L 119 v. 4.5.2016, S. 1, ber. am 27.10.2016 (12399/16).
72 EuGH, ZD 2023, 266; v. Lewinski/Rüpke/Eckhardt, Datenschutzrecht, § 8 Rn 1; Selmayr/Ehmann, in: Ehmann/Selmayr, DSGVO, Einf. Rn 3, 80, 88; Moos/Schefzig, in: Moos/Schefzig/Arning, DSGVO, Kap. 1 Rn 5;

24 Die DSGVO soll eine **Vereinheitlichung der Datenschutz-Vorschriften im Bereich der EU** bewirken.[73] Sie soll sicherstellen, dass die Grundrechte und Grundfreiheiten der im Bereich der EU lebenden Personen und insbesondere ihr Recht auf Schutz personenbezogener Daten ungeachtet ihrer Staatsangehörigkeit oder ihres Aufenthaltsorts gewahrt bleiben.[74] Der EU-Verordnungsgeber verkennt nicht, dass es aus Gründen des Allgemeinwohls auch zu **berechtigten Einschränkungen des Datenschutzes** kommen kann.[75] Er sieht auch die Notwendigkeit, für den Bereich der **Strafverfolgung und der Bewahrung von öffentlicher Sicherheit und Ordnung eigene Datenschutzregelungen** zu treffen. Er nimmt deswegen diesen Bereich ausdrücklich aus dem Anwendungsbereich der DSGVO aus und überlässt die weiteren Regelungen mit der DSRL 2016/680 einer eigenen Rechtsgrundlage (→ Rn 26 ff.).[76]

25 Auch wenn die EU eine Vereinheitlichung des Datenschutzrechts für alle Mitgliedsstaaten anstrebt, sieht sie die Notwendigkeit für **Präzisierungen, Konkretisierungen und Ergänzungen durch nationale Regelungen**: „Wenn in dieser Verordnung Präzisierungen oder Einschränkungen ihrer Vorschriften durch das Recht der Mitgliedstaaten vorgesehen sind, können die Mitgliedstaaten Teile dieser Verordnung in ihr nationales Recht aufnehmen, soweit dies erforderlich ist, um die Kohärenz zu wahren und die nationalen Rechtsvorschriften für die Personen, für die sie gelten, verständlicher zu machen."[77] Die DSGVO enthält zu diesem Zweck **rund 70 Öffnungsklauseln für nationales Recht**.[78] Dabei ist zwischen **Regelungsaufträgen** (etwa Art. 6 Abs. 3 DSGVO) und **Regelungsoptionen** (etwa Art. 6 Abs. 2 DSGVO) zu unterscheiden.[79] Wegen der vielen Öffnungsklauseln wird die DSGVO auch als „hinkende Verordnung" bezeichnet.[80] Der Bundesgesetzgeber hat von diesen Möglichkeiten umfassend Gebrauch gemacht. Das **BVerfG** hat dem Bundesgesetzgeber **umfassende Gestaltungsspielräume** zuerkannt.[81]

26 **2. EU-Datenschutz-Richtlinie 2016/680 Polizei/Justiz.** Mit der DSGVO hat die EU auch die **Richtlinie (EU) 2016/680 des europäischen Parlaments und des Rates vom 27.4.2016 zum Schutz natürlicher Personen bei der Verarbeitung personenbezogener Daten durch die zuständigen Behörden zum Zwecke der Verhütung, Ermittlung, Aufdeckung oder Verfolgung von Straftaten oder der Strafvollstreckung sowie zum freien Datenverkehr und zur Aufhebung des Rahmenbeschlusses 2008/977/JI des Rates** erlassen.[82] Die DSRL 2016/680 enthält umfassende datenschutzrechtliche Vorschriften über die Datenverarbeitung im Bereich der Strafverfolgung und der Bewahrung von öffentlicher Sicherheit und Ordnung. Gem. Art. 288 Abs. 3 AEUV ist die Richtlinie für jeden Mitgliedstaat, an den sie gerichtet wird, hinsichtlich des zu erreichenden Ziels verbindlich, überlässt jedoch den innerstaatlichen Stellen die Wahl

---

Herdegen, Europarecht, § 8 Rn 61; Haratsch/Koenig/Pechstein, Europarecht, Rn 395; Schlingloff, JURA 2022, 1255; Arz, JURA 2022, 1127.
73 Wybitul, in: Wybitul, Handbuch, Einl. Rn 8 f.; Paal/Pauly, DSGVO/BDSG, Einl. Rn 2; Selmayr/Ehmann, in: Ehmann/Selmayr, DSGVO, Einf. Rn 81 ff. m. w. N.; Schantz, NJW 2016, 1841; Brink, BWGZ 2018, 48.
74 Erwägungsgrund 2 der Verordnung, EU ABl. L 119, S. 1.
75 Erwägungsgrund 4 der Verordnung, EU ABl. L 119, S. 2.
76 Ausführlich dazu Erwägungsgrund 19 der Verordnung, EU ABl. L 119, S. 4.
77 Erwägungsgründe 8, 10 der Verordnung, EU ABl. L 119, S. 2; vgl. auch Selmayr/Ehmann, in: Ehmann/Selmayr, DSGVO, Einf. Rn 81. Krit. dazu Veil, NVwZ 2018, 686 f.
78 Taeger/Schmidt, in: Taeger/Gabel, DSGVO/BDSG, Einf. Rn 51 ff.; Gola, in: Gola/Heckmann, DS-GVO | BDSG, Art. 23 DS-GVO Rn 1; Roßnagel, in: Roßnagel, Das neue Datenschutzrecht, § 1 Rn 52, § 2 Rn 19 bis 22; Schlingloff, JURA 2022, 1255; Streinz, DuD 2020, 353, 356 f.
79 Selmayr/Ehmann, in: Ehmann/Selmayr, DSGVO, Einf. Rn 81 bis 87. Eingehend dazu Roßnagel, DuD 2017, 278 ff.
80 Selmayr/Ehmann, in: Ehmann/Selmayr, DSGVO, Einf. Rn 88; von Lewinski, in: Auernhammer, DSGVO/BDSG, Einl. DSGVO Rn 29: „Hybrid zwischen Richtlinie und Verordnung", ebenso etwa Streinz, DuD 2020, 353, 357, Greve, NVwZ 2017, 737, 743, u. Kühling, NJW 2017, 1985, 1987.
81 BVerfG (Bestandsdatenauskunft II), NJW 2020, 2699, 2703 (Rn 86).
82 EU ABl. L 119 v. 4.5.2016, S. 89. Zur Entstehungsgeschichte und zur Regelungssystematik vgl. Herbst: in: Auernhammer, DSGVO/BDSG, DSRL 2016/680 Rn 1 bis 5 m. w. N.

II. Rechtsgrundlagen des Datenschutzes

der Form und der Mittel.[83] Sie ist in das Recht der Mitgliedsstaaten zu transferieren.[84] Mit der Umsetzung der DSRL 2016/680 in das deutsche Recht geht eine weitere **Europäisierung des Sicherheits- und Polizeirechts** einher (→ § 1 Rn 36 ff.), über das Datenschutzrecht ist ein regelrechter „**Kompetenzsog**" der EU entstanden.[85]

Die **DSRL 2016/680** trifft spezielle Datenschutzregelungen für den Bereich der Polizei und der Justiz. Sie geht nach dem Willen der EU der DSGVO vor und ist für den Bereich des Datenschutzes **lex specialis**. Dies folgt unmittelbar aus **Art. 2 Abs. 2 lit. d DSGVO**, wonach die DSGVO keine Anwendung findet auf die Verarbeitung personenbezogener Daten durch die zuständigen Behörden zum Zwecke der Verhütung, Ermittlung, Aufdeckung oder Verfolgung von Straftaten oder der Strafvollstreckung, einschließlich des Schutzes vor und der Abwehr von Gefahren für die öffentliche Sicherheit.[86]

Soweit der Anwendungsbereich der DSRL 2016/680 eröffnet ist, findet die **DSGVO keine Anwendung**.[87] Der **Vorrang** der DSRL 2016/680 bezieht sich dabei auf die **Datenverarbeitung zu präventiven und repressiven Zwecken**.[88] Der Datenschutz richtet sich nach den auf der Grundlage der DSRL 2016/680 erlassenen nationalen Datenschutzregelungen. Etwas anderes gilt nur, wenn den für die Strafverfolgung oder die Bewahrung der öffentlichen Sicherheit und Ordnung zuständigen deutschen Behörden auch **Aufgaben** übertragen werden, die **außerhalb dieser Tätigkeitsbereiche** liegen. Dann fällt die Verarbeitung von personenbezogenen Daten für diese anderen Zwecke insoweit in den Anwendungsbereich der DSGVO, als sie in den Anwendungsbereich des Unionsrechts fällt.[89] Hier lässt es der EU-Verordnungsgeber aber ausdrücklich zu, dass der nationale Gesetzgeber spezielle Datenschutzregelungen trifft.

Mit der DSRL 2016/680 will die EU einerseits den notwendigen persönlichen Datenschutz sicherstellen, andererseits aber auch für einen **erleichterten Austausch personenbezogener Daten** zwischen den zuständigen Behörden der Mitgliedstaaten sorgen.[90]. Geregelt werden in der DSRL 2016/680 die Verarbeitung personenbezogener Daten durch die zuständigen Behörden zum Zwecke der Verhütung, Ermittlung, Aufdeckung oder Verfolgung von Straftaten oder der Strafvollstreckung, einschließlich des Schutzes vor und der Abwehr von Gefahren für die öffentliche Sicherheit. Es werden **vielfache Tätigkeiten der Sicherheitsbehörden** erfasst, hauptsächlich die Verhütung, Ermittlung, Aufdeckung oder Verfolgung von Straftaten, dazu zählen auch polizeiliche Tätigkeiten in Fällen, in denen nicht von vornherein bekannt ist, ob es sich um Straftaten handelt oder nicht. Solche Tätigkeiten können ferner die Ausübung hoheitlicher Gewalt durch Ergreifung von Zwangsmitteln umfassen, wie polizeiliche Tätigkeiten bei Demonstrationen, großen Sportveranstaltungen und Ausschreitungen. Sie umfassen auch die Aufrechterhaltung der öffentlichen Ordnung als Aufgabe, die der Polizei oder anderen Strafverfolgungsbehörden übertragen wurde, soweit dies zum Zweck des Schutzes vor und

---

83 Kotzur, in: Geiger/Khan/Kotzur, EU-Vertrag, Art 288 AEUV Rn 11, Streinz, Europarecht, Rn 485; Weinhold/Johannes, DVBl 2016, 1502; krit. dazu Frenzel, in: Paal/Pauly, DSGVO/BDSG, § 45 BDSG Rn 2 f.
84 EuGH, ZD 2023, 266; Schröder, in: Möstl/Trurnit, Polizeirecht BW, Rn 22; Arz, JURA 2022, 1127.
85 So zutr. Pfeffer, NVwZ 2022, 294, 296 f. m. w. N., zur Kritik an dieser Teilharmonisierung des Sicherheits- und Polizeirechts vgl. dort S. 297 f.
86 Vgl. dazu Erwägungsgrund Nr. 19 der DSGVO, EU ABl. L 119, S. 4.
87 Kühling/Klar/Sackmann, Datenschutzrecht, Rn 233; v. Lewinski/Rüpke/Eckhardt, Datenschutzrecht, § 8 Rn 8; Müller/Schwabenbauer, in: Lisken/Denninger, Handbuch des Polizeirechts, Kap. G Rn 405; Schröder, in: Möstl/Trurnit, Polizeirecht BW, Rn 21 bis 23; Stevens/Limberger, JZ 2022, 656; Borell/Schindler, DuD 2019, 767; vgl. auch LT-Drs. 16/8484, S. 123.
88 Zerdick, in: Ehmann/Selmayr, DSGVO, Art. 2 Rn 12; ebenso Kühling/Raab, in: Kühling/Buchner, DSGVO/BDSG, Art. 2 DSGVO Rn 29.
89 So eindeutig Erwägungsgrund Nr. 19 der DSGVO, EU ABl. L 119, S. 4; ebenso Erwägungsgrund Nr. 12 der DSRL 2016/680, EU ABl. L 119, S. 91.
90 Erwägungsgrund Nr. 19 der DSRL 2016/680, EU ABl. L 119, S. 91; NdsOVG, NVwZ-RR 2020, 973 (Rn 22).

der Abwehr von Bedrohungen der öffentlichen Sicherheit und Bedrohungen für durch Rechtsvorschriften geschützte grundlegende Interessen der Gesellschaft, die zu einer Straftat führen können, erforderlich ist.[91]

Der EU-Richtliniengeber stellt klar, dass zur Verhütung, Ermittlung und Verfolgung von Straftaten die zuständigen Behörden personenbezogene Daten, die im Zusammenhang mit der Verhütung, Ermittlung, Aufdeckung oder Verfolgung einer bestimmten Straftat erhoben wurden, auch in einem anderen Kontext verarbeiten können müssen, um sich ein Bild von den kriminellen Handlungen machen und Verbindungen zwischen verschiedenen aufgedeckten Straftaten herstellen zu können.[92] Die DSRL 2016/680 soll jeden mithilfe **automatisierter Verfahren** oder auf anderem Wege ausgeführten Vorgang oder **jede solche Vorgangsreihe im Zusammenhang mit personenbezogenen Daten** wie das Erheben, das Erfassen, die Organisation, das Ordnen, die Speicherung, die Anpassung oder Veränderung, das Auslesen, das Abfragen, die Verwendung, den Abgleich oder die Verknüpfung, die Einschränkung der Verarbeitung, das Löschen oder die Vernichtung, abdecken.[93]

29 Der **Anwendungsbereich der DSRL 2016/680** wird in deren Artikel 1 definiert, wonach die Richtlinie Bestimmungen zum Schutz natürlicher Personen bei der Verarbeitung personenbezogener Daten durch die zuständigen Behörden zum Zwecke der Verhütung, Ermittlung, Aufdeckung oder Verfolgung von Straftaten oder der Strafvollstreckung, einschließlich des Schutzes vor und der Abwehr von Gefahren für die öffentliche Sicherheit enthält.

Damit wird der Anwendungsbereich der zur Umsetzung der Richtlinie zu erlassenden nationalen Gesetze in zweierlei Hinsicht festgelegt: Zum einen gelten die besonderen Regelungen der DSRL 2016/680 nur für den Bereich der Strafverfolgung und die Abwehr von Gefahren für die öffentliche Sicherheit. Zum anderen finden für diesen Bereich die Regelungen der DSGVO keine Anwendung, sondern die jeweiligen nationalen Regelungen sind **lex specialis im Bereich des Datenschutzes**. Ein Rückgriff auf die DSGVO scheidet aus (→ Rn 59 ff.).

Die DSRL 2016/680 findet Anwendung auf **Straftaten**, in ihren Anwendungsbereich sollten anfangs nach Teilen der Literatur aber keine Ordnungswidrigkeiten fallen.[94] Diese Frage dürfte sich nunmehr aber **einvernehmlich** dahin gehend geklärt haben, dass die DSRL 2016/680 **sowohl für Straftaten als auch für Ordnungswidrigkeiten** gilt.[95] Der deutsche Gesetzgeber hat in § 45 S. 1 BDSG und in § 11 Abs. 1 S. 1 PolG BW den Anwendungsbereich der ins deutsche Recht transferierten Bestimmungen ausdrücklich auch für den Bereich der Ordnungswidrigkeiten vorgesehen.[96]

30 Eine Besonderheit stellt der Anwendungsbereich der DSRL 2016/680 insoweit dar, als er nicht nur den Datenschutz bei der Strafverfolgung erfasst, sondern auch den **Schutz vor und die Abwehr von Gefahren für die öffentliche Sicherheit**. Auf den ersten Blick scheint damit der gesamte Tätigkeitsbereich der Polizei erfasst zu sein. Richtigerweise ist aus dem Zweck, der Entstehungsgeschichte und dem Gesamtkontext der DSRL 2016/680 aber zu folgern, dass deren Anwendungsbereich im Straftatenvorfeld nur eröffnet ist, wenn die **Begehung**

---

91 Erwägungsgrund Nr. 12 der DSRL 2016/680, EU ABl. L 119, S. 90 f.
92 Erwägungsgrund Nr. 27 der DSRL 2016/680, EU ABl. L 119, S. 93.
93 Erwägungsgrund Nr. 34 der DSRL 2016/680, EU ABl. L 119, S. 94.
94 So etwa noch Herbst, in: Auernhammer, DSGVO/BDSG, Rn 8 zur DSRL 2016/680 (5. Aufl. 2017), aufgegeben in der 6. Aufl. 2018 (Rn 8); *a. A.* etwa Hörauf, ZIS 2013, 276, 278 f.
95 Schmidt, in: Taeger/Gabel, DSGVO/BDSG, Art. 2 DSGVO Rn 27; Müller/Schwabenbauer, in: Lisken/Denninger, Handbuch des Polizeirechts, Kap. G Rn 448 f.; Schröder, in: Möstl/Trurnit, Polizeirecht BW, Rn 27; Sicko, in: Debus/Sicko, LDSG BW, § 2 Rn 16; Hörauf, ZIS 2013, 276, 278 f.
96 Zust. Weinhold, in: Roßnagel, Das Neue Datenschutzrecht, § 7 Rn 77.

II. Rechtsgrundlagen des Datenschutzes

einer **Straftat möglich** erscheint, **zumindest aber nicht auszuschließen** ist.[97] Der Erwägungsgrund 12 der Richtlinie spricht von „polizeilichen Tätigkeiten in Fällen, in denen nicht von vornherein bekannt ist, ob es sich um Straftaten handelt oder nicht". Darüber hinaus wird im Erwägungsgrund 12 darauf verwiesen, dass die Einbeziehung der Aufrechterhaltung der öffentlichen Ordnung richtig erscheint, soweit dies zum Zweck des Schutzes vor und der Abwehr von Bedrohungen der öffentlichen Sicherheit und Bedrohungen für durch Rechtsvorschriften geschützte grundlegende Interessen der Gesellschaft, die zu einer Straftat führen können, erforderlich ist. Damit wird klar, dass die Vorgaben der DSRL 2016/680 immer dann gelten, wenn der **Bezug zu einer (späteren) Straftat nicht von vornherein auszuschließen** ist.

Beispiel: Polizeiliche Tätigkeiten bei Demonstrationen, großen Sportveranstaltungen und Ausschreitungen (so ausdrücklich der Erläuterungsgrund 12 der DSRL 2016/680).

Klar auszuschließen ist damit der **Anwendungsbereich** der DSRL 2016/680 nur, wenn bei der polizeilichen Tätigkeit zur Gefahrenabwehr **sicher keine Straftat zu erwarten** ist.[98] Dann gilt die DSGVO.

Die in Art. 3 Nr. 7 DSRL 2016/680 als Adressaten der Richtlinie genannten Behörden und staatlichen Stellen sind vor allem die **Polizeibehörden, Staatsanwaltschaften und Gerichte**. 31

Wegen des ausschließlichen Geltungsbereichs der DSRL 2016/680 und der Funktion als lex specialis mit der fehlenden Möglichkeit des Rückgriffs auf die DSGVO enthält die Richtlinie – ähnlich der DSGVO – umfassende Regelungen zu allen Bereichen, etwa auch Begriffsdefinitionen (Art. 3) und allgemeine Rechtsgrundsätze (Art. 4). Sie umfasst mithin **alle notwendigen abschließenden Regelungen** für ihren Geltungsbereich und ist in diesem Umfang **in nationales Recht umzusetzen**. Prinzipiell weisen die DSGVO und die DSRL 2016/680 aber viele Gemeinsamkeiten auf und ähneln sich in der Grundstruktur.[99] 32

3. Datenschutzrecht des Bundes. Die DSGVO und die DSRL 2016/680 waren Anlass für den Gesetzgeber, das **Datenschutzrecht für öffentliche Stellen des Bundes und der Länder** durch das Gesetz zur Anpassung des Datenschutzrechts an die Verordnung (EU) 2016/679 und zur Umsetzung der Richtlinie (EU) 2016/680 (Datenschutz-Anpassungs- und -Umsetzungsgesetz EU – DSAnpUG-EU) vom 30.6.2017[100] grundlegend zu reformieren. 33

Durch das **Zweite Gesetz zur Anpassung des Datenschutzrechts an die Verordnung (EU) 2016/679 und zur Umsetzung der Richtlinie (EU) 2016/680 vom 20.11.2019**[101] wurden in 155 (!) Artikeln zahlreiche Bundesgesetze an die DSGVO und die DSRL 2016/680 angepasst. Durch das 2. DSAnpUG-EU wurden die bestehenden bereichsspezifischen Datenschutzregelungen des Bundes mit folgenden **Regelungsschwerpunkten** an die unionsrechtlichen Vorgaben angepasst:[102]

- Anpassung von Begriffsbestimmungen,
- Anpassung von Verweisungen,
- Anpassung (bzw. vereinzelt Schaffung) von Rechtsgrundlagen für die Datenverarbeitung,

---

97 Ebenso etwa Johannes/Weinhold, Neues Datenschutzrecht, § 1 Rn 26, v. Lewinski/Rüpke/Eckhardt, Datenschutzrecht, § 8 Rn 7, u. Stevens/Limberger, JZ 2022, 656, 662.
98 Herbst, in: Auernhammer, DSGVO/BDSG, DSRL 2016/680 Rn 9; Kühling/Klar/Sackmann, Datenschutzrecht, Rn 233; ähnlich Roßnagel, in: Simitis/Hornung/Spiecker, Datenschutzrecht, Art. 2 Rn 40.
99 Herbst, in: Auernhammer, DGVO/BDSG, DSRL 2016/680 Rn 5; Kühling/Raab, in: Kühling/Buchner, DSGVO/BDSG, Einführung Rn 113 f.; Weinhold/Johannes, DVBl 2016, 1502; Schlehahn, DuD 2018, 33.
100 BGBl. I S. 2091. Vgl. zur Entstehungsgeschichte Johannes/Weinhold, Neues Datenschutzrecht, § 1 Rn 52; Kühling/Raab, in: Kühling/Buchner, DSGVO/BDSG, Einf. Rn 123 bis 126; Kremer, CR 2017, 367, 368.
101 Zweites Datenschutz-Anpassungs- und Umsetzungsgesetz EU (2. DSAnpUG-EU) vom 20.11.2019 (BGBl. I S. 1626).
102 BT-Drs. 19/4674, S. 2. Vgl. dazu Gola/Klug, NJW 2020, 660 ff.

- Regelungen zu den Betroffenenrechten,
- Anpassungen aufgrund unmittelbar geltender Vorgaben der DSGVO zu technischen und organisatorischen Maßnahmen, zur Auftragsverarbeitung, zur Datenübermittlung an Drittländer oder an internationale Organisationen sowie zu Schadenersatz und Geldbußen.

34 **a) Bundesdatenschutzgesetz. aa) Allgemeines.** Durch Art. 1 des DSAnpUG-EU wurde das BDSG insgesamt neu erlassen. Das BDSG dient der **Anpassung des deutschen Datenschutzrechts** an die durch die vorrangige DSGVO bedingten Änderungen, zugleich ist gem. § 1 Abs. 8 BDSG der Anwendungsbereich aber auch auf diejenigen Bereiche erweitert, die außerhalb des Geltungsbereichs des Unionsrechts liegen.[103] Die **Gesetzgebungskompetenz des Bundes** folgt im Bereich des Datenschutzes als **Annex aus den jeweiligen Sachkompetenzen** des Bundes der Art. 73 bis 74 GG.[104]

Das BDSG ist so strukturiert[105], dass sich **in seinem ersten Teil allgemeine Vorschriften** finden, die für alle Bereiche des BDSG gelten, soweit nicht die DSGVO unmittelbar gilt.[106] Die allgemeinen Bestimmungen gelten auch für die Umsetzung der DSRL 2016/680[107], dabei ist aber zu beachten, dass die Bestimmungen im dritten Teil des BDSG lex specialis für die Umsetzung der DSRL 2016/680 sind[108], so dass die allgemeinen Bestimmungen des ersten Teils nur zur Anwendung kommen, soweit sich im dritten Teil keine Bestimmungen finden. **Im Teil 2 des BDSG finden sich die ergänzenden Vorschriften** für die Anwendung des Datenschutzes im Geltungsbereich der DSGVO. **Teil 3 des BDSG dient der Umsetzung der DSRL 2016/680** in das deutsche (Bundes)Recht. Im **Teil 4 des BDSG** finden sich Regelungen für Sachverhalte, die nicht unter den Geltungsbereich der DSGVO und der DSRL 2016/680 fallen.[109]

35 **bb) Anwendungsbereich.** Das BDSG gilt gem. § 1 S. 1 BDSG für die Verarbeitung personenbezogener Daten durch öffentliche Stellen des Bundes (Nr. 1) und durch **öffentliche Stellen der Länder**, soweit **der Datenschutz nicht durch Landesgesetz geregelt** ist und soweit sie **Bundesrecht ausführen** oder als Organe der Rechtspflege tätig werden und es sich nicht um Verwaltungsangelegenheiten handelt (Nr. 2). Das BDSG gilt mithin **nicht für Landesbehörden, wenn für diese entsprechende landesrechtliche Datenschutzregelungen bestehen.**[110]

Gem. § 1 Abs. 5 BDSG finden die Vorschriften des BDSG keine Anwendung, soweit das Unionsrecht – im Besonderen die DSGVO in der jeweils geltenden Fassung – unmittelbar gilt. Die **DSGVO hat damit Vorrang**, das BDSG gilt nur subsidiär und ergänzend.[111] Darüber hinaus gehen gem. § 1 Abs. 2 BDSG andere Rechtsvorschriften des Bundes über den Datenschutz den Vorschriften des BDSG vor. Das **BDSG hat den Charakter eines Auffanggesetzes**, spezifische Rechtsvorschriften des Bundes genießen gegenüber den Vorschriften des BDSG grundsätzlich Vorrang; dies gilt allerdings nur, wenn eine **Tatbestandskongruenz** vorliegt.[112] Vorrang gegenüber dem BDSG besteht zudem für **Datenschutzregelungen der Länder**.[113] Regeln die Spezialgesetze einen Sachverhalt, für den das BDSG gilt, nicht oder nicht abschließend, finden die Vorschriften des BDSG ergänzende Anwendung.

---

103 BT-Drs. 18/11325, S. 2.
104 BT-Drs. 18/11325, S. 71; Ernst, in: Paal/Pauly, DSGVO/BDSG, § 1 BDSG Rn 1.
105 Vgl. dazu auch die Übersicht bei Taeger/Schmidt, in: Taeger/Gabel, DSGVO/BDSG, Einf. Rn 58 bis 61.
106 BT-Drs. 18/11325, S. 70.
107 BT-Ds 18/11325, S. 70.
108 Weinhold, in: Roßnagel, Das neue Datenschutzrecht, § 7 Rn 73.
109 Vgl. dazu auch den Überblick bei Kremer, CR 2017, 367, 369; Greve, NVwZ 2018, 737, 738 ff.
110 Johannes/Weinhold, Neues Datenschutzrecht, § 1 Rn 75.
111 Vgl. auch Kühling/Raab, in: Kühling/Buchner, DSGVO/BDSG, Einf. Rn 129; Kremer, CR 2017, 367, 368: „Annex zur DSGVO"; Engelke, DVP 2017, 448, 449.
112 BT-Drs. 18/11325, S. 79; Ernst, in: Paal/Pauly, DSGVO/BDSG, § 1 BDSG Rn 6; Kremer, CR 2017, 367, 370; Kühling, NJW 2017, 1985, 1987.
113 Klar, in: Kühling/Buchner, DSGVO/BDSG, § 1 BDSG Rn 9; Kremer, CR 2017, 367, 370; Schwartmann/Jacquemain, RDV 2018, 65, 66.

II. Rechtsgrundlagen des Datenschutzes

Mithin kommt das **BDSG nur zur Anwendung**, wenn die **DSGVO nicht unmittelbar gilt** und **keine spezialgesetzliche Regelung in anderen Bundesgesetzen oder im Landesrecht** besteht.[114] Sie gilt dann für die Datenverarbeitung durch öffentliche Stellen des Bundes, darüber hinaus für öffentliche Stellen der Länder, wenn sie Bundesrecht ausführen. Unter den Voraussetzungen des § 1 Abs. 4 BDSG findet das BDSG auch auf nichtöffentliche Stellen Anwendung. In BW kommt das BDSG in erster Linie für dort vorhandene Bundesbehörden – vor allem für die **Bundespolizei** – zur Anwendung.

cc) **Allgemeine Bestimmungen (Teil 1 BDSG).** Gem. § 3 BDSG ist die **Verarbeitung personenbezogener Daten** durch eine öffentliche Stelle **zulässig**, wenn sie zur Erfüllung der in der Zuständigkeit des Verantwortlichen liegenden Aufgabe oder in Ausübung öffentlicher Gewalt, die dem Verantwortlichen übertragen wurde, erforderlich ist.

Für den Bereich der öffentlichen Sicherheit ist § 4 BDSG besonders wichtig, der die Zulässigkeit der **Videoüberwachung öffentlich zugänglicher Räume** regelt. Er entspricht weitgehend der Vorgängerregelung des § 6 b BDSG a. F.,[115] erfährt aber mit § 4 Abs. 1 S. 2 BDSG eine wichtige Ergänzung. Die Beobachtung öffentlich zugänglicher Räume mit optisch-elektronischen Einrichtungen (Videoüberwachung) ist nur zulässig, soweit sie zur Aufgabenerfüllung öffentlicher Stellen, zur Wahrnehmung des Hausrechts oder zur Wahrnehmung berechtigter Interessen für konkret festgelegte Zwecke erforderlich ist und keine Anhaltspunkte bestehen, dass schutzwürdige Interessen der betroffenen Personen überwiegen. Öffentlich zugängliche Räume i. S. d. § 4 BDSG sind alle öffentlich tatsächlich zugänglichen Bereiche, die dem öffentlichen Verkehr gewidmet sind oder nach dem Willen des Berechtigten erkennbar von jedermann genutzt oder betreten werden können.[116]

Da das BDSG gegenüber spezialgesetzlichen Regelungen subsidiär ist (→ Rn 35), finden für die Polizei die besonderen Regelungen für die Zulässigkeit der Videoüberwachung im **Versammlungs- und Polizeirecht vorrangige Anwendung**.[117]

Bei der **Videoüberwachung von öffentlich zugänglichen großflächigen Anlagen**, wie insbesondere Sport-, Versammlungs- und Vergnügungsstätten, Einkaufszentren oder Parkplätzen, oder **Fahrzeugen und öffentlich zugänglichen großflächigen Einrichtungen des öffentlichen Schienen-, Schiffs- und Busverkehrs**, gilt der Schutz von Leben, Gesundheit oder Freiheit von dort aufhältigen Personen als ein besonders wichtiges Interesse. Der Gesetzgeber hat damit klargestellt, dass die **Abwägungsentscheidung zugunsten der Zulässigkeit** des Einsatzes einer Videoüberwachungsmaßnahme **geprägt** ist.[118] Regelmäßig wird damit in diesen Fällen eine Videoüberwachung der genannten öffentlichen Räume möglich sein, ohne dass es einer weitergehenden Begründung bedarf.

Des Weiteren finden sich im Teil 1 des BDSG **allgemeine Vorgaben** über die verwendeten Begriffsbestimmungen, über die behördlichen Datenschutzbeauftragten, die oder den Bundesbeauftragten für Datenschutz und Informationsfreiheit, die Zusammenarbeit auf europäischer und Bund/Länder-Ebene und die Rechtsbehelfe.

b) **Datenschutz in Straf- und Bußgeldverfahren. aa) Bundesdatenschutzgesetz.** Das DSAnpUG-EU hat auch die **Vorgaben der DSRL 2016/680 für den Bereich der Polizei und der Justiz** umgesetzt. Diese zwingende Umsetzung der Richtlinie erfolgte innerhalb des BDSG,

---

114 Pabst, in: Schwartmann/Jaspers/Thüsing/Kugelmann, DSGVO/BDSG, Art. 2 DSGVO Rn 67; Schlingloff, JURA 2022, 1255 f.
115 Vgl. dazu etwa Bull, JZ 2017, 797, 798 ff.
116 Frenzel, in: Paal/Pauly, DSGVO/BDSG, § 4 BDSG Rn 8 f.; Starnecker, in: Gola/Heckmann, DS-GVO | BDSG, § 4 BDSG Rn 22.
117 Starnecker, in: Gola/Heckmann, DS-GVO | BDSG, § 4 BDSG Rn 7.
118 BT-Drs. 18/11325, S. 81.

dessen Teil 3 die Bestimmungen für Verarbeitungen zu Zwecken gem. Art. 1 DSRL 2016/680 enthält. Der Bundesgesetzgeber hatte das Ziel, beide Unionsakte in einem nationalen Gesetz umzusetzen, um beide Bereiche möglichst zu harmonisieren.[119] Die **Gesetzgebungskompetenz des Bundes** für die Strafvorschriften und das Bußgeldverfahren folgt aus Art. 74 Abs. 1 Nr. 1 GG, das Datenschutzrecht folgt ihr als **Annexkompetenz**.[120]

38 **(1) Anwendungsbereich.** Aus § 45 S. 1 bis 3 BDSG folgt der **Anwendungsbereich** der Datenschutzregelungen des dritten Teils des BDSG. Danach gelten diese für die Verarbeitungen personenbezogener Daten durch die für die Verhütung, Ermittlung, Aufdeckung, Verfolgung oder Ahndung von Straftaten und Ordnungswidrigkeiten zuständigen öffentlichen Stellen, soweit sie Daten zum Zweck der Erfüllung dieser Aufgaben verarbeiten. Die öffentlichen Stellen gelten dabei als Verantwortliche zur Abwehr von Gefahren für die öffentliche Sicherheit. Das BDSG folgt damit grundsätzlich dem in Art. 1 Abs. 1 DSRL 2016/680 definierten Anwendungsbereich. Mithin gelten die Regelungen des dritten Teils des BDSG für den Bereich der **Verhütung, Ermittlung, Aufdeckung, Verfolgung und Ahndung von Straftaten einschließlich der vorgelagerten Gefahrenabwehr** in diesem Bereich.[121] **Öffentliche Stellen** sind insbesondere die für den Bereich der Strafverfolgung **zuständigen Polizeibehörden (des Bundes)**, die Staatsanwaltschaften sowie die Zoll- und Steuerfahndung.[122]

Aus § 45 i. V. m § 1 Abs. 1 S. 1 Nr. 2 BDSG folgt, dass öffentliche Stellen i. S. d. dritten Teils des BDSG **nicht die Polizeibehörden der Länder** sind, soweit für diese landesrechtliche Datenschutzregelungen bestehen. Da in allen Bundesländern – wie auch in BW – spezifische Datenschutzregelungen auch für den Bereich der Polizei bestehen, findet das BDSG insoweit keine Anwendung, sondern die Landesdatenschutzregelungen gehen vor.[123]

Die besonderen Datenschutzbestimmungen des dritten Teils des BDSG kommen nicht zur Anwendung, wenn eine öffentliche Stelle mit einem **Sachverhalt** befasst ist, der **noch keinen Bezug zu Straftaten oder Ordnungswidrigkeiten** aufweist. Dies wird häufig bei allgemeinen Ordnungsbehörden der Fall sein. Dies gilt solange und soweit das von der zuständigen Behörde geführte Verfahren noch nicht in ein konkretes Straf- oder (häufiger) Ordnungswidrigkeitenverfahren übergeht.[124] Bei einem **Sachverhalt ohne polizeiliche Gefahrenabwehr** gelten die DSGVO und die ergänzenden bundes- oder landesgesetzlichen Datenschutzregelungen.[125]

39 **(2) Ordnungswidrigkeiten.** Eine Besonderheit stellt der Bereich der **Ordnungswidrigkeiten** dar. Die DSRL 2016/680 gilt nach dem klaren Wortlaut des Art. 1 Abs. 1 DSRL 2016/680 für „Straftaten". Nach Erläuterungsgrund 13 der Richtlinie soll „Straftat" im Sinne dieser Richtlinie ein eigenständiger Begriff des Unionsrechts in der Auslegung durch den Gerichtshof der EU sein. In der Kommentarliteratur zur DSRL 2016/680 wurde ursprünglich teilweise davon ausgegangen, dass Ordnungswidrigkeiten vom Anwendungsbereich der DSRL 2016/680 nicht erfasst werden.[126] Der Gesetzgeber hat dies in § 45 S. 1 BDSG anders entschieden und den Anwendungsbereich des dritten Teils des BDSG auch auf Ordnungswidrigkeiten erweitert.[127] Insoweit stellt

---

119 Kühling, NJW 2017, 1985, 1986.
120 BT-Drs. 18/11325, S. 71 f.
121 BT-Drs. 18/11325, S. 110.
122 BT-Drs. 18/11325, S. 110.
123 Schwichtenberg, in: Kühling/Buchner, DSGVO/BDSG, Vor §§ 45 bis 84 BDSG Rn 4.
124 So eindeutig BT-Drs. 18/11325, S. 110 f. Ebenso Müller/Schwabenbauer, in: Lisken/Denninger, Handbuch des Polizeirechts, Kap. G Rn 451.
125 Johannes/Weinhold, Neues Datenschutzrecht, § 1 Rn 81.
126 Zerdick, in: Ehmann/Selmayr, DSGVO, Art. 2 Rn 12; Kühling/Raab, in: Kühling/Buchner, DSGVO/BDSG, Art. 2 DSGVO Rn 29; ebenso noch Herbst, in: Auernhammer, DSGVO/DSGVO, DSRL 2016/680 Rn 8 (5. Aufl. 2017), aufgegeben in der 6. Aufl. 2018 (Rn 8).
127 „..... von Straftaten und Ordnungswidrigkeiten zuständigen öffentlichen Stellen ..."

II. Rechtsgrundlagen des Datenschutzes 249

sich die Frage, ob der deutsche Gesetzgeber zu dieser Ausdehnung auf Ordnungswidrigkeiten befugt war. Zwar ist eine sog. „überschießende Umsetzung" einer EU-Richtlinie möglich, wenn die Ausdehnung der Richtlinie über die Mindestbestimmungen hinaus mit dem Grundsatz der Verhältnismäßigkeit vereinbar ist.[128] Die Erweiterung auf nicht vom Geltungsbereich einer Richtlinie erfasste Rechtsgebiete dürfte aber diesem Grundgedanken nicht mehr entsprechen. Der Gesetzgeber hat zur Ausdehnung des dritten Teils des BDSG auf Ordnungswidrigkeiten ausgeführt, dass Ordnungswidrigkeiten vom Anwendungsbereich der DSRL 2016/680 umfasst würden, dies werde auch durch den Erwägungsgrund 13 der Richtlinie unterstützt.[129]

Die Intention des Bundesgesetzgebers, die Datenschutzregelungen für Straftaten und Ordnungswidrigkeiten zu vereinheitlichen[130], ist zu begrüßen.[131] Auch wenn **Ordnungswidrigkeiten** im engeren Sinne keine Straftaten sind[132], sind sie beide **dem Bereich der staatlichen Sanktionierung rechtswidrigen Verhaltens zuzuordnen**[133] und ihre Gleichbehandlung beim Datenschutz sowohl gesetzessystematisch als auch aus Gründen der Vereinfachung der Gesetzesanwendung als zutreffend anzusehen. Richtigerweise kommt es für die Frage, ob Ordnungswidrigkeiten in den Geltungsbereich der DSRL 2016/680 einbezogen sind bzw. werden können, maßgeblich auf das **Unionsrecht** an. In Erwägungsgrund 13 der DSRL 2016/680 wird darauf hingewiesen, dass der Begriff der „Straftat" im Sinne der Richtlinie ein eigenständiger Begriff des Unionsrechts ist, dessen Umfang und Reichweite sich nach der Rechtsprechung des Gerichtshofs der EU bestimmen. Im Sinne einer richtlinienkonformen Auslegung[134] ist mithin für die Rechtmäßigkeit des § 45 S. 1 BDSG darauf abzustellen, ob der Begriff „Straftaten" nach Unionsrecht auch Ordnungswidrigkeiten umfasst. Der EGMR geht davon aus, dass im Ordnungswidrigkeitenverfahren verhängten Geldbußen ein strafender Charakter zukommt, auch wenn ihre Sanktion weniger schwerwiegend als die des Strafrechts ist.[135] Aufgrund dieser rechtlichen Einordnung des Begriffs „Straftaten" durch das Unionsrecht werden Ordnungswidrigkeiten vom Anwendungsbereich der DSRL 2016/680 erfasst, so dass der Anwendungsbereich des § 45 S. 1 BDSG auch für Ordnungswidrigkeiten gelten kann.[136]

(3) Gefahrenabwehr. Nach allgemeinem Verständnis umfasst der Geltungsbereich der DS-RL 2016/680 die Datenverarbeitung sowohl zu präventiven als auch zu repressiven Zwecken.[137] Mithin wird auch der Bereich der **Gefahrenabwehr** vom Anwendungsbereich erfasst. Dieser Systematik folgt § 45 S. 3 BDSG, indem er den Anwendungsbereich des dritten Teils des BDSG auch auf die Abwehr von Gefahren für die öffentliche Sicherheit ausdehnt. Die Vorgaben des

40

---

128 Haratsch/Koenig/Pechstein, Europarecht, Rn 415.
129 BT-Drs. 18/11325, S. 110.
130 BT-Drs. 18/11325, S. 110.
131 Wie hier Weinhold, in: Roßnagel, Das neue Datenschutzrecht, § 7 Rn 109.
132 Vgl. dazu etwa Gürtler/Thoma, in: Göhler, OWiG, Vor § 1 Rn 6 ff. (gegenüber Straftat ein „aliud"); Mitsch, in: KK OWiG, Ein. Rn 1 f. Im Detail handelt es sich bei der Abgrenzung von Straftat und Ordnungswidrigkeit um eine sehr umstrittene rechtsdogmatische Frage („die Jahrhundertfrage schlechthin"; vgl. den Nachweis dazu bei Mitsch, in: KK OWiG, Einl. Rn 112).
133 Gassner, in: Gassner/Seith, OWiG, Einl. Rn 3, 10; vgl. dazu auch Gürtler/Thoma, in: Göhler, OWiG, Vor § 1 Rn 8.
134 Vgl. dazu VG Wiesbaden, ZD 2022, 126, 127 (Rn 34); Streinz, Europarecht, Rn 510 bis 514; Herdegen, Europarecht, § 8 Rn 67 ff.; Arz, JURA 2022, 1127, 1128 ff.; Wietfeld, JZ 2020, 485 ff.; Schröder, in: Möstl/Trurnit, Polizeirecht BW, Rn 22; Saucer, JURA 2021, 387, 392.
135 EGMR, NStZ 1984, 269 f. (Nr. 53); NJW 2014, 1791, 1792 (Nr. 42): Die Beurteilung als Straftat bemisst sich nach den vom EGMR entwickelten sog. „Engel-Kriterien"; Gassner, in: Gassner/Seith, OWiG, Einl. Rn 6; i. E. ebenso Mitsch, in: KK OWiG, Einl. Rn 245 (im europarechtlichen Kontext umfasst der Begriff Strafrecht auch das Ordnungswidrigkeitenrecht); vgl. auch Gürtler/Thoma/Seitz/Bauer, in: Göhler, OWiG, Einl. Rn 17 f.; Petri, in: Simitis/Hornung/Spieker, Datenschutzrecht, Art. 10 Rn 13.
136 Ebenso Müller/Schwabenbauer, in: Lisken/Denninger, Handbuch des Polizeirechts, Kap. G Rn 448 f.; Weinhold, in: Roßnagel, Das neue Datenschutzrecht, § 7 Rn 74 bis 77.
137 Zerdick, in: Ehmann/Selmayr, DSGVO, Art. 2 Rn 12; Kühling/Raab, in: Kühling/Buchner, DSGVO/BDSG, Art. 2 Rn 29.

dritten Teils des BDSG sind von den zuständigen Polizeibehörden damit auch zu beachten, wenn sie im Vorfeld einer möglichen Straftat tätig sind und entsprechende Daten verarbeiten.

In der Praxis bedeutsam und im Einzelfall schwierig wird die **Reichweite des § 45 S. 3 BDSG im Bereich der Gefahrenabwehr** sein. Die konkrete Reichweite ist im Wege einer **richtlinienkonformen Auslegung**[138] zu ermitteln. Hilfreich sind die Ausführungen in Erwägungsgrund 12 der DSRL 2016/680. Der EU-Richtliniengeber hat dort dargelegt, dass die Tätigkeiten der Polizei auch die Aufrechterhaltung der öffentlichen Ordnung als Aufgabe umfassen, die der Polizei oder anderen Strafverfolgungsbehörden übertragen wurde, soweit dies zum Zweck des Schutzes vor und der Abwehr von Bedrohungen der öffentlichen Sicherheit und Bedrohungen für durch Rechtsvorschriften geschützte grundlegende Interessen der Gesellschaft, die zu einer Straftat führen können, erforderlich ist. Aus der klaren Bezugnahme auf „Straftaten" ist zu folgern, dass die besonderen Datenschutzregelungen der DSRL 2016/680 und damit auch des dritten Teils des BDSG immer dann zur Anwendung kommen, wenn die Polizeibehörden bei einem Sachverhalt nicht von vornherein sicher nachfolgende Straftaten ausschließen können. Es ist stets ein **Bezug zu einer (möglichen) Straftat** bzw. **Ordnungswidrigkeit** (→ Rn 39) notwendig.[139] Einer Anwendung der Datenschutzregelungen des dritten Teils des BDSG unterliegen alle Sachverhalte, in denen nach der allgemeinen Lebenserfahrung regelmäßig mit der Begehung von Straftaten zu rechnen ist; eine Gewissheit ist hierfür nicht erforderlich, es reicht die bloße Möglichkeit aus. **Beurteilungsgrundlage und Bezugspunkt** ist damit **immer** die (zu erwartende) **Straftat**. Die polizeilichen Maßnahmen der Gefahrenabwehr müssen im Zusammenhang mit der Kriminalitätsbekämpfung stehen.[140]

Allgemeine Gefahrenabwehrmaßnahmen der Polizeibehörden und der sonstigen zuständigen Behörden in BW **ohne erkennbaren Bezug zu einer Straftat** fallen nicht in den Anwendungsbereich des BDSG[141], sondern in den der DSGVO und der entsprechenden ergänzenden landesrechtlichen Datenschutzregelungen.[142]

41 **bb) Strafprozessordnung.** Durch das **Gesetz zur Umsetzung der Richtlinie (EU) 2016/680 im Strafverfahren sowie zur Anpassung datenschutzrechtlicher Bestimmungen an die Verordnung (EU) 2016/679 vom 20.11.2019**[143] wurden die durch die DSGVO und die DSRL 2016/680 notwendigen Anpassungen der Datenschutzvorschriften im Strafverfahren und im übrigen Verfahrensrecht vorgenommen. Für den Bereich des Strafverfahrensrechts und des übrigen Verfahrensrechts sowie in einzelnen Bereichen des Justizverwaltungsrechts waren über die Neufassung des BDSG hinaus weitere Umsetzungsmaßnahmen hinsichtlich der DSRL 2016/680 und Anpassungen hinsichtlich der DSGVO vorzunehmen. Das Gesetz dient dazu, die dortigen bereichsspezifischen datenschutzrechtlichen Regelungen an die neuen Vorgaben zum Datenschutz anzupassen.[144]

Durch **Art. 1** des Gesetzes zur Umsetzung der Richtlinie (EU) 2016/680 im Strafverfahren sowie zur Anpassung datenschutzrechtlicher Bestimmungen an die Verordnung (EU) 2016/679

---

138 Vgl. dazu VG Wiesbaden, ZD 2022, 126, 127 (Rn 34); Streinz, Europarecht, Rn 510 bis 514; Herdegen, Europarecht, § 8 Rn 67 ff.; Arz, JURA 2022, 1127, 1128 ff; Sauer, JURA 2021, 387, 392.
139 Müller/Schwabenbauer, in: Lisken/Denninger, Handbuch des Polizeirechts, Kap. G Rn 457, Herbst, in: Auernhammer, DSGVO/BDSG, DSRL 2016/680 Rn 9.
140 So zutr. Schwichtenberg, in: Kühling/Buchner, DSGVO/BDSG, § 45 BDSG Rn 3.
141 Müller/Schwabenbauer, in: Lisken/Denninger, Handbuch des Polizeirechts, Kap. G Rn 456 f.; Herbst, in: Auernhammer, DSGVO/BDSG, DSRL 2016/680 Rn 9; Weinhold, in: Roßnagel, Das neue Datenschutzrecht, § 7 Rn 78; vgl. dazu auch BT-Drs. 18/11325, S. 110 f.
142 Wie hier Müller/Schwabenbauer, in: Lisken/Denninger, Handbuch des Polizeirechts, Kap. G Rn 459; Johannes/Weinhold, Neues Datenschutzrecht, § 1 Rn 47, 81; Roggenkamp, in: Plath, DSGVO/BDSG, § 45 BDSG Rn 25 f.; vgl. auch LT-Drs. 16/3830, S. 90.
143 BGBl. I 2019 S. 1724.
144 BT-Drs. 19/4671, S. 1.

II. Rechtsgrundlagen des Datenschutzes

wurden die notwendigen Änderungen und Anpassungen der StPO vorgenommen. Dabei erfolgten **im Schwerpunkt drei Änderungen:** Der Verzicht auf die Ausschlussklausel und die zeitliche Einschränkung des § 491 StPO a. F. in Bezug auf datenschutzrechtliche Auskunftsrechte, die damit im Zusammenhang stehende Bearbeitung von Anträgen auf Selbstauskunft gem. §§ 495 StPO und 57 BDSG sowie die Ausweitung der Protokollierungspflichten im Rahmen automatisierter Übermittlungsverfahren in den §§ 488 bzw. 493 der StPO.[145] Es erfolgten viele Anpassungen der Datenschutznormen der StPO, die §§ 477 bis 480, 486, 489, 491 StPO wurden neu gefasst, § 500 StPO neu eingefügt.

Der Bundesgesetzgeber geht davon aus, dass in den **§§ 45 ff. BDSG** die **grundlegenden Regelungen für den Bereich der Strafverfolgung** enthalten sind. Die StPO soll daher lediglich bereichsspezifische abweichende oder ergänzende Regelungen enthalten.[146]

Die **Datenschutzbestimmungen der StPO** gehen denen des BDSG als **lex specialis** vor.[147] Soweit sich in den §§ 474 ff. StPO keine abschließenden Regelungen zu einem datenschutzrechtlichen Sachverhalt finden, muss ein Rückgriff auf die allgemeinen datenschutzrechtlichen Regelungen erfolgen.[148] Diese sind nunmehr in den §§ 45 ff. BDSG normiert.

Diese bereits bislang geltenden Grundsätze werden nunmehr in **§ 500 StPO auch für die Bundesländer** ausdrücklich normiert: Gem. § 500 Abs. 1 StPO ist Teil 3 des BDSG entsprechend anzuwenden, soweit **öffentliche Stellen der Länder im Anwendungsbereich der StPO** personenbezogene Daten verarbeiten. § 500 Abs. 2 Nr. 1 StPO stellt aber klar, dass Abs. 1 nur gilt, soweit in der StPO nicht etwas anderes bestimmt ist. Dieser Grundsatz entspricht auch der Grundregelung in § 45 Abs. 1 S. 1 i. V. m. § 1 Abs. 2 S. 1, 2 BDSG. Hieraus ergeben sich zwei Folgen:

- Soweit **öffentliche Stellen der Länder** Daten im Bereich der StPO verarbeiten, müssen sie die §§ 45 ff. BDSG anwenden.
- Es besteht ein **Anwendungsvorrang der Datenschutzregelungen der StPO.** Nur soweit sich dort keine speziellen datenschutzrechtlichen Regelungen finden, kommen die §§ 45 ff. BDSG (Teil 3) zur Anwendung.

Für die Datenschutzaufsicht verbleibt es jedoch gem. § 500 Abs. 2 Nr. 2 StPO bei der **Zuständigkeit der landesrechtlichen Aufsichtsstellen**, um eine jeweils landesspezifische einheitliche Aufsicht der Staatsanwaltschaften und der übrigen öffentlichen Stellen sicherzustellen.[149]

Vorgehensweise beim Datenschutz im Strafverfahren:
1. Enthält die StPO – vor allem in den **§§ 474 ff. StPO** (Achtes Buch: Schutz und Verwendung von Daten) – spezifische Regelungen für die Verarbeitung von Daten? Wenn ja, sind diese vorrangig anzuwenden. § 500 Abs. 2 Nr. 1 StPO.
2. Finden sich in der StPO keine speziellen Regelungen zum Datenschutz im Strafverfahren, gelten die **§§ 45 ff. BDSG** (3. Abschnitt). § 500 Abs. 1 StPO.
3. Diese Grundsätze gelten auch für die **im Strafverfahren tätigen Stellen der Länder.** Es verbleibt für sie aber bei der der Zuständigkeit der landesrechtlichen Aufsichtsstellen. § 500 Abs. 2 Nr. 2 StPO; § 45 Abs. 1 S. 1 i. V. m. § 1 Abs. 2 S. 1, 2 BDSG.

cc) **Ordnungswidrigkeitengesetz.** Durch Art. 26 Abs. 6 des **Gesetzes zur Umsetzung der Richtlinie (EU) 2016/680 im Strafverfahren sowie zur Anpassung datenschutzrechtlicher**

---

145 BT-Drs. 19/4671, S. 4.
146 BT-Drs. 19/4671, S. 70.
147 Schwichtenberg, in: Kühling/Buchner, DSGVO/BDSG, Vor §§ 45 bis 84 BDSG, Rn 4; Köhler, in: Meyer-Goßner/Schmitt, StPO, Vor §§ 474 StPO Rn 3.
148 Köhler, in: Meyer-Goßner/Schmitt, StPO, Vor §§ 474 ff. StPO Rn 3.
149 BT-Drs. 19/4671, S. 70.

Bestimmungen an die Verordnung (EU) 2016/679 vom 20.11.2019[150] wurden die durch die DSGVO und die DSRL 2016/680 notwendigen Anpassungen der Datenschutzvorschriften im OWiG vorgenommen. Es handelt sich um notwendige Folgeänderungen anlässlich der Neufassung der §§ 477 bis 480 StPO, mit denen die bisherigen Verweise entsprechend aktualisiert wurden.[151]

Im Bereich der Ordnungswidrigkeiten ist vor allem § 49 a OWiG zu beachten, der die Übermittlung der personenbezogenen Daten aus Bußgeldverfahren regelt. Soweit sich in den §§ 49 a bis 49 d OWiG keine Regelungen zu einem datenschutzrechtlichen Sachverhalt finden, gelten über § 46 Abs. 1 OWiG die §§ 474 ff. StPO ergänzend.[152] Findet sich auch dort keine Regelung, ist auf die allgemeinen datenschutzrechtlichen Regelungen der §§ 45 ff. BDSG und ggf. des Unionsrechts zurückzugreifen.

Vorgehensweise beim Datenschutz im Ordnungswidrigkeitenverfahren:

1. Enthält das OWiG – vor allem in den §§ 49 a ff. OWiG – spezifische Regelungen für die Verarbeitung von Daten? Wenn ja, sind diese vorrangig anzuwenden.
2. Finden sich im OWiG keine speziellen Regelungen zum Datenschutz im Ordnungswidrigkeitenverfahren, gelten die §§ 474 ff. StPO. § 46 Abs. 1 OWiG.
3. Finden sich im OWiG i. V. m. der StPO keine speziellen Regelungen zum Datenschutz im Strafverfahren, gelten die §§ 45 ff. BDSG (3. Teil). § 45 Abs. 1 S. 1 i. V. m. § 1 Abs. 2 S. 1, 2 BDSG

44 **4. Datenschutzrecht BW.** Der Landesgesetzgeber hat für BW die Vorgaben der DSGVO und der DSLR 2016/680 zum Anlass genommen, die **grundlegenden Datenschutzbestimmungen des Landes anzupassen**. Dabei hat er zum einen die allgemeinen Regelungen auf die neue Rechtslage angepasst, zum anderen hat er auch die speziellen Datenschutzbestimmung des Polizeirechts geändert.

45 a) Landesdatenschutzgesetz. aa) Allgemeines. Durch das **Gesetz zur Anpassung des allgemeinen Datenschutzrechts und sonstiger Vorschriften an die Verordnung (EU) 2016/679 vom 12.6.2018**[153], das am 21.6.2018 in Kraft getreten ist, wurden die allgemeinen Regelungen des Landesrechts an die Vorgaben der DSGVO angepasst.[154]

Wegen des Anwendungsvorrangs des Unionsrechts ergab sich für den Landesgesetzgeber die Notwendigkeit, die landesrechtlichen Datenschutzregelungen an die DSGVO anzupassen.[155] Während das LDSG a. F. eine vollständige Regelung der allgemeinen datenschutzrechtlichen Anforderungen enthielt, enthält das seit 21.6.2018 geltende LDSG wegen der unmittelbaren Geltung der DSGVO **nur noch ergänzende Regelungen**, soweit diese aufgrund der verbliebenen Regelungsspielräume zulässig waren.[156] Der Landesgesetzgeber hat ebenso wie der Bundesgesetzgeber (→ Rn 33) von den Öffnungsklauseln der DSGVO Gebrauch gemacht, sofern diese Ergänzungen im Rahmen der Öffnungsklauseln zulässig und nach Auffassung des Landesgesetzgebers geeignet, erforderlich und verhältnismäßig waren; dies betrifft insbesondere Beschränkungen der Zweckbindung sowie der Betroffenenrechte.[157] Das LDSG trifft **konkretisierende und ergänzende Regelungen** zur DSGVO.[158]

---

150 BGBl. I S. 1724, 1742.
151 BT-Drs. 19/4671, S. 115.
152 Krenberger/Krumm, OWiG, Rn 1 zu § 49 a OWiG.
153 GBl. 2018, S. 173.
154 Zur Entstehungsgeschichte vgl. Debus, in: Debus/Sicko, LSDG BW, § 1 Rn 25 ff.
155 LT-Drs. 16/3930, S. 1, 45.
156 Debus, in: Debus/Sicko, LDSG BW, § 1 Rn 36; Wührl/Snowadsky, VBlBW 2019, 221.
157 LT-Drs. 16/3930, S. 2, 45; Wührl/Snowadsky, VBlBW 2019, 221, 224.
158 LT-Plenarprot. 16/62, S. 3677; Debus, in: Debus/Sicko, LDSG BW, § 1 Rn 36 bis 38.

II. Rechtsgrundlagen des Datenschutzes

bb) Geltungsbereich. Gem. § 1 LDSG trifft das LDSG **ergänzende Regelungen zur Durchführung der DSGVO** in der jeweils geltenden Fassung sowie Regelungen für die Verarbeitung personenbezogener Daten im Rahmen einer Tätigkeit, die nicht in den Anwendungsbereich des Unionsrechts fällt. Wegen der unmittelbaren Geltung der DSGVO kann der Landesgesetzgeber seit 25.5.2018 (Inkrafttreten der DSGVO) im LDSG nur noch ergänzende Regelungen treffen. Diese können, sofern dies durch die DSGVO zugelassen ist, auch Ausnahmen von den Pflichten der DSGVO regeln. Wiederholende Regelungen der Verordnung sind wegen des unionsrechtlichen Wiederholungsverbot grundsätzlich nicht möglich.[159]

46

cc) Subsidiarität des LDSG. Aus § 2 Abs. 3 LDSG folgt, dass **spezifische Rechtsvorschriften des Bundes und des Landes** den allgemeinen Regelungen des LDSG **grundsätzlich vorgehen**. Im Übrigen kommt dem LDSG **lückenfüllende Auffangfunktion** zu, soweit keine oder keine vollständige bereichsspezifische Regelung vorliegt.[160]

47

Bedeutung kommt der **Subsidiarität des LDSG** vor allem im Hinblick auf die in Abschnitt 3 getroffenen Einschränkungen der Betroffenenrechte zu. Auf diese Regelungen kann als Auffangregelung zurückgegriffen werden, sofern im jeweiligen Fachrecht keine tatbestandskongruente Regelung besteht.[161]

dd) Vorrang der Datenschutzbestimmungen des PolG. Gem. § 2 Abs 1 S. 3 Nr. 3 LDSG gilt das LDSG nicht für die Verarbeitung personenbezogener Daten durch die zuständigen Behörden zum Zwecke der Verhütung, Ermittlung, Aufdeckung oder Verfolgung von Straftaten oder der Strafvollstreckung, einschließlich des Schutzes vor und der Abwehr von Gefahren für die öffentliche Sicherheit, soweit besondere Rechtsvorschriften keine abweichenden Regelungen treffen. Der Landesgesetzgeber nimmt damit das LDSG grundsätzlich von den besonderen Datenschutzregelungen und der Zuständigkeit der DSRL 2016/680 aus. Etwas anderes gilt nur dann, wenn in entsprechenden Gesetze Ausnahmen von diesem Grundsatz vorgesehen werden, etwa durch **Verweisungen auf einzelne Normen oder Abschnitte des LDSG**.

48

Der Gesetzgeber hat damit klargestellt, dass die spezifischen Regelungen des Datenschutzes insbesondere im PolG grundlegenden Vorrang vor den Bestimmungen des LDSG haben.[162] Die **Datenschutzregelungen des PolG sind lex specialis**. Dies entspricht der Systematik des Unionsrechts und des Verhältnisses der DSRL 2016/680 zur DSGVO (→ Rn 27). Die **allgemeine Gefahrenabwehr** unterfällt dem Anwendungsbereich der DSRL 2016/680, die mit gesonderten Gesetzen in nationales Recht umgesetzt wird (→ Rn 29 f.).

Auf Hinweise im dem Gesetzgebungsverfahren vorgeschalteten Anhörungsverfahren hat der Landesgesetzgeber darüber hinaus durch den zusätzlich eingefügten § 2 Abs. 1 S. 3 Nr. 4 LDSG klargestellt, dass die Regelungen des LDSG auch keine Anwendung finden für die Verfolgung und Ahndung von Ordnungswidrigkeiten durch zuständige Stellen, die nicht Polizei, Gerichte und Staatsanwaltschaft sind. Der Gesetzgeber will damit klarstellen, dass in allen Bereichen, die Ordnungswidrigkeiten betreffen, die vorrangigen Regelungen des dritten Abschnitts des BDSG sowie der StPO und des OWiG gelten. Das **LDSG** und die **DSGVO gelten** somit

---

159 So auch ausdrücklich LT-Drs. 16/3930, S. 89 f.; ebenso Wührl/Snowadsky, VBlBW 2019, 221.
160 Zum Verhältnis des LDSG zu den spezialgesetzlichen Datenschutzregelungen vgl. auch Sicko, in: Debus/Sicko, LDSG BW, § 2 Rn 22 ff., u. Schwartmann/Jacquemain, RDV 2018, 65, 66.
161 LT-Drs. 16/3930, S. 91.
162 LT-Drs. 16/3930, S. 90: „Der Bereich der Gefahrenabwehr durch die allgemeinen Polizeibehörden (§ 62 Polizeigesetz [PolG] in der Fassung vom 13.1.1992) wird dem Anwendungsbereich der Richtlinie (EU) 2016/680 zugerechnet und wird daher nicht von diesem Gesetz erfasst"; Sicko, in: Debus/Sicko, LDSG BW, § 2 Rn 14.

für die sonstigen Behörden **immer und solange noch kein Ordnungswidrigkeitenverfahren eingeleitet** wurde.[163]

Da die besonderen Datenschutzregelungen des PolG erst nach dem Inkrafttreten der DSGVO (am 25.5.2018) in Kraft getreten sind (am 17.1.2021)[164], galt bis zum Inkrafttreten der Neuregelungen des Datenschutzrechts der Polizei die **Übergangsbestimmung des § 30 Abs. 1 LDSG**, wonach für die Verarbeitung personenbezogener Daten durch die Polizeibehörden und den Polizeivollzugsdienst das LDSG a. F. weiter galt, bis das Gesetz des Landes BW zur Umsetzung der DSRL 2016/680 für den Bereich der Polizei am 17.1.2021 in Kraft getreten ist.[165] In der **Interimszeit** zwischen dem Inkrafttreten des LDSG am 25.5.2018 und dem Inkrafttreten des neuen Datenschutzrechts des PolG am 17.1.2021 galten bei Regelungslücken oder Widersprüchen im Zweifel die Bestimmungen der DSRL 2016/680 **unmittelbar**.[166] Verstöße gegen deren Vorgaben in der Interimszeit hätten zu Schadensersatzforderungen betroffener Personen führen können.[167]

49 ee) **Videoüberwachung. (1) Allgemeines.** Die **Videoüberwachung öffentlicher Räume** hat in den vergangenen Jahren sowohl in der öffentlichen als auch in der rechtspolitischen Diskussion eine **immer größere Bedeutung** eingenommen. Dies hängt zum einen damit zusammen, dass das subjektive Sicherheitsempfinden der Bürger durch die Videoüberwachung öffentlicher Straßen, Plätze und Gebäude deutlich gestärkt wird. Zum anderen sprechen sich Polizei und Sicherheitsexperten angesichts der zunehmenden Gewaltbereitschaft bei Veranstaltungen und Demonstrationen und wegen der akuten Bedrohung durch den internationalen Terrorismus immer häufiger für eine Intensivierung der Videoüberwachung aus. Dies führte in den vergangenen Jahren – vor allem auch nach dem Attentat auf den Berlin-Charlottenburger Weihnachtsmarkt am Breitscheidplatz am 19.12.2016 (→ § 1 Rn 21) – zu einer Erweiterung der gesetzlichen Befugnisse zum Einsatz der Videoüberwachung.

Aufgrund des durch das Unionsrecht reformierten Datenschutzes finden sich nunmehr in den unterschiedlichen Unions-, Bundes- und Landesgesetzen verschiedene Rechtsgrundlagen und Regelungen für den Einsatz der Videoüberwachung.

50 (2) **Wahrung des Hausrechts und berechtigter Interessen.** Gem. **Art. 6 Abs. 1 lit. f DSGVO** ist die Datenverarbeitung nur rechtmäßig, wenn die Verarbeitung zur Wahrung der berechtigten Interessen des Verantwortlichen oder eines Dritten erforderlich ist, sofern nicht die Interessen oder Grundrechte und Grundfreiheiten der betroffenen Person, die den Schutz personenbezogener Daten erfordern, überwiegen, insbesondere dann, wenn es sich bei der betroffenen Person um ein Kind handelt. Unter diese Ermächtigungsgrundlage fällt auch die **Videoüberwachung zur Wahrung des Hausrechts und berechtigter Interessen.** Öffentliche Stellen können sich in ihrer Eigenschaft als Eigentümer oder Mieter eines Gebäudes unmittelbar auf Art. 6 Abs. 1 lit. f DSGVO stützen, soweit die Videoüberwachung erforderlich ist, um ihre berechtigten Interessen zu wahren. Einbezogen ist insoweit auch die unmittelbare Umgebung dieser Objekte, soweit dies zur Erreichung des Ziels erforderlich ist.[168]

51 (3) **Überwachung öffentlich zugänglicher Räume.** Mit § 18 LDSG findet sich eine Ermächtigung zur **Videoüberwachung öffentlich zugänglicher Räume** im LDSG. Gegenüber den früheren Regelungen wurden die Voraussetzungen für den Einsatz der Videoüberwachung erleichtert.

---

163 LT-Drs. 16/3930, S. 57, 90; Sicko, in: Debus/Sicko, LDSG BW, § 2 Rn 16.
164 GBl. S. 735, 786.
165 LT-Drs. 16/3930, S. 118; Debus, in: Debus/Sicko, LDSG BW, § 30 Rn 4, 6.
166 Vgl. dazu eingehender Herdegen, Europarecht, § 8 Rn 76 ff.; Oppermann/Classen/Nettesheim, Europarecht, § 9 Rn 100 ff.; Hobe, Europarecht, Rn 425; Schröder, in: Möstl/Trurnit, Polizeirecht BW, Rn 22.1.
167 Vgl. dazu etwa Streinz, Europarecht, Rn 496 ff., 518 ff.; Herdegen, Europarecht, § 10 Rn 11 ff.
168 Vgl. dazu LT-Drs. 16/3930, S. 106; Wysk, VerwArch 2018, 141, 157 f.

II. Rechtsgrundlagen des Datenschutzes

Normadressaten sind die öffentlichen Stellen i. S. d. § 2 LDSG mit Ausnahme der Wettbewerbsunternehmen, für die das BDSG gilt.

Die **Regelungsbefugnis** für die getroffene Regelung ergibt sich aus Art. 6 Abs. 1 lit e i. V. m. Abs. 3 S. 1 u. 3 DSGVO.[169] Gem. Art. 6 Abs. 3 S. 3 DSGVO können Vorschriften über die Verarbeitung personenbezogener Daten zur Wahrnehmung einer im öffentlichen Interesse liegenden Aufgabe oder in Ausübung öffentlicher Gewalt mit spezifischen Bestimmungen versehen werden. Außerdem müssen die Vorschriften dem Verhältnismäßigkeitsgrundsatz entsprechen (Art. 6 Abs. 3 S. 4 DSGVO).

Anwendungsfälle dieser Norm sind der **Personen- und Objektschutz**, also der Schutz von Personen, die sich in öffentlichen Objekten oder in deren Nähe aufhalten, sowie der Schutz der Objekte selbst, soweit sie die Funktionsfähigkeit der öffentlichen Stellen gewährleisten und damit mittelbar auch deren Aufgabenerfüllung dienen. Als öffentliche Objekte können Kulturgüter, öffentliche Einrichtungen, Dienstgebäude oder öffentliche Verkehrsmittel angesehen werden.

Aus **§ 18 Abs. 1 LDSG** ergeben sich allgemeine Vorgaben für den Einsatz der Videoüberwachung öffentlich zugänglicher Räume, sie gelten für alle Verarbeitungsschritte der Videoüberwachung.[170] Die Videoüberwachung ist zulässig, wenn sie zur Wahrung einer im öffentlichen Interesse liegenden Aufgabe oder in Ausübung öffentlicher Gewalt erfolgt. Im Gegensatz zur bisherigen Regelung im LDSG werden die Voraussetzungen für den Einsatz der Videoüberwachung erleichtert. Die Videoüberwachung wird **in verstärktem Maße präventiv** zugelassen. Ausreichend ist nunmehr **Erforderlichkeit**, welche bei Vorliegen einer Gefahr, die sowohl abstrakt als auch konkret bestehen kann, zu bejahen ist.[171] Zudem ist Voraussetzung, dass schutzwürdige Interessen betroffener Personen nicht überwiegen. Dies setzt eine **Verhältnismäßigkeitsprüfung** voraus. Die Bedeutung der im öffentlichen Interesse liegenden Aufgabe ist dabei gegen die **schutzwürdigen Interessen der betroffenen Personen** abzuwägen. Die Videoüberwachung erfasst überwiegend Personen, die in keiner Beziehung zu einem konkreten Fehlverhalten stehen und den Eingriff durch ihr Verhalten nicht veranlasst haben. Dies stellt einen erheblichen Eingriff in das informationelle Selbstbestimmungsrecht des Einzelnen dar. Es ist daher wichtig, dass vor dem Einsatz einer Einrichtung zur Videoüberwachung sorgfältig geprüft wird, ob schutzwürdige Interessen der betroffenen Personen Videoüberwachungsmaßnahmen ausschließen. Da es sich um eine ex ante-Beurteilung handelt, ist diesbezüglich nach Anhaltspunkten zu fragen.[172]

Aus **§ 18 Abs. 2 bis 4 LDSG** folgen weitergehende Vorgaben für die Speicherung und Verwendung der Videodaten sowie Kennzeichnungs-, Informations- und Löschungspflichten. Teilweise folgen diese Pflichten bereits unmittelbar aus der DSGVO, so dass den Regelungen klarstellende Funktion zukommt.

§ 18 Abs. 5 LDSG verlangt, dass die Videoaufzeichnungen und daraus gefertigte oder sich auf die Videoüberwachung beziehende Unterlagen **unverzüglich, spätestens jedoch vier Wochen nach der Datenerhebung zu löschen** sind. Etwas anderes gilt nur, wenn die Videoaufzeichnungen zur Verfolgung von Ordnungswidrigkeiten von erheblicher Bedeutung oder von Straftaten oder zur Geltendmachung von Rechtsansprüchen benötigt werden. Die Pflicht zur unverzüglichen Löschung, wenn die Daten zur Erfüllung des Zwecks, für den sie erhoben wurden, nicht mehr erforderlich sind, folgt aus Art. 17 Abs. 1 lit. a DSGVO.

Aus **§ 18 Abs. 6 LDSG** folgt, dass die jeweilige öffentliche Stelle ihrem Datenschutzbeauftragten rechtzeitig vor dem erstmaligen Einsatz einer Videoüberwachungseinrichtung den Zweck, die räumliche Ausdehnung und die Dauer der Videoüberwachung, den betroffenen Personenkreis,

---

169 Debus, in: Debus/Sicko, LDSG BW, § 18 Rn 3.
170 LT-Drs. 16/3930, S. 107.
171 LT-Drs. 16/3930, S. 107; LT-Plenarprot. 16/62, S. 3677; Debus, in: Debus/Sicko, LDSG BW, § 18 Rn 80 ff.
172 LT-Drs. 16/3930, S. 107; Debus, in: Debus/Sicko, LDSG BW, § 18 Rn 84 ff.

die Maßnahmen nach Abs. 2 und die vorgesehenen Auswertungen mitzuteilen hat. Es handelt sich um eine über Art. 35 Abs. 3 lit. c DSGVO hinausgehende Mitteilungspflicht, die eine **zwingende Vorabkontrolle** statuiert.

52 **(4) Videoüberwachung zu polizeilichen Zwecken.** Für die **Videoüberwachung durch die Polizei**, die vor allem dem Schutz und der Sicherung öffentlicher Straßen und Plätze dient, finden sich **spezialgesetzliche Regelungen im PolG** (→ Rn 225 ff., 238 ff.) mit besonderen Tatbestandsvoraussetzungen (etwa zur Videoüberwachung von Kriminalitätsschwerpunkten, zum Einsatz von Bodycams etc.).[173]

53 **ff) Landesdatenschutzbeauftragter.** In den §§ 20 bis 27 LDSG finden sich Regelungen über den Status und die Aufgaben der oder des **Landesdatenschutzbeauftragten**. Die oder der Landesbeauftragte für den Datenschutz wird als oberste Landesbehörde eingerichtet, um die geforderte völlige Unabhängigkeit der Aufsichtsbehörde herzustellen. Die bisherige Anbindung an den Landtag wird aufgelöst. Die Ausgestaltung des Dienstverhältnisses als öffentlich-rechtliches Amtsverhältnis eigener Art sichert die Unabhängigkeit ab.[174] Die oder der Landesdatenschutzbeauftragte ist als Aufsichtsbehörde auch für die **Datenverarbeitung durch die Polizei** zuständig (→ Rn 631 ff.).

54 **b) Justiz- und Bußgeldbehörden.** Mit dem **Gesetz zur Anpassung des besonderen Datenschutzrechts an die Verordnung (EU) 2016/679 und zur Umsetzung der Richtlinie (EU) 2016/680 für den Geschäftsbereich des Justizministeriums sowie für die zur Ahndung von Ordnungswidrigkeiten zuständigen Behörden** vom 21.5.2019[175] wurde für den Geschäftsbereich des Justizministerium und der für die Ahndung von Ordnungswidrigkeiten zuständigen Behörden die DSRL 2016/680 in das Landesrecht umgesetzt. Die Umsetzung der DSRL 2016/680 in das Landesrecht erfolgte in erster Linie durch das neu geschaffene Gesetz zum Schutz personenbezogener Daten bei der Verarbeitung durch die Justizbehörden des Landes zu Zwecken der Verhütung, Ermittlung, Aufdeckung oder Verfolgung von Straftaten und Ahndung von Ordnungswidrigkeiten oder zum Zwecke der Strafvollstreckung sowie durch die Behörden des Landes zum Zwecke der Ahndung von Ordnungswidrigkeiten (**Landesdatenschutzgesetz für Justiz- und Bußgeldbehörden** [LDSG-JB]), das als **zentrales Datenschutzgesetz im Bereich der Justiz und der Bußgeldbehörden** geschaffen wurde.[176]

55 Das **LDSG-JB** ist ein **spezielles Datenschutzgesetz**, das die **Vorgaben der DSRL 2016/680** im Wesentlichen unmittelbar und unverändert **umsetzt**. Es gilt auch für die Verarbeitung personenbezogener Daten zur Ahndung und Vollstreckung von Ordnungswidrigkeiten durch alle öffentlichen Stellen des Landes.[177] Das LDSG-JB ersetzt das alte LDSG, soweit künftig Gerichte, Staatsanwaltschaften und andere Justizbehörden in Verwaltungsangelegenheiten personenbezogene Daten zum Zweck der Straftatenverhütung, Strafverfolgung und Strafvollstreckung verarbeiten. Die durch die Aufhebung des bisher geltenden LDSG entstandene Lücke im Bereich der Justizverwaltung und der Ahndung von Ordnungswidrigkeiten soll mit dem LDSG-JB geschlossen werden, soweit dies nicht bereits durch Verweise in der StPO und im OWiG geschieht. Das LDSG-JB **verweist** dazu weitgehend **auf das BDSG**, um einheitliche Regelungen im strafprozessualen Datenschutzrecht zu bewirken.[178]

---

173 Debus, in: Debus/Sicko, LDSG BW, § 18 Rn 149; vgl. zur Komplexität der datenschutzrechtlichen Regelungen zur Videoüberwachung Kühling/Sackmann, NVwZ 2018, 681, 682 f.
174 LT-Drs. 16/3930, S. 109 f.
175 GBl. S. 189, ber. S. 346.
176 Vgl. auch Snowadsky, VBlBW 2020, 89 ff., zum neuen Datenschutzrecht im Gesamtbereich der Justiz.
177 LT-Drs. 16/5984, S. 80.
178 LT-Drs. 16/5984, S. 80 f.

II. Rechtsgrundlagen des Datenschutzes

§ 2 Abs. 1 S. 3 LDSG-JB, der nicht auf Verwaltungsangelegenheiten beschränkt ist, weitet den Anwendungsbereich auf **alle anderen öffentlichen Stellen** aus, wenn sie personenbezogene Daten zur Verfolgung von Straftaten (etwa Steuerbehörden bei Steuerstraftaten) oder zur Ahndung einer Ordnungswidrigkeit oder Vollstreckung einer Geldbuße verarbeiten.[179]

Das **LDSG-JB gilt ausdrücklich subsidiär.** Der Charakter als Auffangregelung trägt dem Umstand Rechnung, dass die Verarbeitung personenbezogener Daten im Bereich der Strafjustizbehörden durch eine Vielzahl von Spezialvorschriften geregelt ist, hinter die das LDSG-JB zurücktreten soll. Von einer Vollregelung ist zugunsten eines Verweises auf die Regelungen des BDSG abgesehen worden, das auch von der StPO in Bezug genommen wird. So entsteht ein **einheitliches bereichsspezifisches Datenschutzrecht** für den Bereich der **Justiz** und der **Bußgeldbehörden.** Zudem ist die Einrichtung der oder des Landesbeauftragten für den Datenschutz als unabhängige Aufsichtsbehörde vorgesehen.[180]

56

Gem. **§ 3 Abs. 1 LDSG-JB** gelten die Vorschriften für die öffentlichen Stellen gem. §§ 3, 5 bis 7 und 46 bis 81 und 83 BDSG entsprechend für die verantwortlichen Stellen gem. § 2 Abs. 1 LDSG-JB mit der Maßgabe, dass an die Stelle der oder des Bundesbeauftragten für den Datenschutz und die Informationsfreiheit die Aufsichtsbehörde gem. § 7 Abs. 1 S. 1 LDSG-JB tritt. Durch die **Verweisung auf das BDSG** gelten künftig dessen Vorgaben auch in Bereichen, in denen bisher das LDSG galt, etwa hinsichtlich Anforderungen an die Datensicherheit und des Erfordernisses, einen behördlichen Datenschutzbeauftragten zu benennen oder technische und organisatorische Maßnahmen zu treffen.[181]

Das LDSG-JB gilt ebenso wie der dritte Abschnitt des BDSG nicht nur für Straftaten, sondern auch für **Ordnungswidrigkeiten.** Der Landesgesetzgeber führt hierzu aus: „Der unionsrechtliche Begriff der „Straftat" ist nach dem 13. Erwägungsgrund zur DSGVO auszulegen und erfasst nach dem deutschen Rechtsverständnis auch Ordnungswidrigkeiten (vgl. § 45 S. 1 BDSG, § 2 Abs. 1 S. 3 LDSG). Gleichwohl ist der DSRL 2016/680 dem Sinn und Zweck dieses Regelungswerks, ein bereichsspezifisches Datenschutzrecht zu schaffen, das den Besonderheiten der Tätigkeiten von Justiz- und Innenbehörden Rechnung trägt, entsprechend **eng auszulegen**: Datenverarbeitungen zur Gefahrenabwehr durch allgemeine Sicherheitsbehörden ebenso wie durch Fachbehörden sind deshalb grundsätzlich nach den Vorschriften der DSGVO zu beurteilen; erst, wenn ein **Verwaltungsverfahren formal in ein konkretes Ordnungswidrigkeitenverfahren übergeht,** finden die Bestimmungen dieses Gesetzes auch auf die Tätigkeit dieser Behörden Anwendung."[182]

57

Die Bußgeldbehörden und alle anderen Behörden müssen daher **stets und kontinuierlich prüfen,** welche Datenschutzvorschriften jeweils zur Anwendung kommen. Solange ein von einer Behörde bearbeiteter Sachverhalt noch keinen konkreten Bezug zu einer Ordnungswidrigkeit hat, kommt die DSGVO mit evtl. Ergänzungen durch das LDSG zur Anwendung (→ Rn 66 f.).

Gem. **§ 2 Abs. 1 S. 2 LDSG-JB** gelten die Vorschriften des LDSG-JB auch, wenn andere zuständige Behörden und sonstige Stellen des Landes, der Gemeinden und Gemeindeverbände sowie sonstige der Aufsicht des Landes unterstehende juristische Personen des öffentlichen Rechts personenbezogene Daten zur Verfolgung oder Ahndung von Straftaten oder Ordnungswidrigkeiten oder zur Vollstreckung von Geldbußen verarbeiten. Sie sind insoweit verantwortliche Stellen nach § 2 Abs. 1 S. 1 LDSG-JB.

Durch die Einbeziehung anderer Stellen, die mit der Strafverfolgung befasst sind, **gilt das LDSG-JB auch für die Ermittlungspersonen der Staatsanwaltschaft** (insbesondere auch für

---

179 LT-Drs. 16/5984, S. 89.
180 LT-Drs. 16/5984, S. 81.
181 LT-Drs. 16/5984, S. 90.
182 LT-Drs. 16/5984, S. 89.

den **Polizeivollzugsdienst**), soweit seine Regelungen nicht durch besondere Vorschriften gem. § 2 Abs. 4 LDSG-JB verdrängt werden. So wird insbesondere ein Gleichlauf der Aufsicht der oder des Landesbeauftragten für den Datenschutz im Bereich der Ermittlung von Straftaten unabhängig von der ermittelnden Behörde bewirkt.

58 c) **Polizeirecht.** Mit dem **Gesetz zur Umsetzung der Richtlinie (EU) 2016/680 für die Polizei in Baden-Württemberg und zur Änderung weiterer polizeirechtlicher Vorschriften vom 6.10.2020**[183] hat der Landesgesetzgeber das Datenschutzrecht für die Tätigkeit der Polizeibehörden umfassend spezialgesetzlich geregelt. Das Gesetz verfolgt für den Bereich des Datenschutzes zwei Ziele:[184]

1. Die **DSRL 2016/680** wurde für BW im Bereich des Polizeirechts umfassend in das PolG integriert. Dies beinhaltet auch eine **Übernahme grundlegender Definitionen und Strukturen** der DSLR 2016/680 (→ Rn 68 ff.). Anders als der Bundesgesetzgeber (→ Rn 37 ff.) hat der Landesgesetzgeber keine diesbezüglichen Regelungen im LDSG vorgesehen.
2. Das **BKAG-Urteil** des **BVerfG**[185] wurde an verschiedenen Stellen des PolG berücksichtigt. Dies betrifft vor allem die spezialgesetzlichen Eingriffsnormen des PolG (→ Rn 179 ff., § 11 Rn 8 f.), aber auch die allgemeinen datenschutzrechtlichen Normen, dort insbesondere § 15 PolG (→ Rn 135 ff.).

Das **PolG 2020** umfasst zahlreiche datenschutzrechtliche Regelungen (vgl. dazu § 10 Rn 69), die fast die Hälfte aller Normen des PolG ausmachen. Das PolG enthält damit eine umfassende und weitgehend **abschließende Regelung aller datenschutzrechtlichen Belange im Bereich der Gefahrenabwehr durch die Polizei** (→ Rn 68 ff.).

III. Grundsystematik im Datenschutzrecht (Gesamtüberblick)

59 Die Neuregelung des Datenschutzrechts durch die EU hat zu einer **deutlichen Verkomplizierung des in Deutschland geltenden Datenschutzrechts** geführt. Bei jeder Umsetzung des Datenschutzes ist vom Rechtsanwender zu prüfen, auf welcher Rechtsgrundlage er den Datenschutz sicherstellen und umsetzen muss. Rechtsgrundlage können Unionsrecht, Bundesrecht oder Landesrechts sein, möglich sind auch Kombinationen verschiedener Rechtsgrundlagen und Rechtsebenen.[186] Innerhalb der Rechtsebenen können unterschiedliche Gesetze zur Anwendung kommen, entweder ausschließlich oder in Kombination. Alles hängt vom **jeweiligen Einzelfall** ab und bedarf genauer Prüfung. Auch wenn die DSGVO und die DSRL 2016/680 innerhalb der EU eine Vereinheitlichung des Datenschutzes bezwecken, führen die Gesetzesänderungen für die deutschen Rechtsanwender im Datenschutz zu einer Art **„Gesetzes-Pingpong"**. Im Folgenden werden die zu beachtenden Anwendungsgrundsätze für die Polizei dargelegt.

60 **1. DSGVO und nationales Recht.** Da die **DSGVO** unmittelbar geltendes Unionsrecht ist und keiner weiteren Umsetzung durch die Gesetzgebung der Mitgliedsstaaten bedarf, **verdrängt sie grundsätzlich alle nationalen Datenschutzregelungen**[187], es herrscht **Anwendungsvorrang**.[188] Soweit die DSGVO Regelungen im Bereich des Datenschutzes trifft, gelten diese nunmehr unmittelbar in allen EU-Mitgliedsstaaten und mithin auch in BW.

---

183 GBl. S. 735, ber. S. 1092.
184 Vgl. LT-Drs. 16/8484, S. 1, 117 ff.; Pöltl, VBlBW 2021, 45, 46.
185 BVerfGE 141, 220 ff.
186 Egberts/Monschke, JURA 2018, 1100, 1102.
187 Zur Nichtanwendbarkeit der DSGVO im Bereich des *Sicherheitsüberprüfungsgesetzes* vgl. OVG NRW, ZD 2022, 67.
188 Eßer/Franck, Datenschutzrecht, Rn 16.

III. Grundsystematik im Datenschutzrecht (Gesamtüberblick) 259

Der Grundsatz der unmittelbaren Geltung der Regelungen der DSGVO erfährt aber **zwei** 61
wesentliche Durchbrechungen: Zum einen ist es den Mitgliedsstaaten nicht verwehrt, die Regelungen einer EU-Verordnung mit klarstellenden und ergänzenden nationalen gesetzlichen Regelungen zu **konkretisieren.** Zum anderen sieht die DSGVO selbst zahlreiche **Öffnungsklauseln** vor, die es den EU-Mitgliedsstaaten erlauben oder die sie auffordern, weitergehende gesetzliche Regelungen zu treffen; zu nennen sind etwa die Öffnungsklauseln in Art. 6 Abs. 2, Art. 6 Abs. 3 S. 1 b, Art. 8 Abs. 1, Art. 9 Abs. 4, Art. 23 Abs. 1, Art. 49 Abs. 5, Art. 54 Abs. 2, Art. 58 Abs. 5, 6 DSGVO.[189] Wegen der **hohen Abstraktion** der in der DSGVO enthaltenen Regelungen erscheint darüber hinaus eine Ergänzung des EU-Datenschutzrechts durch nationales Recht unumgänglich.[190]

Der **Bund** hat die EU-Datenschutzregelungen mit Wirkung zum 6.5.2018 durch das DSAnpUG- 62
EU umgesetzt. Kern der datenschutzrechtlichen Neuregelungen ist das komplett neugefasste BDSG, das die unmittelbar geltende DSGVO aufgreift und die notwendigen nationalen Ergänzungsregelungen trifft. Das **Land BW** hat die Datenschutzregelungen des Landes durch Art. 1 des Gesetzes zur Anpassung des allgemeinen Datenschutzrechts und sonstiger Vorschriften an die Verordnung (EU) 2016/679 vom 12.6.2018[191] an die DSGVO angepasst. Die seit 21.6.2018 geltende Neufassung des LDSG enthält nur noch klarstellende und ergänzende Regelungen, ansonsten gelten auch in BW die grundlegenden Regelungen der DSGVO.

Für die Anwendungs-Rechtspraxis ist es grundlegend wichtig, dass neben den zwingend 63
anzuwendenden Regelungen der DSGVO auch die **ergänzenden Vorgaben des BDSG und des LDSG** beachtet werden.

2. DSLR 2016/680 und nationales Recht (PolG BW). Als Richtlinie bedurfte die **DS-** 64
RL 2016/680 gem. Art. 288 Abs. 3 AEUV mit Wirkung ab dem 6.5.2018 der **Umsetzung in nationales Recht.** Der Bund hat dies durch das **DSAnpUG-EU** getan. Die Umsetzung der DS-RL 2016/680 erfolgte innerhalb des **BDSG,** dessen **Teil 3** die Bestimmungen für Verarbeitungen zu Zwecken gem. Art. 1 DSRL 2016/680 enthält. Für das in BW geltende Polizeirecht erfolgte die Umsetzung **mit über zweijähriger Überschreitung der durch die EU gesetzten Frist** durch das **Gesetz zur Umsetzung der Richtlinie (EU) 2016/680 für die Polizei in Baden-Württemberg und zur Änderung weiterer polizeilicher Vorschriften vom 6.10.2020**[192].

Soweit die Vorgaben der Richtlinie vollständig in nationales Recht umgesetzt wurden, wovon auf Bundesebene und in BW auszugehen ist, kommt der DSRL 2016/680 keine eigenständige Bedeutung mehr zu. Nur im Fall einer teilweise unvollständigen Umsetzung wäre eine ergänzende unmittelbare Wirkung der Richtlinie denkbar.[193] Damit gelten seit dem 17.1.2021 mit dem Inkrafttreten der aktualisierten spezialgesetzlichen Datenschutzregelungen des PolG die im Polizeirecht BW normierten Datenschutznormen **unmittelbar und abschließend**[194], soweit nicht ausnahmsweise allgemeines Datenschutzrecht ergänzend Anwendung findet.

3. Datenschutzgesetze und spezielle Datenschutzregelungen. Grundsätzlich gilt sowohl für 65
das BDSG als auch das LDSG, dass diese – soweit die DSGVO nicht unmittelbar gilt – **nur eine**

---

189 Vgl. dazu auch Roßnagel, in: Roßnagel, Das neue Datenschutzrecht, § 1 Rn 12 bis 14, 25.
190 Ebenso Roßnagel, in: Roßnagel, Das neue Datenschutzrecht, § 1 Rn 43 f.
191 GBl. S. 173.
192 GBl. S. 735, ber. S. 1092.
193 Vgl. dazu eingehend Streinz, Europarecht, Rn 496 ff.
194 NdsOVG, NVwZ-RR 2020, 937, 938 (Rn 23).

Auffangfunktion haben[195]. Die **Datenschutzbestimmungen** in anderen Gesetzen – vor allem in der StPO, im OWiG und im PolG – gehen als **lex specialis** vor.[196]

66 **4. Zusammenwirken der Datenschutzregelungen.** Künftig wird es entscheidend darauf ankommen, welche gesetzlichen Bestimmungen des Datenschutzes durch die Polizei zu beachten sind.

Aus § 2 Abs. 1 S. 3 Nr. 3 LDSG folgt, dass die **im PolG enthaltenen Datenschutzregelungen** für den Bereich der Polizei (vor allem Gefahrenabwehr, ggf. Verfolgung von Straftaten und Ordnungswidrigkeiten) **lex specialis** sind. Als für diesen Bereich speziell konzipiertes Recht gehen sie den allgemeinen Datenschutzvorschriften vor.[197] Auch die DSRL 2016/680 ist gegenüber der DSGVO lex specialis – nur soweit die Datenschutzregelungen des PolG keine abschließende Regelung treffen, gelten die allgemeinen Datenschutzregelungen der DSGVO, ergänzt um die Vorgaben des LDSG BW.

Datenverarbeitung – Gesetzliche Grundlagen:

Daten allgemeiner Art	Daten allgemeiner Art
Bundesgesetz | Bundesaufgabe	Landesgesetz | Landesaufgabe
⇓	⇓
DSGVO	DSGVO
ergänzend: BDSG | Fachgesetz	ergänzend: LDSG | Fachgesetz
Daten im Bereich Straf-/OWi-Verfahren	Daten der Polizei
Bundesgesetz | Bundesaufgabe | Bundesbehörde	Landesgesetz | Landesaufgabe
⇓	⇓
StPO | OWiG | Fachgesetz	PolG (Bezug zu Straftaten, OWi)
LDSG-JB (für BW)	DSGVO | LDSG (sonstige Aufgaben)
BDSG, Abschnitt 3	

Das PolG greift diese Systematik des Unions- und Landes-Datenschutzrecht in § 11 Abs. 1, 2 PolG auf, indem es in Abs. 1 die Anwendung der datenschutzrechtlichen Regelungen des PolG an die Aufgabenbeschreibungen der Polizei in der **DSRL 2016/680** anknüpft und in Abs. 2 bestimmt, dass für die Datenverarbeitung **zu allen anderen Zwecken** die DSGVO und die ergänzenden Regelungen des LDSG gelten. Abgrenzung im Einzelnen → Rn 72, zu § 11 PolG → Rn 82 ff.

67 **5. Vorgehensweise im Datenschutz.** Die Anwendung des Datenschutzrechts ist kompliziert geworden, da neben den Regelungen des Unionsrechts auch die bundes- und landesrechtlichen Datenschutznormen zu beachten sein können.[198]

Die Polizei ist bei der Umsetzung des Datenschutzes künftig gehalten, **zunächst die Anwendbarkeit der speziellen Datenschutzbestimmungen im PolG zu prüfen** (§ 11 Abs. 1 PolG). Soweit diese anwendbar sind – was bei der Kernaufgabe der Gefahrenabwehr regelmäßig der Fall sein wird –, kommt ihnen Vorrang zu.[199]

---

195 Kremer, CR 2017 367, 370.
196 Vgl. dazu auch Greve, NVwZ 2017, 737, 738; Kremer, CR 2017, 367, 370; Schwartmann/Jacquemain, RDV 2018, 65, 66.
197 Schenke, Polizei- und Ordnungsrecht, Rn 193; Kühling/Klar/Sackmann, Datenschutzrecht, Rn 876.
198 Vgl. dazu Kühling/Klar/Sackmann, Datenschutzrecht, Rn 209 ff.; zu Recht krit. Lück, KommJur 2018, 81 f.
199 Kingreen/Poscher, Polizei- und Ordnungsrecht, § 12 Rn 1.

III. Grundsystematik im Datenschutzrecht (Gesamtüberblick)

Eindeutig wird die Anwendbarkeit der Datenschutzregelungen des PolG immer zu bejahen sein, wenn der zugrundeliegende Sachverhalt einen **Bezug zur Kriminalitätsbekämpfung** hat. Grundsätzlich ist davon auszugehen, dass bei der Tätigkeit der Polizei **im Zweifel die besonderen Datenschutzregelungen des PolG zur Anwendung kommen**, da ein Bezug zu Straftaten und Ordnungswidrigkeiten fast nie ausreichend sicher auszuschließen sein wird.[200] Hierauf hat auch richtigerweise der Landesgesetzgeber hingewiesen (zum LDSG): „Der Bereich der Gefahrenabwehr durch die allgemeinen Polizeibehörden (§ 62 PolG in der Fassung vom 13.1.1992) wird dem Anwendungsbereich der Richtlinie (EU) 2016/680 zugerechnet und wird daher nicht von diesem Gesetz erfasst. Selbst wenn bei polizeilichem Handeln zur Gefahrenabwehr nicht bereits von vornherein die Verhütung von Straftaten als Zweck oder Ergebnis feststeht, **besteht nahezu immer zumindest die Möglichkeit**, dass die Gefahrenlage zu einer Straftat führen kann. Dies gilt aber nur, soweit das allgemeine Polizeirecht angewendet wird."[201]

Gibt es absolut keinen Bezug zur Kriminalitätsbekämpfung, etwa weil keine möglichen Straftaten oder Ordnungswidrigkeit erkennbar oder denkbar sind, werden dennoch **vielfach Spezialregelungen im PolG** zur Anwendung kommen. Zudem gelten die Datenschutzregelungen des PolG auch immer, wenn es um die **Abwehr von Gefahren für die öffentliche Sicherheit** geht.

Beispiele:
- Bei einem reinen **Vermisstenfall** könnte die DSGVO mit Ergänzung des LDSG zur Anwendung kommen.[202] Hier wird aber regelmäßig auch eine mögliche Gefährdung der vermissten Person in Betracht kommen, so dass eine Gefährdung der öffentlichen Sicherheit (Leib und Leben der vermissten Person) gegeben ist.
- Durchführung **innerdienstlicher** planerischer, organisatorischer, personeller, sozialer oder haushalts- und kostenrechnerischer **Vorgänge**.[203] Hier gelten die Vorgaben der DSGVO und ggf. ergänzend des LDSG.

Wenn das PolG den Sachverhalt datenschutzrechtlich **ausnahmsweise** nicht erfasst, kommt die DSGVO zur unmittelbaren Anwendung, ggf. ergänzt um Regelungen des LDSG. Dabei ist aber zu beachten, dass gem. § 11 Abs. 2 PolG die DSGVO unmittelbar gilt, wenn keine möglichen Straftaten vorliegen, und das LDSG nur (noch) ergänzende Bestimmungen vorsehen kann, wenn dies durch Öffnungsklauseln der DSGVO erlaubt ist.[204]

Wichtig ist: Es geht beim Datenschutz stets um eine **Zusammenschau von Unionsrecht und nationalem Recht**.[205]

Rechtsanwendung beim Datenschutz durch die Polizei:

1. Datenschutzbestimmungen im PolG? (§ 11 Abs. 1 PolG)

Bezug zu einer möglichen Straftat oder Ordnungswidrigkeit	→	Datenschutzbestimmungen des PolG gelten als lex specialis, LDSG kommt (nur) zur Anwendung, wenn Regelungslücke besteht. DSGVO gilt nicht.
Sicher kein Bezug zu einer möglichen Straftat oder Ordnungswidrigkeit	→	Datenschutzbestimmungen des PolG gelten, wenn Sachverhalt erfasst wird. Ansonsten gilt die DSGVO unmittelbar mit ggf. Ergänzungen oder Modifizierungen des LDSG.

---

200 Wie hier Sicko, in: Debus/Sicko, LDSG BW, § 2 Rn 14.
201 LT-Drs. 16/3930, S. 90.
202 So etwa Kühling/Klar/Sackmann, Datenschutzrecht, Rn 233; Kühling/Raab, in: Kühling/Buchner, DSGVO/BDSG, Art. 2 DSGVO Rn 29.
203 LT-Drs. 16/8484, S. 123.
204 Vgl. zu dieser Systematik auch Kühling, NJW 2017, 1985, 1986 f., u. Kühling/Sackmann, NVwZ 2018, 681 f.
205 Kühling/Sackmann, NVwZ 2018, 681, 682; vgl. auch Eßer/Franck, Datenschutzrecht, Rn 23 ff.

Merksatz: Grundsätzlich gelten die Datenschutzbestimmung des PolG.

2. Gilt die DSGVO mit ggf. Ergänzungen des LDSG? (§ 11 Abs. 2 PolG)
Finden sich im PolG keine spezifischen Regelungen zum Datenschutz, gilt die DSGVO unmittelbar. Es ist zu prüfen, ob ggf. ergänzende Regelungen im LDSG bestehen (Beispiel: Videoüberwachung).

IV. Grundlagen des Datenschutzrechts nach dem PolG

68 **1. Allgemeines. a) Grundlegendes.** Das PolG enthält seit der Neufassung des **PolG 2020 umfassende datenschutzrechtliche Regelungen.** Die **Notwendigkeit der eigenständigen datenschutzrechtlichen Regelungen im Polizeirecht** folgt aus den besonderen spezifischen Anforderungen, die das Ordnungs- und Polizeirecht sowie die **DSRL 2016/680** an den Datenschutz stellen.[206] Der Schutz der öffentlichen Sicherheit und Ordnung erfordert im Hinblick auf die notwendigen polizeilichen Maßnahmen Eingriffe gegenüber der einzelnen polizeipflichtigen Person, die deutlich über das normale Maß hoheitlicher Tätigkeit hinausgehen. Vielfach sind auch intensive datenschutzrechtliche Eingriffe notwendig. Ihre besonderen Voraussetzungen sind im PolG geregelt, sie gehen den allgemeinen datenschutzrechtlichen Bestimmung – vor allem der DSGVO und des sie ergänzenden LDSG – vor und gelten nur unter den engen tatbestandlichen Voraussetzungen des PolG. Zudem tragen die Datenschutzbestimmungen des PolG den besonderen Anforderungen des Verfassungsrechts Rechnung und setzen die Vorgaben der DSRL 2016/680 um. Während der **Corona-Pandemie** kam der Datenübermittlung und -verarbeitung an und durch die Polizei eine besondere Bedeutung zu, da die personenbezogenen Daten infizierter oder von Ansteckung gefährdeter Personen Grundlage ordnungsbehördlicher und polizeilicher Arbeit und Eingriffe waren.[207] Die Landesregierung BW hatte eigens hierzu die **CoronaVO Datenverarbeitung** erlassen.[208]

69 **b) Historie des Datenschutzes im PolG.** Durch das **Gesetz zur Änderung des Polizeigesetzes vom 16.10.1991**[209] hatte das Land BW erstmals den Datenschutz in das PolG aufgenommen. In den §§ 19 bis 25 und §§ 37 bis 48 a PolG waren seitdem bereichsspezifische Regelungen über Grundsätze, Voraussetzungen und Mittel der Datenerhebung, ihrer Speicherung, Übermittlung, Löschung und Auskünfte enthalten. Mit der Neuregelung hatte das Land BW die Konsequenzen aus dem Urteil des BVerfG vom 15.12.1983 zum Volkszählungsgesetz[210] gezogen und die **Verarbeitung personenbezogener Daten auf eine gesetzliche Grundlage gestellt**.[211]

Durch das **Gesetz zur Änderung des Polizeigesetzes vom 18.11.2008**[212] wurden die §§ 20, 21, 22, 23 PolG geändert und die §§ 22 a, 23 a PolG neu eingefügt und damit die Befugnisse des Polizeivollzugsdienstes zur Erhebung von Daten erheblich erweitert.

---

206 Vgl. dazu auch Golla, KriPoZ 2019, 238.
207 Vgl. dazu Fährmann/Arzt, DuD 2020, 801 ff.
208 Verordnung des Sozialministeriums und des Innenministeriums zur Verarbeitung personenbezogener Daten zwischen Gesundheitsbehörden, Ortspolizeibehörden und Polizeivollzugsdienst aus Gründen des Infektionsschutzes (Corona-Verordnung Datenverarbeitung) vom 4.5.2020 (GBl. S. 276), am 1.3.2023 außer Kraft getreten durch Art. 2 Nr. 2 der Verordnung vom 28.2.2023 (GBl. S. 74).
209 GBl. S. 625 ff.
210 BVerfG, NJW 1984, 419 ff.
211 Vgl. Jelden/Fischer, BWVP 1992, 79 ff. Zur Bedeutung des Volkszählungsurteils des BVerfG auf die Entwicklung des Datenschutzrechts im Polizeirecht vgl. grundlegend Zaremba, Entwicklung, S. 48 ff.
212 GBl. S. 390 ff., geändert durch Art. 2 des Gesetzes vom 20.11.2012 (GBl. S. 625, 630).

IV. Grundlagen des Datenschutzrechts nach dem PolG

Durch Art. 1 des **Gesetzes zur Änderung des Polizeigesetzes und des Landesverfassungsschutzgesetzes vom 25.2.2014**[213] wurde § 23 a PolG geändert.

Durch das **Gesetz zur Änderung des Polizeigesetzes vom 18.10.2016**[214] wurde § 21 PolG geändert und die Möglichkeit zum Einsatz sog. Bodycams geschaffen.

Durch Art. 1 des **Gesetzes zur Änderung des Polizeigesetzes vom 28.11.2017**[215] wurden die §§ 20 u. 21 PolG geändert sowie § 23 b PolG neu eingefügt. Durch § 23 b PolG wird die heimliche Überwachung der Telekommunikation ermöglicht.

Durch Art. 1 des **Gesetzes zur Umsetzung der Richtlinie (EU) 2016/680 für die Polizei Baden-Württemberg und zur Änderung weiterer polizeilicher Vorschriften vom 6.10.2020**[216] erfuhr das **PolG** eine vollständige **Neufassung**. Mit dem **PolG 2020** wurde der Bereich des Datenschutzrechts im PolG völlig neu gefasst. Viele der bestehenden Normen wurden geändert und zahlreiche neue Normen ergänzt. **61 Normen** des PolG 2020 – damit fast die Hälfte aller Normen – **befassen sich nunmehr mit dem Datenschutzrecht**. Das PolG entspricht damit dem EU-Datenschutzrecht, wie es durch die **DSLR 2016/680** statuiert wurde.

c) **Datenschutzrecht im PolG als lex specialis.** Aufgrund der Systematik des Unions-, Bundes- und Landes-Datenschutzrechts sind die **datenschutzrechtlichen Regelungen des PolG lex specialis** (→ Rn 65 f.). Sie setzen die Vorgaben der **DSLR 2016/680** um, die ihrerseits gegenüber den Regelungen der DSGVO lex specialis sind (→ Rn 27).

Dem **LDSG** kommt gegenüber den datenschutzrechtlichen Regelungen des PolG **nur** noch eine **Auffangfunktion** zu (→ Rn 26).

d) **Begrifflichkeiten.** Durch das seit dem Jahr 2016 geltende EU-Datenschutzrecht haben sich auch **Begrifflichkeiten und Systematik** im Bereich des Datenschutzes **geändert**. Diese Änderungen fanden auch in das **PolG** Eingang.

aa) **Dateisystem.** In der DSRL 2016/680 findet sich keine Unterscheidung mehr zwischen automatisierter und nichtautomatisierter Datenverarbeitung. Vielmehr kommt es nur noch auf **die Speicherung oder die Absicht der Speicherung in einem Dateisystem** an. Dies wird aus **Art. 2 Abs. 2 DSRL 2016/680** deutlich: „Diese Richtlinie gilt für die ganz oder teilweise automatisierte Verarbeitung personenbezogener Daten sowie für die nichtautomatisierte Verarbeitung personenbezogener Daten, die in einem Dateisystem gespeichert sind oder gespeichert werden sollen." Die Nutzung eines Dateisystems ist damit zentral für die Anwendung der EU-Datenschutzregelungen.[217] Im Umkehrschluss werden **bloße Nutzungen von Handakten oder Aufzeichnungen nicht erfasst**.[218] Dies wird auch aus § 11 Abs. 3 PolG deutlich (→ Rn 90). Der Landesgesetzgeber hat die DSRL 2016/680 anders als der Bundesgesetzgeber eng umgesetzt, indem er die Formulierung „die in einem Dateisystem gespeichert sind oder gespeichert werden sollen" aus Art. 2 Abs. 2 DSRL 2016/680 in das PolG übernommen hat. Der Bundesgesetzgeber

---

213 GBl. S. 77.
214 GBl. S. 569.
215 GBl. S. 624.
216 GBl. S. 735, ber. S. 1092.
217 LT-Drs. 16/8484, S. 124. An sich bedeutet die Begriffsänderung von „Datei" in „Dateisystem" keine inhaltliche Änderung (vgl. dazu eingehender Kühling/Raab, in: Kühling/Buchner, DSGVO/BDSG, Art. 4 Nr. 4 DSGVO Rn 1).
218 Husemann, in: Roßnagel, Das neue Datenschutzrecht, § 3 Rn 4; a. A. offenbar Schmidt, Polizei- und Ordnungsrecht, Rn 132. Vgl. auch Eßer, in: Auernhammer, DSGVO/BDSG, Art. 4 DSGVO Rn 76, wonach unsortierte Blätter, Fließtexte wie Notizen auf Papier auch nicht in den Anwendungsbereich der DSGVO fallen – es kommt auf eine Ordnungsstruktur an; ebenso Klabunde, in: Ehmann/Selmayr, DSGVO, Art. 4 Rn 35.

hat dies dagegen bewusst nicht gemacht, so dass der Dritte Teil des BDSG auch für papiergebundene Datenvorgänge außerhalb von Akten gilt[219].

Ausgenommen sind aber nur reine Handakten, dagegen werden **systematisch angelegte Akten außerhalb eines automatisierten Dateisystems vollständig erfasst**. Dies wird auch aus § 77 PolG deutlich, der die nichtautomatisierten Akten ausdrücklich erwähnt. Der Landesgesetzgeber hat dies sehr deutlich gemacht: „Der gewährte Schutz soll nach Erwägungsgrund 18 der Richtlinie (EU) 2016/680 technologieneutral sein. Lediglich solche Akten oder Aktensammlungen sowie ihre Deckblätter, die nicht nach bestimmten Kriterien geordnet sind, fallen aus dem Anwendungsbereich der Richtlinie (EU) 2016/680 heraus. Der Vorhalt von Akten geht mit der Ausweitung und Verbesserung der technischen Informationssysteme zwar kontinuierlich zurück. Nichtsdestotrotz gibt es noch immer Bereiche, in denen systematisch Akten geführt werden, wenn auch oft lediglich parallel oder ergänzend zu automatisierten Dateisystemen. Auch die herkömmliche Form der Datenhaltung ist folglich richtlinienkonform auszugestalten."

73 **bb) Datenverarbeitung.** Der Begriff „**Datenverarbeitung**" ist nunmehr der **zentrale Begriff für alle Arten des Umgangs mit Daten**. Dies folgt unmittelbar aus **Art. 1 Abs. 1 DSRL 2016/680**: „Diese Richtlinie gilt für die Verarbeitung personenbezogener Daten durch die zuständigen Behörden zu den in Art. 1 Abs. 1 genannten Zwecken" und aus **Art. 3 Nr. 2 DSRL 2016/680**: „Verarbeitung" jeden mit oder ohne Hilfe automatisierter Verfahren ausgeführten Vorgang oder jede solche Vorgangsreihe im Zusammenhang mit personenbezogenen Daten wie das Erheben, das Erfassen, die Organisation, das Ordnen, die Speicherung, die Anpassung oder Veränderung, das Auslesen, das Abfragen, die Verwendung, die Offenlegung durch Übermittlung, Verbreitung oder eine andere Form der Bereitstellung, den Abgleich oder die Verknüpfung, die Einschränkung, das Löschen oder die Vernichtung".

Die **Begriffsdefinition** der „Datenverarbeitung" in Art. 3 Nr. 2 DSRL 2016/680 hat der Landesgesetzgeber in § 12 Nr. 2 PolG übernommen (→ Rn 93). Der Begriff der „Verarbeitung" umfasst **alle Vorgänge des Umgangs mit Daten durch die Polizei**, also insbesondere das Erheben, das Erfassen, die Organisation, das Ordnen, die Speicherung, die Anpassung, die Veränderung, das Auslesen, das Abfragen, die Verwendung, die Offenlegung durch Übermittlung, die Verbreitung oder eine andere Form der Bereitstellung, den Abgleich, die Verknüpfung, die Einschränkung, das Löschen und die Vernichtung der Daten.[220] Die **Aufzählung** ist **nicht abschließend** („insbesondere").[221]

Im PolG wird in aller Regel nur noch der Begriff der Datenverarbeitung verwendet, nur an Stellen, an denen **besondere Schritte der Datenverarbeitung hervorgehoben** werden sollen („Konkretisierung des jeweiligen Vorgangs"[222]), nutzt der Landesgesetzgeber ergänzend Teilbegriffe der Verarbeitung.

Beispiele: § 14 PolG: „Erhebung"; § 15 PolG: „weitere Verarbeitung"; § 16 PolG: „Übermittlung"; § 44 Abs. 5 S. 1 PolG: „Daten erheben"; § 44 Abs. 7 PolG: „Aufzeichnung, Löschung, Verwertung"; § 48 Abs. 1 PolG: „Übermittlung"; § 49 PolG: „Datenerhebung".

Bei allen Beispielen handelt es sich um gesetzliche Regelungen der Datenverarbeitung, die sich aber mit Teilbereichen bzw. einzelnen Schritten der Datenverarbeitung befassen.

---

219 BT-Drs. 18/11325, S. 79: „Nach Abs. 1 S. 1 gilt das Gesetz, wie bisher auch das Bundesdatenschutzgesetz in der bisher geltenden Fassung (BDSG a. F.), für jede Form der Verarbeitung personenbezogener Daten durch öffentliche Stellen des Bundes sowie durch öffentliche Stellen der Länder. Es hat also, wie bisher auch, einen *weiteren Anwendungsbereich als die Verordnung (EU) 2016/679.*"
220 Husemann, in: Roßnagel, Das neue Datenschutzrecht, § 3 Rn 5; Müller/Schwabenbauer, in: Lisken/Denninger, Handbuch des Polizeirechts, Kap. G Rn 593.
221 Herbst, in: Kühling/Buchner, DSGVO/BDSG, Art. 4 Nr. 2 DSGVO Rn 4, 20.
222 LT-Drs. 16/8484, S. 124.

IV. Grundlagen des Datenschutzrechts nach dem PolG

cc) Kategorien betroffener Personen. Aus **Art. 6 DSRL 2016/680** folgt eine **Unterscheidung zwischen verschiedenen Kategorien von Personen**, die von der Datenerhebung betroffen sind: 74
„1. Personen, gegen die ein begründeter Verdacht besteht, dass sie eine Straftat begangen haben oder in naher Zukunft begehen werden,
2. verurteilte Straftäter,
3. Opfer einer Straftat oder Personen, bei denen bestimmte Fakten darauf hindeuten, dass sie Opfer einer Straftat sein könnten, und
4. andere Parteien im Zusammenhang mit einer Straftat, wie Personen, die bei Ermittlungen in Verbindung mit der betreffenden Straftat oder beim anschließenden Strafverfahren als Zeugen in Betracht kommen, Personen, die Hinweise zur Straftat geben können, oder Personen, die mit den unter den Ziffer 1 und 2 genannten Personen in Kontakt oder in Verbindung stehen."

Diese Differenzierung musste auch dem Landesrecht zugrunde gelegt werden und findet sich nunmehr in § 70 PolG wieder, ergänzt um notwendige polizeirechtliche Kategorien (→ Rn 590 ff.). An dieser **Personendifferenzierung** richten sich auch die datenschutzrechtlichen Regelungen im PolG aus. Auch § 20 Abs. 2 bis 6 PolG 1992 kannte verschiedene Kategorien von Personen, diese sind teilweise in § 70 PolG eingeflossen.[223]

Beispiele: § 43 PolG (Befragung und Datenerhebung) differenziert nach bestimmten Personengruppen; § 47 Abs. 1 S. 1 PolG (Datenabgleich) bezieht sich nur auf Personen i. S. d. §§ 6, 7 PolG (Störer).

2. Grundlegende Inhalte des PolG zum Datenschutz. Mit dem **PolG 2020** wurden **grundlegende Neuerungen und Ergänzungen im PolG** vorgenommen. Dieses sind im Wesentlichen:[224] 75

- Für **personenbezogene Daten** besteht bei ihrer weiteren Verarbeitung eine **enge Zweckbindung**.
- Die **Vorschriften zur Übermittlung von Daten** ins nichteuropäische Ausland wurden richtlinienkonform i. S. d. **DSRL 2016/680** ausgestaltet.
- **Besondere Kategorien personenbezogener Daten** wie etwa politische Meinungen, religiöse Überzeugungen oder Daten zur sexuellen Orientierung wurden **unter einen besonderen Schutz gestellt**.
- Es wurden **umfassende Protokollierungspflichten** sowie weitere Pflichten der Polizei, die der Transparenz und der Ermöglichung einer aufsichtlichen Kontrolle dienen, eingeführt.
- **Betroffenen Personen** wurde konkreter als nach früherer Rechtslage das **Recht auf Auskunft, auf Berichtigung, Löschung oder Einschränkung der Verarbeitung ihrer Daten** sowie das Recht gewährt, sich an die Aufsichtsbehörde für den Datenschutz zu wenden.
- Der **Aufsichtsbehörde** für den Datenschutz wurden wirksame Untersuchungs-, Beratungs- und Abhilfebefugnisse sowie das Recht eingeräumt, eine Datenverarbeitung der Polizei gerichtlich überprüfen zu lassen, um eine aufsichtliche Kontrolle sicherzustellen.

3. Grundlegende Systematik des PolG zum Datenschutz. a) Allgemeine Datenschutzregelungen. Aufgrund der zwingenden Umsetzung der DSRL 2016/680 in das Polizeirecht des Landes BW (→ Rn 26), des Anwendungsvorrangs der DSLR 2016/680 gegenüber der DSGVO (→ Rn 27), der unmittelbaren Geltung der DSGVO im deutschen Recht (→ Rn 23) und des damit einhergehenden Wegfalls allgemeiner datenschutzrechtlicher Regelungen im LDSG (→ Rn 45 ff.) mussten in das PolG umfassende **allgemeine datenschutzrechtliche Regelungen** aufgenommen werden.[225] Diese finden sich in den §§ 11 bis 16 PolG (→ Rn 81 ff.). Sie gelten für alle Fälle der Datenverarbeitung nach dem PolG. Sie umfassen **Festlegungen des Anwendungs-** 76

---
223 LT-Drs. 16/8484, S. 164.
224 LT-Drs. 16/8484, S. 117 f.; Pöltl, VBlBW 2021, 45, 46.
225 Vgl. zu den unterschiedlichen Ansätzen der Bundesländer zur Integration der DSRL 2016/680 in die PolG der Länder Golla, KriPoZ 2019, 238, 239, u. Pöltl, VBlBW 2021, 45, 46.

bereichs, **Begriffsdefinitionen und allgemeine Regeln** für die Erhebung, Verarbeitung und Übermittlung personenbezogener Daten.

77 b) **Datenschutzregelungen für Eingriffsmaßnahmen der Polizei.** Das PolG umfasst unterschiedlichen Regelungen für **besondere Eingriffsbefugnisse** der Polizei (§§ 27 bis 41 PolG). Wegen ihrer besonderer Eingriffsqualität gegenüber den betroffenen Personen unterliegen diese Regelungen auch hinsichtlich des Datenschutzes schon immer strengen Anforderungen. Durch die zwingende Umsetzung der DSRL 2016/680 (→ Rn 26) und die neueren Anforderungen des BVerfG an die Datenverarbeitung in diesen Bereichen (→ Rn 2 ff.) haben sich dort **notwendige Änderungen der bislang bestehenden Regelungen und Ergänzungen** ergeben. Diese finden sich in den §§ 42 bis 62 PolG. In den §§ 48 bis 56 PolG finden sich dort auch die besonderen Regelungen für die sog. **verdeckten Eingriffsbefugnisse**, die wegen der neueren Vorgaben des BVerfG umfassender überarbeitet wurden.[226]

Das PolG kennt darüber hinaus auch noch an anderen Stellen **Sonderformen der Datenverarbeitung.** So etwa die Personenfeststellung gem. § 27 PolG (→ § 11 Rn 9).

78 c) **Weitere Datenschutzregelungen im PolG.** Die zwingende Umsetzung der DSLR 2016/680 in das deutsche Recht (→ Rn 26) und in das PolG sowie das Fehlen allgemeiner Regelungen zur Umsetzung der DSLR 2016/680 im LDSG führten mit dem PolG 2020 zu **umfangreichen weiteren datenschutzrechtlichen Regelungen**. Diese finden sich in den §§ 70 bis 99 PolG und betreffen **datenschutzrechtliche Pflichten der Polizei** (§§ 70 bis 90 PolG), **Rechte der betroffenen Personen** (§§ 91 bis 93 PolG), den **Datenschutzbeauftragten** (§§ 94 bis 96 PolG) und die **Datenschutzaufsicht** (§§ 97 bis 99 PolG).

79 d) **Überblick über die Datenschutzregelungen im PolG.** Im PolG finden sich folgende **den Datenschutz betreffende Normen**:

- § 11 bis 16 PolG: Allgemeine Regelungen zum Datenschutz,
- §§ 42 bis 62 PolG: Regelungen zum Datenschutz bei Einzelmaßnahmen und verdeckte Eingriffsbefugnisse, weitere Datenverarbeitung, Datenübermittlung,
- §§ 70 bis 99 PolG: Weitere Regelungen der Datenverarbeitung.

80 e) **Auslegung der Datenschutzregelungen im PolG.** Für die Auslegung der Datenschutzregelungen im PolG kann zunächst auf die Gesetzesmaterialien[227] des Landesgesetzgebers zurückgegriffen werden. Eine Besonderheit besteht aber darüber hinausgehend, da die Datenschutzregelungen des PolG der Umsetzung der **DSRL 2016/680** in das deutsche (= baden-württembergische) Recht dienen. Die **Anwendung der Datenschutzregelungen des PolG** muss im Zweifel **richtlinienkonform** erfolgen und dem Willen des EU-Richtliniengebers und Ziel und Zweck der DSRL 2016/680 entsprechen.[228] Deswegen empfiehlt sich auch stets ein Heranziehen der umfangreichen Erläuterungen zur DSRL 2016/680.[229]

V. Allgemeine Datenschutznormen (§§ 11 bis 16 PolG)

81 **1. Allgemeines.** Die §§ 11 bis 16 PolG enthalten für **alle** Vorgänge der Datenverarbeitung geltende und von der Polizei stets zu beachtende grundlegende Regelungen zur Datenverarbeitung. Es werden vor allem Vorgaben des EU-Datenschutzrechts aus der DSRL 2016/680 umgesetzt.

---

226 LT-Drs. 16/8484, S. 118.
227 Vor allem LT-Drs. 16/8484.
228 Vgl. dazu VG Wiesbaden, ZD 2022, 126, 127 (Rn 34).; Streinz, Europarecht, Rn 510 bis 514; Herdegen, Europarecht, § 8 Rn 67 ff.; Sauer, JURA 2021, 387, 392.
229 EU ABl. L 119, S. 89 ff. Zur Entstehungsgeschichte und zur Regelungssystematik vgl. Herbst: in: Auernhammer, DSGVO/BDSG, DSRL 2016/680 Rn 1 bis 5; Johannes/Weinhold, Neues Datenschutzrecht, § 1 Rn 8 bis 12, beide m. w. N.

V. Allgemeine Datenschutznormen (§§ 11 bis 16 PolG)

2. Anwendungsbereich (§ 11 PolG). § 11 PolG enthält **die grundlegenden Regelungen zur Anwendung der Datenschutznormen** des PolG. Dabei wird die Anwendung auch zur DSGVO und zum LDSG abgegrenzt. § 11 PolG setzt damit die Vorgaben der Art. 1 Abs. 1, 2 Abs. 1, 2 DSRL 2016/680 um.

a) Datenschutz für polizeiliche Zwecke (§ 11 Abs. 1 PolG). aa) Anwendung Datenschutzrecht des PolG (§ 11 Abs. 1 S. 1 PolG). Gem. § 11 Abs. 1 S. 1 PolG gelten die §§ 12 bis 16 PolG sowie die Vorschriften des 3. Abschnitts (= §§ 70 bis 99 PolG) für die Verarbeitung personenbezogener Daten durch die Polizei im Rahmen der Wahrnehmung ihrer Aufgaben zum Zwecke der Verhütung, Ermittlung, Aufdeckung oder Verfolgung von Straftaten oder Ordnungswidrigkeiten, einschließlich des Schutzes vor und der Abwehr von Gefahren für die öffentliche Sicherheit. Damit übernimmt § 11 Abs. 1 S. 1 PolG wörtlich die Formulierung in Art. 1 Abs. 1 DSRL 2016/680, die den Anwendungsbereich der Richtlinie definiert.

§ 11 Abs. 1 S. 1 PolG benennt als **Adressat der Regelung** die „Polizei". Damit sind die Datenschutzregelungen des PolG gem. § 104 PolG sowohl von der **Polizeibehörde** als auch vom **Polizeivollzugsdienst** zu beachten und anzuwenden.

Sachlicher Anwendungsbereich der Vorschriften ist die Datenverarbeitung zum Zweck der **Verhütung, Ermittlung, Aufdeckung oder Verfolgung von Straftaten oder Ordnungswidrigkeiten**, einschließlich des **Schutzes vor und der Abwehr von Gefahren für die öffentliche Sicherheit.** Grundlegend kommt es dafür auf den **Bezug zu einer Straftat oder einer Ordnungswidrigkeit** an.[230]

Eindeutig wird die Anwendbarkeit der Datenschutzregelungen des PolG damit immer zu bejahen sein, wenn der zugrundeliegende Sachverhalt einen **Bezug zur Kriminalitätsbekämpfung** hat. Grundsätzlich ist davon auszugehen, dass bei der Tätigkeit der Polizei **im Zweifel die besonderen Datenschutzregelungen des PolG i. S. d. § 11 Abs. 1 S. 1 PolG zur Anwendung kommen**, da ein Bezug zu Straftaten und Ordnungswidrigkeiten[231] fast nie ausreichend sicher auszuschließen sein wird. Hierauf hat auch richtigerweise der Landesgesetzgeber zum LDSG hingewiesen: „Der Bereich der Gefahrenabwehr durch die allgemeinen Polizeibehörden (§ 107 PolG) wird dem Anwendungsbereich der Richtlinie (EU) 2016/680 zugerechnet und wird daher nicht von diesem Gesetz erfasst. Selbst wenn bei polizeilichem Handeln zur Gefahrenabwehr nicht bereits von vornherein die Verhütung von Straftaten als Zweck oder Ergebnis feststeht, **besteht nahezu immer zumindest die Möglichkeit**, dass die Gefahrenlage zu einer Straftat führen kann.[232] Dies gilt aber nur, soweit das allgemeine Polizeirecht angewendet wird."[233]

Entsprechend den Ausführungen zur **richtlinienkonformen Anwendung** der ins deutsche Recht umgesetzten Regelungen der DSLR 2016/680 (→ Rn 80) hilft hier auch der erklärte Wille des EU-Richtliniengebers weiter:

„Die Tätigkeiten der Polizei oder anderer Strafverfolgungsbehörden sind hauptsächlich auf die Verhütung, Ermittlung, Aufdeckung oder Verfolgung von Straftaten ausgerichtet, dazu zählen auch polizeiliche Tätigkeiten in Fällen, in denen nicht von vornherein bekannt ist, ob es sich um Straftaten handelt oder nicht. Solche Tätigkeiten können ferner die Ausübung hoheitlicher Gewalt durch Ergreifung von Zwangsmitteln umfassen, wie polizeiliche Tätigkeiten bei Demonstrationen, großen Sportveranstaltungen und Ausschreitungen. Sie umfassen auch die Aufrechterhaltung der öffentlichen Ordnung als Aufgabe, die der Polizei oder anderen Strafverfolgungsbehörden übertragen wurde, soweit dies zum Zweck des Schutzes vor und

---
230 LT-Drs. 16/8484, S. 122.
231 Vgl. dazu auch Schröder, in: Möstl/Trurnit, Polizeirecht BW, Rn 26, u. Pöltl, VBlBW 2021, 45, 54.
232 Wie hier Sicko, in: Debus/Sicko, LDSG BW, § 2 Rn 14.
233 LT-Drs. 16/3930, S. 90.

der Abwehr von Bedrohungen der öffentlichen Sicherheit und Bedrohungen für durch Rechtsvorschriften geschützte grundlegende Interessen der Gesellschaft, die zu einer Straftat führen können, erforderlich ist."[234]

Es zeigt sich deutlich, dass der EU-Richtliniengeber **alle Tätigkeiten** erfassen wollte, **die typischerweise zur Aufgabenerfüllung der Polizei gehören**. Insofern ist es angezeigt, **im Zweifel die besonderen Datenschutzregelungen des PolG** anzuwenden, da diese den spezifischen Anforderung der Datenverarbeitung im Sicherheitsbereich genügen.[235] Der EU-Richtliniengeber hat dies sehr deutlich gemacht:

„Der freie Verkehr personenbezogener Daten zwischen den zuständigen Behörden zum Zwecke der Verhütung, Ermittlung, Aufdeckung oder Verfolgung von Straftaten oder der Strafvollstreckung, einschließlich des Schutzes vor und der Abwehr von Gefahren für die öffentliche Sicherheit innerhalb der Union und die Übermittlung solcher personenbezogener Daten an Drittländer und internationale Organisationen, sollte erleichtert und dabei gleichzeitig ein hohes Schutzniveau für personenbezogene Daten gewährleistet werden."[236] „Zur Verhütung, Ermittlung und Verfolgung von Straftaten müssen die zuständigen Behörden personenbezogene Daten, die im Zusammenhang mit der Verhütung, Ermittlung, Aufdeckung oder Verfolgung einer bestimmten Straftat erhoben wurden, auch in einem anderen Kontext verarbeiten können, um sich ein Bild von den kriminellen Handlungen machen und Verbindungen zwischen verschiedenen aufgedeckten Straftaten herstellen zu können."[237]

87 **bb) Vorrang von Datenschutzrecht des Bundes (§ 11 Abs. 1 S. 2 PolG).** § 11 Abs. 1 S. 2 PolG bestimmt, dass **besondere Datenschutzvorschriften des Bundes** den §§ 12 bis 16 PolG sowie den Vorschriften des 3. Abschnitts (§§ 70 bis 99 PolG) vorgehen. Die Regelung bezieht sich vor allem auf besondere Rechtsvorschriften des Bundes insbesondere zu Zwecken der Strafverfolgung. Solche besonderen Rechtsvorschriften des Bundes können sich insbesondere aus dem **OWiG** sowie aus der **StPO** ergeben. Für die **repressive Tätigkeit der Polizei** besteht eine konkurrierende Gesetzgebungskompetenz des Bundes (vgl. Art. 72 Abs. 1, 74 Abs. 1 Nr. 1 GG), von der der Bund mit der StPO, auf die auch das OWiG verweist, abschließend Gebrauch gemacht hat.[238] Vgl. zu den ggf. vorrangigen Datenschutzregelungen des Bundes im BDSG, in der StPO und im OWiG die **Ausführungen in § 10 Rn 33 ff.**

Diese Abgrenzung wird auch durch das Tatbestandsmerkmal „**im Rahmen der Wahrnehmung ihrer Aufgaben**" sichergestellt. Die Datenschutzregelungen des PolG kommen danach nur zur Anwendung, wenn die Polizei im Rahmen der ihr durch die §§ 1, 3 PolG und die einzelgesetzlichen Eingriffsermächtigungen der §§ 27 ff. PolG zugewiesenen polizeilichen Aufgaben tätig ist. Das PolG enthält aber auch einzelne Datenschutzregelungen für **repressive polizeiliche Aufgaben**, etwa zur Zulässigkeit einer Datenverarbeitung bei Zweckänderungen (§ 15 Abs. 3, 4 PolG) oder die Datenerfassung durch Bodycams (§ 44 Abs. 5 S. 1 PolG). Die **Anwendungsabgrenzung** ist eindeutig und bindet die Polizei.

88 **b) Datenschutz für sonstige Zwecke (§ 11 Abs. 2 PolG).** Gem. § 11 Abs. 2 PolG gelten für die **Verarbeitung personenbezogener Daten** durch die Polizei **zu anderen als den in Abs. 1 genannten Zwecken** die **DSGVO** in der jeweils geltenden Fassung sowie das **LDSG**. Zwar erfasst die DSLR 2016/680 die besonderen Tätigkeiten der Polizei, dem EU-Richtliniengeber war aber durchaus bewusst, dass die Polizei **auch andere hoheitliche oder sonstige Aufgaben** erledigt:

---

234 Erwägungsgrund 12 der DSRL 2016/680, EU ABl. L 119, S. 90 f.
235 A. A. dagegen Schröder, in: Möstl/Trurnit, Polizeirecht BW, Rn 26, 26.1, der zumindest einen „Straftatenbezug" verlangt.
236 Erwägungsgrund 4 der DSRL 2016/680, EU ABl. L 119, S. 89.
237 Erwägungsgrund 27 der DSRL 2016/680, EU ABl. L 119, S. 93.
238 LT-Drs. 16/8484, S. 123.

V. Allgemeine Datenschutznormen (§§ 11 bis 16 PolG)

„Die Mitgliedstaaten können die zuständigen Behörden mit anderen Aufgaben betrauen, die nicht zwangsläufig für die Zwecke der Verhütung, Ermittlung, Aufdeckung oder Verfolgung von Straftaten, einschließlich des Schutzes vor und der Abwehr von Gefahren für die öffentliche Sicherheit, ausgeführt werden, so dass die Verarbeitung von personenbezogenen Daten für diese anderen Zwecke insoweit in den Anwendungsbereich der Verordnung (EU) 2016/679 fällt, als sie in den Anwendungsbereich des Unionsrechts fällt."[239]

Dem trägt § 11 Abs. 2 PolG Rechnung.[240] Zu den anderen Zwecken, bei denen von vornherein ausgeschlossen werden kann, dass sie in den Anwendungsbereich der DSRL 2016/680 fallen, zählen etwa die in § 36 LDSG a. F. genannten Zwecke der **Durchführung innerdienstlicher planerischer, organisatorischer, personeller, sozialer oder haushalts- und kostenrechnerischer Maßnahmen**, die dem Dienstbetrieb im engeren Sinne dienen. Ferner fallen darunter die **Bewältigung von Gefahrenlagen ohne jeglichen Bezug zu einer Straftat oder Ordnungswidrigkeit**, die reine **Vorbereitung auf die Gefahrenlage**, eindeutig festgestellte **Suizide**, der **Schutz privater Rechte** auf Antrag der berechtigten Person i. S. d. § 2 Abs. 2 PolG oder die Datenerhebung für die **Vollzugshilfe**.[241]

c) Differenzierende Anwendung des Datenschutzrechts (DSGVO / PolG). Die Polizei muss künftig **vor jeder Anwendung des Datenschutzrechts differenzieren**: Es kann sowohl die Anwendung der Datenschutzregeln des PolG in Betracht kommen als auch die Anwendung der Datenschutzregelungen der DSGVO mit Ergänzung des LDSG. Die Entscheidung der richtigen Anwendung muss im **jeweiligen Einzelfall** getroffen werden. Als **Grundregel** kann gelten:

- Immer wenn die **Polizei in ihrem Kernbereich tätig** ist – es also um die Verhütung von Gefahren für die öffentliche Sicherheit und Ordnung und die mögliche Begehung von Ordnungswidrigkeiten und Straftaten geht – finden die besonderen **Datenschutzregelungen des PolG** Anwendung.
Sind der Kernbereich der **Regelungen im OWiG oder in der StPO** betroffen – weil durch die Polizei repressive Aufgaben der Ordnungswidrigkeiten- oder Straftatenverfolgung zu erfüllen sind –, geht das **Bundesrecht** dem PolG vor.
- Nur wenn die Polizei **sonstige Aufgaben erledigt** – sie bewegt sich bei ihrer Tätigkeit außerhalb der Gefahrenabwehr einschließlich der Verhinderung von Ordnungswidrigkeiten und Straftaten – kommen die **Datenschutzregelungen der DSGVO** mit **Ergänzung durch das LDSG** zur Anwendung.

Vgl. dazu auch die **weitergehenden Ausführungen in § 10 Rn 59 ff.**

d) Automatisierte und nichtautomatisierte Datenverarbeitung (§ 11 Abs. 3 PolG). Gem. § 11 Abs. 3 PolG gelten die §§ 12 bis 16 PolG sowie die Vorschriften des 3. Abschnitts (§§ 70 bis 99 PolG) für die **ganz oder teilweise automatisierte Verarbeitung sowie für die nichtautomatisierte Verarbeitung personenbezogener Daten**, die **in einem Dateisystem gespeichert** sind oder **gespeichert werden sollen**. Die Regelung bezieht sich auf Art. 2 Abs. 2 DSRL 2016/680 und übernimmt die dortige Regelung wörtlich.[242] Aus der Formulierung „in einem Dateisystem gespeichert sind oder gespeichert werden sollen" wird deutlich, dass **unsortierte Handakten oder ähnlich unstrukturierte Aufzeichnungen** nicht in den Anwendungsbereich der §§ 11 bis 16, 70 bis 99 PolG fallen.[243]

3. Begriffsbestimmungen (§ 12 PolG). a) Allgemeines. § 12 PolG übernimmt mit einigen Modifikationen die **Begriffsbestimmungen** des Art. 3 DSRL 2016/680 (= § 2 Nr. 1 bis 3, 5 bis 14, 16, 17

---

239 Erwägungsgrund 12 der DSRL 2016/680, EU ABl. L 119, S. 91.
240 Ibler, in: Ennuschat/Ibler/Remmert, Öffentliches Recht BW, § 2 Rn 400.
241 LT-Drs. 16/8484, S. 123, 140.
242 Vgl. EU ABl. L 119, S. 106.
243 LT-Drs. 16/8484, S. 123.

PolG). Hinzu kommt aus Art. 10 DSRL 2016/680 die dort enthaltene Definition der „besonderer Kategorien personenbezogener Daten" (= § 2 Nr. 15 PolG). Zudem wird die europarechtliche Definition der „Einwilligung" aus **Art. 4 Nr. 11 DSGVO** übernommen (= § 2 Nr. 18 PolG). Nicht aus Art. 3 DSRL 2016/680 übernommen wurde die dort in Nr. 3 enthaltene Definition des Begriffs „Einschränkung der Verarbeitung". Die Begriffsdefinition „Anonymisierung" (§ 2 Nr. 4 PolG) wurde neu geschaffen.

Die Übernahme zahlreicher Begriffsbestimmungen vorrangig aus der DSRL 2016/680 und ergänzend aus der DSGVO ist notwendig, da die DSGVO im Bereich des Polizeirechts regelmäßig keine Anwendung findet (→ Rn 67). Damit besteht **keine Möglichkeit des Rückgriffs** auf die allgemeinen datenschutzrechtlichen Begriffsdefinitionen der DSGVO bzw. des LDSG. Für die Anwendung der datenschutzrechtlichen Regelungen im PolG in Umsetzung der DSRL 2016/680 mussten im PolG eigene Begriffsdefinitionen vorgesehen werden.

92 **b) Begriffsbestimmungen.** § 12 PolG enthält zahlreiche **datenschutzrechtliche Begriffsdefinitionen**, die einheitlich für die Anwendung aller datenschutzrechtlichen Regelungen des PolG gelten. Definiert werden die Begriffe der „personenbezogenen Daten (Nr. 1)[244], des „Profiling" (Nr. 3), der „zuständigen Behörde" (Nr. 7), des „Verantwortlichen" (Nr. 8), des „Auftragsverarbeiters" (Nr. 9), des „Empfänger" (Nr. 10), der „Verletzung des Schutzes personenbezogener Daten" (Nr. 11), der „genetischen, biometrischen und Gesundheitsdaten" (Nr. 12 bis 14), der „Aufsichtsbehörde für den Datenschutz" (Nr. 16) und der „internationale Organisation" (Nr. 17).

Besondere Bedeutung für die Anwendung des Datenschutzrechts nach dem PolG haben folgende Begriffsdefinitionen des § 12 PolG:

93 **Nr. 2: Verarbeitung** = Jeder mit oder ohne Hilfe automatisierter Verfahren ausgeführter Vorgang oder jede solche Vorgangsreihe im Zusammenhang mit personenbezogenen Daten, wie das Erheben, das Erfassen, die Organisation, das Ordnen, die Speicherung, die Anpassung oder Veränderung, das Auslesen, das Abfragen, die Verwendung, die Offenlegung durch Übermittlung, Verbreitung oder eine andere Form der Bereitstellung, den Abgleich oder die Verknüpfung, die Einschränkung, das Löschen oder die Vernichtung.

Die **Verarbeitung** ist nunmehr **zentraler Begriff des Datenschutzrechts**. Sie umfasst sämtliche Vorgänge im Zusammenhang mit personenbezogenen Daten, unabhängig davon, ob sie automatisiert oder nicht automatisiert ausgeführt werden.[245] Der Begriff „Datenverarbeitung" ist in diesem Sinne **stets weit auszulegen**.[246] Die bisherige Unterscheidung zwischen der Erhebung, der Nutzung beziehungsweise Verwendung sowie der Übermittlung von Daten entfällt grundsätzlich, weil diese datenschutzrechtlichen Vorgänge vom Begriff „Verarbeitung" erfasst werden. Zur Konkretisierung des jeweiligen Vorgangs werden die bisherigen Begrifflichkeiten in den Vorschriften teilweise dennoch weiterverwendet, insbesondere in den §§ 14 bis 16 PolG, die allgemeine Regeln für die Erhebung, die weitere Verarbeitung und die Übermittlung von Daten aufstellen (→ Rn 73).[247] Keine Verarbeitung von Daten stellt die **bloße Lagerung** von Akten dar, da Verarbeitung eine Handlung im Sinne einer menschlichen Aktivität erfordert.[248]

94 **Nr. 4: Anonymisierung** = Die Veränderung personenbezogener Daten in der Weise, dass Einzelangaben über persönliche und sachliche Verhältnisse nicht mehr oder nur mit einem

---

244 Vgl. dazu Schlingloff, JURA 2022, 1255, 1256 f.
245 EuGH, NJW 2021, 2348, 2353 (Rn 109, 111), m. Anm. Exner-Kuhn, NJW 2021, 2355; Schulz, in: Gola/Schomerus, BDSG, § 46 Rn 26 f. Vgl. aber auch Gusy, JZ 2022, 7, 8 f., zu den datenschutzrechtlichen „Nebenfolgen" polizeilicher Maßnahmen; („Pranger" und „Stigmatisierung betroffener Personen").
246 Schulz, in: Gola/Schomerus, BDSG, § 46 Rn 27; Johannes/Weinhold, Neues Datenschutzrecht, § 1 Rn 121; Schlingloff, JURA 2022, 1255, 1257.
247 LT-Drs. 16/8484, S. 124.
248 HambOVG, DVBl 2021, 467, 468 (Rn 21) = ZD 2021, 278, 280, m. Anm. Freund, 282 ff.

V. Allgemeine Datenschutznormen (§§ 11 bis 16 PolG)

unverhältnismäßig großen Aufwand an Zeit, Kosten und Arbeitskraft einer bestimmten oder bestimmbaren natürlichen Person zugeordnet werden können. Die DSRL 2016/680 sieht den Begriff der Anonymisierung nicht vor (ebenso die DSGVO).[249] Der EU-Richtliniengeber weist aber darauf hin, dass die Grundsätze des Datenschutzes nicht für **anonyme Informationen** gelten sollen.[250] Anonymisierte Daten unterfallen mithin nicht den besonderen datenschutzrechtlichen Regelungen des PolG[251]; dies gilt vor allem für wissenschaftliche Zwecke oder die Archivierung (vgl. § 57 Abs. 5 PolG). Zudem lässt das PolG teils eine Datenverarbeitung erst / nur zu, wenn eine Anonymisierung der Daten nicht möglich ist (vgl. § 57 Abs. 1 S. 1 Nr. 2, § 58 Abs. 1 S. 1 PolG: Statistik). Der Landesgesetzgeber hat für die Definition des Begriffs der „Anonymisierung" auch auf die Erläuterungen des Begriffs durch den EU-Richtliniengeber zurückgegriffen.[252] Vgl. zur **Pflicht zur Anonymisierung der verarbeiteten Daten** gem. § 13 S. 1 PolG eingehender § 10 Rn 114.

Nr. 5: Pseudonymisierung = Die Verarbeitung personenbezogener Daten in einer Weise, dass die personenbezogenen Daten ohne Hinzuziehung zusätzlicher Informationen nicht mehr einer spezifischen betroffenen Person zugeordnet werden können, sofern diese zusätzlichen Informationen gesondert aufbewahrt werden und technischen und organisatorischen Maßnahmen unterliegen, die gewährleisten, dass die personenbezogenen Daten nicht einer identifizierten oder identifizierbaren natürlichen Person zugewiesen werden.

95

Im Gegensatz zur Anonymisierung zeichnet sich die Pseudonymisierung dadurch aus, dass eine **Zuordnungsregel** besteht, die den unter einem Pseudonym erfassten Daten ein Identifikationsmerkmal einer Person zuweist.[253] Die **wahre Identität der Person wird verdeckt**, die Möglichkeit zur Feststellung der wahren Identität ist aber nicht vollständig beseitigt.[254]

Beispiel: Zur Kennzeichnung einer Person wird ein Aliasnamen verwendet. Im Gegensatz zur Anonymisierung unterliegen die pseudonymisierten Daten den vollen datenschutzrechtlichen Anforderungen.[255]

Nr. 6: Dateisystem = Jede strukturierte Sammlung personenbezogener Daten, die nach bestimmten Kriterien zugänglich sind, unabhängig davon, ob diese Sammlung zentral, dezentral oder nach funktionalen oder geografischen Gesichtspunkten geordnet geführt wird.

96

Der bislang gebrauchte Begriff der „**Datei**" geht in dem von der DSRL 2016/680 verwendeten Begriff des „Dateisystems" auf.

Nr. 15: Besondere Kategorien personenbezogener Daten = Daten, aus denen die rassische oder ethnische Herkunft, politische Meinungen, religiöse oder weltanschauliche Überzeugungen oder die Gewerkschaftszugehörigkeit hervorgehen, genetische Daten, biometrische Daten zur eindeutigen Identifizierung einer natürlichen Person, Gesundheitsdaten und Daten zum Sexualleben oder der sexuellen Orientierung.

97

---

249 Vgl. zur Anonymisierung Schweinoch/Peintinger, CR 2020, 643 ff.
250 Erwägungsgrund 21 der DSRL 2016/680, EU ABl. L 119, S. 92. So auch EuG, CR 2023, 532, m. zust. Anm. Schweinoch/Peintinger, 536 ff.
251 Vgl. dazu auch Johannes/Weinhold, Neues Datenschutzrecht, § 1 Rn 137; Roßnagel, in: Roßnagel, Das neue Datenschutzrecht, § 3 Rn 78; Eßer/Franck, Datenschutzrecht, Rn 13.
252 Erwägungsgrund 21 der DSRL 2016/680, EU ABl. L 119, S. 92: „Informationen, die sich nicht auf eine identifizierte oder identifizierbare natürliche Person beziehen, oder personenbezogene Daten, die in einer Weise anonymisiert worden sind, dass die betroffene Person nicht mehr identifiziert werden kann."
253 Klar/Kühling, in: Kühling/Buchner, DSGVO/BDSG, Art. 4 Nr. 5 DSGVO Rn 2; Kühling/Klar/Sackmann, Datenschutzrecht Rn 277; Eßer/Franck, Datenschutzrecht, Rn 14. Vgl. auch EuG, CR 2023, 532, m. zust. Anm. Schweinoch/Peintinger, 536 ff.
254 Schulz, in: Gola/Schomerus, BDSG, § 46 Rn 35, u. Hansen/Walczak, RDV 2020, 53 ff.
255 Schulz, in: Gola/Schomerus, BDSG, § 46 Rn 37.

Der Begriff spielt an verschiedenen Stellen des Datenschutzrechts eine grundlegende Rolle (vgl. §§ 15 Abs. 4 S. 1 Nr. 2, 42 Abs. 2 S. 2, 71, 78 Abs. 1 PolG). Eine besondere Bedeutung kommt ihm für die Erfassung und Speicherung in **POLAS** zu.[256]

98   **Nr. 18: Einwilligung** = Jede freiwillig für den bestimmten Fall, in informierter Weise und unmissverständlich abgegebene Willensbekundung in Form einer Erklärung oder einer sonstigen eindeutigen bestätigenden Handlung, mit der die betroffene Person zu verstehen gibt, dass sie mit der Verarbeitung der sie betreffenden personenbezogenen Daten einverstanden ist.

§ 12 Nr. 18 PolG enthält nur eine Begriffsbestimmung und stellt **keine weitergehende Rechtsgrundlage für Einwilligungen bzw. Einwilligungserklärungen** dar. Seit Inkrafttreten der DSRL 2016/680 und deren Umsetzungspflicht ins deutsche Recht ist davon auszugehen, dass die Einwilligung einer betroffenen Person zu einer Datenverarbeitung einer **ausdrücklichen gesetzlichen Ermächtigung** bedarf, eine allgemeine Erlaubnis der Datenverarbeitung mit Einwilligung also nicht mehr ausreicht.[257] Der EU-Richtliniengeber hat deutlich gemacht, dass eine betroffene Person, die aufgefordert werde, einer rechtlichen Verpflichtung nachzukommen, **keine echte Wahlfreiheit** habe, weshalb ihre Reaktion nicht als freiwillig abgegebene Willensbekundung betrachtet werden könne.[258] Angesichts dieser unionsrechtlichen Rahmenbedingungen aus der DSLR 2016/680 ist davon auszugehen, dass **ohne unionsrechtskonforme ausdrückliche gesetzliche Ermächtigung** die **Einwilligung der betroffenen Person** eine Berechtigung zur Durchführung einer erkennungsdienstlichen Maßnahme **nicht wirksam** bewirken kann (→ Rn 181 f.).[259]

99   **c) Automatisierte / nichtautomatisierte Datenverarbeitung.** Da die DSRL 2016/680 **keine Unterscheidung zwischen automatisierter und nichtautomatisierter Datenverarbeitung** vorsieht (→ Rn 72), konnte diese Begriffsbestimmung, die das LDSG a. F. noch vorsah, im PolG 2020 entfallen.[260]

100   **4. Allgemeine Grundsätze (§ 13 PolG). a) Allgemeines.** § 13 PolG übernimmt die **allgemeinen datenschutzrechtlichen Vorgaben** des Art. 4 Abs. 1, Abs. 4 und Art. 7 Abs. 1 DSRL 2016/680. Nach Auffassung des Landesgesetzgebers ist § 13 PolG überwiegend deklaratorischer Natur, die in § 13 S. 1 PolG festgelegten Grundsätze werden nach seiner Auffassung in den übrigen Vorschriften für die Verarbeitung personenbezogener Daten in konkretisierter Form umgesetzt, können in ihrer abstrakten Form aber bei der teleologischen Auslegung der übrigen Vorschriften herangezogen werden.[261] Dem kann in dieser Tragweite nicht gefolgt werden. Die Grundsätze des § 13 S. 1 PolG stellen eine **allgemeine objektive Ordnung des Datenschutzrechts** dar.[262] Die allgemeinen datenschutzrechtlichen Grundsätze des Art. 4 Abs. 1 DSRL 2016/680 sind richtigerweise **keine bloßen Programmsätze, sondern rechtliche Pflichten**.[263] § 13 PolG dient zudem als Rückfallebene, soweit die speziellen datenschutzrechtlichen Regelungen Lücken aufweisen oder nicht alle allgemeinen datenschutzrechtlichen Grundsätze berücksichtigen; § 13 PolG ist insofern zwar keine eigenständige Rechtsgrundlage für die Datenverarbeitung, aber eine **stets beachtliche datenschutzrechtliche Grundnorm mit elementaren Pflichten für die Datenverarbeitung**.

---

256 Vgl. dazu LT-Drs. 17/1170, S. 3 ff.
257 Wie hier etwa Weinhold, in: Roßnagel, Das neue Datenschutzrecht, § 7 Rn 86, Heckmann/Paschke, in: Gola/Schomerus, BDSG, § 51 Rn 9, u. Frenzel, in: Paal/Pauly, DSGVO/BDSG, § 51 BDSG Rn 1.
258 Erwägungsgrund 35 der DSRL 2016/680, EU ABl. L 119, S. 94.
259 Schwabenbauer, in: Lisken/Denninger, Handbuch des Polizeirechts, Kap. G Rn 54.
260 LT-Drs. 16/8484, S. 124.
261 LT-Drs. 16/8484, S. 124.
262 Roßnagel, in: Roßnagel, Das neue Datenschutzrecht, § 3 Rn 45, zu Art. 5 DSGVO.
263 Johannes/Weinhold, Neues Datenschutzrecht, § 1 Rn 123; Roßnagel, in: Roßnagel, Das neue Datenschutzrecht, § 3 Rn 45, zu Art. 5 DSGVO.

V. Allgemeine Datenschutznormen (§§ 11 bis 16 PolG)

Die Übernahme der allgemeinen datenschutzrechtlichen Grundsätze aus der DSRL 2016/680 ist notwendig, da die DSGVO im Bereich des Polizeirechts regelmäßig keine Anwendung findet (→ Rn 67). Damit besteht **keine Möglichkeit des Rückgriffs** auf die allgemeinen datenschutzrechtlichen Grundsätze der DSGVO bzw. des LDSG.

b) Allgemeine datenschutzrechtliche Grundsätze (§ 13 S. 1 PolG). § 13 Abs. 1 S. 1 PolG normiert für den Bereich der Datenverarbeitung im Polizeirecht sieben **elementare datenschutzrechtliche Grundsätze**, die bei allen Vorgängen der Datenverarbeitung zu beachten sind. Sie sind über die DSLR 2016/680 **unionsweite Garantien** zum Schutz der Rechte der betroffenen Personen.[264]

101

Die **Aufzählung** in § 13 S. 1 PolG ist insoweit **nicht abschließend**, als auch alle weiteren Grundsätze des Datenschutzrechts zu beachten sind, wie sie sich etwa aus dem Verfassungsrecht (Grundsatz der Verhältnismäßigkeit, Recht auf informationelle Selbstbestimmung etc.) oder dem Unionsrecht (Grundsatz der Effektivität etc.) ergeben.[265]

aa) Treu und Glauben (§ 13 S. 1 Nr. 1 PolG). Gem. § 13 S. 1 Nr. 1 PolG dürfen personenbezogene Daten **nur auf rechtmäßige Weise** und nach **Treu und Glauben** verarbeitet werden. Die Regelung entspricht der in Art. 4 Abs. 1 Nr. 1 lit. a DSRL 2016/680.

102

Die Regelung macht deutlich, dass eine Datenverarbeitung nur möglich ist, wenn sie **auf einer gesetzlichen Grundlage** erfolgt („rechtmäßig"), die hinreichend bestimmt die Voraussetzungen und Grenzen der Datenverarbeitung regelt.[266] Der datenschutzrechtliche **Eingriff** muss für die betroffene Person über die gesetzliche Regelung **vorhersehbar** sein.[267]

Der Begriff „Treu und Glauben" ist im Kontext der Datenverarbeitung rechtlich schwer zu greifen.[268] Mit Bezug zu den Begriffen in anderen Textausgaben der DSRL 2016/680 (englisch: „fairness", französisch: „loyauté") dürfte mit Treu und Glauben nicht der deutsche Rechtsgrundsatz gemeint sein, wie ihn etwa § 242 BGB kennt, sondern es spricht vieles dafür, dass der EU-Richtliniengeber damit ein Korrektiv für alle Fälle schaffen wollte, in denen es durch die Datenverarbeitung zu einem **Missverhältnis zwischen dem Rechtsanwender und der betroffenen Person** kommt („unfaires Verhalten").

Der EU-Richtliniengeber hat dazu ausgeführt: „Der Datenschutzgrundsatz der Verarbeitung nach Treu und Glauben ist ein anderes Konzept als das Recht auf ein faires Verfahren im Sinne des Artikels 47 der Charta und des Artikels 6 der Europäischen Konvention zum Schutze der Menschenrechte und Grundfreiheiten (EMRK). Natürliche Personen sollten über die Risiken, Vorschriften, Garantien und Rechte im Zusammenhang mit der Verarbeitung ihrer personenbezogenen Daten informiert und darüber aufgeklärt werden, wie sie ihre diesbezüglichen Rechte geltend machen können. Insbesondere sollten die bestimmten Zwecke, zu denen die personenbezogenen Daten verarbeitet werden, eindeutig und rechtmäßig sein und zum Zeitpunkt deren Erhebung feststehen."[269]

„Treu und Glauben" bildet das Verhältnis zwischen Polizei und betroffener Person im Datenschutzverfahren ab und ist ein **Auffangtatbestand**, der Korrekturen ermöglicht, wenn die Datenverarbeitung insgesamt nicht gerechtfertigt erscheint und die betroffene Personen einem ihr im konkreten Einzelfall nicht zumutbaren Nachteil aussetzt.[270]

---

264 So zutr. Johannes/Weinhold, Neues Datenschutzrecht, § 1 Rn 122.
265 Roßnagel, in: Roßnagel, Das neue Datenschutzrecht, § 3 Rn 46, zu Art. 5 DSGVO.
266 Gusy/Eichenhofer, Polizei- und Ordnungsrecht, Rn 275.
267 EuGH, NJW 2014, 2169, 2172 (Rn 54); Johannes/Weinhold, Neues Datenschutzrecht, § 1 Rn 125.
268 Johannes/Weinhold, Neues Datenschutzrecht, § 1 Rn 127: „schwer zu fassen"; ebenso Roßnagel, in: Roßnagel, Das neue Datenschutzrecht, § 3 Rn 53, zu Art. 5 DSGVO.
269 Erwägungsgrund 26 der DSRL 2016/680, EU ABl. L 119, S. 93.
270 Wie hier Roßnagel, in: Roßnagel, Das neue Datenschutzrecht, § 3 Rn 53 f., zu Art. 5 DSGVO.

Transparenzgebot → Rn 120 ff., 131 ff.

Aus § 13 S. 1 PolG folgt unmittelbar und ohne Weiteres, dass die **Verarbeitung von rechtswidrig erlangten Daten** durch die Polizei unter allen Umständen **ausgeschlossen** ist. Die Rechtmäßigkeit der verarbeiteten Daten gilt auch für die erstmalige Erfassung (= Erhebung [vgl. dazu § 12 Nr. 2 PolG]) der Daten, also auch für deren Erlangung durch die Polizei. Dies wird durch § 75 Abs. 2 S. 1 PolG bekräftigt, wonach unrichtige Daten unverzüglich zu löschen sind, wenn deren Speicherung unzulässig ist.[271]

103   bb) **Zweckbindung / Zweckfestlegung (§ 13 S. 1 Nr. 2 PolG).** Gem. § 13 S. 1 Nr. 2 PolG dürfen personenbezogene **Daten nur für festgelegte, eindeutige und rechtmäßige Zwecke erhoben** werden und müssen in einer **mit diesen Zwecken zu vereinbarenden Weise verarbeitet** werden. Die Regelung entspricht der in Art. 4 Abs. 1 Nr. 1 lit. b DSRL 2016/680.

Zwar ist „**Datenverarbeitung**" (§ 12 Nr. 2 PolG) nunmehr der datenschutzrechtliche Oberbegriff (→ Rn 73). In § 13 S. 1 Nr. 2 PolG wird aber – ebenso wie in Art. 4 Abs. 1 Nr. 1 lit. b DSRL 2016/680 – zwischen der **Daten*erhebung*** und der **Daten*verarbeitung*** unterschieden. Diese Differenzierung entspricht der zwischen **Zweckfestlegung und Zweckbindung**.[272] Die in § 12 Nr. 2 PolG verankerte **Zweckbindung** der zu verarbeitenden Daten ist **der zentrale Grundsatz des EU-Datenschutzrechts**[273]: Er stellt sicher, dass die Daten zu einem konkreten und für die betroffene Person erkennbaren Zweck erhoben werden und dass diese Daten nicht zu einem anderen Zweck weiter verarbeitet werden dürfen.

Der EU-Richtliniengeber hat dazu ausgeführt: „Personenbezogene Daten sollten für festgelegte, eindeutige und rechtmäßige Zwecke innerhalb des Anwendungsbereichs dieser Richtlinie erhoben und nicht zu Zwecken verarbeitet werden, die nicht mit den Zwecken der Verhütung, Ermittlung, Aufdeckung oder Verfolgung von Straftaten oder der Strafvollstreckung, einschließlich des Schutzes vor und der Abwehr von Gefahren für die öffentliche Sicherheit, zu vereinbaren sind."[274] Jede nicht zulässige **Zweckänderung** stellt eine **neue Datenerhebung** dar, die einer vollständig neuen Rechtmäßigkeitsbeurteilung unterliegt: „Werden personenbezogene Daten von demselben oder einem anderen Verantwortlichen für einen anderen in den Anwendungsbereich dieser Richtlinie fallenden Zweck als den, für den sie erhoben wurden, verarbeitet, so sollte diese Verarbeitung erlaubt sein, unter der Bedingung, dass diese Verarbeitung nach den geltenden Rechtsvorschriften zulässig ist und dass sie für diesen anderen Zweck erforderlich und verhältnismäßig ist."[275]

104   Im Einzelnen ergeben sich daraus **folgende Vorgaben**, die bei jeder Datenverarbeitung zu beachten sind:

- Der **Zweck der Datenerhebung** muss für die betroffene Person **klar erkennbar** sein: Er muss von der Polizei von Anfang an (*vor* der Erhebung) festgelegt sein[276], er muss eindeutig sein (Klarheit und Bestimmtheit des Zwecks) und die Datenerhebung muss für diesen Zweck auf einer gesetzlichen Norm beruhen (Rechtmäßigkeit des Eingriffs).
- Die **Datenverarbeitung** muss zu diesem Zweck **erforderlich** sein. Der EU-Richtliniengeber hat dies sehr deutlich gemacht: „Personenbezogene Daten sollten nur verarbeitet werden dürfen, wenn der Zweck der Verarbeitung nicht in zumutbarer Weise durch andere Mittel erreicht werden kann."[277]

---

271   Eher *diff.* Roßnagel, in: Roßnagel, Das neue Datenschutzrecht, § 3 Rn 50.
272   Johannes/Weinhold, Neues Datenschutzrecht, § 1 Rn 129.
273   Roßnagel, in: Roßnagel, Das neue Datenschutzrecht, § 3 Rn 60.
274   Erwägungsgrund 29 der DSRL 2016/680, EU ABl. L 119, S. 93.
275   Erwägungsgrund 29 der DSRL 2016/680, EU ABl. L 119, S. 93.
276   Vgl. dazu Spies, ZD 2022, 75 ff.
277   Erwägungsgrund 26 der DSRL 2016/680, EU ABl. L 119, S. 93.

- Der durch die Datenverarbeitung bedingte **Eingriff** in die Rechte der betroffenen Person muss **auf das geringstmögliche Maß beschränkt** sein.
- Die für einen konkreten Zweck erhobenen Daten unterliegen einer **strengen Zweckbindung**: Sie dürfen für keine anderen Zwecke verarbeitet (= verwendet) werden. Eine **Zweckänderung** ist grundsätzlich ausgeschlossen, sie ist **nur rechtmäßig**, wenn sie mit dem ursprünglichen Erhebungszweck vereinbar ist. Die **Zulässigkeit einer Zweckänderung** bestimmt sich nach § 15 Abs. 2 PolG (→ Rn 151 ff.).

cc) **Übermaßverbot (§ 13 S. 1 Nr. 3 PolG).** Gem. § 13 S. 1 Nr. 3 PolG müssen personenbezogene 105 Daten **dem Verarbeitungszweck entsprechen**, **maßgeblich** sein und dürfen in Bezug auf die Zwecke, für die sie verarbeitet werden, **nicht übermäßig** sein. Die Regelung entspricht der in Art. 4 Abs. 1 Nr. 1 lit. c DSRL 2016/680.

Das **Übermaßverbot** in § 13 S. 1 Nr. 3 PolG entspricht dem schon nach bisheriger Rechtslage geltenden datenschutzrechtlichen **Grundsatz der Datenminimierung** und bedeutet, dass die Daten auf das für den jeweiligen Verarbeitungszweck notwendige Maß beschränkt sein müssen.[278] Die Regelung stellt die Beachtung des **Grundsatzes der Erforderlichkeit** bei jedem Einzelfall der Datenverarbeitung sicher.[279] § 13 S. 1 Nr. 3 PolG konkretisiert **drei Gründe** für die Notwendigkeit einer Datenbeschränkung:[280]

- **Identität**: Die Daten müssen dem Zweck ihrer Verarbeitung gleichen („entsprechen"). Es dürfen damit keine Daten erhoben werden, die außerhalb des konkreten Datenverarbeitungszwecks liegen.
- **Erforderlichkeit**: Die Daten dürfen nur verarbeitet werden, wenn ihre Erhebung erforderlich ist („maßgeblich"). Dem Grunde nach wird damit auf die Kausalität der Daten für ihren Verarbeitungszweck abgestellt. Daten, die für den Verarbeitungszweck ohne Belang sind, die also der Polizei keinen Vorteil bieten oder die für die Erfüllung der polizeilichen Zwecke nicht weiterführend sind, dürfen nicht verarbeitet werden.
- **Begrenzung auf das Notwendige**: Die Datenverarbeitung darf nur soweit gehen, wie es für den konkreten Zweck unbedingt notwendig ist; sie muss sich auf das notwendige Maß und den zwingenden Umfang beschränken. Alle überschießenden Datenerhebungen sind rechtswidrig.

Der Grundsatz des § 12 S. 1 Nr. 3 PolG fordert die Polizei zu einer **möglichst weitreichenden** 106 **Minimierung** der personenbezogenen Daten in Bezug auf **Anzahl und Maß der Nutzungen** und die **Anzahl der betroffenen Personen** auf.[281] Es geht um eine **maximale Optimierung** der konkreten Datenverarbeitung.[282]

dd) **Richtigkeit (§ 13 S. 1 Nr. 4 PolG).** Gem. § 13 S. 1 Nr. 4 PolG müssen personenbezogene 107 Daten **sachlich richtig** und erforderlichenfalls **auf dem neuesten Stand** sein; dabei sind alle angemessenen Maßnahmen zu treffen, damit personenbezogene Daten, die im Hinblick auf die Zwecke ihrer Verarbeitung unrichtig sind, unverzüglich gelöscht oder berichtigt werden. Die Regelung entspricht der in Art. 4 Abs. 1 Nr. 1 lit. d DSRL 2016/680.

Die von der Polizei verarbeiteten Daten müssen sachlich richtig und erforderlichenfalls auf dem neuesten Stand sein (§ 13 S. 1 Nr. 4 Hs. 1 PolG). Es geht dabei um die **Datenqualität**.[283] Der EU-Richtliniengeber hat hierzu ausgeführt: „Der Grundsatz der sachlichen Richtigkeit

---

278 LT-Drs. 16/8484, S. 124; OVG NRW, DVBl 2023, 95, 97 (Rn 53), 98 f. (Rn 67 ff.).
279 Johannes/Weinhold, Neues Datenschutzrecht, § 1 Rn 130, 132.
280 Vgl. dazu auch Roßnagel, in: Roßnagel, Das neue Datenschutzrecht, § 3 Rn 70.
281 Roßnagel, in: Roßnagel, Das neue Datenschutzrecht, § 3 Rn 72.
282 Roßnagel, in: Roßnagel, Das neue Datenschutzrecht, § 3 Rn 43.
283 Roßnagel, in: Roßnagel, Das neue Datenschutzrecht, § 3 Rn 73.

der Daten sollte unter Berücksichtigung von Art und Zweck der jeweiligen Verarbeitung angewandt werden."[284]

108 Aus dem Grundsatz der Datenrichtigkeit folgen **drei grundlegende Pflichten der Polizei** bei der Datenverarbeitung:

- Die Polizei darf **keine falschen Daten** verarbeiten. Die verarbeiteten Daten müssen die Realität möglichst exakt wiedergeben.
- Die Polizei muss die **Daten auf dem neuesten Stand** halten. Der Begriff „erforderlichenfalls" macht deutlich, dass nicht jede Veränderung zu berücksichtigen ist, sondern nur solche, die für die verarbeiteten Daten und deren Auswertung / Verwendung – mithin den Verarbeitungszweck – relevant sind.
- Die Polizei unterliegt im Hinblick auf die Richtigkeit der verarbeiteten Daten einer **Überprüfungspflicht** (→ Rn 109).

Der Grundsatz der Richtigkeit bezieht sich nicht auf subjektive Inhalte der verarbeiteten Daten, sondern nur auf **objektive Fakten**.

Beispiel: Ob eine Zeugenaussage zutreffend ist oder nicht, lässt sich durch die Polizei nicht ohne Weiteres abschließend beurteilen. Die Richtigkeit bezieht sich daher nur auf die Tatsache, den Zeitpunkt und den Inhalt der Zeugenaussage als solcher, nicht auf ihre inhaltliche und möglicherweise rechtliche Beurteilung (richtig oder falsch).

109 Für die Beurteilung der Richtigkeit der Daten ist auf den **Zeitpunkt ihrer Verarbeitung** abzustellen. Mit der Pflicht zur Sicherstellung der Richtigkeit der verarbeiteten Daten korrespondiert eine **Überprüfungspflicht der Polizei vor der Datenverarbeitung**: Die Polizei hat durch geeignete Maßnahmen sicherzustellen, dass die Richtigkeit der verwendeten Daten stets vor ihrer Verarbeitung überprüft und die Daten bei Unrichtigkeit ggf. sofort gelöscht oder berichtigt werden.[285] Darüber hinaus ist die Überprüfungspflicht eine **Daueraufgabe**, die während des gesamten Vorgangs der Datenerhebung besteht; dies wird aus dem Gesetzestext deutlich, der eine Löschung vorsieht (diese setzt eine vorherige Speicherung im Sinne einer Verarbeitung voraus).

110 Unrichtige Daten dürfen weder erhoben noch verarbeitet werden. Es gilt **ein absolutes Verarbeitungsverbot**. Hieraus folgt eine **Pflicht zur unverzüglichen Berichtigung oder Löschung** falscher Daten (§ 13 S. 1 Nr. 4 Hs. 2 PolG). Unverzüglich meint sofort, d. h. ohne schuldhaftes Zögern. Richtigerweise geht Berichtigung vor Löschung. Ist eine Berichtigung nicht möglich, muss eine Löschung der falschen Daten zwingend erfolgen.

111 Im Zusammenhang mit dem Grundsatz der Richtigkeit der verarbeiteten Daten steht der **Grundsatz der Kenntlichmachung**, welcher der Konkretisierung des Grundsatzes der sachlichen Richtigkeit dient (→ Rn 112).

112 **ee) Kenntlichmachung subjektiver Daten (§ 13 S. 1 Nr. 5 PolG).** Gem. § 13 S. 1 Nr. 5 PolG sind personenbezogene Daten **so weit wie möglich kenntlich zu machen**, sofern sie nicht auf Tatsachen, sondern **auf persönlichen Einschätzungen** beruhen. Die Regelung entspricht der in Art. 7 Abs. 1 DSRL 2016/680.

§ 13 S. 1 Nr. 5 PolG **konkretisiert den Grundsatz der sachlichen Richtigkeit**.[286] Aussagen von Opfern, Zeugen oder sonstigen Hinweisgebern basieren oft auf der persönlichen Wahrnehmung der aussagenden Personen und sind nicht immer nachprüfbar. Ob solche Daten den Tatsachen entsprechen, kann daher nicht immer eindeutig festgestellt werden.[287] Der EU-Richtliniengeber hat hierzu ausgeführt: „Aussagen, die personenbezogene Daten enthalten, basieren gerade in

---

284 Erwägungsgrund 30 der DSRL 2016/680, EU ABl. L 119, S. 93.
285 So zutr. Johannes/Weinhold, Neues Datenschutzrecht, § 1 Rn 134.
286 Johannes/Weinhold, Neues Datenschutzrecht, § 1 Rn 314.
287 LT-Drs. 16/8484, S. 124.

V. Allgemeine Datenschutznormen (§§ 11 bis 16 PolG)

Gerichtsverfahren auf der subjektiven Wahrnehmung von natürlichen Personen und sind nicht immer nachprüfbar. Infolgedessen sollte sich der Grundsatz der sachlichen Richtigkeit nicht auf die Richtigkeit einer Aussage beziehen, sondern lediglich auf die Tatsache, dass eine bestimmte Aussage gemacht worden ist."[288]

Aus dem Grundsatz der sachlichen Richtigkeit folgt in § 13 S. 1 Nr. 5 PolG eine **doppelte Pflicht der Polizei**, 113

- zum einen zwischen auf Fakten und auf subjektiven Einschätzungen beruhenden Daten zu differenzieren, und
- zum anderen auf persönlichen Einschätzungen beruhende Daten als solche zu kennzeichnen.

Die **Kennzeichnung** muss **eindeutig** und **für Außenstehende nachvollziehbar** sein. Sie kann etwa durch eine Bezeichnung der Herkunft der Daten oder durch geeignete sonstige klare Formulierungen erfolgen.

Beispiel: Eine Zeugenaussage muss im Wortlaut zutreffend wiedergegeben werden, Ort, Zeit und persönliche Daten der vernommenen Person müssen angegeben werden. Schlussfolgerungen aus der Zeugenaussage, die von der Polizei gezogen werden, müssen als solche gekennzeichnet werden (etwa durch die Anmerkung: „Der vernehmende Polizeibeamte S bewertet die Aussage des Zeugen S als bloße Schutzbehauptung, da ..."").

ff) Speicherbegrenzung / Anonymität (§ 13 S. 1 Nr. 6 PolG). Gem. § 13 S. 1 Nr. 6 PolG dürfen 114 personenbezogene Daten **nicht länger, als** es für die Zwecke, für die sie verarbeitet werden, **erforderlich** ist, in einer Form **gespeichert** werden, die die Identifizierung der betroffenen Personen ermöglicht. Die Regelung entspricht der in Art. 4 Abs. 1 Nr. 1 lit. e DSRL 2016/680.

Aus § 13 S. 1 Nr. 6 PolG folgt die Pflicht der Polizei, die **Datenverarbeitung** durch Speicherung **so kurz wie möglich** auszugestalten. Die Regelung dient dem Schutz der von der Datenverarbeitung betroffenen Person und setzt den **Grundsatz der Erforderlichkeit** um. Die Umsetzung dieser Pflicht kann auf **zwei Wegen** erfolgen:

- Die zur Datenverarbeitung gespeicherten Daten werden **anonymisiert** (zum Begriff vgl. § 12 Nr. 4 PolG [→ Rn 94]): „Die Grundsätze des Datenschutzes sollten daher nicht für anonyme Informationen gelten, d. h. für Informationen, die sich nicht auf eine identifizierte oder identifizierbare natürliche Person beziehen, oder personenbezogene Daten, die in einer Weise anonymisiert worden sind, dass die betroffene Person nicht mehr identifiziert werden kann."[289] Dies erfordert, dass die gespeicherten Daten nach der Anonymisierung nicht mehr oder nur mit großem Aufwand einer bestimmten Person zugeordnet werden können (→ Rn 94). Dies dürfte in der Praxis nicht immer einfach sein.[290]
- Durch **Löschung** der gespeicherten Daten nach Wegfall der Erforderlichkeit der Datenverarbeitung. Die Erforderlichkeit beurteilt sich nach dem ursprünglichen Zweck der Datenverarbeitung.

Die **Konkretisierung** der Speicherbegrenzung erfolgt in § 75 PolG.

Die Pflicht zur Löschung der zur Verarbeitung gespeicherten Daten besteht nach der Systematik 115 der Regelung nur, wenn die betroffenen Daten nicht anonymisiert sind. **Anonymisierte Daten unterliegen** damit **keiner Löschungspflicht**.[291] Daraus ergibt sich auch eine **Handlungshierarchie** der Polizei: **Anonymisierung geht vor Löschung**, wenn die gespeicherten Daten nach

---

288 Erwägungsgrund 30 der DSRL 2016/680, EU ABl. L 119, S. 93.
289 Erwägungsgrund 21 der DSRL 2016/680, EU ABl. L 119, S. 92.
290 So zu Recht Johannes/Weinhold, Neues Datenschutzrecht, § 1 Rn 137.
291 Johannes/Weinhold, Neues Datenschutzrecht, § 1 Rn 137; Roßnagel, in: Roßnagel, Das neue Datenschutzrecht, § 3 Rn 78.

Zweckerfüllung erhalten bleiben sollen. Allerdings kann die gesetzliche Pflicht zur Löschung von Daten nicht durch eine erst dann erfolgende Anonymisierung der Daten ersetzt werden.[292]

116 § 13 S. 1 Nr. 6 PolG statuiert eine **dauerhafte Überprüfungspflicht der Polizei** bei der Verarbeitung und Speicherung ihrer personenbezogenen Daten. Die Polizei muss stets prüfen, ob der mit der Verarbeitung konkreter Daten verbundene Zweck die Speicherung weiterhin erfordert. Die Polizei muss mithin durch **geeignete Maßnahmen sicherstellen**, dass eine regelmäßige dahingehende Überprüfung stattfindet (durch das **Datenschutzmanagementsystem** [→ Rn 122, 610]). Die Kontrollabstände dürfen dabei nicht zu lang sein. Von der Überwachungs- und Prüfpflicht ist die Polizei nur bzw. erst befreit, wenn die betroffenen Daten anonymisiert (→ Rn 114) oder gelöscht wurden.

117 **gg) Integrität und Vertraulichkeit (§ 13 S. 1 Nr. 7 PolG).** Gem. § 13 S. 1 Nr. 7 PolG dürfen personenbezogene Daten nur in einer Weise verarbeitet werden, die eine **angemessene Sicherheit der personenbezogenen Daten** gewährleistet; hierzu gehört auch ein durch geeignete technische und organisatorische Maßnahmen zu gewährleistender Schutz vor unbefugter oder unrechtmäßiger Verarbeitung, unbeabsichtigtem Verlust, unbeabsichtigter Zerstörung oder unbeabsichtigter Schädigung. Die Regelung entspricht der in **Art. 4 Abs. 1 Nr. 1 lit. f DSRL 2016/680**. Die für den Datenschutz zuständige Stelle der Polizei hat **geeignete Vorkehrungen gegen zweckfremde Verwendung und sonstigen Missbrauch** der verarbeiteten Daten zu treffen.[293]

Die Polizei muss i. S. d. § 13 S. 1 Nr. 7 PolG dafür sorgen, dass zugunsten der betroffenen Person die auf sie bezogenen, zur Datenverarbeitung **gespeicherten Daten vor dem unberechtigten Zugriff Dritter oder sonstiger unbeabsichtigter Verarbeitung** sicher geschützt sind. Der EU-Richtliniengeber hat hierzu ausgeführt: „Um stets eine sichere Verarbeitung zu gewährleisten und Verarbeitungen, die gegen diese Richtlinie verstoßen, zu verhindern, sollten personenbezogene Daten so verarbeitet werden, dass ein Maß an Sicherheit und Vertraulichkeit gegeben ist, wozu auch gehört, dass Unbefugte keinen Zugang zu den Daten haben und weder die Daten noch die Geräte, mit denen diese verarbeitet werden, benutzen können, und dass die Verarbeitung den Stand der verfügbaren Technik, die Kosten für ihre Einführung im Verhältnis zu den von der Verarbeitung ausgehenden Risiken und die Art der zu schützenden personenbezogenen Daten berücksichtigt."[294]

118 § 13 S. 1 Nr. 7 PolG gebietet den **Systemdatenschutz** durch eine umfassende Sicherung der allgemeinen Datenschutzgrundsätze des § 13 S. 1 Nr. 1 bis 6 PolG und garantiert damit den **Schutz des Grundrechts auf Datenschutz**.[295] Die **notwendige Konkretisierung** erfolgt durch die §§ 70 ff. PolG, etwa durch die Vorgaben an die Sicherheit der Datenverarbeitung in § 78 f. PolG.

119 **c) Transparenz und Nachvollziehbarkeit. aa) Allgemeines.** Art. 4 Abs. 1 Nr. 1 lit. a DSRL 2016/680 unterscheidet sich vom ansonsten inhaltsgleichen Art. 5 Abs. 1 lit a DSGVO dahin gehend, dass er die Formulierung „und in einer für die betroffene Person nachvollziehbaren Weise verarbeitet werden („Transparenz")" nicht enthält. Das **Transparenzgebot** ist ein elementarer datenschutzrechtlicher Grundsatz der DSGVO.[296] Der Landesgesetzgeber hat sich dazu entschlossen, das Transparenzgebot nicht in § 13 S. 1 PolG zu verankern, „um Missverständnissen vorzubeugen, die sich aus einer zusammenhanglosen Festschreibung des Transparenzkriteriums ergeben könnten."[297]

---

292 Roßnagel, ZD 2021, 188, 192 (zur DSGVO).
293 NdsOVG, DÖV 2020, 447 (Ls.).
294 Erwägungsgrund 28 der DSRL 2016/680, EU ABl. L 119, S. 93.
295 Johannes/Weinhold, Neues Datenschutzrecht, § 1 Rn 138; Roßnagel, in: Roßnagel, Das neue Datenschutzrecht, § 3 Rn 81.
296 Vgl. dazu etwa Roßnagel, in: Roßnagel, Das neue Datenschutzrecht, § 3 Rn 55 ff.
297 LT-Drs. 16/8484, S. 125.

V. Allgemeine Datenschutznormen (§§ 11 bis 16 PolG)

Der EU-Richtliniengeber hat das Transparenzgebot offenbar nicht in Art. 4 Abs. 1 lit. a DSRL 2016/680 übernommen, da durch die Polizei regelmäßig auch **verdeckte Datenverarbeitungen** (etwa bei notwendigen verdeckten Ermittlungen) durchgeführt werden müssen. Diese stellen einen grundsätzlichen und zwingenden Verstoß gegen das Transparenzgebot dar. Dies bedeutet aber nicht, dass das Transparenzgebot im Bereich der Datenverarbeitung durch die Polizei nicht gilt. Dies hat auch der EU-Richtliniengeber so gesehen: „Jede Verarbeitung personenbezogener Daten muss auf rechtmäßige Weise, nach dem Grundsatz von Treu und Glauben und **in einer für die betroffenen natürlichen Personen nachvollziehbaren Weise** erfolgen."[298] Diese Formulierung entspricht der in Art. 5 Abs. 1 lit a DSGVO.

bb) Transparenzgebot. Das **Transparenzgebot gilt** auch **für die Datenverarbeitung durch die Polizei**. Gleichzeitig hat der EU-Richtliniengeber aber klargestellt, dass das Transparenzgebot der Durchführung verdeckter Ermittlungen nicht entgegensteht: „**Dies steht an sich der Durchführung von Maßnahmen wie verdeckten Ermittlungen oder Videoüberwachung durch die Strafverfolgungsbehörden nicht entgegen**. Diese Maßnahmen können zwecks Verhütung, Ermittlung, Aufdeckung oder Verfolgung von Straftaten oder zur Strafvollstreckung, einschließlich des Schutzes vor und der Abwehr von Gefahren für die öffentliche Sicherheit, getroffen werden, sofern sie durch Rechtsvorschriften geregelt sind und eine erforderliche und verhältnismäßige Maßnahme in einer demokratischen Gesellschaft darstellen, bei der die berechtigten Interessen der betroffenen natürlichen Person gebührend berücksichtigt werden."[299]

In der **Literatur** wird teils angenommen, dass der Begriff „Treu und Glauben" in § 13 S. 1 Nr. 1 PolG immanent ein Gebot zur Transparenz enthält.[300]

Zur **Erfüllung des Transparenzgebots** muss die Polizei die von der Datenverarbeitung betroffene Person **über alle Informationen und Informationsmaßnahmen in Kenntnis setzen**, die erforderlich sind, um die Rechtmäßigkeit der Datenverarbeitung zu überprüfen und eine Wahrnehmung aller ihr zustehenden Rechte sicherzustellen.[301] Die Erfüllung des Transparenzgebots durch die Polizei ist u. a. durch die §§ 14, 85 PolG sichergestellt, die eine allgemeine Informationspflicht der Polizei gegenüber der von der Datenverarbeitung betroffenen Person vorsehen. Für die **verdeckten Maßnahmen** der Datenverarbeitung gelten die §§ 14, 86 PolG (→ Rn 129 ff.).

d) Dokumentationspflicht (§ 13 S. 2 PolG). Gem. § 13 S. 2 PolG muss die Einhaltung der in § 13 S. 1 PolG enthaltenen allgemeinen Grundsätze nachgewiesen werden können. Die Regelung entspricht der in Art. 4 Abs. 4 DSRL 2016/680 enthaltenen Nachweispflicht, die dort ebenfalls enthaltene Verpflichtung des Verantwortlichen zur Einhaltung der Pflichten des § 13 S. 1 PolG wurde nicht übernommen (sie ist auch nur deklaratorisch zu verstehen).

Um der in § 13 S. 2 PolG statuierten Nachweispflicht nachzukommen, muss die Polizei bei jedem einzelnen Vorgang der Datenverarbeitung festhalten, dass sie die ihr obliegenden gesetzlichen Pflichten beachtet und eingehalten hat. Erforderlich ist deshalb eine **umfassende Dokumentation** sämtlicher Maßnahmen zur Sicherstellung des Datenschutzes. Dies erfordert ein **Datenschutzmanagementsystem** (→ Rn 610)[302]

Die **Umsetzung** der für die Sicherstellung der Nachweispflicht notwendigen Aufzeichnungen erfolgt durch die §§ 73, 74 PolG.

---

298 Erwägungsgrund 26 der DSRL 2016/680, EU ABl. L 119, S. 92.
299 Erwägungsgrund 26 der DSRL 2016/680, EU ABl. L 119, S. 92 f.
300 Johannes/Weinhold, Neues Datenschutzrecht, § 1 Rn 128 (zu § 47 Nr. 1 BDSG).
301 Roßnagel, in: Roßnagel, Das neue Datenschutzrecht, § 3 Rn 55.
302 Roßnagel, in: Roßnagel, Das neue Datenschutzrecht, § 3 Rn 84 f.; Borell/Schindler, DuD 2019, 767.

123 Aus der Regelung des § 13 S. 2 PolG ergibt sich wegen der der Polizei obliegenden Dokumentationspflicht im Verwaltungs- und Gerichtsverfahren auch eine **Darlegungs- und Beweislast der Polizei.**[303]

124 **5. Allgemeine Regeln für die Datenerhebung (§ 14 PolG). a) Allgemeines.** § 14 PolG entspricht dem bis zum Jahr 2020 geltenden § 19 PolG a. F. Die Vorschrift legt **allgemeine Regeln für die Erhebung von Daten** fest. Die Regelungen konnten nach Auffassung des Landesgesetzgebers beibehalten werden, da sie mit den Vorgaben der DSRL 2016/680 im Einklang stehen.[304]

125 **b) Kenntnisnahme der betroffenen Person (§ 14 Abs. 1 PolG).** Gem. § 14 Abs. 1 S. 1 PolG sind personenbezogene Daten, soweit sie nicht aus allgemein zugänglichen Quellen entnommen werden, **bei der betroffenen Person mit ihrer Kenntnis** zu erheben.

Nach dem **Grundsatz der Unmittelbarkeit** sind die Polizeibehörden und der Vollzugsdienst grundsätzlich verpflichtet,

- die Daten **direkt „an der Quelle"** – bei der betroffenen Person (vgl. § 3 Abs. 1 S. 1 LDSG) – und nicht über einen Dritten zu erheben. Aus dem Grundsatz der Verhältnismäßigkeit ergibt sich die **Rangfolge**, wonach die Daten über einen Polizeipflichtigen / Störer vorrangig bei ihm selbst als betroffener Person und erst dann bei einem Dritten erhoben werden dürfen;
- die Daten **offen** – mit Kenntnis der betroffenen Person von der polizeilichen Maßnahme – **zu erheben.** Die betroffene Person soll sich auf die Datenerhebung einstellen können und wissen, über welche Daten die Polizei verfügt. Werden Daten bei der betroffenen Person erhoben, soll nach Möglichkeit der Grund der Datenerhebung angegeben werden.

126 **Ausnahmsweise** kann die Polizei **ohne Kenntnis der betroffenen Person** oder **bei Dritten** Daten erheben, wenn die Erhebung bei der betroffenen Person nicht oder nur mit unverhältnismäßig hohem Aufwand möglich ist oder die Wahrnehmung polizeilicher Aufgaben gefährdet würde (§ 14 Abs. 1 S. 2 PolG). In diesen Fällen können die Daten auch ohne Kenntnis der betroffenen Person etwa bei anderen Behörden (Kraftfahrzeugzulassungsstelle, Meldebehörde, Ausländerbehörde etc.) oder sonst bei Dritten (private Personen wie Nachbarn, Arbeitgeber etc.) erhoben werden.

127 § 14 Abs. 1 PolG stellt **keine Ermächtigungsgrundlage** für die polizeiliche Erhebung von Daten dar. Die konkrete Berechtigung zur Erhebung von Daten muss sich daher aus anderen Rechtsvorschriften ergeben.[305]

128 **c) Offene und verdeckte Datenerhebung (§ 14 Abs. 2 PolG). aa) Offene Datenerhebung (§ 14 Abs. 2 S. 1 PolG).** Durch § 14 Abs. 2 S. 1 PolG wird der **Grundsatz der Offenheit** formuliert: „Personenbezogene Daten sind grundsätzlich **offen** zu erheben". Dies erfordert, dass die betroffene Person die Daten bewusst preisgibt und sich darüber im Klaren ist, dass es sich um eine Maßnahme der Polizei handelt, um Informationen zu erhalten. Aus dem Begriff „grundsätzlich" folgt, dass die **offene Datenerhebung** der **Regelfall** ist. Abweichungen sind nur unter den engen tatbestandlichen Voraussetzungen des § 14 Abs. 2 S. 2 PolG möglich (→ Rn 129 ff.).

129 **bb) Verdeckte Datenerhebung (§ 14 Abs. 2 S. 1 PolG).** Eine **verdeckte** Datenerhebung ist gem. § 14 Abs. 2 S. 2 PolG nur zulässig, wenn sonst die Wahrnehmung der polizeilichen Aufgabe gefährdet oder nur mit unverhältnismäßig hohem Aufwand möglich ist oder wenn anzunehmen ist, dass dies den überwiegenden Interessen der betroffenen Person entspricht.[306]

---

303 So zutr. Johannes/Weinhold, Neues Datenschutzrecht, § 1 Rn 139.
304 LT-Drs. 16/8484, S. 125.
305 Stephan, in: Stephan/Deger, Polizeigesetz BW, § 19 Rn 3.
306 Thiele, Polizei- und Ordnungsrecht, § 10 Rn 17.

Im Unterschied zur offenen gibt sich die Polizei bei der **verdeckten Datenerhebung** nicht zu erkennen, so dass die betroffene Person den Vorgang nicht als polizeilichen Eingriff wahrnimmt (vgl. Definition in § 14 Abs. 2 S. 2 PolG). Das ist der Fall, wenn die Polizei die Daten heimlich oder getarnt erhebt. Das Rechtsstaatsprinzip und das Demokratiegebot stellen hohe Anforderungen an dieses **anonyme Vorgehen**. Auch der **EU-Richtliniengeber** hat dies betont: „Diese Maßnahmen können zwecks Verhütung, Ermittlung, Aufdeckung oder Verfolgung von Straftaten oder zur Strafvollstreckung, einschließlich des Schutzes vor und der Abwehr von Gefahren für die öffentliche Sicherheit, getroffen werden, sofern sie **durch Rechtsvorschriften geregelt** sind und eine **erforderliche und verhältnismäßige Maßnahme in einer demokratischen Gesellschaft** darstellen, bei der die berechtigten Interessen der betroffenen natürlichen Person gebührend berücksichtigt werden."[307]

Die Voraussetzungen der verdeckten Datenerhebung ergeben sich aus § 14 Abs. 2 S. 2 PolG. Die Vorschrift ist **eng auszulegen**. Eine bloße Erschwerung der Arbeit der Polizei etwa reicht nicht aus. Vielmehr muss die hinreichende Wahrscheinlichkeit bestehen, dass durch ein offenes Vorgehen der **polizeiliche Zweck des Einsatzes gefährdet** wird. Ob ein Aufwand unverhältnismäßig ist, muss durch **Abwägung** ermittelt werden. Dass die verdeckte Datenerhebung den **überwiegenden Interessen der betroffenen Person entspricht**, wird **regelmäßig auszuschließen** sein; sie wird in erster Linie in Betracht kommen, wenn die Daten bei Dritten erhoben werden (→ Rn 130), insgesamt ist bei dieser Tatbestandsvariante aber Zurückhaltung geboten. Bei der Anwendung verdeckter Datenerhebungen kommt dem **Grundsatz der Verhältnismäßigkeit** grundlegende Bedeutung zu.[308]

cc) Abgrenzung offenen / verdeckte Datenerhebung. Ob die Datenerhebung offen oder 130 verdeckt ist, beurteilt sich nicht nach dem Willen der Polizei, sondern aus der **Perspektive der von der Datenerhebung betroffenen Person**. Maßgebend ist also allein die Sicht der betroffenen Person oder des Dritten.[309] Eine **Quellenperson**, von der Daten erhoben werden, kann die betroffene Person oder ein Dritter sein. Eine **Datenerhebung bei Dritten** ist nicht schon deshalb eine verdeckte Maßnahme, weil sie ohne Kenntnis der betroffenen Person, über welche die Daten erhoben werden, erfolgt (= offene Datenerhebung bei Dritten).

d) Hinweispflichten (§ 14 Abs. 3 PolG). § 14 Abs. 3 PolG setzt das **Transparenzgebot** (→ 131 Rn 119 ff.) um und ist bezüglich **offener Maßnahmen** als Ergänzung zur allgemeinen Informationspflicht gem. § 85 PolG zu sehen.

Gem. § 14 Abs. 3 S. 1 PolG ist die Polizei verpflichtet, bei der offenen Erhebung – bei schriftlicher 132 Erhebung stets, sonst auf Verlangen der betroffenen Person – die Rechtsgrundlagen der Datenerhebung zu nennen, auf eine eventuell bestehende Auskunftspflicht oder auf die Freiwilligkeit der Auskunft hinzuweisen. Der **Hinweis** an die betroffene Person ist an **keine bestimmte Form und an kein bestimmtes Verfahren** gebunden. Bei **Verwendung eines Erhebungsvordrucks** ist ein entsprechender schriftlicher Hinweis aufzunehmen.

Während die allgemeine Informationspflicht durch Erteilung allgemein gültiger Hinweise, etwa auf der Homepage der Polizei, erfüllt werden kann, verlangt § 14 Abs. 3 S. 1 PolG die **Benennung der Rechtsgrundlage** gegenüber der konkret betroffenen Person sowie den **Hinweis auf das Bestehen einer Auskunftspflicht oder auf die Freiwilligkeit der Auskunft** im Einzelfall. Art. 13 Abs. 2 DSRL 2016/680 verlangt einen Hinweis auf die Rechtsgrundlage zwar nur „in besonderen Fällen", damit der betroffenen Person die Ausübung ihrer Rechte ermöglicht wird: Diese Vorgabe wird in der Vorschrift über die Benachrichtigungspflicht bei verdeckten und

---

307 Erwägungsgrund 26 der DSRL 2016/680, EU ABl. L 119, S. 92 f.
308 Trurnit, VBlBW 2021, 441, 445.
309 So auch Kahlert, in: Belz/Mußmann/Kahlert/Sander, Polizeigesetz BW, § 14 PolG Rn 24.

eingriffsintensiven Maßnahmen (§ 86 PolG) umgesetzt, die insoweit als „besondere Fälle" gelten. Durch das Beibehalten der Regelung in § 14 Abs. 3 PolG mit dem PolG 2020 wird aber darüber hinaus sichergestellt, dass zum einen die neuen Vorschriften nicht hinter dem Datenschutzniveau der alten Vorschriften zurückstehen und dass zum anderen jedenfalls dann, wenn die betroffene Person die Benennung der Rechtsgrundlage verlangt, gleichermaßen von einem besonderen Fall i. S. d. Art. 13 Abs. 2 DSRL 2016/680 ausgegangen werden kann, weil die betroffene Person zur Ausübung ihrer Rechte darauf angewiesen ist, dass ihrem Auskunftsverlangen nachgekommen wird.[310]

133 § 14 Abs. 3 S. 1 PolG ist für den Fall der offenen Datenerhebung als **erste Stufe** zur Umsetzung des Transparenzgebots zu sehen. Mit der verpflichtenden oder auf Antrag erfolgenden Erstauskunft bei einer offenen Datenerhebung wird der betroffenen Person das **Mindestwissen** (Rechtsgrundlage der Datenverarbeitung, Auskunftspflicht/-möglichkeit) über die Datenverarbeitung zur Verfügung gestellt, das ihr einen weiteren Umgang mit dem Datenverarbeitungsvorgang ermöglicht. Daneben bestehen die **weiteren Auskunftspflichten** gem. §§ 85, 86 PolG.

134 Gem. § 14 Abs. 3 S. 2 PolG kann **gegenüber Dritten** der Hinweis auf die Rechtsgrundlage, auf eine im Einzelfall bestehende Auskunftspflicht und auf die Freiwilligkeit der Datenerhebung unterbleiben, wenn hierdurch erkennbare schutzwürdige Interessen der betroffenen Person beeinträchtigt werden können. Dies ist etwa der Fall, wenn der von der Datenerhebung betroffenen Person von dieser dritten Person wegen der polizeilichen Datenerhebung berufliche oder private Nachteile drohen können.

135 **6. Allgemeine Regeln für die weitere Datenverarbeitung (§ 15 PolG). a) Allgemeines.** § 15 PolG normiert die Voraussetzungen der Zweckbindung und der zweckändernden weiteren Verarbeitung von Daten und setzt den vom **BVerfG** in seinem BKAG-Urteil vom 20.4.2016[311] konkretisierten **Grundsatz der hypothetischen Datenneuerhebung** um.[312] Die Regelung **gilt für jegliche Datenverarbeitung durch die Polizei**. Auf die Eingriffsintensität der ursprünglichen Erhebung kommt es nicht an.[313] Der Gesetzgeber hat sich beim Erlass dieser Regelung an Art. 4 Abs. 2, Art. 8 DSRL 2016/680 sowie an § 16 BKAG orientiert.

§ 15 PolG wird durch die besonderen Regelungen in den §§ 57 u. 58 PolG ergänzt. Dort finden sich entsprechend der Systematik der DSRL 2016/680 Regelungen zur weiteren Datenverarbeitung zu Zwecken der **wissenschaftlichen Forschung** (§ 57 PolG) und der **Aus- und Fortbildung, zu statistischen Zwecken und zur Vorgangsverwaltung** (§ 58 PolG) (→ Rn 563 ff.).

136 **aa) Grundsatz der hypothetischen Datenerneuerung.** Das BVerfG hat in seinem **BKAG-Urteil** festgestellt, dass der Gesetzgeber eine **weitere Nutzung der Daten auch zu anderen Zwecken** als denen der ursprünglichen Datenerhebung (Zweckänderung) erlauben kann. Er hat allerdings sicherzustellen, dass dem Eingriffsgewicht der Datenerhebung auch hinsichtlich der neuen Nutzung Rechnung getragen wird.[314] Die Ermächtigung zu einer Nutzung von Daten zu neuen Zwecken begründet einen **neuen Eingriff in das Grundrecht**, in das durch die Datenerhebung eingegriffen wurde.[315] Zweckänderungen sind folglich jeweils an den Grundrechten zu messen,

---

310 LT-Drs. 16/8484, S. 125.
311 BVerfGE 141, 220 ff.
312 Vgl. dazu auch BVerfG (Automatisierte Datenanalyse), NJW 2023, 1196, 1200 (Rn 61), m. krit. Bespr. Vasel, NJW 2023, 1174 ff., sowie Schneider, GSZ 2022, 1 ff., u. Zaremba, Entwicklung, S. 613 ff.
313 LT-Drs. 16/8484, S. 126.
314 BVerfGE 141, 220, 326 f. (Rn 284), BVerfG (Bay. Verfassungsschutzgesetz), NJW 2022, 1583, 1587 f. (Rn 170), 1596 (Rn 231), m. Bespr. Ogorek, NJW 2022, 1570 ff. = GSZ 2022, 137, m. Anm. Petri, u. BVerfG (Automatisierte Datenanalyse), NJW 2023, 1196, 199 (Rn 55 ff.), m. krit. Bespr. Vasel, NJW 2023, 1174 ff.; Müller/Schwabenbauer, GSZ 2023, 1, 4 ff.
315 Ebenso BNDG-Urteil des BVerfG, NJW 2020, 2235, 2255 (Rn 212), BVerfG (Bay Verfassungsschutzgesetz), NJW 2022, 1583, 1596 (Rn 230), m. Bespr. Ogorek, NJW 2022, 1570 ff., der Beschluss des BVerfG zur

die für die ursprüngliche Datenerhebung maßgeblich waren.³¹⁶ Damit wird ein **datenschutzrechtliches Umgehungsverbot** etabliert.³¹⁷ Das gilt für jede Art der Verwendung von Daten zu einem anderen Zweck als dem Erhebungszweck, unabhängig davon, ob es sich um die Verwendung als Beweismittel oder als Ermittlungsansatz handelt.³¹⁸

Das BVerfG legt bei einer Zweckänderung der Datenerhebung das **Kriterium der hypothetischen Datenneuerhebung**³¹⁹ zugrunde: Für Daten aus eingriffsintensiven Überwachungs- und Ermittlungsmaßnahmen kommt es danach darauf an, ob die entsprechenden Daten nach verfassungsrechtlichen Maßstäben **neu auch für den geänderten Zweck mit vergleichbar schwerwiegenden Mitteln erhoben werden dürften**. Das Kriterium der Datenneuerhebung gilt allerdings nicht schematisch abschließend und schließt die **Berücksichtigung weiterer Gesichtspunkte** nicht aus.³²⁰ Voraussetzung für eine Zweckänderung ist aber jedenfalls, dass die neue Nutzung der Daten dem Schutz von Rechtsgütern oder der Aufdeckung von Straftaten eines solchen Gewichts dient, die verfassungsrechtlich ihre **Neuerhebung mit vergleichbar schwerwiegenden Mitteln** rechtfertigen könnten. Als neu zu rechtfertigender Eingriff bedarf aber auch die Ermächtigung zu einer Nutzung für andere Zwecke eines eigenen, hinreichend spezifischen Anlasses. Verfassungsrechtlich geboten – aber regelmäßig auch ausreichend – ist insoweit, dass sich **aus den Daten** – sei es aus ihnen selbst, sei es in Verbindung mit weiteren Kenntnissen der Behörde – ein **konkreter (neuer) Ermittlungsansatz** ergibt.³²¹

Der **Gesetzgeber** kann danach – bezogen auf die Datennutzung von Sicherheitsbehörden – eine **Zweckänderung von Daten grundsätzlich dann erlauben**, wenn es sich um Informationen handelt, aus denen sich im Einzelfall **konkrete Ermittlungsansätze zur Aufdeckung von vergleichbar gewichtigen Straftaten oder zur Abwehr von zumindest auf mittlere Sicht drohenden Gefahren für vergleichbar gewichtige Rechtsgüter** wie die ergeben, zu deren Schutz die entsprechende Datenerhebung zulässig ist.³²² Dabei ist zwischen Übermittlungen zur Gefahrenabwehr und zur Strafverfolgung zu unterscheiden: Eine **Übermittlung zur Gefahrenabwehr** ist nur zum Schutz von Rechtsgütern zulässig, die besonders gewichtig sind. Zu verlangen ist eine **hinreichend konkretisierte Gefahr** in dem Sinne, dass zumindest tatsächliche Anhaltspunkte für die Entstehung einer konkreten Gefahr für die Schutzgüter bestehen. Soweit Daten zur **Strafverfolgung** übermittelt werden, bedarf es **genügend konkretisierter Tatsachen**, die den **Verdacht einer besonders schweren Straftat** begründen. Es bedarf mithin bestimmter Tatsachen für den Verdacht solcher Straftaten und es müssen insoweit konkrete und in gewissem Umfang verdichtete Umstände als Tatsachenbasis für den Verdacht vorliegen.³²³ Die Tatsachen

---

Übermittlungsbefugnis des Bundesamts für Verfassungsschutz, NVwZ-RR 2023, 1, 8 (Rn. 121) m. Bespr. Eichenhofer, NVwZ 2023, 45, u. BVerfG (Automatisierte Datenanalyse), NJW 2023, 1196, 1200 (Rn 61), m. krit. Bespr. Vasel, NJW 2023, 1174 ff.; Müller/Schwabenbauer, GSZ 2023, 1, 2.
316 BVerfG, NJW 2020, 2235, 2255 (Rn 212); BVerfG (Automatisierte Datenanalyse), NJW 2023, 1196, 1200, m. krit. Bespr. Vasel, NJW 2023, 1174 ff.; Müller/Schwabenbauer, GSZ 2023, 1, 2.
317 Schneider, GSZ 2022, 1, 2.
318 BVerfGE 141, 220, 327 (Rn 285); Müller/Schwabenbauer, GSZ 2023, 1, 2 f.
319 Vgl. dazu eingehender Müller/Schwabenbauer, GSZ 2023, 1, 4 ff., Schneider, GSZ 2022, 1 ff., u. Löffelmann, GSZ 2019, 16 ff.
320 Schneider, GSZ 2022, 1, 2 f.
321 BVerfGE 141, 220, 327 bis 329 (Rn 287 bis 289); ebenso BVerfG, NJW 2020, 2235, 2255 f. (Rn. 212, 216, 219), BVerfG (Bay Verfassungsschutzgesetz), NJW 2022, 1583, 1596 (Rn 231), m. Bespr. Ogorek, NJW 2022, 1570 ff., BVerfG, NVwZ-RR 2023, 1, 8 f. (Rn. 122), m. Bespr. Eichenhofer, NVwZ 2023, 45, u. BVerfG (Automatisierte Datenanalyse), NJW 2023, 1196, 1200 (Rn 62), m. krit. Bespr. Vasel, NJW 2023, 1174 ff.
322 BVerfGE 141, 220, 329 (Rn 290), 336 f. (Rn 313), u. BVerfG (Automatisierte Datenanalyse), NJW 2023, 1196, 1200 (Rn 63), m. krit. Bespr. Vasel, NJW 2023, 1174 ff.; Lottkus, RDV 2023, 178, 179 ff.
323 BVerfG, NJW 2020, 2235, 2256 f. (Rn 220 bis 222), BVerfG (Bay. Verfassungsschutzgesetz), NJW 2022, 1583, 1598 (Rn 238 ff., 244, 245 ff.), m. Bespr. Ogorek, NJW 2022, 1570 ff., u. BVerfG, NVwZ-RR 2023, 1, 9 f. (Rn. 124 ff.), m. Bespr. Eichenhofer, NVwZ 2023, u. BVerfG (Automatisierte Datenanalyse), NJW 2023, 1196, 1206, m. krit. Bespr. Vasel, NJW 2023, 1174 ff.

müssen dafür zum einen den Schluss auf **ein wenigstens seiner Art nach konkretisiertes und zeitlich absehbares Geschehen** zulassen, zum anderen darauf, dass **bestimmte Personen beteiligt** sein werden, über deren Identität zumindest so viel bekannt ist, dass die Überwachungsmaßnahme gezielt gegen sie eingesetzt und weitgehend auf sie beschränkt werden kann.[324]

137 **bb) EU-Datenschutzrecht. Art. 4 Abs. 2 DSRL 2016/680** erlaubt eine Verarbeitung durch denselben oder einen anderen Verantwortlichen für einen anderen der in Art. 1 Abs. 1 DSRL 201/680 genannten Zwecke als den, für den die personenbezogenen Daten erhoben werden, sofern der Verantwortliche nach dem Unionsrecht oder dem Recht der Mitgliedstaaten befugt ist, solche personenbezogenen Daten für diesen anderen Zweck zu verarbeiten (lit. a), und die Verarbeitung für diesen anderen Zweck nach dem Unionsrecht oder dem Recht der Mitgliedstaaten erforderlich und verhältnismäßig ist (lit. b).

Die Regelung **fällt deutlich hinter die Anforderungen des BVerfG zurück**, die es aus dem Grundsatz der hypothetischen Datenerneuerung entwickelt hat.[325] Sie hätte deswegen so nicht in das PolG übernommen werden können, zumal sie auch nicht hinreichend bestimmt ist.[326] Die Regelung in § 15 PolG geht über Art. 4 Abs. 2 DSRL 2016/680 hinaus, indem sie die Kriterien des BVerfG für eine hypothetische Datenerneuerung und damit für eine verfassungsrechtlich zulässige Änderung des Datenzwecks umsetzt. Sie steht aber **im Einklang mit Art. 4 Abs. 2 DSRL 2016/680**, da der EU-Richtliniengeber in lit. a ausdrücklich darauf abstellt, dass der Gesetzgeber eines Mitgliedsstaats die Voraussetzungen für eine Datenzweckänderung festlegen kann. Zudem erlaubt Art. 1 Abs. 3 DSRL 2016/680 den Mitgliedsstaaten ausdrücklich, zum Schutz der Rechte und Freiheiten der betroffenen Person bei der Verarbeitung personenbezogener Daten durch die zuständigen Behörden **Garantien festzulegen**, die **strenger als die Garantien der DSRL 2016/680** sind.

138 **b) Zulässigkeit der Datenweiterverarbeitung (§ 15 Abs. 1 PolG). aa) Allgemeines.** Gem. § 15 Abs. 1 PolG können die **Polizeibehörden** sowie die **Polizeidienststellen und Einrichtungen für den Polizeivollzugsdienst** personenbezogene **Daten** nach Maßgabe des § 15 Abs. 2 bis 4 PolG weiter verarbeiten, soweit dies **zur Wahrnehmung ihrer Aufgaben erforderlich** ist und **das PolG oder ein anderes Gesetz nichts anderes vorsieht**.

§ 15 Abs. 1 PolG setzt Art. 8 Abs. 1 DSRL 2016/680 um.[327] In der Formulierung greift er die Regelung in **§ 16 Abs. 1 BKAG** auf.

139 **bb) Grundnorm zur Datenverarbeitung durch die Polizei.** Die Regelung in § 15 Abs. 1 PolG stellt die **Grundnorm** zur Datenverarbeitung durch die Polizei dar.[328] Sie **ermächtigt die Polizei zur Datenverarbeitung**, wenn

- dies zur Wahrnehmung ihrer Aufgabenerfüllung erforderlich ist und
- das PolG oder ein anderes Gesetz nichts anderes vorsieht
- unter Maßgabe der Absätze 2 bis 4 des § 15 PolG.

---

324 BVerfGE 141, 220, 272 (Rn 112), u. BVerfG (Automatisierte Datenanalyse), NJW 2023, 1196, 1206 (Rn 106), m. krit. Bespr. Vasel, NJW 2023, 1174 ff.
325 Zu Recht krit. Johannes/Weinhold, Neues Datenschutzrecht, § 1 Rn 150.
326 Vgl. insoweit den ähnlich lautenden § 49 BDSG, den Johannes/Weinhold, Neues Datenschutzrecht, § 1 Rn 150, für verfassungsrechtlich zu unbestimmt halten.
327 Art. 8 Abs. 1 DSRL 2016/680: „Die Mitgliedstaaten sehen vor, dass die Verarbeitung nur dann rechtmäßig ist, wenn und soweit diese Verarbeitung für die Erfüllung einer Aufgabe erforderlich ist, die von der zuständigen Behörde zu den in Artikel 1 Absatz 1 genannten Zwecken wahrgenommen wird, und auf Grundlage des Unionsrechts oder des Rechts der Mitgliedstaaten erfolgt."
328 Graulich, in: Schenke/Graulich/Ruhig, Sicherheitsrecht, § 16 BKAG Rn 6. Zur Anwendbarkeit datenschutzrechtlicher Generalklauseln vgl. eingehend Marsch/Rademacher, Die Verwaltung 2021, 1 ff.

V. Allgemeine Datenschutznormen (§§ 11 bis 16 PolG)

Der EU-Richtliniengeber hat zur Grundbefugnis der Datenerhebung ausgeführt: „Personenbezogene Daten sollten **für festgelegte, eindeutige und rechtmäßige Zwecke innerhalb des Anwendungsbereichs dieser Richtlinie** erhoben werden."[329] § 15 Abs. 1 PolG setzt dies um, indem die Berechtigung der Datenerhebung von der Aufgabenerfüllung der Polizei abhängig gemacht wird („zur" Wahrnehmung"). Grenze der Datenerhebung sind damit die der Polizei zugewiesenen Aufgaben; fallen diese nicht in den Geltungsbereich der DSRL 2016/680, gilt die DSGVO mit Ergänzung durch das LDSG.[330]

Die der Polizei zugewiesenen **Aufgaben ergeben sich aus dem PolG oder aus anderen Gesetzen**, wobei darauf zu achten ist, dass bei Anwendung anderer Gesetze ggf. die dortigen datenschutzrechtlichen Regelungen vorrangig sind (vgl. dazu die Vorrangregelung in § 11 Abs. 1 S. 2 PolG). Im Kern geht es um die **Abwehr von Gefahren und Störungen für die öffentliche Sicherheit und Ordnung** und um die **Verhinderung und Verfolgung von Ordnungswidrigkeiten und Straftaten**. Für diese Tätigkeiten besteht die grundsätzliche Berechtigung der Polizei zur Datenverarbeitung.

Der Datenverarbeitung können weitere Vorgaben des PolG oder anderer Gesetze entgegenstehen. Damit ist nicht nur der **Ausschluss einer Datenverarbeitung** gemeint, sondern es werden **alle gesetzlichen Vorgaben und Modifikationen** erfasst. Die gem. § 15 Abs. 1 PolG zulässige Datenverarbeitung richtet sich daher im Einzelnen nach den weiteren gesetzlichen Regelungen des PolG oder anderer zu beachtender Gesetze. Ausdrücklich verknüpft § 15 Abs. 1 PolG die Datenverarbeitung mit den weiteren tatbestandlichen Voraussetzungen der Absätze 2 bis 4. 140

Datenverarbeitung Grundnorm § 15 Abs. 1 PolG:

§ 15 Abs. 1 PolG
Datenverarbeitung zur Wahrnehmung polizeilicher Aufgaben

↙   ↘

nach Maßgabe von   →   mit weiteren Vorgaben
§ 15 Abs. 2 bis 4 PolG   des PolG oder anderer Gesetze

cc) Vorgaben in § 15 Abs. 2 bis 4 PolG. § 15 Abs. 1 PolG knüpft die Verarbeitung der Daten ausdrücklich an die **weiteren Vorgaben der Absätze 2 bis 4** an. Dort finden sich detaillierte Regelungen zum allgemeinen Umgang mit den erhobenen Daten. Diese Voraussetzungen sind bei allen Datenverarbeitungsvorgängen nach dem PolG zu beachten, auch wenn diese auf weiteren spezialgesetzlichen Normen beruhen („allgemeine Regeln"). Grundlegend ist dabei die **Unterscheidung zwischen Beibehaltung und Änderung des Zwecks** der Datenverarbeitung (→ Rn 145 ff.). Die **Notwendigkeit der Differenzierung** der weiteren Datenverarbeitung nach dem Zweck ist der Rechtsprechung des BVerfG geschuldet und ergibt sich auch aus Art. 4 Abs. 2 DSRL 2016/680: „Werden personenbezogene Daten von demselben oder einem anderen Verantwortlichen für einen anderen in den Anwendungsbereich dieser Richtlinie fallenden Zweck als den, für den sie erhoben wurden, verarbeitet, so sollte diese Verarbeitung erlaubt sein, unter der Bedingung, dass diese Verarbeitung nach den geltenden Rechtsvorschriften zulässig ist und dass sie für diesen anderen Zweck erforderlich und verhältnismäßig ist."[331] 141

dd) Datenverarbeitung durch andere Stelle (Verantwortlicher). Das PolG geht vom **einheitlichen Begriff der Polizei** aus – sog. **Einheitssystem** (→ § 1 Rn 12, § 3 Rn 3, 6). Gem. § 104 142

---

329 Erwägungsgrund 29 der DSRL 2016/680, EU ABl. L 119, S. 93.
330 Vgl. zum Begriff des „Zwecks" eingehend Walden, Zweckbindung, S. 91 ff.
331 Erwägungsgrund 29 der DSRL 2016/680, EU ABl. L 119, S. 93.

PolG umfasst der Begriff der Polizei die Polizeibehörden und den Polizeivollzugsdienst. Während die Polizeibehörde gem. §§ 106, 107 PolG i. V. m. §§ 7 ff. LVwG einer konkreten staatlichen Landes- oder Kommunalbehörde zugewiesen werden kann, gliedert sich der Polizeivollzugsdienst in **zahlreiche Polizeidienststellen** auf (vgl. § 115 PolG). Im Gegensatz dazu arbeitet das Datenschutzrecht mit den Begriffen des **„Verantwortlichen"** und der **„verantwortlichen Stelle".** Dies wird etwa deutlich in Art. 4 Abs. 2 DSRL 2016/680, wo es heißt: „Eine Verarbeitung durch denselben oder einen anderen Verantwortlichen ... ist erlaubt ...". Verantwortlicher" i. S. d. Datenschutzrecht nach dem PolG ist gem. § 12 Nr. 8 PolG die **zuständige Behörde**, die allein oder gemeinsam mit anderen über die Zwecke und Mittel der Verarbeitung von personenbezogenen Daten entscheidet. Eine Behörde ist gem. § 1 Abs. 2 LVwVfG **jede Stelle, die Aufgaben der öffentlichen Verwaltung wahrnimmt.**[332] In diesem Sinne sind etwa jede Ortspolizeibehörde (= Gemeinde, Kreis, Stadt), jedes Polizeipräsidium, das Polizeipräsidium Einsatz oder das LKA eine Behörde.

143 Die **verantwortliche Stelle** i. S. d. Datenschutzrechts wird vielfach **nicht deckungsgleich** mit den gesetzlichen Organisationseinheiten „Polizei", „Polizeibehörde" oder „Polizeivollzugsdienst" sein. Vor allem im Bereich des Polizeivollzugsdienstes kommen unterschiedliche behördliche Einheiten als datenverarbeitende Stelle in Betracht. Auch sind Polizeibehörde und Polizeivollzugsdienst zwei verantwortliche Stellen in diesem Sinne. Dieser Besonderheit wurde der Landesgesetzgeber dadurch gerecht, dass er in § 15 PolG entgegen des Einheitssystems, das eigentlich das PolG kennzeichnet, ausdrücklich zwischen den **„Polizeibehörden"** und den **„Polizeidienststellen und Einrichtungen für den Polizeivollzugsdienst"** unterscheidet: „Die Ebene des Verantwortlichen wurde in der gesamten Vorschrift bewusst in Polizeibehörden sowie Dienststellen und Einrichtungen des Polizeivollzugsdienstes aufgeteilt, um deutlich zu machen, dass auch eine weitere **Verarbeitung von Daten durch eine andere dieser Stellen innerhalb der Polizei beziehungsweise eine Übermittlung an eine andere dieser Stellen innerhalb der Polizei grundsätzlich eine Zweckänderung** darstellt. Eine wesentliche Voraussetzung, die das BVerfG für die Bindung an den ursprünglichen Zweck aufgestellt hat, ist die Verarbeitung durch denselben Verantwortlichen. Da aber auch die **Übermittlung an eine andere der genannten Stellen innerhalb der Polizei** eine Zweckänderung darstellt, muss der Verantwortliche in diesem Sinne auf die einzelne Polizeibehörde, Dienststelle oder Einrichtung heruntergebrochen werden."[333]

Die Einbeziehung der sog. **„Einrichtungen des Polizeivollzugsdienstes"** (etwa Polizeipräsidium Technik, Logistik, Service der Polizei, Hochschule für Polizei) erscheint auf den ersten Blick nicht erforderlich, weil diese in aller Regel keine polizeilichen Aufgaben i. S. d. DSRL 2016/680 wahrnehmen. Der Landesgesetzgeber wollte aber sicherstellen, dass alle Teile der Polizei den Datenschutzregeln unterliegen. Soweit die Einrichtungen des Polizeivollzugsdienstes keine polizeilichen Aufgaben wahrnehmen, gilt für sie § 11 Abs. 2 PolG, soweit sie aber ausnahmsweise Daten aus dem polizeilichen Aufgabenbereich verarbeiten, findet auch für sie § 11 Abs. 1 PolG Anwendung.[334]

144 Eine **Datenverarbeitung** kommt gem. **§ 15 PolG durch jede Polizeibehörde oder Dienststelle oder Einrichtung des Polizeivollzugsdienstes** in Betracht. Bei jeder Datenverarbeitung ist darauf zu achten (dies ist durch ein geeignetes Überwachungssystem sicherzustellen [Datenschutzmanagementsystem → Rn 122, 610]), ob die erhobenen Daten bei der weiteren Verarbeitung dort verbleiben oder ob sie einer anderen verantwortlichen Stelle i. S. d. Datenschutzrechts übermittelt oder dort weiterverarbeitet werden. Bei einem **Wechsel der verantwortlichen Stelle** ist die **Zulässigkeit im Hinblick auf die Zweckänderung** gesondert **zu prüfen.**

---

332 Vgl. dazu auch Maurer/Waldhoff, Allg. Verwaltungsrecht, § 9 Rn 23.
333 LT-Drs. 16/8484, S. 126.
334 LT-Drs. 16/8484, S. 206.

V. Allgemeine Datenschutznormen (§§ 11 bis 16 PolG)

c) Datenweiterverarbeitung bei Zweckkontinuität (§ 15 Abs. 2 PolG). aa) Grundsatz der Zweckbindung (§ 15 Abs. 2 S. 1 PolG). Gem. § 15 Abs. 2 S. 1 PolG können die Polizeibehörden sowie die Polizeidienststellen und Einrichtungen für den Polizeivollzugsdienst **personenbezogene Daten, die sie selbst erhoben haben, weiter verarbeiten**

1. zur Erfüllung derselben Aufgabe und
2. zum Schutz derselben Rechtsgüter oder zur Verhütung, Ermittlung, Aufdeckung oder Verfolgung derselben Straftaten oder Ordnungswidrigkeiten.

§ 15 Abs. 2 S. 1 PolG enthält dem Grunde nach eine **Legaldefinition des Grundsatzes der Zweckbindung.** Er regelt damit die weitere Verarbeitung personenbezogener Daten im Rahmen des ursprünglichen Zwecks, zu dem die Daten erhoben wurden.[335] Die tatbestandlichen Voraussetzungen des § 15 Abs. 2 S. 1 PolG müssen kumulativ („und") vorliegen. Die Regelung orientiert sich an § 12 Abs. 2 BKAG.

Der Landesgesetzgeber hat mit § 15 Abs. 2 S. 1 PolG die **Kriterien des BVerfG aus seinem BKAG-Urteil für eine zulässige Zweckbindung** der erhobenen Daten **einer gesetzlichen Regelung zugeführt.** Damit wird im Gesetz festgelegt, in welchem Rahmen die Verarbeitung von Daten noch vom ursprünglichen Erhebungszweck erfasst ist.[336] Das BVerfG hat sehr klar vorgegeben, unter welchen Voraussetzungen eine gesetzliche Zweckbindung definiert werden kann: „Der Gesetzgeber kann eine Datennutzung über das für die Datenerhebung maßgebende Verfahren hinaus als weitere Nutzung im Rahmen der ursprünglichen Zwecke dieser Daten erlauben. ..... Die zulässige Reichweite solcher Nutzungen richtet sich nach der Ermächtigung für die Datenerhebung. Die jeweilige Eingriffsgrundlage bestimmt Behörde, Zweck und Bedingungen der Datenerhebung und definiert damit die erlaubte Verwendung. Die Zweckbindung der auf ihrer Grundlage gewonnenen Informationen beschränkt sich folglich nicht allein auf eine Bindung an bestimmte, abstrakt definierte Behördenaufgaben, sondern bestimmt sich nach der Reichweite der Erhebungszwecke in der für die jeweilige Datenerhebung maßgeblichen Ermächtigungsgrundlage. Eine weitere Nutzung innerhalb der ursprünglichen Zwecksetzung kommt damit nur seitens derselben Behörde im Rahmen derselben Aufgabe und für den Schutz derselben Rechtsgüter in Betracht wie für die Datenerhebung maßgeblich. ..... Für die Wahrung der Zweckbindung kommt es demnach darauf an, dass die erhebungsberechtigte Behörde die Daten im selben Aufgabenkreis zum Schutz derselben Rechtsgüter und zur Verfolgung oder Verhütung derselben Straftaten nutzt, wie es die jeweilige Datenerhebungsvorschrift erlaubt."[337]

Voraussetzung für eine Verarbeitung Daten durch die Polizei ist, dass die **Daten von der Polizei selbst erhoben** wurden.

Beispiel: Eine Datenverarbeitung gem. § 15 Abs. 1, 2 PolG ist nicht möglich, wenn die Polizei eine andere Behörde oder Stelle gebeten hat, für sie bestimmte Daten zu erheben und dabei die Verantwortung für die Datenerhebung nicht bei ihr lag (hier bestimmt sich die Zulässigkeit der Datenerhebung, der weiteren Datenverarbeitung und der Datenübermittlung an die Polizei nach den für diese Behörde oder Stelle geltenden Datenschutznormen). Eine Ausnahme sieht nur Satz 2 des § 15 Abs. 2 PolG für sog. „aufgedrängte Daten" vor (→ Rn 149). Möglich ist auch die Beauftragung anderer (sog. „Auftragsverarbeiter" [§ 12 Nr. 9 PolG]), dabei verbleibt die inhaltliche Verantwortung für die Datenerhebung aber bei der Polizei.

Die von der Polizei erhobenen Daten können **nur dann weiter verarbeitet** werden (= Speicherung, Nutzung, Übermittlung etc.) werden, wenn die weitere Verarbeitung der **Erfüllung derselben Aufgabe** dient. Die jeweilige Aufgabe in diesem Sinne bestimmt sich durch den konkreten Sachverhalt und die konkrete Zielsetzung, die Grundlage für die Erhebung der Daten durch die Polizei war. Es ist damit grundsätzlich nicht möglich, nach der Erhebung und Kenntnis der Daten

---
335 LT-Drs. 16/8484, S. 126.
336 LT-Drs. 16/8484, S. 126; Ibler, in: Ennuschat/Ibler/Remmert, Öffentliches Recht BW, § 2 Rn 401.
337 BVerfGE 141, 220, 324 f. (Rn 278 f.), 326 (Rn 282).

diese weiter zu verarbeiten, wenn eine grundlegende Änderung der Zielsetzung erfolgt; etwas anderes gilt nur, wenn die Voraussetzungen der Absätze 3 u. 4 des § 15 PolG gegeben sind.

Fall 29: Die Polizei führt für die Staatsanwaltschaft in einem Strafverfahren Ermittlungen gegen den Verdächtigten V wegen Körperverletzungsdelikten durch. Dabei erlangt sie Erkenntnisse über mögliche Pläne des Verdächtigen, bei einer künftigen Veranstaltung Störungen unbekannter Art zu begehen (Aussage des Zeugen: „Der will bei der Veranstaltung wohl Stress machen"). Die Aussage ist im Ermittlungsverfahren unter dem entsprechenden Vorgang abgespeichert. Die Erkenntnisse über die möglichen Störungen dienen nicht der gleichen Aufgabenerfüllung (Ermittlungen im Strafverfahren) und dürfen allein auf der Grundlage des § 15 Abs. 2 S. 1 PolG für ein weiteres Verfahren nicht ohne Weiteres abgespeichert und verwertet werden.

Die Polizei ist im **Fall 29** aber nicht gehindert, aufgrund der über die Zeugenaussage neu erlangten Erkenntnisse tätig zu werden, etwa ein Gefährdergespräch durchzuführen. Zwar greift § 15 Abs. 2 S. 1 PolG nicht, da Aufgabe (Strafverfahren ≠ Gefahrenabwehr) und geschützte Rechtsgüter (Körperverletzung ≠ Störung einer Veranstaltung) abweichen. Es liegen aber die tatbestandlichen Voraussetzungen des § 15 Abs. 3 PolG vor (→ Rn 152 ff.).

Liegen dagegen die tatbestandlichen Voraussetzungen des § 15 Abs. 3 PolG nicht vor, unterliegt die im Strafverfahren gewonnene Erkenntnis einem absoluten Verwertungsverbot durch die Polizei. Sie darf gegen V im **Fall 29** wegen der möglichen Störung der Veranstaltung nicht vorgehen. Diese zufällig erlangte Erkenntnis (Zufallswissen) bleibt unverwertbar.

Voraussetzung für die Datenverarbeitung ist zudem, dass die weitere Datenverarbeitung zum **Schutz derselben Rechtsgüter** oder zur **Verhütung, Ermittlung, Aufdeckung oder Verfolgung derselben Straftaten oder Ordnungswidrigkeiten** erfolgt. Hieraus folgt, dass die Polizei nach der Erhebung der Daten die geschützten Rechtsgüter oder die betroffenen Ordnungswidrigkeiten oder Straftaten nicht ändern kann. Es ist also nicht möglich, zulasten der betroffenen Person innerhalb des jeweiligen Datenverarbeitungsvorgangs die betroffenen Rechtsgüter, Ordnungswidrigkeiten und Straftaten grundlegend zu ändern oder zu erweitern. Etwas anderes gilt nur auf der Grundlage der Absätze 3, 4 des § 15 PolG.

Beispiel: Die Polizei kann bei einer Ermittlung wegen eines Verstoßes gegen die Straßenverkehrsordnung die durch die Datenverarbeitung vorhandenen / gespeicherten Kenntnisse nicht für eine mögliche Gefährdung der öffentlichen Ordnung nutzen.

148 Der gem. § 15 Abs. 2 S. 1 PolG zulässigen Datenspeicherung steht grundsätzlich nicht entgegen, dass sie in den polizeilichen Dateien erfolgt, auf die ggf. **weitere Behörden** aufgrund gesetzlicher Regelungen **Zugriff** haben.[338] Für den Zugriff auf die Daten durch eine weitere Behörde gelten die dortigen datenschutzrechtlichen Bestimmungen (etwa aus dem BPolG oder dem BKAG).

149 **bb) Nicht erhobene Daten (§ 15 Abs. 2 S. 2 PolG).** Gem. § 15 Abs. 2 S. 2 PolG gilt Satz 1 entsprechend für **personenbezogene Daten, denen keine Erhebung vorausgegangen ist**, mit der **Maßgabe, dass für die weitere Verarbeitung der Zweck der Speicherung zu berücksichtigen** ist. Mit dieser Regelung wird zum einen klargestellt, dass die Voraussetzungen für die Datenverarbeitung bei Zweckbindung auch für sog. „**aufgedrängte Daten**" gelten. Unter aufgedrängten Daten sind solche zu verstehen, die von der Polizei nicht selbst erhoben wurden, die aber dennoch bei ihr vorhanden sind[339], indem sie der Polizei unaufgefordert zugehen.[340] Daten werden immer dann aufgedrängt, wenn sie nicht von der Polizei aktiv angefordert werden, sondern sie ihr durch Dritte übermittelt werden, indem die Polizei von einem Sachverhalt in Kenntnis gesetzt wird. **Aufgedrängte Daten können** unter den Voraussetzungen des § 15 Abs. 2 S. 1 PolG durch die Polizei **verarbeitet werden**.

Beispiele: Anfragen an die Polizei, die zugleich Informationen umfassen, oder der Eingang eines Notrufs mit Informationsübermittlung.

---

338 So jedenfalls LT-Drs. 16/8484, S. 126.
339 LT-Drs. 16/8484, S. 127.
340 Schmidt, Polizei- und Ordnungsrecht, Rn 130.

V. Allgemeine Datenschutznormen (§§ 11 bis 16 PolG)

Keine aufgedrängten Daten stellen solche dar, deren Erhebung durch die Polizei bei anderen angefordert wurde (bewusste Einbindung Dritter). Für diese gilt unmittelbar § 15 Abs. 2 S. 1 PolG, da sie der Polizei als eigene Erhebung zuzurechnen sind.

Zum anderen schreibt § 15 Abs. 2 S. 2 PolG vor, dass bei aufgedrängten Daten für die weitere Verarbeitung der Zweck der Speicherung zu berücksichtigen ist. Dies bedeutet, dass der **ursprüngliche Zweck** der Speicherung dieser Daten **maßgebend für die Beurteilung der Rechtmäßigkeit der weiteren Datenverarbeitung** ist.

Beispiel: Dient der Notruf einer Person bei der Polizei um 1.00 Uhr in der Nacht der Information über eine einfache Ruhestörung („ich möchte Sie über lauten Lärm einer Party im Nachbarhaus informieren und bitten, hier einzuschreiten"), gibt der Anrufer der Polizei dabei aber nebenbei Informationen über einen Drogenkonsum zur Kenntnis („ich möchte nicht wissen, wieviel Joints die schon geraucht haben"), können die Informationen zum Drogenkonsum nur weiter genutzt (verarbeitet) werden (etwa für Ermittlungen in einem Strafverfahren), wenn dies durch § 15 Abs. 3, 4 PolG erlaubt ist. Unbenommen ist es der Polizei dagegen, wegen Drogenkonsums zu ermitteln, wenn beim Einsatz vor Ort zum Abstellen der Ruhestörungen andere Erkenntnis vorliegen (Geruch nach Marihuana, Drogenscheinungen bei Partygästen). In der Praxis wird sich die Polizei insofern zu helfen wissen, als der zuständige Beamte am Telefon nachfassen wird, um die aufgedrängten Daten zu eigenständig erhobenen Daten zu machen („habe ich Sie richtig verstanden, dass Sie auch gesagt haben, dass ...?"); dann liegen zwei eigenständig übermittelte Sachverhalte vor, die auch eigenständig datenschutzrechtlich behandelt werden können.

cc) **Daten aus Wohnraumüberwachung (§ 15 Abs. 2 S. 3 PolG)**. Gem. § 15 Abs. 2 S. 3 PolG muss für die weitere Verarbeitung von personenbezogenen Daten, die aus **Maßnahmen nach § 50 PolG** erlangt wurden, eine Gefahr im Sinne dieser Vorschrift vorliegen. Die Regelung enthält **besondere Vorgaben für die Verarbeitung von Daten aus einer Wohnraumüberwachung (§ 50 PolG)**. Grund sind der besondere Schutz der Wohnung durch Art. 13 GG und die in Art. 13 Abs. 3, 4 GG verfassungsrechtlich verankerten strengen Voraussetzungen für eine technische Wohnraumüberwachung. Diese gelten nicht nur für die Erhebung der Daten durch Aufzeichnung, sondern für den gesamten Datenverarbeitungsvorgang. Das **BVerfG** hat dies in seinem BKAG-Urteil sehr deutlich gemacht: „Weiter reicht die Zweckbindung allerdings für Daten aus Wohnraumüberwachungen und Online-Durchsuchungen: Hier ist jede weitere Nutzung der Daten nur dann zweckentsprechend, wenn sie auch aufgrund einer den Erhebungsvoraussetzungen entsprechenden dringenden Gefahr oder im Einzelfall drohenden Gefahr erforderlich ist. **Das außerordentliche Eingriffsgewicht solcher Datenerhebungen spiegelt sich hier auch in einer besonders engen Bindung jeder weiteren Nutzung der gewonnenen Daten an die Voraussetzungen und damit Zwecke der Datenerhebung.** Eine Nutzung der Erkenntnisse als bloßer Spuren- oder Ermittlungsansatz unabhängig von einer dringenden oder im Einzelfall drohenden Gefahr kommt hier nicht in Betracht. ..... Anderes gilt allerdings auch hier für Informationen aus Wohnraumüberwachungen oder dem Zugriff auf informationstechnische Systeme. Angesichts des besonderen Eingriffsgewichts dieser Maßnahmen muss für sie jede neue Nutzung der Daten wie bei der Datenerhebung selbst auch durch eine dringende Gefahr oder eine im Einzelfall hinreichend konkretisierte Gefahr gerechtfertigt sein."[341]

Daten aus einer Wohnraumüberwachung können zwar auf der Grundlage des § 50 PolG erhoben werden (Voraussetzung: „dringende Gefahr i. S. d. § 50 Abs. 1 S. 1 PolG) – was eine gerichtliche Entscheidung gem. § 50 Abs. 2 bis 4 PolG voraussetzt, es sei denn, es liegen ausnahmsweise die Voraussetzungen einer Gefahr im Verzug vor (§ 50 Abs. 5 PolG) –, aus Anlass ihrer weiterer Verarbeitung (Speicherung, Verwertung) ist aber **zwingend zu prüfen, ob die tatbestandlichen Voraussetzungen des § 50 Abs. 1 S. 1 PolG („dringende Gefahr") in Bezug auf die erhobenen Daten tatsächlich bzw. nach wie vor vorliegen.** Die vor der Wohnraumüberwachung notwendige Einschätzung der Gefahrenlage kann sich nach Erhebung der Daten als nicht zutreffend

150

---

341 BVerfGE 141, 220, 326 (Rn 283), 329 (Rn 291).

erweisen, was in der Praxis immer wieder vorkommen dürfte. Daten und daraus resultierende Erkenntnisse aus einer Wohnraumüberwachung können somit **nicht als bloßer Spuren- oder Ermittlungsansatz unabhängig von einer dringenden Gefahr weiter genutzt** werden.[342]

151 **d) Datenweiterverarbeitung bei Zweckänderung (§ 15 Abs. 3 PolG). aa) Allgemeines.** § 15 Abs. 3 PolG regelt die **Zweckänderung der von der Polizei erhobenen Daten** und setzt hierzu die **Vorgaben des BVerfG aus seinem BKAG-Urteil** legislativ um. Die Regelung orientiert sich inhaltlich an § 12 Abs. 2 BKAG.

§ 15 Abs. 3 PolG erfasst den Fall einer Zweckänderung der erhobenen Daten, bei dem der **neue Zweck ebenfalls in den Anwendungsbereich der DSRL 2016/680**, also mithin in den **Bereich der Gefahrabwehr** fällt.[343] Der **EU-Richtliniengeber** sieht die Möglichkeit der Zweckänderung ausdrücklich vor: „Zur Verhütung, Ermittlung und Verfolgung von Straftaten müssen die zuständigen Behörden personenbezogene Daten, die im Zusammenhang mit der Verhütung, Ermittlung, Aufdeckung oder Verfolgung einer bestimmten Straftat erhoben wurden, auch in einem anderen Kontext verarbeiten können, um sich ein Bild von den kriminellen Handlungen machen und Verbindungen zwischen verschiedenen aufgedeckten Straftaten herstellen zu können."[344] Die unionsrechtliche Regelung der Zweckänderung findet sich in Art. 4 Abs. 2 DSRL 2016/680 (→ Rn 137).

In § 15 Abs. 3 PolG wird der vom BVerfG für solche Zweckänderungen aufgestellte **Grundsatz der hypothetischen Datenneuerhebung** gesetzlich verankert. Danach ist Voraussetzung für eine erlaubte Zweckänderung, dass die Neuerhebung der Daten mit vergleichbaren Mitteln nach den geltenden Rechtsvorschriften zulässig sein müsste und die Verarbeitung für diesen anderen Zweck erforderlich und verhältnismäßig ist (→ Rn 136).[345] Nach den **Vorgaben des BVerfG** kommt es darauf an, ob die weitere Straftat bzw. das neu zu schützende Rechtsgut **entsprechend schwerwiegend bzw. bedeutsam zu den Straftaten oder Rechtsgütern ist, die von der ursprünglich zugrundeliegenden Datenerhebungsbefugnis generell geschützt werden**. Diese Unterscheidung ist insbesondere in solchen Fällen bedeutsam, in denen mit einer niederschwelligen Datenerhebungsmaßnahme zunächst schwerwiegende Straftaten verhütet bzw. bedeutsame Rechtsgüter geschützt werden sollen und sich dabei konkrete Ermittlungsansätze zur Verhütung weniger schwerwiegender Straftaten bzw. zum Schutz weniger bedeutsamer Rechtsgüter ergeben. Die weitere Verarbeitung der erlangten Daten ist in diesen Fällen zulässig, wenn die niederschwellige Datenerhebungsmaßnahme zur Verhütung der weniger schwerwiegenden Straftat bzw. zum Schutz des weniger bedeutsamen Rechtsguts ergeben. Die vom BVerfG geforderte Vergleichbarkeit muss sich also **an der Erhebungsschwelle der jeweiligen Maßnahme ausrichten**.[346]

152 **bb) Zweckänderung (§ 15 Abs. 3 S. 1 PolG).** Gem. § 15 Abs. 3 S. 1 PolG können die Polizeibehörden sowie die Polizeidienststellen und Einrichtungen für den Polizeivollzugsdienst zur Wahrnehmung ihrer Aufgaben personenbezogene Daten zu anderen Zwecken als denjenigen, zu denen sie erhoben worden sind, weiter verarbeiten, wenn

1. nach Maßgabe der jeweiligen Datenerhebungsvorschrift mindestens
    a) entsprechend schwerwiegende Straftaten oder Ordnungswidrigkeiten verhütet, ermittelt, aufgedeckt oder verfolgt oder
    b) entsprechend bedeutsame Rechtsgüter geschützt werden sollen und

---

342 LT-Drs. 16/8484, S. 127.
343 LT-Drs. 16/8484, S. 127.
344 Erwägungsgrund 27 der DSRL 2016/680, EU ABl. L 119, S. 93.
345 LT-Drs. 16/8484, S. 127.
346 LT-Drs. 16/8484, S. 128.

V. Allgemeine Datenschutznormen (§§ 11 bis 16 PolG)

  2. sich im Einzelfall konkrete Ermittlungsansätze
     a) zur Verhütung, Ermittlung, Aufdeckung oder Verfolgung solcher Straftaten oder Ordnungswidrigkeiten ergeben oder
     b) zur Abwehr von in einem überschaubaren Zeitraum drohenden Gefahren für solche Rechtsgüter erkennen lassen.

§ 15 Abs. 3 S. 1 PolG setzt die verfassungsrechtlichen Anforderungen an eine Zweckänderung bei der Datenverarbeitung um und lässt die Verarbeitung personenbezogener Daten zur Erfüllung polizeilicher Aufgaben zu anderen Zwecken als denjenigen, zu denen sie ursprünglich erhoben worden sind, (nur) zu, wenn nach Maßgabe der jeweiligen Datenerhebungsvorschrift **mindestens entsprechend gewichtige Straftaten oder Ordnungswidrigkeiten** verhütet, ermittelt, aufgedeckt oder verfolgt oder mindestens entsprechend bedeutsame Rechtsgüter geschützt werden sollen.[347] Darüber hinaus müssen sich im Einzelfall **konkrete neue Ermittlungsansätze** zur Verhütung, Ermittlung, Aufdeckung oder Verfolgung solcher Straftaten oder Ordnungswidrigkeiten ergeben oder zur Abwehr von in einem überschaubaren Zeitraum drohenden Gefahren für solche Rechtsgüter erkennen lassen.[348]

Der Landesgesetzgeber weist zu Recht darauf hin, dass das BVerfG seine Kriterien für eine zulässige Zweckänderung bei der Datenverarbeitung im Fall seines BKAG-Urteils für besonders schwerwiegende staatliche Eingriffsmaßnahmen entwickelt hat.[349] § 15 Abs. 3 S. 1 PolG stellt hingegen auf **alle polizeilichen Eingriffsmaßnahmen** ab und setzt für eine Zweckänderung immer diese Zulässigkeitskriterien voraus. Diese Vorgehensweise ist zu begrüßen, da sie zugunsten der von der Datenzweckänderung betroffenen Person einen **grundlegenden Schutz** darstellt. Als jeweils betroffene Personen begünstigende Regelung unterliegt diese gesetzliche Lösung auch keinen durchgreifenden verfassungsrechtlichen Bedenken.

153

Die Polizei muss bei einer Zweckänderung auf der Grundlage des § 15 Abs. 1 i. V. m. Abs. 3 S. 1 PolG einen **Vergleich zwischen den der ursprünglichen und den der geänderten Datenverarbeitung zugrundeliegenden Eingriffen** vornehmen: Eine Zweckänderung ist rechtlich nur zulässig, wenn die beiden Eingriffe bzw. Schutzgüter – (Straftat / Ordnungswidrigkeit / geschütztes Rechtsgut) gleich schwerwiegend bzw. bedeutsam sind. Dieser Vergleich bestimmt sich nach der **Art der Straftat / Ordnungswidrigkeit** (Verbrechen / Vergehen, Höhe der angedrohten Strafe / des angedrohten Bußgelds, Art des Delikts) oder dem **Wert des zu schützenden Rechtsguts** (Leib / Leben / Vermögen). Es kommt stets auf den **jeweiligen Einzelfall** an: Je schwerwiegender der Eingriff, desto schwerwiegender müssen die damit verfolgten Straftaten bzw. desto bedeutsamer die dadurch geschützten Rechtsgüter sein. Ein weniger schwerwiegender Eingriff ist dagegen für die Verhütung oder Verfolgung weniger schwerwiegender Straftaten bzw. zum Schutz weniger bedeutsamer Rechtsgüter zulässig.

154

Darüber hinaus muss es für die von der geänderten Datenverarbeitung erfassten Straftaten / Ordnungswidrigkeiten / Handlungen gegen geschützte Rechtsgüter konkrete Ermittlungsansätze geben. Ein **Ermitteln „ins Blaue hinein"** ohne konkrete Hinweise auf mögliche weitere Straftaten / Ordnungswidrigkeiten oder gefährdete Rechtsgüter ist **ausgeschlossen**. Aus der zeitlich ersten Datenerhebung oder ggf. auch aus anderen Erkenntnissen müssen sich für die von der ersten Datenerhebung betroffenen Delikte oder Rechtsgüter **neue konkrete Ermittlungsansätze** ergeben haben.

Beispiele:

- Bei einem Ermittlungsverfahren wegen Diebstahls ergeben sich aus Zeugenaussagen konkrete Hinweise für eine von einer anderen Person begangene Körperverletzung. Beide Straftaten wiegen gleich schwer, so

---

347 Zur Beurteilung der Eingriffsintensität vgl. Löffelmann, GSZ 2019, 16, 19 f.
348 LT-Drs. 16/8484, S. 128.
349 LT-Drs. 16/8484, S. 128.

dass die Polizei diese Erkenntnisse ohne Weiteres zum Anlass für ein weiteres Strafermittlungsverfahren nehmen kann. Zu diesem Zweck kann sie eine neue Datenverarbeitung auf der Grundlage der Zeugenaussage im weiteren Ermittlungsverfahren durchführen.

- Bei einer Gefährderansprache weist die betroffene Einzelperson, mit der das Gespräch von der Polizei geführt wird, auf potenzielle Mitttäter hin: Sie wollten in einer Gruppe von fünf jungen Fußballfans einer bei einem anstehenden Fußballspiel anreisenden Fangruppe der gegnerischen Mannschaft gemeinsam auflauern und diese „überfallen". Die Polizei kann diese Erkenntnisse zum Anlass nehmen, weitere Gefährderansprachen zu führen und für diesen Zweck eine neue Datenverarbeitung auf der Grundlage der ersten Gefährderansprache durchführen.

155 In § 38 Abs. 1 S 1 PolG a. F. (PolG 1992) fand sich eine Regelung für die weitere Verarbeitung der im strafrechtlichen Ermittlungsverfahren erhobenen Daten bei Zweckänderung: „Der Polizeivollzugsdienst kann personenbezogene Daten, die ihm im Rahmen von Ermittlungsverfahren bekanntgeworden sind, speichern, verändern und nutzen, soweit und solange dies zur Abwehr einer Gefahr oder zur vorbeugenden Bekämpfung von Straftaten erforderlich ist". Diese Regelung ist mit dem PolG 2020 ersatzlos entfallen, da sie in § 15 Abs. 3 S. 1 PolG aufgegangen ist. Bei § 15 Abs. 3 S. 1 PolG kommt es nicht mehr darauf an, ob Daten zu präventiven oder repressiven Zwecken erhoben wurden, solange die Erhebung rechtmäßig erfolgt ist. Wenn die Voraussetzungen des § 15 Abs. 1, 3 PolG vorliegen, dürfen gespeicherte Daten zu anderen Zwecken weiter verarbeitet werden, unabhängig davon, ob der ursprüngliche Erhebungszweck präventiver oder repressiver Natur war.[350]

156 **cc) Daten zur Personenidentifizierung (§ 15 Abs. 3 S. 2 PolG).** Gem. § 15 Abs. 3 S. 2 PolG können abweichend von Satz 1 die vorhandenen zur Identifizierung dienenden Daten einer Person – insbesondere Name, Geschlecht, Geburtsdatum, Geburtsort, Staatsangehörigkeit, Anschrift (Grunddaten) – auch weiter verarbeitet werden, um diese Person zu identifizieren.

§ 15 Abs. 3 S. 2 PolG regelt, dass es abweichend von § 15 Abs. 3 S. 1 PolG zulässig ist, die **Grunddaten einer Person zu ihrer Identifizierung weiter zu verarbeiten**. Die zweifelsfreie Klärung der Identität einer Person ist notwendig, um **Identitätsverwechslungen auszuschließen** und damit zu verhindern, dass Eingriffe in die Grundrechte von unbeteiligten Personen stattfinden. Die Polizei muss daher zur Erfüllung ihrer Aufgaben die Grunddaten einer Person stets zu diesem Zweck verarbeiten können. Hierfür wird die **Verarbeitung der Grunddaten einer Person** durch die Polizei **vom in § 15 Abs. 3 S. 1 PolG verankerte Grundsatz der hypothetischen Datenerneuerung ausgenommen**. Diese Datenverarbeitung ist immer zulässig.

Die **Grunddaten** sind in § 15 Abs. 3 S. 2 PolG **legal definiert**. Die entsprechende Aufzählung ist nicht abschließend („insbesondere"), umfasst aber die wesentlichen nötigen Merkmale zur Identifikation einer Person. Erweiterungen sind nur zulässig, wenn sie zwingend, sachdienlich und im Einzelfall angemessen sind. Anhaltspunkt sind die in **§ 4 PaßG** vorgesehenen Angaben; darüber hinausgehende Angaben werden in der Regel nicht zulässig sein (vgl. auch die besonderen Kategorien gem. § 12 Nr. 15 PolG). Zu beachten ist darüber hinaus ggf. **§ 18 Abs. 2 PaßG**, wonach die **Seriennummer** eines deutschen Passes **im nichtöffentlichen Bereich** nicht so verwendet werden darf, dass mit ihrer Hilfe ein Abruf personenbezogener Daten aus Dateien oder eine Verknüpfung von Dateien möglich ist; die Seriennummer unterliegt einem besonderen datenrechtlichen Schutz.

Beispiel: Überflüssige Personenbeschreibungen (dick, dünn, schön, hässlich etc.) sind nicht zulässig. Sie sind für eine Personenidentifikation nicht zwingend und gehören nicht zu den Grunddaten i. S. d. § 15 Abs. 3 S. 2 PolG.

Der Landesgesetzgeber geht davon aus, dass es durch die enge Begrenzung der Verarbeitung auf die Grunddaten einerseits und den alleinigen Zweck der Identifizierung andererseits mit den Vorgaben des BVerfG vereinbar ist, dass für diese Maßnahme die strengen Vorgaben der

---

350 LT-Drs. 16/8484, S. 128.

V. Allgemeine Datenschutznormen (§§ 11 bis 16 PolG)

Zweckbindung und des Grundsatzes der hypothetischen Datenneuerhebung nicht gelten.[351] Dem ist insofern zuzustimmen, als die vorhandenen Grunddaten einer betroffenen Person regelmäßig nicht anlasslos durch die Polizei erhoben worden sind.

dd) Nicht erhobene Daten (§ 15 Abs. 3 S. 3 PolG). Gem. § 15 Abs. 3 S. 3 PolG gilt Satz 1 u. 2 entsprechend für personenbezogene Daten, denen keine Erhebung vorausgegangen ist, mit der Maßgabe, dass für die weitere Verarbeitung der Zweck der Speicherung zu berücksichtigen ist.

157

Für § 15 Abs. 3 S. 3 PolG gelten die Ausführungen zu den „aufgedrängten Daten" in § 10 Rn 149 entsprechend. Bei den aufgedrängten Daten kann auch eine weitere Datenspeicherung zur Personenidentifikation nach § 15 Abs. 3 S. 2 PolG erfolgen.

ee) Daten aus Wohnraumüberwachung (§ 15 Abs. 3 S. 4 bis 6 PolG). Gem. § 15 Abs. 3 S. 4 PolG muss für die weitere Verarbeitung von personenbezogenen Daten, die aus Maßnahmen nach § 50 PolG erlangt wurden, in Abweichung von Satz 1 Nr. 2 b eine Gefahr im Sinne des § 50 PolG vorliegen.

158

Die Regelung enthält – ebenso wie § 15 Abs. 2 S. 3 PolG – **besondere Vorgaben für die Verarbeitung von Daten aus einer Wohnraumüberwachung** (§ 50 PolG). Grund sind auch hier der besondere Schutz der Wohnung durch Art. 13 GG und die in Art. 13 Abs. 3, 4 GG verfassungsrechtlich verankerten strengen Voraussetzungen für eine technische Wohnraumüberwachung. Diese gelten nicht nur für die Erhebung der Daten durch Aufzeichnung, sondern für den gesamten Datenverarbeitungsvorgang (→ Rn 150).

Personenbezogene Daten, die durch **Herstellung von Lichtbildern oder Bildaufzeichnungen** über eine Person im Wege eines verdeckten Einsatzes technischer Mittel in oder aus Wohnungen erlangt wurden, dürfen nicht zu Strafverfolgungszwecken weiter verarbeitet werden (§ 15 Abs. 3 S. 5 PolG). Die Regelung entspricht § 12 Abs. 3 S. 2 BKAG.

159

Der Gesetzgeber normiert hier eine **absolutes Verwendungsverbot bei Zweckänderung** der ursprünglichen Datenverarbeitung. Er trägt damit den Vorgaben des **BVerfG** in seinem **BKAG-Urteil** Rechnung: „Verfassungsrechtlich zu beanstanden ist weiterhin, dass Daten aus optischen Wohnraumüberwachungen von einer Übermittlung an die Strafverfolgungsbehörden nicht ausgeschlossen sind. Art. 13 Abs. 3 GG erlaubt für die Strafverfolgung nur den Einsatz der akustischen Wohnraumüberwachung. Dies darf durch eine Übermittlung von Daten aus einer präventiv angeordneten optischen Wohnraumüberwachung nicht unterlaufen werden."[352] Mit § 15 Abs. 3 S. 5 PolG soll verhindert werden, dass auf der Grundlage von aus anderen Rechtsgründen gesetzlich erlaubten optischen Wohnungsüberwachungen gewonnene Daten (Lichtbilder, Bildaufzeichnungen) für die Strafverfolgung eingesetzt werden, wenn der Polizei aus diesen Daten Straftaten bekannt werden.[353] **Art. 13 Abs. 3 S. 1 GG** lässt nach seinem klaren Wortlaut in Wohnungen zur Strafverfolgung bei besonders schweren Straftaten **nur akustische Überwachungen** zu und statuiert damit für bildliche Überwachungen ein absolutes Verwertungsverbot im Strafverfahren.

Personenbezogene Daten, die mithilfe technischer Mittel zur **Überwachung von Wohnungen** erlangt wurden, die **ausschließlich zum Schutz der bei einem Einsatz in Wohnungen tätigen Personen vorgesehen** sind, dürfen unter Beachtung von Satz 1 nur zum Zweck der Strafverfolgung oder der Gefahrenabwehr und nur dann weiter verarbeitet werden, wenn zuvor die Rechtmäßigkeit der Maßnahme richterlich festgestellt ist; bei Gefahr im Verzug ist die richterliche Entscheidung unverzüglich nachzuholen (§ 15 Abs. 3 S. 6 PolG). Die Regelung beruht auf **Art. 13 Abs. 5 GG**, der lautet: „Sind technische Mittel ausschließlich zum Schutze der

160

---

351 LT-Drs. 16/8484, S. 128.
352 BVerfGE 141, 220, 338 f. (Rn 317).
353 Vgl. dazu auch BT-Drs. 18/11163, S. 94, zu § 12 Abs. 3 S. 2 BKAG.

bei einem Einsatz in Wohnungen tätigen Personen vorgesehen, kann die Maßnahme durch eine gesetzlich bestimmte Stelle angeordnet werden. Eine anderweitige Verwertung der hierbei erlangten Erkenntnisse ist nur zum Zwecke der Strafverfolgung oder der Gefahrenabwehr und nur zulässig, wenn zuvor die Rechtmäßigkeit der Maßnahme richterlich festgestellt ist; bei Gefahr im Verzuge ist die richterliche Entscheidung unverzüglich nachzuholen."

Grund für § 15 Abs. 3 S. 6 PolG ist, dass in Fällen der Wohnraumüberwachung zur Eigensicherung nach Art. 13 Abs. 5 S. 1 GG zwar **keine vorherige richterliche Entscheidung erforderlich ist**. Bei einer **nachträglichen Zweckänderung** der dadurch erlangten Daten muss die **richterliche Entscheidung** jedoch **nachgeholt** werden (vgl. Art. 13 Abs. 5 S. 2 GG). Die Vorschrift kann Daten betreffen, die auf der Grundlage des § 45 PolG (Aufzeichnung eingehender Anrufe) oder § 50 PolG (Datenerhebung in oder aus Wohnungen) erhoben wurden.

Für das **gerichtliche Verfahren** gelten die Zuständigkeits- und Verfahrensregelungen des § 132 PolG („Gefahr im Verzug" → § 4 Rn 35).

161 **e) Datenweiterverarbeitung aufgrund Rechtsgrundlage / Einwilligung (§ 15 Abs. 4 PolG). aa) Allgemeines.** § 15 Abs. 4 PolG regelt die **weitere Verarbeitung personenbezogener Daten zu einem anderen Zweck** als dem, zu dem sie erhoben wurden, **wenn der neue Zweck nicht in den Anwendungsbereich der DSRL 2016/680** und damit auch nicht in den der eigentlichen Datenschutzregelungen des PolG (polizeiliche Aufgabenerfüllung gem. §§ 1, 3 PolG) **fällt** (→ Rn 45 ff.).

Die Einhaltung der Bestimmungen dieser Vorschrift ist durch organisatorische und technische Vorkehrungen sicherzustellen.[354] Dies kann dem Grunde nach nur durch den Aufbau und den laufenden Betrieb eines **Datenschutzmanagementsystems** (→ Rn 122, 610) erfolgen.[355] Ein solches Datenschutzmanagementsystem hat die Polizei **bis spätestens zum 31.12.2029** umzusetzen und in Betrieb zu nehmen, wie sich mittelbar aus der **Übergangsfrist des § 135 Abs. 1 PolG** ergibt.[356]

162 **bb) Zweckänderung (§ 15 Abs. 4 S. 1 PolG).** Gem. § 15 Abs. 4 S. 1 PolG können die Polizeibehörden sowie die Polizeidienststellen und Einrichtungen für den Polizeivollzugsdienst personenbezogene Daten, die sie zum Zwecke der Verhütung, Ermittlung, Aufdeckung oder Verfolgung von Straftaten oder Ordnungswidrigkeiten, einschließlich des Schutzes vor und der Abwehr von Gefahren für die öffentliche Sicherheit erhoben haben, **zu einem anderen Zweck als diesen weiter verarbeiten**, soweit

1. dies in einer anderen Rechtsvorschrift vorgesehen ist oder
2. die betroffene Person in die weitere Verarbeitung zu diesem anderen Zweck ihre ausdrückliche Einwilligung erteilt hat.

Voraussetzung für die Zulässigkeit einer zweckändernden weiteren Verarbeitung ist eine **ausdrückliche Erlaubnisnorm** oder eine **ausdrückliche Einwilligung der betroffenen Person**. Beide Voraussetzungen können **alternativ** vorliegen. Aus dem klarstellenden Begriff „als diesen" folgt, dass der andere **Zweck** zur weiteren Datenverarbeitung **außerhalb der Gefahrenabwehr** liegen muss.[357]

Die **Rechtsvorschriften** i. S. d. § 15 Abs. 4 S. 1 PolG können **im PolG oder in anderen Gesetzen** stehen. Dies folgt schon aus § 11 Abs. 2 PolG, der für die Verarbeitung von Daten, die nicht in den originären Aufgabenbereich der Polizei fallen, auf die Anwendung der DSGVO und ergänzend des LDSG verweist. Regelmäßig werden auch Rechtsnormen außerhalb des PolG in Betracht

---

354 LT-Drs. 16/8484, S. 129.
355 Vgl. dazu zutr. Roßnagel, in: Roßnagel, Das neue Datenschutzrecht, § 3 Rn 84.
356 Vgl. dazu auch LT-Drs. 16/8484, S. 191.
357 LT-Drs. 16/8484, S. 206.

V. Allgemeine Datenschutznormen (§§ 11 bis 16 PolG)

kommen, vor allem solche aus polizeilichen Spezialgesetzen (→ § 6 Rn 13 ff.; Einwilligung → Rn 181 f.).

Die Polizei hat daher folgende Prüfschritte durchzuführen:

1. Fallen zu verarbeitende Daten in den **Geltungsbereich des PolG**? Gehören sie zur **originären Aufgabenerfüllung** der Polizei?
2. Sofern es sich um Daten handelt, die nicht in den originären Aufgabenbereich der Polizei fallen – ist die **weitere Verarbeitung** dieser Daten **notwendig und sinnvoll**? Diese Frage muss sich die Polizei immer stellen, denn jede Datenverarbeitung belastet die betroffene Person und stellt einen Eingriff in das Recht auf informationelle Selbstbestimmung dar. Es gilt der in den §§ 13 S. 1 Nr. 3, 75 Abs. 2 PolG verankerte **Grundsatz der Datenminimierung** (→ Rn 105). Jede nicht notwendige Datenverarbeitung durch die Polizei hat zu unterbleiben, diese Frage stellt insbesondere bei Daten, die nicht aus dem originären Aufgabenbereich der Polizei stammen. Der EU-Richtliniengeber hat dazu ausgeführt: „Personenbezogene Daten sollten nur verarbeitet werden dürfen, wenn der Zweck der Verarbeitung nicht in zumutbarer Weise durch andere Mittel erreicht werden kann."[358]
3. Ist die weitere Verarbeitung dieser Daten durch eine **gesetzlichen Norm im oder außerhalb des PolG** erlaubt? Diese finden sich neben dem PolG in der DSGVO mit Ergänzung des LDSG oder in speziellen Bundes- oder Landesgesetzen.
4. Sofern es keine andere Rechtsnorm gibt – soll eine **weitere Datenverarbeitung durch die Einwilligung der betroffenen Person** ermöglicht werden? Wenn ja: Ausführliche Information der betroffenen Person über alle Hintergründe der Datenverarbeitung und Einholung der ausdrücklichen (möglichst schriftlichen) Einwilligung der betroffenen Person.

cc) Einwilligung der betroffenen Person. Die gem. § 15 Abs. 4 S. 1 Nr. 2 PolG erforderliche **Einwilligung ist gegenüber der die Daten übermittelnden Stelle zu erklären.** Diese trägt damit auch die Verantwortung für das Vorliegen der notwendigen Einwilligung. Dies folgt auch aus dem Grundsatz des § 59 Abs. 7 S. 1 PolG, wonach die Verantwortung für die Zulässigkeit der Übermittlung grundsätzlich die übermittelnde Stelle trägt (vgl. aber auch die Ausnahme des § 59 Abs. 7 S. 2, 3 PolG für ein Übermittlungsersuchen).

„**Eindeutige**" Einwilligung macht deutlich, dass eine konkludente Einwilligung nicht ausreicht. Um hier Klarheit zu haben, ist stets die schriftliche Einwilligung anzustreben, auch wenn im Einzelfall eine mündliche Einwilligung ausreichen kann (das Gesetz schließt das mangels Formvorgabe nicht aus). Zudem muss die betroffene Person **zuvor über alle Umstände der weiteren Datenverarbeitung informiert** worden sein.[359] Die hat auch der EU-Richtliniengeber sehr deutlich gemacht: „Natürliche Personen sollten über die Risiken, Vorschriften, Garantien und Rechte im Zusammenhang mit der Verarbeitung ihrer personenbezogenen Daten informiert und darüber aufgeklärt werden, wie sie ihre diesbezüglichen Rechte geltend machen können."[360] Zweifel gehen letztlich zulasten der die Daten nutzenden Stelle, da eine fehlende Einwilligung zur **Unzulässigkeit der Datenverarbeitung** und damit auch der Datennutzung führt.

Im Fall des § 15 Abs. 4 S. 1 Nr. 2 PolG spricht auch nichts gegen die Rechtgültigkeit der Einwilligung. Außerhalb der DSRL 2016/680 sind **wirksame Einwilligungen in Datenverarbeitungen** durch die betroffene Person möglich. **Art. 7 DSGVO** sieht die Möglichkeit der wirksamen Einwilligung unter den dort genannten Voraussetzungen ausdrücklich vor.

Gem. § 15 Abs. 4 Abs. 1 Nr. 2 Hs. 2 PolG gilt die Besonderheit, dass sich die **Einwilligung** der betroffenen Person zu einer Weiterverarbeitung **besonderer Kategorien personenbezogener**

---

358 Erwägungsgrund 26 der DSRL 2016/680, EU ABl. L 119, S. 93.
359 LT-Drs. 16/8484, S. 129.
360 Erwägungsgrund 26 der DSRL 2016/680, EU ABl. L 119, S. 93.

Daten i. S. d. § 12 Nr. 15 PolG (→ Rn 97) **ausdrücklich auch auf diese Daten beziehen** muss. Hier gilt wegen der besonderen Sensibilität dieser Daten und Informationen eine **gesteigerte Hinweis- und Erklärungspflicht der Polizei** vor Einholung der Einwilligung.

166 **dd) Geltung DSGVO und LDSG (§ 15 Abs. 4 S. 2 PolG).** Gem. § 15 Abs. 4 S. 2 PolG sind für die zweckändernde weitere Verarbeitung gem. Satz 1 die DSGVO sowie das LDSG zu beachten. Diese Regelung hat **nur deklaratorische Bedeutung**, da die DSGVO und ergänzend das LDSG in diesen Fällen unmittelbar gelten, sofern der Anwendungsbereich der Datenschutzregelungen des PolG (DSRL 2016/680) nicht eröffnet ist. Mit § 15 Abs. 4 S. 2 PolG ist zudem klargestellt, dass **für die Zweckänderung** i. S. d. Satzes 1 die Bestimmungen zur zweckändernden weiteren Verarbeitung gelten, die sich aus der DSGVO und dem sie ergänzenden LDSG ergeben.[361]

167 **ee) Daten aus Wohnraumüberwachung (§ 15 Abs. 4 S. 3 PolG).** Gem. § 15 Abs. 4 S. 3 PolG dürfen personenbezogene Daten, die aus Maßnahmen nach § 50 PolG erlangt wurden, **nicht zu Zwecken i. S. d. § 11 Abs. 2 PolG** weiterverarbeitet werden.

Die Regelung enthält – ebenso wie § 15 Abs. 2 S. 3, Abs. 3 S. 4 bis 6 PolG – **besondere Vorgaben für die Verarbeitung von Daten aus einer Wohnraumüberwachung** (§ 50 PolG). Grund sind auch hier der besondere Schutz der Wohnung durch Art. 13 GG und die in Art. 13 Abs. 3, 4 GG verfassungsrechtlich verankerten strengen Voraussetzungen für eine technische Wohnraumüberwachung. Diese gelten nicht nur für die Erhebung der Daten durch Aufzeichnung, sondern für den gesamten Datenverarbeitungsvorgang (→ Rn 150).

Im Gegensatz zu den Sonderregeln in Abs. 2 S. 3, Abs. 3 S. 4 bis 6 des § 15 PolG handelt sich um ein **absolutes Zweckänderungsverbot**: Gem. § 50 PolG im Wege der **Wohnraumüberwachung** erhobene Daten dürfen **ausschließlich zu Zwecken i. S. d. § 11 Abs. 1 PolG und des Art. 1 Abs. 1 DSRL 2016/680 verarbeitet** werden.

168 **7. Allgemeine Regeln für die Datenübermittelung (§ 16 PolG). a) Allgemeines.** § 16 PolG enthält allgemeine Regeln für die **Übermittlung von Daten**. Er setzt Regelungen des Unionsrechts um: Art. 7 Abs. 2, Art. 9 Abs. 2, 3 DSRL 2016/680. Die Berechtigung zur Datenweitergabe durch Polizei und Sicherheitsbehörde ist eine der zentralen Fragen des verfassungsrechtlich informierten Datenschutzrechts.[362]

Die allgemeinen Vorgaben in § 16 PolG für die Datenübermittlung werden durch die **besonderen Übermittlungsregelungen** in den §§ 59 bis 61 PolG ergänzt und konkretisiert. Zudem finden sich in § 62 PolG Regelungen **zu allgemeinen Übermittlungsverboten und Verweigerungsgründen**.

Die **Übermittlung personenbezogener Daten aus einem Mitgliedstaat in ein Drittland** stellt als solche eine Verarbeitung personenbezogener Daten dar, die in den Geltungsbereich der DSGVO und der DSRL 2016/680 fällt.[363]

169 § 16 Abs. 1 S. 1 bis 3 PolG dient der Umsetzung von Art. 7 Abs. 2 DSRL 2016/680: „Die Mitgliedstaaten sehen vor, dass die zuständigen Behörden alle angemessenen Maßnahmen ergreifen, um zu gewährleisten, dass personenbezogene Daten, die unrichtig, unvollständig oder nicht mehr aktuell sind, nicht übermittelt oder bereitgestellt werden. Zu diesem Zweck überprüft jede zuständige Behörde – soweit durchführbar – die Qualität der personenbezogenen Daten vor ihrer Übermittlung oder Bereitstellung. Bei jeder Übermittlung personenbezogener Daten werden nach Möglichkeit die erforderlichen Informationen beigefügt, die es der empfangenden zuständigen Behörde gestatten, die Richtigkeit, die Vollständigkeit und die Zuverlässigkeit der personenbezogenen Daten sowie deren Aktualitätsgrad zu beurteilen."

---

361 LT-Drs. 16/8484, S. 129.
362 Müller/Schwabenbauer, GSZ 2023, 1.
363 EuGH (Schrems II), NJW 2020, 2613, 2615 (Rn 83); vgl. auch Lejeune, CR 2020, 716 ff.

V. Allgemeine Datenschutznormen (§§ 11 bis 16 PolG)

aa) Übermittlungsverbot falscher Daten (§ 16 Abs. 1 S. 1 PolG). Gem. § 16 Abs. 1 S. 1 PolG hat die Polizei **angemessene Maßnahmen** zu ergreifen, um zu gewährleisten, dass **personenbezogene Daten, die unrichtig, unvollständig oder nicht mehr aktuell sind, nicht übermittelt oder sonst zur Verfügung gestellt** werden.[364]

Die Regelung ist schon aufgrund der in § 13 S. 1 Nr. 4 PolG enthaltenen **Pflicht zur Richtigkeit der verarbeiteten Daten** (→ Rn 107 ff.) geboten. Sie konkretisiert diesen Grundsatz für den Fall der Datenübermittlung oder des Zurverfügungstellens von Daten. Die **Verpflichtung** trifft ausschließlich die **übermittelnde Stelle**. Der vom Landesgesetzgeber verwendete Begriff „angemessene Maßnahmen" ist aus nicht nachvollziehbaren Gründen weniger stringent formuliert wie es Art. 7 Abs. 2 S. 1 DSLR 2017/680 eigentlich vorgibt; dort heißt es **„alle angemessenen Maßnahmen"**. In der englischen Version der DSRL 2016/680 lautet die Formulierung „all reasonable steps". Der Landesgesetzgeber kann hinter diese tatbestandliche Anforderung der Richtlinie nicht zurücktreten. Durch das Wort „alle" („all") wird deutlich, dass die Polizei gehalten ist, **umfassende Vorkehrungen** zu treffen, um ein Zurverfügungstellen falscher Daten möglichst sicher zu verhindern. Die **Zumutbarkeitsschwelle** ist hoch. Durch den Begriff „angemessen" wird lediglich deutlich gemacht, dass der vorgesehene Aufwand dort eine Grenze findet, wo er **außer Verhältnis zum vorgegebenen Ziel** (Richtigkeit der Daten) stehen würde. In der Praxis bedeutet dies, dass die Polizei in ihrem **Datenschutzmanagementsystem** (→ Rn 122, 610) geeignete Vorkehrungen treffen muss, die eine unrichtige Erfassung und weitere Verarbeitung der Daten verhindern, dass eine regelmäßige Überprüfung der Daten auf ihre Richtigkeit und Vollständigkeit stattfindet, die ggf. gem. § 75 Abs. 1 PolG zu einer umgehenden Korrektur führt, und dass **vor jeder Datenübermittelung eine grundlegende Prüfung auf Richtigkeit, Vollständigkeit und Aktualität der Daten erfolgen muss** (§ 16 Abs. 1 S. 2 PolG [→ Rn 172]).

Der EU-Richtliniengeber hat darauf hingewiesen, dass der Grundsatz der sachlichen Richtigkeit der Daten unter Berücksichtigung von Art und Zweck der jeweiligen Verarbeitung angewandt werden sollte.[365] Bei der Anwendung der Vorschrift ist insofern zu beachten, dass die Frage, ob Daten noch aktuell sind, nur **im konkreten Zusammenhang und unter Beachtung des konkreten Verarbeitungszwecks** zu beurteilen ist. So kann etwa die Übermittlung von unter abstrakten Gesichtspunkten nicht (mehr) aktuellen Daten wie alte Meldeadressen, abweichende Geburtsnamen etc. bedeutsam und für die Aufgabenerfüllung erforderlich und damit im konkreten Zusammenhang noch „aktuell" sein.[366]

Die Pflicht zur Vermeidung einer Übermittlung unvollständiger Daten ist auf solche Fälle zu beziehen, bei denen **zum Zeitpunkt der (erstmaligen) Übermittlung** bereits bekannt ist, dass der zu übermittelnde Datensatz unvollständig ist. Die Polizei ist **vor jeder Datenübermittlung** verpflichtet, die **Richtigkeit, Vollständigkeit und Aktualität der Daten** nochmals zu **überprüfen** (§ 16 Abs. 1 S. 2 PolG [→ Rn 172]). Erfolgt eine Datenübermittlung ausschließlich zu dem Zweck, **zuvor unvollständige Daten zu vervollständigen**, wird diese Datenübermittlung schon nach Sinn und Zweck der Regelung nicht von § 16 Abs. 1 S. 1 PolG erfasst.

bb) Datenüberprüfung / Datenqualität (§ 16 Abs. 1 S. 2 PolG). Gem. § 16 Abs. 1 S. 2 PolG hat die Polizei zur Sicherstellung der Richtigkeit, Vollständigkeit und Aktualität der zu übermittelnden Daten, soweit dies mit angemessenem Aufwand möglich ist, die **Qualität der Daten vor ihrer Übermittlung oder Bereitstellung zu überprüfen**. Der Landesgesetzgeber hat damit Art. 7 Abs. 2 S. 2 DSRL 2016/680 umgesetzt, der verlangt, dass jede zuständige Behörde –

170

171

172

---
364 Ebenso Erwägungsgrund 32 der DSRL 2016/680, EU ABl. L 119, S. 93.
365 Erwägungsgrund 30 der DSRL 2016/680, EU ABl. L 119, S. 93.
366 So zu Recht LT-Drs. 16/8484, S. 130.

soweit durchführbar – die Qualität der personenbezogenen Daten vor ihrer Übermittlung oder Bereitstellung überprüft.

Mit der Pflicht zur Übermittlung nur richtiger, vollständiger und aktueller Daten korrespondiert richtigerweise die Verpflichtung der Polizei, die **Qualität der zu übermittelnden Daten** in Bezug auf diese Merkmale **vor der Übermittlung** (nochmals) zu **überprüfen**. Der Landesgesetzgeber weicht auch hier von der Formulierung der DSRL 2016/680 ab, er verwendet den Begriff „angemessenen Aufwand". § 7 Abs. 2 S. 2 DSRL 2016/680 verwendet dagegen die Formulierung „soweit durchführbar" (im Englischen „as far as practicable") und damit bewusst eine andere Formulierung als in Art. 7 Abs. 2 S. 1 DSRL 2016/680 (dort „angemessen"). Damit ist etwas anderes als „angemessener Aufwand" gemeint. Entgegen der Formulierung des Landesgesetzgebers scheidet daher im Wege einer richtlinienkonformen Auslegung[367] eine Überprüfung der Datenqualität vor der Übermittlung nur aus, wenn **die Überprüfung aus objektiven Gründen ausgeschlossen** (nicht durchführbar) ist (etwa bei besonderer Dringlichkeit der Datenübermittlung aus schwerwiegenden Gründen der Sicherheit oder aus technischen Gründen oder mangels grundlegender Informationen). Es ist dagegen ausgeschlossen, dass die Polizei von der Überprüfung absieht, weil sie ihr unangemessen erscheint, sie ihr also im Einzelfall außer Verhältnis zu Ziel und Zweck des § 16 Abs. 1 S. 2 PolG stehend erscheint. Hier ist auch zu beachten, dass bei einem gut funktionierenden **Datenschutzmanagementsystem** (→ Rn 122, 610) in der Regel Überprüfungen der Datenqualität kein grundlegendes Problem darstellen sollten.

173 cc) **Informationspflicht (§ 16 Abs. 1 S. 3 PolG).** Gem. § 16 Abs. S. 3 PolG hat die Polizei bei jeder Übermittlung personenbezogener Daten, soweit dies möglich und angemessen ist, **Informationen beizufügen, die es dem Empfänger gestatten, die Richtigkeit, die Vollständigkeit und die Zuverlässigkeit der Daten sowie deren Aktualität zu beurteilen.** Der Landesgesetzgeber hat damit Art. 7 Abs. 2 S. 3 DSRL 2016/680 umgesetzt: „Bei jeder Übermittlung personenbezogener Daten werden nach Möglichkeit die erforderlichen Informationen beigefügt, die es der empfangenden zuständigen Behörde gestatten, die Richtigkeit, die Vollständigkeit und die Zuverlässigkeit der personenbezogenen Daten sowie deren Aktualitätsgrad zu beurteilen."[368]

174 dd) **Mitteilungspflicht (§ 16 Abs. 1 S. 4 PolG).** Wird festgestellt, dass unrichtige personenbezogene Daten oder personenbezogene Daten unrechtmäßig übermittelt worden sind, hat die Polizei dies gem. § 16 Abs. 1 S. 4 PolG dem **Empfänger unverzüglich mitzuteilen.** Diese Regelung dient der Umsetzung des gleichlautenden Art. 7 Abs. 3 S. 1 DSRL 2016/680.

§ 16 Abs. 1 S. 4 PolG sieht eine **unverzügliche Mitteilungspflicht** derjenigen Stelle der Polizei vor, die einer anderen Stelle unrichtige, unvollständige oder nicht aktuelle Daten übermittelt hat. „Unverzüglich" bedeutet, dass die Mitteilung **sofort** (= ohne schuldhaftes Zögern) erfolgt, nachdem die verantwortliche Polizeistelle Kenntnis von der Unrichtigkeit, Unvollständigkeit oder Veralterung der bereits übermittelten Daten erlangt hat. Sie hat zu diesem Zweck der empfangenden Stelle alle Informationen zur Verfügung zu stellen, die eine sofortige Korrektur der übermittelten Daten ermöglichen. Richtigerweise sollte dies durch eine **Übermittlung des kompletten, bereits korrigierten Datensatzes** durch die übermittelnde Polizeistelle erfolgen, verbunden mit dem Hinweis, alle bei der empfangenden Stelle gespeicherten Datensätze durch die erneut übermittelten zu ersetzen. Damit bleibt die inhaltliche Verantwortung für die Richtigkeit der übermittelten Daten (§ 16 Abs. 1 S. 1, 2 PolG) bei der übermittelnden Stelle der Polizei.

175 Art. 7 Abs. 3 S. 2 DSRL 2016/680 sieht vor, dass im Fall der nachträglichen Feststellung der Unrichtigkeit, Unvollständigkeit oder Veralterung der übermittelnden Daten eine Berichtigung

---

367 Vgl. dazu VG Wiesbaden, ZD 2022, 126, 127 (Rn 34); Streinz, Europarecht, Rn 510 bis 514; Herdegen, Europarecht, § 8 Rn 67 ff.; Arz, JURA 2022, 1127, 1128 ff.; Sauer, JURA 2021, 387, 392.
368 Vgl. dazu auch Erwägungsgrund 30 der DSRL 2016/680, EU ABl. L 119, S. 93.

V. Allgemeine Datenschutznormen (§§ 11 bis 16 PolG)

oder Löschung oder die Einschränkung der Verarbeitung der personenbezogenen Daten vorzunehmen ist. Die Regelung wurde in **§ 75 PolG** umgesetzt.

Für die die Daten **empfangende Stelle** folgt die Verpflichtung zur Korrektur der falschen Daten aus Art. 7 Abs. 3 S. 2 DSRL 2016/680 bzw. den zur Umsetzung erlassenen Landes- oder Bundesgesetzen.

b) Hinweispflichten (§ 16 Abs. 2 PolG). Gelten für die Verarbeitung von personenbezogenen Daten **besondere Bedingungen,** so hat gem. § 16 Abs. 2 S. 1 PolG die übermittelnde Stelle den Empfänger **auf diese Bedingungen und die Pflicht zu ihrer Beachtung hinzuweisen.** Die Hinweispflicht kann durch entsprechende Markierung der Daten erfüllt werden (§ 16 Abs. 2 S. 2 PolG). Mit dieser Regelung wird Art. 9 Abs. 3 DSRL 2016/680 umgesetzt: „Die Mitgliedstaaten sehen vor, dass immer dann, wenn nach dem Unionsrecht oder dem Recht der Mitgliedstaaten, dem die übermittelnde zuständige Behörde unterliegt, für die Verarbeitung besondere Bedingungen gelten, die übermittelnde zuständige Behörde den Empfänger der Daten darauf hinweist, dass diese Bedingungen gelten und einzuhalten sind."

176

Unter **„besonderen Bedingungen"** in diesem Sinne sind alle Umstände zu verstehen, die sich aus gesetzlichen Anforderungen des PolG oder anderer Gesetze ergeben, die **an die Datenverarbeitungen besondere Anforderungen** stellen.

Beispiele: Zweckbindungsregelungen für die weitere Verarbeitung durch den Empfänger, Fristen für die Löschung bzw. die Überprüfung der Erforderlichkeit der weiteren Speicherung, das Verbot der Weiterübermittlung ohne Genehmigung oder Konsultationserfordernisse vor der Beauskunftung betroffener Personen.[369]

Liegen solche „besonderen Bedingungen" vor, muss die die Daten übermittelnde Stelle der Polizei die empfangende Stelle **zwingend** („hat") hierauf **hinweisen.** Der entsprechende Hinweis muss so klar, unmissverständlich und umfassend sein, dass die empfangende Stelle in die Lage versetzt wird, hiervon Kenntnis zu nehmen und ihrerseits diese „besonderen Bedingungen" bei der weiteren Verarbeitung der Daten zu beachten. Es muss auch ein **Hinweis auf die Rechtslage und Rechtsfolge** (Bindung bei der Datenverarbeitung) erfolgen (dies folgt aus der Formulierung „Pflicht zu ihrer Beachtung hinzuweisen").

Bei der **Art des Hinweises** ist die Polizei **grundsätzlich frei.** Schriftform ist – auch zur Nachweisbarkeit – angezeigt. Es ist der Polizei überlassen, den Hinweis so zu formulieren, dass er von der empfangenden Stelle erkannt, vollständig verstanden und darauf basierend beachtet und umgesetzt werden kann. Durch § 16 Abs. 2 S. 2 PolG ist klargestellt, dass die Hinweispflicht durch eine **geeignete Markierung der Daten** erfüllt werden kann.

177

Beispiele für eine Markierung:

- Die übermittelten Daten betreffen einen russischen Staatsangehörigen und werden dem BKA zur Verfügung gestellt. Hier könnte der Hinweis erfolgen: „Für diese Daten ist bei einer Übermittlung an Staaten, die nicht Mitglied der Europäischen Union sind, § 61 PolG zu beachten. Die Übermittlung bedarf gem. § 61 Abs. 2 PolG zwingend eines Angemessenheitsbeschlusses der Europäischen Kommission."
- Übermittelt die Polizei Daten, die per Einwilligung gem. § 42 Abs. 1 PolG verarbeitet wurden (zum Zweck der Zuverlässigkeitsprüfung), muss sie gem. §§ 16 Abs. 2, 42 Abs. 2 S. 1 PolG darauf hinweisen, dass die betroffenen Daten durch die Polizei zum Zweck der Zuverlässigkeitsprüfung verarbeitet wurden (→ Rn 180 ff.). Dies kann durch eine entsprechende Markierung der Daten erfolgen: „Diese Daten wurden zum Zweck der Zuverlässigkeitsprüfung gem. § 42 Abs. 1 PolG verarbeitet und dürfen gem. § 42 Abs. 3 S. 1 PolG nur zu diesem Zweck weiterverarbeitet werden".

Im ersten Beispiel ergeben sich für die Datenverarbeitung besondere Anforderungen nicht nur aus § 61 PolG, sondern in der weiteren Verarbeitung durch das BKA auch aus § 27 BKAG. Für diese weitere Verarbeitung trägt das BKAG die Verantwortung (vgl. etwa § 27 Abs. 7 S. 1 BKAG).

---

369 LT-Drs. 16/8484, S. 130.

178 **c) Datenübermittlung an EU-Mitgliedsstatten und EU-Organisationen (§ 16 Abs. 3 PolG).** Gem. § 16 Abs. 3 PolG darf die übermittelnde Stelle auf Empfänger in anderen Mitgliedstaaten der EU und auf Einrichtungen und sonstige Stellen, die nach Kapitel 4 und 5 des Titels V des dritten Teils des Vertrags über die Arbeitsweise der Europäischen Union errichtet wurden, **keine Bedingungen anwenden, die nicht auch für entsprechende innerstaatliche Datenübermittlungen gelten.** Die Regelung setzt den gleichlautenden Art. 9 Abs. 4 DSRL 2016/680 um.

Durch § 16 Abs. 3 PolG soll sichergestellt werden, dass die Polizei gegenüber Stellen aus anderen Mitgliedstaaten der EU oder Stellen, die nach Kapitel 4 und 5 des Titels V des dritten Teils des AEUV errichtet wurden, **keine weitergehenden Anforderungen** in Bezug auf „besondere Bedingungen" der übermittelten Daten stellt als das eigene (innerstaatliche) Recht vorsieht. Die genannten außerstaatlichen Stellen werden insoweit den innerstaatlichen Stellen gleichgestellt. „Kapitel 4 und 5 des Titels V des dritten Teils des AEUV" meint die **§§ 82 bis 89 AEUV** (justizielle Zusammenarbeit in Strafsachen und polizeiliche Zusammenarbeit). Erfasst werden damit vor allem **Eurojust**, die **Europäische Staatsanwaltschaft** und **Europol** (→ § 1 Rn 46 ff.).

VI. Datenverarbeitung bei polizeilichen Einzelmaßnahmen / verdeckte Ermittlungsbefugnisse / weitere Datenverarbeitung / Datenübermittlung (§§ 42 bis 62 PolG)

179 **1. Allgemeines.** Die §§ 42 bis 62 PolG enthalten umfassende Regelungen für **Einzelmaßnahmen der Polizei**, die zumeist auch eine grundlegende Datenverarbeitung erfordern. Bei den meisten dieser Maßnahmen stehen die Datenerhebung und umfassende Datenverarbeitung im Vordergrund (Beispiele: Bild- und Tonaufzeichnung, Aufzeichnung von Telefonanrufen, Rasterfahndung, Wohnraumüberwachung, Kennzeichenauslesung etc.).

Darüber hinaus enthalten die §§ 42 bis 62 PolG seit dem Inkrafttreten des PolG 2020 zahlreiche **besondere Regelungen der Datenverarbeitung**, die der Umsetzung der DSRL 2016/680 und der Regelung der Verarbeitung der in polizeilichen Einzelmaßnahmen gewonnenen Daten dienen.

Für alle in den §§ 42 bis 62 PolG enthaltenen Normen und Datenverarbeitungsvorgänge sind stets die **allgemeinen Datenschutzregelungen der §§ 11 bis 16 PolG** beachtlich (→ Rn 81 ff.). Sie sind vor die Klammer gezogene grundlegende Normen der Datenverarbeitung. Darüber hinaus sind die weiteren **besonderen Datenschutzregelungen der §§ 70 bis 99 PolG** ggf. anzuwenden (→ Rn 590 ff.).

Insgesamt finden sich in den §§ 42 bis 62 PolG zahlreiche Regelungen für den Umgang mit der Datenverarbeitung durch die Polizei, die im Einklang mit den **Vorgaben des Unionsrechts** - insbesondere aus der DSRL 2016/680 - stehen. Auch die neueren **Vorgaben des BVerfG zum Datenschutzrecht** haben Eingang gefunden.

180 **2. Einwilligung in Datenverarbeitung (§ 42 PolG). a) Allgemeines.** § 42 PolG enthält eine eigenständige Regelung für die **Datenverarbeitung auf der Grundlage einer Einwilligung**[370] der betroffenen Person. Gem. § 4 Abs. 1 LDSG a. F. war die Einwilligung der betroffenen Person als Alternative zu einer gesetzlichen Vorschrift ausreichende Grundlage für die Verarbeitung personenbezogener Daten. Für den Bereich des Polizeirechts gelten nunmehr die Vorgaben der DSRL 2016/680, die in das deutsche Recht umzusetzen waren (→ Rn 26 ff., Rn 59 ff.).

181 Seit Inkrafttreten der DSRL 2016/680 und deren Umsetzungspflicht ins deutsche Recht ist davon auszugehen, dass die Einwilligung einer betroffenen Person zu einer Datenverarbeitung zum einen einer **ausdrücklichen gesetzlichen Ermächtigung** bedarf, eine allgemeine Erlaubnis der

---

[370] Zu den Voraussetzungen einer Einwilligung im Allgemeinen vgl. Kliemannel, Die Polizei 2021, 53, 54 f.

Datenverarbeitung durch Einwilligung also nicht mehr ausreicht.[371] Zum anderen ist auf der Grundlage der DSRL 2016/680 davon auszugehen, dass eine Datenverarbeitung mit Einwilligung der betroffenen Person **nur noch in Ausnahmefällen** in Betracht kommt.[372]

Die DSRL 2016/680 enthält anders als die DSGVO (dort Art. 6 Abs. 1 UAbs. 1 lit. a) keine Regelung über die Einwilligung der betroffenen Person in eine Datenverarbeitung.[373] Aus den Erwägungsgründen 35 und 37 ergibt sich aber, dass der EU-Richtliniengeber davon ausging, dass Einwilligungsregelungen der Mitgliedstaaten grundsätzlich möglich sind.[374] Er macht aber auch deutlich, dass dies vielfach schwierig sein dürfte. So führt er etwa in **Erwägungsgrund 35** aus, dass die Einwilligung der betroffenen Person als Reaktion auf eine entsprechende Aufforderung der staatlichen Behörden keine rechtliche Grundlage für die Verarbeitung personenbezogener Daten durch die zuständigen Behörden darstellen kann: „Bei der Wahrnehmung der ihnen als gesetzlich begründeter Institution übertragenen Aufgaben, Straftaten zu verhüten, zu ermitteln, aufzudecken und zu verfolgen, können die zuständigen Behörden natürliche Personen auffordern oder anweisen, ihren Anordnungen nachzukommen. In einem solchen Fall sollte die **Einwilligung der betroffenen Person** im Sinne der Verordnung (EU) 2016/679 **keine rechtliche Grundlage für die Verarbeitung personenbezogener Daten** durch die zuständigen Behörden darstellen. Wird die betroffene Person aufgefordert, einer rechtlichen Verpflichtung nachzukommen, so hat sie **keine echte Wahlfreiheit**, weshalb ihre Reaktion nicht als freiwillig abgegebene Willensbekundung betrachtet werden kann."[375]

Angesichts der unionsrechtlichen Rahmenbedingungen aus der DSLR 2016/680 ist davon auszugehen, dass **ohne unionsrechtskonforme ausdrückliche gesetzliche Ermächtigung** die **Einwilligung der betroffenen Person** eine Berechtigung zur Datenverarbeitung **nicht wirksam** bewirken kann.[376] Die Einwilligung in eine Datenverarbeitung ohne ausdrückliche gesetzliche Norm ist unwirksam[377], **die darauf basierende Datenverarbeitung rechtswidrig**, die Verwertung der so erlangten Daten unzulässig. Einwilligungen auf der Grundlage einer gesetzlichen Norm sind **in bestimmten Fallkonstellationen denkbar**, etwa wenn besondere Datenmerkmale (wie rassische oder ethnische Herkunft) verarbeitet werden sollen, die besonders stark in die Grundrechte einer betroffenen Person eingreifen. Hier sollte neben dem gesetzlichen Erlaubnistatbestand zusätzlich die Einwilligung der betroffenen Person erforderlich sein.[378] Darüber hinaus kommen Einwilligungen überall dort in Betracht, wo die **Datenverarbeitung im vorrangigen Interesse der betroffenen Person** erfolgt.[379]

---

371 Wie hier etwa Weinhold, in: Roßnagel, Das neue Datenschutzrecht, § 7 Rn 86; i. E. ebenso Schieder, GSZ 2021, 16, 18.
372 Wie hier etwa Heckmann/Paschke, in: Gola/Schomerus, BDSG, § 51 Rn 9, u. Frenzel, in: Paal/Pauly, DSGVO/BDSG, § 51 BDSG Rn 1.
373 Anders, JZ 2022, 397, 399.
374 Vgl. dazu § 51 BDSG, der eine detaillierte Regelung über die mögliche Einwilligung betroffener Personen enthält, daneben aber für jede konkrete Einwilligung einen spezialgesetzlichen Ermächtigungsbedarf verlangt. § 51 BDSG regelt nur die unbedingten rechtlichen Voraussetzungen einer wirksamen Einwilligungserklärung (Weinhold, in: Roßnagel, Das neue Datenschutzrecht, § 7 Rn 86). Eingehend dazu Schieder, GSZ 2021, 16 ff.
375 Erwägungsgrund 35 der DSRL 2016/680, EU ABl. L 119, S. 94. Vgl. dazu auch v. Lewinski/Rüpke/Eckhardt, Datenschutzrecht, § 13 Rn 43, Johannes/Weinhold, Neues Datenschutzrecht, § 1 Rn 154 ff., sowie Golla, KriPoZ 2019, 238, 239 ff.
376 Schwabenbauer, in: Lisken/Denninger, Handbuch des Polizeirechts, Kap. G Rn 54; Müller/Schwabenbauer, in: Lisken/Denninger, Handbuch des Polizeirechts, Kap. G Rn 476.; Anders, JZ 2022, 397, 399 f.; Schieder, GSZ 2021, 16, 18; Golla, KriPoZ 2019, 238, 240; Golla/Skobel, GSZ 2019, 140, 143 f.
377 Golla/Skobel, GSZ 2019, 140, 141 f.
378 So ausdrücklich Erwägungsgrund 37 der DSRL 2016/680, EU ABl. L 119, S. 95.
379 I. E. ebenso Anders, JZ 2022, 397, 403 m. w. N., zur Einwilligung im Strafverfahren („keine unmittelbaren Nachteile").

182 Das **PolG 2020** enthält richtigerweise **keine allgemeine Ermächtigung zur Datenverarbeitung auf der Grundlage einer Einwilligung** der betroffenen Person, sondern lediglich einzelne Tatbestände der Datenverarbeitung, die mit einer Einwilligung verknüpft sind. Dies sind neben § 42 PolG noch § 15 Abs. 4 S. 1 Nr. 2 PolG (Datenweiterverarbeitung bei Einwilligung) und § 77 Abs. 3 PolG (Einwilligung in Verarbeitung eingeschränkter Daten). Auch § 42 Abs. 1, 5 PolG stellt **keine allgemeine Regelung** für den Fall der Datenverarbeitung mit Einwilligung dar, sondern trifft nur eine Regelung für den besonderen Fall der Datenverarbeitung bei einer Zuverlässigkeitsprüfung und für die in Abs. 5 genannten Fallkonstellationen.

183 Der **Landesgesetzgeber** geht davon aus, dass es im Polizeirecht Bereiche geben kann, in denen eine polizeiliche Datenverarbeitung erforderlich sein kann, obwohl sie nicht besonders gesetzlich geregelt ist und auch nicht für jeden denkbaren Einzelfall geregelt werden kann. Als einen Anwendungsfall nennt er die **Durchführung von Zuverlässigkeitsüberprüfungen** von Personen, für die ein privilegierter Zutritt zu einer besonders gefährdeten Veranstaltung beantragt wird: „Gerade in der heutigen Zeit, mit einer hohen abstrakten Gefährdung durch terroristische Anschläge, gibt es zahlreiche Konstellationen, in denen aufgrund einer Gefährdungsbeurteilung die Notwendigkeit besteht, bestimmte Personen oder Personenkreise, die Zugang zu einer Veranstaltung erhalten sollen, auf ihre Zuverlässigkeit zu überprüfen. Insbesondere betrifft dies Personen, die im Umfeld von Veranstaltungen, wie etwa Festivals, beschäftigt sind oder Journalisten, die in diesem Zusammenhang eine Akkreditierung zu bestimmten sicherheitsrelevanten Bereichen begehren. In solchen Fällen besteht ein großes öffentliches Interesse daran, dass zu Zwecken der Gefahrenabwehr oder der Straftatenverhütung nur Personen Zutritt erhalten, die auf ihre Zuverlässigkeit überprüft wurden. Ferner werden Zuverlässigkeitsüberprüfungen zum Schutz staatlicher Einrichtungen durchgeführt, zum Beispiel bei Personen, die zeitweisen Zugang zu sicherheitsrelevanten Bereichen öffentlicher Gebäude erhalten sollen, etwa Handwerker oder Reinigungspersonal. Die Durchführung der Zuverlässigkeitsüberprüfung richtet sich in diesen Fällen nach dem Landesdatenschutzgesetz, der von der Polizei vorzunehmende Datenabgleich jedoch nach dem Polizeigesetz."[380]

184 Es bestehen **keine durchgreifenden unions- und verfassungsrechtlichen Bedenken**, dass für den Fall einer notwendigen Zuverlässigkeitsprüfung Daten verarbeitet werden, die über die betroffene Person zu diesem Zweck mit deren ausdrücklicher Einwilligung erhoben wurden. Es handelt sich um **keinen Fall hoheitlich-polizeilicher Datenerhebung**, die eine betroffene Person über sich ergehen lassen muss (→ Rn 181). Vielmehr hat die betroffene Person in diesen Fällen ein **ureigenes Interesse an der Durchführung einer wirksamen Zuverlässigkeitsprüfung**, um die angestrebte Tätigkeit – die eine Zuverlässigkeitsprüfung erfordert – aufzunehmen. Der Landesgesetzgeber hat zudem das notwendige Einwilligungsverfahren so ausgestaltet, dass die betroffene Person „Herr des Verfahrens" bleibt: „Dabei erscheint es vorzugswürdig, Zuverlässigkeitsüberprüfungen zwar auf der Grundlage einer gesetzlichen Regelung vorzunehmen, jedoch nicht ohne dass die betroffene Person zuvor über die Verarbeitung ihrer Daten umfassend informiert wird und der Verarbeitung ausdrücklich zustimmt. Denn dadurch wird der betroffenen Person zumindest die **Möglichkeit** belassen, **die Einwilligung zu verweigern** und sich der Zuverlässigkeitsüberprüfung zu entziehen."[381]

185 Die Regelung des § 42 PolG über die Zulässigkeit einer Einwilligung zur Datenverarbeitung ist auch **mit Art. 12 GG vereinbar**. Die Einwilligung ist Voraussetzung für eine **wirksame Zuverlässigkeitsprüfung**. Eignung und Zuverlässigkeit als Voraussetzung für den Zugang zu einem bestimmten Beruf sind grundsätzlich eine mit Art. 12 GG vereinbare **Zulassungsregel**

---

380 LT-Drs. 16/8484, S. 137.
381 LT-Drs. 16/8484, S. 138.

für die Berufswahl.[382] Die in diesem Kontext verlangte Einwilligung zur Verarbeitung der für die Zuverlässigkeitsprüfung erforderlichen Daten ist notwendiger und zulässiger Teil der diesbezüglichen Berufszulassungsregelungen. Aus Art. 12 GG folgt aber die grundlegende Pflicht der Polizei, bei auf § 42 PolG basierenden Auskunftsersuchen anderer Behörden **darauf zu achten,** dass die **erbetene Auskunft tatsächlich einer rechtlich zulässigen Zuverlässigkeitsprüfung dient** (vgl. dazu auch § 42 Abs. 3 PolG [→ Rn 197 ff.]), diese ist durch § 42 Abs. 1 PolG auf bestimmte Fälle begrenzt (→ Rn 186 ff.).

b) Zuverlässigkeitsprüfung (§ 42 Abs. 1 PolG). Gem. § 42 Abs. 1 PolG kann die Polizei **zur Durchführung von Zuverlässigkeitsüberprüfungen** personenbezogene Daten von Personen verarbeiten, denen **zur Ausführung von Tätigkeiten bei Großveranstaltungen oder in öffentlichen Liegenschaften Zutritt gewährt** werden soll, wenn ihr zuvor von der um Zuverlässigkeitsüberprüfung ersuchenden Stelle die Überprüfung der Identität der betroffenen Personen und deren Einwilligung in die dafür erforderliche Datenverarbeitung gemäß den Anforderungen des § 42 Abs. 2 PolG schriftlich bestätigt werden.

186

Die Zuverlässigkeitsprüfung des § 42 Abs. 1 PolG greift zulasten der betroffenen Personen in das **Grundrecht auf informationelle Selbstbestimmung** ein, dieser **Eingriff** ist aber durch den Zweck der Sicherheitsüberprüfung und die Begrenzung auf eine tatbestandlich klar umschriebene Fallkonstellation zum Schutz bedeutender Rechtsgüter verfassungsrechtlich **gerechtfertigt.**[383]

§ 42 Abs. 1 PolG ermöglicht die Datenverarbeitung durch die Polizei zur Auskunftserteilung an andere Behörden und Stellen. Die Möglichkeit zur Datenverarbeitung ist auf **Zuverlässigkeitsprüfungen** begrenzt. **Zuverlässig ist,** wer nach dem Gesamteindruck seines Verhaltens die Gewähr dafür bietet, dass er sein Gewerbe oder seine Tätigkeit ordnungsgemäß betreibt bzw. durchführen wird.[384] Dafür ist es auch erforderlich, dass eine Person polizeilich nicht in Erscheinung getreten ist, also gegen sie keine Erkenntnisse vorliegen, dass sie gegen die öffentliche Sicherheit oder Ordnung verstoßen hat oder gegen sie wegen schwerwiegender Ordnungswidrigkeiten oder wegen Straftaten ermittelt wurde.[385]

Die Polizei kann auf der Grundlage des § 42 Abs. 1 PolG nicht für alle Arten der Zuverlässigkeitsprüfung Auskünfte erteilen, vielmehr ist dies auf angestrebte **Tätigkeiten der betroffenen Personen bei Großveranstaltungen und in öffentlichen Liegenschaften** beschränkt.

Beispiele: Sicherheitspersonal bei Open-Air-Konzerten, Justizvollzugsdienst, Wachpersonal im öffentlichen Bereich (Gerichte), Flughafenpersonal, privater Sicherheitsdienst in Bahnhöfen.

Die **Verarbeitung der Daten** umfasst im Fall des § 42 Abs. 1 PolG insbesondere das **Erheben** der Daten, den **Abgleich** der Daten mit dem vorhandenen Datenbestand sowie die **Übermittlung** des Ergebnisses an die anfragende Stelle. In zahlreichen Fällen erfolgt eine Zuverlässigkeitsüberprüfung zwar aus Anlass einer entsprechenden Gefährdungsbeurteilung der Polizei im Rahmen ihrer allgemeinen Aufgabenwahrnehmung. Für den Nachweis der Zuverlässigkeit ist jedoch in aller Regel nicht die Polizei, sondern **die ersuchende Stelle verantwortlich.** Dies kann ein Unternehmer sein, der einen öffentlichen Auftrag erhalten hat und die Zuverlässigkeit seines Personals nachzuweisen hat, oder ein Veranstalter, der auf Veranlassung der Genehmigungsbehörde oder der Polizei die Zuverlässigkeit der beschäftigten Personen nachzuweisen hat, bzw. der Hausrechtsinhaber, wenn die Überprüfung zum Schutz staatlicher Einrichtungen erfolgt.[386]

187

---

382 Vgl. dazu etwa BVerfGE 41, 378, 390, u. Jarass, in Jarass/Pieroth, Grundgesetz, Art. 12 GG, Rn 43, 53.
383 BayVfGH, ZD 2022, 451, 452 ff. (Rn 61 ff.).
384 Vgl. dazu etwa BVerwG, Urt. v. 9.3.1994 – 1 B 33.94.
385 Vgl. dazu etwa BayVGH, BayVBl 2020, 164; SächsOVG, NVwZ-RR 2019, 812; OVG NRW, DÖV 2016, 831.
386 LT-Drs. 16/8484, S. 138.

188 Die Durchführung einer Zuverlässigkeitsüberprüfung erfolgt regelmäßig durch einen **Abgleich der Grunddaten der betroffenen Person mit dem Datenbestand bestimmter polizeilicher Dateien** (etwa POLAS). Dabei wird geprüft, ob bereits Daten zu dieser Person gespeichert sind und auf der Grundlage welcher konkreter Vorgänge. Sind zur Person Eintragungen vorhanden, ist anhand einer **Einzelfallbeurteilung** zu entscheiden, ob dadurch die Zuverlässigkeit im konkreten Fall in Frage gestellt wird. Wird die Polizei von einer Behörde um Durchführung einer Zuverlässigkeitsüberprüfung ersucht, übermittelt sie ihr das Ergebnis des Datenabgleichs in der Regel einschließlich der festgestellten Erkenntnisse. Die ersuchende **Behörde** beurteilt anhand des Ergebnisses selbst, ob die Zuverlässigkeit gegeben ist oder nicht. Bei Ersuchen einer **Stelle außerhalb des öffentlichen Bereichs** übermittelt die Polizei keine Einzelheiten des Überprüfungsergebnisses, sondern teilt lediglich mit, ob Sicherheitsbedenken bestehen. Die abschließende Entscheidung trifft auch hier die ersuchende Stelle, die jedoch mitzuteilen hat, ob sie beabsichtigt, der Empfehlung der Polizei zu folgen.[387] Vgl. dazu eingehender § 42 Abs. 3 PolG (→ Rn 197 ff.).

189 Nach der klaren Formulierung des § 42 Abs. 1 PolG muss die die Polizei um Auskunft zu einer bestimmten Person ersuchende Stelle das Vorliegen der Abs. 2 genügenden Einwilligung darlegen.[388] Die **Verantwortung für das Vorliegen ordnungsgemäßer Einwilligungserklärungen** der betroffenen Personen verbleibt damit grundsätzlich **bei der um Zuverlässigkeitsüberprüfung ersuchenden Stelle**, etwa dem Konzertveranstalter. Nur in Ausnahmefällen wird diese Verantwortung der Polizei zukommen, nämlich dann, wenn diese selbst um die Überprüfung von Personen ersucht, die Zutritt zu polizeilichen Liegenschaften erhalten sollen.[389]

Der **Polizei obliegt aber die Pflicht**, die **ersuchende Stelle** über die zwingenden Voraussetzungen des § 42 Abs. 2 PolG für eine wirksame Einwilligung **in Kenntnis zu setzen**, wenn sie den Eindruck gewinnt, dass dort diese Kenntnis nicht vorhanden ist. Die Bestätigung der ersuchenden Stelle muss **in Kenntnis der tatbestandlichen Voraussetzungen des § 42 Abs. 2 PolG erfolgen** (→ Rn 191 ff.).

190 Die Einwilligung muss die mit der Zuverlässigkeitsüberprüfung verbundene Datenverarbeitung umfassen. Daraus folgt, dass im Einzelfall **vor Einholung der Einwilligung festzulegen** ist, **welche Form der Datenverarbeitung** (Erhebung welcher Daten, Abgleich mit den Beständen welcher Dateien, Übermittlung welcher Daten des Ergebnisses an welche Empfänger) **erforderlich** ist. Dies sollte richtigerweise im von der Polizei betriebenen **Datenschutzmanagementsystem** (→ Rn 122, 610) standardisiert erfolgen. Die betroffene Person muss vor Abgabe ihrer Willenserklärung hierüber umfassend informiert werden (→ Rn 191).

191 c) **Einwilligung (§ 42 Abs. 2 PolG). aa) Aufklärungspflichten und Einwilligung (§ 42 Abs. 2 S. 1 PolG).** Gem. § 42 Abs. 2 S. 1 PolG hat die betroffene Person **mit der Einwilligung zu bestätigen**, dass sie

1. zuvor in verständlicher und leicht zugänglicher Form in einer klaren und einfachen Sprache über die beabsichtigte Datenverarbeitung, den Zweck der Verarbeitung und die Empfänger der Daten hinreichend aufgeklärt wurde,
2. über die Möglichkeit einer weitergehenden Datenverarbeitung aufgrund gesetzlicher Bestimmungen unterrichtet wurde und
3. unter Darlegung der Folgen darauf hingewiesen wurde, die Einwilligung verweigern oder mit Wirkung für die Zukunft widerrufen zu können.

---

387 LT-Drs. 16/8484, S. 139.
388 Die Einwilligung erfolgt aufgrund der gesetzlichen Vorgabe regelmäßig im rechtlichen Sinne unfreiwillig (so zutr. BayVfGH, ZD 2022, 451, 452 ff. [Rn 75]).
389 LT-Drs. 16/8484, S. 139.

Auch wenn § 42 Abs. 2 PolG eine Regelung für eine notwendige Bestätigung der von der Datenverarbeitung betroffenen Person darstellt, enthält er vorrangig **umfassende Informations- und Aufklärungspflichten**, die von der ersuchenden Stelle gegenüber der betroffenen Person zu erfüllen sind. In ihrem **Detaillierungsgrad** genügen diese tatbestandlichen Voraussetzungen den Vorgaben der DSRL 2016/680 an eine ausnahmsweise zulässige wirksame Einwilligung in die Datenverarbeitung.[390]

Eine Datenverarbeitung gem. § 42 Abs. 1 PolG setzt zu ihrer Wirksamkeit **zwingend folgende Bedingungen** voraus:

1. **Aufklärung / Unterrichtung / Hinweis** der betroffenen Person
    a) über die beabsichtigte Datenverarbeitung, den Zweck der Verarbeitung und die Empfänger der Daten,
    b) über die Möglichkeit einer weitergehenden Datenverarbeitung aufgrund gesetzlicher Bestimmungen,
    c) unter Darlegung der Folgen über die Möglichkeit, die Einwilligung verweigern oder mit Wirkung für die Zukunft widerrufen zu können.
2. **Schriftliche Bestätigung** der betroffenen Person über alle Informationen nach Ziff. 1.

Die Voraussetzungen des § 42 Abs. 2 S. 1 PolG müssen **kumulativ** vorliegen. Fehlt eine dieser tatbestandlichen Voraussetzungen, ist die Einwilligung insgesamt unwirksam. Eine **Heilung** kommt allerdings durch Nachholen bzw. Ergänzung der fehlenden Voraussetzungen in Betracht, entscheidend sind aber die Umstände des jeweiligen Einzelfalls (→ Rn 192).

Das **Widerrufsrecht** ist Ausfluss des Grundrechts auf informationelle Selbstbestimmung. Auf das Widerrufsrecht kann nicht wirksam verzichtet werden.[391]

Aus § 42 Abs. 2 S. 1 PolG wird deutlich, dass die betroffene Person **vor** („zuvor") **Erteilung der Einwilligung** ausreichend und in verständlicher Form über alle Umstände der Verarbeitung und die Folgen der Einwilligung oder ihrer Verweigerung informiert worden sein muss. Nur dann kann von einer **informierten Einwilligung** ausgegangen werden, die der betroffenen Person ein **höchstmögliches Maß an Freiwilligkeit bei ihrer Willensbekundung** einräumt.[392] Dies ist schon deswegen erforderlich, weil die DSRL 2016/680 für den Regelfall im Bereich des Polizeirechts keine Möglichkeit der wirksamen Einwilligung vorsieht.

192

Die Vorgaben für die Form der Informationen in § 42 Abs. 1 S. 1 Nr. 1 PolG („in verständlicher und leicht zugänglicher Form in einer klaren und einfachen Sprache") gelten für alle Informationen der Nrn. 1 bis 3 gleichermaßen. Die Aufklärung hat in verständlicher und leicht zugänglicher Form zu erfolgen. Die **betroffene Person muss** durch die ihr gegebenen Informationen **in der Lage sein**, die **Tragweite ihrer Einwilligung insgesamt** (also im Hinblick auf die Erfassung und Nutzung der Daten, die mögliche Weitergabe der gespeicherten Daten und die Bedeutung und die Möglichkeit von Verweigerung und Widerruf der Einwilligung) **zu erfassen**. Dabei ist auf den **Empfängerhorizont** abzustellen: Auch eine rechtlich unbedarfte und mit durchschnittlicher Auffassungsgabe versehene Person muss die Informationen verstehen können.

Beispiel für eine wirksame Einwilligungserklärung:

Einwilligung zur Datenerhebung und Datenverarbeitung
in den Datenbanken der Polizei
zum Zweck der Zuverlässigkeitsprüfung

Ich wurde vor meiner Unterzeichnung dieser Einwilligungserklärung von der Firma X darüber aufgeklärt, dass

---

390 Vgl. dazu Golla, KriPoZ 2019, 238, 240 f.
391 Buchner, DuD 2021, 831.
392 So ausdrücklich LT-Drs. 16/8484, S. 139.

- aufgrund meiner Einwilligung bei der Polizei um Auskunft gebeten wird, ob gegen mich in den dortigen Datenbanken Erkenntnisse wegen Gefahren oder Störungen der öffentlichen Sicherheit oder Ordnung oder wegen von mir begangener Ordnungswidrigkeiten oder Straftaten vor-liegen, die gegen meine Zuverlässigkeit für die bei der Firma X beabsichtigte Tätigkeit als Mitarbeiter des Sicherheitsdienstes bei Großkonzerten sprechen,
- aufgrund meiner Einwilligung die der Firma X von der Polizei zur Verfügung gestellten Daten und Informationen bei Vorliegen entsprechender gesetzlicher Vorschriften weitergenutzt und ggf. auch an andere Personen oder Firmen weitergeleitet werden können,
- die erforderliche Zuverlässigkeitsprüfung mit Auskunft durch die Polizei nur aufgrund meiner schriftlichen Einwilligung erfolgen kann und dass ich diese Einwilligung verweigern oder auch nach Erteilung jederzeit widerrufen kann. Im Fall eines Widerrufs gilt die Einwilligung auch für die Zukunft als nicht erteilt.

Ich bin mit der Datenverarbeitung (Anfrage, Erhebung, Übermittlung, Speicherung, Auswertung, Auskunft etc.) durch die Polizei und die Firma X zum Zweck meiner Zuverlässigkeitsprüfung ausdrücklich einverstanden und erkläre hiermit mein bedingungsloses und zeitlich unbefristetes Einverständnis mit dieser Datenverarbeitung. Eine Verwendung der Daten über die Zuverlässigkeitsprüfung hinaus ist nicht gestattet.

Ort, Datum, Unterschrift der einwilligenden Person

Richtigerweise ist die **Einwilligung** wegen ihrer besonderen Bedeutung (Wirksamkeitsvoraussetzung) **im äußeren Erscheinungsbild** der Erklärung **hervorzuheben**, wenn sie zusammen mit anderen Erklärungen schriftlich erteilt werden soll, damit sie von anderen Sachverhalten klar zu unterscheiden ist.[393]

193 Für die Einwilligung ist im Gesetz **keine besondere Form** vorgeschrieben. **Regelmäßig** wird aber die **Schriftform angezeigt** sein, anders wären auch die gem. § 42 Abs. 4 PolG notwendige Dokumentation (→ Rn 201 ff.) und die daraus folgende Überprüfbarkeit (§§ 76, 91 PolG) nicht ausreichend zu gewährleisten. Eine **mündliche Einwilligung** sollte daher **nur ausnahmsweise** und nur in Fällen der besonderen Eilbedürftigkeit erfolgen; ihr Vorliegen und die Voraussetzungen des § 42 Abs. 2 PolG sind dann aber von der Polizei schriftlich in geeigneter Form zu dokumentieren.

Beispiel: Unmittelbar vor einem Open-Air-Konzert muss aus Krankheitsgründen ein neuer, kurzfristig einspringender Mitarbeiter des Sicherheitsdienstes einer Zuverlässigkeitsprüfung unterzogen werden.

194 Die **Pflicht**, die Voraussetzungen des § 42 Abs. 2 S. 1 PolG zu erfüllen, **obliegt der ersuchenden Stelle**. Sie muss der Polizei eine **entsprechende Einwilligungserklärung vorlegen**, aus er sich sowohl die ausreichende Aufklärung der betroffenen Person durch die ersuchende Stelle als auch die eindeutig erklärte Einwilligung ergeben. Der **Polizei obliegt** im Hinblick auf diese Voraussetzungen lediglich eine **Schlüssigkeitsprüfung**: Sie muss überprüfen, ob eine vollständige Einwilligungserklärung i. S. d. § 42 Abs. 2 S. 1 PolG vorliegt. Hat sie daran berechtigte Zweifel, hat sie die **ersuchende Stelle** über die zwingenden Voraussetzungen des § 42 Abs. 2 PolG für eine wirksame Einwilligung **in Kenntnis zu setzen**. Die Bestätigung der ersuchenden Stelle muss **in Kenntnis der tatbestandlichen Voraussetzungen des § 42 Abs. 2 PolG** erfolgen. Dies dürfte regelmäßig bei nichtöffentlichen Stellen in Frage zu stellen sein.

195 **bb) Verarbeitung besonderer personenbezogener Daten (§ 42 Abs. 2 S. 2 PolG).** Soweit die Verarbeitung besonderer Kategorien personenbezogener Daten i. S. des § 12 Nr. 15 PolG unbedingt erforderlich ist, muss sich gem. § 42 Abs. 2 S. 2 PolG die Einwilligung ausdrücklich auch auf diese Daten beziehen. Gemeint sind damit Daten und Angaben, aus denen die rassische oder ethnische Herkunft, politische Meinungen, religiöse oder weltanschauliche Überzeugungen oder die Gewerkschaftszugehörigkeit hervorgehen, ebenso genetische Daten, biometrische Daten

---

[393] LT-Drs. 16/8484, S. 139.

zur eindeutigen Identifizierung einer natürlichen Person, Gesundheitsdaten und Daten zum Sexualleben oder der sexuellen Orientierung (→ Rn 97).[394]

Beispiele: Moslem, Araber, Jude, Homosexueller, HIV-positiv, Islamist, deutschnationale Gesinnung, Rechtsradikaler, Scientologe, Pädophiler, linker Gewalttäter.

Der Landesgesetzgeber geht zu Recht davon aus, dass die **Verarbeitung besonderer Kategorien personenbezogener Daten im Rahmen von Zuverlässigkeitsüberprüfungen in vielen Fällen unbedingt erforderlich** sein wird oder dass sich diese automatisch im Trefferfall ergibt, etwa bei einer Eintragung in einer Gewalttäterdatei, die unter anderem zwischen linkspolitisch, rechtspolitisch oder religiös motivierten Taten unterscheidet.[395]

Die personenbezogenen Daten unterliegen einem besonderen Schutz (vgl. Art. 10 DSRL 2016/680: „Die Verarbeitung personenbezogener Daten ... ist nur dann erlaubt, wenn sie unbedingt erforderlich ist ..."). Aufgrund des besonderen Schutzes solcher Daten muss sich die **Einwilligung der betroffenen Person ausdrücklich auch auf diese Daten beziehen.** Eine Einwilligungserklärung muss in diesem Fall entsprechend ergänzt sein. Es empfiehlt sich generell, die Möglichkeit in jede Einwilligungserklärung mit aufzunehmen, da in aller Regel im Vorhinein nicht bekannt sein wird, ob solche Daten in Bezug auf die betroffene Person bei der Polizei vorliegen.

Beispiel für eine wirksame Einwilligungserklärung bei besonderen personenbezogenen Daten:
Ich wurde vor meiner Unterzeichnung dieser Einwilligungserklärung von der Firma X darüber aufgeklärt, dass meine Einwilligungserklärung auch für sog. besondere Kategorien personenbezogener Daten gilt. Die Polizei ist daher befugt, der Firma X auch Auskunft über bei ihr vorliegende Informationen zu geben, die meine rassische oder ethnische Herkunft, politische Meinungen, religiöse oder weltanschauliche Überzeugungen oder die Gewerkschaftszugehörigkeit betreffen. Ebenso ist mit meiner Einwilligung die Verarbeitung von genetischen Daten, biometrischen Daten zur eindeutigen Identifizierung einer natürlichen Person, Gesundheitsdaten oder Daten zum Sexualleben oder der sexuellen Orientierung erlaubt.

cc) Rechtsfehler bei Aufklärung und Einwilligungserklärung. Sind die in § 42 Abs. 2 S. 1 PolG enthaltenen Informations- und Aufklärungspflichten nicht erfüllt worden oder liegt über deren Erfüllung keine schriftliche Bestätigung der betroffenen Person vor oder fehlt die zwingend erforderliche Einwilligungserklärung zur Datenverarbeitung, ist die **Datenverarbeitung gem. § 42 Abs. 1 PolG rechtswidrig und die Zuverlässigkeitsprüfung unwirksam und gegen die betroffene Person nicht verwertbar.**

d) Hinweispflichten (§ 42 Abs. 3 PolG). § 42 Abs. 3 PolG bestimmt, dass die Polizei den Empfänger des Ergebnisses der Zuverlässigkeitsüberprüfung auf die Zweckbindung der Daten hinzuweisen hat, und regelt, welche Daten an die ersuchende Stelle übermittelt werden dürfen.

aa) Zweckbindung (§ 42 Abs. 3 S. 1 PolG). Gem. § 42 Abs. 3 S. 1 PolG hat die Polizei bei der Übermittlung von Daten die ersuchende Stelle darauf **hinzuweisen,** dass die übermittelten Daten **nur zum Zweck der Zuverlässigkeitsüberprüfung** verarbeitet werden dürfen.

Die Polizei trifft aus § 42 Abs. 3 S. 1 PolG eine **allgemeine Hinweispflicht.** Diese besteht gegenüber **jeder ersuchenden Stelle** im Rahmen einer Zuverlässigkeitsprüfung. Die Polizei muss die ersuchende Stelle darauf hinweisen, dass die ihr von der Polizei **übermittelten Daten nur zum Zweck der Zuverlässigkeitsprüfung verarbeitet** werden dürfen. Der der ersuchenden Stelle übermittelten Daten unterliegen damit einer **strengen Zweckbindung.** Der Hinweis der Polizei soll die Zweckbindung durch die ersuchende Stelle sicherstellen. Die Weiterverarbeitung der Daten durch die ersuchende Stelle richtet sich ggf. nach anderen datenschutzrechtlichen

---

394 Zur grundsätzlichen Zulässigkeit der Verarbeitung biometrischer und genetischer Daten durch die Polizei vgl. EuGH, ZD 2023, 266.
395 LT-Drs. 16/8484, S. 139.

Bestimmungen – etwa der DSGVO –, der Grundsatz der Zweckbindung gilt aber auch dort (vgl. Art. 5 Abs. 1 lit. b DSGVO[396]).

Der Hinweis auf die Zweckbindung sollte – auch wegen der notwendigen Dokumentation – in der Regel **schriftlich** erfolgen. Ein mündlicher Hinweis ist nicht ausgeschlossen, sollte aber schriftlich dokumentiert werden.

199 **bb) Auskunft an öffentliche Stelle (§ 42 Abs. 3 S. 2 PolG).** Gem. § 42 Abs. 3 S. 2 PolG unterrichtet die Polizei eine ersuchende öffentliche Stelle darüber, ob sicherheitsrelevante Erkenntnisse vorliegen, soweit erforderlich durch Angabe derselben.

Grundsätzlich gibt die Polizei der ersuchenden Stelle **nur Auskunft** darüber, **ob** gegen die von der Zuverlässigkeitsprüfung betroffene Person **Sicherheitsbedenken bestehen** (§ 42 Abs. 3 S. 2 bis 4 PolG). Dennoch wird zwischen ersuchenden Stellen innerhalb und solchen außerhalb des öffentlichen Bereichs unterschieden. Einer ersuchenden **öffentlichen Stelle** kann gem. § 42 Abs. 3 S. 2 PolG über das bloße „ob" hinaus auch mitgeteilt werden, **welche** sicherheitsrelevanten Erkenntnisse vorliegen. Das Gesetz stellt diese Mitteilung über die Art der Sicherheitsbedenken aber unter den Vorbehalt der **Erforderlichkeit**. Die Anforderungen sollten hier aber nicht allzu hoch sein. Andere öffentliche Stellen unterliegen in Bezug auf die Auskunft einer Privilegierung, da bei ihnen davon auszugehen ist, dass sie ebenso an Recht und Gesetz gebunden sind wie die Polizei und dass sie die datenschutzrechtlichen Bestimmungen von Amts wegen einhalten. Von einer Erforderlichkeit ist daher bereits dann auszugehen, wenn die **Mitteilung der Gründe notwendig erscheint**, um der ersuchenden öffentlichen Stelle eine sachgerechte und den Interessen der betroffenen Person entsprechende Entscheidung über die Zuverlässigkeit zu ermöglichen. Dies wird regelmäßig der Fall sein. Hinzu kommt, dass es **im besonderen öffentlichen Interesse** liegt, bei öffentlichen Stellen eine fundierte Zuverlässigkeitsprüfung durchzuführen.

Eine ersuchende **öffentliche Stelle entscheidet selbst**, ob die sicherheitsrelevanten Erkenntnisse im konkreten Einzelfall der Zuverlässigkeit der betroffenen Person entgegenstehen. Eine **Rückmeldung** über das Ergebnis der Prüfung an die Polizei ist **nicht vorgesehen**, aber rechtlich unschädlich möglich. Die Polizei kann das ihr mitgeteilte Ergebnis der Prüfung bei ihren Informationen über die Auskunft ergänzend abspeichern.

200 **cc) Auskunft an nichtöffentliche Stelle (§ 42 Abs. 3 S. 3, 4 PolG).** Gem. § 42 Abs. 3 S. 3, 4 PolG beschränkt sich die Rückmeldung an eine ersuchende nichtöffentliche Stelle auf die Auskunft, ob Sicherheitsbedenken vorliegen. In diesen Fällen ist die ersuchende Stelle zu verpflichten, der übermittelnden Stelle mitzuteilen, ob sie beabsichtigt, der Empfehlung zu folgen.

Die Rückmeldung an eine ersuchende nichtöffentliche Stelle hat sich stets auf **die Auskunft zu beschränken, ob Sicherheitsbedenken vorliegen**. Die **Polizei nimmt die Einschätzung**, ob sicherheitsrelevante Erkenntnisse der Zuverlässigkeit entgegenstehen, **selbst vor**. Weitere Details der Erkenntnisse werden nicht mitgeteilt, es sind auch keine Abweichungen möglich. **Überschießende Auskunftsmitteilungen** machen die Auskunft und damit die Zuverlässigkeitsprüfung insgesamt rechtswidrig (Verstoß gegen den Grundsatz der Datenminimierung [→ Rn 105]).

Darüber hinaus hat die Polizei die ersuchende nichtöffentliche Stelle – neben der Mitteilung der strengen Zweckbindung der übermittelten Daten (**Satz 1**) – zu verpflichten, ihr **mitzuteilen, ob sie der Empfehlung der Polizei folgt**. Dies ermöglicht der Polizei die Kontrolle, ob ihrer Gefährdungseinschätzung Rechnung getragen wird. Das Ergebnis der Zuverlässigkeitsüberprüfung kann von der Polizei mit dem Vorgang über die Auskunftserteilung abgespeichert werden.

201 **e) Dokumentationspflichten (§ 42 Abs. 4 PolG). aa) Aufbewahrung und Löschung der Daten (§ 42 Abs. 4 S. 1 PolG).** Gem. § 42 Abs. 4 S. 1 PolG hat die Polizei die **Ergebnisse der**

---

396 Dazu etwa Roßnagel, in: Roßnagel, Das neue Datenschutzrecht, § 3 Rn 60, 67.

VI. Datenvereinbarung bei polizeilichen Einzelmaßnahmen

Zuverlässigkeitsüberprüfung zu Dokumentationszwecken aufzubewahren und **nach Ablauf von zwölf Monaten** seit Abschluss der Überprüfung zu **löschen**. Aus § 42 Abs. 4 S. 1 PolG folgen zwei Pflichten der Polizei:

1. Die Polizei muss die **Ergebnisse der Zuverlässigkeitsprüfung zu Dokumentationszwecken aufbewahren**. Dies sollte **im Datenschutzmanagementsystem** (→ Rn 122, 610) der Polizei geschehen. Davon umfasst sind sowohl positive als auch negative Überprüfungsergebnisse, da in beiden Fällen eine Dokumentation erforderlich sein kann, um die Überprüfung nachträglich nachvollziehen zu können. Hieraus folgen zwei der Polizei obliegende Pflichten: Eine **Löschung** des Vorgangs ist **zunächst ausgeschlossen**. Und **der gesamte Vorgang zur erbetenen Auskunft** der Zuverlässigkeitsprüfung muss **als gesonderter Vorgang angelegt und dokumentiert** sein. Dies umfasst **alle notwendigen Arbeitsschritte der Polizei** von der Anfrage der ersuchenden Stelle über die Schlüssigkeitsprüfung der Einwilligung, die Bearbeitung durch Datenabfrage, die Schlussfolgerung der Polizei, die erteilte Auskunft mit Hinweisen an die ersuchende Stelle bis hin zur abschließenden Auskunft der ersuchenden Stelle über das Ergebnis der Zuverlässigkeitsprüfung.

2. Die zu Dokumentationszwecken gespeicherten Daten über die Prüfung und Auskünfte zur Zuverlässigkeitsprüfung sind **nach Ablauf von zwölf Monaten zu löschen**. Die Löschung nach Ablauf von zwölf Monaten muss **umfassend** erfolgen. Sie betrifft den gesamten Vorgang und sämtliche ihm zugrundeliegenden Daten. Die Frist von zwölf Monaten beginnt mit der letzten einzelnen Datenverarbeitung zu laufen (also etwa der Rückmeldung der ersuchenden Stelle über das Ergebnis der Zuverlässigkeitsprüfung bzw. des Umgangs damit). Die **Tatsache der Löschung muss dokumentiert werden** (§ 73 Abs. 1 Nr. 6 PolG). Dies geschieht richtigerweise im **Datenschutzmanagementsystem** (→ Rn 122, 610) der Polizei.

bb) Löschung der Daten bei Widerruf (§ 42 Abs. 3 S. 2 PolG). Bei einem **Widerruf der Einwilligung** sind gem. § 42 Abs. 4 S. 2 PolG die im Rahmen der Zuverlässigkeitsüberprüfung angefallenen Daten unverzüglich zu löschen. Der Widerruf der Einwilligung (§ 42 Abs. 2 S. 1 Nr. 3 PolG) verpflichtet die Polizei damit zur **unverzüglichen Löschung der gespeicherten Daten**. „Unverzüglich" meint **sofort**, also ohne schuldhaftes Zögern der Polizei. Zu löschen **sind alle Daten**, die unmittelbar die Auskunft zur Zuverlässigkeitsprüfung betreffen, also die Anfrage durch die ersuchende Stelle, die Bearbeitung der Anfrage (Datenabgleich) und die (bereits) erteilte Auskunft.

In der Praxis dürfte der häufigste Fall des Widerrufs der Einwilligung ein **negatives Ergebnis der Zuverlässigkeitsprüfung** sein. Der Widerruf der Einwilligung ist auch dann noch möglich, er unterliegt keiner zeitlichen oder inhaltlichen Grenze. Mit dem Widerruf möchte die betroffene Person in diesem Fall erreichen, dass die Dokumentation des Vorgangs bei der Polizei vollständig und ersatzlos entfällt. Sie will diesen „Makel ihrer Person" beseitigen (wobei die Grunddaten der polizeilichen Datensysteme natürlich verbleiben).

cc) Wiederholungsprüfung. Die zwingende Aufbewahrung zu Dokumentationszwecken für die Dauer von zwölf Monaten kann keine **Wiederholungsprüfung** ersetzen. Die Aufbewahrung dient ausschließlich der Dokumentation aus datenschutzrechtlichen Gründen und stellt **keine Gültigkeitsfrist** für die erteilte Auskunft dar. Bei einem geplanten erneuten Einsatz einer betroffenen Person ist eine weitere Zuverlässigkeitsüberprüfung schon nach kurzer Zeit unvermeidbar, weil sich sicherheitsrelevante Erkenntnisse auch kurzfristig ergeben bzw. ändern können. Zu diesem Zweck wird ein **neues datenschutzrechtliches Verfahren** in Gang gesetzt, bei dem eine erneute Datenabfrage durch die Polizei erfolgt.

f) Einwilligung in sonstigen Fällen (§ 42 Abs. 5 PolG). Die Absätze 1 und 2 gelten gem. § 42 Abs. 5 PolG entsprechend für die Verarbeitung personenbezogener Daten auf der Grundlage einer Einwilligung der betroffenen Person, wenn für diese ein **Vorteil** erreicht werden soll oder sie und die Polizei **gleichgelagerte Interessen** verfolgen, **insbesondere**

1. zum **Zwecke der Ausstiegsberatung** im Bereich des politisch oder religiös motivierten Extremismus und
2. zum **Zwecke der Durchführung von Fallkonferenzen** im Rahmen der behördenübergreifenden Zusammenarbeit in opferschutzbezogenen Angelegenheiten sowie bei Intensivstraftätern.

§ 42 Abs. 5 PolG stellt eine **allgemeine Rechtsgrundlage** für Datenverarbeitungen der Polizei dar, die ausschließlich auf der Einwilligung der betroffenen Person beruhen. Sie soll neben der Zuverlässigkeitsüberprüfung weitere Fallgestaltungen erfassen, in denen die **Polizei allein auf der Grundlage einer Einwilligung der betroffenen Person** – mithin ohne ausdrückliche spezialgesetzliche Grundlage – Daten verarbeitet.

Im **Gesetzgebungsverfahren** wurde § 42 Abs. 5 PolG auf Hinweis des Landesbeauftragten für den Datenschutz und die Informationsfreiheit dahingehend geändert, dass nunmehr eine Anwendung ausdrücklich nur noch in Betracht kommt, wenn für die betroffene Person ein Vorteil erreicht werden soll oder wenn die betroffene Person und die Polizei gleichgelagerte Interessen verfolgen.[397]

205 Auch wenn die Regelung des § 42 Abs. 5 PolG auf den ersten Blick wie eine allgemeine datenschutzrechtliche Einwilligungsregelung für das Polizeirecht wirkt, ist ihre **Anwendung nur sehr begrenzt möglich**. Davon geht auch der Landesgesetzgeber zu Recht aus: „Allerdings sollte von dieser Möglichkeit vor dem Hintergrund des Erwägungsgrundes 35 der Richtlinie (EU) 2016/680 **nur restriktiv Gebrauch gemacht** werden. Die Einholung einer Einwilligung als Grundlage der Datenverarbeitung sollte **nur in sehr begrenzten Ausnahmefällen** zur Anwendung kommen. In Betracht kommt die Anwendung vorrangig in solchen Fällen, in denen die Polizei Maßnahmen durchführt, die für die betroffene Person vorteilhaft sind und die gleichzeitig der Straftatenverhütung und damit der polizeilichen Aufgabenwahrnehmung dienen."[398]

Diese „Handlungsanweisung" des Landesgesetzgebers deckt sich mit der Systematik des EU-Datenschutzrechts. Wie bereits dargelegt wurde (→ Rn 181 f.) geht der **EU-Richtliniengeber** davon aus, dass eine **Einwilligung der betroffenen Person im Bereich des Polizeirechts grundsätzlich ausscheidet**, da das Polizeirecht auf hoheitliche Repression ausgelegt ist und der betroffenen Person regelmäßig keine Handlungsfreiheit lässt.[399] Eine wirksame Einwilligung kommt daher nur in Betracht, wenn eine gesetzliche Bestimmung dies ausdrücklich für Fälle vorsieht, in denen die betroffene Person von der Datenverarbeitung der Polizei bzw. dem der Datenverarbeitung zugrundeliegenden Vorgang **begünstigt** wird, sie der betroffenen Person also ausschließlich einen **persönlichen Vorteil** bietet.[400] Auch über das Unionsrecht hinaus ist eine Einwilligung in polizeiliche Handlungsmaßnahmen einschließlich solcher der Datenverarbeitung nur in begrenztem Umfang möglich, da über die Einwilligung der an sich bestehende **Grundrechtsschutz beseitigt** wird oder ggf. beseitigt werden soll.[401]

206 Gem. § 42 Abs. 5 PolG kommt eine Datenverarbeitung auf der Grundlage einer Einwilligung der betroffenen Person nur in Betracht, wenn die **tatbestandlichen Voraussetzungen der Absätze 1 und 2** vorliegen. Es müssen insbesondere alle Anforderungen des § 42 Abs. 2 PolG an die Wirksamkeit der Einwilligung erfüllt werden (→ Rn 191 ff.). Zudem kann eine freiwillige Datenverarbeitung nur erfolgen, wenn dies der betroffenen Person einen **Vorteil** bringt oder wenn die betroffene Person und die Polizei **gleichgelagerte Interessen** verfolgen. Diese alternativen

---

397 LT-Drs. 16/8484, S. 225.
398 LT-Drs. 16/8484, S. 140, vgl. auch S. 205. Ebenso Heckmann/Paschke, in: Gola/Schomerus, BDSG, § 51 Rn 9; Herbst, in: Auernhammer, DSGVO/BDSG, DSLR 2016/680 Rn 20.
399 Erwägungsgrund 35 der DSRL 2016/680, EU ABl. L 119, S. 94.
400 Golla/Skobel, GSZ 2019, 140, 142 f.; Pöltl, VBlBW 2021, 45, 54.
401 So zutr. Schwabenbauer, in: Lisken/Denninger, Handbuch des Polizeirechts, Kap. G Rn 55.

Tatbestandsmerkmale („oder") müssen **objektiv** gegeben sein, es kommt nicht allein auf die Einschätzung der Polizei an. Entscheidend sind dabei auch der Wille und die Wahrnehmung der betroffenen Person, die zum einen über die ausschließlichen Tatbestandsvoraussetzungen für eine wirksame Einwilligung aufgeklärt sein muss und die zudem der Auffassung sein muss, dass die Datenverarbeitung ihr einen Vorteil bringt oder den gemeinsamen Interessen entspricht. Dies folgt schon aus dem Charakter der Einwilligung, die Freiwilligkeit voraussetzt und nur wirksam sein kann, wenn die betroffene Person umfassend über die Tragweite ihrer Einwilligung in Kenntnis gesetzt war.

§ 42 Abs. 5 Nr. 1 u. 2 PolG benennt ergänzend **zwei Regelbeispiele**, bei denen eine Datenverarbeitung ausschließlich auf Grundlage einer Einwilligung der betroffenen Person möglich sein soll: Zum einen der Zweck der **Ausstiegsberatung** im Bereich des politisch oder religiös motivierten Extremismus (Nr. 1), zum anderen die **Durchführung von Fallkonferenzen** im Rahmen der behördenübergreifenden Zusammenarbeit in opferschutzbezogenen Angelegenheiten sowie bei Intensivtätern (Nr. 2). Bei beiden Regelbeispielen handelt es sich um bereits vor Inkrafttreten des PolG 2020 praktizierte Fallgruppen, bei denen mit Einwilligungen zur Datenverarbeitung gearbeitet wurde; § 42 Abs. 5 PolG soll eine Weiterführung ermöglichen.[402]

Die in § 42 Abs. 5 Nr. 1, 2 PolG genannten **Anwendungsfälle** sind **nicht abschließend** („insbesondere"). Wegen des Ausnahmecharakters einer Datenverarbeitung nur mit Einwilligung der betroffenen Person ist aber bei Anwendung auf andere Fallkonstellationen **äußerste Zurückhaltung** geboten. Das macht auch der Landesgesetzgeber deutlich: „Um den bereits praktizierten Bedarf an einer Datenverarbeitung auf der Grundlage von Einwilligungen zu konkretisieren, jedoch die **Möglichkeit für künftige, ähnlich gelagerte Fallkonstellationen** zu belassen, wurden die genannten Anwendungsbereiche als Regelbeispiele normiert."[403] Andere Fallkonstellationen kommen realistisch nur in Betracht, wenn es sich um Maßnahmen und darauf basierenden Datenverarbeitungen der Polizei handelt, die **ausschließlich** auf der **Freiwilligkeit der betroffenen Personen** beruhen und diese **umfassend begünstigen**. Aus dem Grundrecht der informationellen Selbstbestimmung folgt das **Recht des jederzeitigen Widerrufs** einer auf der Grundlage des § 42 Abs. 5 PolG erteilten Einwilligung für die Zukunft; auf der Einwilligung bereits erfolgte Datenverarbeitung bleiben bis zum Zeitpunkt des Widerrufs wirksam.[404]

3. Befragung und Datenerhebung (§ 43 PolG). a) Allgemeines. aa) Systematik des § 43 PolG. Die Befugnis zur Befragung und Datenerhebung war bis zum Jahr 2021 mit den Kategorien betroffener Personen in § 20 PolG 1992 geregelt. Da die Kategorien betroffener Personen an die Vorgaben der DSRL 2016/680 anzupassen waren und nunmehr in § 70 PolG definiert werden (→ Rn 590 ff.), hat das **PolG 2020** die Regelung dahin gehend geändert, dass in § 43 Abs. 2, 3 PolG nur noch der **erlaubte Zweck der Datenerhebung in Verbindung mit einem Verweis auf die jeweilige Kategorie betroffener Personen** geregelt wird.

Die früher in § 20 Abs. 4 PolG 1992 geregelte **Befugnis zur Datenerhebung zum Zwecke der Vorbereitung auf die Gefahrenabwehr** wird nicht mehr vom PolG erfasst, wie sich aus § 11 Abs. 1 PolG ergibt. Für diese Fälle gelten die Vorgaben der DSGVO und ergänzend des LDSG unmittelbar (§ 11 Abs. 2 PolG). Gleiches gilt für die Befugnis zur Erhebung von Daten, wenn dies **zum Schutz privater Rechte oder zur Vollzugshilfe** erforderlich ist (früher § 20 Abs. 5 PolG 1992).

bb) Datenverarbeitung nach der StPO. In Bezug auf die in § 70 Nr. 1, 2 PolG definierten Kategorien betroffener Personen – die der verurteilten Straftäter und die jener Personen, bei denen tatsächliche Anhaltspunkte dafür vorliegen, dass sie eine Straftat begangen haben – bedarf

---
402 LT-Drs. 16/8484, S. 140.
403 LT-Drs. 16/8484, S. 140.
404 Vgl. Buchner, DuD 2021, 831 (zur DSGVO).

es **keiner Datenerhebungsbefugnis im PolG**. Die Erhebung von Daten dieser Personen **richtet sich vielmehr nach der StPO**.

209 **b) Befragung (§ 43 Abs. 1 PolG). aa) Allgemeines.** § 43 Abs. 1 PolG entspricht bis auf wenige redaktionelle Änderungen § 20 Abs. 1 PolG 1992.

210 **bb) Begriff, Rechtscharakter.** Gem. § 43 Abs. 1 S. 1 PolG kann die Polizei jede Person[405] befragen, wenn anzunehmen ist, dass sie sachdienliche Angaben machen kann, die zur Wahrnehmung einer bestimmten polizeilichen Aufgabe erforderlich sind.

Unter **Befragung** ist die (offene) Aufforderung der Polizei gegenüber einer bestimmten Person zu verstehen, Angaben bzw. eine Aussage zu machen.[406] Der Begriff ist gleichbedeutend mit dem der Vernehmung gem. § 40 PolG (→ Rn 292). Gemeint ist das gezielt an eine Person (etwa Störer oder unbeteiligter Dritter wie ein Zeuge [→ Rn 212]) gerichtete **Informationsverlangen** nach Auskunft. Die Befragung stellt ein wichtiges Mittel zur Informationsgewinnung bzw. der Datenerhebung dar und enthält das Gebot an **jede** Person, unter bestimmten Voraussetzungen das Anhalten bzw. die Befragung zu personen- oder sachbezogenen Daten **zu dulden** (Anhörungspflicht). Sie ist deshalb ein **Verwaltungsakt**.[407]

Zu unterscheiden ist die **präventiv-polizeiliche Befragung** von den abschließend geregelten strafprozessualen Vernehmungen gem. §§ 133 ff., 163 a StPO. Im Verhältnis zu den Maßnahmen gem. § 43 Abs. 2 bis 4 PolG ist die Regelung in § 43 Abs. 1 PolG die speziellere. Steht nicht die Informationserhebung, sondern die Feststellung der Identität einer Person (insbesondere durch Angabe der Personalien) im Vordergrund, ist § 43 Abs. 1 PolG die maßgebende **Spezialvorschrift**.

211 **cc) Zuständigkeit.** Für die Durchführung einer Befragung auf der Grundlage des § 43 Abs. 1 PolG liegt die **Zuständigkeit** sowohl bei der **Polizeibehörde** (§ 105 Abs. 1 PolG) als auch beim **Polizeivollzugsdienst** (§ 105 Abs. 3 PolG).

212 **dd) Ermächtigungsgrundlage.** § 43 Abs. 1 S. 1 PolG ermächtigt **die Polizei** aus Gründen der Gefahrenabwehr zu einer umfassenden Datenerhebung durch Befragung und damit zu einem Eingriff in das allgemeine Persönlichkeitsrecht gem. Art. 2 Abs. 1 GG i. V. m. Art. 1 Abs. 1 GG. Die Maßnahme ist nur zulässig, wenn sie zur Wahrnehmung einer **bestimmten** polizeilichen **Aufgabe** (Gefahrenabwehr) erforderlich ist. **Zulässig** sind auch **Fragen zur Gefahrenerforschung oder zur Aufklärung eines Gefahrenverdachts**. Zumindest Anhaltspunkte müssen die Annahme rechtfertigen, dass die betroffene Person sachdienliche Angaben machen kann.[408] **Adressat** der Befragung ist „jede Person", nicht nur ein Störer. **Erforderlich** sind die von den Befragten zu erwartenden Angaben nur dann, wenn im Einzelfall die polizeiliche Aufgabe ohne Kenntnis der Daten überhaupt nicht, nicht sachgerecht oder nicht ohne zeitliche Verzögerung erfüllt werden könnte. Die Befugnis zur Befragung hängt nicht davon ab, dass eine konkrete Gefahr vorliegt.[409] Die **sachdienlichen Angaben** gehen über die personenbezogenen Daten hinaus und erstrecken sich auch auf sachbezogene Angaben. Die Informationserhebung ist nicht nur auf die Abgabe von Willenserklärungen gerichtet, sondern betrifft alle Kenntnisse, Beobachtungen, Vermutungen etc. **Unzulässig** ist das Herbeiführen von Äußerungen **ohne konkrete Zweckbestimmung** oder „auf Vorrat".

---

405 Vgl. dazu Müller, Polizeiliche Datenerhebung, S. 74 bis 78.
406 Röcker, in: Möstl/Trurnit, Polizeirecht BW, § 20 Rn 3.
407 Müller, Polizeiliche Datenerhebung, S. 154; Ibler, in: Ennuschat/Ibler/Remmert, Öffentliches Recht BW, § 2 Rn 405; *a. A.* Gusy/Eichenhofer, Polizei- und Ordnungsrecht, Rn 221 (Realakt).
408 Kahlert, in: Belz/Mußmann/Kahlert/Sander, Polizeigesetz BW, § 43 Rn 7; Stephan, in: Stephan/Deger, Polizeigesetz BW, § 20 Rn 4.
409 Vgl. BVerfG, JZ 1996, 1176; vgl. auch VGH BW, DÖV 1995, 424, 426; Stephan, in: Stephan/Deger, Polizeigesetz BW, § 20 Rn 7.

VI. Datenvereinbarung bei polizeilichen Einzelmaßnahmen 313

ee) Anhaltepflicht. Auf Verlangen der Polizei ist die Person verpflichtet, **anzuhalten**, damit 213
die Befragung durchgeführt werden kann (Anhörungspflicht [§ 43 Abs. 1 S. 11 PolG]). Die
Maßnahme ist nur berechtigt, wenn eine Auskunftspflicht besteht. Die Anordnung, anzuhalten,
stellt eine **freiheitsbeschränkende Maßnahme** gem. Art. 104 Abs. 1 GG dar[410] und ergeht in der
Rechtsform eines **Verwaltungsaktes** (Duldungsverfügung). Die Maßnahme darf nur kurzfristig
durchgeführt werden (max. 1 Stunde). Die betroffene Person muss die **Befragung** als solche
dulden, darf sich also erst dann entfernen, wenn die Frage vollständig gestellt wurde.[411] Ein
Bürger kann die Befragung somit nicht durch Weggehen umgehen. Die **Anhaltepflicht** (Grundverwaltungsakt) kann mit den Mitteln des Polizeizwangs gem. §§ 63 ff. PolG (insbesondere
unmittelbarer Zwang) vollstreckt werden.[412] Beim Einsatz des unmittelbaren Zwangs sind die
Beschränkungen des § 66 Abs. 3 PolG zu beachten: Die betroffene Person darf nicht mehr
angehalten werden, wenn der polizeiliche Zweck erreicht ist oder wenn es sich zeigt, dass er durch
die Anwendung von unmittelbarem Zwang nicht erreicht werden kann (→ § 12 Rn 48, 55). Hat
der Bürger seine Personalien gem. § 43 Abs. 1 S. 2 PolG mitgeteilt und besteht keine gesteigerte
Auskunftspflicht gem. § 43 Abs. 1 S. 3 PolG (→ Rn 215), ist ein weiteres Anhalten unzulässig, wenn
absehbar ist, dass die betroffene Person nicht antworten wird.[413] Im Übrigen besteht in kritischen
Fällen die Möglichkeit einer Vorladung gem. § 28 PolG oder des Festhaltens bzw. der Sistierung
gem. § 27 Abs. 2 PolG.

ff) Umfang der Aussagepflicht. (1) Pflicht zur Angabe der Personalien. Gem. § 43 Abs. 1 214
S. 2 PolG besteht eine **Aussagepflicht** nur für die dort genannten **Angaben zur Person**.
Danach ist jede Person verpflichtet, der Polizei auf Befragen ihre Personalien (Name, Vorname,
Datum, Geburtsort, Wohnanschrift und Staatsangehörigkeit) anzugeben. Eine Pflicht, **zur
Sache** auszusagen, besteht gem. § 43 Abs. 1 PolG dagegen nicht (vgl. im Unterschied hierzu die
weitergehende Auskunftspflicht bei der Vorladung gem. § 28 Abs. 3 Nr. 1 u. 2 PolG). Das PolG legt
somit nur eine **eingeschränkte Auskunftspflicht** fest.

Die **Verpflichtung, Angaben zur Person** gem. § 43 Abs. 1 S. 2 PolG **zu machen, gilt für
alle polizeilichen Datenerhebungen** in Form von Befragungen. Weigert sich die betroffene
Person, von der Auskunftspflicht erfasste Personalien anzugeben, oder macht sie offensichtlich
unzutreffende Angaben, begeht sie eine Ordnungswidrigkeit gem. § 111 OWiG. In diesen Fällen
kann die Polizei gem. § 163 b StPO oder § 27 PolG die Identität der Person feststellen.

(2) Erweiterte Auskunftspflicht. Dient die Befragung der Abwehr einer Gefahr für Leben, 215
Gesundheit oder Freiheit einer Person oder für bedeutende fremde Sach- oder Vermögenswerte,
ist eine Person gem. § 43 Abs. 1 S. 3 PolG an jedem Ort verpflichtet, über Satz 2 hinausgehende
Angaben zur Person und zur Sache zu machen. Sind beim polizeilichen Einschreiten vor Ort
unverzügliche Maßnahmen zu treffen und dazu Sachangaben durch eine Person erforderlich,
besteht eine erweiterte Auskunftspflicht. So kann es etwa notwendig sein, umgehend Informa-
tionen zur Funktionsweise technischer Anlagen oder über die Zusammensetzung entzündlicher
Stoffe zu erhalten. Wird die Auskunft unberechtigt verweigert, kann gem. § 43 Abs. 1 S. 9 PolG ein
Zwangsgeld festgesetzt werden. Die Maßnahme ist vorher **anzudrohen** (§ 43 Abs. 1 S. 10 PolG).
Im Übrigen gelten die Vorschriften des LVwVG (§§ 20, 21, 23). Unmittelbarer Zwang darf zur
Durchsetzung der Auskunftspflicht nicht eingesetzt werden.[414]

(3) Begrenzungen der Auskunftspflicht. Aus der Regelung des § 43 Abs. 1 S. 4 PolG, wonach 216
§ 10 PolG „unberührt" bleibt, ergibt sich, dass die Polizei verpflichtet ist, bei der Befragung

---
410 Müller, Polizeiliche Datenerhebung, S. 81.
411 Vgl. auch Würtenberger/Heckmann/Tanneberger, Polizeirecht BW, § 6 Rn 50.
412 Röcker, in: Möstl/Trurnit, Polizeirecht BW, § 20 Rn 10; Zeitler/Trurnit, Polizeirecht BW, Rn 746.
413 Stephan, in: Stephan/Deger, Polizeigesetz BW, § 20 Rn 13.
414 Stephan, in: Stephan/Deger, Polizeigesetz BW, § 20 Rn 13.

den **Schutz der zeugnisverweigerungsberechtigten Berufsgeheimnisträger** gem. § 10 PolG zu beachten. Gem. § 52 Abs. 1 u. 2 und § 55 StPO sind bestimmte Berufsträger wie Geistliche, Verteidiger, Mitglieder anerkannter Beratungsstellen etc. berechtigt, **aus persönlichen Gründen** in strafprozessrechtlichen Ermittlungsverfahren das Zeugnis zu verweigern. Durch diesen Schutz sollen diese Personen davor bewahrt werden, sich selbst oder Angehörige zu belasten (**Grundsatz der Selbstbelastungsfreiheit**). Die Zeugnisverweigerungsrechte schützen zum einen die Vertraulichkeit der Kommunikation und zum anderen die Funktionsfähigkeit der in § 53 Abs. 1 Nr. 4 u. 5 StPO genannten Institutionen.[415]

Gem. § 43 Abs. 1 S. 5 PolG sind in entsprechender Anwendung von § 52 Abs. 1 u. 2 und § 55 StPO (Zeugnisverweigerungsrecht) die dort genannten Personen berechtigt, die **Auskunft zu verweigern**, soweit sie durch die Auskunft sich selbst oder einen Angehörigen der Gefahr aussetzen würden, wegen einer Straftat oder einer Ordnungswidrigkeit verfolgt zu werden. Die Regelung macht die Befragung nicht unzulässig, sondern befreit diese Personen davon, sich selbst oder Angehörige zu belasten. Der **Schutz der Kommunikation** besteht darin, dass nach dem eindeutigen Wortlaut des § 10 Abs. 1 S. 1 PolG die genannten Maßnahmen gegen die Berufsgeheimnisträger und deren Berufshelfer grundsätzlich unzulässig sind (vgl. die Ausnahmen in den Absätzen 2 und 4) und dass nach Satz 2 dennoch erlangte Erkenntnisse nicht verwertet werden dürfen. Gem. § 10 Abs. 1 S. 3 PolG sind **Aufzeichnungen** darüber unverzüglich zu löschen, erfasst werden sowohl elektronisch gespeicherte Erkenntnisse als auch schriftliche Aufzeichnungen, die entsprechend zu vernichten sind.[416] Gem. § 10 Abs. 1 S. 4 PolG sind die Kenntniserlangung und die Löschung / Vernichtung zu dokumentieren.

Gem. § 43 Abs. 1 S. 7 PolG ist die vom Auskunftsbegehren betroffene Person über ihr Recht zur Verweigerung der Auskunft **zu belehren**, wenn nach den Umständen davon auszugehen ist, dass ihr ein solches Recht zusteht.[417] Unterbleibt die Belehrung oder ist sie unrichtig, ist die Datenerhebung rechtswidrig. Die in dieser Weise gewonnenen Daten sind zu löschen. Richtigerweise dürfen nur rechtmäßig erlangte Daten genutzt werden.[418]

217 Gem. § 43 Abs. 1 S. 6 PolG besteht das Auskunftsverweigerungsrecht nach Satz 5 nicht, wenn die Auskunft zur Abwehr einer unmittelbar bevorstehenden Gefahr für wichtige Rechtsgüter erforderlich ist. **Beim Schutz besonders hochrangiger Rechtsgüter muss das Geheimhaltungsrecht zurücktreten.** Gem. § 43 Abs. 1 S. 8 PolG unterliegen die nach **Satz 6** erlangten Informationen einer **Zweckbindung**. Die aus der Auskunft erlangten Daten dürfen nur zur Abwehr einer unmittelbar bevorstehenden Gefahr für Leben, Gesundheit oder Freiheit einer Person weiter verarbeitet werden. Eine Verwendung für andere Zwecke, insbesondere zur Verfolgung von Straftaten und Ordnungswidrigkeiten, ist somit ausgeschlossen. Hierdurch wird der vom BVerfG aufgestellte **Grundsatz der hypothetischen Datenneuerhebung** gewahrt. § 43 Abs. 1 S. 8 PolG ist gegenüber § 15 Abs. 2, 3 PolG **lex specialis** und regelt damit die weitere Datenverarbeitung **abschließend**.

218 c) **Datenerhebung zur Gefahrenabwehr (§ 43 Abs. 2 PolG).** Gem. § 43 Abs. 2 PolG kann die Polizei Daten der in § 70 Nr. 6 PolG genannten Personen sowie anderer Personen erheben, soweit dies **zur Abwehr einer Gefahr oder zur Beseitigung einer Störung der öffentlichen Sicherheit oder Ordnung erforderlich** ist und die Befugnisse der Polizei nicht anderweitig geregelt sind. Da in § 70 PolG Kategorien von Personen definiert sind, arbeitet § 43 Abs. 2 PolG mit einer Verweisung auf diese Regelung.

---

415 BVerfGE 109, 279, 322.
416 Stephan, in: Stephan/Deger, Polizeigesetz BW, § 9 a Rn 2.
417 Vgl. im Einzelnen Zeitler/Trurnit, Polizeirecht BW, Rn 740.
418 So auch Kahlert, in: Belz/Mußmann/Kahlert/Sander, Polizeigesetz BW, § 43 Rn 20.

VI. Datenvereinbarung bei polizeilichen Einzelmaßnahmen

Die Vorschrift stellt i. V. m. § 11 Abs. 1 PolG die zentrale **Regelung für die umfassende polizeiliche Datenerhebung** zur Gefahrenabwehr und Störungsbeseitigung dar.[419] Sie konkretisiert die allgemeine Befugnis zur Datenverarbeitung in § 11 Abs. 1 PolG (→ Rn 83 ff.) und ist **lex specialis** gegenüber der polizeilichen Generalklausel der §§ 1, 3 PolG[420], tritt aber gegenüber den spezielleren Ermächtigungsnormen des PolG zur Datenerhebung zurück.[421]

Für die Datenerhebung auf der Grundlage des § 43 Abs. 2 PolG liegt die **Zuständigkeit** sowohl bei der **Polizeibehörde** (§ 105 Abs. 1 PolG) als auch beim **Polizeivollzugsdienst** (§ 105 Abs. 3 PolG). 219

Die Daten können sowohl von Störern gem. §§ 6, 7 PolG (vgl. § 70 Nr. 6 PolG) als auch von anderen Personen – also von **jedermann** – erhoben werden (= betroffene Person). Voraussetzung ist, dass die Erhebung zur Abwehr einer **konkreten Gefahr für die öffentliche Sicherheit und Ordnung** erforderlich ist. Bei der Beurteilung ist der Grundsatz der Verhältnismäßigkeit zu beachten und **abzuwägen**, ob der Eingriff in das Grundrecht auf informationelle Selbstbestimmung gerechtfertigt ist. Je stärker der Eingriff in den persönlichen Lebensbereich einer betroffenen Person ist, umso höher sind die Anforderungen an die Erforderlichkeit und Angemessenheit der Datenerhebung. Art und Weise richten sich nach den allgemeinen Grundsätzen der §§ 14 ff. und §§ 70 ff. (insb. auch § 85) PolG. 220

§ 43 Abs. 2 PolG umfasst auch die Befugnis zur Erhebung von Daten, die der Polizei durch **Gerichtsvollzieher** zur Abschätzung der konkreten Gefährdungssituation bei einer beabsichtigten Vollstreckungsmaßnahme übermittelt werden (vgl. dazu auch die seit dem Jahr 2021 geltende umfassende Regelung in § 13 a AGGVG (Auskunftsersuchen an den Polizeivollzugsdienst) sowie die konkretisierenden Regelungen der VwV ZusGVPol. 221

d) Datenerhebung zur vorbeugenden Bekämpfung von Straftaten (§ 43 Abs. 3 PolG). Gem. § 43 Abs. 3 PolG kann der **Polizeivollzugsdienst** Daten der in § 70 Nr. 3 bis 5 PolG genannten Personen erheben, soweit dies zur **vorbeugenden Bekämpfung von Straftaten** erforderlich ist. Da in § 70 PolG Kategorien von Personen definiert sind, arbeitet § 43 Abs. 3 PolG mit einer Verweisung auf diese Regelung. § 43 Abs. 3 PolG ermächtigt zur Datenerhebung im **Gefahrenvorfeld**.[422] 222

Die von § 43 Abs. 3 PolG durch die Verweisung auf § 70 Nr. 3 bis 5 PolG erfassten Personen sind:
- Personen, bei denen bestimmte Tatsachen die Annahme rechtfertigen, dass sie innerhalb eines überschaubaren Zeitraums auf eine zumindest ihrer Art nach konkretisierte Weise eine Straftat begehen werden oder deren individuelles Verhalten die konkrete Wahrscheinlichkeit begründet, dass sie innerhalb eines überschaubaren Zeitraums eine Straftat begehen werden,
- Opfer einer Straftat oder Personen, bei denen tatsächliche Anhaltspunkte vorliegen, dass sie Opfer einer Straftat sind oder werden,
- andere Personen wie insbesondere Zeugen, Hinweisgeber oder Kontakt- beziehungsweise Verbindungspersonen.

Der über die Verweisung erfasste **Personenkreis** ist **abschließend**.[423]

Der Begriff der **vorbeugenden Bekämpfung von Straftaten** wird im PolG nicht definiert. Er kommt auch in anderen Vorschriften vor (vgl. etwa § 41 Abs. 1 Nr. 2, § 56 Abs. 1 S. 1 u. § 75 Abs. 3 S. 1 PolG). Nach früherer Rechtsauffassung sollten die Maßnahmen sowohl die Verhütung von Straftaten (sog. Verhinderungsvorsorge) als auch die Vorsorge für die Verfolgung künftiger Straf- 223

---
419 Schenke, Polizei- und Ordnungsrecht, Rn 199; Ibler, in: Ennuschat/Ibler/Remmert, Öffentliches Recht BW, § 2 Rn 402.
420 Schenke, Polizei- und Ordnungsrecht, Rn 199.
421 Ibler, in: Ennuschat/Ibler/Remmert, Öffentliches Recht BW, § 2 Rn 402.
422 Ibler, in: Ennuschat/Ibler/Remmert, Öffentliches Recht BW, § 2 Rn 403.
423 Vgl. Stephan, in: Stephan/Deger, Polizeigesetz BW, § 20 Rn 24 ff.

taten (sog. Strafverfolgungsvorsorge) umfassen und demnach **zwei Zielrichtungen verfolgen**: Zum einen sollten sie bereits im Vorfeld der Verhinderung von Straftaten dienen (= präventiv), zum anderen der Vorsorge für die Verfolgung von künftigen Straftaten (= repressiv). Gegen diese Auslegung wurden vor allem in der **Literatur** aus kompetenzrechtlichen Gründen Bedenken erhoben, da die Vorsorge für die spätere Verfolgung von Straftaten nach der Rechtsprechung des BVerfG dem „gerichtlichen Verfahren" und somit der konkurrierenden Zuständigkeit des Bundes gem. Art. 74 Nr. 1 GG zuzuordnen sei.[424] Denn wenn der Bund durch die Regelung der ED-Behandlung gem. § 81 b Alt. 2 StPO und der DNA-Identitätsfeststellung in § 81 g StPO von seiner Gesetzgebungsbefugnis gem. Art. 74 Nr. 1 GG abschließend Gebrauch gemacht habe, bleibe für eine landesrechtliche Regelung zur Vorsorge für die Strafverfolgung kein Raum mehr. Denn Maßnahmen zur Strafverfolgung gehörten in die StPO und nicht in das PolG.

Der **VGH BW** hat diese Kritik aufgenommen und im Wege einer **verfassungskonformen Auslegung** entschieden, dass der **Begriff der vorbeugenden Bekämpfung von Straftaten nur die Verhütung von Straftaten umfasst** (Verhinderungsvorsorge), aber nicht die Vorsorge für die Verfolgung künftiger Straftaten: „Die Verhütung von Straftaten umfasst nur Maßnahmen, die drohende Rechtsgutverletzungen von vornherein und in einem Stadium verhindern sollen, in dem es noch nicht zu strafwürdigem Unrecht gekommen ist. Hauptzweck ist nicht das Sammeln von Beweismitteln für ein mögliches künftiges Strafverfahren, sondern das Verhindern einer Straftat zu einem Zeitpunkt, zu dem die Strafbarkeitsschwelle noch nicht überschritten ist, in der Regel also im Planungs- und Vorbereitungsstadium".[425] Der **Landesgesetzgeber** hat auf diese Rechtsprechung mit dem **PolG 2020** nicht reagiert und es bei der bisherigen Formulierung in § 20 Abs. 3 PolG 1992 belassen.

Die Datenverarbeitung zur vorbeugenden Bekämpfung von Straftaten muss daher **primär** auf die Verhütung von Straftaten, also auf die **präventive Zielrichtung**, ausgerichtet sein. Sie setzt weder eine bereits begangene Tat noch einen hinreichenden Tatverdacht voraus.[426] Liegt eine konkrete Gefahr vor, weil die Begehung von Straftaten unmittelbar bevorsteht, kommt die Datenerhebung zur **Verhinderung** dieser Straftaten nach Abs. 3 in Frage.

224 **Zuständig** für die Datenerhebung ist **ausschließlich der Polizeivollzugsdienst**, dem über § 43 Abs. 3 PolG ein umfassendes Datenerhebungsrecht eingeräumt wird.

225 **e) Datenerhebung zur Erfüllung anderer Aufgaben (§ 43 Abs. 4 PolG).** Gem. § 43 Abs. 4 PolG kann die Polizei Daten von Personen erheben, soweit dies zur Erfüllung von ihr durch andere Rechtsvorschriften übertragenen Aufgaben erforderlich ist.

§ 43 Abs. 4 PolG nimmt Bezug auf § 1 Abs. 2 PolG, wonach die Polizei neben der Aufgabe der Gefahrenabwehr noch andere durch Gesetz oder Rechtsverordnung übertragene Aufgaben wahrnimmt. Im Regelfall legt das Gesetz, in dem die von der Polizei wahrzunehmenden Aufgaben geregelt sind, fest, unter welchen Voraussetzungen Daten erhoben werden können (vgl. etwa die bereichsspezifischen Vorschriften zur Datenerhebung in der StPO oder im Versammlungsrecht). Nicht alle derartigen Gesetze enthalten aber eigene Vorschriften, ob und unter welchen Voraussetzungen Daten erhoben und weiter verarbeitet werden dürfen. Zur Schließung dieser „Lücken" wurde der Polizei in Abs. 4 eine allgemeine Ermächtigung zur Datenerhebung eingeräumt. Beispielsweise weist die StVO der Polizei u. a. die Aufgabe der Verkehrskontrolle zu (§ 36 Abs. 5 StVO), regelt aber nicht ihre Befugnis zur Datenerhebung. Auf der Grundlage der Regelung in § 43 Abs. 4 PolG kann die Polizei bei der Wahrnehmung der

---

424 Zeitler/Trurnit, Polizeirecht BW, Rn 719; Stephan, in: Stephan/Deger, Polizeigesetz BW, § 20 Rn 20 f.
425 VGH BW, DVBl 2014, 1002 (Rn 39).
426 Stephan, in: Stephan/Deger, Polizeigesetz BW, § 20 Rn 19; VGH BW, NJW 1987, 3022; BVerwG, NJW 1990, 65, u. 2768.

(übertragenen) Aufgabe „Durchführung von Verkehrskontrollen" Daten zur Erfüllung dieser Aufgabe erheben.

Die vor Inkrafttreten des PolG 2020 gegen die pauschale Ermächtigung des § 43 Abs. 4 PolG (= § 20 Abs. 6 PolG a. F.) erhobenen **verfassungsrechtliche Bedenken**[427] dürften **durch die Neuordnung des Datenschutzrechts durch die EU beseitigt** sein. Zwar könnte die pauschale Ermächtigung für sich allein betrachtet nach wie vor dem aus dem Rechtsstaatsprinzip abzuleitenden **Gebot der hinreichenden Bestimmtheit und Klarheit einer Norm widersprechen**, da der Bereich der „übertragenen Aufgaben" gem. § 1 Abs. 2 PolG nicht von vornherein feststeht, sondern ständigen Änderungen unterliegt. Mit dem Inkrafttreten des EU-Datenschutzrechts im Jahr 2016 ergeben sich die für die Polizei bindenden datenschutzrechtlichen Bestimmungen aber entweder aus den ins deutsche Recht umgesetzten Vorgaben der DSRL 2016/680 – vor allem auch denen des PolG – oder unmittelbar aus der DSGVO (allenfalls mit Ergänzungen durch das deutsche Recht). Das Datenschutzrecht unterliegt damit einem durch das Unionsrecht vereinheitlichten Rechtsrahmen, der eine Datenverarbeitung für übertragene Aufgaben i. S. d. § 1 Abs. 2 PolG unproblematisch erscheinen lässt, da deren rechtliche Beurteilung nach einheitlichen Maßstäben im gesamten Rechtsraum der EU erfolgt.

4. Offener Einsatz technischer Mittel zur Bild- und Tonaufzeichnung (§ 44 PolG). a) Allgemeines. § 44 PolG regelt die Befugnis der Polizei, zur Datenerhebung technische Mittel zur **Bild- und Tonaufzeichnung** – insbesondere zur **Videoüberwachung** – **offen** einzusetzen. Die Bestimmung wurde durch das Änderungsgesetz vom 18.11.2008 neu gefasst.[428] Eine Fortschreibung der Vorschriften war wegen der Erfahrungen mit der alten Regelung (Pilotprojekt: Videoüberwachung verschiedener Bereiche in der Innenstadt von Mannheim) und vor dem Hintergrund des Urteils des VGH BW zur Videoüberwachung öffentlicher Räume aus dem Jahr 2003[429] notwendig geworden.

Mit dem **PolG 2020**[430] wurde § 21 PolG a. F. zum neuen § 44 PolG und erfuhr weitere Änderungen und Ergänzungen: In Abs. 5 bis 8 wurden neue Regelungen für den **Einsatz** der vom Polizeivollzugsdienst verwendeten **Bodycams in Wohn- und Geschäftsräumen** ergänzt. Nunmehr ist der Einsatz von Bodycams in Arbeits-, Betriebs- und Geschäftsräumen allgemein und in Wohnungen mit Einschränkungen erlaubt. Die Erweiterung des Einsatzes der Bodycams auf den Bereich der Wohnungen war politisch **umstritten**.

Die **Anfertigung von Bild- und Tonaufzeichnungen** ist das Herstellen von Lichtbildern und das Festhalten von Bild- und Tonaufnahmen auf Bild- und Tonträgern, in der Regel mittels einer Videokamera oder digitaler Aufzeichnungstechnik. Soweit § 44 PolG die Bild- und Tonaufzeichnung zulässt, ist damit auch das **bloße Übertragen** von Ton und Bildern von einem Ort zu einem anderen ohne Speicherung (sog. **Kamera-Monitor-Prinzip**) zulässig. Im Vergleich zu einer Aufzeichnung ist das bloße Übertragen ein „rechtliches Minus".[431] Eine **abgeschaltete Kamera** wird nicht von § 44 PolG und den datenschutzrechtlichen Regelungen erfasst.[432]

Sowohl die bloße Beobachtung mittels Bild- oder Tonübertragung als auch die Speicherung von Ton und Bildern greifen in das **Recht auf informationelle Selbstbestimmung** gem. Art. 2

---

427 A. A. wohl Kahlert, in: Belz/Mußmann/Kahlert/Sander, Polizeigesetz BW, § 43 Rn 46 f.
428 GBl. S. 391.
429 VGH BW, NVwZ 2004, 498.
430 Durch Art. 1 des Gesetzes zur Umsetzung der Richtlinie (EU) 2016/680 für die Polizei in Baden-Württemberg und zur Änderung weiterer polizeirechtlicher Vorschriften vom 6.10.2020 (GBl. S. 735, ber. S. 1092).
431 Stephan, in: Stephan/Deger, Polizeigesetz BW, § 21 Rn 1; Zeitler/Trurnit, Polizeirecht BW, Rn 759.
432 OVG RP, DVBl 2021, 1445 f. (Rn 22), zur DSGVO.

Abs. 1 i. V. m. Art. 1 Abs. 1 GG ein.[433] Nach Auffassung des **VGH BW** ist bereits der beobachtende Einsatz von Videosystemen, die wegen ihrer besonderen technischen Möglichkeiten ohne Weiteres zur Erhebung personenbezogener Informationen geeignet sind, als Eingriff in das Recht auf informationelle Selbstbestimmung zu werten. Durch die **Aufzeichnung** werden Bild- und Tonaufnahmen, also **personenbezogene Daten gespeichert** und dadurch der Eingriff in das Recht auf informationelle Selbstbestimmung perpetuiert.[434]

Grundsätzlich gilt, dass der Einzelne Einschränkungen seines Rechts auf informationelle Selbstbestimmung hinzunehmen hat, wenn **überwiegende Interessen der Allgemeinheit** dies rechtfertigen.[435] Wegen des grundrechtlichen Charakters der informationellen Selbstbestimmung ist für einen solchen Eingriff aber stets eine **gesetzliche Grundlage** erforderlich. § 44 PolG stellt eine solche Rechtsgrundlage dar.

Eine **Einwilligung** der von einer Videoüberwachung betroffenen Person kann die verfassungsrechtlich bedingte Rechtswidrigkeit der Videoüberwachung nicht heilen.[436] Dies gilt insbesondere auch nach Inkrafttreten des **EU-Datenschutzrechts** im Jahr 2016 und seiner Implementierung in das PolG mit dem **PolG 2020** (→ Rn 181 f.).

Rechtswidrig angefertigte Videoaufnahmen, bei deren Aufzeichnung die tatbestandlichen Voraussetzungen des § 44 PolG nicht vorlagen, können in einem Strafverfahren einem **Beweisverwertungsverbot** unterliegen.[437]

231 § 44 PolG stellt eine **abschließende spezialgesetzliche Regelung** zur Anfertigung von Bild- und Tonaufzeichnung dar. Bild- und Tonaufzeichnung sind nur unter den dort genannten engen tatbestandlichen Voraussetzungen rechtlich zulässig. Darüber hinaus hat die Polizei **keine allgemeine Befugnis**, Bild- und Tonaufzeichnungen durchzuführen. Ein Rückgriff auf § 11 Abs. 1 PolG, auf das allgemeine Datenschutzrecht oder die §§ 1, 3 PolG ist nicht möglich.

Werden **Fotos** bei einer Kundgebung **nur zum Zweck der allgemeinen Öffentlichkeitsarbeit der Polizei** – etwa zur Verwendung der Fotos bei Facebook und Twitter – angefertigt, ist bereits das Fotografieren wegen Verletzung der Persönlichkeitsrechte der betroffenen Personen **rechtswidrig**. Durch das Fotografieren entsteht der Eindruck einer allgemeinen staatlichen Überwachung, die auf die Teilnehmer der Kundgebung einschüchternd wirkt.[438] Die Anfertigung von Übersichtsaufzeichnungen von einer Versammlung durch Polizeibeamte mit Foto- und/oder Videotechnik ist nach dem heutigen Stand der Technik für die Aufgezeichneten immer ein Eingriff in Art. 8 Abs. 1 GG, weil die Einzelpersonen auch in Übersichtsaufzeichnungen in der Regel individualisierbar mit erfasst sind.[439]

232 Mit Ausnahme der Überwachung von Kriminalitätsbrennpunkten gem. § 44 Abs. 3 PolG ist der **Polizeivollzugsdienst** für die Maßnahmen gem. § 44 Abs. 1, 2, 4 u. 5 PolG ausschließlich sachlich **zuständig**. § 44 PolG legt die Eingriffsvoraussetzungen im Einzelnen fest. Die Vorschrift betrifft

---

433 BVerfG, NVwZ 2007, 688, 690; VGH BW, VBlBW 2004, 498, 500; OVG NRW, NVwZ-RR 2023, 237, 238 (Rn 14); VG Köln, CR 2021, R101; Nusser, in: Möstl/Trurnit, Polizeirecht BW, § 21 Rn 7 ff; Knemeyer/Schmidt, Polizei- und Ordnungsrecht (PdW), S. 83, 85; Köhler/Thielicke, NVwZ-Extra 13/2019, 1, 5; Wysk, VerwArch 2018, 141, 144 ff. m. w. N. Krit. dazu Bull, JZ 2017, 797, 799 ff.
434 VGH BW, VBlBW 2004, 498, 500; OVG NRW, NVwZ-RR 2023, 237, 238 (Rn 15).
435 VG Köln, CR 2021, R101; Wysk, VerwArch 2018, 141, 149 f.
436 Wysk, VerwArch 2018, 141, 150 m. w. N.; Nusser, in: Möstl/Trurnit, Polizeirecht BW, § 21 Rn 12.
437 LG Köln, Kriminalistik 2022, S. 44.
438 VG Gelsenkirchen, AfP 2018, 552 ff. (Rn 65, 71), best. d. OVG NRW, AfP 2019, 563 (= JA 2020, 798, m. zust. Anm. Hebeler, JA 2020 798, 800); Tschorr, NJW 2020, 3755, 3757 f.; Hettich, DÖV 2020, 558, 559. Zur Verbreitung / Veröffentlichung von Fotos durch die Polizei vgl. auch Himmler, Kriminalistik 2018, 663 ff. Zur Anfertigung polizeilicher Aufnahmen zur Gefahrenabwehr vgl. Hettich, DÖV 2020, 558, 562 f.
439 OVG NRW, AfP 2019, 563 ff. (Rn 58 ff.) = JA 2020, 798, 799; ebenso für das Versammlungsrecht OVG NRW, NVwZ-RR 2020, 785 (Rn 10), u. VG Freiburg, VBlBW 2022, 210, 212 ff. = MMR 2021, 1013.

nur die **offene Datenerhebung**. Die den Aufzeichnungen zugrundeliegenden Aufnahmen dürfen nicht geheim, sondern müssen offen, also für die Allgemeinheit erkennbar, angelegt werden.

Da das **VersammlG abschließend** die rechtlichen Voraussetzungen für die Durchführung und Überwachung von öffentlichen Versammlungen und Aufzügen regelt (vgl. §§ 12 a, 19 a VersammlG), gehen die Regelungen des Versammlungsrechts als **lex specialis** vor (→ § 6 Rn 15).[440] Polizeiliche Maßnahmen gegen Teilnehmer einer öffentlichen Versammlung, insbesondere auch die Aufzeichnung von Bild- und Tonaufzeichnungen, richten sich somit **ausschließlich** nach dem VersammlG.[441]

b) Bild- und Tonaufzeichnungen bei Veranstaltungen (§ 44 Abs. 1 PolG). Gem. § 44 Abs. 1 S. 1 PolG kann der **Polizeivollzugsdienst** bei oder im Zusammenhang mit öffentlichen Veranstaltungen und Ansammlungen, die ein besonderes Gefährdungsrisiko aufweisen, Bild- und Tonaufzeichnungen von Personen **zur Erkennung und Abwehr von Gefahren** anfertigen. Neben klassischen stationären oder mobilen Videokameras können zur Bild- und Tonaufzeichnung auch **Drohnen**[442] genutzt werden, wenn diese **offen** – sie mithin für die Besucher der Veranstaltung oder die Teilnehmer einer Ansammlung erkennbar sind – **eingesetzt** werden[443], darüber hinaus muss die **Hinweispflicht** des § 44 Abs. 10 S. 1 PolG (→ Rn 282) erfüllt werden, was regelmäßig vor allem durch gut sicht- und lesbar angebrachte Hinweisschilder oder eindeutige Lautsprecherdurchsagen erfolgen kann, der theoretisch erkennbare Einsatz der Drohne allein reicht nicht aus.[444] Drohnen können zu anderen Zwecken (etwa zur Steuerung eines Polizeieinsatzes) ggf. auch auf der Grundlage der **§§ 1, 3 PolG** eingesetzt werden (**str.** [→ § 6 Rn 19 m. w. N.]).

233

Öffentliche Veranstaltungen i. S. d. § 44 PolG sind organisierte, einem verbindenden Zweck dienende und jedermann zugängliche Sport- und Unterhaltungsveranstaltungen, wie etwa Volks- und Straßenfeste, Fußballspiele, Pop- und Rockkonzerte (→ § 11 Rn 17 ff.). Hierbei kommt es nicht darauf an, ob die Veranstaltung unter freiem Himmel oder in geschlossenen Räumen durchgeführt wird. **Ansammlungen** sind zufällig entstehende Personenmehrheiten, denen der Zweck einer kollektiven Meinungsbildung- und -äußerung fehlt (etwa Gaffer oder Schaulustige bei einem Unglücksfall).

234

Eine öffentliche Veranstaltung oder Ansammlung weist ein **besonderes Gefährdungsrisiko** auf, wenn die Voraussetzungen gem. § 44 Abs. 1 S. 2 Nr. 1 oder Nr. 2 PolG vorliegen. Für die Annahme einer Bedrohung durch terroristische Anschläge bzw. Straftaten (**Nr. 1**) müssen durch Tatsachen belegte Erkenntnisse vorliegen, dass vergleichbare Veranstaltungen aktuell dem Risiko eines terroristischen Anschlags ausgesetzt sind.[445] Allein die Gefahr, dass Ordnungswidrigkeiten von erheblicher Bedeutung begangen werden können, reicht nicht aus.[446] Gem. **Nr. 2** müssen **erhebliche Gefahren** für die öffentliche Sicherheit entstehen können (→ § 4 Rn 31). Der Landesgesetzgeber geht davon aus, dass größere Menschenansammlungen nicht zuletzt wegen ihrer Anonymität für Straftäter günstige Tatgelegenheiten bieten und dass sie durch die anhaltende

235

---

440 VG Freiburg, VBlBW 2022, 210, 216 (Rn 84) = MMR 2021, 1013; VG Gelsenkirchen, AfP 2018, 552 ff. (Rn 80, 82); vgl. auch Nusser, in: Möstl/Trurnit, Polizeirecht BW, § 21 Rn 15.
441 VGH BW, NVwZ 1998, 763; Schmidt, Polizei- und Ordnungsrecht, Rn 146.
442 Zum Einsatz durch die Polizei vgl. Tomerius, LKV 2020, 481 f., sowie für BW LT-Drs. 16/9626.
443 VG Sigmaringen, ZD 2021, 333, 334 (Rn 42), m. Anm. Krumm 335 f.; Trurnit, VBlBW 2023, 185, 188 f.; Tomerius, LKV 2020, 481, 485 ff.; Martini, DÖV 2019, 732, 736; a. A. Schenke, Polizei- und Ordnungsrecht, Rn 205. Die Polizei des Landes BW setzt (Stand Dezember 2020) *53 Flugdrohnen* vorrangig und offen für die Aufklärung an und Dokumentation von polizeilichen Einsatzstellen (etwa Unfallstelle, Tatort) sowie für die Suche nach Personen und Sachen, aber auch bei Veranstaltungen ein (LT-Drs. 16/9626, S. 2 ff.).
444 VG Sigmaringen, ZD 2021, 333, 334 (Rn 64), m. Anm. Krumm 335 f.
445 Nusser, in: Möstl/Trurnit, Polizeirecht BW, § 21 Rn 34; Thiel, Polizei- und Ordnungsrecht, § 10 Rn 45.
446 So auch Stephan, in: Stephan/Deger, Polizeigesetz BW, § 21 Rn 5, u. Nusser, in: Möstl/Trurnit, Polizeirecht BW, § 21 Rn 35.

Bedrohung durch den internationalen Terrorismus besonders gefährdet sind, weil Anschläge auf eine Maximierung von Schäden und Opfern ausgerichtet sind. Nachprüfbare Tatsachen, die das Gefährdungspotential begründen, können sich aus dem Anlass und dem Kreis der Teilnehmer oder der Zuschauer ergeben.

236 Wie sich aus dem Wortlaut des § 44 Abs. 1 S. 1 PolG ergibt, kann die Videoüberwachung bereits zur **Erkennung von Gefahren** eingesetzt werden. Durch die mit den Videokameras gemachten Beobachtungen sollen demnach frühzeitig mögliche Gefahren erkannt werden, um Störungen zu verhindern. Zulässig sind daher Bild- und Tonaufzeichnungen schon **vor Beginn** oder auch **nach Beendigung** der Veranstaltung. Allerdings muss ein **zeitlicher und örtlicher Zusammenhang** bestehen. Die Videoüberwachung erstreckt sich auf **alle anwesenden Personen** bei einer oder im Zusammenhang mit einer Veranstaltung.

237 Auch wenn sich das nicht aus dem Wortlaut der Bestimmung ergibt, ist beim Einsatz technischer Mittel die **Erforderlichkeit** besonders zu prüfen. Kleinere Veranstaltungen mit einem überschaubaren Teilnehmerkreis oder eine zufällig entstandene kleinere Ansammlung bieten regelmäßig keinen ausreichenden Anlass für polizeiliche Beobachtungen und Bild- und Tonaufzeichnungen. § 44 Abs. 1 PolG ermächtigt daher auch nicht dazu, ständige Bild- und Tonaufzeichnungen in Fußgängerzonen oder in öffentlichen Grün- und Erholungsanlagen vorzunehmen.

238 Durch die Verpflichtung zur unverzüglichen Löschung der nach Abs. 1 gefertigten Aufzeichnungen gem. § 44 Abs. 10 S. 2 PolG ist die **Dauer** des Eingriffs **begrenzt**.

239 **§ 44 Abs. 1 PolG** legt die **ausschließliche** sachliche Zuständigkeit des Polizeivollzugsdienstes für die Anordnung bzw. Durchführung der Maßnahme fest.

240 c) **Bild- und Tonaufzeichnungen an besonders gefährdeten Objekten (§ 44 Abs. 2 PolG).** § 44 Abs. 2 PolG erlaubt die Anfertigung von **Bild- und Tonaufzeichnungen** in den in § 27 Abs. 1 Nr. 4 PolG genannten **gefährdeten Objekten** (wie etwa Bahnhöfe, Versorgungsanlagen, Amtsgebäude)[447] und **in deren unmittelbarer Nähe**. Der VGH BW hat für eine Personenkontrolle eine Entfernung von 2 km zum genannten Objekt als noch ausreichend angesehen.[448] Die auf beweiskräftige Tatsachen gestützte **Prognose**[449] kann sich auf Straftaten beziehen, die gegen Personen, Objekte oder darin befindliche Sachen gerichtet sind. Es bedarf insoweit eines konkreten **Objektbezugs**. Aufzeichnungen mit dem Ziel, rein zufällig an einem besonders gefährdeten Objekt begangene Straftaten festzuhalten, sind unzulässig. Mit Recht wird darauf hingewiesen, dass die Regelung andernfalls eine „fast totale Erfassung" ermöglichen würde. Da von den Ton- und Bildaufzeichnungen **alle** Personen erfasst werden, die sich an einem derartigen Ort aufhalten, ist eine **restriktive Auslegung** der Eingriffsvoraussetzungen zwingend erforderlich.[450]

241 **§ 44 Abs. 2 PolG** legt die **ausschließliche** sachliche Zuständigkeit des Polizeivollzugsdienstes für die Anordnung bzw. Durchführung der Maßnahme fest.

242 d) **Videoüberwachung von Kriminalitätsbrennpunkten (§ 44 Abs. 3 PolG). aa) Allgemeines.** Die Regelung ermächtigt „die Polizei" zur Anfertigung von Ton- und Bildaufzeichnungen im öffentlichen Raum an sog. **Kriminalitätsbrennpunkten**. Durch diese Video-Überwachung soll die Polizei die Möglichkeit erhalten, rasch Einsatzkräfte vor Ort zur Gefahrenabwehr einzusetzen, wenn der diensthabende Beamte am Monitor feststellt, dass die Begehung einer strafbaren Handlung vorbereitet wird. Die Tatsache der Überwachung soll darüber hinaus mög-

---

447 Vgl. dazu VG Karlsruhe, VBlBW 2002, 131.
448 VGH BW, BWVPr 1982, 11; krit. dazu Kahlert, in: Belz/Mußmann/Kahlert/Sander, Polizeigesetz BW, § 44 Rn 23.
449 Nusser, in: Möstl/Trurnit, Polizeirecht BW, § 21 Rn 38.
450 Ebenso etwa Nusser, in: Möstl/Trurnit, Polizeirecht BW, § 21 Rn 40: „abgemilderter Objektbezug"; Stephan, in: Stephan/Deger, Polizeigesetz BW, § 21 PolG Rn 10.

liche Straftäter daran hindern, Straftaten – insbesondere Kleinkriminalität wie Taschendiebstahl – in dem überwachten Bereich zu begehen (= Gefahrenvorsorge). Zugleich dient die Maßnahme der Strafverfolgung, wenn wegen der Bildübertragungen Straftaten aufgeklärt werden können. Bei der Videoüberwachung handelt es sich also um eine **doppelfunktionale Maßnahme** der Polizei, wobei der Schwerpunkt auf der Abschreckung möglicher Straftäter und damit auf der vorbeugenden Bekämpfung von Straftaten bzw. der Gefahrenvorsorge liegt (→ § 13 Rn 13 ff.).

Da die Videoüberwachung öffentlicher Räume mit Aufzeichnung in schwerwiegender Weise in das **Recht auf informationelle Selbstbestimmung** eingreift, bedarf es einer **spezifischen**, präzise gefassten **gesetzlichen Grundlage**.[451] Aus diesen Gründen kann nach der Rechtsprechung des **BVerfG** die Videoüberwachung eines öffentlichen Platzes (im entschiedenen Fall das sog. **Karavan-Synagogen-Denkmal** in Regensburg) nicht auf die allgemeinen Landesdatenschutzgesetze gestützt werden. Vielmehr sind aus verfassungsrechtlichen Gründen spezielle Befugnisnormen zur Videoüberwachung öffentlicher Räume **erforderlich**.[452] Mit der Novellierung des § 44 Abs. 3 PolG ist der Landesgesetzgeber dieser Forderung nach einer **bereichsspezifischen Ermächtigungsgrundlage** in formeller Hinsicht nachgekommen. 243

Nach Auffassung des VGH BW ist **§ 44 Abs. 3 PolG mit höherrangigem Recht vereinbar.** Insbesondere verstößt die Regelung der Videoüberwachung nicht gegen das Recht auf informationelle Selbstbestimmung als besondere Ausprägung des allgemeines Persönlichkeitsrechts. Sie greift zwar in den Schutzbereich dieses Grundrechts ein. Der Eingriff ist aber verfassungsrechtlich gerechtfertigt. Auch konnte sich der Landesgesetzgeber bei der Einführung dieser Regelung auf seine **Gesetzgebungskompetenz** für das Polizeirecht als Gefahrenabwehrrecht stützen. Nach Ansicht des VGH BW wird die Vorschrift den Geboten der Normenklarheit und Bestimmtheit „noch" gerecht.[453] Da die Regelung keine konkrete Gefahr für die öffentliche Sicherheit voraussetzt, sondern in erster Linie darauf abzielt, im Vorfeld konkreter Gefahren Straftaten durch Abschreckung zu verhindern, handelt es sich um eine **Maßnahme der Gefahrenvorsorge**.[454] Durchgreifende verfassungsrechtliche Bedenken gegen derartige Maßnahmen bestehen nach Ansicht des VGH BW nicht. Sie bedürfen aber besonderer Rechtfertigung und sind deshalb in spezifischer Weise am Grundsatz der Verhältnismäßigkeit zu messen.[455]

Die Videoüberwachung durch öffentliche Stellen wird in einer **Vielzahl von bereichsspezifischen Gesetzen** eigenständig geregelt. Beispiele für bundesgesetzliche Regelungen sind die §§ 27 bis 28 a BPolG und die §§ 12 a, 19 a VersammlG. Im Landrecht ist auf § 18 LDSG hinzuweisen (→ Rn 49 ff.). 244

bb) Zuständigkeit. Nach dem eindeutigen Wortlaut des § 44 Abs. 3 PolG sind für die Anordnung und Durchführung der Maßnahmen **sowohl der Polizeivollzugsdienst als auch die Polizeibehörde sachlich zuständig**.[456] Jede Stelle kann daher unabhängig voneinander allein tätig werden und ein eigenes Überwachungssystem einrichten. Zu empfehlen ist aber eine **gemeinsame Strategie** und enge Zusammenarbeit zwischen Polizeibehörde und Polizeivollzugsdienst. 245

cc) Offene Videoüberwachung. Gem. § 44 Abs. 10 S. 1 PolG ist auf die Videoüberwachung und **insbesondere auf die Bild- und Tonaufzeichnung** der erhobenen Daten **hinzuweisen** 246

---

451 Wysk, VerwArch 2018, 141, 149 f.
452 BVerfG, DÖV 2007, 606; zur Notwendigkeit einer speziellen Ermächtigungsgrundlage vgl. auch VGH BW, VBlBW 2004, 20, 23.
453 Vgl. zu den Maßstäben eingehend Wysk, VerwArch 2018, 141, 152 ff.
454 Ibler, in: Ennuschat/Ibler/Remmert, Öffentliches Recht BW, § 2 Rn 410.
455 VGH BW zur Zulässigkeit der in der Mannheimer Innenstadt durchgeführten Videoüberwachung, NVwZ 2004, 498 ff.
456 Nusser, in: Möstl/Trurnit, Polizeirecht BW, § 21 Rn 23.

(→ Rn 282 f.). Die Erkennbarkeit muss jedenfalls auch unmittelbar am Ort der Durchführung der Maßnahme gegeben sein.[457] Der zu überwachende Bereich ist so zu beschildern, dass die Bürger von der Überwachung regelmäßig Kenntnis erlangen. Bei tageszeitlich befristeten Überwachungsmaßnahmen sind die Überwachungszeiten zu nennen. Wird lediglich **in der Presse auf die Überwachung hingewiesen**, ist dies nicht ausreichend. Die öffentlichen Hinweise auf das Vorhandensein von Kameras müssen derart deutlich sein, dass sie **von jeder betroffenen Person mit durchschnittlicher Auffassungsgabe** am beobachteten Ort **mühelos bemerkt** werden können.

247 **dd) Öffentlich zugänglicher Ort.** Ein öffentlich zugänglicher Ort i. S. d. § 44 Abs. 3 PolG ist **ein Ort, der rein tatsächlich für jedermann zugänglich ist**, wie etwa Straßen, Wege, Plätze, Ladenpassagen sowie Bereiche des Öffentlichen Personennahverkehrs.[458] Es handelt sich um einen **unbestimmten Rechtsbegriff**, dessen Konkretisierung der Polizei obliegt.

248 **ee) Qualifizierung eines Kriminalitätsbrennpunkts.** Die **Annahme eines Kriminalitätsbrennpunktes** setzt voraus, dass sich die Kriminalitätsbelastung des Ortes **deutlich** von der an anderen Orten abhebt.[459] Da die Überwachung nach ihrer Zweckrichtung den besonderen örtlichen Gefahrenschwerpunkten gilt und damit einen örtlichen Bezug hat, müssen die **Vergleichsorte** innerhalb derselben Gemeinde liegen. Ferner muss auf der Grundlage konkreter Anhaltspunkte die Annahme gerechtfertigt sein, dass dort in Zukunft weitere Straftaten begangen werden und dass die Videoüberwachung zu deren Bekämpfung erforderlich ist. Bezugspunkt ist nach der gesetzgeberischen Intention in erster Linie der Bereich der **Straßenkriminalität**, also Straftaten, die in ihrer Tatphase ausschließlich oder überwiegend auf öffentlichen Straßen begangen werden und visuell wahrnehmbar sind. Dazu gehören etwa Raub, Körperverletzung, Betäubungsmitteldelikte, Sachbeschädigungen, Sexualdelikte, Diebstahl etc. Ob die Voraussetzungen für die Qualifizierung einer Örtlichkeit als Kriminalitätsbrennpunkt vorliegen, hat die zuständige Behörde auf der Grundlage einer ortsbezogenen Lagebeurteilung zu ermitteln. Der Polizei steht hierbei ein gerichtlich überprüfbarer **Beurteilungsspielraum** zu. Um den Gerichten eine tatsächlich wirksame Kontrolle der Lagebeurteilung zu ermöglichen, obliegt es der zuständigen Behörde, diese in nachvollziehbarer Weise durch entsprechende Lagebilder zu dokumentieren.[460] Ferner bedarf es einer **Erforderlichkeitsprognose**.

249 **e) Automatisierte Bildauswertung (§ 44 Abs. 4 PolG).** § 44 Abs. 4 PolG wurde durch das Gesetz zur Änderung des Polizeigesetzes vom 28.11.2017[461] in das PolG eingefügt. Die neue Rechtsgrundlage soll angesichts der **anhaltend hohen abstrakten Gefahr terroristischer Anschläge** – insbesondere aus dem islamistischen Spektrum – der Verbesserung der polizeilichen Eingriffsbefugnisse dienen, um der vom internationalen Terrorismus ausgehenden Bedrohung wirksamer als bisher begegnen zu können. Um die Sicherheit an Kriminalitätsschwerpunkten und gefährdeten Objekten zu verbessern, soll die Polizei durch § 44 Abs. 4 PolG mittels **„intelligenter Videoüberwachung"** in die Lage versetzt werden, die aufgrund herkömmlicher Videoüberwachung gewonnenen Bilder anhand bestimmter Verhaltensmuster auch elektronisch auszuwerten. Gleiches gilt bei öffentlichen Veranstaltungen und Ansammlungen, wenn dort terroristische Anschläge drohen. Durch die automatische Auswertung kann der personelle Aufwand erheblich reduziert werden.[462]

---

457 VGH BW, NVwZ 2004, 498.
458 Vgl. LT-Drs. 16/334, S. 4, zum gleichlautenden Rechtsbegriff in § 21 Abs. 5 PolG 1992 in der bis zum Jahr 2021 geltenden Fassung; teilweise a. A. Nusser, in: Möstl/Trurnit, Polizeirecht BW, § 21 Rn 43, 47 b.
459 Vgl. dazu auch die Ausführungen in LT-Drs. 16/8128, S. 6 f., zur Videoüberwachung in Mannheim; Nusser, in: Möstl/Trurnit, Polizeirecht BW, § 21 Rn 44.
460 Vgl. im Einzelnen die Anforderungen nach VGH BW, NVwZ 2004, 498.
461 GBl. S. 624.
462 Vgl. Eingangsbegründung des Gesetzentwurfs, LT-Drs. 16/2741, S. 1.

VI. Datenvereinbarung bei polizeilichen Einzelmaßnahmen

Gem. **§ 44 Abs. 4 S. 1 PolG** kann der Polizeivollzugsdienst die gem. § 44 Abs. 1 S. 2 Nr. 1 PolG sowie gem. § 44 Abs. 2 u. 3 PolG angefertigten Bildaufzeichnungen auch automatisiert auswerten. Die Einführung dieser digitalen Auswertungsmethode soll vor allem zu einer personellen Erleichterung des Polizeivollzugsdiensts führen, der sich auf weitere Aufgaben konzentrieren können soll.[463] Die zur Auswertung eingesetzte Software soll „Alarmfälle" herausgefilterten, die dann ein weiteres Tätigwerden des Polizeivollzugsdiensts bewirken und erfordern.[464]

250

§ 44 Abs. 4 PolG enthält eine **spezielle Rechtsgrundlage für den Einsatz der sog. intelligenten Videoüberwachung.** Sie begrenzt sich auf die Fälle der Videoüberwachung gem. § 44 Abs. 1 S. 2 Nr. 1 sowie § 44 Abs. 2 u. 3 PolG. Damit dürfen nur die **bei öffentlichen Veranstaltungen mit Bedrohung durch terroristische Anschläge, an besonders gefährdeten Objekten und an Kriminalitätsschwerpunkten** gewonnenen Bildaufnahmen im automatisierten Verfahren ausgewertet werden. Dem Gesetzgeber schien in diesen Bereichen der Einsatz der neuen technischen Auswertungsmöglichkeit als besonders zielführend.[465]

Automatisierte Auswertung meint ein auf Datenprogrammen (Software) beruhendes Verfahren, das ohne gesondertes Zutun von Menschen (Polizeibeamten) eine Erkennung von polizei- oder strafrechtlich relevantem Verhalten durch mittels Bildaufzeichnung erfasste Personen ermöglicht. Die Auswertung erfolgt durch das Erkennen typischer Verhaltensmuster, die auf die Begehung von Straftaten hindeuten. Wesensmerkmal der Technik ist ein hinterlegter **Algorithmus**, der die einzelnen Videosequenzen quasi in Echtzeit miteinander vergleicht und dadurch auffällige Verhaltensmuster aufspüren bzw. kenntlich machen kann.[466]

251

Gem. **§ 44 Abs. 4 S. 2 PolG** darf die automatisierte Auswertung **nur auf das Erkennen solcher Verhaltensmuster ausgerichtet sein, die auf die Begehung einer Straftat hindeuten.** Da das Erkennen auffälliger Verhaltensmuster in erster Linie anhand einer Analyse von Bewegungsabläufen, Gruppenbildungen oder von ortsfesten bzw. unbeweglichen Objekten erfolgt, ist eine **Tonauswertung nicht erforderlich** und in § 44 Abs. 4 PolG auch nicht vorgesehen.[467]

252

Die **Speicher- und Löschfristen des § 44 Abs. 10 PolG** gelten auch für die im Rahmen der „intelligenten Videoüberwachung" ausgewerteten personenbezogenen Daten.[468]

Die automatisierte Auswertung ist **datenschutzrechtlich nicht unbedenklich**, erscheint aber **mit dem Verfassungsrecht noch vereinbar.** Im Kern wird der Datenschutz nur gewahrt werden können, wenn die zur automatisierten Auswertung geschaffene und eingesetzte Software sicherstellt, dass sich die Überwachung der erzeugten Bildaufzeichnungen nur auf solche Verhaltensmuster bezieht, die einen klaren Bezug zur Begehung einer Straftat haben können. Die Wahrung des Datenschutzes muss also bereits **vor** Einsatz der automatisierten Überwachung sichergestellt werden. Dieser **präventive Datenschutz** wird grundlegend für die Vereinbarkeit mit dem Verfassungsrecht sein. Der Polizeivollzugsdienst muss dies gemeinsam mit dem Programmierer und Lieferanten der Auswertungssoftware sicherstellen.[469] Zudem wird unabdingbar sein, dass auch während des Einsatzes der Software deren **Auswertungsreichweite laufend geprüft und hinterfragt** wird; diese Aufgabe kann nur dem **zuständigen Datenschutzbeauftragten** (§ 94 PolG) zukommen. Andernfalls würden die Grenzen der verfassungsrechtlich zulässigen Einschränkung der informationellen Selbstbestimmung überschritten.

253

---

463 LT-Drs. 16/2741, S. 28; LT-Plenarprot. 16/42, S. 2382.
464 LT-Drs. 16/2741, S. 28.
465 LT-Drs. 16/2741, S. 28.
466 LT-Drs. 16/2741, S. 28; vgl. zur Funktionsweise der „intelligenten Videoüberwachung" auch Nusser, in: Möstl/Trurnit, Polizeirecht BW, § 21 Rn 52 b.
467 LT-Drs. 16/2741, S. 28.
468 LT-Drs. 16/2741, S. 29.
469 I. E. ebenso Wysk, VerwArch 2018, 141, 159.

Die **Verhütung von Straftaten** bewirkt einen grundsätzlich **zulässigen Eingriff in das Recht auf informationelle Selbstbestimmung** der betroffenen Personen.[470] Der polizeiliche Mehrwert der automatisierten Auswertung soll vor allem darin bestehen, dass nicht mehr die gesamte Aufmerksamkeit der beobachtenden Personen gebunden wird, sondern ein Tätigwerden nur in den von der Software herausgefilterten Verhaltensmustern mit möglichem Straftatenbezug erforderlich ist. Eine vergleichbare Effektivität der konventionellen Videoüberwachung könnte nur durch einen ständigen Austausch der beobachtenden Personen mit kurzen Rotationszeiten gewährleistet werden.[471] Es kann zudem davon ausgegangen werden, dass eine gut programmierte Software effektiver als ein eingesetzter Polizeibeamter auswerten kann.

Die **Verhältnismäßigkeit der automatisierten Überwachung** dürfte durch die klare Beschränkung auf „erkannte" mögliche Straftaten, die in § 44 Abs. 4 S. 1 PolG genannten drei Arten der Bildaufzeichnungen und die Löschungspflicht des § 44 Abs. 10 PolG gewahrt sein.[472] Unter Beachtung dieser Prämissen ist davon auszugehen, dass der Einsatz der automatisierten Auswertung gegenüber der personellen Videoüberwachung durch Polizeibeamte keine datenschutzrechtliche Mehrbelastung darstellt.

254 § 44 Abs. 4 PolG legt die **ausschließliche** sachliche **Zuständigkeit des Polizeivollzugsdienstes** für die Anordnung bzw. Durchführung der Maßnahme fest.

255 **f) Körperkameras (§ 44 Abs. 5 PolG). aa) Allgemeines.** Durch das **PolG 2020** wurde die bis dahin bestehende **Einschränkung des Einsatzes von Bodycams auf den öffentlichen Raum** (§ 21 Abs. 5 S. 1 PolG 1992: „an öffentlich zugänglichen Orten") **aufgegeben**. Die entsprechende Formulierung wurde ersatzlos gestrichen. Der **Landesgesetzgeber** begründete die Erweiterung des Anwendungsbereichs wie folgt: „Während der Erprobungsphase der Bodycam hat sich aus fachlicher Sicht gezeigt, dass die Beschränkung des Anwendungsbereichs auf öffentlich zugängliche Orte zu eng gefasst ist. Die Einsatzszenarien zwischen öffentlich zugänglichen Orten und Arbeits-, Betriebs- oder Geschäftsräumen sind bei grundsätzlich vergleichbaren Einschreitesituationen oftmals fließend. ... Und auch in Wohnungen kann die Bodycam einen wichtigen Beitrag zum Schutz unserer Einsatzkräfte leisten. Polizeiliche Einsätze im Zusammenhang mit häuslicher Gewalt bergen erfahrungsgemäß ein erhöhtes Gefahrenpotenzial für die eingesetzten Polizeibeamtinnen und -beamten. Die alarmierte Polizei findet vor Ort häufig Situationen vor, die von Aggression und Gewalt geprägt sind. ... Ein Großteil der Fälle häuslicher Gewalt trägt sich in privaten Wohnungen, also außerhalb der Öffentlichkeit zu. Gerade in diesen Situationen kann der Einsatz einer Bodycam zusätzlich deeskalierend wirken."[473]

256 Gem. **§ 44 Abs. 5 S. 1 PolG** kann der Polizeivollzugsdienst bei der Durchführung von Maßnahmen zur Gefahrenabwehr oder zur Verfolgung von Straftaten oder Ordnungswidrigkeiten zur Abwehr einer Gefahr Daten durch Anfertigen von **Bild- und Tonaufzeichnungen mittels körpernah getragener Aufnahmegeräte** erheben.[474] Allgemein werden diese Kameras als **Bodycams**[475] bezeichnet. Die Regelung dient in ersten Linie dem **Schutz der Polizeivollzugsbeamten**

---

470 So zu Recht und mit weiteren Ausführungen LT-Drs. 16/2741, S. 28.
471 LT-Drs. 16/2741, S. 28.
472 LT-Drs. 16/2741, S. 28 m. w. N.; vgl. auch Wysk, VerwArch 2018, 141, 159.
473 LT-Drs. 16/8484, S. 119 f.
474 Pschorr, JuS 2021, 937; Schäfer, NVwZ 2022, 360. Krit. zu den vom Gesetzgeber verwendeten Begrifflichkeiten Nachbaur, VBlBW 2018, 97, 99. Er verweist darauf, dass die Videoaufzeichnung keine „Erhebung" von Daten, sondern eine Speicherung ist. Mit der Einführung des Begriffs der „Datenverarbeitung" als Oberbegriff des Datenschutzrechts durch das Unionsrecht (→ Rn 73) dürfte sich diese Differenzierung erledigt haben.
475 Söllner, in: Pewestorf/Söllner/Tölle, Polizei- und Ordnungsrecht, § 24c Rn 1. Vgl. zur Bodycam im Einzelnen Schenke, VerwArch 2019, 436, 437; Kipker/Gärtner, NJW 2015, 296; Ziebarth, Die Polizei 2017, 76; Schmidt, Polizeiliche Videoüberwachung, S. 33 ff. Zur Geschichte der Bodycam in Deutschland vgl. Kißling, Polizei & Wissenschaft 3/2021, 2 ff.

VI. Datenvereinbarung bei polizeilichen Einzelmaßnahmen

vor **körperlichen Übergriffen** und Gewalttaten gegen ihre Personen.[476] **Geschützt werden sollen** neben den Beamten des Polizeivollzugsdiensts aber **auch Dritte**, die sich im unmittelbaren Nahbereich einer polizeilichen Maßnahme aufhalten und der Gefahr körperlicher Angriffe durch potenzielle Störer ausgesetzt sein könnten.[477] Auslöser ist die starke Zunahme von Gewalttaten gegen Polizeivollzugsbeamte und andere öffentliche Rettungs- und Sicherheitskräfte in den vergangenen Jahren.[478] Vgl. zur **Wirksamkeit** der Bodycams Merdian, Die Polizei 2022, 74, 76 f.

Die **Akzeptanz von Bodycams** ist in der Bevölkerung und bei betroffenen Personen insgesamt gut. Nach einer **Studie** findet sogar die Mehrheit der von einer Überwachungsmaßnahme via Bodycam betroffenen Personen den Einsatz der Bodycam eher gut.[479] Der Einsatz von Bodycams wird zudem befürwortet, um die Tätigkeit der Polizei zu überwachen und auf diese Weise die Bürger vor Willkür der Polizei zu schützen.[480] Es gibt aber auch eine **kritische Diskussion** über den Einsatz der Bodycams im Hinblick auf weitere Einschränkungen des Datenschutzes der betroffenen Personen[481] und mögliche **eskalierende Wirkungen**.[482]

Unstrittig hat die **Anzahl der Angriffe und Straftaten gegen Polizeibeamte** in den vergangenen Jahren deutlich **zugenommen**. Laut dem **Sicherheitsbericht 2022** des Landes BW[483] haben im Jahr 2022 die Fallzahlen der Gewalt gegen Polizeibeamte einen erneuten Höchststand erreicht und gegenüber dem Vorjahr **um 8,7 Prozent zugenommen**.[484] In der Nacht des **20.6.2020** kam es in der Stuttgarter Innenstadt rund um den Eckensee und den Schlossplatz zu massiven gewalttätigen Übergriffen gegenüber Beamten des Polizeivollzugsdienstes („Straßenschlachten") und zu umfassenden Sachzerstörungen und Plünderungen.[485] Die Vorfälle sind als **„Stuttgarter Randale-Nacht"** bekannt. Auslöser war die drogenbezogene Polizeikontrolle eines jungen Mannes durch die Polizei. An den sich daran anschließenden Auseinandersetzungen und Übergriffen waren zwischen 400 bis 500 jüngere Personen beteiligt.

bb) Gesetzgebungskompetenz. Dem Landesgesetzgeber kam die **Gesetzgebungszuständigkeit** für den Erlass dieser Regelung zu. Die Frage ist insofern **strittig**, als Bodycams über die länger gespeicherte Videoaufzeichnung **faktisch auch repressiven strafrechtlichen Zwecken**

---

476 Vgl. LT-Drs. 17/3872, S. 8; Schenke, VerwArch 2019, 436, 446 ff.; Nachbaur, VBlBW 2018, 97; Borsdorff, in: Möllers, Wörterbuch der Polizei, S. 384; Zweifel an der Wirksamkeit von Bodycams zur Gefahrenabwehr haben Arzt, in: Lisken/Denninger, Handbuch des Polizeirechts, Kap. G Rn 1152 f.; Zaremba, LKV 2021, 193; Arzt/Schuster, DVBl 2018, 351; Köhler/Thielicke, NVwZ-Extra 13/2019, 1, 2; skeptisch ist auch Thiel, KriPoZ 2019, 301, 304.
477 LT-Drs. 16/334 S. 3; Pöltl, VBlBW 2021, 45, 51.
478 Vgl. dazu Bundeslagebild 2021 „Gewalt gegen Polizeivollzugsbeamtinnen und Polizeivollzugsbeamte" (hrsg v. BKA) v. September 2022, S. 11, LT-Drs. 17/3872, S. 2 f., sowie Hoffmann-Plesch, Kriminalistik 2021, 424 ff., u. Sitzmann, Die Polizei 2017, 211.
479 Köhler/Thielicke, NVwZ-Extra 13/2019, 1 f.; Hallenberger/Telser/Wels/Beyer, Polizei & Wissenschaft 3/2017, 28 ff. Zur Wirkung von Gewalt gegen Polizeibeamte auf deren Einsatz der Bodycam vgl. Naplava/Kersting/Reutemann, Polizei& Wissenschaft 3/2020, 24 ff.
480 So etwa Thurm, Aufnehmen, Polizei!, in: Die Zeit online vom 1.8.2019; Steinke, Wie die Polizei mit Bodycams Gewalt verhindern will, Süddeutsche Zeitung online vom 14.4.2017. Vgl. dazu auch Aden/Fährmann, Bodycams bei der Polizei – nicht nur zum Schutz von Polizistinnen und Polizisten!, in: „verfassungsblog.de" vom 2.3.2019.
481 Vgl. dazu etwa Rath, Die neuen Augen der Polizei, in: taz vom 12.10.2016; Steinke, Wie die Polizei mit Bodycams Gewalt verhindern will, Süddeutsche Zeitung online vom 14.4.2017.
482 Lehmann/Schäfer, Kriminalistik 2023, 72, 73 f. m. w. N. Zur kriminologischen Beurteilung vgl. Lehmann/Schäfer, Kriminalistik 2023, 72 ff.
483 Sicherheitsbericht „Sicherheit 2022", hrsg vom Ministerium für Inneres, Digitalisierung und Migration Baden-Württemberg, veröffentlicht am 23.3.2023.
484 Sicherheitsbericht 2022, S. 47. Ebenso (Anstieg um 8,5 %) die Polizeiliche Kriminalstatistik 2022, hrsg vom Herausgeber Bundesministerium des Innern und für Heimat, veröffentlicht am 30.3.2023, S. 46.
485 Zeit online vom 24.5.2020: „Krawalle in Stuttgart"; Die Welt online vom 23.6.2020: „Chaos-Nacht von Stuttgart; Stuttgarter Zeitung vom 25.6.2020: „Randale von Stuttgart".

dienen, da die Videoaufzeichnung in einem anschließenden Strafverfahren Grundlage der Strafverfolgung gegenüber den erfassten Personen sein kann.[486] Insofern handelt es sich – jedenfalls vielfach faktisch – um **doppelfunktionale Maßnahmen**.[487] Dies könnte für eine Gesetzgebungszuständigkeit des Bundes sprechen.[488] Es ist nicht ganz von der Hand zu weisen, dass neben dem vom Landesgesetzgeber genannten Zweck des Schutzes der Polizeibeamten und Dritter auch die Beweissicherung für evtl. Strafverfahren ein (faktisches) Einsatzziel der Bodycams ist.[489] Dieser „Nebenzweck" reicht aber verfassungsrechtlich nicht aus, die Gesetzgebungskompetent des Landes in Frage zu stellen[490], zumal der Bund bislang keinen Gebrauch von seiner Gesetzgebungszuständigkeit im Bereich der StPO gemacht hat.[491] Der Einsatz von Bodycams auf der Grundlage des § 44 Abs. 5 PolG verfolgt **vorrangig präventive Schutzzwecke** (→ Rn 250).[492] Das **BVerfG** hat überdies klargestellt, dass bei doppelfunktionalen Maßnahmen, bei denen sich ein eindeutiger Schwerpunkt weder im präventiven noch im repressiven Bereich ausmachen lässt, dem Gesetzgeber ein Entscheidungsspielraum für die Zuordnung zusteht und entsprechende Befugnisse unter Umständen sogar **sowohl auf Bundes- als auch auf Landesebene** geregelt werden können.[493]

259 **cc) Begrifflichkeit.** Der Landesgesetzgeber verwendet in § 44 Abs. 5 S. 1 PolG auch nach Inkrafttreten des PolG 2020 die Formulierung „**Daten durch Anfertigung von Bild- und Tonaufzeichnungen erheben**". Diese entspricht nicht der Systematik des EU-Datenschutzrechts der DSRL 2016/680, das nunmehr vom einheitlich Begriff der „Datenverarbeitung" ausgeht, der alle dazu notwendigen Einzelschritte umfasst (→ Rn 73). Hinzu kommt, dass eine Datenerhebung durch Videoaufzeichnung zwingend auch bereits die Speicherung der so gewonnenen Daten einschließt.[494] Gegen diese Differenzierung bestehen im Hinblick auf die Begriffsdefinition in § 12 Nr. 2 PolG aber keine durchgreifenden rechtlichen Bedenken.

260 **dd) Zuständigkeit.** Die **Zuständigkeit** für den Einsatz der Bodycams liegt schon nach dem Zweck der Regelung, aber auch nach dem klaren Wortlaut beim **Polizeivollzugsdienst**.[495]

261 **ee) Tatbestandsvoraussetzungen (§ 44 Abs. 5 Satz 1 PolG).** § 44 Abs. 5 S. 1 PolG setzt für den Einsatz der Bodycams voraus, dass diese nur bei der **Durchführung von Maßnahmen zur Gefahrenabwehr oder zur Verfolgung von Straftaten oder Ordnungswidrigkeiten** genutzt

---

486 Pschorr, JuS 2021, 937, 938 f.; Kerkemeyer, JuS 2020, 233, 237; Schenke, VerwArch 2019, 436, 440; Köhler/Thielicke, NVwZ-Extra 13/2019, 1, 3 f.
487 Schmidt, Polizeiliche Videoüberwachung, S. 108 f.; Ogorek, DÖV 2018, 688, 692 f.; *a. A.* mit beachtlichen Argumenten Schenke, VerwArch 2019, 436, 439 ff.; vgl. zu den doppelfunktionalen Maßnahmen der Polizei auch § 13 Rn 13 ff.
488 Vgl. dazu Kipker/Gärtner, NJW 2015, 296, 297; Arzt/Schuster, DVBl 2018, 351; Nachbaur, VBlBW 2018, 97, 98; Köhler/Thielicke, NVwZ-Extra 13/2019, 1, 3 f.
489 Pschorr, JuS 2021, 937, 938 f.; Kipker/Gärtner, NJW 2015, 296, 297: „doppelfunktionaler Natur" (ebenso Nachbaur, VBlBW 2018, 97, 98); Arzt/Schuster, DVBl 2018, 351; Schmidt, Polizeiliche Videoüberwachung, S. 107 bis 109; Knemeyer/Schmidt, Polizei- und Ordnungsrecht (PdW), S. 85.
490 Ebenso Schenke, Polizei- und Ordnungsrecht, Rn 203, zur Videoüberwachung mit Hinweis auf die Zuständigkeit der Länder für die Gefahrenabwehr; Merdian, Die Polizei 2002, 74, 75 f; Kerkemeyer, JuS 2020, 233, 237; Schenke, VerwArch 2019, 436, 441; Schmidt, Polizeiliche Videoüberwachung, S. 114, 123, 127; Ogorek, DÖV 2018, 688, 694; wie hier wohl auch Lachenmann, NVwZ 2017, 1424, 1426; *a. A.* Nachbaur, VBlBW 2021, 55, 60 f., für das Pre-Recording (→ Rn 276 f.).
491 In diesem Sinne BVerwG, NVwZ 2012, 757 (offene Videoüberwachung in Hamburg-St. Pauli); Ibler, in: Ennuschat/Ibler/Remmert, Öffentliches Recht BW, § 2 Rn 413; Schäfer, NVwZ 2022, 360 f.; i. E. ebenso Kipker/Gärtner, NJW 2015, 296, 297; krit. Nachbaur, VBlBW 2018, 97, 98 f.; *a. A.* Söllner, in: Pewestorf/Söllner/Tölle, Polizei- und Ordnungsrecht, § 24c Rn 5.
492 Brommer, Polizeigesetz BW, Einf. S. 18.
493 BVerfGE 150, 244, 275 f. (Rn 72); *a. A.* Pschorr, JuS 2021, 937, 938: „keine Gesetzgebungskompetenz für den Einsatz von Mitteln der Strafverfolgung".
494 So zutr. Schenke, VerwArch 2019, 436, 446.
495 Rausch, Landesrecht BW, § 3 Rn 342.

werden können. Voraussetzung ist überdies die **Abwehr einer Gefahr**. Der Gesetzgeber lässt sich nicht näher dazu aus, was eine Gefahrenabwehr im Sinne der Regelung ist.[496] Im Kontext mit § 1 Abs. 1 u. § 3 PolG ist davon auszugehen, dass **jede Gefahr für die öffentliche Sicherheit und Ordnung** erfasst wird, dies entspricht den allgemeinen Zielsetzungen des PolG.[497]

Der anlasslose Einsatz – etwa bei einer normalen Streifentätigkeit – scheidet dagegen aus.[498] Durch die **Nennung eines konkreten Einsatzszenarios und eines Datenerhebungszwecks im Gesetz** wird klargestellt, dass es sich um **keine anlasslose Maßnahme** handeln kann. Der Einsatzzweck ist umschrieben mit der Durchführung von Maßnahmen zur Gefahrenabwehr oder zur Verfolgung von Straftaten oder Ordnungswidrigkeiten; als Datenerhebungszweck wird zumindest die Abwehr einer Gefahr verlangt. Ein normaler Streifendienst oder eine normale Streifenfahrt reichen somit für die Datenerhebung nicht aus.[499]

ff) Ermessen der Polizei. Die Entscheidung über den Einsatz einer Bodycam ist in das **Ermessen** der Polizei gestellt. Es besteht mithin **keine Pflicht zum Einsatz** der Bodycams. Sollte eine bevorstehende Einsatzlage indes die konkrete Gefahr der Körperverletzung zulasten von Polizeivollzugsbeamten oder Dritten mit sich bringen, kann eine **Ermessenreduzierung auf Null** vorliegen[500], die einen Einsatz der Bodycam zum Schutz der eingesetzten Polizeivollzugsbeamten oder bedrohter Dritter bedingt. Dem liegt der Gedanke zugrunde, dass nunmehr mit § 44 Abs. 5 PolG die Möglichkeit des Einsatzes von Bodycams besteht, der dem Schutz der Polizeivollzugsbeamten oder Dritter dient. Damit muss die Einsatzführung den Einsatz von Bodycams aus Fürsorgegesichtspunkten oder aus Schutzgründen ggf. auch zwingend vorsehen.

gg) Einschränkungen für Einsatz von Bodycams in Wohnungen (§ 44 Abs. 5 S. 2). Mit der Neufassung des § 44 Abs. 5 S. 1 PolG durch das PolG 2020 sind **Bodycams grundsätzlich örtlich uneingeschränkt einsetzbar**. Die zuvor bestehende Beschränkung auf „öffentlich zugängliche Orte" ist entfallen (→ Rn 226, 250). Damit ist auch der Einsatz der Bodycams in Arbeits-, Betriebs- und Geschäftsräumen und in Wohnungen grundsätzlich möglich. Der Landesgesetzgeber begründet dies mit Erfahrungen während der Erprobungsphase der Bodycam, in der sich gezeigt habe, dass die Beschränkung des Anwendungsbereichs auf öffentlich zugängliche Orte zu eng gefasst sei. Die frühere Rechtslage habe an dieser Stelle eine räumlich strikte Trennung enthalten, die den Gegebenheiten in der Realität nicht immer gerecht geworden sei. Die deeskalierende Wirkung einer Bodycam habe bislang nicht umfassend ausgeschöpft werden können.[501] In einer Evaluation zum Einsatz der Bodycams habe ich sich gezeigt, dass rund **30 Prozent aller Angriffe** auf Polizistinnen und Polizisten **in Betriebsräumen und Wohnungen** stattfänden.[502] Hinzu kommt, dass der Landesgesetzgeber einen **Hauptanwendungsbereich** der Bodycams in Wohnungen in **Fällen der häuslichen Gewalt** sieht.[503]

Mit Satz 2 des § 44 Abs. 5 PolG wird als besondere tatbestandliche Voraussetzung für den **Einsatz von Bodycams in Wohnungen** bestimmt, dass die Anfertigung von Bild- und Tonaufzeichnungen mittels Bodycam **nur zur Abwehr einer dringenden Gefahr für Leib oder Leben einer Person** zulässig ist. Mit dieser Beschränkung soll den Vorgaben von Art. 13 Abs. 7 GG Rechnung getragen werden (→ Rn 268). Eine **dringende Gefahr** i. S. d. § 44 Abs. 5 S. 2 PolG ist nur gegeben, wenn der **baldige Eintritt eines Schadens an einem der geschützten Rechtsgüter (Leib oder

---
[496] Krit. dazu Nachbaur, VBlBW 2018, 97, 99.
[497] I. E. ebenso Ziebarth, Die Polizei 2017, 76, 79.
[498] Krit. dazu Zaremba, LKV 2021, 193, 195.
[499] LT-Drs. 16/588, S. 6.
[500] Ziebarth, Die Polizei 2017, 76, 80.
[501] LT-Drs. 16/8484, S. 119.
[502] LT-Plenarprot. 16/126, S. 7790, 7793.
[503] LT-Drs. 16/8484, S. 231; LT-Plenarprot. 16/126, S. 7790, 7792.

Leben) droht, falls nicht bald eingeschritten wird (→ § 4 Rn 33).[504] Es muss also ein **ernsthafter Schaden** von Leib oder Leben einer betroffenen Person drohen. Die **Ehre** wird durch § 44 Abs. 1 S. 2 PolG nicht geschützt.[505]

Die Beurteilung dieser Frage obliegt den am Einsatz beteiligten Beamten des Polizeivollzugsdienstes. Sie erfolgt durch eine auf Tatsachen beruhende prognostische Einschätzung.[506] Die notwendige Entscheidung wird vielfach sehr schnell zu treffen sein. **Im Zweifel** hat der **Schutz der bedrohten Rechtsgüter** Leib und Leben wegen des besonderen Gewichts dieser Rechtsgüter **Vorrang.** Damit kann eine Bodycam zum Einsatz kommen, wenn entweder eine dringende Gefahr für eine in der Wohnung befindliche Person vorliegt, oder wenn den Beamten des Polizeivollzugsdienstes eine solche dringende Gefahr droht.

Beispiel: Von einem Störer, der **mit Handschließen gefesselt und am Boden abgelegt** ist, geht keine Gefahr i. S. d. § 44 Abs. 5 S. 2 PolG aus (AG Reutlingen, ZD 2021, 654 [Rn 5]).

265 Zu dem von § 44 Abs. 5 PolG **erfassten und zu schützenden Personenkreis** gehören schon wegen des Regelungszwecks nicht nur alle außenstehenden Personen, sondern vor allem die im Einsatz befindlichen Beamten des Polizeivollzugsdienstes. Dies folgt aus § 44 Abs. 5 S. 2, Abs. 8 S. 1, 2 PolG, wo die Begriffe „einer Person" (Abs. 5) und „oder anderer Personen" (Abs. 8) verwendet werden. Oftmals werden sich beide Schutzrichtungen überschneiden.

Beispiele:
- Die Polizeibeamten werden durch einen Notruf zu einem Fall häuslicher Gewalt gerufen, bei dem eine Frau durch ihren Ehemann schwer körperlich misshandelt worden sein soll.
- Der Polizeivollzugsdienst befindet sich im Einsatz bei einem behördenbekannten Angehörigen der Reichsbürgerbewegung, bei dem eine auf ihn registrierte Schusswaffe beschlagnahmt werden soll.
- Die Polizei soll mit Durchsuchungsbeschluss die Wohnung eines bekannten Gewalttäters der rechten Szene betreten.

266 **hh) Einsatz von Bodycams in Arbeits-, Betriebs- und Geschäftsräumen (§ 44 Abs. 5 S. 3).** § 44 Abs. 5 S. 3 PolG bestimmt, dass die Einschränkung des Satzes 2 nicht für Arbeits-, Betriebs- oder Geschäftsräume gilt. Damit gilt für die Nutzung von Bodycams in Arbeits-, Betriebs- oder Geschäftsräumen die allgemeine Regelung des § 44 Abs. 5 S. 1 PolG: Der Polizeivollzugsdienst kann Bodycams bei der Durchführung von Maßnahmen zur Gefahrenabwehr oder zur Verfolgung von Straftaten oder Ordnungswidrigkeiten zur Abwehr einer Gefahr einsetzen (→ Rn 256).

Der Landesgesetzgeber nimmt bei den Arbeits-, Betriebs- oder Geschäftsräumen bewusst eine **Differenzierung** gegenüber den Wohnräumen vor. Er bezieht sich dabei auf die Rechtsprechung des BVerfG (→ Rn 266 f.) und hält es für vertretbar, dass für diese Räume die in § 44 Abs. 5 S. 1 PolG vorgesehene Gefahr für die öffentliche Sicherheit und Ordnung für den Einsatz von Bodycams ausreicht.

In der Praxis befinden sich Arbeits-, Betriebs- oder Geschäftsräume immer wieder **in der privaten Wohnung oder sind mit dieser untrennbar verbunden.** Gerade bei kleinen oder inhabergeführten Betrieben und Büros sowie bei Selbstständigen und Freiberuflern kommt dies regelmäßig vor. In diesen Fällen gelten für Räumlichkeiten insgesamt die Einschränkungen des § 44 Abs. 5 S. 2 PolG. Büro- und Arbeitsräume, die durch ihre Zuordnung zu den Wohnräumen privaten Charakter haben („häusliches Arbeitszimmer"), unterliegen dem uneingeschränkten Schutz des Art. 13 Abs. 1 GG (→ Rn 264 ff.).[507]

---

504 Käß, BayVBl 2008, 225, 228 f.; Nachbaur, VBlBW 2021, 55, 63, geht zu Recht von einer Begrenzung auf die beiden Rechtsgüter „Leib oder Leben" aus.
505 AG Reutlingen, ZD 2021, 654 (Rn 6).
506 Nachbaur, VBlBW 2021, 55, 63; AG Reutlingen, ZD 2021, 654, 655 (Rn 19).
507 Ebenso Brommer, Polizeigesetz BW, Einf. S. 19.

VI. Datenvereinbarung bei polizeilichen Einzelmaßnahmen

ii) Einwilligung der betroffenen Person. Bei der Nutzung von Bodycams durch den Polizeivollzugsdienst – vor allem in Arbeits-, Betriebs- und Geschäftsräumen oder in Wohnungen – könnte sich die Frage der wirksamen Einwilligung in die Datenverarbeitung stellen. 267

Beispiel: Die Polizei fragt den Wohnungsinhaber vor Betreten der Wohnung, ob sie die Bodycam zwecks Videoaufzeichnung in der Wohnung nutzen kann. Der Wohnungsinhaber bejaht diese Frage.

In den Fällen des § 44 Abs. 5 PolG ist eine **wirksame Einwilligung** der betroffenen Personen in die Datenverarbeitung durch eine Bodycam **ausgeschlossen**.[508] Vor allem kann eine solche Einwilligung allein nicht zu einer zulässigen weiteren Datenverarbeitung durch den Polizeivollzugsdienst führen. Seit Inkrafttreten des PolG 2020 und der Umsetzung der datenschutzrechtlichen Bestimmungen der DSRL 2016/680 ist eine wirksame Einwilligung der betroffenen Person bei allen repressiven Maßnahmen der Polizei ausgeschlossen (→ Rn 181 f.).[509] Dies gilt auch für den Einsatz von Bodycams bei Polizeieinsätzen, denn es handelt sich hierbei ohne Zweifel um eine hoheitlich-repressive Sicherungsmaßnahme der Polizei gegenüber anderen Personen.

jj) Einsatz der Bodycams in der polizeilichen Praxis. In der Praxis gilt seit Inkrafttreten des PolG 2020: Der Polizeivollzugsdienst kann die Bodycams immer zum Einsatz bringen, wenn er im Bereich der Gefahrenabwehr oder der Verfolgung von Ordnungswidrigkeiten und Straftaten tätig ist, wenn damit eine Gefahr verbunden ist, was regelmäßig der Fall sein dürfte. Der Einsatz der Bodycams scheidet aber immer aus, wenn der Einsatz für die Beamten des Polizeivollzugsdienstes oder für Dritte nicht mit einer Gefahr verbunden ist. 268

Beispiel: Die Beamten des Polizeivollzugsdienstes befinden sich in einem Einsatz wegen einer einfachen Ruhestörung im privaten Bereich aus einer Wohnung heraus (Party). Hier gibt es offensichtlich keine Notwendigkeit für den Einsatz der Bodycam.

Immer wenn das **Betreten einer Wohnung** ansteht, gelten für den Einsatz der Bodycam erweiterte Voraussetzungen: Ihr Einsatz kommt nur in Betracht, wenn eine dringende Gefahr für Leib oder Leben einer Person vorliegt. Hieran sind **grundlegend strenge Anforderungen** zu stellen, da die Wohnung durch Art. 13 GG einen strengen verfassungsrechtlichen Schutz genießt. Bestehen im konkreten Einzelfall aber **Zweifel**, geht der Schutz von Leib und Leben als besonders hochwertige Schutzgüter vor.

Beispiel: Die Polizei befindet sich aufgrund eines Notrufs in einem Einsatz wegen häuslicher Gewalt vor der betroffenen Wohnung. Aufgrund der ihr vorliegenden Informationen ist sie nicht sicher, ob von dem verdächtigten Ehemann weiterhin akute Gefahren für Leib oder Leben der Ehefrau oder der im Einsatz befindlichen Beamten des Polizeivollzugsdienstes ausgehen. In diesem Fall ist der Einsatz der Bodycams angezeigt und zulässig, da eine ernsthafte Bedrohung von Leib oder Leben beteiligter Personen in Betracht kommt.

Befinden sich Arbeits-, Betriebs- oder Geschäftsräume in der privaten Wohnung oder sind diese untrennbar mit dieser verbunden, gelten **insgesamt** die Einschränkungen des § 44 Abs. 5 S. 2 PolG.

kk) Verfassungsrecht. (1) Betroffene Grundrechte. Der Einsatz von Bodycams greift stets in Grundrechte der betroffenen Personen ein. Betroffen sind vor allem das **Recht auf informationelle Selbstbestimmung** gem. Art. 2 Abs. 1 i. V. m. Art. 1 Abs. 1 GG (→ Rn 228) sowie bei Einsatz der Bodycams in Arbeits-, Betriebs- und Geschäftsräume und vor allem in Wohnungen die **Unverletzlichkeit der Wohnung** gem. Art. 13 GG.[510] 269

---

508 Wie hier AG Reutlingen, ZD 2021, 654, 655 (Rn 28); *a. A.* Schenke, VerwArch 2019, 436, 456, der eine Einwilligung aus verfassungsrechtlichen Gesichtspunkten (Art. 13 GG) für zulässig erachtet.
509 So auch Erwägungsgrund 35 der DSRL 2016/680, EU ABl. L 119, S. 94. Vgl. dazu auch Johannes/Weinhold, Neues Datenschutzrecht, § 1 Rn 154 ff.
510 Ruthig, in: Schenke/Graulich/Ruthig, Sicherheitsrecht, § 27 a BPolG Rn 3 f.; Lehmann/Schäfer, Kriminalistik 2023, 72, 74; Merdian, Die Polizei 2022, 74, 78; Schenke, VerwArch 2019, 436, 441 f., 456; Nachbaur, VBlBW 2021, 55, 61; Köhler/Thielicke, NVwZ-Extra 13/2019, 1, 5 ff.

Bei der Vereinbarkeit von § 44 Abs. 5 S. 2 PolG mit Art. 13 GG ist richtigerweise davon auszugehen, dass **Art. 13 Abs. 5 GG** nicht zur Anwendung kommt, da der Einsatz der Bodycams nicht nur dem Schutz der im Einsatz befindlichen Beamten des Polizeivollzugsdienstes, sondern auch Dritter dient.[511] Dies folgt aus dem Wortlaut der Regelung („einer Person") in § 44 Abs. 5 S. 2 PolG (→ Rn 258 ff.). Nach Sinn und Zweck der Regelungen zum Einsatz von Bodycams fallen die entsprechenden Datenverarbeitung auch nicht in den Anwendungsbereich des **Art. 13 Abs. 4 GG**, der alle Eingriffe dieser Art („technische Mittel zur Überwachung von Wohnungen") unter Richtervorbehalt stellt.[512] Die Bodycams werden nicht zur Wohnraumüberwachung, sondern zum Schutz der Polizeibeamten und ggf. auch Dritter eingesetzt. Die Wohnraumüberwachung ist kein originäres Ziel dieser polizeilichen Maßnahme. Richtigerweise muss sich der Einsatz von Bodycams in Arbeits-, Betriebs- und Geschäftsräumen und insbesondere auch in Wohnungen daher an den verfassungsrechtlichen Maßstäben des **Art. 13 Abs. 7 GG** messen lassen.[513] Gem. Art. 13 Abs. 7 Alt. 2 GG sind Eingriffe und Beschränkungen aufgrund eines Gesetzes auch **zur Verhütung dringender Gefahren für die öffentliche Sicherheit und Ordnung** zulässig. Dafür reicht ein **qualifizierter Gefahrverdacht** aus.[514]

270 **(2) Einsatz von Bodycams im öffentlichen Raum.** Im Zusammenspiel des § 44 Abs. 5 PolG mit den Absätzen 6 bis 8, 10, 11 wird für den Einsatz von Bodycams **im öffentlichen Raum** eine Gesamtregelung erreicht, die letztlich **verfassungsrechtlich unbedenklich** erscheint.[515] Ohne Zweifel stellt die Nutzung von Bodycams einen deutlichen **Eingriff in das Recht auf informationelle Selbstbestimmung** dar.[516] Die im Jahr 2016 in Kraft getretene Fassung des § 44 Abs. 5 S. 1 PolG (§ 22 Abs. 5 S. 1 PolG 1992: Einsatz der Bodycams „an öffentlich zugänglichen Orten") wurde auf Initiative von Abgeordneten der Regierungsparteien durch den Ausschuss für Inneres, Digitalisierung und Migration in das Gesetzgebungsverfahren eingebracht[517], um den grundlegenden verfassungsrechtlichen Bedenken zum Datenschutz Rechnung zu tragen. Grundsätzlich werden die durch die Bodycams erhobenen Daten spurenlos, anonym und ohne die Möglichkeit, einen Personenbezug herzustellen, ausgesondert. Für eine weitere Verarbeitung stehen die Daten erst und nur zur Verfügung, wenn dies zur Abwehr einer Gefahr für Leib oder Leben erforderlich ist. Vor diesem Hintergrund erscheint die Maßnahme auch **angemessen und verhältnismäßig**, um das legitime Ziel des Schutzes der körperlichen Unversehrtheit zu erreichen.[518] Durch die zwingende Prämisse einer Gefahr für Leib oder Leben für Aufzeich-

---

511 Thiel, Polizei- und Ordnungsrecht, § 10 Rn 55, Ibler, in: Ennuschat/Ibler/Remmert, Öffentliches Recht BW, § 2 Rn 414, Schenke, VerwArch 2019, 436, 457, Lehmann/Schäfer, Kriminalistik 2023, 72, 75, Merdian, Die Polizei 2022, 74, 7 u.; Zaremba, LKV 2021, 193, 196; a. A. Schütz, NVwZ 2022, 360, 362, u. Nachbaur, VBlBW 2021, 55, 62; *diff.* Löffelmann, in: Dietrich/Fahrner/Gazeas/von Heintschel-Heinegg, Handbuch Sicherheits- und Staatsschutzrecht, § 25 Rn 74.
512 Ausführlich dazu Schenke, VerwArch 2019, 436, 457 bis 466; Merdian, Die Polizei 2022, 74, 79; Köhler/Thielicke, NVwZ-Extra 13/2019, 1, 7; i. E. ebenso Zaremba, LKV 2021, 193, 196; a. A. Löffelmann, in: Dietrich/Fahrner/Gazeas/von Heintschel-Heinegg, Handbuch Sicherheits- und Staatsschutzrecht, § 25 Rn 74, Thiel, Polizei- und Ordnungsrecht, § 10 Rn 55, Schütz, NVwZ 2022, 360, 362, Lehmann/Schäfer, Kriminalistik 2023, 72, 74 f., u. Nachbaur, VBlBW 2021, 55, 62.
513 Jarass, in: Jarass/Pieroth, Grundgesetz, Art. 13 GG Rn 34; Merdian, Die Polizei 2022, 74, 79; a. A. Löffelmann, in: Dietrich/Fahrner/Gazeas/von Heintschel-Heinegg, Handbuch Sicherheits- und Staatsschutzrecht, § 25 Rn 74.
514 Schenke, VerwArch 2019, 436, 466.
515 I. E. ebenso Köhler/Thielicke, NVwZ-Extra 13/2019, 1, 6, u. Wysk, VerwArch 2018, 141, 149; überwiegend auch Schenke, VerwArch 2019, 436, 441 ff., u. Polizei- und Ordnungsrecht, Rn 208 (Ausnahme: Pre-Recording); vgl. auch Sckerl, LT-Plenarprot. 16/127, S. 7852: „besonders hohe Voraussetzungen"; krit. zur Regelung in § 15 c PolG NRW Arzt/Schuster, DVBl 2018, 351 ff.
516 Borsdorff, in: Möllers, Wörterbuch der Polizei, S. 384; Kerkemeyer, JuS 2020, 233, 238; Schenke, VerwArch 2019, 436, 441 f.; vgl. dazu eingehend auch Schmidt, Polizeiliche Videoüberwachung, S. 128 ff., 144 ff.
517 LT-Drs 16/588, S. 2 ff.
518 So zutr. LT-Drs. 16/588, S. 7, mit weiteren Ausführungen zur Verhältnismäßigkeit.

nungen über die Dauer von 60 Sekunden hinaus wird gewährleistet, dass der Eingriff in die informationelle Selbstbestimmung in jedem Fall so gering wie möglich ausfällt.

(3) Einsatz von Bodycams in Arbeits-, Betriebs- und Geschäftsräumen. Durch das **PolG 2020** wurde die Einsatzmöglichkeit der Bodycams auf den Bereich von Arbeits-, Betriebs- und Geschäftsräumen und von Wohnungen erweitert. Hier stellen sich **besondere verfassungsrechtliche Anforderungen**. Dies hat der Landesgesetzgeber auch erkannt. Zur Begründung hat er hierzu ausgeführt: „Die neue Regelung berücksichtigt in besonderem Maße die Vorgaben des Artikels 13 des Grundgesetzes (GG). Beim Einsatz einer Bodycam in Arbeits-, Betriebs- und Geschäftsräumen und insbesondere auch in Wohnungen kann nicht ausgeschlossen werden, dass dies mit einem Eingriff in den Schutzbereich des Artikels 13 GG verbunden ist. Die erweiterte Regelung trägt den verfassungsrechtlichen Anforderungen Rechnung...... Mit der Beschränkung auf dringende Gefahren wird den Vorgaben des Art. 13 Abs. 7 GG bei der hier vorgesehenen Aufzeichnung personenbezogener Daten Rechnung getragen."[519]

271

Soweit für **Arbeits-, Betriebs- und Geschäftsräume** keine besonderen Einschränkungen für den Einsatz von Bodycams gelten, dürfte dies **verfassungsrechtlich noch vertretbar** sein. Zwar unterliegen auch Arbeits-, Betriebs- oder Geschäftsräume dem Schutz des Art. 13 GG.[520] Nach der Rechtsprechung des BVerfG gelten hier aber Einschränkungen: „Die Weite des Wohnungsbegriffs in Art. 13 Abs. 1 GG hat zur Folge, dass an die Zulässigkeit von Eingriffen und Beschränkungen im Sinn des Art. 13 Abs. 3 GG je nach der Nähe der Örtlichkeiten zur räumlichen Privatsphäre unterschiedlich hohe Anforderungen gestellt werden. Während bei Räumen, in denen sich das Privatleben im engeren Sinn abspielt, das Schutzbedürfnis am größten ist und der Schutzzweck des Grundrechts daher in vollem Umfang durchgreift, wird **das Schutzbedürfnis bei reinen Betriebs-, Geschäfts- oder Arbeitsräumen durch den Zweck gemindert**, den sie nach dem Willen des Inhabers besitzen. Je größer ihre Offenheit nach außen ist und je mehr sie zur Aufnahme sozialer Kontakte für Dritte bestimmt sind, desto schwächer wird der grundrechtliche Schutz. Nach diesen Grundsätzen verstoßen Rechte zum Betreten von Betriebsräumen dann nicht gegen Art. 13 Abs. 1 GG, wenn eine **besondere gesetzliche Vorschrift zum Betreten ermächtigt**, das Betreten einem **erlaubten Zweck** dient und für dessen Erreichung **erforderlich** ist, das Gesetz Zweck, Gegenstand und Umfang des Betretens erkennen lässt und das Betreten auf Zeiten beschränkt wird, in denen die Räume normalerweise für die betriebliche Nutzung zur Verfügung stehen."[521] Diesen Anforderungen genügen die in § 44 Abs. 5 S. 1, 3 PolG enthaltenen Voraussetzungen für den Einsatz von Bodycams durch den Polizeivollzugsdienst.[522] Der Eingriffstatbestand ist hinreichend bestimmt formuliert und das zwingende Vorliegen einer Gefahr i. S. d. Polizeirechts genügt dem notwendigen Schutz der Arbeits-, Betriebs- und Geschäftsräume, der durch Art. 13 Abs. 1 GG gewährleistet wird.[523] § 44 Abs. 10 PolG stellt durch die dort enthaltenen Einschränkungen der weiteren Datenverarbeitung zudem einen weitergehenden Schutz der betroffenen Personen vor unzulässigen Eingriffen in die tangierten Grundrechte sicher.

272

(4) Einsatz von Bodycams in Wohnungen. Soweit der Einsatz von **Bodycams in Wohnungen** erlaubt ist, stellen die strengen Anforderungen in § 44 Abs. 5 S. 2, Abs. 6, 7, 8 S. 2, Abs. 10, 11 PolG einen **ausreichenden verfassungsrechtlichen Schutz** sicher, wie er durch Art. 13 GG gefordert

273

---
519 LT-Drs. 16/8484, S. 120, vgl. dort auch S. 142.
520 Vgl. BVerfGE 97, 228, 265; Jarass, in: Jarass/Pieroth, Grundgesetz, Art. 13 GG Rn 5; Schenke, VerwArch 2019, 436, 460; Nachbaur, VBlBW, 2021, 55, 64.
521 BVerfGE 97, 228, 266; vgl. dazu auch Jarass, in: Jarass/Pieroth, Grundgesetz, Art. 13 GG Rn 38; Brommer, Polizeigesetz BW, Einf. S. 19; Köhler/Thielicke, NVwZ-Extra 13/2019, 1, 6.
522 I. E. ebenso Ruthig, in: Schenke/Graulich/Ruthig, Sicherheitsrecht, § 27 a BPolG Rn 4; a. A. Nachbaur, VBlBW 2021, 55, 64f.
523 A. A. Schenke, VerwArch 2019, 436, 454f.

wird.[524] Für einen Einsatz von Bodycams in Wohnungen muss zwingend eine **dringende Gefahr für Leib und Leben einer Person** vorliegen. Dies genügt den Anforderungen des **Art. 13 Abs. 7 GG**, der die „Verhütung dringender Gefahren für die öffentliche Sicherheit und Ordnung" für eine zulässige Einschränkung des besonderen Schutzes der Wohnung verlangt.[525] Die weitere Verarbeitung von in einer Wohnung durch Bodycams gewonnenen Bild- und Tonaufnahmen bedarf gem. § 44 Abs. 6 S. 1 PolG zwingend der richterlichen Zustimmung, wie es auch **Art. 13 Abs. 5 GG** für die dort erfassten Fallgruppen vorsieht.[526] Entsprechend den Vorgaben des BVerfG[527] wird durch § 44 Abs. 7 PolG eine Datenverarbeitung mittels Bodycams zwingend untersagt, wenn der Kernbereich privater Lebensgestaltung betroffen ist. Gem. § 44 Abs. 8 S. 2 PolG ist eine über 60 Sekunden hinausgehende Speicherung entsprechend Art. 13 Abs. 7 GG nur bei Vorliegen einer dringenden Gefahr für Leib oder Leben einer Person zulässig; dies gilt gem. § 44 Abs. 10, 11 PolG auch für jede längere Datenspeicherung. Insgesamt wird damit **ein dem Art. 13 GG genügender Schutzstandard** erreicht.[528] Bedenken bestehen nur dahingehend, dass dieser besondere Schutz der Wohnung in der polizeilichen Praxis auch erreicht werden muss. Dies wird nur mit geeigneten dienstlichen Anweisungen, einer Systematisierung der Abläufe und einer regelmäßigen Überwachung gelingen (vgl. dazu auch die Auffassung des Landesdatenschutzbeauftragten in Rn 275).

274 **(5) Verfassungsrechtliche Gesamtbewertung.** Insgesamt erscheint der Einsatz der Bodycams auf der Grundlage des § 44 Abs. 5 bis 8,10, 11 PolG zum Zweck des Schutzes der Polizeivollzugsbeamten und Dritter vor Übergriffen als **geeignet, erforderlich und angemessen**.[529] Auch in Bezug auf die **Bestimmtheit** der Regelung bestehen keine durchgreifenden verfassungsrechtlichen Bedenken.[530]

275 **(6) Überprüfung Landesbeauftragter für den Datenschutz.** Der **Landesbeauftragte für Datenschutz** und Informationsfreiheit Baden-Württemberg hat in seinem **Tätigkeitsbericht 2019** festgestellt, dass aus seiner Sicht „die technischen und organisatorischen Maßnahmen keinen Anlass zur Kritik geben".[531] Allerdings stellte der Landesbeauftragte für Datenschutz und Informationsfreiheit bei drei Besuchen von Polizeirevieren bei **konkreten Prüfungen von Aufnahmen durch Bodycams** fest, dass die Vorgaben des § 44 PolG für deren Einsatz nicht eingehalten wurden. Vor allem war die zwingende Vorgabe einer Gefahrenabwehr nicht erfüllt.[532]

276 **ll) Zulässigkeit des Pre-Recordings.** Der Gesetzgeber hat die Nutzung der Bodycam in BW so ausgestaltet, dass ein sog. **Pre-Recording** möglich ist. Die Pre-Recording-Funktion soll eine möglichst umfassende Dokumentation auch der unmittelbaren Vorgeschichte einer konkreten Konfliktsituation gewährleisten. Außerdem soll sie die Gefahr von Fehlaufnahmen vermindern, da die Polizeibeamten mehr Zeit für die Einschätzung haben, ob sich eine gefährliche Lage tatsächlich in der erwarteten Weise entwickelt.[533]

---

524 A. A. Schütz, NVwZ 2022, 360, 362 ff.
525 A. A. Merdian, Die Polizei 2022, 74, 79.
526 Brommer, Polizeigesetz BW, Einf. S. 19; Eher krit. dazu Thiel, KriPoZ 2019, 301, 304. Zur nicht zutreffenden Anwendung von Art. 13 Abs. 4 GG vgl. LT-Drs. 16/8484, S. 231.
527 BVerfG, NJW 2004, 999,1004.
528 Ebenso Ibler, in: Ennuschat/Ibler/Remmert, Öffentliches Recht BW, § 2 Rn 414, u. Brommer, Polizeigesetz BW, Einf. S. 19.
529 Vgl. dazu im Einzelnen auch Schenke, VerwArch 2019, 436, 441 ff.; Kipker/Gärtner, NJW 2015, 296, 298 ff.; Schmidt, Polizeiliche Videoüberwachung, S. 240 ff., 360 f.
530 Schenke, VerwArch 2019, 436, 441 ff., 446.
531 35. Tätigkeitsbericht Datenschutz 2019 des Landesbeauftragten für Datenschutz und Informationsfreiheit Baden-Württemberg, S. 17.
532 35. Tätigkeitsbericht Datenschutz 2019 des Landesbeauftragten für Datenschutz und Informations-freiheit Baden-Württemberg, S. 18 f.
533 LT-Drs. 16/334, S. 4 f.

In der **Praxis** erfolgt das Pre-Recording dadurch, dass die Bild- und Tonsequenzen auf einem **flüchtigen Speichermedium mit begrenzter Speicherkapazität** abgelegt werden, das grundsätzlich permanent überschrieben bzw. bei Abschaltung des Geräts gelöscht wird und auf das kein isolierter Zugriff möglich ist. Nur im Fall der aktiven Betätigung der Aufnahmetaste wird eine bestimmte vorgelagerte Zeitspanne von bis zu 60 Sekunden der verwertbaren Aufzeichnung hinzugefügt.[534] Die Bodycam ist damit immer auf **Standby**, wodurch auch sichergestellt wird, dass es durch die Zeitspanne zwischen der Entscheidung des Polizeibeamten, die Aufnahme zu starten, und dem eigentlichen Aufnahmebeginn zu **keinen Aufzeichnungslücken** kommt.[535] Im PolG wird durch **§ 44 Abs. 11 PolG** sichergestellt, dass die Aufnahmen spätestens nach 60 Sekunden automatisch gelöscht werden (→ Rn 286 f.). Die automatisierte Löschung der Pre-Recording-Aufnahmen stellt auch sicher, dass die Eingriffe in das Recht auf informationelle Selbstbestimmung der betroffenen Personen minimiert werden.[536]

Die Möglichkeit des Pre-Recording wird in der rechtswissenschaftlichen Literatur **teilweise kritisch** gesehen, weil sie eine zunächst „anlasslose" Aufnahme ermöglichen soll.[537] Dem Grundgedanken dieser Kritik ist durchaus zu folgen, wegen der klar formulierten Tatbestandsvoraussetzungen des § 44 Abs. 5 PolG (→ Rn 250 ff.) greifen diese Bedenken für BW aber nicht, da das Pre-Recording nur datenschutzrechtlich wirksam ist, wenn Maßnahmen zur Gefahrenabwehr oder zur Verfolgung von Straftaten oder Ordnungswidrigkeiten zur Abwehr einer Gefahr durchgeführt werden bzw. in einer Wohnung sogar eine dringende Gefahr für Leib und Leben einer Person verlangt wird.[538] Der Gesetzgeber hat diese Regelung bewusst so ausgestaltet: „Da es für die datenschutzrechtliche Beurteilung einer Datenerhebung unerheblich ist, ob die Aufnahmen nur kurz gespeichert und sogleich wieder gelöscht werden oder aber für einen längeren Zeitraum zur Verfügung stehen, wird bereits bei Abs. 4" (Anm.: nunmehr Abs. 5) „durch die Nennung eines konkreten Einsatzszenarios und eines Datenerhebungszwecks klargestellt, dass es sich um **keine anlasslose Maßnahme** handelt."[539]

Der Gesetzgeber hat den Einsatz der Bodycam bewusst in einem **gestuften Verfahren** ausgestaltet: „Den Absätzen 4 und 5 in der hier vorliegenden Fassung liegt der Ansatz zugrunde, dass in einer ersten Stufe die Voraussetzungen der Datenerhebung in Form von Bild- und Tonaufzeichnungen geschaffen und in einer zweiten Stufe eine Regelung getroffen wird, unter welchen weiteren Voraussetzungen die so erhobenen Daten weiter verarbeitet werden können."[540] Es wird also **zwischen Datenerhebung und Datenverwendung differenziert**. Bereits für die ersten Schritt der Datenerhebung (Pre-Recording) müssen die in § 44 Abs. 5 PolG genannten Tatbestandsvoraussetzungen vorliegen. In Kombination mit der 60-sekündigen Löschungspflicht gem. § 44 Abs. 8, 10 PolG bestehen im Ergebnis **keine durchgreifenden Bedenken** gegen die Regelung.[541] Der verfassungsrechtlich gebotene Schutz des Einzelnen

---

534 LT-Drs. 16/334, S. 4; Nusser, in: Möstl/Trurnit, Polizeirecht BW, § 21 Rn 47 e; Köhler/Thielicke, NVwZ-Extra 13/2019, 1.
535 Borsdorff, in: Möllers, Wörterbuch der Polizei, S. 384; LT-Drs. 16/588, S. 6. Vgl. dazu auch eingehend die Schilderung des Verfahrens im 35. Tätigkeitsbericht Datenschutz 2019 des Landesbeauftragten für Datenschutz und Informationsfreiheit Baden-Württemberg, S. 18.
536 LT-Drs. 16/334, S. 5.
537 Löffelmann, in: Dietrich/Fahrner/Gazeas/von Heintschel-Heinegg, Handbuch Sicherheits- und Staatsschutzrecht, § 25 Rn 76; Borsdorff, in: Möllers, Wörterbuch der Polizei, S. 384; Kerkemeyer, JuS 2020, 233, 239; Zaremba, LKV 2021, 193, 200.
538 Ebenso Zaremba, LKV 2021, 193, 200, u. Knemeyer/Schmidt, Polizei- und Ordnungsrecht (PdW), S. 85 f.
539 LT-Drs. 16/588, S. 6.
540 LT-Drs. 16/588, S. 6.
541 Vgl. dazu auch LT-Drs. 16/588, S. 7.

vor Eingriffen in seine informationelle Selbstbestimmung wird auch durch das Pre-Recording gewährleistet (→ Rn 264 ff.).[542]

278 **mm) Betroffenheit Dritter (§ 44 Abs. 5 S. 4 PolG).** Die Erhebung personenbezogener Daten kann auch dann erfolgen, wenn **Dritte unvermeidbar betroffen** sind **(§ 44 Abs. 5 S. 4 PolG).** Dies erscheint insofern **verfassungsrechtlich unbedenklich,** da unbeteiligte Dritte sicher davon ausgehen können, dass die sie betreffenden Daten im Normalfall bereits nach 60 Sekunden ausnahmslos und endgültig gelöscht werden. Liegen die tatbestandlichen Voraussetzungen des § 44 Abs. 8 S. 1 PolG vor, so erscheint der datenschutzrechtliche Eingriff auch unbeteiligten Dritten gegenüber als gerechtfertigt. Der Landesgesetzgeber hat hierzu zutreffend ausgeführt: „Sofern unbeteiligte Dritte zwangsläufig mitbetroffen sind, ist zu berücksichtigen, dass der Fokus der Aufnahmen örtlich auf den Gefahrenbereich begrenzt ist und die Erfassung der Störer im Vordergrund steht. Zwar ist anzuerkennen, dass auch im Falle eines Aufenthalts im öffentlich zugänglichen Bereich Unbeteiligte ein Interesse haben, nicht – auch nicht zufällig und nur am Rande – von staatlichen Maßnahmen betroffen zu sein. Allerdings werden durch die Fokussierung auf die Gefahrensituation Passanten und deren Gespräche nur bruchstückhaft erfasst und sind nicht Gegensand einer späteren Auswertung. Schließlich ist dieses Interesse mit dem ebenfalls berechtigten Interesse an körperlicher Unversehrtheit abzuwägen. Dabei ist insbesondere zu gewichten, dass Angriffe auf Träger des staatlichen und rechtsstaatlich begründeten Gewaltmonopols geeignet sind, die Sicherheit im öffentlichen Raum insgesamt zu gefährden. Die Abwehr entsprechender Gefahren stellt daher – unabhängig davon, dass nach dem Gesetzeswortlaut der Einsatz der Bodycam auch dem Schutz von unbeteiligten Dritten zugutekommen soll – ein überragend wichtiges Allgemeininteresse dar."[543]

279 **g) Weitere Verarbeitung / Nutzungsverbot der Daten aus Wohnungen (§ 44 Abs. 6, 7 PolG). aa) Allgemeines.** Art. 13 GG stellt die **Wohnung** unter einen **besonderen verfassungsrechtlichen Schutz.** Die Wohnung ist der eigentlichen Lebens- und Rückzugsraum jedes Einzelnen und darf als besonderer Schutzraum weder vom Staat noch von anderen Personen ohne grundlegende Eingriffsberechtigung tangiert werden (→ Rn 2 ff., 8 ff.). Um den grundrechtlichen Anforderungen des Art. 13 GG gerecht zu werden, hat der Landesgesetzgeber in **§ 44 Abs. 6 und 7 PolG besondere Voraussetzung für die weitere Verarbeitung** der durch Bodycams **in Wohnungen gewonnenen Daten** vorgesehen.

280 **bb) Richtervorbehalt bei Weiterverarbeitung von Daten aus Wohnungen (§ 44 Abs. 6 PolG).** Gem. § 44 Abs. 6 S. 1 PolG bedarf die **weitere Verarbeitung einer Aufzeichnung** nach § 44 Abs. 5 S. 2 PolG sowie § 44 Abs. 8 S. 2 PolG der **richterlichen Zustimmung.**

Aus dem Verweis auf § 44 Abs. 5 S. 2 PolG und § 44 Abs. 8 S. 2 PolG wird deutlich, dass der **Richtervorbehalt für alle Arten aufgezeichneter Daten und deren Weiterverarbeitung** gilt:

- § 44 Abs. 5 S. 2 PolG ermöglicht unter den dortigen Voraussetzungen („dringende Gefahr für Leib oder Leben") die Aufzeichnung durch eine Bodycam in einer Wohnung. Diese Aufnahmen dürfen gem. § 44 Abs. 8 S. 2 PolG länger als 60 Sekunden gespeichert werden, wenn dies zum Schutz gegen eine dringende Gefahr für Leib und Leben erforderlich ist (→ Rn 278 ff.).
- **Jede weitere Verarbeitung** der so aufgezeichneten und gespeicherten Daten **bedarf der richterlichen Zustimmung.** Auch eine **erste Sichtung** der aufgezeichneten und gespeicherten Daten durch die Polizei **wird** vom Richtervorbehalt **bereits erfasst,** ebenso alle sonstigen Schritte der Datenverarbeitung. Ein Zugriff auf die gem. § 44 Abs. 5 S. 2, Abs. 8 S. 2 PolG

---

542 A. A. Schenke, VerwArch 2019, 436, 454, nur für die Nutzung des Pre-Recordings in öffentlich zugänglichen Verkaufs- und Geschäftsräumen, da hier ein Verstoß gegen Art. 13 GG vorliegen soll (Notwendigkeit einer dringenden Gefahr i. S. d. Art. 13 Abs. 7 GG).
543 LT-Drs. 16/588, S. 7.

VI. Datenvereinbarung bei polizeilichen Einzelmaßnahmen

gespeicherten Daten kann damit erst nach einer richterlichen Zustimmung erfolgen. Bis zur richterlichen Entscheidung unterliegen die gespeicherten Daten einem **absoluten Verwertungs- und Nutzungsverbot.**

- Der **zuständige Richter** muss nicht nur die Voraussetzungen für die weitere Verwendung der aufgezeichneten Daten prüfen (auf der Grundlage der datenschutzrechtlichen Bestimmungen des PolG) und die weitere Datenverarbeitung freigeben. Vielmehr ist er gehalten, auch die **tatbestandlichen Voraussetzungen der Datenaufzeichnung und der Speicherung auf der Grundlage des § 44 Abs. 5, 8 PolG** zu prüfen. Ein besonderes Datenverarbeitungsverbot enthält überdies § 44 Abs. 7 PolG. Rechtswidrig erlangte Daten dürfen durch die Polizei generell nicht weiterverwendet werden, wie unmittelbar aus **§ 75 Abs. 2 PolG** folgt; auch eine Weitergabe solcher Daten an die Strafverfolgungsbehörden scheidet aus.[544]

- Soweit Daten nach der Entscheidung des Richters weiterverwendet werden dürfen, richtet sich die **Verwendung** der Daten **zu anderen Zwecken** nach § 15 Abs. 3 PolG. Der Richtervorbehalt des § 44 Abs. 6 PolG gilt für den Fall der Zweckänderung nicht[545], dies gilt vor allem für die Weiterverarbeitung der Daten zu Zwecken der Strafverfolgung.

Für das **gerichtliche Verfahren** gelten die Verfahrensregeln des **§ 132 PolG** (→ Rn 17 ff.)[546]

§ 44 Abs. 6 S. 2 PolG stellt klar, dass der richterliche Vorbehalt nicht für die weitere Verarbeitung einer Aufzeichnung in Arbeits-, Betriebs- oder Geschäftsräumen gilt. Die Regelung entspricht insoweit § 44 Abs. 5 S. 3 PolG.

cc) Schutz des Kernbereichs privater Lebensgestaltung (§ 44 Abs. 7 PolG). § 44 Abs. 7 PolG trifft besondere Regelungen für in einer Wohnung aufgezeichnete Daten zum **Schutz des Kernbereichs privater Lebensgestaltung** (→ Rn 8 ff.).[547] Die Regelung orientiert sich an § 28 a Abs. 2 BPolG.

Stellen die Beamten des Polizeivollzugsdienstes fest, dass von der Aufzeichnung durch die Bodycam der Kernbereich privater Lebensgestaltung tangiert ist, müssen sie die **Aufnahme** nicht nur sofort stoppen, sondern gem. **§ 44 Abs. 7 S. 3 PolG** auch **sofort löschen.** Eine Fortsetzung der unterbrochenen Aufnahme ist gem. § 44 Abs. 7 S. 4 PolG nur möglich, wenn sichergestellt ist, dass der Kernbereich privater Lebensgestaltung (nicht) mehr tangiert ist.

Gem. **§ 44 Abs. 7 S. 5 PolG** dürfen Erkenntnisse aus dem Kernbereich privater Lebensgestaltung **nicht verwertet** werden. Diese Regelung sichert das absolute Datenverarbeitungsverbot weiter ab. Selbst wenn entgegen der anderen Regelungen in Abs. 7 Daten aufgenommen und gespeichert werden, ist es dem Polizeivollzugsdienst verboten, diese zu verwerten.

Beispiel: Der Polizeivollzugsdienst hat bei einem Einsatz in einer Wohnung Aufzeichnungen mit der Bodycam getätigt. Wegen möglicher Hinweise auf Straftaten sichtet die Kriminalpolizei (nach richterlicher Zustimmung [→ Rn 275]) das Material auf entsprechende Hinweise. Dabei stellt sie fest, dass der Kernbereich privater Lebensgestaltung durch die Aufnahmen verletzt ist. Die Auswertung der Aufnahmen ist sofort einzustellen. Daraus gezogene Erkenntnisse können zu keinen weiteren Ermittlungen führen.

Hier kommt auch dem **Richtervorbehalt** (§ 44 Abs. 6 S. 1 PolG) eine besondere Bedeutung zu: Der zuständige Richter muss wegen des im Verfahren geltenden **Ermittlungsgrundsatzes** (§ 132

---

[544] A. A. Pschorr, JuS 2021, 937, 939 f., mit Hinweis auf die mögliche weitere Verwertung der (dann zu übermittelnden) Daten in einem Strafverfahren. Wie hier dagegen AG Reutlingen, ZD 2021, 654, 655 (Rn 7): „Die Rechtmäßigkeit der präventiv-polizeilichen Maßnahme muss richterlich festgestellt werden. Ansonsten sind jedwede Zweckumwidmung und weitere Verarbeitung nicht zulässig. Das gilt insbesondere für die Verwendung zur Strafverfolgung."
[545] A. A. Pschorr, JuS 2021, 937, 939 f.
[546] Krit. zur gerichtlichen Zuständigkeit über § 132 Abs. 2 S. 1 PolG i. V. m. dem FamFG Pschorr, JuS 2021, 937 938.
[547] Vgl. dazu auch Brommer, Polizeigesetz BW, Einf. S. 20 f.; sehr krit. Zaremba, LKV 2021, 193, 197 (keine Notwendigkeit dieser Regelung).

Abs. 2 S. 1 PolG i. V. m. § 26 FamFG [→ Rn 21]) **das vom Polizeivollzugsdienst gespeicherte Bild- und Tonmaterial sichten** und das Verwertungsverbot des § 44 Abs. 7 S. 4 PolG prüfen.

285 **h) Längere Datenspeicherung (§ 44 Abs. 8 PolG).** Gem. § 44 Abs. 8 S. 1 PolG ist eine über die Dauer von mehr als 60 Sekunden hinausgehende Speicherung der durch körpernah getragene Aufnahmegeräte erlangten Daten nur unter bestimmten, im Gesetz formulierten Voraussetzungen zulässig. Sie ist danach nur zulässig, wenn Tatsachen die Annahme rechtfertigen, dass **dies zum Schutz von Polizeibeamten oder anderen Personen gegen eine Gefahr für Leib oder Leben erforderlich** ist.[548] Für die Speicherung muss die Aufnahmetaste aktiv betätigt werden[549], erst danach findet eine über 60 Sekunden hinausgehende Speicherung statt. In diesem Fall wird das Pre-Recording (→ Rn 271 f.) in eine längere und dauerhafte Speicherung umgewandelt und zur Grundlage einer weiteren Verwendung der Aufnahmen gemacht.

286 Gem. § 44 Abs. 8 S. 2 PolG ist zudem eine über die Dauer von mehr als 60 Sekunden hinausgehende Speicherung der durch körpernah getragene Aufnahmegeräte **in Wohnungen** erlangten Daten zulässig, wenn Tatsachen die Annahme rechtfertigen, dass dies **zum Schutz von Polizeibeamten oder anderen Personen gegen eine dringende Gefahr für Leib oder Leben erforderlich** ist.[550] Mit dieser Regelung werden die verfassungsrechtlichen Vorgaben des Art. 13 Abs. 7 GG umgesetzt. Tatbestandsmerkmal „dringende Gefahr für Leib oder Leben" → Rn 259.

287 **§ 44 Abs. 8 S. 3 PolG** stellt klar, dass die für Aufnahmen in Wohnungen geltenden Einschränkungen nicht für die weitere Verarbeitung einer Aufzeichnung in Arbeits-, Betriebs- oder Geschäftsräumen gelten. Die Regelung entspricht insoweit § 44 Abs. 5 S. 3 PolG.

288 **i) Beobachtung von in Gewahrsam genommenen Personen (§ 44 Abs. 9 PolG).** Gem. § 44 Abs. 9 PolG kann der Polizeivollzugsdienst in Gewahrsam genomme Personen zu ihrem Schutz oder zum Schutz des eingesetzten Personals, das die Maßnahme durchführt, sowie zur Verhütung von Straftaten **offen** mittels Bildübertragung **beobachten**. Die Vorschrift ermächtigt nur zu einer **Bildüberübertragung**, nicht zur Übertragung des Tons und zur Aufzeichnung von Bild und Ton. Die Maßnahme ist unter Beachtung des Grundsatzes der Verhältnismäßigkeit auf das absolut Notwendige zu beschränken. So ist richtigerweise zur Wahrung der Intimsphäre ein Toilettengang nicht mittels Bildübertragung zu beobachten.[551]

289 **j) Hinweispflicht (§ 44 Abs. 10 S. 1 PolG).** Gem. § 44 Abs. 10 S. 1 PolG ist grundsätzlich auf die offene Beobachtung mittels Bildübertragung und die Bild- und Tonaufzeichnung **in geeigneter Weise hinzuweisen**. Die Regelung betrifft alle Bild- und Tonaufzeichnungen gem. § 44 Abs. 1 bis 3 PolG, die automatische Auswertung gem. § 44 Abs. 4 PolG, den Einsatz von Bodycams gem. § 44 Abs. 5 PolG und die Bildübertragung gem. § 44 Abs. 9 PolG. Der **Hinweispflicht** soll durch entsprechende Hinweistafeln[552] oder in vergleichbarer Weise nachgekommen werden. Ein Hinweis in den örtlichen Medien reicht regelmäßig nicht aus. Gleiches gilt regelmäßig für Aufkleber, die an Pfosten im Straßenraum angebracht werden.[553] Nach dem Wortlaut des Abs. 10 S. 1 ist **nicht nur auf die Beobachtung mittels Bildübertragung**, sondern auch auf die **Aufzeichnung**, und im Falle des § 44 Abs. 4 PolG auch **auf die automatische Auswertung**[554] hinzuweisen. Der Hinweis allein auf eine Videoüberwachung eines bestimmten Bereichs („Der

---

548 Krit. und als zu eng sieht diese tatbestandliche Einschränkung Ziebart, Die Polizei 2017, 76, 80, an.
549 LT-Drs. 16/588, S. 6.
550 Vgl. auch Brommer, Polizeigesetz BW, Einf. S. 21.
551 Zeitler/Trurnit, Polizeirecht BW, Rn 791.
552 NdsOVG, ZD 2021, 114.
553 NdsOVG, ZD 2021, 114.
554 Vgl. dazu auch LT-Drs. 16/2741, S. 29.

Platz ... wird videoüberwacht") genügt daher nicht den gesetzlichen Anforderungen.[555] Auch beim Einsatz von **Polizeidrohnen** (→ Rn 231) muss ein Hinweis auf den Drohneneinsatz erfolgen, was regelmäßig vor allem durch gut sicht- und lesbar angebrachte Hinweisschilder oder eindeutige Lautsprecherdurchsagen erfolgen kann, der theoretisch erkennbare Einsatz der Drohne allein reicht nicht aus.[556]

Die **Hinweispflicht** des § 44 Abs. 10 S. 1 PolG **gilt auch für Bild- und Tonaufzeichnungen mittels körpernah getragener Aufnahmegeräte** (Bodycams) auf der Grundlage des § 44 Abs. 5 PolG. Der Gesetzgeber weist darauf hin, dass der Einsatz dieser technischen Mittel offen erfolge und dass der bereits bislang geltende Grundsatz, dass auf die Aufzeichnung gegebenenfalls in geeigneter Form hinzuweisen sei, fortgelte.[557] Der offene Einsatz ist ohne Zweifel von grundlegender Bedeutung, weil nur so die **beabsichtigte deeskalierende Wirkung** erzielt werden kann. In der Praxis wird es regelmäßig darauf ankommen, aber auch ausreichen, dass für die betroffenen Personen **klar und offen erkennbar ist**, dass die im Einsatz befindlichen Polizeivollzugsbeamten Körperkameras einsetzen. Regelmäßig wird dies durch einen Hinweis auf der Kleidung der Polizeibeamten oder auf der Bodycam erfolgen (etwa: „Videoaufzeichnung", „Videoaufzeichnung per Bodycam" oder durch Verwendung eines eindeutigen Symbols).[558]

Sind die **Bodycams zudem ohne Weiteres als solche auch für unbedarfte Laien erkennbar**, dürfte den Vorgaben des § 44 Abs. 10 S. 1 PolG in der Regel genügt sein. Die Einschränkung „soweit dies **nicht offenkundig** ist" zielt auf Fälle ab, in denen eine Videokamera mobil und offen sichtbar eingesetzt wird, beispielsweise wenn Polizeibeamte in Uniform mit einer Kamera und dem Hinweis „polizeiliche Videoüberwachung" zur Beobachtung im Einsatz sind.

k) Allgemeine Löschungspflicht (§ 44 Abs. 10 S. 2 bis 4 PolG). Nach der seit dem Jahr 2008 geltenden Fassung des **§ 44 Abs. 10 S. 2 Var. 1 PolG** sind **alle Bild- und Tonaufzeichnungen grundsätzlich unverzüglich, spätestens jedoch nach 4 Wochen zu löschen.** Diese Löschungspflicht entspricht dem Grundsatz, dass Daten nur solange aufbewahrt werden dürfen, wie dies für die Wahrnehmung der polizeilichen Aufgabe erforderlich ist. Die Regelung konkretisiert die allgemeine Löschungspflicht des § 75 Abs. 2 PolG.

Eine **unverzügliche** (= sofortige, d. h. ohne schuldhaftes Zögern) **Löschung** muss erfolgen, wenn die Polizei erkennt, dass die gespeicherten Bild- und Tonaufzeichnungen unter keinem erkennbaren Gesichtspunkt mehr benötigt werden. Dem Polizeivollzugsdienst obliegt dabei eine **Überprüfungspflicht**, die als **Dauerpflicht der Polizei** ausgestaltet ist, wie sich unmittelbar aus den **§§ 75 Abs. 2, 76 Abs. 1 PolG** ergibt. Durch den Begriff „unverzüglich" wird die „Angemessenheit" der Überprüfungspflicht (§ 76 Abs. 1 PolG) dahingehend konkretisiert, dass die Polizei auch innerhalb der Höchstspeicherdauer der Variante 1 des § 44 Abs. 10 S. 2 PolG von 4 Wochen regelmäßig prüfen muss, ob eine Aufnahme gelöscht werden kann. Die **Überprüfung sollte richtigerweise mindestens wöchentlich** erfolgen.

Die vom Landesgesetzgeber für alle Anwendungsfälle vorgesehene grundsätzliche Höchstspeicherdauer von 4 Wochen soll es der Polizei ermöglichen, auf nach der Erhebung und Speicherung der Daten noch aufkommende Erkenntnisse zu reagieren. Solche **nachträglichen Erkenntnisse** können sich etwa aus Strafanzeigen ergeben. Darüber hinaus ermöglicht die vierwöchige Speicherung auch die Nutzung der Daten in Gerichtsverfahren. Der Landesgesetzgeber hielt die

---

555 Krit. dazu Nusser, in: Möstl/Trurnit, Polizeirecht BW, § 21 Rn 53.1, der aber ergänzend zumindest einen Hinweis auf die „Polizeilichkeit" der Überwachungsmaßnahme verlangt.
556 VG Sigmaringen, ZD 2021, 333, 334 (Rn 64), m. Anm. Krumm, 335 f.
557 LT-Drs. 16/334, S. 4; Nusser, in: Möstl/Trurnit, Polizeirecht BW, § 21 Rn 54 a.
558 Vgl. dazu auch Borsdorff, in: Möllers, Wörterbuch der Polizei, S. 384.

4 Wochen-Frist nach den bisherigen praktischen Erfahrungen im Hinblick auf die zulässigen Auswertezwecke für ausreichend und erforderlich.[559]

292 **Ausnahmsweise** können gem. **§ 44 Abs. 10 PolG** unter den Voraussetzungen des **Satzes 2 Var. 2** die Bild- und Tonaufzeichnungen länger gespeichert werden. Die Regelung benennt die **Anwendungsbereiche abschließend**:

- Verfolgung von Straftaten oder von Ordnungswidrigkeiten von erheblicher Bedeutung (der Begriff „von erheblicher Bedeutung" ist in § 44 Abs. 10 S. 4 PolG legal definiert),
- zur Geltendmachung von öffentlich-rechtlichen Ansprüchen oder
- nach Maßgabe des § 2 Abs. 2 PolG zum **Schutz privater Rechte**, insbesondere zur Behebung einer bestehenden Beweisnot.

Eine Speicherung „auf Vorrat" ist unzulässig. Die Bestimmung enthält zudem ein **Zweckbindungsgebot**: Die Daten dürfen nur zu den in Satz 2 Var. 2 genannten Zwecken weiter verarbeitet werden.[560]

293 Gem. **§ 44 Abs. 10 S. 3 PolG** steht die **unvermeidbare Betroffenheit Dritter** der weiteren Datenverarbeitung i. S. d. Satzes 2 Var. 2 nicht entgegen.

294 **l) Besondere Löschungspflicht bei Einsatz von Bodycams (§ 44 Abs. 11 PolG).** Gem. **§ 44 Abs. 11 PolG** gilt § 44 Abs. 10 PolG mit der Maßgabe, dass die **mittels körpernah getragener Aufnahmegeräte** (§ 44 Abs. 5 PolG) erhobenen Daten **spätestens nach 60 Sekunden automatisch zu löschen** sind und jede über das Erheben hinausgehende Verarbeitung ausgeschlossen ist. Dies geschieht in der Praxis dadurch, dass die Aufnahmegeräte unter den Voraussetzungen des § 44 Abs. 5 PolG zwar Bild- und Tonaufzeichnungen anfertigen, diese Daten aber zunächst **nur auf einem flüchtigen Speichermedium mit begrenzter Speicherkapazität** abgelegt und – sofern die Aufnahmefunktion nicht aktiv eingeschaltet wird – ständig überschrieben werden. Nur im Fall der Aktivierung der Aufnahme wird die unmittelbar vorausgehende Schleife mit einer Dauer von maximal 60 Sekunden hinzugefügt.[561] Diese detaillierte Vorgabe im Gesetz wurde im Gesetzgebungsverfahren auf die Initiative von Abgeordneten der beiden Regierungsparteien durch den Ausschuss für Inneres, Digitalisierung und Migration vorgeschlagen.[562] Damit sollte schwerwiegenden datenschutzrechtlichen Bedenken gegen den Regierungsentwurf[563] begegnet werden. Die letztlich verabschiedete Fassung der Regelung lehnt sich an die Regelung des Einsatzes automatischer Kennzeichenlesesysteme (§ 51 PolG) an und soll die datenschutzrechtlichen Vorgaben umsetzen, die das BVerfG[564] aufgestellt hat.[565]

295 Eine **Ausnahme** von der Löschungspflicht nach 60 Sekunden ist nur unter den engen tatbestandlichen Voraussetzungen des § 44 Abs. 8 PolG möglich. Es müssen Tatsachen die Annahme rechtfertigen, dass die über 60 Sekunden hinausgehende Speicherung zum **Schutz von Polizeibeamten oder Dritten gegen eine Gefahr für Leib oder Leben** erforderlich ist (→ Rn 278 ff.).

296 **m) Rechtsschutz.** Mangels rechtlicher Regelung handelt es sich bei der Anordnung einer Videoüberwachung nicht um einen Verwaltungsakt, sondern um einen **Realakt** (→ § 7 Rn 1 ff.).[566] Der betroffenen Person stehen in Bezug auf die Bild- und Tonaufzeichnungen alle im Bereich des

---

559 LT-Drs. 14/3165, S. 44.
560 Stephan, in: Stephan/Deger, Polizeigesetz BW, § 21 Rn 16.
561 Vgl. dazu die ausführliche Darlegung in LT-Drs. 16/588, S. 6 f.
562 Vgl. dazu LT-Drs. 16/588, S. 2 ff.
563 LT-Drs. 16 /334, S. 2.
564 BVerfGE 120, 320, 378 ff.
565 LT-Drs. 16/588, S. 6.
566 Ibler, in: Ennuschat/Ibler/Remmert, Öffentliches Recht BW, § 2 Rn 406; Nusser, in: Möstl/Trurnit, Polizeirecht BW, § 21 Rn 59; R. Schenke, in: Schenke/Graulich/Ruthig, Sicherheitsrecht, § 26 BPolG Rn 15; Guckelberger, Allg. Verwaltungsrecht, § 23 Rn 2.

Datenschutzes vorgesehenen **Informations- und Handlungsrechte** der §§ 91 bis 93 PolG zur Verfügung. Der Polizei obliegen die Informationspflichten des § 85 PolG.

Rechtsschutz gegen die Videoüberwachung bzw. gegen einen unzulässigen Eingriff in das Recht auf informationelle Selbstbestimmung kann durch die allgemeine Leistungsklage in der Form der **Unterlassungsklage** oder durch (nachträgliche) **Feststellungsklage** erreicht werden.[567] Das Vorliegen der Klagebefugnis analog § 42 Abs. 2 VwGO ergibt sich aus dem Recht auf informationelle Selbstbestimmung.[568] Bei der Begründetheit wird es entscheidend darauf ankommen, ob die materiellrechtlichen Voraussetzungen des § 44 PolG vorliegen und ob die Polizei rechtsfehlerfrei von der gesetzlichen Ermächtigung Gebrauch gemacht hat.[569]

Die durch die Bild- und Tonaufzeichnungen betroffene Person hat zudem einen **Anspruch auf Zugang zu noch nicht gelöschten sie betreffenden Aufnahmen**.[570] Dieser Anspruch folgt unmittelbar aus Art. 19 Abs. 4 GG, soweit er nicht gesetzlich vorgesehen ist.

Für **durch eine Bodycam in Wohnungen entstandene Aufnahmen**, die von der Polizei weiterverarbeitet werden sollen, gelten beim Rechtsschutz die sich aus § 44 Abs. 6 PolG (Richtervorbehalt) ergebenden Besonderheiten (→ Rn 275 ff.).

5. Aufzeichnung eingehender Telefonanrufe (§ 45 PolG). a) Allgemeines. § 45 PolG gibt dem Polizeivollzugsdienst die **Ermächtigung zur Aufzeichnung bestimmter eingehender Telefonanrufe**, soweit dies zu seiner Aufgabenerfüllung erforderlich ist. Zwar war die Aufzeichnung bestimmter eingehender Anrufe schon vor der Vorschrift des § 45 PolG auf der Grundlage allgemeiner polizeirechtlicher oder strafprozessrechtlicher Bestimmungen beziehungsweise auf der Grundlage ausdrücklicher oder konkludenter Einwilligungen der betroffenen Personen zulässig. Mit § 45 PolG wurde aus Gründen der Rechtssicherheit nunmehr jedoch eine ausdrückliche Rechtsgrundlage geschaffen.[571]

Die Aufzeichnungsermächtigung des § 45 PolG ist auch deswegen zu begrüßen, da die **ausdrückliche Einwilligung** der von der Aufzeichnung des Telefonanrufs (= Datenverarbeitung) betroffenen Personen im Polizeirecht **in den meisten Fällen nicht mehr wirksam erfolgen kann** (→ Rn 181 f.).[572] So sind Personen, die den Notruf (§ 45 Abs. 1 Nr. 1 PolG) nutzen, in einer Notsituation regelmäßig auf die telefonischen Notmeldung bei der Polizei angewiesen, die Nutzung des Notrufs kann insofern nicht von einer Einwilligung zur Aufzeichnung abhängig gemacht werden.

Die bloße Aufzeichnung eines Telefongesprächs wird nicht vom Schutzbereich des **Art. 10 Abs. 1 GG** (Fernmeldegeheimnis) erfasst.[573] § 45 PolG verstößt auch nicht gegen **Art. 2 Abs. 1 i. V. m. Art. 1 Abs. 1 GG**, durch die das Recht am gesprochenen Wort geschützt wird.[574] Bei Anrufen mit dem Zweck **sachdienlicher Hinweise** muss auf den Umstand der Aufzeichnung gem. § 45 Abs. 2 S. 4 PolG zwingend hingewiesen werden (→ Rn 300). Hierdurch wird es der anrufenden Person ermöglicht, sich gegen die Aufzeichnung auszusprechen, sie behält ihre verfassungsrechtlich garantierte Handlungsfreiheit. Bei **Notrufen** ist die Aufzeichnung des Gesprächs

---

567 R. Schenke, in: Schenke/Graulich/Ruthig, Sicherheitsrecht, § 26 BPolG Rn 16.
568 VGH BW, NVwZ 2004, 498.
569 Vgl. VGH BW, NVwZ 2004, 498; VG Karlsruhe, NVwZ 2002, 117; weiteres Beispiel: VGH BW, VBlBW 2015, 167, zur Klage auf Feststellung der Rechtswidrigkeit des verdeckten Einsatzes technischer Mittel zur vorbeugenden Bekämpfung von Straftaten, §§ 22 Abs. 2 u. 3, 20 Abs. 3 Nr. 1 PolG 1992.
570 Schenke, VerwArch 2019, 436, 470 ff.
571 LT-Drs. 16/8484, S. 143.
572 A. A. Graulich, in: Schenke/Graulich/Ruthig, Sicherheitsrecht, § 11 BKAG Rn 4.
573 Graulich, in: Schenke/Graulich/Ruthig, Sicherheitsrecht, § 27 c BPolG Rn 5.
574 BVerfGE 106, 28, 41: „In thematischer Hinsicht hat der Sprecher im privaten Bereich gerade wegen des Inhalts des Gesprächs ein schutzwürdiges Interesse daran, dass Dritte hiervon keine Kenntnis erhalten. Entsprechende Äußerungen sind unabhängig davon geschützt, wie der Inhalt an einen Dritten gerät ..."

aus der Natur des Telefonats heraus verfassungsrechtlich gerechtfertigt. Notrufe unterliegen besonderen gesetzlichen Rahmenbedingungen. So kann bei einem Notruf etwa jederzeit der Standort der anrufenden Nummer nachverfolgt werden (§ 164 Abs. 1 S. 3 Nr. 2 TKG). Bei einem Notruf muss sichergestellt werden, dass die Inhalte des Notrufs (Anrufs) jederzeit vollständig erfasst und überprüft werden können, um die notwendige Hilfe unverzüglich sicherstellen zu können. Die Aufzeichnung des eingehenden Anrufs ist hierfür nicht nur sachdienlich, sondern notwendig, weil häufig der Inhalt des Anrufs in der Aufregung der anrufenden Person schwer zu verstehen und zu erfassen ist. Hinzu kommt, dass die anrufenden Personen bei Notrufen zumeist mit einer Aufzeichnung des Gesprächs rechnen, da es allgemein bekannt ist, dass Notrufe aufgezeichnet werden.

299 **b) Befugnis zur Aufzeichnung (§ 45 Abs. 1 PolG).** Gem. § 45 Abs. 1 PolG kann der Polizeivollzugsdienst, soweit dies **zur Erfüllung seiner Aufgaben** erforderlich ist, **Telefonanrufe aufzeichnen**, die über Rufnummern eingehen, die er der Öffentlichkeit

1. zum Absetzen eines Notrufs oder
2. zur Mitteilung sachdienlicher Hinweise insbesondere im Rahmen von Fahndungsmaßnahmen

bekanntgegeben hat.

300 **aa) Tatbestandsvoraussetzungen.** § 45 Abs. 1 PolG ermöglicht die Aufzeichnung von Telefonanrufen betroffener Personen unter **genau umschriebenen tatbestandlichen Voraussetzungen**. Außerhalb dieser Voraussetzungen kommt eine Aufzeichnung bei der Polizei eingehender Anrufe nicht in Betracht. § 45 PolG ist insoweit **abschließend**. Ausgenommen sind hiervon nur die besonderen Ermächtigungen des PolG für die (verdeckte) Überwachung der Telekommunikation (vgl. § 49 Abs. 2 Nr. 2, § 50 Abs. 1, § 54 PolG).

301 **(1) Aufzeichnung eingehender Telefonanrufe.** § 45 Abs. 1 PolG ermächtigt zur **Aufzeichnung von Telefonanrufen**. Der Begriff „Aufzeichnung" bezeichnet ein Mittel der Datenverarbeitung i. S. d. § 12 Nr. 2 PolG (→ Rn 93). Aufzeichnung beschreibt dabei das **Erfassen** (durch technische Mittel der Spracherfassung) **und Speichern** der beim Telefonanruf anfallenden Daten (= Sprache der anrufenden Person).[575] Die darüberhinausgehende weitere Verarbeitung der Daten richtet sich nach § 45 Abs. 2 PolG (→ Rn 297 ff.). § 45 Abs. 1 PolG stellt insoweit eine **Ermächtigungsgrundlage** für das Erfassen und Speichern der Daten dar.

Durch den Begriff „eingehende Anrufe" wird eine **Begrenzung** der Datenverarbeitung bewirkt. Es dürfen **nur bei der Polizei eingehende Anrufe** gespeichert werden, nicht dagegen von der Polizei bei einer betroffenen Person getätigte Anrufe. Daher ist es der Polizei auch verwehrt, im Fall sachdienlicher Hinweise dem Erstanruf nachfolgende Telefongespräche aufzuzeichnen, die der weiteren Nachfrage und Informationsbeschaffung dienen. Das erscheint nicht ganz glücklich, ist aber dem **Gebot der Datenminimierung** (§§ 13 Nr. 3, 75 Abs. 2 PolG) geschuldet (→ Rn 105). Durch § 45 Abs. 1 PolG werden in der Regel **nur die Erstanrufe** der betroffenen Person erfasst. Die Polizei kann weitere Aufzeichnungen nicht dadurch erreichen, dass sie Anrufer um erneuten Anruf bittet. In anderen Fällen ist die Polizei auf Notizen oder Niederschriften zu den Gesprächsinhalten angewiesen, regelmäßig wird sie bei zu erwartenden weiterführenden Informationen das persönliche Gespräch suchen. Unschädlich ist hingegen, wenn die betroffene Person von sich aus weitere Anrufe auf der öffentlich bekanntgegebenen Telefonnummer tätigt, um der Polizei **weitere oder ergänzende Hinweise** zu geben.

302 **(2) Öffentlich bekanntgegebene Telefonnummern.** Die Befugnis zur Aufzeichnung gem. § 45 Abs. 1 PolG gilt nur für Anrufe, die über durch die Polizei für Zwecke i. S. d. Nrn. 1, 2 **bekanntgegebene Rufnummern** eingehen. Hierbei handelt es sich um eine grundlegende

---

[575] Vgl. auch Graulich, in: Schenke/Graulich/Ruthig, Sicherheitsrecht, § 11 BKAG Rn 3.

VI. Datenvereinbarung bei polizeilichen Einzelmaßnahmen

Einschränkung des Anwendungsbereichs. § 45 Abs. 1 PolG gilt **nur für Anrufe über zuvor öffentlich bekanntgegebene Rufnummern:**

- Im Fall von **Notrufen** wird dies regelmäßig die bundesweit gültige Rufnummer „**110**" sein. Diese wird seit dem Jahr 1948 verwendet und ist seit der Einführung des sog. „Notrufsystems 73" im Jahr 1973 im gesamten Bundesgebiet für Notfallanrufe bei der Polizei reserviert. Ihre Bereitstellung wird durch **§ 164 TKG** sichergestellt. In vielen europäischen Ländern ist die „112" die Notrufnummer der Polizei. In Deutschland ist die „112" die übergreifende Rufnummer für Notfälle vieler Art (Feuer, Gesundheitsnotfälle, Gefahrenlagen etc.).
- Gehen Anrufe auf der Notrufnummer „110" ein, können diese gem. § 45 Abs. 1 Nr. 1 PolG **alle aufgezeichnet** werden, da davon auszugehen ist, dass es sich um echte „Notrufe" i. S. d. Nr. 1 handelt. Werden dabei auch Anrufe aufgezeichnet, die keine Notrufe im eigentlichen Sinne sind, ist dies unschädlich.
- Die Berechtigung für die Aufzeichnung eines Notrufs ist nicht zwingend auf die Rufnummer „110" beschränkt. Örtlich sind häufig auch die **Rufnummern der örtlichen Polizeireviere** öffentlich bekannt. Gehen über diese Rufnummern Notrufe ein, dürfen diese ebenfalls aufgezeichnet werden. Die Polizei muss hier aber unterscheiden: Handelt es sich um keinen Notfall, der üblicherweise bei der Rufnummer „110" eingeht, dann besteht nach Sinn und Zweck des § 45 PolG keine Aufzeichnungsbefugnis.
- Geht ein **Notruf auf einer anderen Rufnummer der Polizei** ein und wird er an die „110" oder an die zentrale Notrufnummer einer Polizeidienststelle **weitergeleitet**, gilt die Befugnis des § 45 Abs. 1 Nr. 1 PolG ebenfalls, wenn der Erstanruf der betroffenen Person einem Notfall galt. Gleiches gilt für einen auf der „112" eingegangenen Notruf, der an die Polizei weitergeleitet wird.
- Bei **sachdienlichen Hinweisen** wird es zumeist so sein, dass die Polizei für einen konkreten Sachverhalt öffentlich um die Mithilfe der Bevölkerung gebeten hat. Dies kann über eigene Bekanntmachungen im Internet, über Plakate, über die örtliche Presse, über bundesweite Fahndungsaufrufe oder über Fernsehformate wie „Aktenzeichen XY" etc. erfolgen. Mit dem Mithilfe- oder Fahndungsaufruf werden zumeist spezielle Telefonnummern bekanntgegeben, über die Hinweise erbeten werden. Gehen auf diesen Rufnummern Anrufe bei der Polizei ein, fallen diese in den Anwendungsbereich des § 45 Abs. 1 PolG.
- Unter die Nummer 2 fallen auch die von der Polizei **allgemein zu Hinweiszwecken** aus der Bevölkerung **öffentlich bekanntgegebenen Telefonnummern** wie die des Kriminaldauerdienstes, der Telefonzentrale, des Bürgertelefons oder die zentralen Nummern der Öffentlichkeitsfahndung.
- Auch hier gilt, dass von anderen Rufnummern der Polizei an die speziellen Rufnummern **weitergeleitete Anrufe** aufgezeichnet werden können, sofern diese zu den in § 45 Abs. 1 Nr. 2 PolG genannten Zwecken erfolgten.
- Die **Aufzeichnung sonstiger Anrufe** außerhalb der Befugnis des § 45 PolG auf der Grundlage der §§ 1, 3 PolG ist weder zulässig noch notwendig. Der Landesgesetzgeber wollte offensichtlich mit § 45 PolG eine **abschließende Rechtsgrundlage** schaffen, die Notwendigkeit weitergehender Anrufaufzeichnungen ist aus Gründen der polizeilichen Gefahrenabwehr auch nicht ersichtlich.[576]

(3) Polizeiliche Aufgabenerfüllung. Die Aufzeichnung von bei der Polizei eingegangenen Anrufen darf nur erfolgen, wenn die Aufzeichnung der **Erfüllung der Aufgaben des Polizeivollzugsdienstes** dient. Maßstab zur Beurteilung dieser Frage ist § 11 Abs. 1 PolG (→ Rn 83 ff.).

---

576 A. A. Söllner, in: Pewestorf/Söllner/Tölle, Polizei- und Ordnungsrecht, § 47 Rn 2, der solche Aufzeichnungen für zulässig erachtet, wenn sie „erforderlich" sind.

Der Grundsatz der **Erforderlichkeit** stellt sicher, dass die Polizei keine Aufzeichnung eines Telefongesprächs vornimmt, die für ihre Aufgabenerfüllung nicht zwingend ist.[577]

Die **Speicherung von Notrufen** ist primär zur **Gefahrenabwehr** erforderlich, da Anrufer aufgrund einer akuten Stresssituation oft aufgeregt sind, so dass ihre Angaben unpräzise oder schwer verständlich sein können und ein erneutes Abspielen notwendig ist, um alle Informationen generieren zu können. Anrufer einer Notrufnummer haben überdies zumeist ein ureigenes Interesse daran, dass alle erforderlichen Maßnahmen ergriffen werden, um ihnen oder Dritten schnelle und bestmögliche Hilfe zu gewähren, so dass in aller Regel auch zumindest ein faktisches Einverständnis der betroffenen Person zur Aufzeichnung des Notrufs vorliegen dürfte (→ Rn 289 zur Einwilligung).[578]

Bei der **Mitteilung sachdienlicher Hinweise** kann es notwendig sein, die Telefongespräche aufzuzeichnen, um sie dem Polizeivollzugsdienst über einen gem. § 45 Abs. 2 PolG begrenzten Zeitraum zur Verfügung zu stellen. Dies stellt die Verfolgbarkeit der erfolgten Hinweise sicher.

304 **bb) Zuständigkeit.** Die Zuständigkeit und die Befugnis für die Aufzeichnung bestimmter Telefonanrufe liegt ausschließlich beim **Polizeivollzugsdienst**. Die Polizeibehörden sind zur Aufzeichnung von Telefonanrufen nicht befugt, § 45 PolG stellt insoweit eine **abschließende Regelung** dar; eine Aufzeichnung mit Einwilligung der betroffenen Person scheidet aus (→ Rn 289).

305 **c) Weitere Verarbeitung der Aufzeichnungen / Hinweispflicht (§ 45 Abs. 2 PolG).** § 45 Abs. 2 S. 1 bis 3 PolG entspricht inhaltlich weitgehend der Regelung in § 44 Abs. 10 S. 2 bis 4 PolG (mit abweichender Speicherfrist). Er stellt sicher, dass die aufgezeichneten Telefongespräche nicht länger als zwingend notwendig gespeichert werden. Aus § 45 Abs. 2 S. 4 PolG folgt eine besondere Hinweispflicht.

306 **aa) Speicherfrist / weitere Datenverarbeitung (§ 45 Abs. 2 S. 1 bis 3 PolG).** Gem. § 45 Abs. 2 S. 1 Var. 1 PolG sind **alle Bild- und Tonaufzeichnungen grundsätzlich unverzüglich, spätestens jedoch nach 3 Monaten zu löschen**. Diese Löschungspflicht entspricht dem Grundsatz, dass Daten nur solange aufbewahrt werden dürfen, wie dies für die Wahrnehmung der polizeilichen Aufgabe erforderlich ist. Die Regelung konkretisiert die allgemeine Löschungspflicht des § 75 Abs. 2 PolG.

Eine **unverzügliche** (= sofortige, d. h. ohne schuldhaftes Zögern) **Löschung** muss erfolgen, wenn die Polizei erkennt, dass der gespeicherte Anruf unter keinem erkennbaren Gesichtspunkt mehr benötigt wird. Dem Polizeivollzugsdienst obliegt dabei eine **Überprüfungspflicht**, die als **Dauerpflicht der Polizei** ausgestaltet ist, wie sich unmittelbar aus §§ 75 Abs. 2, 76 Abs. 1 PolG ergibt. Durch den Begriff „unverzüglich" wird die Angemessenheit der Überprüfungsfrist dahingehend konkretisiert, dass die Polizei auch innerhalb der Höchstspeicherdauer der Var. 1 des § 45 Abs. 2 S. 1 PolG von 3 Monaten regelmäßig prüfen muss, ob ein Anruf gelöscht werden kann. Die **Überprüfung** sollte richtigerweise **mindestens wöchentlich** erfolgen.

Die vom Landesgesetzgeber für alle Anwendungsfälle vorgesehene grundsätzliche **Höchstspeicherdauer von 3 Monaten** soll es der Polizei ermöglichen, auf nach der Erhebung und Speicherung der Daten noch aufkommende Erkenntnisse zu reagieren. Solche **nachträglichen Erkenntnisse** können sich etwa aus Strafanzeigen ergeben. Auch erst im Nachgang zu einem Anruf kann sich dessen Bedeutung als Ermittlungsansatz oder Beweismittel herausstellen, weshalb eine ausreichende Speicherfrist erforderlich ist. Darüber hinaus ermöglicht die dreimonatige

---

577 Graulich, in: Schenke/Graulich/Ruthig, Sicherheitsrecht, § 11 BKAG Rn 7; Brommer, Polizeigesetz BW, Einf. S. 21.
578 LT-Drs. 16/8484, S. 143.

VI. Datenvereinbarung bei polizeilichen Einzelmaßnahmen

Speicherung auch die Nutzung der Daten in Gerichtsverfahren. Da im Vergleich zu § 44 PolG keine Bildaufzeichnungen angefertigt werden, erschien dem Landesgesetzgeber angesichts der geringen Eingriffsintensität eine längere Speicherfrist angemessen.[579]

Ausnahmsweise können die Tonaufzeichnungen gem. § 45 Abs. 2 PolG unter den Voraussetzungen des **Satzes 1 Var. 2** länger gespeichert werden. Die Regelung benennt die **Anwendungsbereiche abschließend**:

- Verfolgung von Straftaten oder von Ordnungswidrigkeiten von erheblicher Bedeutung (der Begriff „von erheblicher Bedeutung" ist in § 45 Abs. 2 S. 3 PolG legal definiert),
- zur Geltendmachung von öffentlich-rechtlichen Ansprüchen oder
- nach Maßgabe des § 2 Abs. 2 PolG zum **Schutz privater Rechte**, insbesondere zur Behebung einer bestehenden Beweisnot.

Eine Speicherung „auf Vorrat" ist unzulässig. Die Bestimmung enthält zudem ein **Zweckbindungsgebot**: Die Daten dürfen nur zu den in Satz 2 Var. 2 genannten Zwecken weiter verarbeitet werden.[580]

Gem. § 45 Abs. 2 S. 2 PolG steht die **unvermeidbare Betroffenheit Dritter** der weiteren Datenverarbeitung i. S. d. Satzes 1 Var. 2 nicht entgegen.

bb) Hinweispflicht (§ 45 Abs. 2 S. 4 PolG). Gem. § 45 Abs. 2 S. 4 PolG ist in den Fällen des § 45 Abs. 1 Nr. 2 PolG **auf die Aufzeichnung in geeigneter Weise hinzuweisen.** Im Gegensatz zum Notruf wird die betroffene Person bei Anrufen zu sachdienlichen Hinweisen nicht ohne Weiteres damit rechnen, dass ihr Anruf von der Polizei aufgezeichnet wird. Deswegen muss die Polizei darauf gesondert hinweisen.

Wegen der **Wirksamkeit des Hinweises** auf die Aufzeichnung (der betroffenen Person muss die Chance gegeben werden, aus diesem Grund auf den weiteren Anruf zu verzichten oder um keine Aufzeichnung des Telefonats zu bitten) muss der Hinweis **vor Beginn der Aufzeichnung** erfolgen. „In geeigneter Weise" stellt es der Polizei frei, wie sie den Hinweis tätigt. Richtigerweise kann die Befolgung des Hinweises aber nur sichergestellt werden, wenn der Hinweis aus Anlass des Telefonats zu Beginn erfolgt. Möglich ist ein Hinweis durch den Beamten des Polizeivollzugsdienstes, der das Telefonat durchführt, besser (da sicherer) ist eine **automatisierte Mitteilung** zu Beginn des Telefonats.[581]

Beispiel: Durch eine entsprechende Programmierung wird die anrufende Person vor Beginn des Telefonats mit dem zuständigen Beamten des Polizeivollzugsdienstes auf die Aufzeichnung des Telefonats hingewiesen: „Sie werden umgehend mit den zuständigen Mitarbeitern des Polizeivollzugsdienstes verbunden. Wir weisen darauf hin, dass das Telefonat zur besseren Nachvollziehbarkeit und Auswertung aufgezeichnet wird."

Sofern – auch im Hinblick auf das **Gebot der Datenminimierung** (§§ 13 Nr. 3, 75 Abs. 2 PolG) – nicht jedes Telefonat einer bestimmten Rufnummer aufgezeichnet werden soll, ist durch **geeignete Vorkehrungen** sicherzustellen, dass die zuständigen Beamten des Polizeivollzugsdienstes nach Annahme des Telefonats auf die weitere Aufzeichnung des Telefonats hinweisen, sobald ihnen die Aufzeichnung i. S. d. § 45 Abs. 1 PolG sachdienlich erscheint.

d) Rechtsschutz. Die Aufzeichnung und weitere Verarbeitung von Anrufen ist ein **Realakt**. Der betroffenen Person stehen in Bezug auf die Aufzeichnung von Telefonanrufen alle im Bereich des Datenschutzes vorgesehenen **Informations- und Handlungsrechte** der §§ 91 bis 93 PolG zur Verfügung. Der Polizei obliegen die Informationspflichten des § 85 PolG.

---

579 LT-Drs. 16/8484, S. 144.
580 Stephan, in: Stephan/Deger, Polizeigesetz BW, § 21 Rn 16.
581 Brommer, Polizeigesetz BW, Einf. S. 22.

Rechtsschutz gegen die Aufzeichnung bzw. gegen einen unzulässigen Eingriff in das Recht auf informationelle Selbstbestimmung kann durch die allgemeine Leistungsklage in der Form der **Unterlassungsklage** oder durch (nachträgliche) **Feststellungsklage** erreicht werden.[582] Das Vorliegen der Klagebefugnis analog § 42 Abs. 2 VwGO ergibt sich aus dem Recht auf informationelle Selbstbestimmung.[583] Bei der Begründetheit wird es entscheidend darauf ankommen, ob die materiellrechtlichen Voraussetzungen des § 45 Abs. 1 PolG vorliegen und ob die Polizei rechtsfehlerfrei von der gesetzlichen Ermächtigung Gebrauch gemacht hat.[584]

Die durch die Aufzeichnung von Telefonanrufen betroffene Person hat zudem einen **Anspruch auf Zugang zu noch nicht gelöschten, sie betreffenden Aufnahmen**.[585] Dieser Anspruch folgt unmittelbar aus Art. 19 Abs. 4 GG, soweit er nicht gesetzlich vorgesehen ist.

311 **6. Projektbezogene gemeinsame Dateien mit dem Landesamt für Verfassungsschutz (§ 46 PolG). a) Allgemeines. aa) Historische Entwicklung.** Durch Änderungsgesetz vom **18.11.2008** wurde der frühere § 48 a PolG 1992 neu in das PolG **eingefügt** (GBl. S. 399). Durch diese Vorschrift wurde die gesetzliche Grundlage für die Errichtung von sog. **Projektdateien** geschaffen, die eine **befristete Zusammenarbeit zwischen dem LKA, weiteren Polizeidienststellen des Landes und dem Landesamt für Verfassungsschutz** zum Ziel haben. Mit der Möglichkeit, **gemeinsame Projektdateien** zu führen, wird die Zusammenarbeit zwischen der Polizei, dem LKA und dem Verfassungsschutz in BW erheblich erleichtert. Auf Bundesebene existieren durch das Gemeinsame-Dateien-Gesetz vom 22.12.2006 (BGBl. I S. 3409) gemeinsame Dateien zwischen Polizei und Nachrichtendiensten des Bundes und der Länder zur Unterstützung einer temporären projektbezogenen Zusammenarbeit. Durch die Errichtung einer gemeinsamen Datei zwischen Polizei und Verfassungsschutz wird das sog. **Trennungsgebot** (vgl. § 2 Abs. 3 LVSG) weiter aufgeweicht (→ § 16 Rn 12)[586], da das PolG erstmals eine Befugnisnorm enthält, die auch für den Verfassungsschutz gilt.[587]

312 Durch das **PolG 2020** wurde § 48 a PolG 1992 als neuer § 46 PolG übernommen. Es wurden Änderungen überwiegend redaktioneller Art vorgenommen. Darüber hinaus wurde die Vorschrift den Begrifflichkeiten des EU-Datenschutzrechts und dabei insbesondere der DSRL 2016/680 angepasst. § 46 PolG orientiert sich an § 17 BKAG, insbesondere auch beim durch das PolG 2020 neu eingefügten Satz 3, 4 des § 46 Abs. 1 PolG.

313 **bb) Besonderheiten der datenschutzrechtlichen Regelungen.** § 46 PolG regelt die **Befugnis zur Einrichtung gemeinsamer projektbezogener Dateien mit dem Landesamt für Verfassungsschutz**. Zwar sieht die **Konzeption der künftigen polizeilichen Informationsstruktur** keine vertikale Dateienlandschaft mehr vor, sondern soll aufgrund der Anforderungen des Grundsatzes der hypothetischen Datenneuerhebung **horizontal aufgebaut** sein. Für den Sonderbereich der gemeinsamen projektbezogenen Dateien soll dennoch **am bisherigen Dateibegriff festgehalten** werden, um der Besonderheit und der Bedeutung der Zusammenführung

---

582 R. Schenke, in: Schenke/Graulich/Ruthig, Sicherheitsrecht, § 26 BPolG Rn 16.
583 VGH BW, NVwZ 2004, 498.
584 Vgl. VGH BW, NVwZ 2004, 498; VG Karlsruhe, NVwZ 2002, 117; weiteres Beispiel: VGH BW, VBlBW 2015, 167, zur Klage auf Feststellung der Rechtswidrigkeit des verdeckten Einsatzes technischer Mittel zur vorbeugenden Bekämpfung von Straftaten, §§ 22 Abs. 2 und 3, 20 Abs. 3 Nr. 1 PolG 1992.
585 Schenke, VerwArch 2019, 436, 470 ff.
586 Wie hier Ibler, in: Ennuschat/Ibler/Remmert, Öffentliches Recht BW, § 2 Rn 422.
587 Kahlert, in: Belz/Mußmann/Kahlert/Sander, Polizeirecht BW, § 46 Rn 6; Zeitler/Trunit, Polizeirecht BW, Rn 975. Das BVerfG hat gemeinsame Dateien von Verfassungsschutz und Polizei grundsätzlich für verfassungskonform erklärt (DVBl 2013, 783 ff.). Zum Trennungsgebot vgl. auch Sachs, JuS 2013, 982, u. Arzt, NVwZ 2013, 1328.

von Erkenntnissen und der gemeinsamen Verarbeitung personenbezogener Daten von LKA, Polizeidienststellen und Landesamt für Verfassungsschutz Rechnung zu tragen.[588]

Durch die besondere datenschutzrechtliche Struktur des § 46 PolG ist auch bedingt, dass **anzuwendende Regelungen** bezüglich der Pflichten zur Protokollierung, Kennzeichnung, Berichtigung, Löschung und Einschränkung der Verarbeitung personenbezogener Daten sowie zum Auskunftsrecht der betroffenen Person **explizit genannt** werden, weil projektbezogene gemeinsame Dateien aufgrund der Beteiligung des Landesamtes für Verfassungsschutz nicht ausschließlich den polizeilichen Vorschriften unterliegen und somit einen Sonderfall darstellen, für den die allgemeinen Regelungen nicht automatisch gelten.[589]

b) Voraussetzungen für die Errichtung der Datei beim LKA. Gem. § 46 PolG kann das LKA für die Dauer einer befristeten projektbezogenen Zusammenarbeit mit den Polizeidienststellen des Landes und dem Landesamt für Verfassungsschutz eine **gemeinsame Datei errichten**. Der **Zweck** der gemeinsamen Projektdatei wird in § 46 Abs. 1 S. 2 PolG näher umschrieben. Voraussetzung der gemeinsamen Datei ist, dass das Projekt auf den **Austausch und die gemeinsame Auswertung von polizeilichen oder nachrichtendienstlichen Erkenntnissen** zu bestimmten Straftaten gerichtet ist. Hierbei handelt es sich um die in § 46 Abs. 1 S. 2 Nr. 1 bis 4 PolG näher aufgeführten Straftaten. 314

Unter den **Begriff der polizeilichen und nachrichtendienstlichen Erkenntnisse** fallen alle Erkenntnisse, die im Rahmen der geltenden Übermittlungsvorschriften zwischen den beteiligten Behörden ausgetauscht werden können, einschließlich sog. **Vorfelderkenntnisse**. Eine **projektbezogene Zusammenarbeit** setzt einen klar definierten **Projektauftrag** voraus. Projektziele sowie Verfahrensweise müssen daher zu Beginn des Projektes zwischen den beteiligten Behörden konkret vereinbart werden. Nach Abs. 1 S. 2 sind die beteiligten Behörden an ihre jeweiligen gesetzlichen Aufgaben und Befugnisse gebunden. 315

Gem. § 46 Abs. 1 S. 3 PolG dürfen personenbezogene Daten zu Straftaten nach § 46 Abs. 1 S. 2 PolG unter Einsatz der gemeinsamen Datei durch die an der projektbezogenen Zusammenarbeit beteiligten Behörden im Rahmen ihrer Befugnisse **weiterverarbeitet** werden, soweit dies in diesem Zusammenhang **zur Erfüllung ihrer Aufgaben erforderlich** ist. Durch diese Regelung wird einerseits eine **Befugnis zur Datenverarbeitung** mithilfe der gemeinsamen behördlichen Datenbank gegeben. Andererseits findet eine **Begrenzung der Datenverarbeitung** auf die Zwecke des § 46 Abs. 1 S. 1, 2 PolG statt („zur Erfüllung ihrer Aufgaben erforderlich").[590] Die Erforderlichkeit beurteilt sich nach dem Tätigkeits- und Aufgabenfeld der jeweiligen die Daten verarbeitenden und nutzenden Behörde. 316

§ 46 Abs. 1 S. 4 PolG stellt klar, dass für die beteiligten Behörden jeweils die für sie geltenden Vorschriften über die weitere Verarbeitung von Daten Anwendung finden. Die Regelung hat nur deklaratorische Bedeutung, da sich dieser Grundsatz bereits aus dem Datenschutzrecht ergibt.[591] 317

§ 46 Abs. 2 PolG enthält **spezielle Vorgaben für die Datenübermittlung und -speicherung**. Diese sind der Tatsache geschuldet, dass die Dateien einem **Zugriffsverbund** unterliegen. 318

Nach **Satz 1** gelten für die Speicherung personenbezogener Daten in der gemeinsamen Datei die jeweiligen Übermittlungsvorschriften zugunsten der an der Zusammenarbeit beteiligten Behörden entsprechend mit der Maßgabe, dass die Speicherung nur zulässig ist, wenn die Daten allen an der projektbezogenen Zusammenarbeit teilnehmenden Behörden übermittelt werden

---

588 LT-Drs. 16/8484, S. 144.
589 LT-Drs. 16/8484, S. 144.
590 Graulich, in: Schenke/Graulich/Ruthig, Sicherheitsrecht, § 17 BKAG Rn 8.
591 Graulich, in: Schenke/Graulich/Ruthig, Sicherheitsrecht, § 17 BKAG Rn 9.

dürfen. Eine Speicherung ist ferner nach Satz 2 nur zulässig, wenn die speichernde Behörde die Daten auch in eigenen Dateien speichern darf. Die **Zulässigkeit der Speicherung** der Daten in der gemeinsamen projektbezogenen Datei setzt demnach sowohl die Rechtmäßigkeit der Übermittlung an alle beteiligten Behörden als auch die gesetzliche Ermächtigung der jeweiligen Behörden zur eigenen Speicherung voraus. Diese Voraussetzungen genügen den besonderen Anforderungen des BVerfG an die Verarbeitung und Übermittlung von Daten zwischen Polizeibehörden und Nachrichtendiensten („informationelles Trennungsprinzip")[592], da § 46 Abs. 2 S. 1, 2 i. V. m. §§ 15, 16 PolG für Speicherung und Übermittlung stets auf die Berechtigung der Datenverarbeitung durch die bzw. alle beteiligten Behörden abstellt. Ist die Datenübermittlung an eine der beteiligten Behörden nicht möglich, entfällt bereits die Möglichkeit der Speicherung in der projektbezogenen gemeinsamen Datei. Dabei ist zu beachten, dass die Nutzung der von der Polizei rechtmäßig verarbeiteten Daten durch die Nachrichtdienste in aller Regel unproblematisch ist, da die strengen Anforderungen für die Verarbeitung polizeilicher Daten durch eine Nutzung dieser Daten durch Nachrichtendienste nicht unterlaufen werden können.[593] Strenger sind dagegen die Anforderungen an eine Verarbeitung von Daten, die der Polizei durch das Landesamt für Verfassungsschutz übermittelt werden.[594]

Die Daten unterliegen gem. § 46 Abs. 2 S. 3 PolG der **Kennzeichnungspflicht** nach § 72 PolG (→ Rn 597 ff.).

319 Die Datei wird beim **LKA** eingerichtet. § 46 Abs. 3 PolG enthält Bestimmungen zur **datenschutzrechtlichen Verantwortung** der die Daten eingebenden Stelle und über die Verantwortung des LKA für die gemeinsame Projektdatei. Die Vorschriften lehnen sich an die Regelungen zu den polizeilichen Verbunddaten im BKAG an.

Nach Abs. 3 S. 1 sind die Stellen datenschutzrechtlich verantwortlich, welche die Daten speichern. Die verantwortliche Behörde muss feststellbar sein (Abs. 3 S. 2). Nach Satz 3 trägt die **abrufende Stelle** die **Verantwortlichkeit** für die **Zulässigkeit des Abrufs**. Satz 4 schreibt vor, dass nur die Behörde, die Daten zu einer Person eingegeben hat, berichtigt ist, diese zu ändern, zu berichtigen, zu löschen oder ihre Verarbeitung einzuschränken (vgl. aber Satz 7 zur Datenergänzung). Nach dem sog. **Besitzerprinzip** wird in Satz 5 festgelegt, dass sich die Änderung, Berichtigung, Sperrung und Löschung personenbezogener Daten nach den jeweils für die eingebende Stelle geltenden Vorschriften richtet. Aus Satz 6 ergibt sich die **Hinweispflicht** einer beteiligten Behörde, wenn ihr die Unrichtigkeit oder die Löschungspflicht der Daten bekannt wird; mit ihr korrespondiert die Reaktionspflicht der speichernde Behörde. **Satz 7** sieht die Besonderheit vor, dass jede beteiligte Behörde Daten, die zu einer Person gespeichert sind, durch weitere Daten ergänzen kann. Die Sätze 8 bis 10 bestimmen, dass das **LKA** die **Einhaltung der Regelungen** zur Zusammenarbeit und zur Führung der gemeinsamen Datei zu **überwachen** hat und die notwendigen **technischen und organisatorischen Maßnahmen** ergreift.

320 Gem. § 46 Abs. 5 PolG ist eine gemeinsame Projektdatei auf **höchstens zwei Jahre** zu befristen. Die Dauer hat sich an der voraussichtlichen Projektdauer zu orientieren. Die Frist kann in bestimmten Fällen verlängert werden (Satz 2). Gem. § 46 Abs. 6 PolG hat das LKA für eine gemeinsame Datei ein **Verfahrensverzeichnis** gem. § 81 PolG zu führen. Das Verfahrensverzeichnis bedarf nach Satz 2 der Zustimmung des Innenministeriums.

321 **c) Auskunftserteilung.** Gem. § 46 Abs. 4 S. 1 PolG steht der betroffenen Person, deren personenbezogene Daten in der gemeinsamen Datei eingestellt sind, **nach Maßgabe des § 91 PolG** ein Anspruch auf Auskunftserteilung zu (→ Rn 625 f.). Im Außenverhältnis tritt das LKA gegenüber

---

[592] Vgl. BVerfG (Antiterrordateigesetz II), NVwZ 2021, 226, 231 f. (Rn 89 ff., 92), sowie Unterreitmeier, DÖV 2021, 659 ff., u. Golla, NJW 2021, 667 ff.
[593] BVerfG (Antiterrordateigesetz II), NVwZ 2021, 226, 233 (Rn 103, 106).
[594] BVerfG (Antiterrordateigesetz II), NVwZ 2021, 226, 233 (Rn 102, 105).

VI. Datenvereinbarung bei polizeilichen Einzelmaßnahmen

der auskunftssuchenden Person als **zentrale Auskunftsstelle** für die Datei auf. Nach Satz 2 erteilt das LKA die Auskunft nur **im Einvernehmen** mit der Behörde, welche die datenschutzrechtliche Verantwortung trägt. Die im Innenverhältnis zu beteiligende Behörde prüft, ob die Auskunft nach den für sie geltenden Bestimmungen erteilt werden kann. An diese interne Beurteilung ist das LKA gebunden.

7. Datenabgleich (§ 47 PolG). a) Allgemeines. § 47 PolG entspricht weitgehend § 39 PolG 1992 und wurde durch das **PolG 2020** geringfügig an die vergleichbare Vorschrift des § 16 Abs. 4 BKAG angepasst.

b) Begriff und Zweck. Der Datenabgleich mit polizeilichen Daten dient der Überprüfung, ob Daten einer Person bereits in polizeilichen Daten erfasst sind und ggf. welche. Er dient damit der **Erkenntnisgewinnung.** Unter **Datenabgleich** wird der gezielte **Vergleich von Datenbeständen** verstanden, um festzustellen, ob über eine bestimmte Person bereits (polizeiliche) Daten vorliegen. Diese Feststellung („Abgleich") wird durch Abruf von Daten aus automatisierten Dateien getroffen. Durch den Abgleich als **spezielle Form der Datennutzung** sollen neue Informationen zur Wahrnehmung der polizeilichen Aufgaben gewonnen werden (etwa Abfrage von Daten bei einer Verkehrskontrolle).

§ 47 Abs. 1 PolG gibt **weder eine Befugnis zur Erhebung** der entsprechenden Daten **noch zur Speicherung** dieser Daten.[595] Diesbezüglich gelten die allgemeinen Regelungen zur Datenverarbeitung.

Das PolG **unterscheidet** zwischen dem **Abgleich mit polizeilichen und mit anderen Dateien** (§§ 47, 48 PolG). Der Datenabgleich zur Aufklärung einer Straftat ist in § 98 c StPO („maschineller Abgleich mit vorhandenen Daten") geregelt.

c) Datenabgleich mit polizeilichen Dateien (§ 47 Abs. 1 PolG). aa) Allgemeines. Die mit dem PolG 2020 vorgenommenen Änderungen sind aufgrund der **künftigen Informationsstruktur des BKA** notwendig, die keine Dateienlandschaft mehr vorsieht. In Anlehnung an die Formulierung des § 16 Abs. 4 BKAG wird auf den Begriff der „Datei" verzichtet und stattdessen auf den **Abgleich der Daten** abgestellt, unabhängig von der Struktur, in der diese gespeichert sind. Dies lässt den Abgleich der Daten mit dem Inhalt von Dateien gleichermaßen zu, was für die Übergangszeit bis zur Inbetriebnahme der künftigen Informationsstruktur auch notwendig ist. So kann die Befugnis zum Abgleich von Daten sowohl auf das bisherige Dateiensystem als auch auf das künftige dateilose Informationssystem bzw. den Informationsverbund des BKA angewendet werden. Zudem wurden in Anpassung an § 16 Abs. 4 BKAG die früheren Voraussetzungen gem. § 39 Abs. 1 S. 2 PolG 1992 dahingehend erleichtert, dass ein **Abgleich von Daten** anderer Personen **bereits zulässig** ist, wenn Grund zu der Annahme besteht, dass dies **zur Wahrnehmung einer polizeilichen Aufgabe** erforderlich ist.[596]

Die in § 39 Abs. 1 S. 3 PolG 1992 noch enthaltene Befugnis des Polizeivollzugsdienstes, im Rahmen seiner Aufgabenwahrnehmung erlangte personenbezogene Daten mit dem **Fahndungsbestand** abzugleichen, konnte mit dem PolG 2020 entfallen, weil der Fahndungsbestand von den Daten i. S. d. § 47 Abs. 1 S. 1, 2 PolG erfasst wird.

bb) Zulässigkeit des Datenabgleichs (§ 47 Abs. 1 S. 1 PolG). Gem. § 47 Abs. 1 S. 1 PolG ist der **Polizeivollzugsdienst** ermächtigt, Daten der in den §§ 6, 7 PolG genannten Personen (Störer) mit **polizeilichen** Dateien abzugleichen. Die Maßnahme dient der Feststellung, ob Daten einer Person bereits in polizeilichen Dateien erfasst sind.

---

[595] Graulich, in: Schenke/Graulich/Ruthig, Sicherheitsrecht, § 16 BKAG Rn 35; von der Grün, in: Möstl/Trurnit, Polizeirecht BW, § 39 Rn 7.
[596] LT-Drs. 16/8484, S. 145.

Als **Daten** kommen nur diejenigen in Betracht, auf die der Polizeivollzugsdienst **zur Erfüllung seiner Aufgaben zugreifen darf**. Neben dem Schengener Informationssystem **SIS** kommt hier dem von Bund und Ländern gemeinsam betriebenen, seit 1972 aufgebauten elektronischen Informationssystem der Polizei **INPOL** besondere Bedeutung zu, das beim BKA als Zentralstelle für den elektronischen Datenverbund (§ 2 Abs. 4, § 13 Abs. 1 BKAG) eingesetzt ist.[597] Es umfasst u. a. folgende Dateien: Personen- und Sachfahndung, Personenauskunftsdatei (PAD), Haftdatei (HD), PIOS-Dateien (Personen/Institutionen/Objekte/Sachen), erkennungsdienstliche Datei (ED), Kriminalaktennachweis (KAN), DNA-Analyse-Datei (DAD) und Falldateien. Weiterhin ist das polizeiliche Auskunftssystem **POLAS** eine **polizeieigene Datei**. Zu den sog. **polizeifremden** Dateien, zu denen der Polizeivollzugsdienst eine Abrufberechtigung hat, zählen u. a. die daktyloskopischen Daten und die Kfz-Daten der Mitgliedstaaten der EU auf der Grundlage entsprechender Ratsbeschlüsse[598] oder Verordnungen.[599]

326 § 47 Abs. 1 S. 1, 2 PolG umfasst auch die Befugnis zum Abgleich von Daten, die der Polizei durch **Gerichtsvollzieher** zur Abschätzung der konkreten Gefährdungssituation bei einer beabsichtigten Vollstreckungsmaßnahme übermittelt werden (vgl. dazu auch § 13 a AGGVG sowie die Vorgaben der VwV ZusGVPol).

327 Die **Erfüllung der Aufgaben** des Polizeivollzugsdienstes richtet sich nach § 11 Abs. 1 PolG i. V. m. §§ 1, 3 PolG oder ggf. weiteren **speziellen polizeilichen Ermächtigungsnormen**.

328 Der Datenabgleich ist nur bei den Personen zulässig, bei denen die **Störereigenschaft** vorliegt. Der Abgleich setzt daher einen **konkreten** Gefahrenfall voraus, da nur dann Maßnahmen gegen Verantwortliche nach den §§ 6, 7 PolG ergriffen werden können. Der Abgleich ist nur mit polizeilichen Daten i. S. d. § 47 Abs. 1 S. 1 PolG erlaubt (vgl. § 47 Abs. 2 PolG). Die Daten von Störern dürfen mit allen Dateien des Polizeivollzugsdienstes abgeglichen werden.

329 **cc) Datenabgleich bei anderen Personen (§ 47 Abs. 1 S. 2 PolG).** Bei **anderen Personen**, die nicht Störer sind, ist der polizeiinterne Abgleich zulässig, wenn Tatsachen die Annahme rechtfertigen, dass dies **zur Wahrnehmung einer polizeilichen Aufgabe erforderlich** ist (§ 47 Abs. 1 S. 2 PolG). Wie weit der Kreis der betroffenen Personen zu ziehen ist, entscheidet sich nach dem polizeilichen Erfahrungswissen unter Würdigung aller Umstände des konkreten Einzelfalls. Bei diesem Personenkreis, der unverdächtig ist, muss die Durchführung einer bestimmten polizeilichen Aufgabe (etwa Grenz- oder Flugsicherheitskontrolle) vorliegen, um den Datenabgleich zu rechtfertigen. Rein **prophylaktische Vergleiche** sind **rechtswidrig**.

Beispiele:
- Nach einer Bombendrohung kann der Abgleich der Daten **aller** Fluggäste des von einer Bombendrohung betroffenen Flugs zulässig sein.
- Ein Datenabgleich kann aber auch (nur) mit den Daten einer Person erfolgen, die sich seit geraumer Zeit **in der Nähe einer gefährdeten Person** aufhält.

330 **dd) Anhalterecht (§ 47 Abs. 1 S. 3 PolG).** Gem. § 47 Abs. 1 S. 3 PolG kann die betroffene Person für die Dauer des Datenabgleichs vom Polizeivollzugsdienst angehalten werden (**Anhalterecht**). Das Anhalten darf nur zum Zweck des Datenabgleichs und nur kurz andauern.[600] Freiheitsbeschränkungen, die über das Anhalten während der Durchführung des Datenabgleichs hinausgehen, sind nur nach Maßgabe besonderer gesetzlicher Vorschriften (etwa Personenfest-

---

597 VG Wiesbaden, ZD 2022, 126.
598 Ratsbeschluss „Prüm" 2008/615/JI vom 23.6.2008 zur Bekämpfung des Terrorismus und der grenzüberschreitenden Kriminalität; Zeitler/Trurnit, Polizeirecht BW, Rn 984.
599 Etwa die Verordnung (EU) 2019/818 des Europäischen Parlaments und des Rates vom 20.5.2019 zur Errichtung eines Rahmens der Interoperabilität zwischen EU-Informationssystemen (polizeiliche und justizielle Zusammenarbeit, Asyl und Migration) und zur Änderung der Verordnungen (EU) 2018/1726, (EU) 2018/1862 und (EU) 2019/816.
600 Trurnit, in: Zeitler/Trurnit, Polizeirecht BW, Rn 987, hält zu Recht max. 1 Stunde für zulässig.

VI. Datenvereinbarung bei polizeilichen Einzelmaßnahmen

stellung gem. § 27 Abs. 2 S. 3 PolG) erlaubt. Dies gilt insbesondere für das **Festhalten der Person gegen ihren Willen**. § 47 Abs. 1 S. 3 PolG bildet insoweit **keine Ermächtigungsgrundlage**.

ee) Zuständigkeit. Die **Zuständigkeit** und die Befugnis für den Datenabgleich liegt ausschließlich beim **Polizeivollzugsdienst**. 331

d) Sonstiger Datenabgleich (§ 47 Abs. 2 PolG). Nach der klarstellenden Vorschrift des § 47 Abs. 2 PolG bleiben Rechtsvorschriften über den **Datenabgleich in anderen Fällen** unberührt. Dies bedeutet, dass spezialgesetzliche Regelungen über den Abgleich personenbezogener Daten vorgehen und in diesen spezialgesetzlich geregelten Fällen § 47 Abs. 1 PolG nicht greift.[601] Die Voraussetzungen für einen Datenabgleich ergeben sich in diesen Fällen allein aus den spezialgesetzlichen Vorschriften (etwa aus den §§ 48, 51 Abs. 2 PolG). Diese Regelung betrifft insbesondere den Abgleich mit polizeilichen Dateien im Zusammenhang mit Strafverfolgungsmaßnahmen (§§ 98 a bis 98 c StPO) und den Abgleich mit dem zentralen Verkehrsinformationssystem (§ 35 Abs. 4 StVG). Vgl. auch die spezielle Regelung zum Abgleich von Kfz-Kennzeichen in § 51 Abs. 2 PolG (→ Rn 440 ff.). 332

8. Rasterfahndung (§ 48 PolG). a) Allgemeines. § 48 PolG entspricht im Wesentlichen § 40 PolG 1992 und wurde durch das **PolG 2020** redaktionell und inhaltlich angepasst. Die Vorschrift orientiert sich an § 48 BKAG. 333

§ 48 PolG regelt die **Rasterfahndung** zur vorbeugenden Bekämpfung von Straftaten mit erheblicher Bedeutung und stellt eine weitere **Ermächtigungsgrundlage für die Datenerhebung und -übermittlung dar**. Unter der Maßnahme ist die **maschinell-automatisierte Prüfung von personenbezogenen Daten** zu verstehen, die mittels fallspezifischer tätertypischer Kriterien („Raster") durch einen Abgleich mit zwei oder mehr anderen automatisierten Datenbeständen bzw. Dateien ausgewertet werden, um nach Personen zu fahnden, die möglicherweise in diesen Beständen gespeichert sind und gemeinsame Merkmale aufweisen. Bei dem Vorgang geht es nicht um den Abgleich der Daten einer einzelnen Person. Vielmehr wird nach wenigen Personen gefahndet, auf die bestimmte Prüfungsmerkmale (tat- und tätereigentümliche Besonderheiten) zutreffen und die sich dadurch von anderen zugleich erfassten Menschen (-mengen) unterscheiden. 334

Der entscheidende **Unterschied zum Datenabgleich gem. § 47 PolG** liegt darin, dass bei der Rasterfahndung auch **mit anderen als polizeilichen Dateien** abgeglichen wird. Danach können Datenbestände der Polizei mit automatisierten Dateien sowohl anderer öffentlicher als auch nichtöffentlicher Stellen abgeglichen werden. § 48 PolG gibt dem **Polizeivollzugsdienst die Befugnis**, auch **auf externe Datenbestände zuzugreifen**. In Betracht kommen etwa Datenbestände von Gas- oder Elektrizitätsversorgungsunternehmen, kommunalen Rechenzentren, Banken, Versicherungen, Krankenkassen, Bibliotheken, Meldebehörden, Sozialämter etc.

Fall 30: In der Bundesrepublik wurde die präventive Rasterfahndung im großen Rahmen nach den Anschlägen vom 11.9.2001 in den USA durchgeführt. Sie lieferte der Vollzugspolizei Millionen von Personaldaten. Ziel der Maßnahmen auf der Grundlage der jeweiligen landesrechtlichen Ermächtigungen war insbesondere, bislang unerkannt gebliebene Personen (sog. Schläfer) an den Hochschulen des Landes ausfindig zu machen und potenzielle extremistische islamistische Terroristen zu enttarnen. Aus diesem Grund wurden von den zuständigen Polizeidienststellen (= ersuchende Stellen) u. a. auch die Universitäts- und Fachhochschulverwaltungen (= ersuchte Stellen) aufgefordert bzw. verpflichtet, der Polizei personenbezogene Informationen zu übermitteln. Zu diesen Daten zählten Geburtsdatum und -land, Vornamen, Staatsangehörigkeit, Familienstand, Anzahl der Kinder, Religionszugehörigkeit und Studienfachrichtung aller zwischen dem 1.10.1960 und 1983 geborenen Männer.

Bei der Rasterfahndung handelt es sich um einen **verdachtslosen Eingriff**, der Eingriffsbefugnisse mit großer Streubreite vorsieht. Das **BVerfG** hat entschieden, dass eine präventive

---

601 Graulich, in: Schenke/Graulich/Ruthig, Sicherheitsrecht, § 16 BKAG Rn 37.

Rasterfahndung mit dem Grundrecht auf informationelle Selbstbestimmung nur vereinbar ist, wenn eine **konkrete Gefahr für hochrangige Rechtsgüter**, wie den Bestand oder die Sicherheit des Bundes oder eines Landes oder für Leib, Leben oder Freiheit einer Person gegeben ist. Im **Vorfeld der Gefahrenabwehr** scheidet eine solche Rasterfahndung aus. Eine allgemeine Bedrohungs- oder außenpolitische Spannungslage, so das Gericht, reicht für die Anordnung nicht aus. Vorausgesetzt ist vielmehr das Vorliegen weiterer Tatsachen, aus denen sich eine konkrete Gefahr, etwa für die Vorbereitung oder Durchführung terroristischer Anschläge, ergibt[602].

Wegen dieser Entscheidung musste auch der Landesgesetzgeber die frühere Regelung der Rasterfahndung, die als Vorfeldmaßnahme zum Zweck der vorbeugenden Bekämpfung von Straftaten mit erheblicher Bedeutung ausgestaltet war, an die Anforderungen der Verfassung anpassen. Durch das **Änderungsgesetz vom 18.11.2008** (GBl. S. 399) wurde die **Ermächtigungsgrundlage** in § 48 Abs. 1 PolG **neu gefasst** und in Abs. 5 (seit dem Jahr 2021 ersetzt durch die §§ 85 bis 87 PolG) eine **Unterrichtungspflicht** eingefügt.

335 Bei der **positiven Rasterfahndung** werden alle Personen in die Fahndung einbezogen, die bestimmte Merkmale aufweisen, die für die weitere polizeiliche Arbeit bedeutsam sind (etwa alle Halter eines bestimmten gesuchten Fahrzeugtyps). Bei der **negativen Rasterfahndung** wird eine Datei mit dem Ziel abgeglichen, Personen festzustellen, die ein bestimmtes, für die polizeiliche Arbeit wichtiges Merkmal **nicht** aufweisen.

Die Maßnahme, die auch als „Verdachts-" bzw. als „Verdächtigengewinnungseingriff" bezeichnet wird[603], richtet sich gegen jeden, der Träger der im Raster enthaltenen Merkmale ist, also fast ausschließlich gegen **unverdächtige Personen**. Nach der Rechtsprechung liegt auch dann bereits ein Grundrechtseingriff vor, wenn die Daten einzelner Personen automatisch erfasst, abgeglichen und spurenfrei wieder beseitigt werden. Dies ist insbesondere bei der negativen Rasterfahndung der Fall.[604] Bei der positiven Fahndung sind zumindest die Treffer als grundrechtsrelevante Eingriffe zu qualifizieren.

Parallelregelungen finden sich in den **§§ 98 a und 98 b StPO**.

336 **b) Voraussetzungen (§ 48 Abs. 1 PolG).** Durch das PolG 2020 wurde in § 48 Abs. 1 S. 1 PolG die Eingriffsschwelle an die Anforderungen des BKAG-Urteils des BVerfG angepasst. Die geschützten Rechtsgüter wurden in Anlehnung an § 4 Abs. 1 S. 1 Nr. 5 b, § 48 Abs. 1 S. 1 BKAG („oder für wesentliche Infrastruktureinrichtungen oder sonstige Anlagen mit unmittelbarer Bedeutung für das Gemeinwesen"[605]) ergänzt.

337 **aa) Anspruch auf Übermittlung der Daten (§ 48 Abs. 1 S. 1 PolG).** § 48 Abs. 1 S. 1 PolG ermächtigt den **Polizeivollzugsdienst**, von öffentlichen und nichtöffentlichen Stellen zu verlangen, bestimmte personenbezogene Daten (vgl. § 48 Abs. 2 PolG), die bestimmte Prüfungsmerkmale erfüllen, zu übermitteln, um danach einen maschinellen Datenabgleich mit anderen in automatisierten Dateien gespeicherten Datenbeständen vornehmen zu können. Der **maschinelle Abgleich** der übermittelten Daten ist zu den in § 48 Abs. 1 PolG genannten Zwecken zulässig.

---

602 BVerfG, NJW 2006, 1939. Das BVerfG hatte in diesem Verfassungsbeschwerdeverfahren entschieden, dass der damalige § 31 PolG NRW zur Regelung der präventiven Rasterfahndung verfassungswidrig war; ebenso BVerfG (SOG MV), GSZ 2023, 98, 104 (Rn 183 ff.), m. Anm. Graulich, 105 ff.
603 Vgl. Gusy/Eichenhofer, Polizei- und Ordnungsrecht, Rn 271.
604 BVerfG, NJW 2019, 827, 829 f. (Rn 43, 45 ff.); a. A. noch BVerfGE 120, 320, 397 ff.; vgl. dazu auch Gusy/ Eichenhofer, Polizei- und Ordnungsrecht, Rn 204, 271 m. w. N.
605 BVerfGE 141, 220, 287 f. (Rn 155).

Die Maßnahme ist nur **zur Abwehr von Gefahren für besonders hochwertige Rechtsgüter** zulässig[606] und entspricht insoweit den Vorgaben des BVerfG aus dem BKAG-Urteil[607]. Eine Rasterfahndung ist nur möglich bei Gefahren für

- Leib, Leben oder Freiheit einer Person,
- den Bestand oder die Sicherheit des Bundes oder eines Landes oder
- wesentliche Infrastruktureinrichtungen oder sonstige Anlagen mit unmittelbarer Bedeutung für das Gemeinwesen.[608]

Das BVerfG hat in seinem BKAG-Urteil festgestellt, dass die durch § 48 Abs. 1 S. 1 PolG geschützten **Rechtsgüter hinreichend gewichtig** sind.[609]

Für die erfassten Rechtsgüter muss eine **konkrete Gefahr** (→ § 4 Rn 28) vorliegen.[610] Das **BVerfG** hat hierzu ausgeführt: „Die Rasterfahndung darf daher von Verfassung wegen **erst bei Vorliegen einer konkreten Gefahr** eingesetzt werden ... Selbst bei höchstem Gewicht der drohenden Rechtsgutbeeinträchtigung kann auf das **Erfordernis einer hinreichenden Wahrscheinlichkeit** nicht verzichtet werden ... Die für die Rasterfahndung geltende Eingriffsschwelle muss von Verfassung wegen allerdings nicht notwendig eine gegenwärtige Gefahr im überkommenen Sinn sein, **darf aber die einer konkreten Gefahr nicht unterschreiten** ... Vorausgesetzt ist danach eine Sachlage, bei der im konkreten Fall die hinreichende Wahrscheinlichkeit besteht, dass in absehbarer Zeit ein Schaden für diese Rechtsgüter eintreten wird. Den mit der Anwendung einer solchen Ermächtigung betrauten Instanzen ist es allerdings verfassungsrechtlich verwehrt, den polizeirechtlichen Gefahrenbegriff unter Ablösung von diesen Anforderungen auszulegen und dadurch die Gefahrenschwelle unter das für eine Rasterfahndung verfassungsrechtlich geforderte Maß herabzusenken. Die für die Feststellung einer konkreten Gefahr erforderliche Wahrscheinlichkeitsprognose muss sich auf **Tatsachen** beziehen. Vage Anhaltspunkte oder bloße Vermutungen ohne greifbaren, auf den Einzelfall bezogenen Anlass reichen nicht aus."[611]

Dies bedingt in der **polizeilichen Praxis** ein Problem, weil die Rasterfahndung ihrem Zweck nach eine präventive Maßnahme ist. Das BVerfG hat klar betont, dass allgemeine Gefahrenlagen wie nach den Anschlägen des 11.9.2001 nicht ausreichen.[612] Richtigerweise sind die Anforderungen an die Annahme einer konkreten Gefahr aber auch nicht zu überspannen.[613] Die Polizei ist gehalten, aufgrund ihr vorliegender Tatsachen zu prüfen, ob sich nach ihrer sachverständigen Einschätzung Erkenntnisse ergeben, wonach eine konkrete Gefahr besteht, dass in absehbarer Zeit konkrete Beeinträchtigung der durch § 48 Abs. 1 S. 1 PolG geschützten Rechtsgüter hinreichend wahrscheinlich eintreten könnten.

Beispiel: Der Polizei liegen gesicherte Erkenntnisse vor, dass sich in Deutschland ihr bekannte oder konkretisierbare Personen für Terroranschläge bereithalten, die in absehbarer Zeit in Deutschland oder andernorts verübt werden sollen.[614]

Die **Erforderlichkeit** für die Durchführung der Maßnahme liegt nur dann vor, wenn ohne die Rasterfahndung die polizeiliche Aufgabenerfüllung nicht, nicht sachgerecht oder nur mit erheblicher zeitlicher Verzögerung wahrgenommen werden könnte.[615]

---

606 Stephan, in: Stephan/Deger, Polizeigesetz BW, § 40 Rn 5.
607 BVerfGE 141, 220, 307 (Rn 220).
608 Vgl. dazu auch Ruthig, in: Schenke/Graulich/Ruthig, Sicherheitsrecht, § 48 BKAG Rn 8 bis 10.
609 BVerfGE 141, 220, 303 (Rn 207).
610 BVerfGE 115, 320, 357, 360, 364; Ruthig, in: Schenke/Graulich/Ruthig, Sicherheitsrecht, § 48 BKAG Rn 13; Schenke, Polizei- und Ordnungsrecht, Rn 278.
611 BVerfGE 115, 320, 357 ff.
612 BVerfGE 115, 320, 361, 364 f.
613 Schenke, Polizei- und Ordnungsrecht, Rn 278.
614 BVerfGE 115, 320, 357 (Rn 147).
615 VGH BW, DÖV 1995, 424, 426.

340 Der Datenabgleich setzt voraus, dass dem Polizeivollzugsdienst fremde Daten übermittelt werden. § 48 Abs. 1 S. 1 PolG begründet einen **Anspruch auf Übermittlung von Daten** aus öffentlichen oder privaten Beständen. Die **ersuchten Stellen** sind deshalb **zur Übermittlung verpflichtet**.

Zur Übermittlung sind alle öffentlichen Stellen (vgl. § 2 Abs. 1 S. 1, Abs. 2 LDSG, § 2 Abs. 1, 2 BDSG) und nichtöffentlichen Stellen (vgl. § 2 Abs. 4 BDSG) in BW verpflichtet. Die Anordnung der ersuchenden Dienststelle, Daten zu übermitteln, stellt einen **Verwaltungsakt** dar[616], der als Grundverfügung im Wege der Verwaltungsvollstreckung durchgesetzt werden kann. Gegenüber privaten (= nichtöffentlichen) Stellen kann die Übermittlungsanordnung bei Vorliegen der Vollstreckungsvoraussetzungen erforderlichenfalls im Wege des **Verwaltungszwangs** durchgesetzt werden. Als **Zwangsmittel** kommen insbesondere die Androhung und Festsetzung eines Zwangsgeldes sowie die Wegnahme / Beschlagnahme eines Datenträgers in Betracht (vgl. § 63 PolG, §§ 23, 52 Abs. 4, 28 LVwVG, § 38 PolG). Gegenüber den öffentlichen Stellen scheidet eine Vollstreckung in der Praxis aus (vgl. § 22 LVwVG).

341 **bb) Berufs- und Amtsgeheimnis (§ 48 Abs. 1 S. 2 PolG).** Der Hinweis in § 48 Abs. 1 S. 2 PolG, wonach Rechtsvorschriften über ein **Berufs- oder besonderes Amtsgeheimnis** unberührt bleiben, schränkt den Übermittlungsanspruch ein. Er bedeutet, dass die speichernde bzw. ersuchte Stelle nicht zur Datenübermittlung verpflichtet ist, wenn diese Daten einem Berufs- oder Amtsgeheimnis (etwa § 30 AO [Steuergeheimnis], § 165 TKG [Fernmeldegeheimnis], § 39 PostG [Postgeheimnis] oder § 35 SGB I [Sozialgeheimnis]) unterliegen. **Berufsgeheimnisse** sind Geheimnisse, die Angehörigen der in § 203 StGB genannten Berufsgruppen in Ausübung ihres Berufes bekannt geworden sind, etwa als Ärzte, Apotheker, Psychologen oder Rechtsanwälte (→ Rn 216). § 48 PolG wird in § 10 PolG nicht aufgezählt, weil durch die über § 48 Abs. 1 S. 2 PolG vorgelagerte Prüfpflicht auf Berufs- oder besondere Amtsgeheimnisse solche Daten erst gar nicht in den Verfügungsbereich der Polizei gelangen dürfen.[617]

342 **cc) Zuständigkeit.** Die **Zuständigkeit** für die Durchführung einer Rasterfahndung liegt ausschließlich beim **Polizeivollzugsdienst**.

343 **c) Beschränkung der Datenerhebung (§ 48 Abs. 2 PolG).** Das **Übermittlungsbegehren** der ersuchenden Polizeidienststelle muss sich gem. § 48 Abs. 2 S. 1 PolG auf sog. **Grunddaten** sowie auf im Einzelfall festzulegende Merkmale beschränken. Diese sind:
- Namen,
- Anschriften,
- Datum und Ort der Geburt,
- im Einzelfall festzulegende Merkmale (etwa Religionszugehörigkeit, Staatsangehörigkeit, Familienstand etc. [vgl. dazu auch § 12 Nr. 15 PolG]).

Die ersuchte Stelle darf grundsätzlich nur die angeforderten Grunddaten übermitteln. Sie ist daher zur **Aussonderung** verpflichtet. § 48 Abs. 2 S. 2 PolG enthält im Interesse der **Verfahrensökonomie** eine Ausnahme von diesem Grundsatz: Ist ein Aussondern der zu übermittelnden Daten nur mit unverhältnismäßigem Aufwand möglich, so dürfen die weiteren Daten ebenfalls erhoben werden. Werden an die ersuchende Dienststelle Daten übermittelt, die nicht angefordert und nach Satz 2 nicht ausgesondert wurden, gilt für diese weiteren „überschießenden" Daten gem. § 48 Abs. 2 S. 3 PolG ein **absolutes Nutzungs- und Verwertungsverbot**. Sie können daher auch nicht für Zwecke der Strafverfolgung verwendet werden; die Regelung ist als **lex specialis** abschließend, ein Rückgriff auf die allgemeinen Bestimmungen zur weiteren Datenverarbeitung der §§ 13 bis 16 PolG ist ausgeschlossen.

---

616 Ruthig, in: Schenke/Graulich/Ruhig, Sicherheitsrecht, § 48 BKAG Rn 16.
617 LT-Drs. 16/8484, S. 203.

VI. Datenvereinbarung bei polizeilichen Einzelmaßnahmen

d) Richtervorbehalt (§ 48 Abs. 3 PolG). Gem. § 48 Abs. 3 PolG bedarf die Durchführung der Rasterfahndung der **Anordnung durch das Gericht.** Der Richtervorbehalt wurde durch das PolG 2020 eingeführt. Wegen der Schwere des Grundrechtseinschränkung bei der Rasterfahndung unterliegt der Eingriff dem **Richtervorbehalt.**[618] § 48 Abs. 3 PolG trägt diesem Umstand Rechnung. Es bedarf einer **Anordnung durch den Richter.**

344

Für das **gerichtliche Verfahren** gelten die Verfahrensregeln des **§ 132 PolG mit den ergänzenden Vorgaben des § 48 Abs. 3 PolG** (→ Rn 17 ff.).

345

Die gerichtliche Anordnung steht unter einem **Antragsvorbehalt** (§ 48 Abs. 3 S. 2 PolG). Gem. § 48 Abs. 3 S. 3 PolG ist der **Antrag** durch die **Leitung eines regionalen Polizeipräsidiums oder des LKA** schriftlich zu stellen und zu begründen.

346

Der Begriff „Leitung" ist eindeutig: Der Antrag kann nur vom **Präsidenten des örtlich zuständigen Polizeipräsidiums**[619] oder vom **Präsidenten des LKA**[620] gestellt werden. Beide Möglichkeiten bestehen **alternativ** und hängen nicht von weiteren tatbestandlichen Voraussetzungen ab. Im Fall der Verhinderung sind nur die unmittelbaren ständigen Vertreter der Präsidenten zur Anordnung befugt. Der Personenkreis **kann nicht** auf die sonstige Führungsebene **erweitert werden**, auch nicht durch Delegation der Behördenleitung.

e) Löschungspflicht (§ 48 Abs. 4 PolG). Nach **Abschluss der Maßnahme** sind nach der **Spezialvorschrift** des § 48 Abs. 4 S. 1 PolG grundsätzlich die übermittelten und im Zusammenhang mit dem Abgleich zusätzlich angefallenen **Daten zu löschen** und die **Unterlagen zu vernichten**. Von der Pflicht zur Löschung und Vernichtung einzig ausgenommen sind alle Daten und Unterlagen, die für ein konkretes **strafrechtliches Ermittlungsverfahren** von Bedeutung sein könnten, hier gelten für die weitere Datenverarbeitung aber zwingend die Voraussetzungen des § 15 PolG (hypothetische Datenverarbeitung [→ Rn 135 ff.]). Liegen die Voraussetzungen des § 15 PolG nicht vor, scheidet eine weitere Verwendung der in der Rasterfahndung erlangten Daten aus.

347

Gem. § 48 Abs. 4 S. 2 PolG kann die Löschung der Daten und die Vernichtung der Unterlagen nur durch die **Leitung eines regionalen Polizeipräsidiums** oder durch die **Leitung des LKA** (→ Rn 334) angeordnet werden. Die Zuständigkeitsregelung korrespondiert mit der für den Antrag in § 48 Abs. 3 S. 3 PolG und macht deutlich, dass wegen der besonderen Bedeutung der Rasterfahndung und dem mit ihr verbundenen schwerwiegenden Grundrechtseingriffs die Verantwortung für die Datenverarbeitung bei den genannten Führungspersonen bis zum Abschluss verbleibt.

Die Anordnung zur Löschung oder Vernichtung ist gem. § 48 Abs. 4 S. 3 PolG zu **dokumentieren**. Die Regelung geht insoweit den §§ 73, 74 PolG als **lex specialis** vor und umfasst nicht nur die Tatsache der Löschung oder Vernichtung, sondern verlangt vor allem die Dokumentation der Anordnung durch die im Gesetz genannten Behördenleitungen.

Grundlegende Benachrichtigungspflichten gegenüber den betroffenen Personen ergeben sich aus den §§ 85 bis 87 PolG.

f) Dokumentationspflicht (§ 48 Abs. 5 PolG). Durch § 48 Abs. 5 PolG wird eine **weitergehende Dokumentationspflicht** für die Datenverarbeitung bei einer Maßnahme der Rasterfahndung vorgesehen. Die Regelung orientiert sich an § 48 Abs. 3 S. 2 bis 5 BKAG. Sie ergänzt die §§ 73, 74 PolG, die für die Rasterfahndung weitere Protokollierungspflichten vorsehen (→ Rn 600 ff.). Die Dokumentationspflicht sichert vor allem die Rechtsschutzmöglichkeiten der betroffenen Person ab, da nach einer vollständigen Löschung des Vorgangs keine rechtliche Beurteilung mehr

348

---

618 BVerfGE 141, 220, 275 f. (Rn 117 f.).
619 Nr. 1 Spiegelstrich 1 der Anlage 2 zu Nr. 1.3 und 2.3 VwV-PolOrg.
620 Nr. 1 Spiegelstrich 1 der Anlage 6 zu Nr. 1.3 und 2.3 VwV-PolOrg.

möglich wäre.[621] Zudem stellt sie die Überprüfung durch den Landesdatenschutzbeauftragten gem. § 98 Abs. 1 Nr. 14 PolG sicher.

349 Im Einzelnen gilt:
- Aus § 48 Abs. 5 S. 1 PolG folgt die grundlegende Pflicht zur **Dokumentation der Maßnahme**. Der Begriff „Maßnahme" meint die **eigentliche Erfassung und Löschung der Daten**[622] und nicht den gesamten Vorgang der Datenverarbeitung, der gem. §§ 73, 74 PolG zu protokollieren ist (→ Rn 600 ff.).
- Die Dokumentation ist gem. § 48 Abs. 5 S. 2 PolG **gesondert aufzubewahren** und durch **organisatorische und technische Maßnahmen** zu sichern. Die Dokumentation ist keine Bestandteil des Datenverarbeitungsvorgangs zur Durchführung der Rasterfahndung, sondern muss davon getrennt angelegt, fortlaufend bearbeitet, aufbewahrt und gesichert werden. Dies muss über das **Datenschutzmanagementsystem** (→ Rn 112, 610) sichergestellt sein.
- Die Dokumentation ist gem. § 48 Abs. 5 S. 3 PolG **sechs Monate** nach der Benachrichtigung gem. § 86 PolG oder sechs Monate nach Erteilung der gerichtlichen Zustimmung über das endgültige Absehen von der Benachrichtigung zu **löschen**. Die Löschungsfrist beträgt grundsätzlich 6 Monate. Wird die betroffene Person gem. § 86 Abs. 1, 2 PolG von der sie betreffenden Rasterfahndung benachrichtigt, beginnt die Frist mit der Benachrichtigung (Kenntnis der betroffenen Person) zu laufen. Unterbleibt eine Benachrichtigung aufgrund einer gerichtlichen Entscheidung gem. § 86 Abs. 3 PolG (fünf Jahre nach Beendigung der Rasterfahndung), beginnt die Frist mit der Bekanntgabe der Gerichtsentscheidung an die Polizei zu laufen; in diesem Fall erfolgt die Löschung erst fünfeinhalb Jahre nach Beendigung der Rasterfahndung ohne Kenntnis der betroffenen Person.
- Ist die **Datenschutzkontrolle** gem. § 98 Abs. 1 Nr. 14 PolG noch nicht beendet, ist die Dokumentation bis zu ihrem Abschluss aufzubewahren (§ 48 Abs. 5 S. 4 PolG). Die Polizei muss vor der Löschung der Dokumentation darauf achten, ob die **zweijährige Kontrolle durch den Landesbeauftragten für Datenschutz** (§ 20 LDSG i. V. m. § 97 PolG) der Rasterfahndungsmaßnahmen gem. § 98 Abs. 1 Nr. 14 PolG noch nicht durchgeführt worden ist. Erst nach deren Abschluss kann eine Löschung erfolgen, wenn die sonstigen Voraussetzungen gem. § 48 Abs. 5 S. 3 PolG vorliegen. Im Einzelfall kann es damit zu einer Löschung erst über 7 Jahre nach Abschluss der Rasterfahndung kommen.

Im Kern handelt es sich um **eine umfassende Dokumentation der gesamten zur Durchführung der Rasterfahndung notwendigen Datenverarbeitungsschritte** durch den mit der Durchführung der Rasterfahndung beauftragten Beamten des Polizeivollzugsdienstes. Diese erfolgt über das **Datenschutzmanagementsystem** der Polizei (→ Rn 122, 610).

350 **g) Rechtsschutz.** Bei der Beurteilung der **Rechtsschutzmöglichkeiten** muss differenziert werden:

Die Aufforderung zur Aussonderung und Herausgabe der begehrten Daten stellt einen **Verwaltungsakt** dar.[623] Der **Adressat einer polizeilichen Anordnung**, durch die er gem. § 40 Abs. 1 S. 1 PolG zur Übermittlung bestimmter Daten verpflichtet wird (= ersuchte Stelle), kann die Rechtmäßigkeit dieser Verfügung im Wege der **Anfechtungsklage** (§ 42 VwGO) überprüfen lassen. So kann sich etwa eine Universitätsverwaltung, die im Zusammenhang mit der Rasterfahndung nach Schläfern zur Übermittlung personenbezogener Daten verpflichtet wird (vgl. **Fall 30** in § 10 Rn 334), durch die Anfechtung dieser Anordnung zur Wehr setzen, wenn sie die Daten nicht preisgeben will.

---

621 Ruthig, in: Schenke/Graulich/Ruthig, Sicherheitsrecht, § 48 BKAG Rn 21.
622 Ruthig, in: Schenke/Graulich/Ruthig, Sicherheitsrecht, § 48 BKAG Rn 21.
623 Ruthig, in: Schenke/Graulich/Ruthig, Sicherheitsrecht, § 48 BKAG Rn 16.

Eine **verwaltungsgerichtliche Anfechtung** der Anordnung **durch die betroffene Person** scheidet wegen § 132 Abs. 3 PolG aus (→ Rn 22).

h) Protokollierungspflicht (§ 74 PolG). Aus § 74 PolG folgt eine **umfassende Protokollierungspflicht** für alle Maßnahmen gem. § 48 PolG (→ Rn 600, 602). Zu protokollieren sind gem. § 74 Abs. 1 u. Abs. 2 Nr. 1 PolG:

1. Das zur Datenerhebung **eingesetzte Mittel**,
2. der **Zeitpunkt** des Einsatzes,
3. Angaben, die die **Feststellung der erhobenen Daten** ermöglichen,
4. die verantwortliche **Dienststelle**,
5. die im Übermittlungsersuchen gem. § 48 Abs. 2 PolG enthaltenen **Merkmale** sowie
6. die **betroffenen Personen**, gegen die nach Auswertung der Daten weitere Maßnahmen getroffen wurden.

Die Protokollierungspflicht gem. § 74 PolG besteht neben der Dokumentationspflicht des § 48 Abs. 5 PolG. Letztere dient der Einhaltung der Pflicht zur Benachrichtigung der betroffenen Personen sowie der Datenschutzkontrolle.[624]

9. Besondere Mittel der Datenerhebung (§ 49 PolG). a) Allgemeines. aa) Entstehungsgeschichte. § 49 PolG entspricht dem Grunde nach § 22 PolG 1992 und wurde mit dem **PolG 2020** grundlegend **überarbeitet und neu geordnet**. In der **neuen Struktur** beginnt § 49 PolG in Absatz 1 mit der grundlegenden Berechtigung zur Datenverarbeitung, um dann in den Absätzen 2 und 3 die besonderen Mittel der Datenerhebung und die Straftaten mit Bedeutung zu definieren (→ Rn 342, 345). Mit dem PolG 2020 wurden zudem Anpassungen vorgenommen, die auf das **BKAG-Urteil des BVerfG** zurückzuführen sind.

bb) Besondere Mittel der polizeilichen Datenerhebung. Besondere Mittel der Datenerhebung sind nach der **Aufzählung** in § 49 Abs. 2 PolG:

- die längerfristige Observation (Nr. 1);
- der verdeckte Einsatz technischer Mittel zur Anfertigung von Lichtbildern und Bildaufzeichnungen (Nr. 2 a) sowie zum Abhören und Aufzeichnen des nicht öffentlich gesprochenen Wortes auf Tonträger (Nr. 2 b);
- die technische Observation zur Feststellung des Aufenthaltsortes oder der Bewegungen einer Person oder einer beweglichen Sache (Nr. 3);
- Einsatz Verdeckter Ermittler (Nr. 4);
- Einsatz von Vertrauenspersonen (Nr. 5).

Die besonderen Mittel sollen vor allem für die Bekämpfung der organisierten Kriminalität und von Straftaten mit erheblicher Bedeutung eingesetzt werden. In § 49 Abs. 2 Nr. 1 bis 5 PolG werden die **Mittel der Datenerhebung** genannt. Die **Ermächtigungsgrundlagen** für den Einsatz dieser Mittel sind in Abs. 1 geregelt. Als **technische Mittel** kommen Abhöreinrichtungen, Minisender, Richtmikrofone, Minimikrofone (Wanzen) etc. in Betracht.

Bloße **Informanten** der Polizei sind Privatpersonen ohne Hoheitsbefugnisse. Sie zählen nicht zu den besonderen Mitteln der Datenerhebung, sondern sind Auskunftspersonen i. S. d. § 70 Abs. 1 Nr. 5 PolG.

cc) Verfassungsrecht. Die polizeiliche Überwachung von Personen und ihres Umfelds tangiert weder die durch Art. 10 Abs. 1 GG noch die durch Art. 13 Abs. 1 GG geschützten Grundrechte[625], stellt je nach Gewicht der konkret eingesetzten Mittel aber einen schwerwiegenden **Eingriff in**

---

624 LT-Drs. 16/8484, S. 146.
625 BVerfGE 141, 220, 286 (Rn 147 f.). Zum Betreten einer Wohnung durch V-Leute im Hinblick auf Art. 13 GG vgl. Unterreitmeier, Kriminalistik 2021, 643 f.

das **Recht auf informationelle Selbstbestimmung** dar.[626] Es wird aus dem allgemeinen Persönlichkeitsrecht aus Art. 2 Abs. 1, Art. 1 Abs. 1 GG abgeleitet und soll im Sinne der Menschenwürde die engere persönliche Lebenssphäre und die Erhaltung der Grundbedingungen sichern (→ Rn 2 ff.). Maßnahmen nach § 49 PolG können sie **tief in die Privatsphäre eindringen** und ein besonders schweres Eingriffsgewicht erlangen.[627] Das **BVerfG** setzt in seinem **BKAG-Urteil** voraus, dass schwerwiegendere Eingriffe wie der Einsatz besonderer Mittel der Datenerhebung **einen Bezug zu einer konkreten Gefahr** aufweisen: „Nach den oben dargelegten Maßstäben ist der Gesetzgeber hieran nicht grundsätzlich gehindert und zwingt ihn die Verfassung nicht, Sicherheitsmaßnahmen auf die Abwehr von – nach tradiertem Verständnis – konkreten Gefahren zu beschränken. Allerdings bedarf es aber auch bei Maßnahmen zur Straftatenverhütung zumindest einer **auf bestimmte Tatsachen** und nicht allein auf allgemeine Erfahrungssätze **gestützten Prognose**, die **auf eine konkrete Gefahr bezogen** ist. Grundsätzlich gehört hierzu, dass insoweit ein **wenigstens seiner Art nach konkretisiertes und zeitlich absehbares Geschehen** erkennbar ist. In Bezug auf terroristische Straftaten kann der Gesetzgeber stattdessen aber auch darauf abstellen, ob das individuelle Verhalten einer Person die **konkrete Wahrscheinlichkeit** begründet, dass sie in überschaubarer Zukunft terroristische Straftaten begeht. Die diesbezüglichen Anforderungen sind normenklar zu regeln."[628]

Zum allgemeinen Persönlichkeitsrecht zählt neben dem Recht am eigenen Bild auch das **Recht am gesprochenen Wort**, also die Befugnis, selbst zu bestimmen, ob es allein dem Gesprächspartner, Dritten oder sogar der Öffentlichkeit zugänglich sein soll, ob es auf Tonträger aufgenommen wird und ob bzw. vor wem die Aufnahme abgespielt wird.[629] Das **verdeckte Abhören und Aufzeichnen des nicht öffentlich gesprochenen Wortes** aus präventiv-polizeilichen Gründen ist nur unter den engen Voraussetzungen des § 49 Abs. 1 PolG als **Ultima Ratio** – also als letztes Mittel – unter Beachtung der formellen und materiellen Voraussetzungen der §§ 49, 50 PolG zulässig. Ist der Eingriff unzulässig, kann der Straftatbestand des § 201 StGB erfüllt sein (Verletzung der Vertraulichkeit des Wortes).

Beim Einsatz der besonderen Mittel sind die **Zeugnisverweigerungsrechte gem. § 10 PolG** zu beachten.

dd) Aufbau der Vorschrift. Der **Aufbau** der Vorschrift ist kompliziert und wenig transparent.[630] Das hat sich durch das **PolG 2020** nicht geändert:

- Abs. 1 stellt die **grundlegende Ermächtigungsgrundlage** für den Einsatz **aller** besonderen Mittel der Datenerhebung gem. Abs. 2 Nr. 1 bis 5 dar.
- In Abs. 2 werden die besonderen Mittel der Datenerhebung aufgelistet.
- Abs. 3 definiert die Straftaten mit erheblicher Bedeutung.
- Abs. 4 sieht einen **Richtervorbehalt** für besonders schwerwiegende Eingriffe sowie Regelungen für die **Antrags- und Anordnungsbefugnis** der Maßnahmen in den übrigen Fällen vor.

---

626 BVerfGE 141, 220, 264 f. (Rn 91 f.), 286 (Rn 147), 287 (Rn 151), u. BVerfG (SOG MV), GSZ 2023, 98 f. (Rn 87 f.), m. Anm. Graulich, 105 ff.; BVerwG (Vorlagebeschluss), NVwZ 2022, 1802, 1804 f. (Rn 22, 25); R. Schenke, in: Schenke/Graulich/Ruthig, Sicherheitsrecht, § 45 BKAG Rn 4; Trurnit, VBlBW 2017, 233, 234; VG Karlsruhe, openJur 2015, 19440 (Rn 55), zum Verdeckten Ermittler.
627 BVerfG (SOG MV), GSZ 2023, 98, 99 (Rn 88), m. Anm. Graulich, 105 ff.
628 BVerfGE 141, 220, 290 f. (Rn 164), BVerfG (SOG MV), Beschl. v. 9.12.2022 – 1 BvR 1345/21 (Rn 90 f.), GSZ 2023, 98 (dort nicht abgedruckt), m. Anm. Graulich, 105 ff, u. BVerfG (Automatisierte Datenanalyse), NJW 2023, 1196, 1212 (Rn 151), m. krit. Bespr. Vasel, NJW 2023, 1174 ff. Bejaht vom BGH für das in § 49 Abs. 1 Nr. 3 PolG verwendete Tatbestandsmerkmal „deren individuelles Verhalten die konkrete Wahrscheinlichkeit begründet" (DVBl 2022, 101, 102 ff. [Rn 12 ff.] = HRRS 2021 Nr. 1243).
629 Vgl. BVerfGE 34, 238, 245 ff.; Schwabenbauer, in: Lisken/Denninger, Handbuch des Polizeirechts, Kap. G Rn 115.
630 Ebenso Nachbaur, VBlBW 2018, 97, 100 ff.

VI. Datenvereinbarung bei polizeilichen Einzelmaßnahmen

- In Abs. 5 finden sich die Vorgaben für den beim **Gericht zu stellenden Antrag**.
- Abs. 6 regelt **Form und Inhalt** der gerichtlichen Anordnung.
- Abs. 7 regelt die besonderen Befugnisse Verdeckter Ermittler.
- Abs. 8 enthält umfassende Regelungen zum Schutz des Kernbereichs privater Lebensgestaltung.
- Abs. 9 enthält Bestimmungen zur **Löschung** von bestimmten Bild- und Tonaufzeichnungen.

Für den Bereich der **Strafverfolgung** enthalten die §§ 100 f, 100 h, 101, 110 a, 163 f StPO entsprechende Ermächtigungsgrundlagen.

b) Befugnis zur Datenerhebung / betroffene Personen (§ 49 Abs. 1 PolG). aa) Allgemeines. In § 49 Abs. 1 PolG werden die bis zum Jahr 2021 in § 22 Abs. 2, 3 PolG 1992 geregelten **Eingriffsvoraussetzungen** für den Einsatz besonderer Mittel der Datenerhebung unter Berücksichtigung des BKAG-Urteils des BVerfG neu gefasst. Die Regelung orientiert sich an § 45 Abs. 1 BKAG. § 49 Abs. 1 PolG stellt die **grundlegende Eingriffs- und Befugnisnorm** der Polizei für die Durchführung von Überwachungsmaßnahmen i. S. d. Abs. 2 dar.

Durch § 49 Abs. 1 PolG werden die **Eingriffsschwelle** sowie die **betroffenen Personen** festgelegt.[631] Im Gegensatz zur bis zum Jahr 2012 bzw. 2021 geltende Regelung des § 22 Abs. 2, 3 PolG 1992 findet in § 49 Abs. 1, 2 PolG **keine Unterscheidung der Tatbestandsvoraussetzungen einzelner Mittel der Datenerhebung** mehr statt. Vielmehr hat der Landesgesetzgeber die allgemeinen Voraussetzungen des § 49 Abs. 1 PolG so angepasst, dass sie insgesamt für den Einsatz aller in § 49 Abs. 2 Nr. 1 bis 5 PolG genannten Mittel der Datenerhebung gelten.

bb) Zuständigkeit. Für die Durchführung der besonderen Mittel der Datenerhebung ist ausschließlich der **Polizeivollzugsdienst** zuständig.

cc) Gefahrenabwehr (§ 49 Abs. 1 S. 1 Nr. 1 PolG). Gem. § 49 Abs. 1 S. 1 Nr. 1 PolG kommt der Einsatz eines besonderen Mittels der Datenerhebung **zur Abwehr einer Gefahr für Leib, Leben oder Freiheit einer Person, für den Bestand oder die Sicherheit des Bundes oder eines Landes oder für Sachen von bedeutendem Wert**, deren Erhaltung im öffentlichen Interesse geboten ist, in Betracht. Damit werden hochrangige Rechtsgüter erfasst, deren Schutz einen besonderen Stellenwert hat. Dies genügt den Anforderungen des BVerfG an die Verhältnismäßigkeit der Eingriffsnorm.[632]

Als **Adressaten** einer Maßnahme i. S. d. § 49 Abs. 1 S. 1 Nr. 1 PolG kommen **Störer** gem. §§ 6, 7 PolG und **Nichtstörer** gem. § 9 PolG in Betracht. Gegen die Inanspruchnahme dieses Personenkreises sprechen keine verfassungsrechtlichen Bedenken.[633] Es handelt sich um einen **Rechtsgrundverweis**, so dass die tatbestandlichen Voraussetzungen der §§ 6, 7, 9 PolG jeweils vorliegen müssen.[634]

dd) Konkrete Gefahr der Straftatenbegehung (§ 49 Abs. 1 S. 1 Nr. 2, 3 PolG). § 49 Abs. 1 S. 1 Nr. 2 u. 3 PolG erlaubt Maßnahmen, wenn mit der Begehung einer Straftat zu rechnen ist. Dabei wird danach unterschieden, ob **bestimmte Tatsachen** diese Annahme begründen (**Nr. 2**) oder ob das **individuelle Verhalten einer Person** entsprechende Rückschlüsse zulässt (**Nr. 3**). Die Regelung entspricht § 45 Abs. 1 S. 1 Nr. 2, 3 BKAG.

Die Regelung beruht auf den Vorgaben des BVerfG aus dem BKAG-Urteil. Das BVerfG hat betont, dass es auch bei Maßnahmen zur Straftatenverhütung zumindest einer **auf bestimmte Tatsachen** und nicht allein auf allgemeine Erfahrungssätze **gestützten Prognose bedürfe**, die auf

---

631 R. Schenke, in: Schenke/Graulich/Ruthig, Sicherheitsrecht, § 45 BKAG Rn 6.
632 BVerfGE 141, 220, 288 (Rn 156); Soiné, NJW 2020, 2850, 2851.
633 BVerfGE 141, 220, 289 (Rn 159).
634 R. Schenke, in: Schenke/Graulich/Ruthig, Sicherheitsrecht, § 45 BKAG Rn 8.

eine **konkrete Gefahr** bezogen sei. Grundsätzlich gehöre hierzu, dass insoweit ein wenigstens **seiner Art nach konkretisiertes und zeitlich absehbares Geschehen erkennbar** sei. In Bezug auf terroristische Straftaten könne der Gesetzgeber stattdessen aber auch darauf abstellen, ob das **individuelle Verhalten einer Person die konkrete Wahrscheinlichkeit begründe,** dass sie in überschaubarer Zukunft terroristische Straftaten begehe. Die diesbezüglichen **Anforderungen** seien **normenklar zu regeln.**[635] Das BVerfG hat offen gelassen, wo die Grenzen solcher Regelungen in den Landespolizeigesetzen liegen.[636] Die in § 49 Abs. 3 PolG aufgeführten schweren Straftaten genügen diesen verfassungsrechtlichen Anforderungen (→ Rn 371).[637]

Der Landesgesetzgeber hat die vom BVerfG in seinem BKAG-Urteil verwendeten Formulierungen fast wörtlich in den Gesetzestext übernommen.[638] Ob dies tatsächlich zu einer geeigneten Normfassung geführt hat, kann bezweifelt werden. Die Formulierungen sind insgesamt unbestimmt geworden[639], aber noch verfassungsgemäß[640], da die Regelung verlangt, dass Tatsachen den Schluss auf ein wenigstens seiner Art nach konkretisiertes und zeitlich absehbares Geschehen zulassen.[641]

362 § 49 Abs. 1 S. 1 Nr. 2 PolG stellt auf den **Verdacht einer schweren Straftat** i. S. d. § 49 Abs. 3 PolG ab. Um den Anforderungen des BVerfG an die Konkretisierung zu genügen, erfordert es eine **auf belastbare Tatsachen gestützten Prognose**, dass eine bestimmte Person solche Straftaten begehen wird. Diese Tatsachen müssen nicht in der betroffenen Person liegen (hier wäre die Nr. 3 einschlägig), richtigerweise wird die notwendige Prognose aber umso schwieriger, je weniger die zugrunde gelegten Tatsachen einen Bezug zur betroffenen Person aufweisen.[642]

Es bedarf einer nachvollziehbaren **Kausalität** zwischen der Tatsachenprognose und der Annahme der Straftatbegehung. Die der Prognose zugrunde gelegten Tatsachen müssen den Schluss zulassen, dass es mit hinreichender Wahrscheinlichkeit zur Begehung einer Straftat gem. § 49 Abs. 3 PolG kommen wird.

Beispiel: T war nachweislich zur Ausbildung in einem islamistischen Terrorcamp in Afghanistan. Nach seiner Rückkehr nach Deutschland vor einem Jahr wird er mit anderen Personen seit etwa zwei Wochen täglich von Z, der Führer einer potenziellen islamistischen Terrorzelle ist, telefonisch kontaktiert. Diese konkreten Tatsachen lassen den ausreichend sicheren Rückschluss zu, dass von den einbezogenen Personen ein terroristischer Anschlag geplant wird.

Das Tatbestandsmerkmal „**innerhalb eines überschaubaren Zeitraums**" hat leider wenig Kontur. Der Landesgesetzgeber verwendet es auch an anderer Stelle (§ 31 Abs. 1 PolG). Die Beschreibung dieser zeitlichen Komponente ist sehr unbestimmt und stellt einen „herabgestuften Wahrscheinlichkeitsmaßstab"[643] dar, der dem Polizeirecht an sich fremd ist. Andererseits muss gesehen werden, dass in der Polizeipraxis nur der jeweilige Einzelfall beurteilt werden kann, so dass zu starre zeitliche Vorgaben der Rechtsanwendung entgegenstehen würden. Angesichts der besonderen Bedeutung der von den in Bezug genommenen Straftaten (§ 49 Abs. 3 PolG) geschützten Rechtsgüter wird man keinen allzu engen zeitlichen Zusammenhang verlangen können. Hinzu kommt, dass Straftaten i. S. d. § 49 Abs. 3 PolG aufgrund ihrer Komplexität oft längerer Vorbereitungszeit bedürfen. Insofern können im Einzelfall **auch mehrere Monate**

---

635 BVerfGE 141, 220, 290 f. (Rn 164); Trurnit, VBlBW 2021, 441, 443.
636 BVerfGE 141, 220, 288 (Rn 156).
637 Trurnit VBlBW 2021, 441, 443. Davon geht auch der Landesgesetzgeber in LT-Drs. 16/8484, S. 146 f., aus.
638 Wie hier BGH, DVBl 2022, 101, 103 (Rn 24), zu § 15 Abs. 2 S. 1 Nr. 3 HSOG.
639 So zu Recht auch R. Schenke, in: Schenke/Graulich/Ruthig, Sicherheitsrecht, § 45 BKAG Rn 15; vgl. dazu auch Trurnit, VBlBW 2021, 441, 444.
640 So letztlich überzeugend BGH, DVBl 2022, 101, 103 (Rn 21 ff.) = HRRS 2021 Nr. 1243.
641 Vgl. dazu BVerfG (SOG MV), GSZ 2023, 98, 99 (Rn 94), m. Anm. Graulich, 105 ff. (dort zutr. verneint für § 33 Abs. 2 S. 1 SOG MV).
642 R. Schenke, in: Schenke/Graulich/Ruthig, Sicherheitsrecht, § 45 BKAG Rn 10.
643 Graulich, in: Lisken/Denninger, Handbuch des Polizeirechts, Kap. E Rn 457.

als noch „überschaubar" anzusehen sein, bei besonders schwerwiegenden Straftaten (etwa im Bereich des Terrorismus) ggf. auch ein **mehrjähriger Zeitraum**.[644] Der Begriff „überschaubar" beschreibt eine erheblich längere Zeitspanne als etwa der Begriff „zeitnah". Im Kern meint er einen **Zeitraum, der noch erfassbar ist** und in jedem Fall einen **noch erkennbaren Bezug zu der zu erwartenden Straftat** hat. Richtigerweise ist die **Je-desto-Formel** zugrunde zu legen[645]: Je bedeutender die durch eine Straftat bedrohten Rechtsgüter sind und je komplexer das zugrundeliegende Tatgeschehen ist, desto länger darf auch die mutmaßliche Zeitspanne bis zur Tatbegehung sein.

§ 49 Abs. 1 S. 1 Nr. 3 PolG stellt auf das **individuelle Verhalten einer Person** ab. Mit „individuellem Verhalten" ist das Verhalten einer betroffenen Person gemeint, das ihr zuzurechnen ist und das sich nicht nur aus der Zugehörigkeit zu einer Gruppe oder aus einem Gruppenverhalten ergibt. Der Polizeivollzugsdienst muss mithin prüfen, ob gerade **das Verhalten einer bestimmten Person** (= ihr eigenes Verhalten) den sicheren Rückschluss zulässt, dass diese Person eine Straftat i. S. d. § 49 Abs. 3 PolG begehen wird. Der **BGH** verlangt für die Annahme eines ausreichenden individuellen Verhaltens, dass sich aus dem **Verhalten der betroffenen Person** auf der **Grundlage einer hinreichend zuverlässigen Tatsachenbasis konkrete tatsächliche Anhaltspunkte** ergeben, dass sich jederzeit eine Straftat mit erheblicher Bedeutung aktualisieren kann.[646]

Der Begriff **„konkrete Wahrscheinlichkeit"** macht deutlich, dass reine Vermutungen und bloße Spekulationen nicht ausreichen. Es genügt auch nicht, wenn **nur relativ diffuse Anhaltspunkte für mögliche Gefahren** bestehen und die Tatsachenlage durch eine hohe Ambivalenz der Bedeutung einzelner Beobachtungen gekennzeichnet ist.[647] Die bloße Möglichkeit einer Straftatenbegehung genügt nicht. Vielmehr muss es hinreichend wahrscheinlich sein, dass die betroffene Person eine Straftat begehen wird. Auch hier ist die **Je-desto-Formel** anzuwenden: Je schwerwiegender die geplante Straftat ist, desto geringer sind die Anforderungen an die Wahrscheinlichkeit der Straftatenbegehung.[648] Laut **BGH** sind etwa **bei drohenden Terroranschlägen** an den Wahrscheinlichkeitsmaßstab mit Blick auf das große Gewicht des Schutzes der Allgemeinheit **„keine überspannten Anforderungen"** zu stellen.[649] Insgesamt wird vom Polizeivollzugsdienst eine **belastbare Prognose** erwartet, die ausschließlich auf Tatsachen gestützt ist. Dabei steht der Prognose nicht entgegen, dass andere Deutungen der festgestellten Tatsachen und Äußerungen nicht ausgeschlossen sind; sind die für eine Gefahrprognose sprechenden tatsächlichen Anhaltspunkte und Gründe mindestens ebenso gewichtig wie die möglicherweise für eine gegenteilige Prognose sprechenden Gründe, reicht dies für die erforderliche konkrete Wahrscheinlichkeit aus.[650] Letztlich wird der besonderen fachlichen Kompetenz des Polizeivollzugsdienstes größere Bedeutung zukommen.

Beispiel: Der aus Afghanistan stammende T lebt seit fünf Jahren in Deutschland und ist aufgrund seiner Vergangenheit und seiner Ansichten dem islamistischen Bereich zuzurechnen. Er hat sich in den vergangenen Monaten über das Internet – in Teilen über das sog. Darknet – und in Apotheken verschiedene Chemikalien beschafft, die zum Bau einer Bombe geeignet sind. Hier zeigt das individuelle Verhalten des T mit ausreichender Sicherheit, dass er die Begehung eines Attentats plant oder unterstützt.

ee) Kontaktperson (§ 49 Abs. 1 S. 1 Nr. 4 PolG). § 49 Abs. 1 S. 1 Nr. 4 PolG erweitert den Personenkreis einer von § 49 PolG erfassten Maßnahme auf sog. **Kontakt- und Begleitpersonen**. Das BVerfG hat in seinem BKAG-Urteil die Erfassung dieses Personenkreises ausdrücklich

---

644 So ausdrücklich BGH, DVBl 2022, 101, 105 (Rn 51).
645 R. Schenke, in: Schenke/Graulich/Ruthig, Sicherheitsrecht, § 45 BKAG Rn 11.
646 BGH, DVBl 2022, 101, 103 (Rn 27), 105 (Rn 49).
647 BGH, DVBl 2022, 101, 103 (Rn 27).
648 BGH, DVBl 2022, 101, 105 (Rn 54).
649 BGH, DVBl 2022, 101, 103 f. (Rn 29).
650 BGH, DVBl 2022, 101, 104 (Rn 30).

zugelassen.⁶⁵¹ Für die Anordnung von Maßnahmen gegenüber Dritten ist dabei eine **Tatnähe** entscheidend. Die Regelung entspricht § 45 Abs. 1 S. 1 Nr. 4 i. V. m. § 39 Abs. 2 Nr. 2 BKAG.

Durch die Tatbestandsvoraussetzungen des § 49 Abs. 1 S. 1 Nr. 4 PolG wird sichergestellt, dass ein Eingriff nur gerechtfertigt ist, wenn die Kontakt- oder Begleitperson **in einem besonderen Näheverhältnis** zu dieser Person steht und von der Vorbereitung einer Straftat mit erheblicher Bedeutung Kenntnis hat, aus der Verwertung der Tat Vorteile ziehen oder die Person nach den Nrn. 2 oder 3 sich ihrer zur Begehung der Straftat bedienen könnte.⁶⁵²

365 Die Einbeziehung Dritter in eine Maßnahme gem. § 49 PolG ist nur möglich, wenn die betroffene Person

a) von der Vorbereitung einer Straftat mit erheblicher Bedeutung **Kenntnis** hat,
b) aus der Verwertung der Tat **Vorteile** ziehen oder
c) wenn eine Person nach den Nrn. 2 oder 3 **sich ihrer** zur Begehung der Straftat **bedienen** könnte.

Während in den Fällen der **Nr. 4 Buchstabe a und b** der Dritte vorsätzlich handelt, da er von den geplanten Straftaten entweder Kenntnis hat (a) oder von ihnen selbst profitiert (b), zeichnet sich die **Nr. 4 Buchstabe c** dadurch aus, dass der potenzielle Straftäter die dritte Person für die Begehung der geplanten Straftat nutzt. Das Ausnutzen des Dritten kann mit dessen Kenntnis erfolgen, aber auch ohne irgendeine Kenntnis.

Beispiel: Der Apotheker P wird von dem mit ihm befreundeten T gebeten, bestimmte chemische Substanzen zu besorgen. Aus den Erklärungen des T ist für P nicht ohne Weiteres erkennbar, zu welchem Zweck dies geschieht, in Wirklichkeit will T damit eine Bombe für ein geplantes Attentat bauen. Weitere dafür notwendige chemische Substanzen besorgt er auf anderem Weg.

366 Die betroffene dritte Person und die von den Nrn. 2 und 3 erfasste Person müssen „in Verbindung" stehen, zwischen ihnen muss also **ein Kontakt bestehen**. Die Art des Kontakts ist dabei ohne Bedeutung, denkbar sind etwa persönliche Begegnung, Kontaktaufnahme über Dritte, Telefonate, E-Mails, Briefe, Nutzung der neuen Medien etc. Das Tatbestandsmerkmal „**nicht nur flüchtig oder in zufälligem Kontakt**" stellt sicher, dass der Kontakt eine **ausreichende Intensität** hat. Dritte sollen nicht ohne hinreichende Grundlage oder Berechtigung in eine Maßnahme gem. § 49 PolG einbezogen werden. Bei der Anwendung des § 49 Abs. 1 S. 1 Nr. 4 PolG ist sicherzustellen, dass die Einbeziehung nicht nur aus dem bloßen Kontakt oder der bloßen persönlichen Nähe der betroffenen Person zur Zielperson hergeleitet werden kann. Die Tatbestandsmerkmale dürfen nicht entgrenzend weit verstanden werden, so dass sie jede Person einschlössen, die mit der Zielperson im weiten Vorfeld von etwaigen Straftaten in wirtschaftlichem Kontakt steht. Vielmehr begrenzt § 49 Abs. 1 S. 1 Nr. 4 PolG die Vorteilsziehung auf die Verwertung der Tat und damit auf Früchte, die sich gerade aus deren Unrechtsgehalt ergeben, und verlangt überdies, dass die Instrumentalisierung der betroffenen Person in einem engen Konnex zur Tat selbst steht.⁶⁵³

367 Maßnahmen auf der Grundlage des § 49 Abs. 1 S. 1 Nr. 4 PolG können sich auch gegen **unbeteiligte Dritte** richten, denen eine Gefahr nicht zugerechnet werden kann. Zwar liegt hierin ein besonders schwerer Eingriff, der jedoch als Inanspruchnahme für überragend wichtige Gemeinwohlinteressen – ähnlich wie Zeugen- oder Notstandspflichten – verfassungsrechtlich gerechtfertigt ist.⁶⁵⁴

---

651 BVerfGE 141, 220, 291 bis 293 (Rn 167 bis 169).
652 LT-Drs. 16/8484, S. 147.
653 BVerfGE 141, 220, 292 f. (Rn 168 f.).
654 BVerfGE 141, 220, 292 f. (Rn 169).

ff) Gefährdung oder Erschwernis der Aufgabenerfüllung (§ 49 Abs. 1 S. 1 a. E. PolG). Neben 368
den besonderen in den Nrn. 1 bis 4 enthaltenden Tatbestandsvoraussetzungen kommt eine
Datenerhebung (= Datenverarbeitung i. S. d. § 12 Nr. 2 PolG) gem. § 49 Abs. 1 S. 1 a. E. PolG
nur in Betracht, wenn andernfalls **die Abwehr der Gefahr** (Nr. 1) oder **die Verhütung der
Straftat** (Nr. 2 bis 4) **gefährdet oder erheblich erschwert** würde. Diese Voraussetzung stellt
kein Tatbestandsmerkmal im eigentlichen Sinne dar, sondern ist eine besondere Ausprägung
des **Grundsatzes der Verhältnismäßigkeit**.[655] Das BVerfG verlangt in seinem BKAG-Urteil den
Bezug zu einer konkreten Gefahr.[656] Der Polizeivollzugsdienst muss daher nicht nur prüfen,
ob die tatbestandlichen Voraussetzungen der Nrn. 1 bis 4 des § 49 Abs. 1 S. 1 PolG vorliegen,
sondern er muss sich auch stets fragen, ob die vorgesehene Maßnahme für die Gefahrenabwehr
oder die Straftatenverhütung im konkreten Fall **erforderlich** ist. Dies ist nach der Vorgabe des
Landesgesetzgebers nur der Fall, wenn die Gefahrenabwehr oder die Straftatenverhütung gefährdet oder erheblich erschwert würde. Für eine **Gefährdung** ist es erforderlich, dass aufgrund
konkreter Tatsachen die ernsthafte Gefahr besteht, dass ohne die vorgesehene Maßnahme der
Datenerhebung die Gefahr nicht abgewehrt oder die Straftat nicht verhindert werden könnte.
Es reicht also etwa nicht allein aus, dass die konkrete Maßnahme i. S. d. § 49 Abs. 1 S. 1 PolG
gegenüber anderen Maßnahmen (etwa Gefährderansprache) als die effektivere oder leichter
durchführbare erscheint. Für die **Erschwernis** schreibt die Regelung „Erheblichkeit" vor. Damit
wird deutlich, dass eine Erschwernis der Gefahrenabwehr oder der Straftatenverhütung nur in
Betracht kommt, wenn zulasten des Polizeivollzugsdienstes ein Grad deutlicher Unzumutbarkeit
bei der Durchführung anderer polizeilicher Maßnahmen erreicht wird.[657]

Der Polizeivollzugsdienst hat wegen der Verhältnismäßigkeit auch darauf zu achten, dass er zwischen den in § 49 Abs. 2 PolG enthaltenen **Mitteln** das dem konkreten Sachverhalt **angemessene**
und **mildeste** auswählt.

gg) Betroffenheit unbeteiligter Dritter (§ 49 Abs. 1 S. 2 PolG). § 49 Abs. 1 S. 2 PolG ermächtigt 369
auch dann zur Datenerhebung, wenn Dritte unvermeidbar betroffen werden. **Dritte** in diesem
Sinne sind die Personen, die nicht Adressat bzw. Ziel der Datenerhebung sind. **Unvermeidbar**
ist die Datenerhebung, wenn durch zumutbare technische oder sonstige Maßnahmen nicht
verhindert werden kann, dass auch Unbeteiligte von der Datenerhebung betroffen sind.

c) Besondere Mittel der Datenerhebung (§ 49 Abs. 2 PolG). aa) Allgemeines. Gegen die 370
in § 49 Abs. 2 Nr. 1 bis 5 PolG vorgesehenen besonderen Mittel der Datenerhebung bestehen
keine verfassungsrechtlichen Bedenken.[658] Die Regelung entspricht bis auf eine redaktionelle
Änderung (Nr. 2) der Regelung des § 22 Abs. 1 PolG 1992.

Die **Aufzählung** der in § 49 Abs. 2 PolG vorgesehenen besonderen Mittel der Datenerhebung ist
abschließend. Die Mittel können daher durch den Polizeivollzugsdienst nicht erweitert werden.
Mögliche technische Neuerungen, die zu weiteren denkbaren Mitteln führen, müssten durch den
Landesgesetzgeber in § 49 Abs. 2 PolG ausdrücklich aufgenommen werden.

bb) Längerfristige Observation (§ 49 Abs. 2 Nr. 1 PolG). Die **längerfristige Observation** ist 371
nach der **Legaldefinition in § 49 Abs. 2 Nr. 1 PolG** die voraussichtlich innerhalb einer Woche
länger als 24 Stunden dauernde oder über den Zeitraum einer Woche hinaus stattfindende
planmäßig angelegte Beobachtung einer Person. Entscheidend sind Zeitpunkt und Inhalt der
Anordnung des Eingriffs. Wird etwa die auf eine Woche ausgelegte Maßnahme nach 3 Tagen
abgebrochen, liegt dennoch eine längerfristige Observation vor. **Zweck der Maßnahme** ist, über

---

655 LT-Drs. 16/8484, S. 147; R. Schenke, in: Schenke/Graulich/Ruthig, Sicherheitsrecht, § 45 BKAg Rn 17.
656 BVerfGE 141, 220, 290 f. (Rn 164).
657 Vgl. etwa auch Trurnit, Eingriffsrechte, Rn 675.
658 BVerfGE 141, 220, 289 f. (Rn 160 f.).

die betroffene Person personenbezogene Daten zu gewinnen, die für die Abwehr von Gefahren oder zur vorbeugenden Bekämpfung von Straftaten gem. § 49 Abs. 1, 3 PolG erforderlich sind.[659] Die längerfristige Observation kann als **offene oder verdeckte Maßnahme** durchgeführt werden. Die Entscheidung, welche Form durchgeführt wird, richtet sich nach § 14 Abs. 2 PolG. Die Zulässigkeit von Datenerhebungen durch **kurzfristige Observationen** beurteilt sich nach § 49 Abs. 1, 3 i. V. m. § 14 Abs. 1 PolG.

372 Die längerfristige Observation von als hochgefährlich eingestuften potenziellen Straftätern ist vermehrt in den Fokus der polizeirechtlichen Diskussion gerückt. Grund dafür ist die Rechtsprechung des **EGMR** im Zusammenhang mit der von ihm für nicht haltbar erklärten Ausgestaltung der deutschen Rechtsvorschriften zur **Sicherungsverwahrung**.[660] Nach heute wohl **h. M.** kann die **längerfristige Beobachtung von aus der Sicherungshaft entlassenen Straftätern**, die weiterhin als gefährlich eingestuft werden, „rund um die Uhr" weder auf § 49 Abs. 1 S. 1 Nr. 2, 3, Abs. 3 PolG noch auf die polizeiliche Generalklausel der §§ 1, 3 PolG gestützt werden.[661] Bei dieser Maßnahme handelt es sich vielmehr um eine neue Form einer polizeilichen Eingriffsmaßnahme, die einer **Spezialermächtigung** im PolG bedürfte.[662] Wegen der **besonders schwerwiegenden Eingriffsqualität** bei einer Dauerüberwachung scheidet ein Rückgriff auf die allgemeine Generalklausel aus. Eine Spezialermächtigung findet sich etwa in § 12 c HambSOG für die Dauerobservation von Personen, die wegen einer vor dem 31.1.1998 begangenen, gegen das Leben, die körperliche Unversehrtheit, die persönliche Freiheit oder die sexuelle Selbstbestimmung gerichteten Straftat für mehr als 10 Jahre in der Sicherungsverwahrung untergebracht waren und von den nach ihrer Entlassung die Begehung weiterer Straftaten erwartet wird. Vgl. zur **Observation von rückfallgefährdeten Sexualstraftätern** auch **Nr. 5.8.2 VwV KURS**.

373 cc) **Verdeckter Einsatz technischer Mittel zwecks Bildaufnahmen (§ 49 Abs. 2 Nr. 2 a PolG).** Gem. § 49 Abs. 2 Nr. 2 a PolG kann der Polizeivollzugsdienst personenbezogene Daten durch den verdeckten Einsatz technischer Mittel zur Anfertigung von **Lichtbildern und Bildaufzeichnungen** erheben. Lichtbilder sind Fotografien oder Filmaufnahmen. Die Vorschrift ermächtigt zum verdeckten Einsatz technischer Mittel sowohl zur manuellen als auch zur selbsttätigen (automatischen) Bildaufzeichnung. Unter Bildaufzeichnung ist die Anfertigung und Speicherung der aufgenommenen Bilder mittels Film, Digital- oder Videokamera oder sonstiger Digitaltechnik zu verstehen. Auch eine bloße Bildaufnahme ohne Speicherung kann ein technisches Mittel im Sinne dieser Vorschrift sein.

Beispiel: Videoüberwachung des Hauseingangs der Wohnung einer einzelnen Person, die der Begehung schwerer Straftaten verdächtigt wird.

---

659 Stephan, in: Stephan/Deger, Polizeigesetz BW, § 22 Rn 4; Zeitler/Trurnit, Polizeirecht BW, Rn 823.
660 Durch Urteil vom 10.5.2010 hat der EGMR entschieden, dass die nachträgliche Verlängerung der Sicherungsverwahrung dem Rückwirkungsverbot des Art. 7 Abs. 1 S. 2 EMRK unterliegt und die rückwirkende Aufhebung der bis zum 30.1.1998 geltenden zehnjährigen Vollstreckungshöchstfrist überdies gegen Art. 5 EMRK verstößt (EGMR, NJW 2010, 2495 ff.). Vgl. im Einzelnen dazu Guckelberger, VBlBW 2011, 209 ff.
661 Wie hier Trurnit, Eingriffsrechte, Rn 657, 676; Gusy/Eichenhofer, Polizei- und Ordnungsrecht, Rn 208 mit Fn 144; Kingreen/Poschner, Polizei- und Ordnungsrecht, § 13 Rn 111; Götz/Geis, Polizei- und Ordnungsrecht, § 17 Rn 130; Kugelmann, Die Verwaltung 2014, 25, 37; Linke, DVBl 2013, 559 ff.; Eisenbarth/Ringhof, DVBl 2013, 566 ff.; a. A. Schenke, Polizei- und Ordnungsrecht, Rn 263 (kann auf Spezialklauseln gestützt werden); Würtenberger/Heckmann/Tanneberger, Polizeirecht BW, § 5 Rn 253, 287, § 6 Rn 55 (kann auf Generalklausel gestützt werden); Basten, Recht der Polizei, Rn 719 bis 721 (kann auf Spezialklauseln gestützt werden).
662 Vgl. VG Freiburg, VBlBW 2013, 350, 353, sowie BVerfG, DÖV 2013, 198, u. VGH BW, openJur 2013, 15384. Für eine bestimmte Übergangszeit (Zeitraum von mehr als zwei Jahren) hatten die meisten OVGs „unter strikter Wahrung der Verhältnismäßigkeitsanforderungen" die Maßnahme auf der Grundlage der polizeilichen Generalermächtigung „abgesegnet": OVG NRW, DVBl 2013, 1267; OVG Saarland, Urt. v. 6.9.2013 – 3 A 13/13 (best. in der Revision durch BVerwG, Beschl. v. 13.1.2014 – 6 B 59.13); zust. etwa Götz/Geis, Polizei- und Ordnungsrecht, § 17 Rn 130.

Die Regelung erfasst auch den verdeckten Einsatz einer Videokamera, um Bilder von einem Ort zum anderen zu übertragen, ohne dass sie auf einem Bildträger gespeichert werden.[663] Dies kann etwa auch per Smartphone geschehen.

Für den Bereich des **Strafrechts** bestehen eigene Ermächtigungsgrundlagen (§§ 100 h, 163 f StPO).[664]

Die Regelung betrifft nur die **verdeckte Datenerhebung**. Im Gegensatz zu § 44 PolG (offene Bildaufzeichnungen) werden sowohl Aufnahmen mit Überspielungen als auch Aufzeichnungen von Bildern erfasst. Ein verdeckter Einsatz ist auch gegeben, wenn natürliche oder künstliche Sichtsperren durch den Einsatz spezieller technischer Mittel überwunden werden. Der verdeckte Einsatz von optischen Geräten, die nicht der Fertigung von Bildaufnahmen oder Bildaufzeichnungen dienen (etwa Nachtsichtgeräte, Ferngläser, Brillen etc.) ist gemäß §§ 43 u. 14 Abs. 2 PolG zulässig. Der **offene** Einsatz technischer Mittel beurteilt sich nach § 44 Abs. 1 bis 3, 5 PolG. Für den Einsatz technischer Mittel zur Datenerhebung **in oder aus Wohnungen** gilt die **Sonderregelung des § 50 PolG**. 374

dd) Verdeckter Einsatz technischer Mittel zwecks Tonaufnahmen (§ 49 Abs. 2 Nr. 2 b PolG). Gem. § 49 Abs. 2 Nr. 2 b PolG ist der verdeckte Einsatz technischer Mittel **zum Abhören und Aufzeichnen des nicht öffentlich gesprochenen Wortes** (etwa mittels Mikrofon, Wanzen oder sonstiger Verstärkeranlagen) auf Tonträger (wie Tonband, Kassettenrekorder, Videokamera mit Tonaufzeichnung etc.) ein besonderes Mittel der Datenverarbeitung. Das Lauschen an der Wand ohne Einsatz technischer Mittel stellt keinen Eingriff gem. § 49 PolG dar, desgleichen nicht die Benutzung von Hörgeräten. **Nicht öffentlich** ist das gesprochene Wort, wenn es nach dem Willen des Sprechenden nicht für jedermann bzw. für die Allgemeinheit bestimmt ist.[665] 375

ee) Technische Observationsmittel (§ 49 Abs. 2 Nr. 3 PolG). Gem. § 49 Abs. 2 Nr. 3 PolG können Daten auch durch den verdeckten Einsatz technischer Mittel zur Feststellung des Aufenthaltsortes oder der Bewegungen einer Person oder einer beweglichen Sache erhoben werden. Hierunter fallen etwa der **Einsatz satellitengestützter Navigationsgeräte** wie etwa das Global Positioning System (GPS) oder vergleichbare technische Geräte (etwa Galileo). 376

Die von derartigen Navigationssystemen unterstütze Observation stellt ein weiteres wichtiges Instrument der Informationsgewinnung im Bereich der Gefahrenabwehr dar. Das **BVerfG** hat den Einsatz von GPS-Observationen im Rahmen eines strafrechtlichen Ermittlungsverfahrens auf der Grundlage der StPO grundsätzlich als mit der Verfassung vereinbar angesehen.[666]

ff) Verdeckte Ermittler (§ 49 Abs. 2 Nr. 4 PolG). Gem. § 49 Abs. 2 Nr. 4 PolG ist ein weiteres besonderes Mittel der Datenerhebung der **Einsatz von Polizeibeamten unter Geheimhaltung ihrer wahren Identität** (sog. Verdeckte Ermittler). Die **Verdeckten Ermittler** werden nur zeitlich begrenzt und mit konkretem Ermittlungsauftrag eingesetzt. Durch die Ausstellung und den Gebrauch von **Tarnurkunden** (§ 49 Abs. 7 PolG [→ Rn 385]) wird für die Polizeibeamten eine völlig neue Identität geschaffen, um sie mit dieser „Legende" als „staatliche Lüge" in die Kreise möglicher Straftäter einzuschleusen.[667] 377

---

663 Stephan, in: Stephan/Deger, Polizeigesetz BW, § 22 Rn 7.
664 Vgl. dazu etwa Bleckat, NJ 2021, 539 ff.
665 Stephan, in: Stephan/Deger, Polizeigesetz BW, § 22 Rn 10; vgl. auch § 201 StGB.
666 BVerfGE, 112, 304 ff. Vgl. auch Hinweise zum GPS bei Stephan, in: Stephan/Deger, Polizeigesetz BW, § 22 Rn 11 a.
667 Stephan, in: Stephan/Deger, Polizeigesetz BW, § 22 Rn 11b.

Der Verdeckte Ermittler[668] ist **Polizeibeamter**. Seine hoheitlichen Befugnisse nach dem PolG oder der StPO bleiben durch seinen verdeckten Einsatz unberührt.[669] Da er dem **Legalitätsprinzip** unterliegt, darf er bei seinem Einsatz grundsätzlich **keine strafbaren Handlungen** begehen.[670] Begeht der Verdeckte Ermittler als agent provocateur eine **rechtsstaatswidrige Tatprovokation**, dann begründet dies gegenüber den Straftätern im Strafverfahren ggf. ein **Verfahrenshindernis**.[671] Eine verdeckte Ermittlung liegt nicht vor, wenn Polizeibeamte lediglich kurzfristig oder unter einem Decknamen an **Einzelaktionen** beteiligt sind. Abzugrenzen ist der Einsatz des Verdeckten Ermittlers von sog. **V-Leuten**, also von Privatpersonen, die mit der Polizei – meist als Informanten – zusammenarbeiten.[672] Der Verdeckte Ermittler ist weiterhin vom sog. „**Scheinkäufer**", einem Polizeibediensteten, der nur für einzelne Ermittlungshandlungen getarnt auftritt, zu unterscheiden. Erfolgt die verdeckte Datenerhebung durch Polizeibeamte, die nicht als Verdeckte Ermittler eingesetzt sind, richtet sich die Zulässigkeit nach § 43 Abs. 2, 3, § 14 Abs. 2 PolG.

378 Wozu die **Polizei** beim Einsatz Verdeckter Ermittler berechtigt ist, ist durch die Ermächtigungsgrundlage des § 49 Abs. 1 PolG **abschließend geregelt**. Darüberhinausgehende Ermächtigungen existieren nicht.[673] Eine **fehlerhafte oder zu unbestimmte Einsatzanordnung** führt zu ihrer Rechtswidrigkeit und damit auch insgesamt zur Rechtswidrigkeit des Einsatzes des Verdeckten Ermittlers.[674]

379 **gg) Vertrauenspersonen (§ 49 Abs. 2 Nr. 5 PolG).** Der Begriff der **Vertrauensperson** (VP) als besonderes Mittel der Datenerhebung wurde durch das Änderungsgesetz vom 20.11.2012 in das PolG aufgenommen (GBl. S. 625). Damit wurde für den Einsatz dieser Personen die notwendige Ermächtigungsgrundlage geschaffen.[675] Vertrauenspersonen sind **Privatpersonen**, die mit der Polizei zusammenarbeiten, und deren Einsatz für die Polizei Dritten nicht bekannt ist.[676] Der besondere **Schutz der Identität** von durch die Polizei eingesetzter Vertrauenspersonen folgt aus ihren Grundrechten, insbesondere aus dem Recht auf Leben und körperliche Unversehrtheit.[677] Die Vertrauenspersonen dürfen bei ihrer Tätigkeit und der durch sie erfolgenden Datenerhebung keine Mittel einsetzen, die nicht auch von der Polizei selbst eingesetzt werden dürften und insbesondere **keine Straftaten begehen**.[678]

380 **hh) Ermessen bei der Auswahl der Mittel.** Grundsätzlich obliegt es dem **Ermessen des Polizeivollzugsdienstes**, das aus seiner Sicht am besten geeignete besondere Mittel der Datenerhebung auszuwählen. Wegen des **Grundsatzes der Datenminimierung** (§§ 13 Nr. 3, 75 Abs. 2 PolG) und

---

668 Zur Abgrenzung zum „nicht offen ermittelnden Polizeibeamten" vgl. Steinbach, Kriminalistik 2022, 396 ff.
669 Kahlert, in: Belz/Mußmann/Kahlert/Sander, Polizeigesetz BW, § 49 Rn 57: Gusy/Eichenhofer, Polizei- und Ordnungsrecht, Rn 210.
670 Krit. dazu bei der Verfolgung von Staatsschutzdelikten Keller, Kriminalistik 2021, 154, 155 ff. Anders § 9 a BVerfSchG in Bezug auf sog. *Organisationsstraftaten*; zu Recht krit. dazu Allewedt/Roggan, NJW 2020, 3425 ff.
671 BGH, openJur 2022, 9732, u. NJW 2016, 91. Nach dem BGH kommt es entscheidend darauf an, ob der Täter und ggf. in welchem Umfang (sog. "Aufstiftung" zu deutlich gewichtigeren Straftaten) bereits in Straftaten verwickelt war und inwieweit der Verdeckte Ermittler physischen oder psychischen Druck aufgebaut hat (openJur 2022, 9732). Der BGH folgt damit der Rechtsauffassung des EGMR, EuGRZ 2021, 179, 189 (Rn 123 f.), u. NJW 2015, 3631.
672 Vgl. BVerfG, NJW 2003, 1577 („NPD-Verbotsverfahren").
673 Vgl. BVerfG, NJW 2003, 1577 („NPD-Verbotsverfahren").
674 VG Karlsruhe, openJur 2015, 19440 (Rn 56).
675 Vgl. Begründung der Landesregierung zum Änderungsgesetz 2008, LT-Drs. 15/2434 S. 30. Zur Notwendigkeit einer Regelung im Strafverfahrensrecht vgl. Gebhard/Hoheisel-Gruler, Die Polizei 2022, 133 ff.
676 BGH, NStZ-RR 2021, 175, 176; Soiné, NJW 2020, 2850.
677 BVerfG, NVwZ 2021, 628, 632 (Rn 107 f.). Zur Auswirkung des besonderen Schutzstatus der Vertrauensperson im Strafverfahren (Ausschluss der konfrontativen Befragung) vgl. BGH, openJur 2023, 5037 (Rn 36 ff.) = HRRS 2023 Nr. 536 (Ls.).
678 BGH, NStZ-RR 2021, 175, 176; Hübner, HRRS 2021, 464, 466; Soiné, NJW 2020, 2850 f., 2853.

des **Grundsatzes der Verhältnismäßigkeit** ist die Polizei aber gehalten, sich auf das **mildeste Mittel mit dem geringfügigsten Eingriff** zu beschränken. Geeigneter Maßstab kann dabei die **gesetzliche Wertung des** § 49 Abs. 5 PolG sein, der für bestimmte, eingriffsstärkere besondere Mittel der Datenerhebung den Richtervorbehalt vorsieht. Diese Mittel sind in aller Regel für die betroffene Person schwerwiegender als die übrigen Mittel (→ Rn 372 ff., 376 ff.).

d) Straftaten mit erheblicher Bedeutung (§ 49 Abs. 3 PolG). aa) Allgemeines. § 49 Abs. 3 PolG enthält eine Legaldefinition der Straftaten mit erheblicher Bedeutung i. S. d. § 49 Abs. 1 S. 1 Nr. 2 bis 4 PolG. Die Regelung entspricht § 22 Abs. 5 PolG 1992. Die **Aufzählung** in § 49 Abs. 3 PolG ist **abschließend** und kann durch den Polizeivollzugsdienst nicht erweitert werden. In Bezug auf die **Normklarheit der Regelung** durch die verwendeten Verweisungen auf Straftatbestände des StGB bestehen keine grundlegenden verfassungsrechtlichen Bedenken.[679]

381

Straftaten mit besonderer Bedeutung i. S. d. § 49 Abs. 1 S. 1 Nr. 2 bis 4 PolG sind:

382

1. Verbrechen,
2. Vergehen, die im Einzelfall nach Art und Schwere geeignet sind, den Rechtsfrieden besonders zu stören, nämlich
   a) Straftaten, die sich gegen das Leben, die Gesundheit oder die Freiheit einer oder mehrerer Personen oder bedeutende fremde Sach- oder Vermögenswerte richten,
   b) Straftaten auf den Gebieten des unerlaubten Waffen- oder Betäubungsmittelverkehrs, der Geld- oder Wertzeichenfälschung, des Staatsschutzes (§§ 74 a und 120 GVG) oder nach §§ 86 a, 109 h, 126, 130 und 130 a StGB,
   c) Straftaten, die gewerbs-, gewohnheits-, serien-, bandenmäßig oder sonst organisiert begangen werden.

Wegen der grundlegenden Schwere und Bedeutung dieser Straftaten ist davon auszugehen, dass sie den **verfassungsrechtlichen Anforderungen des BVerfG** in seinem **BKAG-Urteil** genügen.[680]

e) Anordnung durch Behördenleitung (§ 49 Abs. 4 S. 7, 8 PolG). aa) Allgemeines. Mit dem PolG 2020 wurde in § 49 Abs. 4 PolG grundsätzlich der **Richtervorbehalt** eingeführt (→ Rn 376 ff.). Der Landesgesetzgeber hat den Richtervorbehalt aber nicht für alle besonderen Mittel gem. § 49 Abs. 2 PolG eingeführt, sondern einzelne – aus seiner Sicht nicht so eingriffsstarke – Mittel der **Anordnung durch den Polizeivollzugsdienst** überlassen.

383

bb) Anordnung durch Polizeivollzugsdienst. Die Anwendung folgender besonderer Mittel der Datenerhebung darf **durch den Polizeivollzugsdienst angeordnet** werden (Umkehrschluss aus § 49 Abs. 4 S. 1 PolG):

384

- Anfertigung von Lichtbildern und Bildaufzeichnungen (Bildaufnahmen) gem. § 49 Abs. 2 Nr. 2 a PolG, wenn die Anfertigung nicht länger als durchgehend 24 Stunden oder nicht mehr als an zwei Tagen andauert,
- verdeckter Einsatz technischer Mittel zur Feststellung des Aufenthaltsortes oder der Bewegungen einer Person oder einer beweglichen Sache (technische Observationsmittel) gem. § 49 Abs. 2 Nr. 3 PolG, wenn der Einsatz nicht länger als durchgehend 24 Stunden oder nicht mehr als an zwei Tagen andauert,
- der Einsatz eines Verdeckten Ermittlers oder einer Vertrauensperson gem. § 49 Abs. 2 Nr. 4, 5 PolG, wenn ausschließlich eine allgemein zugängliche Wohnung betreten wird.

---

[679] BVerfG (SOG MV), Beschl. v. 9.12.2022 – 1 BvR 1345/21 (Rn 99), GSZ 2023, 98 (dort nicht abgedruckt), m. Anm. Graulich, 105 ff.
[680] BVerfGE 141, 220, 288 (Rn 156).

Bei diesen Fallkonstellationen handelt es sich wegen der deutlich begrenzten Dauer der Überwachung oder wegen des Betretens ausschließlich einer allgemein zugänglichen Wohnung[681] um **keine besonders schwerwiegenden Eingriffe** in die Rechte der betroffenen Personen. Der Verzicht auf den Richtervorbehalt erscheint hier vertretbar. Das **BVerG** hat hierzu ausgeführt: „Nicht zu beanstanden ist allerdings, dass für die Anfertigung von Bildaufnahmen sowie für nur kurzfristige Observationen – auch mittels Bildaufzeichnungen oder technischer Mittel wie Peilsender – ein Richtervorbehalt nicht vorgesehen ist. Bleiben die Überwachungsmaßnahmen in dieser Weise begrenzt, haben sie kein so großes Eingriffsgewicht, dass deren Anordnung durch einen Richter verfassungsrechtlich geboten ist."[682] Von einer **allgemein zugänglichen Wohnung** kann nur ausgegangen werden, wenn es sich um öffentlich zugängliche Räume handelt[683], diese also von der Allgemeinheit – Beschränkungen auf allgemein definierte Personengruppen und festgelegte Öffnungszeiten sind unschädlich – betreten werden dürfen; regelmäßig werden nur Arbeits-, Betriebs- und Geschäftsräume in Betracht kommen.

In **allen anderen Fallkonstellationen** steht der Einsatz besonderer Mittel der Datenerhebung unter dem **Vorbehalt einer richterlichen Entscheidung**. Das gilt auch für durch die Behördenleitung rechtmäßig angeordnete Maßnahmen, sobald die **begrenzte Dauer dieser Maßnahmen überschritten** wird (länger als durchgehend 24 Stunden oder an mehr als 2 Tagen). In diesem Fall ist unverzüglich eine richterliche Entscheidung zu beantragen, bevor die Maßnahme über diese Zeiten hinaus fortgesetzt wird. Die Fortsetzung darf erst erfolgen, wenn eine entsprechende richterliche Anordnung vorliegt. Unzulässig wäre der Beginn von Maßnahmen, um die Zeit bis zum Erlass der beantragten richterlichen Entscheidung zu überbrücken, da hier bereits von Anfang an feststeht, dass die Maßnahme länger andauern soll; hier käme nur die (vorläufige) Durchführung bei Gefahr im Verzug in Betracht (→ Rn 380).

385 Die Anordnung muss gem. § 49 Abs. 4 S. 7 PolG grundsätzlich durch die Leitung eines regionalen Polizeipräsidiums, des Polizeipräsidiums Einsatz oder des LKA erfolgen. Der Begriff „Leitung" ist eindeutig: Die Anordnung kann nur vom **Präsidenten des örtlich zuständigen Polizeipräsidiums**[684], vom **Präsidenten des Polizeipräsidiums Einsatz** oder vom **Präsidenten des LKA**[685] getroffen und unterzeichnet werden. Alle drei Möglichkeiten bestehen **alternativ** und hängen nicht von weiteren tatbestandlichen Voraussetzungen ab. Im Fall der Verhinderung sind die unmittelbaren ständigen Vertreter der Präsidenten zur Anordnung befugt.

Der Personenkreis **kann durch Delegation** der Behördenleitung auf die sonstige Führungsebene **erweitert werden.** § 49 Abs. 4 S. 8 PolG erlaubt die Übertragung der Anordnungsbefugnis auf dafür ausdrücklich ausgewählte und benannte Beamte des höheren Polizeivollzugsdienstes. Näheres ergibt sich aus § 4 Abs. 1 DVO PolG.

386 Bei **Gefahr im Verzug** kann gem. § 49 Abs. 4 S. 7 PolG die Anordnung auch durch einen anderen Beamten des Polizeivollzugsdienstes erfolgen („außer bei Gefahr in Verzug"). Von einer Gefahr im Verzug in diesem Sinne (→ § 4 Rn 35) kann nur ausgegangen werden, wenn zur Verhinderung eines drohenden Schadens **sofort eingeschritten werden muss**, weil ein weiteres Abwarten den Erfolg der notwendigen Maßnahme der Datenerhebung erschweren oder vereiteln würde. Im Ergebnis muss die Maßnahme der Datenerhebung **unaufschiebbar** sein. Richtigerweise wird in einer **analogen Anwendung des § 49 Abs. 4 S. 5, 6 PolG** davon auszugehen sein,

---

681 Vgl. zum geringeren Schutzstatus in diesen Fällen die Ausführungen in § 11 Rn 250.
682 BVerfGE 141, 220, 294 (Rn 174).
683 Vgl. dazu Jarass, in: Jarass/Pieroth, Grundgesetz, Art. 13 GG Rn 10a.
684 Nr. 1 Spiegelstrich 1 der Anlage 2 zu Nr. 1.3 und 2.3 VwV-PolOrg.
685 Nr. 1 Spiegelstrich 1 der Anlage 6 zu Nr. 1.3 und 2.3 VwV-PolOrg.

dass in diesem Fall die **Entscheidung** der an sich zuständigen Behördenleitung **unverzüglich nachzuholen** ist.[686]

Angesichts des verfassungsrechtlich gebotenen Richtervorbehalts[687] und der grundlegenden Eingriffsintensität der Maßnahmen gem. § 49 Abs. 2 PolG ist bei der Annahme einer Gefahr im Verzug **Zurückhaltung geboten**. Zwar steht dem Polizeivollzugsdienst ein **eigener Einschätzungsspielraum** zu (→ § 4 Rn 35). Es muss aber gesehen werden, dass in besonders eiligen Fällen die notwendige Entscheidung der an sich zuständigen Personen i. S. d. § 49 Abs. 4 S. 7, 8 PolG in der Regel schnell herbeigeführt werden kann. Deswegen wird es regelmäßig vertretbar sein, die Anordnung durch die sich zuständigen Personen abzuwarten. Ein Abweichen davon kommt insbesondere in Betracht, wenn die von einer Person ausgehenden Gefahren i. S. d. § 49 Abs. 1, 3 PolG so schwerwiegend sind und möglicherweise mit einer so zeitnahen Verwirklichung zu rechnen ist, dass jede Verzögerung der Maßnahme zur Datenerhebung zu **unvertretbaren Gefährdungen** bestimmter Personen oder der Allgemeinheit führen würde.

Fall 31: Beamte des Polizeivollzugsdienstes beobachten ein Treffen von Personen, das einem konkreten Verdacht nach § 49 Abs. 1 PolG ausgesetzt ist (Planung eines Anschlags) und fertigen dazu verdeckt Fotos an. Zum ersten Mal nimmt eine Person an dem Treffen teil, die der Polizei bisher nicht bekannt ist. Hier ist es den vor Ort befindlichen Polizeibeamten nicht verwehrt, von dieser Person unter Annahme eines Falls der Gefahr im Verzug Fotos anzufertigen, sofern dieses Überwachungsmittel nicht bereits von einem gerichtlichen Beschluss gem. § 49 Abs. 4 S. 1 PolG oder einer Anordnung gem. § 49 Abs. 4 S. 7 PolG umfasst sein sollte.

Angesichts der Schwere der von § 49 Abs. 1, 3 PolG geschützten Rechtsgüter dürfen sich diesbezügliche **Zweifel nicht zulasten der Sicherheit** auswirken.

Alle Schritte der **Anordnung** sind gem. § 74 PolG durch den Polizeivollzugsdienst **umfassend zu protokollieren** (→ Rn 395). 387

f) Richtervorbehalt (§ 49 Abs. 4 S. 1 bis 5 PolG). aa) Allgemeines. Mit dem **PolG 2020** wurde in § 49 Abs. 4 PolG der **Richtervorbehalt** eingeführt (→ Rn 17 ff.). 388

Der Landesgesetzgeber hat den Richtervorbehalt nicht für alle besonderen Mittel gem. § 49 Abs. 2 PolG eingeführt, sondern einzelne – aus seiner Sicht nicht so eingriffsstarke – Mittel der **Anordnung durch den Polizeivollzugsdienst** überlassen (→ Rn 372 ff.).

bb) Anordnung durch Gericht (§ 49 Abs. 4 S. 1 PolG). Die Anwendung folgender besonderer Mittel der Datenerhebung darf **allein durch das Gericht angeordnet** werden: 389

1. **Längerfristige Observation** gem. § 49 Abs. 2 Nr. 1 PolG,
2. **verdeckter Einsatz technischer Mittel** zur Anfertigung von Lichtbildern und Bildaufzeichnungen (**Bildaufnahmen**) gem. § 49 Abs. 2 Nr. 2 a PolG, bei denen durchgehend länger als 24 Stunden oder an mehr als 2 Tagen Lichtbilder oder Bildaufzeichnungen bestimmter Personen angefertigt werden sollen,[688]
3. **verdeckter Einsatz technischer Mittel** zum Abhören und Aufzeichnen des nicht öffentlich gesprochenen Wortes auf Tonträger (**Tonaufnahmen**) gem. § 49 Abs. 2 Nr. 2 b PolG,
4. **verdeckter Einsatz technischer** Mittel zur Feststellung des Aufenthaltsortes oder der Bewegungen einer Person oder einer beweglichen Sache (**technische Observationsmittel**) gem. § 49 Abs. 2 Nr. 3 PolG, bei denen technische Mittel zur Feststellung des Aufenthaltsortes oder der Bewegungen einer Person oder einer beweglichen Sache durchgehend länger als 24 Stunden oder an mehr als 2 Tagen zum Einsatz kommen,

---

686 So R. Schenke, in: Schenke/Graulich/Ruthig, Sicherheitsrecht, § 45 BKAg Rn 33.
687 BVerfGE 141, 220, 275 f. (Rn. 117 f.).
688 Zum Richtervorbehalt bei auf der stopp basierenden verdeckten Videoaufnahmen vgl. Bleckat, NJ 2021, 539 ff.

5. der **Einsatz eines Verdeckten Ermittlers oder einer Vertrauensperson** gem. § 49 Abs. 2 Nr. 4, 5 PolG, bei dem der Verdeckte Ermittler oder die Vertrauensperson eine Wohnung betritt, die nicht allgemein zugänglich ist.[689]

390 Wegen der Schwere des Grundrechtseinschränkung beim Einsatz besonderer Mittel der Datenerhebung unterliegen diese Eingriffe dem **Richtervorbehalt**. § 49 Abs. 4 S. 1 PolG trägt diesem Umstand Rechnung und entspricht weitgehend § 45 Abs. 3 S. 1 BKAG. Es bedarf einer **Anordnung durch den Richter**.

391 Die gerichtliche Anordnung steht gem. § 49 Abs. 4 S. 2 PolG unter einem **Antragvorbehalt**. Gem. § 49 Abs. 4 S. 3 PolG ist der **Antrag** durch die **Leitung eines regionalen Polizeipräsidiums**, des **Polizeipräsidiums Einsatz oder des LKA** schriftlich zu stellen und zu begründen.

Der Begriff „Leitung" ist eindeutig: Der Antrag kann nur vom **Präsidenten des örtlich zuständigen Polizeipräsidiums**[690], vom **Präsidenten des Präsidiums Einsatz** oder vom **Präsidenten des LKA**[691] gestellt werden. Alle drei Möglichkeiten bestehen **alternativ** und hängen nicht von weiteren tatbestandlichen Voraussetzungen ab. Im Fall der Verhinderung sind die unmittelbaren ständigen Vertreter der Präsidenten zur Anordnung befugt.

Der Personenkreis **kann durch Delegation** der Behördenleitung auf die sonstige Führungsebene **erweitert werden**. § 49 Abs. 4 S. 8 PolG erlaubt die Übertragung der Anordnungsbefugnis auf dafür ausdrücklich ausgewählte und benannte Beamte des höheren Polizeivollzugsdienstes. Näheres ergibt sich aus § 4 Abs. 1 DVO PolG.

392 **cc) Anordnung bei Gefahr in Verzug (§ 49 Abs. 4 S. 4 PolG).** Bei **Gefahr im Verzug** kann die Anordnung gem. § 49 Abs. 4 S. 4 PolG auch von einer der in § 49 Abs. 4 S. 3 PolG genannten Personen (Behördenleiter [→ Rn 385, 391]) **selbst getroffen** werden.[692] Der Personenkreis **kann durch Delegation** der Behördenleitung auf die sonstige Führungsebene **erweitert werden**. § 49 Abs. 4 S. 8 PolG erlaubt die Übertragung der Anordnungsbefugnis auf dafür ausdrücklich ausgewählte und benannte Beamte des höheren Polizeivollzugsdienstes. Näheres hierzu ergibt sich aus § 4 Abs. 1 DVO PolG.

Bei einer behördlichen Anordnung bei Gefahr im Verzug ist gem. § 49 Abs. 4 S. 5, 6 PolG eine **gerichtliche Bestätigung** durch das in § 49 Abs. 4 S. 1 PolG genannte Gericht **unverzüglich herbeizuführen**. Unverzüglich heißt sofort (= ohne schuldhaftes Verzögern). Von einer Gefahr im Verzug in diesem Sinne (→ § 4 Rn 35) kann nur ausgegangen werden, wenn zur Verhinderung eines drohenden Schadens **sofort eingeschritten werden muss**, weil ein weiteres Abwarten den Erfolg der notwendigen Maßnahme der Datenerhebung erschweren oder vereiteln würde. Im Ergebnis muss die Maßnahme der Datenerhebung **unaufschiebbar** sein.

Angesichts des verfassungsrechtlich gebotenen Richtervorbehalts[693] und der grundlegenden Eingriffsintensität der Maßnahmen gem. § 49 Abs. 2 PolG ist bei der Annahme einer Gefahr im Verzug **Zurückhaltung geboten**. Zwar steht dem Polizeivollzugsdienst ein **eigener Einschätzungsspielraum** zu (→ § 4 Rn 35). Es muss aber gesehen werden, dass in besonders eiligen Fällen die notwendige Entscheidung des Amtsgerichts in der Regel schnell herbeigeführt werden kann. Deswegen wird es regelmäßig vertretbar sein, die Anordnung durch das Amtsgericht abzuwarten. Ein Abweichen davon kommt insbesondere in Betracht, wenn die von einer Person ausgehenden Gefahren i. S. d. § 49 Abs. 1, 3 PolG so schwerwiegend sind und möglicherweise mit einer so zeitnahen Verwirklichung zu rechnen ist, dass jede Verzögerung der Maßnahme zur

---

689 Zur verfassungsrechtlichen Notwendigkeit des Richtervorbehalts beim Einsatz von Vertrauensleuten vgl. auch Soiné, NJW 2020, 2850, 2851 f.
690 Nr. 1 Spiegelstrich 1 der Anlage 2 zu Nr. 1.3 und 2.3 VwV-PolOrg.
691 Nr. 1 Spiegelstrich 1 der Anlage 6 zu Nr. 1.3 und 2.3 VwV-PolOrg.
692 Zur verfassungsrechtlichen Zulässigkeit vgl. auch Soiné, NJW 2020, 2850, 2852.
693 BVerfGE 141, 220, 275 f. (Rn. 117 f.).

Datenerhebung zu **unvertretbaren Gefährdungen** bestimmter Personen oder der Allgemeinheit führen würde. Vgl. dazu auch Fall 31 in → Rn 375.

dd) Antragsinhalt (§ 49 Abs. 5 PolG). § 49 Abs. 5 PolG sieht detaillierte Vorgaben für den beim Amtsgericht zu stellenden Antrag vor. Dies folgt aus der Rechtsprechung des BVerfG, das aus den strengen Anforderungen an den Inhalt und die Begründung der gerichtlichen Anordnung folgert, dass hieraus zugleich das Erfordernis einer **hinreichend substantiierten Begründung und Begrenzung des Antrags auf Anordnung** folgt, die es dem Gericht oder der unabhängigen Stelle erst erlaubt, eine effektive Kontrolle auszuüben. Insbesondere bedarf es der **vollständigen Information** seitens der antragstellenden Behörde über den zu beurteilenden Sachstand.[694]

Im Antrag sind danach **zwingend anzugeben:**
1. die **Person**, gegen die sich die Maßnahme richtet, soweit möglich mit Name und Anschrift,
2. Art, Umfang und Dauer der Maßnahme,
3. der **Sachverhalt** sowie
4. eine Begründung.

ee) Gerichtliche Anordnung (§ 49 Abs. 6 PolG). Gem. § 49 Abs. 6 S. 1 PolG ergeht durch das zuständige Amtsgericht eine **schriftliche Anordnung.** Die Entscheidung des zuständigen Amtsgerichts ergeht gem. § 132 Abs. 1 S. 1 PolG i. V. m. § 38 Abs. 1 S. 1 FamFG durch **Beschluss.** Es ist Aufgabe und Pflicht des Gerichts, sich eigenverantwortlich ein Urteil darüber zu bilden, ob die beantragte heimliche Überwachungsmaßnahme den gesetzlichen Voraussetzungen entspricht.[695] Durch die schriftliche Fixierung wird der äußere Rahmen abgesteckt, innerhalb dessen die heimliche Maßnahme durchzuführen ist, so dass der Eingriff messbar und kontrollierbar bleibt.[696]

Erlässt das Amtsgericht eine Anordnung, durch welche die beantragte Überwachungsmaßnahme erlaubt wird, hat es **in seiner Entscheidung** gem. § 49 Abs. 6 S. 2 PolG **zwingend anzugeben:**
1. die **Person**, gegen die sich die Maßnahme richtet, soweit möglich mit Name und Anschrift,
2. **Art, Umfang** und **Dauer** der Maßnahme,
3. die wesentlichen **Gründe.**

ff) Rechtsschutz. Beim **Rechtsschutz** durch eine von einer Maßnahme gem. § 49 PolG betroffenen Person ist zu **differenzieren:**

- Sofern eine Maßnahme gem. § 49 PolG auf der Grundlage einer **richterlichen Anordnung** (→ Rn 376 ff.) erfolgte, **scheidet** eine **verwaltungsgerichtliche Anfechtung** der Anordnung **durch die betroffene Person gem. § 132 Abs. 2 PolG aus** (→ Rn 22).
- die Durchführung der Maßnahme gem. § 49 PolG dagegen **allein auf der Grundlage einer behördlichen Anordnung** (→ Rn 372 ff.) kommt als Rechtsschutzmöglichkeit grundsätzlich nur die (nachträgliche) Feststellung der Rechtswidrigkeit des Einsatzes gem. § 43 Abs. 1 VwGO durch **Feststellungsklage** in Betracht. Die **innerdienstliche Einsatzanordnung** stellt keinen Verwaltungsakt, sondern einen **Realakt** dar, da es ihr an einem nach außen gerichteten Regelungswillen fehlt (→ § 7 Rn 1 ff.).[697] In bestimmten Fällen kann das Rechtsschutzbegehren auch als allgemeine Leistungsklage in Gestalt der (vorbeugenden) **Unterlassungsklage** in Frage kommen.[698]

---

694 BVerfGE 141, 220, 275 f. (Rn 118).
695 BVerfGE 141, 220, 275 f. (Rn 118).
696 LT-Drs. 16/2701, S. 32.
697 Vgl. VGH BW, DVBl 1995, 367, insoweit best. d. BVerwG, NJW 1997, 2534, zum Einsatz eines Verdeckten Ermittlers. Zum Beispiel einer (nachträglichen) Feststellungsklage zur Rechtswidrigkeit des verdeckten Einsatzes technischer Mittel zur vorbeugenden Bekämpfung von Straftaten vgl. VGH BW, DVBl 2014, 1002.
698 Siehe dazu VG Freiburg, VBlBW 2013, 350.

397 **g) Schutz der Identität (§ 49 Abs. 7 PolG).** § 49 Abs. 7 PolG enthält besondere Regelungen über den **Aufbau und die Aufrechterhaltung der Legende** des Verdeckten Ermittlers und zu seinen **Befugnissen.**

Die Sätze 1 und 2 ermächtigen zur Herstellung, Veränderung und zum Gebrauch von (falschen) Urkunden wie etwa Pass, Personalausweis, Führerschein, Dienstausweis, Kfz-Papiere etc. Verdeckte Ermittler dürfen **nur zur Erfüllung ihres Auftrags** unter einer Legende bei öffentlichen Stellen **auftreten** sowie privatrechtliche Vereinbarungen treffen. Zweck der **Teilnahme** der Verdeckten Ermittler **am Rechtsverkehr** unter ihrer Legende (Satz 2) ist es, einer möglichen Enttarnung vorzubeugen. Durch diese Tätigkeit darf Vertragspartnern kein wirtschaftlicher Schaden entstehen.

Gem. § 49 Abs. 7 S. 3 PolG darf ein Verdeckter Ermittler unter Geheimhaltung seiner wahren Identität mit **Einverständnis des Berechtigten** dessen Wohnung betreten. Die Vorschrift stellt klar, dass auch dann das Einverständnis des Wohnungsinhabers zum **Betreten** vorliegt bzw. angenommen wird, wenn sich der Berechtigte über die Identität seines „Besuchers" im Irrtum befindet. Die Voraussetzungen des § 36 PolG müssen in diesem Fall nicht vorliegen.[699] Satz 3 gestattet nur das Betreten einer Wohnung, nicht aber darüber hinausgehende Maßnahmen wie die Durchsuchung oder die Täuschung über das Bestehen eines angeblichen Zutrittsrechts.

398 **h) Schutz des Kernbereichs privater Lebensgestaltung (§ 49 Abs. 8 PolG).** § 49 Abs. 8 PolG trifft besondere Regelungen für in einer Wohnung aufgezeichnete Daten zum **Schutz des Kernbereichs privater Lebensgestaltung.** Die Regelung entspricht § 45 Abs. 7 BKAG.

Vgl. zum Schutz des Kernbereichs privater Lebensgestaltung und zur **notwendigen Prognose** bei der **Erhebung, Speicherung und Verarbeitung von Daten** die weitergehenden Ausführungen in → Rn 17 ff.

399 Aus § 49 Abs. 8 S. 2 PolG folgt eine **Sonderregelung für den Einsatz Verdeckter Ermittler oder von Vertrauenspersonen.** Das BVerfG betont, dass der Einsatz Verdeckter Ermittler und von Vertrauenspersonen den **Kernbereich privater Lebensgestaltung** betreffen kann.[700] Nutzt der Staat persönliches Vertrauen aus, um Geheimhaltungsinteressen zu überwinden, kann das sehr schwer wiegen.[701] Beim Einsatz Verdeckter Ermittler und von Vertrauenspersonen mit einer Zielperson kann sogar bereits der Einsatz als solcher den Kernbereich privater Lebensgestaltung berühren, ohne dass es noch auf den Inhalt der hierdurch erlangten Informationen ankäme. Dies ist insbesondere der Fall, wenn zur Informationsbeschaffung eine **besonders enge Beziehung aufgebaut, fortgesetzt oder ausgenutzt** wird.[702] Für diese Fälle – etwa geplanter Einsatz von Eheleuten – dürfte eine klarstellende Ergänzung des § 49 Abs. 2 oder Abs. 8 S. 1 PolG erforderlich sein, da der Einsatz Verdeckter Ermittler und von Vertrauenspersonen von vornherein **absolut ausgeschlossen** ist.

Die Maßnahme ist unverzüglich zu unterbrechen, soweit sich **während der Durchführung der Maßnahme** tatsächliche Anhaltspunkte dafür ergeben, dass Inhalte, die dem Kernbereich privater Lebensgestaltung zuzurechnen sind, betroffen sind. Der Polizeivollzugsdienst muss die **Maßnahme sofort** (= ohne schuldhaftes Zögern) **beenden,** wenn er erkennt oder erkennen muss, dass die Aufzeichnung den Schutzbereich privater Lebensführung tangiert. Wegen der besonderen Gefährdung der als Verdeckte Ermittler oder als Vertrauensperson eingesetzten Personen darf die Maßnahme nur abgebrochen werden, wenn die **Beendigung ohne Gefährdung** der als Verdeckter Ermittler oder als Vertrauensperson **eingesetzten Person** erfolgen kann.

---

699 Würtenberger/Heckmann/Tanneberger, Polizeirecht BW, § 6 Rn 139; vgl. auch BGH, NJW 1997, 1516; Stephan, in: Stephan/Deger, Polizeigesetz BW, § 24 Rn 5.
700 BVerfG (SOG MV), GSZ 2023, 98, 99 (Rn 101, 104), 100 (Rn 108), m. Anm. Graulich, 105 ff.
701 BVerfG (SOG MV), GSZ 2023, 98, 99 f. (Rn 105).
702 BVerfG (SOG MV), GSZ 2023, 98, 100 (Rn 107).

Beispiel: Die Vertrauensperson V hält sich während ihres Einsatzes bei einem Treffen in der Wohnung des Verdächtigten T auf. Dabei wird deutlich, dass durch die sehr privaten Gespräche in der Wohnung der Kernbereich privater Lebensgestaltung tangiert ist. V muss in diesem Fall sofort die Wohnung des A verlassen oder eine mögliche Aufzeichnung der Gespräche abbrechen, um den Schutz des § 49 Abs. 8 S. 2 PolG zu gewährleisten. Dies darf aber nur erfolgen, wenn V sich dabei nicht selbst gefährdet, etwa weil dieses Verhalten verdächtig wirkt oder seine Tarnung aufzufliegen droht.

Die bloße Verwendung des Begriffs „Gefährdung" in § 49 Abs. 7 S. 2 PolG **genügt nicht den Anforderungen des BVerfG** an den Schutz des Kernbereichs privater Lebensgestaltung. Ein sofortiger Abbruch der Maßnahme darf nur unterbleiben, wenn für die eingesetzten Verdeckten Ermittler oder Vertrauenspersonen eine **Gefahr von Leib und Leben** besteht. Eine verfassungskonforme Auslegung der Regelung („Gefährdung") in diesem Sinne scheidet aus, weil dies den Anforderungen an die Bestimmtheit und Normenklarheit nicht genügte.[703] § 49 Abs. 7 S. 2 PolG muss daher dahingehend geändert werden, zudem sollte noch ergänzt werden, dass die Verdeckten Ermittler und Vertrauenspersonen in kernbereichsrelevanten Einsatzsituationen **jede sich ihnen bietende Möglichkeit nutzen** müssen, um den konkreten Einsatz vor Ort ohne Enttarnung umgehend abzubrechen.[704]

§ 49 Abs. 8 S. 2 PolG verlangt keinen vollständigen Abbruch, sondern nur eine **Unterbrechung der Maßnahme**. Die weitere Vorgehensweise ergibt sich dann aus § 49 Abs. 8 S. 4 bis 8 PolG.

§ 49 Abs. 8 S. 3 PolG betrifft die **besonderen Mittel der Datenerhebung gem. § 49 Abs. 2 Nr. 1 bis 3 PolG**. Observationen und Überwachungen mit technischen Mitteln werden häufig mit automatisierten Verfahren durchgeführt. Bei automatisierten Verfahren bekommt der Polizeivollzugsdienst regelmäßig nicht mit, wie die Inhalte der Aufzeichnungen ausfallen. § 49 Abs. 8 S. 3 PolG bestimmt, dass die Maßnahme sofort zu unterbrechen ist, wenn der Polizeivollzugsdienst während einer automatisierten Maßnahme Kenntnis erlangt, dass der Kernbereich privater Lebensgestaltung von der konkreten Maßnahme betroffen ist und entsprechende Inhalte erfasst werden.

Bei Zweifeln, ob der Kernbereich privater Lebensgestaltung betroffen ist, dürfen **unterbrochene Maßnahmen mit Einsatz verdeckter technischer Mittel** (§ 49 Abs. 2 Nr. 2 PolG) gem. § 49 Abs. 8 S. 4 PolG nur im Wege **automatischer Aufzeichnung** fortgesetzt werden. Über das Vorgehen nach § 49 Abs. 8 S. 4 PolG entsteht ein sog. **Richterband**[705], das gem. § 49 Abs. 8 S. 5 PolG unverzüglich dem anordnenden Gericht (§ 49 Abs. 4 S. 1 PolG) vorzulegen ist, das gem. § 49 Abs. 8 S. 6 PolG wiederum unverzüglich über die Verwertbarkeit oder die Löschung der Daten entscheidet. Diese besondere Vorgehensweise stellt sicher, dass unzulässig erlangte Daten aus dem Kernbereich privater Lebensgestaltung nur dem zuständigen Amtsgericht zur Kenntnis gelangen.

Aus § 49 Abs. 8 S. 7 PolG folgt, dass eine gem. § 49 Abs. 8 S. 3 PolG unterbrochene **Maßnahme fortgeführt** werden darf, wenn aufgrund einer Prognose des Polizeivollzugsdienstes ausreichend sicher geklärt ist, dass durch die Maßnahme nicht allein Erkenntnisse aus dem Kernbereich privater Lebensgestaltung erlangt werden.

Gem. § 49 Abs. 8 S. 8 PolG dürfen Erkenntnisse aus dem Kernbereich privater Lebensgestaltung **nicht verwertet** werden (**absolutes Datenverwertungsverbot**). Diese Regelung sichert das Datenverarbeitungsverbot weiter ab. Wenn aufgrund der Regelungen in Abs. 8 auch Daten aus dem Kernbereich privater Lebensgestaltung aufgenommen und gespeichert werden, ist es dem Polizeivollzugsdienst verboten, diese zu verwerten.

---

703 BVerfG (SOG MV), Beschl. v. 9.12.2022 – 1 BvR 1345/21 (Rn 121) = GSZ 2023, 98 (dort nicht abgedruckt), m. Anm. Graulich, 105 ff.
704 BVerfG (SOG MV), Beschl. v. 9.12.2022 – 1 BvR 1345/21 (Rn 116), GSZ 2023, 98 (dort nicht abgedruckt).
705 R. Schenke, in: Schenke/Graulich/Ruthig, Sicherheitsrecht, § 45 BKAG Rn 47.

Beispiel: Der Polizeivollzugsdienst hat durch den Einsatz eines Verdeckten Ermittlers in einer Privatwohnung umfangreiche Erkenntnisse gewonnen. Bei der Auswertung des Materials stellt die Polizei fest, dass in Teilen der Kernbereich privater Lebensgestaltung verletzt ist, weil rein private Gesprächsinhalte erfasst wurden. Diese Inhalte sind jeglicher Auswertung entzogen, selbst wenn sich daraus mögliche weitere Ansatzpunkte ergeben. Daraus gezogene Erkenntnisse können zu keinen weiteren Ermittlungen führen. Darüber hinaus sind die entsprechenden Aufzeichnungen unverzüglich zu löschen oder zu vernichten.

404 Aus § 49 Abs. 5 S. 10 bis 13 PolG folgen **besondere Dokumentationspflichten**, die neben denen des § 74 PolG (→ Rn 395) bestehen. Diese entsprechen den Vorgaben des BVerfG.[706]

Die **Tatsache der Erfassung von Daten** mit Bezug zum Kernbereich privater Lebensgestaltung ist **zu erfassen und zu dokumentieren** (Satz 10). Die hierzu erstellte Dokumentation ist ausschließlich für die alle zwei Jahre erfolgende **Kontrolle der Maßnahmen** nach § 49 PolG durch den **Landesbeauftragten für Datenschutz** gem. § 97 PolG i. V. m. § 20 Abs. 1 LDSG, § 98 Abs. 1 Nr. 14 PolG zu verwenden (Satz 11). Die Dokumentation ist **sechs Monate** nach der Benachrichtigung nach § 86 PolG oder sechs Monate nach Erteilung der gerichtlichen Zustimmung über das endgültige Absehen von der Benachrichtigung **zu löschen** (Satz 12). Hieraus kann sich eine Aufbewahrungszeit von über 5 Jahren ergeben. Ist die **Datenschutzkontrolle** nach Ablauf der in § 98 Abs. 1 Nr. 14 PolG genannten Frist noch nicht beendet, ist die Dokumentation **bis zu ihrem Abschluss aufzubewahren** (Satz 13).

405 **i) Löschungspflicht (§ 49 Abs. 9 PolG).** Gem. § 49 Abs. 9 PolG sind Bild- und Tonaufzeichnungen, die ausschließlich die nicht in Abs. 1 genannten Personen betreffen, **unverzüglich, spätestens nach zwei Monaten zu löschen**. Nach dieser Regelung sind die Daten von den Personen, gegen die der Einsatz der technischen Mittel nicht gerichtet war, die aber dennoch von der Datenerhebung als Dritte oder „Unbeteiligte" betroffen wurden, grundsätzlich zu löschen. Da diese Personen nicht Ziel der Datenerhebung waren, ist die Speicherung ihrer Daten nicht erforderlich. Soweit im Einzelfall die erhobenen Daten für die Verfolgung von Straftaten erforderlich sind, entfällt nach Halbsatz 2 die Löschungspflicht. § 49 Abs. 9 PolG ist keine Ermächtigungsnorm, für die **weitere Datenverarbeitung** gelten vielmehr die allgemeinen Vorschriften, insbesondere § 15 PolG.

406 **j) Weitere Pflichten der Datenverarbeitung.** Die für Maßnahmen nach § 49 PolG **maßgeblichen Regelungen** zur Benachrichtigung der betroffenen Personen, zur Kennzeichnung der Daten und zur Kontrolle der Datenerhebungen durch die Aufsichtsbehörde für den Datenschutz finden sich in den §§ 72, 86 u. 98 Abs. 1 Nr. 14 PolG.

Aus § 90 PolG folgt eine **alle zwei Jahre zu erfüllende Berichtspflicht** über die auf der Grundlage des § 49 PolG erfolgten Maßnahmen **an den Landtag**. Anlässlich einer Anfrage im Landtag berichtete das IM dem Landtag, dass im Jahr 2017 insgesamt 61 und im Jahr 2018 insgesamt **54 Maßnahmen auf der Grundlage des § 49 PolG** erfolgt waren.[707]

407 Aus § 74 PolG folgt eine **umfassende Protokollierungspflicht** für alle Maßnahmen gem. § 49 PolG (→ Rn 600, 602). Zu protokollieren sind gem. § 74 Abs. 1 u. Abs. 2 Nr. 2, 3 PolG:

1. Das zur Datenerhebung eingesetzte Mittel,
2. der Zeitpunkt des Einsatzes,
3. Angaben, die die Feststellung der erhobenen Daten ermöglichen,
4. die verantwortliche Dienststelle,
5. bei Maßnahmen der längerfristigen Observation, Bildaufnahmen, Tonaufnahmen, technischen Observationsmittel die Zielperson sowie die erheblich mitbetroffenen Personen,
6. bei Maßnahmen des Einsatzes einer Vertrauensperson und eines Verdeckten Ermittlers

---

[706] BVerfG (SOG MV), Beschl. v. 9.12.2022 – 1 BvR 1345/21 (Rn 119), GSZ 2023, 98 (dort nicht abgedruckt), m. Anm. Graulich, 105 ff.
[707] LT-Drs. 16/7519, S. 4.

a) die Zielperson,
b) die erheblich mitbetroffenen Personen,
c) die Personen, deren nicht allgemein zugängliche Wohnung die beauftragte Person, die Vertrauensperson oder der Verdeckte Ermittler betreten hat.

10. Datenerhebung in oder aus Wohnungen (§ 50 PolG). a) Allgemeines. aa) Entstehungsgeschichte. § 50 PolG (damals noch § 23 PolG) wurde durch das **Änderungsgesetz vom 18.11.2008** (GBl. S. 390) in wesentlichen Teilen neu gefasst. Mit dem **PolG 2020** wurde § 23 PolG 1992 überarbeitet und zu § 50 PolG. Hauptziel der Überarbeitung war die Anpassung der Vorschrift an die Vorgaben des BVerfG in seinem BKAG-Urteil. Eine ähnliche Regelung enthält § 46 BKAG.

408

bb) Verfassungsrecht. Die Überwachungsbefugnis des § 50 Abs. 1 PolG greift in das Grundrecht der **Unverletzlichkeit der Wohnung** aus Art. 13 Abs. 1 GG ein.[708] Art. 13 Abs. 1 GG ist ein staatsgerichtetes Abwehrgrundrecht, garantiert die Unverletzlichkeit der Wohnung durch den Staat (→ Rn 231 ff.) und gewährt das Recht, in der Wohnung „in Ruhe gelassen zu werden".[709] Wohnung bedeutet räumliche Privatsphäre. Art. 13 GG verbürgt dem Einzelnen mit Blick auf seine Menschenwürde sowie im Interesse der Entfaltung seiner Persönlichkeit einen elementaren Lebensraum, in den nur unter den besonderen Voraussetzungen des Art. 13 Abs. 2 bis 7 GG eingegriffen werden darf. Ging es früher vor allem um das physische Eindringen staatlicher Organe in die Wohnung und dessen Abwehr, so tritt nunmehr die informationelle Selbstbestimmung des Grundrechtsträgers ergänzend hinzu.[710] Hierzu gehört das Verbot, gegen den Willen des Wohnungsinhabers in die Wohnung einzudringen und darin zu verweilen oder **Abhörgeräte** einzubauen und zu benutzen. Der durch eine heimliche Vorbereitungshandlung in der Wohnung erfolgende Eingriff in Art. 13 Abs. 1 GG ist eine **intensive Grundrechtsbeeinträchtigung**.[711]

409

Zur Unantastbarkeit der **Menschenwürde** gemäß Art. 1 Abs. 1 GG gehört die Anerkennung eines absolut geschützten **Kernbereichs privater Lebensgestaltung** (→ Rn 8 ff., 414 ff.). In diesen Bereich darf die akustische Überwachung von Wohnraum nicht eingreifen. Eine Abwägung nach Maßgabe des Verhältnismäßigkeitsgrundsatzes zwischen dem Grundrecht auf Unverletzlichkeit der Wohnung (Art. 13 Abs. 1 i. V. m. Art. 1 Abs. 1 GG) und dem Strafverfolgungsinteresse findet insoweit nicht statt.[712] Die vom BVerfG zur Zulässigkeit des „großen Lauschangriffs" im repressiven Bereich entwickelten Grundsätze gelten entsprechend für die verfassungsrechtliche Zulässigkeit der präventiv-polizeilichen Wohnraumüberwachung.

Der **EGMR** hat entschieden, dass nach **Art. 8 Abs. 2 EMRK** ein uneingeschränktes Ermessen der Behörden über den Einsatz der Wohnraumüberwachung ausgeschlossen ist. Das den Einsatz der Wohnraumüberwachung legitimierende Gesetz muss den Umfang des den zuständigen Behörden eingeräumten Ermessen und die Art der Ausübung ausreichend bestimmt regeln und dabei das berechtigte Ziel der Maßnahme, den Einzelnen angemessen vor willkürlichen Eingriffen zu schützen, berücksichtigen.[713] Diesen Anforderungen genügt § 50 PolG.

Für den **Bereich der Strafverfolgung** gelten die speziellen Vorschriften der §§ 100 c, 100 d StPO. Der sog. „kleine Lauschangriff" zur Strafverfolgung richtet sich nach § 100 f StPO. Gem. § 6 Abs. 1 LVSG hat auch das **Landesamt für Verfassungsschutz** das Recht zur Wohnraumüberwachung.

---
708 BVerfG (SOG MV), GSZ 2023, 98, 100 f. (Rn 152), m. Anm. Graulich, 105 ff.
709 BVerfG, NJW 2002, 1333.
710 BVerfGE 120, 274, 309 ff.; von der Grün, in: Möstl/Trurnit, Polizeirecht BW, § 23 Rn 6; Schoch, JURA 2010, 22.
711 BVerfG (SOG MV), Beschl. v. 9.12.2022 – 1 BvR 1345/21 (Rn 131), GSZ 2023, 98 (dort nicht abgedruckt), m. Anm. Graulich, 105 ff.
712 BVerfGE 109, 279 = NJW 2004, 999 ff.
713 EGMR, NVwZ-RR 2022, 521, 522 ff. (Rn 130 ff.), zur Wohnraumüberwachung durch den Slowakischen Geheimdienst.

410 **b) Befugnis zur Datenerhebung / betroffene Personen (§ 50 Abs. 1 PolG). aa) Allgemeines.** § 50 Abs. 1 PolG wurde gegenüber dem früheren § 23 Abs. 1 PolG 1992 nur **geringfügig** an die Vorgaben des BVerfG in seinem BKAG-Urteil **angepasst.**

411 **bb) Abwehr einer Gefahr i. S. d. § 23 Abs. 1 S. 1 PolG.** Gem. § 50 Abs. S. 1 PolG kann der Polizeivollzugsdienst personenbezogene Daten **in oder aus Wohnungen** durch den verdeckten Einsatz **technischer Mittel gem. § 49 Abs. 2 Nr. 2 PolG** zur Abwehr einer **dringenden Gefahr** für besonders hochrangige Rechtsgüter erheben. Eine dringende Gefahr ist dann gegeben, wenn eine konkrete Sachlage oder ein Verhalten bei ungehindertem Ablauf des objektiv zu erwartenden Geschehens **mit hinreichender Wahrscheinlichkeit in allernächster Zukunft einen größeren Schaden verursachen** wird (→ § 4 Rn 33).[714]

412 Für eine Wohnraumüberwachung dürfen nur technische Mittel i. S. d. § 49 Abs. 2 Nr. 2 PolG – also solche zur Anfertigung von **Lichtbildern und Bildaufzeichnungen** sowie zum Abhören und Aufzeichnen des nicht öffentlich gesprochenen Wortes auf **Tonträger** – eingesetzt werden (etwa Lichtbildkamera, Richtmikrofon [→ Rn 362, 364]).

Eingriffsvoraussetzung ist das **Vorliegen einer dringenden, also unmittelbar bevorstehenden Gefahr für hochrangige Rechtsgüter**, namentlich für Leib, Leben oder Freiheit einer Person sowie den Bestand oder die Sicherheit des Bundes oder eines Landes. Erforderlich ist eine besondere zeitliche Nähe und ein gesteigertes Maß der Wahrscheinlichkeit des Schadenseintritts, wenn also mit dem Eintritt des **Schadens** sofort oder doch mit an Sicherheit grenzender Wahrscheinlichkeit zu rechnen ist (→ § 4 Rn 32). **Ein Vorfeld der Gefahr reicht für die Annahme der Voraussetzungen des § 50 PolG nicht aus.** Aus denselben Gründen sind Maßnahmen gem. § 50 PolG zu Zwecken der vorbeugenden Bekämpfung von Straftaten nicht zulässig.

413 Weiterhin ist Tatbestandsvoraussetzung, dass Gefahren (nur) für **hochrangige Rechtsgüter** abgewehrt werden sollen (vgl. Art. 13 Abs. 4 S. 1 GG). Nachdem in Art. 13 Abs. 4 GG von gemeiner Gefahr oder Lebensgefahr die Rede ist, muss es bei der Gesundheits- oder Freiheitsgefahr i. S. d. § 50 Abs. 1 S. 1 PolG um **schwerwiegende Beeinträchtigungen** für Schutzgüter gehen, das Gesetz nennt das Leben, die Gesundheit oder die Freiheit einer Person oder den Bestand oder die Sicherheit des Bundes oder eines Landes.[715] Die entsprechende **Aufzählung** ist **abschließend** und kann vom Polizeivollzugsdienst selbst bei Vorliegen anderer schwerwiegender Straftaten nicht erweitert werden.

Beispiel: Allein der Umstand, dass es bei einem Geschädigten mehrfach gebrannt hat und dass Brandstiftung nahe liegt, rechtfertigte es nicht, ohne konkrete Anhaltspunkte für das Vorliegen einer unmittelbar bevorstehenden Gefahr bei einem nahen Verwandten in der Wohnung Mikrofone zu installieren und Gespräche aufzuzeichnen, selbst wenn hierdurch Erkenntnisse für Gefahrenabwehrmaßnahmen gewonnen werden konnten (OLG Karlsruhe, VBlBW 1999, 234, 236).

Wegen der Schwere des Grundrechtseingriffs[716] kommt die Maßnahme nach Abs. 1 S. 1 nur als **Ultima Ratio** in Betracht. Dies wird auch aus der **Subsidiaritätsklausel** deutlich, wonach eine Überwachungsmaßnahme auf der Grundlage des § 50 Abs. 1 S. 1 PolG nur in Betracht kommt, wenn **andernfalls die Abwehr der Gefahr oder die Verhütung der Straftat gefährdet oder erheblich erschwert** würde. Der Polizeivollzugsdienst muss also stets prüfen, ob anstelle der geplanten heimlichen Wohnraumüberwachungsmaßnahme andere mildere Mittel zur Verfügung stehen, die gleich geeignet wären. Zu erwartende **zeitliche Verzögerungen** bei Durchführung ebenfalls geeigneter anderer Maßnahmen können eine Überwachungsmaßnah-

---

[714] BVerfG (SOG MV), GSZ 2023, 98, 100 f. (Rn 125), m. Anm. Graulich, 105 ff., BVerwGE 47, 31, 40, u. NJW 1975, 130; Trurnit, VBlBW 2021, 441, 443.
[715] Von der Grün, in: Möstl/Trurnit, Polizeirecht BW, § 23 Rn 15; Stephan, in: Stephan/Deger, Polizeigesetz BW, § 23 Rn 7.
[716] BVerfG (SOG MV), GSZ 2023, 98, 100 f. (Rn 125), m. Anm. Graulich, 105 ff.

me auf der Grundlage des § 50 PolG rechtfertigen[717], die Verzögerung muss aber zu einer Gefährdung der Abwehrmaßnahme führen. Grundsätzlich sind die **Anforderungen** wegen des besonderen verfassungsrechtlichen Schutzes der Wohnung **hoch**, es muss eine ernsthafte Prüfung alternativer polizeilicher Maßnahmen erfolgen, was zu dokumentieren ist.

cc) Wohnungsbegriff. Der **Begriff der Wohnung** ist weit auszulegen.[718] Geschützt sind die Wohnung selbst, darüber hinaus aber auch alle gemischt benutzten Räume wie Keller, Garage, Innenhof, Vorgarten, Arbeits-, Betriebs- und Geschäftsräume[719], eine Rechtsanwaltskanzlei[720], Bauwagen, Campingwagen, Zelt und das befriedete Besitztum, soweit es im Zusammenhang mit einer Wohnung im engeren Sinne steht. Auch die **Notunterkunft** eines eingewiesenen Obdachlosen und die **Geschäftsräume von Vereinen** fallen unter den Begriff Wohnung. Maßgeblich ist die nach außen erkennbare Zweckbestimmung des Nutzungsberechtigten. Auch **öffentlich zugängliche Räume** wie Verkaufsräume, Gaststätten, Sportanlagen fallen in den Schutzbereich des Art. 13 GG. Denn die Schaffung einer grundsätzlichen öffentlichen Zugänglichkeit hebt das Entscheidungsrecht der berechtigten Person über den (unerlaubten) Zutritt im Einzelfall und über die Zweckbestimmung nicht auf.[721] Die öffentlich zugänglichen Räume haben aber einen geringeren Schutz (vgl. § 36 Abs. 6 PolG [→ § 11 Rn 248]).

Die personenbezogenen Daten können sowohl **in** Wohnungen als auch **aus** diesen Räumen heraus erhoben werden. Bei der Datenerhebung aus einer Wohnung wird ein technisches Mittel nicht in der Wohnung, sondern außerhalb der Wohnung eingesetzt (etwa Richtmikrofon). Die Ermächtigungsgrundlage des § 50 Abs. 1 S. 1 PolG umfasst auch technische Maßnahmen zur Vor- und Nachbereitung der Wohnraumüberwachung, wie etwa die Installierung des notwendigen technischen Gerätes.[722]

dd) Adressaten der Maßnahmen. Gem. § 50 Abs. 1 S. 1 PolG kommen Maßnahmen in erster Linie gegen **Handlungs- und Zustandsstörer** gem. §§ 6 u. 7 PolG (Wohnungsinhaber wie etwa der Eigentümer, vgl. § 36 Abs. 7 PolG) in Betracht.[723] Gegenüber **Nichtstörern** sind die Datenerhebungsmaßnahmen des § 50 PolG nur unter den strengen Voraussetzungen des polizeilichen Notstands gem. § 9 PolG möglich. Adressat der Maßnahme ist somit derjenige, über den gezielt Daten erhoben werden.[724] Eine **Einschränkung des Adressatenkreises** durch **strafprozessuale Sondervorschriften** wegen persönlicher Näheverhältnisse (§ 52 StPO) oder wegen der Zugehörigkeit zu bestimmten Berufsgruppen (§§ 53 ff. StPO) kommt im Bereich des § 50 PolG nicht in Betracht. Maßnahmen gem. § 50 PolG sind nur zur Gefahrenabwehr möglich, während die Normen der StPO bei der Strafverfolgung Anwendung finden.

ee) Unvermeidbare Betroffenheit Dritter. § 50 Abs. 1 S. 2 PolG stellt klar, dass die Erhebung der Daten auch dann durchgeführt werden kann, wenn Dritte unvermeidbar betroffen werden. Hierbei ist der Schutz der Berufsgeheimnisträger gemäß § 10 PolG zu beachten. Gem. § 75 Abs. 2 S. 1 PolG sind die Daten, die diesen Personenkreis betreffen, unverzüglich zu löschen, da ihre Kenntnis für die Aufgabenerfüllung nicht erforderlich ist.

c) Richtervorbehalt (§ 50 Abs. 2 PolG). aa) Allgemeines. Der in § 50 Abs. 2 PolG vorgesehene Richtervorbehalt für die Anordnung einer Maßnahme der Wohnraumüberwachung fand sich

---
717 Von der Grün, in: Möstl/Trurnit, Polizeirecht BW, § 23 Rn 27.
718 Vgl. § 36 PolG; BGH, NJW 1997, 1018; vgl. auch VGH BW, NVwZ 1993, 388, 389.
719 Vgl. BVerfG NJW 2009, 1281, m. Bespr. Muckel, JA 2010, 314.
720 BVerfG, NJW 2006, 3411.
721 BVerfGE 97, 228, 265; von der Grün, in: Möstl/Trurnit, § 23 Rn 17.
722 Str.: Wie hier Zeitler/Trurnit, Polizeirecht BW, Rn 860, unter Hinweis auf BGHSt 46, 266, 273 ff.; ebenso von der Grün, in: Möstl/Trurnit, Polizeirecht BW, § 23 Rn 47; a. A. Stephan, in: Stephan/Deger, Polizeigesetz BW, § 23 Rn 11.
723 Von der Grün, in: Möstl/Trurnit, Polizeirecht BW, § 23 Rn 25.
724 Stephan, in: Stephan/Deger, Polizeigesetz BW, § 23 Rn 9.

bereits in § 23 PolG 1992. Im Gegensatz zum früheren Recht hat der Landesgesetzgeber als Reaktion auf die Vorgaben des BVerfG in seinem BKAG-Urteil[725] den Richtervorbehalt nunmehr für **alle Maßnahmen gem. § 50 PolG** vorgesehen. Die Möglichkeit der behördlichen Anordnung in Fällen, in denen technische Mittel ausschließlich zur Sicherung der bei einem polizeilichen Einsatz tätigen Personen verwendet werden (§ 23 Abs. 4 PolG 1992), wurde in der bisherigen Form aufgegeben, sie besteht nur noch im Fall der Gefahr im Verzug (§ 50 Abs. 5 S. 4 PolG [→ Rn 417]). Abweichend vom Richtervorbehalt gibt es nur noch die Möglichkeit einer behördlichen Anordnung bei **Gefahr im Verzug** gem. § 50 Abs. 5 PolG, die aber mit einer Ausnahme (§ 50 Abs. 5 S. 4 PolG: Sicherung der bei einem polizeilichen Einsatz tätigen Personen) stets der gerichtlichen Bestätigung bedarf.

Der Richtervorbehalt des § 50 Abs. 2, 6 PolG ist **besonders stark ausgeprägt**: Sowohl die **Erhebung** der Daten (§ 50 Abs. 2 S. 1 PolG) als auch die weitere Verarbeitung der Daten zum Zweck der **Auswertung** (§ 50 Abs. 6 S. 6, 7 PolG) hängen von der Entscheidung des Gerichts ab. Dies wird auch aus den besonderen Regelungen zur weiteren Verarbeitung der aus einer Wohnraumüberwachung gewonnenen Daten in § 15 Abs. 2 S. 3 PolG (→ Rn 150), in § 15 Abs. 3 S. 4 bis 6 PolG (→ Rn 158 ff.) und in § 15 Abs. 4 S. 3 PolG (→ Rn 167) deutlich.

418 **bb) Anordnung durch Gericht (§ 50 Abs. 2 S. 1 PolG).** Wegen der Schwere des Grundrechtseinschränkung bei der Wohnraumüberwachung unterliegen diese Eingriffe dem **Richtervorbehalt**. § 50 Abs. 2 S. 1 PolG trägt diesem Umstand Rechnung und entspricht weitgehend § 46 Abs. 3 BKAG. Es bedarf einer **Anordnung durch den Richter**. Vgl dazu die Ausführungen in → Rn 17 ff.

419 Für die **Zuständigkeit des Gerichts** findet sich in § 50 Abs. 2 S. 1 PolG eine von der Vorgabe des § 132 Abs. 1 PolG abweichende Regelung. Die Zuständigkeit richtet sich nach § 74 a Abs. 4 GVG. Zuständig ist damit die sog. **Staatsschutzkammer beim Landgericht**, in dessen Zuständigkeitsbereich die **zuständige Polizeidienststelle** ihren **Sitz** hat. Es kommt damit für die Bestimmung der örtlichen Zuständigkeit des Gerichts nicht auf den Gerichtsbezirk des Landgerichts an, sondern auf den Zuständigkeitsbereich der Kammer gem. § 74 a Abs. 4 GVG: „Zuständig ist eine nicht mit Hauptverfahren in Strafsachen befasste Kammer bei den Landgerichten, in deren Bezirk ein Oberlandesgericht seinen Sitz hat, für den Bezirk dieses Oberlandesgerichts." In BW sind die Staatsschutzkammern bei den **Landgerichten Karlsruhe und Stuttgart** eingerichtet. Die **Zuständigkeit** der beiden Staatsschutzkammern umfasst den **gesamten Bezirk des OLG Karlsruhe bzw. OLG Stuttgart**. Die Staatsschutzangelegenheiten sind dort jeweils einer Strafkammer zugewiesen, die im Übrigen für keine normalen Strafverfahren zuständig ist.

420 Die gerichtliche Anordnung steht gem. § 50 Abs. 2 S. 2 PolG unter einem **Antragvorbehalt**. Gem. § 50 Abs. 2 S. 3 PolG ist der **Antrag** durch die **Leitung eines regionalen Polizeipräsidiums**, des **Polizeipräsidiums Einsatz oder des LKA** schriftlich zu stellen und zu begründen.

Der Begriff „Leitung" ist eindeutig: Der Antrag kann nur vom **Präsidenten des örtlich zuständigen Polizeipräsidiums**[726], vom **Präsidenten des Präsidiums Einsatz** oder vom **Präsidenten des LKA**[727] gestellt werden. Alle drei Möglichkeiten bestehen **alternativ** und hängen nicht von weiteren tatbestandlichen Voraussetzungen ab. Im Fall der Verhinderung sind die unmittelbaren ständigen Vertreter der Präsidenten zur Anordnung befugt. Eine weitere **Delegation** der Antragsbefugnis ist **nicht möglich**.[728]

---

725 BVerfGE 141, 220, 275 (Rn 117), 299 (Rn 194); vgl. auch BVerfG (SOG MV), Beschl. v. 9.12.2022 – 1 BvR 1345/21 (Rn 148 ff.), GSZ 2023, 98 dort nicht abgedruckt), m. Anm. Graulich, 105 ff.
726 Nr. 1 Spiegelstrich 1 der Anlage 2 zu Nr. 1.3 und 2.3 VwV-PolOrg.
727 Nr. 1 Spiegelstrich 1 der Anlage 6 zu Nr. 1.3 und 2.3 VwV-PolOrg.
728 LT-Drs. 16/8484, S. 150.

VI. Datenvereinbarung bei polizeilichen Einzelmaßnahmen

cc) Antragsinhalt (§ 50 Abs. 3 PolG). § 50 Abs. 3 PolG sieht detaillierte Vorgaben für den bei der Staatsschutzkammer des Landgerichts zu stellenden Antrag vor. Dies folgt aus der Rechtsprechung des BVerfG, das aus den strengen Anforderungen an den Inhalt und die Begründung der gerichtlichen Anordnung folgert, dass hieraus zugleich das Erfordernis einer **hinreichend substantiierten Begründung und Begrenzung des Antrags auf Anordnung** folgt, die es dem Gericht oder der unabhängigen Stelle erst erlaubt, eine effektive Kontrolle auszuüben. Insbesondere bedarf es der **vollständigen Information** seitens der antragstellenden Behörde über den zu beurteilenden Sachstand.[729]

421

Im Antrag sind danach **zwingend anzugeben**:
1. Die **Person**, gegen die sich die Maßnahme richtet, soweit möglich mit Name und Anschrift,
2. die zu überwachende **Wohnung** oder die zu überwachenden **Wohnräume**,
3. **Art**, **Umfang** und **Dauer** der Maßnahme,
4. der **Sachverhalt** sowie
5. eine Begründung.

dd) Gerichtliche Anordnung (§ 50 Abs. 4 PolG). Gem. § 50 Abs. 4 S. 1 PolG ergeht durch die zuständige Staatsschutzkammer des Landgerichts eine **schriftliche Anordnung**. Die Entscheidung ergeht gem. § 132 Abs. 2 S. 1 PolG i. V. m. § 38 Abs. 1 S. 1 FamFG durch **Beschluss** (→ Rn 19 ff.). Es ist Aufgabe und Pflicht des Gerichts, sich eigenverantwortlich ein Urteil darüber zu bilden, ob die beantragte heimliche Wohnraumüberwachungsmaßnahme den gesetzlichen Voraussetzungen entspricht.[730] Durch die schriftliche Fixierung wird der äußere Rahmen abgesteckt, innerhalb dessen die heimliche Maßnahme durchzuführen ist, so dass der Eingriff messbar und kontrollierbar bleibt.[731]

422

Erlässt das Amtsgericht eine **schriftliche** (§ 50 Abs. 4 S. 1 PolG) Anordnung, durch welche die beantragte Überwachungsmaßnahme erlaubt wird, hat es **in seiner Entscheidung** gem. § 50 Abs. 4 S. 2 PolG **zwingend anzugeben**:

423

1. Die **Person**, gegen die sich die Maßnahme richtet, soweit möglich mit Name und Anschrift,
2. die zu überwachende **Wohnung** oder die zu überwachenden **Wohnräume**,
3. **Art**, **Umfang** und **Dauer** der Maßnahme,
4. die wesentlichen **Gründe**.

Die **gerichtliche Anordnung** ist gem. § 50 Abs. 4 S. 3 PolG zwingend zu **befristen**. Die Frist darf **höchstens 3 Monate** betragen. Eine **Verlängerung** ist gem. § 50 Abs. 4 S. 4 PolG um **jeweils nicht mehr als einen Monat** ist zulässig, solange die Voraussetzungen für die Maßnahme fortbestehen. Dies ist von der zuständigen Staatsschutzkammer beim Landgericht bei jeder Fristverlängerung erneut zu prüfen.

424

ee) Rechtsschutz. Die Wohnüberwachungsmaßnahme i. S. d. § 50 PolG ist als **Realakt** zu qualifizieren.[732] Gegen die Entscheidung des Gerichts findet gem. 132 Abs. 2 S. 3 PolG die Beschwerde zum OLG statt. Das gilt auch dann, wenn sich die Maßnahme bereits erledigt hat (→ Rn 17 ff.).[733]

425

Da eine Maßnahme gem. § 50 Abs. 1 PolG nur nach richterlicher Anordnung durchgeführt werden kann (auch im Fall der Gefahr im Verzug), greift in aller Regel § 132 Abs. 3 PolG (→ Rn 22). Einzige **Ausnahme** ist die behördliche Anordnung bei Gefahr im Verzug zur Sicherung der bei einem Einsatz tätigen Personen (→ Rn 417), hier bedarf es keiner gerichtlichen Entscheidung

---

729 BVerfGE 141, 220, 275 f. (Rn 118).
730 BVerfGE 141, 220, 275 f. (Rn 118).
731 LT-Drs. 16/2701, S. 32.
732 Von der Grün, in: Möstl/Trurnit, Polizeirecht BW, § 23 Rn 68.
733 Str., grundlegend dazu Buchberger, in: Lisken/Denninger, Handbuch des Polizeirechts, Kap. K Rn 37 ff.

oder Bestätigung. Richtiges Rechtsmittel ist hier die Erhebung einer **Feststellungsklage** beim zuständigen Verwaltungsgericht.

426 **d) Gefahr im Verzug (§ 50 Abs. 5 PolG).** Im Gegensatz zum früheren § 23 Abs. 4 PolG 1992 sieht § 50 PolG in der Fassung des PolG 2020 keine Möglichkeit für eine uneingeschränkte **behördliche Anordnung** mehr vor. Allerdings ergibt sich aus § 50 Abs. 5 PolG die Möglichkeit einer behördlichen Anordnung bei Gefahr im Verzug, die aber einer unverzüglichen gerichtlichen Bestätigung bedarf. Die früher bestehende behördliche Anordnungsmöglichkeit des § 23 Abs. 4 PolG 1992 (technische Mittel dienen ausschließlich der Sicherung der bei einem polizeilichen Einsatz tätigen Personen) wurde dahingehend privilegiert, dass sie bei Gefahr im Verzug keiner gerichtlichen Bestätigung bedarf (→ Rn 417).

427 Bei **Gefahr im Verzug** kann die Anordnung gem. § 50 Abs. 5 S. 1 PolG auch **von der Polizeibehörde selbst getroffen** werden. Die Anordnung darf nur durch die **Leitung eines regionalen Polizeipräsidiums**, des **Polizeipräsidiums Einsatz oder des LKA** erfolgen.

Der Begriff „Leitung" ist auch hier eindeutig: Die Anordnung kann nur vom **Präsidenten des örtlich zuständigen Polizeipräsidiums**[734], vom **Präsidenten des Präsidiums Einsatz** oder vom **Präsidenten des LKA**[735] getroffen und unterzeichnet werden. Alle drei Möglichkeiten bestehen **alternativ** und hängen nicht von weiteren tatbestandlichen Voraussetzungen ab. Im Fall der Verhinderung sind die unmittelbaren ständigen Vertreter der Präsidenten zur Anordnung befugt. Eine weitere **Delegation** der Antragsbefugnis ist **nicht möglich.**[736]

428 Bei einer behördlichen Anordnung bei Gefahr im Verzug ist gem. § 50 Abs. 5 S. 2 PolG eine **gerichtliche Bestätigung** durch die über § 50 Abs. 2 S. 1 PolG zuständige Staatsschutzkammer des Landgerichts **unverzüglich herbeizuführen**. Unverzüglich heißt sofort (= ohne schuldhaftes Verzögern). Erfolgt die Bestätigung durch das zuständige Gericht nicht innerhalb von drei Tagen seit Inkrafttreten der Anordnung, tritt die Anordnung gem. § 50 Abs. 2 S. 3 PolG außer Kraft.

429 Einen **Sonderfall** stellt der Einsatz technischer Mittel zur Wohnraumüberwachung dar, wenn die **Maßnahme ausschließlich der Sicherung der bei einem polizeilichen Einsatz tätigen Personen** dient. Hier erlaubt § 50 Abs. 5 S. 4, 5 PolG, dass die Anordnung ausschließlich durch die Leitung eines regionalen Polizeipräsidiums, des Polizeipräsidiums Einsatz oder des LKA erfolgt und es **keiner Bestätigung durch das Gericht** bedarf. Diese Privilegierung beruht auf Art. 13 Abs. 5 S. 1 GG und ist verfassungsrechtlich unbedenklich.

Die **Verweisung in Satz 5** auf den ersten Satz von § 50 Abs. 5 PolG ist leider etwa unklar geraten. Satz 5 steht im Abschnitt über Anordnungen bei Gefahr im Verzug (§ 50 Abs. 5 PolG). Aus der Gesetzesbegründung ergibt sich aber, dass der Landesgesetzgeber gegenüber § 23 Abs. 4 S. 1 PolG 1992 keine Änderung vornehmen wollte.[737] Daher muss in den Fällen des § 50 Abs. 5 S. 4, 5 PolG **keine Gefahr im Verzug** vorliegen, die entsprechende Anwendung des § 50 Abs. 5 S. 1 PolG bezieht sich vielmehr auf anordnende Stelle innerhalb der Polizei (→ Rn 415).

430 Von einer **Gefahr im Verzug** i. S. d. § 50 Abs. 5 PolG (→ § 4 Rn 35) kann nur ausgegangen werden, wenn zur Verhinderung eines drohenden Schadens **sofort eingeschritten werden muss**, weil ein weiteres Abwarten den Erfolg der Wohnraumüberwachungsmaßnahme erschweren oder vereiteln würde. Im Ergebnis muss die Maßnahme **unaufschiebbar** sein.

Angesichts des verfassungsrechtlich gebotenen Richtervorbehalts[738] und der grundlegenden Eingriffsintensität der Wohnraumüberwachung gem. § 50 Abs. 1 PolG ist bei der Annahme einer

---
734 Nr. 1 Spiegelstrich 1 der Anlage 2 zu Nr. 1.3 und 2.3 VwV-PolOrg.
735 Nr. 1 Spiegelstrich 1 der Anlage 6 zu Nr. 1.3 und 2.3 VwV-PolOrg.
736 LT-Drs. 16/8484, S. 150.
737 So eindeutig LT-Drs. 16/8484, S. 151 („entspricht § 23 Abs. 4 S. 1 des bisherigen PolG").
738 BVerfGE 141, 220, 275 f. (Rn. 117 f.).

VI. Datenvereinbarung bei polizeilichen Einzelmaßnahmen

Gefahr im Verzug **Zurückhaltung geboten**. Zwar steht dem Polizeivollzugsdienst ein **eigener Einschätzungsspielraum** zu (→ § 4 Rn 35). Es muss aber gesehen werden, dass in besonders eiligen Fällen die notwendige Entscheidung der Staatsschutzkammer beim Landgericht in der Regel schnell herbeigeführt werden kann. Deswegen wird es regelmäßig vertretbar sein, die Anordnung durch die Staatsschutzkammer beim Landgericht abzuwarten. Ein Abweichen davon kommt insbesondere in Betracht, wenn die von einer Person ausgehenden Gefahren i. S. d. § 50 Abs. 1 PolG so schwerwiegend sind und möglicherweise mit einer so zeitnahen Verwirklichung zu rechnen ist, dass jede Verzögerung der Wohnraumüberwachungsmaßnahme zu **unvertretbaren Gefährdungen** der durch § 50 Abs. 1 PolG geschützten Rechtsgüter (→ Rn 399 f.) führen würde.

e) **Schutz des Kernbereichs privater Lebensgestaltung (§ 50 Abs. 6 PolG).** § 50 Abs. 6 PolG trifft besondere Regelungen für in einer Wohnung aufgezeichnete Daten zum **Schutz des Kernbereichs privater Lebensgestaltung**. Die Regelung entspricht § 45 Abs. 7 BKAG. 431

Vgl. zum Schutz des Kernbereichs privater Lebensgestaltung und zur **notwendigen Prognose** bei der **Erhebung, Speicherung und Verarbeitung von Daten** die weitergehenden Ausführungen in → Rn 8 ff.

§ 50 Abs. 6 S. 2 PolG macht deutlich, dass es für die vorzunehmende Prognose vor allem auf die **Art der zu überwachenden Räumlichkeiten** und das **Verhältnis der dort anwesenden Personen zueinander** ankommt. Diese Aspekte sind vom Polizeivollzugsdienst in die erforderliche Prognose zwingend einzubeziehen und zu prüfen. Die Prüfung muss durch die Protokollierung (§§ 73, 74 PolG) nachvollziehbar sein. Je privater die Situation in der zu überwachenden Wohnung ist, desto eher ist der Kernbereich privater Lebensgestaltung betroffen.

Beispiel: Leben in der zu überwachenden 3-Zimmer-Wohnung neben dem als Verdächtigten behandelten V auch dessen Ehefrau und vier Kinder, gibt es eine hohe Wahrscheinlichkeit, dass durch die Überwachungsmaßnahme der Kernbereich privater Lebensgestaltung betroffen ist. V wird sich in vielen Situationen dort mit seiner Familie unterhalten und sein Privatleben führen.

Die **Fortsetzung einer unterbrochenen Maßnahme** ist **bei Zweifeln** gem. § 50 Abs. 6 S. 4 PolG nur durch eine **automatische Aufzeichnung** möglich. § 50 Abs. 6 S. 5 PolG macht deutlich, dass außerhalb einer automatischen Aufzeichnung eine Fortsetzung der Maßnahme nur möglich ist, wenn der Polizeivollzugsdienst ausreichend sicher davon ausgehen kann, dass der Kernbereich privater Lebensgestaltung künftig nicht mehr tangiert wird. Nach einer Unterbrechung der Wohnraumüberwachung gem. § 50 Abs. 6 S. 3 PolG bleiben damit nur folgende Handlungsoptionen: 432

- **Keine Fortsetzung** der Maßnahme, wenn weiterhin der Kernbereich privater Lebensgestaltung tangiert ist,
- bei Zweifeln über die Verletzung des Kernbereichs privater Lebensgestaltung Fortsetzung über das **automatisierte Verfahren**,
- ist eine Verletzung des Kernbereichs privater Lebensgestaltung künftig ausgeschlossen, **Fortsetzung der Maßnahme** in der vom Gericht durch Anordnung genehmigten Art und Weise.

Über das Vorgehen nach § 50 Abs. 6 S. 4 PolG (automatisiertes Verfahren) entsteht ein sog. **Richterband**[739], das bei der Prüfung der weiteren Datenverarbeitung durch das zuständige Gericht im Hinblick auf das absolute Verwertungsverbot des § 50 Abs. 6 S. 8 PolG geprüft wird (→ Rn 15).

Auch wenn die Erhebung von Daten durch eine Maßnahme der Wohnraumüberwachung gem. § 50 Abs. 2 PolG nur auf der Grundlage einer richterlichen Anordnung erfolgen darf, besteht für die weitere Verarbeitung der so gewonnenen Daten (die Auswertung) ein **zusätzlicher** 433

---

739 R. Schenke, in: Schenke/Graulich/Ruthig, Sicherheitsrecht, § 45 BKAG Rn 47.

Richtervorhalt. Anders als bei § 49 Abs. 8 S. 5 PolG (→ Rn 389) besteht dieser Richtervorbehalt nicht nur in Zweifelsfällen, sondern für **alle Daten, die durch die Maßnahme erlangt wurden.** Dies wird aus dem Wortlaut der Regelung deutlich: Gem. § 50 Abs. 6 S. 6 PolG sind **Erkenntnisse,** die durch Maßnahmen nach § 50 Abs. 1 PolG erlangt worden sind, **dem anordnenden Gericht unverzüglich vorzulegen.** Auch der Landesgesetzgeber hat dies verdeutlicht: „Nach Satz 6 sind **sämtliche Erkenntnisse,** die durch Maßnahmen nach Abs. 1 erlangt worden sind, unverzüglich dem anordnenden Gericht vorzulegen."[740] **Unverzüglich** bedeutet **sofort,** d. h. ohne schuldhaftes Zögern; die durch Art. 13 GG geschützten Datenbestände sollen so kurz wie möglich durch die Polizei gespeichert bleiben, bis die zwingende Klärung der weiteren Verwertbarkeit herbeigeführt ist. Dies bedeutet allerdings nicht, dass die Aufzeichnungen dem Gericht täglich vorzulegen sind, längere Verzögerungen sind aber nicht zulässig. Regelmäßig wird das Gericht bei längeren Wohnraumüberwachungsmaßnahmen **zumindest wöchentlich** einzubinden sein.

Die zuständige Staatsschutzkammer des Landgerichts **entscheidet unverzüglich über die Verwertbarkeit oder Löschung dieser Daten** (§ 50 Abs. 6 S. 7 PolG). Das Gericht wird dabei vor allem auf die Durchsetzung des absoluten Datenverwertungsverbots von aus dem Kernbereich privater Lebensgestaltung gewonnener Daten (§ 50 Abs. 6 S. 8, 9 PolG) achten (→ Rn 15)

434 Aus § 50 Abs. 6 S. 10 bis 13 PolG folgen **besondere Dokumentationspflichten,** die neben denen des § 74 PolG (→ Rn 424) bestehen.

Die **Tatsache der Erfassung von Daten** mit Bezug zum Kernbereich privater Lebensgestaltung ist **zu erfassen und zu dokumentieren (Satz 10).** Die hierzu erstellte Dokumentation ist ausschließlich für die alle zwei Jahre erfolgende **Kontrolle der Maßnahmen** nach § 50 PolG durch den **Landesbeauftragten für Datenschutz** gem. § 97 PolG i. V. m. § 20 Abs. 1 LDSG, § 98 Abs. 1 Nr. 14 PolG zu verwenden (Satz 11). Die Dokumentation ist **sechs Monate** nach der Benachrichtigung nach § 86 PolG oder sechs Monate nach Erteilung der gerichtlichen Zustimmung über das endgültige Absehen von der Benachrichtigung **zu löschen** (Satz 12). Hieraus kann sich eine Aufbewahrungszeit von über 5 Jahren ergeben. Ist die **Datenschutzkontrolle** nach Ablauf der in § 98 Abs. 1 Nr. 14 PolG genannten Frist noch nicht beendet, ist die Dokumentation **bis zu ihrem Abschluss aufzubewahren** (Satz 13).

435 **f) Weitere Pflichten bei der Datenverarbeitung. aa) Allgemeine Pflichten.** Die für eine Maßnahme der Wohnraumüberwachung **grundlegenden Regelungen** zur Benachrichtigung der betroffenen Personen, zur Protokollierung der erhobenen Daten, zur Kennzeichnung der Daten und zur Kontrolle der Datenerhebungen durch die Aufsichtsbehörde für den Datenschutz finden sich in den §§ 72, 74, 86 u. 98 Abs. 1 Nr. 14 PolG. Für die **weitere Verarbeitung** der durch eine Maßnahme der Wohnraumüberwachung erhobenen Daten gelten die allgemeinen Vorschriften, insbesondere § 15 PolG.

Aus § 90 PolG folgt eine **alle zwei Jahre zu erfüllende Berichtspflicht** über die auf der Grundlage des § 50 PolG erfolgten Maßnahmen **an den Landtag.**

436 **bb) Protokollierungspflichten.** Aus § 74 PolG folgt eine **umfassende besondere Protokollierungspflicht** für alle Maßnahmen gem. § 50 PolG (→ Rn 600, 602). Zu protokollieren sind gem. § 74 Abs. 1 u. Abs. 2 Nr. 4 PolG:
1. Das zur Datenerhebung eingesetzte Mittel,
2. der Zeitpunkt des Einsatzes,
3. Angaben, die die Feststellung der erhobenen Daten ermöglichen,
4. die verantwortliche Dienststelle,

---

740 LT-Drs. 16/8484, S. 151.

5. die Person, gegen die sich die Maßnahme richtet,
6. sonstige überwachte Personen,
7. Personen, die die überwachte Wohnung zur Zeit der Durchführung der Maßnahme innehatten oder bewohnten.

11. Einsatz automatischer Kennzeichensysteme (§ 51 PolG). a) Allgemeines. Seit wenigen Jahren setzt die Polizei mobil oder stationär Systeme zur automatisierten Erfassung und Auswertung von Kfz-Kennzeichen für die Überwachung im allgemeinen Straßenverkehr ein (sog. AKLS = automatisches Kennzeichenlesesystem). Das AKLS ist ein EDV-gestütztes **Fahndungsmittel**, um ausgeschriebene Fahrzeuge zu finden, diese sobald wie möglich anzuhalten und gegen die Fahrer oder Insassen weitere polizeiliche Maßnahmen zu ergreifen.[741] In **BW** wurde die Regelung als § 22 a PolG durch das **Änderungsgesetz vom 18.11.2008** (GBl S. 390) in das PolG aufgenommen. Hierbei war der Gesetzgeber bemüht, die Anforderungen des BVerfG an die Zulässigkeit der Maßnahme, insbesondere des Datenabgleichs, zu erfüllen.[742] Mit dem **PolG 2020** wurde der bisherige § 22 a PolG 1992 im Hinblick auf die Anforderungen des BVerfG[743] (→ Rn 427 ff.) überarbeitet und zum neuen § 51 PolG.

437

Das AKLS kann auf der Grundlage der Neuregelung des § 163 g StPO[744] nunmehr auch zur **Fahndung nach den Beschuldigten einer Straftat von erheblicher Bedeutung** eingesetzt werden. Voraussetzung ist das Vorliegen eines hinreichenden Tatverdachts.[745] Zur Rechtswidrigkeit einer **anlasslosen Massenüberwachung** der Kennzeichen aller Verkehrsteilnehmer auf der Grundlage von § 100 h Abs. 1 i. V. m. § 163 f StPO vgl. LG Frankfurt/O., ZD 2023, 104.

Das AKLS kann **stationär oder mobil** eingesetzt werden. Es **erfasst und fotografiert vollautomatisch jedes Kennzeichen der auf diesem Streckenabschnitt vorbeifahrenden Kfz**, bei Aufnahmen von vorne sind in der Regel neben dem Kennzeichen auch **das gesamte Fahrzeug und unscharf die Insassen** zu erkennen. Die Aufnahme erfolgt **mittels Infrarot** und ist daher als solche von den im Kfz befindlichen Personen nicht zu erkennen. In einem weiteren Schritt wird das Kennzeichen von einer Software ausgelesen und mit den hinterlegten und verknüpften Datenbanken abgeglichen.[746] Die **Trefferquoten** liegen bei **0,0008 bis 0,003 Prozent**.[747]

438

b) Verfassungsrecht. Als Eingriffe in das **Recht auf informationelle Selbstbestimmung**[748] sind Ermächtigungen zur automatisierten Kraftfahrzeugkennzeichenkontrolle am Verhältnismäßigkeitsgrundsatz zu messen.[749] Sie müssen danach einen legitimen Zweck verfolgen, zur Erreichung des **Zwecks geeignet, erforderlich und verhältnismäßig im engeren Sinne** sein.[750] Das BVerfG hält die Durchführung von automatisierten Kfz-Kennzeichenkontrollen grundsätzlich für geeignet und erforderlich, dem Verhältnismäßigkeitsgrundsatz im engeren Sinne als Übermaßverbot genügen sie aber nur, wenn der **mit ihnen verfolgte Zweck zu dem in ihnen**

439

---

741 Zum System vgl. Hinweise bei Stephan, in: Stephan/Deger, Polizeigesetz BW, § 21 a Rn 1; Zeitler/Trurnit, Polizeirecht BW, Rn 870.
742 Das BVerfG hatte durch Urteil vom 11.3.2008 entsprechende polizeirechtliche Vorschriften in Hessen und Schleswig-Holstein für nichtig erklärt (BVerfG, NJW 2008, 1503 ff.).
743 BVerfGE 150, 309 ff., m. Anm. Löffelmann, GSZ 2019, 77 ff., u. Bespr. Möstl, GSZ 2019, 101 ff.
744 Eingefügt durch Art. 1 Nr. 29 des Gesetzes zur Fortentwicklung der Strafprozessordnung und zur Änderung weiterer Vorschriften vom 25.6.2021 (BGBl. I S. 2099, 2104).
745 Vgl. dazu eingehend Roggan, NStZ 2022, 19 ff.
746 Schünemann, GRZ 2019, 55 m. w. N.
747 Schünemann, GRZ 2019, 55 m. w. N.
748 Zur grundrechtlichen Eingriffsqualität der Kennzeichendaten-Erfassung auch bei anschließender automatisierter Löschung vgl. Knemeyer/Schmidt, Polizei- und Ordnungsrecht (PdW), S. 81; Hebeler/Berg, JA 2021, 617, 619; Roggan, NVwZ 2019, 344, 345; Schünemann, GRZ 2019, 55, 56 ff.; Schmidt, Polizei- und Ordnungsrecht, Rn 177, 177c, 177d.
749 BVerfGE 150, 244, 278 ff. (Rn 82); von der Grün, in: Möstl/Trurnit, Polizeirecht BW, § 22 a Rn 2, 2.2.
750 BVerfGE 150, 244, 278 f. (Rn 82); ebenso bereits BVerfGE 67, 157, 173; 120, 378, 427; 141, 220, 265 (Rn 93).

liegenden Eingriffsgewicht nicht außer Verhältnis steht. Erforderlich ist danach, dass die Kontrollen grundsätzlich jeweils durch einen hinreichend konkreten, objektiv bestimmten Grund veranlasst sind und dem Schutz von Rechtsgütern von zumindest erheblichem Gewicht oder einem vergleichbar gewichtigen öffentlichen Interesse dienen. Dabei muss sich die gesetzliche Ausgestaltung der Kennzeichenkontrolle in einer Gesamtabwägung der sie kennzeichnenden Umstände als im Blick auf das Grundrecht auf informationelle Selbstbestimmung **zumutbar und damit verfassungsrechtlich tragfähig** erweisen. Im Übrigen gehören zu den Verhältnismäßigkeitsanforderungen übergreifend für alle Einzeltatbestände Anforderungen an **Transparenz, individuellen Rechtsschutz und aufsichtliche Kontrolle** sowie Regelungen zur **Datennutzung und Löschung**.[751]

440 Im Jahr 2018 hat das **BVerfG** die Regelungen des § 22 a PolG 1992 in Teilen für **verfassungswidrig** erklärt.[752] In seiner Entscheidung stellt das BVerfG fest, dass dem Gesetzgeber die Kompetenz zum Erlass der in Bezug genommenen Regelungen des § 26 Abs. 1 Nr. 4 u. 5 PolG 1992 fehle (→ § 11 Rn 30, 32) und diese formelle Verfassungswidrigkeit auch die Ermächtigung zur Kennzeichenkontrolle gem. § 22 a Abs. 1 S. 1 PolG erfasse.[753] Automatisierte Kfz-Kennzeichenauswertungen sind daher **zum Zweck der Fahndung nach Straftätern** (Fälle des § 26 Abs. 1 Nr. 4 u. 5 PolG 1992) **nicht zulässig**, (→ Rn 425), hier gilt § 163 g StPO.

441 Automatisierte Kraftfahrzeugkennzeichenkontrollen zur Fahndung nach Personen oder Sachen sind Eingriffe von erheblichem Gewicht. Ihre verfassungsrechtliche Rechtfertigung setzt demnach voraus, dass sie auf Gründe gestützt werden, die dem **Schutz von Rechtsgütern von zumindest erheblichem Gewicht** oder sonst einem vergleichbar **gewichtigen öffentlichen Interesse** dienen.[754] Die uneingeschränkte Ermächtigung zu Kraftfahrzeugkennzeichenkontrollen zur Abwehr konkreter Gefahren oder noch weiter auch zum Schutz privater Rechte und sonstiger nicht näher benannter Aufgaben der Polizei genügt dem nicht. Indem solche Kontrollen durch die angegriffenen Vorschriften allgemein zum Schutz der Rechtsordnung insgesamt erlaubt werden, fehlt es ihnen an einer hinreichenden **Begrenzung auf einen Verhältnismäßigkeitsanforderungen genügenden Rechtsgüterschutz**.[755] Die Durchführung von **Kontrollen zu beliebiger Zeit und an beliebigem Ort ins Blaue hinein** ist mit dem Rechtsstaatsprinzip grundsätzlich unvereinbar.[756] Zu den Anforderungen des Übermaßverbots gehört es, dass die Kennzeichenkontrollen durch einen **im Verhältnis zum Grundrechtseingriff hinreichend gewichtigen Rechtsgüterschutz gerechtfertigt** sein müssen. Angesichts ihres Eingriffsgewichts müssen automatisierte Kraftfahrzeugkennzeichenkontrollen danach dem Schutz von Rechtsgütern von zumindest erheblichem Gewicht oder sonst einem vergleichbar gewichtigen öffentlichen Interesse dienen.[757]

Mit den **Verhältnismäßigkeitsanforderungen nicht vereinbar** war § 22 a Abs. 1, 2 i. V. m. § 26 Abs. 1 Nr. 1 PolG 1992, soweit Kennzeichenkontrollen erlaubt waren, um im einzelnen Fall eine **Gefahr für die öffentliche Sicherheit oder Ordnung** abzuwehren oder eine **Störung der öffentlichen Sicherheit oder Ordnung** zu beseitigen.[758]

---

751 BVerfGE 150, 244, 279 bis 281 (Rn 85 bis 90); ebenso NdsOVG, NZV 2020, 145 ff. (best. d. BVerwG, NJW 2020, 3401); zust. Michaelis, JA 2021, 573, 578; vgl. auch Hebeler/Berg, JA 2021, 917, 619; Trute, Die Verwaltung 2020, 99, 110 ff.
752 BVerfGE 150, 309 ff.; vgl. dazu auch Muckel, JA 2019, 311 ff.
753 BVerfGE 150, 309, 332 f. (Rn 60).
754 Zaremba, NJ 2022, 301, 302 f.
755 BVerfGE 150, 309, 336 (Rn 73); BVerfGE 150, 244, 286 (Rn 105 f.).
756 BVerfGE 150, 244, 281 (Rn 92).
757 BVerfGE 150, 244, 282 f. (Rn 95), 284 (Rn 99).
758 BVerfGE 150, 309, 336 (Rn 72).

Wegen nicht hinreichender Begrenzung **verfassungswidrig** waren auch die **Regelungen zur** 442
Kennzeichenkontrolle als Mittel der Schleierfahndung (§ 22 a Abs. 1 S. 3 i. V. m. § 26 Abs. 1 Nr. 6
PolG 1992).[759] Das BVerfG hat hierzu zwar ausgeführt, dass die Schleierfahndung als Ausgleich
für den Wegfall von Grenzkontrollen und getragen von dem Ziel, einer hierdurch erleichterten
Durchführung bestimmter Straftaten entgegenzutreten, ausnahmsweise verfassungsrechtlich
gerechtfertigt sei. Das gelte aber nur insoweit, als für die Orte solcher Kontrollen in einer den
Bestimmtheitsanforderungen genügenden Weise ein **konsequenter Grenzbezug sichergestellt**
sei.[760] Die in § 26 Abs. 1 Nr. 6 PolG 1992 erfolgende allgemeine Begrenzung auf „Durchfahrtsstraßen" (Bundesautobahnen, Europastraßen und andere Straßen von erheblicher Bedeutung für
die grenzüberschreitende Kriminalität) sei verfassungsrechtlich nicht ausreichend, es fehle an
einer **hinreichend klaren örtlich grenzbezogenen Beschränkung** solcher Kontrollen.[761]

Das BVerfG hat im Übrigen festgestellt, dass die Kennzeichenkontrollen durch übergreifende 443
allgemeine Maßgaben in einer **den Verhältnismäßigkeitsanforderungen genügenden Weise** eingehegt sind. Verfassungsrechtlich nicht zu beanstanden sei dabei, dass § 22 a Abs. 1
PolG 1992 den Einsatz der Kennzeichenkontrolle nicht ausdrücklich vom Vorliegen polizeilicher
Lageerkenntnisse abhängig mache, denn ein solches Erfordernis werde vom Gesetzgeber
ersichtlich vorausgesetzt und lasse sich auch ohne ausdrückliche gesetzliche Anordnung in die
Vorschrift hineinlesen.[762]

c) Erfassung von Kennzeichen (§ 51 Abs. 1 PolG). aa) Allgemeines. Gem. § 51 Abs. 1 PolG 444
kann der **Polizeivollzugsdienst** unter den Voraussetzungen des § 27 Abs. 1 PolG durch den
verdeckten Einsatz technischer **Mittel automatisch Bilder von Fahrzeugen aufzeichnen und
deren Kennzeichen erfassen**. Durch die mit dem **PolG 2020** umgesetzte Neufassung des Abs. 1
S. 1 wird klargestellt, dass eine Kennzeichenerfassung als Grundlage für eine Kennzeichenkontrolle „unter den Voraussetzungen" erlaubt ist, für die auch eine Identitätsfeststellung gem. § 27
Abs. 1 PolG zulässig ist. Die dort genannten Tatbestände haben alle – inklusive der auf Hinweise
des BVerfG neu gefassten Nrn. 5 u. 6 (→ § 11 Rn 30 bis 38) – präventive Zweckrichtungen, die
im Einzelnen auch für den Einsatz von AKLS maßgeblich sind. Auf die zuvor in § 22 a Abs. 1 S. 1
PolG 1992 enthaltene allgemeine Zielsetzung „zur Abwehr einer Gefahr oder zur vorbeugenden
Bekämpfung von Straftaten" wurde verzichtet.[763]

Mit der Neufassung des § 51 Abs. 1 S. 1 PolG wurden auch die **Bedenken des BVerfG** in Bezug auf
die Tatbestandsvoraussetzungen der alten Regelung beseitigt. Danach waren Kfz-Kennzeichenkontrollen gem. § 22 a Abs. 1, Abs. 2 i. V. m. § 26 Abs. 1 Nr. 1 PolG 1992 mit **Verhältnismäßigkeitsanforderungen nicht vereinbar**, um im Einzelfall eine **Gefahr für die öffentliche Sicherheit
oder Ordnung** abzuwehren oder eine **Störung der öffentlichen Sicherheit oder Ordnung** zu
beseitigen.[764] Die uneingeschränkte Ermächtigung zu Kraftfahrzeugkennzeichenkontrollen zur
Abwehr konkreter Gefahren oder noch weiter auch zum Schutz privater Rechte und sonstiger
nicht näher benannter Aufgaben der Polizei ist mit dem Verfassungsrecht nicht vereinbar. Indem
solche Kontrollen durch § 22 a Abs. 1, Abs. 2 i. V. m. § 26 Abs. 1 Nr. 1 PolG 1992 allgemein zum
Schutz der Rechtsordnung insgesamt erlaubt wurden, fehlte es ihnen an einer hinreichenden **Begrenzung auf einen Verhältnismäßigkeitsanforderungen genügenden Rechtsgüterschutz**.[765]

bb) Art des Einsatzes (offen / verdeckt). Der **Einsatz** des AKLS kann **offen oder verdeckt** 445
durchgeführt werden. Regelmäßig erfolgt der Einsatz verdeckt, da es ansonsten leicht möglich

---

759 Möstl, GSZ 2019, 101, 105.
760 BVerfGE 150, 309, 336 f. (Rn 74).
761 BVerfGE 150, 309, 337 (Rn 75).
762 BVerfGE 150, 309, 338 f. (Rn 79).
763 LT-Drs. 16/8484, S. 152.
764 BVerfGE 150, 309, 336 (Rn 72); BVerfGE 150, 244, 286 (Rn 105 f.).
765 BVerfGE 150, 309, 336 (Rn 73); BVerfGE 150, 244, 286 (Rn 105 f.).

wäre, einen Kontrollbereich zu umgehen. Insofern spricht § 51 Abs. 1 S. 1 PolG auch vom „verdeckten Einsatz" technischer Mittel.

446 **cc) Tatbestandsvoraussetzungen (§ 51 Abs. 1 S. 1 PolG).** Tatbestandsvoraussetzung für den Einsatz des AKLS ist, dass **sämtliche Voraussetzungen des** § 27 Abs. 1 PolG vorliegen → § 11 Rn 15 ff.). Der Einsatz eines AKLS ist daher für keinen anderen als der in § 27 Abs. 1 Nr. 1 bis 7 PolG vorgesehenen Zwecke erlaubt. § 51 Abs. 1 S. 1 PolG erweitert den Zugriff auf die von § 27 Abs. 1 PolG erfassten Personenkreise über einen automatisierten Weg. Da durch die Automatisierung und die Erfassung sehr vieler Kraftfahrzeuge auch zahlreiche Datenverarbeitungen erfolgen, die in keinem unmittelbaren Zusammenhang mit dem Personenkreis des § 27 Abs. 1 PolG stehen, erfährt die Regelung in den Sätzen 2 und 3 notwendige Einschränkungen.

§ 51 Abs. 1 PolG beschränkt den Einsatz von AKLS auf die Durchführung von Personenkontrollen gem. § 27 Abs. 1 PolG (Personenfeststellung). Voraussetzung ist deshalb die **Einrichtung einer Kontrollstelle** zur Feststellung der Personalien (sog. **rechtliche Komponente**) und die tatsächliche Durchführung der Maßnahme gem. § 27 Abs. 1 PolG (sog. **tatsächliche Komponente**). Daraus ergeben sich insgesamt sieben Einsatzmöglichkeiten (vgl. § 27 Abs. 1 bis 7 PolG).

§ 51 Abs. 1 S. 1 PolG erlaubt zunächst nur den Einsatz des AKLS zur **Anfertigung von Bildern der erfassten Kraftfahrzeuge und deren Kennzeichen** mit der Zielrichtung der von § 27 Abs. 1 PolG erfassten Personenkreise. Die weitere Verarbeitung der Daten ist in § 51 Abs. 2 PolG geregelt.

447 **dd) Tatbestandsbegrenzung (§ 51 Abs. 1 S. 2 PolG).** Aus § 51 Abs. 1 S. 2 PolG folgen **Einschränkungen** beim Einsatz des AKLS. Im Fall des § 27 Abs. 1 Nr. 1 PolG darf das System nur zur Abwehr einer Gefahr für Leib, Leben, Freiheit, die sexuelle Selbstbestimmung, den Bestand oder die Sicherheit des Bundes oder eines Landes oder bedeutende fremde Sach- oder Vermögenswerte eingesetzt werden, im Fall des § 27 Abs. 1 Nr. 7 b PolG nur auf Bundesautobahnen, Europa- oder Bundesstraßen.

Diese Einschränkungen folgen unmittelbar aus der **Rechtsprechung des BVerfG**, das zum einen das bloße Vorliegen einer **Gefahr für die öffentliche Sicherheit oder Ordnung** oder die Beseitigung einer Störung der öffentlichen Sicherheit oder Ordnung (§ 22 a Abs. 1, Abs. 2 i. V. m. § 26 Abs. 1 Nr. 1 PolG 1992) für nicht verhältnismäßig hielt.[766] Zum anderen war das BVerfG der Auffassung, dass die früheren **Regelungen zur Kennzeichenkontrolle als Mittel der Schleierfahndung** (§ 22 a Abs. 1 S. 3 i. V. m. § 26 Abs. 1 Nr. 6 PolG 1992) wegen nicht hinreichender Begrenzung verfassungswidrig waren. Die in § 26 Abs. 1 Nr. 6 PolG 1992 erfolgende allgemeine Begrenzung auf „Durchfahrtsstraßen" (Bundesautobahnen, Europastraßen und andere Straßen von erheblicher Bedeutung für die grenzüberschreitende Kriminalität) sei verfassungsrechtlich nicht ausreichend, es fehle an einer **hinreichend klaren örtlich grenzbezogenen Beschränkung** solcher Kontrollen.[767]

Gem. § 51 Abs. 1 S. 2 Var. 1 PolG reicht nunmehr für den Einsatz eines AKLS keine allgemeine Gefahr oder Störung der öffentlichen Sicherheit und Ordnung mehr aus, sondern es muss eine **Gefahr für genau benannte gewichtige Rechtsgüter** vorliegen. Diese Voraussetzungen dürften den Anforderungen des BVerfG an die Verfassungsgemäßheit genügen. In § 51 Abs. 1 S. 2 Var. 2 PolG werden die einbezogenen Straßen gegenüber § 27 Abs. 1 Nr. 7 b PolG enger bezogen. Das AKLS darf nur auf **Bundesautobahnen, Europa- und Bundesstraßen** eingesetzt werden, die eine schnelle und unmittelbare Verbindung von der Grenze in das Bundesland ermöglichen (§ 1 Abs. 1 FStrG: „einem weiträumigen Verkehr dienen oder zu dienen bestimmt sind"). In einem Grenzland wie BW dürfte damit ein noch hinreichender Grenzbezug gegeben sein. Landes-, Kreis- oder Gemeindestraßen (vgl. § 3 Abs. 1 StrG) würden dagegen den zwingenden Grenzbezug im

---

766 BVerfGE 150, 309, 336 (Rn 72); BVerfGE 150, 244, 286 (Rn 105 f.).
767 BVerfGE 150, 309, 337 (Rn 75).

Allgemeinen nicht aufweisen (es bedürfte dann eines konkretisierten Grenzbezugs über eine Kilometerangabe [so etwa „30 km" in § 2 Abs. 2 S. 1 Nr. 3 BPolG als Definition des Grenzgebiets])[768].

ee) Erfassung der Fahrzeug-Insassen (§ 51 Abs. 1 S. 1 Nr. 3 PolG). § 51 Abs. 1 S. 3 PolG stellt 448 klar, dass die Bildaufzeichnungen auch dann erfolgen können, wenn die **Insassen** der Fahrzeuge beim Anfertigen der Aufnahmen **unvermeidbar betroffen** werden. Gem. § 51 Abs. 3 S. 1 PolG sind im sog. **Nichttrefferfall** die erhobenen Daten unverzüglich zu löschen (→ Rn 445).

ff) Beschränkungen des Einsatzes (§ 51 Abs. 1 S. 4 PolG). Beschränkungen des Einsatzes 449 ergeben sich aus § 51 Abs. 1 S. 4 PolG. Datenerhebungen nach den Sätzen 1 bis 3 dürfen

- **nicht flächendeckend**, also nicht überall an jeder Kontrollstelle vorgenommen werden (Nr. 1). Diese Voraussetzung ist nur gewährleistet, wenn durch die Anzahl und die Wahl der Einsatzorte sichergestellt ist, dass ein Verkehrsteilnehmer größere Straßenabschnitte durchfahren kann, ohne von einem AKLS erfasst zu werden[769],
- **nicht für einen ständigen Einsatz** an gefährlichen Orten oder besonders gefährdeten Objekten gem. § 27 Abs. 1 Nr. 3 und 4 PolG (Nr. 2: „nicht dauerhaft") erfolgen,
- für eine **Schleierfahndung** gem. § 27 Abs 1 Nr. 7 PolG **nicht längerfristig** durchgeführt werden. Diese Zeitspanne lässt sich nur schwer bestimmen, weshalb die Verwendung dieses unbestimmten Rechtsbegriffs nach der rechtswissenschaftlichen Literatur dem Bestimmtheitsgebot widersprechen soll[770]. Das **BVerfG** hat diese Regelung indes nicht beanstandet.[771]

gg) Dokumentation (§ 51 Abs. 1 S. 5 PolG). Gem. § 51 Abs. 1 S. 5 PolG ist der **Einsatz** der 450 technischen Mittel in geeigneter Weise für Kontrollzwecke zu **dokumentieren.** Die Regelung geht über die §§ 73, 74 PolG ergänzend hinaus und bezweckt die Nachprüfbarkeit des Einsatzes und die Einhaltung der gesetzlichen Anforderungen. Daraus ergibt sich auch der Umfang der Dokumentationspflicht (u. a. Angaben zum Kennzeichen, Fahrzeug, Zeitraum, Datum, zu Ort, Fahrtrichtung, Beteiligten, zur Dienststelle, Uhrzeit etc., vgl. § 51 Abs. 4 S. 1 PolG).

hh) Zuständigkeit. Zuständig für die Datenerhebung durch automatische (= selbsttätige) 451 Bildaufzeichnungen ist ausschließlich der **Polizeivollzugsdienst**.

d) Datenabgleich / Beschränkungen (§ 51 Abs. 2 PolG). aa) Allgemeines. § 51 Abs. 2 PolG 452 entspricht der früheren Regelung des § 22 a Abs. 2 PolG 1992. Durch das **PolG 2020** sind nur geringfügige redaktionelle Änderungen vorgenommen worden (in Satz 1 wurde die Formulierung „in der jeweils geltenden Fassung" gestrichen.

bb) Automatisierter Datenabgleich (§ 51 Abs. 2 S. 1, 2 PolG). Gem. § 51 Abs. 2 S. 1 PolG 453 dürfen die ermittelten Kennzeichen automatisch mit dem Fahndungsbestand der Sachfahndungsdateien der beim **BKA** geführten polizeilichen Informationssysteme (Sachfahndungsdatei **INPOL-Sachfahndung und SIS-Sachfahndung**) abgeglichen werden. Ausdrücklich wird in Abs. 2 S. 2 darauf hingewiesen, dass die Sachfahndungsdateien beim BKA auch die nach den Vorschriften des SDÜ zulässigen Ausschreibungen von Fahrzeugkennzeichen im **SIS** umfasst (NSIS-Sachfahndung).

cc) Beschränkung des Datenabgleichs (§ 51 Abs. 2 S. 3 PolG). In § 51 Abs. 2 S. 3 PolG wird im 454 Hinblick auf die Rechtsprechung des BVerfG (→ Rn 427 ff.) die **Zulässigkeit des Datenabgleichs**

---

768 Eine Schleierfahndung innerhalb eines 30 km-Streifens entlang der europäischen Landesgrenze wurde vor Inkrafttreten des PolG 2020 intensiv diskutiert, fand aber keine Mehrheit innerhalb der Regierungskoalition, da die Regierungsfraktion Bündnis 90/Die Grünen nicht zustimmte (vgl. dazu etwa Ludwigsburger Kreiszeitung vom 22.12.2019).
769 Zeitler/Trurnit, Polizeirecht BW, Rn 878, unter Hinweis auf BVerfG, NJW 2008, 1503, 1516.
770 So auch Kahlert, in: Belz/Mußmann/Kahlert/Sander, Polizeigesetz BW, § 51 Rn 9; Stephan in: Stephan/Deger, Polizeigesetz BW, § 22 a Rn 4.
771 BVerfGE 150, 244 ff., 306 ff.

in mehrfacher Hinsicht auf Kennzeichen von Fahrzeugen **beschränkt**. Zulässig ist der Datenabgleich nur für Kennzeichen von Fahrzeugen, die

1. zur **polizeilichen Beobachtung, verdeckten Registrierung oder gezielten Kontrolle** nach § 56 PolG, §§ 163 e und 463 a StPO, Art. 99 SDÜ oder § 17 Abs. 3 BVerfGG,
2. aufgrund einer erheblichen Gefahr zur Abwehr einer Gefahr,
3. aufgrund des Verdachts einer Straftat für Zwecke der Strafverfolgung oder
4. aus Gründen der Strafvollstreckung.

ausgeschrieben sind.

Diese Einschränkungen bewirken die **Vereinbarkeit der Datenverarbeitung mit dem Verfassungsrecht**. Die Polizeibehörden werden verpflichtet, die aus dem jeweiligen polizeilichen Informationssystem übernommenen Datensätze näher einzuengen. Damit erhalten die für den Abgleich insgesamt eröffneten Fahndungsbestände Konturen, die den verfassungsrechtlichen Anforderungen an die Bestimmtheit genügen. Eine **Benennung der einzelnen Dateien**, die für den Abgleich herangezogen werden dürfen, ist auch angesichts der ständigen Fortschreibung solcher Bestände verfassungsrechtlich **nicht geboten**.[772]

455 dd) **Vollständige Kennzeichen (§ 51 Abs. 2 S. 4 PolG)**. Weiterhin legt § 51 Abs. 2 S. 4 PolG fest, dass der **Abgleich nur mit vollständigen Kennzeichen** des Fahndungsbestands erfolgen darf. Die Verwendung von unvollständigen Vergleichsdaten (sog. **„Jokersuche"**) ist **ausgeschlossen**.[773] Damit soll der Kreis der Personen, die von dem Einsatz betroffen sind, möglichst gering gehalten werden.

456 ee) **Begrenzung auf notwendigstes Mindestmaß (Verhältnismäßigkeit)**. Der Landesgesetzgeber hat ausdrücklich darauf hingewiesen, dass die Regelung nach den Vorgaben des BVerfG **verfassungskonform auszulegen** ist mit der Maßgabe, dass die in den Datenabgleich des AKLS einzubeziehenden Fahndungsbestände zu **selektieren** und auf den jeweiligen **Zweck der Kennzeichenkontrolle zu beschränken** sind.[774]

457 e) **Löschungspflicht / Protokollierungsverbot (§ 51 Abs. 3 PolG). aa) Allgemeines.** § 51 Abs. 3 PolG entspricht bis auf eine redaktionelle Änderung der früheren Regelung des § 22a Abs. 3 PolG 1992.

458 bb) **Löschungspflicht für Nichttreffer (§ 51 Abs. 3 S. 1 PolG)**. Gem. § 51 Abs. 3 S. 1 PolG sind die nach Abs. 1 S. 1 erhobenen Daten, **sofern die erfassten Kennzeichen nicht im Fahndungsbestand enthalten sind**, unverzüglich nach Durchführung des Datenabgleichs **automatisch zu löschen**. Ergibt der Datenabgleich keine „Treffer" (sog. **Nichttrefferfall**), besteht keine Notwendigkeit mehr, die erfassten Kennzeichen und eventuell weitere erhobene Daten (Bildaufzeichnung des Fahrzeugs, der Insassen etc.) zu speichern. In diesem Fall sind **alle** Daten unverzüglich zu löschen. Dies sollte in der Praxis **bevorzugt automatisiert** durch eine entsprechende Programmierung des eingesetzten EDV-Programms erfolgen.[775]

459 cc) **Protokollierungsverbot (§ 51 Abs. 3 S. 2 PolG)**. Gem. § 51 Abs. 3 S. 2 PolG dürfen die Datenerhebung und der Datenabgleich im Falle des Satzes 1 nicht protokolliert werden. Damit soll für die sog. „Nichttreffer-Fälle" eine **weitere Schutzvorkehrung für die unverzügliche Löschung** vorgenommen und die Erstellung von Bewegungsbildern von Personen, deren Kennzeichen nicht zur Fahndung ausgeschrieben sind, verhindert werden. Der Polizeivollzugsdienst hat somit keine Möglichkeit, in diesen Fällen personenbezogene Daten zu speichern.

---

772 BVerfG, NJW 2019, 842, 846 f. (Rn 82).
773 Stephan, in: Stephan/Deger, Polizeigesetz BW, § 22 a Rn 7.
774 LT-Drs. 16/8484, S. 152.
775 Vgl. dazu Borell/Schindler, DuD 2019, 767, 770; Schünemann, GRZ 2019, 55 f.

VI. Datenvereinbarung bei polizeilichen Einzelmaßnahmen

Mit dieser Regelung wird der dem EU-Datenschutzrecht zugrundeliegende Grundsatz des „**Recht auf Vergessenwerden**"[776] unmittelbar normiert. Dieser Grundsatz wird zwar durch die DSRL 2016/680 nicht so strikt umgesetzt wie durch die DSGVO, weil im Bereich von Justiz und Polizei umfassendere und längere Datenspeicherungen nötig und erlaubt sein können. Dies wird auch aus dem Vergleich der Regelungen zur Datenlöschung in Art. 16 DSRL 2016/680 einerseits und Art. 17 DSGVO andererseits deutlich. Das komplette Entfernen der Datensätze im Fall des § 51 Abs. 3 PolG entspricht aber dem Recht auf Vergessenwerden: „Eine betroffene Person sollte ein Recht auf Berichtigung der sie betreffenden personenbezogenen Daten besitzen sowie ein „Recht auf Vergessenwerden", wenn die Speicherung ihrer Daten gegen diese Verordnung oder gegen das Unionsrecht oder das Recht der Mitgliedstaaten, dem der Verantwortliche unterliegt, verstößt. Insbesondere sollten betroffene Personen Anspruch darauf haben, dass ihre personenbezogenen Daten gelöscht und nicht mehr verarbeitet werden, wenn die personenbezogenen Daten hinsichtlich der Zwecke, für die sie erhoben bzw. anderweitig verarbeitet wurden, nicht mehr benötigt werden."[777]

Das **BVerfG** hat für den Bereich des Internets deutlich gemacht, dass **aus dem allgemeinen Persönlichkeitsrecht kein umfassendes „Recht auf Vergessenwerden" folgt**: „Die Herausbildung der Persönlichkeit vollzieht sich auch in Kommunikationsprozessen und damit in Wechselwirkung mit der freien Beurteilung Dritter und einer – mehr oder weniger breiten – Öffentlichkeit. Welche Informationen als interessant, bewundernswert, anstößig oder verwerflich erinnert werden, unterliegt insoweit nicht der einseitigen Verfügung des Betroffenen. Aus dem allgemeinen Persönlichkeitsrecht folgt damit nicht das Recht, alle früheren personenbezogenen Informationen, die im Rahmen von Kommunikationsprozessen ausgetauscht wurden, aus dem Internet löschen zu lassen. Insbesondere gibt es kein Recht, öffentlich zugängliche Informationen nach freier Entscheidung und allein eigenen Vorstellungen zu filtern und auf die Aspekte zu begrenzen, die Betroffene für relevant oder für dem eigenen Persönlichkeitsbild angemessen halten. Erst recht stellt das Grundgesetz die dauerhafte Auseinandersetzung mit Taten und Tätern nicht in Frage, denen als öffentliche Personen Prägekraft für das Selbstverständnis des Gemeinwesens insgesamt zukommt. Das allgemeine Persönlichkeitsrecht ist **kein Rechtstitel gegen ein Erinnern in historischer Verantwortung**."[778]

Die Umsetzung des Anspruchs auf Vergessenwerden ist in technischer Hinsicht nicht einfach.[779] Hier muss das **Datenschutzmanagementsystem** (→ Rn 122, 610) wichtige technische Vorkehrungen treffen.[780]

dd) Besondere Protokollierungspflichten (§ 74 PolG). Aus § 74 PolG folgt eine **umfassende besondere Protokollierungspflicht** für alle Maßnahmen gem. § 51 PolG (→ Rn 600, 602).[781] Zu protokollieren sind gem. § 74 Abs. 1 u. Abs. 2 Nr. 5 PolG:

1. Das zur Datenerhebung eingesetzte Mittel,
2. der Zeitpunkt des Einsatzes,
3. Angaben, die die Feststellung der erhobenen Daten ermöglichen,
4. die verantwortliche Dienststelle,
5. das Kennzeichen im Trefferfall.

460

---

776 Farke/Rensinghof/Dürmuth/Gostomzyk, DuD 2019, 681 ff.; von Bonin/Rünzel, NJW 2020, 3499, 3502.
777 Erwägungsgrund Nr. 65 der DSGVO, EU Abl. L 119, S. 13; vgl. dazu Herbst, in: Kühling/Buchner, DSGVO/BDSG, Art. 17 DSGVO Rn 49 ff.
778 BVerfG („Recht auf Vergessen II"), NVwZ 2020, 53, 61 (Rn 107); vgl. auch von Hebeler/Berg, JA 2021, 617, 618; Bonin/Rünzel, NJW 2020, 3499, 3502, zur neueren Rspr des EuGH, sowie Gola/Klug, NJW 2021, 680, 682.
779 Vgl. dazu Farke/Rensinghof/Dürmuth/Gostomzyk, DuD 2019, 681, 681 ff.
780 Vgl. dazu Borell/Schindler, DuD 2019, 767 ff.
781 Zu ihrem verfassungsrechtlichen Gebot vgl. auch Schünemann, GRZ 2019, 55, 63.

Diese besonderen Protokollierungspflichten finden für **Nichttreffer** i. S. d. § 51 Abs. 3 PolG **keine Anwendung**, da § 51 Abs. 3 PolG insoweit **lex specialis** ist, wie es § 74 Abs. 1 PolG ausdrücklich vorsieht („soweit nichts anderes geregelt ist").

461 f) **Maßnahmen im Trefferfall (§ 51 Abs. 4 PolG). aa) Allgemeines.** § 51 Abs. 4 PolG entspricht weitgehend dem früheren § 22 a Abs. 4 PolG 1992. Allerdings wurde der frühere Satz 4 ersatzlos gestrichen. Das BVerfG hatte entscheiden, dass die Regelung nicht dem Erfordernis eines hinreichend gewichtigen Rechtsgüterschutzes nach dem Kriterium der Datenneuerhebung genügte. Die Verwendung der Informationen zu neuen Zwecken sei nur dann mit dem Verhältnismäßigkeitsgrundsatz vereinbar, wenn diese nach verfassungsrechtlichen Maßstäben auch für den geänderten Zweck mit vergleichbar schwerwiegenden Mitteln neu erhoben werden dürften.[782] Der frühere Satz 4 konnte gestrichen werden, weil sich die Zulässigkeit einer weiteren Datenverarbeitung nunmehr nach den **allgemeinen Datenschutzregelungen des PolG** bestimmt, es gilt vor allem § 15 Abs. 3 PolG.

462 bb) **Datenspeicherung im Trefferfall (§ 51 Abs. 4 S. 1 PolG).** Gem. § 51 Abs. 4 S. 1 PolG dürfen das Kennzeichen, die Bildaufzeichnung des Fahrzeugs sowie Angaben zu Ort, Fahrtrichtung, Datum und Uhrzeit **gespeichert** werden, wenn der Datenabgleich erfolgreich war. Dies ist der Fall, wenn das ermittelte Kennzeichen im Fahndungsbestand enthalten ist (sog. **„Trefferfall")**.

463 cc) **Anhalterecht (§ 51 Abs. 4 S. 2 PolG).** § 51 Abs. 4 S. 2 PolG sieht ein **Anhalterecht** für das betroffene Fahrzeug sowie für die Insassen vor, wenn ein Trefferfall vorliegt.

464 dd) **Weitere Maßnahmen (§ 51 Abs. 4 S. 3 PolG).** Gem. § 51 Abs. 4 S. 3 PolG dürfen **weitere Maßnahmen erst nach Überprüfung des Trefferfalls** anhand des aktuellen Fahndungsbestands erfolgen. Die weiteren Maßnahmen (etwa Identitätsfeststellung, Durchsuchungen etc.) bedürfen jeweils einer gesonderten Ermächtigungsgrundlage.

465 ee) **Weitere Pflichten bei der Datenverarbeitung.** Die für eine Maßnahme der AKLS **grundlegenden Regelungen** zur Benachrichtigung der betroffenen Personen im Trefferfall, zur Protokollierung der erhobenen Daten sowie zur Kennzeichnung der Daten finden sich in den §§ 72, 74 und 86 PolG. Für die **weitere Verarbeitung** der durch eine Maßnahme der AKLS erhobenen Daten gelten die allgemeinen Vorschriften, insbesondere § 15 PolG.

466 12. **Telekommunikationsdaten (§§ 52 bis 55 PolG). a) Allgemeines. aa) Neustrukturierung durch das PolG 2020.** Der Landesgesetzgeber hat die Regelungen zur **Verarbeitung von Telekommunikationsdaten** mit dem **PolG 2020 umfassend neu gestaltet und strukturiert**. In die Gesamtregelung der Verarbeitung von Telekommunikationsdaten wurden auch die **Vorgaben des BVerfG** aus seinem **BKAG-Urteil** eingearbeitet. Verschiedene Teile der bisherigen Regelungen sind in die **allgemeinen Vorschriften über die Datenverarbeitung** eingeflossen, so dass die Vorschriften auch etwas gestrafft werden konnten.

467 bb) **Verfassungsrecht.** Die **Regelungen zur Verarbeitung von Telekommunikationsdaten (§§ 52 bis 55 PolG)** greifen nachhaltig und schwerwiegend[783] in das in Art. 10 GG geschützte **Fernmeldegeheimnis**[784] ein. **Art. 10 Abs. 1 GG** schützt in erster Linie die Vertraulichkeit der ausgetauschten Informationen und damit den Kommunikationsinhalt gegen eine unbefugte Kenntniserlangung.[785] Das Fernmeldegeheimnis ist ein Spezialfall des Postgeheimnisses, das die Post und alle postfremden Staatsorgane zum Stillschweigen über alle mit technischen Mitteln im Telegramm-, Fernsprech-, Fernschreib- und Funkverkehr weitergegebenen Mitteilungen

---

[782] BVerfG, NJW 2019, 842, 847 (Rn 89 bis 91).
[783] Roggan, DVBl 2021, „471, 1473: „Grundrechtseingriffe von hoher Intensität"; Unterreitmeier, BayVBl 2021, 689, 725.
[784] Vgl. dazu Hebeler/Berg, JA 2021, 617, 622 ff.
[785] BVerfG, NJW 2007, 2753; Hebeler/Berg, 617, 622.

VI. Datenvereinbarung bei polizeilichen Einzelmaßnahmen

verpflichtet. Geschützt ist aber auch die Kommunikation mit modernen Medien wie Mobilfunk oder Internet, gleichgültig, ob die Fernmeldeeinrichtung der Öffentlichkeit oder etwa als haus- oder betriebsinterne Telefon- oder Computeranlage nur einem begrenzten Kreis von Teilnehmern zugänglich ist. Art. 10 GG umfasst auch die **Vertraulichkeit der näheren Umstände** der Kommunikation.[786] Der Schutz des Fernmeldegeheimnisses erstreckt sich zudem auch auf die von Privaten betriebenen Telekommunikationsanlagen.

Art. 10 GG begründet zum einen ein **Abwehrrecht** gegen die Kenntnisnahme des Inhalts und der näheren Umstände der Telekommunikation durch den Staat. Zum anderen beauftragt die Grundrechtsnorm den Staat, Schutz auch insoweit vorzusehen, als private Dritte sich Zugriff auf die Kommunikation verschaffen. Auch die **Sicherstellung und Beschlagnahme von** auf dem Mailserver des Providers gespeicherten **E-Mails** sind am Grundrecht auf Gewährleistung des Fernmeldegeheimnisses aus Art. 10 Abs. 1 GG zu messen.

Der Schutz umfasst neben der Kommunikation auch die Umstände eines Kommunikationsvorgangs (sog. Verkehrsdaten). **Verkehrsdaten** sind gem. § 3 Nr. 70 TKG Daten, deren Erhebung, Verarbeitung oder Nutzung bei der Erbringung eines Telekommunikationsdienstes (§ 3 Nr. 61 TKG) erforderlich sind. Zu ihnen zählen u. a. die Teilnehmererkennung, Beginn und Ende einer Verbindung einschließlich Datum und Uhrzeit, und die Kennung der Endeinrichtung (IMEI-Nummer). Weiterhin ermöglichen die §§ 52 ff. PolG den Einsatz technischer Mittel zur Ermittlung des Standortes oder der Kennung einer Telekommunikation (etwa IMSI-Catcher) sowie die Unterbrechung bzw. Unterbindung der Telekommunikation. Der **IMSI-Catcher** simuliert eine **Funkzelle**, an der sich das Mobilfunkgerät des betroffenen Anschlussinhabers anmeldet.[787] Auf diese Weise kann die genaue Position des Mobilfunkgerätes festgestellt werden. Damit lässt sich rekonstruieren, an welchem Ort das Mobilfunkgerät eines Teilnehmers sich zum Zeitpunkt der Herstellung der betreffenden Verbindung befunden hat. Grundrechtlich geschützt sind daher auch die Angaben dazu, ob, wann und wie oft zwischen welchen Personen oder Einrichtungen Telekommunikationsverkehr stattgefunden hat oder versucht worden ist. Nicht erfasst wird durch diese Datenerhebung der **Inhalt** eines Gesprächs. Es muss hinsichtlich der Ermächtigungsgrundlage daher differenziert werden: Die §§ 52, 53 PolG ermächtigen nicht dazu, den Inhalt der Telekommunikation zu überwachen.[788] Damit wird auch der Schutz des Kernbereichs privater Lebensgestaltung gewahrt (→ Rn 527 ff.). Eine Gesprächsüberwachung und -aufzeichnung darf nur auf der Grundlage des § 54 PolG erfolgen (→ Rn 495 ff.).

Mit zahlreichen Gesetzesänderungen hat der Gesetzgeber bereits vor Inkrafttreten des PolG 2020 den **Anforderungen der Rechtsprechung** insbesondere des BVerfG Rechnung getragen. Mit dem **PolG 2020** wurden auch die neueren Anforderungen des **BVerfG** aus seinem **BKAG-Urteil** umgesetzt. Die Entwicklung der Regelungen in den letzten Jahren zeigt exemplarisch das **Spannungsfeld** auf, das einerseits durch die stetigen Forderungen vorwiegend aus der Politik nach einer Erweiterung der staatlichen Sicherungs- und Überwachungsmaßnahmen und andererseits durch die Notwendigkeit, die Grundrechte der Bürger vor unzulässigen Eingriffen des Staates zu schützen, gekennzeichnet ist. Die vor Erlass des PolG 2020 erfolgte intensive Diskussion[789] um die sog. **Online-Durchsuchung**[790], bei der das heimliche Durchsuchen von Computer-Festplatten erlaubt wird, hat gezeigt, dass das Spannungsfeld zwischen Schutz der Privatsphäre und polizeilichen Befugnissen weiter bestehen und zu prüfen sein wird.

---

786 BVerfGE 125, 260, u. BVerfG (Nachrichtenmittler), NJW 2023, 1645, 1646 (Rn 21).
787 Botta, ZJS 2021, 59, 63.
788 Stephan, in: Stephan/Deger, Polizeigesetz BW; § 23 a Rn 1; Zeitler/Trurnit, Polizeirecht BW, Rn 891, 898.
789 Staatsanzeiger vom 18.10.2018; Ludwigsburger Kreiszeitung vom 22.12.2019; Stuttgarter Zeitung vom 9.7.2020. Letztlich wurde die Aufnahme der Online-Durchsuchung in das PolG durch die Regierungsfraktion Bündnis 90/Die Grünen verhindert.
790 Vgl. dazu Trurnit, VBlBW 2021, 441, 442; Unterreitmeier, BayVBl 2021, 689, 727.

Auch der **Bundesgesetzgeber** hat auf die neueren Vorgaben des BVerfG – vor allem aus dessen Urteil „Bestandsdatenauskunft II"[791] und die Datenschutzverordnungen der EU – vor allem die DSGVO – durch umfassende Änderungen des Bundesrechts reagiert. Zunächst durch das **Gesetz zur Anpassung der Regelungen über die Bestandsdatenauskunft an die Vorgaben aus der Entscheidung des Bundesverfassungsgerichts vom 27. Mai 2020**[792], mit dem in unmittelbarer Reaktion auf das Bestandsdatenauskunft II-Urteil des BVerfG[793] umfassende Änderungen der bundesrechtlichen Regelungen in unterschiedlichen Gesetzen zur Bestandsdatenauskunft vorgenommen wurden (u. a. in § 113 TKG a. F.). Die früheren Datenschutzbestimmungen des TMG und des TKG – einschließlich der Bestimmungen zum Schutz des Fernmeldegeheimnisses – wurden im neu erlassenen **TTDSG** zusammengeführt.[794] Daneben enthält das **TKG** mit den §§ 172 ff. die notwendigen Regelungen für die Auskunftsersuchen der Sicherheitsbehörden.[795]

470 b) **Bestandsdatenauskunft (§ 52 PolG). aa) Allgemeines.** § 52 PolG wurde durch das **PolG 2020** neu geschaffen. Er entspricht § 23 a Abs. 9 S. 1 bis 4 i. V. m. Abs. 1 S. 4 sowie Abs. 5 S. 1, 3 u. 4 PolG 1992. Die neue Regelung betrifft nur noch die sog. **Bestandsdatenerhebung**, die übrigen Teile der alten Regelung finden sich in den neuen §§ 53 bis 55 PolG.[796]

Die Altregelung wurde erstmals durch **Änderungsgesetz vom 20.11.2012** in das PolG aufgenommen. Durch das **Gesetz zur Änderung des Polizeigesetzes und des Landesverfassungsschutzgesetzes vom 25.2.2014** (GBl. S. 77) wurde die Bestimmung durch die Aufnahme der Bestandsdaten nach dem Telemediengesetz (§§ 14 u. 15 Abs. 1 S. 2 Nr. 1 TMG[797]) ergänzt.

Die Regelungen über die Bestandsdatenauskunft greifen in das **Recht auf informationelle Selbstbestimmung** ein. Das **BVerfG** hat in seinen beiden **Beschlüssen zur Bestandsdatenauskunft**[798] deutlich gemacht, dass in den gesetzlichen Bestimmungen, die den Abruf von Daten seitens der auskunftsberechtigten Behörden regeln, ein Eingriff in das Recht auf informationelle Selbstbestimmung liegt.[799] Soweit auch Bestandsdaten übermittelt oder abgerufen werden dürfen, die anhand dynamischer IP-Adressen bestimmt werden, liegt ein Eingriff in das speziellere **Telekommunikationsgeheimnis des Art. 10 Abs. 1 GG** vor.[800]

In der **polizeilichen Praxis** wird die Bestandsdatenauskunft weit überwiegend zur Bearbeitung von **Vermisstenfällen** und **Suizidandrohungen** genutzt. Daneben werden über § 52 PolG in Fällen der polizeirechtlichen Telekommunikationsüberwachung (§ 54 PolG) die auf eine Person registrierten zu überwachenden Anschlüsse ermittelt.[801]

471 bb) **Zuständigkeit.** Die **Zuständigkeit** für die Bestandsdatenerhebung liegt ausschließlich beim **Polizeivollzugsdienst**.

472 cc) **Erhebung von Telekommunikationsbestandsdaten (§ 52 Abs. 1 PolG).** § 52 Abs. 1 PolG ermächtigt den Polizeivollzugsdienst, sog. **Telekommunikationsbestandsdaten** zu erheben. Hierbei handelt es sich um Daten, die für die Begründung, inhaltliche Ausgestaltung, Änderung oder Beendigung eines Vertragsverhältnisses über Telekommunikationsdienste erhoben werden

---

791 BVerfG, NJW 2020, 2699 ff.
792 Gesetz vom 30.3.2021 (BGBl. I S. 448, ber. S. 1380).
793 BT-Drs. 19/25294, S. 1 f.
794 BT-Drs. 19/27441, S. 2, 30, 32. Vgl. dazu Eckhardt, RDV 2023, 29 ff., Gierschmann, MMR 2023, 22 ff., Schwartmann/Benedikt/Reif, MMR 2021, 99 ff., u, Gola/Klug, NJW 2022, 2597, 2599.
795 Vgl. dazu die Ausführungen in BT-Drs. 19/25294, S. 57 ff.
796 Vgl. dazu auch LT-Drs. 17/818, S. 4.
797 Nunmehr § 2 Abs. 2 Nr. 3, § 24 TTDSG, vgl. dazu Eckhardt, RDV 2023, 29 ff.
798 BVerfG, NJW 2012, 1419 ff. (Bestandsdatenauskunft I); NJW 2020, 2699 ff. (Bestandsdatenauskunft II); Schwarz/Sairinger, BayVBl 2021, 217 ff.; Lottkus, RDV 2021, 83 ff.
799 BVerfG, NJW 2012, 1419, 1421 ff. (Bestandsdatenauskunft I); NJW 2020, 2699, 2704 (Rn 94 f., 96) (Bestandsdatenauskunft II).
800 BVerfG (Bestandsdatenauskunft II), NJW 2020, 2699, 2794 (Rn 90), 2705 (Rn 101).
801 LT-Drs. 17/818, S. 5 f.

(vgl. § 3 NR. 6 TKG). Dazu gehören etwa der Name und die Anschrift eines Kunden, PIN, PUK und Passwörter. Diese Bestandsdaten finden ihre Grundlage in den §§ 172 ff. TKG.

§ 52 Abs. 1 S. 1 bis 3 PolG genügt den vom **BVerfG** in seinem zweiten **Beschluss zur Bestandsdatenauskunft**[802] aufgestellten Grundsätzen an die **Notwendigkeit einer hinreichend begrenzten Eingriffsschwelle.**[803] Das BVerfG hat klargestellt, dass es nicht ausreichend ist, wenn eine Bestandsdatenauskunft nur allgemein zur Erfüllung polizeilicher Aufgaben erfolgt, vielmehr müssen landes- und bundesgesetzliche Datenabrufregelungen zwingend den **Rahmen der durch die Übermittlungsregelung begrenzten Verwendungszwecke einhalten.**[804] Es muss daher im Gesetz klar vorgegeben sein, unter welchen besonderen tatbestandlichen Voraussetzungen entsprechende Auskunftsbegehren und Datenerhebungen erfolgen können. Insbesondere muss **regelmäßig eine konkrete Gefahr** gegeben sein: „Verpflichtet der Gesetzgeber zur Schaffung von Datenbeständen oder öffnet er diese über den primären Zweck hinaus, wie hier die Datenbestände privater Unternehmen für eine Verwendung zur staatlichen Aufgabenwahrnehmung, obliegt es ihm zugleich, **die für deren verfassungsrechtliche Rechtfertigung erforderlichen Verwendungszwecke und Eingriffsschwellen** sowie die für die Gewährleistung der Zweckbindung gegebenenfalls erforderlichen Folgeregelungen **verbindlich festzulegen** (Gebot der Zweckbindung). ..... Erforderlich ist demnach bezogen auf die Gefahrenabwehr grundsätzlich **eine im Einzelfall vorliegende konkrete Gefahr im Sinne der polizeirechtlichen Generalklauseln.** Diese Schwelle umfasst auch den Gefahrenverdacht. Ebenso beschränkt sie Auskünfte nicht von vornherein auf Polizeipflichtige im Sinne des allgemeinen Polizei- und Ordnungsrechts. ..... Das grundsätzliche **Erfordernis einer auf Anhaltspunkte im Tatsächlichen gestützten konkreten Gefahr** gilt für die Nachrichtendienste ebenso wie für alle zur Abwehr von Gefahren für die öffentliche Sicherheit und Ordnung zuständigen Behörden. Sind derart qualifizierte Eingriffsschwellen vorgesehen, bedarf es im Hinblick auf das gemäßigte Eingriffsgewicht der allgemeinen Bestandsdatenauskunft und ihrer großen Bedeutung für eine effektive Aufgabenwahrnehmung keines spezifisch erhöhten Rechtsgüterschutzes, um die Verhältnismäßigkeit der Datenübermittlung sicherzustellen."[805]

§ 52 Abs. 1 S. 1 PolG erlaubt eine Bestandsdatenauskunft und die damit verbundene Datenerhebung nur, wenn eine **Gefahr für die öffentliche Sicherheit** gegeben ist (→ Rn 461). Diese tatbestandliche Anforderung genügt der verfassungsrechtlich gebotenen Konkretisierung, da der polizeiliche Gefahrbegriff durch die Rechtsprechung hinreichend konkretisiert ist und die notwendige verfassungsrechtlich gebotene Begrenzung darstellt.[806] Eine Bestandsdatenauskunft „**ins Blaue hinein**", wie sie das BVerfG ausschließt[807], ist nicht möglich. § 52 Abs. 1 S. 2 PolG stellt darüber hinaus die zwingend erforderlichen höheren Anforderungen an eine Bestandsdatenauskunft sicher, die eine zugewiesene IP-Adresse in Bezug nimmt.[808] Sie ist nur möglich, wenn **besonders schützenswerte, höherwertige Rechtsgüter gefährdet** sind (→ Rn 461); das Innenministerium geht darüber hinaus davon aus, dass hierfür eine **konkrete Gefahr** erforderlich ist[809], auch wenn dies dem Wortlaut so nicht zu entnehmen ist.

---

802 BVerfG (Bestandsdatenauskunft II), NJW 2020, 2699 ff.
803 Vgl. dazu auch LT-Drs. 16/8811, S. 15.
804 BVerfG, NJW 2020, 2699, 2717 (Rn 200).
805 BVerfG, NJW 2020, 2699, 2708 (Rn 130), 2710 (Rn 146).
806 I. E. ebenso BVerfG, NJW 2020, 2699, 2710 (Rn 146).
807 Vgl. BVerfG, NJW 2020, 2699, 2710 (Rn 145), 2714 (Rn 176), 2720 (Rn 228, 232).
808 Zu diesem Erfordernis vgl. BVerfG, NJW 2020, 2699, 2714 (Rn 176), 2715 (Rn 179), 2721 (Rn 238, 243), zum verfassungsrechtlich unbedenklichen § 40 Abs. 2 BKAG.
809 LT-Drs. 17/818, S. 5.

§ 52 Abs. 1 PolG sieht keinen **Behördenleiter-** oder **Richtervorbehalt** vor, dieser ist verfassungsrechtlich nicht geboten, auch nicht im Fall des erhöhten Eingriffsgewichts des § 52 Abs. 1 S. 2 PolG.[810]

473 Die Erhebung der in der Vorschrift genannten Daten ist gem. § 52 Abs. 1 S. 1 PolG ohne Wissen der betroffenen Person zur Abwehr einer **Gefahr für die öffentliche Sicherheit** zulässig. Adressat der Maßnahme sind die Störer gem. §§ 6, 7 PolG sowie unter strengeren Voraussetzungen auch Nichtstörer gem. § 9 PolG.

Gem. § 52 Abs. 1 S. 2 PolG darf der Polizeivollzugsdienst die Auskunft über eine zu einem bestimmten Zeitpunkt zugewiesene **Internet-Portal-Adresse** sowie weiterer zur Individualisierung erforderlicher technischer Daten nur verlangen, wenn dies zur Abwehr einer **Gefahr für die hochrangigen Rechtsgüter** Leib, Leben oder Freiheit einer Person, Bestand oder Sicherheit des Bundes oder eines Landes oder zur **Abwehr einer gemeinen Gefahr** erforderlich ist (→ § 4 Rn 34). Im Fall einer auf der Grundlage des § 52 Abs. 1 S. 2 PolG erfolgenden Auskunft sind gem. § 52 Abs. 1 S. 3 PolG die **Entscheidungsgrundlagen** für das Auskunftsverlangen zu **dokumentieren**.[811]

474 Bezieht sich das Auskunftsverlangen nach Satz 1 auf Daten, mittels derer der Zugriff auf Endgeräte oder auf Speichereinrichtungen, die in diesen Endgeräten oder hiervon räumlich getrennt eingesetzt werden, geschützt wird, darf die Auskunft zur Abwehr der in Satz 2 genannten Gefahren gem. § 52 Abs. 1 S. 4 PolG nur verlangt werden, wenn die gesetzlichen Voraussetzungen für die Nutzung der Daten vorliegen.

475 Aus § 52 Abs. 1 S. 5 PolG folgt, dass die Datenerhebung auch durchgeführt werden darf, wenn **Dritte unvermeidbar betroffen** werden. Damit wird die rechtliche Grundlage für Eingriffe in die Grundrechte der Kommunikationspartner der Zielpersonen geschaffen. „Unvermeidbar" bedeutet, dass der Polizeivollzugsdienst versuchen muss, die **Einbeziehung** unbeteiligter Dritter in die Bestandsdatenerhebung zu **vermeiden**.

476 dd) **Mitwirkungspflichten der Diensteanbieter (§ 52 Abs. 2 PolG)**. Für die **Mitwirkungspflichten** der Diensteanbieter gilt die Regelung in § 52 Abs. 2 PolG.

Liegt eine entsprechende Anordnung zur Datenerhebung gem. § 52 Abs. 1 PolG vor, legt § 52 Abs. 2 S. 1 PolG eine **Mitwirkungspflicht der jeweiligen Diensteanbieter** fest. Jeder, der geschäftsmäßig Telekommunikationsdienste bzw. Telemediendienste erbringt oder daran mitwirkt (= Diensteanbieter, vgl. § 3 Nr. 1 TKG), hat dem Polizeivollzugsdienst die Maßnahme nach Abs. 1 zu ermöglichen und die erforderlichen Auskünfte über bereits gespeicherte Daten unverzüglich zu erteilen. Durch die umfassende Befugnis zur Erhebung von Verkehrsdaten entfällt nicht die Verpflichtung der Diensteanbieter zur Erteilung einer Auskunft über bereits gespeicherte und zufällig anfallende Verkehrsdaten.

Die Diensteanbieter haben diese Daten im Einzelfall zu den in Abs. 1 genannten Zwecken aufzuzeichnen und zu übermitteln. Mit der Anordnung der Erhebung der Verkehrsdaten ist auch ein Eingriff in die Rechtssphäre der Diensteanbieter verbunden (Art. 12 Abs. 1 und 14 Abs. 1 GG). Die Diensteanbieter sind verpflichtet, die zur Umsetzung einer Echtzeitdatenerhebung notwendigen technischen Voraussetzungen zu schaffen. Ob und in welchem Umfang hierfür Vorkehrungen zu treffen sind, bestimmt sich gem. § 52 Abs. 2 S. 2 PolG nach dem TKG und der TKÜV sowie dem TMG. Hier gelten insbesondere auch § 171 TKG und § 171 TKG###,

---

810 BVerfG, NJW 2020, 2699, 2722 (Rn 254).
811 Die besondere Dokumentationspflicht wurde durch den Ausschuss für Inneres, Digitalisierung und Migration des Landtags BW in das Gesetz eingefügt (vgl. LT-Drs. 16/8811, S. 2, 14 f.) und dient der Umsetzung der Vorgaben des BVerfG, NJW 2020, 2699, 2722 (Rn 248 ff.).

welche die grundlegenden Mitwirkungspflichten vorsehen.[812] Die Mitwirkungspflicht gilt auch für Diensteanbieter, die ihren **Firmensitz außerhalb von BW** haben. Das BVerfG hatte allerdings die in § 113 Abs. 1, 3 TKG a. F. enthaltene Regelung zum manuellen Auskunftsverfahren wegen Fehlens einer begrenzenden Eingriffsschwelle, die sicherstellt, dass Auskünfte nur bei einem auf tatsächliche Anhaltspunkte gestützten Eingriffsanlass eingeholt werden können, für **verfassungswidrig** erklärt.[813] Das BVerfG geht „nach dem **Bild einer Doppeltür**" davon aus, dass begrenzende Eingriffsschwellen sowohl für die gesetzliche Regelung der Abfrageberechtigung als auch die der Auskunftsberechtigung/-verpflichtung notwendig sind.[814] Der Gesetzgeber hat die entsprechende Regelung in § 174 Abs. 3 TKG im Jahr 2020 angepasst.[815] Mit dem **§ 22 TTDSG** wurde eine zentrale datenschutzrechtliche Norm für die Bestandsdatenauskunft geschaffen, die zudem den Vorgaben des BVerfG entspricht.[816]

§ 52 Abs. 2 S. 3 PolG erklärt im Hinblick auf eine Entschädigung der Diensteanbieter **§ 23 JVEG** für entsprechend anwendbar. Gem. § 23 Abs. 1 JVEG bemisst sich die Entschädigung von **Telekommunikationsunternehmen** bei der Umsetzung von Anordnungen zur Überwachung der Telekommunikation oder bei der Erteilung von Auskünften ausschließlich nach den in der Anlage 3 zum JVEG enthaltenen Sätzen.

ee) Weitere Pflichten der Datenverarbeitung. Die für eine Bestandsdatenauskunft maßgeblichen Regelungen zur Benachrichtigung der betroffenen Personen, zur Protokollierung der erhobenen Daten und zur Kennzeichnung der Daten finden sich in den §§ 72, 74 und 86 PolG. Für die weitere Verarbeitung der so erhobenen Daten gelten die **allgemeinen Vorschriften**, insbesondere § 15 PolG.

Aus § 74 PolG folgt eine **umfassende besondere Protokollierungspflicht** für alle Maßnahmen gem. § 52 PolG (→ Rn 600, 602).[817] Zu protokollieren sind gem. § 74 Abs. 1 u. Abs. 2 Nr. 6 PolG:
1. Das zur Datenerhebung **eingesetzte Mittel**,
2. der **Zeitpunkt** des Einsatzes,
3. Angaben, die die **Feststellung der erhobenen Daten** ermöglichen,
4. die verantwortliche **Dienststelle**,
5. die **Zielperson**.

Nach dem BVerfG kann die **Zuordnung dynamischer IP-Adressen** (§ 52 Abs. 1 S. 2 PolG) angesichts ihres erhöhten Eingriffsgewichts nur dann als verhältnismäßig angesehen werden, wenn die **Entscheidungsgrundlagen** für die Durchführung einer solchen Maßnahme **nachvollziehbar und überprüfbar dokumentiert** werden. Die rechtlichen und tatsächlichen Grundlagen entsprechender Auskunftsbegehren sind in diesen Fällen aktenkundig zu machen.[818]

c) Erhebung von Telekommunikationsverkehrsdaten und Nutzungsdaten (§ 53 PolG). aa) Allgemeines. § 53 PolG wurde durch das **PolG 2020** neu geschaffen. Er entspricht § 23 a Abs. 1 bis 5 u. 8 PolG 1992. Die neue Regelung betrifft nur noch die sog. **Erhebung von Telekommunikationsverkehrsdaten und Nutzungsdaten**, die übrigen Teile der alten Regelung finden sich in den neuen §§ 52, 54, 55 PolG.

---

812 Das BVerfG hat die Vereinbarkeit der sich aus § 110 TKG ergebenden Betreiberpflichten mit den Grundrechten festgestellt (BVerfG, NJW 2019, 584, 585 f. [Rn 40 ff.], 586 ff. [Rn 45 ff.]).
813 BVerfG, NJW 2020, 2699, 2711 (Rn 154).
814 BVerfG, NJW 2020, 2699, 2717 (Rn 201); LT-Drs. 17/818, S. 2; Müller/Schwabenbauer, GSZ 2023, 1, 3.
815 Art. 13 Nr. 1 des Gesetzes zur Anpassung der Regelungen über die Bestandsdatenauskunft an die Vorgaben aus der Entscheidung des Bundesverfassungsgerichts vom 27. Mai 2020 vom 20.3.2021 (BGBl. I S. 448, 469).
816 BT-Drs. 19/27441, S. 30, 37.
817 LT-Drs. 17/818, S. 5.
818 BVerfG, NJW 2020, 2699, 2722 (Rn 250).

479 **bb) Zuständigkeit.** Die **Zuständigkeit** für die Erhebung von Telekommunikationsverkehrsdaten und Nutzungsdaten liegt ausschließlich beim **Polizeivollzugsdienst.**

480 **cc) Erhebung von Telekommunikationsverkehrsdaten und Nutzungsdaten (§ 53 Abs. 1 PolG). (1) Allgemeines.** In § 53 Abs. 1 PolG wurden durch das **PolG 2020** die zuvor in § 23 a Abs. 1 PolG 1992 geregelten Eingriffsvoraussetzungen für die Erhebung von Telekommunikationsverkehrsdaten und Nutzungsdaten unter Berücksichtigung des BKAG-Urteils des BVerfG neu gefasst. Die Neuregelung orientiert sich an § 52 Abs. 1 BKAG.

481 **(2) Ermächtigung zur Datenerhebung (§ 53 Abs. 1 S. 1 PolG).** § 53 Abs. 1 S. 1 PolG legt die Voraussetzungen fest, unter denen der **Polizeivollzugsdienst** ohne Wissen der betroffenen Person zum Zweck der Gefahrenabwehr **Verkehrsdaten** i. S. d. §§ 3 Nr. 70, 174 bis 176 TKG und **Nutzungsdaten** i. S. d. § 2 Abs. 2 Nr. 3, § 24 TTDSG erheben darf. Die Nutzungsdaten sind den Verkehrsdaten gleichzusetzen. **Eingriffsvoraussetzung** ist die Abwehr von Gefahren für besonders schutzwürdige und hochrangige Rechtsgüter. § 53 Abs. 1 S. 1 PolG enthält in **den Nrn. 1 bis 5 eine umfassende Aufzählung** von Sachverhalten und Personen, die zu einer entsprechenden Datenerhebung berechtigen.

482 Gem. § 53 Abs. 1 S. 1 Nr. 1 PolG können Verkehrs- oder Nutzungsdaten über die in den §§ 6 und 7 PolG genannten Personen sowie unter den Voraussetzungen des § 9 PolG über die dort genannten Personen erhoben werden, soweit **bestimmte Tatsachen die Annahme rechtfertigen**, dass eine **konkrete Gefahr** vorliegt für Leib, Leben oder Freiheit einer Person, für den Bestand oder die Sicherheit des Bundes oder eines Landes oder für Sachen von bedeutendem Wert, deren Erhaltung im öffentlichen Interesse geboten ist. Damit werden hochrangige Rechtsgüter erfasst, deren Schutz einen besonderen Stellenwert hat. Dies genügt den Anforderungen des BVerfG an die Verhältnismäßigkeit der Eingriffsnorm und den Vorgaben des EuGH an die Zulässigkeit der Speicherung von und den Zugang zu Verkehrs- und Standortdaten der elektronischen Kommunikation.[819]

483 Die Maßnahmen richten sich gegen **Störer gem. §§ 6 und 7 PolG** und unter den Voraussetzungen des polizeilichen Notstandes gem. § 9 PolG auch gegen einen **Nichtstörer**.[820] Die Maßnahmen können etwa zur Abwehr von Terroranschlägen, Verhinderung von Suizidfällen (vgl. § 53 Abs. 7 PolG), Befreiung von Entführungsopfern etc. durchgeführt werden.

484 Gem. § 53 Abs. 1 S. 1 Nr. 2, 3 PolG können Verkehrs- oder Nutzungsdaten über eine Person erhoben werden, bei der **bestimmte Tatsachen die Annahme rechtfertigen** oder deren **individuelles Verhalten die konkrete Wahrscheinlichkeit begründet**, dass sie **innerhalb eines überschaubaren Zeitraumes auf eine zumindest ihrer Art nach konkretisierte Weise eine Straftat begehen** wird, die sich gegen die in Nr. 1 genannten Rechtsgüter richtet und dazu bestimmt ist,

a) die Bevölkerung auf erhebliche Weise einzuschüchtern,

b) eine Behörde oder eine internationale Organisation rechtswidrig mit Gewalt oder durch Drohung mit Gewalt zu nötigen oder

c) die politischen, verfassungsrechtlichen, wirtschaftlichen oder sozialen Grundstrukturen eines Staates oder einer internationalen Organisation zu beseitigen oder erheblich zu beeinträchtigen,

---

819 BVerfGE 141, 220, 288 (Rn 156); EuGH, NJW 2021, 531 ff.: Anlasslose Vorratsdatenspeicherung zu polizeilichen Zwecken nur bei erheblicher Gefahrenlage und zur Bekämpfung schwerer Kriminalität (538 [Rn 140], 539 [Rn 146], 540 [Rn 156]), u. EuGRZ 2020, 681; ebenso EuGH, NJW 2021, 2103, 2105 (Rn 33); dazu auch v. Lewinski/Rüpke/Eckhardt, Datenschutzrecht, § 5 Rn 77; Müller/Schwabenbauer, NJW 2021, 2079 ff., u. Gola/Klug, NJW 2021, 680, 682; sowie EuGH, EuZW 2022, 536, u. EuGH, NJW 2022, 3135; vgl. auch Roßnagel, ZD 2022, 650 ff. Ebenso zuletzt wieder BVerfG (SOG MV), GSZ 2023, 98, 101 (Rn 128), m. Anm. Graulich, 105 ff.

820 Stephan, in: Stephan/Deger, Polizeigesetz BW, § 23 a Rn 6.

VI. Datenvereinbarung bei polizeilichen Einzelmaßnahmen

und durch die Art ihrer Begehung oder ihre Auswirkungen einen Staat oder eine internationale Organisation erheblich schädigen können.

Die Regelung beruht auf den Vorgaben des **BVerfG** aus dem **BKAG-Urteil**. Das BVerfG hat betont, dass es auch bei Maßnahmen zur Straftatenverhütung zumindest einer **auf bestimmte Tatsachen** und nicht allein auf allgemeine Erfahrungssätze **gestützten Prognose bedürfe**, die auf eine **konkrete Gefahr** bezogen sei. Grundsätzlich gehöre hierzu, dass insoweit ein wenigstens seiner Art nach konkretisiertes und zeitlich absehbares Geschehen erkennbar sei. In Bezug auf terroristische Straftaten könne der Gesetzgeber stattdessen aber auch darauf abstellen, ob das **individuelle Verhalten einer Person die konkrete Wahrscheinlichkeit begründe**, dass sie in überschaubarer Zukunft terroristische Straftaten begehe. Die diesbezüglichen **Anforderungen** seien **normenklar zu regeln**.[821] Das BVerfG hat offen gelassen, wo die Grenzen solcher Regelungen in den Landespolizeigesetzen liegen.[822] Die in § 53 Abs. 1 S. 1 Nr. 2, 3 PolG aufgeführten schweren Straftaten genügen diesen verfassungsrechtlichen Anforderungen (→ § 11 Rn 107 ff. zu § 31 Abs. 1 PolG).[823]

Der Landesgesetzgeber hat die vom BVerfG in seinem BKAG-Urteil verwendeten Formulierungen fast wörtlich in den Gesetzestext übernommen. Sie lehnen sich an **§ 129 a Abs. 2 StGB** an. Ob dies tatsächlich zu einer geeigneten Normfassung geführt hat, kann bezweifelt werden. Die Formulierungen sind insgesamt sehr unbestimmt geworden.[824]

Einschränkend sind in beiden Fallgruppen **nur terroristisch motivierte Straftaten** einschlägig, 485 also Straftaten, die dazu bestimmt sind, die Bevölkerung auf erhebliche Weise einzuschüchtern, eine Behörde oder eine internationale Organisation rechtswidrig mit Gewalt oder durch Drohung mit Gewalt zu nötigen oder die politischen, verfassungsrechtlichen, wirtschaftlichen oder sozialen Grundstrukturen eines Staates oder einer internationalen Organisation zu beseitigen oder erheblich zu beeinträchtigen, und dabei durch die Art ihrer Begehung oder ihre Auswirkungen einen Staat oder eine internationale Organisation erheblich schädigen können.[825]

§ 53 Abs. 1 S. 1 Nr. 2 PolG stellt auf den **Verdacht einer schweren Straftat** ab. Um den Anfor- 486 derungen des BVerfG an die Konkretisierung zu genügen, erfordert es eine **auf belastbare Tatsachen gestützten Prognose**, dass eine bestimmte Person Straftaten begehen wird. Diese Tatsachen müssen nicht in der betroffenen Person liegen (hier wäre die Nr. 3 einschlägig), richtigerweise wird die notwendige Prognose aber umso schwieriger, je weniger die zugrunde gelegten Tatsachen einen Bezug zur betroffenen Person aufweisen.[826]

Es bedarf einer nachvollziehbaren **Kausalität** zwischen der Tatsachenprognose und der Annahme der Straftatbegehung. Die der Prognose zugrunde gelegten Tatsachen müssen den Schluss zulassen, dass es mit hinreichender Wahrscheinlichkeit zur Begehung einer Straftat nach § 53 Abs. 1 Nr. 2 PolG kommen wird. Nach der Rechtsprechung des **BVerfG** kann der Gesetzgeber die Grenzen für bestimmte Bereiche mit dem Ziel schon der Straftatenverhütung auch weiter ziehen, indem er die **Anforderungen an die Vorhersehbarkeit des Kausalverlaufs reduziert**. In Bezug auf **terroristische Straftaten**, die oft durch lang geplante Taten von bisher nicht straffällig gewordenen Einzelnen an nicht vorhersehbaren Orten und in ganz verschiedener Weise verübt werden, kann der Gesetzgeber Überwachungsmaßnahmen auch dann erlauben, wenn zwar noch nicht ein seiner Art nach konkretisiertes und zeitlich absehbares Geschehen erkennbar

---

821 BVerfGE 141, 220, 290 f. (Rn 164).
822 BVerfGE 141, 220, 288 (Rn 156).
823 Davon geht auch der Landesgesetzgeber in LT-Drs. 16/8484, S. 153 f., aus.
824 So zu Recht auch R. Schenke, in: Schenke/Graulich/Ruthig, Sicherheitsrecht, § 51 BKAG Rn 12, § 45 BKAG Rn 15.
825 LT-Drs. 16/2701, S. 30.
826 R. Schenke, in: Schenke/Graulich/Ruthig, Sicherheitsrecht, § 45 BKAG Rn 10.

ist, jedoch das individuelle Verhalten einer Person die **konkrete Wahrscheinlichkeit** begründet, dass sie solche Straftaten in überschaubarer Zukunft begehen wird. Denkbar ist das etwa, wenn eine Person aus einem Ausbildungslager für Terroristen im Ausland in die Bundesrepublik Deutschland einreist.[827]

487 Das Tatbestandsmerkmal **„innerhalb eines überschaubaren Zeitraums"** hat leider wenig Kontur. Der Landesgesetzgeber verwendet es auch anderer Stelle (§ 31 Abs. 1 PolG). Die Beschreibung dieser zeitlichen Komponente ist sehr unbestimmt und stellt einen „herabgestuften Wahrscheinlichkeitsmaßstab"[828] dar, der dem Polizeirecht an sich fremd ist. Andererseits muss gesehen werden, dass in der Polizeipraxis nur der jeweilige Einzelfall beurteilt werden kann, so dass zu starre zeitliche Vorgaben der Rechtsanwendung entgegenstehen würden. Angesichts der besonderen Bedeutung der von den in Bezug genommenen Straftaten geschützten Rechtsgüter wird man keinen allzu engen zeitlichen Zusammenhang verlangen können. Hinzu kommt, dass Straftaten i. S. d. § 53 Abs. 1 S. 1 Nr. 2, 3 PolG aufgrund ihrer Komplexität oft längerer Vorbereitungszeit bedürfen. Insofern können im Einzelfall **auch mehrere Monate** als noch „überschaubar" anzusehen sein. Der Begriff „überschaubar" beschreibt eine erheblich längere Zeitspanne als etwa der Begriff „zeitnah". Im Kern meint er einen **Zeitraum, der noch erfassbar ist** und in jedem Fall einen **noch erkennbaren Bezug zu der zu erwartenden Straftat** hat. Richtigerweise ist die **Je-desto-Formel** zugrunde zu legen[829]: Je bedeutender die durch eine Straftat bedrohten Rechtsgüter sind und je komplexer das zugrundeliegende Tatgeschehen ist, desto länger darf auch die mutmaßliche Zeitspanne bis zur Tatbegehung sein.

488 § 53 Abs. 1 S. 1 Nr. 3 PolG stellt auf das **individuelle Verhalten einer Person** ab. Mit „individuellem Verhalten" ist das Verhalten einer betroffenen Person gemeint, das ihr zuzurechnen ist und das sich nicht nur aus der Zugehörigkeit zu einer Gruppe oder aus einem Gruppenverhalten ergibt. Der Polizeivollzugsdienst muss mithin prüfen, ob gerade **das Verhalten einer bestimmten Person** (= ihr eigenes Verhalten) den sicheren Rückschluss zulässt, dass diese Person eine Straftat i. S. d. § 53 Abs. 1 S. 1 Nr. 3 PolG begehen wird.

Der Begriff **„konkrete Wahrscheinlichkeit"** macht deutlich, dass bloße Spekulationen nicht ausreichen. Auch die reine Möglichkeit einer Straftatenbegehung genügt nicht. Vielmehr muss es hinreichend wahrscheinlich sein, dass die betroffene Person eine Straftat begehen wird. Auch hier ist die **Je-desto-Formel** anzuwenden: Je schwerwiegender die geplante Straftat ist, desto geringer sind die Anforderungen an die Wahrscheinlichkeit der Straftatenbegehung. Insgesamt wird vom Polizeivollzugsdienst eine **belastbare Prognose** erwartet, die ausschließlich auf Tatsachen gestützt ist. Hier wird der besonderen fachlichen Kompetenz des Polizeivollzugsdienstes größere Bedeutung zukommen.

489 Gem. § 53 Abs. 1 S. 1 Nr. 4 PolG können Verkehrs- oder Nutzungsdaten über eine Person erhoben werden, bei der bestimmte Tatsachen die Annahme rechtfertigen, dass sie für eine Person nach Nr. 1 **bestimmte oder von dieser herrührende Mitteilungen entgegennimmt oder weitergibt.**

Mit dieser Regelung wird sichergestellt, dass sich die Maßnahmen auch gegen sog. **Nachrichtenmittler** richten können. Das **BVerfG** hat in seinem BKAG-Urteil deutliche Hinweise zur Anwendung dieser Regelung gegeben: „Die Vorschrift, die in ihrer Formulierung eng an § 100 a Abs. 3 StPO angelehnt ist, ist hinreichend auslegungsfähig und genügt den Anforderungen des Bestimmtheitsgrundsatzes. Wie die Regelung zu den Kontakt- und Begleitpersonen in § 20 b Abs. 2 Nr. 2 BKAG erlaubt die Vorschrift nicht, **Überwachungsmaßnahmen ins Blaue hinein** auf alle Personen zu erstrecken, die mit der Zielperson Nachrichten ausgetauscht haben, sondern

---

827 BVerfGE 141, 220, 272 f. (Rn 112), 290 f. (Rn 164 f.).
828 Graulich, in: Lisken/Denninger, Handbuch des Polizeirechts, Kap. E Rn 456.
829 R. Schenke, in: Schenke/Graulich/Ruthig, Sicherheitsrecht, § 45 BKAG Rn 11.

setzt eigene, in der Anordnung darzulegende Anhaltspunkte voraus, dass der Nachrichtenmittler von der Zielperson in die Tatdurchführung eingebunden wird und somit eine **besondere Tat- oder Gefahrennähe** aufweist."[830] Für die Einbeziehung des Nachrichtenmittlers ist es aber nicht erforderlich, dass der Nachrichtenmittler eingeweiht war oder seine Rolle hätte erkennen müssen.[831] Das BVerfG hat zudem hat zu § 100 a Abs. 3 StPO entschieden, dass es grundsätzlich möglich ist, eine Telekommunikationsüberwachung auch gegenüber **Nachrichtenmittlern** vorzusehen. Es hat aber darauf hingewiesen, dass für eine solche Anordnung wegen des Gewichts des Eingriffs mit Blick auf Art. 10 GG eine **gesicherte Tatsachenbasis** unerlässlich ist und dass hierfür vage Anhaltspunkte und bloße Vermutungen nicht ausreichen.[832]

Gem. § 53 Abs. 1 S. 1 Nr. 5 PolG können Verkehrs- oder Nutzungsdaten über eine Person erhoben werden, bei der bestimmte Tatsachen die Annahme rechtfertigen, dass **eine Person nach Nr. 1 deren Telekommunikationsanschluss oder Endgerät benutzen** wird. 490

Diese Regelung weitet die Eingriffsgrundlage auf Dritte aus, bei denen aufgrund bestimmter Tatsachen die Annahme besteht, dass eine Person nach Nr. 1 den Telekommunikationsanschluss oder das Endgerät des Dritten benutzen wird. Die Tatsache der Nutzung allein reicht nicht aus, vielmehr muss auch hier eine besondere **Tat- oder Gefahrennähe des Dritten** vorliegen.[833]

(3) Gefährdung der polizeilichen Aufgabenerfüllung (§ 53 Abs. 1 S. 2 PolG). Neben den besonderen in den Nrn. 1 bis 5 enthaltenden Tatbestandsvoraussetzungen kommt eine Datenerhebung (= Datenverarbeitung i. S. d. § 12 Nr. 2 PolG) gem. § 53 Abs. 1 S. 2 PolG nur in Betracht, wenn andernfalls **die Erfüllung der polizeilichen Aufgabe gefährdet oder wesentlich erschwert** würde. Gemeint sind die durch § 53 Abs. 1 S. 1 Nr. 1 bis 5 PolG konkretisierten Aufgaben des Polizeivollzugsdienstes. Diese tatbestandliche Voraussetzung stellt kein Tatbestandsmerkmal im eigentlichen Sinne dar, sondern ist eine besondere Ausprägung des **Grundsatzes der Verhältnismäßigkeit**.[834] Das BVerfG verlangt in seinem BKAG-Urteil den Bezug zu einer konkreten Gefahr.[835] Der Polizeivollzugsdienst muss daher nicht nur prüfen, ob die tatbestandlichen Voraussetzungen der Nrn. 1 bis 5 des § 53 Abs. 1 PolG vorliegen, sondern er muss sich auch stets fragen, ob die vorgesehene Maßnahme für die Aufgabe der Gefahrenabwehr oder die Straftatenverhütung im konkreten Fall **erforderlich** ist. Dies ist nach der Vorgabe des Landesgesetzgebers nur der Fall, wenn die Gefahrenabwehr oder Straftatenverhütung gefährdet oder erheblich erschwert würde. Für eine **Gefährdung** ist es erforderlich, dass aufgrund konkreter Tatsachen die ernsthafte Gefahr besteht ist, dass ohne die vorgesehene Maßnahme der Datenerhebung die Gefahr nicht abgewehrt oder die Straftat nicht verhindert werden könnte. Es reicht also etwa nicht allein aus, dass die konkrete Maßnahme i. S. d. § 53 Abs. 1 S. 1 PolG gegenüber anderen Maßnahmen (etwa Gefährderansprache) als die effektivere oder leichter durchführbare erscheint. Für die **Erschwernis** schreibt die Regelung „Erheblichkeit" vor. Damit wird deutlich, dass eine Erschwernis der Gefahrenabwehr oder der Straftatenverhütung nur in Betracht kommt, wenn zulasten des Polizeivollzugsdienstes ein **Grad deutlicher Unzumutbarkeit** der Durchführung anderer polizeilicher Maßnahmen erreicht wird. 491

(4) Betroffenheit Dritter (§ 53 Abs. 1 S. 3 PolG). Aus § 53 Abs. 1 S. 3 PolG folgt, dass die Datenerhebung auch durchgeführt werden darf, wenn **Dritte unvermeidbar betroffen** werden. Damit wird die rechtliche Grundlage für Eingriffe in die Grundrechte der Kommunikationspartner der Zielpersonen geschaffen. „Unvermeidbar" bedeutet, dass der Polizeivollzugsdienst versuchen 492

---

830 BVerfGE 141, 220, 310 f. (Rn 233).
831 R. Schenke, in: Schenke/Graulich/Ruthig, Sicherheitsrecht, § 51 BKAG Rn 14.
832 BVerfG (Nachrichtenmittler), NJW 2023, 1645, 1647 (Rn 23) = HRRS 2023 Nr. 485 (Ls.).
833 Wie hier R. Schenke, in: Schenke/Graulich/Ruthig, Sicherheitsrecht, § 52 BKAG Rn 12, § 51 BKAG Rn 16.
834 R. Schenke, in: Schenke/Graulich/Ruthig, Sicherheitsrecht, § 51 BKAG Rn 17.
835 BVerfGE 141, 220, 290 f. (Rn 164).

muss, die **Einbeziehung** unbeteiligter Dritter in die Bestandsdatenerhebung zu **vermeiden**. Dies wird in vielen Fällen nicht möglich sein.

493 **dd) Richtervorbehalt (§ 53 Abs. 2 PolG). (1) Allgemeines.** Bereits § 23 a Abs. 2 PolG 1992 enthielt einen **Richtervorbehalt**. Mit dem **PolG 2020** wurde dieser in § 53 Abs. 2 bis 5, 8 PolG aktualisiert und überarbeitet (→ Rn 17 ff.).

494 **(2) Anordnung durch Gericht (§ 53 Abs. 2 S. 1 PolG).** Die Erhebung von Telekommunikationsdaten und Nutzungsdaten gem. § 53 Abs. 1 S. 1 PolG darf – außer im Fall der Gefahr im Verzug (→ Rn 489 f.) – **allein durch das Gericht angeordnet** werden.

495 Die gerichtliche Anordnung steht gem. § 53 Abs. 2 S. 2 PolG unter einem **Antragvorbehalt**. Gem. § 53 Abs. 4 S. 3 PolG ist der **Antrag** durch die **Leitung eines regionalen Polizeipräsidiums oder des LKA** schriftlich zu stellen und zu begründen.

Der Begriff „Leitung" ist eindeutig: Der Antrag kann nur vom **Präsidenten des örtlich zuständigen Polizeipräsidiums**[836] oder vom **Präsidenten des LKA**[837] gestellt werden. Beide Möglichkeiten bestehen **alternativ** und hängen nicht von weiteren tatbestandlichen Voraussetzungen ab. Im Fall der Verhinderung sind die unmittelbaren ständigen Vertreter der Präsidenten zur Anordnung befugt.

Der Personenkreis **kann durch Delegation** der Behördenleitung auf die weitere Führungsebene **erweitert werden**. § 53 Abs. 2 S. 3 PolG erlaubt die Übertragung der Anordnungsbefugnis auf dafür ausdrücklich ausgewählte und benannte Beamte des höheren Polizeivollzugsdienstes. Näheres hierzu ergibt sich aus § 4 Abs. 2 DVO PolG.

496 **(3) Antragsinhalt (§ 53 Abs. 3 PolG).** § 53 Abs. 3 PolG sieht detaillierte Vorgaben für den beim Amtsgericht zu stellenden Antrag vor. Dies folgt aus der Rechtsprechung des BVerfG, das aus den strengen Anforderungen an den Inhalt und die Begründung der gerichtlichen Anordnung folgert, dass hieraus zugleich das Erfordernis einer **hinreichend substantiierten Begründung und Begrenzung des Antrags auf Anordnung** folgt, die es dem Gericht oder der unabhängigen Stelle erst erlaubt, eine effektive Kontrolle auszuüben. Insbesondere bedarf es der **vollständigen Information** seitens der antragstellenden Behörde über den zu beurteilenden Sachstand.[838]

Im Antrag sind danach **zwingend anzugeben**:
1. Die **Person**, gegen die sich die Maßnahme richtet, soweit möglich mit Name und Anschrift,
2. die **Rufnummer oder eine Kennung des Telekommunikationsanschlusses oder des Endgerätes**, bei dem die Datenerhebung über eine in § 53 Abs. 1 PolG genannte Person durchgeführt wird oder eine Bezeichnung des Nutzers der Telemedien, dessen Daten erhoben werden,
3. **Art**, **Umfang** und **Dauer** der Maßnahme,
4. der **Sachverhalt** sowie
5. eine Begründung.

Abweichend von Nr. 2 genügt eine **räumlich und zeitlich hinreichende Bezeichnung der Telekommunikation oder Telemediennutzung**, sofern andernfalls die Erreichung des Zwecks der Maßnahme aussichtslos oder wesentlich erschwert wäre (§ 53 Abs. 3 S. 2 PolG).

497 **(4) Schriftliche Anordnung des Gerichts (§ 53 Abs. 4 PolG).** Gem. § 53 Abs. 4 S. 1 PolG ergeht durch das zuständige Amtsgericht eine **schriftliche Anordnung**. Die Entscheidung des zuständigen Amtsgericht ergeht gem. § 132 Abs. 2 S. 1 PolG i. V. m. § 38 Abs. 1 S. 1 FamFG durch **Beschluss** (→ Rn 21). Es ist Aufgabe und Pflicht des Gerichts, sich eigenverantwortlich ein Urteil

---

836 Nr. 1 Spiegelstrich 1 der Anlage 2 zu Nr. 1.3 u. 2.3 VwV-PolOrg.
837 Nr. 1 Spiegelstrich 1 der Anlage 6 zu Nr. 1.3 u. 2.3 VwV-PolOrg.
838 BVerfGE 141, 220, 275 f. (Rn 118).

VI. Datenvereinbarung bei polizeilichen Einzelmaßnahmen

darüber zu bilden, ob die beantragte heimliche Überwachungsmaßnahme den gesetzlichen Voraussetzungen entspricht.[839] Durch die schriftliche Fixierung wird der äußere Rahmen abgesteckt, innerhalb dessen die heimliche Maßnahme durchzuführen ist, so dass der Eingriff messbar und kontrollierbar bleibt.[840]

Erlässt das Amtsgericht eine Anordnung, durch welche die beantragte Überwachungsmaßnahme erlaubt wird, hat es **in seiner Entscheidung** gem. § 53 Abs. 4 S. 2 PolG **zwingend anzugeben:** 498
1. Die **Person**, gegen die sich die Maßnahme richtet, soweit möglich mit Name und Anschrift,
2. die **Rufnummer** oder eine **Kennung des Telekommunikationsanschlusses** oder **des Endgerätes**, bei dem die Datenerhebung über eine in § 53 Abs. 1 PolG genannte Person durchgeführt wird oder eine Bezeichnung des Nutzers der Telemedien, dessen Daten erhoben werden,
3. **Art**, **Umfang** und **Dauer** der Maßnahme,
4. die wesentlichen **Gründe**.

Wie beim Antrag genügt abweichend von Nr. 2 eine **räumlich und zeitlich hinreichende Bezeichnung der Telekommunikation oder Telemediennutzung**, sofern andernfalls die Erreichung des Zwecks der Maßnahme aussichtslos oder wesentlich erschwert wäre (§ 53 Abs. 4 S. 2 i. V. m. Abs. 3 S. 2 PolG).

Die **gerichtliche Anordnung** ist gem. § 53 Abs. 4 S. 3 PolG zwingend zu **befristen**. Die Frist darf 499 **höchstens 3 Monate** betragen. Eine **Verlängerung** ist gem. § 53 Abs. 4 S. 4 PolG um **jeweils nicht mehr als einen Monat** zulässig, solange die Voraussetzungen für die Maßnahme fortbestehen. Dies ist vom zuständigen Amtsgericht bei jeder Fristverlängerung erneut zu prüfen.

(5) Rechtsschutz. Beim **Rechtsschutz** durch eine von einer Maßnahme gem. § 53 PolG betroffene Person ist zu **differenzieren**: 500

- Sofern eine Datenerhebung gem. § 53 Abs. 1 S. 1 PolG auf der Grundlage einer **richterlichen Anordnung** erfolgte, ist eine **verwaltungsgerichtliche Anfechtung** der Anordnung **durch die betroffene Person** gem. § 132 Abs. 3 PolG ausgeschlossen (→ Rn 22).
- Erfolgte die Durchführung der Datenerhebung gem. § 53 Abs. 1 S. 1 PolG dagegen ausnahmsweise **allein auf der Grundlage einer behördlichen Anordnung** (§ 53 Abs. 7 PolG [→ Rn 492]), kommt als Rechtsschutzmöglichkeit grundsätzlich nur die (nachträgliche) Feststellung der Rechtswidrigkeit des Einsatzes gem. § 43 Abs. 1 VwGO durch **Feststellungsklage** in Betracht. Die **innerdienstliche Einsatzanordnung** stellt keinen Verwaltungsakt, sondern einen **Realakt** dar, da es ihr an einem nach außen gerichteten Regelungswillen fehlt (→ § 7 Rn 1 ff.).[841] In bestimmten Fällen kann das Rechtsschutzbegehren auch als allgemeine Leistungsklage in Gestalt der (vorbeugenden) **Unterlassungsklage** in Frage kommen.[842]

ee) Gefahr im Verzug (§ 53 Abs. 5 PolG). Bei **Gefahr im Verzug** kann die Anordnung gem. § 53 501 Abs. 5 S. 1 PolG auch durch die **Leitung eines regionalen Polizeipräsidiums oder des LKA** erfolgen (Begriff „Leitung" und Delegation auf die weitere Führungsebene → Rn 483).

Bei einer behördlichen Anordnung bei Gefahr im Verzug ist gem. § 53 Abs. 5 S. 3, 4 PolG eine 502 **gerichtliche Bestätigung** durch das gem. §§ 53 Abs. 2 S. 1, 132 Abs. 1 PolG zuständige Amtsgericht **unverzüglich herbeizuführen**. Unverzüglich heißt sofort (= ohne schuldhaftes Verzögern). Von einer Gefahr im Verzug in diesem Sinne (→ § 4 Rn 35) kann nur ausgegangen werden, wenn zur

---
839 BVerfGE 141, 220, 275 f. (Rn 118).
840 LT-Drs. 16/2701, S. 32.
841 Vgl. VGH BW, DVBl 1995, 367, insoweit best. d. BVerwG, NJW 1997, 2534, zum Einsatz eines Verdeckten Ermittlers. Zum Beispiel einer (nachträglichen) Feststellungsklage zur Rechtswidrigkeit des verdeckten Einsatzes technischer Mittel zur vorbeugenden Bekämpfung von Straftaten vgl. VGH BW, DVBl 2014, 1002.
842 Vgl. dazu VG Freiburg, VBlBW 2013, 350.

Verhinderung eines drohenden Schadens **sofort eingeschritten werden muss**, weil ein weiteres Abwarten den Erfolg der notwendigen Maßnahme der Datenerhebung erschweren oder vereiteln würde. Im Ergebnis muss die Maßnahme der Datenerhebung **unaufschiebbar** sein.

Angesichts des verfassungsrechtlich gebotenen Richtervorbehalts[843] und der grundlegenden Eingriffsintensität der Maßnahmen gem. § 53 Abs. 1 PolG ist bei der Annahme einer Gefahr im Verzug **Zurückhaltung geboten**. Zwar steht dem Polizeivollzugsdienst ein **eigener Einschätzungsspielraum** zu (→ § 4 Rn 35). Es muss aber gesehen werden, dass in besonders eiligen Fällen die notwendige Entscheidung des Amtsgerichts in der Regel schnell herbeigeführt werden kann. Deswegen wird es regelmäßig vertretbar sein, die Anordnung durch das Amtsgericht abzuwarten. Ein Abweichen davon kommt insbesondere in Betracht, wenn die von einer Person ausgehenden Gefahren i. S. d. § 53 Abs. 1 PolG so schwerwiegend sind und möglicherweise mit einer so zeitnahen Verwirklichung zu rechnen ist, dass jede Verzögerung der Maßnahme zur Datenerhebung zu **unvertretbaren Gefährdungen** bestimmter Personen oder der Allgemeinheit führen würde.

503 **ff) Mitwirkungspflichten der Diensteanbieter (§ 53 Abs. 6 PolG).** Für die **Mitwirkungspflichten** der Diensteanbieter gilt die Regelung in § 53 Abs. 6 PolG.

Liegt eine entsprechende Anordnung zur Datenerhebung gem. § 53 Abs. 1, 2 PolG vor, legt § 53 Abs. 6 S. 1 PolG eine **Mitwirkungspflicht der jeweiligen Diensteanbieter** fest. Jeder, der geschäftsmäßig Telekommunikationsdienste bzw. Telemediendienste erbringt oder daran mitwirkt (= Diensteanbieter, vgl. § 3 Nr. 1 TKG), hat dem Polizeivollzugsdienst die Maßnahme nach Abs. 1 zu ermöglichen und die erforderlichen Auskünfte über bereits gespeicherte Daten unverzüglich zu erteilen. Durch die umfassende Befugnis zur Erhebung von Verkehrsdaten entfällt nicht die Verpflichtung der Diensteanbieter zur Erteilung einer Auskunft über bereits gespeicherte und zufällig anfallende Verkehrsdaten.

Die Diensteanbieter haben diese Daten im Einzelfall zu den in Abs. 1 genannten Zwecken aufzuzeichnen und zu übermitteln. Mit der Anordnung der Erhebung der Verkehrsdaten ist auch ein Eingriff in die Rechtssphäre der Diensteanbieter verbunden (Art. 12 Abs. 1 und 14 Abs. 1 GG). Die Diensteanbieter sind verpflichtet, die zur Umsetzung einer Echtzeitdatenerhebung notwendigen technischen Voraussetzungen zu schaffen. Ob und in welchem Umfang hierfür Vorkehrungen zu treffen sind, bestimmt sich gem. § 53 Abs. 6 S. 3 PolG nach dem TKG und der TKÜV sowie dem TMG. Hier gelten insbesondere auch die §§ 171 ff. TKG, welche die Mitwirkungspflichten (etwa technische Vorkehrungen und Mitteilungspflichten) konkretisieren.[844] Die Mitwirkungspflicht gilt auch für Diensteanbieter, die ihren **Firmensitz außerhalb von BW** haben.

§ 53 Abs. 6 S. 4 PolG erklärt im Hinblick auf eine Entschädigung der Diensteanbieter § 23 JVEG für entsprechend anwendbar. Gem. § 23 Abs. 1 JVEG bemisst sich die Entschädigung von **Telekommunikationsunternehmen** bei der Umsetzung von Anordnungen zur Überwachung der Telekommunikation oder bei der Erteilung von Auskünften ausschließlich nach den in der Anlage 3 zum JVEG enthaltenen Sätzen.

504 **gg) Anordnungsbefugnis bei hilflosen Personen (§ 53 Abs. 7 PolG).** Ist eine Maßnahme allein auf die Ermittlung des Aufenthaltsortes einer vermissten, suizidgefährdeten oder hilflosen Person gerichtet, reicht gem. § 53 Abs. 7 S. 1 PolG die Anordnung der Maßnahme durch die **Leitung eines regionalen Polizeipräsidiums oder des LKA**. Es gibt in diesen Bereichen keinen Richtervorbehalt. Dies erscheint vertretbar, da bei den betroffenen Personen besondere Eile geboten ist und der Personenkreis sehr klar begrenzt ist.

---

843 BVerfGE 141, 220, 275 f. (Rn 117 f.).
844 Das BVerfG hat die Vereinbarkeit der Betreiberpflichten mit den Grundrechten festgestellt (BVerfG, NJW 2019, 584, 585 f. [Rn 40 ff.], 586 ff. [Rn 45 ff.]).

Der Begriff „Leitung" ist eindeutig: Die Anordnung kann nur vom **Präsidenten des örtlich zuständigen Polizeipräsidiums**[845] oder vom **Präsidenten des LKA**[846] getroffen und unterzeichnet werden. Beide Möglichkeiten bestehen **alternativ** und hängen nicht von weiteren tatbestandlichen Voraussetzungen ab. Im Fall der Verhinderung sind die unmittelbaren ständigen Vertreter der Präsidenten zur Anordnung befugt.

Der Personenkreis **kann durch Delegation** der Behördenleitung auf die besonders beauftragte Beamte **erweitert werden** (§ 53 Abs. 7 S. 2 PolG). Damit ist eine Delegation der Anordnungsbefugnis auch auf die **Polizeiführer vom Dienst** in den Führungs- und Lagezentren der Polizeipräsidien möglich. Diese gehören in der Regel dem gehobenen Polizeivollzugsdienst an und sind aufgrund ihrer besonderen Funktion geeignet, entsprechende Sachverhalte insbesondere auch zur Nachtzeit rasch und zielgerichtet zu bewerten. Näheres ergibt sich aus § 4 Abs. 1 Nr. 1 DVO PolG.

Wegen des **Sterbehilfe-Urteils** des **BVerfG**[847] ist die Anwendung des § 53 Abs. 7 PolG bei **suizidgefährdeten Personen** aus verfassungsrechtlichen Gründen einzuschränken. Steht fest, dass die betroffene Person ohne erkennbare oder bekannte psychische Störungen **aus freiem Willen** einen Suizid begehen will, kommt eine Maßnahme auf der Grundlage des § 53 Abs. 1, 7 PolG nicht in Betracht, sie wäre rechtswidrig (→ § 11 Rn 186 f.).

Beispiel: Die Ehefrau E findet zuhause einen Brief ihres Ehemanns M vor, wonach dieser wegen seiner schwerwiegenden Krebserkrankung sein Leben beenden will. Er verabschiedet sich im Brief von seiner Frau. M hatte schon mehrfach seiner Frau gegenüber gesagt, dass er sein Leben beenden werde, wenn sich sein Gesundheitszustand verschlechtert und er mit seinem zeitnahen Tod rechnen muss. Mangels weiterer Erkenntnisse muss hier davon ausgegangen werden, dass M freiwillig seinem Leben ein Ende setzen will, so dass eine Maßnahme gem. § 53 Abs. 1, 7 PolG zum Auffinden des M – gegen seinen erklärten freien Willen – ausscheidet.

hh) Abbruch der Maßnahme (§ 53 Abs. 8 PolG). Gem. § 53 Abs. 8 S. 1 PolG ist die Maßnahme abzubrechen, wenn die Voraussetzungen der Anordnung nicht mehr vorliegen. Nach Satz 2 ist der Abbruch dem Amtsgericht und dem Diensteanbieter mitzuteilen. 505

ii) Weitere Pflichten der Datenverarbeitung. Die für eine Datenerhebung gem. § 53 Abs. 1 PolG maßgeblichen Regelungen zur Benachrichtigung der betroffenen Personen, zur Protokollierung der erhobenen Daten, zur Kennzeichnung der Daten und zur Kontrolle durch den Landesbeauftragten für Datenschutz finden sich in den §§ 72, 74, 86 und 98 Abs. 1 Nr. 14 PolG. Für die weitere Verarbeitung der so erhobenen Daten gelten die **allgemeinen Vorschriften**, insbesondere § 15 PolG. 506

Aus § 74 PolG folgt eine **umfassende besondere Protokollierungspflicht** für alle Maßnahmen gem. § 53 PolG (→ Rn 600, 602). Zu protokollieren sind gem. § 74 Abs. 1 u. Abs. 2 Nr. 7 PolG:

1. Das zur Datenerhebung **eingesetzte Mittel**,
2. der **Zeitpunkt** des Einsatzes,
3. Angaben, die die **Feststellung der erhobenen Daten** ermöglichen,
4. die verantwortliche **Dienststelle**,
5. bei Erhebung von Telekommunikationsverkehrsdaten die **Beteiligten** der betroffenen Telekommunikation,
6. bei Erhebung von Nutzungsdaten der **Nutzer**.

Aus § 90 PolG folgt eine **alle zwei Jahre zu erfüllende Berichtspflicht** über die auf der Grundlage des § 53 Abs. 1 PolG erfolgten Maßnahmen **an den Landtag**. Im Jahr 2020 wurden insgesamt

---

845   Nr. 1 Spiegelstrich 1 der Anlage 2 zu Nr. 1.3 u. 2.3 VwV-PolOrg.
846   Nr. 1 Spiegelstrich 1 der Anlage 6 zu Nr. 1.3 u. 2.3 VwV-PolOrg.
847   BVerfG, NJW 2020, 905 ff. (wesentliche Gründe) = HRRS 2020 Nr. 190 (Volltext); zust. Muckel, JA 2020, 473 ff., 476, eher krit. Lang, NJW 2020, 1562 ff., 1565; vgl. auch Sachs, JuS 2020, 580 ff.

902 Vorgänge der Erhebung von Verkehrsdaten erfasst, davon dienten 9 der Ortung von Mobilfunktelefonen und 2 der Erhebung von Verkehrs-, Bestands- oder Nutzungsdaten.[848]

507 **d) Überwachung der Telekommunikation (§ 54 PolG). aa) Allgemeines.** Die Vorschrift wurde als § 23 b PolG durch **Art. 1 des Gesetzes zur Änderung des Polizeigesetzes vom 15.11.2017**[849] in das PolG eingefügt.

Mit § 23 b PolG 1992 hatte der Landesgesetzgeber eine Rechtsgrundlage für die **präventivpolizeiliche inhaltliche Überwachung und Aufzeichnung der Telekommunikation** geschaffen.[850] Die Befugnis der Polizei zur präventiven Telekommunikationsüberwachung ist nach seiner Auffassung erforderlich, um für besondere polizeiliche Lagen, insbesondere auch bei Bedrohungsszenarien durch den islamistischen Terrorismus, die zeitliche, räumliche und täterbezogene **Gefährdungsdimension vor Eintritt eines Schadens zu verifizieren**. Die länderübergreifende Vernetzung von Extremisten und Terroristen bedinge eine Kommunikation über Mobilfunkgeräte oder andere Kommunikationsmittel. Die Überwachung der Gesprächsinhalte ermögliche eine präzise Einschätzung der jeweiligen Zielperson, das Erstellen eines Kontakt- und Bewegungsbildes sowie das Aufspüren von Beziehungsgeflechten der handelnden Akteure. Die gewonnenen Erkenntnisse bildeten dann die Grundlage für weitere Maßnahmen.[851]

Auch die Aufnahme einer **Befugnis zur Quellen-Telekommunikationsüberwachung** (§ 23 b Abs. 2 PolG 1992) ist nach Auffassung des Landesgesetzgebers unerlässlich, weil nur so der Zugriff auf verschlüsselte Telekommunikationsinhalte gewährleistet werde und die Befugnis zur präventiven Telekommunikationsüberwachung ohne eine solche Ermächtigung leerliefe.[852]

Durch das **PolG 2020** wurde[853] § 23 b Abs. 1 bis 9 PolG 1992 zum neuen § 54 PolG. Es wurden dabei geringfügige Änderungen vorgenommen.

Im Bereich des **Strafverfahrens** besteht mit **§ 100 a StPO** eine spezialgesetzliche Grundlage zur Telekommunikationsüberwachung.

508 **bb) Verfassungsrecht.** Sofern Zugriffe Dritter **Inhalte und Umstände der laufenden Telekommunikation** erfassen, ist das durch Art. 10 Abs. 1 GG geschützte **Fernmeldegeheimnis** betroffen.[854] Wegen des besonderen Rangs des **Post- und Fernmeldegeheimnisses** bestehen an die Zulässigkeit der Telekommunikationsüberwachung hohe Anforderungen.[855] Eine Überwachung der Telekommunikation ist nur zulässig, wenn eine **konkrete Gefährdung wichtiger Rechtsgüter** vorliegt.[856] Es müssen bestimmte Tatsachen vorliegen, die auf ein zumindest seiner

---

848 LT-Drs. 17/421, S. 12; vgl. auch LT-Drs. 16/7998, S. 1 f., u. 16/7519, S. 6, zu den Jahren 2019 (614 Maßnahmen), 2018 (925 Maßnahmen u. 2017 (992 Maßnahmen).
849 GBl. S. 624.
850 Zur Notwendigkeit einer gesetzlichen Rechtsgrundlage vgl. etwa Schmidt, Polizei- und Ordnungsrecht, Rn 297 bis 301.
851 LT-Drs. 16/2701, S. 29.
852 Vgl. im Einzelnen dazu LT-Drs. 16/2701, S. 29. Zur Notwendigkeit einer eigenständigen Rechtsgrundlage der Quellen-Telekommunikationsüberwachung vgl. Graulich, in: Lisken/Denninger, Handbuch des Polizeirechts, Kap. E Rn 785.
853 Zu den Fallzahlen der Telefonüberwachung auf der Grundlage des § 110 a StPO in BW vgl. LT-Drs. 16/8352 v. 29.6.2020.
854 BVerfG (IT-Sicherheitslücken), NVwZ 2021, 1361, 1362 (Rn 28), m. Bespr. Pöltl, NVwZ 2022, 45 ff., u. BVerfG (SOG MV), GSZ 2023, 98, 103 (Rn 160), m. Anm. Graulich, 105 ff.; Thiel, in: Dietrich/Fahrner/Gazeas/von Heintschel-Heinegg, Handbuch Sicherheits- und Staatsschutzrecht, § 24 Rn 33.
855 Vgl. dazu BVerfG (SOG MV), GSZ 2023, 98, 103 (Rn 160), u. BVerfG (Nachrichtenmittler), NJW 2023, 1645, 1646 (Rn. 21 f.); Graulich, in: Lisken/Denninger, Handbuch des Polizeirechts, Kap. E Rn 778.; R. Schenke, in: Schenke/Graulich/Ruthig, Sicherheitsrecht, § 51 BKAG Rn 5; von der Grün, in: Möstl/Trurnit, Polizeirecht BW, § 23 b Rn 6: „Anforderungen keineswegs gering"; Schmidt, Polizei- und Ordnungsrecht, Rn 293, 294b bis 294g, 296 ff.; Roggan, DVBl 2021, 1471, 1473; Unterreitmeier, BayVBl 2021, 689, 725 ff.
856 Gusy/Eichenhofer, Polizei- und Ordnungsrecht, Rn 214.

VI. Datenvereinbarung bei polizeilichen Einzelmaßnahmen

Art nach konkretisiertes und zeitlich absehbares Schadensgeschehen deuten.[857] Darüber hinaus ist die Grundrechtseinschränkung auf das erforderliche Maß zu begrenzen.[858] Die Überwachung darf daher nur gegenüber den unmittelbar Verantwortlichen und Kontakt- und Begleitpersonen erfolgen.[859] Die Daten unbeteiligter Dritter sind unverzüglich zu löschen, wenn deren Erhebung von der Polizei erkannt wird.

Straftaten mit dem Gepräge des **Terrorismus** zielen auf eine Destabilisierung des Gemeinwesens und umfassen hierbei in rücksichtsloser Instrumentalisierung anderer Menschen Angriffe auf Leib und Leben beliebiger Dritter. Sie richten sich gegen die Grundpfeiler der verfassungsrechtlichen Ordnung und das Gemeinwesen als Ganzes. Die Bereitstellung von wirksamen Aufklärungsmitteln zu ihrer Abwehr ist ein legitimes Ziel und für die demokratische und freiheitliche Ordnung von großem Gewicht.[860]

Die Einräumung von spezifischen **Überwachungs- und Ermittlungsbefugnissen** ist zur Erreichung dieses Ziels **geeignet**. Sie geben dem Polizeivollzugsdienst Mittel zur Aufklärung an die Hand, die dazu beitragen können, den Gefahren des internationalen Terrorismus entgegenzutreten. Die verschiedenen Befugnisse sind hierfür jedenfalls im Grundsatz auch **erforderlich**. § 54 PolG ermöglicht spezifische Überwachungsmaßnahmen, die jedenfalls nicht immer durch andere ersetzt werden können. **Mildere Mittel**, die gleichermaßen effektiv ebenso weitgehende Aufklärungsmöglichkeiten zur Abwehr des internationalen Terrorismus ermöglichen, sind nicht ersichtlich.[861]

Die durch § 54 Abs. 2 PolG eingeräumte Möglichkeit, informationstechnische Systeme betroffener Personen mittels einem Staatstrojaner (→ Rn 504) zu infiltrieren, betrifft zudem die aus Art. 2 Abs. 1 i. V. m. Art. 1 Abs. 1 GG hergeleitete **grundrechtliche Gewährleistung der Vertraulichkeit und Integrität informationstechnischer Systeme**, da mit dem Eindringen nicht nur auf die laufende Kommunikation, sondern auf das gesamte informationstechnische System und seinen Datenbestand zugegriffen werden kann; sie können dieses ausspähen, manipulieren und erpresserisch mit der Manipulation, insbesondere der Vernichtung von Daten, drohen.[862]

Die dem Staat bei grundrechtlicher Gewährleistung der Vertraulichkeit und Integrität informationstechnischer Systeme obliegende **Schutzpflicht** (→ Rn 3) verleiht keinen Anspruch darauf, die Quellen-Telekommunikationsüberwachung durch Nutzung unerkannter Sicherheitslücken vollständig zu untersagen. Sie begründet auch **keinen Anspruch auf Verpflichtung der Behörde, jede unerkannte Sicherheitslücke sofort und unbedingt dem Hersteller zu melden**. Indes verlangt die grundrechtliche Schutzpflicht eine Regelung darüber, wie die Behörde bei der Entscheidung über ein Offenhalten unerkannter Sicherheitslücken den Zielkonflikt zwischen dem notwendigen Schutz vor Infiltration durch Dritte einerseits und der Ermöglichung von Quellen-Telekommunikationsüberwachungen andererseits aufzulösen hat. Der Behörde muss eine **Abwägung der gegenläufigen Belange** für den Fall aufgegeben werden, dass ihr eine **Zero-Day-Schutzlücke** bekannt wird.[863] Die in § 54 Abs. 3 PolG enthaltenen Vorgaben erscheinen

---

857 Kingreen/Poscher, Polizei- und Ordnungsrecht, § 13 Rn 145.
858 Kingreen/Poscher, Polizei- und Ordnungsrecht, § 13 Rn 147.
859 Gusy/Eichenhofer, Polizei- und Ordnungsrecht, Rn 214.
860 BVerfGE 141, 220, 266 (Rn 96).
861 BVerfGE 141, 220, 266 f. (Rn 97).
862 BVerfG (IT-Sicherheitslücken), NVwZ 2021, 1361, 1362 (Rn 28), m. Bespr. Pöltl, NVwZ 2022, 45 ff., u. BVerfG (SOG MV), GSZ 2023, 98, 101 (Rn 128), m. Anm. Graulich, 105 ff.; ebenso BVerwG, GSZ 2023, 155 (a. A. wohl [noch] BVerfGE, 120, 274, 309, u. NJW 2016, 3508, 3510 [Rn 41]); R. Schenke, in: Schenke/Graulich/Ruthig, Sicherheitsrecht, § 51 BKAG Rn 6; Martini/Fröhlingsdorf, NVwZ-Extra 24/2020, 1, 4.
863 BVerfG (IT-Sicherheitslücken), NVwZ 2021, 1361, 1364 (Rn 43 f.), m. Bespr. Pöltl, NVwZ 2022, 45 ff.

geeignet, diesen Schutz zu gewährleisten (→ Rn 506)[864], sie sollten jedoch im Hinblick auf die Vorgaben des BVerfG durch den Landesgesetzgeber noch ergänzend konkretisiert werden.[865]

510 In **Art. 2 Abs. 1** (Einschränkung von Grundrechten) **des Gesetzes zur Änderung des Polizeigesetzes vom 28.11.2017** wird entsprechend den verfassungsrechtlichen Geboten festgestellt, dass durch Art. 1 Nr. 4 des Gesetzes (Einfügung des neuen § 23 b PolG) das Fernmeldegeheimnis (Art. 10 GG), die Unverletzlichkeit der Wohnung (Art. 13 GG) und das Eigentum (Art. 14 GG) eingeschränkt werden. Damit genügt das Gesetz dem **Zitiergebot**.[866]

511 § 54 PolG setzt umfassend die Vorgaben des **BVerfG** aus seinem **BKAG-Urteil** aus dem Jahr 2016[867] an die Zulässigkeit einer heimlichen Datenermittlung um. Der Landesgesetzgeber orientiert sich dabei an den Reglungen des § 51 BKAG, der als Konsequenz aus den verfassungsrechtlichen Beanstandungen des BVerfG neu geschaffen wurde. Das BKAG wurde als Reaktion auf das BKAG-Urteil des BVerfG[868] durch das **Gesetz zur Neustrukturierung des Bundeskriminalamtgesetzes vom 1.6.2017**[869] umfassend geändert und an die verfassungsrechtlichen Vorgaben des BVerfG angepasst[870], sie genügt damit den verfassungsrechtlichen Anforderungen.[871] **Kritisch** muss gesehen werden, dass mit § 54 PolG eine mit Details **überfrachtete Regelung** entstanden ist, was aber auch den detaillierten verfassungsrechtlichen Vorgaben des BVerfG geschuldet ist.[872]

512 cc) **Überwachungsvoraussetzungen (§ 54 Abs. 1 PolG).** § 54 Abs. 1 PolG legt grundlegend fest, zu welchen Zwecken, unter welchen Voraussetzungen und bei welchen Personen die Überwachung der Telekommunikation zulässig ist. § 54 Abs. 1 PolG entspricht weitgehend – mit Ergänzungen – § 51 Abs. 1 BKAG. Der Landesgesetzgeber hat die umfassenden Vorgaben des BVerfG aus dem BKAG-Urteil bei der Abfassung der tatbestandlichen Voraussetzungen für eine polizeiliche Überwachung der Telekommunikation berücksichtigt.[873] Der Begriff „**Telekommunikation**" ist weit zu verstehen und umfasst auch die Nutzung des Internets durch Abrufen von Webseiten, „Surfen" und die Eingabe von Suchbegriffen.[874]

Zu § 54 Abs. 1 S. 1 gelten die Ausführungen zum fast identischen § 53 Abs. 1 S. 1 PolG entsprechend (→ Rn 481 ff.). Nur die Nr. 1 ist abweichend formuliert.

513 Eine Überwachung und Aufzeichnung der Telekommunikation kommt ohne Wissen der betroffenen Person nur unter folgenden **alternativen** („oder") **Voraussetzungen** in Betracht:
1. Die von der Überwachungsmaßnahme betroffene Person muss nach den §§ 6 oder 7 PolG verantwortlich sein und die Überwachungsmaßnahme muss zur Abwehr einer dringenden und erheblichen Gefahr für Leib, Leben oder Freiheit einer Person, für den Bestand oder die Sicherheit des Bundes oder eines Landes oder für wesentliche Infrastruktureinrichtungen oder sonstige Anlagen mit unmittelbarer Bedeutung für das Gemeinwesen geboten sein (§ 54 Abs. 1 S. 1 Nr. 1 PolG).

---

864 *A. A.* Dickmann/Vettermann, MMR 2022, 740, 743 f.
865 Pöltl, NVwZ 2022, 45, 47 f., mit Vorschlag für eine mögliche Gesetzesformulierung.
866 LT-Drs. 16/2741, S. 47; vgl. zum Zitiergebot etwa Schmidt, Polizei- und Ordnungsrecht, Rn 300.
867 BVerfGE 141, 220 ff.
868 BVerfGE 141, 220 bis 378.
869 BGBl. I 2017 S. 1354.
870 BT-Drs. 18/11163, S. 1.
871 Thiel, Polizei- und Ordnungsrecht, § 10 Rn 69, mit dem zutr. Hinweis auf die geringe tatsächliche Bedeutung des Einsatzes von Staatstrojanern (§ 54 Abs. 2 PolG).
872 Graulich, KriPoZ 2016, 75, 80: „auf überwölbende Weise grundsätzlich und in minutiöser Weise kleinteilig"; Müller/Schwabenbauer, GSZ 2023, 1: Datenschutz als „überkomplexes Rechtsgebiet".
873 Vgl. dazu eingehend LT-Drs. 16/2701, S. 30.
874 Unterreitmeier, BayVBl 2021, 689, 725 m. w. N.

Das BVerfG verlangt für Maßnahmen der Telekommunikationsüberwachung den **Verdacht einer schweren Straftat**.[875] Heimliche Überwachungsmaßnahmen, die tief in das Privatleben hineinreichen, sind nur zum Schutz besonders gewichtiger Rechtsgüter zulässig. Hierzu gehören Leib, Leben und Freiheit der Person sowie der Bestand oder die Sicherheit des Bundes oder eines Landes.[876] Hingegen kommt etwa eine niederschwellig ausgestaltete **Überwachung nichtverantwortlicher Personen** nicht in Betracht.[877] § 54 Abs. 1 S. 1 Nr. 1 PolG legt deshalb als **Eingriffsschwelle** fest, dass eine Telekommunikationsüberwachung zur **Abwehr einer dringenden Gefahr für Leib, Leben oder Freiheit einer Person**, für den **Bestand oder die Sicherheit des Bundes oder eines Landes** oder für **wesentliche Infrastruktureinrichtungen oder sonstige Anlagen mit unmittelbarer Bedeutung für das Gemeinwesen** zulässig ist. Diese Tatbestandsvoraussetzungen wurden vom BVerfG als verfassungsrechtlich unbedenklich angesehen[878].

Eine **dringende Gefahr** i. S. d. § 54 Abs. 1 S. 1 Nr. 1 PolG ist nur gegeben, wenn der baldige Eintritt eines Schadens an einem wichtigen Rechtsgut droht, falls nicht bald eingeschritten wird (→ § 4 Rn 33).[879] Die in § 54 Abs. 1 S. 1 Nr. 1 PolG genannten Rechtsgüter sind wichtige Rechtsgüter in diesem Sinne. Ihnen muss ein **ernsthafter Schaden** drohen.

Im Gegensatz zu § 53 Abs. 1 S. 1 Nr. 1 PolG ist eine Überwachung oder Aufzeichnung der Telekommunikation bei **Nichtstörern** i. S. d. § 9 PolG **ausgeschlossen**.

Vgl. dazu die Ausführungen in → Rn 470 f.

2. Bestimmte Tatsachen rechtfertigen bei der von der Überwachungsmaßnahme betroffenen Person die Annahme, dass sie innerhalb eines übersehbaren Zeitraums auf eine zumindest ihrer Art nach konkretisierte Weise eine Straftat begehen wird, die sich gegen die in § 54 Abs. 1 S. 1 Nr. 1 PolG genannten Rechtsgüter richtet und dazu bestimmt ist,
 a) die Bevölkerung auf erhebliche Weise einzuschüchtern,
 b) eine Behörde oder eine internationale Organisation rechtswidrig mit Gewalt oder durch Drohung mit Gewalt zu nötigen oder
 c) die politischen, verfassungsrechtlichen, wirtschaftlichen oder sozialen Grundstrukturen eines Staates oder einer internationalen Organisation zu beseitigen oder erheblich zu beeinträchtigen, und durch die Art ihrer Begehung oder ihre Auswirkungen einen Staat oder eine internationale Organisation erheblich schädigen können (§ 54 Abs. 1 S. 1 Nr. 2 PolG).

Vgl. dazu die Ausführungen in → Rn 472 ff.

3. Das individuelles Verhalten der von der Überwachungsmaßnahme betroffenen Person muss die konkrete Wahrscheinlichkeit begründen, dass sie innerhalb eines übersehbaren Zeitraums eine Straftat begehen wird, die sich gegen die in § 54 Abs. 1 S. 1 Nr. 1 PolG genannten Rechtsgüter richtet und dazu bestimmt ist,
 a) die Bevölkerung auf erhebliche Weise einzuschüchtern,
 b) eine Behörde oder eine internationale Organisation rechtswidrig mit Gewalt oder durch Drohung mit Gewalt zu nötigen oder
 c) die politischen, verfassungsrechtlichen, wirtschaftlichen oder sozialen Grundstrukturen eines Staates oder einer internationalen Organisation zu beseitigen oder erheblich zu beeinträchtigen, und durch die Art ihrer Begehung oder ihre Auswirkungen einen Staat oder eine internationale Organisation erheblich schädigen können (§ 54 Abs. 1 S. 1 Nr. 3 PolG).

---

875 BVerfGE 125, 260, 328 f.; 129, 208, 243; 141, 220, 270 (Rn 107).
876 BVerfGE 120, 274, 328; 125, 260, 330; 141, 220, 270 f. (Rn 108).
877 SachsAnhVerfG, LKV 2015, 33, 36.
878 BVerfGE 141, 220, 287 f. (Rn 155).
879 Von der Grün, in: Möstl/Trurnit, Polizeirecht BW, § 23 b Rn 16; Käß, BayVBl 2008, 225, 228 f.

Vgl. dazu die Ausführungen in → Rn 472 ff.
4. Bestimmte Tatsachen rechtfertigen bei der von der Überwachungsmaßnahme betroffenen Person die Annahme, dass sie für eine Person nach § 54 Abs. 1 S. 1 Nr. 1 PolG bestimmte oder von dieser herrührende Mitteilungen entgegennimmt oder weitergibt (§ 54 Abs. 1 S. 1 Nr. 4 PolG).

Das BVerfG hat zu § 100 a StPO entschieden, dass es grundsätzlich möglich ist, eine Telekommunikationsüberwachung auch gegenüber **Nachrichtenmittlern** vorzusehen. Es hat aber darauf hingewiesen, dass für eine solche Anordnung wegen des Gewichts des Eingriffs mit Blick auf Art. 10 GG eine **gesicherte Tatsachenbasis** unerlässlich ist und dass hierfür vage Anhaltspunkte und bloße Vermutungen nicht ausreichen.[880]

Vgl. dazu die Ausführungen in → Rn 477.
5. Bestimmte Tatsachen rechtfertigen bei der von der Überwachung betroffenen Person die Annahme, dass eine Person nach § 54 Abs. 1 S. 1 Nr. 1 PolG deren Telekommunikationsanschluss oder Endgerät benutzen wird (§ 54 Abs. 1 S. 1 Nr. 5 PolG).

Vgl. dazu die Ausführungen in → Rn 478.

514 Gem. § 54 Abs. 1 S. 2 PolG dürfen Datenerhebungen nur durchgeführt werden, wenn sonst die Erfüllung der polizeilichen Aufgabe aussichtslos oder wesentlich erschwert würde. Um die **Verhältnismäßigkeit** der Maßnahme zu gewährleisten[881], wird in allen Fällen vorausgesetzt, dass die Erfüllung der polizeilichen Aufgabe auf andere Weise aussichtslos oder wesentlich erschwert wäre.[882] Vgl. dazu auch die weiteren Ausführungen in → Rn 479: „Aussichtslos" stellt dabei eine noch höhere tatbestandliche Voraussetzung als „gefährdet" dar.

515 Die Datenerhebung darf gem. § 54 Abs. 1 S. 3 PolG auch durchgeführt werden, wenn **Dritte unvermeidbar betroffen** werden. Aus der Regelung wird zweierlei deutlich: Auch unbeteiligte Dritte dürfen von einer Überwachungsmaßnahme betroffen sein.[883] Dies setzt aber voraus, dass die Betroffenheit der Dritten unvermeidbar ist, bei nicht ausräumbaren Zweifeln ist von der Rechtswidrigkeit der Überwachungsmaßnahme auszugehen.

516 dd) **Eingriff in informationstechnische Systeme (§ 54 Abs. 2 PolG).** § 54 Abs. 2 PolG entspricht weitgehend § 51 Abs. 2 BKAG in der seit dem Jahr 2017 geltenden Fassung. Er ergänzt den Grundtatbestand des § 54 Abs. 1 PolG und schafft die notwendige gesetzliche Regelung, die den Eingriff zur Überwachung und Aufzeichnung der Telekommunikation mit technischen Mitteln in die von der betroffenen Person genutzten informationstechnischen Systeme (sog. **Quellen-TKÜ**) erlaubt.[884]

Der Eingriff geschieht über einen sog. **Staatstrojaner:** Es handelt sich dabei sich dabei um eine Malware[885], eine Art Computervirus der Untergattung „Trojanisches Pferd": Die Malware mogelt sich unerkannt auf das System und liest dort Informationen aus, die sie dann an den Ersteller – in diesem Fall die Polizei – sendet. In der Praxis stellt sich dies alles andere als leicht dar, weshalb es bis heute nicht gelungen ist, unter den gesetzlichen und verfassungsrechtlichen Restriktionen des deutschen Rechts (BKAG, PolG) eine wirksame und allgemein einsetzbare Software-Lösung zu erarbeiten. So soll etwa das BKA eine eigene Software namens „Remote Communication Interception Software" (RCIS) entwickelt haben, die 2016 für den Einsatz freigegeben wurde.

---
880 BVerfG (Nachrichtenmittler), NJW 2023, 1645, 1647 (Rn 23).
881 R. Schenke, in: Schenke/Graulich/Ruthig, Sicherheitsrecht, § 51 BKAG Rn 16, 21.
882 LT-Drs. 16/2741, S. 31; von der Grün, in: Möstl/Trurnit, Polizeirecht BW, § 23 b Rn 23.
883 So auch BVerfGE 141, 220, 299 (Rn 193).
884 LT-Drs. 16/2701, S. 31. Vgl. auch Martini/Fröhlingsdorf, NVwZ 2020-Extra 24/2020, 1, 8 ff.
885 Malware ist ein Sammelbegriff für Programme, die dazu entwickelt wurden, Benutzern Schaden zuzufügen. Zu ihnen zählen etwa Viren, Trojaner, Rootkits und Spyware.

VI. Datenvereinbarung bei polizeilichen Einzelmaßnahmen

Deren Entwicklungszeit war allerdings so lang, dass die Software schon bei Inbetriebnahme nicht mehr den Anforderungen gerecht geworden sein soll.[886]

Auch wenn § 54 Abs. 2 PolG die rechtlichen Voraussetzungen für eine Quellen-TKÜ geschaffen hat, konnte diese zumindest bis Ende 2020 in BW **faktisch nicht durchgeführt** werden.[887] Aus verfassungsrechtlichen Gründen muss die eingesetzte Software gewährleisten, dass (nur) die laufende Kommunikation ausgewertet wird, ohne dass zugleich die auf dem jeweiligen Rechner vorhandenen Daten durchsucht werden. Eine so ausgestaltete Software zum Einsatz von Trojanern konnte bis dahin nicht entwickelt werden.[888]

Die Überwachung und Aufzeichnung der Telekommunikation darf gem. § 54 Abs. 2 PolG **ohne Wissen der betroffenen Person** in der Weise erfolgen, dass mit technischen Mitteln **in von ihr genutzte informationstechnische Systeme eingegriffen** wird, wenn

1. durch technische Maßnahmen sichergestellt ist, dass **ausschließlich laufende Telekommunikation** überwacht und aufgezeichnet wird, und
2. der **Eingriff notwendig** ist, um die Überwachung und Aufzeichnung der Telekommunikation insbesondere auch in unverschlüsselter Form zu ermöglichen.

517

Damit ermöglicht § 54 Abs. 2 PolG die sog. „**Quellen-Telekommunikationsüberwachung**". Dies ist notwendig, weil das klassische Telefonieren zunehmend durch EDV-gestützte Systeme ersetzt wird (vor allem durch „**Voice-over-IP**"). Die Telekommunikation erfolgt in diesen Fällen über den Computer bzw. das Internet. Zum Schutz der Vertraulichkeit werden die Übertragungen mittels Verschlüsseln der Datenübertragungswege gesichert.[889] Um eine Überwachung zu ermöglichen, muss mittels einer Überwachungssoftware direkt auf das Endgerät zugegriffen werden. Mit der Überwachung wird nicht nur die klassische Telefonie erfasst, sondern etwa auch die sog. **Videotelefonie** (etwa über Skype, Microsoft Teams, WhatsApp etc.), die internetbasiert funktioniert. Die Videotelefonie steht insofern der klassischen Telefonie gleich, sie wird ebenso von Art. 10 GG erfasst.[890]

Unter **informationstechnischen Systemen** versteht man jegliche Art elektronischer datenverarbeitender Systeme, auch das Internet ist hierzu zu zählen.[891] Darunter fallen zum Beispiel Computer, Großrechner, Hochleistungsrechner, Verteilte Systeme, Datenbanksysteme, Informationssysteme, Prozessrechner, Digitale Messsysteme, DSP-Systeme, Mikrocontroller-Systeme, Kompaktregler, eingebettete Systeme, Mobiltelefone, Smartphones, Handhelds, digitale Anrufbeantworter, Videokonferenzsysteme und diverse andere Kommunikationssysteme.

Die sich aus § 54 Abs. 2 Nr. 2 PolG ergebende Notwendigkeit ist Ausprägung des Grundsatzes der **Verhältnismäßigkeit**.[892]

ee) Begrenzung der Maßnahmen und Verhältnismäßigkeit (§ 54 Abs. 3 PolG). Gem. § 54 Abs. 3 PolG ist bei Maßnahmen nach Abs. 2 sicherzustellen, dass

518

1. an dem informationstechnischen System **nur Veränderungen** vorgenommen werden, die **für die Datenerhebung unerlässlich** sind, und
2. die vorgenommenen Veränderungen **bei Beendigung der Maßnahme**, soweit technisch möglich, **automatisiert rückgängig** gemacht werden.

---

886 Dies berichtet etwa Christian Rentrop, Alles über Staatstrojaner: Verstehen, erkennen und entfernen, in: www.netzwelt.de vom 8.12.2019.
887 Vgl. dazu auch LT-Drs. 17/421, S. 2.
888 Stuttgarter Zeitung vom 17.10.2018, S. 7; Martini/Fröhlingsdorf, NVwZ 2020, 1803 f.
889 Vgl. dazu Unterreitmeier, BayVBl 2021, 689, 725; Roggan, DVBl 2021, 1471; Graulich, in: Lisken/Denninger, Handbuch des Polizeirechts, Kap. E Rn 786.
890 Jarass, in: Jarass/Pieroth, Grundgesetz, Art. 10 GG, Rn 5 m. w. N.
891 Vgl. dazu auch BVerfGE 120, 274, 302 ff.
892 R. Schenke, in: Schenke/Graulich/Ruthig, Sicherheitsrecht, § 51 BKAG Rn 24.

Das eingesetzte Mittel ist **gegen unbefugte Nutzung zu schützen**. Kopierte Daten sind gegen Veränderung, unbefugte Löschung und unbefugte Kenntnisnahme zu schützen. Hintergrund für die in § 54 Abs. 3 PolG normierten Schutzvorkehrungen ist der **Grundsatz der Verhältnismäßigkeit**. Danach ist der Eingriff in das infiltrierte System **auf das unbedingt erforderliche Mindestmaß zu begrenzen**. Darüber hinaus setzen die Schutzvorkehrungen die grundrechtliche Schutzpflicht des Staates um, die Datensicherheit auch mit Rücksicht auf Eingriffe von dritter Seite zu schützen (→ Rn 3, 497). § 54 Abs. 3 S. 3 PolG dient dem Schutz der Integrität und Authentizität der vom technischen Mittel bereitgestellten Daten.[893] Das **BVerfG** hat darauf hingewiesen, dass § 54 Abs. 3 Satz 2 PolG auch dahingehend auszulegen sein könnte, dass das Tatbestandsmerkmal des „eingesetzten Mittels" auch die ausgenutzte Schwachstelle erfasse.[894] Dies hätte zur Folge, dass diese – etwa durch eine Meldung an den Hersteller – gegen eine unbefugte Nutzung zu schützen wäre.[895] Solange es keine Konkretisierung des § 54 Abs. 3 PolG durch den Landesgesetzgeber erfolgt (→ Rn 497), sollte auf der Grundlage des § 53 Abs. 3 S. 2 PolG in der polizeilichen Praxis **stets** eine **Abwägung** dahingehend erfolgen, ob und ggf. wann eine erkannte und für polizeiliche Überwachungsmaßnahmen genutzte IT-Lücke dem jeweiligen Hersteller zu melden ist.

519 **ff) Richtervorbehalt (§ 54 Abs. 4 PolG). (1) Allgemeines.** Wegen der Schwere des Grundrechtseinschränkung bei der Telekommunikationsüberwachung unterliegt der Eingriff dem **Richtervorbehalt**.[896] § 54 Abs. 4 bis 6 PolG trägt diesem Umstand Rechnung und entspricht weitgehend § 51 Abs. 3 bis 5 BKAG (→ Rn 17 ff.).

520 Für die **Zuständigkeit des Amtsgerichts** trifft § 54 Abs. 4 S. 4 PolG eine **Sonderregelung**, die der allgemeinen Zuständigkeitsregel des § 132 Abs. 1 PolG vorgeht. Diese Sonderregelung soll vermeiden, dass sich zu viele Gerichte mit den dort zuständigen Richter in die sehr speziellen Rechtsfragen eines solchen Antrags immer wieder erneut einarbeiten müssen. Auf Vorschlag der damaligen Präsidentin des OLG Stuttgarts wurde eine Zuständigkeitsregelung gefunden, die eine **Zentralisierung** dieser spezialisierten Aufgaben auf **zwei Amtsgericht in BW** vorsieht.[897]

Aus § 54 Abs. 4 S. 4 PolG ergibt sich abschließend die **sachliche und örtliche Zuständigkeit**. Zuständig für die Bearbeitung der Anträge sind demnach:
1. das **Amtsgericht Mannheim**, wenn die **Polizeidienststelle**, deren Leitung den Antrag gem. § 54 Abs. 4 S. 2, 3 PolG stellt, ihren **Sitz im Bezirk des OLG Karlsruhe** hat;
2. das **Amtsgericht Stuttgart**, wenn die **Polizeidienststelle**, deren Leitung den Antrag gem. § 54 Abs. 4 S. 2, 3 PolG stellt, ihren **Sitz im Bezirk des OLG Stuttgart** hat.

Unter Berücksichtigung der möglichen Antragsteller i. S. d. § 54 Abs 4 S. 3 PolG **sind die Anträge wie folgt zu stellen** (vgl. dazu § 2 GerOrgG i. V. m. § 121 Abs. 1 PolG):
- **beim Amtsgericht Mannheim**: Durch die Polizeipräsidien Freiburg, Karlsruhe, Konstanz, Mannheim, Offenburg, Pforzheim;
- **beim Amtsgericht Stuttgart**: Durch die Polizeipräsidien Aalen, Heilbronn, Ludwigsburg, Ravensburg, Reutlingen, Stuttgart, Ulm sowie das LKA.

521 Die Anordnung wird vom Gericht **nur auf Antrag** erlassen. Der Antrag ist durch die **Leitung eines regionalen Polizeipräsidiums oder des LKA** schriftlich zu stellen und zu begründen.

---

[893] LT-Drs. 16/2701, S. 31; BVerfG (IT-Sicherheitslücken), NVwZ 2021, 1361, 1365 (Rn 54), m. Bespr. Pöltl, NVwZ 2022, 45 ff.
[894] A. A. Dickmann/Vettermann, MMR 2022, 740, 743 f.
[895] BVerfG (IT-Sicherheitslücken), NVwZ 2021, 1361, 1365 (Rn 55), m. Bespr. Pöltl, NVwZ 2022, 45 ff.
[896] BVerfGE 141, 220, 275 f. (Rn 117 f.); Gusy/Eichenhofer, Polizei- und Ordnungsrecht, Rn 214; Kingreen/Poscher, Polizei- und Ordnungsrecht, § 13 Rn 143 f; Martini/Fröhlingsdorf, NVwZ-Extra 24/2020, 1, 5.
[897] LT-Drs. 16/8484, S. 156 i. V. m. S. 134 f.

Der Begriff „Leitung" ist eindeutig: Der Antrag kann nur vom **Präsidenten des örtlich zuständigen Polizeipräsidiums**[898] oder vom **Präsidenten des LKA**[899] gestellt werden. Beide Möglichkeiten bestehen **alternativ** und hängen nicht von weiteren tatbestandlichen Voraussetzungen ab, regelmäßig wird die Anordnung aber durch die Leitung des örtlich zuständigen Polizeipräsidiums erfolgen; die Leitung des LKA wird nur in Fällen eigener Zuständigkeit tätig werden können. Im Fall der Verhinderung sind nur die unmittelbaren ständigen Vertreter der Präsidenten zur Anordnung befugt. Der Personenkreis **kann nicht** auf die sonstige Führungsebene **erweitert werden**, auch nicht durch Delegation der Behördenleitung.[900]

(2) Antragsinhalt (§ 54 Abs. 5 PolG). § 54 Abs. 5 PolG sieht detaillierte Vorgaben für den beim Amtsgericht zu stellenden Antrag vor. Dies folgt aus der Rechtsprechung des BVerfG, das aus den strengen Anforderungen an den Inhalt und die Begründung der gerichtlichen Anordnung folgert, dass hieraus zugleich das Erfordernis einer **hinreichend substantiierten Begründung und Begrenzung des Antrags auf Anordnung** folgt, die es dem Gericht oder der unabhängigen Stelle erst erlaubt, eine effektive Kontrolle auszuüben. Insbesondere bedarf es der vollständigen Information seitens der antragstellenden Behörde über den zu beurteilenden Sachstand.[901]

Im Antrag sind danach **zwingend anzugeben:**
1. Die **Person**, gegen die sich die Maßnahme richtet, soweit möglich, mit Name und Anschrift,
2. die **Rufnummer** oder eine andere **Kennung** des zu überwachenden Anschlusses oder des Endgerätes,
3. **Art, Umfang** und **Dauer** der Maßnahme,
4. im Fall des § 54 Abs. 2 PolG auch eine **möglichst genaue Bezeichnung des informationstechnischen Systems**, in das zur Datenerhebung eingegriffen werden soll,
5. der **Sachverhalt** und
6. eine **Begründung**.

(3) Anordnung durch das Gericht (§ 54 Abs. 6 PolG). Gem. § 54 Abs. 6 S. 1 PolG ergeht durch das zuständige Amtsgericht eine **schriftliche Anordnung**. Es ist Aufgabe und Pflicht des Gerichts, sich eigenverantwortlich ein Urteil darüber zu bilden, ob die beantragte heimliche Überwachungsmaßnahme den gesetzlichen Voraussetzungen entspricht.[902] Durch die schriftliche Fixierung wird der äußere Rahmen abgesteckt, innerhalb dessen die heimliche Maßnahme durchzuführen ist, so dass der Eingriff messbar und kontrollierbar bleibt.[903]

Erlässt das Amtsgericht eine Anordnung, durch welche die beantragte Überwachungsmaßnahme erlaubt wird, hat es **in seiner Entscheidung** gem. § 54 Abs. 6 S. 2 PolG **zwingend anzugeben:**
1. die **Person**, gegen die sich die Maßnahme richtet, soweit möglich, mit Name und Anschrift,
2. eine **Kennung des Kommunikationsanschlusses oder des Endgerätes**, bei dem die Datenerhebung durchgeführt wird. Hierdurch wird eine Datenerhebung nicht nur auf der Basis der Rufnummer, sondern auch mithilfe der IMEI mit dem Vorteil ermöglicht, dass das Mobilfunkgerät auch bei einem Wechsel der SIM-Karte identifizierbar bleibt,
3. **Art, Umfang** und **Dauer** der Maßnahme unter Benennung des Endzeitpunkts,
4. im Fall des Abs. 2 auch eine **möglichst genaue Bezeichnung des informationstechnischen Systems**, in das zur Datenerhebung eingegriffen werden soll,
5. die **wesentlichen Gründe** der Entscheidung.

---
898 Nr. 1 Spiegelstrich 1 der Anlage 2 zu Nr. 1.3 u. 2.3 VwV-PolOrg.
899 Nr. 1 Spiegelstrich 1 der Anlage 6 zu Nr. 1.3 u. 2.3 VwV-PolOrg.
900 LT-Drs. 16/2701, S. 31.
901 BVerfGE 141, 220, 275 f. (Rn 118).
902 BVerfGE 141, 220, 275 f. (Rn 118).
903 LT-Drs. 16/2701, S. 32.

Das **BVerfG** hat wiederholt betont, dass eine ordnungsgemäße Begründung der richterlichen Entscheidung grundlegend für die Wahrung des Grundrechtsschutzes der von einer Überwachungsmaßnahme betroffenen Person ist.[904]

525 Die Anordnung ist auf **höchstens drei Monate** zu befristen (§ 54 Abs. 6 S. 2 PolG). Eine **Verlängerung** um jeweils nicht mehr als einen Monat ist zulässig, solange die Voraussetzungen für die Maßnahme fortbestehen (§ 54 Abs. 6 S. 3 PolG). Liegen die **Voraussetzungen der Anordnung nicht mehr vor**, sind die aufgrund der Anordnung ergriffenen Maßnahmen **unverzüglich zu beenden** (§ 54 Abs. 6 S. 4 PolG); dem Polizeivollzugsdienst obliegt hieraus eine **ständige Pflicht zur Überprüfung** der Maßnahmen anhand des § 54 Abs. 1, 2 PolG.

526 **(4) Rechtsschutz.** Eine verwaltungsgerichtliche **Anfechtung** der Anordnung **durch die betroffene Person ist** gem. **§ 132 Abs. 3 PolG ausgeschlossen** (→ Rn 22).

527 **gg) Gefahr im Verzug (§ 54 Abs. 7 PolG).** Gem. § 54 Abs. 7 PolG kann bei **Gefahr im Verzug** eine Maßnahme nach § 54 Abs. 1, 2 PolG von der **Leitung eines regionalen Polizeipräsidiums oder des LKA** angeordnet werden. Diese Regelung entspricht weitgehend § 51 Abs. 8 BKAG (Begriff „Leitung" → Rn 509). Eine **Delegation** ist auch hier nicht vorgesehen.

Von einer Gefahr im Verzug in diesem Sinne (→ § 4 Rn 35) kann nur ausgegangen werden, wenn zur Verhinderung eines drohenden Schadens **sofort eingeschritten werden muss**, weil ein weiteres Abwarten den Erfolg der notwendigen Überwachungsmaßnahme erschweren oder vereiteln würde. Im Ergebnis muss die **polizeiliche Überwachungsmaßnahme** nach § 54 Abs. 1, 2 PolG **unaufschiebbar** sein.

Angesichts des verfassungsrechtlich gebotenen Richtervorbehalts[905] ist bei der Annahme einer Gefahr im Verzug **Zurückhaltung geboten**.[906] Zwar steht dem Polizeivollzugsdienst ein **eigener Einschätzungsspielraum** zu (→ § 4 Rn 35). Es muss aber gesehen werden, dass in besonders eiligen Fällen die notwendige Entscheidung des Amtsgerichts nach § 54 Abs. 4 bis 6 PolG schnell herbeigeführt werden kann. Der Gesetzgeber geht in § 54 Abs. 7 PolG selbst davon aus, dass dies regelmäßig innerhalb von drei Tagen möglich ist. Deswegen wird es zumeist vertretbar sein, die gerichtliche Anordnung nach § 54 Abs. 4 PolG abzuwarten. Ein Abweichen davon kommt insbesondere in Betracht, wenn die von einer Person ausgehenden Gefahren i. S. d. § 54 Abs. 1 PolG so schwerwiegend sind und möglicherweise mit einer so zeitnahen Verwirklichung zu rechnen ist, dass jede Verzögerung der Überwachungsmaßnahme zu **unvertretbaren Gefährdungen** bestimmter Personen oder der Allgemeinheit führen würde. Angesichts der Schwere der von § 54 PolG geschützten Rechtsgüter dürfen sich diesbezügliche Zweifel nicht zulasten der Sicherheit auswirken.

528 Erfolgt wegen Gefahr im Verzug eine Anordnung der Überwachungsmaßnahme durch die Leitung eines regionalen Polizeipräsidiums oder des LKA, so ist **unverzüglich die Bestätigung des zuständigen Amtsgerichts** herbeizuführen (§ 54 Abs. 7 S. 2 PolG). Unverzüglich bedeutet sofort (= ohne schuldhaftes Zögern). Soweit die Anordnung **nicht binnen drei Tagen** durch das Gericht bestätigt wird, **tritt sie außer Kraft**. Eine erneute Anordnung ist nur möglich, wenn deren tatbestandliche Voraussetzungen im Zeitpunkt ihres Erlasses (immer noch oder wieder) vorliegen, dies ist auch bei jeder Verlängerung gesondert zu prüfen.

529 **hh) Mitwirkungs- und Duldungspflichten Dritter (§ 54 Abs. 8 PolG).** § 54 Abs. 8 PolG regelt die **Verpflichtung des Telekommunikationsdienste-Anbieters zur Mitwirkung** an

---

904 Hornung/Schnabel, DVBl 2010, 824, 830 f.
905 BVerfGE 141, 220, 275 f. (Rn 117 f.).
906 Ebenso von der Grün, in: Möstl/Trurnit, Polizeirecht BW, § 23 b Rn 28; R. Schenke, in: Schenke/Graulich/Ruthig, Sicherheitsrecht, § 51 BKAG Rn 27.

VI. Datenvereinbarung bei polizeilichen Einzelmaßnahmen

der Überwachungsmaßnahme. Zugleich wird die **Entschädigung des Anbieters** für seine Inanspruchnahme geregelt.[907] § 54 Abs. 8 PolG entspricht § 51 Abs. 6 BKAG.

Gem. § 54 Abs. 8 S. 1 PolG hat aufgrund der Anordnung einer Maßnahme nach § 54 Abs. 1 PolG jeder, der geschäftsmäßig Telekommunikationsdienste erbringt oder daran mitwirkt[908], dem Polizeivollzugsdienst die Maßnahme zu ermöglichen und die erforderlichen Auskünfte unverzüglich zu erteilen. § 54 Abs. 8 S. 1 PolG begründet gegenüber Telekommunikationsunternehmen eine **umfassende Mitwirkungs- und Auskunftspflicht**. Ob und in welchem Umfang hierfür **Vorkehrungen** zu treffen sind, bestimmt sich nach dem TKG und der TKÜV in der jeweils geltenden Fassung (§ 54 Abs. 8 S. 2 PolG).

530

Für die Entschädigung der Diensteanbieter ist **§ 23 JVEG** entsprechend anzuwenden (§ 54 Abs. 8 S. 3 PolG). Gem. § 23 Abs. 1 JVEG bemisst sich die Entschädigung von **Telekommunikationsunternehmen** bei der Umsetzung von Anordnungen zur Überwachung der Telekommunikation oder bei der Erteilung von Auskünften ausschließlich nach den in der **Anlage 3** zum JVEG enthaltenen Sätzen.

531

ii) Schutz des Kernbereichs privater Lebensgestaltung (§ 54 Abs. 9 PolG). § 54 Abs. 9 PolG trifft besondere Regelungen zum **Schutz des Kernbereichs privater Lebensgestaltung** bei der Überwachung und Aufzeichnung von Daten der Telekommunikation einer betroffenen Person. Die Regelung entspricht **§ 51 Abs. 7 BKAG**.

532

Vgl. zum Schutz des Kernbereichs privater Lebensgestaltung und zur **notwendigen Prognose** bei der **Erhebung, Speicherung und Verarbeitung von Daten** die weitergehenden Ausführungen in → Rn 8 ff.

Soweit im Rahmen von Maßnahmen gem. 54 Abs. 1, 2 PolG **neben einer automatischen Aufzeichnung eine unmittelbare Kenntnisnahme** erfolgt, ist die Maßnahme unverzüglich zu unterbrechen, soweit sich während der Überwachung tatsächliche Anhaltspunkte dafür ergeben, dass Inhalte, die dem Kernbereich privater Lebensgestaltung zuzurechnen sind, erfasst werden (§ 54 Abs. 9 S. 2 PolG). Bei automatisierten Verfahren bekommt der Polizeivollzugsdienst regelmäßig nicht mit, wie die Inhalte der Aufzeichnungen ausfallen. § 54 Abs. 9 S. 2 PolG bestimmt, dass die Maßnahme sofort zu unterbrechen ist, wenn der Polizeivollzugsdienst während einer automatisierten Maßnahme Kenntnis erlangt, dass der Kernbereich privater Lebensgestaltung von der konkreten Maßnahme betroffen ist und entsprechende Inhalte erfasst werden.

533

Eine **Fortsetzung der unterbrochenen Maßnahme** ist **bei Zweifeln** gem. § 54 Abs. 9 S. 3 PolG nur im Wege der **automatischen Aufzeichnung** möglich. Über das Vorgehen nach § 54 Abs. 9 S. 3 PolG entsteht ein sog. **Richterband**[909], das gem. § 54 Abs. 9 S. 4 PolG unverzüglich dem anordnenden Gericht (§ 54 Abs. 4 S. 1 PolG [→ Rn 508]) vorzulegen ist, das gem. § 54 Abs. 9 S. 5 PolG wiederum unverzüglich über die Verwertbarkeit oder die Löschung der Daten entscheidet. Diese besondere Vorgehensweise stellt sicher, dass unzulässig erlangte Daten aus dem Kernbereich privater Lebensgestaltung nur dem zuständigen Amtsgericht zur Kenntnis gelangen. Bis zur Entscheidung des Gerichts dürfen die automatisierten Aufzeichnungen nicht verwendet werden (§ 54 Abs. 9 S. 6 PolG)[910], es besteht ein **befristetes absolutes Verwendungsverbot**.

534

Aus § 54 Abs. 9 S. 7 PolG folgt, dass das eine gem. § 54 Abs. 9 S. 2 PolG unterbrochene **Maßnahme fortgeführt** werden darf, wenn aufgrund einer Prognose des Polizeivollzugsdienstes ausreichend sicher geklärt ist, dass durch die Maßnahme nicht allein Erkenntnisse aus dem Kernbereich privater Lebensgestaltung erlangt werden. Der Prüfmaßstab entspricht dem vor Beginn einer

535

---
907 LT-Drs. 16/2701, S. 32.
908 R. Schenke, in: Schenke/Graulich/Ruthig, Sicherheitsrecht, § 51 BKAG Rn 35.
909 R. Schenke, in: Schenke/Graulich/Ruthig, Sicherheitsrecht, § 45 BKAG Rn 47.
910 Von der Grün, in: Möstl/Trurnit, Polizeirecht BW, § 23 b Rn 40.

Maßnahme, ggf. ist die **Begründung der gerichtlichen Anordnung** bei der Beurteilung **hinzuzuziehen**.

536 Aus § 54 Abs. 9 S. 10 bis 13 PolG folgen **besondere Dokumentationspflichten**, die neben denen des § 74 PolG (→ Rn 538) bestehen.

Die **Tatsache der Erfassung von Daten** mit Bezug zum Kernbereich privater Lebensgestaltung ist **zu erfassen und zu dokumentieren** (Satz 10). Die hierzu erstellte Dokumentation ist ausschließlich für die alle zwei Jahre erfolgende **Kontrolle der Maßnahmen** nach § 54 PolG durch den **Landesbeauftragten für Datenschutz** gem. § 97 PolG i. V. m. § 20 Abs. 1 LDSG, § 98 Abs. 1 Nr. 14 PolG zu verwenden (Satz 11). Die Dokumentation ist sechs Monate nach der Benachrichtigung nach § 86 PolG oder sechs Monate nach Erteilung der gerichtlichen Zustimmung über das endgültige Absehen von der Benachrichtigung **zu löschen** (Satz 12). Hieraus kann sich eine Aufbewahrungszeit von über 5 Jahren ergeben. Ist die **Datenschutzkontrolle** nach Ablauf der in § 98 Abs. 1 Nr. 14 PolG genannten Frist noch nicht beendet, ist die Dokumentation **bis zu ihrem Abschluss aufzubewahren** (Satz 13).

537 jj) **Weitere Pflichten der Datenverarbeitung.** Die für eine Datenerhebung gem. § 54 Abs. 1, 2 PolG maßgeblichen Regelungen zur Benachrichtigung der betroffenen Personen, zur Protokollierung der erhobenen Daten, zur Kennzeichnung der Daten, zur Kontrolle der Datenerhebungen und zur Kontrolle durch den Landesbeauftragten für Datenschutz finden sich in den §§ 72, 74, 86, 90 und 98 Abs. 1 Nr. 14 PolG. Für die weitere Verarbeitung der so erhobenen Daten gelten die **allgemeinen Vorschriften**, insbesondere § 15 PolG.

538 Aus § 74 PolG folgt eine **umfassende besondere Protokollierungspflicht** für alle Maßnahmen gem. § 54 PolG (→ Rn 600, 602). Zu protokollieren sind gem. § 74 Abs. 1 u. Abs. 2 Nr. 9 PolG:
1. Das zur Datenerhebung eingesetzte Mittel,
2. der Zeitpunkt des Einsatzes,
3. Angaben, die die Feststellung der erhobenen Daten ermöglichen,
4. die verantwortliche Dienststelle,
5. die Beteiligten der überwachten Telekommunikation sowie
6. im Fall, dass die Überwachung mit einem Eingriff in von der betroffenen Person genutzte informationstechnische Systeme verbunden ist, die Angaben zur Identifizierung des informationstechnischen Systems und die daran vorgenommenen nicht nur flüchtigen Veränderungen.

Aus § 90 PolG folgt eine **alle zwei Jahre zu erfüllende Berichtspflicht** über die auf der Grundlage des § 54 Abs. 1, 2 PolG erfolgten Maßnahmen **an den Landtag**. Im Jahr 2020 wurden insgesamt **43 Maßnahmen der präventivpolizeilichen Telekommunikationsüberwachung** erfasst.[911]

539 e) **Weitere Bestimmung über polizeiliche Maßnahmen mit Bezug zur Telekommunikation (§ 55 PolG). aa) Allgemeines.** § 55 PolG entspricht dem früheren § 23 a Abs. 6 bis 8 PolG 1992. Mit dem **PolG 2020** wurden die Regelungen an die Vorgaben des BVerfG aus seinem BKAG-Urteil angepasst.

540 bb) **Zuständigkeit.** Zuständig für Maßnahmen gem. § 55 PolG ist ausschließlich der **Polizeivollzugsdienst**.

541 cc) **Standort- und Kennungsermittlung (§ 55 Abs. 1 PolG). (1) Ermittlungsbefugnis (§ 55 Abs. 1 S. 1 PolG).** Gem. § 55 Abs. 1 S. 1 PolG kann der Polizeivollzugsdienst unter den Voraussetzungen des § 53 Abs. 1 PolG technische Mittel einsetzen, um

---

[911] LT-Drs. 17/421, S. 2; vgl. auch LT-Drs. 16/7998, S. 2, u. 16/7519, S. 5, zu den Jahren 2019 (13 Maßnahmen), 2018 (21 Maßnahmen) u. 2017 (3 Maßnahmen). Zum Zweck der parlamentarische Kontrolle vgl. Martini/Fröhlingsdorf, NVwZ-Extra 24/2019, 1, 12.

VI. Datenvereinbarung bei polizeilichen Einzelmaßnahmen 413

1. den Standort eines Mobilfunkendgerätes oder
2. die Kennung eines Telekommunikationsanschlusses oder eines Endgerätes

zu ermitteln.

§ 55 Abs. 1 S. 1 PolG regelt den Einsatz technischer Mittel, damit der Polizeivollzugsdienst selbst den Standort eines Mobiltelefons sowie die Kennung eines Telekommunikationsanschlusses oder eines Endgeräts ermitteln kann. Hierunter fällt etwa der Einsatz eines **IMSI-Catchers** (= **I**nternational **M**obil **S**ubscriber **I**dentity), der es ermöglicht, durch den Aufbau einer eigenen Funkzelle bei aktiv geschaltetem Mobilfunkgerät die Rufnummer, Nummer einer SIM-Karte oder die Gerätenummer (IMEI-Nummer) des benutzten Mobiltelefons zu ermitteln.

Der verdeckte Einsatz zur Ermittlung der genannten Anschlüsse bzw. Geräte ist nur zu den in § 53 Abs. 1 PolG genannten **Zwecken** zulässig (→ Rn 469 ff.).

(2) Betroffenheit Dritter (§ 55 Abs. 1 S. 2 PolG). Personenbezogene Daten **Dritter** dürfen anlässlich solcher Maßnahmen nur erhoben werden, wenn dies **aus technischen Gründen** zur Erreichung des Zwecks **unvermeidbar** ist (§ 55 Abs. 1 S. 2 PolG). 542

(3) Richtervorbehalt (§ 55 Abs. 1 S. 3 bis 7 PolG). Gem. § 55 Abs. 1 S. 3 PolG gelten § 53 Abs. 2 u. 5 PolG entsprechend. Durch den Verweis gilt für Maßnahmen gem. § 55 Abs. 1 S. 1 PolG der **Richtervorbehalt**. Der nach früherem Recht ausreichende Behördenleitervorbehalt (§ 23 a Abs. 6 S. 3 PolG 1992) wurde aufgegeben. Vgl. dazu die weitergehenden Ausführungen in → Rn 17 ff. Für den Richtervorbehalt gelten die Ausführungen in → Rn 481 bis 485, für das Vorgehen bei Gefahr im Verzug die in → Rn 489 f. entsprechend. 543

Die **gerichtliche Anordnung** ergeht schriftlich (§ 55 Abs. 1 S. 4 PolG), in ihr sind die wesentlichen Gründe anzugeben (§ 55 Abs. 1 S. 5 PolG) und sie ist gem. § 55 Abs. 1 S. 6 PolG zwingend zu **befristen**, die Frist darf **höchstens 3 Monate** betragen. Eine **Verlängerung** ist gem. § 55 Abs. 1 S. 7 PolG um **jeweils nicht mehr als einen Monat** zulässig, solange die Voraussetzungen für die Maßnahme fortbestehen. Dies ist vom zuständigen Amtsgericht bei jeder Fristverlängerung erneut zu prüfen.

(4) Beendigung der Maßnahme (§ 55 Abs. 1 S. 8 PolG). Liegen die **Voraussetzungen** der Anordnung **nicht mehr vor**, sind gem. § 55 Abs. 1 S. 8 PolG die aufgrund der Anordnung ergriffenen Maßnahmen **unverzüglich zu beenden**. Dem Polizeivollzugsdienst obliegt hieraus eine **ständige Pflicht zur Überprüfung** der Maßnahmen anhand des § 55 Abs. 1 S. 1 PolG. 544

dd) Unterbrechung oder Verhinderung von Verbindungen (§ 55 Abs. 2 PolG). (1) Handlungsbefugnis (§ 55 Abs. 2 S. 1 PolG). Der Polizeivollzugsdienst kann gem. § 55 Abs. 2 S. 1 PolG unter den Voraussetzungen des § 53 Abs. 1 PolG bei Vorliegen einer unmittelbar bevorstehenden Gefahr technische Mittel einsetzen, um **Telekommunikationsverbindungen** der dort genannten Personen zu **unterbrechen** oder zu **verhindern**. Beispielsweise kann zum Schutz von Geiseln und Zugriffskräften durch die gezielte **Blockade der Kommunikation von Mobilfunkteilnehmern** die Kontaktaufnahme zwischen Geiselnehmern und Unterstützern unterbunden werden. Der verdeckte Einsatz zur Ermittlung der genannten Anschlüsse bzw. Geräte ist nur zu den in § 53 Abs. 1 PolG genannten **Zwecken** zulässig (→ Rn 469 ff.). 545

(2) Betroffenheit Dritter (§ 55 Abs. 1 S. 2 PolG). Telekommunikationsverbindungen **Dritter** dürfen nur unterbrochen oder verhindert werden, wenn dies **aus technischen Gründen** zur Erreichung des Zwecks **unvermeidbar** ist (§ 55 Abs. 2 S. 2 PolG). 546

(3) Anordnung durch Behördenleitung (§ 55 Abs. 1 S. 3 PolG). Die Maßnahme gem. § 55 Abs. 2 S. 1 PolG bedarf der Anordnung durch die **Leitung eines regionalen Polizeipräsidiums oder des LKA** (§ 55 Abs. 2 S. 2 PolG). 547

Der Begriff „Leitung" ist eindeutig: Die Anordnung kann nur vom **Präsidenten des örtlich zuständigen Polizeipräsidiums**[912] oder vom **Präsidenten des LKA**[913] getroffen und unterzeichnet werden. Beide Möglichkeiten bestehen **alternativ** und hängen nicht von weiteren tatbestandlichen Voraussetzungen ab. Im Fall der Verhinderung sind die unmittelbaren ständigen Vertreter der Präsidenten zur Anordnung befugt.

Der Personenkreis **kann durch Delegation** der Behördenleitung auf die sonstige Führungsebene **erweitert werden.** § 55 Abs. 2 S. 4 PolG erlaubt die Übertragung der Anordnungsbefugnis auf dafür ausdrücklich ausgewählte und benannte Beamte des höheren Polizeivollzugsdienstes. Näheres ergibt sich aus § 4 Abs. 2 DVO PolG.

548 ee) **Weitere Pflichten der Datenverarbeitung.** Die in Zusammenhang mit § 55 Abs. 1 PolG maßgeblichen Regelungen zur Benachrichtigung der betroffenen Personen, zur Protokollierung der erhobenen Daten sowie zur Kennzeichnung der Daten finden sich in den §§ 72, 74 und 86 PolG. Für die weitere Verarbeitung der so erhobenen Daten gelten die allgemeinen Vorschriften, insbesondere § 15 PolG.

Aus § 74 PolG folgt eine **umfassende besondere Protokollierungspflicht** für alle Maßnahmen gem. § 55 Abs. 1 PolG (→ Rn 600, 602). Zu protokollieren sind gem. § 74 Abs. 1 u. Abs. 2 Nr. 10 PolG:

1. Das zur Datenerhebung eingesetzte Mittel,
2. der Zeitpunkt des Einsatzes,
3. Angaben, die die Feststellung der erhobenen Daten ermöglichen,
4. die verantwortliche Dienststelle,
5. die Zielperson.

Aus § 90 PolG folgt eine **alle zwei Jahre zu erfüllende Berichtspflicht** über die auf der Grundlage des § 55 Abs. 1 PolG erfolgten Maßnahmen **an den Landtag**. Im Jahr 2017 wurde in 66 Fällen, im Jahr 2018 in 42 Fällen ein **IMSI-Catcher eingesetzt**.[914]

549 **13. Ausschreibung von Personen und Fahrzeugen (§ 56 PolG). a) Allgemeines.** § 56 PolG regelt die Ausschreibung von Personen und Kraftfahrzeugen zum **Zweck der Mitteilung über das Antreffen** (verdeckte Registrierung, polizeiliche Beobachtung) **oder zum Zweck der gezielten Kontrolle**. Da es in BW an einer Ermächtigungsgrundlage für die **Ausschreibung zur gezielten Kontrolle** gefehlt hatte, wurde diese Ermächtigungsgrundlage durch Änderungsgesetz vom 18.11.2008 neu in das PolG aufgenommen (GBl. S. 396). Die Ausschreibung erfolgt regelmäßig in einer nationalen Fahndungsdatei (**INPOL-Datei Sach- oder Personenfahndung**).[915]

Auch das **SIS** (Art. 1 Verordnung [EU] 2018/1862, Art. 1 Ratsbeschluss 2007/533/JI [→ § 1 Rn 38 ff.])[916] sieht gem. Art. 36, 37 der Verordnung (EU) 2018/1862 (zuvor Art. 36, 37 Ratsbeschluss 2007/533/JI sowie Art. 99 SDÜ) die Möglichkeit vor, Personen und Fahrzeuge zur verdeckten Kontrolle, für Ermittlungsanfragen oder gezielten Kontrolle **europaweit** auszuschreiben. Diese Möglichkeit besteht neben der des § 56 PolG, erweitert aber das Suchgebiet auf den **gesamten EU-Raum**. Beide Ausschreibungen (national und im EU-Raum) sind insoweit harmonisiert, als dass Art. 36 Abs. 1 der Verordnung (EU) 2018/1862 ausdrücklich auf das nationale Recht verweist: „Personenausschreibungen und Sachfahndungsausschreibungen in Bezug auf die in Art. 38 Ab. 2 lit. a, b, c, e, g, h, i, k und l genannten Sachen sowie auf bargeldlose Zahlungsmittel werden **nach Maßgabe des nationalen Rechts des ausschreibenden**

---

912 Nr. 1 Spiegelstrich 1 der Anlage 2 zu Nr. 1.3 u. 2.3 VwV-PolOrg.
913 Nr. 1 Spiegelstrich 1 der Anlage 6 zu Nr. 1.3 u. 2.3 VwV-PolOrg.
914 LT-Drs. 16/7519, S. 6.
915 Stephan, in: Stephan/Deger, Polizeigesetz BW, § 25 Rn 1.
916 Aden, in: Lisken/Denninger, Handbuch des Polizeirechts, Kap. M Rn 205 ff.

VI. Datenvereinbarung bei polizeilichen Einzelmaßnahmen

Mitgliedstaats für verdeckte Kontrollen, für Ermittlungsanfragen oder für gezielte Kontrollen gemäß Art. 37 Abs. 3, 4 und 5 eingegeben."[917] Damit hängt die Nutzung von SIS zunächst von den gesetzlichen Voraussetzungen des jeweiligen Mitgliedstaats ab. Die weiteren Voraussetzungen und Begrenzungen einer europaweiten Ausschreibungen ergeben sich aus Art. 36 Abs. 2 bis 4 der Verordnung (EU) 2018/1862.

Das **BVerfG** sieht die mit der Ausschreibung verbundenen datenschutzrechtlichen **Eingriffe** als **nicht unerheblich** an. Durch die Ausschreibung zur polizeilichen Beobachtung über einen längeren Zeitraum hinweg könne etwa unter Umständen nach und nach ein **Bewegungsprofil oder Bewegungsbild der Person** zusammengestellt werden.[918]

Mit der **verdeckten Registrierung** sollen durch eine Ausschreibung Erkenntnisse über das Antreffen einer Person und über ihre Ortsveränderungen gesammelt werden. Wird danach die Person und / oder das Kennzeichen bzw. Kraftfahrzeug aus irgendeinem Anlass von der Polizei kontrolliert (etwa an der Grenze, bei einer Verkehrsüberwachung oder einer Kontrollstelle), können die dabei erhobenen Daten mit dem Inhalt der Ausschreibung abgeglichen werden. Durch diese Informationen wird die ausschreibende Polizei in die Lage versetzt, den jeweiligen Aufenthaltsort bzw. Ortsveränderungen der betroffenen Person oder des Kraftfahrzeuges festzustellen und sogenannte **Bewegungsbilder** zu erstellen. Diese Maßnahmen stellen somit eine besondere Form der polizeilichen **Beobachtung** dar.

550

Weiterhin gestattet § 56 Abs. 1 S. 1 PolG die **gezielte Kontrolle**. Durch die Verbindung mit den in § 56 Abs. 1 S. 2 Nr. 2 PolG genannten Einzelmaßnahmen der Personenfeststellung (§ 27 PolG), Durchsuchung einer Person (§ 34 PolG) oder einer Sache (§ 35 PolG) soll bei der gezielten Kontrolle die Möglichkeit geschaffen werden, wichtige Informationen erheben zu können wie etwa schriftliche Unterlagen über Personenzusammenhänge, den Organisationsgrad extremistischer und terroristischer Gruppierungen, potenzielle Anschlagsobjekte etc. Da es sich bei der gezielten Kontrolle um ein wirkungsvolles Mittel handelt, um schwere Straftaten zu verhindern, wurde sie nicht nur für den Fall ermöglicht, dass eine entsprechende Ausschreibung im SIS erfolgt ist, sondern auch, wenn eine Ausschreibung in einem rein nationalen Informationssystem vorgenommen wurde.

551

Die polizeiliche Beobachtung aus **repressiven Gründen** richtet sich nach **§ 163 e StPO**.[919]

Wichtige **Anwendungsfälle** der Vorschrift sind nationale / europaweite Ausschreibungen im Bereich der Rauschgift-, Waffen-, Falschgeld-, Eigentums- und Staatsschutzkriminalität, aber auch der organisierten Kriminalität und Terrorismusbekämpfung.

552

Beispiel: V, einschlägig vorbestraft und als gewalttätig polizeibekannt, steht im dringenden Verdacht, im Landkreis E mit Drogen zu handeln. Die Polizei in E gibt deshalb die Daten des V und das Kennzeichen seines Pkw in die überregionale **Fahndungskartei**. Bei mehreren Streifenfahrten und Verkehrskontrollen stellen die außerhalb von E diensthabenden Polizeibeamten fest, dass V polizeilich ausgeschrieben ist. Sie übermitteln deshalb der Polizei in E ihre Feststellungen über das Antreffen des V an den verschiedenen Orten. Durch diese überregionalen Informationen wird die Polizei von E im Laufe der Zeit in die Lage versetzt, sich ein Bild über die Ortsbewegungen des V zu machen und daraus Rückschlüsse über seine künftigen kriminellen Aktionen zu ziehen.

Im Jahr **2017** wurden **34 Personen**, im Jahr **2018 56 Personen zur Beobachtung** gem. **§ 56 PolG ausgeschrieben**. Gem. Art. 36 der Verordnung (EU) 2018/1862 wurden **im SIS im Jahr 2017 47 Personen** und **im Jahr 2018 40 Personen** ausgeschrieben.[920]

---

917 Aden, in: Lisken/Denninger, Handbuch des Polizeirechts, Kap. M Rn 288.
918 BVerfG (SOG MV), Beschl. v. 9.12.2022 – 1 BvR 1345/21 (Rn 175), GSZ 2023, 98 (dort nicht abgedruckt), m. Anm. Graulich, 105 ff.
919 BVerfG (SOG MV), GSZ 2023, 98, 103 (Rn 169), m. Anm. Graulich, 105 ff.: „Sperrwirkung für das Polizeirecht".
920 LT-Drs. 16/7519, S. 7.

553 **b) Dreistufigkeit der Maßnahmen.** Die Maßnahmen gem. § 56 PolG (verdeckte Registrierung oder gezielte Kontrolle) werden in **drei Stufen** durchgeführt:

- **Ausschreibung einer Person und Kennzeichen** der auf ihren Namen zugelassenen, von ihr benutzten oder eingesetzten Kraftfahrzeuge nach entsprechender Speicherung dieser Daten im Informationssystem zur Registrierung / gezielten Kontrolle.
- **Erhebung von Erkenntnissen** insbesondere über das Antreffen der Person, über Kontakt- und Begleitpersonen, sowie über mitgeführte Sachen anlässlich einer polizeilichen Kontrolle. Da § 56 Abs. 1 PolG nicht zur Datenerhebung ermächtigt, richtet sich die Zulässigkeit der Datenerhebung nach anderen Vorschriften.
- **Übermittlung** dieser Informationen an die ausschreibende Stelle gem. § 56 Abs. 1 S. 2 Nr. 1 u. 2 PolG.

554 **c) Zuständigkeit und Schriftform (§ 56 Abs. 1 u. 2 PolG).** **Zuständig** für die Anordnung der Ausschreibung gem. § 56 Abs. 1 S. 1 PolG ist ausschließlich der **Polizeivollzugsdienst**.

§ 56 Abs. 2 S. 1 PolG trifft zudem eine abschließende Festlegung für die **funktionale Zuständigkeit** innerhalb des Polizeivollzugsdienstes. Die Ausschreibung muss grundsätzlich vom **Leiter** (= Präsident) des LKA angeordnet werden. Der Präsident des LKA kann auch einen Polizeibeamten des höheren Dienstes mit dieser Aufgabe besonders beauftragen.

555 Die Anordnung ergeht **schriftlich** und ist zu **begründen** (§ 56 Abs. 2 S. 2 Hs. 1 PolG). Aus der schriftlichen Begründung muss für die betroffene Person und Dritte (insbesondere angerufene Gerichte) hinreichend erkennbar sein, inwieweit die tatbestandlichen Voraussetzungen für die Ausschreibung einer Person oder eines Kraftfahrzeugs vorliegen. Die schriftliche Anordnung ist der betroffenen Person mit ihrer Benachrichtigung nach Beendigung der Maßnahme zur Kenntnis zu geben (vgl. § 86 Abs. 1 Nr. 11, Abs. 2 PolG).

556 **d) Tatbestandsvoraussetzungen (§ 56 Abs. 1 S. 1 Nr. 1, 2 PolG).** Die Maßnahme gem. § 56 PolG stellt einen schwerwiegenden Eingriff in die Rechte der betroffenen Personen dar. Die Ausschreibung ist daher gem. § 56 Abs. 1 S. 1 Nr. 1 bis 3 PolG an besondere Voraussetzungen geknüpft. Der Polizeivollzugsdienst kann eine Person und Kennzeichen der auf den Namen der Person zugelassenen, von ihr benutzten oder von ihr eingesetzten Kraftfahrzeuge zum Zwecke der Mitteilung über das Antreffen oder der gezielten Kontrolle ausschreiben, wenn

1. die Gesamtwürdigung der Person und ihre bisher begangenen Straftaten erwarten lassen, dass die Person künftig Straftaten mit erheblicher Bedeutung begehen wird,
2. Tatsachen die Annahme rechtfertigen, dass sie innerhalb eines überschaubaren Zeitraums auf eine zumindest ihrer Art nach konkretisierte Weise eine Straftat mit erheblicher Bedeutung begehen wird, oder
3. deren individuelles Verhalten die konkrete Wahrscheinlichkeit begründet, dass sie innerhalb eines überschaubaren Zeitraums eine Straftat mit erheblicher Bedeutung begehen wird

und die Mitteilung über das Antreffen oder die gezielte Kontrolle **zur vorbeugenden Bekämpfung dieser Straftaten erforderlich** ist.[921] Diese tatbestandlichen Vorgaben (insbes. auch die des § 56 Abs. 1 S. 1 Nr. 3 PolG) genügen den strengen Vorgaben des BVerfG an die notwendige **Konkretisierung der Gefahr**.[922]

Zu den Tatbestandsvoraussetzungen im Einzelnen vgl. auch die Ausführungen in → Rn 350 ff. zu § 49 Abs. 1 S. 1 Nr. 2, 3 PolG.

---

921 Krit. dazu Trurnit, VBlBW 2021, 441, 444, der in verfassungskonformer Auslegung eine Reduzierung auf die Verhütung von Straftaten mit erheblicher Bedeutung verlangt (zw.).
922 BVerfG (SOG MV), Beschl. v. 9.12.2022 – 1 BvR 1345/21 (Rn 173), GSZ 2023, 98 (dort nicht abgedruckt), m. Anm. Graulich, 105 ff.

Der Polizeivollzugdienst muss hierzu eine **Gesamtwürdigung** vornehmen, bei der insbesondere 557
tatsächliche Anhaltspunkte hinsichtlich der in Planung, Ausführung oder zeitlicher Folge
gezeigten kriminellen Energie bei früheren Straftaten, der rücksichtslosen Durchsetzung des
verbrecherischen Willens oder der offensichtlichen Wirkungslosigkeit von Straf- und Resozialisierungsmaßnahmen zu berücksichtigen sind (sog. **gefährliche Intensivtäter**). Die Gesamtwürdigung kann aber auch ergeben, dass sich die Maßnahmen gegen einen sog. **Ersttäter** richten,
wenn die vorzunehmende **Prognose** ergibt, dass er künftig Straftaten von erheblicher Bedeutung
begehen wird. Die Annahme, dass die auszuschreibende Person Straftaten von erheblicher
Bedeutung begehen wird, muss sich **auf Tatsachen stützen** können.[923]

e) Übermittlung gewonnener Erkenntnisse (§ 56 Abs. 1 S. 2 PolG). Wird eine nach § 56 Abs. 1 558
S. 1 PolG ausgeschriebene Person oder ein ausgeschriebenes Kennzeichen bei der polizeilichen
Kontrolle festgestellt, dürfen gem. § 56 Abs. 1 S. 2 PolG unter den dort genannten Voraussetzungen die gewonnenen Erkenntnisse an die ausschreibende Stelle **übermittelt** werden. Von der
Übermittlung werden danach folgende Informationen erfasst:

- Im **Fall der Ausschreibung** die Mitteilung über das Antreffen und die hierüber gewonnenen
  Erkenntnisse, insbesondere über das Antreffen der Person, über Kontakt- und Begleitpersonen und über mitgeführte Sachen,
- im **Fall der gezielten Kontrolle** zusätzlich die aus Maßnahmen nach § 27 PolG (Personenfeststellung), § 34 PolG (Durchsuchung von Personen) und § 35 PolG (Durchsuchung von
  Sachen) gewonnenen Erkenntnisse.

Aus § 56 Abs. 1 S. 3 PolG ergibt sich, dass die Regelung zur Übermittlung der gewonnenen
Erkenntnisse nach Satz 2 auch dann gilt, wenn die Person oder das Fahrzeug nach Art. 36, 37 der
Verordnung (EU) 2018/1862 (zuvor Art. 36 Ratsbeschluss 2007/533/JI, Art. 99 Abs. 1 SDÜ [→ § 1
Rn 38]) zur gezielten Kontrolle ausgeschrieben ist.

f) Befristung (§ 56 Abs. 2 S. 2, 3 PolG). Die Ausschreibung ist auf höchstens **zwölf Monate** 559
zu befristen (§ 56 Abs. 2 S. 2 Hs. 2 PolG). **Verlängerungen** bis zu jeweils 12 Monaten sind
gem. § 56 Abs. 2 S. 3 Hs. 1 PolG zulässig. Aus dem Wortlaut („Verlängerung**en**", „jeweils") ist
zu schließen, dass es keine absolute Höchstdauer einer Ausschreibung gibt, damit sind auch
mehrere Verlängerungen möglich. Für jede Verlängerung einer Ausschreibung bedarf es einer
erneuten Anordnung (§ 56 Abs. 2 S. 3 Hs. 2 PolG), für die alle rechtlichen Anforderungen einer
Ausschreibungsanordnung (Zuständigkeit, Tatbestandsvoraussetzungen, Schriftform, Begründung, Befristung) gelten. Mit jeder Verlängerung sind die Voraussetzungen der Ausschreibung
kritischer zu prüfen, da der Grundsatz der Befristung zunehmend unterlaufen wird.

g) Beendigung und Löschungspflichten (§ 56 Abs. 3 PolG). Liegen die Voraussetzungen für 560
die Anordnung der Ausschreibung nicht mehr vor, ist der Zweck der Ausschreibung erreicht
oder kann er nicht erreicht werden, ist die Ausschreibung gem. § 56 Abs. 3 PolG unverzüglich zu **beenden**. Hieraus ergibt sich, dass die für die Ausschreibung zuständige Stelle des
Polizeivollzugsdienstes unabhängig von der Befristung (→ Rn 559) im Rahmen der laufenden
Sachbearbeitung **fortlaufend zu prüfen** hat, ob die Voraussetzungen für die Ausschreibung
noch vorliegen.

Aus § 56 Abs. 3 PolG folgen auch besondere **Löschungspflichten**. Danach ist die Ausschreibung
unverzüglich zu löschen, wenn die Voraussetzungen der Anordnung nicht mehr vorliegen, oder
der Zweck der Ausschreibung erreicht ist bzw. nicht mehr erreicht werden kann. § 25 Abs. 3 PolG
konkretisiert die allgemeine Löschungspflicht des § 75 Abs. 2 PolG und ist insoweit **lex specialis**,
der auch die besonderen Speichertatbestände des § 75 Abs. 3, 4 PolG verdrängt. Die betroffene

---

[923] Vgl. Stephan, in: Stephan/Deger, Polizeigesetz BW, § 25 Rn 8; Zeitler/Trurnit, Polizeirecht BW, Rn 937.

Person hat im Fall der Ausschreibung bei deren Beendigung einen **Anspruch auf vollständiges Vergessenwerden** (→ Rn 447).

561 **h) Weitere Pflichten der Datenverarbeitung.** Für die Maßnahme einer Ausschreibung gem. § 56 Abs. 1 PolG finden sich die maßgeblichen Regelungen zur Benachrichtigung der betroffenen Personen, zur Protokollierung der erhobenen Daten sowie zur Kennzeichnung der Daten in den §§ 72, 74 und 86 PolG.

Aus § 74 PolG folgt eine **umfassende besondere Protokollierungspflicht** für alle Maßnahmen gem. § 56 Abs. 1 PolG (→ Rn 600, 602). Zu protokollieren sind gem. § 74 Abs. 1 u. Abs. 2 Nr. 11 PolG:

1. Das zur Datenerhebung eingesetzte Mittel,
2. der Zeitpunkt des Einsatzes,
3. Angaben, die die Feststellung der erhobenen Daten ermöglichen,
4. die verantwortliche Dienststelle,
5. die Zielperson,
6. die Personen, deren personenbezogene Daten gemeldet worden sind.

§ 11 Polizeiliche Einzelmaßnahmen – Spezialermächtigungen

> Besondere Relevanz für Studium, Prüfung und Examen (grundsätzlich können alle Themen des Polizeirechts Prüfungsgegenstand sein!):
> - Allgemeines (→ Rn 1 bis 7);
> - Personenfeststellung (→ Rn 8 bis 54);
> - Gefährderansprache und -anschreiben, Gefährdetenansprache (→ Rn 61 bis 76);
> - Platzverweis, Aufenthaltsverbot, Wohnungsverweis (→ Rn 77 bis 100);
> - Aufenthaltsvorgabe und Kontaktverbot (→ Rn 101 bis 129);
> - Gewahrsam (→ Rn 171 bis 200);
> - Betreten und Durchsuchung von Wohnungen (→ Rn 231 bis 252);
> - Sicherstellung (→ Rn 253 bis 262);
> - Beschlagnahme (→ Rn 263 bis 286).

I. Allgemeines

1. Verhältnis zur Generalermächtigung der §§ 1, 3 PolG. Das PolG regelt in den §§ 27 ff. PolG die sog. **Einzel- oder Standardmaßnahmen**. Gegenstand dieser besonderen Befugnisnormen sind **typische**, in der Polizeivollzugspraxis regelmäßig vorkommende **Eingriffssituationen**. Durch spezielle Regelungen hat der Landesgesetzgeber die Voraussetzungen für die Eingriffsmaßnahmen einheitlich festgelegt („standardisiert") und dadurch insbesondere den verfassungsrechtlichen Vorgaben, der Rechtssicherheit und dem Grundsatz der Verhältnismäßigkeit Rechnung getragen.

Die besonderen Befugnisse gem. §§ 27 ff. PolG sind **Spezialermächtigungen, die der Generalermächtigung der §§ 1, 3 PolG vorgehen**. Soll eine Standardmaßnahme durchgeführt werden, kann sie nur auf die spezielle Rechtsgrundlage im PolG und nicht auf die Generalklausel gestützt werden.[1] Die Bestimmungen über diese Spezialbefugnisse treffen abschließende Regelungen und verdrängen für ihren jeweiligen Regelungsbereich die Generalermächtigung (→ § 6 Rn 12 ff.), sie haben **Anwendungsvorrang**. In vielen Fällen stellt eine Spezialermächtigung höhere Anforderungen (etwa an das Vorliegen einer Gefahr).[2] Sind diese besonderen Voraussetzungen im konkreten Fall nicht gegeben, darf nicht auf die §§ 1, 3 PolG zurückgegriffen werden, sonst würde das System der Spezialermächtigungen unterlaufen werden. Es besteht eine sog. **Sperrwirkung für die Generalermächtigung**.

Beispiele:
- Gem. § 38 Abs. 1 Nr. 1 PolG kann die Polizei eine Sache beschlagnahmen, wenn dies zum Schutz gegen eine **unmittelbar bevorstehende** Störung der öffentlichen Sicherheit erforderlich ist. Die Standardmaßnahme darf daher nur ausgeführt werden, wenn diese erhöhte Gefahrenlage gegeben ist. Wegen der Sperrwirkung kann nicht auf die polizeiliche Generalklausel zurückgegriffen werden, wenn „nur" eine Gefahr für die öffentliche Sicherheit besteht.[3]
- Die Polizeibehörde beabsichtigt, zur Einweisung eines Obdachlosen die Wohnung des Eigentümers für mindestens ein Jahr zu beschlagnahmen. Gem. § 38 Abs. 4 S. 2 PolG darf die Beschlagnahme vorbehaltlich besonderer gesetzlicher Regelung nicht länger als 6 Monate aufrechterhalten werden. Die Polizei kann

---

[1] Knemeyer/Schmidt, Polizei- und Ordnungsrecht (PdW), S. 63.
[2] Pünder, JURA 2022, 1055, 1056 ff.
[3] VGH BW, VBlBW 1997, 349.

wegen der **Sperrwirkung** dieser Spezialregelung über die polizeiliche Generalklausel gem. §§ 1, 3 PolG keine längere Dauer der Beschlagnahme anordnen.

2   In der Verwaltungspraxis kommt es immer wieder vor, dass bestimmte Polizeimaßnahmen auf die polizeiliche Generalklausel gestützt werden (müssen), da der Gesetzgeber der Entwicklung hinterher hinkt und (noch) keine Spezialermächtigung erlassen hat, in der die Eingriffsvoraussetzungen genau festgelegt sind. In diesen Fällen stellt sich die Frage der Zulässigkeit derartiger Maßnahmen.

Beispiele:

- Zur Unzulässigkeit einer jahrelangen, ununterbrochenen **Observation** „rund um die Uhr" von für rückfallgefährdet gehaltenen **Sexualstraftätern** zum Zweck der Verhinderung erneuter Sexualstraftaten auf der Grundlage der §§ 1, 3 PolG vgl. VG Freiburg, VBlBW 2013, 350 (→ § 10 Rn 350).
- Die **Gefährderansprache** musste früher auf die §§ 1, 3 PolG gestützt werden.[4] Mit dem **PolG 2020** wurde in § 29 PolG eine **Spezialermächtigung** für die Gefährderansprache, das Gefährderanschreiben und die Gefährdetenansprache geschaffen (→ Rn 61 ff.).

3   **2. Verhältnis zu anderen Spezialvorschriften außerhalb des PolG.** Von den Standard- bzw. Einzelmaßnahmen sind die Maßnahmen zu unterscheiden, zu deren Durchführung die Polizei durch **andere Rechtsvorschriften** als durch das PolG ermächtigt wird. Derartige **spezielle Ermächtigungen außerhalb des PolG** sind vor allem in der StPO, aber auch in anderen Gebieten wie etwa im Bauordnungs-, Gewerbe-, Immissionsschutz- und Versammlungsrecht geregelt.

Soweit die Polizei ihre **Aufgaben auf dem Gebiet der Strafverfolgung** erfüllt (§ 163 StPO), stehen ihr die **Ermächtigungsgrundlagen für bestimmte Standardmaßnahmen nach dem Strafprozessrecht** zu. Derartige Einzelermächtigungen sind etwa körperliche Untersuchungen gem. §§ 81 a ff. StPO, Beschlagnahme gem. §§ 94 ff. StPO, Überwachung der Telekommunikation gem. §§ 100 a ff. StPO, Durchsuchung gem. §§ 102 ff. StPO (→ § 13 Rn 10).

Bei der **Ermittlung von Ordnungswidrigkeiten** (§ 53 OWiG) hat die Polizei dieselben Aufgaben wie bei der Erforschung von Straftaten. Da die Straf- und Ordnungswidrigkeitenverfolgung abschließend geregelt ist, kann die Polizei bei der Verfolgung von Straftaten und Ordnungswidrigkeiten nicht auf die Spezialbefugnisse im PolG zurückgreifen.

4   **3. Rechtscharakter.** Die Rechtsqualität polizeilicher Maßnahmen ist nicht nur aus systematischen Gründen, sondern vor allem aus rechtsstaatlichen Gründen von Bedeutung, insbesondere wegen des damit verbundenen Rechtsschutzes. Der **Rechtscharakter** der Standard- bzw. Einzelmaßnahmen kann aber **nicht einheitlich**, sondern nur im Einzelfall beurteilt werden. In fast allen Fällen liegen **Verwaltungsakte** vor (§ 35 LVwVfG), weil gegenüber einem Polizeipflichtigen konkrete Verbote und Gebote angeordnet werden.

Beispiel: Die Polizei erteilt einen Platzverweis gem. § 30 Abs. 1 PolG.

5   Grundsätzlich geht jeder Einzelmaßnahme eine entsprechende **Anordnung** voraus, die im rechtlichen Sinne die **Grundverfügung** für evtl. weitere Maßnahmen bzw. für eine Vollstreckung darstellt. Die **Vollstreckung** richtet sich nach den allgemeinen Grundsätzen der §§ 63 ff. PolG. Die Spezialermächtigungen für die Einzelmaßnahmen sind daher von den Vollstreckungsmaßnahmen, insbesondere von der Anwendung des Zwangsmittels „unmittelbarer Zwang" zu unterscheiden. Insbesondere sind die Einzelmaßnahmen nicht gleichbedeutend mit den Maßnahmen des unmittelbaren Zwangs.

Beispiel: Die Polizei ordnet gegenüber einem aggressiven und gewaltbereiten Randalierer den **Präventivgewahrsam** gem. § 33 Abs. 1 Nr. 1 PolG an und verbringt diesen gegen seinen Willen in eine Arrestzelle. Die Anordnung des Gewahrsams stellt einen Verwaltungsakt auf der Grundlage der Spezialermächtigung des § 33 PolG dar. Die Verbringung in die Arrestzelle ist die Vollstreckung dieser Anordnung (= Grundverwaltungsakt) durch Anwendung unmittelbaren Zwangs. Unter Anwendung (im engen Sinn) ist hierbei die letzte Stufe im Vollstreckungsverfahren zu verstehen (→ § 12 Rn 39).

---

4 VGH BW, VBlBW 2018, 316, 318, m. Anm. Nachbaur, 320 ff., u. Vahle, DVP 2019, 41 ff.

I. Allgemeines

Soweit eine betroffene Person gegenüber einer angeordneten Einzelmaßnahme keinen Widerstand leistet, sondern die Anordnung befolgt, liegt zwar eine vollstreckbare Grundverfügung, aber keine Vollstreckungsmaßnahme vor.

Beispiel: Die Polizei ordnet zur Identitätsfeststellung gegenüber F die **Durchführung von erkennungsdienstlichen Maßnahmen** gem. § 41 Abs. 1 Nr. 1 PolG an. F akzeptiert dies, kommt mit zur Dienststelle und gibt Fingerabdrücke ab. Die Anordnung, erkennungsdienstliche Maßnahmen durchzuführen, stellt einen Verwaltungsakt auf der Grundlage der Spezialbefugnis des § 41 PolG dar. Eine zwangsweise Durchsetzung der Verfügung (Vollstreckung) ist in diesem Fall nicht erforderlich, da F die Anordnung freiwillig befolgt.

Nur in wenigen Ausnahmefällen hat eine Einzelmaßnahme den Charakter eines regelungsersetzenden **Realaktes**. Dies ist insbesondere der Fall, wenn ein tatsächliches, schlicht-hoheitliches Verwaltungshandeln ohne regelnden Charakter vorliegt, oder weil der Adressat einer Polizeiverfügung nicht vorhanden, erreichbar oder ansprechbar ist. In diesen Fällen müssen zusätzlich zu den Anforderungen der Standardmaßnahme die Voraussetzungen einer unmittelbaren Ausführung gem. § 8 PolG vorliegen (→ § 8 Rn 1 ff.).

Beispiel: Die Polizei durchsucht gem. § 35 Nr. 5 PolG ein leer stehendes Fahrzeug, das an einem gefährlichen Ort abgestellt wurde. Ein Halter oder Fahrer ist nicht zu erkennen. In diesem Fall muss die Polizei sowohl die Voraussetzungen einer unmittelbaren Ausführung gem. § 8 Abs. 1 PolG beachten als auch die des § 35 Nr. 5 PolG.

Die Standardmaßnahmen ermächtigen somit regelmäßig zu einer Anordnung, die dem Adressaten aufgibt, entsprechenden Maßnahmen zunächst selbst nachzukommen bzw. diese zu dulden. Darüber hinaus berechtigt die Vorschrift die Polizei, sofern Vollstreckungsmaßnahmen nicht in Frage kommen, die für die entsprechende Maßnahme unbedingt notwendigen Handlungen im Wege der unmittelbaren Ausführung als Realakt auszuführen.

4. Zuständigkeit. Die Zuständigkeit für die **Anordnung / Vollstreckung von Einzelmaßnahmen** gem. §§ 27 ff. PolG richtet sich nach dem PolG, insbesondere nach § 105 Abs. 1 bis 3 PolG. Für die meisten Standardmaßnahmen ist nach den Formulierungen im PolG „die Polizei" zuständig. Gem. § 105 Abs. 1 u. 3 PolG besteht eine eigene, (konkurrierende) Zuständigkeit des **Polizeivollzugsdienstes** für die Durchführung der dort näher genannten Standardmaßnahmen (sog. Parallelzuständigkeit [→ § 3 Rn 49]). Dies bedeutet, dass sowohl die Polizeibehörde als auch der Polizeivollzugsdienst die dort aufgeführten Maßnahmen anordnen können.

Beispiel: Für die Durchführung einer Gefährderansprache gem. § 29 Abs. 1 PolG und die Erteilung eines Platzverweises gem. § 30 Abs. 1 PolG sind sowohl die Polizeibehörde als auch der Polizeivollzugsdienst zuständig.

In vielen Fällen weist das PolG die Wahrnehmung einer Standardmaßnahme entweder ausschließlich dem Polizeivollzugsdienst oder der Polizeibehörde zu:

Beispiele:
- Für die **Beschlagnahme** einer Forderung gem. § 38 Abs. 2 PolG oder für die **Vornahme erkennungsdienstlicher Maßnahmen** gem. § 41 Abs. 1 PolG ist **nur der Polizeivollzugsdienst** zuständig.
- Für die **Einziehung** gem. § 39 PolG ist **nur die allgemeine Polizeibehörde** zuständig.

Mit Recht weist *Stephan* darauf hin, dass mit der Übertragung der Zuständigkeiten des Polizeivollzugsdienstes für die meisten Standardmaßnahmen durch die geltende Fassung des § 105 Abs. 3 PolG „neue Ungereimtheiten" geschaffen wurden. Da in dem Zuständigkeitskatalog des § 105 Abs. 3 PolG nicht Maßnahmen auf der Grundlage der polizeilichen Generalklausel (§§ 1, 3 PolG) genannt werden, kann der Polizeivollzugsdienst zwar Standardmaßnahmen anordnen, aber nicht Maßnahmen auf der Grundlage der polizeilichen Generalermächtigung. Gem. § 105

Abs. 2 PolG kann dies der Polizeivollzugsdienst nur in Not- oder Eilfällen.[5] Hier wurde auch durch das PolG 2020 keine Änderung vorgenommen.

Bei der **Durchführung der Maßnahmen / Vollstreckung** (= Anwendung des Zwangsmittels im engen Sinn) räumt das PolG dem Polizeivollzugsdienst eigene, ausschließliche Zuständigkeiten ein (vgl. insbesondere § 65 PolG). Aus § 105 Abs. 5 PolG (Vollzugshilfe) kann sich zudem seine **Zuständigkeit für Vollzugshandlungen** ergeben.

II. Einzelmaßnahmen

8   1. **Personenfeststellung (§ 27 PolG). a) Allgemeines.** Mit § 27 Abs. 1 PolG verfolgt der Gesetzgeber in erster Linie den Zweck, die Feststellung zu ermöglichen, ob eine bestimmte Person oder ein bestimmter Personenkreis als Störer der öffentlichen Sicherheit oder Ordnung in Betracht kommt.

9   Durch die **Personen- bzw. Identitätsfeststellung** sollen die unbekannten Personalien (Grunddaten) einer Person festgestellt oder es soll geprüft werden, ob eine Person mit einer anderen, deren Personalien schon bekannt sind, identisch ist. Die Maßnahme stellt einen **Eingriff** in das aus Art. 2 Abs. 1 i. V. m. Art. 1 Abs. 1 GG abgeleitete Recht auf **informationelle Selbstbestimmung**[6], in die allgemeine Handlungsfreiheit sowie in die Freiheit der Person dar.[7] Sie ist somit eine **Sonderform der Datenerhebung** (→ § 10 Rn 68 ff.). Dennoch wird der mit einer bloßen Personenfeststellung verbundene Eingriff in die Rechtssphäre der betroffenen Person als „geringfügig" bewertet.[8] Aus diesen Gründen reicht bereits das Vorliegen einer Gefahr für die öffentliche Sicherheit aus.

Das **BVerfG** hat deutlich gemacht, dass es **keine allgemeine Verpflichtung** gibt, sich **ohne Grund auf amtliche Aufforderung auszuweisen** oder sonstige Angaben zu Personalien zu machen.[9] Wegen des mit der Personenfeststellung zwingend verbundenen Eingriffs in das Recht auf informationelle Selbstbestimmung bedarf jede Personenfeststellung stets einer verfassungsrechtlichen Rechtfertigung im Einzelfall und unterliegt auch insoweit der vollständigen gerichtlichen Überprüfung.[10]

Ihre besondere Bedeutung für eine betroffene Person erhält die Maßnahme vor allem dadurch, dass sie häufig Auslöser von **Folgeeingriffen** ist. Regelmäßig wird durch die Eingabe der Personalien in Informationssysteme und durch einen Datenabgleich überprüft, ob es sich bei der überprüften Person um einen Straftäter etc. handelt. Je nach den Ergebnissen dieser Überprüfungen folgen weitere Maßnahmen, wie etwa Durchsuchungen von Personen gem. § 34 PolG oder von Sachen gem. § 35 PolG.

10 **Adressaten** der Personenfeststellung sind in erster Linie die Störer gem. §§ 6, 7 PolG.[11] Gem. § 27 Abs. 1 Nr. 2 bis 7 PolG ist die Maßnahme aber auch gegenüber unbeteiligten Personen (Zeugen, Opfer, unbeteiligte Dritte etc.) zulässig.

11 Die Identitätsfeststellung umfasst alle **Angaben über eine Person**, die es ermöglichen, sie von einer anderen Person zu unterscheiden und Verwechslungen auszuschließen. Dazu zählen der Vor-, Familien- und Geburtsname, Ort und Datum der Geburt, Familienstand, Beruf,

---

5   Stephan, in: Stephan/Deger, Polizeigesetz BW, § 60 Rn 2, unter Hinweis auf anderslautende Regelungen in anderen Bundesländern.
6   BVerfG, NVwZ 2016, 53 (Rn 12), m. zust. Anm. Penz, 54 f.; Tomerius, DVBl 2019, 1581.
7   Brockmann/Lücke, NVwZ 2022, 1189, 1190.
8   VGH BW, VBlBW 2011, 231, 232; a. A. Tomerius, DVBl 2019, 1581 f.
9   BVerfG, NVwZ 2016, 53 (Rn 11); Gusy/Eichenhofer, Polizei- und Ordnungsrecht, Rn 232.
10 BVerfG, NVwZ 2016, 53 (Rn 12).
11 Graulich, in: Lisken/Denninger, Handbuch des Polizeirechts, Kap. E Rn 318.

Wohnungsadresse und Staatsangehörigkeit.[12] Die Vorlage eines gültigen Personalausweises oder Passes genügt in jedem Fall, sofern keine konkreten Anhaltspunkte für dessen Fälschung oder sonstige Unstimmigkeiten wie etwa der Verdacht des unrechtmäßigen Besitzes vorliegen.[13] Ob darüber hinausgehende Daten, wie etwa akademische Grade, Künstlernamen, frühere Namen etc. ermittelt werden sollen, hängt von den Umständen des Einzelfalls ab, die Angaben müssen erforderlich sein. Bei Nichtangabe der in § 111 OWiG genannten Grunddaten kann eine Ordnungswidrigkeit vorliegen.

Die Personenfeststellung ist auf die Feststellung der Identität einer Person zielgerichtet. Demgegenüber dient die **Befragung** gem. § 43 Abs. 1 PolG der Informationsgewinnung, die über die bloße Feststellung der Personalien hinausgeht (→ § 10 Rn 207 ff.).

Die Erhebung der Daten ist grundsätzlich nur aus **Gründen der Gefahrenabwehr** zulässig. 12 Anders als bei strafprozessualen Ermittlungen wird es im Rahmen der Gefahrenabwehr regelmäßig nicht auf die Angabe der Staatsangehörigkeit oder auch der Wohnung ankommen. Die Maßnahmen gem. § 27 PolG sind von den **repressiven Möglichkeiten** der StPO zu unterscheiden, die nur nach Straf- und Bußgeldvorschriften zulässig sind (vgl. etwa §§ 163 b, 163 d StPO, § 46 OWiG). Soweit eine **doppelfunktionale polizeiliche Maßnahme** vorliegt und die Polizei zugleich sowohl im Bereich der Strafverfolgung als auch der Gefahrenabwehr tätig ist – was grundsätzlich zulässig ist –, beurteilt sich die Rechtmäßigkeit ihrer Maßnahmen richtigerweise ausschließlich nach den gefahrenabwehrrechtlichen Voraussetzungen[14] (**str.** [→ § 13 Rn 13 ff.]).

Typisch für die durch § 27 Abs. 1 PolG erfassten abstrakten Gefahrensituationen (mit Ausnahme 13 der Nr. 1) ist, dass vorerst nicht feststeht, wer zu dem Kreis der Personen gehört, von dem die Gefahren ausgehen. Gesetzestechnisch wird dies dadurch erreicht, dass die polizeirechtliche Eingriffsschwelle „vorverlagert" wird. **Eingriffsmaßnahmen gegen jedermann sind bereits im Vorfeld** – also ohne Vorliegen einer konkreten Gefahr – **zulässig**. Die Befugnis zur Kontrolle wird in das **Vorfeld einer konkreten Gefahr** verlagert.[15] Die bloße Wahrscheinlichkeit, bei einer öffentlichen Veranstaltung oder Ansammlung (Nr. 2), an bestimmten gefährlichen Orten (Nr. 3), an gefährdeten Objekten (Nr. 4) oder an Kontrollstellen etc. (Nr. 5 bis 7) anwesend zu sein, rechtfertigt nach der Gesetzesformulierung bereits die Personenfeststellung als belastende Polizeiverfügung.[16]

Die Personenfeststellung ist ein **Verwaltungsakt**, gegen den Widerspruch und anschließend 14 Anfechtungsklage erhoben werden kann. Ist die Maßnahme vollzogen, kann beim Vorliegen eines Feststellungsinteresses die Rechtmäßigkeit durch **Fortsetzungsfeststellungsklage** überprüft werden.[17]

b) Personenfeststellung zur Abwehr einer konkreten Gefahr (§ 27 Abs. 1 Nr. 1 PolG). Die 15 Polizei kann die Identität einer Person gem. § 27 Abs. 1 Nr. 1 PolG ortsunabhängig feststellen, um „im einzelnen Falle" eine Gefahr für die öffentliche Sicherheit oder Ordnung abzuwehren oder eine Störung der öffentlichen Sicherheit oder Ordnung zu beseitigen. Aus der Formulierung „im einzelnen Falle" ergibt sich, dass die Personenfeststellung eine **konkrete polizeiliche**

---

12 Stephan, in: Stephan/Deger, Polizeigesetz BW, § 26 Rn 4.
13 VGH BW, VBlBW 2011, 231.
14 BGH, NStZ-RR 2018, 146, 147.
15 Tomerius, Die Polizei 2019, 257, 259; Ibler, in: Ennuschat/Ibler/Remmert, Öffentliches Recht BW, § 2 Rn 345, 351.
16 Vgl. dazu auch Tomerius, Die Polizei 2019, 257, 260.
17 Vgl. VGH BW, NVwZ-RR 2011, 231; Knorr, VBlBW 5/2010, Sonderbeilage, 7.

Gefahr voraussetzt.[18] Ein bloßer Gefahrverdacht reicht hierzu nicht aus[19], dies folgt auch aus dem verfassungsrechtlich garantierten Schutz der informationellen Selbstbestimmung, der eine Identitätsfeststellung nur bei einer konkreten polizeilichen Gefahr zulässt.[20] Anders als § 27 Abs. 1 Nr. 2 bis 7 PolG sieht § 27 Abs. 1 Nr. 1 PolG **keine Personalienfeststellung bei Unbeteiligten** vor. Sie ist demnach nur nach den Grundsätzen der §§ 6 ff. PolG gegenüber einem Störer zulässig; bei Maßnahmen gegenüber einem Unbeteiligten müssen die strengen Voraussetzungen des § 9 PolG vorliegen.[21]

Beispiele:

- Am Abend des 1. Mai fand in einem Stadtteil in F ein Straßenfest statt, bei dem auch auf öffentlicher Straße ein großes Feuer angezündet wurde. Im Verlauf des Festes kam es zu Störungen der öffentlichen Sicherheit. So wurde der öffentliche Straßenverkehr behindert und aus einer Gruppe am Feuer Bierflaschen und andere Gegenstände geworfen. Gegen 2 Uhr morgens ordnete die Polizei an, die A, die sich noch am Feuer aufhielt, zum 500 m entfernten Polizeirevier zu verbringen und ihre Personalien festzustellen. Hierbei fertigte sie auch Lichtbilder an. Auf entsprechende Klage der A (= nachträgliche Feststellungsklage) hat das **VG Freiburg** die Feststellung der Personalien und das Festhalten während der Dauer der Personenfeststellung der A für rechtmäßig erklärt. Demgegenüber wurden die Anfertigung von Lichtbildern und die anschließende körperliche Durchsuchung der A für unverhältnismäßig gehalten. Im Berufungsurteil hat der **VGH BW** die Rechtmäßigkeit der durchgeführten Personenfeststellung bestätigt; die auf § 27 Abs. 2 S. 3 PolG durchgeführte Sistierung der A wurde dagegen vom VGH BW für rechtswidrig erklärt.[22]
- Die Polizei erhält Kenntnis, dass sich in einem Gasthaus **Rechtsextremisten** treffen, die bereits in den vergangenen Wochen durch verbotene Aufzüge strafrechtlich in Erscheinung getreten waren. Sie stellt die Personalien der Personen fest, um weitere strafbare Aktionen zu verhindern.[23]

Die Maßnahme muss zur Gefahrenabwehr geeignet und auch erforderlich sein. Bei Vorlage eines gültigen Ausweispapiers ist regelmäßig zur Personenfeststellung ein Datenabgleich mit polizeilichen Daten nicht erforderlich.[24]

Auch **Personenfeststellungen zur Sicherung zivilrechtlicher Ansprüche** fallen unter § 27 Abs. 1 Nr. 1 PolG. Dabei ist jedoch § 2 Abs. 2 PolG zu beachten ($\rightarrow$ § 3 Rn 79 ff. zu § 2 Abs. 2 PolG).

16 **c) Personenfeststellung bei einer öffentlichen Veranstaltung oder Ansammlung (§ 27 Abs. 1 Nr. 2 PolG). aa) Allgemeines.** § 27 Abs. 1 Nr. 2 PolG wurde durch das **PolG 2020** neu eingefügt. Er soll der Polizei die Feststellung der Identität einer Person ermöglichen, wenn die Person **bei oder im Zusammenhang mit öffentlichen Veranstaltungen und Ansammlungen angetroffen** wird. **Ziel** von § 27 Abs. 1 Nr. 2 PolG ist in ersten Linie, **potenzielle Straftäter aus ihrer Anonymität zu holen** und dadurch Straftaten zu verhindern.[25] Typischerweise nutzen Attentäter größere Veranstaltungen als Ziel ihrer Anschläge, weil sie damit zum einen eine Vielzahl von Opfern treffen können und die Größe der Veranstaltung ihnen zum anderen hilft, in der Menschenmenge unerkannt vorzugehen. Richtigerweise hat der Landesgesetzgeber festgestellt, dass sich an solchen Orten die **Gefahr erhöht, Opfer oder Geschädigter einer Straftat zu werden**.[26] Einer der Hauptanwendungsfälle der Regelung dürften zudem sog. **Hochrisikofußballspiele** sein.[27]

---

18 Geis, Fälle zum Polizei- und Ordnungsrecht, Rn 17.
19 Tomerius, DVBl 2019, 1581, 1582 f.; Pfeffer/Steffahn, JURA 2017, 86, 92; a. A. HambOVG, NVwZ 2022, 1219, 1220 (Rn 31): „Eingriffsschwelle der konkreten Gefahr umfasst auch den Gefahrenverdacht".
20 BVerfG, NVwZ 2016, 53, 54 (Rn 14).
21 Stephan, in: Stephan/Deger, Polizeigesetz BW, § 26 Rn 11.
22 VGH BW, VBlBW 2011, 231, 233; vgl. zu diesem Fall auch die Fallbesprechung bei Knorr, VBlBW 5/2010, Sonderbeilage, 7 ff.
23 Vgl. VG Frankfurt, NVwZ 1998, 770.
24 VGH BW, VBlBW 2011, 231; vgl. auch BVerfG zur Unverhältnismäßigkeit einer Freiheitsentziehung zum Zweck einer strafprozessualen Identitätsfeststellung, NVwZ-RR 2011, 743.
25 LT-Drs. 16/8484, S. 119; Brommer, Polizeigesetz BW, Einf. S. 10.
26 LT-Drs. 16/8484, S. 119; Nachbaur, VBlBW 2021, 55, 56.
27 LT-Plenarprot. 16/126, S. 7790.

§ 27 Abs. 1 Nr. 2 PolG formuliert weitere Voraussetzungen an die erfassten Veranstaltungen und Ansammlungen, ohne die eine Personenfeststellung nicht rechtmäßig wäre. Eine Personenfeststellung auf der Grundlage des § 27 Abs. 1 Nr. 2 PolG ist daher **nicht bei jeder beliebigen Art der Veranstaltung oder Ansammlung** möglich, von ihnen muss vielmehr ein **besonderes Gefährdungsrisiko** ausgehen, das im Gesetz näher definiert wird (→ Rn 19 ff.). Auch dürfen Personen **nicht willkürlich** überprüft werden.

bb) Öffentliche Veranstaltungen und Ansammlungen. Öffentliche Veranstaltungen i. S. d. § 27 Abs. 1 Nr. 2 PolG sind zu einem bestimmten Zweck gezielt veranstaltete **Zusammenkünfte einer größeren Anzahl von Personen, die grundsätzlich jedermann offen** stehen, aber **nicht auf die Meinungsäußerung und -bildung ausgerichtet** sind.[28] Sie können **im Freien oder in geschlossenen Räumen** stattfinden.   17

Beispiele: Konzerte aller Art (Rock, Pop, Klassik, In- und Outdoor), Sportveranstaltungen aller Art (Fußballspiele[29], Leichtathletikfest, Volkslauf, Marathon etc.), Unterhaltungsveranstaltungen aller Art (Straßenfeste, Volksfeste, Shows), Informationsveranstaltungen, sonstige Veranstaltungen (Großgottesdienst anlässlich Papstbesuch oder Kirchentag).

Die **allgemeine Zugänglichkeit** der Veranstaltung wird nicht dadurch gehindert, dass die Personenanzahl wegen der Kapazität des Veranstaltungsorts (Halle, Festivalgelände etc.) oder der Sicherheit begrenzt ist, dass für den Zutritt Eintrittsgelder verlangt werden[30] oder dass vorab Tickets käuflich zu erwerben sind oder unentgeltlich besorgt werden müssen. Auch allgemeine Vorgaben für den Zugang der Veranstaltung (Outfit der Besucher, Altersgrenzen, Geschlecht [Frauensitzung im Karneval, Herrenbierprobe] etc.) stehen der allgemeinen Zugänglichkeit grundsätzlich nicht entgegen.

Veranstaltungen i. S. d. § 27 Abs. 1 Nr. 2 PolG dienen **nicht** der **allgemeinen Meinungsäußerung**. Insofern grenzen sie sich zu **Versammlungen i. S. d. Art. 8 GG** ab. Versammlungen gem. Art. 8 GG unterstehen einem besonderen verfassungsrechtlichen Schutz, für sie ist ein Rückgriff auf § 27 Abs. 1 Nr. 2 PolG wegen der sog. **Polizeifestigkeit** der Versammlungs- und Demonstrationsfreiheit[31] ausgeschlossen (→ § 6 Rn 15).[32] Zu Kontrollen im **Vorfeld einer Versammlung** vgl. ThürOVG, LKV 2022, 236.

Öffentliche Ansammlungen i. S. d. § 27 Abs. 1 Nr. 2 PolG sind **zufällige Zusammenkünfte einer größeren Anzahl von Personen, die zumeist durch äußere Ereignisse bedingt** sind.   18

Beispiele: Gaffer oder Schaulustige bei einem Unglücksfall oder Rettungseinsatz, Zuschauer bei einem Filmdreh, Zuhörer oder Zuschauer bei Straßenmusik oder Aufführungen im Straßenraum (Streetdance, Akrobatik etc.).

cc) Öffentlichkeit und besonderes Gefährdungsrisiko. Personenfeststellungen gem. § 27 Abs. 1 Nr. 2 PolG unterliegen **Restriktionen** und **klaren Voraussetzungen**.[33] Mit Blick auf **Art. 2 Abs. 1 GG** (persönliche Entfaltungsfreiheit) und **Art. 8 GG** (Versammlungsfreiheit) kann nicht jede Veranstaltung oder Ansammlung Grund für Feststellungen der Identität einer Person sein.   19

Zunächst beschränkt sich die Möglichkeit der Personenfeststellungen **nur** auf **öffentliche Veranstaltungen und Ansammlungen.** Dies bedeutet, dass der **reine Privatbereich nicht erfasst**

---

28 LT-Drs. 16/8484, S. 131, 200.
29 LT-Plenarprot. 16/126, S. 7790: „Hochrisikofußballspiele".
30 Brommer, Polizeigesetz BW, Einf. S. 9.
31 BVerwG, NVwZ 2019, 1281 (Rn 8) m. Anm. Detterbeck, 1282 f.; Kniesel/Poschner, in: Lisken/Denninger, Handbuch des Polizeirechts, Kap. J Rn 24, 28 ff.; Groscurth, in: Peters/Janz, Versammlungsrecht, Kap. G Rn 9, 23; Thiel, Polizei- und Ordnungsrecht, § 6 Rn 14, § 18 Rn 2; Kniesel/Braun/Keller, Besonderes Polizei- und Ordnungsrecht, Rn 126; Schulte/Glückert, JURA 2020, 179, 183; Trurnit, JURA 2019, 1252, 1253; Weber, NJ 2019, 472, 473; Buchholtz, JuS 2018, 889, 893; Froese, JA 2015, 679.
32 LT-Drs. 16/8484, S. 131, 197, 200; Brommer, Polizeigesetz BW, Einf. S. 9 f.
33 Sehr krit. indes Nachbaur, VBlBW 2021, 55, 56: „höchst diffus umschrieben".

wird. In den meisten Fällen wird die Abgrenzung nicht allzu schwer sein. Private Veranstaltungen sind solche, die sich gezielt nur an eine sehr begrenzte Anzahl von Personen richten (Freunde), die dem Veranstalter oder der einladenden Person in der Regel persönlich bekannt sind (etwa privater Freundeskreis oder Arbeitskollegen) oder die jedenfalls durch allgemeine Kriterien (alle Mitarbeiter oder bestimmte Kunden einer Firma) bestimmbar sind. **Beteiligte Personen und Anlass** müssen auf eine Privatheit der Veranstaltung schließen lassen. Private Ansammlungen dürften eher selten vorkommen, denkbar wären aber spontane Zusammenkünfte am Arbeitsplatz (Vorführung von Kollegen) oder im Freizeitbereich (spontanes Fußballspiel, Grillfest etc.).

Beispiele: Private Feiern (Geburtstag, Hochzeit, Konfirmation, Party, Abschlussfeier, Grillfest etc.), Firmenfeiern (Geburtstag des Chefs / von Mitarbeitern, Firmenjubiläum, Betriebsversammlung (ggf. sogar Schutz durch Art. 9 GG).

Allein die Anzahl der Personen (etwa mehr als hundert Eingeladene) oder die Art der Einladung (Einladung über Facebook nur an „Freunde") dürften in der Regel noch keine sichere Beurteilung zulassen. Entscheidend sind immer die gesamten **Umstände des jeweiligen Einzelfalls**.

20 Die wichtigste Einschränkung erfährt der Anwendungsbereich des § 27 Abs. 1 Nr. 2 PolG dadurch, dass von den erfassten Veranstaltungen und Ansammlungen ein **besonderes Gefährdungsrisiko** ausgehen muss. Diese Begrenzung der Anwendbarkeit ist schon deswegen geboten, weil das Polizeirecht gem. § 1 Abs. 1 PolG primär der Gefahrenabwehr dient (→ § 4 Rn 2 ff.). Eine allgemeine unbegrenzte Kontrollbefugnis der Polizei wäre damit nicht vereinbar. Es gibt **keine allgemeine Verpflichtung**, sich **ohne Grund auf amtliche Aufforderung auszuweisen** oder sonstige Angaben zu Personalien zu machen.[34] Wegen des mit der Personenfeststellung zwingend verbundenen Eingriffs in das Recht auf informationelle Selbstbestimmung bedarf jede Personenfeststellung stets einer verfassungsrechtlichen Rechtfertigung im Einzelfall und unterliegt auch insoweit der vollständigen gerichtlichen Überprüfung.[35]

§ 27 Abs. 1 Nr. 2 PolG erlaubt – wie Nr. 2 bis 7 insgesamt – eine Identitätskontrolle von Personen im Rahmen einer Veranstaltung und Ansammlung **bereits vor Eintritt einer konkreten Gefahr oder Störung** und verlagert damit die polizeirechtliche Eingriffsschwelle vor (→ Rn 13). **Eingriffsmaßnahmen gegen jedermann sind bereits im Vorfeld** – also ohne Vorliegen einer konkreten Gefahr – **zulässig**. Die Befugnis zur Kontrolle wird in das **Vorfeld einer konkreten Gefahr** verlagert (→ Rn 22).[36]

21 § 27 Abs. 1 Nr. 2 PolG lässt die **Feststellung der Identität einer Person nur** bei Veranstaltungen oder Ansammlungen zu, wenn

- die Veranstaltung oder Ansammlung ein besonderes Gefährdungsrisiko i. S. d. § 44 Abs. 1 S. 2 PolG aufweist und
- dort erfahrungsgemäß mit der Begehung von Straftaten gegen Leib, Leben oder Sachen von bedeutendem Wert zu rechnen ist.

Diese **tatbestandlichen Voraussetzungen** des § 27 Abs. 1 Nr. 2 PolG müssen **kumulativ** („und") vorliegen. Fehlt eines dieser Kriterien, ist eine Personenkontrolle bei oder im Zusammenhang mit einer Veranstaltung oder Ansammlung nicht zulässig.

Beispiele:
- Eine größere **spontane Ansammlung beim Konzert eines Straßenmusikers** im öffentlichen Raum ohne besondere Begleitumstände berechtigt nicht zur Feststellung der Identität dort anwesender Personen.
- Ein **normales Pop- oder Rockkonzert ohne besondere Begleiterscheinungen** berechtigt für sich allein nicht zur Feststellung der Identität dort anwesender Personen. Etwas anderes gilt aber, wenn für diese Veranstaltung eine **konkrete Bedrohungslage** – etwa durch einen Anschlag – vorliegt.

---

34 BVerfG, NVwZ 2016, 53 (Rn 11).
35 BVerfG, NVwZ 2016, 53 (Rn 12).
36 Tomerius, Die Polizei 2019, 257, 259; Graulich, in: Lisken Denninger, Handbuch Polizeirecht, Kap. E Rn 320 f.

II. Einzelmaßnahmen

- Das **Konzert** einer bekannten **rechtsradikalen oder neonazistischen Band** kann im Einzelfall für sich allein schon ausreichen, dass Identitätsfeststellungen bei den an- und abreisenden Konzertbesuchern durchgeführt werden.
- Das **Fußballspiel** zweier Vereine **mit bekanntermaßen vielen Hooligans**, bei dem es erfahrungsgemäß am Rand des Spiels regelmäßig zu gewalttätigen Ausschreitungen kommt (sog. **Hochrisikospiel**), genügt den Anforderungen des § 27 Abs. 1 Nr. 2 PolG für gezielte Personenfeststellungen.

Durch den **Verweis auf § 44 Abs. 1 S. 2 PolG** werden für die Feststellung der Identität einer Person **zwingend und abschließend** (keine Erweiterung möglich) folgende **Voraussetzungen für ein besonderes Gefährdungsrisiko** festgelegt:

1. Es muss aufgrund einer aktuellen Gefährdungsanalyse anzunehmen sein, dass Veranstaltungen und Ansammlungen vergleichbarer Art und Größe von terroristischen Anschlägen bedroht sind, oder
2. aufgrund der Art und Größe der Veranstaltungen und Ansammlungen können erfahrungsgemäß erhebliche Gefahren für die öffentliche Sicherheit entstehen.

Wie sich aus dem Wortlaut der Norm ergibt, sind diese Tatbestandsvoraussetzungen **alternativ** („oder"). Es muss also *entweder* eine konkretisierte Bedrohungslage durch terroristische Anschläge gegeben sein, die durch eine aktuelle und nachvollziehbare Gefährdungsanalyse (damit wird der **Nachweis eines erhöhten abstrakten Gefährdungsrisikos** verlangt[37]) belegt wird, *oder* es müssen erfahrungsgemäß von Art und Größe der Veranstaltung oder Ansammlung erhebliche Gefahren für die öffentliche Sicherheit ausgehen (Begriff „**erheblichen Gefahr**" → § 4 Rn 31). Vom Vorliegen einer erheblichen Gefahr ist nicht nur auszugehen, wenn das betroffene Rechtsgut besonders hochwertig ist, sondern auch, wenn der Umfang des zu erwartenden Schadens besonders hoch ist.[38]

Beim **Terrorismus** geht der Gesetzgeber davon aus, dass größere Menschenansammlungen nicht zuletzt wegen ihrer Anonymität für Straftäter günstige Tatgelegenheiten bieten und dass sie durch die anhaltende Bedrohung durch den internationalen Terrorismus besonders gefährdet sind. Die Wahrscheinlichkeit eines Schadenseintritts muss sich aus einer aktuellen systematischen Untersuchung des Geschehens ergeben, wobei die Untersuchung auf der Basis von Tatsachen erfolgen muss.[39]

Im Sinne der **Nr. 2** des § 44 Abs. 1 S. 2 PolG können sich nachprüfbare Tatsachen, die das Gefährdungspotenzial begründen, aus dem **Anlass und dem Kreis der Teilnehmer oder der Zuschauer** ergeben. Das Vorliegen einer konkreten Gefahr ist hier zwar nicht Voraussetzung, die Annahme der erheblichen Gefahr muss aber trotzdem durch **konkrete auf Tatsachen gestützte Erfahrungswerte** gerechtfertigt sein.[40] Ein allgemeiner Hinweis auf eine bestimmte Veranstaltungsart und -größe genügt nicht, die Gefährlichkeit muss sich aus der **Art und Größe im Einzelfall** ergeben.[41]

Weitere zwingende („und") Voraussetzung neben dem besonderen Gefährdungsrisiko ist, dass bei den Veranstaltungen und Ansammlungen **erfahrungsgemäß mit der Begehung von Straftaten gegen Leib, Leben oder Sachen von bedeutendem Wert zu rechnen** ist. „Erfahrungsgemäß" bedeutet, dass die Gefahr der Begehung von Straftaten nicht nur abstrakt bestehen darf, sondern dass die Annahme auf allgemeinen Erfahrungssätzen basieren muss: Der Polizei muss die

---

37 LT-Drs. 16/8484, S. 131; vgl. dazu auch BVerwG, Beschl. v. 24.8.2020 – 6 B 18.20 (Rn 6), zur erhöhten Gefahrenprognose bei Einschränkung einer Versammlung durch polizeiliche Kontrollstellen. Brommer, Polizeigesetz BW, Einf. S. 10, spricht sich gegen „überzogene Anforderungen" aus.
38 LT-Drs. 16/8484, S. 211.
39 LT-Drs. 16/8484, S. 119, 131 f. m. w. N.; Brommer, Polizeigesetz BW, Einf. S. 10.
40 Brommer, Polizeigesetz BW, Einf. S. 11.
41 LT-Drs. 16/8484, S. 132, 211.

Erkenntnis vorliegen, dass wegen der Art oder des Umfangs der Veranstaltung oder Ansammlung von teilnehmenden Personen typischerweise spezifische Gefahren ausgehen können.[42]

Für die Anwendung des § 27 Abs. 1 Nr. 2 PolG sind zwingend „Straftaten erforderlich". **Ordnungswidrigkeiten genügen** demnach **nicht**. **Straftaten gegen Leib** sind vor allem die des 17. Abschnitts des Besonderen Teils des StGB, also die **§§ 224 bis 231 StGB**, solche **gegen Leben** die des 16. Abschnitts des Besonderen Teils des StGB, also die **§§ 211 bis 222 StGB**.[43] Eine **Sache von besonderem Wert** hat üblicherweise einen Wert von **mindestens 750 €**.[44]

24 **dd) Vor- und Nachphase von Veranstaltungen und Ansammlungen.** Aus der Formulierung „bei oder im Zusammenhang" folgt, dass auch die **Vor- und Nachphase der Veranstaltung oder Ansammlung** erfasst werden. Daher sind auf der Grundlage des § 27 Abs. 1 Nr. 2 PolG auch Personenfeststellungen in der Zeit vor und nach einer Veranstaltung oder Ansammlung zulässig. Hiervon werden insbesondere die **An- und Abreise** zur Veranstaltung oder Ansammlung erfasst.[45] Diese Erweiterung unterliegt indes einer **zeitlichen und räumlichen Begrenzung**.[46] Richtigerweise wird der notwendige Bezug zur Veranstaltung oder Ansammlung nur dann gegeben sein, wenn sich die Veranstaltung oder Ansammlung noch auf das Verhalten der von der Personenfeststellung betroffenen Personen auswirken kann.

Beispiel: Reisen Personen zu einer Veranstaltung bereits **am Vortag** an, um sich noch die Umgebung des Veranstaltungsorts touristisch anzusehen oder einen Tag auszuspannen, besteht kein hinreichend kausaler Zusammenhang i. S. d. § 27 Abs. 1 Nr. 2 PolG.

25 **ee) Verhältnismäßigkeit.** Bei auf § 27 Abs. 1 Nr. 2 PolG gestützten Identitätsfeststellungen muss der **Grundsatz der Verhältnismäßigkeit** gewahrt bleiben. Die Regelung hat lediglich **deklaratorische** Bedeutung[47], hebt aber die immanenten Grenzen des Verfassungsrechts hervor. Der Gesetzgeber legt hierauf besonders bei der Personenauswahl Wert. Dies wird aus dem zweiten Halbsatz der Norm deutlich, wonach bei der Auswahl der Person in besonderem Maß der Grundsatz der Verhältnismäßigkeit zu wahren ist. Ziel von § 27 Abs. 1 Nr. 2 PolG ist es in erster Linie, potenzielle Straftäter aus ihrer Anonymität zu holen und dadurch Straftaten zu verhindern. Daher hat die Polizei vor allem **bei der konkreten Auswahl einer betroffenen Person** auch unter Berücksichtigung vorhandener Erfahrungswerte **besonders sorgfältig zu überprüfen**, ob die vorgesehene Maßnahme im Hinblick auf die **Zielsetzung der Regelung** angemessen erscheint.[48] Damit sind **undifferenzierte Identitätsfeststellungen größerer Art** bei oder im Zusammenhang mit Veranstaltungen oder Ansammlungen **stets unzulässig**. Es ist allerdings nicht zwingend erforderlich, dass von der betroffenen Person eine konkrete Gefahr ausgeht.[49]

26 **d) Personenfeststellung an gefährlichen Orten (§ 27 Abs. 1 Nr. 3 PolG). aa) Allgemeines.** Gem. § 27 Abs. 1 Nr. 3 PolG kann die Polizei die Identität einer Person feststellen, „wenn sie an einem Ort **angetroffen** wird, an dem sich erfahrungsgemäß Straftäter verbergen, Personen Straftaten verabreden, vorbereiten oder verüben, sich ohne erforderliche Aufenthaltserlaubnis treffen oder der Prostitution nachgehen". Die Regelung ist **verfassungsgemäß**, insbesondere

---

42 Krit. hierzu Nachbaur, VBlBW 2021, 55, 56: „nur wenig an greifbarer Kontur".
43 Vgl. auch die Legaldefinition in § 2 Nr. 3 d BremPolG: „Eine Gefahr für Leib oder Leben ist eine Sachlage, bei der eine nicht nur leichte Körperverletzung oder der Tod einzutreten droht."
44 BGH, StV 2011, 619 (Rn 4 ff.), u. NStZ 2019, 677 (Rn 8), zu §§ 315 b Abs. 1, 315 c Abs. 1 StGB (str.).
45 R. Schenke, in: Schenke/Graulich/Ruthig, Sicherheitsrecht, § 26 BPolG Rn 24.
46 Brommer, Polizeigesetz BW, Einf. S. 9.
47 LT-Drs. 16/8484, S. 208.
48 So ausdrücklich LT-Drs. 16/8484, S. 132, u. Sckerl, LT-Plenarprot. 16/127, S. 7853; Pöltl, VBlBW 2021, 45, 48; Brommer, Polizeigesetz BW, Einf. S. 12. Dies folgt auch aus den klaren verfassungsrechtlichen Vorgaben des BVerfG, NJW NVwZ 2016, 53, zur Zulässigkeit und Begrenzung der Personenfeststellung.
49 W.-R. Schenke, in: Schenke/Graulich/Ruthig, Sicherheitsrecht, § 43 BPolG Rn 13.

auch hinreichend bestimmt.[50] Derartige **gefährliche oder verrufene Orte**[51] sind etwa Drogenumschlagplätze, Treffpunkte in Parkanlagen, Lokale oder sonstige Orte, an denen nach polizeilicher Erfahrung die Tatbestandsvoraussetzungen vorliegen (sog. „milieuspezifisches" oder kriminogenes Umfeld). Dort können alle angetroffenen Personen kontrolliert werden, ohne dass es sich hierbei um Störer i. S. d. §§ 6, 7 PolG handeln muss.[52] Durch den Begriff „Ort" wird die Kontrollbefugnis der Polizei räumlich begrenzt.[53]

bb) Tatbestandsvoraussetzungen. Das Gesetz knüpft die **Befugnis zur Identitätsfeststellung** an die **Erfahrung, dass sich an diesen Orten Straftäter verbergen oder bestimmte Rechtsverstöße begangen werden.** Es müssen mithin **tatsächliche Anhaltspunkte** gegeben sein, denen zufolge der fragliche Ort der zuständigen Behörde als „gefährlich" bekannt ist. Tatsächliche Anhaltspunkte liegen vor, wenn aufgrund objektiver, der Nachprüfung zugänglicher Kriterien sich an dem Ort nach Erkenntnissen der Polizei die im Gesetz genannten Vorgänge erfahrungsgemäß zu ereignen pflegen.[54] Örtlichkeiten im Sinne der Vorschrift sind auch Bordelle, bordellartige Betriebe oder sonstige Etablissements, in denen der **Prostitution** nachgegangen wird. Seit der **Gesetzesänderung vom 18.11.2008** knüpft die Befugnis zur Identitätsfeststellung nur noch an ein **Antreffen** der zu kontrollierenden Person an und nicht mehr an ein **Aufhalten.** Deshalb reicht es aus, dass die Person den Ort lediglich durchquert, ohne dass ein längeres Verweilen oder eine Kontaktaufnahme mit anderen erforderlich wäre.[55]

cc) Razzia. Bei der **Razzia** handelt es sich um eine **Sammelkontrolle**, die durch planmäßig vorbereitete, überraschende Absperrung einer bestimmten Örtlichkeit ermöglicht wird und darauf abzielt, die Identität eines größeren Personenkreises zu überprüfen. Sie beginnt regelmäßig mit der überraschenden Abriegelung der entsprechenden Örtlichkeit durch ein Polizeiaufgebot, wobei an alle Personen die Aufforderung ergeht, sich zu legitimieren.[56] Die Razzia besteht aus einem ganzen **Maßnahmenbündel**, das aber überwiegend Strafverfolgungscharakter besitzt.

§ 27 Abs. 1 Nr. 3 PolG enthält keine spezielle Ermächtigungsgrundlage für eine Razzia, sondern ermächtigt unter den dortigen Feststellungen nur zur Identitätsfeststellung der Personen, die am Ort der Razzia angetroffen werden. Darüber hinausgehende Eingriffe wie etwa ein Datenabgleich, das Durchsuchen, Untersuchen, die Ingewahrsamnahme etc. beurteilen sich nach den jeweils hierfür existierenden Ermächtigungsgrundlagen.[57] So können etwa Wohnungen sowie Arbeits-, Betriebs- und Geschäftsräume nur unter den Voraussetzungen des § 36 PolG betreten oder durchsucht werden.[58]

e) Personenfeststellung zum Schutz gefährdeter Objekte (§ 27 Abs. 1 Nr. 4 PolG). Gem. § 27 Abs. 1 Nr. 4 PolG kann die Identität einer Person festgestellt werden, wenn sie an einem **besonders gefährdeten Ort oder in dessen unmittelbarer Nähe** angetroffen wird **und** Tatsachen die Annahme rechtfertigen, dass in oder an Objekten dieser Art Straftaten begangen werden sollen. Die Bestimmung dient dem **Personen- und Objektschutz.**

Die Vorschrift rechtfertigt sich aus der **besonderen Gefährdung von Objekten** wie Verkehrsanlagen und öffentlichen Verkehrsmitteln (etwa Flughäfen, Eisen-, S- und U-Bahnen, Bahnhöfe),

---

50 Ausführlich dazu HambOVG, NVwZ 2022, 1219, 1227 ff. (Rn 75 ff.).
51 Vgl. zu den Begriffen Tomerius, Die Polizei 2019, 257 f.
52 Geis, Fälle zum Polizei- und Ordnungsrecht, Rn 22.
53 Tomerius, Die Polizei 2019, 257, 258.
54 HambOVG, NVwZ 2022, 1219, 1228 f. (Rn 81 ff.), u. NVwZ-RR 2003, 277; NdsOVG, NdsVBl 2010, 299; Brockmann/Lücke, NVwZ 2022, 1189, 1191.
55 HambOVG, NVwZ-RR 2003, 277. Insgesamt krit. dazu Tomerius, Die Polizei 2019, 257, 260 ff.
56 Stephan, in: Stephan/Deger, Polizeigesetz BW, § 26 Rn 13.
57 Knemeyer/Schmidt, Polizei- und Ordnungsrecht (PdW), S. 68.
58 So auch Stephan, in: Stephan/Deger, Polizeigesetz BW, § 26 Rn 13 m. w. N., u. a. mit Hinweis auf BVerwGE 121, 345 ff.

Versorgungsanlagen (etwa Kraftwerke, Talsperren, Sendemasten, Überlandleitungen, Pipelines), Gerichts-, Parlaments- und Verwaltungsgebäude, Botschafts- und Konsulatsgebäude etc. Das geschützte Objekt muss nicht konkret gefährdet sein. Doch müssen **Tatsachen** (nicht bloß Vermutungen) vorliegen, die den Schluss rechtfertigen, dass einem der im Tatbestand bezeichneten gefährdeten Objekte – wenn auch nicht bestimmbar welchem – ein Schaden droht.[59] Nach der **Gesetzesänderung vom 18.11.2008** ist – wie bei § 27 Abs. 1 Nr. 3 PolG – kein **Aufhalten** mehr erforderlich, sondern nur noch ein **Antreffen** (Unterschied → Rn 27). Die Personenfeststellung ist nicht nur am gefährdeten Ort selbst möglich, sondern auch in **unmittelbarer Nähe** hiervon. Dies setzt einen räumlichen Bezug zwischen der Person und dem Ort voraus. Hierfür muss sie – was einzelfallabhängig ist – in kurzer Zeit an den gefährdeten Ort gelangen können.[60]

30 f) **Personenfeststellung an einer Kontrollstelle (§ 27 Abs. 1 Nr. 5 PolG).** § 27 Abs. 1 Nr. 5 PolG BW a. F. war durch die **Gesetzgebungskompetenz des Landes nicht gedeckt**.[61] Die Vorschrift diente ihrem klaren Wortlaut nach nicht der Verhütung von Straftaten, sondern der **Fahndung nach Straftätern**. Eine Ermächtigung zur Fahndung nach Straftätern kann jedoch nicht als Regelung verstanden werden, die ihrem Schwerpunkt nach präventiven Zwecken dient. Wenn eine Norm ihrer objektiven Fassung nach allein auf das Strafrecht bezogen ist, kann sie kompetenzrechtlich nicht bereits deshalb der Gefahrenabwehr zugeordnet werden, weil das Strafrecht immer auch präventiv der Sicherheit dient. Die Fahndung nach Straftätern gehört vielmehr unzweifelhaft zur Strafverfolgung[62] und fällt damit in die Gesetzgebungskompetenz des Bundes.

Der Gesetzgeber hat auf diese Feststellungen des BVerfG reagiert und mit dem **PolG 2020** die notwendigen **Änderungen** vorgenommen. Die alte Regelung der Personenfeststellung von Personen, die an einer Kontrollstelle angetroffen wurden, die von der Polizei „zum Zwecke der Fahndung nach Straftätern" eingerichtet worden waren, wurde aufgehoben. Nunmehr wurde der Wortlaut der Norm dahingehend geändert, dass die Personenfeststellung von Personen ermöglicht wird, die an einer Kontrollstelle angetroffen wurden, die von der Polizei eingerichtet worden ist, um „Straftaten von erheblicher Bedeutung zu verhindern". Damit knüpft § 27 Abs. 1 Nr. 5 PolG nunmehr an die **Verhütung von Straftaten mit erheblicher Bedeutung** an (→ Rn 32), nicht mehr an die Fahndung nach Straftätern. Die Norm stellt keine repressive Maßnahme mehr dar.[63]

31 Die Vorschrift ermächtigt die Polizei, unter den genannten Voraussetzungen (Verhinderung von Straftaten mit erheblicher Bedeutung) Kontrollstellen einzurichten und dort bei jeder hier angetroffenen Person Personenkontrollen durchzuführen. Eine konkrete Gefahr oder ein konkreter Verdacht muss gegen diejenige Person nicht vorliegen. **Kontrollstellen** sind Stellen bzw. **Sperren**, an denen Personen angehalten werden, um ihre Identität zu einem bestimmten Zweck und in einem bestimmten Umfang zu überprüfen.[64] Ihr Kennzeichen liegt darin, dass jeder, der zu ihr gelangt, ohne Vorliegen einer konkreten Gefahr oder konkreter Verdachtsmomente gem. § 27 Abs. 1 Nr. 5 PolG seine Identität feststellen lassen und gem. § 35 Nr. 7 u. 8 PolG sein Fahrzeug und seine sonstigen Sachen durchsuchen lassen muss. Adressat der Maßnahme kann daher jedermann sein (sog. **Ortshaftung**). Aus diesem Grund ist die Maßnahme umstritten.

---

59 VGH BW, VBlBW 1982, 338, 340.
60 Vgl. hierzu VGH BW 1982, 338, wonach eine Entfernung von 2 km noch ausreicht.
61 BVerfGE 150, 309, 331 (Rn 57).
62 BVerfGE 150, 309, 331 f. (Rn 58).
63 Nachbaur, VBlBW 2021, 55, 56; Brommer, Polizeigesetz BW, Einf. S. 14.
64 Vgl. Riegel, Polizeiliche Personenkontrolle, S. 34; Stephan, in: Stephan/Deger, Polizeigesetz BW, § 26 Rn 17; Kontrollstellen sind etwa auch Grenzübergänge (§ 23 Abs. 1 Nr. 2, 3 i. V. m. § 2 BPolG; § 23 Abs. 2 Nr. 3 BPolG).

II. Einzelmaßnahmen

Beispiel: Fahndung nach potenziellen Einbrechern durch Einrichtung einer Straßen- und Kontrollsperre, nachdem es in Wohngebieten der Umgebung zu vermehrten Wohnungseinbrüchen gekommen war.

Die Einrichtung einer **polizeiliche Kontrollstelle** i. S. d. § 27 Abs. 1 Nr. 5 PolG muss **vorrangig** **der Gefahrenabwehr dienen**. Mit der Neufassung durch das PolG 2020 ist die Gefahrenabwehr nunmehr dahingehend konkretisiert, dass die Personenkontrolle i. S. d. § 27 Abs. 1 Nr. 5 PolG nur rechtmäßig ist, wenn die eingerichtete Kontrollstelle der Verhinderung von **Straftaten mit erheblicher Bedeutung** dient. Die Polizei kann damit im Vorfeld einer Gefahr nach Nr. 5 nur dann eine Kontrollstelle einrichten, wenn die begründete Annahme besteht, dass in einem örtlich begrenzten Bereich Personen in absehbarer Zeit beabsichtigen, Straftaten zu begehen. 32

Für die Bestimmung dieser Straftaten mit erheblicher Bedeutung ist auf **§ 49 Abs. 3 PolG** zurückzugreifen.[65] Danach sind Straftaten mit erheblicher Bedeutung
1. Verbrechen,
2. Vergehen, die im Einzelfall nach Art und Schwere geeignet sind, den Rechtsfrieden besonders zu stören, soweit
    a) sie sich gegen das Leben, die Gesundheit oder die Freiheit einer oder mehrerer Personen oder bedeutende fremde Sach- oder Vermögenswerte richten,
    b) es sich um Taten auf den Gebieten des unerlaubten Waffen- oder Betäubungsmittelverkehrs, der Geld- oder Wertzeichenfälschung, des Staatsschutzes (§§ 74a und 120 des Gerichtsverfassungsgesetzes) oder nach §§ 86 a, 109h, 126, 130 und 130 a StGB handelt,
    c) sie gewerbs-, gewohnheits-, serien-, bandenmäßig oder sonst organisiert begangen werden.

Die **Aufzählung** der in § 49 Abs. 3 PolG ausdrücklich genannten Straftatbestände ist richtigerweise **nicht abschließend**[66], es können auch weitere Vergehen für die Einrichtung einer Kontrollstelle i. S. d. § 27 Abs. 1 Nr. 5 PolG in Betracht kommen, wenn sie im Einzelfall nach Art und Schwere geeignet sind, den Rechtsfrieden besonders zu stören. Maßstab sind dabei die in § 49 Abs. 3 PolG ausdrücklich aufgezählten Straftatbestände.

Zweck der Einrichtung der Kontrollstellen gem. § 27 Abs. 1 Nr. 5 PolG ist es nach der Neufassung durch das PolG 2020 ausdrücklich nicht, einen Täter im Anschluss an die Begehung von konkreten Straftaten zu ergreifen oder Beweismittel sicherzustellen. **Kontrollstellen, die zur konkreten Strafverfolgung dienen**, können nur gem. **§ 111 StPO** eingerichtet werden. Da in § 111 StPO eine **konkurrierende Bestimmung** für die Fahndung nach bestimmten Straftätern vorhanden ist, bleiben für das PolG nur die Fälle, in denen nicht gezielt nach bestimmten Straftätern, sondern nur allgemein (ereignisunabhängig) nach Straftätern gefahndet wird oder in denen Straftaten verhindert werden sollen.[67] 33

Personenkontrollen anreisender **Versammlungsteilnehmer** an einer Kontrollstelle auch im Vorfeld einer Versammlung sind grundsätzlich nur im Rahmen des § 15 VersammlG zulässig. Kontrollen im Rahmen von **öffentlichen Veranstaltungen und Ansammlungen**, die nicht unter das Versammlungsrecht fallen, werden durch § 27 Abs. 1 Nr. 2 PolG ermöglicht. 34

Nicht unter § 27 Abs. 1 Nr. 5 PolG fallen Kontrollen, die **ausschließlich verkehrspolizeilichen Zwecken** dienen (vgl. § 36 Abs. 5 StVO).

g) Personenfeststellung innerhalb eines Kontrollbereichs (§ 27 Abs. 1 Nr. 6 PolG). § 27 Abs. 1 Nr. 6 PolG BW a. F. war durch die **Gesetzgebungskompetenz des Landes nicht gedeckt**.[68] Die Vorschrift diente ihrem klaren Wortlaut nach nicht der Verhütung von Straftaten, sondern der 35

---
65 So auch LT-Drs. 16/8484, S. 132.
66 Stephan, in: Stephan/Deger, Polizeigesetz BW, § 22 Rn 22.
67 Stephan, in: Stephan/Deger, Polizeigesetz BW, § 26 Rn 17 ff.
68 BVerfGE 150, 309, 331 (Rn 57).

Fahndung nach Straftätern. Eine Ermächtigung zur Fahndung nach Straftätern kann jedoch nicht als Regelung verstanden werden, die ihrem Schwerpunkt nach präventiven Zwecken dient. Wenn eine Norm ihrer objektiven Fassung nach allein auf das Strafrecht bezogen ist, kann sie kompetenzrechtlich nicht bereits deshalb der Gefahrenabwehr zugeordnet werden, weil das Strafrecht immer auch präventiv der Sicherheit dient. Die Fahndung nach Straftätern gehört vielmehr unzweifelhaft zur Strafverfolgung[69] und fällt damit in die Gesetzgebungskompetenz des Bundes.

Der Gesetzgeber hat auf diese Feststellungen des BVerfG reagiert und mit dem **PolG 2020** die notwendigen **Änderungen** vorgenommen. Die alte Regelung der Personenfeststellung von Personen, die innerhalb eines Kontrollbereichs angetroffen werden, der zum Zwecke der Fahndung nach Personen, die „als Täter oder Teilnehmer eine der in § 100 a der StPO genannten Straftaten begangen haben", dient, wurde aufgehoben. Nunmehr wurde der Wortlaut der Norm dahin gehend geändert, dass die Personenfeststellung von Personen ermöglicht wird, die innerhalb eines Kontrollbereichs angetroffen werden, der von der Polizei eingerichtet worden ist, um „eine der in § 100 a StPO bezeichneten Straftaten zu verhindern". Damit knüpft § 27 Abs. 1 Nr. 6 PolG nunmehr an die **Verhütung von Straftaten gem. § 100 a StPO** an (→ Rn 37), nicht mehr an die Fahndung nach Straftätern. Die Norm stellt keine repressive Maßnahme mehr dar.[70]

Durch das PolG 2020 wurde S. 2 des § 27 Abs. 1 Nr. 6 PolG **gestrichen**, wonach der Kontrollbereich außer bei Gefahr im Verzug nur vom Innenministerium oder von einem regionalen Polizeipräsidium eingerichtet werden konnte.

36 Die **Einrichtung eines Kontrollbereichs** dient – im Unterschied zur einzelnen Kontrollstelle – der Absperrung eines ganzen Gebiets (Straßenzug, Stadtviertel, Plätze) zur Verhinderung von Straftaten gem. **§ 100 a StPO**. Wegen der größeren räumlichen Wirkung sind an die Einrichtung eines Kontrollbereichs gem. § 27 Abs. 1 Nr. 6 PolG strengere Anforderungen geknüpft als an die Einrichtung einer Kontrollstelle nach Nr. 5.

37 Durch die ausdrückliche Bezugnahme auf § 100 a StPO ist der dort in Abs. 2 aufgeführte sehr umfassende **Straftatenkatalog abschließend**. Zur Verhütung anderer schwerwiegender Straftaten kann eine Personenfeststellung gem. § 27 Abs. 1 Nr. 6 PolG nicht erfolgen.

38 § 27 Abs. 1 Nr. 6 PolG ist gegenüber Maßnahmen nach § 111 StPO abzugrenzen. Kontrollen auf der Grundlage des § 27 PolG können nicht zu repressiven Zwecken, sondern nur dann eingerichtet werden, wenn nicht gezielt nach Straftätern gefahndet werden soll (→ Rn 35). Da die Strafprozessnorm eine abschließende Regelung enthält, ist für die Anwendung der Regelung der Nr. 6 kein Raum mehr.[71]

39 **h) Personenfeststellung zum Zweck der Bekämpfung grenzüberschreitender Kriminalität (§ 27 Abs. 1 Nr. 7 PolG). aa) Allgemeines.** § 27 Abs. 1 Nr. 7 PolG hat die **Bekämpfung der grenzüberschreitenden Kriminalität** in öffentlichen Einrichtungen des internationalen Verkehrs (etwa in Flughäfen, Bahnhöfen, Tank- und Rastanlagen, Häfen und Anlegestellen) sowie auf Durchgangsstraßen (etwa Bundesautobahnen, Europastraßen) mittels mobiler Fahndungsmaßnahmen und verdachtsunabhängiger Personenkontrollen zum Ziel. Danach ist die Polizei ermächtigt, zum Zweck der Bekämpfung der grenzüberschreitenden Kriminalität bei jeder Person Identitätsfeststellungen vorzunehmen. Die Voraussetzungen der §§ 6, 7 u. 9 PolG müssen nicht vorliegen.

---

69 BVerfGE 150, 309, 311 f. (Rn 58).
70 Nachbaur, VBlBW 2021, 55, 56; Brommer, Polizeigesetz BW, Einf. S. 14.
71 So auch Stephan, in: Stephan/Deger, Polizeigesetz BW, § 26 Rn 22; Würtenberger/Heckmann/Tanneberger, Polizeirecht BW, § 5 Rn 148.

II. Einzelmaßnahmen

§ 27 Abs. 1 Nr. 7 PolG wurde durch Änderungsgesetz vom 22.7.1996 (GBl. S. 501) eingeführt und regelt die sog. **„Schleierfahndung"**.[72] Erfasst sind hiervon alle Straftaten, bei denen sich die Täter – vorwiegend der organisierten Kriminalität – den Grenzkontrollabbau innerhalb der EU sowie die Öffnung der Grenzen zu den Staaten des ehemaligen Ostblocks nutzbar machen, um strafbare Handlungen zu begehen. Durch das **PolG 2020** wurde die Norm neu gegliedert (in Buchstabe a [öffentliche Einrichtungen des internationalen Verkehrs] und b [Durchgangsstraßen]), inhaltlich aber nicht geändert oder angepasst. Dies verwundert angesichts der klaren Hinweise des BVerfG auf die Verfassungswidrigkeit des § 27 Abs. 1 Nr. 7 b PolG in der weiterhin geltenden Fassung (→ Rn 44). 40

Eine **grenzüberschreitende Kriminalität** liegt vor, wenn eine Straftat grenzüberschreitende Bezüge aufweist, weil etwa Tatort und Wohnort des Täters in verschiedenen Staaten liegen, wenn Tatbeiträge aus dem Ausland geleistet werden oder wenn sich die Tatbeteiligten ins Ausland absetzen wollen.[73] Weiterhin gehören dazu Verstöße gegen das AufenthG wie illegaler Grenzübertritt, Aufenthalt etc. 41

Der Tatbestand des § 27 Abs. 1 Nr. 7 PolG setzt **keine konkrete Gefahr im polizeirechtlichen Sinne** voraus. Anknüpfungspunkte für die Personenkontrolle sind daneben: 42

- Die Personenkontrolle mit Feststellung der Identität der betroffenen Person muss der **Bekämpfung der grenzüberschreitenden Kriminalität** dienen. Vollkommen anlasslose Kontrollen sind nicht möglich.[74]
- Die Feststellung der Identität darf nur in **öffentlichen Einrichtungen des internationalen Verkehrs** (§ 27 Abs. 1 Nr. 7 a PolG) stattfinden. Das sind in erster Linie Bahnhöfe mit Fernverkehrsverbindungen, Flughäfen mit Auslandsflügen und Häfen mit Fährverbindungen in das Ausland.
- Darüber hinaus darf die Feststellung der Identität nur auf **Durchgangsstraßen** (Bundesautobahnen, Europastraßen und andere Straßen von erheblicher Bedeutung für die grenzüberschreitende Kriminalität) stattfinden (§ 27 Abs. 1 Nr. 7 b PolG). Damit kann eine entsprechende Kontrolle und Maßnahme der Polizei nicht an jedem Ort und auf jeder Straße stattfinden, sondern **nur an zentralen Verbindungsstrecken** mit Bezug zum benachbarten Ausland (→ Rn 44).
- Die zu kontrollierende Person muss sich **an einem der in § 27 Abs. 1 Nr. 7 PolG genannten Orte aufhalten** und muss einen **Anlass geben**, in einem Kontext zu grenzüberschreitender Kriminalität zu stehen.

Eine **willkürliche**, völlig anlassunabhängige **Kontrolle** kann damit auf § 27 Abs. 1 Nr. 7 PolG nicht gestützt werden. Sie wäre mit dem Recht auf informationelle Selbstbestimmung nicht zu vereinbaren.

bb) Schleierfahndung und Verfassungsrecht. § 27 Abs. 1 Nr. 7 PolG ermächtigt zur Identitätsfeststellung **aller** Personen bei einem Grenzübertritt, ohne dass eine konkrete Gefahr oder ein Gefahrenverdacht erforderlich ist. Die Regelung ist aber weiter gefasst, da sie keinen unmittelbaren Bezug und – anders als § 23 Abs. 1 Nr. 3 BPolG – keine konkretisierte örtliche Nähe zur Grenze verlangt. Grundsätzlich kann jedermann zu jeder Zeit von derartigen polizeilichen Kontrollmaßnahmen betroffen sein, wenn die übrigen tatbestandlichen Voraussetzungen vorliegen. Die Maßnahme wird daher auch als **anlassunabhängige Personenkontrolle** oder auch als verdachts- und ereignisunabhängige Personenkontrolle bezeichnet. 43

---

72 Zum Begriff vgl. Halder/Ittner, ZJS 2018, 308.
73 So Kahlert, in: Belz/Mußmann/Kahlert/Sander, Polizeigesetz BW, § 27 Rn 24.
74 Krit. dazu aber der Innenausschuss des Landtags, in: LT-Drs 12/117, S. 10.

Unbestritten besitzt diese Maßnahme eine **signifikante Eingriffsqualität**. Ihre besondere Bedeutung für die betroffene Person gewinnt die Identitätsfeststellung vor allem dadurch, dass sie häufig Auslöser von Folgeeingriffen mit oft recht erheblicher Eingriffsintensität ist.[75] Wegen des mit der Maßnahme verbundenen Eingriffs in das **Recht auf informationelle Selbstbestimmung** werden gegen die Zulässigkeit dieses „unspezifischen Instruments der Informationsgewinnung" vor allem in der Literatur Bedenken geäußert. Die **h. M.** geht indes von der **Verfassungsmäßigkeit der Regelung** aus.[76] Dieser Auffassung ist zu folgen, da die Identitätsfeststellung einen relativ geringfügigen hoheitlichen Eingriff darstellt, die Tatbestandsvoraussetzungen auf Fälle der Bekämpfung grenzüberschreitender Kriminalität begrenzt sind und das Übermaßverbot gilt. Hinzu kommen die aus dem Europarecht folgenden Begrenzungen (→ Rn 46 ff.). Das **BVerfG** hat ausgeführt, dass die Schleierfahndung vom Gesetzgeber eingeführt worden sei, um den unionsrechtlich bedingten Wegfall der innereuropäischen Grenzkontrollen zu kompensieren. Für diese sei nach innerstaatlichem Recht anerkannt, dass sie **ohne weiteren Anlass** durchgeführt werden dürften. Dass der Staat an seinen Grenzen ohne weitere Voraussetzungen Kontrollen vornehmen dürfe, um zu entscheiden, wer ein- und ausreise, gehöre zum **überlieferten Instrumentarium zur Sicherung der Territorialhoheit** und zur Gewährleistung von Recht und Sicherheit auf dem jeweiligen Staatsgebiet. Wenn die Bundesrepublik Deutschland auf der Grundlage des Unionsrechts die Grenzen öffne und auf Grenzkontrollen verzichte, sei es im Grundsatz gerechtfertigt, wenn als Ausgleich hierfür zur Gewährleistung der Sicherheit die allgemeinen Gefahrenabwehrbefugnisse spezifisch erweitert würden.[77]

44 **Durchgreifende Bedenken** bestehen aber wegen der **nicht ausreichenden räumlichen Begrenzung der Kontrollen**. Dies betrifft den Tatbestand in Buchstabe b des § 27 Abs. 1 Nr. 7 PolG. Das **BVerfG** hat hierzu in seinem Beschluss zur Zulässigkeit von Kfz-Kennzeichenlesesystemen (§ 51 PolG [= § 22 a PolG a. F.]) zwar ausgeführt, dass die Schleierfahndung als Ausgleich für den Wegfall von Grenzkontrollen und getragen von dem Ziel, einer hierdurch erleichterten Durchführung bestimmter Straftaten entgegenzutreten, ausnahmsweise verfassungsrechtlich gerechtfertigt sei. Das gelte aber nur insoweit, als für die Orte solcher Kontrollen in einer den Bestimmtheitsanforderungen genügenden Weise ein **konsequenter Grenzbezug sichergestellt** sei.[78] Die in § 27 Abs. 1 Nr. 7 b PolG erfolgende allgemeine Begrenzung auf „Durchfahrtsstraßen" (Bundesautobahnen, Europastraßen und andere Straßen von erheblicher Bedeutung für die grenzüberschreitende Kriminalität) sei verfassungsrechtlich nicht ausreichend, es fehle an einer **hinreichend klaren örtlich grenzbezogenen Beschränkung** solcher Kontrollen.[79] Die Regelung des § 27 Abs. 1 Nr. 7 b PolG ist in der geltenden Fassung **verfassungswidrig**, weil der notwendige Grenzbezug bei der Schleierfahndung nicht hinreichend konkretisiert ist.[80] Sie hätte mit dem **PolG 2020** entsprechend geändert und angepasst werden müssen. Allein die bislang enthaltene Formulierung „zum Zwecke der Bekämpfung der grenzüberschreitenden Kriminalität"

---

75 So auch Beschlussempfehlung und Bericht des Innenausschusses, LT-Drs 12/117, S. 10.
76 Vgl. BayVerfGH, NVwZ 2003, 1375, u. SächsVerfGH, NJW 2003, 473; W.-R. Schenke, in: Schenke/Graulich/Ruthig, Sicherheitsrecht, § 23 BPolG Rn 13; Bäcker, in: Lisken/Denninger, Handbuch des Polizeirechts, Kap. D Rn 290; Stephan, in: Stephan/Deger, Polizeigesetz BW, § 26 Rn 22 a; Zeitler/Trurnit, Polizeirecht BW, Rn 402 ff.; Pöltl, VBlBW 2021, 45, 49. Vgl. dazu auch Halder/Ittner, ZJS 2018, 308 m. w. N., sowie den Überblick bei Basten, Recht der Polizei, Rn 502 f.
77 BVerfGE 150, 244, 297 f. (Rn 144); Schulze-Kalthoff, Die Polizei 2022, 227, 228 ff.; krit., aber i. E. zust. Enders, in: Möstl/Trurnit, Polizeirecht BW, § 26 Rn 49: „Zirkelschluss".
78 BVerfGE 150, 309, 336 f. (Rn 74); BVerfGE 150, 244, 297 (Rn 140), 297 f. (Rn 144), 299 f. (Rn 149).
79 BVerfGE 150, 309, 337 (Rn 75): „Nicht hinreichend begrenzt ist unter diesem Gesichtspunkt § 22 a Abs. 1, Abs. 2, § 26 Abs. 1 Nr. 6 PolG BW, der Kennzeichenkontrollen allgemein auf Durchgangsstraßen im ganzen Land eröffnet. Indem er sie ohne weitere Einschränkung – etwa auf Bundesautobahnen und Europastraßen – allgemein auf allen Straßen von erheblicher Bedeutung für die grenzüberschreitende Kriminalität für zulässig erklärt, fehlt es an einer hinreichend klaren örtlich grenzbezogenen Beschränkung solcher Kontrollen"; ebenso BVerfGE 150, 244, 299 (Rn 149) für Bayern. Vgl. auch Nachbaur, VBlBW 2021, 55, 56 ff.
80 Enders, in: Möstl/Trurnit, Polizeirecht BW, § 26 Rn 49 a; Nachbaur, VBlBW 2021, 55, 56 f.

genügt hierfür nicht, wie auch das BVerfG zutreffend festgestellt hat. Zumindest könnte durch die VwV PolG eine für die Polizei verbindliche Konkretisierung anhand der Kriterien des BVerfG erfolgen (→ Rn 47 zum ermessenlenkenden Erlass des Bundesinnenministeriums zu § 23 Abs. 1 Nr. 3 BPolG).

Soweit sich die Personenkontrollen auf „**öffentlichen Einrichtungen des internationalen Verkehrs**" beziehen, bestehen keine verfassungsrechtlichen Bedenken, da hier ein **örtlich klarer Grenzbezug** besteht.[81]

cc) **Schleierfahndung und Unionsrecht.** Schwierigkeiten bereitet die Anwendung des § 27 Abs. 1 Nr. 7 PolG auch im Hinblick auf das **Unionsrecht**. Durch die Schengener Übereinkommen und den nachfolgend kodifizierten **Schengener Grenzkodex**[82] sind bei den Mitgliedsstaaten des Schengener Übereinkommens die Grenzkontrollen abgeschafft worden (→ § 1 Rn 38). In **Art. 23 Schengener Grenzkodex** wird klargestellt, dass den Mitgliedsstaaten die Ausübung eigener polizeilicher Befugnisse nicht benommen wird, soweit diese **nicht die gleichen Wirkungen wie Grenzübertrittskontrollen** haben.[83] Kontrollen gem. § 27 Abs. 1 Nr. 7 PolG dürfen daher nicht den Charakter allgemeiner, systematischer Grenzkontrollen aufweisen, sondern haben sich auf **anlassbezogene, punktuelle Kontrollen** zu beschränken.[84] Wegen der grundlegenden Bedeutung des Schengener Grenzkodex sind an die Voraussetzungen für eine auf § 27 Abs. 1 Nr. 7 PolG gestützte gefahrunabhängige Kontrolle strenge Bedingungen zu knüpfen. Der **EuGH** hat hierzu entschieden, dass wenn Indizien auf eine gleiche Wirkung wie Grenzkontrollen hindeuten, durch **Konkretisierungen und Einschränkungen**[85] des Mitgliedsstaats sicherzustellen sei, dass die praktische Ausübung der Befugnisse so ausgeübt werde, dass eine gleiche Wirkung wie Grenzkontrollen ausgeschlossen werde.[86] Je klarer Indizien auf eine gleiche Wirkung hindeuten, desto strenger müssen die Konkretisierungen und Einschränkungen sein.[87]

Das **BVerfG** geht davon aus, dass ein Ausgleich für den Wegfall der Grenzkontrollen aus Gründen des Unionsrechts nur in Maßnahmen gesucht werden darf, die **nicht speziell auf Grenzgänger beschränkt** sind, sondern auch Dritte erfassen können. Dass Personen im Grenzgebiet dann gelegentlich auch in Kontrollen geraten könnten, wenn sie die Grenze nicht übertreten hätten, mache die Maßnahmen ihnen gegenüber nicht unzumutbar im Sinne des Übermaßverbots.[88]

Der **VGH BW** hat in einem zu § 23 Abs. 1 Nr. 3 BPolG ergangenen Urteil entschieden, dass eine auf diese Regelung gestützte Maßnahme wegen Art. 23 Schengener Grenzkodex[89] nicht die gleiche Wirkung wie eine Grenzübertrittskontrolle haben dürfe.[90] Er bezieht sich dabei auf die Rechtsprechung des **EuGH**, wonach eine nationale Regelung, die verhaltensunabhängige

---

81 BVerfGE 150, 309, 338 (Rn 77).
82 Verordnung (EU) 2016/399 des Europäischen Parlaments und des Rates vom 9.3.2016 über einen Gemeinschaftskodex für das Überschreiten der Grenzen durch Personen (EU ABl. L 77, S. 1). Vgl. dazu auch Halder/Ittner, ZJS 2018, 308, 309.
83 Vgl. dazu auch Parma, Die Polizei 2019, 18, 20.
84 OVG Saarland, NVwZ-RR 2019, 725, 726 (Rn 22), zu § 23 Abs. 1 Nr. 3 BPolG; Enders, in: Möstl/Trurnit, Polizeirecht BW, § 26 Rn 45; W.-R. Schenke, in: Schenke/Graulich/Ruthig, Sicherheitsrecht, § 23 BPolG Rn 11 (zu § 23 Abs. 1 Nr. 3 BPolG); Nachbaur, VBlBW 2021, 55, 57; Walter, DVBl 2019, 1238, 1240; Halder/Ittner, ZJS 2018, 308, 309 f., vgl. dazu auch Becker ZJS 2017 705 f.; krit. dazu Parma, Die Polizei 2019, 18, 21.
85 Krit. sieht die Ausführung des EuGH zu den ermessenlenkenden Bestimmungen Groh, NVwZ 2017, 1608, 1609.
86 EuGH, EuGRZ 2017, 360, 363 (Rn 38), m. krit. Anm. Groh, 1608 f.; Schulte-Kalthoff, Die Polizei 2022, 227, 228.
87 EuGH, EuGRZ 2017, 360, 363 f. (Rn 40).
88 BVerfGE 150, 244, 298 f. (Rn 145 f.).
89 Verordnung (EU) 2016/399 des Europäischen Parlaments und des Rates vom 9.3.2016 über einen Gemeinschaftskodex für das Überschreiten der Grenzen durch Personen (EU ABl. L 77, S. 1).
90 VGH BW, NVwZ 2018, 1893, 1894 f. (Rn 29, 33), m. Anm. Halder/Ittner, ZJS 2018, 308, 311 ff.; ebenso BVerfGE 150, 244, 298 f. (Rn 145 f.), 301 f. (Rn 152).

Personenkontrollen im Grenzgebiet eines Schengen-Mitgliedsstaats erlaube, das **Ermessen der zuständigen Polizeibehörden ausreichend lenken** müsse, um sicherzustellen, dass es zu keinem Verstoß gegen das Schengen-Abkommen komme.[91] Der VGH BW kam dann zum Ergebnis, dass der Bundesgesetzgeber keine den europarechtlichen Vorgaben genügenden Regelungen getroffen habe. Er hatte deswegen eine gem. § 23 Abs. 1 Nr. 3 BPolG im Freiburger Bahnhof durchgeführte anlasslose Identitätskontrolle für unwirksam erklärt.

Wegen eines drohenden Vertragsverletzungsverfahrens[92] hat das Bundesinnenministerium den **Erlass zur Anwendung von § 23 Abs. 1 Nr. 3 BPolG vom 7.3.2016** verabschiedet[93], der Vorgaben für die konkrete Umsetzung von Identitätskontrollen durch die Polizei gibt, die Art. 23 des Schengener Grenzkodex genügen sollen.[94] Das **BVerwG** hat festgestellt, dass die Ermessenslenkung durch eine Verwaltungsvorschrift unionsrechtlich genügt[95], der Erlass des Bundesinnenministeriums ist auch inhaltlich ausreichend.[96]

48 Im Gegensatz zu § 23 Abs. 1 Nr. 3 BPolG sieht § 27 Abs. 1 Nr. 7 PolG **keine Kontrollen in einem Streifen an der deutschen Grenze** vor (in BW: Frankreich und Schweiz). Diese Frage war auch ein grundlegendes Thema im Gesetzgebungsverfahren. Der Innenminister hatte betont, dass ein Verstoß gegen das Schengen-Abkommen auch dadurch vermieden werde, „dass der vorliegende Gesetzentwurf im Unterschied zum bayerischen Polizeigesetz nicht von einem 30-km-Streifen ausgehe, so dass der Eindruck schon gar nicht entstehen könne, die Kontrollen an den Binnengrenzen würden nur etwas ins Hinterland verlagert". Der Innenminister begründete dies u. a. auch damit, „dass beispielsweise Wohnungseinbrüche in weit von der Grenze entfernten Gebieten auch darauf zurückzuführen seien, dass die Einbrecher seit dem Wegfall der Kontrollen an den EU-Binnengrenzen große Mobilitätsmöglichkeiten hätten. Es sei bekannt, dass Einbrecherbanden in immer stärkerem Maß vom Ausland kämen und die Grenze unmittelbar nach Begehung des Wohnungseinbruchs wieder überschritten. Derartige Wohnungseinbrüche könnten sich nicht nur in Grenznähe, sondern im ganzen Land abspielen".[97]

49 Es ist nach alledem davon auszugehen, dass die auf § 27 Abs. 1 Nr. 7 PolG beruhenden Identitätskontrollen grundsätzlich nicht gegen die Vorgaben des § 23 Schengen Grenzkodex verstoßen.[98] In aller Regel wird es **keinen Kompetenzkonflikt an der Grenze** geben. Angesichts der Rechtsprechung des EuGH, des BVerfG, des BVerwG und des VGH BW ist aber auch davon auszugehen, dass von der baden-württembergischen Polizei durchgeführte Identitätskontrollen im Grenzgebiet oder in öffentlichen Einrichtungen des internationalen Verkehrs nur dann mit Art. 23 Schengener Grenzkodex zu vereinbaren sind, wenn sie nicht nur aufgrund eines Grenzübertritts, sondern anhand von **Lageerkenntnissen** und/oder **Erfahrungen** der Polizei oder anderer Behörden stattfinden.[99] Zudem muss ein **ausreichender örtlicher Grenzbezug** sichergestellt sein.

50 **i) Maßnahmen zur Personenfeststellung (§ 27 Abs. 2 PolG).** Die Feststellung der Identität einer Person ist auf vielerlei Weise zulässig. Durch § 27 Abs. 2 S. 1 PolG wird die Polizei

---

91 EuGH, EuGRZ 2017, 360, 363 (Rn 39). Vgl. dazu die eingehende Darstellung bei Halder/Ittner, ZJS 2018, 308, 310 f.
92 Vgl. dazu Becker, ZJS 2017, 705.
93 GMBl. 2016, S. 203.
94 Vgl. dazu Parma, Die Polizei 2019, 18, 21.
95 Vgl. auch Becker, ZJS 2017, 705, 709, 711.
96 BVerwG, NVwZ 2020, 382, 383 (Rn 6 ff.), nochmals bestätigt durch BVerwG, NVwZ 2023, 96 97 (Rn 9); ebenso bereits die Vorinstanz OVG Saarland, NVwZ-RR 2019, 725, 726 f. (Rn 22); *a. A.* Nachbaur, VBlBW 2021, 55, 58; Becker, ZJS 2017, 705, 712.
97 LT-Drs 12/117, S. 6.
98 A. A. Ibler, in: Ennuschat/Ibler/Remmert, Öffentliches Recht BW, § 2 Rn 354.
99 Vgl. dazu Becker, ZJS 2017, 705, 712.

II. Einzelmaßnahmen

generalklauselartig ermächtigt, die zur Feststellung der Identität **erforderlichen Maßnahmen** zu treffen.

Die wichtigsten Maßnahmen, deren Anordnung von ihrem **Rechtscharakter** her betrachtet als belastende Verwaltungsakte zu qualifizieren sind, werden in **S. 2** des gleichen Absatzes **beispielhaft** aufgezählt. Danach kann die betroffene Person **angehalten** und von ihr verlangt werden, dass sie mitgeführte **Ausweispapiere vorzeigt** und **zur Prüfung aushändigt**. Diese Verpflichtung erleichtert die Identitätsfeststellung auch im Interesse der betroffenen Person, da sich so unter Umständen ein Festhalten und Mitnehmen zur Dienststelle erübrigt. Zu den Ausweispapieren zählen nur die **tatsächlich mitgeführten amtlichen Ausweispapiere und Dokumente** (etwa Personalausweise), auch von Unionsbürgern (wie etwa die italienische „carta d´identita", Pass, Ausweisersatz [§ 48 Abs. 2 AufenthG] etc.). Auch der **Führerschein** (vgl. § 4 Abs. 2 FeV) ist zur Identifizierung einer Person grundsätzlich geeignet, weil er alle wichtigen Daten wie Name, Geburtsdatum und Geburtsort, Datum der Ausstellung der amtlichen Bescheinigung etc. enthält. Eine allgemeine gesetzliche Verpflichtung, einen Pass oder Personalausweis mitzuführen, besteht außer im Falle des Grenzübertritts nicht. Da die Aufzählung in Abs. 2 S. 2 u. 3 des § 27 PolG nicht abschließend ist, können etwa auch erforderliche Erkundigungen über eine Person eingeholt oder **Gegenüberstellungen** vorgenommen werden.

Die betroffene Person muss erkennen können, warum ihre Identität festgestellt werden soll. Ggf. ist sie auf den Zweck der Personenkontrolle hinzuweisen.

Kommt die betroffene Person diesen Anordnungen nicht nach, kommen Maßnahmen gem. § 27 Abs. 2 S. 3 PolG wie das **Festhalten oder** die **Durchsuchung** in Betracht. Kann die Identität auf andere Weise nicht oder nur unter erheblichen Schwierigkeiten festgestellt werden, kann die betroffene Person gem. § 27 Abs. 2 S. 3 PolG zur Dienststelle gebracht werden (**Sistierung**). Das Festhalten an Ort und Stelle und als Unterfall hiervon die Sistierung sind im Rahmen des § 27 PolG als **freiheitsbeschränkende Maßnahmen** i. S. d. Art. 2 Abs. 2 S. 2, 104 Abs. 1 GG zu qualifizieren. 51

Die Regelung deckt sich mit § 163 b Abs. 1 S. 2 StPO und stellt eine Konkretisierung des Übermaßverbots dar. Sie soll sicherstellen, dass ein Eingriff in die persönliche Freiheit nur in Fällen erfolgt, in denen er zur Feststellung der Identität unerlässlich ist. War etwa die Personenfeststellung durch Aushändigung eines Personalausweises bereits am Ort des Geschehens erfolgt, ist eine Verbringung der ausgewiesenen Person zur Dienststelle, um dort einen Datenabgleich zum Zwecke der Identitätsfeststellung vorzunehmen, nicht mehr erforderlich und daher rechtswidrig.[100]

Anhalten ist das Gebot an eine bestimmte Person, an Ort und Stelle so lange zu bleiben, wie dies zur Durchführung der Maßnahme erforderlich ist. Dazu zählen das Stoppen von Fahrzeugen, die Verhinderung des Wegfahrens und das Gebot, auszusteigen. 52

Gem. § 27 Abs. 2 S. 3 PolG ist die Polizei ermächtigt, die Person oder von ihr mitgeführte Sachen zu **durchsuchen**, wenn deren Identität auf andere Weise nicht oder nur unter Schwierigkeiten festgestellt werden kann. Zweck der Regelung ist es, der Polizei die Möglichkeit einzuräumen, an Ort und Stelle die Identität einer Person festzustellen, ohne dass sie festgehalten werden muss. In § 27 Abs. 2 S. 4 PolG wird klargestellt, dass eine Personendurchsuchung nur durch eine Person gleichen Geschlechts erfolgen darf. 53

Die **Sistierung (Verbringung zur Dienststelle) gem. § 27 Abs. 2 S. 3 Alt. 2 PolG** hat (nur) den Zweck, die Identitätsfeststellung auf der Dienststelle zu ermöglichen. Nur aus diesem Grund ist ein **Festhalten** zulässig. Die Maßnahme sollte die **Dauer von etwa einer Stunde**

---

100 VGH BW, VBlBW 2011, 231, 233.

nicht überschreiten.[101] Dauert die Maßnahme länger, kommt der Identitätsgewahrsam gem. § 33 Abs. 1 Nr. 3 PolG unter den dort genannten Voraussetzungen, insbesondere unter Beachtung des Richtervorbehalts, in Frage (→ Rn 188, 191 ff.).

54 **j) Kontrolle von Berechtigungsscheinen (§ 27 Abs. 3 PolG).** Gem. § 27 Abs. 3 PolG kann die Polizei verlangen, dass ein **Berechtigungsschein** vorgezeigt und zur Prüfung ausgehändigt wird, wenn die betroffene Person aufgrund einer Rechtsvorschrift verpflichtet ist, dieses Dokument mitzuführen. Derartige **Bescheinigungen** für die Ausübung besonders geregelter Tätigkeiten sind etwa Jagd-, Fischerei-, Waffen-, Führerscheine (§ 4 Abs. 2 FeV), Reisegewerbekarten, Fahrtenbücher etc. Bei den Berechtigungsscheinen handelt es sich nicht um Personalausweispapiere.

Für eine Anordnung gem. § 27 Abs. 3 PolG, die nur aus Gründen der Gefahrenabwehr zulässig ist, muss nach den Umständen erkennbar sein, dass die betroffene Person die durch den Berechtigungsschein ausgewiesene Tätigkeit beginnen wird, sie ausübt oder beendet hat. Ein konkreter Verdacht muss nicht vorliegen. Die Vorschrift **ermächtigt** nur **zum Anhalten** der zu kontrollierenden Person. Eine Ermächtigung zu einer weitergehenden Personenfeststellung oder zum Festhalten kann insbesondere aus § 27 Abs. 2 PolG unter den dort genannten Voraussetzungen hergeleitet werden. Nach der Prüfung hat die Polizei den Berechtigungsschein wieder an den Inhaber zurückzugeben. Ein Recht zum Einbehalten ergibt sich nicht aus § 27 Abs. 3 PolG, sondern nur aus speziellen Vorschriften, wie aus den §§ 37, 38 PolG oder aus Vorschriften der StPO.

55 **2. Vorladung (§ 28 PolG). a) Begriff / Rechtscharakter.** Die Polizei kann gem. § 28 PolG eine Person zur Dienststelle **vorladen**, um sachdienliche Angaben zu erreichen oder um erkennungsdienstliche Maßnahmen i. S. d. § 41 PolG durchzuführen. Unter Vorladung versteht man die an eine Person gerichtete Aufforderung, zu einer bestimmten Zeit an einem bestimmten Ort zu erscheinen und bis zur Erledigung des Dienstgeschäfts dort zu verweilen. Sie stellt keine Freiheitsbeschränkung i. S. d. Art. 104 Abs. 1 S. 1 GG dar.[102] Sie ist ein **Verwaltungsakt**. Eine **Form** ist nicht vorgeschrieben. Die Anordnung kann mündlich, fernmündlich oder auch schriftlich ergehen.

Abzugrenzen ist die Vorladung von einer formlosen **Ladung**, bei der Dienststelle vorzusprechen. Hier erschöpft sich der Zweck darin, die geladene Person über Zeit und Ort eines Vorsprachetermins zu benachrichtigen. Zu unterscheiden ist die Vorladung ferner von einer **Meldeauflage**, bei der Personen (potenzielle Störer) aufgefordert werden, sich bei bestimmten Ereignissen wie Fußballspielen etc. zu ganz bestimmten Zeiten bei der Polizei zu melden.

Spezielle Regelungen zur Vorladung bzw. zu Erscheinungspflichten enthalten etwa die §§ 48 bis 71, 133 ff., 163 a Abs. 3 StPO, § 48 StVO, §§ 17 Abs. 3 S. 2 Hs. 2 WehrpflG[103], § 82 Abs. 4 AufenthG, § 6 PaßG, § 26 IfSG.

56 **b) Vorladungszwecke. aa) Vorladung zur Aufklärung des Sachverhalts.** Gem. § 28 Abs. 1 Nr. 1 PolG kann die Polizei eine Person vorladen, wenn Tatsachen die Annahme rechtfertigen, dass diese sachdienliche Angaben machen kann, die zur Wahrnehmung polizeilicher Aufgaben erforderlich sind. **Tatsachen** sind unmittelbar einem Beweis zugängliche Umstände, die sich nicht nur auf Vermutungen stützen. Die **polizeiliche Aufgabe** kann sich aus dem PolG oder aus anderen Rechtsvorschriften **zur Gefahrenabwehr** – einschließlich der vorbeugenden Bekämpfung von

---

101 So auch Kahlert, in: Belz/Mußmann/Kahlert/Sander, Polizeigesetz BW, § 27 Rn 30; Stephan, in: Stephan/Deger, Polizeigesetz BW, § 26 Rn 27, hält diesen Zeitraum in bestimmten Situationen aus technischen und personellen Gründen für zu kurz bemessen.
102 Deger, in: Stephan/Deger, Polizeigesetz BW, § 27 Rn 1.
103 Die Wehrpflicht ist in Deutschland seit dem Jahr 2011 ausgesetzt (durch das Wehrrechtsänderungsgesetz vom 28.4.2011 [BGBl. I S. 678]).

Straftaten – ergeben, nicht jedoch aus Straf- oder Bußgeldvorschriften. Die Maßnahme kann sich gegen jede Person richten. Auf die Voraussetzungen einer Polizeipflicht kommt es nicht an.

Die Vorschrift ist in engem Zusammenhang mit dem **Recht der Polizei auf Befragung** gem. § 43 Abs. 1 PolG zu sehen. Mit der Vorladung soll der Polizei Gelegenheit gegeben werden, eine Person im Rahmen dieser Regelung auf der Dienststelle zu befragen bzw. zu vernehmen. Von der Vorladung ist die Frage zu unterscheiden, ob und inwieweit eine Person zur Auskunft verpflichtet ist. Dies regelt § 43 Abs. 1 PolG (→ § 10 Rn 207 ff.).

bb) Vorladung zur Durchführung erkennungsdienstlicher Maßnahmen. Gem. § 28 Abs. 1 Nr. 2 PolG kann die Polizei eine Person vorladen, wenn dies zur Durchführung erkennungsdienstlicher Maßnahmen erforderlich ist. Regelmäßig befinden sich die technischen Mittel zur Vornahme einer erkennungsdienstlichen Behandlung nur auf der Dienststelle. Eine Vorladung zur Durchführung erkennungsdienstlicher Maßnahmen ist nur zulässig, wenn die Voraussetzungen der §§ 27 u. 41 PolG vorliegen.

57

Die Vornahme der erkennungsdienstlichen Maßnahmen gem. § 41 Abs. 1 PolG muss vom Polizeivollzugsdienst vor oder spätestens gleichzeitig mit der Anordnung der Vorladung angeordnet werden.

Infrage kommen nur Maßnahmen gem. § 41 Abs. 2 PolG und nicht auch strafprozessuale Maßnahmen gem. § 81 b Alt. 1 StPO; zu diesen erkennungsdienstliche Behandlungen kann nur gem. § 163 StPO vorgeladen werden. Werden Maßnahmen gem. § 81 b Alt. 2 StPO für die „Zwecke des Erkennungsdienstes" durchgeführt, kann eine Vorladung auf § 28 Abs. 1 Nr. 2 PolG gestützt werden, da diese Maßnahme der Gefahrenabwehr zugeordnet werden kann.[104]

c) Verfahrensbestimmungen. Bei der Vorladung muss gem. § 28 Abs. 2 S. 1 PolG im Regelfall der polizeiliche **Grund der Maßnahme** angegeben werden. Auf die Angabe kann nur dann ausnahmsweise verzichtet werden, wenn dadurch der Vorladungszweck vereitelt würde.[105] Weiterhin soll nach **S. 2** bei der **Bestimmung des Zeitpunkts** zur Vermeidung von Härten auf die beruflichen Verpflichtungen und die persönlichen Belange der betroffenen Person Rücksicht genommen werden. Hieraus ergibt sich auch, dass die Polizei im Regelfall nicht berechtigt ist, Personen am Arbeitsplatz oder zu Hause aufzusuchen, um dort Maßnahmen i. S. d. § 28 Abs. 1 PolG durchzuführen.[106]

58

d) Vollstreckung. Die Vorladung ist ein vollstreckbarer Verwaltungsakt (→ Rn 55). Die Vollstreckbarkeit wird aber durch **besondere Vollstreckungsvoraussetzungen** des § 28 Abs. 3 PolG eingeschränkt. Demnach muss zum einen die betroffene Person der Vorladung ohne **hinreichenden Grund** nicht gefolgt sein. Ein hinreichender Grund ist dann gegeben, wenn die betroffene Person aus persönlichen oder objektiven Gründen gehindert war, der Vorladung nachzukommen, etwa wegen Krankheit, beruflicher Abwesenheit oder Verkehrsbehinderung.[107] Zum anderen ist die Vollstreckung der Vorladung nur möglich, wenn dies **erforderlich** ist, um eine Gefahr für Leben, Gesundheit oder Freiheit einer Person oder für bedeutende fremde Sach- oder Vermögenswerte abzuwehren (§ 28 Abs. 3 Nr. 1 PolG) oder erkennungsdienstliche Maßnahmen durchzuführen (§ 28 Abs. 3 Nr. 2 PolG).

59

Ferner sind die **allgemeinen Vollstreckungsvoraussetzungen** der §§ 63 ff. PolG und des LVwVG zu beachten. Die Vollstreckung erfolgt demnach durch Androhung und Festsetzung von **Zwangsgeld** gem. §§ 63 Abs. 1 PolG, 18 bis 23 LVwVG (→ § 12 Rn 4 ff.) oder im Wege des unmittelbaren Zwangs, also der **Vorführung** gem. §§ 63 Abs. 2, 64 PolG (→ § 12 Rn 49 ff.).

---

104 So auch Zeitler/Trurnit, Polizeirecht BW, Rn 427.
105 Deger, in: Stephan/Deger, Polizeigesetz BW, § 27 Rn 9.
106 So auch Kahlert, in: Belz/Mußmann/Kahlert/Sander, Polizeigesetz BW, § 28 Rn 6.
107 Kahlert, in: Belz/Mußmann/Kahlert/Sander, Polizeigesetz BW, § 28 Rn 15.

Die Vorführung stellt keine Maßnahme der Freiheits*entziehung* i. S. d. Art. 104 Abs. 2 GG dar, sondern nur eine Freiheits*beschränkung*.[108] Deshalb bedarf es hierfür auch keiner richterlichen Entscheidung. Dies gilt aber nur, wenn sich die Vorführung auf einen kurzen Zeitraum von etwa einer Stunde beschränkt. Ein längerer Zeitraum ist als Gewahrsam zu werten und nur unter den Voraussetzungen des § 33 PolG zulässig. Allerdings stellen Zwangsgeldandrohung und -festsetzung im Regelfall die mildere Maßnahme dar und sind daher der Vorführung in der Regel vorzuziehen.[109]

60 **e) Entschädigung.** Gem. § 28 Abs. 4 PolG gilt für die Entschädigung eines auf Vorladung erscheinenden Zeugen oder Sachverständigen das **JVEG** entsprechend (vgl. § 1 S. 1 Nr. 1, 3 JVEG). Als erstattungsberechtigte Zeugen sind nur diejenigen Erschienenen anzusehen, die keine Störer sind. **Entschädigungspflichtig** ist der Rechtsträger der vorladenden Behörde. Gegen einen Festsetzungsbescheid (= Verwaltungsakt) ist der Widerspruch i. S. d. §§ 68 VwGO statthaft, obwohl das JVEG einen solchen nicht vorsieht.[110]

61 **3. Gefährderansprache und -anschreiben, Gefährdetenansprache (§ 29 PolG). a) Allgemeines. aa) Entstehungsgeschichte.** Für die Gefährderansprache fand sich bis zum Jahr 2021 keine gesonderte Eingriffsregelung im PolG. Ihre **Rechtsgrundlage** fand die Gefährderansprache bis dahin nach allgemeinem Verständnis in der Generalklausel der §§ 1, 3 PolG.[111] Mit dem **PolG 2020** wurde in § 29 PolG eine **spezialgesetzliche Eingriffsgrundlage** für Gefährderansprache, Gefährderanschreiben und Gefährdetenansprache geschaffen. Dies ist sehr zu begrüßen, da sich Gefährderansprache, Gefährderanschreiben und Gefährdetenansprache mittlerweile als **häufige polizeiliche Standardmaßnahme** etabliert haben[112] und einer gesonderten Normierung zugeführt werden sollten. Vor allem bedurfte es klarer begrenzender Tatbestandsvoraussetzungen gegenüber der nur allgemein gefassten polizeilichen Generalklausel der §§ 1, 3 PolG.[113] Zur **Entstehungsgeschichte** der Gefährderansprache vgl. Tomschütz, Gefährderansprachen, S. 5 ff.

62 **bb) Spezialgesetzliche Eingriffsnorm.** § 29 PolG stellt nunmehr eine **abschließende Eingriffsnorm** für Gefährderansprachen, Gefährderanschreiben und Gefährdetenansprachen dar. Ein **Rückgriff auf die §§ 1, 3 PolG** ist darüber hinaus (etwa zur Lückenfüllung oder Ergänzung) **nicht möglich**. Davon zu unterscheiden sind aber **bloße Belehrungen und einfache Hinweise** an Personen, die wegen ihrer geringen Eingriffsstärke als bloße Realakte (→ § 4 Rn 13, § 7 Rn 1) keine grundrechtsrelevanten Eingriffe darstellen. Diese können nach wie vor auf die **Aufgabenzuweisungsnorm des § 1 Abs. 1 PolG** gestützt werden.[114]

---

108 BVerwG, NVwZ 1990, 69 ff.
109 Deger, in: Stephan/Deger, Polizeigesetz BW, § 27 Rn 12 m. w. N.
110 Deger, in: Stephan/Deger, Polizeigesetz BW, § 27 Rn 13.
111 VGH BW, VBlBW 2018, 316, 318, m. Anm. Nachbaur, 320 ff., u. Vahle, DVP 2019, 41 ff.; ebenso VG Bayreuth, GB. v. 12.9.2019 – B 1 K 17.850 (Rn 17), BeckRS 2019, 35335; VG Saarland, Beschl. v. 6.3.2014 – 6 K 1102/13; Graulich, in: Lisken/Denninger, Handbuch des Polizeirechts, Kap. E Rn 289; Trurnit, in: Möstl/Trurnit, Polizeirecht BW, § 3 Rn 34; Schenke, Polizei- und Ordnungsrecht, Rn 52, 712; Götz/Geis, Polizei- und Ordnungsrecht, § 18 Rn 5; Trurnit, Eingriffsrecht, Rn 103; Tomschütz, Gefährderansprachen, S. 69 ff.; Brommer, Polizeigesetz BW, Einf. S. 15; Rausch, Landesrecht BW, § 3 Rn 340; Trurnit, VBlBW 2023, 185, 187; Hanschmann, KJ 2017, 434, 437; Herberger, VBlBW 2015, 445, 447; Kießling, DVBl 2012, 1210, 121; *diff.* Kreuter-Kirchhof, AöR 2014, 257, 278 ff., u. Hebeler, NVwZ 2011, 164, 166; teils *a. A.* Schmidt, Polizei- und Ordnungsrecht, Rn 597d, 597e, u. Knemeyer/Schmidt, Polizei- und Ordnungsrecht (PdW), S. 62.
112 Brommer, Polizeigesetz BW, Einf. S. 15.
113 So mit Recht die Gesetzesbegründung in Nds. LT-Drs. 18/850, S. 40, zu § 12 a NPOG. Vgl. eingehend dazu auch Tomschütz, Gefährderansprachen, S. 189 ff.
114 LT-Drs. 16/8484, S. 133; Brommer, Polizeigesetz BW, Einf. S. 16; Pöltl, VBlBW 2021, 45, 49. Vgl. zur Notwendigkeit einer spezialgesetzlichen Ermächtigung auch Kießling, DVBl 2012, 1210, 1217.

cc) Rechtscharakter. Gefährderansprache, Gefährderanschreiben und Gefährdetenansprache 63
sind **mangels Rechtsqualität** grundsätzlich ein **Realakt**.[115] Im Kern wird der betroffenen
Person eine **umfassende Information erteilt**, nämlich über vergangene Tatsachen (Vorstrafen,
bestehende polizeiliche Erkenntnisse etc.), bevorstehende Ereignisse (Veranstaltung etc.) und
mögliche Rechtsfolgen bei Fehlverhalten (Strafrecht etc.). Zwar wird in der Regel von der Polizei
an die betroffene Person ein **starker Appell des rechtskonformen Verhaltens** gerichtet, dieses
wird im Zweifel auch nachdrücklich eingefordert (bis hin zur konkretisierten Warnung), dies
allein bewirkt aber keinen Regelungscharakter, wie es ein Verwaltungsakt erfordert.[116] Es fehlt die
notwendige Regelungswirkung.[117]

Beschränkt sich eine **Gefährderansprache** nicht auf warnende Hinweise, sondern werden **darüber hinaus konkrete Ge- und / oder Verbote ausgesprochen** bzw. der Gesprächsteilnehmer
aufgefordert, bestimmte Handlungen und Verhaltensweisen zu unterlassen, handelt es sich um
keinen Realakt, sondern um einen anfechtbaren **Verwaltungsakt**.[118]

dd) Zuständigkeit. Sachlich zuständig für die Durchführung einer Gefährderansprache 64
war bis zum Jahr 2021 die Ortspolizeibehörde, nicht der Polizeivollzugsdienst[119]. Durch das
PolG 2020 wurde in § 105 Abs. 3 PolG ausdrücklich die **Parallelzuständigkeit von Ortspolizeibehörde und Polizeivollzugsdienst** für Gefährderansprache, Gefährderanschreiben und
Gefährdetenansprache vorgesehen (→ § 3 Rn 49).[120]

Häufig wird die **Gefährderansprache** in der Praxis wegen ihres Bezugs zu vom potenziellen
Störer in der Vergangenheit begangenen Straftaten oder anderen Vordelikten durch den Polizeivollzugsdienst durchgeführt. Denkbar sind aber auch Gefährderansprachen oder Gefährderschreiben durch die Polizeibehörde, etwa durch die Ortspolizeibehörde bei Fällen mit
Ausländerbezug. Hier empfiehlt es sich für die Polizeibehörde, regelmäßig den **Polizeivollzugsdienst** zu einem Gefährdergespräch **hinzuzuziehen** und dessen Kompetenzen zu nutzen.

Wegen des zwingenden Straftatenbezugs (→ Rn 72 ff.) dürfte eine **Gefährdetenansprache
regelmäßig nur durch den Polizeivollzugsdienst** durchgeführt werden.[121] Auch wenn es sich
um eine **rein präventive Maßnahme** handelt, werden häufig früher begangene Straftaten als
Erkenntnis eine Rolle spielen (Wiederholungsgefahr). Dem Polizeivollzugsdienst kommen die
grundlegenden Befugnisse im Strafverfahren gem. § 163 StPO zu (→ § 13 Rn 1 ff.). Allerdings
kann auch die Ortspolizeibehörde im Einzelfall (etwa durch den Auszug aus dem Bundeszentralregister gem. §§ 31, 32 i. V. m. § 3 Nr. 1, § 4 BZRG oder durch zulässige Hinweise des
Polizeivollzugsdienstes oder der Strafverfolgungsbehörden) Kenntnis von früheren Straftaten
einer Person haben. Da es um zu erwartende Straftaten geht, dürfte die Gefährdetenansprache
im Schwerpunkt dem Polizeivollzugsdienst zufallen.

---

115 NdsOVG, NJW 2006, 391; VG Düsseldorf, Urt. v. 25.10.2018 – 18 K 2340/18 (Rn 22); Graulich, in: Lisken/Denninger, Handbuch des Polizeirechts, Kap. E Rn 289; Trunit, in: Möstl/Trunit, Polizeirecht BW, § 3 Rn 34; Schenke, Polizei- und Ordnungsrecht, Rn 52, 542, 712; Götz/Geis, Polizei- und Ordnungsrecht, § 18 Rn 5; W.-R. Schenke, in: Schenke/Graulich/Ruthig, Sicherheitsrecht, BPolG § 14 Rn 2; Bialon/Springer, Eingriffsrecht, Kap. 8 Rn 8, Schmidt, Polizei- und Ordnungsrechts, Rn 597f; Tomschütz, Gefährderansprachen, S. 56 ff.; Guckelberger, Allg. Verwaltungsrecht, § 12 Rn 10; Lang, ZJS 2020, 234, 235 ff.; Kreuter-Kirchhof, AöR 2014, 257, 261; Kießling, DVBl 2012, 1210, 1211.
116 VG Düsseldorf, Urt. v. 25.10.2018 – 18 K 2340/18 (Rn 22).
117 VG Bayreuth, GB. V. 12.9.2019 – B 1 K 17.850 (Rn 17), BeckRS 2019, 35335.
118 So OVG LSA, NVwZ-RR 2012, 720; ebenso etwa Trunit, in: Möstl/Trunit, Polizeirecht BW, § 3 Rn 34, u. Eingriffsrecht, Rn 104.
119 So noch VGH BW, VBlBW 2018, 316, 318 ff., m. Anm. Nachbaur, 320 ff., u. Vahle, DVP 2019, 41 ff.
120 Pöltl, VBlBW 2021, 45, 46.
121 Ebenso Brommer, Polizeigesetz BW, Einf. S. 16.

65 **ee) Verfassungsrecht.** Die **Gefährderansprache** und das **Gefährderanschreiben** stellen regelmäßig einen **grundrechtsrelevanten Eingriff** dar.[122] Eingriffe sind denkbar in
- das Recht auf allgemeine Handlungsfreiheit – insbesondere die Bewegungsfreiheit – gem. Art. 2 Abs. 1 GG,
- das allgemeine Persönlichkeitsrecht gem. Art. 2 i. V. m. Art. 1 Abs. 1 GG,
- das Erziehungsrecht der Eltern gem. Art. 6 Abs. 2 S. 1 GG,
- das Versammlungsrecht gem. Art. 9 Abs. 1 GG,
- das Recht auf Meinungsfreiheit gem. Art. 5 Abs. 1 GG.[123]

Die **Gefährdetenansprache** stellt einen Eingriff in das **Grundrecht auf informationelle Selbstbestimmung** der Person dar, von der die Begehung einer Straftat droht.[124]

Die **Einschränkung dieser Grundrechte** ist durch die Regelung in § 29 PolG **möglich** (vgl. auch § 4 PolG), zumal es sich bei der Gefährderansprache um einen recht niederschwelligen polizeilichen Eingriff handelt.[125] Gleichwohl muss sich **jeder einzelne Eingriff** am Verfassungsrecht messen lassen, insbesondere am Grundsatz der Verhältnismäßigkeit (→ Rn 76).

Zu beachten ist allerdings, dass **nicht jede Gefährderansprache** als solche die Voraussetzungen für einen **Grundrechtseingriff** erfüllt. Entscheidend sind vielmehr die **Intensität und der konkrete Inhalt** der jeweiligen Ansprache.[126]

66 **ff) Gefahrverdacht.** Gefährderansprache und Gefährderanschreiben durch die Polizei sind bereits zulässig, wenn eine Person „**in einem überschaubaren Zeitraum die öffentliche Sicherheit stören**" wird. Dieses Tatbestandsmerkmal entspricht etwa § 32 Abs. 1 Nr. 1 PolG (elektronische Aufenthaltsüberwachung zur Verhütung terroristischer Straftaten). Damit wird die polizeirechtliche Eingriffsschwelle „vorverlagert". **Eingriffsmaßnahmen gegen potenzielle Störer sind bereits im Vorfeld** – also ohne Vorliegen einer konkreten Gefahr – **zulässig**.[127]

Für die Anwendung des § 29 Abs. 1 PolG ist damit grundsätzlich das **Vorliegen eines Gefahrverdachts ausreichend**.[128] Dies erscheint unbedenklich, weil mit Gefährderansprache und Gefährderanschreiben eine **polizeiliche Maßnahme geringer Eingriffsqualität** umgesetzt wird. Sie stellt die niedrigste Eingriffsschwelle eines **gestuften Verfahrens** dar, das Gefahren und Störungen von der Allgemeinheit abhalten will.[129] Eine Gefährderansprache oder ein Gefährderanschreiben können **nur gegenüber Personen** angeordnet werden, bei denen bestimmte Tatsachen die Annahme rechtfertigen, dass sie innerhalb eines überschaubaren Zeitraums eine Störung der öffentlichen Sicherheit bewirken werden. Die Annahme einer zu erwartenden Störung muss gegenüber der betroffenen Person **durch Tatsachen zu rechtfertigen** sein, bloße Vermutungen reichen nicht aus, das der Polizei vorliegende Tatsachenmaterial muss sorgfältig geprüft werden.[130] Anhand dieses Tatsachenwissens muss aus Sicht eines objektiven, besonnenen

---

122 NdsOVG, NJW 2006, 391, 393 f.; Graulich, in: Lisken/Denninger, Handbuch des Polizeirechts, Kap. E Rn 290; Schenke, Polizei- und Ordnungsrecht, Rn 713; Brommer, Polizeigesetz BW, Einf. S. 16; Bialon/Springer, Eingriffsrecht, Kap. 50 Rn 26; Lang, ZJS 2020, 234, 237; Kreuter-Kirchhof, AöR 2014, 257, 264 ff.; Kießling, DVBl 2012, 1210, 1211 f.
123 LT-Drs. 16/8484, S. 133; vgl. auch Graulich, in: Lisken/Denninger, Handbuch des Polizeirechts, Kap. E Rn 289 f.; Kießling, DVBl 2012, 1210, 1211 f.
124 LT-Drs. 16/8484, S. 134.
125 Hanschmann, KJ 2017, 434, 437.
126 OVG NRW, openJur 2019, 16860 (Rn 28); in diesem Sinne auch Schmidt, Polizei- und Ordnungsrecht, Rn 597d, 587e.
127 Götz/Geis, Polizei- und Ordnungsrecht, § 18 Rn 7.
128 Vgl. Gusy/Eichenhofer, Polizei- und Ordnungsrecht, Rn 316; Pöltl, VBlBW 2021, 45, 50.
129 Hanschmann, KJ 2017, 434, 437: „vergleichsweise niederschwellige Intervention".
130 NdsOVG, NJW 2006, 391, 393 f., u. Urt. v. 18.11.2016 – 11 LC 148/15 (Rn 60 ff.); VG Bayreuth, GB. V. 12.9.2019 – B 1 K 17.850 (Rn 24), BeckRS 2019, 35535; Götz/Geis, Polizei- und Ordnungsrecht, § 18 Rn 7;

Amtswalters das Vorliegen eines Gefahrverdachts bejaht werden können.[131] Damit muss der **Gefahrverdacht hinreichend konkretisiert** sein. Eine **konkrete Zeitspanne** ist mit dem Begriff „überschaubare Zeitspanne" nicht verbunden[132], es kommt auf den jeweiligen Einzelfall an, sie kann ggf. auch mehrere Monate oder länger betragen. Aktuelle Vorbereitungs- und Versuchshandlungen der betroffenen Person sind indes nicht erforderlich.[133] Für die Beurteilung des ausreichenden Gefahrverdachts kommt es auf den **Zeitpunkt der Bekanntgabe bzw. Durchführung** gegenüber der betroffenen Person an.[134]

Die tatbestandlichen Voraussetzungen des § 29 Abs. 1 PolG entsprechen den Vorgaben des **BVerfG** an eine zu treffende **Prognoseentscheidung zur Straftatenverhütung**. Danach können die Polizeibehörden auch Maßnahmen der Straftatenverhütung ergreifen, wenn eine zumindest auf bestimmte Tatsachen und nicht allein auf allgemeine Erfahrungssätze gestützte Prognose vorgenommen wird, die auf eine konkrete Gefahr bezogen ist. Grundsätzlich gehört hierzu, dass insoweit ein wenigstens seiner Art nach konkretisiertes und zeitlich absehbares Geschehen erkennbar ist.[135]

b) Gefährderansprache und Gefährderanschreiben (§ 29 Abs. 1 PolG). aa) Allgemeines. Die sog. **Gefährderansprache** ist eine polizeiliche Maßnahme, mit der in einem konkreten Fall ein **potenzieller Gefahrenverursacher** ermahnt wird.[136] Hierzu wendet sich die Polizei **im Frühstadium von Gefahren** durch Anschreiben, Hausbesuche, Telefonate oder Gespräche etc. an einen potenziellen Störer, um ihn auf die Rechtslage hinzuweisen, über unzulässige Aktionen bei Versammlungen oder sonstigen Aktivitäten aufzuklären, oder um ihm unverbindliche Ratschläge zur Vermeidung von Sanktionen zu erteilen.[137] Vielfach werden potenzielle Störer auch aufgefordert, einer bestimmten Veranstaltung fernzubleiben.[138] Die Polizei will damit erreichen, dass der Gesprächspartner im Vorfeld von Gefahren über die Gesetzeslage und Rechtsfolgen bei Verstößen informiert ist und dass er ggf. die persönliche Ansprache durch die Polizei zum Anlass nimmt, sich rechtstreu zu verhalten. **Vorrangiges Ziel** es damit, das **Verhalten einer Person zu beeinflussen** und diese **von der Begehung von Straftaten abzuhalten**.[139]

67

Beispiele:[140]
- Gewaltbereiter Problemfan vor Fußballspiel,
- strafrechtlich bereits in Erscheinung getretener Demonstrationsteilnehmer vor bestimmten Versammlungen,
- jugendlicher Intensivtäter,
- häuslicher Gewalttäter,
- Stalker,
- Sexualstraftäter vor der Haftentlassung,
- Einzelpersonen aus dem islamistischen Spektrum.

Brommer, Polizeigesetz BW, Einf. S. 16; Pöltl, VBlBW 2021, 45, 50; vgl. auch Kingreen/Poscher, Polizei- und Ordnungsrecht, § 20 Rn 51.
131 VGH BW, DVBl 2000, 1634 (zu Meldeauflage).
132 Trurnit, VBlBW 2023, 185, 187, geht von bis zu sechs Monaten aus.
133 Götz/Geis, Polizei- und Ordnungsrecht, § 12 Rn 14.
134 Götz/Geis, Polizei- und Ordnungsrecht, § 12 Rn 7.
135 BVerfGE 141, 220, 290 f. (Rn 164).
136 NdsOVG, ZD 2017, 246 ff. (Rn 61), best. durch BVerwG, NVwZ 2018, 739; Graulich, in: Lisken/Denninger, Handbuch des Polizeirechts, Kap. E Rn 229; Söllner, in: Pewestorf/Söllner/Tölle, Polizei- und Ordnungsrecht, § 18b Rn 1.
137 Vgl. Thiel, Polizei- und Ordnungsrecht, § 19 Rn 18.
138 Kingreen/Poscher, Polizei- und Ordnungsrecht, § 20 Rn 51.
139 LT-Drs 16/8484, S. 132 f.; VGH BW, VBlBW 2018, 316, 318, m. Anm. Nachbaur, 320 ff., u. Vahle, DVP 2019, 41 ff.; Brommer, Polizeigesetz BW, Einf. S. 15; Rausch, Landesrecht BW, § 3 Rn 339; Stollwerck, LKV 2016, 103, 107.
140 LT-Drs 16/8484, S. 133.

Die Gefährderansprache wird teilweise auch als **Enthierarchisierung** der Beziehung und Kommunikation zwischen Bürger und Hoheitsstaat zugunsten **informativer, kooperativer und konsensualer Handlungsformen der Polizei** angesehen[141], weil die betroffene Person (frühzeitig) offen angesprochen, informiert und gewarnt wird.

68 **Gefährderansprache ist der Oberbegriff** für alle Formen der Ansprache (mündliche und schriftliche) potenzieller Störer durch die Polizei. § 29 Abs. 1 S. 2 PolG trifft eine weitergehende Differenzierung: Während die **Gefährderansprache mündlich** (Gespräch, Telefonat etc.) erfolgt, dient das **Gefährderanschreiben** der **schriftlichen Ermahnung** (Schreiben, E-Mail etc.) des potenziellen Störers.[142] Für die rechtliche Einordnung der Maßnahme (regelmäßig Realakt, im Einzelfall Verwaltungsakt [→ Rn 63]) spielt die Wahl der Kommunikation (mündlich oder schriftlich) keine Rolle (vgl. auch § 37 Abs. 2 LVwVfG).[143]

69 **bb) Tatbestandsvoraussetzungen / Inhalt der Maßnahme.** § 29 Abs. 1 S. 1 PolG lässt eine Gefährderansprache oder ein Gefährderanschreiben zu, wenn **Tatsachen die Annahme rechtfertigen**, dass **eine Person in einem überschaubaren Zeitraum die öffentliche Sicherheit stören** wird.

Damit werden folgende **zwingende Voraussetzungen** vorgegeben:
- **Zukünftige Störung** der öffentlichen Sicherheit
- in überschaubarem Zeitraum
- **durch** die von der Gefährderansprache / vom Gefährderanschreiben **betroffene Person**,
- **Prognose** der Polizei
- auf der Grundlage von Tatsachen.

Gefährderansprache und Gefährderanschreiben durch die Polizei können damit auf der **Grundlage eines hinreichend konkretisierten Gefahrverdachts** erfolgen (→ Rn 66).[144] Diese Konkretisierung muss zwingend auf der **Grundlage von Tatsachen** erfolgen, bloße Vermutungen reichen nicht aus. Das der Polizei vorliegende Tatsachenmaterial muss sorgfältig geprüft werden.[145] Die der hinreichenden Konkretisierung dienenden Tatsachen betreffen sowohl das Vorleben und die besonderen Eigenschaften des potenziellen Störers als auch die Umstände, die eine künftige Störung erwarten lassen.[146]

Beispiele für zu berücksichtigende Tatsachen:
- Vorstrafen oder vergleichbare Erkenntnisse der Polizei,
- potenzieller Störer der Polizei persönlich und einschlägig bekannt,
- Störungen bereits bei vergleichbaren Anlässen verursacht,
- regelmäßige Störungen durch den potenziellen Störer lassen Wiederholung erwarten,
- künftige Veranstaltung lässt typischerweise Störungen erwarten (Gewalt bei Fußballspiel etc.),
- bei Anlass oder Veranstaltung können Gefahren nicht oder kaum beherrscht werden.

Die der Polizei vorliegenden Tatsachen können nur aufgrund einer **Prognose der Polizei** beurteilt werden (→ § 4 Rn 25 zur Gefahrenprognose). Hier spielen die besonderen Kenntnisse und Befähigungen der Polizei eine grundlegende Rolle. Für die Beurteilung der Rechtmäßigkeit der Gefahrenprognose ist der Kenntnisstand der Polizei im **Zeitpunkt der Gefährderansprache/des Gefährderanschreibens** maßgebend.

---

141 So Hanschmann, KJ 2017, 434, 438, u. Hebeler, NVwZ 2011, 1364, 1366.
142 Zu den inhaltlichen Unterschieden von mündlicher und schriftlicher Gefährderansprache vgl. Tomschütz, Gefährderansprachen, S. 22 ff.
143 Wie hier auch Tomschütz, Gefährderansprachen, S. 58 f.
144 Vgl. Gusy/Eichenhofer, Polizei- und Ordnungsrecht, Rn 316.
145 NdsOVG, NJW 2006, 391, u. Urt. v. 18.11.2016 – 11 LC 148/15 (Rn 60 ff.); VG Bayreuth, GB. V. 12.9.2019 – B 1 K 17.850 (Rn 24), BeckRS 2019, 35335; Götz/Geis, Polizei- und Ordnungsrecht, § 18 Rn 7; vgl. auch Kingreen/Poscher, Polizei- und Ordnungsrecht, § 20 Rn 51.
146 Beispiele für solche Anhaltspunkte finden sich bei NdsOVG, Urt. v. 10.10.2019 – 11 LB 108/18 (Rn 37).

II. Einzelmaßnahmen

Die **Störung** für die öffentliche Sicherheit **liegt in der Zukunft**, sie liegt noch nicht vor, sondern wird lediglich erwartet: „in einem überschaubaren Zeitraum". Die Beschreibung dieser zeitlichen Komponente ist sehr unbestimmt und stellt einen „herabgestuften Wahrscheinlichkeitsmaßstab" dar, der dem Polizeirecht an sich fremd ist und in der Rechtsanwendung bei der Umsetzung im Einzelfall Schwierigkeiten bereiten kann.[147] Andererseits muss gesehen werden, dass in der Polizeipraxis nur der jeweilige Einzelfall beurteilt werden kann, so dass zu starre zeitliche Vorgaben der Rechtsanwendung entgegenstehen würden. Angesichts der angestrebten Verhinderung von Störungen der öffentlichen Sicherheit wird man **keinen allzu engen zeitlichen Zusammenhang** verlangen können. Hinsichtlich der Bestimmtheit der Norm bestehen insoweit keine grundlegenden Bedenken, weil die Gefährderansprache eine sehr niedrige Eingriffsqualität hat. Dennoch ist bei der Rechtsanwendung Sensibilität und Ernsthaftigkeit zu fordern. **Entscheidend** ist der jeweilige **Einzelfall**. Bei komplexeren Sachverhalten oder insbesondere bei zu erwartenden schwerwiegenderen Straftaten kommen auch mehrere Monate als Zeitraum in Betracht. Der Begriff „überschaubar" meint in jedem Fall eine erheblich längere Zeitspanne als etwa der Begriff „zeitnah". Im Kern meint er einen **Zeitraum, der noch erfassbar ist** und in jedem Fall einen **noch erkennbaren konkreten Bezug zu der zu erwartenden Störung** hat. Der Landesgesetzgeber weist zu Recht darauf hin, dass eine Zeitspanne von einem Jahre zu lang sein dürfe.[148] Regelmäßig dürfte ein **Zeitraum von mehr als 6 Monaten** nicht mehr den Tatbestandsvoraussetzungen genügen.

Liegen die tatbestandlichen Voraussetzungen des § 29 Abs. 1 S. 1 PolG vor, kann die Polizei den **potenziellen Störer über die geltende Rechtslage informieren** und ihm **mitteilen, welche Maßnahmen die Polizei im Fall einer bevorstehenden oder erfolgten Störung ergreifen wird**. Die Polizei teilt hierfür dieser Person unter Hinweis auf die geltende Rechtslage mit, dass sie unter Beobachtung steht und welche präventiven oder repressiven polizeilichen Maßnahmen im Fall einer bevorstehenden oder erfolgten Störung ergriffen werden. Durch diese „Ermahnung" soll die betroffene Person von der Störung abgehalten werden.[149]

Die in § 29 Abs. 1 S. 1 PolG genannten **Inhalte der Mitteilung** (Information über Rechtslage / Maßnahmen der Polizei) sind **nicht abschließend** zu verstehen. Die Polizei kann im Rahmen einer Gefährderansprache / eines Gefährderanschreibens auch weitere, darüber hinausgehende Inhalte vorsehen. Dies kann je nach Einzelfall angezeigt oder notwendig sein.

Beispiele:
- Mögliche **Auswirkungen** von Fehlverhalten **im persönlichen Bereich** (etwa bei Minderjährigen Einbindung der Eltern oder des Jugendamts, Ausschluss aus Verein, Nachteile im Beruf),
- **strafrechtliche Folgen** eines störenden Verhaltens (Ordnungswidrigkeiten / Straftatbestände / zu erwartenden Bußgeld- und Strafhöhen),
- **persönlichen Folgen** einer Störung für den potenziellen Störer (etwa im Fall einer aktuellen Bewährung gem. §§ 56, 56 a StGB),
- Hinweis der Polizei, dass sie den potenziellen Störer **unter Beobachtung** hat[150].

Die Konkretisierung der Inhalte einer Gefährderansprache / eines Gefährderanschreiben macht aber deutlich, dass eine **weitergehende Zielrichtung nicht rechtmäßig** wäre, insbesondere ist die **Erzwingung einer Verhaltensänderung ausgeschlossen**. Ziel der Gefährderansprache / des Gefährderanschreiben ist es, dass der potenzielle Störer durch die Ansprache der Polizei **aus freien Stücken** überzeugt ist, sein Verhalten zu überdenken und so zu lenken, dass er keine Störung der öffentlichen Sicherheit begehen will. Wird gegen den potenziellen Störer hingegen mit weitergehenden Inhalten der Gefährderansprache / des Gefährderanschreibens

---
147 Krit. dazu der Präsident des VGH BW, in: LT-Drs. 16/8484, S. 213 f.
148 LT-Drs. 16/8484, S. 214.
149 LT-Drs. 16/8484, S. 133.
150 Hanschmann, KJ 2017, 434, 437.

dahin gehend Druck ausgeübt, dass er sich einem **polizeilichen Zwang** ausgesetzt sieht, wäre diese Maßnahme **mit § 29 Abs. 1 S. 1 PolG unvereinbar und unverhältnismäßig** (→ Rn 76).

71 **c) Gefährdetenansprache (§ 29 Abs. 2 PolG). aa) Allgemeines.** § 29 Abs. 2 PolG hat mit dem **PolG 2020** die sog. **Gefährdetenansprache** neu in das PolG eingeführt. Diese Möglichkeit war so bisher im PolG nicht verankert und stellt eine neues, zusätzliches Informationsrecht der Polizei dar. Der **Begriff** „Gefährdetenansprache" ist möglicherweise nicht ganz treffend und präzise (auch wegen seiner sprachlichen Nähe zur Gefährderansprache), passender wäre möglicherweise der Begriff „Gefährdeteninformation" gewesen.

Die Gefährdetenansprache knüpft nicht an die tatbestandlichen Voraussetzungen des § 29 Abs. 1 PolG an, die für eine Gefährderansprache / ein Gefährderanschreiben gelten, sondern sieht **strengere Voraussetzungen** vor, indem sie ausdrücklich an die erwartete / mögliche Begehung bestimmter Straftaten anknüpft. Daher kann nicht bei jedem potenziellen Störer i. S. d. § 29 Abs. 1 PolG auch eine Information des potenziellen Opfers dieser Störung (= Gefährdetenansprache) erfolgen.

72 **bb) Tatbestandsvoraussetzungen / Inhalt der Maßnahme.** § 29 Abs. 2 S. 1 PolG erlaubt die Durchführung einer Gefährdetenansprache, wenn **Tatsachen die Annahme rechtfertigen**, dass eine **Person in einem überschaubaren Zeitraum eine Straftat begehen oder zu ihrer Begehung beitragen** wird, die sich gegen **Leib, Leben, Freiheit, die sexuelle Selbstbestimmung, den Bestand oder die Sicherheit des Bundes oder eines Landes oder bedeutende fremde Sach- oder Vermögenswerte** richtet.

Damit werden folgende **zwingende Voraussetzungen** vorgegeben:
- Zukünftige Begehung einer Straftat oder Beitrag zur Begehung (Straftaten in § 29 Abs. 2 S. 1 PolG benannt) (→ Rn 73)
- in überschaubarem Zeitraum
- durch eine andere Person (nicht Gefährdeter),
- Prognose der Polizei
- auf der Grundlage von Tatsachen.

Die **Gefährdetenansprache** durch die Polizei kann damit auf der **Grundlage eines hinreichend konkretisierten Gefahrverdachts** erfolgen (→ Rn 66).[151] Die notwendige Konkretisierung muss zwingend auf der **Grundlage von Tatsachen** erfolgen, bloße Vermutungen reichen nicht aus. Das der Polizei vorliegende Tatsachenmaterial muss sorgfältig geprüft werden.[152] Die der hinreichenden Konkretisierung dienenden Tatsachen betreffen sowohl das Vorleben und die besonderen Eigenschaften des potenziellen Störers als auch die Umstände, die eine künftige Störung erwarten lassen.

Die der Polizei vorliegenden Tatsachen können nur aufgrund einer **Prognose der Polizei** beurteilt werden (→ Rn 69 sowie § 4 Rn 25 zur Gefahrenprognose). Eine **Gewissheit** der Straftatbegehung ist nicht erforderlich.[153]

Zum Tatbestandsmerkmal „**in einem überschaubaren Zeitraum**" vgl. die weiteren Ausführungen in → Rn 69.

73 Die in § 29 Abs. 2 S. 1 PolG genannten **Straftaten** sind:
- Straftaten gegen **Leib, Leben, Freiheit** (= vor allem §§ 224 bis 231 StGB [Leib], §§ 211 bis 222 StGB [Leben], §§ 232 bis 241 a StGB [persönliche Freiheit]),

---

151 Vgl. Gusy/Eichenhofer, Polizei- und Ordnungsrecht, Rn 316.
152 NdsOVG, NJW 2006, 391, u. Urt. v. 18.11.2016 – 11 LC 148/15 (Rn 60 ff.); VG Bayreuth, GB. V. 12.9.2019 – B 1 K 17.850 (Rn 24), BeckRS 2019, 35335; Brommer, Polizeigesetz BW, Einf. S. 17; Götz/Geis, Polizei- und Ordnungsrecht, § 18 Rn 7; vgl. auch Kingreen/Poscher, Polizei- und Ordnungsrecht, § 20 Rn 51.
153 Brommer, Polizeigesetz BW, Einf. S. 17.

II. Einzelmaßnahmen 447

- Straftaten gegen die **sexuelle Selbstbestimmung** (= vor allem §§ 174 bis 184 g StGB),
- Straftaten gegen den **Bestand des Bundes oder eines Landes** (= in ersten Linie §§ 81, 82 StGB),
- Straftaten gegen **bedeutende Sach- und Vermögenswerte** (= §§ 242 ff. StGB); eine **Sache von besonderem Wert** hat üblicherweise einen Wert von **mindestens 750 €**.[154]

Die **Aufzählung** der drohenden Straftaten, die zu einer Gefährdetenansprache berechtigen, ist **abschließend**. Eine Erweiterung durch etwa vergleichbar schwerwiegende andere Straftaten ist ausgeschlossen. Damit scheidet eine Gefährdetenansprache auch dann aus, wenn eine Person durch die Begehung anderer schwerwiegender Straftaten bedroht ist.

Ein **typischer und häufiger Anwendungsbereich** der Gefährdetenansprache dürfte **im Bereich der Sexualdelikte** zu finden sein. Immer wieder kommt es vor, dass Kontaktpersonen von Sexualstraftätern wegen der bestehenden Risiken gewarnt werden müssen, weil tatsächliche Anhaltspunkte für die Begehung erneuter Straftaten bestehen. Diese Erkenntnisse ergeben sich regelmäßig bei KURS-Teilnehmern (Straftäter, die an der „Konzeption zum Umgang mit rückfallgefährdeten Sexualstraftätern" teilnehmen). Hier ist etwa an die neue Lebenspartnerin eines Sexualstraftäters zu denken, wenn diese Kinder hat und der Betroffene wegen Kindesmissbrauchs vorbestraft ist, oder etwa an den Vorstand eines Sportvereins, wenn sich der Betroffene als Trainer im Jugendbereich bewirbt oder tätig ist. Im Bereich der häuslichen Gewalt kann es bei einem einschlägig in Erscheinung getretenen Gewalttäter ebenfalls erforderlich sein, die ehemalige oder die neue Lebenspartnerin über bestehende Risiken zu informieren. Vgl. dazu auch **Nr. 5.8.2 VwV KURS**, wonach Gefährderansprache und Gefährdetenansprache bei **rückfallgefährdeten Sexualstraftätern** als gefahrenabwehrrechtliche Maßnahmen der Polizeidienststellen in Betracht kommen.

74

Zudem kommt es durch **Angehörige bestimmter Milieus** – etwa Rockervereinigungen oder Gruppierungen aus dem Bereich der organisierten Kriminalität – immer wieder zu schweren Gewaltstraftaten gegen ehemalige Mitglieder oder Angehörige anderer Vereinigungen, die sich zwar gegen bestimmte Personen richten, aber deren direktes Umfeld (Familienangehörige etc.) ggf. ebenso erheblich gefährdet ist.[155]

Liegen die tatbestandlichen Voraussetzungen des § 29 Abs. 2 S. 1 PolG vor (Gefahr der Begehung einer Straftat durch eine Person), kann die Polizei andere Personen hierüber informieren, sofern diese **als Opfer der drohenden Straftat in Betracht kommen** oder deren **Kenntnis von der drohenden Straftat aus anderen Gründen unbedingt erforderlich** ist. Zu diesem Zweck kann die Polizei gem. § 29 Abs. 2 S. 2 PolG die betroffenen Personen ansprechen.

75

Damit kommt eine Gefährdetenansprache bei Gefahr der Begehung einer Straftat durch eine bestimmte Person **in zwei Fällen** in Betracht:
1. Jemand kommt als **Opfer der drohenden Straftat** in Betracht, oder
2. die Kenntnis von der drohenden Straftat ist aus anderen Gründen für eine andere Person unbedingt erforderlich.

Beide Gründe für eine Benachrichtigung des potenziellen Opfers sind **alternativ** („oder") und **abschließend**. Die **Benachrichtigung** eines potenziellen Opfers **aus anderen Gründen** (etwa persönliche Bekanntschaft mit der von der Straftat bedrohten Person) ist nicht möglich und würde einen Verstoß gegen das Recht auf informationelle Selbstbestimmung darstellen. Die Information einer Person, die nicht bedrohtes Opfer ist, muss **„unbedingt erforderlich"** sein. Es müssen also **zwingende Gründe** vorliegen, die eine Information unabweisbar erscheinen lassen. Diese tatbestandliche Hürde ist notwendig, um die **Verhältnismäßigkeit** zu wahren, da die

---

154 BGH, StV 2011, 619 (Rn 4 ff.), u. NStZ 2019, 677 (Rn 8), zu §§ 315 b Abs. 1, 315 c Abs. 1 StGB (str.).
155 Beispiele nach LT-Drs. 16/8484, S. 134.

Information über einen möglichen Straftäter ein schwerwiegender Eingriff in die informationelle Selbstbestimmung ist, die nur durch schwerwiegende Gründe gerechtfertigt werden kann (der potenzielle Straftäter wird „angeprangert").

Beispiele für andere Gründe i. S. d. § 29 Abs. 2 S. 2 PolG:

- Ein **enger Familienangehöriger** (Ehepartner, Kinder, Eltern) ist von der Straftat bedroht. Die Information erfolgt an im engen Familienverband lebende Personen.
- Die Straftat soll sich gegen Firmeneinrichtungen von bedeutendem Wert richten (Brand- oder Bombenanschlag). Es erfolgt eine **Information des Firmeninhabers** oder eines **erweiterten Mitarbeiterkreises**.
- Denkbar ist auch, eine **enge Vertrauensperson des potenziellen Täters** (Eltern, Ehepartner, Lebenspartner) in Kenntnis zu setzen, wenn die ernsthafte Aussicht besteht, dass diese straftatverhindernd auf den potenziellen Täter einwirken kann.

76 **d) Verhältnismäßigkeit.** Auch wenn § 29 PolG eine zulässige Einschränkung der betroffenen Grundrechte darstellt (→ Rn 65), **muss sich jede einzelne Maßnahme** (Gefährderansprache, Gefährderschreiben, Gefährdetenansprache) **an den Grundrechten messen lassen**. Insbesondere ist der **Grundsatz der Verhältnismäßigkeit** zu wahren. Dabei ist zu beachten, dass alle Maßnahmen des § 29 PolG für die betroffenen Personen sehr belastend sein können, denn in allen Fällen wird betroffenen Personen die beabsichtige Verursachung einer Störung oder sogar die Begehung einer Straftat von der Polizei vorgehalten, im Fall des § 29 Abs. 2 PolG werden davon sogar Dritte benachrichtigt. Die Gefährdetenansprache ist wegen der Beteiligung Dritter für die betroffene Person regelmäßig der schwerwiegendere Eingriff als eine Gefährderansprache oder ein Gefährderanschreiben.

Als **nicht mehr verhältnismäßig** angesehen werden können regelmäßig alle Beeinflussungen der Polizei gegenüber dem potenziellen Störer, die **den freien Willen der betroffenen Person unterdrücken**, die also dazu führen, dass sie für sich keine Entscheidungsfreiheit mehr sieht und sie deshalb ihr Verhalten unter innerem oder äußerem Zwang ändert. Insofern scheiden auch alle Bedrohungen aus. Die Polizei ist aber nicht gehindert, alle Arten an Rechtsfolgen aufzuzeigen (strafrechtliche Konsequenzen etc.) oder auf eine intensive Beobachtung der betroffenen Person durch die Polizei („wir haben sie im Auge") hinzuweisen.

Beispiel: Weist die Polizei auf mögliche Gefahren und Folgen einer Ausübung der grundgesetzlich geschützten Rechte allgemein hin, ohne dass bereits gegenüber dem Adressaten konkrete Maßnahmen angesprochen oder angedroht werden, verbleibt für die betroffene Person **ausreichend Handlungsspielraum**, ihre Willensschließung unter Abwägung aller maßgeblichen Gesichtspunkte frei zu treffen. Wird sie hingegen unter Bezugnahme auf ihr in der Vergangenheit zur Last gelegte Verfehlungen und auf die polizeiliche Erheblichkeit eines vergleichbaren Verhaltens aus Anlass einer konkret bevorstehenden Demonstration polizeilich angeschrieben, um dadurch ihre Teilnahme zu verhindern, so kann der **Spielraum für die Willensentschließung** etwa aus Furcht vor polizeilichen Maßnahmen und Nachteilen so stark beeinflusst sein, dass die betroffene Person **keine Entschließungsfreiheit mehr** für die Ausübung ihrer Versammlungs- und Meinungsfreiheit für sich sieht. Unter Berücksichtigung dieser Grundsätze ist dem Gefährderanschreiben die Eingriffsqualität nicht abzusprechen.[156]

Der Gesetzgeber geht davon aus, dass eine Gefährderansprache **im Regelfall in der Wohnung** der betroffenen Person **durchgeführt** wird. An einem anderen Ort kommt diese Maßnahme beispielsweise in Betracht, wenn ein fester Wohnsitz nicht besteht oder nicht bekannt ist, die Person in der Wohnung nicht angetroffen wird, die Ansprache in der Wohnung den Zweck der Maßnahme gefährden würde oder anlässlich einer anderen polizeilichen Maßnahme erfolgt.[157] Gegenüber der Durchführung in der Wohnung ist die **Durchführung in den Räumen der Polizei** das nächstmildere Mittel.

Um den mit einer Gefährderansprache verbundenen Eingriff möglichst gering zu halten und eine **Stigmatisierung** der betroffenen Person zu **vermeiden**, ist eine **Durchführung der**

---

156 NdsOVG, NJW 2006, 391, 392.
157 LT-Drs. 16/8484, S. 133.

II. Einzelmaßnahmen

Maßnahme vor Dritten, insbesondere am Arbeitsplatz der betroffenen Person, aus Gründen der Verhältnismäßigkeit **nur zulässig**, soweit dies **zur Zweckerreichung unerlässlich** ist.[158]

4. Platzverweis, Aufenthaltsverbot, Wohnungsverweis, Rückkehrverbot und Annäherungsverbot (§ 30 PolG). a) Allgemeines. § 30 PolG wurde durch die **Gesetzesänderung vom 18.11.2008** (GBl S. 390) als § 27 a PolG in das PolG eingeführt.[159]

§ 30 PolG regelt polizeiliche Aufenthaltsbeschränkungen **nicht abschließend**. Gefahrensituationen, die nach dem gesetzgeberischen Willen nicht von § 30 PolG erfasst werden, kann nach wie vor über die §§ 1, 3 PolG begegnet werden. So hat der Gesetzgeber beispielsweise Annäherungsverbote gegen **Stalker**, die nicht im Zusammenhang mit häuslicher Gewalt i. S. d. § 30 Abs. 3 PolG stehen, bewusst nicht spezialgesetzlich geregelt, sondern dem Anwendungsbereich der Generalermächtigung überlassen.[160] Welche Anwendungsfälle im Rahmen der §§ 1, 3 PolG von der Rechtsprechung anerkannt werden, bleibt abzuwarten. Das **VG Stuttgart** hat zu Recht die Anwendung der §§ 1, 3 PolG für den **Erlass eines Kontakt- und Annäherungsverbots** in einem Fall bejaht, bei dem der Bewohner eines Mehrfamilienhauses andere Mitbewohner massiv bedroht und belästigt hat (§ 238 StGB [Nachstellung]).[161]

Soweit § 30 PolG aber bestimmte polizeiliche Maßnahmen regelt (= Platzverweis, Betretungsverbot, Aufenthaltsverbot, Wohnungsverweis, Rückkehrverbot und Annäherungsverbot), ist ein (ergänzender) **Rückgriff auf die Generalklausel** der §§ 1, 3 PolG **ausgeschlossen**.[162]

Aus § 30 PolG folgt keine Rechtsgrundlage für sog. **aufenthaltsbestimmende Maßnahmen** der Polizei.[163] Eine entsprechende Rechtsgrundlage findet sich nunmehr – mit der Zielsetzung der Verhinderung terroristischer Straftaten – unter engeren Tatbestandsvoraussetzungen in § 31 PolG (→ Rn 101 ff.). Es kann aber darüber hinaus Situationen geben, in denen die Polizei einem Adressaten nicht nur den Aufenthalt an einem bestimmten Ort untersagen muss, sondern in denen sie auch bestimmen muss, an welchem Ort sich eine bestimmte Person oder eine Personengruppe aufhalten muss.

Beispiel: Bei einer Großveranstaltung (Konzert, Fußballspiel) muss die Polizei einer größeren Gruppe aus Gründen der Sicherheit vorübergehend einen bestimmten Aufenthaltsort zuweisen, um diese von anderen Personengruppen zu trennen.

In diesen Fällen ist ein **Rückgriff auf die polizeiliche Generalklausel** zulässig. § 30 PolG trifft insoweit erkennbar keine abschließende Sonderregelung, die einen solchen Rückgriff sperren würde.[164] Auch § 31 PolG sperrt wegen seiner speziellen Zielrichtung einen Rückgriff auf die §§ 1, 3 PolG nicht (→ Rn 104). Rechtsgrundlage für aufenthaltsbestimmende Maßnahmen der Polizei (auch **Platzanweisung** genannt[165]) sind in diesen Fallgruppen (mit grundsätzlicher Anwendbarkeit des § 30 PolG) somit die §§ 1, 3 PolG.[166]

Die **Zuständigkeit** für Maßnahmen gem. § 30 PolG richtet sich nach § 105 PolG. Danach sind für einen Platzverweis gem. § 30 Abs. 1 PolG sowohl die **Polizeibehörde** als auch der **Polizeivollzugsdienst** sachlich zuständig (vgl. Aufzählung in § 105 Abs. 3 PolG [geändert durch

---

158 LT-Drs. 16/8484, S. 133.
159 Krit. dazu Nachbaur, VBlBW 2018, 45, 46: „Kein großer Wurf".
160 Ibler, in: Ennuschat/Ibler/Remmert, Öffentliches Recht BW, § 2 Rn 362; Deger, in: Stephan/Deger, Polizeigesetz BW, § 27 a Rn 3 m. w. N.
161 VG Stuttgart, openJur 2020, 76028 (Rn 32).
162 W.-R. Schenke, in: Schenke/Graulich/Ruthig, Sicherheitsrecht, § 38 BPolG Rn 1.
163 Vgl. auch W.-R. Schenke, in: Schenke/Graulich/Ruthig, Sicherheitsrecht, § 38 BPolG Rn 7.
164 Wie hier etwa Trurnit, Eingriffsrecht, Rn 502; a. A. Frey/Schönstein, VBlBW 2016, 447, 455: „unzulässige Erweiterung der Rechtsfolgen des Platzverweises".
165 Trurnit, Eingriffsrecht, Rn 501.
166 Trurnit, in: Möstl/Trurnit, Polizeirecht BW, § 3 Rn 38, 38.1.

Gesetz vom 20.11.2012, GBl. S. 625]).¹⁶⁷ Demgegenüber richtet sich die sachliche Zuständigkeit für Maßnahmen gem. § 30 Abs. 2 u. 3 PolG nach § 105 Abs. 1 u. 2, § 30 Abs. 4 S. 1 PolG.

80 Wer schuldhaft einer vollziehbaren Verfügung gem. § 30 Abs. 1 bis 3 PolG zuwiderhandelt, begeht gem. § 133 Abs. 1 PolG eine **Ordnungswidrigkeit**. Gem. § 133 Abs. 2 PolG kann diese mit einem **Bußgeld** bis zu 5.000,00 Euro geahndet werden.

81 **b) Platzverweis (§ 30 Abs. 1 PolG). aa) Begriff.** Der **Platzverweis** ist nach der Legaldefinition in § 30 Abs. 1 PolG der vorübergehende Verweis von einem Ort oder das vorübergehende Verbot, einen solchen zu betreten. Richtigerweise unterscheidet dabei § 30 Abs. 1 PolG zwischen dem **Platzverweis** (Alt. 1) und dem **Betretungsverbot** (Alt. 2).¹⁶⁸ Beim Platzverweis wird eine Person vorübergehend von einem Ort verwiesen¹⁶⁹, beim Betretungsverbot wird einer Person vorübergehend das Betreten eines Ortes verboten. Beide Maßnahmen werden oftmals in einem Rechtsakt verhängt, regelmäßig wird aber bei einer akuten Gefährdung oder Störung als Erstmaßnahme nur ein Platzverweis verhängt und noch auf ein (weitergehendes) Betretungsverbot verzichtet. Insofern ist die vom Gesetzgeber gewählte Gesamtdefinition als „Platzverweis" eher unglücklich.¹⁷⁰

82 **bb) Örtliche Begrenzung.** Platzverweis und Betretungsverbot beschränken sich auf eine **eng umgrenzte, überschaubare Örtlichkeit**.¹⁷¹ Die **Ausdehnung des Orts** richtet sich in erster Linie danach, welche Gefahr zu beseitigen ist¹⁷² und kann ggf. auch das **gesamte Gemeindegebiet** umfassen.¹⁷³ Der Platzverweis greift nicht in die Freiheit der Person gem. Art. 2 Abs. 2 GG ein, da der Adressat nicht festgehalten wird. Wegen der Kurzfristigkeit der Maßnahme liegt auch kein Eingriff in das Grundrecht auf Freizügigkeit gem. Art. 11 GG vor. Sie greift in das **Grundrecht der allgemeinen Handlungsfreiheit** gem. Art. 2 Abs. 1 GG ein.

83 **cc) Zeitliche Begrenzung.** Nach der hier vertretenen Auffassung dürfen der **Platzverweis** und das **Betretungsverbot** nur **vorübergehend** wirken, also kurzfristig und nicht auf längere Dauer ausgerichtet sein. Was darunter zu verstehen ist, ist **strittig**. Der systematische Vergleich mit § 30 Abs. 2 PolG zeigt, dass ein Platzverweis nach Abs. 1 jedenfalls kürzer als ein Aufenthaltsverbot sein muss.¹⁷⁴ In keinem Fall kann die Maßnahme so lange dauern, bis die Gefahr abgewehrt ist oder feststeht, dass die Gefahr von Dauer ist. Nach dem Willen des Gesetzgebers darf ein Platzverweis nicht einen Eingriff in das Grundrecht auf Freizügigkeit gem. Art. 11 GG bewirken.¹⁷⁵ Unter Berücksichtigung dieses Grundrechtsschutzes sollte ein **Platzverweis grundsätzlich nicht länger als 24 Stunden** dauern.¹⁷⁶ Wird diese Zeitgrenze überschritten, liegt in aller Regel ein Aufenthaltsverbot gem. § 30 Abs. 2 PolG vor. Abweichungen hiervon sind allenfalls in ganz besonders gelagerten Einzelfällen denkbar. Nach anderer Meinung kommt es auf die **Dauer und**

---

167 Frey/Schönstein, VBlBW 2016, 447, 456.
168 Wie hier W.-R. Schenke, in: Schenke/Graulich/Ruthig, Sicherheitsrecht, § 38 BPolG Rn 1, u. Nachbaur, VBlBW 2018, 45, 46.
169 Vgl. auch Frey/Schönstein, VBlBW 2016, 447, 448.
170 Krit. hierzu auch Nachbaur, VBlBW 2018, 45, 46.
171 Vgl. dazu eingehender Frey/Schönstein, VBlBW 2016, 447, 451; W.-R. Schenke, in: Schenke/Graulich/Ruthig, Sicherheitsrecht, § 38 BPolG Rn 10; str., vgl. dazu Hebeler, JA 2019, 879; VGH BW, VBlBW 2022, 297, 304: „Bewältigung einer räumlich-zeitlich konkret bestimmten Gefahrsituation".
172 NdsOVG, DÖV 2019, 368, m. Bespr. Hebeler, JA 2019, 879 f.
173 OVG NRW, DVBl 2022, 538, 542 (Rn 73, 75).
174 Nachbaur, VBlBW 2018, 45, 47.
175 LT-Drs. 14/3165, S. 66 ff.
176 So Schenke, Polizei- und Ordnungsrecht, Rn 145; W.-R. Schenke, in: Schenke/Graulich/Ruthig, Sicherheitsrecht, § 38 BPolG Rn 9; Söllner, in: Pewestorf/Söllner/Tölle, Polizei- und Ordnungsrecht, § 29 Rn 9: „spätestens am Beginn des nächsten Tages endet"; Trurnit, Eingriffsrecht, Rn 493; Bruckert/Frey/Kron/Marz, Besonderes Verwaltungsrecht, Rn 140; Waldhoff, JuS 2022, 695, 696; Frey/Schönstein, VBlBW 2016, 447, 450.

Bedeutung des beabsichtigten Aufenthalts an mit der Folge, dass ein Platzverweis auch mehrere Tage andauern kann.[177] Dies soll vor allem dann gelten, wenn der Aufenthalt nicht gleichzeitig das Wohnen, Übernachten oder den Arbeitsplatz umfasst.[178] Gegen die Verwendung des unbestimmten Rechtsbegriffs „vorübergehend" sprechen indes keine grundlegenden Bedenken, da er in der Praxis die ggf. notwendige Flexibilität in der Rechtsanwendung lässt.[179]

Im Hinblick auf diese Abgrenzungsprobleme wird **empfohlen**, längerfristige Maßnahmen auf § 30 Abs. 2 PolG zu stützen. Ein Platzverweis kann etwa erteilt werden, wenn Verstöße gegen Ge- und Verbote einer Polizeiverordnung vorliegen, wenn der Einsatz der Feuerwehr oder des Rettungsdienstes behindert wird, oder wenn ein bestimmtes Gebiet wegen der Entschärfung eines Bombenblindgängers geräumt werden muss.

Beispiel: Nach der städtischen Umweltschutzverordnung darf der Stadtgarten von E nicht mit Hunden betreten werden. Bei einer Kontrolle stellt die Polizei fest, dass sich die F nicht an dieses Gebot hält. Sie wird von den kontrollierenden Polizeibeamten angewiesen, den Stadtgarten sofort mit ihrem Hund zu verlassen. Hier beschränkt sich der Platzverweis auf den eng umgrenzten Bereich „Stadtgarten".

dd) Rechtscharakter. Die Erteilung eines Platzverweises ist **Verwaltungsakt**.[180] Für ihn gelten daher hinsichtlich Voraussetzungen und Anfechtung die allgemeinen Regeln, die für einen Verwaltungsakt zu beachten sind.[181] Regelmäßig wird der Platzverweis durch den Polizeivollzugsdienst situativ nur **mündlich** erteilt werden.[182] Der Platzverweis **erledigt** sich nicht allein durch seine Vollstreckung, wenn von ihm auch darüber hinaus rechtliche Wirkungen ausgehen, etwa wenn er die Grundlage für einen Vollstreckungskostenbescheid bildet.[183]

84

ee) Voraussetzungen. Ein Platzverweis darf nur zur **Abwehr einer Gefahr** oder zur **Beseitigung einer Störung** gegenüber einer **Person** erfolgen (§ 30 Abs. 1 PolG). Platzverweise sind eingreifende Einzelmaßnahmen. Gefahr i. S. d. § 30 Abs. 1 PolG ist mithin eine **konkrete Gefahr**[184], also eine Sachlage, die bei ungehindertem Geschehensablauf in absehbarer Zeit mit hinreichender Wahrscheinlichkeit zu einem Schaden am jeweiligen Schutzgut führen wird (→ § 4 Rn 28).[185] Eine **Störung** liegt vor, wenn ein Schaden am Schutzgut bereits eingetreten ist und fortwirkt (→ § 4 Rn 70). Maßgeblich für die Beurteilung der konkreten Gefahrenlage ist die **ex-ante-Sicht** (→ § 4 Rn 25) auf der Grundlage der im Entscheidungszeitpunkt vorliegenden Erkenntnisse.[186]

85

Adressat eines Platzverweises kann im Regelfall nur ein **Störer** i. S. d. §§ 6, 7 PolG sein, erfasst wird zudem der **Anscheinsstörer** als Verhaltensstörer.[187] Maßnahmen gegen Unbeteiligte kommen nur ausnahmsweise unter den Voraussetzungen des § 9 PolG in Betracht.

Beispiel: Die Polizei fordert alle Personen, die sich nach einem Fußballspiel auf einem Parkplatz befinden, auf, diesen sofort zu verlassen, weil dort größere Auseinandersetzungen zwischen gegnerischen Fußballfans stattfinden. Wegen der unübersichtlichen Situation ist die Polizei nicht in der Lage, friedliche **Fans** von gewaltbereiten zu unterscheiden. Andere Maßnahmen als der Platzverweis sind in der Kürze der Zeit nicht erfolgversprechend.

---

177 So etwa Graulich, in: Lisken/Denninger, Handbuch des Polizeirechts, Kap. E Rn 438: „im konkreten Einzelfall von der Dauer der Gefahr abhängig zu machen"; a. A. Nachbaur, VBlBW 2018, 45, 47.
178 So etwa Deger, in: Stephan/Deger, Polizeigesetz BW, § 27 a Rn 7.
179 A. A. Nachbaur, VBlBW 2018, 46, 47: „konkretisierende Festlegung durch den Gesetzgeber".
180 VGH BW, VBlBW 2018, 338; Gusy/Eichenhofer, Polizei- und Ordnungsrecht, Rn 277; Botta, JURA 2023, 622, 623; Jahr, ZJS 2016, 181, 184.
181 Vgl. zu den formellen Anforderungen auch Kingreen/Poscher, Polizei- und Ordnungsrecht, § 15 Rn 13.
182 Vgl. dazu § 37 Abs. 2 S. 1, 2 LVwVfG: „Ein Verwaltungsakt kann schriftlich, elektronisch, *mündlich* oder in anderer Weise erlassen werden. Ein mündlicher Verwaltungsakt ist schriftlich oder elektronisch zu bestätigen, wenn hieran ein berechtigtes Interesse besteht und der Betroffene dies unverzüglich verlangt."
183 VGH BW, VBlBW 2018, 338 f.
184 Ebenso Frey/Schönstein, VBlBW 2016, 447, 448.
185 Frey/Schönstein, VBlBW 2016, 447.
186 VGH BW, VBlBW 2022, 297, 304.
187 VGH BW, VBlBW 2022, 297, 304.

86 In § 30 Abs. 1 PolG wird nicht ausdrücklich darauf hingewiesen, dass der Platzverweis der Abwehr von Störungen für die öffentliche Sicherheit oder Ordnung dient.[188] Hierdurch entsteht aber **keine durchgreifende Regelungslücke**, denn Grundlage aller Rechtsnormen des PolG sind § 1 Abs. 1 PolG und § 3 PolG. Über den **Rückgriff auf die §§ 1, 3 PolG** ist klar, dass es um **Störungen der öffentlichen Sicherung und Ordnung** geht.[189] Unschädlich ist deshalb auch, dass in der Gesetzesbegründung zum Änderungsgesetz vom 18.11.2008 nur auf die öffentliche Sicherheit Bezug genommen wird.[190] § 1 Abs. 1 PolG weist der Polizei die Aufgabe zu, die öffentliche Sicherheit *und* Ordnung zu schützen. Schutzgut ist daher auch bei einem Platzverweis die öffentliche Ordnung.[191] Im Hinblick auf die vor allem in der Literatur vorgetragenen generellen Zweifel an der Notwendigkeit und Bestimmtheit des unbestimmten Rechtsbegriffs sollte die Polizei allerdings nur in begründeten Ausnahmefällen auf dieses Schutzgut zurückgreifen (→ § 4 Rn 66 ff.).[192]

Beispiel: Platzverweis gegen Rechtsextremisten, die in der Öffentlichkeit einschüchternd aufmarschieren.[193]

87 Fraglich ist, ob ein Platzverweis nur für den öffentlichen Raum oder auch für Privatgrundstücke ausgesprochen werden kann. Das BVerfG hat den Schutzbereich des Art. 8 GG auf öffentliche Plätze ausgedehnt, die im Eigentum Privater stehen.[194] Damit ist es möglich, dass die Polizei auch auf Privatgrundstücken – etwas zum Schutz einer Versammlung – tätig werden muss. Gem. § 2 Abs. 2 PolG ist der Schutz privater Rechte nur subsidiär, was gegen die Befugnis der Polizei zu einem Platzverweis für private Grundstücke und Gebäude sprechen könnte. Zweck und Wortlaut des § 30 Abs. 1 PolG sprechen allerdings dafür, dass **Platzverweise auch mit Wirkung für private Grundstücke** ausgesprochen werden können.[195] Der Gesetzgeber unterscheidet nicht zwischen öffentlichen und privaten Bereichen, sondern spricht allgemein von „einem Ort". Mit § 30 Abs. 1 PolG soll eine von einer bestimmten Person ausgehende Gefahr wirksam und befristet unterbunden werden, indem diese Person von dem Ort entfernt wird, an dem die konkrete Gefahr entstehen würde. Da es für den Platzverweis entscheidend auf die Verknüpfung von Gefahr und konkretem Ort ankommt, ist die zivil- oder öffentlich-rechtliche Einordnung des Orts nicht von grundlegender Bedeutung. Soweit die Notwendigkeit eines Platzverweises für einen privatrechtlichen Ort besteht, ist dies auf der Grundlage des § 30 Abs. 1 PolG möglich. Das privatrechtliche Hausrecht des Eigentümers tritt insoweit zurück, § 2 Abs. 2 PolG greift nicht.

88 **ff) Versammlungen.** Für einen Platzverweis ist kein Raum bei einer dem VersammlG unterliegende **Versammlung**. Das Versammlungsrecht sperrt die Anwendung des PolG (sog. **Polizeifestigkeit** des Versammlungsrechts [→ § 6 Rn 15]).[196]

89 **c) Aufenthaltsverbot (§ 30 Abs. 2 PolG). aa) Begriff.** Durch das **Aufenthaltsverbot** wird mittels entsprechender Verfügung das Verbot ausgesprochen, einen bestimmten Ort oder ein

---

188 Krit. dazu Nachbaur, VBlBW 2018, 45, 46: „möglicherweise schlicht vergessen".
189 Wie hier etwa Würtenberger/Heckmann/Tanneberger, Polizeirecht BW, § 5 Rn 168; Trurnit, Eingriffsrecht, Rn 492; Deger, in: Stephan/Deger, Polizeigesetz BW, § 27 a Rn 6; Bruckert/Frey/Kron/Marz, Besonderes Verwaltungsrecht, Rn 133; Frey/Schönstein, VBlBW 2016, 447, 448 f.; i. E. ebenso Nachbaur, VBlBW 2018, 45, 46.
190 LT-Drs. 14/3165 S. 66.
191 Bruckert/Frey/Kron/Marz, Besonderes Verwaltungsrecht, Rn 133.
192 Ebenso Frey/Schönstein, VBlBW 2016, 447, 449.
193 Deger, in: Stephan/Deger, Polizeirecht BW, § 27 a Rn 6, unter Hinweis auf VGH BW, VBlBW 2008, 60, u. BVerwG, Beschl. v. 17.7.2008 – 6 B 5/08.
194 BVerfGE 128, 226, 252 (Fraport); BVerfG, NVwZ 2015, 2485 (Bierdosen-Flashmob). Vgl. dazu auch Frau, Die Verwaltung 2016, 531 ff.
195 I. E. ebenso Frau, Die Verwaltung 2016, 547 bis 550, aus allgemeinen rechtsdogmatischen Erwägungen heraus.
196 Söllner, in: Pewestorf/Söllner/Tölle, Polizei- und Ordnungsrecht, § 29 Rn 2; Botta, JURA 2023, 622, 626; *diff.* W.-R. Schenke, in: Schenke/Graulich/Ruthig, Sicherheitsrecht, § 38 BPolG Rn 4.

bestimmtes Gebiet innerhalb einer Gemeinde oder ein ganzes Gemeindegebiet zu betreten oder sich dort aufzuhalten. Es darf mithin für einen räumlich größeren Bereich und für eine längere Zeit vorgesehen werden, als dies bei einem Platzverweis gem. § 30 Abs. 1 PolG der Fall ist (→ Rn 82 f.).

Das Aufenthaltsverbot greift in den Schutzbereich von **Art. 11 Abs. 1 GG** ein.[197] Der Störer wird längerfristig daran gehindert, seinen **Aufenthaltsort frei zu wählen**.[198] Durch § 30 Abs. 2 S. 1 PolG wird den Vorgaben des Art. 11 Abs. 2 GG Rechnung getragen, weil ein Aufenthaltsverbot nur zur Verhinderung von Straftaten in Betracht kommt. Die Maßnahme wurde bzw. wird vor allem von den größeren Städten zur Bekämpfung der offenen Drogenszene eingesetzt.[199]

bb) Anwendungsvorrang. Mit der Einführung der besonderen Rechtsgrundlage des § 30 Abs. 2 PolG muss ein Aufenthaltsverbot auf diese Regelung gestützt werden. § 30 Abs. 2 PolG ist für das Aufenthaltsverbot **lex specialis** und geht der allgemeinen Rechtsgrundlage der polizeilichen Generalklausel (§§ 1, 3 PolG) vor. Damit kann eine den Aufenthalt verbietende polizeiliche Maßnahme nicht auf die §§ 1, 3 PolG gestützt werden.[200] Eine **Allgemeinverfügung** kann auf die Rechtsgrundlage des § 30 Abs. 2 PolG nicht gestützt werden[201], da § 30 Abs. 2 PolG nur Maßnahmen gegenüber Einzelpersonen und nicht gegenüber größeren Menschenmengen vorsieht. Ob in diesem Fall (größere Menschenmenge) auf der Grundlage der §§ 1, 3 PolG eine Allgemeinverfügung zum Zweck eines Aufenthaltsverbots erlassen werden kann, erscheint fraglich.[202]

90

cc) Örtliche Zuständigkeit. Eine **örtliche Zuständigkeit** für den Erlass des Aufenthaltsverbots besteht nicht nur für die Polizeibehörde, in deren Bezirk sich die polizeilich zu schützenden Personen oder Sachen befinden, sondern auch für die Polizeibehörde, in deren Bezirk sich die Gefahrenquelle befindet.[203]

91

dd) Voraussetzungen. Ein Aufenthaltsverbot kann einer Person nur erteilt werden, wenn **Tatsachen** die Annahme rechtfertigen, dass **diese Person** dort eine **Straftat** begehen oder zu ihrer Begehung beitragen wird.[204] Reine Vermutungen reichen nicht aus.[205] Für die **Gefahrenprognose**[206] müssen **nachprüfbare**, dem Beweis zugängliche **Geschehnisse** vorliegen, aus denen **mit der erforderlichen Sicherheit** auf die bevorstehende Begehung von Straftaten gerade durch die betreffende Person geschlossen werden kann.[207] Das Aufenthaltsverbot **dient nur der Verhütung von Straftaten**, nicht der Abwehr sonstiger Gefahren.[208] Grundsätzlich kann jede Straftat ein Aufenthaltsverbot rechtfertigen und nicht nur schwere Straftaten i. S. d. § 49 Abs. 3

92

---

197 Stollwerck, LKV 2016, 103, 106 f.; Bruckert/Frey/Kron/Marz, Besonderes Verwaltungsrecht, Rn 141.
198 VGH BW, VBlBW 2005, 138.
199 Vgl. VGH BW, VBlBW 1997, 66; OVG NRW, NVwZ 2001, 459; NdsOVG, NVwZ 2000, 454; BayVGH, NVwZ 2000, 454; VG Stuttgart, VBlBW 2007, 67. Weitere Anwendungsbereiche sind das Vorgehen gegen Randalierer (gewaltbereite Skinheads, Punks, Hooligans, vgl. BayObLG, NVwZ 2000, 467) und Störer kommunaler Veranstaltungen (Volksfeste, Public-Viewing, Hocks etc.).
200 Böhm/Mayer, DÖV 2017, 325, 328; Frey/Schönstein, VBlBW 2016, 447, 454.
201 Böhm/Mayer, DÖV 2017, 325, 330, zum hessischen Polizeirecht; ebenso Bretthauer, JURA 2018, 409, 414.
202 Ablehnend etwa VG Darmstadt, NVwZ 2016, 1344; ebenso Bretthauer, JURA 2018, 409, 414.
203 VGH BW, VBlBW 2017, 425, 431 (best. durch BVerwG, Fst 2018, 586 f.).
204 VGH BW, VBlBW 2017, 425, 427 (best. durch BVerwG, Fst 2018, 586 f.); Reuter, Aufenthaltsverbot, S. 16 bis 18; Jürgensen, ZJ 2023, 276, 280; krit. zur Gesetzesformulierung („zur Begehung einer Straftat beitragen") Nachbaur, VBlBW 2018, 45, 47 m. w. N.
205 Deger, in: Stephan/Deger, Polizeigesetz BW, § 27 a Rn 11.
206 Vgl. dazu auch Reuter, Aufenthaltsverbot, S. 18 ff.
207 VGH BW, VBlBW 2017, 425, 427 (best. durch BVerwG, Fst 2018, 586 f.).
208 Ibler, in: Ennuschat/Ibler/Remmert, Öffentliches Recht BW, § 2 Rn 360; Frey/Schönstein, VBlBW 2016, 447, 449 m. w. N.

PolG oder des § 100 a Abs. 2 StPO.[209] Inwieweit leichtere Straftaten zu einem Aufenthaltsverbot führen können, ist eine Frage der Verhältnismäßigkeit. Das Verbot kann nur gegenüber dem **Störer** ausgesprochen werden, bei dem davon auszugehen ist, dass er am Verbotsort eine Straftat begehen oder hierzu in strafrechtlich relevanter Weise beitragen wird, etwa als Mittäter, Anstifter o. ä. Maßgeblich ist die Sichtweise eines **verständigen Amtswalters** zum **Zeitpunkt des Einschreitens**.

Beispiele:

- Der bloße Umstand, dass ein **Fußballfan** in der **Datei Gewalttäter Sport** gespeichert ist, ist keine Tatsache, die ein Aufenthaltsverbot gegen einen Fan anlässlich einer Fußballveranstaltung trägt, wenn der Speicherung kein konkreter Tatvorwurf zugrunde liegt.[210]
- Die Behauptung, ein Fußballfan habe sich in der Vergangenheit außerhalb der Öffentlichkeit an sog. **Drittortauseinandersetzungen** mit anderen Fans beteiligt, rechtfertigt die Annahme nicht, er werde Straftaten bei **Public-Viewing-Veranstaltungen** begehen.[211]
- Der Vorwurf, ein Fußballfan habe sich in der Vergangenheit an Auseinandersetzungen mit gegnerischen Fans beteiligt, ist jedenfalls dann keine tragfähige Grundlage für ein **Aufenthaltsverbot in Stadionnähe**, wenn die angeblichen Vorkommnisse bereits geraume Zeit zurückliegen. Ungeklärt blieb, inwieweit der Betroffene hierin verwickelt gewesen sein soll und die jeweiligen Verfahren gem. § 170 Abs. 2 StPO eingestellt wurden. Dies gilt umso mehr, wenn der Betroffene ein polizeibekannter „Ultra" ist, der damit rechnen muss, sofort erkannt zu werden, wenn er bei einem Spiel in Stadionnähe Straftaten begehen würde.[212]
- Die **Zugehörigkeit einer Person zu einer** in der Vergangenheit **als gewaltbereit aufgefallenen Gruppe** (etwa „Ultras" einer Fußballszene) kann eine zu berücksichtigende Indiz-Tatsache für ein Aufenthaltsverbot sein.[213] Dabei dürfen die gesamten Umstände des jeweiligen Einzelfalls nicht außer Acht bleiben.[214] Ein zivilrechtliches Stadionverbot kann **ohne Nachweis einer Straftat** wirksam verhängt werden, wenn sich die betroffene Person **nachweislich in einem zu Gewalttätigkeiten neigenden Umfeld** bewegt.[215]

93 ee) **Beschränkungen.** Das Aufenthaltsverbot ist **zeitlich** und **örtlich** auf den zur Verhütung der Straftat **erforderlichen Umfang** zu beschränken[216] und darf räumlich nicht den Zugang zur Wohnung erfassen. Dies ist in § 30 Abs. 2 S. 2 PolG ausdrücklich geregelt. In zeitlicher Hinsicht darf das Aufenthaltsverbot **drei Monate grundsätzlich** nicht übersteigen (§ 30 Abs. 2 S. 3 PolG).

Durch den mit dem **PolG 2020** neu angefügten § 30 Abs. 2 S. 4 PolG wird nunmehr ein sich an die 3-Monats-Grenze **anschließendes Aufenthaltsverbot** ermöglicht, für das aber eine **erneute Gefahrenprognose zwingend erforderlich** ist.[217] Rechtsdogmatisch handelt es sich nach dem Wortlaut und Regelungszweck des § 30 Abs. 2 S. 4 PolG nicht um eine Verlängerung des Aufenthaltsverbots, sondern um einen **zulässigen Neuerlass**, der sich **unmittelbar anschließt**, so dass das Aufenthaltsverbot gegen die betroffene Person entsprechend länger wirkt. Dies wird auch daraus deutlich, dass das neue, sich anschließende Aufenthaltsverbot **zwingend neue Tatsachen** und **eine erneute Gefahrenprognose** erfordert.[218]

---

209 So auch Kahlert, in Belz/Mußmann/Kahlert/Sander, § 30 PolG Rn 10, u. Frey/Schönstein, VBlBW 2016, 447, 449; krit. dagegen Nachbaur, VBlBW 2018, 45, 47.
210 BremOVG, DÖV 2009, 86 (Rn 70) m. w. N.; VG Stuttgart, VBlBW 2007, 67, u. openJur 2012, 62349; VG Freiburg, openJur 2015, 19361 (Rn 67).
211 VG Stuttgart, VBlBW 2007, 67.
212 VG Karlsruhe, openJur 2013, 14838.
213 VGH BW, NVwZ-RR 2017, 873, 874 (Rn 42); VGH BW, VBlBW 2017, 432, 433; BremOVG, NJW 2023, 2135, 2136 f. (Rn 20); diff. Benrath, DVBl 2017, 868, 870 f.
214 So zu Recht NdsOVG, NdsVBl 2019, 28 (Rn 34).
215 BVerfG, NVwZ 2018, 813, 817 (Rn 54 f.).
216 Reuter, Aufenthaltsverbot, S. 20 bis 24.
217 So schon VGH BW, VBlBW 2017, 425, 430 (best. durch BVerwG, Fst 2018, 586 f.), Reuter, Aufenthaltsverbot, S. 23 f., Nachbaur, VBlBW 2018, 45, 48, u. Frey/Schönstein, VBlBW 2016, 447, 451, vor der Regelung in § 30 Abs. 2 S. 4 PolG.
218 Vgl. auch LT-Drs. 16/8484, S. 134.

Das Aufenthaltsverbot muss ferner hinreichend **bestimmt** sein.[219] Insbesondere müssen die **räumlichen Grenzen** durch beigefügte Lagepläne, Orts- und Straßenbeschreibungen etc. genau festgelegt sein. Wenn sich aus dem Verbot nicht verständlich ergibt, **wem** es **wann** verboten sein soll, sich **wo** aufzuhalten, ist das Verbot rechtswidrig.

Beispiele:

- Ein Aufenthaltsverbot, das es einer Person verbieten würde, sich in einem bestimmten Zeitraum im „Nahbereich" eines bestimmten **Stadions** aufzuhalten, wäre in örtlicher Hinsicht zu unbestimmt und daher rechtswidrig.
- Ein öffentlich bekanntgemachtes Aufenthaltsverbot, das es „Angehörigen der **Hooligan Scene** und **Ultra Scene**" eines bestimmten Vereins verbietet, an einem bestimmten Tag ein bestimmtes Stadion zu besuchen, wäre hinsichtlich der Adressatenbestimmung zu unbestimmt und daher rechtswidrig.
- Der polizeibekannte A ist bei **Volksfesten in der Innenstadt von E** – zuletzt beim Breisgauer Weinfest – schon mehrfach polizeilich durch seine alkoholbedingten Gewaltexzesse gegenüber unbeteiligten Festbesuchern negativ aufgefallen. Zur Verhütung von weiteren Straftaten auf dem nächsten öffentlichen Fest in der Stadtmitte erlässt die zuständige Ortspolizeibehörde gegenüber A eine Verfügung, durch die ihm das Betreten des gesamten Veranstaltungsbereichs und der Aufenthalt darin für die Dauer der Veranstaltung untersagt wird. In der Verfügung wird der örtliche Veranstaltungsbereich durch Beifügung eines Auszugs aus dem Stadtplan bestimmt, in dem der fragliche Bereich farblich gekennzeichnet ist. Der Zeitraum, in dem das Verbot gelten soll, wird genau angegeben. In diesem Fall wird den Anforderungen des Bestimmtheitsgrundsatzes Rechnung getragen.

Eine bestimmte **Form** schreibt das PolG für Aufenthaltsverbote nicht vor. Aus Gründen der Rechtssicherheit **empfiehlt sich** jedoch die **Schriftform**.

Aus den gleichen Erwägungen wie beim Platzverweis (→ Rn 87) kann das **Aufenthaltsverbot auch für private Grundstücke und Gebäude** ausgesprochen werden.

d) Wohnungsverweis, Rückkehr- und Annäherungsverbot (§ 30 Abs. 3 u. 4 PolG). aa) Begriff / Rechtscharakter. Durch einen **Wohnungsverweis** wird ein gewalttätiger oder gewaltbereiter Mitbewohner von der Polizei – notfalls unter Anwendung unmittelbaren Zwangs – aus der von ihm bewohnten Wohnung vorübergehend ausgewiesen und ihm für eine bestimmte Frist untersagt, diese Wohnung zu betreten. Die Maßnahme erfolgt zum Schutz der Grundrechte (potenzieller) Gewaltopfer. Klassischer Fall ist der Erlass einer entsprechenden Polizeiverfügung, durch die ein Gewalttäter – im Regelfall sind es Männer, die ihre Ehefrauen oder Kinder bedrohen bzw. verprügeln – zur Vermeidung weiterer Grundrechtsverletzungen aus der von ihm bewohnten Wohnung verwiesen wird. In der Polizeirechtslehre hat sich zu Recht die Meinung durchgesetzt, dass Gewalt im familiären bzw. häuslichen Bereich keine Privatsache ist, sondern die öffentliche Sicherheit beeinträchtigt. Durch das gewalttätige Verhalten werden Straftatbestände, also Normen des öffentlichen Rechts, erfüllt (etwa Körperverletzung [§§ 223, 224, 226 StGB], Nötigung [§ 240 StGB], Freiheitsberaubung [§ 239 StGB], Misshandlung Schutzbefohlener [§ 225 StGB] etc.) und damit das Schutzgut der **öffentlichen Sicherheit** verletzt (→ § 4 Rn 59 ff.). Neben einer kurzfristigen Krisenintervention und dem Schutz der Opfer vor einer Gefährdung ihrer Rechte ist weiteres Ziel der Maßnahmen, dem Opfer – und nicht dem Täter – den Verbleib in seiner Wohnung zu ermöglichen und den Beteiligten Wege aus der Krise zu eröffnen. Durch den Wohnungsverweis wird ein Opfer auch in die Lage versetzt, in größerer Ruhe und ohne Risiko einer unmittelbaren Beeinflussung zu seinem längerfristigen Schutz zivilrechtliche Maßnahmen nach dem GewSchG zu beantragen. Der Wohnungsverweis soll dagegen nicht vor anderweitigen Konflikten innerhalb privater Wohnungen schützen, etwa gegenüber allgemeinen Streitigkeiten innerhalb von Wohngemeinschaften.[220]

---

219 Reuter, Aufenthaltsverbot, S. 31.
220 In diesem Sinne zutr. Neckenich, VBlBW 2019, 80, 85.

96 Der Wohnungsverweis ist ein **Verwaltungsakt**, mit dem eine Person aus **ihrer Wohnung** und deren unmittelbar angrenzenden Bereich verwiesen wird (§ 30 Abs. 3 S. 1 PolG).[221] Die Spezialregelung des § 30 Abs. 3 PolG betrifft nur den Verweis des Adressaten aus seiner eigenen Wohnung, nicht aus einer fremden Wohnung. Hierbei kommt es nicht auf die Eigentums- oder Mietverhältnisse an, sondern auf die tatsächlichen Wohnverhältnisse.[222] **Unmittelbar angrenzender Bereich** der Wohnung ist der Bereich, der mit dem Wohngebäude in unmittelbarem örtlichen und sachlichen Zusammenhang steht, also insbesondere Garten und Hof einschließlich Zugang.[223] **Rückkehrverbot** ist das Verbot, in die Wohnung oder in deren unmittelbar angrenzenden Bereich zurückzukehren (§ 30 Abs. 3 S. 1 Alt. 1 PolG). Als **Annäherungsverbot** bezeichnet das Gesetz das Verbot, sich einer verletzten oder bedrohten Person anzunähern (§ 30 Abs. 3 S. 2 Alt. 2 PolG).[224]

97 Der Wohnungsverweis greift in das **Grundrecht auf Freizügigkeit** gem. Art. 11 Abs. 1 GG ein. Die Spezialregelung des § 30 Abs. 3 PolG entspricht den Anforderungen des qualifizierten Gesetzesvorbehalts aus Art. 11 Abs. 2 GG. Weiterhin wird das Eigentumsrecht des Art. 14 Abs. 1 S. 1 GG tangiert. Darüber hinaus können auch die Grundrechte der Ehe und Familie (Art. 6 Abs. 1 GG) betroffen sein. Ob die Maßnahme einen Eingriff in den Schutzbereich des Art. 13 Abs. 1 GG darstellt, ist **strittig**. Da Art. 13 Abs. 1 GG nicht das Interesse schützt, eine bestimmte Wohnung zum Lebensmittelpunkt zu machen und sie hierfür zu behalten, liegt richtigerweise kein Eingriff in den Schutzbereich des Art. 13 GG vor.[225] Die **Rechtsprechung** – insbesondere der VGH BW – hat im Wesentlichen die Rechtmäßigkeit derartiger Maßnahmen bestätigt.[226]

98 **bb) Voraussetzungen.** Gem. § 30 Abs. 3 S. 1 PolG kann einer **Person** ein Wohnungsverweis erteilt werden, wenn dies zum Schutz eines anderen Bewohners vor einer **unmittelbar bevorstehenden erheblichen Gefahr** erforderlich ist.[227] Die Gefahr muss vom Mitbewohner der verletzten oder bedrohten Person ausgehen. Besucher scheiden damit als Adressaten eines Wohnungsverweises i. S. d. § 30 Abs. 3 S. 1 PolG aus, sie können allerdings gem. §§ 1, 3 PolG aus einer Wohnung verwiesen werden. Die Gefahr muss **erheblich** sein. Es muss also ein Schaden für wichtige Rechtsgüter drohen, insbesondere für Leib, Leben oder Gesundheit (→ § 4 Rn 31). Die Gefahr – oder richtiger: der Schaden – muss unmittelbar bevorstehen. Der Schaden für das wichtige Rechtsgut muss also sofort oder in allernächster Zeit mit an Sicherheit grenzender Wahrscheinlichkeit zu erwarten sein (→ § 4 Rn 31). Die **Gefahrenprognose** der Polizei muss auf konkreten Tatsachen beruhen, die einem Beweis zugänglich sind. Hierfür sind insbesondere frühere Straftaten bzw. Übergriffe des Adressaten auf verletzte oder bedrohte Personen sowie Verhalten und Äußerungen der Beteiligten heranzuziehen.[228]

Beispiel: Wenn die Situation in einer „hoffnungslos zerrütteten" Ehe in einer Weise eskaliert, dass (weitere) Gewalttätigkeiten des Ehemanns gegen seine Ehefrau, insbesondere Körperverletzungen, in nächster Zukunft zu befürchten sind, bestehen grundsätzlich keine Bedenken gegen die Rechtmäßigkeit einer **Wohnungsverweisung**.[229]

---

221 Gusy/Eichenhofer, Polizei- und Ordnungsrecht, Rn 279.
222 A. A. wohl Neckenich, VBlBW 2019, 80, 85: „berechtigter Besitzer".
223 Ähnlich Deger, in: Stephan/Deger, Polizeigesetz BW, § 27 a Rn 17.
224 Zur Rechtsdogmatik der Verfügung vgl. auch Seibert/Kohal, JURA 2019, 15, 23 ff.
225 So auch Schoch, JURA 2010, 22, 25 m. w. N.; a. A. etwa Guckelberger, JA 2011, 1, 2, u. Thiel, Polizei- und Ordnungsrecht, § 10 Rn 109.
226 VGH BW, VBlBW 2005, 138; VG Freiburg, Urt. v. 28.4.2005 – 6 K 918/03; VG Karlsruhe, FamRZ 2006, 788; VG Stuttgart, VBlBW 2002, 43; VG Sigmaringen, openJur 2013, 13267; BVerfG, NJW 2002, 2225 zu § 34 a PolG NRW.
227 Frey/Schönstein, VBlBW 2016, 447, 449.
228 Vgl. VGH BW, VBlBW 2005, 138. Die Anforderungen an den Ermittlungsaufwand der Polizei dürfen nicht überspannt werden (so zu Recht Deger, in: Stephan/Deger, Polizeigesetz BW, § 27 a Rn 16).
229 VG Freiburg, Urt. v. 28.4.2005 – 6 K 918/03.

Das **Einverständnis** eines Opfers mit einer Rückkehr des Täters in die Wohnung ist **unbeachtlich**, wenn Gefahren für Leib und Leben drohen. Es steht grundsätzlich nicht zur Disposition des Opfers, ob der Staat in einem solchen Fall seinem aus Art. 2 Abs. 2 GG folgenden Schutzauftrag für Leib und Leben und körperliche Unversehrtheit nachkommt.[230] Aus den gleichen Gründen kommt es auch nicht bei vorsätzlicher Körperverletzung auf die Stellung eines **Strafantrags** an, da das **Ermessen** der Polizei in diesen Fällen grundsätzlich **auf Null** geschrumpft ist (→ § 6 Rn 29).

Als Ergänzung des Wohnungsverweises enthält § 30 Abs. 3 S. 2 PolG ein **Rückkehr- und Annäherungsverbot**. Voraussetzung ist jeweils, dass die **erhebliche Gefahr** nach dem Verlassen der Wohnung fortbesteht. Die Gefahrenprognose muss – wie auch beim Wohnungsverweis – auf Tatsachen gestützt werden.

Da es sich bei den Maßnahmen um belastende Verwaltungsakte handelt, ist dem Adressaten gem. § 28 Abs. 1 LVwVfG vorher Gelegenheit zu geben, sich zu den für die Entscheidung erheblichen Tatsachen **zu äußern**.

cc) **Befristungen**. § 30 Abs. 4 PolG sieht aus Gründen der Verhältnismäßigkeit Befristungen für Wohnungsverweis-, Rückkehr- und Annäherungsverbote vor. Hierbei wird zwischen Anordnungen des Polizeivollzugsdienstes und der Polizeibehörde unterschieden. Maßnahmen des **Polizeivollzugsdienstes**, die dieser (nur) subsidiär in Eil- oder Notfällen gem. § 105 Abs. 2 PolG vornehmen kann, sind höchstens für die Dauer von **vier Werktagen** zulässig (der Samstag zählt als Werktag, Sonn- und Feiertage verlängern die Dauer der Maßnahme). Verfügungen der (Orts-) Polizeibehörde können grundsätzlich für **zwei Wochen** angeordnet werden.

99

Hat der Polizeivollzugsdienst einen Wohnungsverweis für vier Tage angeordnet, kann die Polizeibehörde aufgrund ihrer Zuständigkeit gem. § 105 Abs. 2 PolG vor Ablauf der Frist eine andere Entscheidung treffen und entweder die Anordnung des Polizeivollzugsdienstes aufheben oder durch eine neue Verfügung den Wohnungsverweis verlängern. **Strittig** ist, ob bei der Festsetzung der Zwei-Wochenfrist im Anschluss an die viertägige Dauer eines vom Polizeivollzugsdienst angeordneten Wohnungsverweises diese Frist von der Polizeibehörde **anzurechnen** ist.[231] Dies ist zu verneinen, da in § 30 Abs. 4 S. 1 PolG vom Gesetzgeber ausdrücklich zwischen Polizeivollzugsdienst und Polizeibehörde unterschieden und beiden eigene Fristen zugewiesen wurden; in der Addition kann die Frist daher bis zu 18 Tage betragen.[232]

Die Polizeibehörde kann gem. § 30 Abs. 4 S. 2 PolG die Frist um höchstens zwei Wochen **verlängern**. Dies aber nur, wenn

- die verletzte oder bedrohte Person vor Fristablauf beim zuständigen Gericht Schutzmaßnahmen nach dem GewSchG beantragt hat,
- die Voraussetzungen des § 30 Abs. 3 S. 2 PolG noch vorliegen (→ Rn 98) und
- die Verlängerung unter Berücksichtigung der Belange der verwiesenen Person schutzwürdig erscheint.

Da der Wohnungsverweis innerhalb der vorgesehenen Befristung den **Charakter eines Dauerverwaltungsakts** hat, kommt der Polizeibehörde die Aufgabe zu, auf Änderungen der getroffenen Gefährdungsbeurteilung ggf. auch vor Ablauf der festgesetzten Frist zu reagieren.[233] Dies dürfte auch dem verfassungsrechtlichen Gebot des mildesten Mittels entsprechen. Im Einzelfall muss der Wohnungsverweis **vor Ablauf der Geltungsdauer geändert oder aufgehoben werden**.

---

230 So zu Recht VG Aachen, NJW 2004, 1888, 1889, u. openJur 2013, 5575 (Rn 17); ebenso Thiel, Polizei- und Ordnungsrecht, § 10 Rn 114.
231 So etwa Kahlert, in: Belz/Mußmann/Kahlert/Sander, Polizeigesetz BW, § 30 Rn 17.
232 A. A. VG Sigmaringen, openJur 2023, 2115 (Rn 6, 9).
233 OVG NRW, NJW 2015, 1468, 1469.

Ergeht eine gerichtliche Entscheidung – gleich welcher Art –, endet gem. § 30 Abs. 4 S. 3 PolG die Wirksamkeit der Verfügungen der Polizei kraft Gesetzes, ohne dass es ihrer Aufhebung bedarf. Die **Entscheidungen des Gerichts** gehen den Entscheidungen der Polizei vor – diese treten außer Kraft.[234]

100 **dd) Mitteilungspflicht.** Gem. § 30 Abs. 5 PolG hat das Gericht der zuständigen Polizeibehörde und dem zuständigen Polizeivollzugsdienst Anträge, gerichtliche Entscheidungen und Vergleiche mitzuteilen. Hierdurch wird die Polizei in die Lage versetzt, die geeigneten und erforderlichen Maßnahmen i. S. d. § 30 PolG zu treffen. Die erste Mitteilung hat unverzüglich nach Eingang eines Antrags gem. § 1 GewSchG zu erfolgen.

101 **5. Aufenthaltsvorgabe und Kontaktverbot (§ 31 PolG). a) Allgemeines. aa) Entstehungsgeschichte.** § 31 PolG wurde durch Art. 1 Nr. 5 des **Gesetzes zur Änderung des Polizeigesetzes vom 28.11.2017**[235] als § 27 b PolG in das PolG eingefügt. Er entspricht weitgehend § 55 BKAG. Mit dem **PolG 2020** wurde die in § 31 Abs. 3 PolG verankerte **Zuständigkeit des Amtsgerichts geändert.** Darüber hinaus spielt für den Richtervorbehalt auch der mit dem PolG 2020 neu in das PolG eingefügte § 132 PolG (gerichtliche Zuständigkeit, Verfahren) eine grundlegende Rolle.

Zur **Verhütung von Straftaten mit terroristischer Zielrichtung** erhält der Polizeivollzugsdienst durch die Regelung des § 31 PolG die Befugnis, Personen zu untersagen, sich ohne Erlaubnis von ihrem Wohn- oder Aufenthaltsort oder aus einem bestimmten Bereich zu entfernen, sich an bestimmten Orten aufzuhalten oder Kontakt mit bestimmten Personen zu haben.[236] Die **praktische Bedeutung** des § 31 PolG ist sehr begrenzt, bis Ende 2018 waren zwei Anträge für die richterliche Anordnung durch das zuständige Gericht abgelehnt worden.[237]

102 **bb) Gesetzgebungskompetenz.** Mit der Rechtsprechung und vorherrschenden Auffassung in der Literatur ist davon auszugehen, dass zugunsten der Länder eine **Gesetzgebungskompetenz für Aufenthaltsvorgaben** besteht, die sich auf die Einschränkung der Bewegungsfreiheit **innerhalb der jeweiligen Bundesländer** beziehen.[238]

103 **cc) Einschränkung von Grundrechten.** Art. 2 Abs. 2 des **Gesetzes zur Änderung des Polizeigesetzes vom 28.11.2017**[239] schränkt zur verfassungsrechtlichen Anwendbarkeit des § 31 PolG die Freizügigkeit (Art. 11 GG) und die Unverletzlichkeit der Wohnung (Art. 13 GG) ein. Damit genügt das Gesetz dem **Zitiergebot**[240], was mit Bezug auf Art. 11 GG im Hinblick auf Aufenthaltsverbote für Gebiete notwendig sein kann, in denen der Betroffene auch seinen Lebensmittelpunkt hat.[241]

104 **dd) Rückgriff auf die Generalklausel.** Bis 2017 fand sich im PolG keine ausdrückliche Ermächtigungsgrundlage für Aufenthaltsvorgaben. Deswegen stellte sich u. a. die Frage, ob die Polizei neben Platzverweisen und Aufenthaltsverboten auch befugt war, unter Rückgriff auf die polizeiliche Generalklausel der §§ 1, 3 PolG sog. **„Platzanweisungen"** vorzunehmen. Richtigerweise war diese Frage zu bejahen, da § 27 a PolG 1992 insoweit erkennbar keine abschließende Sozialregulation traf, die einen solchen Rückgriff sperren würde (→ Rn 77 f.).[242]

---

234 Deger, in: Stephan/Deger, Polizeigesetz BW, § 27 a Rn 20.
235 GBl. S. 624, 627.
236 LT-Drs. 16/2741, S. 35.
237 LT-Drs. 16/5076, S. 4.
238 Vgl. dazu eingehender Graulich, in: Lisken/Denninger, Handbuch des Polizeirechts, Kap. E Rn 449; Kingreen/Poscher, Polizei- und Ordnungsrecht, § 15 Rn 11.
239 GBl. S. 624, 630.
240 LT-Drs. 16/2741, S. 47; vgl. zum Zitiergebot etwa Schmidt, Polizei- und Ordnungsrecht, Rn 300, sowie § 4 PolG (dazu auch LT-Drs. 16/8484, S. 202).
241 Gusy/Eichenhofer, Polizei- und Ordnungsrecht, Rn 282.
242 Wie hier etwa Trurnit, Eingriffsrecht, Rn 502; a. A. Frey/Schönstein, VBlBW 2016, 447, 455: „unzulässige Erweiterung der Rechtsfolgen des Platzverweises".

II. Einzelmaßnahmen

Nunmehr stellt sich die Frage, ob mit der Möglichkeit des Erlasses von Aufenthaltsvorgaben auf der Grundlage des § 31 PolG eine **Sperrwirkung** dahingehend eingetreten ist, dass für den Erlass von aufenthaltsbestimmenden Maßnahmen nicht mehr auf die §§ 1, 3 PolG zurückgegriffen werden kann. Hiervon ist **nicht** auszugehen. Der Gesetzgeber hat mit § 31 PolG eine Rechtsgrundlage geschaffen, mittels derer Aufenthaltsvorgaben durch den Polizeivollzugsdienst per gerichtlichem Beschluss erlassen werden können, die **erkennbar nur dem Ziel dienen**, zum Schutz der Allgemeinheit die **Begehung terroristischer Straftaten zu verhindern**. Der Gesetzgeber hat entsprechend ausgeführt: „Zur Verhütung von Straftaten mit terroristischer Zielrichtung erhält der Polizeivollzugsdienst durch die neu in das Polizeigesetz aufgenommene Regelung des § 31 die Befugnis..."[243] Damit wird deutlich, dass der Gesetzgeber keine allgemeine Rechtsgrundlage für aufenthaltsbestimmende Maßnahmen schaffen wollte. Mithin besteht keine abschließende Sperrwirkung der Regelung. Auf der Grundlage der §§ 1, 3 PolG können damit weiterhin – bei Vorliegen der entsprechenden sonstigen Voraussetzungen – in anderen Fallkonstellationen (etwa zur Aufenthaltssteuerung von Hooligans) aufenthaltsbestimmende Auflagen vorgesehen werden.[244]

b) Aufenthaltsvorgabe (§ 31 Abs. 1 PolG). Gem. § 31 Abs. 1 PolG kann der Polizeivollzugsdienst zur Verhütung von Straftaten, die in § 129 a Abs. 1, 2 StGB bezeichnet und dazu bestimmt sind, 105

1. die Bevölkerung auf erhebliche Weise einzuschüchtern,
2. eine Behörde oder eine internationale Organisation rechtswidrig mit Gewalt oder durch Drohung mit Gewalt zu nötigen oder
3. die politischen, verfassungsrechtlichen, wirtschaftlichen oder sozialen Grundstrukturen eines Staates oder einer internationalen Organisation zu beseitigen oder erheblich zu beeinträchtigen,

und durch die Art ihrer Begehung oder ihre Auswirkungen einen Staat oder eine internationale Organisation erheblich schädigen können, einer Person untersagen, sich ohne Erlaubnis der zuständigen Polizeidienststelle von ihrem Wohn- oder Aufenthaltsort oder aus einem bestimmten Bereich zu entfernen oder sich an bestimmten Orten aufzuhalten (Aufenthaltsvorgabe), wenn bestimmte Tatsachen die Annahme rechtfertigen, dass die betroffene Person innerhalb eines übersehbaren Zeitraums auf eine zumindest ihrer Art nach konkretisierte Weise eine solche Straftat begehen wird, oder das individuelle Verhalten der betroffenen Person die konkrete Wahrscheinlichkeit begründet, dass sie innerhalb eines übersehbaren Zeitraums eine solche Straftat begehen wird.

Die **Zuständigkeit** für die Durchführung von Maßnahmen gem. § 31 Abs. 1 PolG (Aufenthaltsvorgabe) liegt ausschließlich beim **Polizeivollzugsdienst**. Die Polizeibehörde darf damit keine Aufenthaltsvorgaben auf der Grundlage des § 31 Abs. 1 PolG vorsehen. 106

Eine Aufenthaltsvorgabe gem. § 31 Abs. 1 PolG ist zur **Verhütung von Straftaten** zulässig, die in **§ 129 a Abs. 1, 2 StGB** bezeichnet und dazu bestimmt sind, die in Nr. 1 bis 3 des § 31 Abs. 1 PolG beschriebenen Folgen zu bewirken. § 129 a StGB betrifft die Bildung terroristischer Vereinigungen. § 31 Abs. 1 PolG meint nicht diesen Grundtatbestand, sondern die in § 129 a Abs. 1 und 2 StGB aufgezählten Straftatbestände („Vereinigungszweck"), wie aus dem Begriff „bezeichnet" zu folgern ist. Die betroffene Person muss also keiner terroristischen Vereinigung angehören, sondern die Begehung einer der in § 129 a Abs. 1, 2 StGB genannten schwerwiegenden Straftaten anstreben. Im Ergebnis werden damit „**terroristische Gefährder**" erfasst.[245] 107

---

243 LT-Drs. 16/2741, S. 35.
244 Ebenso etwa Nachbaur, in: Möstl/Trurnit, Polizeirecht BW, § 3 Rn 38.1.
245 Zum Begriff des Gefährders vgl. auch LT-Drs. 16/7519, S. 3. Die Einstufung einer Person als Gefährder erfolgt in der Regel durch das LKA in Abstimmung mit der zuständigen Polizeidienststelle.

Folgen dieser Straftaten müssen die **Einschüchterung der Bevölkerung**, die **Nötigung einer Behörde oder internationalen Organisation** sowie die **Beseitigung oder erhebliche Beeinträchtigung der grundlegenden deutschen Staatsstrukturen** sein. Zudem müssen die geplanten Straftaten durch die Art ihrer Begehung oder ihre Auswirkungen geeignet sein, einen Staat oder eine internationale Organisation erheblich zu schädigen.

Die Tatbestandsvoraussetzungen des § 31 Abs. 1 PolG greifen § 5 Abs. 1 S. 2 BKAG auf[246] und entsprechen den dortigen Vorgaben. Sie sind nach der dortigen Definition **Gefahren des internationalen Terrorismus**. Nur wenn die in § 31 Abs. 1 PolG genannten Straftaten zu befürchten sind und verhindert werden sollen, kann der Polizeivollzugsdienst Aufenthaltsvorgaben vorsehen.

108 Für die Anwendung des § 31 Abs. 1 PolG ist grundsätzlich das **Vorliegen eines Gefahrverdachts ausreichend**.[247] Wegen der in Gefahr stehenden besonders hochwertigen und schützenswerten Rechtsgüter ist dies verfassungsrechtlich vertretbar. Wegen der Bestimmtheit von Person und Gebiet und der Eingrenzung der Anwendbarkeit auf die Begehung bestimmter Straftaten ist faktisch der **Verdacht einer konkreten Gefahr** gefordert.[248]

Eine Maßnahme gem. § 31 Abs. 1 PolG ist **gegen Personen zulässig**, bei denen bestimmte Tatsachen die Annahme rechtfertigen, dass sie **innerhalb eines übersehbaren Zeitraums** auf eine zumindest ihrer Art nach konkretisierte Weise eine **Straftat i. S. d. § 31 Abs. 1 PolG begehen** werden oder deren individuelles Verhalten die **konkrete Wahrscheinlichkeit** begründet, dass sie innerhalb eines übersehbaren Zeitraums eine solche Straftat begehen werden.[249] Diese Voraussetzung entspricht den Vorgaben des **BVerfG** an eine zu treffende **Prognoseentscheidung zur Straftatenverhütung**. Danach können die Polizeibehörden auch Maßnahmen der Straftatenverhütung ergreifen, wenn eine zumindest auf bestimmte Tatsachen und nicht allein auf allgemeine Erfahrungssätze gestützte Prognose vorgenommen wird, die auf eine konkrete Gefahr bezogen ist. Grundsätzlich gehört hierzu, dass insoweit **ein wenigstens seiner Art nach konkretisiertes und zeitlich absehbares Geschehen** erkennbar ist. Bei terroristischen Straftaten kann der Gesetzgeber auch darauf abstellen, ob das **individuelle Verhalten einer Person** die konkrete Wahrscheinlichkeit begründet, dass sie in überschaubarer Zukunft terroristische Straftaten begehen wird.[250]

109 In der Praxis schwierig ist die Bestimmung des noch **zulässigen Zeitraums** bis zu einer zu erwartenden Straftatbegehung. § 31 Abs. 1 PolG verwendet die Formulierungen „wenn bestimmte Tatsachen die Annahme rechtfertigen" und „innerhalb eines überschaubaren Zeitraums". Die Beschreibung dieser zeitlichen Komponente ist sehr unbestimmt und stellt einen „herabgestuften Wahrscheinlichkeitsmaßstab"[251] dar, der dem Polizeirecht an sich fremd ist. Andererseits muss gesehen werden, dass in der Polizeipraxis nur der jeweilige Einzelfall beurteilt werden kann, so dass zu starre zeitliche Vorgaben der Rechtsanwendung entgegenstehen würden. Angesichts der besonderen Bedeutung der vom in Bezug genommenen Straftatbestand geschützten Rechtsgüter wird man keinen allzu engen zeitlichen Zusammenhang verlangen können. Hinzu kommt, dass terroristische Straftaten (etwa Anschläge) aufgrund ihrer Komplexität oft längerer Vorberei-

---

246 LT-Drs. 16/2741, S. 35.
247 Nachbaur, in: Möstl/Trurnit, Polizeirecht BW, § 27 b Rn 19; Schenke, Polizei- und Ordnungsrecht, Rn 152; Gusy/Eichenhofer, Polizei- und Ordnungsrecht, Rn 282; krit. dazu Graulich, in: Lisken/Denninger, Handbuch des Polizeirechts, Kap. E Rn 425: „kein Sprühnebel von Verdachtsmomenten"; Kulick, AöR 2018, 175, 208 f.; Wehr, Polizeirecht, Rn 471.
248 Kingreen/Poscher, Polizei- und Ordnungsrecht, § 15 Rn 24; Graulich, in: Lisken/Denninger, Handbuch des Polizeirechts, Kap. E Rn 450, 454 ff.
249 LT-Drs. 16/2741, S. 35.
250 BVerfGE 141, 220, 290 f. (Rn 164).
251 Graulich, in: Lisken/Denninger, Handbuch des Polizeirechts, Kap. E Rn 453, 456 f.

tungszeit bedürfen. Insofern können im Einzelfall **auch mehrere Monate** als noch „übersehbar" anzusehen sein. Der Begriff „überschaubar" meint eine erheblich längere Zeitspanne als etwa der Begriff „zeitnah". Im Kern meint er einen **Zeitraum, der noch erfassbar ist** und in jedem Fall einen **noch einen erkennbaren Bezug zu der zu erwartenden Straftat** hat. Zu beachten ist aber die in § 31 Abs. 6 PolG normierte **Höchstdauer von drei Monaten** (→ Rn 125); unter den dort genannten Voraussetzungen für eine Verlängerung sind aber auch deutlich längere Zeiträume denkbar.

Beispiel: Der aus Afghanistan stammende und in der Stadt H lebende A gibt im Januar in einem Gespräch mit dem Zeugen Z an, er plane eine „Aktion" für den kommenden Weihnachtsmarkt der Stadt S, bei der viele Menschen zu Schaden kommen werden. Die dem Polizeivollzugsdienst bekannten weiteren Fakten sprechen für den ernsthaften Verdacht, dass A ein Attentat auf den Weihnachtsmarkt der Stadt S verüben will. In diesem Fall wäre es ein überschaubarer Zeitraum, dem A – mit mehreren Verlängerungen – bis Ende des Jahres ein Aufenthaltsverbot für den Bereich der Stadt S auszusprechen.

Aufenthaltsvorgaben auf der Grundlage des § 31 Abs. 1 PolG können auf **zwei Arten** verfügt werden: 110

- Als **Untersagung, sich ohne Erlaubnis vom Wohn- oder Aufenthaltsort** (Wohnsitzgemeinde oder Ort des dauerhaften Aufenthalts) oder **aus einem bestimmten Bereich** (etwa Gebiet eines Bundeslandes, ein bestimmter Radius rund um den Wohn- oder Aufenthaltsort oder in Großstädten ein oder mehrere Stadtbezirke)[252] **zu entfernen**;
- als **Untersagung**, sich **an bestimmten Orten** aufzuhalten.

Vor dem Hintergrund des Zwecks der Aufenthaltsvorgabe soll insbesondere der Aufenthalt an Orten verhindert werden, an denen sich das Risiko der Verwirklichung der zu verhütenden Straftaten erhöht.[253]

Bei allen Aufenthaltsvorgaben ist der **Grundsatz der Verhältnismäßigkeit** zu wahren. Dies bedeutet, dass bei Vorliegen der sonstigen tatbestandlichen Voraussetzungen nur diejenigen Maßnahmen ergriffen werden dürfen, die zur Verhinderung einer befürchteten Straftat zwingend notwendig sind. Das Verbot, sich an einem bestimmten Ort aufzuhalten, ist in der Regel weniger belastend als ein Entfernungsverbot, so dass es als milderes Mittel vorrangig zu ergreifen ist. 111

Die Anordnung darf zudem **keine unzumutbaren Anforderungen an die Lebensführung** der betroffenen Person stellen und die Wahrnehmung berechtigter Interessen nicht unmöglich machen. So muss es der betroffenen Person weiterhin möglich sein, beispielsweise einen Arzt, Rechtsanwalt, soziale Einrichtungen oder Behörden und Gerichte aufzusuchen oder sich Zugang zu öffentlichen Verkehrsmitteln zu verschaffen.[254] Um dies zu gewährleisten, kann die zuständige Polizeidienststelle der betroffenen Person – insbesondere für Ausnahmefälle – die Erlaubnis erteilen, sich von den betreffenden Orten zu entfernen oder sich dort aufzuhalten.[255] Richtigerweise wird der Polizeivollzugsdienst **vor Erlass** einer gerichtlichen Anordnung den Betroffenen **anhören** müssen, um die Voraussetzungen einer entsprechend modifizierten Aufenthaltsvorgabe sicherzustellen.

Die Aufenthaltsvorgabe darf **nur so lange aufrechterhalten** werden, **wie** die in § 31 Abs. 1 PolG beschriebene **Gefahr einer Straftatbegehung besteht**.[256] Entfällt die Gefahr – aus welchen Gründen auch immer – ist eine bestehende Aufenthaltsvorgabe sofort aufzuheben. Vgl. dazu im Übrigen § 31 Abs. 6 PolG (→ Rn 125).

---

252 LT-Drs. 16/2741, S. 35.
253 LT-Drs. 16/2741, S. 35.
254 Kingreen/Poscher, Polizei- und Ordnungsrecht, § 15 Rn 28 m. w N.; Gusy/Eichenhofer, Polizei- und Ordnungsrecht, Rn 282.
255 LT-Drs. 16/2741, S. 35.
256 Vgl. dazu auch Graulich, in: Lisken/Denninger, Handbuch des Polizeirechts, Kap. E Rn 453.

112 c) **Kontaktverbot (§ 31 Abs. 2 PolG).** Wenn die Voraussetzungen des § 31 Abs. 1 PolG vorliegen, kann der Polizeivollzugsdienst zur Verhütung von Straftaten i. S. d. § 31 Abs. 1 PolG einer Person den Kontakt mit bestimmten Personen oder Personen einer bestimmten Gruppe untersagen (§ 31 Abs. 2 PolG). Der Polizeivollzugsdienst kann somit gegen die betroffene Person (Gefährder) auch ein **Kontaktverbot** verhängen. Damit soll dem Gefährder der Kontakt mit bestimmten Personen oder Personen einer bestimmten Gruppe untersagt werden (→ Rn 114 ff. zu den allgemeinen tatbestandlichen Voraussetzungen für ein Kontaktverbot).

113 Die **Zuständigkeit** für die Durchführung von Maßnahmen gem. § 31 Abs. 2 PolG (Kontaktverbot) liegt ausschließlich beim **Polizeivollzugsdienst**. Die Polizeibehörde darf damit kein Kontaktverbot auf der Grundlage des § 31 Abs. 2 PolG umsetzen.

114 Aus den tatbestandlichen Voraussetzungen des § 31 Abs. 1 PolG folgt, dass ein Kontaktverbot nur in Frage kommt, wenn die neben dem Gefährder betroffenen Personen einen **hinreichend sicheren Bezug zu den im Raum stehenden Straftaten** haben. Hierzu bedarf es einer **klaren Prognose** dahingehend, dass die vom Kontaktverbot erfassten Personen dazu beitragen, dass der Gefährder hinreichend wahrscheinlich eine solche Straftat begehen kann. Wegen der im Raum stehenden schwerwiegenden terroristischen Straftaten sind die Anforderungen an diese Prognose nicht allzu zu hoch anzusetzen.

115 Ein Kontaktverbot i. S. d. § 31 Abs. 2 PolG ist **umfassend zu verstehen. Es schließt jegliche Form der Kontaktaufnahme** aus. Damit wird nicht nur die räumliche Annäherung ausgeschlossen, sondern auch telefonischer Kontakt und jede andere Form der Kontaktaufnahme (Briefe, E-Mail, Facebook-Messenger, WhatsApp etc.) einschließlich Kontaktmittler.[257]

116 Auch für die Anordnung eines Kontaktverbots gilt der **Grundsatz der Verhältnismäßigkeit**.[258] Dies bedeutet, dass bei Vorliegen der sonstigen tatbestandlichen Voraussetzungen nur dann ein Kontaktverbot verhängt werden darf, wenn dies zur Verhinderung einer befürchteten Straftat zwingend notwendig ist. Gegenüber der Aufenthaltsvorgabe gem. § 31 Abs. 1 PolG gibt es kein Rangverhältnis. Das **Kontaktverbot** ist vielmehr eine **eigenständige polizeiliche Maßnahme**, die selbstständig neben oder losgelöst von der Aufenthaltsvorgabe verhängt werden kann. Während die Aufenthaltsvorgabe eine räumliche Dimension hat, ist das Kontaktverbot in der **sozialen Dimension** angesiedelt.[259]

Auch das Kontaktverbot darf **nur solange aufrecht erhalten** werden, **wie** die in § 31 Abs. 1 PolG beschriebene **Gefahr einer Straftatbegehung besteht**. Entfällt die Gefahr – aus welchen Gründen auch immer – ist ein bestehendes Kontaktverbot sofort aufzuheben. Vgl. dazu im Übrigen § 31 Abs. 6 PolG (→ Rn 125).

117 d) **Richtervorbehalt (§ 31 Abs. 3 PolG).** Wegen der Schwere des Grundrechtseinschränkung bei der Aufenthaltsvorgabe und beim Kontaktverbot unterliegen beide Eingriffe dem **Richtervorbehalt**. § 31 Abs. 3 bis 5 PolG trägt diesem Umstand Rechnung und entspricht weitgehend § 55 Abs. 3 BKAG. Es bedarf einer **Anordnung durch den Richter**. Für das **gerichtliche Verfahren** gelten die Verfahrensregeln des **§ 132 PolG mit den ergänzenden Vorgaben des § 31 Abs. 3 bis 5 PolG** (→ § 10 Rn 16 ff.).

118 Für die **Zuständigkeit des Amtsgerichts** trifft § 31 Abs. 3 S. 6 PolG eine **Sonderregelung**, die der allgemeinen Zuständigkeitsregel des § 132 Abs. 1 PolG vorgeht. Diese Sonderregelung soll vermeiden, dass sich zu viele Gerichte mit den dort zuständigen Richter in die sehr speziellen Rechtsfragen eines solchen Antrags immer wieder erneut einarbeiten müssen. Auf Vorschlag der

---

257 Schenke, Polizei- und Ordnungsrecht, Rn 154.
258 LT-Drs. 16/2741, S. 36; Graulich, in: Lisken/Denninger, Handbuch des Polizeirechts, Kap. E Rn 448.
259 Kingreen/Poscher, Polizei- und Ordnungsrecht, § 15 Rn 3.

II. Einzelmaßnahmen

damaligen Präsidentin des OLG Stuttgarts wurde eine Zuständigkeitsregelung gefunden, die eine **Zentralisierung** dieser spezialisierten Aufgaben auf **zwei Amtsgerichte in BW** vorsieht.[260]
Aus § 31 Abs. 3 S. 6 PolG ergibt sich abschließend die **sachliche und örtliche Zuständigkeit**. Zuständig für die Bearbeitung der Anträge sind demnach:
1. das **Amtsgericht Mannheim**, wenn die **Polizeidienststelle**, deren Leitung den Antrag gem. § 31 Abs. 3 S. 2 PolG stellt, ihren **Sitz im Bezirk des OLG Karlsruhe** hat;
2. das **Amtsgericht Stuttgart**, wenn die **Polizeidienststelle**, deren Leitung den Antrag gem. § 31 Abs. 3 S. 2 PolG stellt, ihren **Sitz im Bezirk des OLG Stuttgart** hat.

Unter Berücksichtigung der möglichen Antragsteller i. S. d. § 31 Abs 3 S. 3 PolG **sind die Anträge wie folgt zu stellen** (vgl. dazu § 2 GerOrgG i. V. m. § 121 Abs. 1 PolG):

- **beim Amtsgericht Mannheim**: Durch die Polizeipräsidien Freiburg, Karlsruhe, Konstanz, Mannheim, Offenburg, Pforzheim;
- **beim Amtsgericht Stuttgart**: Durch die Polizeipräsidien Aalen, Heilbronn, Ludwigsburg, Ravensburg, Reutlingen, Stuttgart, Ulm sowie das Polizeipräsidium Einsatz und das LKA.

Die gerichtliche Anordnung steht unter einem **Antragvorbehalt**. Gem. § 31 Abs. 3 S. 3 PolG ist der **Antrag** durch die **Leitung eines regionalen Polizeipräsidiums**, des **Polizeipräsidiums Einsatz oder des LKA** schriftlich zu stellen und zu begründen. 119

Der Begriff „Leitung" ist eindeutig: Der Antrag kann nur vom **Präsidenten des örtlich zuständigen Polizeipräsidiums**[261], des **Präsidiums Einsatz** oder vom **Präsidenten des LKA**[262] gestellt und unterzeichnet werden. Alle drei Möglichkeiten bestehen **alternativ** und hängen nicht von weiteren tatbestandlichen Voraussetzungen ab, regelmäßig wird die Anordnung aber durch die Leitung des örtlich zuständigen Polizeipräsidiums erfolgen; die Leitung des Präsidiums Einsatz und des LKA werden nur in Fällen eigener Zuständigkeit tätig werden können. Im Fall der Verhinderung sind nur die unmittelbaren ständigen Vertreter der Präsidenten zur Anordnung befugt. Der Personenkreis **kann nicht** auf die sonstige Führungsebene **erweitert werden**, auch nicht durch Delegation der Behördenleitung.[263]

Gem. § 31 Abs. 3 S. 7 PolG findet § 132 Abs. 2 S. 2 PolG keine Anwendung. Dies bedeutet, dass eine die Aufenthaltsvorgabe oder das Kontaktverbot anordnende Entscheidung des Gerichts **zu ihrer Wirksamkeit der Bekanntmachung** an die betroffene Person **bedarf**. Dies macht Sinn, da Aufenthaltsvorgabe und Kontaktverbot nur über eine Bekanntgabe gegenüber der betroffenen Person wirksam werden können (Kenntnisnahme der betroffenen Person). 120

Bei **Gefahr im Verzug** kann die Anordnung auch von einer der in § 31 Abs. 3 S. 3 PolG genannten Personen (Behördenleiter [→ Rn 119]) **selbst getroffen** werden. Eine **Delegation** des Antragsrechts bzw. des Anordnungsrechts bei Gefahr im Verzug auf andere Personen ist nicht möglich.[264] 121

Bei einer behördlichen Anordnung bei Gefahr im Verzug ist eine **gerichtliche Bestätigung** durch das in § 31 Abs. 3 S. 6 PolG genannte Gericht **unverzüglich herbeizuführen**. Unverzüglich heißt sofort und ohne schuldhaftes Verzögern.

Von einer Gefahr im Verzug in diesem Sinne (→ § 4 Rn 35) kann nur ausgegangen werden, wenn zur Verhinderung eines drohenden Schadens **sofort eingeschritten werden muss**, weil ein weiteres Abwarten den Erfolg der notwendigen Überwachungsmaßnahme erschweren oder

---

260 LT-Drs. 16/8484, S. 134 f.
261 Nr. 1 Spiegelstrich 1 der Anlage 2 zu Nr. 1.3 u. 2.3 VwV-PolOrg.
262 Nr. 1 Spiegelstrich 1 der Anlage 6 zu Nr. 1.3 u. 2.3 VwV-PolOrg.
263 LT-Drs. 16/2701, S. 31.
264 LT-Drs. 16/2741, S. 36.

vereiteln würde. Im Ergebnis müssen die Aufenthaltsvorgabe oder das Kontaktverbot gem. § 31 Abs. 1, 2 PolG **unaufschiebbar** sein.

Angesichts des verfassungsrechtlich gebotenen Richtervorbehalts[265] ist bei der Annahme einer Gefahr im Verzug **Zurückhaltung geboten**. Zwar steht dem Polizeivollzugsdienst ein **eigener Einschätzungsspielraum** zu (→ § 4 Rn 35). Es muss aber gesehen werden, dass in besonders eiligen Fällen die notwendige Entscheidung des Amtsgerichts gem. § 31 Abs. 3 PolG schnell herbeigeführt werden kann. Deswegen wird es regelmäßig vertretbar sein, die gerichtliche Anordnung gem. § 31 Abs. 3, 5 PolG abzuwarten. Ein Abweichen davon kommt insbesondere in Betracht, wenn die von einer Person ausgehenden Gefahren i. S. d. § 31 Abs. 1 PolG so schwerwiegend sind und möglicherweise mit einer so zeitnahen Verwirklichung zu rechnen ist, dass jede Verzögerung der Überwachungsmaßnahme zu **unvertretbaren Gefährdungen** bestimmter Personen oder der Allgemeinheit führen würde. Angesichts der Bedeutung der von § 31 Abs. 1 PolG geschützten Rechtsgüter dürfen sich diesbezügliche Zweifel nicht zulasten der Sicherheit auswirken.

122 e) **Antragsinhalt (§ 31 Abs. 4 PolG).** § 31 Abs. 4 PolG sieht detaillierte Vorgaben für den beim Amtsgericht zu stellenden Antrag vor. Dies folgt aus der Rechtsprechung des BVerfG, das aus den strengen Anforderungen an den Inhalt und die Begründung der gerichtlichen Anordnung folgert, dass hieraus zugleich das Erfordernis einer **hinreichend substantiierten Begründung und Begrenzung des Antrags auf Anordnung** folgt, die es dem Gericht oder der unabhängigen Stelle erst erlaubt, eine effektive Kontrolle auszuüben. Insbesondere bedarf es der **vollständigen Information** seitens der antragstellenden Behörde über den zu beurteilenden Sachstand.[266]

Im Antrag sind danach **zwingend anzugeben**:
1. die **Person**, gegen die sich die Maßnahme richtet, mit Name und Anschrift,
2. Art, Umfang und Dauer der Maßnahme, einschließlich
   a) im Fall der Aufenthaltsvorgabe gem. § 31 Abs. 1 PolG einer Bezeichnung der Orte, von denen sich die Person ohne Erlaubnis der zuständigen Polizeidienststelle nicht entfernen oder an denen sich die Person ohne Erlaubnis der zuständigen Polizeidienststelle nicht aufhalten darf,
   b) im Fall des Kontaktverbots gem. § 31 Abs. 2 PolG einer Benennung der Personen oder Gruppe, mit denen oder mit der der betroffenen Person der Kontakt untersagt ist, soweit möglich, mit Name und Anschrift,
3. der **Sachverhalt** sowie
4. eine **Begründung**.

123 f) **Gerichtliche Anordnung (§ 31 Abs. 5 PolG).** Gem. § 31 Abs. 5 S. 1 PolG ergeht durch das zuständige Amtsgericht eine **schriftliche Anordnung**. Die Entscheidung des zuständigen Amtsgericht ergeht gem. § 31 Abs. 3 S. 7, § 132 Abs. 2 S. 1 PolG i. V. m. § 38 Abs. 1 S. 1 FamFG durch **Beschluss**. Es ist Aufgabe und Pflicht des Gerichts, sich eigenverantwortlich ein Urteil darüber zu bilden, ob die beantragte heimliche Überwachungsmaßnahme den gesetzlichen Voraussetzungen entspricht.[267] Durch die schriftliche Fixierung wird der äußere Rahmen abgesteckt, innerhalb dessen die heimliche Maßnahme durchzuführen ist, so dass der Eingriff messbar und kontrollierbar bleibt.[268]

124 Erlässt das Amtsgericht eine Anordnung, durch welche die beantragte Überwachungsmaßnahme erlaubt wird, hat es **in seiner Entscheidung** gem. § 31 Abs. 5 S. 2 PolG **zwingend anzugeben**:

---

265 BVerfGE 141, 220, 275 f. (Rn 117 f.).
266 BVerfGE 141, 220, 275 f. (Rn 118).
267 BVerfGE 141, 220, 275 f. (Rn 118).
268 LT-Drs. 16/2701, S. 32.

II. Einzelmaßnahmen

1. die **Person**, gegen die sich die Maßnahme richtet, mit Name und Anschrift,
2. Art, Umfang und Dauer der Maßnahme, einschließlich
   a) im Fall der Aufenthaltsvorgabe gem. § 31 Abs. 1 PolG einer Bezeichnung der Orte, von denen sich die Person ohne Erlaubnis der zuständigen Polizeidienststelle nicht entfernen oder an denen sich die Person ohne Erlaubnis der zuständigen Polizeidienststelle nicht aufhalten darf,
   b) im Fall des Kontaktverbots gem. § 31 Abs. 2 PolG einer Benennung der Personen oder Gruppe, mit denen oder mit der der betroffenen Person der Kontakt untersagt ist, soweit möglich, mit Name und Anschrift und
3. die **wesentlichen Gründe**.

g) Grenzen und Verhältnismäßigkeit (§ 31 Abs. 6 PolG). Bei der Anordnung und Durchsetzung von Aufenthaltsvorgaben und Kontaktverboten ist der **Grundsatz der Verhältnismäßigkeit** zu wahren. Deswegen ordnet § 31 Abs. 6 PolG an, dass Aufenthaltsvorgaben gem. § 31 Abs. 1 PolG und Kontaktverbote gem. § 31 Abs. 2 PolG auf den zur Verhütung von Straftaten i. S. d. § 31 Abs. 1 PolG **erforderlichen Umfang zu beschränken** sind. Dies betrifft die Auswahl der Orte und Personen, aber auch die Dauer der Maßnahme.[269]

Die Anordnungen von Aufenthaltsvorgabe oder Kontaktverbot sind auf **höchstens drei Monate** zu befristen. Eine **Verlängerung** um jeweils nicht mehr als drei Monate ist möglich, soweit ihre **Voraussetzungen fortbestehen**. Die Verlängerung kann wegen des in § 31 Abs. 3 S. 1 PolG statuierten Richtervorbehalts nur durch eine **weitere Entscheidung des zuständigen Amtsgerichts** erfolgen.

Liegen die Voraussetzungen für die Aufenthaltsvorgabe oder das Kontaktverbot nicht mehr vor, ist die **Maßnahme unverzüglich zu beenden** (→ Rn 111, 116).

h) Rechtsmittel. Zu den Rechtsmitteln vgl. die weitergehenden Ausführungen in → § 10 Rn 22.

Die Beschwerde hat **keine aufschiebende Wirkung** (§ 31 Abs. 3 S. 7, § 132 Abs. 2 S. 4 PolG) und hindert damit die sofortige Umsetzung der Aufenthaltsvorgabe oder des Kontaktverbots durch den Polizeivollzugsdienst nicht. Erst bei einem **Erfolg der Beschwerde** sind die Maßnahmen durch den Polizeivollzugsdienst **umgehend zu beenden**. Zur Prüfung eines **Antrags auf Aussetzung der Vollziehung** durch einstweilige Anordnung des Beschwerdegerichts vgl. OLG München, BayVBl 2018, 682 f.

i) Strafbewehrung (§ 134 Abs. 1 Nr. 1 PolG). Gem. § 134 Abs. 1 Nr. 1 PolG wird mit **Freiheitsstrafe bis zu zwei Jahren oder mit Geldstrafe bestraft**, wer einer vollstreckbaren gerichtlichen Anordnung gem. § 31 Abs. 3 S. 1 PolG oder einer vollziehbaren Anordnung gem. § 31 Abs. 3 S. 5 PolG zuwiderhandelt und dadurch den Zweck der Anordnung gefährdet.

Bei der Regelung des § 134 Abs. 1 Nr. 1 PolG handelt es sich um eine **strafrechtliche Norm**. Die **Gesetzgebungsbefugnis** lag beim Land BW. Gem. Art. 72 Abs. 1 GG haben die Länder im Bereich der konkurrierenden Gesetzgebung die Befugnis zur Gesetzgebung, solange und soweit der Bund von seiner Gesetzgebungszuständigkeit nicht durch Gesetz Gebrauch gemacht hat. Mit § 31 PolG hat das Land eine eigenständige Rechtsgrundlage für den Erlass von Aufenthaltsvorgaben und Kontaktverboten und deren Durchführung durch den Polizeivollzugsdienst des Landes in eigener Zuständigkeit erlassen. Die Strafbewehrung von Verstößen gegen diese durch eine gerichtliche Anordnung erlassenen landespolizeilichen Maßnahmen wurde vom Bund nicht vorgesehen. Insofern liegt ein Fall des Nichtgebrauchs i. S. d. Art. 72 Abs. 1 GG vor.[270]

---

269 LT-Drs. 16/2741, S. 36.
270 Vgl. dazu weitergehend auch LT-Drs.16/2741, S. 42, sowie BVerfGE 32, 319, 327 f., u. 85, 134, 147. Zur krit. Erweiterung strafrechtlicher Normen in Polizeigesetzen vgl. Klein, GSZ 2020, 168 ff.

128 Voraussetzung für die Strafbarkeit ist, dass entweder eine **vollstreckbare Anordnung** des zuständigen **Amtsgerichts** (§ 31 Abs. 3 S. 1 PolG) oder im Fall der Gefahr im Verzug eine **vollziehbare Anordnung** des Leiters der zuständigen **Polizeibehörde** (§ 31 Abs. 3 S. 5 PolG) vorliegt.

Die **Anordnung des Amtsgerichts** wird gem. § 132 Abs. 2 S. 1 PolG i. V. m. §§ 38 Abs. 1 S. 1, 86 Abs. 1 Nr. 1, Abs. 2 FamFG **mit Wirksamwerden** des gerichtlichen Beschlusses **vollstreckbar**. Die Wirksamkeit des gerichtlichen Beschlusses tritt mit dessen Erlass ein, es bedarf hierfür gem. § 31 Abs. 3 S. 7 i. V. m. § 132 Abs. 2 S. 1 PolG, § 40 Abs. 1 FamFG der **Bekanntmachung an den Betroffenen**.

Die **behördliche Anordnung** bedarf zu ihrer Vollziehbarkeit vor Eintritt der Rechtskraft der gleichzeitigen **Anordnung der sofortigen Vollziehbarkeit** (§ 2 Nr. 2 LVwVG i. V. m. § 80 Abs 2 S. 1 Nr. 4 VwGO), was in der Praxis regelmäßig erfolgen wird.

129 Gem. § 134 Abs. 1 S. 2 PolG wird die Tat **nur auf Antrag** eines regionalen Polizeipräsidiums, des Polizeipräsidiums Einsatz oder des LKA verfolgt. Eine Strafverfolgung ist damit gem. §§ 77 ff. StGB nur möglich, wenn ein entsprechender Strafantrag innerhalb der vorgesehenen Frist (§ 77 b StGB) vorliegt.

130 **6. Elektronische Aufenthaltsüberwachung (§ 32 PolG). a) Allgemeines. aa) Entstehungsgeschichte.** § 32 PolG wurde als § 27 c PolG durch Art. 1 Nr. 5 des Gesetzes zur Änderung des Polizeigesetzes vom 28.11.2017 in das PolG eingefügt.²⁷¹ Er entspricht weitgehend § 56 BKAG. Mit dem **PolG 2020** wurden die bislang in § 32 Abs. 2 S. 5, 7 bis 9 PolG enthaltenen **Regelungen zur Kennzeichnung und Protokollierung der** durch die Überwachungsmaßnahme erhaltenen **Daten** herausgenommen (sie finden sich nunmehr in den §§ 73, 73 PolG) und die in § 32 Abs. 5 PolG verankerte **Zuständigkeit des Amtsgerichts geändert**.

Durch § 32 PolG erhält der **Polizeivollzugsdienst** die Befugnis, den Aufenthaltsort von Personen, von denen die Gefahr der Begehung einer terroristischen Straftat i. S. d. § 31 Abs. 1 PolG ausgeht, **elektronisch zu überwachen**. Hierzu kann der Polizeivollzugsdienst auf entsprechende richterliche Anordnung eine Person verpflichten, ständig ein für die elektronische Überwachung des Aufenthaltsorts geeignetes technisches Mittel („**Elektronische Fußfessel**") in betriebsbereitem Zustand am Körper bei sich zu führen.

Mit § 32 PolG wird ein bislang im Wesentlichen im Rahmen der Führungsaufsicht (§ 68 b StGB i. V. m. § 463 a StPO) zum Einsatz kommendes Instrument in den Bereich der **Abwehr von Gefahren des internationalen Terrorismus** übernommen. Ziel dieser offenen Maßnahme ist es, den Aufenthaltsort von Personen, von denen die Gefahr der Begehung einer terroristischen Straftat i. S. d. § 31 Abs. 1 PolG ausgeht, dauerhaft zu überwachen und auf diese Weise die **Begehung derartiger Straftaten möglichst effektiv zu verhindern**. Dabei erhöht die ständige Aufenthaltsüberwachung das Risiko, bei der Begehung von Straftaten entdeckt zu werden und kann auf diese Weise zur Straftatenverhütung beitragen. Darüber hinaus ermöglicht die Aufenthaltsüberwachung das **schnelle Eingreifen von Sicherheitsbehörden** zur Straftatenverhütung.²⁷²

Die **praktische Bedeutung** des § 32 PolG ist bislang sehr begrenzt, bis Ende 2018 kam die Regelung in einem einzigen Fall zur Anwendung (→ Rn 134).²⁷³

131 **bb) Gesetzgebungskompetenz.** Aufgrund der präventiv-polizeilichen Abschreckungswirkung der elektronischen Aufenthaltsüberwachung, ihrer Einbindung in andere präventive Maßnah-

---

271 GBl. S. 624, 627, 638.
272 So LT-Drs. 16/2741, S. 36 f.
273 LT-Drs. 16/5076, S. 4.

men der Polizei und der Möglichkeit des schnellen Eingreifens im erkennbaren Gefahrenfall ist die **Gesetzgebungsbefugnis der Länder** über Art. 70 Abs. 1 GG gegeben.[274]

cc) Einschränkung von Grundrechten. Allein die Tatsache, dass die elektronische Aufenthaltsüberwachung gegenüber einer polizeilichen und strafrechtlichen Ingewahrsamnahme ein milderes Mittel ist, begründet nicht ihre Verfassungsmäßigkeit.[275] Da die elektronische Aufenthaltsüberwachung keine lückenlose Überwachung und keinen Rückschluss des Staates auf die Lebensgewohnheiten der überwachten Person zulässt, stellt sie **keine** in den Kernbereich privater Lebensgestaltung **unzumutbar eingreifende Einschränkung der Menschenwürde** dar.[276] Dies hat auch das **BVerfG** (für § 463 a StGB) festgestellt: „Die elektronische Überwachungsmaßnahme ist lediglich auf die anlassbezogene jederzeitige Feststellbarkeit des Aufenthaltsortes des Weisungsbetroffenen gerichtet. In welcher Weise er sich an diesem Ort betätigt, ist nicht Gegenstand der Überwachung. Das Handeln des Betroffenen unterliegt weder optischer noch akustischer Kontrolle. Dass die bloße Feststellung des Aufenthaltsortes mittels einer GPS-gestützten Observation den unantastbaren Bereich privater Lebensgestaltung regelmäßig nicht erreicht, hat das Bundesverfassungsgericht bereits ausdrücklich festgestellt (vgl. BVerfGE 112, 304). Umstände, die zu einer abweichenden Beurteilung führen könnten, haben die Beschwerdeführer nicht vorgetragen."[277]

132

Die Datenerhebung innerhalb der Wohnung der überwachten Person könnte im Hinblick auf Art. 13 GG trotz § 32 Abs. 2 S. 2 PolG verfassungsrechtlichen Bedenken unterliegen.[278] Art. 13 Abs. 4 S. 1 GG lässt Einschränkungen der Unverletzlichkeit der Wohnung zum Zweck der elektronischen Überwachung der Wohnung zu, wenn diese zur Abwehr dringender Gefahren der öffentlichen Sicherheit geboten ist. Art. 13 Abs. 4 S. 1 GG meint zwar nicht die elektronische Überwachung von Personen, die in der Wohnung leben. Verfassungsrechtlich sind aber die gleichen Maßstäbe zugrunde zu legen. Art. 13 Abs. 4 GG verlangt eine bereits konkretisierte Gefahr.[279] Die Gefahr muss überdies dringend sein. § 32 Abs. 1 PolG stellt darauf ab, dass Tatsachen vorliegen, dass die zu überwachende Person eine der in § 129 a StGB gelisteten Straftaten[280] begeht. Die elektronische Überwachung dient damit dem **Schutz vor besonders schwerwiegenden Straftaten.**[281] Es reicht nicht aus, dass die Möglichkeit der Straftatbegehung im Raum steht, vielmehr muss **aufgrund von Tatsachen** davon ausgegangen werden können, dass die zu überwachende Person eine solche Straftat begehen wird. Unter solchen Voraussetzungen liegt eine dringende Gefahr i. S. d. Art. 13 Abs. 4 S. 1 GG vor.[282] Angesichts der Eingrenzung der Anwendbarkeit auf die in § 129 a Abs. 1 u. 2 StGB gelisteten schwerwiegenden Straftaten und der nur eingeschränkten Zulässigkeit der Nutzung der in der Wohnung gewonnenen Daten gem. § 32 Abs. 2 S. 2 PolG ist davon auszugehen, dass die mit der elektronischen Überwachung verbundenen Einschränkungen noch den Vorgaben des Art. 13 Abs. 4 GG genügen (→ Rn 144 ff. zu den **Vorgaben des BVerfG**).[283]

---

274 Guckelberger, DVBl 2017, 1121, 1123.
275 Guckelberger, DVBl 2017, 1121, 1122.
276 Guckelberger, DVBl 2017, 1121, 1123.
277 BVerfG („elektronische Fußfessel"), NStZ 2021, 348, 349 (Rn 246), m. Anm. Schiemann, 353 f.; zust. Kinzig, LTO vom 4.2.2021.
278 So jedenfalls Guckelberger, DVBl 2017, 1121, 1128.
279 Gornig, in: v. Mangoldt/Klein/Starck, GG, Rn 122 zu Art. 13 GG.
280 Vgl. dazu eingehender Fischer, Strafgesetzbuch, Rn 2 ff. zu § 129 a StGB.
281 Schäfer/Anstötz, in: Münchener Kommentar zum Strafgesetzbuch, Rn 1 zu § 129 a StGB.
282 Vgl. dazu Gornig, in: v. Mangoldt/Klein/Starck, GG, Rn 124 zu Art. 13 GG: Es kommt auf den Umfang des drohenden Schadens an.
283 So auch BVerfG („elektronische Fußfessel") zu § 463 a StPO, NStZ 2021, 348, 353 (Rn 333 ff.), m. Anm. Schiemann, 353 f.

133 Art. 2 Abs. 2 des Gesetzes zur Änderung des Polizeigesetzes vom 28.11.2017[284] schränkt zur verfassungsrechtlichen Anwendbarkeit des § 32 PolG die Freizügigkeit (Art. 11 GG) und die Unverletzlichkeit der Wohnung (Art. 13 GG) ein. Damit genügt das Gesetz dem **Zitiergebot**[285].

134 **dd) Historie und Bedeutung der elektronischen Überwachung.** Bereits in den 1960er Jahren wurde in den USA ein Gerät zur elektronischen Aufenthaltsüberwachung von Psychiatriepatienten und Straftätern entwickelt. Seit den 1980er Jahren verbreitete sich diese technische Möglichkeit als strafrechtliche Überwachungsmaßnahme zunehmend[286]. Die elektronische Aufenthaltsüberwachung führt nicht dazu, dass die betroffene Person ihre Bewegungsfreiheit verliert, sondern bewirkt lediglich, dass die Bewegungen und örtlichen Aufenthaltsveränderungen der betroffenen Person von der Polizei und den Strafverfolgungsbehörden nachvollzogen werden können. Angesichts von technischen Einschränkungen (Funklöcher, Funkschatten, Funksperre) ist eine **lückenlose Überwachung nicht möglich**.[287] Laut der Gemeinsamen Überwachungsstelle der Länder (GÜL)[288] wurde ab Ende des Jahres 2017 innerhalb eines Jahres in **116 Fällen** durch Gerichte die Überwachung von früheren Straftätern und Gefährdern durch elektronische Fußfesseln angeordnet, was einem Zuwachs von rund 20 Prozent entspricht. Unter den 116 Betroffenen waren 7 Gefährder.

135 **b) Elektronische Überwachung (§ 32 Abs. 1 PolG).** Gem. § 32 Abs. 1 PolG kann der Polizeivollzugsdienst eine Person, von der die Gefahr der Begehung einer terroristischen Straftat i. S. d. § 31 Abs. 1 PolG ausgeht, verpflichten, ein technisches Mittel, mit dem der Aufenthaltsort dieser Person elektronisch überwacht werden kann, ständig in betriebsbereitem Zustand am Körper bei sich zu führen und dessen Funktionsfähigkeit nicht zu beeinträchtigen. Die elektronische Aufenthaltsüberwachung soll vor der Begehung von Straftaten i. S. d. § 129 a StGB schützen. Sie dient damit ebenso wie § 129 a StGB[289] dem Schutz vor besonders gefährlichen potenziellen Straftätern und der **Verhütung terroristischer Straftaten**.[290] Ähnlich wie bei § 129 a StGB greifen die Maßnahmen gem. § 32 PolG bereits im **Vorfeld der eigentlichen Straftaten**.

136 Für die Anwendung des § 32 Abs. 1 PolG ist grundsätzlich das **Vorliegen eines Gefahrverdachts ausreichend**.[291] Wegen der in Gefahr stehenden besonders hochwertigen und schützenswerten Rechtsgüter ist dies verfassungsrechtlich vertretbar.[292] Wegen der Bestimmtheit von Person und der Eingrenzung der Anwendbarkeit auf die Begehung bestimmter terroristischer Straftaten ist der **Verdacht einer konkreten Gefahr** gefordert.[293] Eine elektronische Aufenthaltsüberwachung kann deswegen **nur gegenüber Personen** angeordnet werden, bei denen bestimmte Tatsachen die Annahme rechtfertigen, dass sie innerhalb eines übersehbaren Zeitraums auf eine zumindest ihrer Art nach konkretisierte Weise eine solche Straftat begehen werden (§ 32 Abs. 1 Nr. 1

---

284 GBl. S. 624, 630.
285 LT-Drs. 16/2741, S. 47; vgl. zum Zitiergebot etwa Schmidt, Polizei- und Ordnungsrecht, Rn 300, sowie § 4 PolG (dazu auch LT-Drs. 16/8484, S. 202).
286 Guckelberger, DVBl 2017, 1121 f.
287 So zutr. Guckelberger, DVBl 2017, 1121, 1122.
288 Die bei der IT-Stelle der hessischen Justiz in Bad Vilbel angesiedelte GÜL wurde durch den Staatsvertrag vom 19.8.2011 (Unterzeichnung BW) über die Einrichtung einer Gemeinsamen elektronischen Überwachungsstelle der Länder eingerichtet (Gesetz zum Staatsvertrag über die Einrichtung einer Gemeinsamen elektronischen Überwachungsstelle der Länder vom 13.12.2011 [GBl. S. 554; vgl. auch LT-Drs. 15/1041]) und hat am 1.1.2012 den Betrieb aufgenommen. Ihre Aufgabe ist es, die eingehenden Ereignismeldungen (bspw. über Weisungsverstöße oder Beeinträchtigung der Datenerhebung) rund um die Uhr entgegenzunehmen und im Hinblick auf möglicherweise notwendige Maßnahmen der Gefahrenabwehr oder der Führungsaufsicht zu bewerten.
289 Schäfer/Anstötz, in: Münchener Kommentar zum Strafgesetzbuch, Rn 1 zu § 129 a StGB.
290 Schenke, Polizei- und Ordnungsrecht, Rn 155.
291 Schenke, Polizei- und Ordnungsrecht, Rn 155; Gusy/Eichenhofer, Polizei- und Ordnungsrecht, Rn 282; krit. dazu Kulick, AöR 2018, 175, 208 f., u. Kingreen/Poscher, Polizei- und Ordnungsrecht, § 13 Rn 125.
292 Ebenso Graulich, in: Lisken/Denninger, Handbuch des Polizeirechts, Kap. E Rn 470, 475.
293 Kingreen/Poscher, Polizei- und Ordnungsrecht, § 13 Rn 124.

II. Einzelmaßnahmen 469

PolG) oder deren individuelles Verhalten die konkrete Wahrscheinlichkeit begründet, dass sie innerhalb eines übersehbaren Zeitraums eine solche Straftat begehen werden (§ 32 Abs. 1 Nr. 2 PolG). Diese tatbestandlichen Voraussetzungen entsprechen denen des § 31 Abs. 1 PolG.

Die tatbestandlichen Voraussetzungen des § 32 Abs. 1 PolG entsprechen den Vorgaben des **BVerfG** an eine zu treffende **Prognoseentscheidung zur Straftatenverhütung**. Danach können die Polizeibehörden auch Maßnahmen der Straftatenverhütung ergreifen, wenn eine zumindest auf bestimmte Tatsachen und nicht allein auf allgemeine Erfahrungssätze gestützte Prognose vorgenommen wird, die auf eine konkrete Gefahr bezogen ist. Grundsätzlich gehört hierzu, dass insoweit ein wenigstens seiner Art nach konkretisiertes und zeitlich absehbares Geschehen erkennbar ist. Bei terroristischen Straftaten kann der Gesetzgeber auch darauf abstellen, ob das individuelle Verhalten einer Person die konkrete Wahrscheinlichkeit begründet, dass sie in überschaubarer Zukunft terroristische Straftaten begehen wird.[294]

Die **Zuständigkeit** für die Durchführung von Maßnahmen gem. § 32 Abs. 1 PolG (Aufenthaltsüberwachung) liegt ausschließlich beim **Polizeivollzugsdienst**. Die Polizeibehörde darf damit keine Maßnahmen der Aufenthaltsüberwachung auf der Grundlage des § 32 Abs. 1 PolG vorsehen. 137

Durch die Bezugnahme auf § 31 Abs. 1 PolG wird deutlich, dass die Anordnung einer elektronischen Überwachungsmaßnahme nur zur **Verhütung von Straftaten** in Betracht kommt, die in § 129 a Abs. 1, 2 StGB bezeichnet und dazu bestimmt sind, die in Nr. 1 bis 3 des § 31 Abs. 1 PolG beschriebenen Folgen zu bewirken. § 129 a StGB betrifft die Bildung terroristischer Vereinigungen. § 32 Abs. 1 i. V. m. § 31 Abs. 1 PolG meint nicht diesen Grundtatbestand, sondern die in § 129 a Abs. 1 u. 2 StGB aufgezählten Straftatbestände („Vereinigungszweck"), wie aus dem Begriff „bezeichnet" zu folgern ist. Die betroffene Person muss also keiner terroristischen Vereinigung angehören, sondern die Begehung einer der in § 129 a Abs. 1, 2 StGB genannten schwerwiegenden Straftaten anstreben. Im Ergebnis werden damit **„terroristische Gefährder"** erfasst. 138

Folgen dieser Straftaten müssen die **Einschüchterung der Bevölkerung**, die **Nötigung einer Behörde oder internationalen Organisation** sowie die **Beseitigung oder erhebliche Beeinträchtigung der grundlegenden deutschen Staatsstrukturen** sein. Zudem müssen die geplanten Straftaten durch die Art ihrer Begehung oder ihre Auswirkungen geeignet sein, einen Staat oder eine internationale Organisation erheblich zu schädigen.

Ziel der elektronischen Überwachung ist es, die betroffene Person durch die Überwachung und die Datenverwendung von der Begehung der in § 31 Abs. 1 PolG genannten terroristischen Straftaten abzuhalten. Sie ist damit gegenüber der Aufenthaltsvorgabe und dem Kontaktverbot eine **eigenständige polizeiliche Maßnahme**. Ihre Anordnung hängt nicht davon ab, dass gegen die betroffene Person auch eine Aufenthaltsvorgabe oder ein Kontaktverbot verhängt wurden (→ Rn 140). Je nach Fallkonstellation kann auch die **Kombination mehrerer oder aller dieser polizeilichen Maßnahmen** in Betracht kommen. 139

Bei der Anordnung und Durchsetzung einer elektronischen Aufenthaltsüberwachung ist der **Grundsatz der Verhältnismäßigkeit** zu beachten. Dies bedeutet, dass bei Vorliegen der sonstigen tatbestandlichen Voraussetzungen die elektronische Aufenthaltsüberwachung nur insoweit angeordnet werden darf, als sie zur Verhinderung einer befürchteten Straftat zwingend notwendig ist. Gegenüber den nur örtlich oder persönlich partiell wirkenden Aufenthaltsvorgabe und Kontaktverbot ist die elektronische Aufenthaltsüberwachung in der Regel die **schwerwiegendere Maßnahme**, da sie eine nahezu vollständige örtliche Überwachung der betroffenen Person ermöglicht. Sie kann daher nur angeordnet werden, wenn Aufenthaltsvorgabe und 140

---

294 BVerfGE 141, 220, 290 f. (Rn 164).

Kontaktverbot für sich nicht ausreichend sind, um die von einer drohenden Straftatenbegehung ausgehende Gefahr ausreichend sicher zu bannen.

Die elektronische Aufenthaltsüberwachung darf **nur so lange aufrechterhalten** werden, **wie** die in § 32 Abs. 1 i. V. m. § 31 Abs. 1 PolG beschriebene **Gefahr einer Straftatbegehung besteht.** Entfällt die Gefahr – aus welchen Gründen auch immer – ist eine bestehende elektronische Aufenthaltsüberwachung **sofort zu beenden.** Vgl. dazu im Übrigen § 32 Abs. 8 PolG (→ Rn 166).

141 In der Gesetzesbegründung findet sich der Praxishinweis, dass die Ausfüllung des bei Anwendung der Norm bestehenden Beurteilungsspielraums sowie die Ausübung des Ermessens, ob die Maßnahme ergriffen wird, regelmäßig **im Benehmen mit dem BKA** erfolgen soll. Das Benehmen soll im Rahmen der etablierten Strukturen der Bund-Länder-Koordinierung im Bereich der Terrorismusabwehr hergestellt werden.[295]

142 **c) Datenverarbeitung, Datenverwendung, Schutz der Wohnung (§ 32 Abs. 2 PolG).** § 32 Abs. 2 PolG enthält **grundlegende Regelungen zur Verarbeitung der** durch die elektronische Aufenthaltsüberwachung erlangten **Daten.** Systematisch folgt § 32 Abs. 2 PolG im Wesentlichen dem Vorbild des § 463 a Abs. 4 StPO, der die Befugnisse der Aufsichtsstellen bei der Führungsaufsicht sowie die von diesen einzuhaltenden datenschutzrechtlichen Vorgaben regelt. Ergänzt wird § 32 Abs. 2 PolG durch die Regelungen in § 72 (Kennzeichnungspflicht) und § 73 (Protokollierungspflicht) PolG, die für entsprechend anwendbar erklärt werden (§ 32 Abs. 2 S. 5 PolG).

143 **aa) Datenverarbeitung.** Aus § 32 Abs. 2 S. 1 PolG folgt die grundlegende **Befugnis zur Datenverarbeitung.** Danach verarbeitet der Polizeivollzugsdienst mithilfe der von der betroffenen Person mitgeführten technischen Mittel automatisiert Daten über deren Aufenthaltsort sowie über etwaige Beeinträchtigungen der Datenerhebung. § 32 Abs. 2 S. 1 PolG enthält damit die **Rechtsgrundlage für die Verarbeitung** der für die elektronische Überwachung erforderlichen Daten durch den Polizeivollzugsdienst. Die Verarbeitung umfasst dabei **alle Aufenthaltsdaten einschließlich der Daten über eine Beeinträchtigung der Erhebung.** Diese umfassende Datenverarbeitungsbefugnis ist notwendig, um sämtliche in § 32 Abs. 2 S. 3 Nr. 1 bis 5 PolG enthaltenen Verwendungszwecke erfüllen und die mit der Überwachung angestrebten Wirkungen erreichen zu können.

Der Befugnis zur Erhebung von Daten über etwaige Beeinträchtigungen bei der Datenerhebung bedarf es nicht nur für eine **effektive Gefahrenabwehr,** sondern auch, um davon unabhängige **Funktionsbeeinträchtigungen erkennen** zu können, die zum Beispiel eine Reparatur der von der betroffenen Person mitgeführten Geräte erfordern.[296]

144 **bb) Schutz der Wohnung.** Durch § 32 Abs. 2 S. 2, 7 bis 10 PolG wird dem über Art. 13 Abs. 1 GG verfassungsrechtlich gewährleisteten besonderen **Schutz der Wohnung** Rechnung getragen. Der Schutz der Wohnung ist für die Frage der **Vereinbarkeit** der elektronischen Aufenthaltsüberwachung **mit dem Verfassungsrecht** grundlegend.[297]

Soweit es technisch möglich ist, ist sicherzustellen, dass innerhalb der Wohnung der betroffenen Person **keine über den Umstand ihrer Anwesenheit hinausgehenden Aufenthaltsdaten** erhoben werden (§ 32 Abs. 2 S. 2 PolG). Werden innerhalb der Wohnung der betroffenen Person über den Umstand ihrer Anwesenheit hinausgehende Aufenthaltsdaten erhoben, dürfen diese nicht verwendet werden und sind **unverzüglich** nach Kenntnisnahme zu **löschen.** Die Tatsache ihrer Kenntnisnahme und Löschung ist zu dokumentieren. Die Dokumentation darf

---

295 LT-Drs. 16/2741, S. 37.
296 LT-Drs. 16/2741, S. 37.
297 Vgl. Guckelberger, DVBl 2017, 1121, 1124, 1127 f.

ausschließlich für Zwecke der Datenschutzkontrolle verwendet werden. Sie ist nach zwölf Monaten zu löschen (§ 32 Abs. 2 S. 7 bis 10 PolG). Diese klaren Vorgaben des Gesetzgebers stellen nach dem **BVerfG** in ausreichendem Maß sicher, dass die elektronische Aufenthaltsüberwachung dem Verfassungsrecht genügt.[298]

Aus den jeweiligen Grundrechten i. V. m. Art. 1 Abs. 1 GG ergeben sich für die Durchführung von besonders eingriffsintensiven Überwachungsmaßnahmen **besondere Anforderungen an den Schutz des Kernbereichs privater Lebensgestaltung**.[299]

145

Vgl. zum Schutz des Kernbereichs privater Lebensgestaltung und zur **notwendigen Prognose** bei der **Erhebung, Speicherung und Verarbeitung von Daten** die weitergehenden Ausführungen in → § 10 Rn 8 ff.

Aus § 32 Abs. 2 S. 7 PolG folgt ein **absolutes Verwertungsverbot** von Daten aus dem Kernbereich privater Lebensgestaltung („dürfen diese nicht verwendet werden"). Darüber hinaus sind diese Daten **unverzüglich nach Kenntnisnahme zu löschen.**

Zur Absicherung diese Schutzes des Kernbereichs privater Lebensgestaltung sieht § 32 Abs. 2 S. 8 PolG vor, dass die **Tatsache der Kenntnisnahme** von Daten aus dem Kernbereich privater Lebensgestaltung und die **Löschung dieser Daten** zu **protokollieren** sind. Diese Dokumentation darf ausschließlich für Zwecke der Datenschutzkontrolle verwendet werden und ist **nach zwölf Monaten zu löschen** (§ 32 Abs. 2 S. 9, 10 PolG).

cc) Verwendung der Daten. Gem. § 32 Abs. 2 S. 3 PolG dürfen die Daten **nur für die folgenden Zwecke** verwendet werden:

146

1. Zur **Verhütung oder zur Verfolgung von Straftaten** i. S. d. § 31 Abs. 1 PolG (→ Rn 105 ff.),
2. zur **Feststellung von Verstößen gegen Aufenthaltsvorgaben** gem. § 31 Abs. 1 PolG und **Kontaktverbote** gem. § 31 Abs. 2 PolG (→ Rn 105 ff., 112 ff.),
3. zur **Verfolgung einer Straftat** gem. § 134 PolG (→ Rn 127 ff., 168 ff.),
4. zur **Abwehr einer erheblichen gegenwärtigen Gefahr** für Leib, Leben oder Freiheit einer dritten Person.

Könnten die Daten nicht für diese in § 32 Abs. 2 S. 3 Nr. 4 PolG genannten Zwecke genutzt werden, würde ein erheblicher **Vertrauensverlust in die Funktionsfähigkeit der Polizei** und damit der staatlichen Institutionen insgesamt drohen, wenn trotz einer elektronischen Aufenthaltsüberwachung die entsprechenden Daten nicht zur Verhinderung erheblicher Straftaten, insbesondere von schweren Gewaltstraftaten, genutzt werden dürften. Die **Abwehr erheblicher Gefahren für höchstpersönliche Rechtsgüter** ist ein wesentlicher Auftrag eines rechtsstaatlichen Gemeinwesens.[300]

5. zur Aufrechterhaltung der Funktionsfähigkeit der technischen Mittel.

Die Daten dürfen danach auch zur Aufrechterhaltung der Funktionsfähigkeit der technischen Mittel verwendet werden. Die Regelung gestattet die Verwendung von Daten, die auf eine nicht von der betroffenen Person zu vertretende Funktionsbeeinträchtigung hinweisen, um diese – zum Beispiel durch Austausch der von der betroffenen Person mitgeführten Geräte – beseitigen zu können. Die Überprüfung der Funktionsfähigkeit der eingesetzten Geräte ist Grundvoraussetzung für eine Nutzung der Daten gem. § 32 Abs. 2 S. 3 Nr. 1 bis 4 PolG.

Die Verwendung der Daten entsprechend Nr. 1 bis 5 des § 32 Abs. 2 S. 3 PolG bedarf ausdrücklich **keiner Zustimmung** der betroffenen Person. Die **Verwendungszwecke** der Nr. 1 bis 5 des § 32 Abs. 2 S. 3 PolG sind insoweit aber **abschließend**. Es ist daher nicht möglich, die durch die

147

---

298 BVerfG („elektronische Fußfessel"), NStZ 2021, 348, 349 (Rn 243), m. Anm. Schiemann, 353 f.
299 BVerfGE 141, 220, 276 (Rn 119); vgl. auch Kutscha, in: Möllers, Wörterbuch der Polizei, S. 1241.
300 LT-Drs. 16/2741, S. 38.

elektronische Überwachungsmaßnahme gewonnenen Daten auf andere Weise zu verwenden, die Verwendungszwecke können **nicht erweitert** werden.

Aus § 32 Abs. 2 S. 3 PolG soll darüber hinaus zu folgern sein, dass die erhobenen Daten über die in Nr. 1 bis 5 genannten Fälle hinaus **mit Einwilligung der betroffenen Person** auch für sonstige Zwecke verwendet werden dürfen. In Betracht soll etwa eine Verwendung zur Aufklärung anderer Straftaten kommen.[301]

Seit Inkrafttreten der DSRL 2016/680 und deren Umsetzungspflicht ins deutsche Recht ist davon auszugehen, dass die Einwilligung einer betroffenen Person zu einer Datenverarbeitung einer **ausdrücklichen gesetzlichen Ermächtigung** bedarf, eine allgemeine Erlaubnis der Datenverarbeitung mit Einwilligung also nicht mehr ausreicht.[302] Der EU-Richtliniengeber hat deutlich gemacht, dass eine betroffene Person, die aufgefordert werde, einer rechtlichen Verpflichtung nachzukommen, **keine echte Wahlfreiheit** habe, weshalb ihre Reaktion nicht als freiwillig abgegebene Willensbekundung betrachtet werden könne.[303] Angesichts dieser unionsrechtlichen Rahmenbedingungen aus der DSLR 2016/680 ist davon auszugehen, dass **ohne unionsrechtskonforme ausdrückliche gesetzliche Ermächtigung** die **Einwilligung der betroffenen Person** eine Berechtigung zur Durchführung einer erkennungsdienstlichen Maßnahme **nicht wirksam** bewirken kann (→ § 10 Rn 181 f.).[304]

148 Auch § 42 PolG (Verarbeitung personenbezogener Daten aufgrund einer Einwilligung) erlaubt mit Einwilligung der betroffenen Person keine über § 41 Abs. 1, 2 PolG hinausgehende erkennungsdienstliche Maßnahmen (→ § 10 Rn 204 f.).

149 Die Datenverwendung steht als Ausfluss des Grundsatzes der Verhältnismäßigkeit unter dem **Vorbehalt der Erforderlichkeit.** Der Gesetzgeber hat diesen Umstand ausdrücklich in den Gesetzestext aufgenommen, er folgt aber bereits aus den allgemeinen verfassungsrechtlichen Vorgaben. Aus dieser Klarstellung wird deutlich, dass bei jeder der in Nr. 1 bis 5 des § 32 Abs. 2 S. 3 PolG genannten Datenverwendungen geprüft werden muss, ob die Verwendung und Übermittlung der Daten für den konkreten Zweck zwingend erforderlich sind.

150 Die Verwendung der Daten für die vorgenannten Zwecke stellt einen **Eingriff in das Recht auf informationelle Selbstbestimmung** dar, der aber nach der Rechtsprechung des BVerfG **verhältnismäßig** ist.[305] Sie verfolgt allein den Zweck, Gefahren für hochrangige Rechtsgüter (Leib, Leben oder persönliche Freiheit Dritter) abzuwehren oder schwerwiegende Straftaten, die in die geschützten Rechtsgüter eingreifen, zu verfolgen. Diese Verwendung verletzt auch nicht den **Kernbereich privater Lebensgestaltung** (→ § 10 Rn 6). Allein das Wissen um die unterschiedlichen Aufenthaltsorte ermöglicht zudem keine umfassende Kenntnis von Vorgängen höchstpersönlicher Art. Dies wäre nur dann der Fall, wenn mit der Ortskenntnis jeweils auch die Kenntnis verbunden wäre, womit sich die Person an dem jeweiligen Ort beschäftigt. Demgegenüber geht es darum, über den Aufenthaltsort **Erkenntnisse über eine konkrete Gefährdungssituation** zu erlangen.[306]

151 **dd) Automatisierte Verarbeitung und Kennzeichnung der Daten.** Zur Einhaltung der Zweckbindung hat die Verarbeitung der Daten gem. § 32 Abs. 2 S. 4 PolG **automatisiert** zu erfolgen, und es sind die **Daten gegen unbefugte Kenntnisnahme** besonders zu sichern.

---

301 So LT-Drs. 16/2741, S. 38.
302 Wie hier etwa Weinhold, in: Roßnagel, Das neue Datenschutzrecht, § 7 Rn 86; Heckmann/Paschke, in: Gola/Heckmann, DS-GVO | BDSG, § 51 BDSG Rn 9; Frenzel, in: Paal/Pauly, DSGVO/BDSG, § 51 BDSG Rn 1.
303 Erwägungsgrund 35 der DSRL 2016/680, EU ABl. L 119, S. 94. Vgl. dazu auch Johannes/Weinhold, Neues Datenschutzrecht, § 1 Rn 154 ff.
304 Müller/Schwabenbauer, in: Lisken/Denninger, Handbuch des Polizeirechts, Kap. G Rn 476.
305 Vgl. dazu auch BVerfGE 141, 220, 265 ff. (Rn 95 ff.).
306 LT-Drs. 16/2741, S. 38.

II. Einzelmaßnahmen

Die automatisierte Datenerhebung und -speicherung soll die **Einhaltung der unterschiedlichen Verwendungszwecke sichern** und gewährleisten, dass der Polizeivollzugsdienst grundsätzlich nur die Daten zur Kenntnis nehmen kann, die für die Erfüllung dieser Zwecke zwingend erforderlich sind. Das Automatisierungsverfahren ist damit **technisch so auszugestalten und zu sichern**, dass die Datenerhebung und -speicherung **grundsätzlich ohne Zutun und Eingriffe der beauftragten Beamten des Polizeivollzugsdienstes** erfolgt. Die erhobenen und gespeicherten Daten sind **gegen unbefugte Kenntnisnahme besonders zu sichern**, um eine Einhaltung der Zweckbindung entsprechend § 32 Abs. 2 S. 3 PolG sicherzustellen.

ee) Löschung und Protokollierungspflicht. Aus § 32 Abs. 2 S. 6 PolG folgt, dass die in § 32 Abs 2 S. 1 PolG genannten Daten spätestens zwei Monate nach ihrer Erhebung zu löschen sind, soweit sie nicht für die in § 32 Abs. 2 S. 3 PolG genannten Zwecke verwendet werden.   152

Die **zweimonatige Löschungsfrist** soll dem Polizeivollzugsdienst die **Klärung** ermöglichen, ob die Daten für die in § 32 Abs. 2 S. 3 PolG genannten Zwecke noch benötigt werden. Eine **über diese Frist hinausgehende Verwendung** ist nur zulässig, wenn die Daten zu diesem Zeitpunkt **bereits für einen der genannten Zwecke** verwendet werden („soweit"). Eine darüber hinausgehende Datenspeicherung lässt die Regelung nicht zu.

Daten, die für Zwecke gem. § 32 Abs. 2 S. 3 Nr. 1 bis 5 PolG benötigt werden, können **über den Zeitraum von zwei Monaten hinaus** gespeichert bleiben und für diese Zwecke (weiter) verwendet werden.   153

Keine Regelung findet sich in § 32 Abs. 2 PolG zum Umgang mit **über § 32 Abs. 2 S. 3 Nr. 1 bis 5 PolG hinausgehende Datenverarbeitungen und -verwendungen**, sofern diese mit Einwilligung des Betroffenen zulässig sein sollten (was abzulehnen ist [→ Rn 147 f.]). Hier darf es aus verfassungsrechtlichen und datenschutzrechtlichen Gründen **keinen abweichenden Schutzstatus** geben. Gem. § 5 DSRL 2016/680 haben die Mitgliedstaaten sicherzustellen, dass für die Löschung von personenbezogenen Daten oder eine regelmäßige Überprüfung der Notwendigkeit ihrer Speicherung angemessene Fristen vorzusehen sind. Durch verfahrensrechtliche Vorkehrungen ist sicherzustellen, dass diese Fristen eingehalten werden. Diese gelten uneingeschränkt für alle Fälle der Datenverwendung. Deswegen gelten die Löschungsfristen des § 32 Abs. 2 PolG auch für **alle anderen Fälle der Datenverarbeitung**, soweit diese über die Fallgruppen des § 32 Abs. 2 S. 3 Nr. 1 bis 5 PolG hinaus zulässig wären.   154

Die gem. § 32 Abs. 1, 2 PolG erhobenen Daten unterliegen einer **umfassenden Kennzeichnungs- und Protokollierungspflicht**. Die Details ergeben sich aus **§ 32 Abs. 3 S. 5** i. V. m. den **§§ 72, 73 PolG** (→ § 10 Rn 597 f., 600 ff.). Durch die „entsprechende Anwendung" der §§ 72, 73 PolG wird sichergestellt, dass die Daten auch dann einer Kennzeichnungspflicht unterliegen, wenn sie nicht im polizeilichen Informationssystem gespeichert werden.[307]   155

d) Datenauskunft und Datenerhebung (§ 32 Abs. 3 PolG). Aus § 32 Abs. 3 PolG folgt, dass der Polizeivollzugsdienst bei den zuständigen Polizeien des Bundes und der Länder, sonstigen öffentlichen Stellen sowie anderen Stellen im Rahmen der geltenden Gesetze personenbezogene Daten über die betroffene Person erheben kann, soweit dies zur Durchführung der elektronischen Überwachungsmaßnahme gem. § 32 Abs. 1, 2 PolG erforderlich ist.   156

§ 32 Abs. 3 PolG enthält **Regelungen zur Zusammenarbeit zwischen dem Polizeivollzugsdienst und den zuständigen Polizeien des Bundes und der Länder**. Um die zuständige Polizeidienststelle im Einzelfall in die Lage zu versetzen, die Gefahr der Begehung terroristischer Straftaten durch eine elektronische Aufenthaltsüberwachung effektiv abwehren zu können, muss sie über alle sachdienlichen Erkenntnisse zu der betroffenen Person verfügen, die zuvor von anderen Polizeien oder anderen zuständigen Behörden zu der Person gesammelt wurden. Die

---

307 LT-Drs. 16/8484, S. 219.

Bedeutung dieses **uneingeschränkten Daten- und Informationsaustauschs** über terroristische Gefährder wurde besonders durch die Umstände des terroristischen Anschlags auf den Berlin-Charlottenburger Weihnachtsmarkt am Breitscheidplatz am 19.12.2016 deutlich (→ § 1 Rn 21 ff.).

Die Beurteilung, ob der Aufenthalt an einem bestimmten Ort den Rückschluss auf eine unmittelbar bevorstehende Straftatenbegehung zulässt und ein unmittelbares Einschreiten erfordert, kann in der Regel nur bei **Vorliegen umfassender Kenntnis über die betroffene Person** erfolgen. Das dafür **notwendige ganzheitliche Bild** ergibt sich nur aus einer Zusammenschau aller bei den jeweils zuständigen Behörden vorliegenden Informationen zu der betroffenen Person.[308]

Der Datenaustausch zwischen den verschiedenen Polizeidienststellen setzt zwingend voraus, dass die **Anordnung einer elektronischen Aufenthaltsüberwachung** seitens der zuständigen Polizeidienststelle **ernsthaft geplant** ist. Dies folgt aus der Formulierung „soweit dies zur Durchführung der Maßnahme ... erforderlich ist." Ausreichend ist in jedem Fall, dass die Polizei die tatbestandlichen Voraussetzungen des § 32 Abs. 1, 2 PolG prüft und zu diesem Zweck die notwendigen Daten über die betroffene Person von anderen Polizeidienststellen erhebt. Anders wäre es nicht möglich, sich ein umfassendes Bild zu machen.[309]

Der die Datenauskunft beantragenden Polizeidienststelle obliegt die **Darlegungspflicht** für das Vorliegen der tatbestandlichen Voraussetzungen des § 32 Abs. 3 PolG. Die **Begründung des Auskunftsantrags** muss deutlich machen, warum die angeforderten Auskünfte und Daten zur Durchführung der Maßnahme gem. § 32 Abs. 1 u. 2 PolG erforderlich sind.

157 **e) Datenweitergabe und Datennutzung (§ 32 Abs. 4 PolG).** § 32 Abs. 4 PolG regelt, welche **Verpflichtungen der zuständigen Polizeidienststelle** bei der Durchführung der elektronischen Überwachungsmaßnahme gem. § 32 Abs. 1 PolG – innerhalb der Zweckbindung gem. § 32 Abs. 2 S. 3 PolG – obliegen.

Zur Durchführung der Maßnahme gem. § 32 Abs. 1 PolG hat die zuständige Polizeidienststelle

1. **Daten des Aufenthaltsorts der betroffenen Person** an **Strafverfolgungsbehörden** und **andere Polizeidienststellen weiterzugeben**, wenn dies zur Verhütung oder zur Verfolgung einer Straftat i. S. d. § 31 Abs. 1 PolG erforderlich ist.

    Es handelt sich um eine **Datenweiterleitungsberechtigung** und zugleich um eine **Verpflichtung** des Polizeivollzugsdienstes. Es soll sichergestellt werden, dass ein Gefährder nicht durch das bundesweite Raster der notwendigen Kontrolle fällt;

2. **Daten des Aufenthaltsorts der betroffenen Person** an **andere Polizeidienststellen weiterzugeben**, sofern dies zur Durchsetzung von Maßnahmen gem. § 32 Abs. 2 S. 3 Nr. 2 PolG erforderlich ist.

    Es handelt sich um eine **Datenweiterleitungsberechtigung** und zugleich um eine **Verpflichtung** des Polizeivollzugsdienstes. Hier ist insbesondere an den Fall zu denken, dass die zuständige Polizeidienststelle durch eigene Bedienstete nicht schnell genug in der Lage ist, die betroffene Person zu erreichen und geeignete Maßnahmen zur Durchsetzung der Anordnungen gem. § 31 PolG zu ergreifen[310];

3. **Daten des Aufenthaltsorts der betroffenen Person** an die zuständige **Strafverfolgungsbehörde** zur Verfolgung einer Straftat gem. § 134 PolG **weiterzugeben**.

    Es handelt sich um eine **Datenweiterleitungsberechtigung** und zugleich um eine **Verpflichtung** des Polizeivollzugsdienstes. Sofern die zuständige Polizeidienststelle eine Straftat nach § 134 Abs. 1 PolG feststellt, ist sie verpflichtet, die Standortdaten an die für die Verfolgung der Straftat zuständige Strafverfolgungsbehörde weiterzugeben. Wegen § 134 S. 2 PolG (→

---

308 LT-Drs. 16/2741, S. 39.
309 So zutr. LT-Drs. 16/2741, S. 39.
310 LT-Drs. 16/2741, S. 39 f.

II. Einzelmaßnahmen

Rn 168 ff.) setzt dies das Vorliegen eines wirksamen Strafantrags des regionalen Polizeipräsidiums, des Polizeipräsidiums Einsatz oder des LKA voraus;

4. **Daten des Aufenthaltsorts der betroffenen Person** an andere Polizeidienststellen **weiterzugeben**, sofern dies zur Abwehr einer erheblichen gegenwärtigen Gefahr i. S. d. § 32 Abs. 2 S. 3 Nr. 4 PolG erforderlich ist.

   Es handelt sich um eine **Datenweiterleitungsberechtigung** und zugleich um eine **Verpflichtung** des Polizeivollzugsdienstes. Da auch beim Vorliegen einer erheblichen gegenwärtigen Gefahr für das Leben, die körperliche Unversehrtheit oder die persönliche Freiheit Dritter zur effektiven Gefahrenabwehr regelmäßig das unmittelbare Einschreiten der örtlichen nächsten Polizeidienststelle erforderlich sein wird, ist die zuständige Polizeidienststelle auch in diesen Fällen zur Übermittlung der Aufenthaltsdaten an diese Polizeidienststellen verpflichtet;

5. **eingehende Systemmeldungen** über Verstöße gem. § 32 Abs. 2 S. 3 Nr. 2 PolG **entgegenzunehmen** und zu **bewerten**;

6. die **Ursache einer Meldung zu ermitteln**; hierzu kann die zuständige Polizeidienststelle Kontakt mit der betroffenen Person aufnehmen, sie befragen, sie auf den Verstoß hinweisen und ihr mitteilen, wie sie dessen Beendigung bewirken kann.

   Dem Polizeivollzugsdienst obliegt die Verpflichtung, **sofort auf Meldungen** über Aufenthaltsverstöße oder sonstige Meldungen des Überwachungssystems zu **reagieren**, deren Ursache zu klären und die betroffene Person auf Beendigungsmöglichkeiten hinweisen;

7. eine **Überprüfung der bei der betroffenen Person vorhandenen technischen Geräte** auf ihre Funktionsfähigkeit oder Manipulation und die zu der Behebung einer Funktionsbeeinträchtigung erforderlichen Maßnahmen, insbesondere den Austausch der technischen Mittel oder von Teilen davon, einzuleiten;

8. **Anfragen der betroffenen Person** zum Umgang mit den technischen Mitteln zu **beantworten.**

f) Richtervorbehalt (§ 32 Abs. 5 PolG). Wegen der Schwere des Grundrechtseinschränkung bei der elektronischen Aufenthaltsüberwachung unterliegt der Eingriff dem **Richtervorbehalt**.[311] § 32 Abs. 5 PolG trägt diesem Umstand Rechnung. Es bedarf einer **Anordnung durch den Richter**. Für das **gerichtliche Verfahren** gelten die Verfahrensregeln des § 132 PolG mit den ergänzenden Vorgaben des § 32 Abs. 5 bis 8 PolG (→ § 10 Rn 17 ff.).

Für die **Zuständigkeit des Amtsgerichts** trifft § 32 Abs. 5 S. 6 PolG eine **Sonderregelung**, die der allgemeinen Zuständigkeitsregel des § 132 Abs. 1 PolG vorgeht. Diese Sonderregelung soll vermeiden, dass sich zu viele Gerichte mit den dort zuständigen Richter in die sehr speziellen Rechtsfragen eines solchen Antrags immer wieder erneut einarbeiten müssen. Auf Vorschlag der damaligen Präsidentin des OLG Stuttgarts wurde eine Zuständigkeitsregelung gefunden, die eine **Zentralisierung** dieser spezialisierten Aufgaben auf **zwei Amtsgerichte in BW** vorsieht.[312]

Aus § 32 Abs. 5 S. 6 PolG ergibt sich abschließend die **sachliche und örtliche Zuständigkeit**. Zuständig für die Bearbeitung der Anträge sind demnach:

1. das **Amtsgericht Mannheim**, wenn die **Polizeidienststelle**, deren Leitung den Antrag gem. § 32 Abs. 5 S. 2 PolG stellt, ihren **Sitz im Bezirk des OLG Karlsruhe** hat;
2. das **Amtsgericht Stuttgart**, wenn die **Polizeidienststelle**, deren Leitung den Antrag gem. § 32 Abs. 5 S. 2 PolG stellt, ihren **Sitz im Bezirk des OLG Stuttgart** hat.

Unter Berücksichtigung der möglichen Antragsteller i. S. d. § 32 Abs 5 S. 3 PolG **sind die Anträge wie folgt zu stellen** (vgl. dazu § 2 GerOrgG i. V. m. § 121 Abs. 1 PolG):

---

311 BVerfGE 141, 220, 275 f. (Rn 117 f.); Gusy/Eichenhofer, Polizei- und Ordnungsrecht, Rn 214; Kingreen/Poscher, Polizei- und Ordnungsrecht, § 13 Rn 119 f.
312 LT-Drs. 16/8484, S. 135 i. V. m. S. 134 f.

- **beim Amtsgericht Mannheim:** Durch die Polizeipräsidien Freiburg, Karlsruhe, Konstanz, Mannheim, Offenburg, Pforzheim;
- **beim Amtsgericht Stuttgart:** Durch die Polizeipräsidien Aalen, Heilbronn, Ludwigsburg, Ravensburg, Reutlingen, Stuttgart, Ulm sowie das Polizeipräsidium Einsatz und das LKA.

160 Die gerichtliche Anordnung steht unter einem **Antragsvorbehalt**. Gem. § 32 Abs. 5 S. 3 PolG ist der **Antrag** durch die **Leitung eines regionalen Polizeipräsidiums**, des **Polizeipräsidiums Einsatz oder des LKA** schriftlich zu stellen und zu begründen.

Der Begriff „Leitung" ist eindeutig: Der Antrag kann nur vom **Präsidenten des örtlich zuständigen Polizeipräsidiums**[313], des **Präsidiums Einsatz** oder vom **Präsidenten des LKA**[314] getroffen und unterzeichnet werden. Alle drei Möglichkeiten bestehen **alternativ** und hängen nicht von weiteren tatbestandlichen Voraussetzungen ab, regelmäßig wird der Antrag aber durch die Leitung des örtlich zuständigen Polizeipräsidiums erfolgen; die Leitung des Präsidiums Einsatz und des LKA werden nur in Fällen eigener Zuständigkeit tätig werden können. Im Fall der Verhinderung sind nur die unmittelbaren ständigen Vertreter der Präsidenten zur Anordnung befugt. Der Personenkreis **kann nicht** auf die sonstige Führungsebene **erweitert werden**, auch nicht durch Delegation der Behördenleitung.[315]

161 Gem. § 32 Abs. 5 S. 7 PolG findet § 132 Abs. 2 S. 2 PolG keine Anwendung. Dies bedeutet, dass eine die elektronische Aufenthaltsüberwachung anordnende Entscheidung des Gerichts **zu ihrer Wirksamkeit der Bekanntmachung** an die betroffene Person **bedarf**. Dies macht Sinn, da die elektronische Aufenthaltsüberwachung nur über eine Bekanntgabe und Umsetzung gegenüber der betroffenen Person wirksam und durchgesetzt werden kann (Kenntnisnahme der betroffenen Person und Anlegen der Fußfessel).

162 Bei **Gefahr im Verzug** kann die Anordnung auch von einer der in § 32 Abs. 5 S. 3 PolG genannten Personen (Behördenleiter [→ Rn 160]) **selbst getroffen** werden. Eine **Delegation** des Antragsrechts bzw. des Anordnungsrechts bei Gefahr im Verzug auf andere Personen ist nicht möglich.[316]

Bei einer behördlichen Anordnung bei Gefahr im Verzug ist eine **gerichtliche Bestätigung** durch das in § 32 Abs. 5 S. 6 PolG genannte Gericht **unverzüglich herbeizuführen** (§ 32 Abs. 5 S. 5 PolG). Unverzüglich heißt sofort und ohne schuldhaftes Verzögern.

Von einer Gefahr im Verzug in diesem Sinne (→ § 4 Rn 35) kann nur ausgegangen werden, wenn zur Verhinderung eines drohenden Schadens **sofort eingeschritten werden muss**, weil ein weiteres Abwarten den Erfolg der notwendigen Überwachungsmaßnahme erschweren oder vereiteln würde. Im Ergebnis müssen die Maßnahmen gem. § 32 Abs. 1, 2 PolG **unaufschiebbar** sein.

Angesichts des verfassungsrechtlich gebotenen Richtervorbehalts[317] ist bei der Annahme einer Gefahr im Verzug **Zurückhaltung geboten**. Zwar steht dem Polizeivollzugsdienst ein **eigener Einschätzungsspielraum** zu (→ § 4 Rn 35). Es muss aber gesehen werden, dass in besonders eiligen Fällen die notwendige Entscheidung des Amtsgerichts gem. § 32 Abs. 5 PolG schnell herbeigeführt werden kann. Deswegen wird es regelmäßig vertretbar sein, die gerichtliche Anordnung gem. § 32 Abs. 5, 7 PolG abzuwarten. Ein Abweichen davon kommt insbesondere in Betracht, wenn die von einer Person ausgehenden Gefahren i. S. d. § 32 Abs. 1 i. V. m. § 31 Abs. 1 PolG so schwerwiegend sind und möglicherweise mit einer so zeitnahen Verwirklichung zu rechnen ist, dass jede Verzögerung der Überwachungsmaßnahme zu **unvertretbaren Gefährdungen**

---

313 Nr. 1 Spiegelstrich 1 der Anlage 2 zu Nr. 1.3 u. 2.3 VwV-PolOrg.
314 Nr. 1 Spiegelstrich 1 der Anlage 6 zu Nr. 1.3 u. 2.3 VwV-PolOrg.
315 LT-Drs. 16/2741, S. 30.
316 LT-Drs. 16/2741, S. 36.
317 BVerfGE 141, 220, 275 f. (Rn 117 f.).

bestimmter Personen oder der Allgemeinheit führen würde. Angesichts der Schwere der durch die §§ 31 Abs. 1, 32 Abs. 1 PolG geschützten Rechtsgüter dürfen sich diesbezügliche Zweifel nicht zulasten der Sicherheit auswirken.

g) Antrag bei Gericht (§ 32 Abs. 6 PolG). § 32 Abs. 6 PolG sieht detaillierte Vorgaben für den beim Amtsgericht zu stellenden Antrag vor. Dies folgt aus der Rechtsprechung des BVerfG, das aus den strengen Anforderungen an den Inhalt und die Begründung der gerichtlichen Anordnung folgert, dass hieraus zugleich das Erfordernis einer **hinreichend substantiierten Begründung und Begrenzung des Antrags auf Anordnung** folgt, die es dem Gericht oder der unabhängigen Stelle erst erlaubt, eine effektive Kontrolle auszuüben. Insbesondere bedarf es der **vollständigen Information** seitens der antragstellenden Behörde über den zu beurteilenden Sachstand.[318]

163

Im Antrag sind danach **zwingend anzugeben:**
1. die **Person**, gegen die sich die Maßnahme richtet, mit Name und Anschrift,
2. **Art, Umfang** und **Dauer** der Maßnahme,
3. die Angabe, ob gegenüber der Person, gegen die sich die Maßnahme richtet, eine **Aufenthaltsvorgabe** gem. § 31 Abs. 1 PolG oder ein **Kontaktverbot** gem. § 31 Abs. 2 PolG besteht,
4. der **Sachverhalt** sowie
5. eine **Begründung.**

h) Gerichtliche Anordnung (§ 32 Abs. 7 PolG). Gem. § 32 Abs. 7 S. 1 PolG ergeht durch das zuständige Amtsgericht eine **schriftliche Anordnung.** Die Entscheidung des zuständigen Amtsgerichts ergeht gem. § 32 Abs. 5 S. 7, § 132 Abs. 2 S. 1 PolG i. V. m. § 38 Abs. 1 S. 1 FamFG durch **Beschluss.** Es ist Aufgabe und Pflicht des Gerichts, sich eigenverantwortlich ein Urteil darüber zu bilden, ob die beantragte heimliche Überwachungsmaßnahme den gesetzlichen Voraussetzungen entspricht.[319] Durch die schriftliche Fixierung wird der äußere Rahmen abgesteckt, innerhalb dessen die heimliche Maßnahme durchzuführen ist, so dass der Eingriff messbar und kontrollierbar bleibt.[320]

164

Erlässt das Amtsgericht eine Anordnung, durch welche die beantragte Überwachungsmaßnahme erlaubt wird, hat es **in seiner Entscheidung** gem. § 32 Abs. 7 S. 2 PolG **zwingend anzugeben:**

165

1. die **Person**, gegen die sich die Maßnahme richtet, mit Name und Anschrift,
2. **Art, Umfang** und **Dauer** der Maßnahme sowie
3. die **wesentlichen Gründe.**

i) Grenzen und Verhältnismäßigkeit (§ 32 Abs. 8 PolG). Bei der Anordnung und Durchsetzung von elektronischen Überwachungsmaßnahmen ist der **Grundsatz der Verhältnismäßigkeit** zu wahren. Deswegen ordnet § 32 Abs. 8 S. 1 PolG an, dass die elektronische Überwachung gem. § 32 Abs. 1 PolG auf **höchstens drei Monate** zu befristen ist. Eine **Verlängerung** um jeweils nicht mehr als drei Monate ist gem. § 32 Abs. 8 S. 2 PolG möglich, soweit ihre **Voraussetzungen fortbestehen.** Die Verlängerung kann wegen des in § 32 Abs. 5 S. 1 PolG statuierten Richtervorbehalts nur durch eine weitere Entscheidung des zuständigen Amtsgerichts erfolgen.

166

Liegen die Voraussetzungen für die Aufenthaltsvorgabe oder das Kontaktverbot nicht mehr vor, ist die **Maßnahme unverzüglich zu beenden.**

j) Rechtsmittel. Zu den Rechtsmitteln vgl die weitergehenden Ausführungen in → § 10 Rn 22. Die Beschwerde hat **keine aufschiebende Wirkung** (§ 32 Abs. 5 S. 7, § 132 Abs. 2 S. 4 PolG) und hindert damit die sofortige Umsetzung der Aufenthaltsvorgabe oder des Kontaktverbots durch

167

---

318 BVerfGE 141, 220, 275 f. (Rn 118).
319 BVerfGE 141, 220, 275 f. (Rn 118).
320 LT-Drs. 16/2701, S. 32.

den Polizeivollzugsdienst nicht. Erst bei einem **Erfolg der Beschwerde** sind die Maßnahmen durch den Polizeivollzugsdienst **umgehend zu beenden**. Zur Prüfung eines **Antrags auf Aussetzung der Vollziehung** durch einstweilige Anordnung des Beschwerdegerichts vgl. OLG München, BayVBl 2018, 682 f.

168 **k) Strafbewehrung (§ 134 Abs. 1 Nr. 2 PolG).** Gem. § 134 Abs. 1 Nr. 2 PolG wird mit **Freiheitsstrafe bis zu zwei Jahren oder mit Geldstrafe bestraft**, wer einer vollstreckbaren gerichtlichen Anordnung gem. § 32 Abs. 5 S. 1 PolG oder einer vollziehbaren Anordnung gem. § 32 Abs. 5 S. 4 PolG zuwiderhandelt und dadurch die kontinuierliche Feststellung seines Aufenthaltsortes durch die zuständige Polizeidienststelle verhindert.

Bei der Regelung des § 134 Abs. 1 Nr. 2 PolG handelt es sich um eine **strafrechtliche Norm**. Die **Gesetzgebungsbefugnis** lag beim Land BW. Gem. Art. 72 Abs. 1 GG haben die Länder im Bereich der konkurrierenden Gesetzgebung die Befugnis zur Gesetzgebung, solange und soweit der Bund von seiner Gesetzgebungszuständigkeit nicht durch Gesetz Gebrauch gemacht hat. Mit § 32 PolG hat das Land eine eigenständige Rechtsgrundlage für die elektronische Aufenthaltsüberwachung durch den Polizeivollzugsdienst des Landes in eigener Zuständigkeit erlassen. Die Strafbewehrung von Verstößen gegen diese durch eine gerichtliche Anordnung erlassenen landespolizeilichen Maßnahmen wurde vom Bund nicht vorgesehen. Insofern liegt ein Fall des Nichtgebrauchs i. S. d. Art. 72 Abs. 1 GG vor.[321]

169 Voraussetzung für die Strafbarkeit ist, dass entweder eine **vollstreckbare Anordnung** des zuständigem **Amtsgerichts** (§ 32 Abs. 5 S. 1, 6 PolG) oder im Fall der Gefahr im Verzug eine **vollziehbare Anordnung** des Leiters der zuständigen **Polizeibehörde** (§ 32 Abs. 5 S. 4 PolG) vorliegt.

Die **Anordnung des Amtsgerichts** wird gem. § 132 Abs. 2 S. 1 PolG i. V. m. § 38 Abs. 1 S. 1, § 86 Abs. 1 Nr. 1, Abs. 2 FamFG **mit Wirksamwerden** des gerichtlichen Beschlusses **vollstreckbar**. Die Wirksamkeit des gerichtlichen Beschlusses tritt mit dessen Erlass ein, es bedarf hierfür gem. § 32 Abs. 5 S. 7 i. V. m. § 132 Abs. 2 S. 1 PolG, § 40 Abs. 1 FamFG der Bekanntmachung an den Betroffenen.

Die **behördliche Anordnung** bedarf zu ihrer Vollziehbarkeit vor Eintritt der Rechtskraft der gleichzeitigen **Anordnung der sofortigen Vollziehbarkeit** (§ 2 Nr. 2 LVwVG i. V. m. § 80 Abs. 2 S. 1 Nr. 4 VwGO), was in der Praxis regelmäßig erfolgen wird.

170 Gem. § 134 Abs. 1 S. 2 PolG wird die Tat **nur auf Antrag** eines regionalen Polizeipräsidiums, des Polizeipräsidiums Einsatz oder des LKA verfolgt. Eine Strafverfolgung ist damit gem. §§ 77 ff. StGB nur möglich, wenn ein entsprechender Strafantrag innerhalb der vorgesehenen Frist (§ 77 b StGB) vorliegt.

171 **7. Gewahrsam (§ 33 PolG). a) Allgemeines.** § 33 PolG war bis zum Jahr 2021 § 28 PolG 1992 und wurde im Abs. 4 durch das PolG 2020 geändert, da mit § 132 PolG eine spezielle Norm für die gerichtliche Zuständigkeit und das Gerichtsverfahren geschaffen wurde, die aber beim Gewahrsam nur bedingt zur Anwendung kommt (→ Rn 191 ff.).

172 **Gewahrsam** ist ein mit hoheitlicher (polizeilicher) Gewalt hergestelltes Rechtsverhältnis, kraft dessen **einer Person die Freiheit** dergestalt **entzogen** wird, dass sie von der Polizei in einer dem polizeilichen Zweck entsprechenden Weise verwahrt und daran gehindert wird, sich fortzubewegen. Die **körperliche Bewegungsfreiheit** wird nach jeder Richtung hin **aufgehoben**.[322] Wesentliches Element des Gewahrsams ist hierbei der **tatsächliche Einschluss**.

---

321 Vgl. dazu weitergehend auch LT-Drs.16/2741, S. 42, sowie BVerfGE 32, 319, 327 f., u. 85, 134, 147. Zur krit. Erweiterung strafrechtlicher Normen in Polizeigesetzen vgl. Klein, GSZ 2020, 168 ff.
322 Zeitler/Trurnit, Polizeirecht BW, Rn 497.

II. Einzelmaßnahmen

Beispiel: Im Zusammenhang mit tätlichen Auseinandersetzungen zwischen Fußballfans und der Polizei vor einem Bundesliga-Fußballspiel hält die Polizei unmittelbar nach einer Attacke eine Gruppe von 40 Personen zur Feststellung der Personalien fest, darunter auch den Kläger K. Da die Polizei nach dem Spiel weitere Angriffe auf Fußballfans befürchtete, ordnete sie dem K gegenüber den Gewahrsam an und verbrachte ihn unter Polizeizwang zum Zentralgewahrsam im Polizeipräsidium. Nach Beendigung des Fußballspiels wurde K auf freien Fuß gesetzt. Durch die Ingewahrsamnahme war K vorübergehend daran gehindert, sich frei zu bewegen. Die Maßnahme stellte somit einen schwerwiegenden Eingriff in seine körperliche Bewegungsfreiheit dar.[323]

Bei der Ingewahrsamnahme handelt es sich um eine der schwerwiegendsten polizeilichen Standardmaßnahmen, nämlich um eine die Freiheit der Person aufhebende **Freiheitsentziehung** gem. Art. 104 Abs. 2 GG.[324] Aus diesem Grund gilt der **Richtervorbehalt** (→ Rn 191 ff.). Die **Garantie der Menschenwürde** in Art. 1 Abs. 1 GG (und ebenso Art. 3 EMRK) begründet **Schutzpflichten des Staates**, die Person in Polizeigewahrsam menschenwürdig zu behandeln.[325] **Beschränkungen verbliebener und geschaffener Handlungsfreiheiten** einer Person im polizeilichen Gewahrsam sind nur zur Sicherung des Gewahrsamszwecks oder zur Aufrechterhaltung der Ordnung im Gewahrsam und unter Beachtung des Verhältnismäßigkeitsgrundsatzes zulässig.[326]

173

Beispiel: Es verletzt die Menschenwürde (Art. 1 Abs. 1 GG) und ggf. auch das Grundrecht der persönlichen Freiheit (Art. 2 Abs. 2 S. 2 GG) einer in Gewahrsam befindlichen Person, wenn dieser trotz Bekundung eines entsprechenden Bedürfnisses über Stunden hinweg ein **Toilettengang** oder die Versorgung mit Trinkwasser verweigert wird.[327] Etwas anderes gilt dagegen, wenn die betroffene Person von sich aus nicht um die Gewährung eines Toilettengangs bittet.[328] Die Polizei kann überdies die staatliche Schutzpflicht zur vorherigen Sicherstellung **ausreichender Sanitäreinrichtungen** im Gewahrsam treffen.[329]

Der **EGMR** hat im Zusammenhang mit Protestaktionen gegen den G8-Gipfel 2007 in Heiligendamm und der Ingewahrsamnahme eines Beschwerdeführers im Zusammenhang mit Maßnahmen gegen Fußballhooligans 2004 in Frankfurt in mehreren Entscheidungen die polizeilichen Befugnisse zur Anordnung des **Präventivgewahrsams** beschränkt (→ Rn 180).[330] Nach der Mehrheitsmeinung im EGMR ist der Präventivgewahrsam zur Verhinderung strafbarer Handlungen mit Art. 5 Abs. 1 Buchst. c EMRK nur vereinbar, wenn der in Buchstabe c angesprochene Zusammenhang mit einem konkreten Strafverfahren besteht.[331] Da die EMRK innerhalb der deutschen Rechtsordnung im Range eines Bundesgesetzes steht und da die Rechtsprechung des EGMR für alle Träger öffentlicher Gewalt – also auch für die deutschen Gerichte – grundsätzlich **Bindungswirkung** hat[332], müssen die Anforderungen des Europäischen Gerichtshofs an die Zulässigkeit der freiheitsentziehenden Maßnahme beachtet werden (→ Rn 180).

Aufgrund der Eingriffsintensität in die persönliche Freiheit gem. Art. 2 Abs. 2 S. 2 GG stellt die Ingewahrsamnahme immer die **Ultima Ratio** dar – **die Maßnahme darf also nur angewendet werden, wenn kein milderes gleich gut geeignetes Mittel zur Verfügung steht.** Bei der Anwendung der Vorschrift – insbesondere bei der Prüfung der Erforderlichkeit bzw. der Möglichkeit des Einsatzes anderer geeigneter, milderer Mittel – ist hierbei ein strenger Maßstab

174

---

323 Zum Beispielsfall vgl. VGH BW, NJW 2011, 2748; i. E. wurde die Gewahrsamnahme für rechtmäßig gehalten.
324 Vgl. auch Guckelberger, JA 2015, 926, 927 ff.; Geis, Fälle zum Polizei- und Ordnungsrecht, Rn 71 bis 74.
325 VGH BW, VBlBW 2022, 297, 303, u. VBlBW 2022, 376, 377.
326 VGH BW, VBlBW 2022, 376, 377.
327 VGH BW, VBlBW 2022, 297, 303.
328 VGH BW, 2022, 376, 378.
329 VGH BW, VBlBW 2022, 376, 377.
330 EGMR, NVwZ 2014, 43, u. NVwZ 2012, 1089. Vgl. dazu eingehend Nachbaur, VBlBW 2018, 45, 49 f.
331 Vgl. zur Beachtung der EMRK bei Gewahrsamsmaßnahmen auch Guckelberger, JA 2015, 926, 931 ff.
332 Vgl. dazu Michaelis, JA 2014, 198, 200.

anzulegen.³³³ So ist etwa die **Ingewahrsamnahme in einer Polizeidienststelle** gegenüber der Unterbringung in einem psychiatrischen Krankhaus regelmäßig das mildere Mittel.³³⁴

175 Bei der Maßnahme liegt ein **Dauerverwaltungsakt** vor.³³⁵ Die rechtlichen Voraussetzungen müssen deshalb nicht nur beim Erlass, sondern während der gesamten Dauer des Gewahrsams vorliegen. Auch die Aufrechterhaltung des Gewahrsams steht deshalb unter dem Vorbehalt, dass auf andere Weise der Störung der öffentlichen Sicherheit oder Ordnung nicht zu begegnen ist.³³⁶ **Maßstab für die Beurteilung der Rechtmäßigkeit** der Anordnung des Gewahrsams ist, ob aus der ex-ante-Perspektive des handelnden Polizeibeamten eine konkrete Gefahrenlage bestand; die herbei vorzunehmende **Prognose** muss sich auf konkrete Tatsachen stützen.³³⁷

176 Die Maßnahme dient der **Gefahrenabwehr**. Strafprozessuale Maßnahmen der Freiheitsentziehung richten sich nach der StPO (vgl. etwa § 127 Abs. 2 StPO). Spezialvorschriften wie etwa § 62 Abs. 5 AufenthG oder § 30 IfSG („Absonderung") gehen der Regelung im PolG vor.

177 **b) Zuständigkeit.** Für die Anordnung des Gewahrsams besteht gem. § 33 Abs. 1 PolG („die Polizei") i. V. m. § 105 Abs. 1, 3 PolG die **Parallelzuständigkeit** der **Polizeibehörde** und des **Polizeivollzugsdienstes**. Regelmäßig erfolgt in der Praxis die Gewahrsamnahme durch den Polizeivollzugsdienst.

178 **c) Ort des Gewahrsams.** Gewahrsam ist jedes Festhalten durch die Polizei an einem **eng umgrenzten Ort**, durch das die Freiheit, sich fortzubewegen, nicht nur kurzfristig eingeschränkt wird. Auf den Ort des Festhaltens kommt es nach allgemeiner Auffassung nicht an. Gewahrsam liegt daher nicht nur vor, wenn die Polizei eine Person zur Dienststelle oder in eine Arrestzelle verbringt, sondern auch dann, wenn die Person von der Polizei etwa in einem Dienstfahrzeug oder Bus auf ein offenes Areal verbracht und dort festgehalten bzw. in Gewahrsam genommen wird.

Beispiel: Im Zusammenhang mit dem Besuch des amerikanischen Präsidenten Reagan wurden am 12.6.1987 etwa 500 bis 600 Personen an einem Nachmittag in Berlin an einer Kreuzung stundenlang eingeschlossen und am Weggehen gehindert. Im Zusammenhang mit der Prüfung einer nachträglichen Feststellungsklage stellte das KG Berlin fest, dass es sich bei dieser Einkesselung um eine freiheitsentziehende Ingewahrsamnahme handelte. Die Einschließung des Antragstellers war rechtswidrig, weil es keine hinreichenden Anhaltspunkte dafür gab, dass die eingeschlossene Menschenmenge unmittelbar im Begriff war, gewaltsame Ausschreitungen vorzunehmen.³³⁸

Je nach Art, Dauer und Schwere der Freiheitsbeschränkung kann auch das Festhalten in einem **Polizeikessel (Einschließung)** eine freiheitsentziehende Ingewahrsamnahme darstellen.³³⁹ Nach dem **EGMR** ist es nicht ausgeschlossen, dass die Einkesselung einer Menschenmenge und

---

333 VGH BW, NJW 2011, 2748.
334 OLG Koblenz, NVwZ-RR 2018, 615, 616 f.
335 Wie hier VGH BW, 2022, 297, 302; str., vgl. dazu den Überblick bei Guckelberger, JA 2015, 926, 934 f., u. Kasper/Dederer, JURA 2023, 984, 992 f.
336 VGH BW, VBlBW 2022, 297, 302, u. openJur 2012, 64028 (Rn 28).
337 VGH BW, VBlBW 2022, 297, 301.
338 KG Berlin, NVwZ 2000, 468, 469; vgl. auch VG Düsseldorf, openJur 2013, 35442, zur (rechtswidrigen) Ingewahrsamnahme in einer Gefangenensammelstelle („GeSA"); BVerfG zur (rechtswidrigen) Verweigerung einer Geldentschädigung wegen unrechtmäßiger polizeilicher Ingewahrsamnahme von 70 Personen, die im Zusammenhang mit Protesten gegen einen Castor-Transport stundenlang zunächst auf einem Feld, dann in einem Gefangenenbus und schließlich in einer Sammelstelle festgehalten wurden, NVwZ 2010, 185.
339 VG Berlin, NVwZ 2000, 468; vgl. auch VG Göttingen, openJur 2013, 22411: Die polizeiliche Einschließung eines mutmaßlichen Demonstranten bedarf einer Rechtsgrundlage; VG Frankfurt, openJur 2014, 18771, zur Feststellung des zulässigen Rechtswegs bei Folgemaßnahmen einer Einkesselung von Versammlungsteilnehmern; BayVGH, openJur 2012, 120640, zur Feststellung der Rechtswidrigkeit eines mehrstündigen Festhaltens von Personen in einem Gefangenentransporter.

der Einsatz von Techniken zu ihrer Kontrolle unter besonderen Umständen eine gegen Art. 5 Abs. 1 Buchst. c EMRK verstoßende Freiheitsentziehung ist.³⁴⁰

d) Gewahrsamsgründe. aa) Unterbindungsgewahrsam (§ 33 Abs. 1 Nr. 1 PolG). Der Unterbindungs-, Vorbeuge- oder Präventivgewahrsam erfolgt aus präventivpolizeilichen Gründen. Danach kann eine Person in Gewahrsam genommen werden, wenn auf andere Weise eine **unmittelbar bevorstehende erhebliche Störung** der öffentlichen Sicherheit oder Ordnung nicht verhindert oder eine bereits eingetretene erhebliche Störung nicht beseitigt werden kann.³⁴¹ **Verhinderungsgewahrsam** ist zulässig, wenn eine Störung **unmittelbar** bevorsteht. Dies ist der Fall, wenn der Schadenseintritt sofort oder in allernächster Zukunft mit an Sicherheit grenzender Wahrscheinlichkeit zu erwarten ist (→ § 4 Rn 32). 179

Von einem **Beseitigungsgewahrsam** wird gesprochen, wenn die öffentliche Sicherheit oder Ordnung bereits verletzt ist. Wie bei der polizeilichen Generalklausel umfasst die **öffentliche Sicherheit** die Unversehrtheit von Leben, Gesundheit, Ehre, Freiheit und Vermögen der Bürger, sowie die Unverletzlichkeit des Staates, seiner Einrichtungen und Veranstaltungen sowie der objektiven Rechtsordnung. Für diese Rechtsgüter droht eine **erhebliche Störung**, wenn entweder die Schädigung eines besonders bedeutsamen Rechtsguts angenommen werden kann oder die Störung umfangreich und intensiv ist (→ § 4 Rn 31). Diese Voraussetzung ist regelmäßig gegeben, wenn die Beeinträchtigung zugleich die Verwirklichung eines **Straftatbestands** darstellt.³⁴²

Nach der Mehrheitsmeinung des **EGMR** in Sachen Ostendorf/Deutschland ist der Präventivgewahrsam zur Unterbindung von strafbaren Handlungen gem. § 33 Abs. 1 Nr. 1 PolG unvereinbar mit Art. 5 Abs. 1 Buchst. c EMRK.³⁴³ Welche Rechtsfolgen sich aus dieser Entscheidung für die Rechtsanwendung in Deutschland bzw. BW ergeben, wird in der Literatur unterschiedlich beurteilt.³⁴⁴ Sicher ist, dass im Hinblick auf diese Rechtsprechung die Regelungen im PolG BW zum Präventivgewahrsam reformbedürftig sind. Sie wurden allerdings mit dem **PolG 2020** nicht grundlegend überarbeitet. 180

Für die Praxis bedeuten die Entscheidungen des EGMR eine **Einschränkung der Zulässigkeit** des Präventivgewahrsams. Der Präventivgewahrsam ist danach nur zulässig, wenn die **konkrete Gefahr** der Begehung von **spezifischen** Straftaten besteht und wenn bei der Anordnung und richterlichen Bestätigung des Gewahrsams der **Grundsatz der Verhältnismäßigkeit** ausnahmslos beachtet wird.³⁴⁵

Ob die Verhinderung einer **Ordnungswidrigkeit von erheblicher Bedeutung** eine Ingewahrsamnahme rechtfertigt, hängt von den Umständen des Einzelfalls ab und muss stets sehr sorgfältig geprüft werden.³⁴⁶ Dies ist jedenfalls der Fall, wenn umfangreiche und intensive Störungen zu erwarten sind³⁴⁷ oder wenn eine Mehrzahl von Personen unzumutbar und unverhältnismäßig betroffen ist.³⁴⁸

Beispiel: Die Polizei nimmt den gewalttätigen Ehemann in Gewahrsam, da er den vollziehbaren Anordnungen der Behörde gem. § 30 Abs. 3 u. 4 i. V. m. § 133 PolG (Wohnungsverweis, Rückkehr – und Annäherungsverbot) zuwiderhandelt und in betrunkenem Zustand gewaltsam in die Wohnung eindringen will.

---

340 NVwZ-RR 2013, 785.
341 Guckelberger, JA 2015, 926, 930.
342 VGH BW, VBlBW 1986, 308, 310.
343 EGMR, NVwZ 2014, 43.
344 Vgl. dazu die Beiträge von Waechter, NVwZ 2014, 995, Heidebach, NVwZ 2014, 554, Michaelis, JA 2014, 198, u. Opl, Die Polizei 2014, 81.
345 So auch Scheidler, Die Polizei 2014, 40, 42. u. Heidebach, NVwZ 2014, 554.
346 Vgl. auch Nachbaur, VBlBW 2018, 45, 49.
347 BVerfG, NVwZ 2006, 579; VGH BW, NVwZ-RR 2005, 540.
348 Gusy/Eichenhofer, Polizei- und Ordnungsrecht, Rn 296 (mit Fn 566); OLG München, NVwZ 1999, 106; VG Schleswig, NJW 2000, 970.

Eine Gewahrsamnahme wegen einer bloßen **Störung** des Schutzguts der **öffentlichen Ordnung** ist in der Regel unzulässig.[349]

Die Polizei hat die erforderliche Gefahrenprognose auf Basis vorhandener **Tatsachen** zu treffen, die einem Beweis zugänglich sind. Ein vorläufiger Gewahrsam, der dazu dient, die nötige Prognose erst noch treffen zu wollen, ist grundsätzlich unzulässig.[350] Die Rechtmäßigkeit der polizeilichen Maßnahme bestimmt sich allein nach der Gefahrenlage, wie sie sich den Polizeibeamten bei fehlerfreier ex-ante Prognose darstellte. Später eingetretene Umstände können grundsätzlich nicht berücksichtigt werden.[351]

Weitere Beispiele:

- Auch „gesicherte Erkenntnisse" des Verfassungsschutzes, bei einer Person sei von einer **Anschlagsgefahr** auszugehen, reichen für eine Ingewahrsamnahme nicht aus, wenn die Erkenntnisse nicht dargelegt werden.[352]
- Allein die **Anordnung eines dinglichen Arrests** in das Vermögen eines Beschuldigten indiziert nicht eine die Gewahrsamnahme rechtfertigende Gefahr, der Beschuldigte werde während der Durchsuchung Maßnahmen ergreifen, welche die Vollstreckung der Arrestanordnung vereiteln könnten.[353]

181 Unter welchen Voraussetzungen und in welchem Umfang Drogenabhängige und Drogenhändler in Präventivgewahrsam genommen werden können, ist von großer praktischer Bedeutung. Verstöße gegen das **BtMG** stellen unstreitig **erhebliche Störungen der öffentlichen Sicherheit** dar.[354] Für das **unmittelbare Bevorstehen** i. S. d. § 33 Abs. 1 Nr. 1 PolG genügen konkrete Anhaltspunkte, dass eine Person sich im Fall der Freilassung in aller Kürze mit hoher Wahrscheinlichkeit wieder dem Drogenhandel zuwenden wird. Hierbei reicht es aus, dass eine sog. **Anscheinsgefahr** vorliegt, d. h. „eine aus den die Drogenszene betreffenden Umständen und der Vorgeschichte des Betroffenen folgende Wahrscheinlichkeit der Wiederholung früher vielfach gezeigten Verhaltens".[355] Abzulehnen ist die Auffassung des LG Berlin, wonach gegen einen berufsmäßigen Drogendealer der Unterbindungsgewahrsam nicht schon deshalb angeordnet werden kann, weil zu erwarten ist, dass er sich umgehend nach seiner Entlassung Drogen beschaffen und damit Handel treiben wird.[356] Selbst bei einem bislang lediglich als drogenabhängig bekannten Mitglied der offenen Drogenszene ist nach der Lebenserfahrung von unmittelbar bevorstehenden Straftaten i. S. d. BtMG auszugehen.[357] Da bloße Platzverweise als milderes Mittel im Bereich der offenen Drogenszene nach polizeilicher Erfahrung meist erfolglos bleiben, wird der Gefahr im Regelfall auch nicht auf andere Weise begegnet werden können.

182 **bb) Schutzgewahrsam (§ 33 Abs. 1 Nr. 2 PolG).** Die Ingewahrsamnahme kann gem. § 33 Abs. 1 Nr. 2 PolG erfolgen,

wenn die Maßnahme **zum eigenen Schutz** einer Person gegen drohende Gefahr für Leib oder Leben erforderlich ist und – als weitere Voraussetzung – die Person

a) um **Gewahrsam** nachsucht (§ 33 Abs. 1 Nr. 2 a PolG), oder
b) sich erkennbar in einem die freie Willensbestimmung ausschließenden Zustand oder sonst in einer **hilflosen Lage** befindet (§ 33 Abs. 1 Nr. 2 b PolG), oder
c) **Selbsttötung** begehen will (§ 33 Abs. 1 Nr. 2 c PolG).

---

349 So auch Gusy/Eichenhofer, Polizei- und Ordnungsrecht, Rn 296, u. Nachbaur, VBlBW 2018, 45, 48.
350 OLG München, BayVBl 2008, 219 (Ls. 2).
351 VGH BW, VBlBW 2011, 350, zur Ingewahrsamnahme eines Anscheinsstörers; OVG Saarland, LKRZ 2009, 420.
352 OLG Hamm, NVwZ-RR 2008, 321.
353 LG Frankfurt, NJW 2008, 2201.
354 BVerwGE 45, 51, 58; OLG Hamburg, NJW 1998, 2231, 2232; LG Berlin, NJW 2001, 162; AG Stuttgart, NVwZ-RR 1998, 105.
355 So OLG Hamburg, NJW 1998, 2231, 2232.
356 LG Berlin, NJW 2001, 162.
357 AG Stuttgart, NVwZ-RR 1998, 105.

II. Einzelmaßnahmen

Der Schutzgewahrsam setzt bei allen drei Eingriffstatbeständen eine **Leibes- oder Lebensgefahr** voraus.[358] Diese Begriffe entsprechen denen im StGB (vgl. etwa §§ 34, 35, 102, 177, 178, 249, 252, 255, 330 StGB). Gefahr für Leib oder Leben ist demnach ein ungewöhnlicher Zustand, in welchem nach den konkreten Umständen der Tod oder eine nicht unerhebliche Verletzung der körperlichen Unversehrtheit – vorübergehender oder dauernder Art – naheliegt.[359]

Fall 32: Nach den Feststellungen im Polizeibericht wurde von einer Streife am Stuttgarter Bahnhof der O in hilfloser Lage am Boden liegend angetroffen. Wegen seines hohen Alkoholisierungsgrades konnte ein Atemalkoholtest nicht durchgeführt werden. Da die Polizeibeamten davon ausgingen, dass sich O höchstwahrscheinlich in einem die freie Willensbildung ausschließenden Zustand befand und hierdurch zugleich eine Gefahr für Leib und Leben gegeben war, wurde er für sechs Stunden in Gewahrsam genommen.

Im **Fall 32** war die Ingewahrsamnahme des O gem. § 33 Abs. 1 Nr. 2 b PolG erforderlich und geeignet, um die ihm drohenden Gefahren für Leib und Leben abzuwehren und einen Schadenseintritt zu verhindern.[360]

Der **Schutzgewahrsam** umfasst auch den **Gewahrsam auf eigenes Verlangen** (Nr. 2 a). Hierbei handelt es sich nicht um eine Freiheitsentziehung i. S. d. Art. 104 Abs. 2 GG, weil die betroffene Person nicht gegen ihren Willen festgehalten wird. Um etwaige Missbräuche auszuschließen, gelten auch für diese Maßnahme der Richtervorbehalt und die Verfahrensgarantien des § 33 PolG. 183

Im Fall des § 33 Abs. 1 Nr. 2 b PolG muss die freie Willensbestimmung erkennbar ausgeschlossen und die betroffene Person daher hilflos sein. Dies ist etwa auch bei ohnmächtigen Personen der Fall. Eine Ingewahrsamnahme kommt auch in Betracht, um eine vom **Erfrierungstod** bedrohte Person zu retten.[361] 184

Beispiel: O ist freiwillig obdachlos. Auch als die Außentemperaturen Minus 15 Grad erreichen, legt er sich auf eine Parkbank und schläft ein. Eine zufällig vorbeikommende Polizeistreife findet ihn dort schutzlos der Kälte ausgeliefert. Da bei diesen eisigen Temperaturen der sog. Kältetod droht, sind die Beamten verpflichtet, Maßnahmen zum Schutz des Lebens und der Gesundheit des O zu ergreifen.

Die Ingewahrsamnahme darf **nur solange** erfolgen, wie es im konkreten Einzelfall erforderlich ist (→ Rn 199). Die **Erforderlichkeit** muss von der Polizei während des Gewahrsams **kontinuierlich geprüft** werden. Stellt etwa während des Gewahrsams eine Fachärztin für Psychiatrie fest, dass bei der in Gewahrsam genommenen Person keine Fremd- oder Eigengefährdung (mehr) vorliegt, muss die Ingewahrsamnahme **sofort beendet** werden.[362]

cc) Insbesondere: Gewahrsam zur Vermeidung von Selbsttötungen (§ 33 Abs. 1 Nr. 2 c PolG). Praktische Bedeutung hat vor allem der Schutzgewahrsam zur Verhinderung von **Selbsttötungshandlungen und Selbsttötungsversuchen.** Reine Selbsttötungshandlungen sind nach unserer Rechtsordnung nicht strafbar. **Bislang** wurde indes von der **h. M.** ein verfassungsrechtlich gewährleistetes Verfügungsrecht über das eigene Leben abgelehnt. Es wurde davon ausgegangen, dass die Polizei grundsätzlich die Aufgabe habe, das Leben als höchstes Rechtsgut zu schützen (Art. 2 Abs. 2 S. 2 i. V. m. Art. 1 Abs. 1 GG) und aus diesem Grund grundsätzlich verpflichtet sei, Maßnahmen zur Verhinderung von Selbsttötungen zu ergreifen.[363] 185

---

358 Guckelberger, JA 2015, 926, 929.
359 BGHSt 18, 721.
360 Vgl. VGH BW, VBlBW 2012, 268.
361 Vgl. dazu Ruder, wohnungslos 2011, 106.
362 OLG Koblenz, NVwZ-RR 2018, 615, 616.
363 So etwa Bäcker, in: Lisken/Denninger, Handbuch des Polizeirechts, 6. Aufl. 2018, Kap. D Rn 60; Deger, in: Stephan/Deger, Polizeigesetz BW, 7. Aufl. 2014, § 28 Rn 22; *a. A.* mit zutr. Argumenten Hauser, in: Mörtl/Trurnit, Polizeirecht BW, 1. Aufl. 2020, § 28 PolG Rn 35, für den Fall eines gänzlich freiverantwortlichen Suizids, ebenso Kingreen/Poscher, Polizei- und Ordnungsrecht, 11. Aufl. 2020, § 7 Rn 27 f., u. Geis, Fälle zum Polizei- und Ordnungsrecht, 3. Aufl. 2019, Rn 454; vgl. auch Muckel, JA 2020, 473, zum Streit über die rechtliche Zulässigkeit eines selbstbestimmten Sterbens.

Diese Auffassung kann seit dem **Sterbehilfe-Urteil** des **BVerfG**[364] nicht mehr aufrechterhalten werden. Das BVerfG hatte sich mit der Frage zu befassen, ob § 217 StGB (Verbot der geschäftsmäßigen Förderung der Selbsttötung)[365] in der geltenden Fassung[366] mit dem Verfassungsrecht vereinbar ist. Dabei hat es entschieden, dass das Recht des zur freien Selbstbestimmung und Eigenverantwortung fähigen Menschen, sich das Leben zu nehmen, vom Gewährleistungsgehalt des allgemeinen Persönlichkeitsrechts (Art. 2 Abs. 1 i. V. m. Art. 1 Abs. 1 GG) umfasst ist[367]: „Das **Recht auf selbstbestimmtes Sterben** erstreckt sich auch auf die Entscheidung des Einzelnen, sein Leben eigenhändig zu beenden. [...] Die Verwurzelung des Rechts auf selbstbestimmtes Sterben in der Menschenwürdegarantie des Art. 1 Abs. 1 GG impliziert gerade, dass die eigenverantwortliche Entscheidung über das eigene Lebensende **keiner weiteren Begründung oder Rechtfertigung bedarf.** ..... Dieses Recht besteht **in jeder Phase menschlicher Existenz.** Die Entscheidung des Einzelnen, dem eigenen Leben entsprechend seinem Verständnis von Lebensqualität und Sinnhaftigkeit der eigenen Existenz ein Ende zu setzen, ist im Ausgangspunkt als **Akt autonomer Selbstbestimmung** von Staat und Gesellschaft zu respektieren."[368]

186 Aufgrund des grundlegenden Urteils des BVerfG[369] kann § 33 Abs. 1 Nr. 2 c PolG im Wege einer **verfassungskonformen Auslegung** nur noch eingeschränkt angewandt werden.[370] **Zwingende Voraussetzung** für die verfassungsrechtlich gebotene Freiheit, einen Suizid begehen zu dürfen, ist die **freie autonome Willensbildung der betroffenen Person:** „Ein Suizidentschluss geht auf einen autonom gebildeten, freien Willen zurück, wenn der Einzelne seine Entscheidung auf der Grundlage einer realitätsbezogenen, am eigenen Selbstbild ausgerichteten Abwägung des Für und Wider trifft."[371] Dies bedingt nach dem BVerfG folgende Voraussetzungen:[372]

- Die Fähigkeit, seinen Willen frei und unbeeinflusst von einer akuten psychischen Störung bilden und nach dieser Einsicht handeln zu können.
- Der betroffenen Person müssten alle entscheidungserheblichen Gesichtspunkte tatsächlich bekannt sein. Erforderlich ist, dass sie über sämtliche Informationen verfügt, sie also in der Lage ist, auf einer hinreichenden Beurteilungsgrundlage realitätsgerecht das Für und Wider abzuwägen.
- Die betroffene Person darf keinen unzulässigen Einflussnahmen oder Druck ausgesetzt sein.
- Der Entschluss, aus dem Leben zu scheiden, muss von einer gewissen „Dauerhaftigkeit" und „inneren Festigkeit" getragen sein.

---

364 BVerfG, NJW 2020, 905 ff. (wesentliche Gründe) = HRRS 2020 Nr. 190 (Volltext); zust. Muckel, JA 2020, 473 ff., 476; eher krit. Lang, NJW 2020, 1562 ff., 1565, u. Holetzek, VR 2020, 296 ff.; vgl. auch Rostalski, JZ 2021, 477 ff., u. Sachs, JuS 2020, 580 ff.
365 Zur Kritik an der Regelung in der Rechtswissenschaft vgl. Coenen, KriPoZ 2020, 67 ff., Oğlakcıoğlu, KriPoZ 2019, 73, 74 ff., u. Razzaghi/Kremer, HRRS 2020, 137 f.
366 Vgl. dazu eingehend BVerfG, HRRS 2020 Nr. 190 (Rn 8 ff.) = NJW 2020, 905 ff. (dort nicht abgedruckt); Siems, KriPoZ 2020, 131 f.
367 BVerfG, NJW 2020, 905, 906 (Rn 204), m. zust. Bespr. Coenen, KriPoZ 2020, 67, 74 ff., u. Kreuzer, KriPoZ 2020, 199, 200; Razzaghi/Kremer, HRRS 2020, 137, 139; vgl. auch Boehme-Neßler, NVwZ 2020, 1012 ff.
368 BVerfG, NJW 2020, 905, 907 (Rn 209 f.).
369 Vgl. zu den weitreichenden Auswirkungen der Entscheidung etwa auch Siems, KriPoZ 2020, 131, 132.
370 Wie hier etwa Schenke, Polizei- und Ordnungsrecht, Rn 60. Sachs, JuS 2020, 580, 582, weist zu Recht darauf hin, dass das Sterbehilfe-Urteil des BVerfG auch in anderen Zusammenhängen zu beachten sein wird. Vgl. zur grundlegenden Bedeutung auch Weilert, DVBl 2020, 879 ff. Vgl. auch die Hinweise im Beschluss des BVerfG, NJW 2020, 2394 (Rn 15), m. Anm. Schütz/Sitte, NJW 2020, 2395. Zu den Auswirkungen im Strafrecht vgl. BGH, NJW 2022, 3021 = NStZ 2022, 663 („der ohne Wissens- und Verantwortungsdefizit gefasste und erklärte Sterbewille führt zur situationsbezogenen Suspendierung der Einstandspflicht für das Leben des Ehegatten").
371 BVerfG, NJW 2020, 905, 910 (Rn 240); Fischer, HRRS 2021, 24, 30 f.
372 BVerfG, NJW 2020, 905, 910 ff. (Rn 241 ff.); OVG NRW, DVBl 2021, 1116; Schnorr, JuS 2021, 732, 733 ff.

II. Einzelmaßnahmen

Psychische Erkrankungen bilden eine **erhebliche Gefahr für eine freie Suizidentscheidung**. Nach weltweit durchgeführten empirischen Untersuchungen liegen in rund **90 % der tödlichen Suizidhandlungen** psychische Störungen, insbesondere in Form einer Depression vor.[373]

Richtigerweise muss von der Polizei bei der Prüfung der Anordnung eines Schutzgewahrsams gegenüber einer suizidgefährdeten Person nunmehr **differenziert** werden:

- Will eine betroffene Person mit eindeutiger Absicht und ohne erkennbare Beeinträchtigung der psychischen Gesundheit **aus freiem Willen**[374] Selbstmord begehen und führt die Art der von ihr gewählten Selbsttötung zu keinen Beeinträchtigungen anderer Rechtsgüter und damit zu keiner sonstigen Gefährdung oder Störung der öffentlichen Sicherheit und Ordnung, greift § 33 Abs. 1 Nr. 2 c PolG nicht.[375] Die Polizei ist nicht befugt, die betroffene Person allein wegen ihrer Suizidabsicht in Gewahrsam zu nehmen.[376]

   Beispiel: Die Polizei wird durch die Ehefrau um Hilfe gebeten, weil ihr Ehemann die ernsthafte Absicht hat, sich am selben Tag wegen seiner schwerwiegenden unheilbaren Krebserkrankung das Leben zu nehmen, indem er einen tödlichen Medikamenten-Mix zu sich nimmt. Der Ehemann erklärt der Polizei ohne erkennbare psychische Beeinträchtigungen seine Motivation und die feste Absicht zum Suizid zur Beendigung seines nicht mehr lebenswerten und in wenigen Monaten endenden Lebens.

- Bestehen dagegen ernsthafte **Zweifel an der psychischen Gesundheit** der betroffenen Person – was häufiger der Fall sein wird –, kann sich die Polizei kein eindeutiges eigenes Bild über die psychische Gesundheit der betroffenen Person machen (Zweifelsfall)[377] oder besteht die Gefahr, dass durch die gewählte Art des Suizid **andere Personen oder Sachen Schaden nehmen**, muss die Polizei handeln und die betroffene Person auf der Grundlage des § 33 Abs. 1 Nr. 2 c PolG in Gewahrsam nehmen.[378]

   Beispiele:
   - Die zum Suizid entschlossene Person hat **depressive Verhaltensmuster** oder / und war wegen starker Depressionen bereits in Behandlung. Hier bestehen ernsthafte Zweifel an einem freien Willensentschluss.
   - Die betroffene Person will sich **auf einer Bahnstrecke vom Zug überfahren** lassen, wird aber von einer anderen Person dabei entdeckt. Hier muss die Polizei einschreiten, weil der Zugführer und die Rettungsdienste vor den Folgen des Suizids bewahrt werden müssen, da hier die ernsthafte Gefahr psychischer Schäden Dritter besteht. Hinzu kommt ein beabsichtigter gefährlicher Eingriff in den Bahnverkehr gem. § 315 StGB.

Der Polizei obliegt in jedem Fall die **Pflicht zur ernsthaften Überprüfung** der jeweiligen Situation. Bestehen **Zweifel** an der psychischen Verfassung der betroffenen Person oder besteht die Gefahr, dass durch den Suizid andere Personen oder Sachen ernsthaft beeinträchtigt oder geschädigt werden, ist die Polizei **zum Einschreiten und zur Gewahrsamnahme verpflichtet**.[379] Zweifel dürfen sich nicht zulasten des Lebensschutzes auswirken. *Kingreen/Poscher* weisen nicht zu Unrecht darauf hin, dass eine ernsthaft und aus freien Stücken zum Suizid entschlossene Person regelmäßig Mittel und Wege findet, dies ohne Eingreifen der Polizei zu tun.[380]

---

373 BVerfG, NJW 2020, 905, 911 (Rn 245).
374 Vgl. dazu eingehender Cording/Saß, NJW 2020, 2695 ff.
375 Ebenso Bäcker, in: Lisken/Denninger, Handbuch des Polizeirechts Kap. D Rn 60; Hauser, in: Mörtl/Trurnit, Polizeirecht BW, § 28 PolG Rn 35; Ullrich/Staar/Reichelt, Die Polizei 2021, 533, 536; Kirchhoff/Mischke, Die Polizei 2021, 141, 142 f. Vgl. auch Boehme-Neßler, NVwZ 2020, 1012, 1013, der zu Recht darauf hinweist, dass jede Selbsttötung, die auf freiem Willen beruht, durch das Grundrecht geschützt ist.
376 Gusy/Eichenhofer, Polizei- und Ordnungsrecht, Rn 86.
377 OVG NRW, DVBl 2021, 1116, 1117 (Rn 11); Hauser, in: Mörtl/Trurnit, Polizeirecht BW, § 28 PolG Rn 35; Kingreen/Poscher, Polizei- und Ordnungsrecht, § 7 Rn 28.
378 Wie hier Bäcker, in: Lisken/Denninger, Handbuch des Polizeirechts Kap. D Rn 60; Schenke, Polizei- und Ordnungsrecht, Rn 60; vgl. dazu auch Geis, Fälle zum Polizei- und Ordnungsrecht, Rn 454.
379 Wie hier Kirchhoff/Mischke, Die Polizei 2021, 141, 143.
380 Kingreen/Poscher, Polizei- und Ordnungsrecht, § 7 Rn 28.

188 **dd) Identitätsgewahrsam (§ 33 Abs. 1 Nr. 3 PolG).** Gem. § 33 Abs. 1 Nr. 3 PolG kann die Polizei eine Person in Gewahrsam nehmen, wenn deren Identität auf andere Weise nicht festgestellt werden kann. Dies ist der Fall, wenn Maßnahmen zur Personenfeststellung gem. § 27 Abs. 2 PolG nicht kurzfristig vorgenommen werden können, sondern **längere Zeit** (Grundsatz: **über eine Stunde**) in Anspruch nehmen (→ Rn 53). Der **Gewahrsam zur Identitätsfeststellung** gem. § 33 Abs. 1 Nr. 3 PolG setzt voraus, dass **alle anderen Möglichkeiten** – etwa kurzfristige Sistierung nach § 27 PolG (→ Rn 50 ff.) – **ausgeschöpft** sind, um die Identität einer Person festzustellen. Die Identitätsfeststellung muss der Gefahrenabwehr dienen (vgl. § 27 PolG [→ Rn 12]).

189 **e) Verbringungsgewahrsam.** Beim sog. „**Verbringungsgewahrsam**" wird eine Person von der Polizei von einem bestimmten Ort entfernt und an einen abgelegenen Ort verbracht, um ihre baldige Rückkehr an den Ursprungsort zu verhindern.[381]

Beispiele:
- Die Polizei verbringt **Angehörige der Drogenszene** in entlegene Stadtteile.[382]
- Die Polizei verbringt einen **Demonstranten** von dem Ort, an dem eine Demonstration stattfinden soll, zu einem anderen, um eine Teilnahme an der Demonstration zu verhindern.[383]

Die **Abgrenzung** von Gewahrsam gem. § 33 Abs. 1 Nr. 1 PolG und Verbringungsgewahrsam kann im Einzelfall schwierig sein. Nach **VGH BW** stellt die polizeiliche Verbringung einer rechtmäßig in Gewahrsam genommenen Person einen nicht mehr von § 33 Abs. 1 PolG abgedeckten **eigenständigen Eingriff** dar, wenn eine Würdigung der gesamten Umstände des Einzelfalls ergibt, dass die Maßnahme nicht schon umfassend durch den Zweck des Gewahrsams selbst gerechtfertigt ist und die konkrete räumliche Distanzierung zu dem Ort der Ingewahrsamnahme oder die Entlassungsörtlichkeiten mit Beeinträchtigungen einhergehen, die **ihrerseits Eingriffsqualität** erreichen.[384]

Rechtmäßigkeit und Voraussetzungen des Verbringungsgewahrsams sind in Rechtsprechung und Literatur nach wie vor **strittig**.[385] Nach der hier vertretenen Auffassung wird der zwangsweise Transport einer Person von einem Ort zu einem anderen von § 33 PolG grundsätzlich nicht gedeckt, da dieser Eingriff weder in Art. 104 Abs. 2 S. 4 GG noch in § 33 PolG als Spezialnorm vorgesehen ist.[386] Sie stellt ein **Aliud** (also etwas Anderes) zum Gewahrsam dar.[387] Die Maßnahme kann auch nicht als **Vollstreckung einer Platzverweisverfügung gem. § 30 Abs. 1 PolG** durch unmittelbaren Zwang gewertet werden. Denn der unmittelbare Zwang kann nicht über das hinausgehen, wozu der Adressat des Platzverweises (= Grundverfügung) verpflichtet ist.[388] Mit einem Platzverweis wird (nur) angeordnet, einen bestimmten Ort zu verlassen bzw. sich von ihm fernzuhalten, aber nicht auch, sich zu einem bestimmten Platz zu begeben.[389]

Der **VGH BW** geht davon aus, dass ein Verbringungsgewahrsam auf der Grundlage der **Generalklausel** (§§ 1, 3 PolG) angeordnet und vollstreckt werden kann.[390] Dieser Auffassung kann gefolgt werden (a. A. noch die Voraufl.), soweit die Verbringung einer Person ihre ursprüngliche Rechtsgrundlage in § 33 Abs. 1 PolG gefunden hat und die (nachfolgende) Verbringung zur Erreichung des (ursprünglichen) Gewahrsamsziels erforderlich erscheint.

---

381 Guckelberger, JA 2015, 926, 933.
382 LG Hamburg, NVwZ-RR 1997, 537.
383 Vgl. BremOVG, NVwZ 1987, 235.
384 VGH BW, VBlBW 2022, 297, 304.
385 Zur Übersicht über den Meinungsstand vgl. Deger, in: Stephan/Deger, Polizeigesetz BW, § 28 Rn 6; VGH BW, VBlBW 2022, 297, 304.
386 Ebenso etwa Jürgensen, ZJS 2023, 276, 284 ff. m. w. N.
387 Wie hier VGH BW, VBlBW 2022, 297, 304.
388 Vgl. auch VGH BW, VBlBW 2022, 297, 304.
389 LG Hamburg, NVwZ-RR 1997, 537, 540.
390 VGH BW, VBlBW 2022, 297, 304; Graulich, in: Lisken/Denninger, Handbuch des Polizeirechts, Kap. E Rn 552.

Beispiel: Bei der Entlassung von in Gewahrsam genommenen Personen einer Verhinderungsblockade (→ § 6 Rn 15) kann es gerechtfertigt sein, die Personen Zug um Zug an unterschiedlichen Orten aus dem Gewahrsam zu entlassen, um eine zeitnahe Rückkehr an den Ort der Blockade zu verhindern und damit die (rechtswidrige) Blockade wirksam zu beenden. Rechtsgrundlage für die Verbringung dieser Personen sind die §§ 1, 3 PolG.[391]

Ausgeschlossen ist dagegen eine auf die §§ 1,3 PolG gestützte Verbringung einer Person von einem Ort an einen anderen, ohne dass die sonstigen tatbestandlichen Voraussetzungen für einen Gewahrsam gem. § 33 Abs. 1 Nr. 1 PolG (unmittelbar bevorstehende oder bereits eingetretene erhebliche Störung [→ Rn 179]) vorliegen.

Beispiel: Bürger der Stadt A fühlen sich vom Obdachlosen P belästigt, wobei P – in ungepflegtem Zustand und mit seinem „Hausrat" – lediglich auf einer Parkbank am Bahnhof sitzt und die vorbeilaufenden Passanten um etwas Geld bittet. Auf Weisung des Bürgermeisters H wird P vom Ordnungsamt mit dem PKW von der Stadt A in die 100 km entfernte ländliche Gemeinde B im angrenzenden Bundesland verbracht, um ihn auf diese Weise – zumindest befristet – loszuwerden. In diesem Beispiel liegen weder die tatbestandlichen Voraussetzungen der §§ 1, 3 PolG vor (es liegt noch keine Belästigung mit Störungsqualität vor [→ § 9 Rn 34]) noch ist von einer unmittelbar bevorstehenden oder eingetretenen erheblichen Störung auszugehen. Zudem ist die Verbringung ermessensfehlerhaft, da es geringere Mittel (etwa Ermahnung, Platzverweis) gegeben hätte.

In keinem Fall darf durch die Maßnahme eine Person in eine **hilflose Lage** versetzt werden. Rechtswidrige Verbringungen können eine Straftat darstellen, etwa eine Freiheitsberaubung gem. § 239 StGB, eine Nötigung gem. § 240 StGB oder eine Aussetzung gem. § 221 StGB.[392] Aus diesen Gründen sollte von derartigen Verbringungsmaßnahmen in der Polizeipraxis abgesehen werden.

f) Bekanntgabe der Gewahrsamsgründe. Der in Gewahrsam genommenen Person sind gem. § 33 Abs. 2 PolG der **Grund des polizeilichen Gewahrsams** und die gegen die Maßnahme **zulässigen Rechtsbehelfe unverzüglich**, d. h. ohne schuldhaftes Zögern, **bekanntzugeben**. Es empfiehlt sich, die Bekanntgabe aktenkundig zu machen. 190

g) Richtervorbehalt. Gem. **Art. 104 Abs. 2 S. 1 GG** hat über die Zulässigkeit und Fortdauer einer **Freiheitsentziehung** nur **der Richter** zu entscheiden.[393] Die Freiheitsentziehung setzt danach grundsätzlich eine **vorherige** richterliche Anordnung voraus. Bei jeder nicht auf richterlicher Anordnung beruhenden Freiheitsentziehung ist unverzüglich eine richterliche Entscheidung herbeizuführen (**Art. 104 Abs. 2 S. 2 GG**). Da der Gewahrsam eine Maßnahme der Freiheitsentziehung darstellt, gilt gem. § 33 Abs. 3 S. 3 u. 4 PolG der sog. **Richtervorbehalt.** Nach der Funktion des Richtervorbehalts geht die Mitwirkung des Richters über die bloße Kontrolle einer Verwaltungsentscheidung hinaus: Der Richter soll nicht allein die Rechtmäßigkeit der Entscheidung der Exekutive prüfen, sondern selbst diese Entscheidung treffen. Sind die gesetzlichen Voraussetzungen nicht erfüllt, erklärt der Richter den Gewahrsam für unzulässig.[394] Für das **Verfahren** gelten gem. § 33 Abs. 4 S. 2 PolG die Vorschriften des **FamFG**. 191

Ein **Verzicht** der betroffenen Person auf die richterliche Entscheidung ist nicht möglich, die richterliche Entscheidung ist immer herbeizuführen.[395]

aa) Spontangewahrsam. Grundsätzlich ist die richterliche Entscheidung über die Zulässigkeit bzw. Fortdauer **vor** jeder Anordnung des Gewahrsams einzuholen. Gehen ein strafrechtlicher (repressiver) und polizeirechtlicher (präventiver) Gewahrsam nahtlos ineinander über – was in der Praxis regelmäßig vorkommt –, kommt es wegen der umfassenden verfassungsrechtlichen Schutzwirkung des Art. 104 Abs. 2 S. 1 GG für den Zeitpunkt der Antragstellung auf den **Beginn** 192

---
391 VGH BW, VBlBW 2022, 297, 305.
392 LG Hamburg, NVwZ-RR 1997, 537; BGH, NStZ 2008, 396 (Aussetzung mit Todesfolge durch Polizeibeamte).
393 Vgl. dazu auch Guckelberger, JA 2015, 926, 929; Jarass, in: Jarass/Pieroth, GG, Art. 104 GG Rn 15 ff.
394 VGH BW, VBlBW 2012, 268, 269.
395 OVG NRW, NVwZ-RR 2021, 573, 577 (Rn 74, 76); BVerfG, NVwZ 2017, 1198, 1199 (Rn 21)

des Gesamtgewahrsams an. Beabsichtigt die Polizei, eine Person in Gewahrsam zu nehmen, hat sie beim zuständigen Amtsgericht den **Antrag auf gerichtliche Entscheidung** zu stellen. In diesem Fall liegt eine sog. **geplante** Freiheitsentziehung vor, die nur auf der Grundlage einer richterlichen Entscheidung zulässig ist.[396]

193 Kann die Maßnahme entsprechend der Regelung in Art. 104 Abs. 2 GG nicht vorher beantragt werden (vgl. Fall 32 in → Rn 182), handelt es sich um einen sog. **Spontangewahrsam**. In diesen Fällen kann die Polizei eine Person ohne vorherige richterliche Entscheidung in Gewahrsam nehmen. Gem. § 33 Abs. 2 S. 3 PolG ist aber eine richterliche Entscheidung unverzüglich herbeizuführen. **Unverzüglich** bedeutet, dass die **richterliche Entscheidung** ohne jede Verzögerung, die sich nicht aus tatsächlichen oder rechtlichen Gründen rechtfertigen lässt, mithin **sofort nachgeholt** werden muss.[397] Ein Verstoß gegen das Gebot der unverzüglichen Herbeiführung einer richterlichen Entscheidung hat die Rechtswidrigkeit der Ingewahrsamnahme zur Folge.[398]

Ohne richterliche Entscheidung darf der Gewahrsam gem. Art. 104 Abs. 2 S. 3 GG i. V. m. § 33 Abs. 3 S. 2 PolG nicht länger als bis zum Ende des Tages (= 24.00 Uhr) nach dem Ergreifen aufrechterhalten werden. Die Vorschrift legt für den sog. Spontangewahrsam eine **absolute zeitliche Obergrenze** fest, nach deren Ablauf die Freiheitsentziehung rechtswidrig wird, falls bis dahin keine richterliche Entscheidung herbeigeführt werden konnte.

Für die (nachträgliche) richterliche Entscheidung über den Gewahrsam ist gem. § 33 Abs. 4 S. 1 PolG das **Amtsgericht** zuständig, in dessen Bezirk die in Gewahrsam genommene Person festgehalten wird. Zur **Fristwahrung** reicht es aus, wenn die Polizei den Antrag auf richterliche Entscheidung beim zuständigen Gericht anhängig macht, d. h. dem Gericht den Sachverhalt vorträgt mit der Bitte um Entscheidung über die Fortdauer des Gewahrsams.[399] Der Antrag ist formlos zulässig und kann auch per Fax oder E-Mail gestellt werden.

194 Gem. § 33 Abs. 3 S. 4 PolG bedarf es einer richterlichen Entscheidung nicht, wenn anzunehmen ist, dass die Entscheidung erst nach dem Wegfall des Gewahrsamsgrunds ergehen würde. Die Polizei kann demnach Personen auch dann in Gewahrsam nehmen, wenn absehbar ist, dass die richterliche Entscheidung bis zur Freilassung nicht eingeholt werden kann.[400] Dies ist etwa der Fall, wenn eine polizeiliche Maßnahme (etwa Personenfeststellung gem. § 27 PolG) absehbar nur kurze Zeit in Anspruch nehmen wird. Andererseits darf die Vorschrift über die Einholung einer richterlichen Entscheidung nicht den Gewahrsam verlängern. Ist der **Zweck der Gewahrsamnahme erreicht**, ist die betroffene Person gem. § 33 Abs. 3 S. 1 PolG in jedem Fall freizulassen, auch wenn eine richterliche Entscheidung noch nicht herbeigeführt werden konnte.

Beispiele:

- Nach der Ingewahrsamnahme der betrunkenen Person im Fall 32 (→ Rn 182) sieht die Polizei davon ab, eine richterliche Entscheidung zu beantragen. Wegen des stark alkoholisierten Zustands der Person geht die Polizei davon aus, dass die Herbeiführung der richterlichen Entscheidung voraussichtlich längere Zeit in Anspruch nehmen würde als zur Durchführung der Maßnahme notwendig wäre. Die Gewahrsamnahme dauerte von 8.40 bis 15.25 Uhr.
- Wenn das zuständige Amtsgericht aus Anlass einer angekündigten Demonstration mit 4 Richtern auf die Prüfung von bis zu 300 Ingewahrsamnahmen eingestellt ist, tatsächlich aber über 500 Ingewahrsamnahmen erfolgten, rechtfertigt dies bei einer zeitlich späten Ingewahrsamnahme ggf. die Annahme, dass eine gerichtliche Entscheidung nicht rechtzeitig zu erlangen sein wird (VGH BW, 2022, 297, 302 = DÖV 2022, 256 ([Ls.]).

---

396 Zeitler/Trurnit, Polizeirecht BW, Rn 522.
397 BVerfGE 105, 239, 249; VGH BW, NVwZ 2006, 579; OVG NRW, NVwZ-RR 2021, 573, 577 (Rn 73).
398 VGH BW, VBlBW 2012, 268, 269.
399 So VGH BW, VBlBW 2005, 63.
400 VGH BW, VBlBW 2022, 297, 302.

In seiner Entscheidung zur Anhörungspflicht gem. § 40 Abs. 1 Hs. 2 BPolG weist der **VGH BW** darauf hin, dass **§ 33 Abs. 3 S. 4 PolG** mit Blick auf den Richtervorbehalt **eng auszulegen** ist. Der Ausnahmetatbestand ist nicht bereits dann gegeben, wenn die persönliche Anhörung der betroffenen Person mangels Vernehmungsfähigkeit nicht durchgeführt werden kann. Es komme – so der VGH BW – nicht darauf an, ob vor Beendigung des Gewahrsams eine persönliche Anhörung durchgeführt werden könne, sondern ob eine richterliche Entscheidung über den Gewahrsam möglich sei.[401] Da im vom VGH BW entschiedenen Fall die Polizei eine richterliche Entscheidung nicht herbeigeführt hatte, obwohl diese möglich gewesen wäre, war die Ingewahrsamnahme rechtswidrig.

Eine unverzügliche richterliche Entscheidung ist daher auch dann erforderlich, wenn die betroffene Person etwa wegen übermäßigem Alkoholkonsum nicht ansprechbar ist. Die Unmöglichkeit einer persönlichen Anhörung etwa infolge Trunkenheit der betroffenen Person steht somit einer richterlichen Entscheidung nicht entgegen (vgl. auch § 34 Abs. 2 FamFG).

Zur Prüfung der tatbestandlichen Voraussetzungen des § 33 Abs. 3 S. 4 PolG hat die Polizei **einen auf konkrete Tatsachen gestützten prognostischen Vergleich** der zu erwartenden Dauer des Gewahrsams und der voraussichtlichen Zeit für die Herbeiführung einer richterlichen Entscheidung vorzunehmen; die Prognose unterliegt der vollständigen gerichtlichen Nachprüfung.[402]

bb) Gerichtsentscheidung. Gem. § 33 Abs. 4 S. 1 PolG ist für den Erlass der gem. § 33 Abs. 3 S. 3 PolG notwendigen Entscheidung das **Amtsgericht zuständig**, in dessen Bezirk die in Gewahrsam genommene Person festgehalten wird. Für die Zuständigkeit kommt es mithin nicht darauf an, wo die betroffene Person aufgegriffen wurde, sondern es ist auf den Ort abzustellen, an dem die betroffene Person im Gewahrsam festgehalten wird. Bei der Zuständigkeit des Amtsgerichts handelt es sich um eine zulässige sog. **abdrängende Sonderzuweisung** des Rechtswegs i. S. d. § 40 Abs. 1 S. 2 VwGO.[403]

195

Für das Gerichtsverfahren gilt nicht § 132 Abs. 2 PolG, sondern § 33 Abs. 4 S. 2 bis 7 PolG legt **besondere Verfahrensregeln** fest. Vgl. zum Verfahren gem. § 132 PolG die weitergehenden Ausführungen in → § 10 Rn 17 ff. **Abweichend** von § 132 Abs. 2 PolG gilt:

196

- Für das Verfahren gelten grundsätzlich die Vorschriften der §§ 1 bis 48, 58 bis 69, 76 bis 85, 97 bis 110 FamFG (§ 33 Abs. 4 S. 2 PolG).[404]
- Es bedarf grundsätzlich einer **vorherigen Anhörung** der betroffenen Person (§ 34 FamFG; Art. 103 Abs. 1 GG).[405] Abweichend davon kann die richterliche Entscheidung ohne persönliche Anhörung der in Gewahrsam genommenen Person ergehen, wenn diese rauschbedingt oder aus sonstigen Gründen außerstande ist, den Gegenstand der persönlichen Anhörung durch das Gericht ausreichend zu erfassen und in der Anhörung zur Feststellung der entscheidungserheblichen Tatsachen beizutragen (§ 33 Abs. 4 S. 3 PolG).
- Ist eine **persönliche Anhörung** durch das Gericht (§ 34 FamFG) nicht erforderlich, kann die Anhörung im Bereitschaftsdienst gem. § 4 Abs. 2 AGGVG auch telefonisch durchgeführt werden (§ 33 Abs. 4 S. 4 PolG).
- Die gerichtliche Entscheidung, durch die der Gewahrsam angeordnet wird, wird **mit** ihrem **Erlass wirksam** (vgl. § 33 Abs. 4 S. 5 PolG).
- Die gerichtliche Entscheidung kann **im Bereitschaftsdienst auch mündlich** ergehen; in diesem Fall ist sie unverzüglich schriftlich zu begründen (§ 33 Abs. 4 S. 6 PolG).

---

401 VGH BW, VBlBW 2012, 268, 269.
402 VGH BW, VBlBW 2022, 297, 302.
403 Vgl. dazu etwa Buchberger, in: Lisken/Denninger, Handbuch des Polizeirechts, Kap. K Rn 30.
404 Vgl. dazu eingehend BayObLG, BayVBl 2022, 790.
405 Vgl. dazu Deger, in: Stephan/Deger, Polizeigesetz BW, § 28 Rn 41 m. w. N.

197 In der richterlichen Entscheidung ist die **höchstzulässige Dauer des Gewahrsams** zu bestimmen. Sie darf gem. § 33 Abs. 3 S. 5 PolG nicht mehr als zwei Wochen betragen. Der Richter hat über die Zulässigkeit der Freiheitsentziehung selbst zu entscheiden. Die Schwere des Grundrechtseingriffs gebietet insbesondere eine eingehende Prüfung der Erforderlichkeit der freiheitsentziehenden Maßnahme.[406] Der zuständige Amtsrichter muss daher selbst die Tatsachen feststellen, die eine Freiheitsentziehung rechtfertigen, um den Anforderungen des Art. 2 Abs. 2 S. 2 i. V. m. Art. 104 Abs. 2 GG und von Art. 103 GG, § 26 FamFG (Ermittlung von Amts wegen) zu genügen. Richtigerweise wird die Festsetzung der Höchstdauer auch davon abhängen, aus welchem Grund (§ 33 Abs. 1 Nr. 1 bis 3 PolG) der Gewahrsam angeordnet wird.[407]

198 **h) Durchführung des Gewahrsams.** § 1 Abs. 1 DVO PolG enthält für die Polizei einige Hinweise zur Durchführung des Gewahrsams. So soll die in Gewahrsam genommene Person von anderen festgehaltenen Personen – insbesondere von Untersuchungs- und Strafgefangenen – **getrennt untergebracht** werden. Männer und Frauen sind **getrennt aufzunehmen**. Der in Gewahrsam genommenen Person ist gem. § 1 Abs. 2 DVO PolG unverzüglich, d. h. ohne schuldhaftes Zögern, Gelegenheit zu geben, einen **Angehörigen oder eine Person ihres Vertrauens zu benachrichtigen**, wenn der Zweck des Gewahrsams dadurch nicht gefährdet wird. Außerdem ist ihr Gelegenheit zur **Beiziehung eines Bevollmächtigten** zu geben. Schließlich dürfen gem. § 1 Abs. 3 DVO PolG der in Gewahrsam genommenen Person nur Beschränkungen auferlegt werden, die zur Sicherung des Zwecks des Gewahrsams oder zur Aufrechterhaltung der Ordnung im Gewahrsam erforderlich sind.

Der Gewahrsam kann auch durch **Fesselung mittels Schließen** im Wege des **unmittelbaren Zwangs** durchgesetzt werden, wenn dies zur Sicherung des Gewahrsamszwecks oder zur Aufrechterhaltung der Ordnung im Gewahrsam gerechtfertigt ist; hierzu bedarf es **konkreter Anhaltspunkte**, dass die in Gewahrsam genommene Person Widerstand leisten oder sich gewalttätig verhalten wird.[408]

199 **i) Aufhebung des Gewahrsams.** Gem. § 33 Abs. 3 S. 1 PolG ist der Gewahrsam **aufzuheben**, sobald sein Zweck erreicht ist. Die Verpflichtung zur Aufhebung besteht auch dann, wenn die im Gesetz festgelegten (Höchst-)Fristen abgelaufen sind. Da es sich bei der Maßnahme um einen **Dauerverwaltungsakt** handelt, ist die Polizei verpflichtet, fortlaufend zu prüfen, ob die Voraussetzungen für die Anordnung der Maßnahme noch gegeben sind.[409] **Zuständig für die Aufhebung** des Gewahrsams ist die **Polizei**. Eine richterliche Entscheidung ist hierfür nicht erforderlich.

200 **j) Rechtsschutz.** Gegen die Entscheidung des Gerichts findet die **Beschwerde zum Landgericht** statt (§ 33 Abs. 4 S. 7 PolG). Sie hat **keine aufschiebende Wirkung** (§ 33 Abs. 4 S. 8 i. V. m. § 132 Abs. 2 S. 4 PolG). Die Form richtet sich nach § 64 Abs. 2 FamFG. Eine Rechtsbeschwerde (§ 70 FamFG) findet nicht statt (§ 33 Abs. 4 S. 8 i. V. m. § 132 Abs. 2 S. 5 PolG). **Beschwerdeberechtigt** ist jeder, dessen Recht durch die Entscheidung beeinträchtigt ist.

Die **Erhebung einer Anfechtungsklage oder Feststellungsklage** im verwaltungsgerichtlichen Verfahren ist gem. § 33 Abs. 4 S. 8 i. V. m. § 132 Abs. 3 PolG **ausgeschlossen**. Zu den Rechtsmitteln vgl. im Übrigen die weitergehenden Ausführungen in → § 10 Rn 22.

---

406 VGH BW, VBlBW 2012, 268, 269.
407 Nachbaur, VBlBW 2018, 45, 50 f.
408 VGH BW, VBlBW 2022, 297, 302.
409 VGH BW, VBlBW 2022, 297, 302, u. VBlBW 2011, 350.

8. Durchsuchung von Personen (§ 34 PolG). a) Allgemeines. Mit dem **PolG 2020** wurde in § 34 Abs. 1 PolG eine **neue Ziff. 3** eingefügt, die eine **Dursuchung von Personen bei öffentlichen Veranstaltungen und Ansammlungen** ermöglicht (→ Rn 209 f.).[410]

b) Begriff. Die **Durchsuchung** von Personen zu polizeilichen Zwecken ist in § 34 PolG geregelt. Die Maßnahme dient dem Schutz festgehaltener Personen, dem Eigenschutz von Polizeibeamten sowie dem Schutz Dritter vor Gefahren. Sie hat zum Ziel, versteckte Gegenstände und Spuren aufzufinden, die der Adressat der Maßnahme nicht von sich aus offenlegt.[411] Sie ist auf die am Körper befindlichen Kleidungsstücke, auf die Körperoberfläche und auf die unmittelbar zugänglichen Körperöffnungen wie etwa Ohren, Mund und Nase begrenzt und erstreckt sich nicht auf das Körperinnere.[412] Zur Durchsuchung gehört auch das **Abtasten** des bekleideten Körpers, der am Körper befindlichen Kleidungsstücke, ggf. auch die Nachschau am unbekleideten Körper und in den unmittelbar zugänglichen Körperöffnungen.[413] Die Maßnahme kann mit technischen Hilfsmitteln wie Suchgeräten (etwa Metalldetektoren) oder manuell erfolgen. Sie umfasst auch das **Anhalten**, vorübergehende **Festhalten** und die **Verbringung** zur Dienststelle, soweit dies zur Durchführung der Untersuchung erforderlich ist (vgl. § 27 Abs. 2 S. 3 PolG).

Durchsuchungen, die mit einer **Entkleidung** verbunden sind, stellen insbesondere dann einen schwerwiegenden **Eingriff** in das **allgemeine Persönlichkeitsrecht dar**, wenn sie mit einer Inspizierung von normalerweise bedeckten Körperöffnungen verbunden sind.[414]

Die Durchsuchung ist von der körperlichen **Untersuchung** abzugrenzen, die einen stärkeren Eingriff in die Rechte der betroffenen Person darstellt und von § 34 PolG nicht abgedeckt wird. Derartige körperliche Eingriffe sind etwa Maßnahmen wie Untersuchungshandlungen mit medizinischen Geräten, Messungen von Körperfunktionen, Nachschau bzw. Durchsuchung des Genitalbereichs, Röntgen einer Person, Entnahme einer Blutprobe oder Auspumpen eines Magens beim Verdacht auf Transport von Drogen. Der wesentliche Unterschied zwischen den beiden Maßnahmen besteht darin, dass die **Durchsuchung** dem Zweck dient, die vom Willen der betroffenen Person unabhängige **Beschaffenheit** ihres Körpers und das Vorhandensein von Fremdkörpern in den natürlichen Körperöffnungen durch sinnliche Wahrnehmung **ohne körperliche Eingriffe** festzustellen.[415]

Die **StPO** enthält spezielle Ermächtigungsgrundlagen zur Durchführung von repressiven Durchsuchungen (vgl. §§ 102 bis 105 StPO) gegenüber Verdächtigen und Untersuchungen der beschuldigten und anderer Personen (vgl. §§ 81 a, 81 c und 81 d ff. StPO).

c) Rechtscharakter. Die Maßnahme stellt einen belastenden **Realakt** dar.[416] Regelmäßig ergeht vor der eigentlichen Durchsuchung eine Anordnung der Maßnahme, die Verwaltungsakt ist.[417]

d) Zuständigkeit. Zuständig für die Anordnung und Durchführung der Durchsuchung sind **in erster Linie** die Beamten des **Polizeivollzugsdienstes**, aber wegen der bestehenden **Parallelzuständigkeit** (vgl. § 105 Abs. 3 PolG) auch Bedienstete der **Polizeibehörden**. Nur soweit

---

410 LT-Drs. 16/8484, S. 136.
411 Gusy/Eichenhofer, Polizei- und Ordnungsrecht, Rn 245.
412 Vgl. OVG Saarland, LKRZ 2008, 102, 103; Deger, in: Stephan/Deger, Polizeigesetz BW, § 29 Rn 6; Elzermann, LKV 2023, 97, 98.
413 VGH BW, BWVPr 1982, 11.
414 BVerfG, NJW 2013, 3291 ff.
415 BayVGH, NVwZ-RR 1999, 310 m. w. N.; Zeitler/Trurnit, Polizeirecht BW, Rn 553.
416 Str.: Wie hier VGH BW, openJur 2020, 33879, Rn 159 = Asylmagazin 2018, 226; Graulich in: Lisken/Denninger, Handbuch des Polizeirechts, Kap. E Rn 486; Trurnit, Eingriffsrecht, Rn 392; Gusy/Eichenhofer, Polizei- und Ordnungsrecht, Rn 247; a. A. Ibler, in: Ennuschat/Ibler/Remmert, Öffentliches Recht BW, § 2 Rn 371, u. die Voraufl.
417 Würtenberger/Heckmann/Tanneberger, § 5 Rn 195; a. A. Jahr, ZJS 2016, 181, 184: vgl. auch die Fallbearbeitung bei Rath/Köppen-Abisch/Höhl, JuS 2022, 1137, 1138 f.

die Durchsuchung durch **unmittelbaren Zwang als Vollstreckungsmaßnahme** durchgeführt wird, ist für die Anwendung dieses Zwangsmittels als letzte Stufe des Vollstreckungsverfahrens ausschließlich der Polizeivollzugsdienst gem. § 65 PolG zuständig (→ § 12 Rn 40).

206 **e) Durchsuchungsgründe. aa) Durchsuchung gem. § 34 Abs. 1 Nr. 1 PolG.** Eine Durchsuchung gem. § 34 Abs. 1 Nr. 1 PolG kann stattfinden, wenn die Person nach dem PolG oder anderen Rechtsvorschriften **festgehalten** oder **in Gewahrsam genommen werden darf.** Diese Bestimmung dient dem Schutz der betroffenen Person (etwa bei Selbsttötung oder Selbstverletzung) und der Eigensicherung der Beamten sowie dem Schutz Dritter vor Gefahren, die bei Freiheitsentziehungen auftreten können. Demgegenüber dient die Durchsuchung i. S. d. § 27 Abs. 2 S. 3 PolG dem Auffinden von Gegenständen, die zur Identitätsfeststellung beitragen können (→ Rn 53).

207 **bb) Durchsuchung gem. § 34 Abs. 1 Nr. 2 PolG.** Die Polizei kann eine Person durchsuchen, wenn **Tatsachen** die Annahme rechtfertigen, dass die **Person Sachen mit sich führt, die sichergestellt** oder **beschlagnahmt** werden dürfen (§ 34 Abs. 1 Nr. 2 PolG). Es müssen objektive und nachvollziehbare Anhaltspunkte vorliegen. Bloße Vermutungen reichen nicht aus. Mit „sichergestellt oder beschlagnahmt" sind Maßnahmen zur Gefahrenabwehr nach §§ 37 oder 38 PolG gemeint, nicht solche nach der StPO.[418] Eine Sache wird mitgeführt, wenn die zu durchsuchende Person die tatsächliche Gewalt über sie ausübt bzw. ausüben kann (Besitz gem. §§ 854 Abs. 1, 855 BGB). Regelmäßig wird es sich um Sachen handeln, die sich in der Bekleidung der zu durchsuchenden Person befinden, etwa Waffen.[419]

208 Für die **Gefahrenprognose** ist eine von einer hinreichend objektivierbaren Tatsachenbasis abgeleitete Wahrscheinlichkeit der befürchteten Rechtsgutbedrohung und die Nähe der von der Maßnahme betroffenen Person erforderlich. Die Eingriffsschwelle kann umso niedriger liegen, je größer die Wahrscheinlichkeit der befürchteten Rechtsgutbedrohung und je höher die Bedeutung der bedrohten Rechtsgüter ist.

Beispiel: Wurde bei vorausgegangenen Gastspielen einer Fußballmannschaft durch deren Anhänger wiederholt Signalmunition, die nach polizeilichen Informationen von unverdächtig aussehenden Frauen eingeschmuggelt worden sein soll, auf gegnerische Fans oder Ordner geschossen, ist es prinzipiell nicht zu beanstanden, dass die Polizei auch weibliche Gästefans durchsucht.[420]

Bei der Durchsuchung ist der **Verhältnismäßigkeitsgrundsatz** zu beachten.

Beispiel: Kommt eine weibliche Person aufgrund polizeilicher Erkenntnisse als Transportperson für Feuerwerkskörper generell in Betracht, kann bei einer Durchsuchung vor einem Fußballspiel auch deren Entkleiden erforderlich sein. Dies ist wegen der Schwere des Eingriffs aber nur ausnahmsweise und nur unter besonderen Umständen angemessen, etwa bei auffälligen Reaktionen der Durchsuchten oder bei besonderer Beschaffenheit der Kleidung.[421]

209 **cc) Durchsuchung gem. § 34 Abs. 1 Nr. 3 PolG. (1) Allgemeines.** Die Polizei kann eine Person durchsuchen, wenn sie bei oder **im Zusammenhang mit öffentlichen Veranstaltungen und Ansammlungen angetroffen** wird, die ein **besonderes Gefährdungsrisiko** i. S. d. § 44 Abs. 1 S. 2 PolG aufweisen und dort erfahrungsgemäß mit der Begehung von Straftaten gegen Leib, Leben oder Sachen von bedeutendem Wert zu rechnen ist; bei der Auswahl der Person ist in besonderem Maße der **Grundsatz der Verhältnismäßigkeit** zu beachten (→ Rn 210).

§ 34 Abs. 1 Nr. 3 PolG formuliert erweiterte Voraussetzungen an die erfassten Veranstaltungen und Ansammlungen, ohne die die Durchsuchung einer Person nicht rechtmäßig wäre. Eine Durchsuchung auf der Grundlage des § 34 Abs. 1 Nr. 3 PolG ist daher **nicht bei jeder beliebigen**

---

418 So auch Deger, in: Stephan/Deger, Polizeigesetz BW, § 29 Rn 8.
419 VGH BW, BWVPr 1982, 11.
420 OVG Saarland, LKRZ 2008, 102, 103.
421 OVG Saarland, LKRZ 2008, 102, 103.

Art der Veranstaltung oder Ansammlung möglich, von ihnen muss vielmehr ein **besonderes Gefährdungsrisiko** ausgehen, das im Gesetz näher definiert wird. Vgl. dazu die weiteren Ausführungen in → Rn 20 ff. zum identischen Tatbestand des § 27 Abs. 1 Nr. 2 PolG.

(2) Verhältnismäßigkeit. Bei auf § 34 Abs. 1 Nr. 3 PolG gestützten Durchsuchungen von Personen muss der **Grundsatz der Verhältnismäßigkeit** gewahrt bleiben. Aufgrund der besonderen Eingriffsintensität der Durchsuchung für die betroffene Person sind dabei die **verfassungsrechtlichen Eingriffsvoraussetzungen höher anzusetzen** als bei der Personenfeststellung gem. § 27 Abs. 1 Nr. 2 PolG.[422] Der Gesetzgeber fordert dies besonders bei der Personenauswahl. Dies wird aus dem zweiten Halbsatz der Norm deutlich, wonach bei der Auswahl der Person in besonderem Maß der Grundsatz der Verhältnismäßigkeit zu wahren ist. Ziel von § 34 Abs. 1 Nr. 3 PolG ist es in ersten Linie, potenzielle Straftäter aus ihrer Anonymität zu holen, sie einer Durchsuchung zu unterziehen und dadurch Straftaten zu verhindern. Daher hat die Polizei vor allem **bei der konkreten Auswahl einer betroffenen Person** auch unter Berücksichtigung vorhandener Erfahrungswerte **besonders sorgfältig zu überprüfen**, ob die vorgesehene Maßnahme im Hinblick auf die **Zielsetzung der Regelung** angemessen erscheint.[423] Für die Durchsuchung einer Person sind zwingend **konkrete Anhaltspunkte in Bezug auf die jeweilige Person** erforderlich, die einen sicheren Rückschluss zulassen, dass von dieser Person ein besonderes Gefährdungsrisiko ausgehen kann. **Undifferenzierte Durchsuchungen von Personen größeren Umfangs** bei oder im Zusammenhang mit Veranstaltungen oder Ansammlungen sind **stets unzulässig**. Bei der Anwendung der Durchsuchung auf der Grundlage des § 34 Abs. 1 Nr. 3 PolG kommt insbesondere dem **Grundsatz der Erforderlichkeit** besondere Bedeutung zu, **mildere polizeiliche Mittel** sind stets vorrangig anzuwenden.[424]

dd) Durchsuchung gem. § 34 Abs. 1 Nr. 4 PolG. Eine Durchsuchung ist gem. § 34 Abs. 1 Nr. 4 PolG zulässig, wenn sich die Person an einem der in § 27 Abs. 1 Nr. 3 PolG genannten Orte (→ Rn 26 ff.) aufhält. Die Bestimmung lässt im Sicherheitsinteresse die Durchsuchung an den gleichen **gefährlichen oder verrufenen Orten**[425] zu, an denen gem. § 27 Abs. 1 Nr. 3 PolG die Personenfeststellung etwa bei einer **Razzia** zulässig ist (→ Rn 28). Auf einen konkreten Verdacht gegen die durchsuchte Person soll es nach der Gesetzesformulierung nicht ankommen.[426] Anders als bei § 27 Abs. 1 Nr. 3 PolG muss sich die Person jedoch am Durchsuchungsort *aufhalten* und dort nicht nur *angetroffen* werden (→ Rn 27 zur Unterscheidung).

ee) Durchsuchung gem. § 34 Abs. 1 Nr. 5 PolG. Die Polizei kann eine Person gem. § 34 Abs. 1 Nr. 5 PolG durchsuchen, wenn sie sich in einem **gefährdeten Objekt** i. S. d. § 27 Abs. 1 Nr. 4 PolG oder in dessen unmittelbarer Nähe aufhält und Tatsachen die Annahme rechtfertigen, dass in oder an Objekten dieser Art Straftaten begangen werden sollen. Die Voraussetzungen entsprechen denen des § 27 Abs. 1 Nr. 4 PolG – mit dem Unterschied, dass sich die Person am Untersuchungsort *aufhalten* muss. Sie darf dort nicht nur *angetroffen* werden (→ Rn 29 zur Unterscheidung)

ff) Durchsuchung gem. § 34 Abs. 1 Nr. 6 PolG. Gem. § 34 Abs. 1 Nr. 6 PolG können Personen durchsucht werden, wenn sie gem. § 56 PolG oder gem. Art. 99 Abs. 1 SDÜ[427] **zur gezielten**

---

422 Wie hier Brommer, Polizeigesetz BW, Einf. S. 13 f.
423 So ausdrücklich LT-Drs. 16/8484, S. 132; insgesamt krit. Nachbaur, VBlBW 2021, 55, 59.
424 Ebenso Brommer, Polizeigesetz BW, Einf. S. 14.
425 Zu den Begriffen vgl. Tomerius, Die Polizei 2019, 257 f.
426 Vgl. aber BayVGH, wonach es für eine Durchsuchung nicht ausreicht, dass der Betroffene sich an einem gefährlichen Ort aufhält; vielmehr muss hinzukommen, dass die Durchsuchung der betreffenden Person auch in einer entsprechenden Beziehung zu den Tatsachen steht, welche die Gefährlichkeit des Orts begründen, BayVBl 2013, 90. Insgesamt krit. Tomerius, Die Polizei 2019, 257, 260 ff.
427 Rechtsgrundlage für diese Ausschreibung auf europäischer Ebene sind *Art. 36, 37 der Verordnung (EU) 2018/1862*.

Kontrolle ausgeschrieben sind. Bei diesen Personen rechtfertigt bereits die bloße Ausschreibung zur Kontrolle die Durchsuchung, ohne dass es auf weitere Voraussetzungen ankommt. Die Maßnahme zielt auf politisch motivierte Straftäter insbesondere aus dem Bereich des islamistischen Terrorismus ab.[428]

214 **gg) Durchsuchung gem. § 34 Abs. 2 PolG.** § 34 Abs. 2 PolG regelt die Durchsuchung einer Person nach Waffen, anderen gefährlichen Werkzeugen und Sprengstoffen zum Zweck des Eigenschutzes oder des Schutzes Dritter, wenn tatsächliche Anhaltspunkte für eine entsprechende Gefahrenlage bestehen. Im Unterschied zu § 34 Abs. 1 Nr. 1 PolG, bei dem die Durchsuchung erst nach erfolglosem Ablauf von Maßnahmen nach § 27 Abs. 2 Nr. 3 PolG zulässig ist, kann gem. § 34 Abs. 2 PolG **von Anfang an** (also schon vor Beginn der Personenfeststellung) durchsucht werden, wenn die speziellen Voraussetzungen hierfür vorliegen.

Beispielsfälle:
- Fall 33: Bei einer Großfahndung stellt die Polizei fest, dass die F mit ihrem Fahrzeug in der Einflugschneise des Stuttgarter Flughafens steht. Der Polizei liegen Hinweise vor, dass F an der Vorbereitung terroristischer Anschläge beteiligt ist. Die Polizei beabsichtigt deshalb, die Identität der F festzustellen und durchsucht sie zuvor, um auszuschließen, dass F bei der Personenfeststellung von einer Schusswaffe Gebrauch macht.[429]
- Fall 34: Die Durchsuchung einer Person zum Selbstschutz der Beamten ist gem. § 34 Abs. 2 PolG nicht mehr gerechtfertigt, wenn diese Maßnahme *nach* der Personenfeststellung und erkennungsdienstlichen Behandlung der Person und kurz vor dem Verlassen des Polizeireviers erfolgt.[430]

Der Zusatz „oder nach anderen Rechtsvorschriften" erfasst auch Identitätsfeststellungen **außerhalb** des PolG, wie etwa die Feststellung der Identität nach den §§ 111 Abs. 1 S. 2, 163 b StPO. Die Vorschrift dient dem besseren Schutz Dritter und der Polizeibeamten vor den Angriffen von Rechtsbrechern, deren Identität in Erfüllung polizeilicher Aufgaben festgestellt werden soll. Aus der Verbindung der Begriffe „**Leib oder Leben**" folgt, dass für die Maßnahme nicht jede drohende Körperverletzung genügt, sondern nur eine lebensgefährliche Beeinträchtigung der menschlichen Gesundheit (→ § 4 Rn 44). **Gefährlich** ist ein **Werkzeug**, das nach objektiver Beschaffenheit wie nach Art der möglichen Benutzung erhebliche Verletzungen herbeizuführen geeignet ist (etwa Messer, Schraubenzieher, Schlagringe etc.).

215 **f) Durchführung der Durchsuchung.** Gem. § 34 Abs. 3 PolG dürfen Personen **grundsätzlich nur von Personen gleichen Geschlechts** oder **Ärzten** durchsucht werden. Die Bestimmung dient der Wahrung des Persönlichkeitsrechts und der sexuellen Selbstbestimmung.[431] Erscheint die sofortige Durchsuchung nach den Umständen zum Schutz gegen eine Gefahr für Leib oder Leben der beteiligten Polizeibeamten oder Dritter erforderlich, sind auch andere Personen durchsuchungsberechtigt (§ 34 Abs. 3 Hs. 2 PolG [→ § 4 Rn 44]).

Beispiel: Im Fall 33 in → Rn 214 untersuchten nur männliche Polizeibeamte die Frau F nach Waffen. Die Polizeibeamten waren zum Abtasten von F nach Waffen berechtigt, weil nach den Umständen die sofortige Durchsuchung der F zum Schutz der Beamten gegen eine Gefahr für Leib und Leben erforderlich erschien.[432]

Soweit die Menschenwürde gewahrt wird, kann die betroffene Person auch in die Durchsuchung durch eine andere Person einwilligen.

216 **9. Durchsuchung von Sachen (§ 35 PolG). a) Allgemeines.** § 35 PolG regelt die gezielte und zweckgerichtete **Durchsuchung** von beweglichen und unbeweglichen Sachen, um etwas (= gefährliche oder störende Gegenstände) aufzuspüren, das der Inhaber von sich aus nicht offen legen oder herausgeben will. Die Durchsuchung hat regelmäßig nur Hilfscharakter, da sie weitere

---
428 Deger, in: Stephan/Deger, Polizeigesetz BW, § 29 Rn 11.
429 VGH BW, BWVPr 1982, 11.
430 Vgl. VGH BW, VBlBW 2011, 155; Knorr, VBlBW 5/2010, Sonderbeilage, 7.
431 Deger, in: Stephan/Deger, Polizeigesetz BW, § 29 Rn 13.
432 VGH BW, BWVPr 1982, 11, 14.

Standardmaßnahmen wie Beschlagnahme, Sicherstellung oder Ingewahrsamnahme vorbereiten soll. Die Maßnahme wird deshalb auch als **vorbereitender oder Begleiteingriff** bezeichnet.[433] Zu den **beweglichen Sachen** zählen insbesondere Kraftfahrzeuge, Behältnisse wie Schränke, Taschen, Koffer oder sonstiges Gepäck, Container, Handys (soweit damit noch kein unzulässiger Eingriff in das Fernmeldegeheimnis gem. Art. 10 Abs. 1 GG verbunden ist), Tiere (vgl. § 90 a BGB) und nicht bewohnte Gebäude wie etwa Neubauten oder Ruinen. Auch eine **Leiche** kann Gegenstand einer Durchsuchung sein.[434] Die zu durchsuchende Sache darf unter Beachtung des Grundsatzes der Verhältnismäßigkeit betreten, geöffnet oder ggf. auch zerlegt werden, selbst wenn hierdurch die Sache beschädigt oder zerstört wird.

Die **Durchsuchung von Wohnungen** i. S. d. Art. 13 Abs. 1 GG richtet sich ausschließlich nach § 36 PolG. Die **Durchsuchung von Fahrzeugen**, die konkret zu **Wohnzwecken** bestimmt sind (etwa Wohnwagen, Wohnmobile etc.), ist ebenfalls nur unter den Voraussetzungen des § 36 PolG zulässig.

Adressat der Maßnahme ist grundsätzlich der Inhaber der tatsächlichen Gewalt, der gem. §§ 854, 855 BGB den unmittelbaren Besitz ausübt. Ist eine Sache **herrenlos** (vgl. § 959 BGB), bedarf es grundsätzlich nicht der Voraussetzungen des § 35 PolG, um sie zu durchsuchen.

Ist die Polizei genau darüber informiert, wo sich die gesuchte Sache befindet, scheidet schon begrifflich eine Durchsuchung aus. Die **Untersuchung einer Sache** auf ihre Beschaffenheit stellt keine Durchsuchung gem. § 35 PolG, sondern eine Maßnahme auf der Grundlage der polizeilichen Generalermächtigung gem. §§ 1, 3 PolG dar.

Spezielle Ermächtigungsgrundlagen enthalten die §§ 102 ff. StPO.

b) Rechtscharakter. Die Maßnahme stellt einen belastenden **Realakt** dar.[435] Regelmäßig ergeht vor der eigentlichen Durchsuchung eine Anordnung der Maßnahme, die Verwaltungsakt ist.[436]

c) Zuständigkeit. Zuständig für die Anordnung und Durchführung der Durchsuchung sind **in erster Linie** die Beamten des **Polizeivollzugsdienstes**, aber wegen der bestehenden **Parallelzuständigkeit** (vgl. § 105 Abs. 3 PolG) auch Bedienstete der **Polizeibehörden**. Nur soweit die Durchsuchung durch **unmittelbaren Zwang als Vollstreckungsmaßnahme** durchgeführt wird, ist für die Anwendung dieses Zwangsmittels als letzte Stufe des Vollstreckungsverfahrens ausschließlich der Polizeivollzugsdienst gem. § 110 PolG zuständig (→ § 12 Rn 40).

d) Durchsuchungsgründe. Die Polizei kann eine Sache aus folgenden Gründen der Gefahrenabwehr durchsuchen:

aa) Durchsuchung gem. § 35 Nr. 1 PolG. Eine Sache kann durchsucht werden, wenn sie **von einer Person mitgeführt wird, die gem. § 34 Abs. 1 oder 2 PolG durchsucht werden darf** (§ 35 Nr. 1 PolG). Die Regelung enthält keinen eigenen Durchsuchungsgrund. **Mitgeführt** ist ein Gegenstand, wenn eine Person die tatsächliche Gewalt darüber ausübt oder ausüben kann. Für die Durchsuchung mitgeführter Sachen ist ausreichend, dass die tatbestandlichen Voraussetzungen gem. § 34 Abs. 1 oder 2 PolG vorliegen. Die Durchsuchung der mitgeführten Sache ist also nicht erst zulässig, wenn die betroffene Person durchsucht worden ist (vgl. das Wort „darf" in § 35 Nr. 1 PolG).

---

433 Gusy/Eichenhofer, Polizei- und Ordnungsrecht, Rn 248.
434 BVerfG, NJW 1994, 783, zur Zulässigkeit einer (repressiven) Durchsuchung und Obduktion zur Aufklärung einer Todesursache; a. A. Kahlert, in: Belz/Mußmann/Kahlert/Sander, Polizeigesetz BW, § 35 Rn 5.
435 Str.: Wie hier VGH BW, openJur 2020, 33879, Rn 159 = Asylmagazin 2018, 226; Graulich in: Lisken/Denninger, Handbuch des Polizeirechts, Kap. E Rn 486; Trurnit, Eingriffsrecht, Rn 392; Gusy/Eichenhofer, Polizei- und Ordnungsrecht, Rn 247; a. A. Ibler, in: Ennuschat/Ibler/Remmert, Öffentliches Recht BW, § 2 Rn 300, u. die Voraufl.
436 Würtenberger/Heckmann/Tanneberger, § 5 Rn 195; a. A. Jahr, ZJS 2016, 181, 184; vgl. auch die Fallbearbeitung bei Rath/Köppen-Abisch/Höhl, JuS 2022, 1137, 1138 f.

221 **bb) Durchsuchung gem. § 35 Nr. 2 PolG.** Die Vorschrift ermächtigt zur Suche nach einer Person in einer Sache. Eine Durchsuchung kann stattfinden, wenn **Tatsachen** die Annahme rechtfertigen, dass sich in der Sache eine Person befindet, die

- in **Gewahrsam** genommen werden darf (vgl. etwa § 33 PolG),
- widerrechtlich **festgehalten** wird (etwa bei einer Geiselnahme, §§ 234 ff. StGB) oder
- infolge **Hilflosigkeit** an Leib oder Leben gefährdet ist.

Beispiel: Es besteht die auf Tatsachen gestützte Annahme, dass sich **eine Person im Kofferraum eines Kfz verborgen** hält. In diesem Fall kann das Kfz gem. § 35 Nr. 2 PolG durchsucht werden, wenn die sonstigen tatbestandlichen Voraussetzungen gegeben sind. Beachte auch den Sonderdurchsuchungsgrund des § 35 Nr. 8 PolG (→ § 12 Rn 246).

222 **cc) Durchsuchung gem. § 35 Nr. 3 PolG.** Gem. § 35 Nr. 3 PolG darf die Polizei eine Sache durchsuchen, wenn Tatsachen die Annahme rechtfertigen, dass sich in ihr eine andere Sache befindet, die gem. §§ 37 ff. PolG oder nach anderen Rechtsvorschriften **sichergestellt** oder **beschlagnahmt** werden darf.[437] Die vorliegenden Tatsachen müssen auch die Annahme rechtfertigen, dass im Zeitpunkt der Durchsuchung die rechtlichen Voraussetzungen für die Sicherstellung bzw. Beschlagnahme der gesuchten Sache vorliegen.

223 **dd) Durchsuchung gem. § 35 Nr. 4 PolG. (1) Allgemeines.** Die Polizei kann eine Sache durchsuchen, wenn sie sich am Ort oder **in unmittelbarer Nähe von öffentlichen Veranstaltungen und Ansammlungen befindet**, die ein **besonderes Gefährdungsrisiko** i. S. d. § 44 Abs. 1 S. 2 PolG aufweisen und dort erfahrungsgemäß mit der Begehung von Straftaten gegen Leib, Leben oder Sachen von bedeutendem Wert zu rechnen ist (§ 35 Nr. 4 PolG).

§ 35 Nr. 4 PolG formuliert erweiterte Voraussetzungen an die erfassten Veranstaltungen und Ansammlungen, ohne die die Durchsuchung einer Sache nicht rechtmäßig wäre. Eine Durchsuchung auf der Grundlage des § 35 Nr. 4 PolG ist daher **nicht bei jeder beliebigen Art der Veranstaltung oder Ansammlung** möglich, von ihnen muss vielmehr ein **besonderes Gefährdungsrisiko** ausgehen, das im Gesetz näher definiert wird (→ Rn 20 ff. zum weitgehend identischen Tatbestand des § 27 Abs. 1 Nr. 2 PolG).

Vorrangiger Anwendungsbereich des § 35 Nr. 4 PolG sind in Abgrenzung zu den übrigen Tatbeständen des § 35 PolG **herrenlose oder nicht einer konkreten Person zuordenbare Sachen**.[438] § 35 Nr. 4 PolG stellt keinen allgemeinen Rückgriffstatbestand für alle Fallgruppen dar, die einen örtlichen Bezug zu einer Veranstaltung oder Ansammlung haben. Vielmehr gilt etwa § 35 Nr. 1 PolG, wenn bei einer Veranstaltung oder Versammlung ein zu durchsuchender Gegenstand von einer Person mitgeführt wird.[439]

224 **(2) Örtliche Nähe.** Anders als bei § 27 Abs. 1 Nr. 2 u. § 34 Abs. 1 Nr. 3 PolG kann eine Sache auf der Grundlage des § 35 Nr. 4 PolG durchsucht werden, wenn Sie sich „**am Ort oder in unmittelbarer Nähe**" einer öffentlichen Veranstaltung oder Versammlung befindet. Aus dieser Formulierung folgt, dass nicht nur der unmittelbare Ort der Veranstaltung oder Ansammlung erfasst wird, sondern **auch die nächste Umgebung**. Daher sind auf der Grundlage des § 35 Nr. 4 PolG auch Durchsuchungen von Sachen zulässig, die sich noch **im Einzugsbereich der Veranstaltung oder Ansammlung** befinden (Zu- und Abfahrtswege oder Umgebungsgelände).

225 **(3) Verhältnismäßigkeit.** Auch bei der auf § 35 Nr. 4 PolG gestützten Durchsuchung von Sachen muss der **Grundsatz der Verhältnismäßigkeit** gewahrt bleiben. Dies gilt dies besonders bei der

---

437 Vgl. dazu (sehr weitgehend) VG Braunschweig, NVwZ 1988, 661, zur Durchsuchung eines Fahrzeugs nach Waffen im Vorfeld einer Großdemonstration; vgl. zum Gefahrverdacht in diesen Fällen auch die Fallbearbeitung bei Rath/Köppen-Abisch/Höhl, JuS 2022, 1137, 1141.
438 Brommer, Polizeigesetz BW, Einf. S. 13.
439 LT-Drs. 16/8484, S. 136; Brommer, Polizeigesetz BW, Einf. S. 13.

Auswahl der betroffenen Sachen. Zwar wird dieser Grundsatz im Gesetz – anders als bei § 34 Abs. 1 Nr. 3 PolG – nicht ausdrücklich erwähnt. Bei der Durchsuchung von Sachen sind aber mittelbar immer auch Personen (Eigentümer, Besitzer) betroffen. Ziel von § 35 Nr. 4 PolG ist es in ersten Linie, potenzielle Straftäter aus ihrer Anonymität zu holen, von ihnen und anderen Personen mitgeführte und herrenlose oder nicht zuordenbare Gegenstände einer Durchsuchung zu unterziehen und dadurch Straftaten zu verhindern. Daher hat die Polizei vor allem **bei der konkreten Auswahl einer Sache – und ggf.** der mittelbar betroffenen Person – auch unter Berücksichtigung vorhandener Erfahrungswerte **besonders sorgfältig zu überprüfen**, ob die vorgesehene Maßnahme im Hinblick auf die **Zielsetzung der Regelung** angemessen erscheint.[440] Damit sind **undifferenzierte Durchsuchungen von Sachen in größerem Umfang** bei oder im Zusammenhang mit Veranstaltungen oder Ansammlungen **stets unzulässig**. Andererseits ist es nicht zwingend erforderlich, dass von der betroffenen Sache eine konkrete Gefahr ausgeht.

ee) Durchsuchung gem. § 35 Nr. 5 PolG. Ein weiterer Durchsuchungsgrund ist gem. **§ 35 Nr. 5 PolG** gegeben, wenn die Sache sich an einem der in § 27 Abs. 1 Nr. 3 PolG genannten **gefährlichen Orte**[441] befindet (→ Rn 26 ff.). Die Vorschrift kommt in Abgrenzung zu Nr. 1 zur Anwendung, wenn eine an den genannten Orten befindliche Sache keiner Person zugeordnet werden kann, die durchsucht werden darf, also bei angeblich oder tatsächlich herrenlosen Sachen oder wenn Sachen weggeworfen wurden. Im Rahmen einer **Razzia** (→ Rn 28) können daher alle Sachen im örtlichen Bereich der Maßnahme durchsucht werden.

ff) Durchsuchung gem. § 35 Nr. 6 PolG. Gem. **§ 35 Nr. 6 PolG** kann eine Sache durchsucht werden, die sich in einem Objekt i. S. d. § 27 Abs. 1 Nr. 4 PolG oder in dessen unmittelbarer Nähe befindet (sog. **gefährdete Orte**) und wenn Tatsachen die Annahme rechtfertigen, dass Straftaten in oder an Objekten dieser Art begangen werden sollen (→ Rn 29). Die Vorschrift kommt in Abgrenzung zu Nr. 1 zur Anwendung, wenn die an dem genannten Ort befindliche Sache keiner Person zugeordnet werden kann, die durchsucht werden darf, also bei angeblich oder tatsächlich herrenlosen Sachen.

gg) Durchsuchung gem. § 35 Nr. 7 PolG. Die Polizei kann gem. **§ 35 Nr. 7 PolG** ein Fahrzeug durchsuchen, wenn es sich um ein Land-, Wasser- oder Luftfahrzeug handelt, in dem sich eine Person befindet (Fahrer, Beifahrer oder sonstiger Fahrzeuginsasse), **deren Identität an Kontrollstellen** gem. § 27 Abs. 1 Nr. 5 PolG oder in **Kontrollbereichen** gem. § 27 Abs. 1 Nr. 6 PolG festgestellt werden darf. § 35 Nr. 7 PolG erlaubt unabhängig von der Identitätsfeststellung die Durchsuchung von Fahrzeugen und aller darin befindlichen Sachen. Die Durchsuchung darf sich auch auf die mit dem Fahrzeug lose oder fest verbundenen Sachen erstrecken.[442] Damit wird verdeutlicht, dass sich die Befugnis zur Durchsuchung nicht nur auf die Fahrgastzelle beschränkt, sondern auch auf Sachen, die an dem Fahrzeug befestigt sind (etwa auf einem Dachständer). Die Vorschrift ist auch einschlägig, wenn sich eine Person nicht im, sondern auf einem Fahrzeug befindet (etwa auf einem Kraft- oder Fahrrad). Die Vorschrift ermöglicht die Durchsuchung der dort genannten Sachen an Kontrollstellen bzw. -bereichen. Soweit die Durchsuchung von Sachen in Kontrollstellen bzw. -bereichen bei Veranstaltungen oder Ansammlungen erfolgen soll, ist die Rechtsgrundlage des **§ 35 Nr. 4 PolG** insoweit **lex specialis**.

Die **Durchsuchung von Fahrzeugen**, die konkret zu **Wohnzwecken** bestimmt sind (etwa Wohnwagen, Wohnmobile etc.), ist nur unter den Voraussetzungen des § 36 PolG zulässig.

hh) Durchsuchung gem. § 35 Nr. 8 PolG. Gem. **§ 35 Nr. 8 PolG** liegt ein Durchsuchungsgrund vor, wenn die Sache von einer Person mitgeführt wird, **deren Identität an Kontrollstellen** gem. § 27 Abs. 1 Nr. 5 PolG und in **Kontrollbereichen** gem. § 27 Abs. 1 Nr. 6 PolG **festgestellt werden**

---

440 So ausdrücklich LT-Drs. 16/8484, S. 132; insgesamt krit. dazu Nachbaur, VBlBW 2021, 55, 59.
441 Zum Begriff vgl. Tomerius, Die Polizei 2019, 257 f.
442 Deger, in: Stephan/Deger, Polizeigesetz BW, § 30 Rn 13.

darf. § 35 Nr. 8 PolG stellt sicher, dass auch die von **Fußgängern** an einer Kontrollstelle oder in einem Kontrollbereich mitgeführten Sachen durchsucht werden können. Einer vorherigen Identitätsfeststellung oder Durchsuchung der Person bedarf es hierzu nicht. Im Ergebnis bedeutet dies, dass die **Einrichtung einer Kontrollstelle** durch die Polizei nicht mehr nur zur Identitätsfeststellung von Personen, sondern auch zur Durchsuchung von Sachen, die diese mit sich führen, berechtigt. Die Vorschrift ermöglicht die Durchsuchung der dort genannten Sachen an Kontrollstellen bzw. -bereichen. Soweit die Durchsuchung von Sachen in Kontrollstellen bzw. -bereichen bei Veranstaltungen oder Ansammlungen erfolgen soll, ist die Rechtsgrundlage des § 35 Nr. 4 PolG insoweit lex specialis.

230 ii) **Durchsuchung gem. § 35 Nr. 9 PolG.** § 35 Nr. 9 PolG ermächtigt zur **Durchsuchung von Kfz**, deren Kennzeichen gem. § 56 PolG (→ § 10 Rn 549 ff.) oder gem. Art. 99 Abs. 1 SDÜ[443] (→ § 10 Rn 549) zur gezielten Kontrolle ausgeschrieben sind. Führt eine Person, die zur gezielten Kontrolle ausgeschrieben ist, ein Kfz mit sich, darf dieses bereits gem. § 35 Abs. 1 Nr. 1 i. V. m. § 34 Abs. 1 Nr. 6 PolG durchsucht werden. § 35 Nr. 9 PolG betrifft damit nur **Fälle, in denen nur ein Fahrzeug** und nicht auch eine Person **ausgeschrieben ist**.[444] Die Untersuchung ist dann ohne weitere Voraussetzungen zulässig.[445]

231 **10. Betreten und Durchsuchung von Wohnungen (§ 36 PolG). a) Allgemeines.** § 36 PolG wurde mit dem PolG 2020 geändert: Die in Abs. 4 festgelegte Nachtzeit wurde vereinheitlicht und angepasst (→ Rn 246 f.) und die in Abs. 5 S. 2, 3 bisher enthaltene Regelung zum gerichtlichen Verfahren wurde gestrichen, nachdem sich in § 132 Abs. 2 PolG seit dem Jahr 2020 eine zentrale Norm zur Regelung der gerichtlichen Verfahren nach dem PolG findet (→ Rn 249 ff.).

232 **Art. 13 Abs. 1 GG** ist ein staatsgerichtetes Abwehrrecht und garantiert die **Unverletzlichkeit der Wohnung** (vgl. **auch Art. 8 EMRK**). Damit wird dem Einzelnen zur freien Entfaltung der Persönlichkeit ein elementarer Lebensraum gewährleistet, in den nur unter den Voraussetzungen von Art. 13 Abs. 2 bis 7 GG eingegriffen werden darf. In seinen Wohnräumen hat jede Person das **Recht, in Ruhe gelassen zu werden.** In diese grundrechtlich geschützte Lebenssphäre greift eine Durchsuchung schwerwiegend ein.[446] Dem Gewicht dieses Eingriffs und der verfassungsrechtlichen Bedeutung der räumlichen Privatsphäre entspricht es, dass Art. 13 Abs. 2 GG die Anordnung einer Durchsuchung grundsätzlich dem Richter vorbehält.[447]

Weiterhin ist bei allen Maßnahmen zur Begrenzung der erheblichen Eingriffe in die grundrechtlich geschützte Lebenssphäre einer betroffenen Person der **Grundsatz der Verhältnismäßigkeit** zu beachten.[448]

233 § 36 PolG regelt das **Betreten und die Durchsuchung von Wohnungen zur Gefahrenabwehr. Spezialermächtigungen** enthalten etwa die §§ 102 ff. StPO, die für das Strafverfahren eine abschließende Regelung darstellen.[449] Von der Durchsuchung gem. § 36 PolG sind die speziellen **Betretungs-, Besichtigungs- und Prüfungsrechte zur Ausübung von Überwachungsbefugnissen** insbesondere im Wirtschafts-, Umwelt-, Bau- und Vollstreckungsrecht **zu unterscheiden**.[450]

---

443 Rechtsgrundlage für diese Ausschreibung auf europäischer Ebene sind Art. 36, 37 der Verordnung (EU) 2018/1862.
444 Änderungsgesetz vom 18.11.2008 (GBl. S. 390 ff.); LT-Drs. 14/3165, S. 70.
445 Deger, in: Stephan/Deger, Polizeigesetz BW, § 30 Rn 15.
446 OLG Karlsruhe, Die Justiz 2023, 298, 299.
447 Vgl. BVerfGE 103, 142, 150 ff; BVerfG, NJW 2015, 851 (Rn 14).
448 Vgl. BVerfG, NJW 2013, 3291, u. NJW 2014, 1650; OLG Karlsruhe, Die Justiz 2023, 298, 299.
449 Deger, in: Stephan/Deger, Polizeigesetz BW, § 30 Rn 4; zur Rechtfertigung des Eingriffs zum Zweck der Strafverfolgung vgl. BVerfG, NJW 2015, 851 (Rn 15).
450 Vgl. etwa § 66 Abs. 3 LBO, § 52 Abs. 2 BImSchG, § 46 Abs. 4 S. 2 WaffG (vgl. dazu VG Freiburg, openJur 2014, 18785); §§ 17 Abs. 2 HandwO, 22 Abs. 2 GastG, 29, 139 b Abs. 6 GewO, 6 LVwVG, 287 AO, 16 Abs. 2, 17, 29 Abs. 2 IfSG, 42 Abs. 2 LFGB, 4 Abs. 3 VereinsG.

II. Einzelmaßnahmen

b) Rechtscharakter / Zuständigkeit. Bei der Anordnung, eine Wohnung zu **betreten bzw.** 234
zu durchsuchen, liegt ein **Verwaltungsakt** vor, der **den Adressaten der Grundverfügung
(= Wohnungsinhaber) verpflichtet, die Maßnahme zu dulden.**[451] Zuständig für die Anordnung, eine Wohnung zu betreten bzw. zu durchsuchen, ist sowohl die Polizeibehörde als auch der Polizeivollzugsdienst (vgl. § 105 Abs. 1 bzw. Abs. 3 PolG). Die Anordnung kann **formfrei** – also mündlich oder schriftlich – erfolgen. Da es sich um eine **höchstpersönliche Verpflichtung** handelt, kommen als Zwangsmittel nur Zwangsgeld und unmittelbarer Zwang in Betracht. Für die **Anwendung des Zwangsmittels als letzte Stufe der Verwaltungsvollstreckung** ist gem. § 65 PolG **ausschließlich der Polizeivollzugsdienst zuständig** (→ § 12 Rn 39).

Durchsuchungen – auch zur Gefahrenabwehr – unterliegen gem. **Art. 13 Abs. 2 GG dem Vorbe-** 235
halt der richterlichen Entscheidung. Der Richtervorbehalt dient der vorbeugenden Kontrolle der Maßnahme durch eine unabhängige und neutrale Instanz. Er hat den **Zweck**, das Grundrecht aus Art. 13 Abs. 1 GG im Hinblick darauf verstärkt zu sichern, dass das gewaltsame staatliche Eindringen in eine Wohnung und deren Durchsuchung regelmäßig einen schweren Eingriff in die persönliche Lebenssphäre der betroffenen Person bewirken.[452] Konsequenterweise darf gem. § 36 Abs. 5 PolG eine Durchsuchung – außer bei Gefahr im Verzug – nur durch eine richterliche Anordnung angeordnet werden. Der gerichtliche Durchsuchungsbeschluss dient dazu, die Durchführung der Eingriffsmaßnahme messbar und kontrollierbar zu gestalten (→ Rn 249 ff.).

Fall 35: Die Stadt X – Ordnungsbehörde – plant die Beendigung des Aufenthalts des ausreisepflichtigen A. Am 8.7.2011 sollte ohne Ankündigung dessen Abschiebung durchgeführt werden. Zu diesem Zweck begaben sich um 7.00 Uhr am Morgen mehrere Polizeibeamte zu dem Gebäude, in dem die Mutter des A wohnte. Zwei Beamte nahmen im rückwärtigen Bereich des Gebäudes Aufstellung, die übrigen klingelten und klopften an die Tür, bis diese geöffnet wurde. Anschließend betraten sie das Wohngebäude und überprüften alle Räume der Wohnung der Mutter des A, um diesen aufzufinden. Gegen 7.15 Uhr wurde die Maßnahme beendet. A wurde in der Wohnung der A nicht angetroffen. Ein Durchsuchungsbeschluss des zuständigen Gerichts für die Wohnung lag nicht vor.

Die Mutter des A (Klägerin) beantragte im **Fall 35** beim **VG Oldenburg** (nachträglich) festzustellen, dass das Betreten ihrer Wohnung durch die Polizei rechtswidrig war.[453]

Nach Ansicht des VG Oldenburg hat die Polizei die Wohnung der Klägerin im Rahmen der geplanten Abschiebung zur Vollstreckung der Ausreisepflicht des A betreten und daher zur **Gefahrenabwehr** gehandelt. Das erforderliche **Feststellungsinteresse** folgt aus dem Gesichtspunkt der Rehabilitation, weil in ein besonders gewichtiges Grundrecht – den Schutz der Unverletzlichkeit der Wohnung – eingegriffen worden ist. Nach Auffassung des Gerichts handelte es sich bei der Maßnahme nicht nur um ein Betreten, sondern um die **Durchsuchung einer Wohnung**. Denn die Polizeibeamten hatten zielgerichtet nach einer Person gesucht, um diese zur Abschiebung festzunehmen. Die Durchsuchung der Wohnung hätte nach der einschlägigen Regelung im PolG (hier Art. 13 Abs. 2 GG, § 25 Abs. 1 S. 1 NSOG) einer vorherigen amtsrichterlichen Anordnung bedurft. Da diese nicht eingeholt worden war, war nach Auffassung des VG Oldenburg die Maßnahme rechtswidrig. Der nachträglichen Feststellungsklage wurde deshalb stattgegeben (NVwZ-RR 2012, 721, 722).

c) Begriffe. aa) Wohnung. Der Begriff der **Wohnung** ist weit auszulegen (→ § 10 Rn 396 ff., 236
402).[454] Er umfasst alle feststehenden, fahrenden oder schwimmenden Räumlichkeiten, die den häuslichen und beruflichen Zwecken des jeweiligen Inhabers dienen. Hierzu zählen neben den reinen Wohnräumen auch Arbeits-, Betriebs- und Geschäftsräume, ebenso die dazugehörenden

---

451 Wie hier etwa Ibler, in: Ennuschat/Ibler/Remmert, Öffentliches Recht BW, § 2 Rn 377.
452 BVerfGE, 20, 162, 223 ff., u. 103, 142, 150 ff.
453 VG Oldenburg, NVwZ-RR 2012, 721.
454 Ibler, in: Ennuschat/Ibler/Remmert, Öffentliches Recht BW, § 2 Rn 379.

Nebenräume sowie der angrenzende befriedete Bereich. Wohnwagen und Hotelzimmer sind auch als Wohnungen anzusehen.[455] Private Wohnräume, in denen gleichzeitig eine berufliche oder geschäftliche Tätigkeit ausgeübt wird, genießen den vollen Schutz des Art. 13 GG. Keine Wohnung sind allein wirtschaftlich genutzte Grundstücke.[456]

237 **bb) Betreten.** Betreten (vgl. Art. 13 Abs. 7 GG, § 36 Abs. 1 PolG) einer Wohnung ist das bloße Aufsuchen und vorübergehende Verweilen in einer Wohnung. Es umfasst das körperliche Eindringen, Verweilen und die Kenntnisnahme von Personen, Sachen und Zuständen. Sein typischer Zweck liegt darin, Feststellungen durch einfaches Nach- und Umschauen zu treffen.[457] Die Befugnis zum Betreten einer Wohnung schließt auch die Befugnis ein, von Personen, Sachen und Zuständen, die ohne Weiteres wahrgenommen werden können, Kenntnis zu nehmen. Die polizeirechtliche Betretungsbefugnis ist im Wege der verfassungskonformen Auslegung **eingrenzend zu interpretieren**, um den verfassungsrechtlichen Anforderungen gerecht zu werden.[458]

238 **cc) Durchsuchung.** Für die **Durchsuchung** (vgl. § 36 Abs. 2 PolG) ist das **ziel- und zweckgerichtete Suchen** staatlicher Organe nach Sachen oder zur Ermittlung eines Sachverhalts in einer Wohnung kennzeichnend. Durch die Maßnahme soll in der Wohnung planmäßig etwas aufgespürt werden, das der Inhaber der Wohnung von sich aus nicht offenlegen oder herausgeben will. Die Maßnahme geht über das bloße **Betreten** (Eindringen und Verweilen) der Wohnung hinaus und verlangt die **Vornahme von Handlungen** in den Räumlichkeiten. Diese dienen etwa dem Auffinden und Ergreifen einer Person, zum Auffinden, Sicherstellen oder zur Beschlagnahme einer Sache oder der Verfolgung von Spuren. Derartige Handlungen bestehen etwa im Öffnen von Schränken, Behältnissen, Schubladen etc., in der Entfernung von Fußböden und Wandverkleidungen oder in der Kontrolle von Wäschestücken, Büchern etc.[459] In den Fällen, in denen die Polizei gem. § 36 Abs. 2 PolG zur Wohnungsdurchsuchung berechtigt ist, darf sie daher die Wohnung auch betreten, ohne dass hierfür die Voraussetzungen des § 36 Abs. 1 PolG vorliegen müssen.[460]

Gem. § 2 Abs. 1 DVO PolG ist über die Durchsuchung einer Wohnung eine **detaillierte Niederschrift** anzufertigen. Sie ist vom die Durchsuchung leitenden Polizeibeamten und vom Wohnungsinhaber oder seinem Vertreter zu unterzeichnen. Dem Wohnungsinhaber oder seinem Vertreter ist auf Verlangen eine **Abschrift** auszuhändigen (§ 2 Abs. 2 DVO PolG).

239 **dd) Unterscheidung Betreten und Durchsuchen.** Der Gesetzgeber hat in § 36 Abs. 1 u. 2 PolG **zwei unterschiedlichen Regelungen für das Betreten und das Durchsuchen** geschaffen. Betreten und Durchsuchen haben **unterschiedlichen tatbestandlichen Voraussetzungen**. Dies ist vom Rechtsanwender zu beachten. Ein Rückgriff auf die jeweils andere Regelungen ist nicht möglich, vielmehr kann ein Betreten nur auf § 36 Abs. 1 PolG und eine Durchsuchung nur auf § 36 Abs. 2 PolG gestützt werden.[461]

240 **ee) Inhaber.** Inhaber bzw. Grundrechtsträger der Wohnung ist grundsätzlich diejenige Person, die die **unmittelbare Sachherrschaft** über die Wohnung ausübt (Eigentümer, unmittelbarer Besitzer, Mieter, Untermieter, Betriebs- und Geschäftsinhaber, Gast im Hotelzimmer). Der

---

455 Vgl. auch Geis, Fälle zum Polizei- und Ordnungsrecht, Rn 538.
456 Deger, in: Stephan/Deger, Polizeigesetz BW, § 31 Rn 5; Gusy/Eichenhofer, Polizei- und Ordnungsrecht, Rn 249; VG Augsburg, openJur 2014, 14461 (Rn 2). § 36 Abs. 6 PolG enthält eine besondere Regelung für das Betretungsrecht von Arbeits-, Betriebs- und Geschäftsräumen.
457 OLG Celle, NVwZ 2003, 894.
458 Göddeke, Die Polizei 2004, 67, 70.
459 BVerfGE 121, 345, 349.
460 VG Oldenburg, NVwZ-RR 2012, 721, 722.
461 Nachbaur, VBlBW 2018, 45, 51.

Rechtsgrund der Ausübung der tatsächlichen Gewalt (ob öffentlich- oder privatrechtlich) ist unerheblich; auch juristische Personen können Inhaber sein.[462]

Grundsätzlich sind nur die Personen geschützt, die eine Wohnung (im weiteren Sinn) **rechtmäßig** nutzen. Dazu zählen auch die in eine abgeschlossene **Notunterkunft** eingewiesenen Personen (→ § 6 Rn 56). Dies gilt auch für die privat genutzten Wohnbereiche in **Sammel- und Gemeinschaftsunterkünften**.

Nach *Gusy* kommt es für die Anwendung des Art. 13 GG grundsätzlich nur auf den **faktischen Zustand des Wohnens** an.[463] In jedem Fall steht einem **gekündigten Mieter** der Schutz des Art. 13 GG zu. Widerrechtlich eingedrungene Personen (etwa Hausbesetzer) können sich grundsätzlich nicht auf den Schutz des Art. 13 GG berufen.[464]

ff) Gegen den Willen. Gegen den Willen des Inhabers wird eine Wohnung betreten bzw. durchsucht, wenn dessen Zustimmung nicht vorliegt.[465] Im Zweifel spricht die Vermutung dafür, dass der Inhaber **nicht** einwilligt.[466] Hat der Wohnungsinhaber seine Einwilligung erteilt, liegt kein polizeilicher Eingriff vor, so dass die Eingriffsvoraussetzungen des § 36 PolG nicht vorliegen müssen. Sind mehrere Personen **gemeinsam** Inhaber einer Wohnung (etwa Eheleute, Kinder), müssen bei Maßnahmen gem. § 36 PolG die Voraussetzungen bei jeder Person vorliegen.

d) Tatbestandsvoraussetzungen. aa) Betreten gem. § 36 Abs. 1 PolG. Gem. § 36 Abs. 1 S. 1 PolG kann die Polizei eine Wohnung gegen den Willen des Inhabers nur **betreten**, wenn dies zum Schutz eines einzelnen oder des Gemeinwesens gegen dringende Gefahren für die öffentliche Sicherheit oder Ordnung erforderlich ist. Hierfür kann auch eine **Anscheinsgefahr** ausreichend sein, wenn die Polizei vor Betreten der Wohnung richtigerweise aufgrund objektiver Tatsachen davon ausgehen konnte, dass eine drohende Gefahr besteht.[467]

Damit wird auf die Generalermächtigung der §§ 1, 3 PolG zurückgegriffen, mit dem Unterschied, dass eine **dringende** Gefahr vorliegen muss. Hierfür muss es sich um eine Gefahr für besonders wichtige Rechtsgüter oder im besonders großen Ausmaß handeln, wobei es entscheidend auf die qualitative Steigerung des Ausmaßes des zu befürchtenden Schadens ankommt (→ § 4 Rn 33). Ferner ist erforderlich, dass zum Kontrollzeitpunkt hinreichend präzise, aktuelle und objektbezogene **Lageerkenntnisse** vorliegen, die den Schluss erlauben, dass gerade das zu betretende Objekt ein Ort ist, an dem sich die abzuwehrenden Gefahren oder zu verhütenden Straftaten in nicht allzu ferner Zukunft ereignen können. Diese Lageerkenntnisse müssen dokumentiert sein.

Gem. § 36 Abs. 1 S. 2 PolG ist das Betreten während der **Nachtzeit**[468] **nur unter den dort genannten Voraussetzungen zulässig**.[469] Erforderlich ist die Abwehr einer gemeinen Gefahr, einer Lebensgefahr oder einer schweren Gesundheitsgefahr für einzelne Personen (→ § 4 Rn 34 zum Begriff der **gemeinen Gefahr**).

Zum Betreten von Arbeits-, Betriebs- und Geschäftsräumen vgl. § 36 Abs. 6 PolG (→ Rn 248).

---

462 Graulich, in: Lisken/Denninger, Handbuch des Polizeirechts, Kap. E Rn 499.
463 Gusy/Eichenhofer, Polizei- und Ordnungsrecht, Rn 250; vgl. auch Graulich, in: Lisken/Denninger, Handbuch des Polizeirechts, Kap. E Rn 499.
464 Deger, in: Stephan/Deger, Polizeigesetz BW, § 31 Rn 11; diese Voraussetzungen können aber vorliegen, wenn die Hausbesetzung schon längere Zeit andauert und bestimmte Maßnahmen wie Reparatur- und Instandsetzungsmaßnahmen an der besetzten Wohnung durchgeführt wurden.
465 OLG Karlsruhe, Die Justiz 2023, 298, 299.
466 Vgl. dazu etwa BayVGH, BayVBl 2016, 341, 343 ff.
467 BayVGH, BayVBl 2016, 341, 345.
468 Vgl. Legaldefinition in § 36 Abs. 4 PolG und in § 104 Abs. 3 StPO.
469 Krit. zur fehlenden Nachtzeitregelung in § 36 Abs. 2 PolG Nachbaur, VBlBW 2018, 45, 52 f.

243 **bb) Durchsuchung gem. § 36 Abs. 2 PolG.** Gem. § 36 Abs. 2 PolG kann die Polizei eine Wohnung nur durchsuchen, wenn

- Nr. 1: Tatsachen die Annahme rechtfertigen, dass sich in der Wohnung eine **Person** befindet,
  – die in **Gewahrsam** genommen werden darf (§ 33 PolG), Nr. 1 a,
  – widerrechtlich festgehalten wird (etwa Geiselnahme), Nr. 1 b, oder
  – infolge **Hilflosigkeit an Leib oder Leben** gefährdet ist (etwa Selbsttötungsversuch), Nr. 1 c,

  oder

- Nr. 2: Tatsachen die Annahme rechtfertigen, dass sich in der Wohnung eine **Sache** befindet, die sichergestellt (§ 37 PolG) oder beschlagnahmt (§ 38 PolG) werden darf.

Beispiel: Die Polizei sucht in der Wohnung des O nach einem Gerät, das in der Öffentlichkeit erhebliche Lärmstörungen verursacht hat und deshalb beschlagnahmt werden soll.[470]

Die Durchsuchungszwecke des § 36 Abs. 2 PolG stimmen mit denen in § 35 Nr. 2 u. 3 PolG (Durchsuchung von Sachen) überein (→ Rn 221 f.).

Die Durchsuchung der Wohnung hat sich auf Anlass und Zweck der Durchsuchung zu beschränken. Die Tatsachen müssen sich konkret auf die einzelne zu durchsuchende Wohnung beziehen. Vage Anhaltspunkte und bloße Vermutungen reichen nicht.[471] Befindet sich in der Wohnung eine Person oder Sache, die durchsucht werden soll, sind die §§ 34 bzw. 35 PolG maßgebend. Das **BVerfG** hat mehrfach auf die **Notwendigkeit einer restriktiven Auslegung** bei der Einschränkung von Freiheitsgrundrechten durch Durchsuchungsmaßnahmen hingewiesen.[472]

244 Obwohl § 36 Abs. 2 PolG keine Regelungen für die Durchsuchung einer Wohnung während der **Nachtzeit** (vgl. Abs. 4) enthält[473], ist dies möglich[474], es gelten aber auch hier die **erhöhten Anforderungen** (§ 36 Abs. 1 S. 2 PolG ist Ausfluss des Grundsatzes der Verhältnismäßigkeit) an die Gefahrenlage (→ Rn 242). Da eine Wohnungsdurchsuchung zwangsläufig das Betreten voraussetzt und da das Betreten einer Wohnung im Vergleich zur Durchsuchung den schwächeren Eingriff in das Grundrecht auf Unverletzlichkeit der Wohnung gem. Art. 13 GG darstellt, würde es Sinn und Zweck der Schutzregelung widersprechen, an den stärkeren Rechtseingriff geringere Anforderungen zu stellen.[475] Richtigerweise ist dies über einen **Rückgriff auf den Grundsatz der Verhältnismäßigkeit** umzusetzen, der Einfluss auf die konkrete Durchführung (und damit auch die Zeit) der Durchsuchungsmaßnahme hat.[476]

245 **cc) Durchsuchung gem. § 36 Abs. 3 S. 1 PolG.** Gem. § 36 Abs. 3 S. 1 PolG können bei besonders schwerer Gefährdung der öffentlichen Sicherheit Wohnungen nach Personen durchsucht werden, wenn **eine Person entführt worden ist** und die weiteren Voraussetzungen der Vorschrift vorliegen.[477]

Eine **Entführung** liegt vor, wenn eine Person gegen ihren Willen oder den des Sorgeberechtigten an einen anderen Ort verbracht wurde und dort festgehalten wird (vgl. §§ 234, 234 a, 235 u.

---

470 OLG Karlsruhe, NJW 2010, 2961; Deger, in: Stephan/Deger, Polizeigesetz BW, § 31 Rn 16.
471 BVerfG, NJW 2014, 1650.
472 BVerfGE 96, 44, 51.
473 Krit. dazu Nachbaur, VBlBW 2018, 45, 52 f.
474 A. A. Ibler, in: Ennuschat/Ibler/Remmert, Öffentliches Recht BW, § 2 Rn 378.
475 So auch Kahlert, in: Belz/Mußmann/Kahlert/Sander, Polizeigesetz BW, § 36 Rn 12; a. A. Zeitler/Trurnit, Polizeirecht BW, Rn 607; Ibler, in: Ennuschat/Ibler/Remmert, Öffentliches Recht BW, § 2 Rn 378, der generell gegen nächtliche Durchsuchungen ist. Für Deger, in: Stephan/Deger, Polizeigesetz BW, § 31 Rn 21, ist es eine Frage der Verhältnismäßigkeit, ob einzelne Wohnungen nach Abs. 2 zur Nachtzeit durchsucht werden können; ebenso Würtenberger/Heckmann/Tanneberger, Polizeirecht BW, § 5 Rn 209.
476 Wie hier Trurnit, Eingriffsrecht, Rn 420; a. A. noch die Voraufl. (§ 36 Abs. 1 S. 2 PolG ist anzuwenden).
477 Zu den verfassungsrechtlichen Bedenken dieser Regelung vgl. Nachbaur, VBlBW 2018, 45, 51 f.

II. Einzelmaßnahmen

239 bis 239 b StGB). Weiterhin muss für die entführte Person **Lebens- oder Gesundheitsgefahr** drohen (→ § 4 Rn 44). Im Unterschied zur Regelung in § 36 Abs. 2 PolG müssen im Hinblick auf die zu durchsuchenden Wohnungen **keine konkreten Tatsachen** gegeben sein. Der Begriff der **Gebäudegruppen** ist eng zu fassen und kann nur wenige Gebäude betreffen, die in einem direkten örtlichen Zusammenhang stehen.[478] Ist diese Voraussetzung gegeben, können alle Wohnungen der Gebäudegruppe durchsucht werden.

dd) Durchsuchungen während der Nachtzeit gem. § 36 Abs. 3 S. 2, Abs. 4 PolG. Gem. § 36 Abs. 3 S. 2 PolG dürfen bei der Suche nach entführten Personen Wohnungen **während der Nachtzeit** nur durchsucht werden, wenn dies sie zur Abwehr der in § 36 Abs. 3 S. 1 PolG genannten Lebens- und Gesundheitsgefahren **unumgänglich notwendig** ist. „Unumgänglich notwendig" bedeutet, dass ohne das Eingreifen während der Nachtzeit der mit der Durchsuchung bezweckte Erfolg beeinträchtigt oder verhindert würde. Eine bei Tag begonnene, aber bei Beginn der Nachtzeit noch nicht abgeschlossene Durchsuchung kann fortgesetzt werden, auch wenn die Voraussetzungen des § 36 Abs. 3 S. 2 PolG nicht vorliegen. Es entspricht jedoch dem Sinn der Vorschrift, eine Durchsuchung möglichst so rechtzeitig zu beginnen, dass sie vor Beginn der Nachtzeit beendet werden kann.

246

§ 36 Abs. 4 PolG definiert die **Dauer der Nachtzeit**. Während dieser Zeit gelten für die Durchsuchung die strengen Einschränkungen („unumgängliche Notwendigkeit") des § 36 Abs. 3 S. 2 PolG (→ Rn 246). § 36 Abs. 4 PolG unterschied bis zum Jahr 2021 bei den dort definierten Nachtzeiten zwischen 1.4. und 30.9. (Nachtzeit: 21 bis 4 Uhr) und 1.10. und 31.3. (Nachtzeit: 21 bis 6 Uhr). Die Regelung bezog sich damit auf den gleichlautenden § 104 Abs. 3 StPO.[479] Mit dem **PolG 2020** wurde die **Nachtzeit einheitlich und ganzjährig** auf die Zeit von **21 bis 6 Uhr** festgelegt. Grund ist eine zum Strafrecht (§ 104 Abs. 3 StPO) ergangene Entscheidung des **BVerfG**, wonach ein Ermittlungsrichter tagsüber zwischen 6 Uhr und 21 Uhr erreichbar und während der Nachtzeit ein ermittlungsrichterlicher Bereitschaftsdienst jedenfalls bei einem über den Ausnahmefall hinausgehenden Bedarf eingerichtet sein muss.[480] Der Landesgesetzgeber hat § 36 PolG entsprechend angepasst.[481] Diese Festlegung der Nachtzeit (21 bis 6 Uhr) findet sich bereits seit dem Jahr 2001 in § 758 a Abs. 4 S. 2 ZPO.

247

ee) Betreten von Geschäftsräumen gem. § 36 Abs. 6 PolG. Unter den **Begriff der Wohnung** fallen auch Arbeits-, Betriebs- und Geschäftsräume (→ Rn 236). Der Gesetzgeber geht davon aus, dass für die genannten Geschäftsräume (Arztpraxen, Büros, Handwerksbetriebe etc.) wegen des stärkeren Öffentlichkeitsbezugs ein geringeres Schutzbedürfnis als bei privat genutzten Wohnräumen besteht. Das bloße Betreten von Geschäfts- und Betriebsräumen ist deshalb nicht an den Anforderungen des Art. 13 Abs. 7 GG, sondern des Art. 2 Abs. 1 GG zu messen. Gem. § 36 Abs. 6 PolG dürfen Arbeits-, Betriebs- und Geschäftsräume zur Erfüllung einer polizeilichen Aufgabe während der Arbeits-, Betriebs- oder Geschäftszeit betreten werden. Das Betreten dieser Räume wird von der h. L. nicht als Eingriff oder Beschränkung des Grundrechts auf

248

---

[478] Nach Deger, in: Stephan/Deger, Polizeigesetz BW, § 31 Rn 20, muss eine *Gebäudegruppe* mindestens zwei Gebäude umfassen.
[479] § 104 Abs. 3 StPO wurde durch Art. 1 Nr. 15 b des Gesetzes zur Fortentwicklung der Strafprozessordnung und zur Änderung weiterer Vorschriften vom 25.6.2023 (BGBl. I S. 2099) geändert: „Die Nachtzeit umfasst den Zeitraum von 21 bis 6 Uhr." Damit wurde den Vorgaben des BVerfG, NJW 2019, 1428, 1430 (Rn 58 ff.), Rechnung getragen (BT-Drs. 19/27654, S. 72).
[480] BVerfG, NJW 2019, 1428, 1430 (Rn 58 ff.), m. Anm. Krumm, 1432 f., u. Müller, Die Polizei 2020, 195 f. Grundlegend zum Begriff „Nachtzeit" Hütwohl, NJW 2021, 3298 ff.
[481] LT-Drs. 16/8484, S. 136 f.

Unverletzlichkeit der Wohnung i. S. d. Art. 13 Abs. 7 GG gesehen, wenn die Maßnahme durch ein Gesetz zugelassen ist, einem erlaubten Zweck dient und für diesen erforderlich ist.[482]

Die Vorschrift ermächtigt die Polizei, diese Räume zu den genannten Zeiten zu betreten, um die Aufgaben gem. § 1 Abs. 1 u. § 2 PolG zu erfüllen. Voraussetzung für das Betreten ist die Wahrnehmung einer **bestimmten** polizeilichen Aufgabe; § 36 Abs. 6 PolG ermächtigt daher nicht zur Ausübung eines allgemeinen Nachschau- oder Kontrollrechts.[483]

Außerhalb der in der Vorschrift genannten Zeiten richtet sich das Betretungsrecht nach den jeweils spezielleren Regelungen (vgl. etwa die Voraussetzungen des Betretungsrechts zur Nachtzeit gem. § 36 Abs. 1 S. 2 PolG).

249 e) **Richtervorbehalt / Rechtsschutz.** Für die Anordnung gem. § 36 Abs. 2, 3 PolG, eine Wohnung zu durchsuchen, gilt der **Richtervorbehalt** (§ 36 Abs. 5 PolG). Für das gerichtliche Verfahren gelten die Verfahrensregeln des § 132 PolG mit den ergänzenden Vorgaben des § 36 Abs. 5 PolG (→ § 10 Rn 17 ff.).

Abweichend von § 132 Abs. 1 PolG ist das **Amtsgericht zuständig**, in dessen Bezirk die Durchsuchung vorgenommen werden soll (Art. 13 Abs. 2 GG, § 31 Abs. 5 PolG). Die Anordnung des Gerichts setzt einen **begründeten Antrag der Polizei** voraus (§ 132 Abs. 2 S. 1 PolG i. V. m. § 23 Abs. 1 FamFG). Auch wenn die Durchsuchung vom Gericht angeordnet wird, handelt es sich um eine **polizeiliche Maßnahme**, die vom Gericht – wenn die Antragsvoraussetzungen vorliegen – für zulässig erklärt wird. Für seine Entscheidung trägt der **zuständige Richter** die volle Verantwortung, er muss gem. § 132 Abs. 2 S. 1 PolG i. V. m. § 26 FamFG von **Amts wegen ermitteln.** Die Anordnung des zuständigen Gerichts kann unter Beachtung der Vorgaben des § 38 FamFG **nur schriftlich** erfolgen, eine mündliche Anordnung ist nicht zulässig.[484]

250 Bei **Gefahr im Verzug** ist eine Wohnungsdurchsuchung gem. § 36 Abs. 5 S. 1 PolG („außer bei Gefahr im Verzug") **ausnahmsweise ohne richterliche Anordnung** zulässig (→ § 4 Rn 35 zum Begriff der Gefahr im Verzug). An das Vorliegen dieser Voraussetzung sind **strenge Anforderungen** zu stellen. Nur wenn die durch die Anrufung des Richters bewirkte zeitliche **Verzögerung den Erfolg der Durchsuchung ernsthaft gefährden** würde, ist Verzug gegeben.[485] Dies hat die Polizei zu dokumentieren.

251 Gem. § 36 Abs. 7 PolG hat der Wohnungsinhaber das Recht, **bei der Durchsuchung anwesend** zu sein. Ist er abwesend, so ist – wenn möglich – ein Vertreter oder Zeuge beizuziehen. Über die Durchsuchung ist eine **Niederschrift** aufzunehmen. Zum Inhalt der Niederschrift enthält § 2 DVO PolG weitergehende Hinweise.

252 Dem Wohnungsinhaber oder seinem Vertreter sind der **Grund der Durchsuchung** und die gegen sie **zulässigen Rechtsbehelfe unverzüglich bekanntzugeben** (§ 36 Abs. 8 PolG). „Unverzüglich" bedeutet ohne schuldhaftes Zögern (= sofort). Regelmäßig wird dies (unmittelbar) **vor** Beginn der Durchsuchung sein, doch kommt auch ein späterer Zeitpunkt in Frage, wenn anders der Zweck der Durchsuchung gefährdet wäre.

253 **11. Sicherstellung (§ 37 PolG). a) Allgemeines.** Die polizeiliche **Sicherstellung** gem. § 37 Abs. 1 PolG hat vorwiegend Schutzcharakter. Die Maßnahme soll den Eigentümer oder rechtmäßigen Inhaber der tatsächlichen Gewalt vor Verlust oder Beschädigung der Sache bewahren. Durch die

---

[482] BVerfGE, 97, 228, 265; BVerwG, DVBl 2005, 575. Deger, in: Stephan/Deger, Polizeigesetz BW, § 31 Rn 29 m. w. N., weist mit Recht darauf hin, dass diese Auffassung verfassungsrechtlich bedenklich ist.
[483] Kahlert, in: Belz/Mußmann/Kahlert/Sander, Polizeigesetz BW, § 36 Rn 10; krit. Nachbaur, VBlBW 2018, 45, 52.
[484] OLG Stuttgart, Die Justiz 2023, 143.
[485] VGH BW, NJW 1990, 1618; vgl. auch BVerfGE 103, 142, 153; Deger, in: Stephan/Deger, Polizeigesetz BW, § 31 Rn 23.

II. Einzelmaßnahmen

Maßnahme nimmt die Polizei im Interesse der berechtigten Person Sachen (§ 90 BGB) in amtlichen Gewahrsam. Die Sicherstellung ist damit zwangsläufig auf die Beendigung des Gewahrsams des bisherigen Gewahrsamsinhabers gerichtet. Die Regelung ist eine **Sondervorschrift zu § 2 Abs. 2 PolG,** denn sie dient vorwiegend dem **Schutz privater Rechte.**[486]

Fall 36: Die Polizei findet einen **gestohlenen Pkw** und lässt ihn zum Schutz vor Beschädigungen im Interesse des Halters zur amtlichen Verwahrung bringen.[487]

Wird die Polizei nicht zur Gefahrenabwehr, sondern **repressiv** tätig, handelt es sich um eine Maßnahme (Sicherstellung und Beschlagnahme) des Strafverfahrens gem. **§§ 94 ff., 111 b ff. StPO** (→ § 13 Rn. 13 ff. zur doppelfunktionalen Maßnahme).[488]

Da bei einer Sicherstellung der Gewahrsamsinhaber meist nicht bekannt oder nicht erreichbar ist, stellt die Maßnahme (= Begründung amtlichen Gewahrsams) zunächst eine unmittelbare Ausführung (**Realakt**) dar (→ § 8 Rn 1 ff.). Mit der Bekanntgabe der Maßnahme an die berechtigte Person gem. § 37 Abs. 2 PolG erhält sie dann den Charakter eines **Verwaltungsakts.**[489]

In bestimmten Fällen hat die Maßnahme von Anfang an den Charakter eines **Verwaltungsakts,** der die Anordnung an die pflichtige Person enthält, eine Sache herauszugeben bzw. die Verfügungsbeschränkung zu dulden. Die Wegnahme der Sache in diesen Fällen stellt folglich eine **Vollstreckungsmaßnahme** dar.[490] Zum Rechtsschutz vgl. Michl, JuS 2023, 119, 124 f.

Beispielsfälle:

- **Fall 37:** Die Polizei stellt bei mutmaßlichen Dieben ein **Warenlager** sicher. In diesem Fall wird gegenüber den Gewahrsamsinhabern (= mutmaßliche Diebe) eine entsprechende Verfügung zur Duldung der Wegnahme der Sache zur amtlichen Verwahrung erlassen. Auf die **Eigentumsvermutung** des § 1006 BGB kann sich der Dieb nicht berufen.[491]
- **Fall 38:** Die Polizei stellt zum Schutz eines rechtmäßigen Eigentümers **Bargeld** sicher, welches sie bei einer Nachschau – in einem Gebüsch, eingeschweißt in einer Klarsichtfolie – vorfand. Offensichtlich wurde dieses Geld kurze Zeit vorher von einem Dritten im Zuge einer polizeilichen Kontrolle weggeworfen. Nach **OVG NRW** kann die Polizei Bargeld zum Schutz des rechtmäßigen Eigentümers vor Verlust auch dann schützen, wenn der Eigentümer noch unbekannt ist. Die zugunsten des Eigenbesitzers einer beweglichen Sache streitende **Eigentumsvermutung** des § 1006 BGB greift nicht ein, wenn Umstände bewiesen sind, die das Eigentum eines Dritten wahrscheinlicher erscheinen lassen oder die vom Besitzer behaupteten Erwerbstatsachen widerlegen.[492]

Die Sicherstellung steht im **Ermessen** der Polizei (vgl. § 40 LVwVfG).[493] Voraussetzung ist, dass eine **konkrete** Gefahr der (weiteren) Eigentumsbeeinträchtigung besteht.

Zuständig ist „die Polizei", also sowohl die Polizeibehörde (§ 105 Abs. 1 PolG) als auch der Polizeivollzugsdienst (§ 105 Abs. 3 PolG). Abzugrenzen ist die Sicherstellung zur Gefahrenabwehr von repressiven Maßnahmen gem. § 94 StPO (Beschlagnahme zur Spurensicherung) und § 111 b StPO (Beschlagnahme zur Sicherung der Einziehung oder Unbrauchbarmachung) (→ Rn 253).

---

486 Deger, in: Stephan/Deger, Polizeigesetz BW, § 32 Rn 2; vgl. auch Michl, JuS 2023, 119 f.
487 Vgl. HessVGH, NJW 1999, 3793.
488 Michl, JuS 2023, 119, 120.
489 VGH BW, VBlBW 2019, 461, 462 f.; Deger in: Stephan/Deger, Polizeigesetz BW, § 32 Rn 4; Michl, JuS 2023, 119, 121.
490 Gusy/Eichenhofer, Polizei- und Ordnungsrecht, Rn 286.
491 Vgl. VG Hannover, NVwZ-RR 2008, 616; VG Köln, NVwZ-RR 2010, 352.
492 OVG NRW, DVBl 2011, 123; BayVGH, NVwZ-RR 2012, 686; Deger, in: Stephan/Deger, Polizeigesetz BW, § 32 Rn 5.
493 Michl, JuS 2023, 119, 121 f.

Wird die Sicherstellungsverfügung durch Widerspruch und Klage **angefochten**, beurteilt sich die Rechtmäßigkeit der Verfügung nach der Sach- und Rechtslage im Zeitpunkt der letzten mündlichen Verhandlung.[494]

255 Der Eigentümer oder rechtmäßige Inhaber der tatsächlichen Gewalt ist **unverzüglich zu unterrichten** (§ 37 Abs. 2 PolG). Die Vorschrift schützt nur den rechtmäßigen Inhaber der tatsächlichen Gewalt. Gem. § 1006 Abs. 1 BGB wird zugunsten des Besitzers einer beweglichen Sache vermutet, dass er Eigentümer sei. Diese **Vermutung bzw. Beweislastregelung** kann widerlegt werden, wenn zahlreiche Indizien dafür sprechen, dass ein Besitzer von beweglichen Sachen (hier: Diebesgut aus einem Kaufhaus) diese nicht rechtmäßig erworben hat. In den Fällen 37 und 38 war die Polizei berechtigt, die Waren bzw. das Bargeld zugunsten einer Beweisführung der tatsächlichen Eigentümer sicherzustellen (**str.** [→ Rn 254 mit Hinweisen zu den Fällen 37 u. 38]).

256 **b) Öffentlich-rechtliches Verwahrungsverhältnis.** Durch die Sicherstellung wird ein **öffentlich-rechtliches Verwahrungsverhältnis** zwischen der Polizei und der berechtigten Person begründet. Dieses ist dadurch gekennzeichnet, dass eine Behörde in Erfüllung staatlicher Aufgaben Sachen einer Privatperson in Besitz nimmt und damit – weil dieser Umstand die berechtigte Person an eigenen Obhutsmaßnahmen hindert – die Pflicht zur Aufbewahrung und Obhut über die Sache übernimmt.[495] Ein Eigentumswechsel ist mit der Maßnahme dagegen nicht verbunden.

Bei der Verwahrung sichergestellter Sachen ist den Belangen des Eigentümers oder des rechtmäßigen Inhabers der tatsächlichen Gewalt Rechnung zu tragen (**§ 37 Abs. 3 PolG**). Auf das öffentlich-rechtliche Verwahrungsverhältnis sind die **§§ 688 ff. BGB entsprechend anwendbar**[496], soweit keine ausdrückliche öffentlich-rechtliche Regelung getroffen ist. Anwendbar sind insbesondere § 694 BGB (Ersatzpflicht des Eigentümers) und § 697 BGB (Holschuld der betroffenen Person). Die Behörde ist verpflichtet, die Sache pfleglich zu behandeln und vor Verschlechterung, Untergang und sonstiger Gefährdung zu bewahren. Bei Verletzung der Amtspflichten aus dem Verwahrungsverhältnis kann die geschädigte Person **Schadensersatzansprüche** unter dem Gesichtspunkt der **Amtshaftung gem. § 839 BGB i. V. m. Art. 34 GG** geltend machen. Der Anspruchsteller hat die **Ursächlichkeit der Amtspflichtverletzung** für den behaupteten Schaden in vollem Umfang darzulegen und zu beweisen.[497]

257 § 3 Abs. 1 S. 1 u. 2 DVO PolG enthält weitere Anforderungen an die Verwahrung sichergestellter Sachen. Ist eine amtliche Verwahrung nicht möglich oder nicht zweckmäßig, so ist die sichergestellte Sache einem Dritten zur Verwahrung zu übergeben (§ 3 Abs. 1 S. 1 u. 2 DVO PolG). Auch in diesem Fall besteht das öffentlich-rechtliche Verwahrungsverhältnis unmittelbar nur zwischen der Polizei und der betroffenen Person; die **Übertragung** zur Verwahrung hat nur Bedeutung für das Innenverhältnis zwischen der Polizei und dem Dritten.

258 Bei der **Sicherstellung von Fahrzeugen**[498] ist vor allem wegen der Verpflichtung zur Beachtung des Grundsatzes der **Verhältnismäßigkeit** zu differenzieren, wie die nachfolgenden Beispiele zeigen.

Beispiele:

- Allein das **Parken eines Fahrzeugs tagsüber** an einer **belebten innerörtlichen Stelle** mit **geöffnetem Fenster** rechtfertigt noch nicht die polizeiliche Sicherstellung zur Sicherung privater Rechte.[499]

---

494 VGH BW, VBlBW 2019, 461, 462 ff.
495 OLG Schleswig, NVwZ 2000, 234; Michl, JuS 2023, 119, 122 f.
496 Gusy/Eichenhofer, Polizei- und Ordnungsrecht, Rn 287.
497 OLG Schleswig, NVwZ 2000, 234, 235.
498 Vgl. dazu auch Weber, NZV 2020, 351 ff.
499 VG Frankfurt, NJW 2000, 3224.

II. Einzelmaßnahmen

- Die Sicherstellung eines in einem **Flughafenparkhaus** abgestellten und abgeschlossenen **Fahrzeugs mit offenem Fenster** ist vor dem Hintergrund der dort vorhandenen großen Diebstahlsgefahr berechtigt.[500]
- Die Sicherstellung eines **im Straßengraben** einer viel befahrenen Straße **liegenden**, ungesicherten, mit ordnungsgemäßem Versicherungskennzeichen versehenen **Motorrollers** mit leerem Benzintank ist rechtmäßig.[501]
- Die Sicherstellung eines **gestohlenen** und an einem **abgelegenen Ort ungesichert abgestellten Fahrzeugs** zum Schutz des privaten Eigentums ist gerechtfertigt, wenn die konkrete Gefahr weiterer Beeinträchtigung des Eigentums durch Beschädigung oder Diebstahl besteht.[502]

c) **Verwertung.** Sichergestellte Sachen können gem. § 3 Abs. 2 DVO PolG verwertet werden, wenn ihr Verderb oder eine wesentliche Minderung ihres Wertes droht oder ihre Aufbewahrung, Pflege oder Erhaltung mit unverhältnismäßigen Kosten oder Schwierigkeiten verbunden ist.[503] Für die Verwertung gelten die Regelungen über die Einziehung gem. § 39 Abs. 2 u. 4 PolG entsprechend. Ist der Eigentümer oder der rechtmäßige Inhaber der tatsächlichen Gewalt bekannt und erreichbar, so soll er vor der Veräußerung gehört werden (§ 3 Abs. 2 S. 4 DVO PolG). Die **Vernichtung** bzw. **Unbrauchbarmachung** der Sache ist **nicht zulässig**, da § 3 Abs. 2 S. 2 DVO PolG nicht auf § 39 Abs. 3 PolG verweist. Die sichergestellte Sache kann aber ggf. gem. §§ 983, 979 ff. BGB **versteigert** werden.[504]

d) **Kosten.** Die Sicherstellung ist eine **gebührenpflichtige Handlung** gem. §§ 1 ff. LGebG i. V. m. der GebVO IM (→ § 15 Rn 36). Im Übrigen sind die zum Zweck der Verwahrung getätigten Aufwendungen der Polizei durch den Eigentümer (Sicherungseigentümer) oder durch den rechtmäßigen Inhaber der tatsächlichen Gewalt zu ersetzen. **Ermächtigungsgrundlage für die Kostenfestsetzung ist § 3 Abs. 1 S. 3 DVO PolG.** Der Kostenersatz kann durch **Kosten-** bzw. **Leistungsbescheid** geltend gemacht werden.[505]

Beispiel: Im Fall 36 (→ Rn 253) setzt die Polizei die Kosten für die Sicherstellung (Abschleppkosten, Verwaltungsgebühr) durch Kostenbescheid fest (→ § 15 Rn 5 ff.).

Der Leistungsbescheid ist nur rechtmäßig, wenn die Voraussetzungen einer Sicherstellung nach § 37 PolG vorlagen. Die **Rechtmäßigkeit der Sicherstellung** kann bei der Anfechtung des Kostenbescheids **inzident** überprüft werden.[506]

e) **Aufhebung.** Die Sicherstellung ist aufzuheben, wenn der Eigentümer oder rechtmäßige Inhaber der tatsächlichen Gewalt dies verlangt oder wenn ein Schutz nicht mehr erforderlich ist; spätestens jedoch nach zwei Wochen (§ 37 Abs. 4 PolG). Prüfungsmaßstab für das Entfallen der Schutznotwendigkeit sind allein die tatbestandlichen Voraussetzungen des § 37 Abs. 1 PolG.[507] Die 2-Wochen-Frist beginnt, sobald die berechtigte Person von der Sicherstellung Kenntnis erhält. Die **Stellung als Eigentümer** oder rechtmäßiger Inhaber der tatsächlichen Gewalt ist entsprechend § 294 ZPO **glaubhaft zu machen.** Wird die Sache nach Aufhebung der Sicherstellung nicht abgeholt, bleibt ein öffentlich-rechtliches Verwahrungsverhältnis bestehen (vgl. §§ 696, 697 BGB). Da die Sicherstellung die Eigentumsstellung der berechtigten Person nicht berührt, steht ihr der **Herausgabeanspruch** aus § 985 BGB zu.[508]

---

[500] BayVGH, BayVBl 2001, 310; Weber, NZV 2020, 351, 354 ff.
[501] OVG RP, NVwZ-RR, 1989, 300.
[502] HessVGH, NJW 1999, 3793.
[503] Vgl. dazu auch Michl, JuS 2023, 119, 123.
[504] Deger, in: Stephan/Deger, Polizeigesetz BW, § 32 Rn 16 m. w. N.; vgl. dazu auch OVG RP, NJW 2020, 860 ff, u. Michl, JuS 2023, 119, 123.
[505] VGH BW, NJW 2007, 1375; Weber, NZV 2020, 351, 357.
[506] Vgl. etwa HessVGH, NJW 1999, 3793; Weber, NZV 2020, 351, 356 f.
[507] OVG NRW, NVwZ-RR 2023, 26.
[508] Michl, JuS 2023, 119, 123.

262 **f) Fundsachen.** Gem. § 37 Abs. 5 PolG finden die Bestimmungen über die Sicherstellung auch auf **verlorene Sachen** Anwendung. Verloren sind Sachen, die nach Besitzrecht **besitzlos**, aber nicht herrenlos – also ohne Eigentümer – sind.[509]

Beispiel: Eigentümer E verliert seine Brieftasche mit allen Ausweispapieren.

Sachen, an denen der Eigentümer das Eigentum im Wege der **Dereliktion** gem. § 959 BGB aufgegeben hat, sind herrenlos und somit keine Fundsachen im rechtlichen Sinne.

Beispiel: E setzt seinen Hund aus, weil er ihn nicht mehr haben will. Er gibt dadurch das Eigentum an dem Tier auf.

Eine Fundsache kann sichergestellt werden, wenn tatsächlich Anhaltspunkte dafür vorliegen, dass der Finder seinen Pflichten gem. §§ 965 BGB ff. nicht nachkommen wird. Eine allgemeine Pflicht der Polizei, verlorene Sachen aufzunehmen und abzuliefern, besteht nicht.[510] Die Sicherstellung einer verlorenen Sache ist dann geboten, wenn die Gemeinde als **Fundbehörde** (vgl. § 5 a Abs. 1 AGBGB) nicht erreichbar ist, oder wenn die Behandlung als Fundsache nicht ausreichend erscheint, um die berechtigte Person vor dem Verlust oder der Beschädigung der Sache zu schützen (§ 37 Abs. 1 PolG).

Beispiel: Die Polizei wird abends telefonisch gebeten, eine wertvolle entlaufene Katze vorübergehend in Verwahrung zu nehmen. Das Fundbüro der Gemeinde ist geschlossen. Da die Katze nicht herrenlos, sondern nur entlaufen ist, kann die Polizei im Rahmen des ihr eingeräumten Ermessens das Tier in Gewahrsam nehmen bzw. zur Verwahrung in ein Tierheim bringen (lassen). Durch diese Maßnahme trägt sie aber auch das Kostenrisiko.

263 **12. Beschlagnahme (§ 38 PolG). a) Allgemeines.** § 38 Abs. 5 PolG wurde mit dem **PolG 2020** geändert: In Abs. 5 wurde ein neuer Satz 3 angefügt, nachdem sich in § 132 Abs. 2 PolG seit dem Jahr 2021 eine zentrale Norm zur Regelung der gerichtlichen Verfahren nach dem PolG findet. Es wird festgelegt, dass § 132 Abs. 2 S. 2 PolG **keine Anwendung** findet (→ Rn 272).

264 **b) Begriff.** Beschlagnahme ist die befristete **Wegnahme einer Sache** durch die Polizei gegen den Willen einer berechtigten Person mit dem Ziel, dem bisherigen Gewahrsamsinhaber die tatsächliche **Sachherrschaft zu entziehen und amtlichen Gewahrsam zu begründen**. Die Maßnahme dient der Gefahrenabwehr oder der Verhinderung der missbräuchlichen Verwendung einer Sache. Im **Unterschied zur Sicherstellung** dient die Beschlagnahme nicht dem Schutz des Eigentümers oder Sachgewaltinhabers, sondern dem Schutz anderer oder der Allgemeinheit.

Die Beschlagnahme lässt das Eigentum unberührt. Sie bewirkt, dass dem Verfügungsberechtigten gegen dessen Willen die **tatsächliche Verfügungsgewalt** über eine Sache **entzogen und neuer Gewahrsam begründet** wird. Die Beschlagnahme stellt einen **Verwaltungsakt mit Dauerwirkung** dar[511] und verpflichtet die berechtigte Person, die Wegnahme der Sache durch die Polizei zu dulden. Durchgeführt ist die Beschlagnahme, wenn die Polizei die tatsächliche Gewalt über die Sache erlangt hat. Die **Pflicht zur Herausgabe** der Sache kann mit Zwangsmitteln durchgesetzt werden.

265 **c) Zuständigkeit.** Zuständig für die Anordnung der Beschlagnahme einer Sache gem. § 38 Abs. 1 PolG sind sowohl die Polizeibehörde (§ 105 Abs. 1 PolG) als auch der Polizeivollzugsdienst (§ 105 Abs. 3 PolG). Für die Beschlagnahme von Vermögensrechten gem. § 38 Abs. 2, 5 PolG durch Pfändung besteht eine ausschließliche Zuständigkeit des Polizeivollzugsdienstes. Die Beschlagnahme kann nicht durch ein Gericht – etwa im Rahmen einer Entscheidung gem. § 36 Abs. 5 PolG – angeordnet werden.[512] Eine Beschlagnahme (etwa von gefährlichen Chemialien

---

509 Vgl. Herrler, in: Grüneberg, Bürgerliches Gesetzbuch, Vorb. 1 zu § 965 BGB.
510 Deger, in: Stephan/Deger, Polizeigesetz BW, § 32 Rn 19.
511 Bruckert/Frey/Kron/Marz, Besonderes Verwaltungsrecht, Rn 150.
512 OLG Stuttgart, Die Justiz 2023, 143, 144.

II. Einzelmaßnahmen

wie ETH-LSD oder AL-LAD) kommt **durch eine deutsche Polizeibehörde** auch zur **Abwehr von Gefahren im Ausland** in Betracht, wenn es um den Schutz der Rechtsgüter Leben, körperliche Unversehrtheit, Freiheit und Eigentum als universelle Grundrechte geht und die Gefahren, die sich im Ausland realisieren, vom Bundesgebiet ausgehen.[513]

d) Beschlagnahmegründe. aa) Schutz des Einzelnen oder des Gemeinwesens (§ 38 Abs. 1 Nr. 1 PolG). Die Beschlagnahme gem. § 38 Abs. 1 Nr. 1 PolG kann zum Schutz eines Einzelnen oder des Gemeinwesens gegen eine unmittelbar bevorstehende **Störung der öffentlichen Sicherheit und Ordnung** oder zur **Beseitigung einer bereits eingetretenen Störung** erfolgen. Eine Störung steht dann **unmittelbar** bevor, wenn der Eintritt des Schadens nach allgemeiner Erfahrung sofort oder in allernächster Zeit als gewiss anzusehen ist, falls nicht eingeschritten wird.[514] Die **Anforderungen** an die zeitliche Nähe des Schadens und die Wahrscheinlichkeit seines Eintritts sind **streng**.[515]

266

Beispiele:

- Die Beschlagnahme einer **Wohnung** eines Eigentümers bzw. Vermieters kann gem. §§ 9, 38 Abs. 1 Nr. 1 PolG als allerletztes Mittel in Betracht kommen, um durch die sich anschließende Einweisung der bisherigen Mieter in die beschlagnahmten Räume deren drohende unfreiwillige **Obdachlosigkeit** zu vermeiden (→ Rn 282 ff.).
- Das Mitführen eines betriebsbereiten **Radarwarngeräts** begründet eine unmittelbare Gefahr für die öffentliche Sicherheit, die eine polizeiliche Beschlagnahme rechtfertigen kann, weil die Benutzung solcher Geräte seit 1.10.2002 durch § 23 Abs. 1 c StVO ausdrücklich verboten ist.[516]
- Die Polizei darf ein **Kraftfahrzeug** beschlagnahmen, wenn der **Fahrzeugführer nicht im Besitz der erforderlichen Fahrerlaubnis** ist und tatsächliche Anhaltspunkte befürchten lassen, dass er das Kfz entgegen §§ 2 Abs. 1 S. 1, 21 Abs. 1 Nr. 1 StVG auch weiterhin ohne die erforderliche Fahrerlaubnis führen wird.[517]
- Wenn der Eigentümer eines **Liegefahrrads** sich aus grundsätzlichen Erwägungen weigert, entgegen § 2 Abs. 4 S. 2 StVO die Radwege zu benutzen und erklärt, auch zukünftig auf der Straße zu fahren, kommt eine Beschlagnahme des Rads zur Abwehr weiterer Rechtsverstöße in Betracht.[518]
- Das **Fotografieren einer Person gegen ihren Willen** kann gegen das **allgemeine Persönlichkeitsrecht** (Recht am eigenen Bild) verstoßen und unter den zusätzlichen Voraussetzungen des § 2 Abs. 2 PolG eine Beschlagnahme des Films rechtfertigen, um das Persönlichkeitsrecht der fotografierten Person zu schützen.[519]

Beschlagnahmt werden können **bewegliche Sachen** (etwa Waffen, Ausweispapiere, Fahrzeuge, Kraftfahrzeugschlüssel, Filme) und **unbewegliche Sachen** (etwa Wohnungen [→ Rn 282]). Auch **Tiere** sind beschlagnahmefähig (vgl. § 90 a BGB). Auf die Beschlagnahme eines Tieres sind die Vorschriften des § 38 PolG entsprechend anzuwenden.

Beispiel: Ein Schäferhund hatte schon mehrfach durch Bisse Menschen erheblich verletzt. Nachdem der Hund erneut ein Kind gebissen hat, ordnet die Polizei die **Beschlagnahme und die Einziehung des gefährlichen Hunds** an (→ § 9 Rn 31).[520]

bb) Verhinderung missbräuchlicher Verwendung (§ 38 Abs. 1 Nr. 2 PolG). Die Beschlagnahme einer Sache ist gem. § 38 Abs. 1 Nr. 2 PolG auch zur **Verhinderung einer missbräuchlichen Verwendung** durch eine Person, die nach dem PolG oder nach anderen Rechtsvorschriften

267

---

513 VGH BW, Die Justiz 2020, 39 f.
514 VGH BW, VBlBW 2001, 103; Hippeli, JuS 2020, 452, 455 f.; Geis, Fälle zum Polizei- und Ordnungsrecht, Rn 63.
515 Hippeli, JuS 2020, 452, 455.
516 VGH BW, VBlBW 2003, 192; BayVGH, NJW 2008, 1549; zur Einziehung eines Radarwarngeräts nach der Beschlagnahme vgl. auch SächsOVG, NVwZ-RR 2014, 368.
517 Vgl. VGH BW, VBlBW 1992, 107, 108.
518 VGH BW, VBlBW 2001, 100; Albers, Sonderbeilage VBlBW 4/2003, 17 ff.
519 VGH BW, NVwZ-RR 2008, 700, 701.
520 VG Karlsruhe, openJur 2012, 61932; OVG NRW, NVwZ 2001, 227; OVG LSA, openJur 2020, 29502, zur Beschlagnahme eines gefährlichen Hundes, der ohne die erforderliche Erlaubnis gehalten wird.

festgehalten oder in Gewahrsam genommen worden ist, zulässig. Eine konkrete Gefahr der missbräuchlichen Verwendung ist nicht erforderlich.

Beispiele:

- Einer gem. § 33 PolG in Gewahrsam genommenen suizidgefährdeten Person werden Sachen weggenommen, mit deren Hilfe eine **Selbsttötung** durchgeführt werden könnte (etwa Waffen, Taschenmesser, Rasierklingen, Gürtel, Schnürsenkel etc.).
- Einer in Gewahrsam genommenen Person wird eine **mitgeführte Säge** weggenommen, um einen **Befreiungsversuch** zu verhindern.
- Verstößt die Veröffentlichung von Fotos gegen das **Recht am eigenen Bild** i. S. d. § 2 KunstUrhG, kann unter den weiteren Voraussetzungen des § 2 Abs. 2 PolG auch die Beschlagnahme des Filmmaterials bei einer festgehaltenen Person rechtmäßig sein.[521]

268   Durch die Neufassung des PolG vom 13.1.1992 wurde in § 38 Abs. 1 Nr. 2 PolG der Zusatz „**oder nach anderen Rechtsvorschriften**" aufgenommen. Die Beschlagnahme bei Festhalten oder Gewahrsam ist somit auch dann zulässig, wenn der Gewahrsam nicht aufgrund des PolG, sondern nach anderen Rechtsvorschriften angeordnet wurde (etwa bei Freiheitsentziehungen zum Zweck der Strafverfolgung gem. §§ 112 ff. StPO).

269   **cc) Schutz vor Straftaten von erheblicher Bedeutung (§ 38 Abs. 1 Nr. 3 PolG).** § 38 Abs. 1 Nr. 3 PolG ermächtigt die Polizei zur Beschlagnahme von Sachen, wenn dies zum **Schutz eines Einzelnen oder des Gemeinwesens** vor der Gefahr einer **Straftat von erheblicher Bedeutung** erforderlich ist. Straftaten in diesem Sinne sind die in § 49 Abs. 3 Nr. 1 u. 2 Buchst. a und b PolG definierten Straftaten (§ 38 Abs. 1 Nr. 3 PolG [→ § 10 Rn 371]). Damit sollen vor allem terroristische und extremistische Straftaten besser verhindert werden. Deshalb kommt es – anders als bei § 38 Abs. 1 Nr. 1 PolG – nicht darauf an, dass die Störung unmittelbar bevorsteht. Gem. § 38 Abs. 1 Nr. 3 PolG können zur Abwehr von Straftaten von erheblicher Bedeutung auch **Geld und andere Vermögenswerte** beschlagnahmt werden. Die besondere **zeitliche Nähe** eines Schadens ist **nicht erforderlich**. Es reicht eine **einfache Gefahr** aus, wobei die **Gefahrenprognose** allerdings auf konkrete Tatsachen gestützt werden muss.[522]

Beispiel: Bei Personen, bei denen konkrete Anhaltspunkte dafür bestehen, dass sie eine Straftat i. S. d. § 49 Abs. 3 Nr. 1 u. 2 Buchst. a und b PolG planen, können Waffen, Chemikalien und Geld beschlagnahmt werden.

Bei Straftaten, die nicht unter § 49 Abs. 3 Nr. 1 u. 2 Buchst. a und b PolG fallen, richtet sich die Beschlagnahme nach den strengeren Voraussetzungen des § 38 Abs. 1 Nr. 1 PolG.

270   **dd) Beschlagnahme von Forderungen und Vermögensrechten (§ 38 Abs. 2 PolG).** Gem. § 38 Abs. 2 S. 1 PolG kann der Polizeivollzugsdienst unter den Voraussetzungen des Abs. 1 Nr. 3 **Forderungen** (etwa Bankguthaben) oder **Vermögensrechte** (sonstige geldwerte Rechte ohne Forderungscharakter) beschlagnahmen. Die Maßnahme ist nur zum Schutz vor Straftaten von erheblicher Bedeutung gem. §§ 38 Abs. 1 Nr. 3, 49 Abs. 5 Nr. 1 u. 2 Buchst. a und b PolG zulässig. Ausschließlich **zuständig** für die Beschlagnahme von Forderungen und Vermögensrechten ist der **Polizeivollzugsdienst** (§ 38 Abs. 2 S. 1 PolG).

Die Beschlagnahme wird in der Rechtsform der **Pfändung** bewirkt (§ 38 Abs. 2 S. 2 PolG). Maßgebend sind die §§ 828 ff. ZPO. Wie die Pfändung im Einzelnen zu erfolgen hat, ist im PolG nicht eindeutig geregelt. Nach ihrem Wortlaut und Sinn und Zweck muss die Vorschrift so ausgelegt werden, dass der **Polizeivollzugsdienst** selbst Pfändungsverfügungen erlassen kann, ohne den langwierigen Umweg über den Erlass eines Pfändungsbeschlusses durch das Amtsgericht gehen zu müssen.[523] Durch die Pfändungsverfügung kann der Polizeivollzugsdienst unmittelbar das Zahlungsverbot gem. § 829 Abs. 1 S. 1 ZPO und das Verfügungsverbot gem. § 829

---

521 VGH BW, VBlBW 2001, 102; zur Beschlagnahme eines Lichtbildfilmes zum Schutz des allgemeinen Persönlichkeitsrechts vgl. auch VGH BW, VBlBW 1995, 282.
522 So auch Deger, in: Stephan/Deger, Polizeigesetz BW, § 33 Rn 21.
523 Zeitler/Trurnit, Polizeirecht BW, Rn 648; *a. A.* Deger, in: Stephan/Deger, Polizeigesetz BW, § 33 Rn 22.

Abs. 1 S. 2 ZPO anordnen. Diese Anordnungen (= Pfändung) sind mit Zugang der Verfügung beim Drittschuldner gem. § 829 Abs. 3 ZPO wirksam. Gegen die Anordnung können der Drittschuldner und der Forderungsinhaber dann Widerspruch und Anfechtungsklage erheben (→ Rn 272).

e) Öffentlich-rechtliches Verwahrungsverhältnis. Durch die Beschlagnahme wird ein öffentlich-rechtliches Verwahrungsverhältnis zwischen der Polizei und der berechtigten Person begründet. Auf das Rechtsverhältnis sind die **zivilrechtlichen Grundsätze der Verwahrung gem. §§ 688 ff. BGB** entsprechend anzuwenden. Bei der Verwahrung beschlagnahmter Sachen ist den Belangen des Eigentümers oder des rechtmäßigen Inhabers der tatsächlichen Gewalt Rechnung zu tragen (§ 38 Abs. 3 S. 3 PolG). § 3 Abs. 2, 3 u. 4 DVO PolG enthalten weitere Regelungen insbesondere zur Verwahrung und zur Verwertung (→ § 15 Rn 21 ff. zu den Kosten). Wer eine beschlagnahmte Sache zerstört, beschädigt etc., kann sich wegen **Verstrickungsbruchs** (§ 136 StGB) strafbar machen.

271

f) Verfahrensvorschriften. Bei der **Beschlagnahmeverfügung** handelt es sich um einen (belastenden) **Verwaltungsakt.** Eine bestimmte **Form** ist nicht vorgeschrieben. Die Beschlagnahme kann mündlich, schriftlich, fernmündlich oder durch schlüssiges Verhalten durchgeführt werden. Grundsätzlich ist die betroffene Person **vor** der Maßnahme **zu hören** (§ 28 LVwVfG). Gem. § 38 Abs. 3 S. 1 PolG sind der betroffenen Person der Grund der Beschlagnahme und die gegen sie zulässigen **Rechtsbehelfe** (Widerspruch, Anfechtungsklage, vorläufiger Rechtsschutz nach § 80 VwGO) **unverzüglich** – also ohne schuldhaftes Zögern – **bekanntzugeben.** Auf Verlangen ist der betroffenen Person gem. § 38 Abs. 3 S. 2 PolG eine **Bescheinigung** zu erteilen, die bestätigt, bei wem, wann, was beschlagnahmt wurde. Erfolgt die Beschlagnahmeanordnung mündlich, führt die **fehlende schriftliche Bestätigung** (§ 37 Abs. 2 S. 2 LVwVfG) oder **Bescheinigung** (§ 38 Abs. 3 S. 2 PolG) nicht zur Rechtswidrigkeit oder Nichtigkeit der Anordnung, sondern nur zu einem einklagbaren Anspruch auf schriftliche Bestätigung / Bescheinigung.[524]

272

Soll die **Beschlagnahme** einer Forderung oder eines anderen Vermögensrechts gem. § 38 Abs. 5 S. 1 PolG (→ Rn 273) **verlängert** werden, gelten für die notwendige gerichtliche Entscheidung **(Richtervorbehalt)** die Verfahrensregeln des **§ 132 PolG mit den ergänzenden Vorgaben des § 38 Abs. 5 PolG** (→ § 10 Rn 17 ff.). Die Entscheidungen bedürfen zu ihrer Wirksamkeit abweichend von § 132 Abs. 2 S. 2 PolG der **Bekanntmachung an die betroffene Person** (§ 38 Abs. 5 S. 3, § 132 Abs. 2 S. 2 PolG i. V. m. § 132 Abs. 2 S. 1 PolG, § 40 Abs. 1 FamFG).

g) Beschlagnahmedauer. Gem. § 38 Abs. 4 S. 2 PolG darf die Beschlagnahme – vorbehaltlich besonderer gesetzlicher Regelungen – **nicht länger als sechs Monate** aufrechterhalten werden. Die Frist beginnt in dem Zeitpunkt, in dem die Behörde die Sache in amtlicher Verwahrung hat und andere von der Einwirkung ausschließen kann.[525] Die Regelung ist Ausdruck des **Grundsatzes der Verhältnismäßigkeit** und bestimmt die **Höchstdauer** der Beschlagnahme.[526] Sie stellt eine **absolute Grenze** dar mit der Folge, dass die Beschlagnahme über sechs Monate hinaus nicht erneuert oder aus dem gleichen Grund erneut verfügt werden darf.[527] Ordnet die Behörde die Beschlagnahme ausdrücklich für die gesetzlich zulässige Höchstdauer von sechs Monaten an, so ist dies grundsätzlich nur dann zu rechtfertigen, wenn mit der Beseitigung der polizeilichen Gefahr vor Ablauf eines halben Jahres nicht gerechnet werden kann und die Behörde die Gründe hierfür nachvollziehbar darlegt.[528]

273

Die absolute zeitliche Obergrenze des § 38 Abs. 4 S. 2 PolG wird auch gewahrt, wenn der **Vollzug der Beschlagnahme unterbrochen** und die **amtliche Verwahrung** durch eine erneute

---

524 VG Freiburg, openJur 2020, 79255 (Rn 32).
525 VGH BW, VBlBW 2014, 377, u. openJur 2020, 76935 (Rn 30).
526 VGH BW, openJur 2020, 76935 (Rn 30).
527 VGH BW, VBlBW 1997, 187, 188.
528 VGH BW, VBlBW 1997, 349.

Beschlagnahme der Sache **fortgesetzt** wird. Unter Anrechnung der Zeitdauer aller Teil-Verwahrungen kann die Beschlagnahme in diesem Fall insgesamt bis zu sechs Monate andauern. Der Beurteilung der Verhältnismäßigkeit der Beschlagnahmedauer ist die **Gesamtdauer der Maßnahme** zugrunde zu legen, andernfalls könnte § 38 Abs. 4 S. 2 PolG umgangen werden.

Beispiel: Der von der Ortspolizeibehörde rechtmäßig beschlagnahmte Kampfhund wird wegen einer die sofortige Vollziehbarkeit des Widerspruchs herstellenden Gerichtsentscheidung vorübergehend an den Halter zurückgegeben, nach Wiederherstellung der sofortigen Vollziehbarkeit im Rechtsmittelverfahren zum weiteren Vollzug der Beschlagnahme aber wieder in amtliche Verwahrung genommen (Sachverhalt nach VGH BW, openJur 2020, 76935 (→ Rn 9 ff.).

Eine **Ausnahme** sieht § 38 Abs. 5 PolG vor. Demnach kann die **Beschlagnahme von Forderungen oder anderen Vermögensrechten** i. S. d. § 38 Abs. 2 PolG jeweils um weitere sechs Monate – längstens insgesamt für zwei Jahre – verlängert werden, wenn die Beschlagnahmevoraussetzungen bei einer Freigabe erneut eintreten würden. Über die **Verlängerung** entscheidet das Amtsgericht, in dessen Bezirk der Inhaber seinen Wohnsitz oder ständigen Aufenthalt hat.

Die Beschlagnahme tritt, wenn nicht zuvor eine Einziehung gem. § 39 Abs. 1 PolG erfolgt ist, mit Ablauf der Sechsmonatsfrist **kraft Gesetzes außer Kraft**, ohne dass es einer ausdrücklichen Aufhebung der Beschlagnahme bedarf.[529] Die beschlagnahmte Sache ist dann grundsätzlich wieder an denjenigen herauszugeben, bei dem sie beschlagnahmt wurde. Würden die Beschlagnahmevoraussetzungen hierdurch erneut eintreten, ist eine **Einziehung** gem. § 39 PolG zu prüfen.

274 **h) Aufhebung.** Die Beschlagnahme ist ein **Verwaltungsakt mit Dauerwirkung.** Solange sie andauert, ist die Polizei verpflichtet, ihre Voraussetzungen ständig zu prüfen. Gem. § 38 Abs. 4 S. 1 PolG ist die Beschlagnahme aufzuheben, sobald ihr **Zweck erreicht** ist, insbesondere dann, wenn die Voraussetzungen des § 38 PolG – bei der Wohnungsbeschlagnahme auch die des § 9 PolG – weggefallen sind.[530]

Beispiel: Erlässt die zuständige Behörde gegenüber dem Liegeradfahrer im Beispielsfall (→ Rn 266) die vollstreckbare Verfügung, mit dem **Liegefahrrad** die Radwege zu benutzen, und droht für den Fall der Zuwiderhandlung ein empfindliches Zwangsgeld an, ist die vorangegangene Beschlagnahme wieder aufzuheben.[531]

275 **i) Rechtsschutz.** Für dem Rechtsschutz gelten grundsätzlich die allgemeinen Regelungen für das verwaltungsgerichtliche Verfahren. Gegen den die Beschlagnahme bewirkenden Verwaltungsakt sind **Widerspruch, Anfechtungsklage** und **vorläufiger Rechtsschutz** gem. § 80 VwGO zulässig. Der verwaltungsgerichtliche Rechtsschutz ist grundsätzlich gegen alle Arten der Beschlagnahme gegeben.

Ist eine richterliche Entscheidung gem. § 38 Abs. 5 S. 2 PolG zur Verlängerung einer Beschlagnahme **ergangen**, so ist die **Anfechtungsklage (und Fortsetzungsfeststellungsklage)** gegen die ursprüngliche Beschlagnahmeentscheidung der Polizei gem. § 132 Abs. 3 PolG **ausgeschlossen** (→ § 10 Rn 22).

276 **j) Spezielle Ermächtigungsgrundlagen. aa) Sonderregelungen.** Spezielle **Ermächtigungsgrundlagen für Beschlagnahmen** gehen der Regelung des § 38 PolG vor. Die Beschlagnahme für die Zwecke der Strafverfolgung nach den §§ 94 ff. StPO dient vor allem der Sicherstellung von Gegenständen zur Beweissicherung (vgl. § 94 Abs. 2 StPO). Spezielle Vorschriften sind zudem § 46 Abs. 3 WaffG, 16 a Abs. 1 S. 2 Nr. 2 TierSchG, § 47 FeV, § 13 PaßG. Zur Beschlagnahme von gefährlichen Hunden enthalten Nr. 3.3. VwVgH i. V. m. § 3 Abs. 3 HuV BW / § 38 PolG eine Spezialermächtigung (→ § 9 Rn 12 ff.).

---

529 VGH BW, VBlBW 2014, 377.
530 VGH BW, BWVPr 1987, 112.
531 VGH BW, VBlBW 2001, 102.

II. Einzelmaßnahmen

bb) Presserecht im Besonderen. Eine **Sondervorschrift** enthält § 13 LPresseG. Art. 5 Abs. 1 S. 2 Var. 1 GG gewährleistet die **Pressefreiheit** als subjektives Grundrecht und als Garantie des Instituts „freie Presse". Grundrechtsberechtigt sind alle im Pressewesen tätigen Personen und Unternehmen, dies gilt auch für nicht hauptberuflich tätige Journalisten im Besitz eines gültigen Presseausweises.[532] Der Schutz der Pressefreiheit reicht von der Beschaffung der Informationen bis zur Verbreitung der Nachrichten und Meinungen.[533] Zur Wahrung der Pressefreiheit gelten die sondergesetzlichen, dem PolG vorgehenden Bestimmungen des LPresseG.

277

Gem. § 1 Abs. 2 LPresseG ist die Anwendung der polizeilichen Generalklausel für Maßnahmen gegen den Inhalt von Presseerzeugnissen ausgeschlossen. **§ 1 Abs. 3 LPresseG** verbietet zudem **Sondermaßnahmen** jeder Art, welche die Pressefreiheit beschränken. Der in dieser Vorschrift zum Ausdruck kommende **Grundsatz der Polizeifestigkeit des Presserechts** schließt alle präventiven polizeilichen Maßnahmen aus, die sich gegen den **Inhalt** eines Presseerzeugnisses richten (**h. L.**). Gem. § 13 Abs. 1 LPresseG ist die Beschlagnahme von **Druckwerken** grundsätzlich nur auf der Grundlage richterlicher Anordnung zur Strafverfolgung nach den Bestimmungen der StPO zulässig. Druckwerke sind alle mithilfe der Buchdruckerpresse oder eines sonstigen zur Massenherstellung geeigneten Vervielfältigungsverfahrens hergestellte und zur Verbreitung bestimmte Schriften, besprochene Tonträger, bildliche Darstellungen mit und ohne Schrift und Musikalien mit Text und Erläuterungen, etwa Bücher, Zeitungen, Flugblätter, Video- und Filmaufnahmen, Fotos etc. (vgl. § 7 LPresseG). Richtigerweise müssen unter den Begriff „Druckwerk" i. S. d. § 7 Abs. 1 LPresseG nunmehr auch **digitale Druckerzeugnisse** subsumiert werden (etwa E-Books, Books-On-Demand, Pressemitteilungen in den Neuen Medien etc.)[534], sie werden vom Begriff „geeignete Vervielfältigungsverfahren" erfasst. Hierfür spricht auch § 7 Abs. 2 S. 2 LPresseG („ohne Rücksicht auf die technische Form").

Wird dagegen durch die **Art und Weise** der Verbreitung von Druckwerken gegen Gesetze, insbesondere Straf- und Ordnungswidrigkeitenbestimmungen verstoßen (vgl. etwa § 21 LPresseG), kann auf § 38 PolG zurückgegriffen werden.[535] Denn gem. § 1 Abs. 5 LPresseG ist die Presse Gesetzen unterworfen, die für jedermann gelten.

278

Beispiel: Ein kommerzieller Werbeverlag klebt unter Verstoß gegen die Bestimmungen der örtlichen Polizeiverordnung über das „wilde" Plakatieren Werbeflyer an Hauswände, Fassaden und Bäume im ganzen Stadtgebiet. Da dies nicht zum ersten Mal geschieht und da die Gefahr weiterer Verstöße besteht, ist die Polizei grundsätzlich berechtigt, die Flyer gem. § 38 PolG wegen der Störung der öffentlichen Sicherheit zu beschlagnahmen.

k) Insbesondere: Beschlagnahme und Verwendung von Bildmaterial zu Polizeieinsätzen. Ein Sonderproblem stellt die **Beschlagnahme von Filmen und Lichtbildern über Polizeieinsätze** dar. Grundsätzlich ist das Filmen und Fotografieren polizeilicher Einsätze nicht zu beanstanden.[536]

279

aa) §§ 22, 23 KunstUrhG / § 201 StGB. Gem. §§ 22, 23 i. V. m. § 33 KunstUrhG ist lediglich ein Verbreiten und öffentliches Zurschaustellen, nicht aber das Herstellen von Bildnissen strafbar.[537] Eine Beschlagnahme zum Schutz einzelner Personen bzw. zur Verhinderung einer

280

---

532 BVerfG, NJW 2021, 763 f.
533 BVerfGE 20, 162, 176.
534 In diesem Sinne wohl auch VGH BW, openJur 2020, 33639 (Rn 101 ff., 112 ff.) = DÖV 2017, 785 (Ls.); ebenso die Revisionsentscheidung des BVerwG, NVwZ 2019, 1283 ff. (Rn 35), mit Anm. Hofmann.
535 A. A. Brenneisen, DVBl 2021, 931, 932 f.: Nur strafprozessuale Maßnahmen.
536 Graulich, in: Lisken/Denninger, Handbuch des Polizeirechts, Kap. E Rn 897; Gusy/Eichenhofer, Polizei- und Ordnungsrecht, Rn 319 ff.; Kirchhoff, NVwZ 2021, 1177, 1178; NdsOVG zur Zulässigkeit einer Identitätsfeststellung beim Filmen und Fotografieren von polizeilichen Einsätzen, NVwZ 2013, 1498; VGH BW, VBlBW 2001, 102.
537 Vgl. dazu auch BVerfG, NVwZ 2016, 53, 54; OLG Dresden, DVP 2021, 74; Böhm, Die Polizei 2022, 63, 64 f.; Rennicke, NJW 2022, 8; Ullenboom, NJW 2019, 3108, 3109.

Straftat gem. §§ 22, 23 KunstUrhG kann danach nur gerechtfertigt werden, wenn konkrete Anhaltspunkte dafür bestehen[538], dass Lichtbilder – entgegen den Vorschriften des KunstUrhG unter Missachtung des Rechts von Polizeibeamten und / oder Dritten am eigenen Bild – veröffentlicht werden[539], was etwa unmittelbar und zweifelsfrei bei einem **Livestream** der Fall wäre.[540] Dies gilt insbesondere dann, wenn die Gefahr der Begehung einer Straftat gem. §§ 22, 23, 33 KunstUrhG und damit eine Beeinträchtigung der öffentlichen Sicherheit besteht.[541] Regelmäßig liegt auch **keine Straftat gem. § 201 StGB** (Verletzung der Vertraulichkeit des nicht öffentlich gesprochenen Wortes der betroffenen Polizeibeamten) vor.[542]

Beispiel: Die Polizei beschlagnahmt Filme eines Fotografen, die dieser von Polizisten und Tatverdächtigen einer Straftat bei der Durchführung einer polizeilichen Festnahme aufgenommen hat, obwohl die abgelichteten Personen ausdrücklich erklärt hatten, dass sie nicht fotografiert werden wollen.[543]

Im Rahmen der §§ 22, 23 KunstUrhG sind die **Belange der Presse** in einen **möglichst schonenden Ausgleich mit dem allgemeinen Persönlichkeitsrecht** der von einer Berichterstattung betroffenen Person zu bringen. Im Rahmen der Abwägung kommt dem **Gegenstand der Berichterstattung maßgebliche Bedeutung** zu, wobei der Informationsgehalt einer Bildberichterstattung im Gesamtkontext, in den das Personenbildnis gestellt ist, zu ermitteln ist, insbesondere unter Berücksichtigung der zugehörigen Textberichterstattung. Je größer der Informationswert für die Öffentlichkeit ist, desto mehr muss das Schutzinteresse desjenigen, über den informiert wird, hinter den Informationsbelangen der Öffentlichkeit zurücktreten. Umgekehrt wiegt der Schutz der Persönlichkeit der betroffenen Person desto schwerer, je geringer der Informationswert für die Allgemeinheit ist.[544]

Beispiel: Dient die Abbildung des Fotos eines Polizeivollzugsbeamten in der Presse der Berichterstattung über die Frage des Sympathisierens von Polizeivollzugsbeamten mit rechtsnationalen oder gar rechtsradikalen Gruppierungen (hier durch sichtbare Aufnäher auf der Uniform) und sind die im Presseartikel aufgeworfenen **Fragen von großem gesellschaftlichen Interesse** und **Gegenstand öffentlicher Diskussionen**, überwiegen die Belange des Presserechts gegenüber dem Persönlichkeitsrecht der betroffenen Person (BGH, NJW 2023, 610, 612 [→ Rn 17 ff.]).

Ein **allgemeiner Erfahrungssatz**, dass Personen, die im Verlauf eines Einsatzes (auch) Polizeibeamte fotografieren, die aufgenommenen Fotos anschließend verbreiten oder zur Schau stellen, existiert nicht.[545] Handelt es sich um einen **Pressefotografen**, muss zwar damit gerechnet werden, dass die Aufnahmen veröffentlicht werden. Im Hinblick auf die zivil- und strafrechtlichen Sanktionen im Fall einer unrechtmäßigen Veröffentlichung muss aber grundsätzlich von der Rechtstreue des Fotografen ausgegangen werden.[546] Die unerlaubte Verwendung und Veröffentlichung von Aufnahmen einzelner Polizeibeamter während eines Polizeieinsatzes, die

---

538 Rennicke, NJW 2022, 8.
539 VG Dresden, NVwZ-RR 2022, 986, 988 (Rn 29), dort zu Recht verneint.
540 Böhm, Die Polizei 2022, 63, 65.
541 BVerfG, NVwZ 2016, 53, 54 (Rn 14 f.), m. zust. Anm. Penz, 54, 55; BVerfG, NJW 2021, 763 f. (speziell zum Presserecht); BVerwG, NVwZ 2000, 63; VG Meiningen, NVwZ-RR 2012, 551; Reuschel, NJW 2021, 17, 19 f.
542 Zutr. Böhm, Die Polizei 2022, 63 f.; Reuschel, NJW 2021, 17, 18 f.; Ullenboom, NJW 2019, 3108, 3109 ff.; LG Osnabrück, CR 2021, 806 f.; LG Kassel, StV 2020, 161, 162 f.; a. A. LG München, StV 2020, 321 (Ls.), u. wohl auch Kirchhoff, NVwZ 2021, 1177, 1178; vgl. dazu grundlegend auch Roggan, StV 2020, 328 ff.
543 VGH BW, VBlBW 2001, 102; Knemeyer/Schmidt, Polizei- und Ordnungsrecht (PdW), S. 77.
544 BGH, NJW 2023, 610, 612 (Rn. 20 f.), zum (nicht gegebenen) zivilrechtlichen Unterlassungsanspruch eine Polizeivollzugsbeamten gegen die presserechtliche Veröffentlichung eines Einsatzfotos.
545 BVerfG, NVwZ 2016, 53, 54 (Rn 14 f.); vgl. dazu auch Graulich, in: Lisken/Denninger, Handbuch des Polizeirechts, Kap. E Rn 897 f; Pfeffer/Steffahn, JURA 2017, 86, 91 f.; Penz, NVwZ 2016, 54, 55; krit. dazu Muckel, JA 2016, 311, 313.
546 Zur gebotenen Berücksichtigung des Presserechts bei polizeilichen Beschlagnahmen von Fotoapparaten und Speicherkarten durch die Polizei vgl. BVerfG, NJW 2021, 763 f.

ohne konkreten Anlass und zu **kommerziellen Zwecken** erfolgt, stellt eine Verletzung des Persönlichkeitsrechts dar und führt zu Entschädigungsansprüchen.[547]

Anhaltspunkte für ein künftiges rechtswidriges Verhalten können sich etwa aus einem gleichgelagerten Vorverhalten ergeben. Unter dem Gesichtspunkt der Gefahrenabwehr ist die Polizei in diesen Fällen befugt, die betroffene Person zu befragen und ihre Personalien festzustellen.[548] Diese Maßnahmen dürfen aber nicht zu einer Behinderung der Pressefreiheit führen. Nach **BVerwG** muss die mit einer Bildaufnahme verbundene Möglichkeit eines rechtsverletzenden Gebrauchs – insbesondere einer gegen Rechte Dritter verstoßenden Veröffentlichung – nicht notwendig immer auf der ersten Stufe abgewehrt werden; dies kann in vielen Fällen vielmehr auch auf der zweiten Stufe des Gebrauchs des entstandenen Bildes geschehen.[549]

Machen Dritte **Nahaufnahmen** von einem Einsatz der Polizei und liegen aus Sicht der betroffenen Polizeibeamten hinreichende Anhaltspunkte für die Gefahr vor, dass die aufgenommenen Fotografien unter **Verstoß gegen §§ 22, 23 KunstUrhG** verbreitet werden, ist die Polizei berechtigt, **Maßnahmen zur Identitätsfeststellung** der betreffenden Person zu ergreifen.[550] In Ausnahmefällen ist die Polizei unter den Voraussetzungen des § 38 Abs. 1 Nr. 1 PolG auch berechtigt, Fotos über Polizeieinsätze zu beschlagnahmen, wenn dadurch die **Funktionsfähigkeit** der Polizei geschützt werden soll[551], dies gilt insbesondere im Fall der Offenlegung von spezifischen **Polizeitaktiken**.[552]

bb) Art. 6 Abs. 1 S. 1 Buchst. f DSGVO. Das Filmen von Polizeivollzugsbeamten ohne deren ausdrückliche Einwilligung stellt eine Datenverarbeitung i. S. d. **DSGVO** dar.[553] Die Anwendbarkeit der §§ 22, 23 KunstUrhG wird dadurch nicht in Frage gestellt.[554] Das sog. „Haushaltsprivileg" des Art. 2 Abs. 2 Buchst. c DSGVO kommt bei Privatpersonen beim Filmen von im Einsatz befindlichen Polizeibeamten nicht zur Anwendung.[555] Ausgenommen vom Anwendungsbereich der DSGVO ist die unter das Presserecht fallende journalistische Tätigkeit (→ Rn 277).[556] Die Datenverarbeitung nach der DSGVO kann aber im konkreten Einzelfall gem. **§ 6 Abs. 1 S. 1 Buchst. f DSGVO** (die Regelung verlangt eine Interessenabwägung) durch die **Wahrung berechtigter Interessen** gerechtfertigt sein, was regelmäßig nur bei konkreten Einsatzlagen zur Beweissicherung der Fall sein dürfte.[557]

Beispiel: Die Polizei setzt während einer Versammlung zur Durchsetzung eines Platzverweises körperliche Gewalt ein. Hier kann die Videoaufzeichnung dieser Maßnahme der berechtigten Dokumentation möglicher Körper- oder Sachschäden dienen.

Der **EUGH** hat entschieden, dass **heimliche Videoaufnahmen von Polizeibeamten**, die ohne deren Einwilligung bei einem **Verhör** gemacht und anschließend mit deren Aussagen im Internet veröffentlicht werden, gegen die EU-Datenschutzregulierungen verstoßen und zulasten der

---

547 OLG Frankfurt, CR 2021, R76.
548 Vgl. dazu NdsOVG, NVwZ 2013, 1498.
549 BVerwG zum (im entschiedenen Fall unzulässigen) Verbot, *Polizeibeamte* während des Einsatzes eines Spezialkommandos zu fotografieren, NJW 2012, 2676.
550 So NdsOVG, DVBl 2013, 1066; Reuschel, NJW 2021 17, 19 f.; Rennicke, NJW 2022, 8, 11 f.; Kirchhoff, NVwZ 2021, 1177, 1179 ff., vgl. dazu auch BVerfG, NVwZ 2016, 53, 54.
551 Vgl. dazu VGH BW, VBlBW 1995, 282.
552 Zutr. Kirchhoff, NVwZ 2021, 1177, 1178.
553 Zutr. Böhm, Die Polizei 2022, 63, 66; Rennicke, NJW 2022, 8, 9, u. Kirchhoff, NVwZ 2021, 1177, 1181.
554 Kirchhoff, NJW 2021, 1177, 1181; Reinicke, NJW 2022, 8, 11 mit Fn. 14; Krüger/Wiencke, MMR 2019, 76, 78; Lauber-Rönsberg/Hartlaub, NJW 2017, 1057, 1961; diff. Böhm, Die Polizei 2022, 63, 66.
555 Zutr. Böhm, Die Polizei 2022, 63, 66.
556 Dies folgt aus Art. 85 Abs. 1 DSGVO i. V. m § 12 Abs. 2 S. 1 LPresseG, wonach Art. 6 DSGVO keine Anwendung findet; vgl. dazu auch Böhm, Die Polizei 2022, 63, 66 f., Kirchhoff, NVwZ 2021, 1177, 1181, u. Rennicke, NJW 2022, 8, 9.
557 Rennicke, NJW 2022, 8, 10.

betroffenen Polizeibeamten einen **unzulässigen Eingriff in das Grundrecht der Achtung des Privatlebens** darstellen können.[558]

Erfolgt eine Filmaufnahme ohne Einwilligung oder berechtigtes Interesse, stellt dies bei Anwendbarkeit der DSGVO eine **Ordnungswidrigkeit** gem. Art. 6 i. V. m. Art. 83 Abs. 5 Buchst. a DSGVO dar, die als Störung der öffentlichen Sicherheit auch zum polizeilichen Einschreiten berechtigen kann.[559]

282 **l) Insbesondere: Beschlagnahme von Wohnungen.** Bei der **Beschlagnahme von Wohnungen zur Vermeidung der Obdachlosigkeit** wird dem Eigentümer oder sonstigem Berechtigten die tatsächliche Sachherrschaft über seinen Wohnraum entzogen und ein öffentlich-rechtliches Verwahrungsverhältnis begründet. Durch die Beschlagnahmeverfügung wird der Eigentümer bzw. Berechtigte verpflichtet, die Rechtsfolgen einer Beschlagnahme – also den Entzug der Verfügungsgewalt über „seine" Wohnung – zu dulden. **Ermächtigungsgrundlage** für den Erlass einer Beschlagnahmeverfügung ist § 38 Abs. 1 Nr. 1 PolG. Voraussetzung ist, dass die Maßnahme zum Schutz eines einzelnen gegen eine **unmittelbar** bevorstehende Störung der öffentlichen Sicherheit erforderlich ist. Die drohende (unfreiwillige) Obdachlosigkeit eines Menschen stellt eine derartige Gefahr dar (**h. L.** → § 6 Rn 42). Mit Wirksamkeit der Beschlagnahme kann die Polizei über die beschlagnahmte Sache verfügen und Personen zur Vermeidung einer drohenden Obdachlosigkeit in die Wohnung einweisen.

Fall 39: Nach der Trennung von seiner Familie verlässt Ehemann M die bisher gemeinsam genutzte Mietwohnung. Ehefrau F kann mit den gemeinsamen drei Kindern nicht mehr die Miete bezahlen. Eigentümer E kündigt deshalb das Mietverhältnis und betreibt die Zwangsräumung. Der Termin zur Zwangsräumung durch den Gerichtsvollzieher steht bereits fest. Da F auf dem freien Wohnungsmarkt keine neue Wohnung findet, droht ihr und ihren Kindern die unfreiwillige Obdachlosigkeit. In ihrer Not wendet sie sich an die Gemeinde und bittet diese, ihr zu helfen und sie vorübergehend als Obdachlose in die bisherige Wohnung einzuweisen, bis sie eine neue Bleibe gefunden hat.

Im **Fall 39** kann die Gemeinde – Ortspolizeibehörde – unter den Voraussetzungen der §§ 9, 38 PolG durch den Erlass einer **Beschlagnahmeverfügung** gegenüber dem Vermieter E die Wohnung beschlagnahmen. Dadurch erhält sie die Verfügungsbefugnis über die Wohnung (= Sache). Durch entsprechende **Einweisungsverfügungen** kann sie danach der F und ihren Kindern ein Nutzungsrecht an den bisher gemieteten Wohnräumen (= Notunterkunft) verschaffen. Durch diese Maßnahmen (Beschlagnahme und Einweisung) wird die unmittelbare Gefährdung der öffentlichen Sicherheit durch die drohende Obdachlosigkeit von F und ihren Kindern beseitigt.

283 Durch die Beschlagnahme von Räumen bzw. Wohnungen wird regelmäßig ein **Nichtstörer** gem. § 9 PolG (= regelmäßig der Eigentümer bzw. Vermieter einer Wohnung) in Anspruch genommen. Neben den Voraussetzungen des § 38 PolG müssen daher auch die des polizeilichen Notstands vorliegen (→ § 5 Rn 47 ff.).[560] Die Beschlagnahme von Wohnraum zur Beseitigung von Obdachlosigkeit kann deshalb **nur als Ultima Ratio** in Betracht kommen. Die Gemeinde muss vor einer Beschlagnahme alles ihr Mögliche und Zumutbare unternehmen, um eine den Anforderungen an eine menschenwürdige Unterbringung genügende Obdachlosenunterkunft zur Verfügung zu stellen.[561] Bei den Bemühungen um die Beschaffung einer neuen Unterkunft darf sich die Behörde nicht auf die ihr zur Verfügung stehenden Räumlichkeiten oder ihrem Einfluss zugänglichen Wohnungen beschränken. Sie ist vielmehr gehalten, ggf. Räumlichkeiten – auch in Beherbergungsbetrieben – anzumieten, auch wenn diese Lösung im Verhältnis zur

---

558 EuGH, NJW 2019, 2451 ff., 2455 (Rn 67); Rennicke, NJW 2022, 8, 9.
559 Rennicke, NJW 2022, 8, 10; *diff.* dagegen Kirchhoff, NVwZ 2021, 1177, 1182 (eher keine Störung der öffentlichen Sicherheit, möglich dagegen eine Erforschung von Bußgeldtatbeständen).
560 Ruder/Bätge, Obdachlosigkeit, S. 192.
561 Kenntner, in: Kenntner, Öffentliches Recht BW, Kap. A Rn 92; Fischer, NVwZ 2015, 1644, 1646 f.; NdsOVG, DÖV 2016, 226 (Ls.).

II. Einzelmaßnahmen

Beschlagnahme und zur Zahlung von Nutzungsentschädigung kostenintensiv sein mag.[562] Hierbei hat die Behörde den Grundsatz der Verhältnismäßigkeit und insbesondere – wegen des mit der Beschlagnahme verbundenen Eingriffs in das Eigentumsrecht – die sog. **Opfer- bzw. Zumutbarkeitsgrenze** zu beachten. Dem Privateigentümer dürfen keine Aufgaben überbürdet werden, die aufgrund des Sozialstaatsprinzips dem Staat und damit der Allgemeinheit obliegen. Unter Beachtung dieser Grundsätze ist die Beschlagnahme eine zulässige Maßnahme zur Vermeidung der unfreiwilligen Obdachlosigkeit.[563]

Vor einer Beschlagnahme ist dem betroffenen Eigentümer gem. **§ 28 LVwVfG** rechtliches Gehör zu gewähren. Ein **Muster eines Antrags auf Wiederherstellung der aufschiebenden Wirkung** des Widerspruchs des betroffenen Eigentümers findet sich bei Pöltl/Ruder, in: Eiding/Hofmann-Hoeppel, Verwaltungsrecht, § 62 Rn 70.

Grundsätzlich stellt das Vorliegen eines vollstreckbaren **Räumungstitels** des Vermieters gegen einen Mieter keinen Hinderungsgrund für eine Beschlagnahme dar. Die Ordnungsbehörde ist nicht an die zivile Rechtslage gebunden. Selbst wenn schon ein Räumungstermin feststeht, kann die Beschlagnahme noch erfolgen. Andererseits darf die Maßnahme nicht dazu führen, dass ein zivilrechtlicher Vollstreckungstitel für einen längeren Zeitraum oder gar dauerhaft unterlaufen wird.[564]

284

Um dem Grundsatz des § 38 Abs. 4 S. 1 PolG Rechnung zu tragen, ist die vorgesehene **Dauer** der Beschlagnahme in der Verfügung anzugeben.[565] Ordnet die Behörde ausdrücklich die Beschlagnahme für die Höchstdauer von sechs Monaten an, ist dies nur zulässig, wenn von Anfang an die Beschlagnahmevoraussetzungen für die Dauer eines halben Jahres vorliegen.[566] Im Übrigen legt § 38 Abs. 4 S. 2 PolG eine absolute Grenze für die Dauer einer Wohnungsbeschlagnahme auf höchstens **6 Monate** fest. Spätestens zu diesem Zeitpunkt muss daher die Polizeibehörde / Gemeinde über geeignete Räume verfügen, um die eingewiesenen Personen in eine anderweitige Unterkunft umsetzen zu können.

285

Durch die Beschlagnahme entsteht zwischen dem betroffenen Eigentümer und der Polizei (Einweisungsbehörde) unter Heranziehung des Rechtsgedankens des § 278 BGB (Verantwortlichkeit des Schuldners für Dritte) eine schuldrechtliche Sonderbeziehung (sog. verwaltungsrechtliches Schuldverhältnis). Dieses Rechtsverhältnis begründet bestimmte **Obhuts- und Sorgfaltspflichten** der Polizei gegenüber dem Eigentümer der Wohnung, deren Verletzung bei Beschädigungen der beschlagnahmten Sache durch die Eingewiesenen / Dritte zu Entschädigungsansprüchen des Eigentümers führen kann.[567]

Nach **Ablauf der Beschlagnahmefrist** ist die Polizeibehörde verpflichtet, eine zur Abwehr von Obdachlosigkeit beschlagnahmte Wohnung geräumt an den Wohnungseigentümer herauszugeben. Diese **Folgenbeseitigungspflicht der Polizei** gegenüber dem privaten Wohnungseigentümer besteht unabhängig davon, ob der Eigentümer über einen vollstreckbaren Räumungstitel gegen den eingewiesenen früheren Mieter verfügt.[568] Die Räumung der Wohnung erfolgt durch den Erlass / Vollstreckung einer **Räumungsverfügung** auf der Grundlage der polizeilichen Generalermächtigung der §§ 1, 3 PolG. Im Verhältnis zum Wohnungseigentümer bzw. Vermieter

286

---

562 So OVG Saarland, Beschl. v. 14.4.2014 – 1 B 213/14, juris (Rn 7) m. w. N; vgl. auch Ruder/Bätge, Obdachlosigkeit, S. 197 bis 199 m. w. N.
563 H. L., OVG Saarland, Beschl. v. 14.4.2014 – 1 B 213/14, juris (Rn 7) m. w. N.; VG Oldenburg, openJur 2012, 68846 = ZVR-Online Dok. Nr. 20/2013; VG Frankfurt, openJur 2012, 34762 (Rn 32 ff.); NdsOVG, NJW 2010, 1094, 1095; VGH BW, NVwZ-RR 1990, 476; Deger, in: Stephan/Deger, Polizeigesetz BW, § 9 Rn 9.
564 VG Frankfurt, openJur 2012, 34762 (Rn 37); NdsOVG, NJW 2010, 1094, 1095.
565 VGH BW, NVwZ-RR 1990, 476.
566 VGH BW, VBlBW 1997, 349. Vgl. dazu auch Ruder/Bätge, Obdachlosigkeit, S. 200 bis 202 m. w. N.
567 Vgl. dazu BGHZ, NVwZ 2006, 963.
568 VGH BW, VBlBW 1990, 351; Deger, in: Stephan/Deger, Polizeigesetz BW, § 9 Rn 28.

hat die Gemeinde die Kosten der Räumung zu tragen. Lässt die Ortspolizeibehörde die Wohnung nicht (fristgerecht) räumen, hat der Eigentümer einen Schadensersatzanspruch.[569]

Soweit ein **Nichtstörer** i. S. d. § 9 Abs. 1 PolG (regelmäßig der Wohnungseigentümer) in Anspruch genommen wird, kann er gem. §§ 100 ff. PolG eine angemessene Entschädigung beanspruchen (→ § 5 Rn 53 bzw. § 14 Rn 3 ff.).

287 **13. Einziehung (§ 39 PolG). a) Allgemeines.** § 39 PolG regelt die Einziehung zuvor beschlagnahmter Sachen (§ 39 Abs. 1 PolG), die Verwertung zuvor eingezogener Sachen (§ 39 Abs. 2 PolG), deren Unbrauchbarmachung oder Vernichtung (§ 39 Abs. 3 PolG) sowie die Kostentragung (§ 39 Abs. 4 PolG). Die Maßnahme stellt einen **privatrechtsgestaltenden Verwaltungsakt** dar, der kraft Gesetzes **unmittelbar** den Verlust des Eigentums an der eingezogenen Sache beim bisherigen Eigentümer und die Begründung neuen Eigentums beim Träger der zuständigen Polizeibehörde zur Folge hat. Durch die Einziehungsverfügung kann die Polizeibehörde das Eigentum an einer Sache dem bisherigen Eigentümer gegen dessen Willen entziehen und ihr Eigentum an der Sache begründen. Mit dem Übergang des Eigentums auf den Hoheitsträger wird die Voraussetzung für die anschließende Verwertung bzw. Unbrauchbarmachung oder Vernichtung der Sache herbeigeführt.

288 Der mit der Einziehungsverfügung bezweckte **Eigentumsübergang** auf den Rechtsträger der Polizeibehörde tritt nach VGH BW mit der **Wirksamkeit** der Einziehungsanordnung (also regelmäßig mit der Bekanntgabe der Verfügung, vgl. § 43 Abs. 1 LVwVfG) ein, nicht erst mit der Unanfechtbarkeit und Bestandskraft der Verfügung.[570] Ordnet die Behörde die Einziehung einer Sache zusammen mit der Beschlagnahme an, geht das Eigentum an der Sache erst über, wenn die Beschlagnahmeverfügung vollzogen ist und die Behörde amtlichen Gewahrsam begründet hat.[571]

289 Eingezogen werden können nur **bewegliche Sachen** wie etwa Fahrzeuge, verdorbene Lebensmittel, Lichtbildfilme[572], Tiere (§ 90 a BGB), Bargeld[573] etc.

Beispiele:

- Bei einer Kontrolle stellt die Polizei fest, dass H in seinem Fahrzeug ein betriebsbereites **Radarwarngerät** mit sich führt. Nach der Beschlagnahme des Geräts zieht die Ordnungsbehörde das Gerät durch entsprechende Verfügung ein und ordnete die Vernichtung an. Nach Auffassung des VGH BW begründete das Mitführen eines betriebsbereiten Radarwarngeräts eine (unmittelbare) Gefahr für die öffentliche Sicherheit, die eine Beschlagnahme sowie eine Einziehung und Vernichtung rechtfertigen kann.[574]
- Gem. **§ 23 Abs. 1 c StVO** stellt das Betreiben oder betriebsbereite Mitführen eines Radarwarngerätes eine Ordnungswidrigkeit dar und kann mit einer Geldbuße und der Anordnung eines Fahrverbots geahndet werden. Der Verstoß gegen diese Vorschrift beeinträchtigt die öffentliche Sicherheit.[575]

Die Einziehung unbeweglicher Sachen – insbesondere von Grundstücken – ist von § 39 PolG nicht gedeckt. Dies ergibt sich daraus, dass § 39 Abs. 2 S. 1 PolG auf § 383 Abs. 3 BGB verweist, der die Versteigerung beweglicher Sachen regelt.[576]

Von der Einziehung gem. § 39 PolG sind die strafrechtliche Einziehung (§§ 74 ff. StGB) und die Einziehung im Ordnungswidrigkeitenverfahren (§§ 22 ff. OWiG) zu unterscheiden. Weitere Spezialregelungen ergeben sich etwa aus § 54 WaffG, § 30 VersammlG und § 12 PaßG.

---

569 BGH, NJW 1995, 2918.
570 VGH BW, VBlBW 2007, 351.
571 VGH BW, VBlBW 2010, 24.
572 VGH BW, VBlBW 1995, 282.
573 VG Würzburg, openJur 2014, 12826 (Sicherstellung von Bargeld, wenn Anhaltspunkte vorliegen, dass das Geld aus Drogenhandel stammt).
574 VGH BW, VBlBW 2003, 192.
575 Vgl. VGH BW, VBlBW 2003, 192, 193; zur Einziehung eines Radarwarngerätes (insbes. auch zum Streitwert) vgl. auch SächsOVG, NVwZ-RR 2014, 368.
576 So auch Deger, in: Stephan/Deger, Polizeigesetz BW, § 34 Rn 6.

II. Einzelmaßnahmen

b) Zuständigkeit. Nach dem eindeutigen Wortlaut des § 39 Abs. 1 S. 1 PolG liegt die sachliche Zuständigkeit **ausschließlich** bei der allgemeinen Polizeibehörde, also regelmäßig bei der **Ortspolizeibehörde** (§§ 105 Abs. 1, 106 Abs. 1 Nr. 4, 107 Abs. 4 PolG). Die Zuständigkeit des Polizeivollzugsdienstes ist in keinem Fall begründet, auch nicht die gem. § 105 Abs. 2 PolG.[577] Wenn Polizeivollzugsbeamte der Auffassung sind, dass eine beschlagnahmte Sache eingezogen werden soll, müssen sie den Vorgang der allgemeinen Polizeibehörde zur weiteren Veranlassung vorlegen.

c) Schriftform. Abweichend von § 37 Abs. 2 S. 1 LVwVfG, wonach ein Verwaltungsakt grundsätzlich formfrei erlassen werden kann, sieht § 39 Abs. 1 S. 2 PolG **zwingend** die **Schriftform** für die Einziehung vor. Der Tenor des belastenden Verwaltungsakts lautet etwa: „*Die... Sache wird eingezogen. Das Eigentum geht auf die/den... (= Polizeiträger) über.*" Die Maßnahme ist zu **begründen**.

d) Einziehungsvoraussetzungen. Gem. § 39 Abs. 1 S. 1 PolG kann die **Polizeibehörde** eine **beschlagnahmte** Sache einziehen, wenn diese nicht mehr herausgegeben werden kann, ohne dass die Voraussetzungen der Beschlagnahme erneut eintreten. **Bei jeder Einziehung** muss immer eine **vorherige Beschlagnahme** gem. § 38 PolG oder anderen Rechtsvorschriften vorliegen. Hierbei ist unerheblich, ob die Beschlagnahme durchgeführt wurde, um die Einziehung zu ermöglichen, oder nur zum Zweck einer vorübergehenden Besitzentziehung.[578]

Fall 40: Der Kläger war Eigentümer und Halter des Hundes A. Nach einem erneuten Beißvorfall untersagte die Polizeibehörde dem Kläger die **Haltung des Hundes** und verfügte dessen **Beschlagnahme und Einziehung**. Der Sofortvollzug wurde angeordnet. Der Hund wurde von der Behörde in das Tierheim von ... verbracht.[579]

Die Beschlagnahmeanordnung muss **vollstreckbar** sein – gem. § 2 LVwVG also entweder bestandskräftig oder sofort vollziehbar (→ § 12 Rn 15 ff.). Weiterhin muss die Beschlagnahme noch **wirksam sein**.[580] Sie hat vor Ablauf der in § 38 Abs. 4 S. 2 PolG festgelegten **Höchstfrist** zu erfolgen. Eine wirksame Beschlagnahme liegt nicht mehr vor, wenn die Einziehung nach Ablauf der Sechsmonatsfrist des § 38 Abs. 4 S. 2 PolG erfolgt. Dies gilt auch dann, wenn die Beschlagnahmeanordnung bestandskräftig geworden ist.[581] Ist die **Beschlagnahmeanordnung noch nicht bestandskräftig**, wird deren Rechtmäßigkeit in einem verwaltungsgerichtlichen (Eil-)Verfahren **inzident überprüft**.[582]

Schließlich ist erforderlich, dass die **beschlagnahmte Sache nicht herausgegeben** werden kann, **ohne dass die Voraussetzungen der Beschlagnahme erneut eintreten** (§ 39 Abs. 1 S. 1 PolG). Die Polizei ist u. a. dann ermächtigt, eine Sache zu beschlagnahmen, wenn dies zum Schutz des einzelnen oder des Gemeinwesens gegen eine unmittelbar bevorstehende Störung der öffentlichen Sicherheit oder Ordnung oder zur Beseitigung einer bereits eingetretenen Störung erforderlich ist. Der zuständige Polizeibeamte hat eine Prognose zu erstellen, ob eine entsprechende Störungslage besteht.[583]

Die Behörde trägt die **Beweislast** für das Vorliegen der Eingriffsvoraussetzungen des § 39 PolG.

---

577 Deger, in: Stephan/Deger, Polizeigesetz BW, § 34 Rn 5.
578 VGH BW, VBlBW 1995, 282, 283, zur (rechtswidrigen) Beschlagnahme / Einziehung eines Lichtbildfilms.
579 Vgl. VGH BW, VBlBW 2007, 351. Im *Fall 40* vertrat der VGH BW die Auffassung, dass zwar das Haltungsverbot und die Beschlagnahme des Hundes A rechtmäßig waren, nicht aber die Einziehung, da dem Kläger als milderes Mittel zunächst die Möglichkeit hätte eingeräumt werden müssen, den Hund selbst an einen Dritten abzugeben. Zur Einziehung eines gefährlichen Schäferhundes vgl. VG Karlsruhe, openJur 2012, 61932. Zur Verhältnismäßigkeit der Einziehung eines Kampfhundes nach nicht bestandener Verhaltensprüfung vgl. VG Freiburg, openJur 2020, 79255 (Rn 40 ff.).
580 VGH BW, VBlBW 2014, 377, zur Beschlagnahme eines Hundes.
581 VGH BW, VBlBW 2014, 377, zur Beschlagnahme eines Hundes.
582 VG Freiburg, openJur 2020, 79255 (Rn 21).
583 VGH BW, VBlBW 1995, 282.

295 **e) Verwertung, Unbrauchbarmachung und Vernichtung.** Die eingezogenen Sachen werden im Wege der **öffentlichen Versteigerung** (§ 39 Abs. 2 S. 1 PolG, § 383 Abs. 3 BGB) **verwertet**. Die Polizeibehörde kann die Versteigerung durch einen ihrer Beamten vornehmen lassen. Ein Zuschlag, durch den die Voraussetzungen der Einziehung erneut eintreten würden, ist zu versagen (§ 39 Abs. 2 S. 3 PolG). Der **Erlös** ist der betroffenen Person herauszugeben (§ 39 Abs. 2 S. 4 PolG). Die betroffene Person, bei der die Sache beschlagnahmt wurde, braucht nicht mit dem Eigentümer identisch zu sein, doch kann in diesen Fällen die Polizei den Erlös beim Amtsgericht hinterlegen.[584]

296 Kann eine eingezogene Sache aus tatsächlichen oder rechtlichen Gründen nicht verwertet werden, so ist sie **unbrauchbar** zu machen oder zu **vernichten** (§ 39 Abs. 3 PolG). Hierbei steht der Behörde kein Ermessen zu. Eine beschlagnahmte Sache ist etwa dann aus **tatsächlichen Gründen** unverwertbar, wenn sie wertlos ist.

Beispiel: Die Polizei beschlagnahmt ein bei einem Unfall total beschädigtes Fahrzeug ohne Restwert und lässt dieses verschrotten.

Aus **rechtlichen Gründen** ist eine beschlagnahmte Sache dann unverwertbar, wenn sie nicht veräußert werden kann, ohne dass die Beschlagnahmevoraussetzungen erneut eintreten würden.

Beispiel: Wenn bei der Veräußerung eines beschlagnahmten **Radarwarngeräts** ein erneuter Verstoß gegen § 23 Abs. 1 c StVO eintreten würde, ist das Gerät zu vernichten.[585]

Vor der Unbrauchbarmachung oder Vernichtung einer Sache ist zu prüfen, ob sie freihändig verkauft oder einem gemeinnützigen Zweck zugeführt werden kann.

Beispiel: Die Polizei hat einen „**frisierten Roller**" sichergestellt. Lässt sich im Wege einer Versteigerung oder eines freien Verkaufs kein Käufer finden, bei dem die Gewähr besteht, dass er nicht mit dem manipulierten Fahrzeug am öffentlichen Straßenverkehr teilnimmt, darf das Fahrzeug verschrottet werden.[586]

Ist zweifelhaft oder strittig, ob eine Sache unverwertbar ist, empfiehlt es sich, den Zustand bzw. Wert der Sache durch ein Sachverständigengutachten, Lichtbilder etc. zu dokumentieren, um evtl. Regressforderungen vorzubeugen.

297 **f) Kosten.** Die **Kosten** der Verwertung, Unbrauchbarmachung oder Vernichtung fallen der betroffenen Person zur Last. Mit dem Versteigerungserlös kann aufgerechnet werden. Soweit die Mehrausgaben nicht gedeckt sind, können sie nach Erlass eines Leistungsbescheids (→ § 15 Rn 18 ff.) im Verwaltungszwangsverfahren gem. §§ 13 ff. LVwVG beigetrieben werden (§ 39 Abs. 4 PolG).

Da der Eigentumsübergang bereits mit der Bekanntgabe der Verfügung an den bisherigen Eigentümer eintritt (→ Rn 288), kann der Rechtsträger der Polizei von dem bisherigen Eigentümer nicht die Verwahrungskosten für die eingezogene Sache verlangen. Denn nach der Wirksamkeit der Einziehungsverfügung ist er weder Eigentümer noch rechtmäßiger Inhaber der tatsächlichen Gewalt über die Sache.[587]

Ein **Entschädigungsanspruch** des Eigentümers besteht bei einer rechtmäßigen Einziehung nicht.[588]

298 **14. Vernehmung (§ 40 PolG).** § 40 Abs. 1 PolG regelt die **Vernehmung aus polizeilichen Gründen**, d. h. aus Gründen der Gefahrenabwehr und konkretisiert dabei den in Art. 1 Abs. 1 GG verankerten **Grundsatz der Unantastbarkeit der Menschenwürde**. Der **Begriff der**

---

584 Nach Deger, in: Stephan/Deger, Polizeigesetz BW, § 34 Rn 11, ist Betroffener der Einziehung der letzte Eigentümer.
585 VGH BW, VBlBW 2003, 192.
586 VG Mainz, DAR 2008, 410; vgl. auch VGH BW, VBlBW 1988, 113.
587 VGH BW, VBlBW 2007, 351.
588 Deger, in: Stephan/Deger, Polizeigesetz BW, § 34 Rn 12.

II. Einzelmaßnahmen

Vernehmung entspricht dem der **Befragung** gem. § 43 Abs. 1 PolG. Gemeint ist das gezielt an eine Person (Störer oder unbeteiligter Dritter wie etwa ein Zeuge) gerichtete **Informationsverlangen** nach Auskunft (vgl. auch §§ 136, 136a StPO; → § 10 Rn 207 ff.).

§ 40 Abs. 1 PolG verbietet bei einer polizeilichen Vernehmung die Anwendung von Zwangsmitteln. Das Verbot der Zwangsanwendung gilt „für die Polizei" – also sowohl für die Polizeibehörden als auch den Polizeivollzugsdienst und für alle Maßnahmen. Die Regelung ist eine reine **Verbotsnorm und stellt daher im System der Standardmaßnahmen gem. §§ 27 ff. PolG einen Fremdkörper** dar.[589] Unter **Zwang** ist dabei jede Beeinträchtigung der Freiheit der Willensentschließung und der Willensbetätigung durch alle Formen körperlich wirkender Beeinflussung zu verstehen, wie etwa Misshandlung, Ermüdung, Verabreichung von Mitteln, sowie auch alle Formen unmittelbar seelischer Einwirkung wie etwa Täuschung, Hypnose, Drohung, Versprechen eines gesetzlich nicht vorgesehenen Vorteils, Quälerei etc.[590] Das **Verbot** gilt auch in den Fällen, in denen das PolG ausdrücklich eine Auskunftspflicht festlegt (vgl. etwa die Auskunftspflicht gem. § 43 Abs. 1 S. 2 PolG).

299

Art. 3 EMRK statuiert ein **absolutes Folterverbot**.[591] Aus Art. 104 Abs. 1 S. 2 GG folgt ebenfalls, dass die Polizei eine Person bei einer Vernehmung unter keinen Umständen seelisch oder körperlich misshandeln darf (→ § 12 Rn 57).

Beispiel: Einer Person (Geiselnehmer) darf bei einer Vernehmung nicht mit körperlicher Gewalt gedroht werden, um von ihr den Aufenthaltsort einer **Geisel**, die sich in Lebensgefahr befindet, in Erfahrung zu bringen.[592]

Für Vernehmungen durch die Polizei, die nicht der Verfolgung einer mit Strafe oder Geldbuße bedrohten Handlung dienen, gelten gem. § 40 Abs. 2 PolG die §§ 68 a, 136 a und § 69 Abs. 3 StPO entsprechend.

300

15. Erkennungsdienstliche Maßnahmen (§ 41 PolG). a) Allgemeines. aa) Bedeutung. Erkennungsdienstliche Maßnahmen (ED-Behandlung) haben die **Feststellung der Identität** einer Person durch **Vergleich** von Bildern, Hand- und Fingerabdrücken oder anderer unverwechselbarer Merkmale zum Ziel. Durch die Maßnahme, die einen **Verwaltungsakt** darstellt (→ Rn 309), werden personenbezogene Daten einer betroffenen Person erhoben (vgl. § 14 PolG). Das Erheben und Speichern von erkennungsdienstlichen Unterlagen greift in das **Recht auf Selbstbestimmung** ein und bedarf einer gesetzlichen Grundlage.

301

§ 41 PolG enthält in Abs. 2 eine **Legaldefinition** der erkennungsdienstlichen Maßnahmen zur Gefahrenabwehr, in Abs. 1 die Voraussetzungen, unter denen sie zulässig sind, sowie in Abs. 3 eine Regelung über die Aufbewahrung und Vernichtung erkennungsdienstlicher Unterlagen.

bb) Einwilligung in erkennungsdienstliche Maßnahmen. § 41 PolG sieht keine Einwilligung der betroffenen Person in die Datenverarbeitung vor. Im Erstentwurf des § 41 Abs. 1 S. 1 PolG fand sich noch die Formulierung „ohne Einwilligung der betroffenen Person", diese wurde auf Hinweis des Landesbeauftragten für den Datenschutz und die Informationsfreiheit gestrichen.[593] Eine **erweiterte Durchführung** von erkennungsdienstlichen Maßnahmen **mit Einwilligung** der betroffenen Person über den Maßnahmenkatalog des § 41 Abs. 2 PolG hinaus **scheidet aus**.

302

---

589 Zutr. Kahlert, in: Belz/Mußmann/Kahlert/Sander, Polizeigesetz BW, § 40 Rn 1.
590 Vgl. BVerfGE 50, 166, 175.
591 Vgl. EGMR, DÖV 2010, 658, zum Recht auf ein faires Strafverfahren; LG Frankfurt, openJur 2011, 94498, zum Amtshaftungsanspruch wegen schwerer Verletzung der Menschenwürde durch Androhung von Folter; BVerwG, DÖV 2014, 851, zum Asylverfahren.
592 LG Frankfurt, openJur 2011, 94498.
593 LT-Drs. 16/8484, S. 222.

Seit Inkrafttreten der DSRL 2016/680 und deren Umsetzungspflicht ins deutsche Recht ist davon auszugehen, dass die Einwilligung einer betroffenen Person zu einer Datenverarbeitung einer **ausdrücklichen gesetzlichen Ermächtigung** bedarf, eine allgemeine Erlaubnis der Datenverarbeitung mit Einwilligung also nicht mehr ausreicht.[594] Der EU-Richtliniengeber hat deutlich gemacht, dass eine betroffene Person, die aufgefordert werde, einer rechtlichen Verpflichtung nachzukommen, **keine echte Wahlfreiheit** habe, weshalb ihre Reaktion nicht als freiwillig abgegebene Willensbekundung betrachtet werden könne.[595] Angesichts dieser unionsrechtlichen Rahmenbedingungen aus der DSLR 2016/680 ist davon auszugehen, dass **ohne unionsrechtskonforme ausdrückliche gesetzliche Ermächtigung** die **Einwilligung der betroffenen Person** eine Berechtigung zur Durchführung einer erkennungsdienstlichen Maßnahme **nicht wirksam** bewirken kann (→ § 10 Rn 181 f.).[596]

303 Auch § 42 PolG (Verarbeitung personenbezogener Daten aufgrund einer Einwilligung) erlaubt mit Einwilligung der betroffenen Person keine über § 41 Abs. 1, 2 PolG hinausgehende erkennungsdienstliche Maßnahmen (→ § 10 Rn 204 f.).

304 **b) Begriffe.** Gem. **§ 41 Abs. 2 PolG** sind **erkennungsdienstliche Maßnahmen** insbesondere:
- die Abnahme von Finger- und Handflächenabdrücken, sog. **Daktyloskopie, Nr. 1**;
- die Aufnahme von **Lichtbildern** (Gesamtansicht, Profil) einschließlich **Bildaufzeichnungen** (etwa Filme), **Nr. 2**;
- die Feststellung **äußerlicher** körperlicher **Merkmale** (etwa Gestalt, Hautfarbe, Tätowierungen, Missbildungen, Muttermale, Wundmale, Narben), **Nr. 3**;
- **Messungen** und ähnliche Maßnahmen (etwa Feststellung des Gewichts, der Körpergröße etc.), **Nr. 4**.

Diese Aufzählung ist **nicht abschließend**, wie aus dem Begriff „insbesondere" folgt.[597] Andere als die dort bezeichneten Maßnahmen sind allerdings nur zulässig, wenn und soweit sie hinsichtlich der Beeinträchtigung der körperlichen Integrität der betroffenen Person mit jenen vergleichbar sind und somit keinen stärkeren Eingriff in die Grundrechte beinhalten.[598] **Zulässig sind** somit alle den Körper, die Körperteile aber auch die Kleidung betreffenden Feststellungen und Messungen, soweit sie nicht in die Körperidentität eingreifen bzw. in das Körperinnere eindringen. Dies sind etwa Feststellung des Brust- und Bauchumfangs, Form des Kopfes, der Hände, Füße usw. Nicht zu den erkennungsdienstlichen Maßnahmen gehören hingegen die Entnahme einer **Blutprobe, Röntgenaufnahmen, Gegenüberstellungen, Entnahme von Körperzellen** und die **Genomanalyse (sog. genetischer Fingerabdruck)**, da hierdurch keine äußeren Merkmale der Person festgestellt werden.[599] Diese sind ggf. bei Straftaten gem. §§ 81 e ff. StPO zulässig (→ Rn 300 f. zur **Einwilligung** in weitere erkennungsdienstliche Maßnahmen).

Die **Anfertigung von Lichtbildern** stellt eine partielle erkennungsdienstliche Behandlung dar. Sie ist eine **eigenständige (Standard)-Maßnahme der Polizei** und nicht unselbstständiger Teil der Personenfeststellung. Sie bedarf deshalb einer eigenen Ermächtigungsgrundlage.[600]

---

594 Wie hier etwa Weinhold, in: Roßnagel, Das neue Datenschutzrecht, § 7 Rn 86; Heckmann/Paschke, in: Gola/Heckmann, DS-GVO | BDSG, § 51 BDSG Rn 9; Frenzel, in: Paal/Pauly, DSGVO/BDSG, § 51 BDSG Rn 1; ähnlich Herbst, in: Auernhammer, DSGVO/BDSG, DSLR 2016/680 Rn 20.
595 Erwägungsgrund 35 der DSRL 2016/680, EU ABl. L 119, S. 94. Vgl. dazu auch Johannes/Weinhold, Neues Datenschutzrecht, § 1 Rn 154 ff.
596 Müller/Schwabenbauer, in: Lisken/Denninger, Handbuch des Polizeirechts, Kap. G Rn 476.
597 W.-R. Schenke, in: Schenke/Graulich/Ruthig, Sicherheitsrecht, § 24 BPolG Rn 24.
598 Vgl. auch Graulich, in: Lisken/Denninger, Handbuch des Polizeirechts, Kap. E Rn 360 f.
599 BVerfG, NJW 2001, 2320.
600 VGH BW, VBlBW 2004, 214; Knorr, VBlBW 5/2010, Sonderbeilage, S. 7, 10; Stephan, in: Stephan/Deger, Polizeigesetz BW, § 36 Rn 11.

II. Einzelmaßnahmen

c) Anwendungsbereich. Die erkennungsdienstlichen Maßnahmen auf der Grundlage des § 41 PolG sind von denen nach **§ 81 b Alt. 2 StPO** abzugrenzen. § 81 b Alt. 2 StPO regelt neben erkennungsdienstlichen Maßnahmen zur Durchführung eines Strafverfahrens (1. Alternative) auch die erkennungsdienstliche Behandlung zum Zwecke des Erkennungsdienstes (2. Alternative). Unter strafprozessuale Maßnahmen zum Zweck des Erkennungsdienstes fallen auch solche zur **vorbeugenden Bekämpfung von Straftaten**. Insoweit enthält § 81 b Alt. 2 StPO materielles Polizeirecht und überschneidet sich mit den Maßnahmen gem. § 41 Abs. 1 Nr. 2 PolG, die ebenfalls zur vorbeugenden Bekämpfung von Straftaten durchgeführt werden können.[601] 305

Wegen des **Vorrangs des Bundesrechts** (Art. 31 GG) werden von der Regelung des § 41 PolG nur diejenigen erkennungsdienstlichen Maßnahmen erfasst, die **nicht unter § 81 b Alt. 2 StPO** fallen.[602] Maßnahmen nach der StPO setzen einen Tatverdacht voraus und können grundsätzlich nur gegen einen Beschuldigten durchgeführt werden. Die **Beschuldigteneigenschaft** beginnt mit der Einleitung eines Ermittlungsverfahrens durch die Strafverfolgungsbehörden aufgrund eines konkreten Tatverdachts gegenüber einer bestimmten Person, die wahrscheinlich Täter ist. Sie endet, wenn ein strafrechtliches Verfahren nicht nur vorläufig eingestellt oder rechtskräftig abgeschlossen wurde. Tatverdacht allein begründet noch nicht die Beschuldigteneigenschaft.

Auf § 41 Abs. 1 Nr. 2 PolG können daher nur erkennungsdienstliche **Maßnahmen außerhalb eines laufenden Strafverfahrens** gestützt werden, also gegen Personen, die nicht Beschuldigte i. S. d. § 81 b Alt. 2 StPO sind. Der Anwendungsbereich der Vorschrift ist daher sehr begrenzt. Durchgeführt werden können die Maßnahmen gem. § 41 PolG insbesondere bei einer Person,

- die **strafunmündig** und verdächtigt ist, eine Tat begangen zu haben, die mit Strafe bedroht ist; dazu zählen insbesondere strafunmündige Kinder;
- bei der die **Beschuldigteneigenschaft** wegen rechtskräftiger Verurteilung oder endgültiger Verfahrenseinstellung **weggefallen** ist (etwa bei einem Häftling, dessen Entlassung ansteht).[603]

Liegen diese Voraussetzungen vor, begründet § 41 Abs. 1 Nr. 2 PolG eine **eigenständige Befugnis des Polizeivollzugsdienstes** zur Durchführung erkennungsdienstlicher Maßnahmen. Bei der **Verfolgung von Ordnungswidrigkeiten** gelten über § 46 Abs. 1 S. 1 OWiG die §§ 163 b, 81 b StPO entsprechend.

d) Tatbestandsvoraussetzungen. aa) Erkennungsdienstliche Maßnahmen zur Identitätsfeststellung (§ 41 Abs. 1 Nr. 1 PolG). Gem. § 41 Abs. 1 Nr. 1 PolG können erkennungsdienstliche Maßnahmen vorgenommen werden, wenn eine gem. § 27 PolG zulässige Identitätsfeststellung auf andere Weise nicht zulässig durchgeführt werden kann (→ Rn 8 ff.). Dies ist etwa der Fall, wenn sich die Identität einer Person nicht über mitgeführte Ausweispapiere feststellen lässt. Die Anordnung ist als äußerstes Mittel (**Ultima Ratio**)[604] nur zulässig, wenn die Voraussetzungen einer Identitätsfeststellung gem. § 27 PolG vorliegen und wenn die in § 27 Abs. 2 S. 2 u. 3 PolG angegebenen Maßnahmen zur Feststellung der Identität wie Anhalten, Verlangen, die Ausweispapiere vorzuzeigen, Festhalten an Ort und Stelle, Verbringen zur Dienststelle und Sistierung keinen Erfolg versprechen. 306

Maßnahmen gem. § 41 PolG gehen grundsätzlich einer Ingewahrsamnahme gem. § 33 Abs. 1 Nr. 3 PolG vor.

---

601 Str.: Nach der Grundsatzentscheidung des VGH BW zur (verfassungskonformen) Auslegung des Rechtsbegriffs „vorbeugende Bekämpfung von Straftaten" dürfte sich die Diskussion erledigt haben. Nach Ansicht des VGH BW umfasst dieser Begriff nur die Verhütung von Straftaten, nicht jedoch die Vorsorge für die Verfolgung künftiger Straftaten (DVBl 2014, 1002); BVerwG, NVwZ-RR 2011, 710.
602 Vgl. auch W.-R. Schenke, in: Schenke/Graulich/Ruthig, Sicherheitsrecht, § 24 BPolG Rn 5.
603 VGH BW, VBlBW 2004, 214, und Fall 41 in § 11 Rn 309. Zur Abgrenzung vgl. auch VG Freiburg, openJur 2013, 44177.
604 W.-R. Schenke, in: Schenke/Graulich/Ruthig, Sicherheitsrecht, § 24 BPolG Rn 9.

307 **bb) Erkennungsdienstliche Maßnahmen zur vorbeugenden Bekämpfung von Straftaten (§ 41 Abs. 1 Nr. 2 PolG).** Gem. § 41 Abs. 1 Nr. 2 PolG können erkennungsdienstliche Maßnahmen vorgenommen werden, wenn dies zur vorbeugenden Bekämpfung von Straftaten erforderlich ist, weil die betroffene Person verdächtig ist, eine Straftat begangen zu haben, und die Umstände des Einzelfalls die Annahme rechtfertigen, dass sie zukünftig eine Straftat begehen wird. Auf die landesrechtliche Vorschrift des § 41 Abs. 1 Nr. 2 PolG können aber nur Maßnahmen gestützt werden, soweit nicht § 82 b Alt. 2 StPO aus Anlass eines Strafverfahrens gegen einen Beschuldigten zur Vornahme präventiv-polizeilicher erkennungsdienstlicher Maßnahmen ermächtigt (→ § 4 Rn 6 u. Rn 305). § 41 Abs. 1 Nr. 2 PolG setzt den Verdacht einer begangenen Straftat voraus, der Verdacht einer **bloßen Vorbereitung einer Straftat genügt** daher **nicht**.[605]

Fall 41: Die Polizei ordnet gegenüber einem **Strafunmündigen** eine erkennungsdienstliche Behandlung an, weil der dringende Verdacht besteht, dass er eine gleichaltrige Schülerin erheblich körperlich misshandelt hat. In der Vergangenheit hat sich der Jugendliche schon mehrfach gewalttätig verhalten.[606]

Im **Fall 41** ist die Anordnung von erkennungsdienstlichen Maßnahmen zur vorbeugenden Bekämpfung von Straftaten erforderlich, weil der Betroffene verdächtig ist, eine Tat begangen zu haben, die mit Strafe bedroht ist, und wegen der Art und Ausführung der Tat die Gefahr der Wiederholung besteht. Die Maßnahme kann auf § 41 Abs. 1 Nr. 2 PolG gestützt werden, da sie sich gegen einen **Strafunmündigen** richtet und somit die vorrangige Norm des § 81 b Alt. 2 StPO nicht einschlägig ist. Der Schutz des allgemeinen Persönlichkeitsrechts, der verfassungsrechtliche Verhältnismäßigkeitsgrundsatz und der präventive Charakter der erkennungsdienstlichen Maßnahme verlangen allerdings eine **Abwägung** zwischen dem öffentlichen Interesse an einer effektiven Verhinderung und Aufklärung von Straftaten und dem Interesse des Betroffenen, nicht bereits deshalb als potenzieller Rechtsbrecher behandelt zu werden, weil er sich irgendwie verdächtig gemacht hat. Bei Strafunmündigen sind ferner das jugendliche Alter und die möglichen negativen Wirkungen für die weitere Entwicklung des Jugendlichen oder Kindes zu berücksichtigen.[607]

Weiterhin bedarf es nach der Formulierung in § 41 Abs. 1 Nr. 2 PolG („zukünftig eine Straftat begehen wird") einer **Wiederholungsgefahr**. Es müssen daher Anhaltspunkte vorliegen, dass die betroffene Person erneut straffällig werden wird.

Beispiel: Bereits die einmalige Begehung einer **Sexualstraftat** reicht zur Annahme einer hinreichenden **Wiederholungsgefahr** aus, weil Sexualdelikte regelmäßig von einer besonderen Veranlagung oder Neigung des Täters geprägt sind.[608]

308 Schließlich ist der **Grundsatz der Verhältnismäßigkeit** zu beachten.

Beispiel: In Fällen häuslicher Gewalt, in denen der Täter bekannt ist und keine Verschleierung seiner Tatbeteiligung betreibt, ist die Anfertigung erkennungsdienstlicher Unterlagen zu präventiven Zwecken grundsätzlich nicht erforderlich.[609]

309 **e) Rechtscharakter, Zuständigkeit & Verfahren.** Die Anordnung, erkennungsdienstliche Maßnahmen durchzuführen, ist ein **belastender Verwaltungsakt**.[610] Er verpflichtet die betroffene Person zur **Duldung** der angeordneten erkennungsdienstlichen Maßnahmen. Vor der Maßnahme ist die betroffene Person anzuhören (§ 28 LVwVfG). Eine bestimmte Form ist nicht vorgeschrieben. Soweit die Maßnahme **schriftlich** verfügt wird, ist sie gem. § 39 Abs. 1 LVwVfG zu **begründen**. Ergeht die Anordnung mündlich, gelten die Anforderungen des §§ 37 Abs. 2, 39 Abs. 1 LVwVfG.

---

605 VGH BW, NVwZ-RR 2020, 449 (Ls.), zu § 24 Abs. 1 Nr. 2 BPolG.
606 OVG NRW, NJW 1999, 2689.
607 OVG NRW, NJW 1999, 2689.
608 VG Saarland, LKRZ 2009, 175.
609 VG Köln, openJur 2012, 130096 (Rn 12).
610 W.-R. Schenke, in: Schenke/Graulich/Ruthig, Sicherheitsrecht, § 24 BPolG Rn 2.

II. Einzelmaßnahmen

Sachlich zuständig für die Anordnung der Maßnahme ist ausschließlich der **Polizeivollzugsdienst**.

Die **zwangsweise Durchsetzung** der erkennungsdienstlichen Behandlung erfolgt nach den Vorschriften des **LVwVG**. Als Zwangsmittel kommen insbesondere das Zwangsgeld und der unmittelbare Zwang in Frage. Hierbei ist der Grundsatz der Verhältnismäßigkeit zu beachten. Gegen bereits vollzogene erkennungsdienstliche Maßnahmen kommt die Fortsetzungsfeststellungsklage[611] in Betracht.

f) Aufbewahrung, Löschung und Vernichtung. Gem. § 41 Abs. 3 PolG sind die erhobenen personenbezogenen Daten zu **löschen** und die erkennungsdienstlichen Unterlagen zu **vernichten**, wenn die Voraussetzungen des Abs. 1 weggefallen sind, es sei denn, ihre weitere Aufbewahrung ist nach anderen Rechtsvorschriften zulässig. Führt die Durchführung von Maßnahmen gem. § 41 Abs. 1 Nr. 1 PolG zur Feststellung der Identität einer betroffenen Person, sind nach **Abs. 3** die angefallenen erkennungsdienstlichen Unterlagen **von Amts wegen** zu vernichten. Die Aufbewahrung der Unterlagen ist somit nur bis zum Abschluss der Maßnahme zulässig. Die Verweisung in § 41 Abs. 3 S. 2 PolG auf § 75 Abs. 3 PolG gilt für diese Fälle nicht.[612]

310

Wurden dagegen die Maßnahmen zur Identitätsfeststellung gem. § 41 Abs. 1 Nr. 2 PolG zur vorbeugenden Bekämpfung von Straftaten vorgenommen, gelten durch die Verweisungsvorschrift die Grundsätze des § 41 Abs. 2 u. 3 PolG. Die Verpflichtung zur Löschung gilt demnach nicht, wenn die weitere Aufbewahrung der Unterlagen „nach anderen Rechtsvorschriften" zulässig ist. Die Notwendigkeit der weiteren **Aufbewahrung** kann sich etwa aus den §§ 81 b, 111 StPO, aber auch aus anderen **Gesetzen** wie etwa aus § 16 AsylG, § 49 AufenthG und § 6 Abs. 3 PaßG ergeben.

311

Beispiele:

- K begehrte im Jahre 1985 die Vernichtung der erkennungsdienstlichen Unterlagen, die von ihm im Rahmen eines strafrechtlichen Ermittlungsverfahrens wegen Verstoßes gegen das WaffG im Jahr 1977 erhoben wurden. Das Verfahren wurde gegen Zahlung einer Geldauflage endgültig eingestellt. Im Jahre 1983 wurde gegen K ein weiteres Ermittlungsverfahren wegen Bildung einer kriminellen Vereinigung eingeleitet, das ebenfalls eingestellt wurde. Die Aufbewahrung erkennungsdienstlicher Unterlagen kann trotz Einstellung des strafrechtlichen Anlassverfahrens rechtmäßig sein, wenn nach dessen Ergebnis ein erheblicher Restverdacht gegen den Betroffenen besteht.[613]
- Die weitere Speicherung und Nutzung erkennungsdienstlicher Unterlagen durch den Polizeivollzugsdienst kann auch dann rechtmäßig sein, wenn das strafrechtliche Ermittlungsverfahren, das zu der Datengewinnung führt, gem. § 153 a Abs. 2 StPO eingestellt worden ist.[614]

Liegen die Voraussetzungen des § 41 Abs. 3 PolG vor, hat die betroffene Person ein **subjektiv-öffentliches Recht auf Vernichtung** der Unterlagen, die nach dieser Vorschrift erstellt wurden. Der Anspruch auf Vernichtung ist bis zum Abschluss des Widerspruchsverfahrens mit einem Anfechtungswiderspruch / -klage, verbunden mit dem Antrag auf Beseitigung der Vollzugsfolgen gem. § 113 Abs. 1 S. 2 VwGO geltend zu machen. Sind die Voraussetzungen für die Aufbewahrung erkennungsdienstlicher Unterlagen nach dem Abschluss des notwendigen Vorverfahrens weggefallen, ist der Anspruch auf Vernichtung mit der **Verpflichtungsklage** zu verfolgen. Dieses Recht besteht auch bei der Vernichtung erkennungsdienstlicher Unterlagen, die gem. § 81 b StPO aus präventiv-polizeilichen Gründen erhoben wurden.[615]

312

Die **Ablehnung** des Antrags auf Vernichtung stellt einen **Verwaltungsakt** dar, gegen den Widerspruch / Verpflichtungsklage erhoben werden kann.

---

611 Vgl. Fallbesprechung Knorr, VBlBW 5/2010, Sonderbeilage, 7.
612 So auch Zeitler/Trurnit, Polizeirecht BW, Rn 681.
613 VGH BW, DÖV 1988, 83.
614 VGH BW, NVwZ-RR, 287.
615 VGH BW, VBlBW 2004, 214.

§ 12 Polizeizwang

> **Relevanz für Studium, Prüfung und Examen:**
> Die Ausführungen zum Polizeizwang sind insgesamt (→ Rn 1 bis 85) relevant.

I. Allgemeines

1 Die **Ausübung von Zwang** obliegt grundsätzlich **nur dem Staat**, er übt das sog. **staatliche Gewaltmonopol** aus.[1] Das staatliche Gewaltmonopol leitet sich aus dem Rechtsstaatsprinzip ab (**str.**) und gehört zu den wenigen, vom in Art. 21 Abs. 2 GG verankerten verfassungsrechtlichen Begriff der **freiheitlichen demokratischen Grundordnung** erfassten zentralen Grundprinzipien, die für den freiheitlichen Verfassungsstaat schlechthin unentbehrlich sind.[2] Die **Polizei** verfügt über zahlreiche Möglichkeiten und Mittel zur Ausübung der Staatsgewalt, so dass sie mit *Kingreen/Poscher* zu Recht als **Vollstrecker des staatlichen Gewaltmonopols** anzusehen ist.[3] Dabei ist die Ausübung des staatlichen Gewaltmonopols zwingend an **eindeutige begrenzende gesetzliche Voraussetzungen** gebunden: Staat und Polizei können die ihnen obliegende Gewalt **nicht willkürlich** ausüben, sondern nur unter den strengen Vorgaben des Verfassungsrechts und der Gesetze (insbesondere auch des PolG). Umgekehrt müssen sich der Staat und insbesondere die Polizei **zwingend gegen Gewalt zur Wehr setzen**, die den staatlichen Institutionen oder Privatpersonen gilt und die nicht staatlich legitimiert ist. Deswegen kann und muss gewalttätigen Angriffen gegenüber Polizeibeamten mit dem effektiven Einsatz (körperlicher) Gewalt durch die Polizei begegnet werden.

Silvester 2022/23 kam es bundesweit – insbesondere in Berlin – zu willkürlichen und vorsätzlichen **massiven Angriffen und Übergriffen** auf Polizeibeamte und Rettungskräfte. In BW kam es in dieser Nacht zu 30 Gewaltdelikten zum Nachteil staatlicher Einsatzkräfte (vgl. LT-Drs. 17/3862, S. 3). Die Gewalt gegen Einsatzkräfte nimmt seit Jahren kontinuierlich zu[4] oder ist zumindest stabil hoch[5] und entwickelt sich zu einem grundlegenden staatlichen und gesellschaftlichen Problem.

Der Einsatz von Zwang und körperlicher Gewalt ist bei Angriffen gegenüber der Polizei grundsätzlich immer berechtigt, wobei im jeweiligen Einzelfall die gesetzlichen Grenzen und der Grundsatz der Verhältnismäßigkeit zu beachten sind.

Beispiel: Setzt sich eine Person gegen die berechtigte Ingewahrsamnahme durch die Polizei mit körperlicher Gewalt zur Wehr (etwa Anspucken, Schläge etc.), so ist die Polizei berechtigt, dies mit dem Einsatz körperlicher Gewalt (etwa Niederdrücken der Person auf den Boden, bis diese sich beruhigt hat oder durch Fesselung geschlossen werden kann) zu beenden. In solchen Situationen kann auch „rohe Gewalt" durch die Polizei zum Einsatz kommen, wenn dies situativ gefordert und unvermeidbar ist (wird etwa auf Polizeibeamte eingeschlagen, dürfen diese ggf. ihrerseits Schläge gegen die verursachende Person einsetzen).

Der Polizei obliegt überdies die **gesetzliche Pflicht**, den **Einsatz von Gewalt durch Privatpersonen** zu **unterbinden**. Zentraler Inhalt des staatlichen Gewaltmonopols ist das Verbot des Gewalteinsatzes durch jedermann: Gewalt wird unter der Verfassungsordnung des GG nur vom Staat und nicht vom Einzelnen ausgeübt.

---

1 Graulich, in: Lisken/Denninger, Handbuch des Polizeirechts, Kap. E Rn 821; Kingreen/Poscher, Polizei- und Ordnungsrecht, § 3 Rn 40, § 24 Rn 3; Gusy/Eichenhofer, Polizei- und Ordnungsrecht, Rn 71, 161; Lassahn, AöR 2018, 471, 484 ff.
2 BVerfGE 144, 20, 210 (Rn 547).
3 Kingreen/Poscher, Polizei- und Ordnungsrecht, § 24 Rn 3.
4 Bundeslagebild 2021 „Gewalt gegen Polizeivollzugsbeamtinnen und Polizeivollzugsbeamte" (hrsg v. BKA) v. September 2022, S. 11.
5 LT-Drs. 17/3872, S. 2 f., für BW.

Das staatliche Gewaltmonopol wird in jüngster Zeit insoweit in Frage gestellt, als sich die **Polizei selbst zunehmend Gewalt ausgesetzt** sieht. Die **Tötung des Afroamerikaners George Floyd** (durch Ersticken) in Minneapolis im US-Bundesstaat Minnesota am **25.5.2020** durch einen Polizisten (→ § 5 Rn 40) hat weltweit zu gewalttätigen Auseinandersetzungen mit der Polizei geführt. In Deutschland kam es seitdem zu vermehrten gewalttätigen Übergriffen gegen die Polizei, so etwa in der Nacht des 20./21.6.2020 in Stuttgart oder in der Nacht des 18./19.7.2020 in Frankfurt. Es zeigt sich, dass das Gewaltmonopol des Staates vor allem von jüngeren Menschen hinterfragt, kritisiert, abgelehnt und skandalisiert wird.[6] Es ist zu erkennen, dass die **staatliche Autorität in Teilbereichen zunehmend schwindet**.[7]

In den §§ 63 bis 69 PolG regelt das PolG den sog. Polizeizwang. Polizeizwang ist **Verwaltungsvollstreckung**, also die zwangsweise Vollziehung eines Verwaltungsakts (**Polizeiverfügung**) zum Zweck der Gefahrenabwehr. Er ist eine **Beugemaßnahme**, keine Strafe oder Buße.[8] Der Polizeizwang wird in einem **mehrstufigen, sog. gestreckten Verwaltungszwangsverfahren** durchgeführt, das auf die Anwendung eines Zwangsmittels abzielt. Soweit nicht bereits seine Androhung oder Festsetzung den Vollstreckungsschuldner zum freiwilligen Einlenken bewegt, stellt die Anwendung eines Zwangsmittels die **Ultima Ratio der Rechtsdurchsetzung** dar (§ 66 Abs. 1 S. 1 PolG). Wegen der damit verbundenen Eingriffsintensität unterliegt der Einsatz der Zwangsmittel einem strikten **Vorbehalt des Gesetzes**.

Mit dem Erlass einer vollstreckbaren Polizeiverfügung kann sich die Polizei selbst einen „Vollstreckungstitel" schaffen, ohne vorher ein gerichtliches Erkenntnisverfahren durchführen zu müssen. Weiterhin kann sie „ihre" Verfügung mit eigenen Vollzugsorganen vollstrecken.

Fall 42: Der Obdachlose O wird von der Gemeinde – Ortspolizeibehörde – in eine Notunterkunft eingewiesen. Im Zuge von Haushaltseinsparungen soll das Anwesen, in dem O untergebracht ist, verkauft und O in eine andere gemeindliche Notunterkunft umgesetzt werden. Wenn O nicht freiwillig umzieht, kann die Ortspolizeibehörde als Grundverwaltungsakt eine **Umsetzungsverfügung** erlassen und diese notfalls auch gegen den Willen des O durch die Anwendung unmittelbaren Zwangs vollstrecken lassen.

Im **Fall 42** entscheidet die Polizeibehörde selbst, ob sie eine Umsetzungsverfügung erlässt. Als Vollstreckungsbehörde liegt auch die Entscheidung in ihrem Ermessen, ob und mit welchen Mitteln sie ihre eigene Polizeiverfügung vollstreckt (→ § 6 Rn 61). Dieses „Vollstreckungsverfahren aus einem Guss" ist aus Sicht der Ortspolizeibehörde einer – ebenso zulässigen – Räumungsklage der Gemeinde und Zwangsräumung durch den Gerichtsvollzieher vorzuziehen.

II. Zwangsmittel

1. Allgemeines. Als **Zwangsmittel** kommen gem. § 63 Abs. 1 PolG das Zwangsgeld, die Zwangshaft oder die Ersatzvornahme nach den Vorschriften des LVwVG und gem. § 63 Abs. 2 PolG der unmittelbare Zwang nach den Bestimmungen des PolG in Betracht. Die **Arten der Zwangsmittel** sind damit **abschließend festgelegt**, eine Erweiterung ist ausgeschlossen.[9]

Für die Zwangsmittel **Zwangsgeld, Zwangshaft** und **Ersatzvornahme** gelten über die Verweisungsvorschrift des § 63 Abs. 1 PolG die Regelungen des LVwVG. Soweit Bundesgesetze Vollstreckungsvorschriften enthalten, ist gem. § 1 Abs. 3 LVwVG das LVwVG nicht anwendbar.

Gem. § 63 Abs. 2 PolG wendet die Polizei das Zwangsmittel unmittelbarer Zwang nach den Vorschriften „dieses Gesetzes", also nach den speziellen Bestimmungen des PolG in den §§ 64 ff.

---

6 Grundlegend zur Bewertung polizeilicher Gewaltanwendung durch betroffene Personen vgl. Abdul-Rahman/Espín Grau/Klaus/Singelnstein, Gewalt im Amt, S. 217 ff.
7 So Büscher/Naber, in: Welt vom Sonntag kompakt vom 23.8.2020, S. 6 f.: „Es kippt etwas in deutschen Städten. Langsam aber sicher scheint die staatliche Autorität zu bröckeln, ein gewisser Respekt vor Polizisten in gewissen Vierteln, in gewissen Nächten verloren zu gehen."
8 VGH BW, NVwZ-RR 1995, 620, 621.
9 Hyckel, LKV 2015, 300, 342.

PolG an. Aus § 66 Abs. 4 PolG folgt, dass die dort genannten Vorschriften des LVwVG auch für die Durchführung des unmittelbaren Zwangs gelten. Zu beachten ist in diesem Zusammenhang die Regelung des § 65 PolG, wonach die Anwendung des unmittelbaren Zwangs (nur) den Beamten des Polizeivollzugsdienstes obliegt (→ Rn 46).

Die **Vorschriften des PolG über den unmittelbaren Zwang** (§§ 64 ff. PolG) gelten **ergänzend** für die zwangsweise **Durchführung strafprozessualer Standardmaßnahmen.** Wird die Polizei gem. § 1 Abs. 2 PolG, §§ 161, 163 StPO tätig, muss sie die in der StPO geregelten Maßnahmen wie Festnahmen, körperliche Untersuchungen, Durchsuchungen, Festhalten bei Identitätsfeststellungen etc. notfalls auch gegen den Willen der betroffenen Person durchsetzen können. Zwar regelt die StPO die Befugnisse zu diesen Standardmaßnahmen. Sie enthält aber meist keine eigenen Bestimmungen über ihre zwangsweise Durchsetzung. Insoweit kommt den §§ 63 bis 69 PolG eine **Ergänzungsfunktion** zu.

3 Das PolG enthält keine eigenen Regelungen über die **Vollstreckung von Geldforderungen** der Polizei. Soweit Kosten der Polizei durch Kostenbescheid festgesetzt werden, erfolgt die Vollstreckung des Kostenbescheids durch Beitreibung nach den §§ 13, 14 u. 15 ff. LVwVG i. V. m. § 1 ff. LVwVGKO.

Beispiel: Nach dem Abschleppen eines verbotswidrig geparkten Fahrzeugs im Wege der Ersatzvornahme setzt die Polizeibehörde P in einem Bescheid gegenüber dem kostenpflichtigen Halter H die Kosten der Maßnahme fest. Da H auch nach einer Mahnung nicht bezahlt und der Bescheid bestandskräftig wird, will P den Leistungsbescheid vollstrecken. Für die Beitreibung gelten die §§ 13 ff. LVwVG.

4 **2. Zwangsgeld.** Mit dem Zwangsgeld können Handlungen, Duldungen und Unterlassungen durchgesetzt werden.

Fall 43: Ein Drogendealer fällt der Polizei mehrfach wegen des Handels mit BTM auf. Mit entsprechendem Bescheid wird ihm gem. § 30 Abs. 2 PolG ein **Aufenthaltsverbot** erteilt und ihm unter Anordnung des Sofortvollzugs untersagt, sich in dem Zeitraum von drei Monaten auf bestimmten öffentlichen Straßen in der Stadt S aufzuhalten (= vollstreckbare Polizeiverfügung, die zu einer Unterlassung verpflichtet). Für den Fall der Zuwiderhandlung wird ein **Zwangsgeld** in Höhe von 1.000 Euro **angedroht** (→ Rn 4 ff.).

Die **Androhung** des Zwangsgelds stellt die **erste** Stufe im Vollstreckungsverfahren dar. Rechtsgrundlagen für die Vollstreckung des Aufenthaltsverbots sind § 63 Abs. 1 PolG, §§ 1, 2, 4, 19, 20 u. 23 LVwVG. Im **Fall 43** ist die Androhung eines Zwangsgelds ein geeignetes Zwangsmittel, um den Drogendealer zur Beachtung des Aufenthaltsverbots zu bringen.

Die Androhung, Festsetzung und Anwendung von Zwangsgeld soll die pflichtige Person (Adressat einer Grundverfügung) durch Einwirkung auf ihren Willen mittelbar zwingen, die ihr auferlegte Handlungs-, Duldungs- oder Unterlassungspflicht selbst zu erfüllen.[10] Das Zwangsmittel kommt deshalb zur Vollstreckung aller in § 1 LVwVG genannten Verfügungen zur Anwendung, gleichgültig, ob vertretbare oder unvertretbare Handlungen erzwungen werden sollen. Die Maßnahme ist keine Reaktion auf begangenes Unrecht, sondern ein reines **Beugemittel** ohne Strafcharakter **zur Erzwingung eines künftigen Verhaltens.** Auf ein mögliches Verschulden des Vollstreckungsschuldners kommt es nicht an. Aus diesen Gründen kann das Zwangsgeld gem. § 19 Abs. 4 LVwVG **wiederholt und gesteigert werden**, wenn die pflichtige Person weiterhin säumig ist.[11] Das Zwangsgeld ist gem. **§ 20 LVwVG** anzudrohen. Aus dem **Bestimmtheitsgrundsatz** folgt, dass das Zwangsmittel für jeden einzelnen Fall der Zuwiderhandlung angedroht werden muss (→ Rn 34). Die **Festsetzung** muss schriftlich erfolgen und hat ebenfalls Verwaltungsaktcharakter. Sie ist bei fehlender Androhung eines bestimmten Zwangsmittels unzulässig.[12]

---

10 VGH BW, NVwZ-RR 1995, 620, 621.
11 VGH BW, NVwZ-RR 1995, 620, 621.
12 VGH BW, VBlBW 1996, 65, 66.

Für die **Höhe** legt § 23 LVwVG einen Kostenrahmen zwischen 10 und höchstens 50.000 Euro fest. 5
Die Festsetzung der Höhe muss sich in erster Linie nach der Wichtigkeit des von der Verwaltung
verfolgten Zwecks, darüber hinaus nach der Intensität des geleisteten Widerstands richten. Es
gibt keinen vollstreckungsrechtlichen Grundsatz, dass die Höhe des Zwangsgelds die bei einer
Ersatzvornahme zu erwartenden Kosten nicht übersteigen darf.[13]

Die **Vollstreckung** erfolgt **durch Beitreibung** nach den §§ 63 Abs. 1 PolG, 13 ff. LVwVG. Ein 6
festgesetztes Zwangsgeld darf dann nicht mehr beigetrieben werden, wenn die hierdurch zu
erzwingende Handlung oder Unterlassung auf einem befristeten Gebot oder Verbot beruht und
die Frist inzwischen verstrichen ist.[14] Mit der Zwangsgeldfestsetzung ist die Zwangsvollstreckung
beendet und das Vermögen der pflichtigen Person mit der Zwangsgeldforderung belastet.

3. Zwangshaft. Ist das Zwangsgeld uneinbringlich, kann gem. **§ 24 Abs. 1 S. 1 LVwVG** die Voll- 7
streckungsbehörde beim zuständigen Verwaltungsgericht Antrag auf Anordnung von Zwangshaft stellen. Zwangshaft ist kein selbstständiges bzw. primäres Zwangsmittel, sondern tritt als
Beugehaft an die Stelle des nicht einzubringenden Zwangsgelds („Ersatzzwangshaft"). Die
Zwangshaft stellt eine **Freiheitsentziehung** i. S. d. Art. 104 Abs. 1 GG dar. Wegen des mit
ihr verbundenen schweren Eingriffs in das durch Art. 2 Abs. 2 GG garantierte **Grundrecht
auf Freiheit der Person** darf sie nur angeordnet werden, wenn **alle anderen Zwangsmittel
erschöpft** sind. Sie ist das letzte Mittel des Staates zur Durchsetzung eines vollstreckbaren
Anspruchs. Sie ist daher nur in Ausnahmefällen unter besonderer Beachtung des Grundsatzes der
Verhältnismäßigkeit zulässig. Gem. **§ 24 Abs. 1 S. 1 LVwVG** ist die pflichtige Person vor Erlass des
Haftanordnungsbeschlusses durch das Verwaltungsgericht **anzuhören**. Bei der Androhung des
Zwangsgelds muss die pflichtige Person auf die Zulässigkeit der Zwangshaft hingewiesen worden
sein (§ 24 Abs. 1 S. 1 Hs. 2 LVwVG).

Das Zwangsgeld ist dann **uneinbringlich**, wenn ein nach der rechtmäßig angeordneten Festsetzung erfolgter **Beitreibungsversuch** erfolglos war. Ordnet das Verwaltungsgericht die Zwangshaft an, hat es gem. **§ 24 Abs. 1 S. 2 LVwVG** einen **Haftbefehl** auszustellen. Gem. **§ 24 Abs. 3 S. 1
LVwVG** ist die Zwangshaft auf Antrag der Vollstreckungsbehörde durch die Justizverwaltung **zu
vollstrecken**. Die Zwangshaft beträgt mindestens einen Tag und höchstens zwei Wochen (§ 24
Abs. 2 LVwVG).

4. Ersatzvornahme. Gem. § 63 Abs. 1 PolG, § 25 LVwVG bedeutet Ersatzvornahme die **Ausfüh-** 8
rung einer vertretbaren Handlung, zu welcher der Verwaltungsakt verpflichtet, durch die
Vollstreckungsbehörde oder durch einen von ihr beauftragten Dritten auf Kosten der pflichtigen
Person. Wichtiger **Anwendungsfall** ist das **Abschleppen verbotswidrig abgestellter Fahrzeuge**
im Wege der Ersatzvornahme (→ § 8 Rn 14).

Beispiel: Weil die zuständige Straßenverkehrsbehörde nicht erreichbar ist, beauftragt die Polizei am
Wochenende ein privates Unternehmen, ein seit Tagen im Fußgängerbereich (VZ 241 mit Zusatzschild)
widerrechtlich geparktes Kfz abzuschleppen und zieht den Halter H durch Kostenbescheid zu den Abschleppkosten heran. Das VZ 241 begründet als Verkehrsregelung für den Nichtberechtigten H nicht nur
ein Parkverbot, sondern zugleich das Gebot, das unerlaubt parkende Fahrzeug wegzufahren. Das durch das
Verkehrszeichen angeordnete **Wegfahrgebot** stellt somit die zu vollstreckende **Grundverfügung** dar (→
§ 8 Rn 13 ff.). Durch das Abschleppen – eine vertretbare Handlung – wird das straßenverkehrsrechtliche
Wegfahrgebot im Wege der Ersatzvornahme (hier durch Fremdvornahme durch die Beauftragung eines
Abschleppunternehmens) vollstreckt (vgl. VGH BW, VBlBW 1990, 259).

Durch die Ersatzvornahme können nur vertretbare Handlungen erzwungen werden. **Vertretbar** 9
ist eine **Handlung**, wenn die Vornahme durch einen Dritten rechtlich zulässig ist, und es für
die berechtigte Person tatsächlich und wirtschaftlich gleich bleibt, ob die pflichtige Person oder
ein anderer die Handlung vornimmt. Vertretbar sind nur positive Handlungen. Aus diesem

---

13 VGH BW, VBlBW 2004, 226.
14 VGH BW, VBlBW 1996, 418.

Grund können etwa das Verlassen eines bestimmten Ortes wie beim Wohnungsverweis (§ 30 Abs. 3 PolG), das Erscheinen aufgrund einer Vorladung (§ 28 PolG), die Beantwortung eines Auskunftsverlangens oder die Abgabe einer Erklärung nicht im Wege der Ersatzvornahme erzwungen werden. Diese Handlungen bzw. Leistungen sind höchstpersönlicher Natur und damit **unvertretbare Handlungen**.

10 § 25 LVwVG lässt sowohl die Selbstvornahme als auch die sog. Fremdvornahme zu. Bei der **Selbstvornahme** beseitigt die Polizei eine Gefahr mit eigenen Mitteln (Personal, Sachmittel etc.). Bei der **Fremdvornahme** überträgt die Polizei einem selbstständigen Unternehmen die Vollstreckung der durch die Grundverfügung angeordneten Maßnahme. Bei dieser Beauftragung handelt es sich regelmäßig um ein privatrechtliches Rechtsgeschäft zwischen der Behörde und dem Unternehmer (Werk- oder Dienstvertrag). Zu der pflichtigen Person (Adressat des Grundverwaltungsakts / Vollstreckungsschuldner) tritt die dritte Person (Unternehmer) weder in vertragliche noch sonstige öffentlich-rechtliche Rechtsbeziehungen.

Einen generellen Vorrang des Zwangsmittels der Ersatzvornahme vor dem des Zwangsgelds gibt es nicht.[15]

11 **5. Unmittelbarer Zwang.** Unmittelbarer Zwang ist nach der Legaldefinition in § 64 Abs. 1 PolG jede Einwirkung auf Personen oder Sachen durch einfache körperliche Gewalt, Hilfsmittel der körperlichen Gewalt oder Waffengebrauch (→ Rn 49 ff.). § 64 Abs. 1 PolG bestimmt **abschließend**, welche Maßnahmen / Mittel bei der Anwendung des unmittelbaren Zwangs eingesetzt werden dürfen.[16] Das Zwangsmittel ist das **äußerste Mittel** des Vollstreckungsrechts (vgl. § 66 Abs. 1 PolG). Durch das Zwangsmittel werden gegen den Willen der betroffenen Person regelmäßig **unvertretbare Handlungen** erzwungen.

Beispiel: Die Polizei richtet an die Teilnehmer einer aufgelösten Versammlung mehrfach die Aufforderung, eine Zufahrtsstraße zu räumen, um für ein Militärfahrzeug die Einfahrt in eine Kaserne frei zu machen. Sie droht die zwangsweise Räumung der Straße (= Platzverweis) an. Als die Teilnehmer nicht aufgeben, wendet der Polizeivollzugsdienst zur Vollstreckung der vorausgegangenen Platzverweisverfügung unmittelbaren Zwang an: Die Vollzugsbeamten tragen die Teilnehmer durch den Einsatz körperlicher Gewalt von der Fahrbahn.[17] In diesem Fall richtet sich die Vollstreckung des Platzverweises nach § 63 Abs. 2, § 64 Abs. 1 u. 2, § 66 Abs. 4 PolG i. V. m. den dort genannten Vorschriften des LVwVG. Das Verlassen der Straße stellt für jeden Adressaten des Platzverweises eine höchstpersönliche und somit eine **unvertretbare Handlung** dar. Der unmittelbare Zwang ist das geeignete Zwangsmittel, um in diesem Fall die Räumung der Fahrbahn durchzusetzen.

III. Vorliegen eines vollstreckbaren Verwaltungsakts

12 **1. Vollstreckungsfähiger Verwaltungsakt. a) Verwaltungsakt als Grundvoraussetzung der Verwaltungsvollstreckung.** Vollstreckungsmaßnahmen der Polizei setzen einen vollstreckungsfähigen **Verwaltungsakt** i. S. d. § 35 LVwVfG voraus (vgl. § 1 Abs. 1 LVwVG).[18] Dieser Verwaltungsakt ist der **Vollstreckungstitel**. Allen Zwangsmaßnahmen muss daher ein Verwaltungsakt als **Grundverfügung** vorausgehen. Fehlt dieser Grundverwaltungsakt, ist für eine Verwaltungsvollstreckung kein Raum. **Verwaltungsvollstreckung ist grundsätzlich immer Vollstreckung eines Verwaltungsakts.**

Weiterhin muss der zu vollstreckende Verwaltungsakt **wirksam** sein, darf also weder nichtig noch aufgehoben oder erledigt sein. Gem. **§ 43 Abs. 2 LVwVfG** bleibt der Verwaltungsakt wirksam, solange und soweit er nicht zurückgenommen, widerrufen, anderweitig aufgehoben oder durch

---

15 VGH BW, VBlBW 2004, 226.
16 Deger, in: Stephan/Deger, Polizeigesetz BW, § 50 Rn 2.
17 VGH BW, NJW 1990, 1618.
18 Hyckel, LKV 2015, 300, 301; Kramer/Tyborczyk, JuS 2021, 845, 847.

III. Vorliegen eines vollstreckbaren Verwaltungsakts 531

Zeitablauf erledigt ist. Der fortwirkende Verwaltungsakt ist unverzichtbare Voraussetzung für die Rechtmäßigkeit der jeweiligen Vollstreckungsmaßnahme, wobei es auf die **Rechtmäßigkeit des Verwaltungsakts** nicht ankommt.[19]

b) Vollstreckungsfähigkeit des Verwaltungsakts. Vollstreckungsfähig sind nur Verwaltungsakte, die zu einer Geldleistung oder sonstigen Handlung, zu einer Duldung oder zu einer Unterlassung verpflichten (§ 1 Abs. 1 LVwVG). **Polizeiverfügungen** zur Gefahrenabwehr sind regelmäßig vollstreckungsfähige Verwaltungsakte, da sie als klassischer Fall der Eingriffsverwaltung befehlenden Charakter haben (→ § 6 Rn 1).[20] Die in **Verkehrszeichen und -einrichtungen** enthaltenen Gebote stehen regelmäßig den vollziehbaren Verwaltungsakten gleich (→ § 8 Rn 13 ff.). **Feststellende Verwaltungsakte** sind dagegen nicht vollstreckungsfähig.[21] **Nicht vollstreckungsfähig sind Realakte**, also rein tatsächliche Verwaltungshandlungen, die in einem öffentlich-rechtlichen Sachzusammenhang stehen, aber keinen Regelungsgehalt besitzen, insbesondere keine Rechtswirkung nach außen setzen (→ § 7 Rn 1 ff.). 13

c) Form des zu vollstreckenden Verwaltungsakts. Auf die **Form** des Verwaltungsakts kommt es nach dem **Grundsatz der Formfreiheit** nicht an (vgl. § 37 Abs. 2 S. 1 LVwVfG). Vollstreckungsfähig sind auch mündliche Verfügungen oder konkludent angeordnete Verwaltungsakte. Gem. **§ 37 Abs. 2 S. 2 LVwVfG** ist eine mündliche Verfügung schriftlich zu bestätigen. 14

2. Vollstreckbarer Verwaltungsakt. Die polizeiliche Verfügung kann als Verwaltungsakt nur vollstreckt werden, wenn sie **unanfechtbar und damit formell bestandskräftig** geworden ist (§ 2 Nr. 1 LVwVG) oder wenn die aufschiebende Wirkung eines Rechtsbehelfs entfällt (§ 2 Nr. 2 LVwVG).[22] 15

a) Unanfechtbarkeit. Unanfechtbar bedeutet, dass in der durch den Verwaltungsakt geregelten Sache nach den insoweit maßgeblichen Vorschriften (insbesondere nach der VwGO) **keine ordentlichen Rechtsbehelfe mehr** gegeben sind. Dies ist der Fall: 16

- nach Ablauf der Rechtsbehelfsfristen (vgl. §§ 58 Abs. 2, 70 Abs. 1, 74 Abs. 1 VwGO),
- bei ausdrücklichem Verzicht auf Rechtsbehelfe oder
- bei formeller Rechtskraft von Urteilen (vgl. § 173 VwGO, § 705 ZPO). Im Ergebnis bedeutet dies, dass eine Entscheidung mit ordentlichen Rechtsmitteln (Berufung, Revision, Beschwerde) nicht mehr angegriffen werden kann, entweder weil ein Rechtsmittel überhaupt nicht gegeben oder weil die Rechtsmittelfrist verstrichen ist.

b) Sonderfall: Gefahr im Verzug. Liegt Gefahr im Verzug vor (→ § 4 Rn 35), kann unter den Voraussetzungen des **§ 21 LVwVG** die Vollstreckung bereits vor Eintritt der Unanfechtbarkeit des zu vollstreckenden Verwaltungsakts erfolgen.[23] Der zu vollstreckende Verwaltungsakt muss der Abwehr einer Gefahr für die öffentliche Sicherheit oder Ordnung dienen. Bei der Beurteilung der Erforderlichkeit muss eine **Abwägung** zwischen dem Interesse der pflichtigen Person an der Einhaltung der Vorschriften des LVwVG und den öffentlichen Belangen an einer effektiven Gefahrenabwehr durchgeführt werden. Entsprechend dem Ausnahmecharakter der Vorschrift ist ein strenger Maßstab anzulegen. Wegen der Möglichkeit der Anordnung der sofortigen Vollziehung (vgl. § 2 Nr. 2 LVwVG [→ Rn 25 ff.]) kommt der Regelung wenig praktische Bedeutung zu. 17

c) Wegfall der aufschiebenden Wirkung. aa) Grundsatz des § 80 Abs. 1 S. 1 VwGO. Nach dem Grundsatz des **§ 80 Abs. 1 S. 1 VwGO** haben Widerspruch und Anfechtungsklage aufschie- 18

---

19 VGH BW, VBlBW 2022, 16, 17, u. 2008, 305.
20 Hyckel, LKV 2015, 300, 301.
21 Deger, in: Stephan/Deger, Polizeigesetz BW, § 49 Rn 8.
22 Hyckel, LKV 2015, 300, 302.
23 VGH BW, VBlBW 1986, 301.

bende Wirkung. Durch diese Regelung soll sichergestellt werden, dass vor Unanfechtbarkeit eines belastenden Verwaltungsakts keine vollendeten Tatsachen geschaffen und Rechte beeinträchtigt werden können, ohne dass die betroffenen Personen die Möglichkeit wirksamen Rechtsschutzes haben.[24] Die Einlegung dieser Rechtsbehelfe führt regelmäßig dazu, dass der Verwaltungsakt nicht vollstreckt werden darf.

Beispiel: Nachdem der Schäferhund des H schon zweimal kleinere Hunde gebissen und schwer verletzt hat, ordnet die Ortspolizeibehörde O gegenüber H den Leinen- und Maulkorbzwang für seinen Schäferhund an und stellt H die Verfügung zu. Legt H form- und fristgerecht **Widerspruch** gegen die Polizeiverfügung ein, ist er nicht verpflichtet, den Anordnungen Folge zu leisten. Denn sein Rechtsbehelf hat aufschiebende Wirkung. Im Falle der Nichtbefolgung der Anordnung muss H auch keine Vollstreckungsmaßnahmen befürchten. Denn es liegt kein vollstreckbarer Verwaltungsakt vor. Will O den H trotz seines Widerspruchs zur sofortigen Beachtung des Leinen- und Maulkorbzwangs zwingen, muss sie gem. § 80 Abs. 2 S. 1 Nr. 4 VwGO die **sofortige Vollziehung** ihrer Polizeiverfügung **besonders anordnen**. Nur dann kann sie gegenüber H für den Fall der Zuwiderhandlung Zwangsmittel androhen bzw. anwenden. Hierbei muss O abwägen, ob ein besonderes öffentliches Interesse an der sofortigen Umsetzung des Leinen- und Maulkorbzwangs zur Verhütung weiterer Gefahren für die öffentliche Sicherheit (= Vollzugsinteresse) die privaten Belange des H überwiegt (→ Rn 28).

19 **bb) Ausnahmen des § 80 Abs. 2 und 3 VwGO.** Vom Grundsatz der aufschiebenden Wirkung der genannten Rechtsbehelfe werden in **§ 80 Abs. 2, 3 VwGO** mehrere Ausnahmen gemacht mit der Rechtsfolge, dass der Verwaltungsakt trotz der Einlegung von Rechtsbehelfen vollstreckt werden kann. Er ist in folgenden Fällen „sofort vollziehbar"[25]:

20 **(1) Anforderung öffentlicher Abgaben und Kosten (§ 80 Abs. 2 S. 1 Nr. 1 VwGO).** Die aufschiebende Wirkung entfällt gem. **§ 80 Abs. 2 S. 1 Nr. 1 VwGO** kraft Gesetzes bei der Anforderung von öffentlichen Abgaben und Kosten. **Öffentliche Abgaben** sind die hoheitlich geltend gemachten öffentlich-rechtlichen Geldforderungen, die von allen erhoben werden, die einen normativ bestimmten Tatbestand erfüllen und die zur Deckung des Finanzbedarfs des Hoheitsträgers für die Erfüllung öffentlicher Aufgaben dienen, wie etwa Steuern, Gebühren und Beiträge nach dem KAG. Dabei genügt es, wenn die Abgabe diese Funktion neben einer anderen Funktion hat (etwa Lenkungs-, Antriebs-, Zwangs- oder Straffunktion) und möglicherweise zweckgebunden zu verwenden ist.[26]

21 **Kosten** i. S. d. § 80 Abs. 2 VwGO sind grundsätzlich alle **Gebühren und Auslagen**, die den Beteiligten wegen der Durchführung eines Vorverfahrens oder eines Verwaltungsverfahrens auferlegt werden wie etwa die Widerspruchsgebühr[27] und Gebühren für Amtshandlungen nach dem LGebG (→ § 15 Rn 33 ff.).

Keine Kosten i. S. d. § 80 Abs. 2 S. 1 Nr. 1 VwGO sind:

- Zwangsgelder (→ Rn 4);
- die Kosten der Ersatzvornahme einschließlich des Vorauszahlungsbescheids (VGH BW, NVwZ-RR 1997, 74; [→ § 15 Rn 23 ff.);
- die Kosten für die Anwendung unmittelbaren Zwangs (VGH BW, VBlBW 1996, 262 [→ § 15 Rn 32]);
- die Kosten für die unmittelbare Ausführung gem. § 8 Abs. 2 PolG (→ § 15 Rn 14 ff.);
- die Bestattungskosten im Falle der Veranlassung einer Bestattung durch die Ortspolizeibehörde gem. § 31 BestattG (VGH BW, NVwZ-RR 2000, 189).

In allen diesen Fällen haben Widerspruch und Anfechtungsklage gegen die Kostenbescheide grundsätzlich aufschiebende Wirkung.

---

24 W.-R. Schenke, in: Kopp/Schenke, § 80 VwGO Rn 1.
25 § 80 Abs. 2 S. 1 Nr. 3a VwGO hat für die Polizei keine praktische Bedeutung.
26 W.-R. Schenke, in: Kopp/Schenke, § 80 VwGO Rn 57.
27 VGH BW, VBlBW 1987, 336.

III. Vorliegen eines vollstreckbaren Verwaltungsakts

(2) Anordnungen und Maßnahmen von Polizeivollzugsbeamten (§ 80 Abs. 2 S. 1 Nr. 2 VwGO). Keine aufschiebende Wirkung entfalten Rechtsbehelfe gem. § 80 Abs. 2 S. 1 Nr. 2 VwGO kraft Gesetzes bei unaufschiebbaren **Anordnungen und Maßnahmen von Polizeivollzugsbeamten.** Die Bestimmung betrifft nur Verwaltungsakte des Polizeivollzugsdienstes, nicht die der Polizeibehörden. Wird der Polizeivollzugsdienst aufgrund seiner **Eilzuständigkeit** gem. § 105 Abs. 2 PolG tätig, ist diese Voraussetzung grundsätzlich gegeben.

22

Beispiel: Bei einer Streife in der Fußgängerzone erteilen die Polizeivollzugsbeamten O und P dem **Bettler** B einen Platzverweis, weil er in aggressiver Form (Festhalten von Passanten, beleidigende Äußerungen) vorgeht. Sie fordern ihn unter Androhung unmittelbaren Zwangs auf, die Fußgängerzone umgehend zu verlassen. B protestiert gegen diese Maßnahme, indem er den Beamten umgehend einen von ihm unterschriebenen Widerspruch gegen den Platzverweis übergibt. Mit dem Rechtsbehelf kann B den Vollzug des Platzverweises nicht verhindern. Denn sein Widerspruch hat keine aufschiebende Wirkung, weil die Aufforderung, die Fußgängerzone zu verlassen, eine unaufschiebbare Anordnung von Polizeivollzugsbeamten gem. § 80 Abs. 2 S. 1 Nr. 2 VwGO darstellt. Nach der Vollstreckung des Platzverweises kann B nur über die **Fortsetzungsfeststellungsklage** die Rechtmäßigkeit der polizeilichen Maßnahme nachträglich überprüfen lassen (→ Rn 84).

Bei schriftlichen Polizeiverfügungen gilt § 80 Abs. 2 S. 1 Nr. 2 VwGO nicht.[28] In diesen Fällen muss die zuständige Polizeivollzugsbehörde die sofortige Vollziehung besonders anordnen.

Der Wegfall der aufschiebenden Wirkung eines Rechtsbehelfs gem. § 80 Abs. 2 S. 1 Nr. 2 VwGO gilt wegen der Funktionsgleichheit mit unaufschiebbaren Anordnungen der Polizeivollzugsbeamten entsprechend für **Verkehrszeichen und -einrichtungen,** deren Gebote (regelmäßig Wegfahrgebote) den vollziehbaren Verwaltungsakten i. S. d. § 80 Abs. 2 S. 1 Nr. 2 VwGO gleichgestellt sind.[29]

23

(3) Andere durch Bundes- oder Landesgesetz vorgeschriebene Fälle (§ 80 Abs. 2 S. 1 Nr. 3 VwGO). Gem. § 80 Abs. 2 S. 1 Nr. 3 VwGO entfällt die aufschiebende Wirkung in anderen durch Bundesgesetz oder für Landesrecht durch Landesgesetz vorgeschriebenen Fällen (vgl. etwa § 75 AsylG, § 37 TierGesG, § 84 Abs. 1 AufenthG, § 28 Abs. 3 i. V. m. § 16 Abs. 8 IfSG, § 160 Abs. 4 S. 5 SGB IX).

24

Gem. §§ 80 Abs. 2 S. 1, Nr. 3, S. 2 VwGO, 12 LVwVG entfällt die aufschiebende Wirkung von Rechtbehelfen auch bei Maßnahmen in der Verwaltungsvollstreckung kraft der Regelung in einem Landesgesetz.[30] Zu diesen Maßnahmen zählen die **Androhung** und **Festsetzung** von Zwangsmitteln, soweit sie ihrer Rechtsnatur nach Verwaltungsakte sind.

Beispiel: Die zuständige Polizeivollzugsbehörde erlässt eine schriftliche Verfügung, durch die der A zur Durchführung erkennungsdienstlicher Maßnahmen gem. § 28 PolG innerhalb einer bestimmten Frist vorgeladen wird. Sie ordnet die sofortige Vollziehung dieser Verfügung an und droht ein Zwangsgeld für den Fall des Nichterscheinens an. In diesem Fall hätte ein **Widerspruch** des A **gegen die Androhung** des Zwangsgelds **keine aufschiebende Wirkung,** da die Androhung die erste Stufe des Vollstreckungsverfahrens darstellt. Die Behörde könnte daher trotz des Widerspruchs des A das angedrohte Zwangsgeld festsetzen.

(4) Besondere Anordnung der sofortigen Vollziehung (§ 80 Abs. 2 S. 1 Nr. 4, Abs. 3 VwGO). Rechtsbehelfe hindern die Vollstreckbarkeit ebenfalls nicht, wenn die zuständige Behörde **die sofortige Vollziehung ihrer Grundverfügung besonders anordnet** (§ 80 Abs. 2 S. 1 Nr. 4, Abs. 3 VwGO).

25

---

28 So auch Zeitler/Trurnit, Polizeirecht BW, Rn 1074.
29 VGH BW, VBlBW 2010, 196, 197.
30 Vgl. dazu auch BT-Drs. 13/3993, S. 11.

Fall 44: Die Ortspolizeibehörde von S erlässt gegenüber dem prügelnden Ehemann M zur Bekämpfung der häuslichen Gewalt gem. § 30 Abs. 3 PolG folgende Verfügung (→ § 11 Rn 95 ff.):
1. Sie werden aus der in S...., ... Straße Nr. ...., im 1. OG gelegenen Wohnung verwiesen.
2. Gleichzeitig wird Ihnen für die Dauer von zehn Tagen ab Bekanntgabe dieser Verfügung untersagt, in diese Wohnung zurückzukehren und diese zu betreten.
3. **Die sofortige Vollziehung der Verfügungen Ziff. 1 und 2 wird angeordnet.**

Im **Fall 44** hat die Polizeibehörde die sofortige Vollziehung des angeordneten Wohnungsverweises und Rückkehrverbots gem. **§ 80 Abs. 2 S. 1 Nr. 4 VwGO** besonders angeordnet. Ihre Anordnung kann die Behörde in diesem Fall sowohl **im öffentlichen Interesse** (Abwehr von Gefahren) als auch **im überwiegenden Interesse der beteiligten Familienangehörigen** (Opferschutz) erlassen. Mit dieser Anordnung erreicht sie, dass ein möglicher Widerspruch des M keine aufschiebende Wirkung hätte. Mit der Anordnung der sofortigen Vollziehung verfügt die Behörde gegen M über eine vollstreckbare Wohnungsverweisverfügung. Beim Vorliegen der weiteren Vollstreckungsvoraussetzungen, insbesondere nach der Androhung eines bestimmten Zwangsmittels (etwa unmittelbarer Zwang), kann sie den Wohnungsverweis sofort vollstrecken und M notfalls durch Anwendung des unmittelbaren Zwangs aus der Wohnung entfernen. Ohne die Anordnung der sofortigen Vollziehung hätte ein Widerspruch des M gegen die Polizeiverfügung gem. § 80 Abs. 1 S. 1 VwGO aufschiebende Wirkung mit der Folge, dass der Wohnungsverweis und das Rückkehrverbot von M nicht beachtet werden müssten.

Nach der Anordnung der sofortigen Vollziehung hat M nur noch die Möglichkeit, beim Verwaltungsgericht gem. **§ 80 Abs. 5 VwGO** den Antrag zu stellen, dass die aufschiebende Wirkung seines Widerspruchs wieder hergestellt wird (→ Rn 30). Gibt ihm das Gericht in diesem einstweiligen Rechtsschutzverfahren Recht, darf er – vorbehaltlich der Einlegung möglicher Rechtsbehelfe durch E – wieder in seine Wohnung gehen, weil die Verfügung nicht mehr vollziehbar bzw. vollstreckbar ist.

26 Die sofortige Vollziehung kann von der zuständigen Behörde (das ist regelmäßig die Ausgangsbehörde) sowohl von Amts wegen als auch auf Antrag angeordnet werden. Sie ist ein sog. **Annex zur Grundverfügung** und somit nicht als Verwaltungsakt zu qualifizieren. Gegen die Anordnung sind daher Widerspruch und Anfechtungsklage keine zulässigen Rechtsbehelfe (→ Rn 30).

27 Regelmäßig wird die Anordnung der sofortigen Vollziehung **mit der Grundverfügung verbunden.** In diesen Fällen tritt ab Wirksamkeit des Grundverwaltungsakts die sofortige Vollziehbarkeit ein.

Fall 45: Die zuständige allgemeine Polizeibehörde erlässt gegenüber dem Fahrzeughalter H gem. § 39 Abs. 1 PolG folgende Verfügung:
1. Der am ..... sichergestellte Pkw, Marke Opel, mit dem amtl. Kennzeichen ..... wird eingezogen.
2. Die sofortige Vollziehung dieser Verfügung (Ziffer 1) wird angeordnet.

Im **Fall 45** wurde die Anordnung der sofortigen Vollziehung mit der Grundverfügung verbunden. Die Verfügung ist deshalb vollstreckbar. Die Rechtswirkung der Einziehung – der Eigentumswechsel – tritt folglich mit der Wirksamkeit der Verfügung (= Bekanntgabe) sofort ein.[31] Die Anordnung kann aber auch **isoliert** und nachträglich – also zeitlich gesehen nach dem Erlass des Grundverwaltungsakts – ergehen. Die Vollstreckbarkeit der Grundverfügung (§ 2 Nr. 2 LVwVG) tritt dann erst mit der Bekanntgabe der nachträglichen Anordnung der sofortigen Vollziehung ein.

28 Die Sofort-Vollzugsanordnung muss **rechtmäßig** erlassen werden.

In **formeller Hinsicht** muss die zuständige Behörde (= regelmäßig die den Verwaltungsakt erlassende Behörde) handeln. Weiterhin muss die Anordnung gem. § 80 Abs. 2 S. 1 Nr. 4 VwGO

---

31 VGH BW, VBlBW 2007, 351.

III. Vorliegen eines vollstreckbaren Verwaltungsakts

„besonders angeordnet" werden, also **ausdrücklich** erfolgen. Dafür reicht weder die tatsächliche Vollziehung oder Einleitung der Vollstreckung eines Verwaltungsakts noch die Annahme einer konkludenten Anordnung aus. Schließlich ist gem. **§ 80 Abs. 3 S. 1 VwGO** das **besondere Vollzugsinteresse** schriftlich zu begründen. Die Anforderungen an die **Begründung** sind nicht hoch. Zweck des Begründungserfordernisses ist es, die Behörde zu einer sorgfältigen Prüfung des besonderen Interesses an der sofortigen Vollziehung des Verwaltungsakts anzuhalten. Außerdem sollen der betroffenen Person die für die Anordnung maßgeblichen Gründe zur Kenntnis gebracht werden. Ferner soll die Begründung die Grundlage für eine gerichtliche Kontrolle der Anordnung bilden.[32] Die Behörde muss die aus ihrer Sicht bestehenden Gründe für die Anordnung der sofortigen Vollziehung benennen und damit dokumentieren, dass sie sich der Notwendigkeit eines **besonderen eilbedürftigen Vollzugsinteresses** bewusst gewesen ist. Nur ein **überwiegendes Vollzugsinteresse** rechtfertigt den Ausschluss der aufschiebenden Wirkung. Selbst die Offensichtlichkeit der Gründe, die einen Sofortvollzug gebieten, rechtfertigt keine Ausnahme vom Begründungszwang. Verstößt eine Vollziehungsanordnung gegen § 80 Abs. 3 S. 1 VwGO, hebt das Gericht die Anordnung auf, ohne dass es darauf ankommt, ob ein besonderes Interesse an der sofortigen Vollziehung besteht.[33]

In **materieller Hinsicht** ist für die Rechtmäßigkeit der Anordnung die **Interessensabwägung** 29 entscheidend, für deren Ergebnis eine summarische Prüfung der Rechtmäßigkeit der behördlichen Entscheidung (= Grundverfügung) maßgebliches Gewicht hat.[34] Bei der Entscheidung hat die Behörde das besondere Vollzugsinteresse mit den privaten Belangen der betroffenen Person gem. § 80 Abs. 3 S. 1 VwGO abzuwägen. Gem. **§ 80 Abs. 3 S. 2 VwGO** kann bei Gefahr im Verzug (→ § 4 Rn 35) bzw. bei Notstandsmaßnahmen ausnahmsweise auf die Begründung verzichtet werden.[35]

Rechtsbehelfe gegen die Anordnung der sofortigen Vollziehung sind der Antrag bei der 30 Ausgangsbehörde oder der Widerspruchsbehörde auf Aussetzung der Vollziehung gem. **§ 80 Abs. 4 VwGO** bzw. der Antrag an das Verwaltungsgericht gem. **§ 80 Abs. 5 VwGO** mit dem Ziel, die aufschiebende Wirkung des Rechtsbehelfs (Widerspruch / Anfechtungsklage) ganz oder teilweise wiederherzustellen (§ 80 Abs. 5 Alt. 2 VwGO).[36] Im Falle eines Antrags gem. § 80 Abs. 5 VwGO hat das Gericht aufgrund einer **summarischen Sachprüfung** nach eigenem Ermessen zu entscheiden, ob das Vollzugsinteresse so gewichtig ist, dass der Verwaltungsakt sofort vollzogen werden darf, oder ob das gegenläufige Interesse eines Antragstellers an der Wiederherstellung der aufschiebenden Wirkung überwiegt. Im Rahmen der insoweit gebotenen **Abwägung** hat das Gericht auch die Erfolgsaussichten des in der Hauptsache eingelegten Rechtsbehelfs zu berücksichtigen. Es findet eine **summarische Prüfung der Sach- und Rechtslage** statt.

d) Rechtmäßigkeit der Grundverfügung. Nach h. L. ist die **Rechtmäßigkeit des zu vollstre-** 31 **ckenden Grundverwaltungsakts** grundsätzlich **keine Voraussetzung für die Zulässigkeit** der Vollstreckung bzw. Rechtmäßigkeit von Vollstreckungsakten. Auch ein rechtswidriger, aber wirksamer Verwaltungsakt ist vom Adressaten zu befolgen. Das Vollstreckungsrecht wird von dem Grundsatz beherrscht, dass Rechtsfehler des Grundverwaltungsakts unbeachtlich sind,

---

32 VGH BW, DVBl 2012, 1506.
33 VGH BW, VBlBW 2012, 151.
34 Vgl. W.-R. Schenke, in: Kopp/Schenke, § 80 VwGO Rn 152; zur Abwägung vgl. auch VGH BW, DÖV 2013, 950 (zur Fahrerlaubnisentziehung).
35 VGH BW, VBlBW 2012, 151, 152.
36 Zur Prüfung eines Antrags gem. § 80 Abs. 5 VwGO vgl. etwa Lösungsskizze von Treiber, VBlBW 2012, 24, 25; zum vorläufigen Rechtsschutz vgl. auch Leven, Beilage VBlBW 2012, 11 ff.

soweit sie nicht zu dessen Nichtigkeit führen oder der Verwaltungsakt wegen Rechtswidrigkeit aufgehoben wurde.[37]

Nach Eintritt der Bestandskraft einer Verfügung ist eine Berufung auf rechtliche Mängel des Grundverwaltungsaktes im Vollstreckungsrecht grundsätzlich ausgeschlossen. In aller Regel ist es indes **rechtsmissbräuchlich**, einen zwar bestandskräftigen, aber von der Behörde als rechtswidrig erkannten Verwaltungsakt zu vollstrecken.[38]

Diese Grundsätze gelten auch für den Fall der Vollstreckung einer rechtswidrigen Grundverfügung **vor dem Eintritt der Bestandskraft**.

Ggf. kann die betroffene Person im Wege der Feststellungsklage erreichen, dass ein Gericht nachträglich die Grundverfügung bzw. deren Vollstreckung für rechtswidrig erklärt.

IV. Vollstreckungsverfahren

32 **1. Allgemeines.** Das Vollstreckungsverfahren ist ein **mehrstufiges, gestrecktes Verwaltungsverfahren** und kann in drei selbstständige **Verfahrensabschnitte** eingeteilt werden:[39]
- Die Androhung des Zwangsmittels (= Verwaltungsakt, vgl. § 20 LVwVG u. [→ Rn 34 ff.]).
- Die Festsetzung des Zwangsmittels (= Verwaltungsakt [→ Rn 37 f.]).
- Die Anwendung (im engen Sinn) des Zwangsmittels (= regelmäßig Realakt [→ Rn 39 f.]).

Jede dieser Stufen ist als rechtlich selbstständige Maßnahme zu verstehen. Dennoch sind die einzelnen Verfahrensabschnitte aufeinander bezogen.

Beispiele:
- Gem. § 63 Abs. 1 PolG, § 23 LVwVG wird das Zwangsgeld erst **nach** seiner Androhung festgesetzt.
- Die Vollstreckung einer polizeilichen Räumungsanordnung nach einer illegalen Hausbesetzung durch unmittelbaren Zwang erfolgt nach der Androhung und Festsetzung durch die Anwendung des Zwangsmittels „Zwangsräumung" gem. §§ 63 Abs. 2, 64, 65, 66 PolG i. V. m. § 27 Abs. 1 LVwVG.

33 Der **Ausschluss von Einwendungen** gegen die Rechtmäßigkeit der einzelnen Verfahrensstufen gilt grundsätzlich auch im Vollstreckungsverfahren. Wird eine Vollstreckungsmaßnahme (Androhung / Festsetzung) bestandskräftig, ist die Geltendmachung eines Mangels für das gesamte weitere Verfahren grundsätzlich nicht mehr beachtlich (→ Rn 31).

Beispiel: Die Androhung eines Zwangsgelds ist fehlerhaft und damit rechtswidrig, wenn die Vollstreckungsbehörde die Frist zur Erfüllung der Verpflichtung mit der Angabe „unverzüglich" nicht ausreichend bestimmt hat (vgl. § 20 Abs. 1 S. 2 LVwVG; VGH BW, VBlBW 1995, 284, u. OVG MV, NVwZ-RR 1997, 762).

Nach **h. L.** kann dieser Fehler im Widerspruchsverfahren gegen den Festsetzungsbescheid nicht mehr mit Erfolg geltend gemacht werden, wenn die rechtswidrige Androhungsverfügung bestandskräftig wurde.

34 **2. Androhung.** Jedes Zwangsmittel muss grundsätzlich vorher angedroht werden. Mit der Androhung beginnt die Verwaltungsvollstreckung (§ 63 Abs. 1 PolG, § 20 Abs. 1 S. 1 LVwVG, §§ 63 Abs. 2, 66 Abs. 2 PolG). Jede Androhung stellt einen **Verwaltungsakt** dar, der selbstständig mit Widerspruch und Anfechtungsklage angefochten werden kann. Wegen der Regelung in §§ 12 LVwVG, 80 Abs. 2 S. 1 Nr. 3 VwGO i. V. m. § 2 Nr. 2 LVwVG ist die Androhung als vollstreckungsrechtliche Verfügung **sofort vollziehbar**. Gem. § 20 Abs. 2 LVwVG kann die

---

37 Vgl. BVerfG, NVwZ 1999, 290, 292; VGH BW, VBlBW 2008, 305; Schenke, Polizei- und Ordnungsrecht, Rn 598; *a. A.* Knemeyer, Polizei- und Ordnungsrecht (PdW), Rn 358.
38 So auch Würtenberger/Heckmann/Tanneberger, Polizeirecht BW, § 8 Rn 22; Gusy/Eichenhofer halten eine Vollstreckung für unzulässig, wenn die Grundverfügung „offensichtlich" rechtswidrig ist (Polizei- und Ordnungsrecht, Rn 438).
39 Kenntner, in: Kenntner, Öffentliches Recht BW, Kap. A Rn 108.

IV. Vollstreckungsverfahren

Androhung mit der Grundverfügung, die vollstreckt werden soll, verbunden werden (sog. unselbstständige Androhung). Sie kann auch isoliert, also getrennt von der Grundverfügung, nachträglich erlassen werden. Bei **Gefahr im Verzug** (→ § 4 Rn 35) kann auf die Androhung verzichtet werden (§ 21 LVwVG). Die **Androhung wirkt nur gegenüber dem Adressaten**. Sie geht – anders als die Grundverfügung (→ § 5 Rn 31 ff. u. → Rn 43) – nicht auf den Rechtsnachfolger über.

Zwangsgeld und Ersatzvornahme sind **schriftlich anzudrohen** (vgl. § 63 Abs. 1 PolG, § 20 Abs. 1 LVwVG, § 37 LVwVfG). Bei der Androhung des Zwangsgelds muss ein **bestimmter** Betrag angegeben werden, wobei ein Gesamtbetrag ausreicht (§ 20 Abs. 3 u. 4 LVwVG). Die Androhung muss sich auf ein **bestimmtes** Zwangsmittel beziehen (vgl. Fall 43 in → Rn 4). Bei Androhung mehrerer Zwangsmittel ist anzugeben, in welcher **Reihenfolge** sie angewendet werden sollen (§ 20 Abs. 3 S. 2 LVwVG). Es ist nicht nur die gleichzeitige Androhung mehrerer verschiedenartiger, sondern auch mehrerer gleichartiger Zwangsmittel (etwa gestaffelte Zwangsgeldandrohung) unter Angabe der Reihenfolge der Anwendung der Zwangsmittel zulässig.[40] Nach dem LVwVG **besteht kein Vorrang des Zwangsmittels der Ersatzvornahme** vor dem des Zwangsgelds.[41] 35

Der **unmittelbare Zwang** ist, soweit es die Umstände zulassen, vor seiner Anwendung **anzudrohen** (§ 66 Abs. 2 PolG).[42] Ist die **sofortige** Anwendung des Zwangsmittels zur Abwehr der Gefahr erforderlich, kann die Androhung hingegen unterbleiben.

Die Zwangsmittelandrohung zur Durchsetzung einer Handlungsverpflichtung ist gem. § 20 Abs. 1 S. 2 LVwG nur bei **Bestimmung einer angemessenen Frist** zur Erfüllung rechtmäßig (sog. **Erzwingungsfrist**). Die **Frist** ist so zu bemessen, dass es der pflichtigen Person möglich und zumutbar ist, ihre Verpflichtung bis zum Ablauf zu erfüllen. Bei der Fristsetzung sind aber auch die Dringlichkeit der Ausführung und die Schwere der Gefahrenlage zu berücksichtigen. Diese Voraussetzung ist etwa nicht gegeben, wenn im Falle der Vollstreckung einer Unterlassungspflicht ein Zwangsgeld „für jeden Fall der Zuwiderhandlung" angedroht wird.[43] Eine **Verpflichtung zu „unverzüglichem Handeln"** entspricht nicht dem Bestimmtheitsgebot.[44] Eine **Fristsetzung auf „sofort"** ist nur angemessen, wenn die sofortige Durchsetzung der Grundverfügung zur Gefahrenabwehr unabweisbar notwendig ist.[45] Bei der Vollstreckung von Verwaltungsakten, durch die eine Duldung oder ein Unterlassen erzwungen werden sollen, ist die Angabe einer Frist nicht erforderlich. Ist die Frist nicht hinreichend bestimmt oder fehlt sie ganz, ist die Androhung rechtswidrig.[46] Soweit die Polizei ein ganz bestimmtes Zwangsmittel androht, muss sie sich bei dessen Festsetzung und Anwendung grundsätzlich daran halten. 36

3. Festsetzung. Erfüllt die polizeipflichtige Person die ihr durch Polizeiverfügung auferlegte Verpflichtung nicht, wird das zuvor angedrohte Zwangsmittel festgesetzt. Dies erfolgt regelmäßig durch den Erlass einer **Festsetzungsverfügung** und hat den Zweck, eine **Entscheidung über Zeitpunkt und Maß der Zwangsanwendung** zu treffen. Dadurch wird eine weitere unmissverständliche Warnung an die Adresse der pflichtigen Person ausgesprochen und ihr die **letzte Gelegenheit zur freiwilligen Befolgung** der Anordnung eingeräumt. Aus der Sicht der Behörde macht die Festsetzung endgültig den Weg frei, Zwangsmaßnahmen zu ergreifen.[47] Das Gesetz schreibt die Festsetzung nur zwingend für das **Zwangsgeld** vor. Gem. **§ 23 LVwVG** ist das Zwangsgeld **schriftlich** festzusetzen. Die Festsetzung ist erst zulässig, wenn die in der 37

---

40 Vgl. VGH BW, NVwZ-RR 1996, 612.
41 VGH BW, VBlBW 2004, 226.
42 Vgl. dazu auch BVerfG, NVwZ 1999, 290, 293 (Einsatz eines Wasserwerfers).
43 *Str.*, vgl. VGH BW, VBlBW 2002, 297, 304.
44 VGH BW, VBlBW 1995, 284.
45 VGH BW, VBlBW 2009, 396.
46 VGH BW, VBlBW 1995, 284.
47 BVerwG, NVwZ 1997, 381, 382.

Androhung bestimmte Frist erfolglos abgelaufen ist. Wurde die Grundverfügung erfüllt, ist eine Zwangsgeldfestsetzung unzulässig. **Unzulässig** ist die Festsetzung auch dann, wenn der Zweck der Vollstreckung bereits erreicht wurde oder wenn ein **Vollstreckungshindernis** vorliegt. Ein Vollstreckungshindernis besteht insbesondere dann, wenn und solange die pflichtige Person aus rechtlichen oder tatsächlichen Gründen nicht in der Lage ist, die ihr auferlegte Verpflichtung zu erfüllen.

Die **Festsetzung des Zwangsgelds** erfolgt durch den Erlass eines Kostenbescheids. Mit der Zwangsgeldfestsetzung ist die Zwangsvollstreckung beendet und das Vermögen der pflichtigen Person mit der Zwangsgeldforderung belastet. Die Zwangsgeldfestsetzung ist nach den Grundsätzen, die für die Vollstreckung von Geldforderungen gelten, vollstreckbar (§§ 13 ff. LVwVG).

38 Es liegt **im pflichtgemäßen Ermessen** der Behörde, ob sie auch andere Zwangsmittel (etwa Ersatzvornahme oder unmittelbarer Zwang) formell festsetzt. Denn auch in diesen Fällen muss die Behörde eine Entscheidung über den Zeitpunkt und das Maß der Zwangsanwendung treffen. Aus rechtsstaatlichen Gründen ist die Festsetzung als weiterer Verfahrensschritt im Vollstreckungsverfahren bei **allen** Zwangsmitteln geboten. Die Festsetzung stellt gegenüber der Anwendung eines Zwangsmittels ein „Minus" dar und wird deshalb von der Ermächtigung zur Anwendung des Zwangsmittels mit umfasst.[48] Für die **Festsetzung der anderen Zwangsmittel** ist keine bestimmte Form vorgeschrieben. Sie kann daher auch mündlich erfolgen (vgl. § 37 Abs. 2 S. 1 LVwVfG). Wird nicht ausdrücklich eine selbstständige Festsetzungsverfügung erlassen, kann deren Rechtmäßigkeit **inzident** im Zusammenhang mit der Durchführung einer Vollstreckung geprüft werden.

39 **4. Anwendung. a) Begriff.** Der **Begriff „Anwendung"** wird im PolG nicht einheitlich verwendet. In § 65 PolG wird unter dem unbestimmten Rechtsbegriff **„Anwendung"** (nur) die **letzte Stufe im Verfahren des Polizeizwangs** verstanden. Man spricht deshalb von Anwendung im engen Sinne. Demgegenüber werden unter „Anwendung" i. S. d. § 63 Abs. 2 PolG alle drei Stufen des Vollstreckungsverfahrens begriffen.

Die Anwendung des Zwangsmittels (im engen Sinne) ist die **letzte Stufe im Vollstreckungsverfahren**. Mit ihr wird die Polizeiverfügung durchgesetzt und die angedrohte bzw. festgesetzte Vollstreckungsmaßnahme tatsächlich ausgeführt.

Beispiele:
- Die Polizei lässt durch die Beauftragung einer Abschleppfirma einen rechtswidrig abgestellten Pkw **abschleppen**.
- Der Polizeibeamte P macht **von** der **Schusswaffe Gebrauch** und erschießt einen Geiselnehmer.

40 Die Zuständigkeitsregelung in § 65 PolG führt zur folgenden Unterscheidung:

Für die **Anordnung / Festsetzung des unmittelbaren Zwangs** ist „die Polizei" zuständig. Sowohl die Polizeibehörden gem. §§ 106 ff. PolG als auch der Polizeivollzugsdienst gem. §§ 115 ff. PolG können daher das Zwangsmittel „unmittelbarer Zwang" androhen / festsetzen. Für die **Anwendung des unmittelbaren Zwangs als letzte Stufe der Verwaltungsvollstreckung** ist dagegen ausschließlich der **Polizeivollzugsdienst** zuständig. Mit Recht weist *Deger* darauf hin, dass mit dieser Regelung den Beamten des Polizeivollzugsdienstes ein „hohes Maß an Verantwortung" übertragen wird.[49]

Beispiel: Weil sich der allein lebende M weigert, den Vertretern der zuständigen Behörden Zugang zu seiner total verwahrlosten und von Ungeziefer befallenen Wohnung einzuräumen, ordnet die Ortspolizeibehörde O gem. § 16 IfSG an, dass M verpflichtet ist, das Betreten der Wohnung zu dulden und droht als Zwangsmittel unmittelbaren Zwang an. Die Ortspolizeibehörde ist sachlich zuständig für die Anordnung

---

48 OVG RP, NVwZ 1986, 762.
49 Deger, in: Stephan/Deger, Polizeigesetz BW, § 51 Rn 2.

IV. Vollstreckungsverfahren

des **Betretungsrechts**.[50] Die Ortspolizeibehörde ist auch zuständige Vollstreckungsbehörde gem. § 4 LVwVG für die **Androhung** des unmittelbaren Zwangs. Sie trifft auch die Entscheidung über Zeitpunkt und Maß des Einsatzes des Zwangsmittels (= Festsetzung). Die zwangsweise Öffnung der Wohnung des M würde die **Anwendung** des Zwangsmittels im engen Sinne darstellen. Für diese Maßnahme als letzte Stufe im Vollstreckungsverfahren (= Realakt) sind gem. § 65 PolG ausschließlich die Beamten des Polizeivollzugsdienstes zuständig.

b) Rechtscharakter. Der Rechtscharakter der Anwendungsmaßnahmen im engen Sinne muss **differenziert beurteilt** werden: 41

- Die Einziehung und Beitreibung von **Zwangsgeld** (§§ 13 ff. LVwVG) erfolgt durch Verwaltungsakt.
- Die Anwendung im engen Sinne des Verwaltungszwangs bei der **Ersatzvornahme** erfolgt in der Ausführung der Handlung, zu welcher der Verwaltungsakt verpflichtet.
- Beim **unmittelbaren Zwang** wird der Verwaltungsakt durch die Anwendung physisch wirkender Gewalt oder durch Selbstvornahme der Vollzugsbeamten durchgesetzt. Die pflichtige Person ist zur Duldung der Ersatzvornahme / des unmittelbaren Zwangs verpflichtet. Sie muss gestatten, dass ihr Fahrzeug beseitigt, ihr Grundstück betreten oder ihre Wohnung durchsucht wird, soweit dies zur Anwendung des Zwangsmittels erforderlich ist. Ausführungshandlungen zur Anwendung der Ersatzvornahme und des unmittelbaren Zwangs sind nach der hier vertretenen Meinung als **Realakte** zu qualifizieren (→ § 7 Rn 1 ff.), durch die das angedrohte und ggf. festgesetzte Zwangsmittel lediglich ausgeführt wird (str.). Die insbesondere vom BVerwG[51] vorgenommene Einstufung von Maßnahmen des unmittelbaren Zwangs (etwa Schlagstockeinsatz gegen Demonstranten) als „Verwaltungsakte auf Duldung", ist abzulehnen (→ § 7 Rn 1). Dies gilt auch für die Fälle, in denen das Zwangsmittel vorher nicht angedroht, sondern „in einer einzigen Maßnahme" durchgeführt wird.[52]

5. Adressat der Vollstreckung. PolG und LVwVG gehen vom Verwaltungsakt als Grundlage 42 der Vollstreckung aus. Vollstreckt werden kann nur gegen denjenigen, der durch eine Polizeiverfügung zu einer Handlung, Duldung oder Unterlassung verpflichtet wurde. **Adressat der Vollstreckung ist daher im Regelfall derjenige, gegen den die Grundverfügung gerichtet war.** Wer dies im Einzelfall ist, richtet sich nach dem materiellen Recht. Die §§ 6 ff. PolG über die Verhaltens- und Zustandsverantwortlichkeit sind allgemeine Grundsätze des Verwaltungsrechts und können entsprechend herangezogen werden (→ § 5 Rn 1 ff.).

Bei mehreren Verpflichteten muss die Vollstreckungsbehörde die eventuellen Rechte parallel berechtigter Personen prüfen. Für die Vollstreckung von Verwaltungsakten, die auf die Vornahme von Handlungen, Duldungen oder Unterlassungen gerichtet sind, ist anerkannt, dass nur solche Handlungen erzwungen werden können, die **allein** vom Willen der pflichtigen Person abhängen. Ist ein Vollstreckungsschuldner zivilrechtlich zur Ausführung der geschuldeten Handlung nicht (mehr) berechtigt, so ist die Vollstreckung ohne Duldungsanordnung gegen den Berechtigten unzulässig.[53] Ist die pflichtige Person zur Erfüllung nicht in der Lage, weil sie dadurch in die Rechte dritter Personen eingreifen müsste, führt dies zwar nicht zur Rechtswidrigkeit der Grundverfügung. Die Berufung der dritten Person auf ihre (Mit)Berechtigung stellt aber grundsätzlich ein **Vollstreckungshindernis** dar, das die Vollziehbarkeit der Grundverfügung hindert.[54]

Die **Vollstreckung gegen Rechtsnachfolger** richtet sich nach § 3 LVwVG. Voraussetzung für 43 eine Rechtsnachfolge ist, dass gegenüber einem Rechtsvorgänger eine Verfügung erlassen wurde,

---

50 Vgl. § 1 Abs. 6 S. 1 der Verordnung des Landes BW vom 19.7.2007 über die *Zuständigkeiten* nach dem *IfSG* (GBl. S. 361), zuletzt geändert durch Verordnung vom 22.11.2022 (GBl. S. 610).
51 Vgl. BVerwGE 26, 161, 164 ff. („Schwabinger Krawalle"); BayVGH, NVwZ 1988, 105.
52 So auch Würtenberger/Heckmann/Tanneberger, Polizeirecht BW, § 8 Rn 34.
53 VGH BW, VBlBW 1994, 310.
54 *H. L.*, vgl. BVerwG, BRS 25 Nr. 205; VGH BW, NVwZ-RR 1998, 553.

durch die das Bestehen einer Polizeipflicht konkretisiert wurde (Grundverfügung), und dass der Rechtsnachfolger zur Ausführung der zu vollstreckenden Grundverfügung verpflichtet ist. Unter diesen Voraussetzungen tritt die Rechtsnachfolge in eine konkretisierte Verpflichtung ein, wenn die in dem Grundverwaltungsakt getroffene Regelung nachfolgefähig ist und ein Nachfolgetatbestand vorliegt (→ § 5 Rn 31 ff.). **Nachfolgefähig** sind diejenigen Verfügungen, die zu einer vertretbaren Handlung verpflichten und die grundstücks-, objekts- oder anlagenbezogen sind. Ein **Nachfolgetatbestand** kann sowohl durch **Einzelrechtsnachfolge** (etwa Eigentumserwerb durch Kaufvertrag) als auch durch **Gesamtrechtsnachfolge** (Erbschaft, Firmenfortführung gem. § 25 HGB, Vermögensübernahme gem. § 419 BGB, Verschmelzung gem. § 20 Abs. 1 Nr. 1 UmwG) begründet werden. Bei **höchstpersönlichen Pflichten** ist eine Einzelrechtsnachfolge in die Verhaltensverantwortlichkeit mangels Nachfolgefähigkeit ausgeschlossen.[55] Weiterhin müssen gegenüber dem Rechtsnachfolger in seiner Person die Vollstreckungsvoraussetzungen vorliegen, insbesondere die Einhaltung der einzelnen Verfahrensstufen wie Androhung und Festsetzung des einzelnen Zwangsmittels. Mit dieser Anforderung soll sichergestellt werden, dass der Rechtsnachfolger einer Verpflichtung, die durch Grundverfügung konkretisiert ist, die Gelegenheit erhält, freiwillig die auferlegte Pflicht zu erfüllen, und dass er nicht durch Vollstreckungsmaßnahmen überrascht wird. Gegenüber einem Rechtsnachfolger kann somit erst dann ein Zwangsmittel festgesetzt bzw. angewandt werden, wenn es **ihm** vorher angedroht wurde. Eine dem Rechtsvorgänger gegenüber verfügte Androhung wäre nicht ausreichend.[56]

44   6. **Vollstreckungsbehörde. a) Vollstreckungsbehörde für Zwangsgeld und Ersatzvornahme.** Vollstreckungsbehörde ist grundsätzlich **die Behörde, die den Verwaltungsakt erlassen hat** (§ 4 Abs. 1 LVwVG). Da gem. § 63 Abs. 1 PolG die Zwangsmittel Zwangsgeld, Zwangshaft und Ersatzvornahme von „der Polizei" angewendet werden, sind für die Vollstreckung „ihrer" jeweiligen Verwaltungsakte die Polizeibehörden (vgl. § 105 Abs. 1 PolG) bzw. die Polizeivollzugsdienststellen (Maßnahmen gem. § 105 Abs. 2 u. 3 PolG) zuständig. Gem. § 119 Abs. 1 S. 1 PolG können die Ortspolizeibehörden den Polizeidienststellen Weisungen zur Vornahme einzelner Vollstreckungsmaßnahmen erteilen. Bei der **Vollstreckung von Ver- und Geboten von Verkehrszeichen und -einrichtungen** ist nach Auffassung des VGH BW zuständige Vollstreckungsbehörde die **Straßenverkehrsbehörde**, die das Anbringen des Verkehrszeichens gem. § 45 StVO angeordnet hat.[57]

45   b) **Vollstreckungsbehörde für die Durchführung des unmittelbaren Zwangs.** Gem. § 63 Abs. 2 i. V. m. § 66 Abs. 2 PolG wendet **die Polizei** das Zwangsmittel „unmittelbarer Zwang" **nach den Vorschriften des PolG** an (vgl. auch § 66 Abs. 4 PolG [→ Rn 49 ff.]). Unter „Anwendung" wird im Rahmen des § 63 Abs. 2 PolG nicht nur der dritte und letzte Verfahrensabschnitt des Polizeizwangs verstanden, sondern **alle** Maßnahmen in der Verwaltungsvollstreckung. Insoweit ist die Polizei auch Vollstreckungsbehörde für die Androhung und Festsetzung des unmittelbaren Zwangs.

46   Für die Durchführung der dritten und letzten Stufe der Verwaltungsvollstreckung gilt die spezielle Zuständigkeitsregelung in § 65 PolG. Danach ist für die Anwendung des Zwangsmittels „unmittelbarer Zwang" ausschließlich der **Polizeivollzugsdienst zuständig**. Ihm allein – und nicht den Polizeibehörden – obliegt der Einsatz des Zwangsmittels „unmittelbarer Zwang". **Beamte des Polizeivollzugsdienstes** sind alle unter die Legaldefinition des § 104 Nr. 2 PolG (i. V. m. §§ 115 ff. PolG) fallenden Polizeibeamten. Die Angehörigen des Freiwilligen Polizeidienstes sind den Vollzugsbeamten gleichgestellt (→ § 3 Rn 66 f.), desgleichen die gemeindlichen

---

55 VGH BW, NVwZ-RR 1996, 387.
56 BVerwG, DÖV 1971, 640; VGH BW, VBlBW 2000, 154 ff; NdsOVG, NVwZ 2014, 1465; im Einzelnen ist vieles *str.*
57 VGH BW, VBlBW 2004, 213.

V. Unmittelbarer Zwang

Vollzugsbediensteten gem. § 125 PolG, soweit ihnen die Ortspolizeibehörde gem. § 31 DVO PolG Vollzugsaufgaben übertragen hat.[58] Der Polizeivollzugsdienst kann den unmittelbaren Zwang **aufgrund eigener Entscheidung** ausüben. Jeder einzelne Vollzugsbeamte ist beim Vorliegen der gesetzlichen Voraussetzungen hierzu befugt.[59] Das Zwangsmittel kann aber auch auf der Grundlage einer **Weisung** gem. § 119 PolG auf Ersuchen um **Vollzugshilfe** (§ 105 Abs. 5 PolG) oder im Rahmen der Amtshilfe (§§ 4 ff. LVwVfG) eingesetzt werden. Hat ein Polizeivollzugsbeamter **Bedenken gegen die Rechtmäßigkeit** einer Anordnung, enthält die **VwV PolG** zu § 65 PolG hierfür konkrete **Verhaltenshinweise**.

7. **Auswahl des Zwangsmittels.** Bei der Entscheidung, welches der in § 63 PolG genannten Zwangsmittel angewendet werden soll, hat die Vollstreckungsbehörde ein **Auswahlermessen**. Unter Würdigung der konkreten Umstände hat sie ihr Ermessen pflichtgemäß nach dem Gesichtspunkt einer **effizienten Gefahrenabwehr** und unter Berücksichtigung des Grundsatzes der **Verhältnismäßigkeit** auszuüben (→ § 6 Rn 31). Die in § 19 Abs. 1 LVwVG festgelegte Reihenfolge der Zwangsmittel und die weiteren Vollstreckungsgrundsätze in § 19 Abs. 2 u. 3 LVwVG sind zu beachten. Es besteht nach dem LVwVG **kein Vorrang des Zwangsmittels der Ersatzvornahme** vor dem des Zwangsgelds.[60]

8. **Einstellung der Vollstreckung.** Die **Vollstreckung ist einzustellen**, wenn der mit ihr verfolgte Zweck erreicht ist oder wenn sich zeigt, dass er durch die Anwendung von Vollstreckungsmitteln oder von unmittelbarem Zwang nicht erreicht werden kann (§ 63 Abs. 1 PolG, § 11 LVwVG, §§ 63 Abs. 2, 66 Abs. 3 PolG). Der **Zweck der Vollstreckung** ist vor allem dann **erreicht**, wenn die Verpflichtung – sei es von der pflichtigen Person selbst oder von einer dritten Person – erfüllt worden ist.[61] Die Vollstreckung ist auch dann einzustellen, wenn die zur Verfügung stehenden Zwangsmittel nicht ausreichen, um den mit der Vollstreckung angestrebten Zweck zu erzielen. Weiterhin ist die Vollstreckung einzustellen und getroffene Vollstreckungsmaßnahmen sind aufzuheben, wenn der zu vollstreckende Verwaltungsakt aufgehoben oder sein Vollzug ausgesetzt wird oder wenn die aufschiebende Wirkung eines Rechtsbehelfs angeordnet oder wiederhergestellt worden ist.

V. Unmittelbarer Zwang

1. **Begriffe und Mittel. a) Unmittelbarer Zwang. Unmittelbarer Zwang** ist nach der **Definition in § 64 Abs. 1 PolG** jede Einwirkung auf Personen oder Sachen durch einfache körperliche Gewalt, Hilfsmittel der körperlichen Gewalt oder Waffengebrauch (vgl. auch § 26 Abs. 1 S. 1 LVwVG). **Sonderfälle** des unmittelbaren Zwangs sind die Versiegelung einer Baustelle gem. § 64 Abs. 2 LBO, die Schließung von Betriebs- und Geschäftsräumen gem. § 35 GewO, die Zwangsräumung gem. § 27 LVwVG und die Wegnahme gem. § 28 LVwVG.

Die **Aufzählung** der Mittel in 64 Abs. 1 PolG ist **abschließend**.[62] In der **VwV PolG** werden die Hilfsmittel im Einzelnen – in Bezug auf die Waffen abschließend – näher bestimmt.

b) **Einfache körperliche Gewalt. Einfache körperliche Gewalt** ist jede unmittelbare körperliche Einwirkung auf Personen oder Sachen, bei der weder Hilfsmittel der körperlichen Gewalt noch Waffen benötigt werden.[63] Die Einwirkung erfolgt durch direkte Anwendung von Körperkräften. Der **Einsatz psychisch wirkender Mittel** – wie etwa von Psychopharmaka – fällt

---

58 Deger, in: Stephan/Deger, Polizeigesetz BW, § 51 Rn 3.
59 So ausdrücklich Nr. 3 der VwV PolG zu § 68 Abs. 2 PolG zum Schusswaffengebrauch gegenüber Personen.
60 VGH BW, VBlBW 2004, 226.
61 VGH BW, NVwZ-RR 1994, 620.
62 Deger, in: Stephan/Deger, Polizeigesetz BW, § 50 Rn 2.
63 Deger, in: Stephan/Deger, Polizeigesetz BW, § 50 Rn 4.

nicht unter diese Regelung. Körperliche Gewalt gegen Sachen erfolgt vor allem dadurch, dass sie bewegt oder zerstört werden.

Beispiele:

- Die Polizei vollzieht einen Platzverweis, indem sie einen lautstarken und erheblich alkoholisierten Mann in den Polizeigriff nimmt und ihn aus einer Grünanlage abdrängt.
- Die Polizei drückt eine Haustüre ein, um sich Zugang zu einer Wohnung zu verschaffen.

51 **c) Hilfsmittel körperlicher Gewalt.** Hilfsmittel der körperlichen Gewalt i. S. d. § 64 Abs. 2 PolG sind insbesondere (vgl. VwV PolG zu § 66 Abs. 1 PolG):

Fesseln (vgl. dazu die Hinweise in VwV PolG zu § 66 Abs. 1 PolG), Schutzschilde, Wasserwerfer, Sperrgeräte, Nagelgurte zum zwangsweisen Anhalten von Fahrzeugen, VAD-Anhaltesystem (Fahrzeugfangnetz), Diensthunde, Dienstpferde, Dienstfahrzeuge, Reiz- und Nebelstoffe, Sprengmittel und im Ausnahmefall sonstige geeignete Mittel.[64] Diese **Aufzählung** ist **nicht abschließend.** Zu den Hilfsmitteln zählen etwa auch der Einsatz von Brecheisen zur Öffnung von Türen oder von Geräten, mit denen Reiz- und Betäubungsmittel, Nebel- oder Blendgranaten etc. abgeschossen werden können.[65]

52 Die **Fesselung** ist eine spezielle Form des unmittelbaren Zwangs und der Anwendung von Hilfsmitteln der körperlichen Gewalt.[66] Durch die Maßnahme wird einer Person der Gebrauch ihrer Glieder oder eines Teils unmöglich gemacht oder erschwert. Regelmäßig kommen **Handschellen, Kabelbinder** oder auch **Fußfesseln** zum Einsatz. Nach VwV PolG darf eine Person nur gefesselt werden, wenn sie Widerstand leistet oder unter Berücksichtigung der Umstände des Einzelfalls anzunehmen ist, dass sie Widerstand leisten wird, wenn sie fluchtverdächtig ist, wenn Selbstmordgefahr oder Gefahr erheblicher Selbstschädigung besteht oder wenn es beim Transport in Verwahrung genommener Personen wegen besonderer Umstände erforderlich ist (Hinweise in Nr. 2 der VwV PolG zu § 66 PolG).[67]

Beispiel: Die Polizeibeamten gehen nach dem gezeigten – teilweise erheblich – aggressiven Vorverhalten einer Personengruppe davon aus, dass mit Störungen während eines Bustransportes bei einer zahlenmäßigen Unterlegenheit der Einsatzkräfte gerechnet werden muss, denen nur durch eine Fesselung der in Gewahrsam genommenen Personen begegnet werden kann.[68]

Wegen der Schwere des mit der Maßnahme verbundenen Grundrechtseingriffs in das Persönlichkeitsrecht und in das Recht auf Menschenwürde ist der **Grundsatz der Verhältnismäßigkeit** zu beachten. Die Fesselung hat regelmäßig **diskriminierenden Charakter.** Deshalb hat ihre Durchführung in der Öffentlichkeit so unauffällig wie möglich zu erfolgen. Sie ist zudem **Ultima Ratio.**[69]

Wegen der Rechtsprechung des **BVerfG** zur freiheitsentziehenden Wirkung einer Fixierung[70] kann auch eine **über eine halbe Stunde** hinausgehende Fesselung unverhältnismäßig sein, wenn sie in ihrer Wirkung einer freiheitsentziehenden Maßnahme gleichkommt.[71] Da die Fesselung aber zumeist keine vollständige Bewegungsunfähigkeit bewirkt, wird dies regelmäßig nicht der Fall sein.

Beispiel: Ein alkoholisierter Vater stört seine Nachbarn immer wieder nachhaltig durch lauten Lärm aus seinem Radio. Bevor Polizeibeamte den Störer vor den Augen seines Kindes fesseln und ihn mit Gewalt in

---

64 Vgl. die beispielhafte Aufzählung in Nr. 2 VwV PolG zu § 66 Abs. 1 PolG.
65 Vgl. Graulich, in: Lisken/Denninger, Handbuch des Polizeirechts, Kap. E Rn 863.
66 Vgl. VwV PolG zu § 66 PolG; § 119 Abs. 5 stopp, § 40 ME PolG u. § 8 UZwG. Vgl. zur Abgrenzung zur Fixierung auch Tomerius, NVwZ 2021, 289, 291; Reuter, Die Polizei 2019, 39, 42.
67 VGH BW, VBlBW 2022, 297, 302 = DÖV 2022, 256 (Ls.).
68 Beispiel nach VGH BW, VBlBW 2022, 297, 302 = DÖV 2022, 256 (Ls.).
69 BVerfG (zur Fixierung), NJW 2018, 2619, 2623 (Rn 80); Tomerius, NVwZ 2021, 289, 292.
70 BVerfG, NJW 2018, 2619, 2621 (Rn 68), u. NJW 2020, 675, 677 (Rn 44).
71 Vgl. dazu auch Tomerius, NVwZ 2021, 289, 290 f.

V. Unmittelbarer Zwang 543

Gewahrsam zur Ausnüchterung verbringen wollen, sollten sie zunächst durch Beschlagnahme des Radios versuchen, die Störung der öffentlichen Sicherheit zu beseitigen.

Die **Fesselung ist aufzuheben**, sobald ihr Zweck erreicht ist. Gegen Kinder, Jugendliche und Menschen mit Behinderung kommt eine Fesselung nur in Ausnahmefällen in Betracht.

Auch der **Wasserwerfereinsatz** ist nach der VwV PolG zu § 64 Abs. 2 PolG ein Hilfsmittel 53 der körperlichen Gewalt. Das Verfassungsrecht gebietet nach der Rechtsprechung des BVerfG nicht, den Einsatz eines Wasserwerfers durch die Polizei gesetzlich so genau bestimmt wie den Schusswaffengebrauch zu regeln.[72] Nach den Erfahrungen des Einsatzes des „Hilfsmittels" bei einer Demonstration gegen **Stuttgart 21** am 30.9.2010, bei dem mehrere Menschen schwere Augenverletzungen davon trugen, muss diese Rechtsauffassung in Frage gestellt werden. Auch im Interesse der eingesetzten Polizeivollzugsbeamten sind eine gesetzliche, **abgestufte Regelung** und vor allem auch Beschränkungen des Einsatzes angezeigt (vgl. etwa die abgestufte Regelung in § 67 Abs. 1 PolG zum Schusswaffengebrauch).

d) **Waffen.** Unter den unbestimmten Rechtsbegriff „Waffen" fallen: Hiebwaffe, Reizstoffsprühge- 54 rät, Reizstoffgewehr, Mehrzweckpistole, Pistole, Revolver, Gewehr und Maschinengewehr/-pistole. Zu den Waffen in diesem Sinne zählen somit auch die Schusswaffen.[73]

Die Aufzählung der Waffen in der VwV PolG, mit denen der unmittelbare Zwang ausgeübt werden darf, ist **abschließend**.[74] Die Regelung in § 64 Abs. 2 PolG, wonach das **Innenministerium** (und nicht ein formelles Gesetz) bestimmt, welche Hilfsmittel der körperlichen Gewalt und somit auch Waffen im Polizeidienst zu verwenden sind, dürfte nicht verfassungsgemäß sein. Gerade im Hinblick auf die Entwicklung immer gefährlicherer neuer Waffen – wie etwa **Schock-Lähmungswaffen** (sog. Taser) – muss sich aus dem **Polizei-** oder **Waffengesetz** ergeben, wann ein Gegenstand als Waffe im Sinne des Polizeirechts anzusehen ist. Erfüllt eine Vorrichtung die Begriffsmerkmale einer Waffe oder von Munition und Geschossen, bedarf es zu ihrer Zulassung einer ausdrücklichen gesetzlichen Regelung.[75] Es ist es daher Sache des Gesetzgebers – und nicht der Exekutive – zu klären bzw. zu entscheiden, welche Waffen im Polizeidienst eingesetzt werden sollen bzw. dürfen.

2. **Durchführung und Begrenzungen. a) Abgestuftes Verfahren.** Bei der Prüfung der Vor- 55 aussetzungen und Durchführung des unmittelbaren Zwangs sind für alle Maßnahmen die **Regelungen des § 66 PolG** zu beachten. Danach darf das Zwangsmittel gem. § 66 Abs. 1 S. 1 PolG nur angewandt werden, wenn „der polizeiliche Zweck auf andere Weise nicht erreichbar erscheint". **Der unmittelbare Zwang stellt daher das letzte Mittel dar.**[76] Seiner Anwendung sind durch das Übermaßverbot Grenzen gezogen (→ § 6 Rn 31). Soweit das **Gebot des geringsten Eingriffs** es erfordert, muss die Anwendung unmittelbaren Zwangs gegenüber anderen Zwangsmitteln (Zwangsgeld und Ersatzvornahme) und gegenüber dem polizeilichen Eigenhandeln zurücktreten. Ist die Anwendung unmittelbaren Zwangs notwendig, ist von denjenigen Mitteln, die einen raschen und sicheren Erfolg gewährleisten, dasjenige zu wählen, das voraussichtlich am wenigsten schadet (vgl. die Abstufung in § 67 PolG).

§ 66 PolG unterscheidet zwischen der Anwendung des unmittelbaren Zwangs gegenüber **Sachen und Personen.** Gegen **Personen** darf unmittelbarer Zwang nur angewendet werden, wenn der polizeiliche Zweck durch unmittelbaren Zwang gegen Sachen nicht erreichbar erscheint (§ 66

---
72 BVerfG, NVwZ 1999, 290.
73 Vgl. §§ 67, 68 PolG, u. VwV PolG zu § 64 Abs. 2 PolG.
74 *Str.*: Wie hier Zeitler/Trurnit, Polizeirecht BW, Rn 1103; *a. A. Deger*, in: Stephan/Deger, Polizeigesetz BW, § 50 Rn 6.
75 *Str.*, so auch *Graulich*, in: Lisken/Denninger, Handbuch des Polizeirechts, Kap. E Rn 878; vgl. etwa § 58 Abs. 4 PolG NRW; *Deger*, in: Stephan/Deger, Polizeigesetz BW, § 50 Rn 8; § 1 Abs. 2 u. 4 WaffG i. V. m. der Anlage 1 zu § 1 Abs. 4 WaffG.
76 „Ultima Ratio", vgl. Knemeyer/Schmidt, Polizei- und Ordnungsrecht (PdW), Rn 288.

Abs. 1 S. 2 PolG). Gem. § 66 Abs. 1 S. 3 PolG muss das angewandte Mittel nach Art und Maß dem Verhalten, dem Alter und dem Zustand der betroffenen Person angemessen sein.

Beispiel: Körperliche Gewalt ist weniger beeinträchtigend als die Anwendung von Hilfsmitteln der körperlichen Gewalt. Bei der polizeilichen **Räumung einer Straße** ist das Wegtragen und der Einsatz von Hebe- und Transportgriffen gegen sitzende Demonstranten ein geringeres Mittel als ein Schlagstock- oder Wasserwerfereinsatz.

Gegenüber einer **Menschenansammlung** darf unmittelbarer Zwang nur angewandt werden, wenn seine Anwendung gegen einzelne Teilnehmer der Menschenansammlung offensichtlich keinen Erfolg verspricht (§ 66 Abs. 1 S. 4 PolG). Bei der Anwendung unmittelbaren Zwangs ist eine **Gefährdung unbeteiligter Personen** nach Möglichkeit zu **vermeiden**. Dies gilt insbesondere bei Zwangsmaßnahmen in belebten Straßen und geschlossenen Räumen (vgl. VwV PolG zu § 66 PolG). Unmittelbarer Zwang darf nicht mehr angewandt werden, wenn der polizeiliche Zweck erreicht ist oder wenn es sich zeigt, dass er durch die Anwendung von unmittelbarem Zwang nicht erreicht werden kann (§ 66 Abs. 3 PolG).

Für den **Schusswaffengebrauch und den Gebrauch von Explosionsmitteln** werden in den §§ 67, 68 f. PolG zusätzliche Anforderungen gestellt, weil sie die stärkste Form des unmittelbaren Zwangs darstellen und auf Ausnahmefälle beschränkt werden sollen. Daraus ergibt sich ein **abgestuftes System:** Die nächste Stufe darf immer erst dann beschritten werden, wenn die vorhergehende Stufe erfolglos angewandt wurde oder wenn die Anwendung von vornherein keinen Erfolg verspricht.

56 **b) Androhung.** Unmittelbarer Zwang ist gem. § 66 Abs. 2 PolG, **soweit es die Umstände zulassen,** vor seiner Anwendung **anzudrohen.**[77] § 66 Abs. 2 PolG ist eine **Sondervorschrift** gegenüber § 20 LVwVG sowohl bei der Vollstreckung von Verwaltungsakten als auch bei der Anwendung von Zwangsmitteln bei der Verfolgung von Straftaten und Ordnungswidrigkeiten. Insbesondere bei Gefahr im Verzug oder wenn der Polizeibeamte selbst bedroht ist, kann auf die Androhung verzichtet werden. Auch hier gilt der Grundsatz des geringstmöglichen Eingriffs. Kann der polizeiliche Zweck bereits durch Androhung erreicht werden, ist die Anwendung unmittelbaren Zwanges nicht mehr zulässig. Soweit die Anwendung unmittelbaren Zwangs nicht zulässig ist, darf er auch nicht angedroht werden (VwV PolG zu § 66 Abs. 2 PolG). Eine **bestimmte Form** für die Androhung des unmittelbaren Zwangs (mündlich, schriftlich) ist **nicht vorgeschrieben.** Nach der Rechtsprechung ist eine **genaue Angabe des geplanten Mittels** (etwa Schlagstock, Wasserwerfer etc.), mit dem der unmittelbare Zwang vollstreckt werden soll, **grundsätzlich nicht erforderlich.** Die Androhung muss sich nur auf die Durchführung des unmittelbaren Zwangs – gleichgültig in welcher Form – beziehen. Zur Begründung wird darauf verwiesen, dass eine weitere Konkretisierung von den Umständen des Einzelfalls und vom Verhalten der pflichtigen Person abhängt und nicht vorhersehbar ist.[78] Etwas anderes kann gelten, wenn die zur Zwangsdurchsetzung vorgesehene körperliche Gewalt wegen des zu erwartenden stärkeren Schmerzes **empfindlich in die körperliche Unversehrtheit** eingreift.[79] In jedem Fall sollte das Mittel möglichst genau bezeichnet werden, um dem **Bestimmtheitsgebot** Rechnung zu tragen.

57 **c) Verbot der Folter.** Der **Einsatz von Folter** als einer Form des unmittelbaren Zwangs ist verfassungsrechtlich nicht zulässig und daher **verboten.** Die **Würde des** einzelnen **Menschen** ist gem. Art. 1 Abs. 1 GG unantastbar und gegen kein anderes Rechtsgut abwägbar.[80] Dies ergibt sich auch aus Art. 104 Abs. 1 S. 2 GG, wonach festgehaltene Personen weder seelisch noch körperlich

---

77 NdsOVG, NJW 2017, 1626, 1627 (Rn 22); vgl. auch §§ 34 u. 39 ME PolG.
78 BGH, MDR 1975, 1006; OVG NRW, NVwZ-RR 1993, 138.
79 NdsOVG, NJW 2017, 1626, 1627 (Rn 23), im Fall der Anwendung einer Nervendrucktechnik.
80 BVerfGE, NJW 2005, 656; BVerfGE 115, 118; 162, 165.

misshandelt werden dürfen. **Art. 4 der EU-Grundrechtecharta**[81] bestimmt: „Niemand darf der Folter oder unmenschlicher oder erniedrigender Strafe oder Behandlung unterworfen werden."[82] Auch **§ 3 EMRK**, der im Rang eines einfachen Bundesgesetzes steht, verbietet die Folter (Misshandlungsverbot). Das **Folterverbot** gilt auch dann, wenn etwa in Entführungsfällen durch Folterung des Entführers möglicherweise das Leben des entführten Opfers gerettet werden könnte (sog. „Rettungsfolter"). Die Anwendung von Folter, also die Verletzung des unmittelbar aus der Menschenwürde fließenden Achtungsanspruchs, ist in keinem Fall ein „zumutbares Mittel" zur Rettung anderer bedrohter Rechtsgüter.[83]

Generell untersagt ist die Anwendung des unmittelbaren Zwangs zur **Erzwingung einer Aussage** (§ 40 Abs. 1 PolG [→ § 11 Rn 299]).

3. **Schusswaffengebrauch. a) Schusswaffengebrauch gegen Personen (§ 68 Abs. 1 PolG). aa) Allgemeines.** Für den Schusswaffengebrauch gegen Personen gelten **zusätzlich die Anforderungen des § 68 PolG**.[84] Hierbei ist zwischen dem Gebrauch gegenüber einer einzelnen Person und gegenüber einer Menschenmenge zu unterscheiden. „**Einzelne Personen**" können auch dann noch angenommen werden, wenn sie in einer Gruppe versammelt sind. Eine „**Menschenmenge**" ist eine **größere Ansammlung von Personen**, bei der es auf das Hinzukommen oder Weggehen einzelner Personen nicht ankommt, die Verfolgung eines gemeinschaftlichen Zwecks oder ein Gefühl der Zusammengehörigkeit ist nicht erforderlich.[85] In § 68 Abs. 1 PolG werden die **Fälle abschließend aufgezählt**.[86]

58

bb) **Schusswaffengebrauch gegen einzelne Personen. (1) Schusswaffengebrauch gem. § 68 Abs. 1 Nr. 1 PolG zur Verhinderung von Straftaten. Gegen einzelne Personen** dürfen gem. § 68 Abs. 1 Nr. 1 PolG Schusswaffen nur gebraucht werden, um die unmittelbar bevorstehende **Ausführung** oder die **Fortsetzung** einer **rechtswidrigen Tat zu verhindern**, die sich den Umständen nach

59

- als ein Verbrechen (vgl. § 12 Abs. 1 StGB) oder
- als ein Vergehen (vgl. § 12 Abs. 2 StGB),- das unter Anwendung oder Mitführung von Schusswaffen oder Sprengstoffen begangen werden soll oder ausgeführt wird,
- darstellt.

„Den Umständen nach als ... darstellt" bedeutet, dass die im Augenblick des Eingreifens erkennbaren äußeren Tatbestandsmerkmale den Schluss zulassen, dass es sich um eine der genannten Straftaten handelt.[87] Ob eine rechtswidrige Tat ein Verbrechen oder Vergehen darstellt, beurteilt sich nach der angeordneten Mindeststrafe.[88]

Maßgebend ist die Sicht des handelnden Beamten. Bestehen Zweifel in rechtlicher oder tatsächlicher Hinsicht, ist vom Schusswaffengebrauch abzusehen.[89]

(2) **Schusswaffengebrauch gem. § 68 Abs. 1 Nr. 2 PolG zum Anhalten einer Person.** Der Schusswaffengebrauch ist gem. § 68 Abs. 1 Nr. 2 PolG zulässig, **um eine Person**, die sich der

60

---

81 EU ABl. C 364 v. 18.12.2000, S. 1.
82 Zur Anwendbarkeit und Beachtlichkeit der EU-Grundrechtecharta im deutschen Rechtsraum vgl. BVerfG („Recht auf Vergessen I"), NJW 2020, 300, 301 (Rn 43 ff.); Neumann/Elchberger, JuS 2020, 502, 503 f.
83 So mit Recht Denninger, in: Lisken/Denninger, Handbuch des Polizeirechts, Kap. B Rn 21 bis 23; Deger, in: Stephan/Deger, Polizeigesetz BW, § 35 Rn 10; Gusy/Eichenhofer, Polizei- und Ordnungsrecht, Rn 223; EGMR, NJW 2010, 3128; LG Frankfurt, NJW 2005, 692; vgl. auch Mitsch, KriPoZ 2021, 272 f.
84 Zur Strafbarkeit des polizeilichen Schusswaffengebrauchs vgl. Metz, JuS 2022, 713.
85 Vgl. VwV PolG zu § 68 Abs. 3 PolG; BGHSt, NJW 1990, 2699, 2700.
86 Vgl. VwV PolG zu § 68 Abs. 1 PolG.
87 Deger, in: Stephan/Deger, Polizeigesetz BW, § 54 Rn 10.
88 Vgl. § 12 StGB; vgl. auch Nr. 2 der VwV PolG zu § 68 Abs. 1 PolG.
89 Vgl. zu einem folgenschweren Irrtum bei der Einschätzung der Gefahrenlage BGH, NJW 1986, 438 (tödliche Schüsse auf Geiseln).

Festnahme (vgl. §§ 114, 126 a, 127 Abs. 2 StPO) oder der Feststellung ihrer Person (vgl. §§ 163 b, 163 c StPO) durch die Flucht zu entziehen versucht, **anzuhalten**, wenn sie

- bei einer rechtswidrigen Tat auf frischer Tat betroffen wird, die sich den Umständen nach als ein Verbrechen darstellt oder als ein Vergehen, das unter Anwendung oder Mitführung von Schusswaffen oder Sprengstoffen begangen wird,
- eines Verbrechens dringend verdächtigt ist oder
- eines Vergehens dringend verdächtig ist und Anhaltspunkte befürchten lassen, dass sie von einer Schusswaffe oder einem Sprengstoff Gebrauch machen werde.

Fall 46: Der Polizeibeamte P hat als Fahrer eines Funkstreifenwagens gehört, dass die flüchtige Person V wegen einer gerade geschehenen Vergewaltigung gesucht wird. Als V nach einer **Verfolgungsjagd** in ein Gebüsch flüchtet, gibt P 4 Schüsse auf V ab, um diesen fluchtunfähig zu machen. Durch 3 Schüsse in den Kopf wird V getötet (vgl. BGH, NJW 1999, 2533).

Im **Fall 46** war der Schusswaffengebrauch gem. § 68 Abs. 1 Nr. 2 PolG zur Festnahme eines Verbrechers grundsätzlich gerechtfertigt. Davon zu unterscheiden ist die Frage, ob sich P durch die tödlichen Schüsse auf V wegen Totschlags strafbar gemacht hat. In der zitierten Entscheidung hat der BGH die Verurteilung durch die Vorinstanz beanstandet, weil dort diese Unterscheidung verkannt worden war.[90]

61 **„Auf frischer Tat betroffen"** ist eine Person, wenn sie bei der Begehung einer Tat entdeckt wird, oder wenn die zwar schon vollendete Tat unmittelbar nach ihrer Verübung entdeckt und aufgrund der hierbei gemachten, auf den Täter hinweisenden Wahrnehmungen die Verfolgung unverzüglich begonnen wird, so dass keine Zweifel über die Täterschaft vorliegen.[91]

Der **dringende Tatverdacht** setzt voraus, dass ein hoher Grad von Wahrscheinlichkeit dafür gegeben ist, dass die Person die Tat begangen hat (vgl. auch § 112 StPO).

62 **(3) Schusswaffengebrauch gem. § 68 Abs. 1 Nr. 3 PolG zur Sicherung amtlichen Gewahrsams.** Die Schusswaffe kann gem. § 68 Abs. 1 Nr. 3 PolG eingesetzt werden zur **Vereitelung der Flucht** oder zur **Wiederergreifung einer Person**, die sich **in amtlichem Gewahrsam befindet oder befand**

- zur Verbüßung einer Freiheitsstrafe wegen einer Straftat nach dem StGB oder dem JGG mit Ausnahme des Strafarrests (vgl. § 9 WStG [Nr. 3 a]),
- zum Vollzug der Sicherungsverwahrung (§§ 66 und 66 b StGB [Nr. 3 b]),
- wegen eines dringenden Verdachts eines Verbrechens (Nr. 3 c),
- aufgrund richterlichen Haftbefehls nach der StPO (§§ 122 ff., 230, 236, 329 Abs. 4 StPO [Nr. 3 d]),
- oder sonst wegen des dringenden Verdachts eines Vergehens, wenn zu befürchten ist, dass sie von einer Schusswaffe oder einem Sprengstoff Gebrauch machen werde [Nr. 3 e].

Unter **„amtlichem Gewahrsam"** ist nur die von der zuständigen Stelle (vgl. §§ 114, 127 Abs. 2 StPO, §§ 38, 63 StGB) angeordnete Freiheitsentziehung zum **Zwecke der Strafverfolgung oder Strafvollstreckung** zu verstehen. Zur Sicherung des polizeilichen Gewahrsams gem. § 33 PolG ist der Schusswaffengebrauch hingegen nicht gestattet.[92]

---

90 BGH, NJW 1999, 2533; zu den Grenzen des Festnahmerechts bei Schusswaffengebrauch vgl. auch BGH, NStZ-RR 1998, 50.
91 Deger, in: Stephan/Deger, Polizeigesetz BW, § 54 Rn 13; OLG Karlsruhe, Die Justiz 2011, 221.
92 Deger, in: Stephan/Deger, Polizeigesetz BW, § 54 Rn 15.

(4) Schusswaffengebrauch gem. § 68 Abs. 1 Nr. 4 PolG zur Verhinderung der gewaltsamen Befreiung. Gem. § 68 Abs. 1 Nr. 4 PolG kann auf eine Person geschossen werden, 63
- die mit Gewalt einen Gefangenen (etwa Strafgefangener, vgl. § 120 StGB, § 42 Abs. 1 Nr. 5 ME, Untersuchungsgefangener, vorläufig Festgenommener nach § 127 Abs. 2 StPO, Gewahrsamnahme gem. § 33 PolG) oder jemanden, dessen
   - Sicherungsverwahrung (§§ 66, 66b StGB; vgl. Änderungsgesetz zum Polizeigesetz vom 18.11.2008, GBl. S. 400),
   - Unterbringung in einem psychiatrischen Krankenhaus (§ 63 StGB, § 126 a StPO) oder
   - Unterbringung in einer Erziehungsanstalt (§ 64 StGB, § 126 a StPO) angeordnet ist,
- aus dem Gewahrsam zu befreien versucht.

Durch den Gebrauch der Schusswaffe soll die **gewaltsame** Befreiung einer Person, die sich aus repressiven Gründen im amtlichen Gewahrsam befindet, verhindert werden.

cc) Schusswaffengebrauch gegen eine Menschenmenge (§ 68 Abs. 3 PolG). Der Schusswaffengebrauch gegen eine Menschenmenge ist an noch engere Voraussetzungen gebunden. **Gegen eine Menschenmenge** darf nur geschossen werden, wenn von ihr oder aus ihr heraus **Gewalttaten** begangen werden oder unmittelbar bevorstehen und Zwangsmaßnahmen gegen Einzelne nicht zum Ziel führen oder offensichtlich keinen Erfolg versprechen (§ 68 Abs. 3 PolG). Eine **Menschenmenge** ist eine größere Ansammlung von Personen, bei der es auf das Hinzukommen oder Weggehen Einzelner nicht ankommt. Die Verfolgung eines gemeinschaftlichen Zwecks oder ein Gefühl der Zusammengehörigkeit ist nicht erforderlich.[93] 64

Unter **Gewalttaten** fallen **Straftaten schwerwiegender Art** wie Tötungsdelikte, (§§ 211, 212 StGB), gefährliche Körperverletzung (§ 224 StGB), gemeingefährliche Handlungen (§§ 306 ff. StGB), Nötigung von Verfassungsorganen unter Gewaltanwendung (§§ 105, 106 StGB), wie etwa Brandstiftungen, Lynchjustiz, Plünderung von Geschäften oder Zerstörungen größeren Ausmaßes. Die Gewalttaten müssen von einem großen Teil der Zugehörigen zur Menschenmenge oder von Einzelnen unter bewusster Ausnutzung des Schutzes der Menge *aus ihr heraus* verübt werden. Gerade die zuletzt genannte Voraussetzung weist auf die Problematik des Schusswaffengebrauchs gegen eine gewaltbereite oder gewalttätige Menschenmenge hin. Der Waffeneinsatz kann unkalkulierbare Risiken zur Folge haben. Schüsse *in die Menge* können zur Eskalation und zu panikartigen Reaktionen führen und Unbeteiligte in hohem Maße gefährden. Zwar sollen gem. § 68 Abs. 3 PolG als Ausfluss des Verhältnismäßigkeitsprinzips vor Schüssen in die Menschenmenge zunächst Zwangsmaßnahmen gegen Einzelne geprüft bzw. durchgeführt werden. Das wahllose und „blinde" Schießen in eine Menschenmenge ist daher unzulässig. Dennoch bestehen darüber hinaus **grundsätzliche Bedenken gegen die Eignung** des Schusswaffengebrauchs in eine Menschenmenge. Mit Recht weist *Deger* darauf hin, dass bei einem Einsatz gegen eine Menschenmenge eine Reihe wirksamer anderer Mittel (Wasserwerfer, Tränengas etc.) zur Verfügung stehen.[94] 65

b) Allgemeine Tatbestandsvoraussetzungen (§ 67 PolG). Der Schusswaffengebrauch ist ein **Zwangsmittel**, das grundsätzlich im präventiven und im repressiven Bereich (vgl. § 63 PolG) eingesetzt werden darf. Da mit dem Einsatz schwerwiegende Grundrechtseingriffe verbunden sind, regelt das PolG im Einzelnen die Voraussetzungen für den Gebrauch. 66

Der **Schusswaffengebrauch** stellt – mit dem Gebrauch von Explosionsmitteln (§ 69 PolG) – das **äußerste und folgenschwerste Mittel des Polizeizwangs** dar. Wegen der Schwere des Eingriffs – insbesondere in das Recht auf Leben (Art. 2 Abs. 2 S. 1 GG) – und der mit dem Einsatz verbundenen Gefahr für Unbeteiligte stellen die §§ 67 und 68 PolG besondere und zusätzliche

---
93 Vgl. VwV PolG zu § 68 Abs. 3 PolG.
94 Deger, in: Stephan/Deger, Polizeigesetz BW, § 53 Rn 29.

Anforderungen an den Gebrauch von Schusswaffen (Pistolen, Revolver, Tränengassprühpistole, Maschinenpistole etc.).

Der Schusswaffengebrauch ist gem. § 67 Abs. 1 S. 1 PolG nur erlaubt, wenn die **allgemeinen Voraussetzungen** für die Anwendung des unmittelbaren Zwangs **vorliegen**[95] – also insbesondere die Anforderungen des § 66 Abs. 1 bis 4 PolG – und **zusätzlich** einfache körperliche Gewalt sowie verfügbare Hilfsmittel der körperlichen Gewalt oder mitgeführte Hiebwaffen erfolglos angewandt worden sind oder ihre Anwendung offensichtlich keinen Erfolg verspricht.[96]

67 Gem. § 67 Abs. 1 S. 2 PolG darf auf **Personen** erst geschossen werden, wenn der polizeiliche Zweck durch Waffenwirkung gegen Sachen nicht erreicht werden kann. Aus dem Grundsatz der Verhältnismäßigkeit folgt, dass **Ziel des Schusswaffengebrauchs** nur sein darf, eine Person **angriffs- und fluchtunfähig** zu machen.[97] Nur die Verletzung, nicht die Tötung, wird dabei in Kauf genommen. Grundsätzlich ist auf die Beine zu zielen, beim Schuss auf Hände und Arme besteht die Gefahr tödlicher Verletzungen. Gegenüber **Personen**, die dem äußeren Eindruck nach noch **nicht 14 Jahre alt** (Kinder), **gebrechlich oder hilflos** sind, ist der Schusswaffengebrauch grundsätzlich **unzulässig**.[98]

68 Der **Schusswaffengebrauch gegenüber Sachen** ist auf das erforderliche Mindestmaß zu beschränken. Ist dabei die Verletzung einer Person wahrscheinlich, ist er nur zulässig, wenn die Voraussetzungen für den Schusswaffengebrauch gegen Personen vorliegen. Auch beim **Schusswaffengebrauch gegen Fahrzeuge** sind besondere Anforderungen zu beachten: Der Schusswaffengebrauch gegen ein Fahrzeug soll dieses möglichst durch Beschädigung der Bereifung, des Tanks, Motors, Kühlers etc. **fahruntauglich** machen.[99]

69 Gem. § 67 Abs. 2 S. 1 PolG ist der Schusswaffengebrauch unzulässig, wenn erkennbar **Unbeteiligte** mit hoher Wahrscheinlichkeit gefährdet werden. Unbeteiligt ist jede Person, die bei der Handlung, gegen die sich die polizeiliche Maßnahme richtet, nicht mitwirkt, also etwa Passanten, Journalisten, Schaulustige, Geiseln.[100] Ist der Schusswaffengebrauch das einzige Mittel zur Abwehr einer **gegenwärtigen Lebensgefahr**, ist er zulässig, auch wenn Unbeteiligte gefährdet werden können. In einem derartigen Fall, bei dem sich gegenwärtige Lebensgefahr und der Zwang zur Gefährdung eines Unbeteiligten gegenüberstehen, soll notfalls zur Rettung aus gegenwärtiger Lebensgefahr das geringere Risiko einer Verletzung Unbeteiligter in Kauf genommen werden. Die bloße Gefährdung Unbeteiligter bewirkt somit noch kein Verbot des Schusswaffengebrauchs.

70 Da weder bei einem **Warnschuss** noch bei **Alarm- oder Signalschüssen** auf Personen oder Sachen eingewirkt wird, unterliegt dieser Schusswaffeneinsatz nicht den strengen rechtsstaatlichen Bindungen des § 67 PolG.

71 Die Regelung des § 66 Abs. 2 PolG gilt grundsätzlich auch für die **Androhung des Schusswaffengebrauchs**. Die VwV PolG enthält dazu konkrete Hinweise: „Hier Polizei! Halt, oder ich schieße!". Ist in akuten Fällen ein Warnruf nicht möglich oder verspricht er keinen Erfolg, kann der Schusswaffengebrauch auch durch **Warnschüsse** angedroht werden.[101]

---

[95] Beck/Ryter, Fälle und Lösungen, S. 92; Metz, JuS 2022, 715, 714; Kramer/Tyborczyk, JuS 2021, 845, 847, 850.
[96] Vgl auch Kramer/Tyborczyk, JuS 2021, 845, 850.
[97] BGH, NJW 1999, 2533.
[98] Vgl. Nr. 2 der VwV PolG zu § 67 PolG u. § 41 Abs. 3 ME PolG.
[99] Vgl. Nr. 3 der VwV PolG zu § 67 Abs. 1 PolG.
[100] Vgl. die Hinweise der VwV PolG zu § 67 Abs. 2 PolG; krit. dazu mit Recht Sander, in: Belz/Mußmann/Kahlert/Sander, Polizeigesetz BW, § 67 Rn 13.
[101] Vgl. Nr. 5 der VwV PolG zu § 67 PolG; vgl. auch Graf, in: Pöltl/Ruder, Öffentliche Sicherheit und Ordnung, Stichwort „Warnschuss".

c) **Gezielter Rettungsschuss (§ 68 Abs. 2 PolG). aa) Allgemeines.** Die Regelung in § 68 Abs. 2 **72**
PolG wurde durch **Änderungsgesetz vom 22.10.1991** (GBl. S. 625) neu in das PolG eingeführt.

§ 68 Abs. 2 PolG ermächtigt den Polizeivollzugsdienst, in begründeten Ausnahmefällen zur Rettung des Lebens und der Gesundheit eines Opfers auf einen Störer einen gezielten Schuss abzugeben, der den Tod dieses Menschen vorsätzlich herbeiführt oder ihn zumindest billigend in Kauf nimmt. Es handelt sich um die bewusste staatliche Tötung eines Menschen, um eine von diesem ausgehende gegenwärtige Gefahr abzuwehren. Wegen des verfassungsrechtlich gebotenen Schutzes des menschlichen Lebens und der körperlichen Unversehrtheit sowie der Rechtsklarheit wird der sog. **gezielte bzw. finale Todes- oder Rettungsschuss** auf die Fälle beschränkt, in denen er das einzige Mittel zur Abwehr einer gegenwärtigen Lebensgefahr oder der gegenwärtigen Gefahr einer schwerwiegenden Verletzung der körperlichen Unversehrtheit ist.[102]

Das **Grundrecht auf Leben** steht unter dem ausdrücklichen Gesetzesvorbehalt des **Art. 2 Abs. 2 S. 3 GG**, wonach in das Recht auf Leben und in die körperliche Gesundheit nur „aufgrund eines Gesetzes" eingegriffen werden darf. In § 68 Abs. 2 PolG wurden vom Gesetzgeber die Voraussetzungen festgelegt, unter denen im Rahmen des polizeilichen Schusswaffengebrauchs ein gezielter Schuss erlaubt ist, der mit an Sicherheit grenzender Wahrscheinlichkeit sofort tödlich wirkt. In polizeitaktischer Hinsicht ist das Ziel des Schusswaffengebrauchs „nur" die Beendigung der Angriffsfähigkeit eines Störers.

Die **Recht- und Verfassungsmäßigkeit** dieser Vollzugsmaßnahme wird nach wie vor kontrovers diskutiert. Die Meinungen reichen vom absoluten Verbot einer gezielten Tötung bis hin zur Zulassung des gezielten Todesschusses zum Schutz von Sachwerten.[103] Mit Recht weisen *Gusy/ Eichenhofer* darauf hin, dass die grundrechtliche Problematik des Todesschusses keinesfalls gelöst ist, da eine Abwägung von „Leben gegen Leben" grundsätzlich unzulässig ist.[104]

Der gezielte Todesschuss unterscheidet sich vom sog. **tödlichen Fehlschuss**. Dieser liegt vor, wenn ein Polizeibeamter auf Körperpartien eines Menschen zielt, deren Verletzung mit an Sicherheit grenzender Wahrscheinlichkeit nicht tödlich wirkt, dabei aber andere Körperteile trifft und dadurch den Tod eines Menschen bewirkt.[105]

bb) Voraussetzungen. Der **finale Todesschuss** ist gem. § 68 Abs. 2 PolG nur zulässig, wenn er **73** das **einzige Mittel** zur Abwehr einer gegenwärtigen Lebensgefahr oder einer schwerwiegenden Verletzung der körperlichen Unversehrtheit ist. Ob noch andere Mittel zur Gefahrenabwehr zur Verfügung stehen, ist „unter Abwägung aller Tatumstände einschließlich des Verhaltens und der Äußerungen der Personen, von denen die Gefahr ausgeht, im Einzelfall zu entscheiden. Verhandlungsmöglichkeiten sind grundsätzlich auszuschöpfen" (so Nr. 1 der VwV PolG zu § 68 Abs. 2 PolG).

Eine **gegenwärtige Lebensgefahr** liegt vor, wenn die Vernichtung des Lebens sofort oder in allernächster Zukunft mit an Sicherheit grenzender Wahrscheinlichkeit zu erwarten ist (→ § 4 Rn 32). **Schwerwiegende Verletzungen** der körperlichen Unversehrtheit sind gegeben, wenn die Voraussetzungen des § 226 Abs. 1 StGB erfüllt sind (Verlust wichtiger Glieder des Körpers, des Sehvermögens, des Gehörs etc.; vgl. Nr. 2 der VwV PolG zu § 68 Abs. 2 PolG[106]). **Zum Schutz anderer Rechtsgüter** (etwa Freiheit, Sachgüter) ist ein mit an Sicherheit grenzender Wahrschein-

---

102 Reichelt/Colussi, Kriminalistik 2023, 346: „Ultima Ratio".
103 Vgl. Graulich, in Lisken/Denninger, Handbuch des Polizeirechts, Kap. E Rn 949 ff.
104 Gusy/Eichenhofer, Polizei- und Ordnungsrecht, Rn 451. Grundlegend dazu auch Reichelt/Colussi, Kriminalistik 2023, 346 ff.
105 Graulich, in: Lisken/Denninger, Handbuch des Polizeirechts, Kap. E Rn 953.
106 Dort wird „§ 224 Abs. 1 StGB" (gefährliche Körperverletzung) zitiert, was offensichtlich ein Versehen ist. Gemeint sein muss § 226 Abs. 1 StGB (schwere Körperverletzung), da § 68 Abs. 2 PolG von einer „schwerwiegenden Verletzung" ausgeht und Nr. 2 der VwV PolG die Tatbestandsvoraussetzungen des § 226 Abs. 1 StGB aufzählt.

lichkeit tödlich wirkender Schuss **nicht zulässig**. Insoweit kommt nur ein Schusswaffengebrauch im Rahmen des § 68 Abs. 1 PolG in Betracht. Diese Beschränkung ist mit Rücksicht auf den Grundsatz der Verhältnismäßigkeit geboten.

Beispiel: Bankräuber R droht mit vorgehaltener Pistole, eine Geisel zu erschießen. Nach mehrfacher Androhung des Schusswaffengebrauchs tötet der Polizeibeamte P den R durch einen gezielten Schuss in den Kopf und rettet dadurch das Leben der Geisel (vgl. auch Guldi, VBlBW 1996, 198, 235).

Die VwV PolG weist ausdrücklich darauf hin, dass die **Befugnis zur Abgabe eines gezielten Todesschusses (= Anwendung des unmittelbaren Zwangs im engen Sinn)** jedem Polizeibeamten zusteht. Eine Anordnung durch den Polizeiführer ist nicht erforderlich (Nr. 3 der VwV PolG zu § 68 Abs. 2 PolG).

74   **4. Notrechtsvorbehalt.** Gem. § 68 Abs. 4 PolG bleibt das Recht zum Gebrauch von Schusswaffen **aufgrund anderer gesetzlicher Vorschriften** unberührt (sog. Notrechtsvorbehalt, vgl. auch § 10 Abs. 3 UZwG). Zu den **Regelungen in anderen Gesetzen** zählen etwa die **Notwehr** gem. § 32 StGB, die Notwehr gem. § 227 BGB und der **Notstand** gem. § 34 StGB, §§ 228, 904 BGB.[107] Durch diese Regelung wird klargestellt, dass diese Notrechtsvorbehalte auch für Polizeibeamte bei der Ausübung ihres Dienstes gelten.[108] Durch sie werden aber der Polizei **keine zusätzlichen Befugnisse** eingeräumt, denn diese Notwehr- und Notstandsituationen sind keine Ermächtigungsgrundlagen für hoheitliches Handeln. Auch die strafrechtliche Nothilfe (§ 32 Abs. 2 StGB) stellt keine Rechtsgrundlage für einen gezielten Rettungsschuss durch Polizeivollzugsbeamte dar. Die genannten Bestimmungen können aber die Beamten des Polizeivollzugsdienstes im Fall der Überschreitung ihrer **polizeirechtlichen** Befugnisse vor straf- oder zivilrechtlichen Sanktionen bewahren.

Fall 47: Ein 24-Jähriger wurde bei einem Polizeieinsatz von mehreren Schüssen getroffen und hierdurch tödlich verletzt. Er hatte zuvor mehrere Polizeibeamte mit einem vorgehaltenen Küchenmesser bedroht. Vorangegangen waren mehrere wiederholte Aufforderungen der Polizeibeamten, das Messer niederzulegen, die Abgabe eines Warnschusses sowie zwei Durchschüsse im Knie- und Armbereich. Die Eltern des Getöteten waren überzeugt, dass der Tod ihres Sohnes weder gerechtfertigt noch entschuldigt werden könne und begehrten die Durchführung eines Strafverfahrens gegen zwei Polizeibeamte.

Die zuständige Staatsanwaltschaft hatte das im **Fall 47** unter anderem wegen Totschlags geführte Ermittlungsverfahren gegen die am Einsatz beteiligten Beamten eingestellt, weil nach dem Ermittlungsergebnis zugunsten der beschuldigten Beamten von einer Rechtfertigung der Tötung durch Notwehr i. S. d. § 32 StGB auszugehen sei und der Einsatz von Schusswaffen nach dem (hier: bayerischen) Polizeirecht zulässig gewesen sei. Der Beschwerde gem. § 172 Abs. 1 StPO gab der Generalstaatsanwalt keine Folge. Der daraufhin von den Eltern gestellte Antrag auf gerichtliche Entscheidung wurde abgelehnt. Das **BVerfG** nahm die Verfassungsbeschwerde der Eltern gegen diese gerichtliche Entscheidung nicht an.[109]

75   **5. Gebrauch von Explosivmitteln (§ 69 PolG). a) Gesetzgebungsverfahren.** Durch Art. 1 Nr. 6 des **Gesetzes zur Änderung des Polizeigesetzes** vom 28.11.2017 wurde **§ 69** (bis 2021 § 54 a) in das PolG eingefügt.[110] Der Gesetzgeber wollte angesichts der anhaltend hohen abstrakten Gefahr terroristischer Anschläge – insbesondere aus dem islamistischen Spektrum – die polizeilichen Eingriffsbefugnisse verbessern, um der vom internationalen Terrorismus ausgehenden Bedrohung wirksamer als bisher begegnen zu können.[111] Es soll eine **effektivere Bekämpfung von Gewalt und Terrorismus** erreicht werden.[112]

---

107   Zur Erforderlichkeit des Schusswaffengebrauchs bei Notwehr vgl. BGH, NJW 1991, 563.
108   Deger, in: Stephan/Deger, Polizeigesetz BW, § 54 Rn 32.
109   NStZ-RR 2015, 117.
110   GBl. S. 624, 629.
111   LT-Drs. 16/2741, S. 1, 20.
112   LT-Drs. 16/2741, S. 20.

V. Unmittelbarer Zwang

Der Gesetzgeber sah auch im Hinblick auf die Regelungen zum Waffengebrauch Handlungsbedarf. Gerade **im Zusammenhang mit terroristischen Anschlägen** soll es zu Situationen kommen können, die neben oder anstelle des Gebrauchs von Schusswaffen auch den Einsatz von Handgranaten oder anderen Explosivmitteln notwendig machen können.[113] Gerade die Erfahrungen mit Antiterroreinsätzen in Frankreich sollen gezeigt haben, dass es in Ausnahmefällen notwendig werden kann, Explosivmittel aus der Distanz einzusetzen, um das Betreten eines Gefahrenbereichs zu vermeiden. In BW soll die Anwendung dieser Explosivmittel grundsätzlich den **Einsatzkräften des Spezialeinsatzkommandos** (SEK) vorbehalten bleiben.[114]

b) Voraussetzungen im Allgemeinen. § 69 PolG ist weitgehend an die Regelungen des Schusswaffengebrauchs (→ Rn 58 ff.) angelehnt. Aus Gründen der Verhältnismäßigkeit gestattet der Gesetzgeber die **Anwendung von Explosivmittel nur unter engen tatbestandlichen Voraussetzungen.**

Explosivmittel sind solche Stoffe, die (regelmäßig) von einem festen Mantel umgeben sind und wegen ihrer chemischen Beschaffenheit nach Zündung unter rascher Ausdehnung ihres Volumens unter dem Druck der sich durch ihren Zerfall entwickelnden Kraft Sprengwirkung ausüben.[115] Sie sind als **Waffen** einzustufen. Zu ihnen zählen Handgranaten, Sprenggeschosse, die aus Schusswaffen verschossen werden können, und Sprengmittel. Pyrotechnische Irritationsmittel, die überwiegend den Zweck verfolgen, Licht und Lärm zu erzeugen, sind entsprechend dieser Definition keine Explosivmittel.[116]

Für den Einsatz von Explosivmitteln gelten die **allgemeinen gesetzlichen Voraussetzungen für die Anwendung von Polizeizwang**, wie sie die §§ 63 ff. PolG vorgeben. Als Mittel des unmittelbaren Zwangs (vgl. § 64 Abs. 1 PolG: „Waffe") **obliegt der Einsatz von Explosivmitteln ausschließlich den Beamten des Polizeivollzugsdiensts**, wie unmittelbar aus § 65 PolG folgt.

c) Reichweite der Regelung. § 69 PolG ist für den Gebrauch von Explosionsmitteln **keine abschließende Regelung**. Dies folgt aus dem Verweis in § 69 Abs. 3 PolG auf § 68 Abs. 4 PolG. Danach bleibt das Recht zum Gebrauch von Explosionsmitteln aufgrund anderer gesetzlicher Vorschriften von § 69 PolG unberührt (→ Rn 74).

d) § 69 Abs. 1 PolG. Gem. § 69 Abs. 1 PolG dürfen Explosivmittel gegen Personen nur in den Fällen des § 68 Abs 1 Nr. 1, 4 PolG angewendet werden, wenn der vorherige Gebrauch anderer Waffen erfolglos geblieben ist oder offensichtlich keinen Erfolg verspricht.

Damit sieht § 69 PolG folgende **tatbestandlichen Voraussetzungen** für den Einsatz von Explosivmitteln vor:

- Verhinderung von Taten i. S. d. § 68 Abs. 1 Nr. 1 PolG

  Der Einsatz der Explosivmittel muss der Verhinderung der unmittelbar bevorstehenden Ausführung oder der Fortsetzung einer rechtswidrigen Tat dienen, die sich den Umständen nach als ein Verbrechen oder als ein Vergehen darstellt, das unter Anwendung oder Mitführung von Schusswaffen oder Sprengstoffen begangen werden soll oder ausgeführt wird (→ Rn 59)

- Gewaltsame Befreiung gem. § 68 Abs. 1 Nr. 4 PolG

  Der Einsatz der Explosivmittel erfolgt gegen eine Person, die mit Gewalt einen Gefangenen oder jemanden, dessen Sicherungsverwahrung (§§ 66, 66 b StGB) oder Unterbringung in einem psychiatrischen Krankenhaus (§§ 63 StGB, 126 a StPO) oder Unterbringung in einer Entziehungsanstalt (§§ 64 StGB, 126 a StPO) angeordnet ist, aus dem amtlichen Gewahrsam zu befreien versucht (→ Rn 63),

---

113 LT-Drs. 16/2741, S. 22, 41.
114 LT-Drs. 16/2741, S. 41.
115 LT-Drs. 16/2741, S. 40 f.
116 LT-Drs. 16/2741, S. 42.

- Erfolgloser vorheriger Gebrauch anderer Waffen

  Der Einsatz von Explosivmitteln setzt voraus, dass zuvor andere Waffen, deren Gebrauch weniger schwerwiegend und weitreichend ist, erfolglos eingesetzt wurden. Diese Bestimmung ist Ausfluss der **Verhältnismäßigkeit im engeren Sinn**, entspricht dem § 66 Abs. 1 PolG und verlangt den **vorherigen erfolglosen Einsatz milderer Mittel**. Mildere Mittel der Gewaltanwendung und Waffen in diesem Sinne sind etwa einfache körperliche Gewalt, Hilfsmittel der körperlichen Gewalt, Hiebwaffen, Elektroschocker und Schusswaffen jeglicher Art.

- Einsatz anderer Waffen offensichtlich nicht erfolgversprechend

  Eine Abweichung vom Grundsatz des erfolglosen vorherigen Einsatz von milderer Gewalt und anderen Waffen ist nur möglich – dann aber auch zulässig und rechtmäßig –, wenn der **Gebrauch anderer Waffen offensichtlich keinen Erfolg verspricht**. Dabei muss auf die Sichtweise eines sachkundigen Beamten des Polizeivollzugsdienstes zum Zeitpunkt der Entscheidung über den Einsatz der Explosivmittel abgestellt werden. Mussten die zur Entscheidung berufenen Polizeivollzugsbeamten davon ausgehen, dass sie die Gefährdungssituation nur durch den sofortigen Einsatz von Explosivmitteln beseitigen können und der Einsatz anderer und milderer Waffen dies nicht erreichen kann, dann ist der Einsatz der Explosivmittel von § 69 Abs. 1 PolG abgedeckt. Eine **nachträglich andere Beurteilung des Einsatzes** ist **unschädlich** (dies ist auch aus § 66 Abs. 3 PolG zu folgern). Da der Einsatz von Explosivmitteln den Sondereinsatzkräften der Polizei überlassen bleiben soll und § 69 Abs. 3 PolG weitere Kontrollpflichten vorsieht, dürfte eine sachkundige Beurteilung der Einsatzlage in der Praxis gewährleistet sein.

Eine Anwendung von Explosivmitteln gegen Personen, um diese i. S. d. § 68 Abs. 1 Nr. 2, 3 PolG fluchtunfähig zu machen (→ Rn 60 bis 62), ist nach dem eindeutigen Gesetzwortlaut und dem Willen des Gesetzgebers[117] nicht zulässig.

80 e) § 69 Abs. 2 PolG. § 69 Abs. 2 PolG bestimmt, dass Explosivmittel **nicht gegen eine Menschenmenge** eingesetzt werden dürfen. Damit soll verhindert werden, dass wegen der eingeschränkten Kontrollierbarkeit von Explosivmitteln unüberschaubare Personenschäden – auch bei unbeteiligten dritten Personen – entstehen. Die Einschränkung ist Ausfluss des Grundsatzes der Verhältnismäßigkeit.[118]

Eine „**Menschenmenge**" i. S. d. § 69 Abs. 2 PolG liegt vor, wenn eine **größere Ansammlung von Personen** gegeben ist, bei der es auf das Hinzukommen oder Weggehen einzelner Personen nicht ankommt (→ Rn 64). Daher können Explosivmittel durchaus gegen **eine Mehrzahl von Gefährdern** – etwa Terroristen – eingesetzt werden, solange diese klar identifizierbar und von unbeteiligten dritten Personen unterscheidbar sind. Die Grenze ist dort zu ziehen, wo eine **Fremdgefährdung** nicht mehr mit der erforderlichen Sicherheit ausgeschlossen werden kann.

81 f) § 69 Abs. 3 PolG. § 69 Abs. 3 PolG legt fest, dass der Gebrauch von Explosivmitteln gegen Personen der **Anordnung durch die Leitung eines regionalen Polizeipräsidiums, des Polizeipräsidiums Einsatz oder des LKA** bedarf. Diese können ihre Anordnungsbefugnis auf besonders beauftragte Beamte des höheren Dienstes übertragen (§ 69 Abs. 3 S. 2 PolG). Wegen der schwerwiegenden Folgen eines Explosivmitteleinsatzes soll sichergestellt sein, dass die abschließende Entscheidungsbefugnis den Leitungsebenen des Polizeivollzugsdienstes obliegt. Näheres zur Übertragung der Anordnungsbefugnis ergibt sich aus § 4 Abs. 1 DVO PolG.

82 g) § 69 Abs. 4 PolG. § 69 Abs. 4 PolG legt fest, dass für den Gebrauch von Explosivmitteln im Übrigen § 67 Abs. 1 und 2 S. 1 PolG sowie § 68 Abs. 2 und 4 PolG entsprechend gelten. **Weitere Voraussetzungen** für den Einsatz von Explosionsmitteln sind daher:

---

117 LT-Drs. 16/2741, S. 41.
118 LT-Drs. 16/2741, S. 41.

- Anwendung unmittelbaren Zwangs zulässig | kein milderes Mittel
  Der Gebrauch von Explosionsmitteln ist nur zulässig, wenn die allgemeinen Voraussetzungen für die Anwendung unmittelbaren Zwangs vorliegen und wenn einfache körperliche Gewalt sowie verfügbare Hilfsmittel der körperlichen Gewalt oder mitgeführte Hiebwaffen erfolglos angewandt worden sind oder ihre Anwendung offensichtlich keinen Erfolg verspricht. Explosivmittel dürfen erst eingesetzt werden, wenn der polizeiliche Zweck durch Waffenwirkung gegen Sachen nicht erreicht werden kann (§ 69 Abs. 4 i. V. m. § 67 Abs. 1 PolG).
- Keine Gefährdung Unbeteiligter
  Der Gebrauch von Explosionsmitteln ist unzulässig, wenn erkennbar Unbeteiligte mit hoher Wahrscheinlichkeit gefährdet werden (§ 69 Abs. 4 PolG i. V. m. § 67 Abs. 2 S. 1 PolG [→ Rn 55]).
- Tötung durch Explosionsmitteln nur im extremen Ausnahmefall
  Der Einsatz von Explosionsmitteln, der mit an Sicherheit grenzender Wahrscheinlichkeit tödlich wirken wird, ist nur zulässig, wenn er das einzige Mittel zur Abwehr einer gegenwärtigen Lebensgefahr oder der gegenwärtigen Gefahr einer schwerwiegenden Verletzung der körperlichen Unversehrtheit ist (§ 69 Abs. 4 PolG i. V. m. § 68 Abs. 2 PolG). Letztlich muss der Einsatz der Explosionsmittel das **einzig denkbare und geeignete Mittel** sein (→ Rn 79).

VI. Rechtsschutz

1. Rechtsschutz gegen Vollstreckungsmaßnahmen im Bereich der Gefahrenabwehr. a) Widerspruch und Anfechtungsklage. Soweit die Maßnahmen der Verwaltungsvollstreckung als Verwaltungsakte zu qualifizieren sind, kommen als Rechtsbehelfe **Widerspruch und Anfechtungsklage** in Betracht (vgl. §§ 42 Abs. 1, 68 ff., 113 Abs. 1 S. 1 VwGO). Dies gilt für die Androhung der Vollstreckung, für die Festsetzung des angedrohten Zwangsmittels und für die Kostenbescheide.

Fall 48: In einer gewerberechtlichen Erlaubnis (= Grundverfügung) werden dem Antragsteller A unter der Überschrift „Bedingungen/Auflagen" in über 20 Einzelpunkten verschiedene Verhaltenspflichten unterschiedlichen Gewichts auferlegt. Die sofortige Vollziehung dieser Verfügung wird angeordnet. Für den Fall, dass diese Bedingungen / Auflagen nicht eingehalten werden, wird pauschal ein Zwangsgeld in Höhe von 2.500 Euro angedroht. Als A einer der genannten Verhaltenspflichten nicht nachkommt, setzt die Behörde das angedrohte Zwangsgeld fest (vgl. VGH BW, VBlBW 1996, 65).

Im **Fall 48** war zulässiger **Rechtsbehelf** gegen die Androhung des Zwangsmittels „Zwangsgeld" (= Verwaltungsakt) der Widerspruch / die Anfechtungsklage. Im entschiedenen Fall war die **Zwangsgeldandrohung rechtswidrig**, weil sie gegen das **Bestimmtheitsgebot** verstieß (vgl. § 20 Abs. 3 S. 2 LVwVG). Die Höhe des pauschal angedrohten Zwangsgelds einerseits und die Vielzahl sowie die Unterschiedlichkeit der „Auflagen / Bedingungen" andererseits schließen eine bestimmte oder auch nur bestimmbare Zuordnung des Zwangsgelds zu einzelnen Handlungs-, Duldungs- oder Unterlassungspflichten aus. Aus diesem Grund ist auch der **Bescheid über die Festsetzung** des „angedrohten" Zwangsgeldes **rechtswidrig** und eine dagegen erhobene Anfechtungsklage begründet (so VGH BW a. a. O.).

Soweit die Vollstreckungsmaßnahme als **Realakt** zu qualifizieren ist, kommt als Rechtsbehelf die allgemeine **Feststellungsklage** gem. § 43 Abs. 1 VwGO in Betracht. Dies gilt insbesondere für Maßnahmen der letzten Stufe im Vollstreckungsverfahren (→ Rn 32, 39).

Mit dem Rechtsbehelf gegen eine Vollstreckungsmaßnahme können grundsätzlich keine Einwendungen gegen die Rechtmäßigkeit der Grundverfügung erhoben werden, die der Vollstreckung vorausgegangen ist (→ Rn 31).

b) Fortsetzungsfeststellungsklage. Da in den meisten Fällen die Anwendung des Zwangsmittels vor einer gerichtlichen Klärung vollzogen sein wird, kommt als weiterer Rechtsbehelf die

nachträgliche Prüfung der Rechtmäßigkeit im Wege der **Fortsetzungsfeststellungsklage** gem. § 113 Abs. 1 S. 4 VwGO in Betracht. Ihr Ziel ist die gerichtliche Feststellung, dass ein erledigter Verwaltungsakt (hier: Maßnahme der Verwaltungsvollstreckung) rechtswidrig war. Aus der Anfechtungsklage wird dann eine Feststellungsklage.

Nach **h. L.** ist die Klage nicht nur dann zulässig, wenn sich ein Verwaltungsakt nach Erhebung einer Anfechtungsklage erledigt hat, sondern auch dann, wenn die Erledigung bereits vor Klageerhebung eingetreten ist.[119] Die Fortsetzungsfeststellungsklage ist nur **zulässig**, wenn der Kläger ein berechtigtes Interesse an der begehrten Feststellung, das sog. **besondere Feststellungsinteresse**, hat. Hierfür genügt jedes durch vernünftige Erwägungen nach Lage des Falles anzuerkennende schutzwürdige Interesse rechtlicher, wirtschaftlicher oder auch ideeller Art. Entscheidend ist, dass die gerichtliche Entscheidung geeignet ist, die Position eines Klägers in den strittigen Bereichen zu verbessern.[120] Die Rechtslehre unterscheidet hierbei verschiedene Fallgruppen, bei deren Vorliegen das Feststellungsinteresse bejaht wird.[121]

Beispiele:

- Mit einer **Fortsetzungsfeststellungsklage** begehrte die Klägerin die Feststellung, dass die gegenüber ihr von der Polizei durchgeführten Maßnahmen der Anfertigung von Lichtbildern, der körperlichen Durchsuchung, die mit diesen Maßnahmen verbundenen Festhaltens auf dem Polizeirevier sowie der Speicherung von Daten rechtswidrig waren. Da sich der streitige Verwaltungsakt mit Abschluss der Personenfeststellung bereits vor Klageerhebung erledigt hatte, war die Klage in analoger Anwendung des § 114 Abs. 1 S. 4 VwGO statthaft. Das VG hatte der Klage teilweise stattgegeben. Im Berufungsverfahren bejahte der VGH BW ein berechtigtes Interesse an der begehrten Feststellung aus der erstrebten Rehabilitation. Der Berufung wurde teilweise stattgegeben.[122]
- Im Zusammenhang mit der Befragung und Kontrolle einer „ausländisch aussehenden Person" in einem Bahnhofsgebäude beobachtete die K den Einsatz von Polizeibeamten und stellte sich etwa 1,5 m seitlich neben diese. K wollte dadurch der kontrollierten Person ihre Unterstützung signalisieren. Nachdem K der Aufforderung der Polizei, sich zu entfernen, nicht Folge geleistet hatte, wurde ihr gegenüber ein Platzverweis ausgesprochen. Da sie diesen nicht befolgte, wurde sie unter Einsatz eines Polizeigriffs aus dem Bahnhofsgebäude gebracht. Wegen dieses Einsatzes hatte K beim zuständigen Verwaltungsgericht (VG) Klage erhoben mit dem Antrag, die **Rechtswidrigkeit** des angeordneten **Platzverweises** (nachträglich) festzustellen. Das VG hatte die Klage abgewiesen. Auf die Berufung der K entschied das OVG RP, dass die **Fortsetzungsfeststellungsklage** der K **statthaft** sei. Nach ständiger Rechtsprechung des BVerwG finde § 113 Abs. 1 S. 4 VwGO in den Fällen, in denen sich – wie in diesem Fall – der Verwaltungsakt bereits vor Klageerhebung erledigt hat, entsprechende Anwendung (BVerwGE 131, 216).[123]

85 **2. Rechtsschutz gegen Vollstreckungsmaßnahmen im Straf- und Ordnungswidrigkeitenverfahren.** Soweit die Polizei Maßnahmen zur **Verfolgung von strafbaren Handlungen und Ordnungswidrigkeiten** (vgl. § 163 StPO) durchführt und als Justizbehörde im funktionellen Sinne – also nicht als Gefahrenabwehrbehörde – handelt (→ § 13 Rn 3 ff.), ist gem. § 23 EGGVG der **Rechtsweg zu den ordentlichen Gerichten eröffnet**. Dies gilt insbesondere für die Anwendung des unmittelbaren Zwangs nach den §§ 63 ff. PolG, da diese Bestimmungen auch für die Tätigkeit der Polizei bei der Verfolgung von Straftaten und Ordnungswidrigkeiten gelten.

---

119 Schenke/Schenke, in: Kopp/Schenke, § 113 VwGO Rn 99; zum Prüfungsschema vgl. Knorr, VBlBW 5/2010, Sonderbeilage, 7 ff.
120 BVerwGE 146, 303 m. w. N.
121 Vgl. Schenke/Schenke, in: Kopp/Schenke, § 113 VwGO Rn 129 ff.; vgl. auch Lindner, NVwZ 2014, 180.
122 VGH BW, VBlBW 2011, 231; vgl. auch Knorr, VBlBW 5/2010, Sonderbeilage, 7 ff.
123 OVG RP, LKRZ 2014, 363.

§ 13 Die Polizei im Straf- und Ordnungswidrigkeitenverfahren

> Besondere Relevanz für Studium, Prüfung und Examen (grundsätzlich können alle Themen des Polizeirechts Prüfungsgegenstand sein!):
> Die Ausführungen zu Aufgaben und Funktion der Polizei im Straf- und Ordnungswidrigkeitenverfahren sind vor allem praxisrelevant. Allerdings sollte die Abgrenzung der präventiven und repressiven Funktionen der Polizei (→ Rn 1 f.) immer bekannt sein. Zudem spielen die doppelfunktionalen Maßnahmen (→ Rn 11 ff.) immer wieder eine grundlegende Rolle auch in der Prüfung.

I. Die Polizei im Strafverfahren

1. Aufgabenübertragung durch die Strafprozessordnung. Neben der Aufgabe der Gefahrenabwehr (§ 1 Abs. 1 PolG), dem Schutz der Rechte Privater (§ 2 Abs. 2 PolG) und der Vollzugs- und Amtshilfe (Art. 35 Abs. 1 GG, §§ 4 bis 8 LVwVfG, § 60 Abs. 5 PolG) hat die Polizei die ihr „nach anderen Rechtsvorschriften" übertragenen Aufgaben wahrzunehmen (§ 1 Abs. 2 PolG). Dazu zählen insbesondere die ihr durch die Strafprozessordnung und das Ordnungswidrigkeitenrecht **übertragenen Aufgaben**. Das PolG BW erwähnt die zweite wichtige Aufgabe der Polizei, Straftaten und Ordnungswidrigkeiten zu verfolgen, nicht ausdrücklich. 1

Ausgangspunkt dieser Aufgabenzuweisung ist die **Unterscheidung zwischen Maßnahmen der Prävention und der Repression**.[1] Beim **präventiven** Polizeihandeln (Gefahrenabwehr) geht es in erster Linie um eine ereignisbezogene, prognostisch fundierte, möglichst effektive und flexible Reaktion auf eine Schadenswahrscheinlichkeit. Das **repressive** Polizeihandeln (Strafverfolgung) ist im Gegensatz dazu als Bestandteil eines tat- und täterbezogenen, vergangenheitsfundierten, an der Einzelfallgerechtigkeit orientierten Verfahrens zu sehen. Aufgabe des **Strafverfahrens** ist es, die Berechtigung des **Verdachts einer strafbaren Handlung** zu überprüfen. Das Strafverfahren beginnt mit dem **Ermittlungsverfahren**, das nach dem grundsätzlich geltenden **Legalitätsprinzip** immer dann eingeleitet werden muss, wenn „zureichende tatsächliche Anhaltspunkte" für die Begehung einer Straftat vorliegen (§ 152 Abs. 2 StPO). Die Anforderungen an diesen **Anfangsverdacht** sind gering. Es reicht aus, wenn aufgrund von Indizien nach kriminalistischer Erfahrung die Möglichkeit eines strafbaren und verfolgbaren Verhaltens besteht.[2]

Nach dem normativen Konzept der StPO wird das strafprozessuale Ermittlungsverfahren unter der Gesamtverantwortung der **Staatsanwaltschaft** geführt. Sie und nicht die Polizei ist von Gesetzes wegen **Herrin des strafprozessualen Ermittlungsverfahrens** als Vorstufe der Vorbereitung der öffentlichen Klage gem. §§ 158 ff. StPO. Als „Kopf ohne Hände" muss sie sich der Hilfe der Polizei als der „verlängerte Arm der Staatsanwaltschaft" bedienen.[3] Gem. **§ 160 StPO** hat die Staatsanwaltschaft den Sachverhalt zu erforschen – insbesondere Ermittlungen einzuleiten –, wenn sie durch eine Anzeige oder auf anderem Weg vom Verdacht einer Straftat Kenntnis erhält. Gem. **§ 161 S. 1 StPO** kann die Staatsanwaltschaft Ermittlungen selbst vornehmen oder durch die Behörden und Beamten des Polizeivollzugsdienstes vornehmen lassen. 2

---

1 Thiel, Polizei- und Ordnungsrecht, § 1 Rn 14, § 4 Rn 17 ff.
2 BGH, NJW 1989, 96, 97.
3 BVerwGE 47, 255.

3   **2. Aufgaben der Polizei im Strafverfahren.** Die Polizei wird im Strafverfahren vor allem während des Ermittlungsverfahrens tätig. Auch für sie gilt das **Legalitätsprinzip**. Gem. **§ 163 StPO** haben die Behörden und Beamten des Polizeivollzugsdienstes „Straftaten zu erforschen und alle keinen Aufschub gestattenden Anordnungen zu treffen, um die Verdunkelung einer Sache zu verhüten". Diese Aufgabennorm enthält somit zwei Hauptaufgaben der Polizei im Strafverfahren: Die **Aufklärung** möglicher Straftaten und die **Sicherungsaufgabe** hinsichtlich des Strafprozesses.[4] Weitere polizeiliche Aufgaben folgen mittelbar aus **§ 152 GVG** i. V. m. der StPO. Den Staatsanwaltschaften werden zahlreiche Aufgaben übertragen, die aber – wie zuvor erwähnt – nicht selbst handeln können.

4   Die polizeilichen Aufgaben / Befugnisse nach der StPO stehen zum Teil generell bzw. **allen** Polizeivollzugsbeamten zu (vgl. etwa Maßnahmen nach § 81 b, § 127 Abs. 2 StPO). In vielen Fällen ist aber Voraussetzung für die Wahrnehmung polizeilicher Tätigkeiten, dass der betreffende Polizeivollzugsbeamte **Ermittlungsperson der Staatsanwaltschaft** ist. In der **StAHiBV BW**[5] werden die Angehörigen bestimmter Beamten- und Angestelltengruppen beim Polizeivollzugsdienst des Landes aufgelistet. Gem. § 152 Abs. 1 StPO sind diese Ermittlungspersonen verpflichtet, den Anordnungen der Staatsanwaltschaft Folge zu leisten. Sie können alle Befugnisse von Polizeibeamten und zudem bestimmte Befugnisse der Staatsanwaltschaft oder der Gerichte im Fall von deren Unerreichbarkeit wahrnehmen (→ Rn 10). In bestimmten Fällen ergibt sich die Bestellung eines Ermittlungsbeamten auch unmittelbar aus dem Gesetz (vgl. etwa §§ 4 Abs. 1, Abs. 2, 18 Abs. 1, 19 Abs. 1 BKAG).

5   Gem. **§ 163 Abs. 1 StPO** hat die Polizei zur Sicherung der Strafverfolgung (nur) die Maßnahmen zu treffen, die keinen Aufschub dulden und danach die Ermittlungen ohne Verzug an die Staatsanwaltschaft abzugeben. Diese entscheidet dann über das weitere Vorgehen.[6] Diese gesetzliche Aufgabenverteilung zwischen der Polizei und Staatsanwaltschaft entspricht aber in weiten Bereichen nicht der **Realität**.[7] Denn die faktische Herrschaft über die Ermittlungstätigkeit liegt weitgehend bei der Polizei. In vielen Fällen führt die Polizei die ihr notwendig erscheinenden Ermittlungen eigenständig durch und leitet den Vorgang erst nach Abschluss der Ermittlungen an die Staatsanwaltschaft weiter.[8] Die faktische Macht der Polizeivollzugsbeamten kann hierbei zu Folgen führen, die rechtsstaatlich bedenklich sind.

Beispiele:
- Der Polizeivollzugsbeamte P leitet ein strafrechtliches Ermittlungsverfahren gegen **Fußballfan F** ein. Bevor P den Vorgang an die Staatsanwaltschaft abgibt, speichert er Daten über F in der **Datei Gewalttäter Sport**. Obwohl das Ermittlungsverfahren von der Staatsanwaltschaft kurz darauf gem. § 170 Abs. 2 StPO eingestellt wird, bleibt die Speicherung bestehen. Infolge dessen erhält F ein (rechtswidriges) **Ausreiseverbot** zur Fußball-EM 2008 in die Schweiz (vgl. VG Stuttgart, openJur 2012, 61893; zur Verbunddatei „Gewalttäter Sport" vgl. auch BVerwGE 137, 113 bis 123).
- Polizeivollzugsbeamter P leitet ein strafrechtliches Ermittlungsverfahren gegen **Fußballfan F** ein. Bevor P den Vorgang an die Staatsanwaltschaft abgibt, teilt er seine Ermittlungsergebnisse ohne Entscheidung der Staatsanwaltschaft i. S. d. § 478 StPO dem DFB oder einem Fußballverein mit und regt dort ein bundesweites **Stadionverbot gegen F** an. Der DFB oder der Verein sprechen das Verbot antragsgemäß aus. Die Staatsanwaltschaft entscheidet nach Erhalt der polizeilichen Ermittlungsakten, das Strafverfahren gegen F gem. § 153 StPO einzustellen und nicht gem. § 170 Abs. 2 StPO. Da das Verfahren unanfechtbar „nur" gem. § 153 StPO eingestellt wurde, bleibt das Stadionverbot gegen F bestehen, wohingegen es bei einer

---

4   Gusy/Eichenhofer, Polizei- und Ordnungsrecht, Rn 17.
5   Verordnung der Landesregierung über die Ermittlungspersonen der Staatsanwaltschaft vom 12.2.1996 (GBl. S. 184), zuletzt geändert durch Art. 15 des Gesetzes vom 3.2.2021 (GBl. S. 53, 55).
6   So eindeutig auch Nr. 1 Abs. 7, 8 PolStAZsAVwV.
7   So auch Bäcker, in: Lisken/Denninger, Handbuch des Polizeirechts, Kap. D Rn 32.
8   Frister, in: Lisken/Denninger, Handbuch des Polizeirechts, Kap. F Rn 16; vgl. aber auch Nr. 1 Abs. 9 PolStAZsAVwV: „Intensive und gute Zusammenarbeit zwischen Staatsanwaltschaft und Polizei ist unerlässlich" sowie Nr. 2.2 u. 3 PolStAZsAVwV.

I. Die Polizei im Strafverfahren

Verfahrenseinstellung gem. § 170 Abs. 2 StPO aufgrund der DFB-Stadionverbotsrichtlinien aufzuheben gewesen wäre.

Die §§ 161, 163 Abs. 1 S. 1 StPO sind lediglich sog. **Aufgabenzuweisungsnormen**, durch welche die Polizei verpflichtet wird, die Aufgabe der Strafverfolgung wahrzunehmen. Sie ermächtigen die Polizei daher nicht zu Eingriffen in die Rechte Dritter.[9] Dies gilt auch für das sog. **Recht des ersten Zugriffs** gem. § 163 Abs. 1 StPO. § 163 Abs. 1 StPO kann allenfalls Rechtsgrundlage für weniger eingriffsintensive Maßnahmen sein[10], was aber regelmäßig aus verfassungsrechtlichen Gründen ausscheiden wird.

Gem. § 161 S. 2 StPO ist die Staatsanwaltschaft der Polizei gegenüber weisungsberechtigt.[11] Das Weisungsrecht beschränkt sich (nur) auf den Bereich der Strafverfolgung, nicht auf Maßnahmen der Gefahrenabwehr. Bei **Gemengelagen** entscheidet letztlich die Polizei vor Ort.[12] Die uneingeschränkte **Weisungsbefugnis der Staatsanwaltschaft** im Rahmen der Strafverfolgung erstreckt sich hierbei nicht nur auf das „ob", sondern auch auf das „wie" des polizeilichen Handelns. Aus § 152 Abs. 1 GVG ergibt sich, dass die Staatsanwaltschaft gegenüber den Ermittlungsbeamten ein Weisungsrecht als deren Dienstvorgesetzte ausüben kann.

3. Eingriffsermächtigungen und Befugnisse. a) Zuordnung zum Strafprozessrecht. Die **Aufklärung und Verfolgung von Straftaten** stellen wichtige Aufgaben der Polizei dar. Diese Aufgaben und folglich auch die Befugnisse der Polizei bei der Strafverfolgung sind dem Strafprozessrecht zuzuordnen. Sie sind deshalb **vorwiegend in der StPO** – also im Verfahrensrecht der Justiz – geregelt. Nach dem **Trennungsprinzip/Trennungsgebot** hat die Polizei im strafprozessualen Ermittlungsverfahren eine andere organisatorische Stellung als bei ihrer Tätigkeit im Bereich der Gefahrenabwehr. Für die Strafverfolgung gelten andere Grundsätze als bei der Wahrnehmung präventiver Aufgaben. Im Bereich der Strafverfolgung gilt für die Polizei das **Legalitätsprinzip**. Legalität bedeutet Gesetzmäßigkeit und fordert die Übereinstimmung staatlichen Handelns mit den geltenden Gesetzen. Gem. **§ 152 Abs. 2 StPO** besteht **eine Verpflichtung, Straftaten zu verfolgen**. Gem. **§ 161 Abs. 1 S. 2 StPO** sind die Behörden und Bediensteten des Polizeidienstes im Rahmen der Strafverfolgung verpflichtet, dem Ersuchen oder Auftrag der Staatsanwaltschaft zu genügen. Diese unbedingte **Verfolgungspflicht** dient der Verwirklichung des Gleichheitsgrundsatzes und der General- und Spezialpräventionsfunktion des Strafrechts. Ein Verstoß gegen das Legalitätsprinzip ist gem. §§ 258, 258 a StGB (Strafvereitelung im Amt) strafbar, die Verfolgung eines Unschuldigen gem. § 344 StGB. Weiterhin bestehen unterschiedliche Tatbestandsvoraussetzungen für das polizeiliche Handeln im Strafverfahren. Auch der Rechtsschutz gegen Maßnahmen der Polizei im Ermittlungsverfahren ist anders ausgestaltet als im Bereich der Gefahrenabwehr.

Die Unterscheidung zwischen präventiver und strafverfolgender polizeilicher Tätigkeit ist auch für die **Abgrenzung der Regelungskompetenz** von Bedeutung.[13] Gem. **Art. 74 Nr. 1 GG** fällt unter die konkurrierende Gesetzgebungszuständigkeit u. a. auch das **gerichtliche Verfahren**, zu dem auch die Tätigkeit der Polizei im strafverfolgenden Ermittlungsverfahren zählt. Solange und soweit der Bund auf diesem Gebiet von seiner Gesetzgebungsbefugnis Gebrauch gemacht hat, tritt die Sperrwirkung des Art. 72 Abs. 1 GG ein, wonach die Länder die Befugnis zur Gesetzgebung nur haben, solange und soweit der Bund von seiner Zuständigkeit nicht durch Gesetz Gebrauch gemacht hat (→ § 2 Rn 4). Da auch die Befugnisse zu Rechtseingriffen in der StPO ausführlich normiert sind, kommt eine **ergänzende Heranziehung des Polizeirechts** zur Ausfüllung strafprozessualer Regelungslücken grundsätzlich nicht in Betracht. Sie hat nur

---

9 Schenke, Polizei- und Ordnungsrecht, Rn 467.
10 Frister, in: Lisken/Denninger, Handbuch des Polizeirechts, Kap. F Rn 117 (str.).
11 Vgl dazu auch Nr. 1, 2.2 u. 3 PolStAZsAVwV.
12 Frister, in: Lisken/Denninger, Handbuch des Polizeirechts, Kap. F Rn 19.
13 Thiel, Polizei- und Ordnungsrecht, § 4 Rn 18.

Bedeutung für die Anwendung des unmittelbaren Zwangs (→ § 12 Rn 2). Der Landesgesetzgeber ist nur befugt, die Tätigkeit der Polizei im Bereich der Gefahrenabwehr zu regeln (→ § 4 Rn 5 f.).

9 Die **Befugnisse der Polizei im Bereich der Strafverfolgung** sind, wie sich aus dem in § 6 EGStPO enthaltenen **Kodifikationsprinzip** ergibt, **abschließend geregelt**.[14] Die Eingriffsbefugnisse der Polizei bei der strafverfolgenden Tätigkeit richten sich deshalb allein nach der StPO. Andernfalls besteht die Gefahr, dass die strafprozessualen Verfahrensgarantien präventivpolizeilich unterlaufen werden.

10 b) **Einzelne Befugnisse.** Das Strafprozessrecht enthält **keine Generalermächtigung**, sondern regelt die **Befugnisse der Polizei in einer Vielzahl spezieller, einzelner Ermächtigungsgrundlagen.** Hierbei muss zwischen den Maßnahmen unterschieden werden, die allen Behörden und Beamten des Polizeivollzugsdienstes zustehen und solchen, die den Ermittlungspersonen der Staatsanwaltschaft eingeräumt sind (→ Rn 4).

Alle Polizeibeamten haben etwa das Recht zur vorläufigen Festnahme (§§ 127 Abs. 1 S. 1, Abs. 2, 163 b Abs. 1 S. 2 StPO), das Recht zur Vornahme erkennungsdienstlicher Maßnahmen (§§ 81 b, 163 b Abs. 1 S. 3 StPO), das Recht zum Einsatz besonderer für Observationszwecke bestimmter technischer Mittel außerhalb von Wohnungen (§ 100 h StPO) sowie das Recht zur Identitätsfeststellung (§ 163 b StPO). Bei Gefahr im Verzug besteht darüber hinaus die Möglichkeit, einen verdeckten Ermittler einzusetzen (§ 100 b StPO).

Die **Ermittlungspersonen der Staatsanwaltschaft** haben bei **Gefahr im Verzug** weitere Eingriffsrechte. Sie können etwa Beschlagnahmen (§§ 98 Abs. 1 S. 1, 111 e Abs. 1 S. 2 StPO), Durchsuchungen (§§ 102, 105 Abs. 1 S. 1 StPO), körperliche Eingriffe und Untersuchungen (§§ 81 a Abs. 1 u. 2, 81 c Abs. 1 u. 2, Abs. 5 S. 1 StPO) sowie eine Schleppnetzfahndung (§ 163 d Abs. 1, 2 S. 1 StPO) und die Einrichtung von Kontrollstellen (§ 111 Abs. 1 u. 2 StPO) anordnen.[15]

11 4. **Abgrenzungsprobleme. a) Abgrenzung zwischen Maßnahmen der Gefahrenabwehr und Strafverfolgung.** Gem. § 1 Abs. 1 PolG hat die Polizei einerseits die Aufgabe der Gefahrenabwehr. Gem. § 2 Abs. 2 PolG hat sie anderseits auch die ihr durch die Bestimmungen der StPO übertragenen Aufgaben der Strafverfolgung wahrzunehmen (**sog. Doppelfunktion der Polizei**). Im Regelfall bereitet die **Abgrenzung** zwischen diesen beiden Tätigkeitsbereichen keine besonderen Probleme: **Maßnahmen der Gefahrenabwehr** sind auf die Zukunft gerichtet, sie sollen den Eintritt eines drohenden Schadens verhindern. Demgegenüber ist die **Strafverfolgung** vergangenheitsbezogen, eine bereits begangene Straftat soll ermittelt werden (→ Rn 1).[16] **Maßnahmen gem. § 163 StPO** setzen einen hinreichenden **Anfangsverdacht** voraus (§ 152 Abs. 2 StPO). Liegt diese Voraussetzung vor, dürfen polizeiliche Maßnahmen nur noch auf die StPO und nicht (mehr) auf das PolG gestützt werden.

12 b) **Abgrenzung zwischen Maßnahmen der Gefahrenverhütung und Strafverfolgung.** Nach verschiedenen Regelungen im PolG wird die Polizei auch zur vorbeugenden Bekämpfung von Straftaten tätig (→ § 4 Rn 5 f.). Maßnahmen zur vorbeugenden Bekämpfung von Straftaten werden – zusammen mit der sog. Gefahrenvorsorge – der **Gefahrenabwehr** und nicht der Strafverfolgung zugerechnet. Nach **VGH BW** umfasste der **Begriff der vorbeugenden Bekämpfung von Straftaten** in § 22 Abs. 2 u. 3 PolG 1992 (Besondere Mittel der Datenerhebung) nur die Verhütung von Straftaten (Verhinderungsvorsorge), nicht jedoch die Vorsorge für die Verfolgung künftiger Straftaten (Strafverfolgungsvorsorge).[17] Diese Grundsatzentscheidung gilt generell bei der Auslegung dieses unbestimmten Rechtsbegriffs, der sich seit Geltung des

---

14 Schenke, Polizei- und Ordnungsrecht, Rn 469.
15 Vgl. im Einzelnen Frister, in: Lisken/Denninger, Handbuch des Polizeirechts, Kap. F Rn 21 ff.
16 Kniesel, Die Polizei 2018, 265 f.
17 VGH BW, DVBl 2014, 1002.

PolG 2020 in § 41 Abs. 1 Nr. 2, § 43 Abs. 3, § 56 Abs. 1 S. 1, § 75 Abs. 3 PolG findet. Vorbeugende Gefahrenabwehr ist (nur) Gefahrenverhütung. Eine Gefahr soll erst gar nicht auftreten. Aus diesem Grund sind **Maßnahmen zur Verhütung und Verhinderung von Straftaten** im Vorfeld eines Tatverdachts nach h. L. der präventiven Tätigkeit der Polizei zuzuordnen.[18] Demgegenüber werden Maßnahmen zur **Vorsorge für die Strafverfolgung** der repressiven Tätigkeit der Polizei zugerechnet. Denn wer für eine Situation „vorsorgt", sich auf diese „vorbereitet", rechnet mit ihrem Eintritt und will dann „gewappnet" sein.[19]

c) Doppelfunktionale Maßnahmen. In bestimmten Fällen überschneiden sich gefahrenabwehrendes und strafverfolgendes Handeln der Polizei. Die polizeilichen Maßnahmen können in diesen Fällen sowohl dem präventivem Schutz bedrohter Rechtsgüter als auch der Strafverfolgung zugeordnet werden und somit sowohl auf eine Rechtsgrundlage im PolG als auch in der StPO gestützt werden. Mit der Problematik dieser sog. **doppelfunktionalen Maßnahmen**, die zum Polizeialltag gehören, setzt sich die Rechtslehre insbesondere im Zusammenhang mit der Bestimmung des maßgebenden **Rechtswegs** auseinander.[20]

13

Beispiele:
- Die Polizei verbringt Personen, die sich schon seit längerer Zeit an einem Maifeuer mitten in der Innenstadt auf einer öffentlichen Straße aufhalten, zum Polizeirevier, um dort ihre Personalien festzustellen. Von den Personen, die sich um das Maifeuer aufhielten, gingen mehrere Störungen der öffentlichen Sicherheit aus (vgl. VG Freiburg, Urt. v. 5.2.2009 – 4 K 961/08; Knorr, Sonderbeilage VBlBW 5/2010, Fall 2).
- Die polizeiliche Räumung eines besetzten Hauses kann zur Beendigung der Eigentumsstörung erfolgen (= Gefahrenabwehr) und im Falle eines Strafantrags durch den Eigentümer gem. § 123 Abs. 2 StGB zur strafrechtlichen Verfolgung des Hausfriedensbruchs (VGH BW, VBlBW 1989, 16 [→ § 3 Rn 85]).
- Standardmaßnahmen wie Personenfeststellung, Durchsuchungen oder Beschlagnahmen können sowohl der Gefahrenabwehr als auch der Strafverfolgung dienen. Auch Einsätze zur Datenerhebung, wie etwa die Videoüberwachung öffentlicher Plätze (→ § 10 Rn 236 ff.) oder der Einsatz automatischer Kennzeichenlesesysteme (→ § 10 Rn 413 ff.) können sowohl präventiven als auch repressiven Zwecken dienen.

In **Rechtsprechung und Literatur** werden zur Frage, wie sog. doppelfunktionale Maßnahmen rechtlich einzuordnen sind, unterschiedliche Auffassungen vertreten:[21]

14

- Eine **M. M.** in der Literatur geht davon aus, dass ein Rückgriff auf das Recht der Gefahrabwehr immer dann ausgeschlossen ist, wenn zugleich der Anfangsverdacht einer Straftat besteht (**Ausschluss der Gefahrenabwehr**).
- Auf der Grundlage der **Schwerpunkttheorie** wird davon ausgegangen, dass sich die rechtliche Einordnung einer polizeilichen Maßnahme danach richtet, wo der Schwerpunkt der Maßnahme zu sehen ist. Dies dürfte die insgesamt noch **h. M.** sein.[22]

---

18 Deger, in: Stephan/Deger, Polizeigesetz BW, § 1 Rn 4; Kahlert, in: Belz/Mußmann/Kahlert/Sander, Polizeigesetz BW, § 1 Rn 46; Hippeli, JuS 2020, 452, 456.
19 Vgl. dazu Bäcker, in: Lisken/Denninger, Handbuch des Polizeirechts, Kap. D Rn 345 ff.
20 Vgl. Graulich, in: Lisken/Denninger, Handbuch des Polizeirechts, Kap. D Rn 333 ff., der in diesem Zusammenhang von „punktuellen und strukturellen Gemengelagen" spricht; Deger, in: Stephan/Deger, Polizeigesetz BW, § 1 Rn 7; Trurnit, JURA 2019, 258, 260 f.; Albrecht, HRRS 2017, 446, 449; Knorr, Sonderbeilage VBlBW 5/2010, Fall 2.
21 Vgl. dazu die Übersicht bei Albrecht, HRRS 2017, 446, 449 f., Thiel, Polizei- und Ordnungsrecht, § 4 Rn 23; Kingreen/Poscher, Polizei- und Ordnungsrecht, § 2 Rn 9 bis 14, sowie bei BGH, NJW 2017, 3173 (Rn 22 bis 24).
22 Möstl, in: Möstl/Trurnit, Polizeirecht BW, Rn 90, u. DVBl 2023, 330, 333; Albrecht, HRRS 2017, 446, 450; Borsdorff, in: Möllers, Wörterbuch der Polizei, S. 581; Graf, in: Pöltl/Ruder, Öffentliche Sicherheit und Ordnung, Stichwort „doppelfunktionale Maßnahme"; Wehr, Polizeirecht, Rn 287; Ibler, in: Ennuschat/Ibler/Remmert, § 2 Rn 158 f., 530; Rausch, Landesrecht BW, § 3 Rn 15.

- Eine weitere Auffassung geht davon aus, dass auch nach Einleitung eines Strafverfahrens **Strafverfolgung und Gefahrenabwehr parallel** betrieben werden können.[23]

15 Richtigerweise wird man für die Frage, ob in diesen Fällen die Polizei zur Gefahrenabwehr nach dem PolG oder als Justizbehörde auf dem Gebiet der Strafrechtspflege tätig wird, eine **differenzierte Betrachtungsweise** anstellen müssen.

Für die **Wahl des Rechtswegs** kann es nur eine klare Entscheidung geben, da es keine parallelen Rechtwege für einen rechtlichen Sachverhalt geben sollte.[24] Bei **materiellen Rechtsanwendungen**, etwa der Frage der weiteren Verwendung von im Wege der Gefahrenabwehr gewonnenen Erkenntnissen im Strafverfahren, kommt eine abweichende Behandlung der Frage in Betracht.

16 Bei der **Bestimmung des richtigen Rechtswegs** gilt: Bei doppelfunktionalen Maßnahmen kann **nur das eine oder das andere Recht angewandt werden**.[25] Für Einsätze der Polizei im Bereich der Gefahrenabwehr sind grundsätzlich die **Verwaltungsgerichte** zuständig (§ 40 Abs. 1 VwGO). Bei ihrer Tätigkeit als Justizbehörde unterliegt die Polizei dagegen der **Rechtskontrolle durch die ordentlichen Gerichte** (§§ 23 ff. EGGVG). Hier muss richtigerweise die sog. **Schwerpunkttheorie** zur Anwendung kommen.[26] Entscheidend ist danach, worin der **Schwerpunkt der polizeilichen Maßnahme** lag. Für die Bestimmung der Maßnahme im Einzelfall ist entscheidend „zum einen das Schwergewicht des polizeilichen Handelns – zum anderen der damit verbundene Zweck".[27] Es ist eine sog. **Dominanzentscheidung** zu treffen.[28] Soweit der Grund des polizeilichen Handelns der betroffenen Person nicht selbst von der Polizei genannt wurde, ist für die Abgrenzung maßgebend, wie sich der konkrete Sachverhalt einem verständigen Bürger in der Lage der betroffenen Person bei natürlicher Betrachtungsweise darstellt.[29] Dabei muss der **Sachverhalt** im allgemeinen **einheitlich betrachtet** werden, soweit nicht einzelne Teile objektiv abtrennbar sind. Wird nach der Feststellung des Schwerpunkts der jeweiligen Maßnahmen der gebotene Rechtsweg beschritten, entscheidet gem. **§ 19 Abs. 2 S. 1 GVG** das Gericht des zulässigen Rechtswegs den Rechtsstreit **unter allen in Betracht kommenden rechtlichen Gesichtspunkten**.[30]

Bei der Beurteilung des Schwerpunkts gibt es **keinen grundlegenden Vorrang** für die Prävention oder für die Strafverfolgung[31], die Entscheidung ist vielmehr individuell für jeden Einzelfall zu treffen. Wurde die Polizei gegenüber einer betroffenen Person bei einem einheitlichen Vorgang sowohl präventiv als auch im Wege der Strafverfolgung tätig (→ Rn 17), kommt im Einzelfall bei klar abzugrenzenden einzelnen Polizeimaßnahmen auch eine **gesonderte Anfechtung der Maßnahmen auf zwei Rechtswegen** in Betracht. Ist eine solche Trennung nicht möglich, können alle Maßnahmen auf dem Rechtsweg angefochten werden, der nach dem Schwerpunkt der gesamten Maßnahmen zu beschreiten ist.

Lässt sich eine Maßnahme der Polizei (hier: Ingewahrsamnahme) nicht eindeutig einer repressiven oder präventiven Zielrichtung zuordnen, soll nach **OVG NRW** eine **Verweisung** von

---

23 So ausdrücklich der 2. Senat des BGH, NJW 2017, 3173, 3176 (Rn 25 ff.), krit. dazu Lenk, NVwZ 2018, 38 ff., eher zust. Fabis, S. 81, 91 f.
24 I. E. ebenso Wehr, Polizeirecht, Rn 290; A. A. etwa Walden, Zweckbindung, S. 197. Zur Entscheidung eines *Kompetenzkonflikts* zwischen Zivil- und Verwaltungsgericht vgl. BVerwG, NVwZ-RR 2021, 918.
25 Trurnit, Eingriffsrecht, Rn 55.
26 Ebenso HambOVG, openJur 2018, 6483 (Rn 23) = DÖV 2019, 37 (Ls.); *a. A.* Schenke, VerwArch 2019, 436, 440 f. m w. N.
27 Albrecht, HRRS 2017, 446, 450; Pöltl/Ruder, in: Eiding/Hofmann-Hoeppel, Verwaltungsrecht, § 62 Rn 9; vgl. auch Lenk, NVwZ 2018, 38, 40 m. w. N.
28 Vgl. Borsdorff, in: Möllers, Wörterbuch der Polizei, S. 581.
29 HambOVG, openJur 2018, 6483 (Rn 24) = DÖV 2019, 37 (Ls.).
30 Kingreen/Poscher, Polizei- und Ordnungsrecht, § 2 Rn 14.
31 Vgl. dazu auch Möstl, in: Möstl/Trurnit, Polizeirecht BW, Rn 91.

einem angerufenen Verwaltungsgericht an die ordentliche Gerichtsbarkeit jedenfalls dann nicht in Betracht kommen, wenn die Maßnahme bei verständiger Würdigung aus der Perspektive der betroffenen Person zumindest auch präventiv-polizeiliche Zwecke verfolgt und auf eine präventiv-polizeiliche Ermächtigungsgrundlage gestützt sein kann. Das soll erst recht gelten, wenn für die betroffene Person nicht ersichtlich ist, dass ihr Verhalten strafrechtlich verfolgt wird.[32] Nach **OLG Karlsruhe** ist eine **Verweisung** innerhalb der ordentlichen Gerichtsbarkeit ausgeschlossen, wenn ein Verwaltungsgericht ein Verfahren mit bindender Wirkung an das OLG verwiesen hat.[33]

In Fällen, in denen es für eine betroffene Person nicht oder nur schwer feststellbar ist, ob eine ihr gegenüber vorgenommene Maßnahme der Gefahrenabwehr oder der Strafverfolgung dient bzw. gedient hat, steht ihr ein aus dem Rechtsstaatsprinzip abgeleiteter **Anspruch** gegenüber der Polizei **auf Mitteilung des Zwecks** der Maßnahme zu. Zur schriftlichen Bestätigung eines Verwaltungsakts ist die Polizei verpflichtet, wenn daran ein berechtigtes Interesse besteht und die betroffene Person dies verlangt (vgl. § 37 Abs. 2 S. 2 LVwVfG). Da das jeweils angerufene Gericht gem. § 17 Abs. 2 S. 1 GVG verpflichtet ist, sowohl die polizeirechtliche als auch die strafprozessuale Ermächtigungsgrundlage einer doppelfunktionalen Maßnahme zu prüfen, führt die Anfechtung einer Maßnahme nicht zur Spaltung bzw. Verdoppelung des Rechtswegs.[34] Hält das angerufene Gericht den Rechtsweg für nicht gegeben, hat dies im Übrigen nicht die Abweisung der Klage, sondern nur die Verweisung des Rechtsstreits an das sachlich zuständige Gericht zur Folge (§ 17 a Abs. 2 GVG).

Ein **Muster einer Feststellungsklage** zur Feststellung der Rechtswidrigkeit polizeilicher Standardmaßnahmen mit Ausführungen zum Rechtsweg findet sich bei Pöltl/Ruder, in: Eiding/Hofmann-Hoeppel, Verwaltungsrecht, § 62 Rn 13.

Bei der **materiellen Rechtsanwendung** ist davon auszugehen, dass es bei doppelfunktionalen Maßnahmen der Polizei auch im Fall einer strafrechtlichen Ermittlung nicht verwehrt ist, **zugleich** im Bereich der Gefahrenabwehr tätig zu sein.[35] Es entspricht den Anforderungen der polizeilichen Praxis, eine **Parallelität der polizeilichen Aufgabenerfüllung** zuzulassen. Der 2. Strafrechtssenat des **BGH** weist zu Recht darauf hin, dass es **keinen allgemeinen Vorrang eines der beiden Rechtsgebiete** gibt. Beide Aufgaben obliegen dem Polizeivollzugsdienst zur eigenen Erledigung und haben in der Polizeipraxis viele Überschneidungen. Insbesondere bei **Gemengelagen** bleiben strafprozessuale und gefahrenabwehrrechtliche Maßnahmen grundsätzlich nebeneinander anwendbar.[36] Die Grenzen zwischen präventivem Handeln und repressivem Vorgehen können fließend sein und sich je nach Sachlage kurzfristig und kaum vorhersehbar verändern.[37] Richtigerweise darf es der Polizei in diesen Fällen nicht verwehrt sein, zum Schutz der öffentlichen Sicherheit und Ordnung tätig zu sein. Ist die Polizei sowohl im Bereich der Gefahrenabwehr als auch im Bereich der Strafverfolgung tätig, beurteilt sich die Rechtmäßigkeit ihrer Maßnahmen ausschließlich nach den gefahrenabwehrrechtlichen Voraussetzungen.[38]

17

---

32 OVG NRW, NVwZ-RR 2014, 863.
33 OLG Karlsruhe, NJW 2013, 3738.
34 Würtenberger/Heckmann/Tanneberger, Polizeirecht BW, § 4 Rn 73. So prüft etwa der BGH im strafprozessualen Verfahren auch die rechtlichen Voraussetzungen gefahrenrechtlicher Maßnahmen auf der Grundlage des Polizeirechts (vgl. BGH, NJW 2017, 3171, u. NStZ-RR 2018, 146, 147; Lenk, NVwZ 2018, 38, 40); krit. hierzu Danne, Die Polizei 2018, 210, 213.
35 Wie hier BGH, NJW 2017, 3173, 3176 (Rn 25 ff.), u. NStZ-RR 2018, 146, 147; Möstl, in: Möstl/Trurnit, Polizeirecht BW, Rn 91; Thiel, Polizei- und Ordnungsrecht, § 4 Rn 25; i. E. ebenso Wehr, Polizeirecht, Rn 291 u. Danne, Die Polizei, 2018, 210, 214, 216, a. A. etwa Rausch, Landesrecht BW, § 3 Rn 15 (Schwerpunkttheorie); Schefer, Vortäuschung, S. 186 (für legendierte Kontrollen).
36 BGH, NJW 2017, 3173, 3176 (Rn 26).
37 BGH, NJW 2017, 3173, 3176 (Rn 31).
38 BGH, NStZ-RR 2018, 146, 147.

Im **Bereich der Gefahrenabwehr gewonnene Erkenntnisse** können ggf. auch im anschließenden Strafverfahren verwertet werden.[39] Hier stellt sich dann auch die Frage, ob eine bewusste Umgehung strafprozessualer Regelungen vorliegt, die ggf. zu einem Verwertungsverbot der im Gefahrenbereich gewonnenen Erkenntnisse im Strafverfahren führt.[40] Weiter verwertbar können etwa Erkenntnisse sein, die durch die Polizei bei einer **gefahrenabwehrrechtlich zulässigen Fahrzeugdurchsuchung** gewonnen wurden.[41]

II. Die Polizei im Ordnungswidrigkeitenverfahren

18 Eine **Ordnungswidrigkeit** ist eine rechtswidrige und vorwerfbare Handlung, die den Tatbestand eines Gesetzes verwirklicht, das die Ahndung mit einer Geldbuße zulässt (§ 1 Abs. 1 OWiG). Das OWiG selbst enthält nur wenige Ordnungswidrigkeitentatbestände (§§ 111 bis 130 OWiG). Doch gilt dieses Gesetz für alle Ordnungswidrigkeiten sowohl nach Bundes- als auch nach Landesrecht (§ 2 OWiG). Gem. § 26 Abs. 1 PolG handelt ordnungswidrig, wer schuldhaft gegen einen in einer **Polizeiverordnung** bestimmten Tatbestand zuwiderhandelt (→ § 9 Rn 79 f.). In § 133 Abs. 1 PolG sind weitere **Ordnungswidrigkeitentatbestände** bei Zuwiderhandlungen gegen Maßnahmen gem. § 30 PolG (Platzverweis, Aufenthaltsverbot, Wohnungsverweis etc.) festgelegt (→ § 11 Rn 77 ff.).

Gem. § 53 Abs. 1 OWiG haben die Behörden und Beamten des Polizeivollzugsdienstes **nach pflichtgemäßem Ermessen Ordnungswidrigkeiten zu erforschen und dabei alle unaufschiebbaren Anordnungen zu treffen**, um die Verdunkelung der Sache zu verhüten. Dieselben Pflichten haben auch die Verwaltungsbehörden gem. §§ 35, 36 OWiG. Für das Verfahren gilt grundsätzlich die stopp (§ 46 Abs. 1 OWiG).[42] Da Ordnungswidrigkeiten (sog. Ordnungs- oder Polizeiunrecht) im Vergleich zu den kriminellen Vergehen einen deutlich geringeren Unrechtsgehalt besitzen und als Sanktionen nur Geldbuße (§§ 17 ff. OWiG) und Verwarnungsgeld (§ 56 OWiG) zur Folge haben, gilt das **Opportunitätsprinzip**: Die Verfolgung von Ordnungswidrigkeiten liegt im pflichtgemäßen Ermessen der Verfolgungsbehörde. Diese kann etwa das Verfahren, solange es bei ihr anhängig ist, einstellen (§ 47 Abs. 1 OWiG). Die Behörden und Beamten des Polizeidienstes haben bei der Erforschung von Ordnungswidrigkeiten dieselben Rechte und Pflichten wie bei der Verfolgung von Straftaten, soweit das OWiG nichts anderes bestimmt. Die Beamten des Polizeidienstes, die zu Ermittlungsbeamten der Staatsanwaltschaft bestellt sind, können gem. § 53 Abs. 2 OWiG nach den für sie geltenden Vorschriften der StPO Beschlagnahmen, Durchsuchungen, Untersuchungen und sonstige Maßnahmen anordnen (→ Rn 10).

19 Für das **Bußgeldverfahren** gelten, soweit das OWiG nichts anderes bestimmt, sinngemäß die Vorschriften der allgemeinen Gesetze über das Strafverfahren, namentlich die der StPO, des GVG und des JGG (§ 46 Abs. 1 OWiG). „Herrin" des Bußgeldverfahrens ist die Verwaltungsbehörde (§§ 36, 46 Abs. 2 OWiG) als Verfolgungsbehörde mit einem **Weisungsrecht** gegenüber der Polizei (vgl. § 161 StPO). Das Weisungsrecht ist gem. § 46 Abs. 3 u. 4 OWiG (Übermaßverbot) und gem. § 53 Abs. 1 OWiG eingeschränkt. Kraft besonderer gesetzlicher Übertragung (§ 36 Abs. 1 Nr. 1 OWiG) kann die Polizei die Rolle der Verwaltungsbehörde als zuständige Verfolgungs- und Ahndungsbehörde selbst übernehmen. **Zuständige Verwaltungsbehörde** für die Ahndung von Ordnungswidrigkeiten i. S. d. § 36 Abs. 1 Nr. 1 OWiG ist gem. § 26 Abs. 4 PolG die **Ortspolizeibehörde**, bzw. gem. § 133 Abs. 3 S. 1 PolG die **Polizeibehörde**, die eine Anordnung

---

39 BGH, NJW 2017, 3173, 3177 (Rn 38 ff.).
40 BGH, NJW 2017, 3173, 3177 (Rn 33), u. NStZ-RR 2018, 146, 147.
41 BGH, NJW 2017, 3173, 3177 (Rn 38 ff.), u. NStZ-RR 2018, 146, 147: Zulässigkeit der Verwertung nach § 161 Abs. 2 StPO.
42 Deger, in: Stephan/Deger, Polizeigesetz BW, § 1 Rn 85.

II. Die Polizei im Ordnungswidrigkeitenverfahren

gem. § 30 PolG getroffen hat. Ist die Anordnung gem. § 30 PolG vom Polizeivollzugsdienst getroffen worden, ist gem. § 133 Abs. 2 S. 2 PolG Verwaltungsbehörde die örtlich zuständige Polizeibehörde. Sie hat im Bußgeldverfahren dieselben Rechte wie die Staatsanwaltschaft bei der Verfolgung von Straftaten (§ 46 Abs. 2 OWiG).

Nach Abschluss der Ermittlungen erlässt die zuständige Behörde entweder einen Bußgeldbescheid (§ 65 OWiG), bei geringfügigen Ordnungswidrigkeiten eine Verwarnung (§§ 57 Abs. 2, 58, 59 OWiG) oder sie stellt das Verfahren ein (§ 47 Abs. 1 OWiG).

§ 14 Entschädigungs- und Ausgleichsansprüche für polizeiliche Maßnahmen

> **Besondere Relevanz für Studium, Prüfung und Examen** (grundsätzlich können alle Themen des Polizeirechts Prüfungsgegenstand sein!):
> Die Ausführungen zu den Entschädigungs- und Ausgleichsansprüchen für polizeiliche Maßnahmen sind vor allem praxisrelevant. Entschädigungs- und Ausgleichsansprüche können aber ein Randaspekt in Klausuren und Prüfungen sein (etwa als Zusatzaufgabe), Grundkenntnisse sind deshalb angezeigt (→ Rn 1 bis 14).

I. Allgemeines

1 Polizeiliche Maßnahmen greifen regelmäßig in die Rechte Dritter ein, insbesondere in Freiheits- und Vermögensrechte. Die Frage ist deshalb, ob – und falls ja, in welchen Fällen – eine betroffene Person gegen die Polizei bzw. deren Kostenträger Entschädigungs- oder Ausgleichsansprüche geltend machen kann, wenn ihr durch polizeiliches Handeln oder Unterlassen ein Schaden entstanden ist.

Das **Recht der polizeilichen Ersatzleistungen ist Teil des Staatshaftungsrechts**, das aber nicht einheitlich geregelt ist. Teilweise sieht das PolG selbst Entschädigungsansprüche vor, teilweise muss auf die allgemeinen Haftungsbestimmungen wie Aufopferung, Amtshaftung, Enteignung oder Folgenbeseitigung zurückgegriffen werden.[1] Hierbei ist insbesondere zwischen Entschädigungen bei rechtmäßigen (II.) und rechtswidrigen (III.) Maßnahmen der Polizei zu unterscheiden. Außerdem ist zwischen Ersatzansprüchen Unbeteiligter (II.4) und freiwilliger Helfer (II.5) zu differenzieren.

Sondergesetzliche Regelungen gehen dem allgemeinen polizeirechtlichen Entschädigungsanspruch des § 100 Abs. 1 PolG **vor**, soweit diese Sondergesetze den betreffenden Entschädigungsanspruch abschließend regeln.[2] Sie entfalten als lex specialis eine **Sperrwirkung** gegenüber dem PolG.[3] Dies folgt auch aus der gesetzlichen Anwendungsregel des § 100 Abs. 2 PolG, die selbst dann zur Anwendung kommt, wenn der spezialgesetzliche Entschädigungsanspruch für die betroffene Person ungünstiger ist.[4]

Beispiel: Das IfSG enthält mit den §§ 56 ff. IfSG eine Vielzahl an Entschädigungsnormen, darunter in § 65 IfSG auch eine Regelung zur Entschädigung von in Anspruch genommenen Nichtstörern.[5] Landesrechtliche Entschädigungsbestimmungen des allgemeinen Polizei- und Ordnungsrechts sind neben den Vorschriften des Infektionsschutzrechts nicht anzuwenden, soweit eine Entschädigung für rechtmäßig auferlegte infektionsschutzrechtliche Beschränkungen in Rede steht.[6]

Bei der Prüfung von Entschädigungsforderungen gegen die Polizei muss schon wegen der unterschiedlichen Rechts- und Anspruchsgrundlagen zwischen rechtmäßigen und rechtswidri-

---

1 Spitzlei/Hautkappe, DÖV 2018, 134 ff.
2 OLG Stuttgart, Die Justiz 2023, 32, 37; BGH, NJW 2022, 2252, 2258 f. (Rn 49 ff.), m. krit. Bespr. Leuering/Rubner, NJW-Spezial 2022, 431; Zeitler/Trurnit, Polizeirecht BW, Rn 1223; Stephan, in: Stephan/Deger, Polizeigesetz BW, § 55 Rn 4, 23.
3 BGH, NJW 2022, 2252, 2258 (Rn 52).
4 Reinhardt, in: Möstl/Trurnit, Polizeirecht BW, § 55 Rn 33.
5 OLG Stuttgart, Die Justiz 2023, 32, 37, unter Hinweis auf OLG Brandenburg, Urt. v. 1.6.2021 – 2 U 13/21 (best. durch BGH, NJW 2022, 2252); Stephan, in: Stephan/Deger, Polizeigesetz BW, § 55 Rn 4, 23; Belz/Mußmann/Kahlert/Sander, Polizeigesetz BW, § 100 Rn 7.
6 BGH, NJW 2022, 2258 (Rn 49).

gen Maßnahmen unterschieden werden. Einen Sonderfall bildet der **Vollzug rechtswidriger Gesetze.** Hier ist mit der höchstrichterlichen Rechtsprechung davon auszugehen, dass keine Folgenbeseitigungs- und Ausgleichansprüche bestehen.[7]

II. Entschädigung bei rechtmäßigen Maßnahmen

1. Ansprüche des Störers. Der rechtmäßig in Anspruch genommene Störer (§§ 6, 7 PolG) hat grundsätzlich keinen Anspruch auf Entschädigung. Er bringt **kein Sonderopfer**, sondern wird nur in die Schranken der allgemeinen Rechtsordnung zurückverwiesen. Die **Polizeipflicht** ist Attribut der Sozialbindung des Eigentums.[8]

2

Der nach allgemeinen polizeilichen Grundsätzen verantwortlichen Person wird nur ausnahmsweise durch spezialgesetzliche Regelungen Entschädigung gewährt, wenn eine **besondere Härte** für die betroffene Person gegeben ist.[9] Diese spezialgesetzlichen Regelungen haben Anwendungsvorrang.

2. Ansprüche des Nichtstörers gem. § 100 PolG. Gem. § 100 Abs. 1 S. 1 PolG kann **in den Fällen des § 9 PolG** diejenige Person, gegenüber der die Polizei eine Maßnahme getroffen hat, eine **angemessene Entschädigung** für den ihr durch die Maßnahme entstandenen Schaden verlangen. Nach dem Wortlaut der Vorschrift ist der Anspruch auf die Fälle des polizeilichen Notstands begrenzt (→ § 5 Rn 47 ff.). **Anspruchsberechtigt** ist grundsätzlich diejenige Person, welche die Polizei gem. § 9 PolG **rechtmäßig** in Anspruch genommen hat. Nach der hier vertretenen Auffassung stehen aber Entschädigungsansprüche auch dem Nichtstörer zu, dem gegenüber die Polizei eine rechtswidrige Maßnahme vorgenommen hat.[10]

3

Fall 49: Die Ortspolizeibehörde beschlagnahmt durch entsprechende Verfügung die Wohnung des E und weist zur Vermeidung von Obdachlosigkeit die Familie F in die Wohnung ein. In diesem Fall des sog. polizeilichen Notstands hat E gegenüber der Polizei gem. § 100 Abs. 1 PolG einen Anspruch auf Entschädigung. Der Anspruch ist nicht auf vollen Schadensersatz, sondern nur auf **angemessene Entschädigung** in Geld gerichtet. Ausgeglichen werden soll der durch die polizeiliche Maßnahme entstandene Vermögensverlust, das **Sonderopfer.**[11]

Im **Fall 49** besteht der Anspruch regelmäßig in der Erstattung des entgangenen Mietzinses (= ortsübliche bzw. vertraglich vereinbarte Miete einschließlich der Nebenkosten).[12]

Gem. § 100 Abs. 1 S. 2 PolG sind bei der **Bemessung bzw. Begrenzung des Entschädigungsanspruchs** alle **Umstände des Einzelfalls** zu berücksichtigen, insbesondere Art und Vorhersehbarkeit des Schadens und ob die geschädigte Person oder ihr Vermögen durch die Maßnahme der Polizei geschützt worden sind. Durch diese Regelung sollen unabsehbare Haftungsfolgen für das polizeiliche Handeln vermieden werden.[13]

4

Beispiel: Die zum Schutz von Leib und Leben erforderliche polizeiliche Evakuierung und Sperrung eines betroffenen Wohngebiets zur Entschärfung einer Fliegerbombe aus dem zweiten Weltkrieg hat grundsätzlich Entschädigungs- und Schadensersatzansprüche zur Folge. Die gem. § 100 Abs. 1 S. 2 PolG vorzunehmende

---

7 BVerwG, NVwZ 2017, 481, 484 (Rn 36 f.), zum Folgenbeseitigungsanspruch, u. BGH, NVwZ 2015, 1309, 1313 (Rn 33), zum Amtshaftungsanspruch; *a. A.* Detterbeck, NVwZ 2019, 97 ff., 103.
8 BVerwGE 38, 209 ff.
9 Vgl. etwa § 56 IfSG (Entschädigung bei Erwerbsbeschränkungen für erkrankte Personen), §§ 15 ff. TierGesG (Entschädigung für die Tötung seuchenbefallener Tiere), § 51 S. 2 GewO (Entschädigung wegen Untersagung der Benutzung einer gewerblichen Anlage), § 32 LKatSG; Maurer/Waldhoff, Allg. Verwaltungsrecht, § 29 Rn 32.
10 *H. L*, vgl. Deger, in: Stephan/Deger, Polizeigesetz BW, § 55 Rn 1.
11 Deger in: Stephan/Deger, Polizeigesetz BW, § 55 Rn 15.
12 Deger, in: Stephan/Deger, Polizeigesetz BW, § 55 Rn 16.
13 Zeitler/Trurnit, Polizeirecht BW, Rn 1217.

Abwägung aller Umstände / Haftungsbegrenzung kann aber zu dem Ergebnis führen, dass derartige Ansprüche ausgeschlossen sind.[14]

5   Erstattet wird in jedem Fall der **unmittelbare Schaden**, also die nachteilige Änderung, die am verletzten Recht oder Rechtsgut der anspruchsberechtigten Person selbst entstanden ist.[15] Zum unmittelbaren Schaden zählen auch der entgangene Gewinn und ein Verdienstausfall des in Anspruch genommenen Nichtstörers.[16]

Fall 50: Durch die **Beschlagnahme einer Wohnung** zur Einweisung der bisherigen Mieter M als Obdachlose wird Hauseigentümer E daran gehindert, die Wohnung der M an dem vorgesehenen Räumungstermin zu räumen und sofort mit der Renovierung der Wohnung zu beginnen. Durch diese Verzögerung entsteht ihm ein Schaden, da er die bereits bestellten Handwerker abbestellen muss und nach der Beendigung der Beschlagnahme die Handwerker nicht mehr zu denselben Konditionen mit der Renovierung beauftragen kann. Grundsätzlich ist ein derartiger Anspruch zu verneinen.[17] Zuzustimmen ist *Buchberger/Rachor*, die unter Hinweis auf die Rechtsprechung des BGH zum Aufopferungsanspruch die Auffassung vertreten, dass es auf die Unterscheidung zwischen einem sog. unmittelbaren und mittelbaren Schaden letztlich gar nicht ankommt: Bei der Berechnung des Schadensausgleichs ist vielmehr entscheidend, ob ein Schadensausgleich zur Abwendung einer **unbilligen Härte** geboten erscheint.[18] Über das Bestehen eines Anspruchs muss daher im Einzelfall entschieden werden.

Im **Fall 50** dürfte – wenn überhaupt – ein Entschädigungsanspruch des E wegen der zu erwartenden Mehrausgaben für die Handwerker nur in Frage kommen, wenn er den Eintritt eines Schadens durch Vorlage entsprechender verbindlicher Kostenvoranschläge / Rechnungen nachweisen kann.

6   Gem. § 100 Abs. 1 S. 3 PolG kann bei der Bemessung des Anspruchs ein **Mitverschulden der geschädigten Person** berücksichtigt werden. Zweck der Entschädigungsregelung des § 100 PolG ist der Ausgleich eines Sonderopfers. Maßnahmen, die dem Schutz der in Anspruch genommenen Person und ihres Vermögens dienen, stellen aber regelmäßig für diese gerade keine sachlich ungerechtfertigte Sonderbelastung dar. Aus diesen Gründen kann der Anspruch bei einem Mitverschulden der geschädigten Person gem. § 254 BGB begrenzt werden. **Mitverschulden** i. S. d. § 254 BGB bedeutet nicht eine vorwerfbare und rechtswidrige Verletzung einer gegenüber einer anderen Person oder der Allgemeinheit bestehenden Pflicht, sondern ist der vorwerfbare Verstoß gegen Gebote des eigenen Interesses. § 254 BGB beruht auf dem Gedanken, dass diejenige Person, welche die Sorgfalt außer Acht lässt, die nach Lage der Sache erforderlich erscheint, um sich selbst vor Schaden zu bewahren, den Verlust oder die Kürzung ihres Anspruchs hinnehmen muss.[19]

7   **Zur Entschädigung** ist der Staat oder die Körperschaft **verpflichtet**, in deren **Dienst** der Beamte steht, der die Maßnahme getroffen hat (§ 101 S. 1 PolG). Bei Beamten des Polizeivollzugsdienstes ist dies das Land BW (§ 115 PolG). Werden Beschäftigte einer Ortspolizeibehörde tätig, ist die Gemeinde entschädigungspflichtig (vgl. § 107 Abs. 4 PolG). Ist die Maßnahme von einem Polizeibeamten auf **Weisung** einer Polizeibehörde getroffen worden, so ist der Staat durch die Körperschaft, der die Polizeibehörde angehört, zur Entschädigung verpflichtet (§ 101 S. 2 PolG).

Die so in Anspruch genommene **Anstellungskörperschaft** kann gem. § 102 PolG in entsprechender Anwendung der Vorschriften über die Geschäftsführung ohne Auftrag (§§ 677 ff. BGB) vom Handlungs- oder Zustandsstörer Ersatz verlangen. Die Voraussetzungen einer Ersatzpflicht ergeben sich ausschließlich aus dem PolG.

---

14   So i. E. OLG Koblenz, MDR 2010, 153, zur vergleichbaren Regelung in Rheinland-Pfalz.
15   Grüneberg, in: Grüneberg, Bürgerliches Gesetzbuch, Vorb. vor § 249 BGB Rn 15.
16   Deger, in: Stephan/Deger, Polizeigesetz BW, § 55 Rn 16 m. w. N.
17   So auch Würtenberger/Heckmann/Tanneberger, Polizeirecht BW, § 9 Rn 11 ff.; *diff.* Deger, in: Stephan/Deger, Polizeigesetz BW, § 55 Rn 16.
18   Rachor/Buchberger, in: Lisken/Denninger, Handbuch des Polizeirechts, Kap. L Rn 61, unter Hinweis auf die entsprechenden Vorschriften in den Polizeigesetzen anderer Bundesländer.
19   So mit Recht Rachor/Buchberger, in: Lisken/Denninger, Handbuch des Polizeirechts, Kap. L, Rn 63.

Der Anspruch ist auf Geld gerichtet. Gem. § 103 S. 1 PolG entscheiden über die Ansprüche die ordentlichen Gerichte (vgl. auch § 40 Abs. 2 S. 1 VwGO). Die besonderen Verfahrensregeln des § 132 Abs. 2 PolG finden keine Anwendung (§ 103 S. 2 PolG). 8

Unter entsprechender Anwendung der Vorschriften des BGB (§ 195 BGB) **verjährt** der Entschädigungsanspruch nach § 100 PolG in drei Jahren.[20]

3. Ansprüche des Anscheinsstörers gem. § 100 Abs. 1 PolG analog. Obwohl nach dem Wortlaut des § 100 Abs. 1 S. 1 PolG die Vorschrift auf die Fälle des § 9 Abs. 1 PolG beschränkt ist, wird in der Rechtslehre die Frage diskutiert, ob und in welchen Fällen bei der **Anscheinsgefahr** bzw. dem sog. **Anscheinsstörer** in entsprechender Anwendung der §§ 100 ff. PolG ein Entschädigungsanspruch zusteht.[21] Eine **Anscheinsgefahr** besteht, wenn sich nach verständiger Würdigung der Umstände **ex ante** (also im Zeitpunkt der Entscheidung über die Durchführung einer polizeilichen Maßnahme) eine Gefahr ergibt, obwohl sich die Lage **ex post** (= nachträglich) als ungefährlich erweist und zu keinem Zeitpunkt eine wirkliche Gefahr für ein polizeiliches Schutzgut bestand (→ § 4 Rn 41).[22] 9

Beispiel: Nehmen Polizeibeamte bei einer Verkehrskontrolle bei einer Person glasige Augen, zittrige Finger und Alkoholgeruch wahr, dürfen sie davon ausgehen, dass bei der betroffenen Person der Verdacht einer Trunkenheitsfahrt und übermäßigen Alkoholkonsums vorliegt. Stellt sich bei einer deswegen durchgeführten Blutkontrolle heraus, dass keine zu beanstande Blutalkoholkonzentration vorlag, lag im Zeitpunkt der Kontrolle eine Anscheinsgefahr vor (VGH BW, VBlBW 2022, 413, 414, 417 = DÖV 2022, 512 [Ls.]).

Überwiegend wird die Anscheinsgefahr als **echte Gefahr** im polizeirechtlichen Sinne und nicht als eigene Art der Gefahr im Sinne des Polizeirechts angesehen (→ § 4 Rn 41).[23] Nur so kann die Effektivität der Gefahrenabwehr sichergestellt werden, da eine Gefahrenabwehrmaßnahme typischerweise auf einer vorhergehenden Prognoseentscheidung beruht.[24]

Anscheinsstörer ist derjenige, bei dem zunächst eine hinreichende Wahrscheinlichkeit für die Störereigenschaft spricht, sich diese Einschätzung später aber als fehlerhaft erweist (→ § 4 Rn 42). Ob dem Anscheinsstörer Entschädigungsansprüche in entsprechender Anwendung des § 100 Abs. 1 PolG zustehen, hängt nach **h. L.** davon ab, ob ihm der Anschein, Störer zu sein, zugerechnet werden kann oder nicht. Ergibt eine ex-post-Betrachtung, dass dem Anscheinsstörer der Anschein einer Gefahr nicht zugerechnet werden kann, steht ihm der Entschädigungsanspruch zu.[25] Hat dagegen der Anscheinsstörer den Anschein der Gefahr in zurechenbarer bzw. vorwerfbarer Weise verursacht, kann die Entschädigungspflicht gemindert oder ganz ausgeschlossen werden. Entscheidend ist hierbei nicht nur die Verursachung des Gefahrenanscheins, sondern die Vorwerfbarkeit im Sinne eines Verschuldens.[26] Hierbei ist auf die Sachlage abzustellen, wie sie sich bei späterer rückschauender Betrachtung darstellt. Danach ist eine Entschädigung ausgeschlossen, wenn und soweit der Anscheinsstörer den Anschein der Gefahr vorsätzlich oder grob fahrlässig verursacht bzw. in ungewöhnlichem Maß die Sorgfalt außer Acht gelassen hat.[27] 10

Fall 51: Wohnungsinhaber W befindet sich für längere Zeit im Urlaub. Über seine urlaubsbedingte Abwesenheit hat er niemand informiert, auch nicht seine direkten Wohnungsnachbarn. Damit der Eindruck entsteht, er wäre zu Hause, lässt W über eine Zeitschaltuhr Licht und einen Fernsehapparat ein- und ausschalten. Als diese Anlage an einem Abend wieder in Betrieb ist, nehmen die Nachbarn an, dass sich in der Wohnung des W Einbrecher befinden. Sie alarmieren deshalb die Polizei. Diese beschädigt beim gewaltsamen Eindringen

---

20 Zeitler/Trurnit, Polizeigesetz BW, Rn 1226.
21 Vgl. dazu insgesamt Meyer, JA 2017, 1259, 1263 f.
22 VGH BW, VBlBW 2022, 413, 417, u. VBlBW 2014, 56 (Rn 29).
23 Vgl. BVerwGE 45, 51, 58; VGH BW, VBlBW 1993, 298, 300.
24 So mit Recht Klaß, JA 2014, 273, 275.
25 So auch Deger, in: Stephan/Deger, Polizeigesetz BW, § 55 Rn 11.
26 BGHZ 117, 303, 305 ff., u. 126, 279; Gusy/Eichenhofer, Polizei- und Ordnungsrecht, Rn 470.
27 So Rachor/Buchberger, in: Lisken/Denninger, Handbuch des Polizeirechts, Kap. L Rn 28 m. w. N.

in die Wohnung die Haustüre des W. Hat W gegenüber der Polizei in entsprechender Anwendung des § 100 PolG einen Entschädigungsanspruch (Ersatz der Reparaturkosten für die beschädigte Haustüre)?

Im **Fall 51** war der Wohnungsinhaber keine unbeteiligte Person i. S. d. § 9 PolG. Denn ein polizeilicher Notstand lag (objektiv) nicht vor. Die Vorschrift des § 100 Abs. 1 PolG kann daher nur **analog** angewandt werden.[28] Ob W ein Entschädigungsanspruch zusteht, hängt davon ab, ob ihm als Anscheinsstörer der Anschein der Gefahr zugerechnet werden kann oder nicht.[29] Erforderlich ist eine Prüfung aller konkreten Umstände des Einzelfalls (vgl. § 100 Abs. 1 S. 2 PolG). Da eine Anscheinsgefahr vorlag, steht ihm unter entsprechender Anwendung des § 100 Abs. 1 S. 1 PolG grundsätzlich ein Entschädigungsanspruch zu. Er muss sich aber nach § 100 Abs. 1 S. 3 PolG eventuelle Versäumnisse anrechnen lassen. Insbesondere bei längerer Abwesenheit hätte der Wohnungsinhaber seine Nachbarn informieren und dadurch den Anschein einer Gefahr vermeiden können. Dieses Unterlassen kann ihm bei der Festlegung des Schadensumfangs entgegengehalten und der Anspruch entsprechend reduziert oder ausgeschlossen werden.[30]

11   Dieselben Grundsätze gelten auch für die Frage, ob dem **Verdachtsstörer** (→ § 4 Rn 45) ein Entschädigungsanspruch zusteht. Beim **Gefahrenverdacht** hält die Polizei aufgrund objektiver Umstände das Vorhandensein der Gefahr zwar für möglich, aber nicht für sicher. Ihre Abwehrmaßnahmen sind daher vorrangig auf die Klärung der Gefahrensituation zu richten. Wird ein sog. Verdachtsstörer für polizeiliche Maßnahmen in Anspruch genommen und stellt sich dann heraus, dass diese nicht erforderlich bzw. begründet waren, steht ihm entsprechend der Regelung in § 100 Abs. 1 PolG ein Entschädigungsanspruch zu, soweit er den Verdacht nicht zurechenbar verursacht hat. Ist dies der Fall – hat also der Verdachtsstörer den Gefahrenverdacht zurechenbar veranlasst –, kann er keine Entschädigung beanspruchen.[31]

12   **4. Ansprüche unbeteiligter Dritter.** Wird jemand unbeabsichtigt oder zufällig – also nicht als Störer gem. §§ 6, 7 PolG oder im Fall des polizeilichen Notstands unter den Voraussetzungen des § 9 PolG – durch eine (rechtmäßige) polizeiliche Maßnahme, die sich gegen einen anderen richtet, geschädigt (sog. Zufallsschaden), besteht grundsätzlich ein **Entschädigungsanspruch in entsprechender Anwendung der Grundsätze des § 100 PolG.**[32] Der Inanspruchnahme eines Nichtstörers steht es gleich, wenn eine unbeteiligte dritte Person bei Vornahme einer rechtmäßigen, nicht gegen sie gerichteten polizeilichen Maßnahme geschädigt worden ist. Maßgebend ist, dass die Polizei tatsächlich eine Maßnahme durchgeführt hat. Auf ein Verschulden der handelnden Person kommt es nicht an.

Beispiele:

- Ein **Hauseigentümer** kann Entschädigung für die Beschädigung seiner Haustüren verlangen, die von der Polizei bei der vergeblichen Suche nach einem Tatverdächtigen gewaltsam geöffnet wurden.[33]
- Beim **Gebrauch der Schusswaffe** durch die Polizei wird ein Passant von einer abprallenden Kugel getroffen.

---

28 A. A. Spitzlei/Hautkappe, DÖV 2018, 134, 141 f., die als Rechtsgrundlage den Aufopferungsanspruch annehmen.
29 Meyer, JA 2017, 1259, 1264.
30 Das VG Berlin hat in einem ähnlichen Fall wegen der unterlassenen Benachrichtigung der Nachbarn einen Entschädigungsanspruch abgelehnt (NJW 1991, 2854). Vgl. zu einem ähnlichen Fall OLG Köln, DÖV 1996, 86 ff.
31 Deger, in: Stephan/Deger, Polizeigesetz BW, § 55, Rn 11 m. w. N.; nach OLG Karlsruhe besteht ein Entschädigungsanspruch, wenn der Störer die Verdacht begründenden Umstände nicht zu verantworten hat (DVBl 2013, 1206).
32 So i. E. auch Zeidler/Trurnit, Polizeigesetz BW, Rn 1066. **A. A.** Spitzlei/Hautkappe, DÖV 2018, 134, 142, die als Rechtsgrundlage den Aufopferungsanspruch annehmen; ebenso Schenke, Polizei- und Ordnungsrecht, Rn 752.
33 LG Köln, NVwZ 1992, 1125.

II. Entschädigung bei rechtmäßigen Maßnahmen

5. Ansprüche freiwilliger Helfer. Im PolG fehlen – im Unterschied zu anderen Bundesländern[34] – Bestimmungen, die den freiwilligen Helfern der Polizei (sog. Not- bzw. Polizeihelfer) einen Anspruch auf Ausgleich von Schäden gewähren, die ihnen bei ihrer Hilfe entstanden sind. Eine **analoge Anwendung des § 100 PolG** wird von der Rechtslehre **abgelehnt**, da dem Helfer bei freiwilliger Hilfe anders als bei § 100 PolG kein Sonderopfer auferlegt wird.[35] In Betracht kommt lediglich ein Anspruch auf Heilbehandlung, Verletztengeld und Ersatz von Sachschäden gegen den Sozialversicherungsträger gem. § 2 Abs. 1 Nr. 11 bis 13 SGB VII im Rahmen der **gesetzlichen Unfallversicherung**. Diese Regelungen gelten auch für Schäden, die bei einer Hilfsleistung nach § 323 c StGB entstehen. Ggf. steht dem Polizeihelfer gegen die Polizei auch ein privatrechtlicher Anspruch auf Erstattung von Aufwendungen nach den Grundsätzen der Geschäftsführung ohne Auftrag (§§ 683, 670 BGB analog) oder aus einem Auftragsverhältnis zu.[36]

13

6. Anspruch aus enteignungsgleichem Eingriff und Aufopferungsanspruch. Bei rechtmäßigen Maßnahmen der Polizei kann der geschädigten Person für Körperschäden ein **Aufopferungsanspruch** und für Vermögensschäden ein Anspruch aus **enteignungsgleichem Eingriff** zustehen. Voraussetzung des Aufopferungsanspruchs ist ein hoheitlicher Eingriff in nicht vermögenswerte Rechte, der für die betroffene Person ein Sonderopfer in Gestalt eines Vermögensschadens darstellt. Der enteignungsgleiche Eingriff ist die durch eine hoheitliche Maßnahme unmittelbar bewirkte rechtswidrige Beeinträchtigung einer als Eigentum geschützten Rechtsposition.

14

Fall 52: E ist Eigentümer einer Eigentumswohnung, die er seit knapp einem Jahr an M vermietet hat. Die Polizei hegt seit längerem den Verdacht, dass M mit Betäubungsmitteln in nicht unerheblicher Menge handelt. M war vor einigen Jahren bereits in Drogendelikte verstrickt, wovon auch sein Vermieter E Kenntnis hat. Ein Spezialkommando der Polizei verschafft sich Zutritt zur Wohnung des M, wobei das Eigentum des E (einige Fenster und der Teppichboden) beschädigt wird. Zweck der Wohnungsdurchsuchung gem. §§ 102, 105 StPO war, Betäubungsmittel zu suchen. Steht dem E für die Beschädigung seines Eigentums ein Anspruch auf Entschädigung zu?

Das zuständige Landgericht hat im **Fall 52** der Klage des E auf Entschädigung stattgegeben. Das OLG hat auf die Berufung des beklagten Landes unter Abänderung der erstinstanzlichen Entscheidung die Klage abgewiesen. Auf die Revision des Klägers (= E) hin hat der BGH das angefochtene Urteil aufgehoben und die Sache zur neuen Verhandlung an die Vorinstanz zurückgewiesen.[37] Nach Ansicht des **BGH** steht dem Vermieter einer Wohnung für Schäden, die im Zuge einer rechtmäßigen Durchsuchung der Wohnung im Rahmen eines **strafrechtlichen** Ermittlungsverfahrens gegen den Mieter verursacht wurden, **grundsätzlich** ein Anspruch aus enteignendem Eingriff zu. Dieselben Grundsätze gelten auch für das präventive Handeln der Polizei. Ansprüche aus enteignendem Eingriff kommen dann in Betracht, wenn an sich rechtmäßige hoheitliche Maßnahmen bei einer betroffenen Person unmittelbar zu Nachteilen führen, die sie aus rechtlichen oder tatsächlichen Gründen hinnehmen muss, die aber die Schwelle des enteignungsrechtlich Zumutbaren übersteigen. Der Vermieter wurde, so der BGH, einem staatlichen Eingriff ausgesetzt, der ihn anders als andere Eigentümer zu einer **Aufopferung im** öffentlichen Interesse zwang. Ein dem Anspruch auf enteignendem Eingriff zugrundeliegendes **Sonderopfer** kann allerdings dann zu verneinen sein, wenn der Vermieter weiß bzw. davon erfährt oder es sich aufdrängen muss, dass die Wohnung für die Begehung von Straftaten benutzt wird oder werden soll und wenn er gleichwohl den Mietvertrag abschließt oder von einem Kündigungsrecht keinen Gebrauch macht (BGHZ a. a. O.).

---

34 Vgl. den Überblick bei Spitzlei/Hautkappe, DÖV 2018, 134, 135 bis 137.
35 Deger, in: Stephan/Deger, Polizeigesetz BW, § 55 Rn 7; Würtenberger/Heckmann/Tanneberger, Polizeirecht BW, § 9 Rn 40; Spitzlei/Hautkappe, DÖV 2018, 134, 142.
36 So auch Schenke, Polizei- und Ordnungsrecht, Rn 755.
37 Sachverhalt nach BGHZ 197, 43 ff., vgl. auch Urteilsbesprechung in JA 2014, 558; Maurer/Waldhoff, Allg. Verwaltungsrecht, § 27 Rn 88 ff.

III. Entschädigung bei rechtswidrigen Maßnahmen

1. Ansprüche wegen schuldhaft rechtswidriger Maßnahmen. a) Allgemeines. Der Rechtsstaat bindet die Staatsgewalt an das Recht (Art. 20 Abs. 3 GG). Art. 19 Abs. 4 S. 1 GG eröffnet den Rechtsweg, auf dem Gerichte überprüfen, ob die Staatsgewalt den Bürger in dessen Rechten verletzt hat. Art. 34 S. 1 GG gewährleistet, dass der Staat den Bürger für **Amtspflichtverletzungen** entschädigt. Verletzt ein Beamter in Ausübung eines ihm anvertrauten öffentlichen Amts vorsätzlich oder fahrlässig die ihm einem Dritten gegenüber obliegende Amtspflicht, so hat grundsätzlich der Staat oder die Körperschaft, in deren Dienst der Beamte steht, den der dritten Person daraus entstehenden Schaden zu ersetzen (§ 839 Abs. 1 S. 1 BGB). Die wichtigste Anspruchsgrundlage für die **Amtshaftung** ist der Anspruch aus **§ 839 Abs. 1 S. 1 BGB i. V. m. Art. 34 GG.**

Polizeiliche Maßnahmen der Gefahrenabwehr, die einen Schadensersatzanspruch begründen können, sind sowohl Verwaltungsakte als auch Realakte. **Beamter** i. S. d. § 839 BGB i. V. m. Art. 34 GG ist nach dem sog. **haftungsrechtlichen Beamtenbegriff** jeder, der im Zusammenhang mit einer ihm anvertrauten hoheitlichen Aufgabe handelt, also funktionell öffentliche Gewalt ausübt. Unter diesen Begriff fallen sowohl die Beschäftigten der allgemeinen Polizeibehörden als auch des Polizeivollzugsdienstes. Die Amtshaftung setzt voraus, dass ein Amtswalter eine ihm obliegende Amtspflicht verletzt.[38] Zudem muss die verletzte Amtspflicht „einem Dritten gegenüber" obliegen. Weiterhin verlangt § 839 Abs. 1 S. 1 BGB ein **Verschulden**. Der **Amtshaftungsanspruch** ist auf eine angemessene **Entschädigung in Geld** gerichtet (vgl. §§ 249 bis 254 BGB). Er umfasst gem. § 252 BGB entgangenen Gewinn und gem. § 253 BGB in den durch Gesetz bestimmten Fällen Geldersatz auch für den Nichtvermögensschaden. Die Berechnung erfolgt nach der sog. **Differenzhypothese:** Auszugleichen ist danach die Differenz zwischen dem hypothetischen Zustand ohne und dem eingetretenen Zustand mit Amtspflichtverletzung.

Der Anspruch **verjährt** grundsätzlich gem. §§ 195, 199 Abs. 1 BGB in drei Jahren. Über **Amtshaftungsansprüche** entscheiden die **ordentlichen Gerichte** gem. § 40 Abs. 2 S. 2 VwGO (vgl. Art. 34 S. 3 GG).[39]

b) Beispiele

Beispiele für Ansprüche Dritter gegen den Staat wegen rechtswidriger und schuldhafter Verletzung von Amtspflichten durch Polizeibeamte:
- **BVerfG** zum Anspruch auf Schmerzensgeld wegen rechtswidriger Freiheitsentziehung durch **Gewahrsamnahme** während einer Demonstration anlässlich eines Castortransports.[40]
- **OLG Frankfurt** zur **Geldentschädigung für Amtspflichtverletzungen** durch Polizeibeamte (**Fall Daschner**).[41]
- **OLG Karlsruhe** zur **Schadensersatzpflicht des Landes** wegen **rechtswidriger polizeilicher Ingewahrsamnahme** eines Jugendlichen mit einer geistigen Behinderung.[42]
- **OLG Hamm** zur Amtshaftung beim **Einsatz eines Polizeihundes**.[43]
- **BGH** zur Haftung des Dienstherrn bei Schaden durch unsorgfältige **Verwahrung einer Polizeiwaffe**.[44]

c) Schadensersatz bei rechtswidriger Datenverarbeitung. Eine **Sonderregelung für Schadensersatzansprüche** stellt § 131 PolG dar. Die Regelung wurde mit dem **PolG 2020** neu

---
38 Vgl. dazu im Einzelnen Spitzlei/Hautkappe, DÖV 2018, 134, 138, 143.
39 Vgl. im Einzelnen Maurer/Waldhoff, Allg. Verwaltungsrecht, § 26 Rn 43 ff., u. Hartmann/Tieben, JA 2014, 401, 401 ff.
40 BVerfG, NJW 2010, 433.
41 OLG Frankfurt, NJW 2007, 2494.
42 OLG Karlsruhe, VBlBW 2000, 329.
43 OLG Hamm, NVwZ-RR 1997, 460.
44 BGH, NVwZ 2000, 467.

III. Entschädigung bei rechtswidrigen Maßnahmen

eingefügt. Sie setzt Art. 56 DSRL 2016/680 um und schließt zudem die durch den Wegfall des § 25 LDSG a. F. entstandene Lücke. Erfasst werden von § 131 PolG **sowohl materielle als auch immaterielle Schäden**.[45]

Gem. § 131 Abs. 1 S. 1 PolG hat die Polizei einer betroffenen Person den **Schaden zu ersetzen**, der durch eine nach dem PolG **rechtswidrige Verarbeitung personenbezogener Daten** entsteht. Die Ersatzpflicht entfällt gem. § 131 Abs. 1 S. 2 PolG, wenn die Polizei nachweisen kann, dass der Umstand, durch den der Schaden eingetreten ist, nicht von ihr zu vertreten ist. Gem. § 131 Abs. 1 S. 3 PolG gilt § 101 PolG entsprechend, so dass zur Entschädigung der Staat oder die Körperschaft verpflichtet ist, in deren Dienst der Beamte steht, der die Maßnahme getroffen hat. Ist die Maßnahme von einem Polizeibeamten auf Weisung einer Polizeibehörde getroffen worden, so ist der Staat oder die Körperschaft, der die Polizeibehörde angehört, zur Entschädigung verpflichtet (→ § 15 Rn 7).

Aus § 131 Abs. 2 PolG folgt, dass die betroffene Person wegen eines Schadens, der nicht Vermögensschaden ist, eine **angemessene Entschädigung in Geld** verlangen kann. Lässt sich bei einer automatisierten Verarbeitung personenbezogener Daten nicht ermitteln, welcher von mehreren gemeinsam Verantwortlichen den Schaden zu vertreten hat, haften diese als **Gesamtschuldner** (§ 131 Abs. 3 S. 1 PolG). Bei der Datenverarbeitung im **polizeilichen Informationsverbund** gilt das BKA gegenüber einer betroffenen Person als allein Verantwortlicher, da § 86 BKAG unberührt bleibt (§ 131 Abs. 3 S. 2 PolG). War bei der Entstehung des Schadens ein Verschulden der betroffenen Person mitursächlich, ist § 254 BGB (**Mitverschulden**) entsprechend anzuwenden (§ 131 Abs. 4 PolG). Gem. § 131 Abs. 5 PolG finden auf die **Verjährung** die für unerlaubten Handlungen geltenden Verjährungsvorschriften des BGB entsprechende Anwendung, es gilt damit insbesondere die besondere Verjährungsfrist des § 852 BGB.

Den **Rechtsweg** für Streitigkeiten über Schadensersatzansprüche nach § 131 Abs. 1 PolG weist § 131 Abs. 6 PolG den **ordentlichen Gerichten** zu.

2. Ansprüche des rechtswidrig in Anspruch genommenen Nichtstörers. Wird ein notstandspflichtiger Nichtstörer gem. § 9 PolG durch eine **rechtswidrige** polizeiliche Maßnahme in Anspruch genommen, hat er neben den genannten amtshaftungsrechtlichen Ansprüchen auch einen **Entschädigungsanspruch** gem. § 100 Abs. 1 S. 1 PolG. Gem. § 100 Abs. 1 S. 1 PolG ist entscheidend, ob eine Person als Nichtstörer in Anspruch genommen worden ist, auf die rechtliche Qualität der polizeilichen Maßnahme kommt es nicht an.[46] Dem zu Unrecht in Anspruch genommenen Nichtstörer steht deshalb der Entschädigungsanspruch entsprechend der Vorschrift des § 100 Abs. 1 PolG zu. 19

Darüber hinaus kann ein **Anspruch auf Beseitigung der Folgen** (Folgenbeseitigungsanspruch) bestehen. Der **Folgenbeseitigungsanspruch** richtet sich auf die Wiederherstellung des ursprünglichen Zustands durch Beseitigung der Folgen des rechtswidrigen Verwaltungshandelns. Orientierungspunkt ist der Zustand, der vor dem rechtswidrigen Eingriff bestand. Mehr oder etwas anderes kann nicht verlangt werden.[47] Dem durch einen hoheitlichen Eingriff in seinen Rechten betroffenen Bürger geht es häufig nicht (nur) um Geldersatz, sondern auch um Wiederherstellung des vor dem Eingriff bestehenden Zustands. 20

Beispiel: Nach Ablauf der Frist für die Beschlagnahme einer Wohnung, in der Obdachlose von der Ortspolizeibehörde zur Vermeidung deren Obdachlosigkeit eingewiesen wurden, hat der Wohnungsinhaber gegen die Obdachlosenbehörde einen **Anspruch auf Räumung der Wohnung**.[48]

---

45 LT-Drs. 16/8484, S. 188
46 So auch Zeitler/Trurnit, Polizeirecht BW, Rn 1245 m. w. N.; nach Würtenberger/Heckmann/Tanneberger, Polizeirecht BW, § 9 Rn 27, besteht ein Anspruch aus enteignungs- bzw. aufopferungsgleichem Eingriff.
47 BVerwGE 69, 366, 370 ff.; Maurer/Waldhoff, Allg. Verwaltungsrecht, § 30 Rn 1.
48 Vgl. VGH BW, VBlBW 1997, 187.

Der Folgenbeseitigungsanspruch erfasst nur die unmittelbaren Folgen eines hoheitlichen Eingriffs. Als öffentlich-rechtlicher Anspruch ist er vor den **Verwaltungsgerichten** im Wege der allgemeinen Leistungsklage geltend zu machen.

§ 15 Kosten der Polizei

> Besondere Relevanz für Studium, Prüfung und Examen (grundsätzlich können alle Themen des Polizeirechts Prüfungsgegenstand sein!):
> Die Ausführungen zu den Kosten der Polizei sind vor allem praxisrelevant. Kosten- und Ersatzansprüche der Polizei können aber ein Randaspekt in Klausuren und Prüfungen sein (etwa als Zusatzaufgabe). Grundkenntnisse sind deshalb angezeigt (→ Rn 1 bis 32).

I. Allgemeines

Unter dem Stichwort „Polizeikosten" werden vor allem **zwei Themenbereiche** erörtert:

- Welche Körperschaft (Gemeinde, Kreis, Land etc.) trägt die Kosten der Polizei (etwa für Ausbildung, Dienstbezüge, Ausrüstung etc.)?
- In welchen Fällen kann die Polizei von dritten Personen Kostenersatz, Gebühren und Auslagen für die von ihr durchgeführten Maßnahmen verlangen? Zum einen geht es hier um Fragen, ob und aufgrund welcher gesetzlicher Regelungen **Kostenbescheide** festgesetzt werden können. Zum anderen geht es um die Problematik, ob und unter welchen Voraussetzungen die Polizei für **Einsätze bei privaten Großveranstaltungen** (etwa bedeutsame Sportereignisse wie Bundesligaspiele, Pop- und Rockkonzerte) oder **bei Großeinsätzen** – wie etwa Sicherung der Transporte von radioaktivem Material (Castor-Transporte) oder Demonstrationen etc. – Kostenersatz verlangen kann (→ Rn 40 ff.).

Zur Lösung dieser Problembereiche enthält das **PolG nur wenige und unvollständige Regelungen.**

In § 127 Abs. 1, 2 PolG wird die staatsinterne **Trägerschaft** der Kosten für die allgemeinen Polizeibehörden und für den Polizeivollzugsdienst festgelegt. § 127 Abs. 3 PolG enthält eine **Legaldefinition zum Kostenbegriff.**

II. Kosten und Kostenträgerschaft

1. Kosten. Unter „Kosten der Polizei", „Polizeikosten" oder **Kosten i. S. d. § 127 PolG** werden die „unmittelbaren oder mittelbaren persönlichen und sachlichen Ausgaben für die allgemeinen Polizeibehörden und den Polizeivollzugsdienst" verstanden (§ 127 Abs. 3 PolG). Darunter fallen etwa Ausgaben für die Ausbildung, Vergütung des Personals oder für die Ausstattung der Polizei mit Uniformen, Dienstfahrzeugen etc. Die Begriffsbestimmung ist nur für die in § 127 PolG genannten Kostenarten maßgebend.

2. Kostenträger. Gem. § 127 Abs. 1 PolG tragen die **Gemeinden** die beim Vollzug des PolG anfallenden Kosten für die **Ortspolizeibehörden** (§ 107 Abs. 4 PolG) und zusätzlich in den Stadtkreisen und in den Großen Kreisstädten auch die Kosten für die **Kreispolizeibehörden** (§ 107 Abs. 3 PolG). Die Gemeinden sind auch Träger der Kosten für die **gemeindlichen Vollzugsbediensteten** (§ 125 PolG). Grundsätzlich tragen die Gemeinden zudem die Kosten für Maßnahmen der Ortspolizeibehörde, die diese auf Weisung einer Fachaufsichtsbehörde (vgl. § 110 PolG) durchführt.[1] Gem. § 129 Abs. 5 GemO haben die Gemeinden gegen das Land einen **Anspruch auf Kostenerstattung**, wenn ihnen bei der Wahrnehmung polizeilicher Aufgaben Kosten infolge einer fehlerhaften Weisung des Landes entstehen (vgl. auch Ziff. 3 VwV zu

---

1 So auch Deger, in: Stephan/Deger, Polizeigesetz BW, § 82 Rn 17.

§ 125 GemO). Zur Sicherung dieses Anspruchs wird den Gemeinden empfohlen, auf den Erlass **schriftlicher** Weisungen der (jeweiligen) Fachaufsichtsbehörde zu bestehen. Handelt eine Polizeibehörde gem. § 113 Abs. 2 PolG bei **Gefahr im Verzug** (→ § 4 Rn 35) für die örtlich zuständige Polizeibehörde, trifft diese die notwendigen Maßnahmen im eigenen Namen mit der Folge, dass sie als ausführende Polizeibehörde – und nicht die eigentlich örtlich zuständige Behörde – die Kosten des Einsatzes trägt.[2]

4   Handelt es sich bei der handelnden Kreispolizeibehörde um ein Landratsamt (§ 107 Abs. 3 PolG), werden sowohl die Kosten für die personelle Ausstattung als auch für den Sachaufwand vom **Landkreis** getragen (vgl. § 52 Abs. 2 S. 1 [Ausnahmeregelungen in S. 2] LKrO). Vom **Land** werden gem. § 127 Abs. 2 PolG – vorbehaltlich besonderer gesetzlicher Bestimmungen – die Kosten für den **Polizeivollzugsdienst** (§§ 115 ff. PolG) und für die nicht in Abs. 1 genannten übrigen allgemeinen staatlichen Polizeibehörden (§ 106 Abs. 1 Nr. 1 u. 2 PolG) getragen. Im **Verwaltungsabkommen** zwischen dem Bund und den Bundesländern vom 27.10.1950 ist die Kostenaufteilung für die **Bereitschaftspolizei** näher geregelt. Dort wurde etwa vereinbart, dass der **Bund** die Kosten für die Bewaffnung und für das Gerät trägt. Das Land ist auch dann zur Kostenübernahme verpflichtet, wenn eine Polizeidienststelle gem. § 119 PolG aufgrund einer Weisung einer Ortspolizeibehörde handelt, selbst wenn die Anweisung rechtswidrig ist.[3]

III. Polizeikostenersatz von Dritten

5   **1. Einführung in die Problematik.** Grundsätzlich trägt die **Allgemeinheit** über das allgemeine Steuer- und Finanzaufkommen die Kosten für die Maßnahmen der Polizei zur Sicherung und Wiederherstellung der öffentlichen Sicherheit (sog. **Steuerstaatsprinzip**). Maßnahmen der Gefahrenabwehr sind daher in der Regel für den einzelnen Bürger kostenfrei. Der **Schutz des Bürgers** ist **im Prinzip kostenfrei** und wird **durch die Allgemeinheit aus Steuermitteln** finanziert.[4]

Dieser Grundsatz kommt dann nicht zum Tragen, wenn ein **Störer bzw. eine polizeipflichtige Person** Kosten der Gefahrenabwehr verursacht. Schleppt etwa die Polizei ein rechtswidrig abgestelltes Fahrzeug ab und beseitigt sie durch die Beauftragung eines Abschleppunternehmers die Beeinträchtigung der öffentlichen Sicherheit, ist es legitim, vom Störer (= verantwortlicher Fahrzeughalter, -führer) zu verlangen, dass er für die Kosten der polizeilichen Maßnahme aufkommt. In diesen Fällen stellt die Kostenlast die Fortsetzung der nicht erfüllten Polizeipflicht dar.[5] Von diesen Fällen sind die Bemühungen zu unterscheiden, immer wieder neue, zusätzliche Verwaltungskosten- und Gebührentatbestände zu schaffen, um auch Nichtstörer wie etwa den **Veranstalter / Teilnehmer einer Großveranstaltung** (etwa Bundesligafußballspiel) oder einer **Großdemonstration** zum Ersatz der Einsatzkosten der Polizei heranzuziehen. Ein Beispiel ist die **Änderung des Landesgebührenrechts in Bremen**, durch die eine Änderung des Gebühren- und Beitragsgesetzes bei gewinnorientierten Großveranstaltungen, bei denen die Polizei mit erheblichen gewalttätigen Auseinandersetzungen rechnet, dem Fußballverein Werder Bremen und / oder der DFL die Kosten für den verstärkten Polizeieinsatz in Rechnung zu stellen (→ Rn 42 ff.). Mit Recht weist *Buchberger* darauf hin, dass die damit zusammenhängenden Rechtsfragen, ob und inwieweit ein **gebührenfinanzierter Dienstleistungsstaat** den Kernbereich hoheitlicher Tätigkeit erfassen darf, sowie ob und wann ihm das **Steuerstaatsprinzip** Grenzen setzt, im

---

2 Deger, in: Stephan/Deger, Polizeigesetz BW, § 82 Rn 17.
3 Kahlert, in: Belz/Mußmann/Kahlert/Sander, Polizeigesetz BW, § 127 Rn 5.
4 Deger, in: Stephan/Deger, Polizeigesetz BW, § 82 Rn 6 m. w. N.; ebenso Landesregierung BW in LT-Drs. 16/8813, S. 4.
5 Würtenberger/Heckmann/Tanneberger, Polizeirecht BW, § 10 Rn 5; VG Stuttgart, openJur 2020, 76028 (Rn 42); vgl. auch Kappler, NVwZ 2021, 20, 21.

III. Polizeikostenersatz von Dritten

Einzelnen noch nicht ausreichend geklärt sind.[6] Schon aus rechtstaatlichen Gründen muss die Zulässigkeit einer Kosten- und Gebührenerhebung in jedem Einzelfall unter Wahrung der verfassungsrechtlichen Schranken geprüft werden.

Grundsätzlich kommt – bei entsprechender allgemeiner Rechtsgrundlage – eine Gebührenerhebung auch in Betracht, wenn ein Polizeieinsatz aufgrund des **Vortäuschens einer Gefahrenlage** erfolgte. Bei einer **unterlassenen Benachrichtigung der Polizei** setzt dies aber voraus, dass eine **Garantenpflicht zur Aufklärung** bestand.[7]

2. Erfordernis einer Ermächtigungsgrundlage. Nach dem **Grundsatz des Vorbehalts des Gesetzes** (Art. 20 Abs. 3 GG, [→ § 6 Rn 11 f.) bedarf ein Kostenersatz gegenüber Dritten einer ausdrücklichen gesetzlichen Ermächtigung. Wenn die Polizei hoheitliche Kosten geltend machen will, muss sie ihre Forderungen auf eine gesetzliche Grundlage stützen.[8] Das PolG regelt den Kostenersatz nicht einheitlich oder abschließend und enthält nur wenige Kostenvorschriften. Nach welcher Norm und unter welchen Voraussetzungen Kostenersatz verlangt werden kann, hängt davon ab, welche Maßnahme konkret durchgeführt wurde.

Beispiel: In der Regel findet sich keine Rechtsgrundlage für den Ersatz der durch eine „aus dem Ruder gelaufene" **Facebook-Party** entstandenen Polizeieinsatzkosten (→ § 5 Rn 10).[9]

Aus dem **PolG** ergeben sich folgende Kostenvorschriften:

- Kostenersatz gem. § 8 Abs. 2 PolG (unmittelbare Ausführung). Wichtiger Anwendungsfall ist die Festsetzung von **Abschleppkosten**.
- Kostenersatz gem. § 39 Abs. 2 PolG bei Verwertung, Unbrauchbarmachung oder Vernichtung einer **eingezogenen** Sache.
- Kostenersatz für die Verwahrung und Notveräußerung **sichergestellter** und **beschlagnahmter** Sachen gem. § 3 Abs. 3 S. 1 und Abs. 3 DVO PolG / § 130 Abs. 1 Nr. 4 PolG.

Diese speziellen Regelungen gehen den allgemeinen Vorschriften des Kosten- und Gebührenrechts vor.

Weitere Ermächtigungsgrundlagen für Kostenerhebungen sind:

- Die Vorschriften des LVwVG / LVwVGKO in Fällen der Verwaltungsvollstreckung über § 63 Abs. 1 und 2, § 66 Abs. 4 PolG. Wichtiger Anwendungsfall ist die Geltendmachung / Festsetzung der Kosten einer polizeilichen **Abschleppmaßnahme, die im Wege der Ersatzvornahme ausgeführt wird** (→ Rn 23 ff.).
- Das **LGebG** i. V. m. LGebO / GebVerz (→ Rn 33 ff.).
- Kommunalrechtliche **Verwaltungsgebührensatzungen** nach § 11 KAG / § 4 GemO (→ Rn 35).

3. Festsetzung durch Kostenbescheid. Die Geltendmachung der Kosten, die der Polizei im Zusammenhang mit der Durchführung von polizeilichen Maßnahmen entstanden sind, erfolgt regelmäßig durch den Erlass eines Kostenbescheids (auch Leistungsbescheid genannt). Der **Kostenbescheid** stellt einen belastenden Verwaltungsakt dar, so dass die formellen und materiellen Anforderungen an die Rechtmäßigkeit eines Verwaltungsakts zu beachten sind. Durch die Konkretisierung und Individualisierung einer Kostenfolge greift die Verwaltung in die allgemeine Handlungsfreiheit (Art. 2 Abs. 1 GG) des Adressaten ein. Zudem verschafft die Festsetzung einer Forderung durch Verwaltungsakt der Verwaltung (= Gläubiger) einen **Vollstreckungstitel** (vgl. § 2 LVwVG). Aus diesen Gründen gilt der Grundsatz des Vorbehalts

---
6 Buchberger, in: Lisken/Denninger, Handbuch des Polizeirechts, Kap. L Rn 90.
7 NdsOVG, NVwZ-RR 2015, 483, 483 f.
8 Zeitler/Trurnit, Polizeirecht BW, Rn 1183; Kappler, NVwZ 2021, 20 f.
9 Vgl. dazu Herberger, VBlBW 2015, 445, 451 f.

des Gesetzes (→ § 6 Rn 11 f.) nicht nur für den Kostenerstattungsanspruch selbst, sondern auch für die Befugnis, diesen durch Verwaltungsakt (= Kosten- oder Leistungsbescheid) festzusetzen. Diese notwendige Rechtsgrundlage findet sich regelmäßig in der Ermächtigungsnorm zur Festsetzung von Polizeikosten.[10]

9   Die **Rechtmäßigkeit** eines Kostenbescheids – sog. Kosten- bzw. **Sekundärebene** – hängt eng mit der Rechtsnatur und Rechtmäßigkeit der kostenauslösenden Maßnahme – sog. **Primärebene** – zusammen.[11] Grundsätzlich besteht eine Kostenerstattungspflicht nur, wenn dem Kostenbescheid eine in formeller und materieller Hinsicht rechtmäßige Maßnahme zugrunde liegt.[12]

Beispiel: Die Polizei lässt im Wege der unmittelbaren Ausführung gem. § 8 Abs. 1 PolG ein Kfz abschleppen. Ein Kostenerstattungsanspruch gem. § 8 Abs. 2 PolG besteht nur, wenn die der Kostenerstattung zugrundeliegende unmittelbare Ausführung in formeller und materieller Hinsicht rechtmäßig war. Führt etwa die Polizei die unmittelbare Ausführung aus, ohne hierzu gem. § 8 Abs. 1 PolG berechtigt gewesen zu sein, ist der betroffene Störer / Adressat eines Kostenbescheids nicht ersatzpflichtig.[13]

Ein **Muster einer allgemeinen Leistungsklage** auf Rückerstattung von Abschleppkosten findet sich bei Pöltl/Ruder, in: Eiding/Hofmann-Hoeppel, Verwaltungsrecht, § 62 Rn 28.

10 Die Festsetzung der Kostenerstattung durch Verwaltungsakt stellt weder eine Anforderung von öffentlichen Abgaben und Kosten gem. § 80 Abs. 2 S. 1 Nr. 1 VwGO noch eine Maßnahme in der Verwaltungsvollstreckung gem. § 80 Abs. 2 S. 1 Nr. 2 VwGO dar. Vielmehr handelt es sich um einen nicht abgabeähnlichen fiskalischen Ersatzanspruch für verauslagte Aufwendungen, der regelmäßig nicht mehr der Beugung des Willens des Störers dient. Aus diesem Grund gilt der Grundsatz des § 80 Abs. 1 S. 1 VwGO: **Widerspruch und Anfechtungsklage** gegen einen Leistungsbescheid haben **aufschiebende Wirkung**.[14] In der Verwaltungspraxis führt dies zu der misslichen Folge, dass die Kostengläubiger (Kommunen / Land) oft jahrelang auf die Zahlung der von ihnen verauslagten Kosten warten müssen.

11 **a) Formelle Voraussetzungen eines Kostenbescheids.** In formeller Hinsicht ist beim Erlass eines Kostenbescheids neben der Zuständigkeit, Form (vgl. § 37 Abs. 1 LVwVfG) und Begründung (§ 39 Abs. 1 LVwVfG) insbesondere die **Anhörungspflicht** nach § 28 Abs. 1 LVwVfG zu beachten (→ § 6 Rn 23 [beachte auch die Ausnahmen bei Maßnahmen nach dem Verwaltungsvollstreckungsrecht gem. § 28 Abs. 2 Nr. 5 LVwVfG]). Gem. § 45 Abs. 1 Nr. 3, Abs. 2 LVwVfG kann die Anhörung bis zum Abschluss der letzten Tatsacheninstanz des verwaltungsgerichtlichen Verfahrens (also regelmäßig auch im Widerspruchsverfahren) nachgeholt werden.

12 **b) Materielle Voraussetzungen eines Kostenbescheids.** Ein Kostenbescheid ist **rechtmäßig**, wenn die der Kostenerstattung zugrundeliegende Maßnahme (etwa Vollstreckungsmaßnahme) rechtmäßig war und die Vorschriften über den Grund und die Höhe der Kostenforderung eingehalten wurden. Als belastender Verwaltungsakt bedarf der Kostenbescheid insbesondere einer Ermächtigungsgrundlage. Die Rechtsgrundlage für Kostenersatzansprüche der Polizei hängt davon ab, welche Maßnahme konkret durchgeführt wurde. Die Anspruchsgrundlage kann sich direkt aus dem PolG, aus dem Vollstreckungsrecht oder aus sonstigen Erstattungsregelungen (vgl. etwa § 31 Abs. 2 BestattG, Gebührenrecht, BGB etc.) ergeben. Nach dem **VGH BW** enthält der einfachgesetzliche kostenrechtliche Tatbestand des § 66 Abs. 4 PolG i. V. m. § 31 Abs. 1 LVwVG, § 7 LVwVGKO kein geschriebenes Tatbestandsmerkmal, das die Erhebung von

---

10 Zur Problematik vgl. Albers, Sonderbeilage VBlBW Heft 7/2013, 25, 26; Buchberger, in: Lisken/Denninger, Handbuch des Polizeirechts, Kap. L Rn 125.
11 Vgl. zu dieser Unterscheidung VGH BW, openJur 2020, 34060 (Rn 78); Klenner, JuS 2020, 1040, 1041, 1043.
12 VGH BW, VBlBW 2004, 213, u. VBlBW 1993, 293; BremOVG, NVwZ 2020, 1374 f. (Rn 54, 57); *str.* (vgl. dazu den Überblick bei VG Stuttgart, openJur 2020, 76028 [Rn 26 bis 28]). Zur Prüfung der Rechtmäßigkeit eines Kostenbescheids vgl. etwa Neumann, VBlBW 2014, 357, 391 ff.
13 VGH BW, VBlBW 1993, 298.
14 VGH BW, NVwZ-RR 1991, 512; Buchberger, in: Lisken/Denninger, Handbuch des Polizeirechts, Kap. L Rn 126.

Vollstreckungskosten von der Rechtmäßigkeit der Grundverfügung abhängig macht. Auf die **Rechtmäßigkeit des vollstreckbaren Grundverwaltungsakts** (hier: Platzverweis) kommt es daher bei der Kostenerhebung für Vollstreckungsmaßnahmen nicht an (**str.**).[15] Dem vollstreckten Grundverwaltungsakt kommt aber eine sog. **Titelfunktion für den Kostenbescheid** zu: Wird der vollstreckte Grundverwaltungsakt (nachträglich) erfolgreich angefochten, entfällt damit die Rechtsgrundlage für die Vollstreckungsmaßnahme und damit auch für den darauf beruhenden Kostenbescheid.[16]

Merke: Für Rechtmäßigkeit eines Kostenbescheids kommt es auf die Rechtmäßigkeit der Vollstreckungsmaßnahme, aber nicht auf die Rechtmäßigkeit des vollstreckten Grundverwaltungsakts an, der aber wirksam gewesen sein muss.

Die Entscheidung, Kostenersatz zu verlangen, steht im **pflichtgemäßen Ermessen** (→ § 6 Rn 27 ff.) der Behörde. Dem Zweck der Ermächtigung und dem Grundsatz der Verhältnismäßigkeit entspricht es in der Regel, wenn die Behörde die ihr entstandenen Kosten geltend macht. Grundsätzlich ist die Polizei verpflichtet, Kostenersatz zu verlangen.[17] Eine **Abweichung** von dieser Regel kommt nur in **atypischen Fällen** in Betracht (→ Rn 14 zu § 8 Abs. 2 S. 1 PolG). Ein derartiger Fall ist etwa anzunehmen, wenn von einem Fahrzeug, das rechtmäßig geparkt wurde, durch Änderung der Verkehrsregelung eine Störung der öffentlichen Sicherheit ausgeht, die nicht vorhersehbar war und die nicht in der Risikosphäre der verantwortlichen Person liegt[18] oder wenn eine Störung nicht schuldhaft verursacht wurde.[19]

4. Einzelne Kostenerstattungsansprüche. a) Kostenersatz bei unmittelbarer Ausführung. Gem. § 8 Abs. 2 S. 1 PolG sind die Verantwortlichen i. S. d. §§ 6, 7 PolG (Störer) verpflichtet, der Polizei die durch die unmittelbare Ausführung entstandenen Kosten zu ersetzen. Bei der unmittelbaren Ausführung ergreift die Polizei selbst – ohne vorausgegangenen Verwaltungsakt – Maßnahmen zur Gefahrenabwehr, da durch eine Anordnung gegen den / die Verantwortlichen der polizeiliche Zweck nicht bzw. nicht rechtzeitig erreicht werden kann. Da die Polizei in erster Linie eine dem **Störer** obliegende Aufgabe wahrnimmt, ist es folgerichtig, diesen zum Kostenersatz zu verpflichten.

§ 8 Abs. 2 PolG stellt eine **Ermächtigungsgrundlage** zur Kostenerhebung dar und regelt den Kostenersatz für eine unmittelbare Ausführung **speziell und abschließend**. Andere Anspruchsgrundlagen wie etwa aus Geschäftsführung ohne Auftrag, ungerechtfertigter Bereicherung etc. sind ausgeschlossen.[20]

Nach VGH BW ist § 8 Abs. 2 S. 1 PolG entgegen seinem Wortlaut („sind verpflichtet") als Ermessensbefugnis zu verstehen, um im Einzelfall dem Verhältnismäßigkeitsgrundsatz Rechnung tragen zu können. § 8 Abs. 2 S. 1 PolG regelt ein **intendiertes Ermessen** (→ Rn 13), das nach dem gesetzlichen Zweck im Regelfall eine Kostenerstattung durch den Störer verlangt, von der nur im atypischen Ausnahmefall abzusehen ist. Bei der Ausübung dieses gesetzlich intendierten Ermessens muss die Behörde daher nur dann eine zu begründende Abwägungsentscheidung treffen, wenn **im Einzelfall konkrete tatsächliche Anhaltspunkte** für einen atypischen Ausnahmefall vorliegen. Im Regelfall genügt es dagegen, wenn die Polizei feststellt, dass ein atypischer Sachverhalt, der es ausnahmsweise verlangen könnte, von einer Kostenerstattung abzusehen, nicht vorliegt.[21]

---

15 VGH BW, VBlBW 2022, 16, 18 ff. m. w. N.
16 Vgl. dazu VGH BW, VBlBW 2022, 16, 19 f.
17 Sog. intendiertes Ermessen; vgl. VGH BW, VBlBW 2022, 413, 417, u. VBlBW 2011, 154; Deger, in: Stephan/Deger, Polizeigesetz BW, § 8 Rn 27.
18 VGH BW, VBlBW 2007, 350.
19 HessVGH, NVwZ-RR 1995, 29.
20 VGH BW, VBlBW 2002, 161.
21 VGH BW, VBlBW 2022, 413, 417.

15 **Kosten** i. S. d. § 8 Abs. 2 PolG sind die Mehrausgaben, die durch die unmittelbare Ausführung entstanden sind, also nicht die ohnehin entstehenden allgemeinen Personal- und Sachkosten der Verwaltung. **Mehrausgaben** sind vor allem die Aufwendungen für den Einsatz von dritten Personen (etwa Kosten eines Abschleppunternehmers oder Handwerkers) und besondere Sachkosten der Polizei im Fall der Selbstvornahme. Die Verpflichtung zum Kostenersatz umfasst alle Ausgaben, die anlässlich der unmittelbaren Ausführung notwendig und erforderlich waren, insbesondere Kosten für Gutachter, Übersetzer, Dolmetscher oder für die Beauftragung von Abschleppunternehmen. Der **Umfang der Kosten** hat sich dabei an den Grundsätzen der Kostenerstattungspflicht des erreichbaren Störers im Fall der Ersatzvornahme zu orientieren. Zu Recht weist *Deger* darauf hin, dass die unmittelbare Ausführung der Ersatzvornahme ähnlich ist, weshalb Unterschiede in der Kostenerstattung kaum überzeugen.[22] Die Vorschriften der LVwVGKO können entsprechend herangezogen werden. Der Hauptanwendungsfall besteht in der Geltendmachung von **Abschleppkosten**.

16 **Zur Begrenzung des Kostenumfangs** hat der BGH im Zusammenhang mit einer **privaten Abschleppmaßnahme** entschieden, dass Falschparker dem privaten Besitzer einer Parkfläche (hier Kundenparkplatz eines Fitness-Studios) keine Abschleppkosten erstatten müssen, die unangemessen hoch sind. Die Ersatzpflicht des Falschparkers wird durch das **Wirtschaftlichkeitsgebot** begrenzt. Maßgeblich ist unter anderem, wie hoch die **ortsüblichen** Kosten für das Abschleppen und die unmittelbar mit der Vorbereitung des Abschleppvorgangs verbundenen Dienstleistungen sind.[23]

17 Die Kostenerstattungspflicht gem. § 8 Abs. 2 PolG besteht nur, wenn der Kostenerstattung eine rechtmäßige unmittelbare Ausführung gem. § 8 Abs. 1 PolG zugrunde liegt. Aus diesem Grund muss die Behörde vor einer Kostenerhebung auch die formelle und materielle Rechtmäßigkeit einer **fiktiven Grundverfügung** prüfen.[24] Die Rechtmäßigkeit der der Kostenforderung zugrundeliegenden unmittelbaren Ausführung wird inzident im Falle des Widerspruchs / einer Anfechtungsklage gegen den Kostenbescheid geprüft.

Fall 53: Die Gemeinde G erlässt gegenüber dem Inhaber eines landwirtschaftlichen Betriebes L einen Kostenbescheid, durch den sie Kostenersatz für den Heimtransport von 33 Erntehelfern nach Kroatien geltend macht. Diese Helfer waren bei L beschäftigt und untergebracht. Nach der fristlosen Kündigung der Unterbringung und der Drohung, die Helfer „vom Hof zu jagen", beauftragte die Gemeinde zur Vermeidung der drohenden Obdachlosigkeit kurzfristig ein privates Busunternehmen mit der Rückführung der Erntehelfer nach Kroatien. Durch den Kostenbescheid auf der Grundlage des § 8 Abs. 2 PolG wurden dem L die Kosten des Busunternehmers in Höhe von rund 2.520 Euro in Rechnung gestellt.

Das VG Sigmaringen hat im **Fall 53** die gegen den Leistungsbescheid erhobene Anfechtungsklage des L als unbegründet zurückgewiesen.[25] Rechtsgrundlage des Bescheids war § 8 Abs. 2 S. 1 PolG. Nach Auffassung des Gerichts war **die dem Kostenbescheid zugrundeliegende Maßnahme** – die Rückführung der Erntehelfer im Wege der unmittelbaren Ausführung – (= Primärebene) **rechtmäßig**. Die Ortspolizeibehörde war verpflichtet, die (drohende) Obdachlosigkeit der Erntehelfer als Störung der öffentlichen Sicherheit zu verhindern, wobei sie diese Aufgabe unter Berücksichtigung aller Umstände nach pflichtgemäßem Ermessen zu erfüllen hatte. Die Gefahr der Obdachlosigkeit der Erntehelfer, so das VG, „lag auf der Hand": Mangels Sprachkenntnissen und Geld waren sie nicht in der Lage, als Störer die drohende Störung der öffentlichen Sicherheit selbst abzuwenden (siehe § 8 Abs. 1 PolG). Mit der kurzfristigen Organisation des Rücktransports hat die Ortspolizeibehörde ihr Handlungsermessen rechtsfehlerfrei ausgeübt.

---

22 Deger, in: Stephan/Deger, Polizeigesetz BW, § 8 Rn 29; ähnlich VG Magdeburg, openJur 2014, 28292 (Rn 15 ff.).
23 BGH, NJW 2014, 3727.
24 VGH BW, VBlBW 2022, 413 f.; vgl. dazu auch Hartmann, VBlBW 2012, 279, 321 ff.
25 VG Sigmaringen, openJur 2012, 67155.

III. Polizeikostenersatz von Dritten

Auch der **Kostenbescheid** (= Sekundärebene) war nach Meinung des VG Sigmaringen **rechtmäßig**. Die Kostentragungspflicht trifft grundsätzlich die für den Gefahrenzustand verantwortliche Person. Der Kläger (= Adressat des Leistungsbescheids, hier L) war als Handlungsstörer anzusehen, da er durch die fristlose Kündigung der Arbeits- und Mietverhältnisse die drohende Obdachlosigkeit herbeigeführt hatte. Mit seinem Verhalten hatte er die polizeiliche Gefahrengrenze überschritten. Auch die Höhe der Kosten entsprechend der Rechnung des Busunternehmens wurde vom Gericht nicht beanstandet (so VG Sigmaringen a. a. O.).

Weitere Beispiele:

- Kostenersatz bei **Umsetzungs- und Abschleppmaßnahmen**, die im Wege der unmittelbaren Ausführung durch die Beauftragung eines Unternehmers etc. durchgeführt werden (vgl. dazu VGH BW, Urt. v. 24.2.2022 – 1 S 2283/20, openJur 2022, 5270, u. Hartmann, VBlBW 2012, 279, 321 ff.).
- Kostenersatz für die Veranlassung einer **Bestattung** durch die Ortspolizeibehörde im Wege der unmittelbaren Ausführung gem. § 31 Abs. 2 BestattG, wenn die bestattungspflichtigen Angehörigen nicht für die Bestattung sorgen (VGH BW VBlBW 2008, 137; VGH BW, BWGZ 2004, 314).
- Nach VGH BW sind die **Kosten** für einen **Feuerwehreinsatz** keine erstattungsfähigen Auslagen i. S. d. § 8 Abs. 2 PolG. Im entschiedenen Fall hatte die Feuerwehr keine Amtshilfe geleistet, sondern eine eigene Aufgabe gem. § 2 Abs. 2 FwG erfüllt (VBlBW 2011, 153; ebenso BayVGH, BayVBl 2020, 488 = DÖV 2020, 491 [nur Ls.] bei Absicherung einer Schadensstelle).

Gem. § 129 PolG steht der Polizei in den Fällen der Kostenerstattung für Maßnahmen gem. § 8 Abs. 1 PolG die **Zurückhaltungsbefugnis** zu (→ Rn 38).

b) Kostenersatz bei Verwertung eingezogener Sachen. § 39 Abs. 4 PolG ermächtigt die allgemeine **Polizeibehörde**, die Kosten der **Verwertung**, **Unbrauchbarmachung** oder **Vernichtung** einer **eingezogenen Sache** gegenüber der betroffenen Person (= regelmäßig der Eigentümer) geltend zu machen (→ § 11 Rn 287 ff. zur Einziehung). Für die Anordnung der Standardmaßnahme und folglich auch für die Kostenfestsetzung ist ausschließlich die allgemeine Polizeibehörde zuständig. Der Kostenersatz wird durch Kostenbescheid geltend gemacht. Für den Erlass dieses Kostenbescheids gelten die unter → Rn 8 ff. dargestellten Grundsätze. 18

Fall 54: Bei einer Verkehrskontrolle stellt der Polizeivollzugsdienst fest, dass der Motorroller des F manipuliert wurde und beschlagnahmt das Fahrzeug. Die Manipulation (Entfernung der technischen Vorrichtungen zur Begrenzung der Höchstgeschwindigkeit) wird von einem Gutachter bestätigt. Da sich F völlig uneinsichtig zeigt, wird der Roller von der Polizeibehörde eingezogen und im Wege einer öffentlichen Versteigerung verwertet (vgl. § 39 Abs. 2 PolG, § 383 Abs. 3 BGB).

Die Kosten der Versteigerung kann die Polizeibehörde im **Fall 54** dem F durch entsprechenden Kostenbescheid gem. § 39 Abs. 4 PolG in Rechnung stellen.

c) Kostenersatz bei Verwertung sichergestellter und beschlagnahmter Sachen. Gem. § 130 Abs. 1 Nr. 4 PolG i. V. m. § 3 Abs. 2 S. 2 DVO PolG kann die **Polizei** die Kosten für die **Verwertung, Unbrauchbarmachung oder Vernichtung sichergestellter Sachen** (vgl. § 37 PolG) dem Eigentümer oder rechtmäßigen Inhaber der tatsächlichen Gewalt in Rechnung stellen. Dasselbe gilt gem. § 3 Abs. 3 DVO PolG auch für die Festsetzung der Kosten einer Verwertung (s. o.) für **beschlagnahmte** Sachen. Für die Kostenfestsetzung gelten die unter → Rn 8 ff. dargestellten Grundsätze. 19

d) Aufwendungsersatz für die Verwahrung von sichergestellten oder beschlagnahmten Sachen. Gem. § 130 Abs. 1 Nr. 4 PolG i. V. m. § 3 Abs. 1 S. 3 DVO PolG kann die **Polizei** von dem Eigentümer oder dem rechtmäßigen Inhaber der tatsächlichen Gewalt Ersatz für die Aufwendungen geltend machen, die ihr „zum Zwecke der Verwahrung" einer gem. § 37 PolG **sichergestellten** Sache entstanden sind. Gem. § 3 Abs. 3 DVO PolG gilt diese Ermächtigungsgrundlage auch für Aufwendungen für die Verwahrung **beschlagnahmter** Sachen. 20

Fall 55: Auf Wunsch der Gemeinde (Straßenbaulastträgerin) beschlagnahmt die Ortspolizeibehörde einen auf einem öffentlichen Gehweg abgestellten Container für Altkleider, da weder eine Sondernutzungserlaubnis nach § 16 StrG beantragt wurde / vorliegt noch der Eigentümer / Berechtigte herauszufinden ist. Der Container wird auf einem von der Polizei extra zu diesem Zweck angemieteten Platz abgestellt bzw. verwahrt.

Meldet sich im Fall 55 doch noch eine berechtigte Person, kann die Polizei von ihr Ersatz ihrer Aufwendungen (Kosten der Verbringung des Containers, Verwahrkosten in Form der Mietkosten etc.) verlangen. Gem. § 3 Abs. 1 S. 3 DVO PolG steht der Polizei ein **Zurückbehaltungsrecht** zu.

21 Für den **Polizeivollzugsdienst** ergibt sich eine Ermächtigungsgrundlage zur Kostenfestsetzung bei der Verwahrung sichergestellter und beschlagnahmter Sachen aus dem LGebG i. V. m. Nr. 15.5 des Gebührenverzeichnisses (Grund- und Tagesgebühr [→ Rn 33]).

22 Soweit die **Gemeinden** Kostenträger der Polizei sind, können sie die Kosten für die **Verwahrung von Sachen** (etwa für abgeschleppte, beschlagnahmte oder sichergestellte Fahrzeuge etc.) nur auf der Grundlage einer eigenen **Gebührensatzung** nach den Bestimmungen des KAG / § 4 GemO erheben (vgl. Fall 58 in → Rn 32).

23 **e) Kostenersatz für Vollstreckungshandlungen.** Gem. § 31 LVwVG können für **Amtshandlungen** nach dem LVwVG Kosten (Gebühren und Auslagen) erhoben werden. Für die Polizei gilt diese **Ermächtigungsgrundlage** zur Kostenerhebung über § 63 Abs. 1 bzw. § 66 Abs. 4 PolG, wenn im Bereich der Gefahrenabwehr zur Durchsetzung eines Verwaltungsakts Zwangsmittel angewendet werden. Die gebührenpflichtigen Tatbestände und der Umfang der zu erstattenden Auslagen sind im Einzelnen in der **LVwVGKO** geregelt. Wichtiger Anwendungsfall ist die Geltendmachung von **Abschleppkosten**.

24 **Fall 56:** Der Gemeindevollzugsbedienstete G fordert den Fahrzeugführer F auf, seinen rechtswidrig auf einem Gehweg abgestellten Pkw umgehend wegzufahren. Als F dieser Anordnung nicht Folge leistet, sondern sich, ohne weitere Erklärungen abzugeben, einfach entfernt, beauftragt G das Abschleppunternehmen A mit der Beseitigung des Fahrzeugs. Die Gemeindeverwaltung stellt dem F danach die Kosten der Abschleppmaßnahme durch entsprechenden Kostenbescheid in Rechnung.[26]

Das Abschleppen des Fahrzeugs erfolgte im **Fall 56** im Wege einer (rechtmäßigen) Vollstreckungsmaßnahme. **In der Aufforderung** des Gemeindevollzugsbediensteten G, **den Pkw unverzüglich zu entfernen,** lag ein mündlich gem. § 37 Abs. 2 S. 1 LVwVfG **ergangener befehlender Verwaltungsakt** i. S. d. § 35 S. 1, § 1 Abs. 1 LVwVfG. Ermächtigungsgrundlage für die Anordnung der Abschleppmaßnahme war die polizeiliche Generalklausel gem. §§ 1, 3 PolG. Diese **Grundverfügung** war gem. § 80 Abs. 2 S. 1 Nr. 2 VwGO **sofort vollziehbar** und somit gem. § 2 Nr. 2 LVwVG auch formell **vollstreckbar**. Ermächtigungsgrundlage für die Vollstreckungshandlung ist § 63 Abs. 1 PolG i. V. m. §§ 25, 2 Nr. 2 LVwVG. Die **Ersatzvornahme** gem. § 25 LVwVG war auch das geeignete und erforderliche Mittel zur Beseitigung der Störung der öffentlichen Sicherheit. Eine ordnungsgemäße Vollstreckung lag somit vor (vgl. § 21 LVwVG). Die der Polizei durch die Beauftragung des Abschleppunternehmers entstandenen Abschleppkosten sind **Kosten der Verwaltungsvollstreckung** und daher gem. § 31 LVwVG i. V. m. § 63 Abs. 1 PolG, § 25 LVwVG festzusetzen. Die Behörde hat auch bei der Festsetzung der Kosten ihr Entschließungsermessen fehlerfrei ausgeübt. Eine unbillige Härte lag nicht vor (vgl. § 63 Abs. 1 PolG, §§ 25, 31 Abs. 6 LVwVG, § 22 Abs. 2 LGebG).

25 **Zuständige Behörde** für den Erlass des Kostenbescheids ist gem. § 31 Abs. 6 LVwVG i. V. m. § 4 Abs. 1 LGebG die Behörde, welche die Vollstreckungsmaßnahme durchgeführt hat. Gem. § 4 Abs. 1 LVwVG ist die Behörde, die den Verwaltungsakt erlassen hat, auch **Vollstreckungsbehörde**.

26 **Kostenschuldner** ist gem. § 31 Abs. 2 LVwVG die pflichtige Person. Gem. § 31 Abs. 6 LVwVG sind auf die Kosten im Übrigen § 4 Abs. 1, § 5 Abs. 2, §§ 10, 12, 17, 18 u. 21 bis 23 LGebG sinngemäß anzuwenden, soweit für die Vollstreckungsbehörde keine anderen Kostenvorschriften gelten. Für Gemeinden und Landkreise etwa sind die Vorschriften des KAG bzw. die jeweiligen kommunalen

---

26 Vgl. auch Klenner, JuS 2020, 1044ff.; Neumann, VBlBW 2014, 357, 391ff; Baumann, VBlBW 2012, 279, 321ff.

III. Polizeikostenersatz von Dritten

Gebührensatzungen maßgebend. **Gebühren- und Auslagengläubiger** ist der Rechtsträger der Behörde, welche die öffentliche Leistung erbringt (§ 6 LGebG).

Der Kostenersatz für die Androhung und Festsetzung von **Zwangsgeld** (→ § 12 Rn 34 ff.) richtet sich nach § 63 Abs. 1 PolG, §§ 23, 20, 31 LVwVG i. V. m. §§ 5, 8 LVwVGKO. 27

Für die Androhung und Durchführung der **Ersatzvornahme** (→ § 12 Rn 8) gelten § 63 Abs. 1 PolG, §§ 20, 25, 31 Abs. 5 LVwVG i. V. m. §§ 5, 6 u. 8 LVwVGKO. Gem. § 20 Abs. 5 LVwVG sind der verantwortlichen Person die voraussichtlich entstehenden **Kosten der Ersatzvornahme** schon bei der Androhung des Zwangsmittels mitzuteilen. Regelmäßig empfiehlt es sich für die Polizei, vorher einen verbindlichen **Kostenvoranschlag** einzuholen, welcher der pflichtigen Person auch zur Kenntnis und Nachprüfung gegeben werden kann. 28

Die Anforderung der **Vorauszahlung** stellt einen Verwaltungsakt dar. Sie ist keine Maßnahme der Verwaltungsvollstreckung, so dass § 12 S. 1 LVwVG nicht gilt. Die Anforderung der Kosten der Ersatzvornahme stellt **keine Maßnahme in der Vollstreckung** gem. § 80 Abs. 2 S. 1 Nr. 3 VwGO i. V. m. § 12 S. 1 LVwVG dar, da die Ersatzvornahme bereits durchgeführt worden ist. Sie ist auch **keine Kostenanforderung** i. S. d. § 80 Abs. 2 S. 1 Nr. 1 VwGO. Dies hat zur Folge, dass ein **Widerspruch** gegen den Kostenbescheid gem. § 80 Abs. 1 S. 1 VwGO **aufschiebende Wirkung** hat (→ § 12 Rn 18 ff.).[27] 29

Die Kosten für die Ersatzvornahme sind in der LVwVGKO geregelt. In § 6 Abs. 1 u. 2 LVwVGKO ist die Gebührenerhebung im Fall der **Selbstvornahme** festgelegt. Führt eine **dritte Person** die Ersatzvornahme im Auftrag der Vollstreckungsbehörde durch (Fremdvornahme), wird nach der Regelung in § 6 Abs. 3 S. 1 LVwVGKO zur **Abgeltung der eigenen Aufwendungen** eine Gebühr von bis zu 10 % des Betrages erhoben, der an die beauftragte Person zu zahlen ist, höchstens jedoch 2.500,00 Euro. In § 6 Abs. 3 S. 2 u. 3 LVwVGKO werden Hinweise zur **Gebührenbemessung** gegeben. Die Aufwendungen für die Beauftragung einer dritten Person werden – neben der Gebühr nach § 6 Abs. 3 LVwVGKO – als **Auslagen** gem. § 8 Abs. 1 Nr. 8 LVwVGKO geltend gemacht. Regelmäßig sind der pflichtigen Person die Kosten aufzuerlegen, welche die Behörde wegen der vertraglichen Abmachungen bezahlen muss. 30

Die Kostenerstattungspflicht erfasst grundsätzlich auch die **Aufwendungen für** einen **abgebrochenen Abschleppvorgang**. Die Auferlegung der Kosten für eine durchgeführte **Leerfahrt** eines Abschleppunternehmens ist jedenfalls dann rechtmäßig, wenn die Kosten bereits angefallen sind und die Beauftragung des Unternehmens nicht mehr rechtzeitig storniert werden konnte. Die Ersatzvornahme erfasst alle Handlungen, die innerhalb des zeitlichen Rahmens liegen, der mit der Beauftragung des Abschleppunternehmens beginnt und mit der Einstellung der Vollstreckung endet.[28] Kosten einer rechtswidrig durchgeführten Ersatzvornahme können auch nicht unter dem Gesichtspunkt der Geschäftsführung ohne Auftrag oder des öffentlich-rechtlichen Erstattungsanspruchs ersetzt werden, da die Kostenregelung im PolG bzw. im Landesverwaltungsvollstreckungsrecht eine abschließende Spezialregelung darstellt.[29] 31

Der Kostenersatzanspruch für die **Anwendung des unmittelbaren Zwangs** (→ § 12 Rn 49 ff.) folgt aus §§ 63 Abs. 2, 66 Abs. 4 PolG i. V. m. § 31 Abs. 4 LVwVG u. §§ 7, 8 LVwVGKO. Auf die **Rechtmäßigkeit des zwangsvollstreckten Grundverwaltungsakts** kommt es nicht an, er muss zum Zeitpunkt der Anwendung unmittelbaren Zwangs nur wirksam gewesen sein[30], ihm kommt aber eine grundlegende Titelfunktion zu, da seine Existenz Voraussetzungen der Vollstreckung 32

---

27 VGH BW, NVwZ-RR 1997, 74.
28 VGH BW, VBlBW 2003, 74, 75, u. HambOVG, DVBl 2008, 999 (Ls.).
29 OVG NRW, NVwZ-RR 2008, 437, 438.
30 VGH BW, VBlBW 2022, 16, m. w. N. (*str.*).

und damit auch des Kostenbescheids ist.[31] Gem. § 7 LVwVGKO wird für die Anwendung des unmittelbaren Zwangs nach den §§ 26 bis 28 LVwVG und in den Fällen des § 66 Abs. 4 PolG eine **Gebühr** erhoben. Ihre Höhe richtet sich nach § 7 Abs. 2 LVwVGKO. Die sächlichen Kosten für Fahrzeugeinsatz, technische Hilfsmittel etc. können als Auslagen gem. § 8 Abs. 1 Nr. 6 LVwVGKO geltend gemacht werden.

Beispiel: Eine betroffene Person wird im Rahmen einer Versammlung zum Vollzug eines zuvor erlassenen Platzverweises von Polizeivollzugsbeamten weggetragen (VGH BW, VBlBW 2022, 16).

33   5. **Kostenersatz für öffentliche Leistungen nach dem Landesgebührengesetz.** a) **Landesgebührengesetz (LGebG).** Als weitere Ermächtigungsgrundlage für die Geltendmachung von Polizeikosten kommt das LGebG in Betracht, wenn keine speziellen Kostenvorschriften des PolG einschlägig sind. Gem. § 4 Abs. 1 LGebG setzen die Behörden, die eine öffentliche Leistung erbringen, für individuell zurechenbare öffentliche Leistungen Gebühren und Auslagen nach dem LGebG fest. Eine **öffentliche Leistung** ist behördliches Handeln (siehe Begriffsbestimmung in § 2 Abs. 2 S. 1 LGebG, der unbestimmte Rechtsbegriff ersetzt den früheren zentralen gebührenrechtlichen Begriff der „Amtshandlung"). Individuell zurechenbar ist eine öffentliche Leistung, wenn sie im Interesse eines Einzelnen erbracht wird; insbesondere gehört dazu auch die verantwortliche Veranlassung einer öffentlichen Leistung (vgl. § 2 Abs. 3 LGebG).

Gem. § 4 Abs. 2 LGebG setzen die obersten Landesbehörden für ihren Geschäftsbereich die gebührenpflichtigen Tatbestände und die Höhe der Gebühren durch Rechtsverordnung fest. Nur soweit dies geschehen ist, kann eine **Gebührenpflicht** entstehen. Allein mit der individuellen Zurechenbarkeit einer Leistung kann die Gebührenpflicht nicht begründet werden.[32] **Behörde** ist nach § 2 Abs. 1 LGebG jede Stelle, die Aufgaben der öffentlichen Verwaltung wahrnimmt. Behörden in diesem Sinne sind die **staatlichen** Polizeibehörden und Polizeidienststellen (§ 106 Abs. 1 Nr. 1 bis 3, Abs. 2, § 115 ff. PolG).[33]

34   **Beispiel:** Im Zusammenhang mit tätlichen Auseinandersetzungen rivalisierender Fußballfangruppen wird S zunächst von der Polizei festgehalten. Zur Verhinderung weiterer Störungen wird er in Gewahrsam genommen und mit einem Bus zu einem Zentralgewahrsam des Polizeipräsidiums gebracht. Mit einem Gebührenbescheid zog das Polizeipräsidium den S auf der Grundlage des LGebG / LGebO zu den Kosten für den Transport und für die Unterbringung im Polizeigewahrsam heran.[34]

35   Gem. § 1 S. 3, § 4 Abs. 3 LGebG setzen die Landratsämter, Verwaltungsgemeinschaften und Gemeinden für ihren Bereich, soweit sie Aufgaben der unteren Verwaltungsbehörden im Sinne des LVwVG wahrnehmen, die gebührenpflichtigen Tatbestände und die Höhen der Gebühren in einer **Verwaltungsgebührensatzung** mit entsprechendem Gebührenverzeichnis nach den Bestimmungen der GemO (§ 4 Abs. 3 GemO) in Verbindung mit den Regelungen des KAG (vgl. insbes. § 11 KAG) fest. Dasselbe gilt, wenn die Gemeinden als Ortspolizeibehörde bzw. im weisungsfreien Bereich handeln.

Fall 57: Der gemeindliche Vollzugsbedienstete der Stadt E lässt ein rechtswidrig abgestelltes Fahrzeug abschleppen und auf das stadteigene Gelände des Bauhofs bringen. E kann nur dann **Gebühren** für die **Verwahrung** des Fahrzeugs erheben, wenn die Stadt E einen entsprechenden Gebührentatbestand und die Höhe der Gebühr (Tages-/Stundensätze) in ihrer Satzung über die Festsetzung von Gebührensätzen für öffentliche Leistungen geregelt hat. Nach VGH BW können Kosten der Verwahrung nicht unmittelbar auf § 16 Abs. 8 StrG (Beendigung einer Straßennutzung ohne Sondernutzung oder wegen Missachtung von Pflichten) gestützt werden. Eine entsprechende Anwendung der Grundsätze der §§ 689, 693 BGB (Geschäftsführung ohne Auftrag) kommt als Anspruchsgrundlage ebenfalls nicht in Betracht (so VGH BW, NJW 2007, 1375).

---

31   VGH BW, VBlBW 2022, 16, 20.
32   VGH BW, VBlBW 2014, 56, 57.
33   VG Stuttgart, openJur 2020, 76028 (Rn 41).
34   VGH BW, VBlBW 2014, 56, 57.

b) Gebührenverordnung des IM (LGebO IM). Für Leistungen des **Polizeivollzugsdiens-** 36
tes gilt die GebVO IM. Im **Gebührenverzeichnis** (GebVerz) sind neben den allgemeinen leistungsübergreifenden gebührenrechtlichen Tatbeständen in Nr. 15.1 bis 15.15 spezielle, leistungsbereichsbezogene Gebührentatbestände aufgelistet, die den **Polizeivollzugsdienst** zur Gebührenerhebung für die dort genannten Maßnahmen ermächtigen. Darunter fallen Gebühren (regelmäßig Stundensätze) für die polizeiliche Begleitung von Transporten (Nr. 15.1 ff. GebVerz), Ingewahrsamnahme von Personen (Nr. 15.2 ff. GebVerz), Transport von Personen, Tieren und Sachen (Nr. 15.3 ff. GebVerz), Reinigung von Gebäuden, Fahrzeugen etc. (Nr. 15.4 ff. GebVerz), Verwahrung sichergestellter und beschlagnahmter Fahrzeuge und anderer Sachen (Nr. 15.5 ff. GebVerz), unmittelbare Ausführung (Nr. 15.6 GebVerz), Bergung von Wasserfahrzeugen (Nr. 15.7 GebVerz), missbräuchliche Veranlassung von Polizeieinsätzen (Nr. 15.8 GebVerz)[35], Einsatz von Polizeikräften wegen einer Alarmierung (Nr. 15.9 GebVerz), Suche nach vermissten Personen (Nr. 15.10 GebVerz), Einsatz eines Polizeidiensthundes (Nr. 15.11 GebVerz), Einsatz eines Polizeihubschraubers (Nr. 15.12 GebVerz), Einsatz von Polizeikräften bei Ruhestörungen und Streitigkeiten (Nr. 15.13 GebVerz), Einsatz von Polizeikräften wegen einer öffentlichen Ansammlung (Nr. 15.14 GebVerz) und Ausstellung von Bescheinigungen und Beantwortung von schriftlichen Auskunftsersuchen (Nr. 15.15 GebVerz).

6. Im Besonderen: Gebührenerhebung bei missbräuchlicher Veranlassung von Polizeiein- 37
sätzen (Nr. 15.8 GebVerz). In der Verwaltungspraxis stellt sich immer wieder die Frage, ob und inwieweit die Polizei für die missbräuchliche Veranlassung von Polizeieinsätzen oder bei Einsätzen im Zusammenhang mit der Auslösung eines **Fehlalarms**, also bei technischen Alarmierungen, die grundlos ausgelöst worden sind oder deren Anlass nicht vom Anlagebetreiber nachgewiesen worden ist, Kostenersatz verlangen kann.

Für Einsätze des **Polizeivollzugsdienstes** ergeben sich eindeutige Regelungen aus dem LGebG i. V. m. der LGebO IM, Nr. 15.8 GebVerz. Nach VGH **BW** war die Vorschrift Nr. 15.8 GebVerz a. F. eng auszulegen[36], der Verordnungsgeber hat die Regelung deswegen im Jahr 2015 angepasst. Gem. Nr. 15.8. GebVerz kommt ein Kostenersatz in Betracht, wenn der Einsatz von Polizeikräften bei **ungerechtfertigtem Anfordern** sowie einer **vorgetäuschten Gefahrenlage** oder einer **vorgetäuschten Straftat** erfolgt. Ein ungerechtfertigtes Anfordern liegt nach Nr. 15.8.1 GebVerz vor, wenn die Person, die die Polizei alarmiert hat oder Dritte dazu veranlasst hat, hätte erkennen können, dass keine Gründe für ein polizeiliches Einschreiten vorlagen (mindestens fahrlässiges Verursachen einer Anscheinsgefahr oder eines Gefahrenverdachts). Dies entspricht der Auffassung des VGH BW, dass es grundsätzlich möglich ist, denjenigen, der bei Vorliegen eines **Gefahrenverdachts** die den Verdacht begründenden Umstände zurechenbar veranlasst und zu verantworten hat, in gleicher Weise wie den Anscheinsstörer zu den Kosten des Polizeieinsatzes heranzuziehen.[37] Es obliegt der verursachenden Person, diese **Vermutung zu widerlegen**.[38] Auch das Veranlassen eines ungerechtfertigten Anforderns durch einen Dritten kann die Kostenpflicht auslösen. Die Vortäuschung (Nr. 15.8.2 GebVerz) verlangt eine vorsätzliche Handlung.

Für den Einsatz von Polizeikräften wegen eines **Fehlalarms** gilt die Regelung in **Nr. 15.9 GebVerz**. Ein Fehlalarm liegt etwa vor, wenn nachgewiesen wird, dass die Anlage durch Betrunkene, unachtsame Passanten oder technische Defekte ausgelöst wurde.

---

35 Zu dessen teilweiser Unwirksamkeit (unwirksam ist Nr. 15.8.1 Alt. 2 GebVerz) vgl. VGH BW, openJur 2020, 34060 (insb. Rn 89 ff., 93, 98). Danach genügt der Begriff „Veranlassung" nicht, sondern es müsste „zurechenbare Veranlassung" heißen.
36 VGH BW, VBlBW 2014, 56, 57; vgl. auch Deger, in: Stephan/Deger, Polizeigesetz BW, § 82 Rn 8.
37 Vgl. zur teilweisen Unwirksamkeit der Nr. 15.8 im Übrigen auch VGH BW, openJur 2020, 34060 (Rn 84 ff.).
38 Vogel, DÖV 2019, 193, 194 m. w. N.

Im Übrigen ist zu prüfen, wem die Alarmierung gem. § 5 Abs. 1 Nr. 1 i. V. m § 2 Abs. 3 LGebG **zuzurechnen** ist. Bei der Auslegung können die von der Rechtsprechung zum früheren Gebührenrecht entwickelten Grundsätze entsprechend herangezogen werden. Wurde der Alarm aufgrund einer tatsächlich begangenen oder zumindest versuchten Straftat ausgelöst, ist der durch die private Alarmanlage ausgelöste Polizeieinsatz einem Gebührenschuldner nicht zuzurechnen und deshalb gebührenfrei.[39] Führten dagegen technische Defekte oder andere, nicht mit der Begehung einer Straftat zusammenhängende Umstände zum Alarm und diente der Polizeieinsatz überwiegend dem privaten Interesse eines Anlagenbetreibers, kann die Polizei die Kosten eines Fehlalarms in Rechnung stellen.[40] Die Rechtsprechung billigt die Gebührenbelastung des Betreibers auch im Fall der **Unerweislichkeit des Grundes der Alarmierung**, weil das besondere Fehlerpotential der Alarmanlage der Sphäre des Betreibers zuzurechnen ist.[41]

38 **7. Zurückhaltungsbefugnis.** Gem. § 129 PolG kann die Polizei die Herausgabe von Sachen, deren Besitz sie aufgrund einer polizeilichen Maßnahme gem. § 8 Abs. 1, § 37 Abs. 1, § 38 Abs. 1 oder § 63 Abs. 1 PolG i. V. m. § 25 LVwVG (Ersatzvornahme) erlangt hat, von der Zahlung der entstandenen Kosten abhängig machen (Neuregelung durch Änderungsgesetz vom 18.11.2008 [GBl. S. 390]). Die Ausübung der Zurückbehaltungsbefugnis steht im **Ermessen** der Behörde.[42]

Die **Zurückhaltungsbefugnis** besteht nur, wenn eine **rechtmäßige** polizeiliche Maßnahme, die der Kostenforderung zugrunde liegt, durchgeführt wurde (etwa Abschleppmaßnahme in Form der unmittelbaren Ausführung / durch Ersatzvornahme).[43] Wegen der Beschränkung auf die ausdrücklich in der Vorschrift abschließend genannten Anwendungsfälle spricht das Gesetz nur von einer Zurückhaltungsbefugnis, nicht von einem weitergehenden Zurückbehaltungsrecht. Die Regelung kann somit nicht auf andere polizeiliche Maßnahmen übertragen werden. Besteht eine Zurückhaltungsbefugnis, muss die Polizei die zurückbehaltene Sache (etwa das abgeschleppte Fahrzeug) nur **Zug um Zug** gegen Bezahlung der Kosten herausgegeben (vgl. § 274 BGB). Die Zurückbehaltungsbefugnis besteht nur, wenn die Polizei einen **fälligen** Anspruch auf Kostenerstattung hat (vgl. § 271 BGB). Die Ausübung der Zurückhaltungsbefugnis kann im Einzelfall gegen das **Übermaßverbot** verstoßen.[44] Allein eine **längere Dauer der Zurückbehaltung** führt ohne das Hinzutreten weiterer Umstände in der Regel nicht zur Unverhältnismäßigkeit der Maßnahme.[45]

Erhebt die von der Maßnahme betroffene Person **Widerspruch** gegen den Kostenbescheid, mit dem die Kosten für das Abschleppen und die Verwahrung festgesetzt werden, entfaltet der Widerspruch **aufschiebende Wirkung und hindert die Ausübung der Zurückbehaltungsbefugnis**.[46]

39 Gem. § 129 S. 2 PolG kann die Polizei eine dritte Person (etwa Abschleppunternehmer), der sie die Verwahrung einer Sache (abgeschleppter Pkw) übertragen hat, durch Verwaltungsakt ermächtigen, Zahlungen in Empfang zu nehmen. Eine bestimmte Form ist für diesen Verwaltungsakt nicht vorgeschrieben.[47] Mit der Bezahlung der Kosten durch den Eigentümer / Berechtigten an den Dritten ist die Kostenforderung der Polizei erfüllt und damit erloschen (§ 362 BGB).

40 **8. Kostenersatz bei privaten Großveranstaltungen und Demonstrationen. a) Allgemeines.** Die Frage, ob und inwieweit die Polizei bei **Großveranstaltungen** (etwa Bundesliga-Fuß-

---

39 Vogel, DÖV 2019, 193 f.
40 VGH BW, NVwZ 1988, 271; Vogel, DÖV 2019, 193, 194.
41 BVerwG, DÖV 1992, 265; Vogel, DÖV 2019, 193, 194; krit. dazu Buchberger, in: Lisken/Denninger, Handbuch des Polizeirechts, Kap. L Rn 190 ff.
42 VGH BW, NJW 2020, 701, 703 (Rn 23).
43 Deger, in: Stephan/Deger, Polizeigesetz BW, § 83 a Rn 3.
44 HambOVG, NJW 2007, 3513.
45 VGH BW, NJW 2020, 701, 703 f. (Rn 24 ff.).
46 VGH BW, NJW 2020, 701, 703 f. (Rn 18 ff.); *a. A.* BayVGH, BayVBl 1994, 372.
47 Deger, in: Stephan/Deger, Polizeigesetz BW, § 83 a Rn 5.

III. Polizeikostenersatz von Dritten

ballspiele, Pop-Konzerte, Weinfeste) oder auch bei großen **Demonstrationen** (Castor-Transporte, G8 Gipfel-Treffen) von den Veranstaltern / Verantwortlichen Ersatz der Einsatzkosten verlangen kann, wird sowohl in der Rechtslehre als auch in der Politik nach wie vor kontrovers diskutiert.[48] Weitere Aktualität erlangte diese Fragestellung durch die Änderung des Gebühren- und Beitragsgesetzes[49] der Freien Hansestadt **Bremen**, wodurch eine Gebührenerhebung für die Polizeieinsätze bei Großveranstaltungen ermöglicht wurde (→ Rn 42 ff.).

Nicht ganz zu Unrecht weist *Buchberger* darauf hin, dass sich angesichts der Millionenausgaben des Staates für die Polizeieinsätze gerade bei kommerziellen Großveranstaltungen ein Bedarf an entsprechenden Kostenabwälzungen auf den privaten Nutznießer „nicht von der Hand weisen lässt."[50] Andererseits wird auch durchaus zutreffend darauf hingewiesen, dass für viele negative Begleiterscheinungen von Großveranstaltungen die Ursache für polizeiliche Störungen und Straftaten bei den Besuchern und nicht bei den Veranstaltern zu suchen ist.[51] Eine Gebührenpflicht in diesen Fällen kann – wenn überhaupt – nur auf der **Grundlage einer gesetzlichen Regelung** vorgesehen werden. Eine **polizeirechtliche** Haftung des Veranstalters für solche Einsatzkosten kommt regelmäßig aber schon deshalb nicht in Frage, weil er nicht **Störer** im polizeirechtlichen Sinne ist. Auch über die Figur des **Zweckveranlassers** ist eine Zurechnung des Verhaltens der Besucher einer Großveranstaltung grundsätzlich ausgeschlossen (→ § 5 Rn 7 ff., → Rn 43).[52]

Die Beteiligung eines Veranstalters an den Kosten einer privaten Großveranstaltung kann letztlich nur über das **Gebührenrecht** erfolgen.[53] Dazu ist aber erforderlich, dass ein entsprechender **gesetzlicher** Gebührentatbestand vorhanden ist. Zuzustimmen ist den Ausführungen von *Buchberger*, wonach im Hinblick auf die durch die Kostenerhebung berührten Grundrechte des Veranstalters und zur Wahrung der Rechtssicherheit die Bestimmung und **Begrenzung** des Kostenumfangs erforderlich ist: „Es wird deshalb geboten sein, entweder gesetzliche Obergrenzen festzulegen oder – zumindest – die Verpflichtung zur Abgabe eines verbindlichen „Kostenvoranschlags" der Polizei vor Durchführung der Veranstaltung vorzusehen".[54] Nach *Braun* ist eine Gebühren-/Beitragserhebung durch den **Landesgesetzgeber „rechtlich möglich"**.[55] Von Verfassung wegen nur eingeschränkt zulässig sind gebührenrechtliche Kostenabwälzungen für politische, gewerkschaftliche und religiöse Veranstaltungen, soweit sie nicht kommerzieller Natur sind.[56]

Dieselben Grundsätze gelten auch für Kostenerstattungsansprüche im Zusammenhang mit **Demonstrationen**: Kosten- und gebührenrechtliche Regelungen dürfen nicht dazu führen, dass das Demonstrationsrecht, das Grundrecht auf freie Meinungsäußerung (Art. 5 GG) und die Versammlungsfreiheit (Art. 8 GG) nicht mehr wahrgenommen werden können oder ein entsprechender Abschreckungseffekt entsteht. Polizeikosten im Zusammenhang mit Demonstrationen sollten daher grundsätzlich als „Kosten der Demokratie" aus den allgemeinen Deckungsmitteln – wie etwa aus Steuern – bezahlt werden.[57] Die Heranziehung einer einzelnen **teilnehmenden Person** einer Demonstration zu bestimmten Kosten kann in Betracht kommen, wenn und

---

48 Vgl. dazu etwa Hoss, Polizeikosten, S. 1 f., 12 ff.
49 Durch Art. 1 des Gesetzes von 4.11.2014 (Brem. GBl. S. 457, ber. S. 547).
50 Buchberger, in Lisken/Denninger, Handbuch des Polizeirechts, Kap. L Rn 144.
51 Vgl. etwa Böhm, NJW 2015, 3000 f.
52 Vgl. dazu Klein, GSZ 2018, 175 f.
53 Vgl. dazu etwa Weill, NVwZ 2018, 846, 847 ff.; Pötsch, NVwZ 2018, 868 ff.
54 Buchberger, in: Lisken/Denninger, Handbuch des Polizeirechts, Kap. L Rn 150.
55 Braun, Die Polizei 2013, 321, 326; ebenso Heise, NVwZ 2015, 262, 265 f.
56 BVerfG, NVwZ, 2008, 414, zur Rechtswidrigkeit eines Kostenbescheids für den Erlass versammlungsrechtlicher Auflagen.
57 So zutr. Buchberger, in: Lisken/Denninger, Handbuch des Polizeirechts, Kap. L Rn 162.

soweit die Voraussetzungen für eine **Inanspruchnahme als Störer gem. §§ 6, 7 PolG** vorliegen. Wird etwa eine Demonstration aufgelöst und weigern sich Teilnehmer trotz Aufforderung, sich zu entfernen, sind sie im polizeirechtlichen Sinne Störer mit der Folge, dass gegen sie mit entsprechender Kostenfolge durch unmittelbaren Zwang eingeschritten werden kann.[58]

42 **b) Kostenersatz bei Fußballspielen im Besonderen.** Besonders intensiv erfolgt in den letzten Jahren die Diskussion über den **Kostenersatz von Polizeieinsätzen bei Fußballspielen**. Dort kommt es immer häufiger rund um die Fußballspiele zu massiven polizeirechtlichen Störungen und Straftaten rivalisierenden Vereinsanhänger, insbesondere auch durch sog. Hooligans, die Fußballspiele vielfach nur als Anlass für massive Störungen und Straftaten nutzen.[59] Art und Umfang der Ausschreitungen und Störungen sind sehr unterschiedlich ausgeprägt.[60] Durch die massiven Polizeieinsätze bei Profispielen des Fußballs entstehen der Allgemeinheit **hohe Kosten**.[61]

Die Diskussionen über Richtigkeit und Rechtmäßigkeit einer Kostenerstattung für Polizeieinsätze bei Fußballspielen erfassen nicht nur den Bereich der juristischen Literatur und Wissenschaft, sondern auch die **Rechtspolitik** und die **Verbandsvertreter des deutschen Fußballs**.[62] Die Auswirkungen einer Kostenerstattung sind nicht nur juristischer, sondern auch tatsächlicher Natur. Für das am 19.5.2015 zwischen dem SV Werder Bremen und dem Hamburger SV stattgefundene legendäre Nordderby hatte das Land Bremen für seinen Polizeieinsatz eine Kostenerstattung in Höhe von 425.718,11 Euro in Rechnung gestellt.[63] Diese Kosten stellen für die Fußballvereine **erhebliche zusätzliche finanzielle Belastungen** dar, die nicht ohne Weiteres zu stemmen sind.[64] In **BW** betrugen die Kosten für Polizeieinsätze bei Spielen der ersten fünf Fußballligen in der **Saison 2021/22 ca. 6,1 Mio. Euro**.[65]

43 Kernproblem bei der Inanspruchnahme des Fußballvereins (Heimmannschaft) als Veranstalter des jeweiligen Fußballspiels ist die Frage der **Verursachung**.[66] Zu fragen ist, ob der das Spiel ausrichtenden Heimmannschaft die aus dem Verhalten der Fußballfans resultierenden Folgen i. S. d. Polizeirechts zugerechnet werden können. Richtigerweise ist davon auszugehen, dass der **Fußballverein kein Zweckveranlasser** und damit auch **kein Störer** ist, denn das Fußballspiel als solches ist kein Grund und Auslöser für Gewalttaten.[67] Die Fußballvereine haben darüber hinaus gar kein Interesse an solchen negativen Begleiterscheinungen, sondern treten offen und im Rahmen ihrer Möglichkeiten für ein in jeder Hinsicht faires Spiel ein, ihre Fußballspiele sollen

---

58 BVerfG, NVwZ 2010, 1482; vgl. Gebührentatbestände GebVerz Nr. 15.2 (Ingewahrsamnahme) und Nr. 15.3.1 (Transport von Personen).
59 Zu den Hintergründen und Ursachen der angespannten Sicherheitslage im deutschen Profifußball vgl. Mayer, Polizeikosten, S. 73 ff.; zu den Eingriffs- und Handlungsmöglichkeiten der Polizei bei Fußballspielen vgl. Knape, Die Polizei 2018, 143, 145 ff., sowie Kirchhoff, NVwZ 2017, 294 ff.
60 Vgl. dazu die sehr umfassende Übersicht bei Przybulewski, Die Polizei 2018, 240 ff.
61 Lampart, Polizeikosten, S. 19 f.
62 Vgl. dazu Hoss, Polizeikosten, S. 13 bis 15; Lampart, Polizeikosten, S. 19 bis 23; Drechsler, NVwZ 2020, 433 ff.; Böhm, NJW 2015, 3000 f.; König, VBlBW 2018, 497, 504.
63 Böhm, NJW 2015, 3000; BremOVG, NVwZ 2018, 913; vgl. auch Kempny, DVBl 2017, 862, 863; Burbach, ZJS 2018, 369. Vgl. zu den Kosten für Sicherheitseinsätze der Polizei bei Fußballspielen auch Hunsicker, Die Polizei 2022, 163 f., u. Ruffert, NJW 2018, 1022, 1024.
64 Vgl. dazu auch die weiteren Hinweise bei Hoss, Polizeikosten, S. 27 bis 35; Buchberger, in: Lisken/Denninger, Handbuch des Polizeirechts, Kap. L Rn 144 f., 155.
65 LT-Drs. 17/2818, S. 2; vgl. zudem LT-Drs. 16/8813 zum Zeitraum 2013 bis 2020.
66 Brüning, VerwArch 2015, 420 ff.
67 Buchberger, in: Lisken/Denninger, Handbuch des Polizeirechts, Kap. L Rn 146 f.; Mayer, Polizeikosten, S. 158 ff., 175; Hoss, Polizeikosten, S. 60 ff., 65, 70; Trurnit, in: Möstl/Trurnit, Polizeirecht BW, § 6 Rn 17, 17.1; Schmidt, Polizei- und Ordnungsrecht, Rn 994; Ebert, Die Polizei 2020, 82; Trute, Die Verwaltung 2020, 99, 102; König, VBlBW 2018, 497, 500; Brüning, VerwArch 2015, 420 bis 423; i. E. ebenso Kempny, DVBl 2017, 862, 866; Siegel, DÖV 2014, 867, 869; Burbach, ZJS 2018, 369, 370; vgl. auch Buchholtz, JuS 2019, 1184, 1188 ff., zum Fußballfan als Zweckveranlasser.

ein friedlich-sportliches Ereignis für alle Bevölkerungskreise sein.[68] Sie ergreifen seit Jahren zahlreiche Maßnahmen zur Verbesserung der Sicherheit ihrer Fußballspiele.[69] Es erscheint daher insgesamt eher Zurückhaltung geboten.[70]

Das PolG BW enthielt von 1955 bis 1991 mit § 81 Abs. 2 S. 1 PolG a. F. eine ausdrückliche Möglichkeit zum Ersatz von durch private Veranstaltungen entstandenen Kosten der Polizei.[71] Die Rechtmäßigkeit dieser Regelung war durch den VGH BW bestätigt worden.[72] Die Regelung wurde letztlich aufgehoben, um eine **Wettbewerbsverzerrung** zulasten des Standorts BW zu verhindern.[73] Eine Ersatzregelung wurde bis heute vom Landesgesetzgeber bewusst nicht geschaffen.

Das PolG in der geltenden Fassung bietet damit keine **Rechtsgrundlage** zur Heranziehung der Fußballvereine zur Erstattung der durch Polizeieinsätze bei Fußballspielen entstandenen Kosten. Vielmehr bedürfte es für eine rechtlich wirksame Kostenerstattung einer **eigenständigen gebührenrechtlichen Rechtsgrundlage**.[74]

Rechtsgrundlage für eine Kostenerstattung von Polizeieinsätzen kann das **Gebührenrecht** sein.[75] Hierfür bedarf es in jedem Fall eines hinreichend konkretisierten gesetzlichen Gebührentatbestands.[76] Richtigerweise wird aus dem Grundsatz der Verhältnismäßigkeit auch eine **Begrenzung des Kostenumfangs** zu fordern sein.[77] Selbst Fußballvereinen und Spielvereinigungen wie der DFL[78] (Deutsche Fußball Liga e. V., der den Spielbetrieb der Bundesliga und 2. Bundesliga organisiert), die durch die Fußballspiele und deren Vermarktung hohe Einnahmen erzielen, ist es angesichts der heutigen Kostenstruktur des Profi-Fußballs kaum zumutbar, die Kosten von Polizeieinsätzen in voller Höhe zu erstatten.

44

Als erstes und bislang einziges Bundesland hat **Bremen** eine **eigene gesetzliche Regelung im Gebührenrecht** geschaffen.[79] Durch das Gesetz zur Änderung des Bremischen Gebühren- und Beitragsgesetzes vom 4.11.2014[80] wurde die Möglichkeit geschaffen, auch Gebühren für öffentliche Leistungen festzusetzen, die im individuellen Interesse eines Einzelnen erfolgen.[81] Erst durch einen Vorschlag des Haushalts- und Finanzausschusses wurde in § 4 BremGebBeitrG[82] eine neue **Gebührenregelung zur Heranziehung von Veranstaltern** geschaffen, die

---

68 In diesem Sinne auch Lampart, Polizeikosten S. 141 f.; Böhm, NJW 2015, 3000, 3001 f.; diff. Heise, NVwZ 2015, 262, 265 f.
69 Vgl. dazu Mayer, Polizeikosten, S. 112 ff.
70 Drechsler, NVwZ 2020, 433 ff.
71 Vgl. dazu auch Hoss, Polizeikosten, S. 12 f.; Klein, GSZ 2018, 175, 176.
72 VGH BW, NVwZ 1986, 657.
73 Lampart, Polizeikosten, S. 187 f.; König, VBlBW 2018, 497, 499; Hoss, Polizeikosten, S. 13; LT-Drs. 16/8813, S. 5.
74 Durbach, ZJS 2018, 369, 370; vgl. auch BVerwG, NJW 2022, 1694, 1696 (Rn. 14) = NVwZ 2022, 418.
75 A. A. Lampart, Polizeikosten, S. 25 ff., 162, mit Hinweis auf die begrenzende Wirkung des Steuerstaatsprinzips.
76 König, VBlBW 2018, 497, 501.
77 So zutr. Buchberger, in: Lisken/Denninger, Handbuch des Polizeirechts, Kap. L Rn 150.
78 Krit. zur gebührenrechtlichen Verantwortlichkeit und Heranziehung Buchberger, in: Lisken/Denninger, Handbuch des Polizeirechts, Kap. L Rn 158.
79 Zust. Wienbracke, DVBl 2019, 344, 335 ff. vgl. dazu auch Brüning, VerwArch 2015, 417 f.; Klein, DVBl 2015, 275 f.
80 Brem. GBl 2014, 457, 547. Vgl. den Gesetzentwurf v. 22.7.2014, Brem. LT-Drs. 18/1502. Vgl. zur Entstehungsgeschichte Mayer, Polizeikosten, S. 179 ff.
81 So ausdrücklich die Begründung des Haushalts- und Finanzausschusses in Brem. LR-Drs. 18/1591 v. 21.10.2014, S. 1.
82 Bremisches Gebühren- und Beitragsgesetz (BremGebBeitrG) v. 16.7.1979 (Brem. GBl. S. 279), zuletzt geändert durch Art. 1 des Gesetzes v. 26.9.2017 (Brem. GBl. S. 394).

vor allem auch den Fußballsport im Blick hat.[83] Gem. **§ 4 Abs. 4 BremGebBeitrG** wird von Veranstaltern, die eine gewinnorientierte Veranstaltung durchführen, an der voraussichtlich mehr als 5.000 Personen zugleich teilnehmen wollen, eine Gebühr erhoben, wenn wegen der erfahrungsgemäß zu erwartenden Gewalthandlungen vor, während und nach der Veranstaltung am Veranstaltungsort, an den Zugangs- und Abgangswegen oder sonst im räumlichen Umfeld der Einsatz von zusätzlichen Polizeikräften vorhersehbar erforderlich sein wird. Die Gebühr ist dabei nach dem Mehraufwand zu berechnen, der aufgrund der zusätzlichen Bereitstellung von Polizeikräften entsteht. Der Veranstalter ist vor der Veranstaltung über die voraussichtliche Gebührenpflicht zu unterrichten. Der bremische Gesetzgeber wollte mit der Neuregelung ausdrücklich die mit Gewinnerzielungsabsicht tätige **Deutsche Fußball Liga an den Kosten der Polizeieinsätze beteiligen.**[84] Anders als die im Polizeirecht sehr umstrittene Heranziehung des Zweckveranlassers (→ Rn 43) wendet das Gebührenrecht zur Heranziehung des Veranstalters das **Vorteilsprinzip** an.[85]

Aktuell ist nicht zu erwarten, dass **weitere Bundesländer** ähnliche Regelungen zur (teilweisen) Erstattung von Polizeikosten treffen werden.[86] Ob unter diesen Umständen die Regelung im Bundesland Bremen unter Wettbewerbsgesichtspunkten Bestand haben kann, ist fraglich.[87] Die Landesregierung BW hält an den **Stadionallianzen** als etabliertem und bewährtem Sicherheitskonzept fest und sieht die Einführung einer Kostenpflicht – auch unter Gesichtspunkten einer Wettbewerbsverzerrung im Profifußball – eher kritisch.[88]

45 Das **BremOVG** hat mit **Urteil vom 5.2.2018**[89] in zweiter Instanz das zuvor ergangene anderslautende Urteil des VG Bremen[90] aufgehoben und die Klage gegen einen aus Anlass des Polizeieinsatzes beim Fußballspiel der 1. Bundesliga zwischen dem SV Werder Bremen und dem Hamburger SV (ohne Zweifel ein fanbedingtes sog. „Hochrisikospiel") am 19.4.2015 erlassenen Gebührenbescheid in Höhe von 425.718,11 Euro abgewiesen. Grundlegend ist dafür, dass das BremOVG in seiner Entscheidung dem **Veranstalter des Fußballspiels die Notwendigkeit des Polizeieinsatzes zurechnet.** Aus Sicht des Polizeirechts ist dabei interessant, dass das BremOVG davon ausgeht, dass der SV Werder Bremen grundsätzlich Möglichkeiten gehabt habe, das Bundesligaspiel so auszugestalten, dass es zu keinen Ausschreitungen komme und der Polizeieinsatz in dieser Größenordnung obsolet gewesen wäre.[91] Diese Auffassung erscheint jedoch lebensfremd, denn kein Fußballverein hat irgendein Interesse an gewalttätigen Auseinandersetzungen anlässlich eines Heimspiels, und durch Fans bedingte Gewalttätigkeiten könnten sicher nur durch Ausschluss aller Zuschauer oder durch Absage des Spiels verhindert werden, beides wäre aber mit der Idee des Fußballs nicht vereinbar.[92] Das BremOVG führt aus, dass der **Veranstalter „dem Polizeieinsatz jedenfalls näher als die Allgemeinheit" stünde**, was zwar für

---

83 Brem. LR-Drs. 18/1591, S. 2. Sehr deutlich wurde dies auch in der 2. Lesung des Gesetzentwurfs in der Bremischen Bürgerschaft, vgl. Plenarprotokoll der 68. Sitzung v. 22.10.2014, 18. WP, S. 5063, 5064 ff. Vgl. eingehender zur Entstehung der gesetzlichen Regelung Hoss, Polizeikosten, S. 36 bis 43.
84 Vgl. Brem. LR-Drs. 18/1591, S. 3. Vom BVerwG als mit Art. 3 Abs. 1 GG vereinbar bestätigt (NVwZ 2019, 1444, 1453 ff. (Rn 83 ff.).
85 Klein, DVBl 2015, 275, 277; Mayer, Polizeikosten, S. 197 ff.; Götz/Geis, Polizei- und Ordnungsrecht, § 21 Rn 40.
86 So auch die Einschätzung der Landesregierung BW in LT-Drs. 16/8813, S. 5, u. 17/2818, S. 3 f. (dort auch guter Überblick); krit. dazu Hunsicker, Die Polizei 2022, 163, 168.
87 In diesem Sinne auch Frank, VerwArch 2020, 250, 262 ff., 269.
88 LT-Drs. 16/8813, S. 4 ff, u. 17/2818, S. 4 f.
89 NVwZ 2018, 913; vgl. die Besprechung von Burbach, ZJS 2018, 369 ff.; vgl. auch das weitere Urteil des BremOVG, DVBl 2021, 1243 ff.
90 Vgl. dazu eingehender Hoss, Polizeikosten, S. 45 bis 52.
91 BremOVG, NVwZ 2018, 913 (Rn 38).
92 I. E. ebenso Burbach, ZJS 2018, 158 f., mit Hinweis auf einen Verstoß gegen Art. 12 GG; zu Alternativen gegenüber einem Gebührenbescheid vgl. auch Hoss, Polizeikosten, S. 141 bis 151.

das Gebührenrecht zutreffend sein dürfte[93], aber keine Zurechenbarkeit als Zweckveranlasser i. S. d. Polizeirechts begründet, eine bloße Zurechnung im Wege einer conditio sine qua non reicht dafür nicht aus. Entscheidend für die Zweckveranlassung ist die **enge kausale Verknüpfung** aus dem Verhalten des Zweckveranlassers (hier: Durchführung des Bundesligaspiels) und der polizeirechtlichen Folge (hier: gewalttätige Auseinandersetzung einiger Fußballfans), der Veranstalter muss die Folge bezwecken oder die Störung muss sich zwangsläufig einstellen.[94] Hiervon kann nach den obigen Ausführungen (→ Rn 43) bei der Durchführung eines Fußballspiels nur ausgegangen werden, wenn der das Heimspiel durchführende Verein nicht alle in seiner Befugnis stehenden Möglichkeiten ausgenutzt hätte, Fußballchaoten und Hooligans vom Besuch des Spiels auszuschließen.

Das **BVerwG** hat die Entscheidung des BremOVG in letzter Instanz bestätigt.[95] Es geht dabei davon aus, dass gegen die gesetzliche Regelung zur Erhebung einer Gebühr **keine grundlegenden rechtlichen Bedenken** bestünden. Der Veranstalter werde nicht (anteilig) an den Kosten für die polizeiliche Gefahrenabwehrtätigkeit als solche beteiligt, sondern vielmehr werde die Gebühr für den Mehraufwand erhoben, der aufgrund der zusätzlichen Bereitstellung von Polizeikräften aus Anlass einer konkreten Veranstaltung entstünde, für die auf der Grundlage tatsächlicher Erfahrungen besondere Sicherheitsrisiken prognostiziert würden. Es gehe ausschließlich um einen darüber hinausgehenden, **besonderen Aufwand**, der **aus Anlass einer bestimmten Hochrisiko-Veranstaltung**, die zudem auf Gewinnerzielung ausgerichtet sein müsse, nach polizeilicher Lagebeurteilung notwendig werde.[96] Solche Mehrkosten müssten von Verfassung wegen nicht notwendig dem Steuerzahler angelastet werden, der Gesetzgeber dürfe vielmehr eine solche besondere Leistung der polizeilichen Sicherheitsvorsorge von den allgemeinen Kosten der polizeilichen Gefahrenabwehr trennen und sie – soweit die weiteren Voraussetzungen, insbesondere die erforderliche Zurechenbarkeit, vorlägen – der Gebührenpflicht unterwerfen.[97] Die Abgabe werde durch vernünftige Erwägungen des Gemeinwohls gerechtfertigt, denn sie diene der **Herstellung von Lastengerechtigkeit**. Die immens gestiegenen Kosten für Polizeieinsätze aus Anlass von Großveranstaltungen, namentlich unfriedlich verlaufener Fußballveranstaltungen, sollten künftig nicht mehr zulasten der Allgemeinheit aus dem Steueraufkommen finanziert, sondern dem wirtschaftlich Begünstigten in Rechnung gestellt werden.[98] Das BVerwG geht insbesondere davon aus, dass der besondere **polizeiliche Mehraufwand** auch gerade **dem Veranstalter einer gewinnorientierten Veranstaltung zuzurechnen** sei. Denn dieser ziehe aus der Risikominimierung, die der zusätzliche Polizeieinsatz bewirke, einen (wirtschaftlichen) **Sondervorteil**. Der Veranstalter einer risikobehafteten Großveranstaltung sei auf die verstärkte Sicherheitsvorsorge angewiesen, und zwar nicht nur am Veranstaltungsort selbst und während der eigentlichen Dauer der Veranstaltung, sondern auch im räumlichen und zeitlichen Zusam-

---

[93] Zust. Schoch, in: Schoch, Besonderes Verwaltungsrecht, Kap. 1 Rn 996; Hoss, Polizeikosten, S. 96; Klein, GSZ 2018, 175, 178 ff.; König, VBlBW 2018, 497, 502 f.; Weill, NVwZ 2018, 846, 849; Pötsch, NVwZ 2018, 868, 869 f.; Ruffert, JuS 2018, 1022, 1024; Stöcker, Die Polizei 2018, 300 f., 304 f.; a. A. Klein, DVBl 2015, 275, 279 f.; Mayer, Polizeikosten, S. 193 ff., 246.
[94] I. E. ebenso Buchberger, in: Lisken/Denninger, Handbuch des Polizeirechts, Kap. L Rn 156, 158, zumindest in Bezug auf die Sicherheitsmaßnahmen außerhalb des Fußballstadions. Mayer, Polizeikosten, S. 193 ff., kommt nach grundlegender Prüfung zu dem Ergebnis, dass auch keine Zurechenbarkeit im Sinne des Gebührenrechts begründet werden kann (a. A. etwa Schoch, in: Schoch, Besonderes Verwaltungsrecht, Kap. 1 Rn 996).
[95] BVerwG, NVwZ 2019, 1444 ff.; vgl. auch die Zusammenfassung des Urteils durch Selmer, JuS 2020, 93 f.
[96] BVerwG, NVwZ 2019, 1444, 1446 (Rn 27), 1452 (Rn 79), u. NJW 2022, 1694, 1696 (Rn. 14) = NVwZ 2022, 418. Zust. Kämmerer/Kleiner, JuS 2020, 155, 159, krit. dagegen Brüning, NVwZ 2019, 1416 ff.; a. A. Lampart, Polizeikosten, S. 228 ff., 248, der von einem Verstoß gegen Art. 12 GG ausgeht.
[97] BVerwG, NVwZ 2019, 1444, 1446 (Rn 28), 1451 (Rn 73 ff.).
[98] BVerwG, NVwZ 2019, 1444, 1451 (Rn 69).

menhang mit der Veranstaltung.⁹⁹ Im Hinblick auf die **Bestimmtheit** des § 4 Abs 4 BremGebBeitrG bestanden aus Sicht des **BVerwG keine durchgreifenden rechtlichen Bedenken.**¹⁰⁰

Das BVerwG weist in seiner Entscheidung richtigerweise darauf hin, dass durch § 4 Abs. 4 BremGebBeitrG der Veranstalter nicht polizeirechtlich als Störer der öffentlichen Sicherheit, sondern **ausschließlich gebührenrechtlich** als Nutznießer der verstärkten Polizeipräsenz in Anspruch genommen wird. Eine mögliche Störereigenschaft im Sinne des PolG (vom BVerwG ausdrücklich offen gelassen¹⁰¹) steht einer Inanspruchnahme über das Gebührenrecht nicht entgegen. Es ist dann aber ausgeschlossen, dass der Veranstalter zugleich (und damit doppelt) nicht nur als Gebührenschuldner, sondern noch als Störer in Anspruch genommen wird – es darf **keine doppelte Inanspruchnahme** nach Gebührenrecht und Polizeirecht geben.¹⁰² Das BVerwG hat in einer weiteren Entscheidung klare Hinweise zur Berechnung der **Einsatzkosten** gegeben.¹⁰³

---

99   BVerwG, NVwZ 2019, 1444.
100 BVerwG, NVwZ 2019, 1444, 1448 bis 1451 (Rn 40 bis 66); ebenso Kämmerer/Kleiner, JuS 2020, 155, 158; i. E. auch Hoss, Polizeikosten, S. 107 f.; *a. A.* Lampart, Polizeikosten, S. 193 ff., 201.
101 BVerwG, NVwZ 2019, 1444, 1447 (Rn 37 m. w. N.), ebenso NJW 2022, 1694, 1696 (Rn. 14) = NVwZ 2022, 418.
102 BVerwG, NVwZ 2019, 1444 1447 ff. (Rn 35 ff.), 1448 (Rn 39), 1456 (Rn 112 ff.).
103 BVerwG, NJW 2022, 1694.

Sachregister

(Fette Zahlen beziehen sich auf die Kapitel, magere auf die Randnummern. Im Online-Angebot befindliche Fundstellen sind mit „(o)" gekennzeichnet)

Abgaben, öffentliche **12** 20
Abgeordnete, Kontrollfunktion d. Nachrichtendienste **16** 13 (o)
Abgleich von Daten **10** 322 ff.
- Begriff **10** 323
- bei Kennzeichenlesesystemen **10** 455
- bei Razzia **11** 28
- Jokersuche **10** 455
- mit anderen Diensten **10** 334
- mit polizeilichen Daten **10** 324 ff.
- Nichttrefferfall **10** 448, 458
- Rasterfahndung **10** 333 ff.
- Trefferfall **10** 461 ff.
- Zweck **10** 323
Abhören des nicht öffentlich gesprochenen Wortes **10** 408 ff., 507 ff.
Abrufberechtigung, polizeifremde Daten **10** 325
Abrufverfahren, automatisiertes **10** 576 (o)
Abschleppen von Kfz **8** 13 ff.
- bei Verkehrsbehinderung **8** 3, 23
- bei Verkehrseinrichtungen **8** 14 ff.
- bei Verkehrszeichen **8** 14 ff.
- durch Beschlagnahme **8** 22
- durch Ersatzvornahme **8** 14 ff.
- durch Sicherstellung **8** 21
- durch unmittelbare Ausführung **8** 20
- Ermächtigungsgrundlagen **8** 13
- Kostenersatz **15** 5 ff.
- rechtzeitige Zweckerreichung **8** 5
- Verhältnismäßigkeit **8** 23 ff.
- von privatem Stellplatz **3** 85
- vor privater Grundstückszufahrt **8** 20
- Zurückbehaltungsbefugnis **15** 38
Abschleppkosten **15** 5 ff., siehe Abschleppen
Absolutismus **1** 3
Abspritzen von Fahrzeugen, Verbot **9** 34
Abstrakte Gefahr, **4** 29, siehe Gefahr
 bei HuV BW **9** 18
- bei PolVO **9** 34
Abtasten **11** 202, 215
Adäquanztheorie **5** 5
Adressat polizeilicher Maßnahmen **5** 1 ff.
- bei Vollstreckung **12** 42 ff.
AEUV (Vertrag über die Arbeitsweise der Europäischen Union) **1** 43
Äquivalenztheorie **5** 5

Agentur der Europäischen Union **1** 45, 46, 47, 52, 57, 58
AKLS (automatisches Kennzeichenlesesystem) **10** 437
Akte
- Begriff **10** 607 (o)
- Einschränkung der Verarbeitung **10** 607 (o)
- Handakte, Nichterfassung durch DSLR 2016/680 **10** 72
- Löschung **10** 603 ff. (o)
- Vermerk der Berichtigung **10** 607 (o)
- Vernichtung **10** 607 (o)
- Vorlage durch Polizeivollzugsdienst im Gerichtsverfahren **10** 21
Akteneinsicht, Recht auf **6** 25, **10** 626 (o)
Aktenzusendung **6** 25
Alarmanlage, Kostenersatz **15** 37
Alarmschuss **12** 62
Alarmierung, missbräuchliche **15** 37
Aliud, Verbringung einer Person als **11** 189
Allgemeine Datenschutznormen **10** 81 ff. 178
Allgemeine Grundsätze der Datenverarbeitung **10** 100 ff.
Allgemeine Leistungsklage **6** 27, **7** 11
Allgemeines Persönlichkeitsrecht, siehe Grundrecht
Allgemeingüter **5** 23
Allgemeinverfügung **6** 7 ff.
- Adressatenkreis **6** 7 f.
- Beispiele **6** 8
- Bekanntgabe **6** 9
- Polizeiverfügung **6** 7
- Polizeiverordnung **9** 2 f.
Alkoholgenuss auf öffentlichen Straßen, Verbot durch
- Allgemeinverfügung **6** 8, **9** 3
- Polizeiverordnung **9** 3, 11 f., 34, 37, 49 ff.
Alkoholkonsumverbot **6** 8, **9** 11 f., 40 ff.
- Muster einer Polizeiverordnung **9** 47
Alternativ-Entwurf, einheitliches PolG **2** 8 ff.
Ambrosia-Pflanze, Bekämpfung der **6** 19
Amsterdamer Vertrag **1** 37, 42
Amtsgeheimnis **10** 341, 587 (o)
Amtshaftungsanspruch **11** 256, **14** 15
- Beispiele **14** 17
Amtshandlung
- Kostenersatz **15** 33

- von ausländischen Vollzugsbeamten 3 100
- von Polizeibeamten anderer Länder/Staaten 3 95 ff.
- von Polizeibeamten des Bundes in BW 3 99
- von Polizeibeamten des Landes außerhalb der BRD 3 102
- von Polizeibeamten des Landes außerhalb des Landes 3 101

Amtshilfe 3 57
Amtspflichtverletzung 14 15
- Amtshaftung 14 15 f.
- Beispiele 14 17
- Entschädigungsansprüche 14 16

Andere Stellen 3 74, 95 ff.
Androhung
- Bestimmtheit 12 35
- von Zwangsmitteln 12 34 ff.

Anfangsverdacht, hinreichender 13 11
Anfechtungsklage
- Ausschluss in Verfahren nach dem FamFG 10 22
- gegen Polizeiverfügungen 6 39
- gegen Vollstreckungshandlungen 12 83

Anfertigung
- von Bild- und Tonaufzeichnungen 10 229
- von Lichtbildern, Datenerhebung 10 373 ff.

Angaben
- sachdienliche 10 212
- über eine Person 11 11

Angehöriger, bestattungspflichtiger 5 15
Angemessenheit, Grundsatz der 6 31
Angemessenheitsbeschluss, EU-Kommission 10 582 (o)
Anhaltepflicht, Befragung 10 213
Anhalterecht 11 52, 12 60
Anhörungspflicht 6 21, 11 98
Annäherungsverbot, Wohnung 11 95 ff.
Annexkompetenz 2 6
Anonymisieren, Daten 10 94 (Begriff), 114 f., 565 (o), 567 f. (o), 599 (o)
Anordnung der sofortigen Vollziehung 12 25 ff.
- Begründung 12 28
- Formulierungs-Beispiel 12 25
- Rechtmäßigkeit der Grundverfügung 12 31
- Rechtsbehelfe 12 30
- Verbindung mit Grundverfügung 12 27
- Vollzugsinteresse 12 28

Anordnung von Polizeivollzugsbeamten 12 22
Ansammlung, Datenerhebung, Begriff 10 234
Anscheinsgefahr 4 41, 11 181, 242, 14 9
Anscheinsstörer 4 41, 14 10
- Entschädigungsansprüche 14 9 ff.

Anscheinsverursacher, siehe Anscheinsstörer

Anschläge vom 11.9.2001 in den USA 1 16, 16 1 (o)
Anschlussunterbringung von Flüchtlingen 6 53 ff.
Anschrift, ladungsfähige 6 36
Anspruch auf
- Auskunft über gespeicherte Daten 10 625 f. (o)
- Berichtigung von Daten 10 627 (o)
- Einschränkung von Daten 10 627 (o)
- Einschreiten 6 29 f., 48, 11 92
- Einweisung Obdachloser 6 48
- Entschädigung 14 1 ff.
- ermessensfehlerfreie Entscheidung 6 29
- Folgenbeseitigung 5 52, 6 62, 11 286, 14 20
- Löschung von Daten 10 627 (o)
- Vernichtung erkennungsdienstlicher Unterlagen 11 310

Anstellungskörperschaft 14 7
Antiterrordatei (ATDG) 16 3, 12 (o)
Antragsdelikte, Zuständigkeit der Polizei 3 85
- Hausrecht 4 54
- Hausverbot 4 58

Antreffen einer Person 11 27, 29
Anwendung von Zwangsmitteln 12 39
- Begriff 12 39
- Rechtscharakter 12 41
- Zuständigkeitsregelung 12 40

Anwendungsvorrang von Spezialermächtigungen 6 13, 9 58, 11 1
Anwohnerparkzone, Abschleppen 8 15
Äquivalenzprinzip 5 5
Äquivalenztheorie 5 5
Arbeitsraum, Betreten 11 248
Arrestzelle, Gewahrsam 11 5, 177
Asylbewerber, Obdachlosigkeit 6 50
Atemalkoholtest 11 182
Atommülltransporte 1 15
Aufenthaltsbestimmende Maßnahmen 11 78, 104
Auf frischer Tat betroffen 12 61
Aufenthaltsort einer Person
- Bestimmung 11 78, 104
- Feststellung 10 376, 550
- Vorgabe 11 105 ff.

Aufenthaltsverbot 11 89 ff.
- Anwendungsvorrang 11 90
- Begriff 11 89
- Beschränkungen 11 93
- bei Alkoholkonsum 9 34, 40 ff.
- Vollstreckung 12 4
- Voraussetzungen 11 92
- Zuständigkeit, örtliche 11 91

Aufenthaltsvorgabe 11 101 ff., 105 ff.
- Antragsinhalt 11 122
- Arten der 11 110
- Gefahr im Verzug 11 121

Sachregister

- Gefahrverdacht 11 108
- Gerichtliche Anordnung 11 123 f.
- Grenzen 11 125
- Rechtsmittel 11 126
- Richtervorbehalt 11 117 ff.
- Strafbewehrung 11 127 ff.
- und Generalklausel 11 104
- Verhältnismäßigkeit 11 111, 125
- Voraussetzungen 11 105 ff.
- Zeitraum 11 108 f.
- Zuständigkeit 11 106

Aufgaben der Polizei 4 2 ff.
- Dreiheit der Polizeiaufgaben 4 3
- Gefahrenvorsorge 4 3
- im Ordnungswidrigkeiten-Verfahren 4 11, 13 1 ff.
- im Strafverfahren 4 11, 13 1 ff.
- Öffentlichkeitsarbeit 4 8 ff.
- präventive 4 1, 3, 13 1
- repressive 4 1 f., 13 1 ff.
- übertragene 4 11 ff., 13 1 ff.
- Verhinderungsvorsorge 4 5
- Verhütung von Straftaten 4 3, 11
- vorbeugende Bekämpfung von Straftaten 4 3, 5
- Vorfeldtätigkeiten 4 3 ff.
- Vorsorge für die Verfolgung von Straftaten 4 5

Aufgabenabgrenzungsnorm 4 14
Aufgabenübertragung, GVD 3 61 ff.
Aufgabenverteilung zwischen Polizeibehörden und -Polizeivollzugsdienst 3 44 ff.
Aufgabenwandel der Polizei 4 3
Aufgabenzuweisungsnorm 4 13, 6 12, 13 6
Aufgedrängte Daten 10 147, 149, 157
Aufhalten, sich 11 27, 211 f.
Aufklärung, Philosophie der 1 4
Aufklärungsaktion 7 2
Aufopferungsanspruch 14 14
Aufschiebende Wirkung 12 18 ff.
- Anordnung der sofortigen Vollziehung 12 25 ff.
- Ausnahmen 12 20 ff.
- Grundsatz 12 18
- Rechtsbehelfe 12 30
- Wegfall 12 18

Aufsichtsbehörde für den Datenschutz nach dem PolG
- Anrufung durch betroffene Person 10 628 ff. (o)
- Aufgaben 10 636 (o)
- Befugnisse 10 637 (o)
- Begriff 10 92
- Prüfung durch 10 630 (o)
- Zuständigkeit 10 635 (o)

Aufsichtsvertretung 3 26
Auftragsverarbeiter, im Datenschutzrecht 10 92, 613 (o)
Aufzeichnen des nicht öffentlich gesprochenen Wortes 10 375 ff.
Aufzeichnung von Telefonanrufen, siehe Telefonanrufe
Ausbildungszwecke, Datenverarbeitung 10 567 ff. (o)
Ausfertigung, Polizeiverordnung 9 75
Ausfertigungsvermerk, Polizeiverordnung 9 75
Ausführgebot, Hund 6 31
Ausgangsveranstaltung, Versammlungsrecht 5 11
Auskunftsrecht von Datenverarbeitung betroffener Personen 10 625 f. (o)
Auskunftsstelle, zentrale, LKA 10 321
Auskunftsverweigerungsrechte
- bei Datenverarbeitung durch Polizei 10 626 (o)
- Landesinformationsfreiheitsgesetz 6 25

Auslagen, Kosten 12 21, 15 30
Ausländervereine 6 14
Auslandsnachrichtendienst 16 15 (o)
Auslegung, verfassungskonforme 5 28
Ausnahmebewilligung (von einem gesetzlichen Verbot) 6 3
Aussagepflicht, Befragung 10 214
Ausschreibung von Personen / Kraftfahrzeugen 10 549 ff.
- Anwendungsfälle 10 552
- Beendigung 10 560
- Befristung 10 559
- Begründung der Anordnung 10 555
- behördliche Anordnung 10 554 f.
- Benachrichtigung der betroffenen Personen 10 561
- Beobachtung 10 550
- Bewegungsbilder 10 550
- Dreistufigkeit der Maßnahme 10 553
- Ersttäter 10 557
- europaweit 10 549
- gezielte Kontrolle 10 551
- INPOL 10 549
- Intensivtäter, gefährliche 10 557
- Kennzeichnungspflicht der Daten 10 561
- Löschungspflichten 10 560
- Protokollierungspflichten 10 561
- repressive Gründe (StPO) 10 555
- Schriftform der Anordnung 10 555
- SIS 10 549
- Tatbestandsvoraussetzungen 10 556 f.
- Übermittlung Erkenntnisse an ersuchende Stelle 10 558

- verdeckte Registrierung **10** 550, 553
- Zuständigkeit **10** 554
- Zweck **10** 550

Außenbeamte der Bußgeldstelle (GVD) **9** 83
Außerkrafttreten einer Polizeiverordnung **9** 79
Aussetzung des Vollzugs einer Polizeiverordnung **9** 87
Aussonderung von Daten **10** 343, 350
Ausstiegsberatung **10** 204
Aus- und Fortbildung, Datennutzung **10** 567 ff. (o)
Aus- und Fortbildungseinrichtungen **3** 35
Auswahl-Ermessen, siehe auch Ermessen **5** 39
- Auswahlkriterien **5** 41
- bei Auswahl des Vollstreckungsmittels **12** 47
- bei der Gefahrenabwehr **5** 41
- bei der Kostenerhebung **5** 43
- bei mehreren Kostenpflichtigen **5** 44 ff.
- bei unmittelbarer Ausführung **8** 6
- Racial Profiling **5** 40
- unter mehreren Verantwortlichen **5** 39 ff.
- zwischen Zusatzverantwortlichem und Verursacher **5** 41

Ausweispapiere
- erkennungsdienstliche Behandlung **11** 305
- Personenfeststellung **11** 50

Authentizitätsfunktion **9** 75
Automatisches Kennzeichenlesesystem **10** 437 ff.
Automatisierte Bildauswertung **10** 249 ff.
- Begriff **10** 251
- informationelle Selbstbestimmung **10** 253
- Tonauswertung **10** 252
- Verfassungsrecht **10** 253
- Verhältnismäßigkeit **10** 253
- Zuständigkeit **10** 254
- Zweck **10** 249

Automatisierte Datenverarbeitung **10** 72, 90, 99, 249 ff.
Automatisiertes Abrufverfahren **10** 576 (o)
Autowaschen
- auf Privatgrundstücken **9** 34
- Verbot durch Polizeiverordnung **9** 34

Autowrack **8** 22

Badisches Polizeistrafgesetzbuch **1** 6
Baggersee, Benutzungsordnung **9** 10
Bahnhof, gefährdeter Ort **11** 29
Bahnpolizei **16** 5 (o)
Bandenkriminalität **16** 1 (o)
Bargeld, Sicherstellung **11** 254
BDSG, siehe Bundesdatenschutzgesetz
Beamtenbegriff, haftungsrechtlicher **14** 16
Bedingungstheorie **5** 5

Befragung **10** 207 ff.
- Abgrenzung StPO **10** 208, 210
- Adressat **10** 212
- Angabe zur Person **10** 214
- Anhaltspflicht **10** 213
- Anpassungen durch PolG 2020 **10** 207, 209
- Auskunftspflicht **10** 213, 215
- Auskunftsverweigerung **10** 216 f.
- Auskunftsverweigerungsrechte **10** 216 f.
- Aussagepflicht **10** 214 ff.
- Begriff **10** 210
- Duldung **10** 210
- Ermächtigungsgrundlage **10** 212
- Fragerecht **10** 212 f.
- Gefahrerforschung **10** 212
- Gefahrverdacht **10** 212
- Rechtscharakter **10** 210
- Verwaltungsakt **10** 210
- Vorbereitung auf die Gefahrenabwehr **10** 207
- Zuständigkeit **10** 211

Befristung, Polizeiverordnung zwecks Alkoholverbot **9** 52
Betroffene Person, Datenverarbeitung, Garantien zum Schutz **10** 102
Befugnisnorm **4** 13
- für Standardmaßnahmen **11** 8 ff.
- Generalklausel **9** 7 ff.
- im Strafverfahren **13** 10

Begleiteingriff **11** 216
Begriffsbestimmungen im Datenschutzrecht des PolG **10** 91 ff.
Begründungspflicht
- Anordnung der sofortigen Vollziehung **12** 28
- Polizeiverfügung **6** 22

Behindertenparkplatz, Abschleppen **8** 24
Behörde **6** 1
Behördenaufbau, mehrstufiger **3** 12
Behördenleiter, Vorbehalt **10** 346, 347, 385, 392, 420, 427, 495, 501, 504, 521, 527, 547, 554
Beißvorfall
- Dokumentation **9** 17
- Kampfhund **9** 32
- gefährlicher Hund **9** 19, 28, 32

Bekanntgabe Polizeiverfügung **6** 33 ff.
Bekanntmachung einer Polizeiverordnung **9** 76
Belästigung, bloße **4** 20
Beliehene **3** 68 f., 74
Benachrichtigungspflichten der Polizei im Datenschutz **10** 616 ff. (o)
- Adressat **10** 620 (o)
- bei verdeckten und eingriffsintensiven Maßnahmen **10** 619 f. (o)
- im Strafverfahren **10** 620 (o)

Sachregister

- Mindestinhalt **10** 620 (o)
- Richtervorbehalt **10** 620 (o)
- Verdeckte Ermittler **10** 620 (o)
- Vertrauenspersonen, Schutz **10** 620 (o)
- Zustimmung Landesamt für Verfassungsschutz **10** 620 (o)

Benutzungsordnung für Spielplatz **9** 5, 86
Benutzungszeiten für Spielplatz **9** 5, 86
Beobachtung, polizeiliche
- durch Ausschreibung **10** 549 ff.
- durch längerfristige Observation **10** 371 f.
- von in Gewahrsam genommenen Personen **10** 288

Beratungen, Realakte **7** 1
Berechtigungsschein, Kontrolle **11** 54
Bereitschaftspolizei **3** 32
- Inspekteur **16** 9 (o)
- Verwaltungsabkommen über Aufstellung **16** 9 (o)

Bergwerkseigentum **5** 22
Berichtigung von Daten **10** 604, 627 (o)
- Durchsetzung des Anspruchs **10** 627 (o)
- Richtigkeit der Daten, Grundsatz **10** 107 ff.
- unrichtige Daten, Begriff **10** 107 ff.

Berufsgeheimnis **10** 216, 341, 416
Berufsgeheimnisträger, Zeugnisverweigerungsrechte **10** 216
Berufshelfer **10** 216
Beschlagnahme **11** 263 ff.
- Abschleppmaßnahme **8** 22
- Aufhebung **11** 274
- Begriff **11** 264
- bei Obdachlosenunterbringung **11** 266, 282 ff.
- bei Strafverfolgung **11** 276
- Dauer **11** 264, 273, 285
- DSGVO **11** 281
- Entschädigung **14** 5
- Folgenbeseitigung **11** 286
- Frist **11** 273
- Gründe **11** 268 ff.
- Kfz **4** 23, **11** 296
- Kunsturhebergesetz **11** 279 f.
- Notstandseingriff, Nachrangigkeit **5** 50
- Presserecht **11** 277 f.
- Räumungstitel **11** 284
- Räumungsverfügung **6** 62
- Rechtsschutz **11** 275
- Spezialermächtigungen **11** 276 ff.
- Verfahrensvorschriften **11** 272
- Verstrickungsbruch **11** 271
- Verwahrungsverhältnis **11** 271
- von Bildmaterial zu Polizeieinsätzen **11** 279 ff.
- von Druckwerken **11** 277
- von Fahrzeugen **8** 22, **11** 296
- von Filmen **11** 279 ff.
- von Forderungen **11** 270
- von Hunden, insbes. Kampfhunden und gefährlichen Hunden **9** 32
- von Lichtbildern **11** 279 ff.
- von Liegefahrrad **11** 266, 274
- von Presseerzeugnissen **11** 277 f.
- von Radarwarngerät **11** 266, 289, 296
- von Tieren **9** 32 (Hunde), **11** 266
- von Wagenburg **6** 31
- von Wohnungen **11** 282 ff.
- Zuständigkeit **11** 265

Beschuldigteneigenschaft **11** 305
Beseitigungsanspruch **7** 10
Beseitigungsgewahrsam **11** 179
Besichtigungsrechte **11** 233
Besitzdiener, Verantwortlichkeit **5** 29
Besitzer, Verantwortlichkeit **5** 29
Besitzerprinzip **10** 319
Besondere Mittel der Datenerhebung **10** 352 ff.
- Anpassung durch das PolG 2020 **10** 352
- Aufgabenerfüllung, Gefährdung / Erschwernis **10** 368
- Befugnis zur Datenerhebung **10** 357 ff.
- Behördenleitung, Anordnungsbefugnis **10** 383 ff.
- Berichtspflicht an Landtag **10** 406
- betroffene Personen **10** 359 ff.
- Einsatz technischer Mittel **10** 373 ff.
- Ermessen **10** 380
- Gefahrenabwehr **10** 359 f.
- Identität des Verdeckten Ermittlers, Schutz **10** 397
- Informanten **10** 354
- Kernbereich privater Lebensgestaltung, Schutz **10** 8 ff., 352, 355, 398 ff.
- Kontaktperson **10** 364 ff.
- längerfristige Observation **10** 371 f.
- Legaldefinition **10** 353
- Löschungspflicht **10** 405
- Nichtstörer **10** 360
- Protokollierungspflicht **10** 387, 404, 407
- Rechtsschutz **10** 396
- Richtervorbehalt **10** 388 ff., 401
- Störer **10** 360
- Straftat, Gefahr der Begehung **10** 361 ff.
- Straftat mit erheblicher Bedeutung **10** 381 f.
- technische Mittel **10** 353
- technische Observationsmittel **10** 376
- unbeteiligte Dritte **10** 367, 369
- Verdeckter Ermittler **10** 377 f.
- Verfassungsrecht **10** 355

- Vertrauensperson **10** 379
- Zuständigkeit **10** 358

Bestandsdatenauskunft **10** 470 ff.
- Änderungen durch PolG 2020 **10** 470
- Ermächtigung **10** 472 ff.
- Gefahrenabwehr **10** 472 f.
- Mitwirkungspflicht der Diensteanbieter **10** 476
- Protokollierungspflicht **10** 477
- Telekommunikationsbestandsdaten, Begriff **10** 472
- unbeteiligte Dritte **10** 475
- Zuständigkeit **10** 471

Bestandskraft **12** 31
Bestattung, Maßnahmen nach BestattG **3** 46, **5** 15, **6** 16
Bestattungspflicht von Angehörigen **5** 15
Bestattungsverordnung **3** 46
Bestimmtheitsgrundsatz **6** 32, **9** 55, **12** 4
- Beispiele **6** 32
- Vollstreckung **12** 83

Betäubungsmittel, als Hilfsmittel körperlicher Gewalt **12** 51
Betäubungsmittelgesetz, Verstöße (Gewahrsam) **11** 180
Betreiber eines Lebensmittelmarktes als Zweckveranlasser **5** 8
Betreten
- Begriff **11** 237 (Wohnung)
- der freien Landschaft, Verbot **9** 10
- durch Verdeckte Ermittler **10** 397
- Nachtzeit **11** 246
- von Arbeitsräumen **11** 248
- von Betriebsräumen **11** 248
- von Geschäftsräumen **11** 248
- von Wohnungen **11** 231 ff.

Betretungsrechte **11** 233
Betretungsverbot (Wohnungsverweis) **11** 95 ff.
- für Bundesligafanclub **6** 8

Betreuer, Verantwortlichkeit **5** 17
Betriebsraum, Betreten **11** 248
Betroffene Person, Datenverarbeitung
- Anrufung Aufsichtsbehörde für Datenschutz **10** 628 ff. (o)
- Anspruch auf Datenberichtigung **10** 627 (o)
- Anspruch auf Datenlöschung **10** 627 (o)
- Anspruch auf Einschränkung verarbeiteter Daten **10** 627 (o)
- Auskunftsrecht **10** 625 f. (o)
- Kategorien **10** 74, 218, 222
- Rechte **10** 624 ff.(o)
- Ziele der Schutzrechte **10** 624 (o)

Betteln
- Kinder, Einsatz von zum **9** 34

- Verbot **9** 34, **12** 22

Beugehaft **12** 7
Beugemaßnahme **12** 1, 4
Beugemittel **12** 4
Bewachungsgewerbe **3** 69 ff.
Bewegliche Sache (Durchsuchung) **11** 216
Bewegungen einer Person, Feststellung **10** 376, 550
Bewegungsbilder **10** 550
Bewegungsfreiheit, Einschränkung (Gewahrsam) **11** 171 ff.
Bezirksübergreifende Aufgaben, Zuständigkeit **3** 93
Bilaterale Polizeiverträge **1** 61
Bildaufzeichnung **10** 227 ff., 373 f.
Bildmaterial von Polizeieinsätzen, Beschlagnahme **11** 279 ff.
Bild- und Tonaufzeichnungen **10** 227 ff., siehe auch Videoaufzeichnung
- an besonders gefährdeten Objekten **10** 240 f.
- Anfertigung von **10** 229
- automatisierte Auswertung **10** 249 ff.
- bei Veranstaltungen **10** 233 ff.
- Bodycams **10** 255 ff., siehe bei Bodycams
- Hinweispflicht bei offener Aufzeichnung **10** 289 f.
- Kernbereich privater Lebensgestaltung, Schutz **10** 283 f.
- Löschungspflicht **10** 291 ff.
- Rechtsschutz **10** 296
- Richtervorbehalt bei weiterer Datenverarbeitung **10** 280 ff.
- von Kriminalitätsbrennpunkten **10** 242 ff.
- zur polizeilichen Öffentlichkeitsarbeit **10** 231

Binnenschifffahrt **16** 8 (o)
Biometrische Daten, Begriff **10** 92
BKA siehe Bundeskriminalamt
BKAG-Urteil des BVerfG **10** 4 ff.
Blendgranate **12** 51
Blutprobe, Entnahme **11** 304
BND siehe Bundesnachrichtendienst
Bodenschutzrecht **5** 27
Bodycam, Datenerhebung durch **10** 227 ff., 255 ff., 279 ff.
- Änderungen durch PolG 2020 **10** 228, 255
- Akzeptanz **10** 257
- Begriff **10** 256
- Begrifflichkeit und EU-Recht **10** 259
- bei Betroffenheit Dritter **10** 278
- doppelfunktionale Maßnahme **10** 258
- Einsatz im öffentlichen Raum **10** 270
- Einsatz in Arbeits-, Betriebs- und Geschäftsräumen **10** 266, 271 f.

Sachregister

- Einsatz in Wohnungen 10 263 ff., 273
- Einwilligung 10 230, 267
- Ermessen beim Einsatz 10 262
- Gesetzesvorbehalt 10 230
- Gesetzgebungszuständigkeit 10 258
- Gesetzgebungsverfahren 10 227 f.
- Hinweispflicht 10 289 f.
- Kernbereich privater Lebensgestaltung 10 8 ff., 283 f.
- Landesbeauftragter für Datenschutz 10 275
- Löschungspflicht 10 294 f.
- längere Datenspeicherung 10 285 ff.
- Pre-Recording, Zulässigkeit 10 276 f.
- Praxishinweise zur Anwendung 10 268
- Recht auf informationelle Selbstbestimmung 10 269
- Rechtsschutz 10 280 ff., 296
- Richtervorbehalt bei weiterer Datenverarbeitung 10 280 ff.
- Unverletzlichkeit der Wohnung, Grundrecht 10 269, 273
- verfassungsrechtliche Zulässigkeit 10 269 ff.
- Verwendungsverbot, absolutes 10 15, 279
- Verwertungsverbot, absolutes 10 15, 279
- Voraussetzungen 10 261 ff.
- Zuständigkeit 10 260
- Zweck 10 256

Bordell
- Betrieb 4 66
- gefährlicher Ort 11 27
- Flatrate-Angebote 4 61

Brandschutz, Annexkompetenz 2 6
Brandschutzzone, Abschleppen 8 15, 24
Brecheisen 12 51
Bundesamt für Verfassungsschutz 16 13 (o)
Bundesanstalt für Güterverkehr 16 11 (o)
Bundesarbeitsgemeinschaft (BAG) Wohnungslosenhilfe 6 41
Bundesbahnpolizei 16 5 (o)
Bundesbodenschutzgesetz (BBodSchG) 4 46, 5 27
Bundesdatenschutzgesetz 10 33 ff.
- Anpassung an DSGVO 10 34
- Anwendungsbereiche 10 35, 38
- Gefahrenabwehr (Anwendung auf) 10 38
- Inhalte 10 36
- Ordnungswidrigkeit (Anwendung auf) 10 39
- Struktur 10 34
- Umsetzung der DSRL 2016/680 10 34, 37
- Verhältnis zum OWiG 10 43
- Verhältnis zur DSGVO 10 35
- Verhältnis zur StPO 10 42
- Videoüberwachung 10 36

Bundeseigene Verwaltung 16 1 (o)
Bundesfreundliches Verhalten, Grundsatz 3 101
Bundesgrenzschutz 16 5 (o)
Bundeskriminalamt 16 2 ff. (o)
- Antiterrordatei 16 3, 12 (o)
- Aufgaben 16 2 (o)
- Aufstellung über Datenschutzniveau in Drittstaaten 10 583, 589 (o)
- BKA-Gesetz (BKAG) 1 15 f., 16 2, 12 (o)
- Dateien 10 325
- Dateienverbund 10 325
- Sachfahndungsdateien 10 464
- Terrorismusabwehrzentrum 1 16
- Zentralstelle für Auskunfts- u. Nachrichtenwesen 16 2 (o)
- Zentralstelle f. elektronischen Datenverbund 10 325

Bundesländer, neue 1 14
Bundesnachrichtendienst 16 15 (o)
- parlamentarische Kontrolle 16 16 (o)
Bundesoberbehörde (BAK) 16 2 (o)
Bundesorgane, Schutz 16 5
Bundespolizei 16 5 f. (o)
- Aufgaben 16 6 (o)
- Generalklausel 16 6 (o)
Bundespolizeibehörden 16 5 (o)
Bundestag, Ordnungsdienst 16 7 (o)
Bundestagsabgeordnete, Beobachtung 16 13 (o)
Bundestagspräsident 16 7 (o)
Bundesverfassungsschutzgesetz (BVerfSchG) 16 13 (o)
Bundeswasserstraßen 16 8 (o)
Bürgermeister, Zuständigkeit 3 10
Busparkplatz, Abschleppen 8 24
Bußgeldbehörde 9 83
- Datenschutz 10 54 ff.
Bußgeldbewehrung, Polizeiverordnung, 9 82 f.
Bußgeldstelle, Außenbeamter 9 83
Bußgeldtatbestand 9 82
Bußgeldverfahren 9 83, 13 79

Castor-Transporte 1 15
Conditio-sine-qua-non-Formel 5 5
Cop Culture 3 37
Corona-Pandemie 1 24, 59, 6 8, 14, 10 68, 16 5 (o)
COSI 1 43
COVID-19, Erkrankung 1 24
Daktyloskopie 11 304
Damenboxkämpfe 4 68
Damen-Schlamm-Catch, oben ohne 4 68
Daschner, Fall Geldentschädigung 14 17
Datei

- automatisierte **10** 72, 323, 334, 337
- Begriff **10** 72 (zu Dateisystem)
- beim BKA **10** 325
- erkennungsdienstliche (ED) **10** 325
- Gewalttäter Sport **11** 92, **13** 5
- Haftdatei (HD) **10** 325
- INPOL-Sachfahndungsdatei **10** 325, 453, 551
- Kriminalaktennachweis (KAN) **10** 325
- Personenauskunftsdatei (PAD) **10** 325
- Personen- und Sachfahndung **10** 325
- PIOS-Dateien **10** 325
- POLAS-Auskunftssystem **10** 97, 325
- polizeieigene **10** 325
- polizeifremde **10** 325
- projektbezogene, gemeinsame **10** 311 ff.
- SIS-Sachfahndung **10** 453

Dateiengesetz, gemeinsame **1** 16

Dateisystem **10** 72, 96

Daten
- Abgleich **10** 322 ff.
- Anonymisierung **10** 94, 115 f.
- aufgedrängte **10** 147, 149, 157
- Auskunft, siehe Auskunft über Daten
- Berichtigung unrichtiger Daten **10** 110, 607 (o)
- biometrische, Begriff **10** 92
- Einwilligung in Verarbeitung **10** 98, 162, 164 f., 180 ff.
- für Ausbildungszwecke **10** 567 f. (o)
- genetische Daten, Begriff **10** 92
- Gesundheitsdaten, Begriff **10** 92
- Grunddaten **10** 156, 188, 202, 343, 598 (o)
- hypothetische Datenneuerhebung, Grundsatz der **10** 135 f., 137, 151, 156, 217, 131, 347, 571 (o), 574 (o), 578 (o), 597 (o), **16** 3, 15 (o)
- Kategorien, besondere personenbezogener, **10** 97 (Begriff), 165, 195
- Kenntlichmachung subjektiver Daten, Pflicht zur **10** 112 f.
- Kennzeichnungspflicht bei Speicherung **10** 597 ff. (o)
- Löschung unrichtiger Daten **10** 110, 604 (o), 627 (o)
- neuester Stand **10** 108
- personenbezogene, Begriff **10** 91, 97
- Pseudonymisierung **10** 95
- Qualität **10** 107
- Richtigkeit der Daten bei der Verarbeitung, Grundsatz **10** 107 ff.
- -Speicherung **10** 28, 51, 69, 72, 73, 93, 97, 102, 114, 116, 147, 149, 157, 158, 229, 230, 259, 273, 280, 285, 291, 292, 295, 303, 306, 318, 323, 373, 398, 405, 431, 459, 462, 482, 532, 550, 593 (o), 597 (o), 603 (o), 606 (o)

- Speicherbegrenzung der, Grundsatz **10** 114
- Speicherzweck **10** 157
- Übermittlung **10** 168 ff., 570 ff. (o)
- Überprüfungspflicht bei der Verarbeitung **10** 109 f.
- Verarbeitung, Begriff **10** 73, 93
- weitere Verarbeitung **10** 135 ff., 563 ff. (o)
- zur Identifizierung einer Person **10** 156
- Zweckänderungen **10** 135 ff.
- Zweckbindungsgebot **10** 135, 145 f., 292, 307

Datenerhebung
- Abhören des nicht öffentlich gesprochenen Wortes **10** 355
- allgemeine Pflichten **10** 124 ff.
- Anfertigung von Lichtbildern und Bildaufzeichnungen **10** 227 ff., 373 f.
- Aufzeichnung von Telefonanrufen **10** 297 ff.
- Ausschreibung von Personen / Kfz **10** 548 ff.
- Befragung **10** 207 ff.
- besondere Mittel der **10** 352 ff.
- Bestandsdatenauskunft **10** 470 ff.
- bei Dritten **10** 126, 134
- Einsatz automatischer Kennzeichenlesesysteme **10** 437 ff.
- Einsatz besonderer technischer Mittel **10** 352 ff.
- Einsatz einer Vertrauensperson **10** 379
- Feststellung des Aufenthaltsortes **10** 376
- Feststellung von Bewegungen **10** 376
- Grundsatz der Offenheit **10** 125, 128
- Grundsatz der Unmittelbarkeit **10** 125
- Hinweispflichten **10** 131 ff.
- hypothetische Datenneuerhebung, Grundsatz der **10** 135 f., 151, 217
- in / aus Wohnungen **10** 408 ff.
- Kenntnisnahme der betroffenen Person **10** 125 ff.
- Kernbereich privater Lebensgestaltung, Schutz **10** 8 ff., 352, 398 ff., 431 ff., 532 ff.
- Observation **10** 371 ff.
- offene **10** 125, 130
- Rangfolge der betroffenen Personen **10** 125
- Recht auf informationelle Selbstbestimmung **10** 2 ff., 101, 163, 191, 206, 220, 230, 243, 353, 269, 270, 276 f., 296, 310, 334, 355, 409, 439, 470
- Richtervorbehalt **10** 10, 17 ff., 269, 280 ff., 284, 388 ff., 401, 417 ff., 430, 433, 472, 493 ff., 502, 504, 519 ff., 527, 543
- Telekommunikationsüberwachung **10** 507 ff.
- Telefonanrufe bei der Polizei **10** 297 ff.
- Unterbrechung **10** 14, 399, 401, 533
- verdeckte **10** 126, 128

Sachregister

- Verdeckter Ermittler **10** 377 f., 389, 397
- Videoüberwachung öffentlicher Räume **10** 242 ff.
- zum Schutz privater Rechte **10** 88, 207, 292, 307, 441, 444
- zur Erfüllung anderer Aufgaben **10** 225 f.
- zur Gefahrenabwehr **10** 218 ff.
- zur Vollzugshilfe **10** 88, 207
- zur Vorbereitung auf die Gefahrenabwehr **10** 207
- zur vorbeugenden Bekämpfung von Straftaten **10** 222 ff.

Datenidentität **10** 105
Datenlöschung
- Ausnahmen **10** 605 (o)
- Begriff **10** 73, 93
- bei Zuverlässigkeitsprüfung **10** 201 ff.
- durch Polizeivollzugsdienst **10** 604 (o)
- durch Polizeibehörden **10** 604 (o)
- Durchsetzung des Anspruchs **10** 627 (o)
- Informationspflicht **10** 605 (o)
- Löschungsanspruch **10** 627 (o)
- Pflicht zur **10** 603 ff. (o)
- Überprüfungsfrist **10** 604 (o)
- Überprüfungspflicht **10** 603 ff. (o)
- Verpflichtung zur Löschung **10** 603 ff. (o)
- von Akten **10** 607 (o)
- von Daten in Akten **10** 607 (o)

Datenminimierung, Grundsatz der **10** 105 f.
Datenneuerhebung, Grundsatz der hypothetischen **10** 135 f., 151, 217
Datenschutzbeauftragter
- Aufgaben **10** 634 (o)
- Benennung **10** 632 (o)
- DSRL 2016/680 **10** 631 (o)
- Einbindung **10** 633 (o)
- externer **10** 632 (o)
- gemeinsamer **10** 632 (o)
- Interessenkonflikt **10** 633 (o)
- Protokolle, Verwendung durch **10** 601 (o)
- Qualifikation **10** 632 (o)
- Stellung **10** 633 (o)
- Unterstützung **10** 633 (o)
- Weisungsfreiheit **10** 633 (o)

Datenschutz durch EU-Recht **10** 23 ff.
Datenschutz-Grundverordnung (DSGVO) **10** 23 ff.
- Anwendung im Bereich des Polizeirechts **10** 88 f.
- Anwendungssystematik **10** 59 ff.
- Ergänzungen durch nationales Recht **10** 25
- Inkrafttreten **10** 23
- Öffnungsklauseln **10** 25

- unmittelbare Geltung in Deutschland, **10** 23
- Verhältnis zum BDSG **10** 35
- Verhältnis zum LDSG **10** 45
- Verhältnis zum PolG **10** 60 ff., 65 ff., 88 f.
- Verhältnis zur DSLR 2016/680 **10** 29
- Zweckänderung bei der Datenverarbeitung **10** 151
- Ziele **10** 24

Datenschutz im PolG
- Adressat **10** 84
- allgemeine Datenschutznormen **10** 81 ff.
- allgemeine Grundsätze der Datenverarbeitung **10** 100 ff.
- Anonymisierung, Daten **10** 94, 114 f.
- Anrufung Aufsichtsbehörde durch betroffene Person **10** 628 ff. (o)
- Anspruch betroffener Personen auf Datenberichtigung **10** 627 (o)
- Anspruch betroffener Personen auf Datenlöschung **10** 627 (o)
- Anspruch betroffener Personen auf Einschränkung verarbeiteter Daten **10** 627 (o)
- Anwendungsbereich **10** 82 ff.
- Anwendungssystematik **10** 59 ff.
- aufgedrängte Daten **10** 149, 157
- Aufsichtsbehörde **10** 92 (Begriff), 628 ff. (o) (Anrufung), 635 ff. (o) (Aufgaben)
- Auftragsverarbeiter **10** 92, 613
- Auskunftsrecht betroffener Personen **10** 625 f. (o)
- Auslegung, richtlinienkonforme **10** 80
- automatisierte Datenverarbeitung **10** 28, 72, 90, 83, 99
- automatisierte Entscheidungsfindung **10** 615 (o)
- Begrifflichkeiten **10** 71 ff.
- Begriffsbestimmungen **10** 92 ff.
- Benachrichtigungspflichten der Polizei **10** 616 ff. (o)
- biometrische Daten, Begriff **10** 92
- Dateisystem **10** 72, 96
- Datenidentität **10** 105
- Datenminimierung, Grundsatz der **10** 105 f.
- Datenschutzbeauftragter **10** 634 ff. (o)
- Datenschutzmanagementsystem **10** 116, 122, 144, 161, 170, 172, 190, 201, 349, 459, 608 (o), 610 (o)
- Datenverarbeitung, Begriff **10** 73, 93
- Dokumentationspflichten **10** 122 f.
- DSGVO, Anwendung **10** 88 f.
- Einwilligung **10** 91, 98, 164 f., 180 ff.
- Empfänger von Daten, Begriff **10** 92
- Folgeabschätzung **10** 614 (o)

Sachregister

- Garantien zum Schutz der Rechte betroffener Personen **10** 101
- genetische Daten, Begriff **10** 92
- Gesundheitsdaten, Begriff **10** 92
- Handakten **10** 72, 89
- Hinweispflichten **10** 131 ff.
- Historie **10** 69
- hypothetische Datenneuerhebung, Grundsatz der **10** 135 f., 151, 217
- Identifizierung einer Person **10** 156
- Informationspflichten der Polizei **10** 173, 176 f., 616 ff. (o)
- Internationale Organisation, Begriff **10** 92
- Kategorien betroffener Personen **10** 74, 207 f., 218, 222, 590 ff. (o)
- Kategorien personenbezogener Daten **10** 75, 91, 97 (Begriff), 165, 195, 594 ff. (o) (Verarbeitung)
- Kennzeichnungspflicht **10** 597 ff. (o)
- Kernbereich privater Lebensgestaltung **10** 8 ff., 18, 273, 283 f., 352, 356, 398 ff., 406, 431 ff., 468, 532 ff.
- Korrekturpflicht **10** 603 ff. (o)
- Kriminalitätsbekämpfung **10** 85
- Löschungspflicht **10** 603 ff. (o)
- LDSG, Anwendung **10** 70, 88
- lex specialis **10** 70
- Meldepflichten der Polizei **10** 616 ff. (o)
- Mitteilungspflichten der Polizei **10** 174 f.
- nichtautomatisierte Datenverarbeitung **10** 72, 90, 99
- personenbezogene Daten **10** 97
- Profiling **10** 92
- Pseudonymisierung, Daten **10** 95
- Protokollierungspflichten **10** 600 ff. (o)
- Rechte betroffener Personen **10** 624 ff. (o)
- Rechtmäßigkeit der Datenverarbeitung, Grundsatz **10** 102
- Richtervorbehalt **10** 17 ff., 269 ff., 280 ff., 284, 296, 333, 344 ff., 352, 356, 380, 383 f., 386, 388 ff., 417 ff., 433, 472, 493 ff., 502, 519 ff., 543, 620 (o)
- Richtigkeit der Daten, Grundsatz **10** 107 ff.
- richtlinienkonforme Auslegung **10** 80
- Risikoabschätzung **10** 611 (o)
- sachlicher Anwendungsbereich **10** 85 f.
- Sicherheit der Datenverarbeitung **10** 117, 608 f.
- Speicherbegrenzung, Grundsatz **10** 114
- Systematik **10** 76 ff.
- Systemdatenschutz **10** 118
- Technikfolgenabschätzung **10** 611 (o)
- Telefonanrufe, Aufzeichnung **10** 297 ff.
- Transparenzgebot **10** 119 ff., 129

- Treu und Glaube der Datenverarbeitung, Grundsatz **10** 102
- Überblick über Regelungen im PolG **10** 79
- Überprüfungspflicht, allgemein **10** 603 ff. (o)
- Überprüfungspflicht bei der Datenübermittlung **10** 171
- Überprüfungspflicht bei der Datenverarbeitung **10** 109
- Umsetzung der DSLR 2016/680 **10** 64, 68
- verantwortliche Stelle **10** 142 ff.
- Verantwortlicher **10** 86 (Begriff), 142 ff.
- Verfassungsrecht **10** 2 ff.
- Verhältnis zum BDSG **10** 34, 60, 65
- Verhältnis zum LDSG **10** 48, 60, 65 ff., 89
- Verhältnis zur DSGVO **10** 60 ff., 65 ff., 88 f.
- Verzeichnis aller Verarbeitungstätigkeiten **10** 612 (o)
- Vorgehensweise **10** 67, 89
- Zweckänderung bei der Datenverarbeitung **10** 103 f., 136, 143, 151 ff., 161 ff.
- Zweckbindung bei der Datenverarbeitung, Grundsatz **10** 45, 75, 103 f., 135, 145 f., 197 f., 200, 217, 292, 307, 472
- Zweckfestlegung bei der Datenverarbeitung **10** 103 f.

Datenschutzmanagementsystem **10** 116, 122, 144, 161, 170, 172, 190, 201, 349, 459, 608 (o), 610 (o)
Datenschutzregelung im PolG, Überblick **10** 79
Datenschutz-Richtlinie (EU) 2016/680, siehe Richtlinie (EU) 2016/680
Datenübermittlung
- allgemeine Grundsätze **10** 168 ff.
- Angemessenheitsbeschluss **10** 582 (o)
- an ausländische öffentliche Stellen **10** 580 ff. (o)
- an Mitgliedstaaten der EU **10** 178, 577 ff. (o)
- an nichtöffentliche Stellen **10** 575 (o)
- an Organisationen der EU **10** 178
- an Personen außerhalb des öffentlichen Bereichs **10** 575 (o)
- an sonstige öffentliche Stellen **10** 574 (o)
- automatisiertes Abrufverfahren **10** 576 (o)
- automatisierte Entscheidungsfindung **10** 615 (o)
- Berichtspflicht an den Landtag **10** 580 (o)
- besondere Regelungen **10** 570 ff. (o)
- Ersuchen **10** 576 (o)
- gesetzliche Garantien **10** 582 (o)
- hypothetische Datenerneuerung, Grundsatz **10** 571, 574, 578 (o)
- im nationalen Bereich **10** 571 ff. (o)
- Informationspflichten der Polizei **10** 120 f., 173
- innerhalb der Polizei **10** 572 f. (o)

Sachregister

- Mitteilungspflichten der Polizei 10 120 f., 174 f.
- Qualität der übermittelten Daten 10 107, 174
- Pflicht zur Richtigkeit 10 107, 170
- Ratsbeschluss Prüm 10 579 (o)
- Übermittlungsverbote 10 170 f., 586 f.
- Überprüfungspflicht 10 171 f.
- unrichtige Daten, Verbot der Übermittlung 10 170 f.
- unvollständige Daten, Verbot der Übermittlung 10 170 f.
- veraltete Daten, Verbot der Übermittlung, 10 170 f.
- Verweigerungsgründe 10 586, 588 (o)
Datenverarbeitung
- allgemeine Grundsätze der (§ 13 PolG) 10 100 ff.
- Anrufung Aufsichtsbehörde durch betroffene Person 10 628 ff. (o)
- Anspruch betroffener Personen auf Datenberichtigung 10 627 (o)
- Anspruch betroffener Personen auf Datenlöschung 10 627 (o)
- Anspruch betroffener Personen auf Einschränkung verarbeiteter Daten 10 627 (o)
- aufgedrängter Daten 10 147, 149, 157
- Auftragsverarbeitung 10 613 (o)
- Auskunftsrecht betroffener Personen 10 625 f. (o)
- Begriff 10 73, 93
- Datenidentität 10 105
- Datenminimierung, Grundsatz der 10 105 f.
- Datenschutzmanagementsystem 10 116, 122, 144, 161, 170, 172, 190, 201, 349, 459, 608 (o), 610 (o)
- Dokumentationspflichten 10 122 f.
- Einwilligung in 10 98, 162, 164 f., 180 ff.
- Erhebung von Daten 10 73, 93
- EU-Recht 10 73
- Folgeabschätzung 10 609, 611, 622 (o)
- Garantien zum Schutz der 10 101
- Grundnorm der (§ 15 Abs. 1 PolG) 10 139 f.
- Grundrechtseingriff 10 2 ff.
- Hinweispflichten 10 131 ff.
- Integrität der 10 117
- Kategorien personenbezogener Daten 10 75, 91, 97 (Begriff), 165, 195, 594 ff. (o) (Verarbeitung)
- Kenntlichmachung subjektiver Daten, Pflicht zur 10 112 f.
- Kernbereich privater Lebensgestaltung 10 8 ff., 18, 273, 283 f., 352, 356, 398 ff., 406, 431 ff., 468, 532 ff.
- Rechte betroffener Personen 10 624 ff. (o)

- Rechtmäßigkeit, Grundsatz 10 102
- Richtervorbehalt bei weiterer 10 280 ff.
- Richtigkeit der Daten, Grundsatz 10 107 ff.
- Risikoabschätzung 10 611 (o)
- Sicherheit der 10 117, 608 f. (o)
- Speicherbegrenzung, Grundsatz 10 114
- Systemdatenschutz bei der 10 118
- Technikfolgenabschätzung 10 611 (o)
- Telefonanrufe, Aufzeichnung 10 297 ff.
- Transparenzgebot 10 119 ff., 129
- Treu und Glaube, Grundsatz 10 102
- Überprüfungspflicht 10 100, 116
- Verarbeitungsverbot unrichtiger Daten 10 110
- verantwortliche Stelle 10 142 ff.
- Verantwortlicher 10 142 ff.
- Verhältnis des PolG zu anderen Datenschutzregelungen 10 60 ff., 81 ff.
- Verhältnis EU-Recht und deutsches Recht 10 23 ff., 59 ff.
- Vertraulichkeit der 10 117
- Verzeichnis aller Verarbeitungstätigkeiten 10 612 (o)
- Voraussetzungen 10 139 f.
- weitere Verarbeitung 10 135 ff.
- Zweckänderung 10 87, 103 f., 136 f., 141, 143 f, 151 ff., 161 ff.
- Zweckbeibehaltung 10 141
- Zweckbindung, Grundsatz der 10 141, 145 f.
- Zweckfestlegung 10 103 f.
Datenverarbeitung, weitere
- allgemeine Regeln der 10 135 ff.
- aufgedrängter Daten 10 149, 157
- Begriffe 10 135 ff.
- bei Wohnraumüberwachung 10 150, 158 ff., 167
- Datenabgleich 10 322 ff.
- der von der Polizei erhobenen Daten (bei Zweckbeibehaltung) 10 147 f.
- durch Polizeivollzugsdienst 10 135 ff.
- Grundnorm der Datenverarbeitung (§ 15 Abs. 1 PolG) 10 139 f.
- hypothetische Datenneuerhebung, Grundsatz 10 135 f., 151, 217
- Richtervorbehalt 10 280 ff.
- Speicherzweck bei aufgedrängten Daten 10 149
- Verwertung rechtswidrig erlangter Daten 10 102
- zur Identifizierung einer Person 10 156
- Zweckänderungen 10 135 ff., 151 ff., 161 ff.
- Zweckbindung, Grundsatz der 10 135, 145 f.
Datenverbund, elektronischer 10 325
Dauerobservation von Straftätern 10 371 f.
DawaFFM (Salafistenverein) 6 14
Demokratiegebot 4 69

Demonstration
- Gegendemonstration 5 11
- Inanspruchnahme Nichtverantwortlicher 5 47
- Kostenersatz 15 41
- Maßnahmen 5 47
- Zweckveranlasser 5 47
Demonstrationsfreiheit 5 50
Dereliktion, Verantwortlichkeit 5 26 f., 11 262
Deutsche Demokratische Republik (DDR) 1 14
Deutsche Volkspolizei 1 14
Deutscher Bundestag, Ordnungsdienst 16 7 (o)
Dieb, Verantwortlichkeit 5 29
Dienstanweisung, Aufgabenübertragung GVD 3 62
Dienstaufsicht
- Begriff 3 20
- bei Polizeiverordnungen 9 80
- Mittel 3 20
- über die Polizeibehörden 3 20 ff.
- über den Polizeivollzugsdienst 3 37
Dienstaufsichtsbeschwerde 3 20
Dienstbezirk 3 30, 92 ff.
Diensteanbieter, Mitwirkung 10 476, 503, 505, 529, 531
Diensthunde 12 51
Dienstleistungsstaat, gebührenfinanzierter 15 5
Dienstpferde 12 51
Differenzhypothese 14 16
Dinglicher Arrest, Anordnung 11 180
Direktion Polizeireviere 3 31
Direktor, Europol 1 49
Dirnenwohnheim 4 66, 68
Dokumentationspflichten im Datenschutz
- datenschutzrechtliche Grundpflichten, Einhaltung 10 122 f.
- Zuverlässigkeitsprüfung 10 201 ff.
Dokumente wie Ausweispapiere etc. 11 11, 15, 50, 51, 54, 262, 266, 306
Doppelfunktion der Polizei 13 11
Doppelfunktionale Maßnahme 13 13
- Abgrenzung 13 13 ff.
- Einsatz von Bodycams 10 258
- Gesetzgebungszuständigkeit 2 5
- materielle Rechtsanwendung 13 17
- Rechtsweg 13 16
- Videoüberwachung von Kriminalitätsbrennpunkten 10 242
Dritter, Datenverarbeitung 10 117, 134, 210, 227, 278, 293, 308, 365, 369, 416, 492, 508, 542, 546, 596
Drittortauseinandersetzungen 11 92
Drogenszene
- Aufenthaltsverbot 12 4

- Beseitigungsgewahrsam 11 179, 181
Drohende Gefahr, siehe auch Gefahr 4 37 ff.
Drohnen
- Abwehr durch Polizei 4 61
- Anwendung der Generalklausel 6 19
- Einsatz durch Polizei 10 233
Druckwerk-Beschlagnahme 11 277 f.
DSGVO, siehe Datenschutz-Grundverordnung
DSRL 2016/680, siehe Richtlinie (EU) 2016/680
Duldungsverfügung 7 6
Durchführungsverordnung PolG (DVO PolG) 1 26, 3 28
Durchsuchung von Personen 11 201 ff.
- Änderungen PolG 2020 11 201
- Begriff 11 202
- bei Personenfeststellung 11 51
- Durchführung 11 216
- Gründe 11 206 ff.
- Rechtscharakter 11 204
- Untersuchung, körperliche 11 203
- Zulässigkeitsvoraussetzungen 11 206 ff.
- Zuständigkeit 11 205
Durchsuchung von Sachen 11 216 ff.
- Adressat 11 216
- Begriff 11 216
- bei Personenfeststellung 11 51
- Durchsuchungsgründe 11 219 ff.
- von Fahrzeugen 11 216, 228
Durchsuchung von Wohnungen 11 231 ff.
- Begriff der Durchsuchung 11 238
- Begriff der Wohnung 11 236
- Betreten 11 237
- gegen den Willen 11 241
- Geschäftsräume 11 248
- Grundrechtseingriff 11 232
- Niederschrift 11 251
- Recht auf Anwesenheit 11 251
- Rechtscharakter 11 234
- Rechtsschutz 11 249 ff.
- Richtervorbehalt 11 235, 249 ff.
- Tatbestandsvoraussetzungen 11 242 ff.
- während der Nachtzeit 11 241, 246 f.
- Wohnungsinhaber 11 240
- Zuständigkeit 11 234

Echtzeitdatenerhebung 10 251, 476, 503
ED-Behandlung 11 301 ff.
Effektivität, Grundsatz
- der Gefahrenabwehr 5 41
- bei Kostenverteilung 5 46
EG-Verträge siehe EU-Verträge
Ehe, Schutz 11 95 ff.
Eigensicherung 11 206

Sachregister

Eigentum
- Begriff 5 22
- Herausgabeanspruch 11 261
Eigentümer 5 22, 11 261
Eigentumsaufgabe 5 26 f.
Eigentumsbeeinträchtigung, Haftungsbegrenzung 5 25
Eigentumsbegriff, polizeirechtlicher 5 22
Eigentumserwerb 5 24
Eigentumsverlust 5 26
Eigentumsvermutung 11 254 f.
Eilzuständigkeit des Polizeivollzugsdienstes 3 51, 12 22
Eingriffsverwaltung 6 11
Einheitssystem 1 12, 3 3, 5
Einkesselung 11 178
Einrichtung, öffentliche 4 50, 6 59
Einrichtungen des Staates, Schutz 4 50
Einrichtungen für den Polizeivollzugsdienst 3 35 ff.
Einschätzungsspielraum 3 54
Einschließung 11 178
Einschreibebrief 6 33
Einschreiten, Anspruch auf 6 29, 48
Einstellung der Vollstreckung 12 48
Einweisung von Obdachlosen 6 48 ff.
Einweisungsanspruch Obdachloser 12 52
Einweisungsverfügung, Rechtscharakter 6 2, 63
Einwilligung
- bei Fallkonferenzen 10 204
- bei Zuverlässigkeitsprüfung 10 186 ff.
- besondere Kategorien personenbezogener Daten, Verarbeitung, Einwilligungserklärung 10 195
- Form der Einwilligungserklärung 10 193
- in Ausstiegsberatung 10 204
- in Datenverarbeitung 10 98, 164 f., 180 ff.
- in Videoüberwachung 10 230, 267
- Inhalte der Einwilligungserklärung in Zuverlässigkeitsprüfung 10 191 ff.
- Muster einer Einwilligungserklärung 10 192
- Rechtsfehler, Folgen 10 196
- Widerruf 10 191 f., 202
- Zulässigkeit bei Datenverarbeitungen nach dem PolG 10 204 ff.
Einzelmaßnahmen, polizeiliche 11 1 ff., siehe Standardmaßnahmen
Einzelrechtsnachfolge, in die Polizeipflicht 5 33
Einzelverfügung 6 6
Einziehung 11 287 ff.
- Begriff 11 287
- Beweislast der Behörde 11 294
- Eigentumsübergang 11 288

- Fahrzeug 11 296
- Frist 11 293
- Gegenstände im OWi-Verfahren 9 84
- Kosten 11 297
- Ordnungswidrigkeitenverfahren 9 84
- Polizeiverordnung 9 84
- Radarwarngerät 11 289, 296
- Schriftform 11 291
- Vernichtung 11 295 f.
- Verwertung 11 295 f.
- von Hunden, insbes. Kampfhunde und gefährliche Hunde 9 33
- Wirksamkeit 6 33, 11 288
- Zulässigkeitsvoraussetzungen 11 292 ff.
- Zuständigkeit 11 290
Eisenbahn, gefährdeter Ort 11 29
Elektronische Aufenthaltsüberwachung 11 130 ff.
- Antrag bei Gericht 11 163
- automatisierte Verarbeitung der Daten 11 151
- Benehmen mit dem BKA 11 141
- Bundeskriminalamt 11 141
- Datenauskunft 11 156
- Datenerhebung 11 156
- Datennutzung 11 157
- Datenverarbeitung 11 143
- Datenverwendung 11 146 f.
- Datenweitergabe 11 157
- Einwilligung 11 147 f.
- Gefahr im Verzug 11 162
- Gefahrverdacht 11 136
- gerichtliche Anordnung 11 164 f.
- Gesetzgebungskompetenz 11 131
- Grenzen 11 166
- Grundrechte, Einschränkung 11 132 f., 145, 150
- Historie 11 134
- informationelle Selbstbestimmung 11 150
- Kennzeichnung der Daten 11 151 f.
- Löschung der Daten 11 152 ff.
- Protokollierungspflicht 11 155
- Rechtsmittel 11 167
- Richtervorbehalt 11 158 ff.
- Schutz der Wohnung 11 144 f.
- Strafbewehrung 11 168 ff.
- Verhältnismäßigkeit 11 140, 166
- Verhütung von Straftaten 11 135
- Voraussetzungen 11 135 ff.
- Wohnung, Schutz der 11 144 f.
- Ziel 11 135
- Zuständigkeit 11 137
Eltern, Verantwortlichkeit 5 17
E-Mail, Fernmeldegeheimnis 10 467
Empfänger
- Datenverarbeitung 10 92

- private 10 575 (o)
- von Daten, Begriff 10 92
EMRK, siehe Europäische Menschenrechtskonvention
Enteignungsgleicher Eingriff, Entschädigung 14 14
Entführung, Wohnungsdurchsuchung 11 245
Entkleiden 11 208
Entpolizeilichung 1 11
Entschädigungsansprüche 14 2 ff.
- Aufopferung 14 14
- bei Gefahrenverdacht 14 11
- bei enteignungsgleichem Eingriff 14 14
- bei rechtmäßigen Maßnahmen 14 2 ff.
- bei rechtswidrigen Maßnahmen 14 15 ff.
- bei Vorladung 11 60
- bei Wohnungsbeschlagnahmen 14 5
- des Anscheinsstörers 14 9 ff.
- des Nichtstörers 14 3 ff.
- des Störers 14 2
- des Verdachtsstörers 14 11
- freiwilliger Helfer 14 13
- Mitverschulden 14 6, 10
- unbeteiligter Dritter 14 12
- unbillige Härte 14 5
- Verjährung 14 8
Entscheidungsvorrang der Polizeibehörde 3 52
Entschließungsermessen 3 85, 6 27
Erbbauberechtigter, Verantwortlichkeit 5 24
Erbe, Polizeipflicht 5 32 ff.
Erbfall, Rechtsnachfolge in Polizeipflicht 5 32
Erfrierungstod 11 184
Erforderlichkeit, Grundsatz 10 51, 105, 114, 303, 573 (o), 11 149, 184
Ergänzungsfunktion des Polizeirechts (Polizeizwang) 12 2
Erkennungsdienstliche Datei 10 325
Erkennungsdienstliche Maßnahmen 11 301 ff.
- Abgrenzungen zur StPO 11 305
- Anwendungsbereich 11 305
- Aufbewahrung 11 310 f.
- Begriffe 11 304
- Beispiel 11 5
- Beschuldigteneigenschaft 11 305
- Einwilligung 11 302 f.
- Kindern gegenüber 11 305, 307
- Legaldefinition 11 301
- Rechtscharakter 11 5, 309
- Strafunmündigen gegenüber 11 307
- Tatbestandsvoraussetzungen 11 306 ff.
- Verfahren 11 309
- Vernichtung 11 310, 312
- Vorladung zur Durchführung 11 57

- Zuständigkeit 11 309
Erlaubnis 6 3
- Rechtscharakter 6 3
Erlaubnisvorbehalt 6 3
Ermächtigungsgrundlage
- geschichtliche Entwicklung 1 2 ff.
- Gesetzesvorbehalt 6 11 f.
- Kostenerstattung 15 7
- Polizeiverordnung 9 6 ff.
- Verwaltungsakt 6 10
- zwingende Angabe (Polizeiverordnung) 9 71
Ermessen 6 27 ff.
- Anspruch auf (fehlerfreie) Ausübung 6 28
- Auswahlermessen 6 27
- Auswahlkriterien 5 41 f.
- Begriff 6 27, 30
- beim Erlass von Polizeiverfügungen 6 27 ff.
- bei Störerauswahl 5 41 f.
- beim Kostenersatz 5 43 ff.
- Entschließungsermessen 3 85, 6 27
- Ermessensfehler 5 46, 6 30
- Ermessensreduzierung auf Null 6 29, 48, 11 98
- Opportunitätsprinzip 6 27
- Pflicht zum Einschreiten 6 29
- pflichtmäßiges Ermessen 6 28
- subjektiv-öffentliches Recht auf Einschreiten 6 29
- unter mehreren Kostenpflichtigen 5 43 ff.
- unter mehreren Verantwortlichen 5 38 f.
Ermessensfehler 5 46, 6 30
Ermessensschrumpfung auf Null 6 29, 48, 11 98
- Beispiele 6 29
- bei häuslicher Gewalt 11 98
- bei Obdachlosigkeit 6 48
Ermittler, Verdeckter
- Begriff 10 377
- Dokumentationspflicht 10 404
- Eingriffsbefugnisse 10 378
- Einsatz 10 377 f., 397
- Legende 10 397
- Löschungspflicht Daten 10 405
- Protokollierungspflicht 10 404, 407
- Rechtsschutz 10 396
- Richtervorbehalt 10 388 ff.
- Schutz bei Benachrichtigungspflichten der Polizei 10 620 (o)
- Transparenzgebot (Datenverarbeitung) 10 120, 129
- Unterrichtungspflicht 10 406
- Zulässigkeit 10 352 ff., 377 f., 397
Ermittlungspersonen der Staatsanwaltschaft 13 4
- Befugnisse 13 10
- Gemeindevollzugsbedienstete 3 64

Sachregister

- Verordnung des Landes über 13 4
Ermittlungsverfahren, Staatsanwaltschaft 13 2
Erreichbarkeit der zuständigen Stelle 8 4
Ersatzvornahme 12 8 ff.
- Abschleppmaßnahme 8 13 ff.
- Adressat 12 42 f.
- Androhung 12 35
- Anwendung 12 39 f.
- Auswahl des Zwangsmittels 12 47
- Begriff 12 8
- Ermessen 12 38
- Festsetzung 12 37
- Fremdvornahme 12 10
- Fristsetzung 12 36
- Kostenersatz 15 30
- Rechtscharakter 12 41
- Selbstvornahme 12 10
- vertretbare Handlung 12 9
- Vollstreckungsmittel 12 8 ff.
Ersatzzuständigkeit 3 51
Erster Zugriff 13 6
Ersttäter 10 557
Ersuchen, Datenübermittlung 10 576 (o)
Erzwingungsfrist 12 36
EU-Agentur 1 46, 47, 52, 57
EU-Datenschutz-Richtlinie 2016/680 10 26 ff.
EU-Datenschutzregelungen 10 23 ff.
EU-Datenschutz-Grundverordnung 10 23 ff.
Eurojust 1 16, 37, 52 ff., 10 178
Eurojust-Gesetz (EJG) 1 52
Europäische Grenzpolizei 1 57 ff., 16 5 (o)
Europäische Grenzschutzagentur 1 57
Europäische Menschenrechtskonvention (EMRK)
- Einkesselung 11 178
- Folterverbot 11 299, 12 57
- Kennzeichnungspflicht von Polizeibeamten 3 43
- längerfristige Observation 10 372
- Präventivgewahrsam 11 173, 180
- Unverletzlichkeit der Wohnung 11 232
Europäische Staatsanwaltschaft 1 54 ff., 10 178
Europäische Zusammenarbeit 1 36 ff.
Europäischer Gerichtshof (EuGH) 1 45, 11 46, 281
Europäischer Gerichtshof für Menschenrechte (EGMR) 10 39, 372, 11 173, 178
Europäisches Polizeiamt 1 37, 46, 46 ff.
Europol 1 46 ff., 16 2 (o)
- Datenauskunft 1 48
- Datenübermittlung an Europol 10 178
- Exekutivdirektor 1 49
- Gesetz 1 46

- Informationssystem 1 48
- Kontrolle 1 51
- nationale Stellen 1 49
- Organe 1 49
- Verordnung (EuropolVO) 1 47
- Verwaltungsrat 1 49
EU-Mitgliedsstaaten, Datenübermittlung an 10 577 ff. (o)
EU-Operation Triton 1 58
EU-Rahmenbeschluss 2008/977/JI 10 26
EU-Ratsbeschluss 2008/615/JI 10 325, 579 (o)
EUV 1 43
EU-Verträge 1 36 ff.
Evakuierung Wohngebiet 14 4
Ex-ante-Sicht 4 25, 41, 14 9
Ex-post-Sicht 4 26, 41, 14 9
Exekutivverbot für Geheimdienste 16 12 (o)
Exkulpationsmöglichkeit 5 19
E-Zigaretten, Warnung vor 4 17

Facebook, Nutzung durch Polizei 4 8 ff.
Facebook-Party
- Untersagung 6 7, 19
- Zweckveranlassung 5 10
Fachaufsicht 3 9 ff., 16, 22 f., 24, 26, 28, 33, 39 ff., 58, 92
Fachaufsichtsbehörde, Notzuständigkeit 3 16
Fahndung 11 30, 33, 35
Fahndungsabgleich von Kfz-Kennzeichen 10 453
Fahndungsbestand 10 458
Fahndungsdatei 10 453, 549
Fahrzeug
- Abschleppen, siehe Abschleppen von Kfz
- Ausschreibung zur Kontrolle 10 549 ff.
- Beschlagnahme 8 22, 11 266, 296
- Durchsuchung 11 216, 228
- Sicherstellung 11 253, 258
- Zulassung, Entziehung nach StVZO 6 14
Fahrzeughalter, Störer 5 45
Fallkonferenzen 10 204
Faltblatt zur Aufklärung über Sekten 4 17
Familie, Schutz 6 12, 11 95 ff.
Fehlalarm, Gebühren 15 37
Fehlschuss, tödlicher 12 72
Feiertagsgesetz 6 19
Feldjäger 3 74
Fernmeldegeheimnis 10 298, 341, 467, 508, 510
Fesseln 12 51
Fesselung 12 52
Festhalten 11 51
- Durchsuchung 11 202
- Gewahrsam 11 178
- Sistierung 11 53

Festsetzung eines Zwangsmittels 12 37 ff.
Feststellungsklage
- allgemeine 7 11, 12 84
- nachträgliche 10 296, 310, 396, 425, 500, 12 83
- Fortsetzungsfeststellungsklage 11 14, 275, 309, 12 83
- Feststellungsinteresse 12 83
Feuerwehr
- als andere Stelle 3 75
- Beauftragung zur Schadensabwehr 8 5
- Kostenerstattungsanspruch 8 9
Feuerwerkskörper, Durchsuchung 11 208
Film – Beschlagnahme 11 266, 279 ff.
Finaler Rettungsschuss 12 72 ff.
Fingerabdruck 11 301, 304
- Daktyloskopie 11 304
- genetischer 11 304
Fischereiaufseher 3 68
Flatrate-Angebote, Bordell 4 61, 68
Fluchtvereitelung, Schusswaffengebrauch 12 62
Flughafen, gefährdeter Ort 11 29
Flüchtlinge, Anschlussunterbringung 6 53 ff.
Flüchtlingsaufnahmegesetz (FlüAG) 6 54
- Durchführungsverordnung zum (DVO FlüAG) 6 54
Flüchtlingskrise 1 59
Folgenbeseitigungsanspruch 5 52, 14 20
- auf Räumung einer beschlagnahmten Wohnung 6 62, 11 286, 14 20
Folterverbot 11 299, 12 57
Formerfordernisse
- Polizeiverfügung 6 22 ff.
- Polizeiverordnung 9 70 ff.
Formfreiheit, Grundsatz 6 22
Forstschutzbeauftragter 3 68
Fortsetzungsfeststellungsklage 11 14, 309, 12 84
- Beispiel 12 84
- Feststellungsinteresse 12 84
Fotoapparat, Beschlagnahme 11 279 ff.
Fotografien einer Person 3 80, 6 6, 10 231
Fotografieren von Polizeibeamten 6 6, 11 279 ff.
Fotografieren zur polizeilichen Öffentlichkeitsarbeit 10 231
Fotografierverbot 6 6, 11 279 ff.
Französische Republik, bilateraler Polizeivertrag 1 63
Free-Fight 4 68
Freie Entfaltung der Persönlichkeit, Grundrecht 11 202
Freiheit der Person, Grundrecht 11 172 f.
Freiheitliche demokratische Grundordnung, Schutz 4 49

Freiheitsbeschränkung, Maßnahme 10 213, 11 51, 59
Freiheitsentziehung, Maßnahme 11 59, 172 f., 191
Freiwillige Obdachlosigkeit 6 43
Freiwilliger Polizeidienst 3 66 ff.
Freizügigkeit, siehe Grundrecht auf 6 46 (Obdachlosigkeit), 11 82 f., 97, 103, 133
Fremdvornahme 12 10
Frist, angemessene bei Vollstreckung 12 36
Frontex
- Agentur der EU 1 57
- Aufgaben 1 57
- Einsatzgebiet 1 58
- europäische Grenzschutzagentur 1 57 ff.
- Flüchtlingskrise 1 59
- Operationen Mare Nostrum | Triton 1 58
- Schengener Grenzkodex 1 59
- Seeaußengrenzenverordnung 1 58
Führerschein, Ausweisdokument 11 50
Führungs- und Lagezentrum 3 31
Fütterungsverbot
- Ratten 3 14
- Tauben 9 10
- Verstöße 4 61
Fundbehörde 11 262
Fundsache, Sicherstellung 11 262
Funktionsfähigkeit staatlicher Einrichtungen, Schutz 4 48, 50
Funkverkehr, Überwachung 10 467
Funkzelle 10 468, 541
Fußfessel 12 52
Fußgängerzone 8 24

Gaffer, Schutz vor 4 52, 61, 10 234
Galileo, Einsatz Datenerhebung 10 376
Garantien des Datenschutzes im PolG 10 101
Gebäudegruppe, Durchsuchung 11 245
Gebrauchsüberlassungsverhältnis, Notunterkunft 6 59
Gebrechliche Person, 12 67
Gebühren 15 33 ff.
- Auffangregelung 15 36
- bei missbräuchlicher Veranlassung 15 37
- Bemessung 15 30
- Erhebung 15 33
- Gebührenverordnung des IM (GebVO IM) 15 36
- Gebührenverzeichnis (GebVerz IM) 15 36 f.
- Kosten 12 21
- Landesgebührengesetz (LGebG) 15 33
- Sätze 15 36
- Verwaltungsgebührensatzung 15 35
Gebührentatbestände, LGebG 15 36

Sachregister

Geeignetheit, Grundsatz **6** 31
Gefahr
- abstrakte **4** 29 f., **9** 18 (HuV BW), **9** 34 (PolVO)
- Anscheinsgefahr **4** 41, **11** 85, 181, 242, **14** 9
- Anschlagsgefahr **11** 138
- Begriffe **4** 18 ff.
- Belästigung, Abgrenzung **4** 20
- Beurteilungsgrundlagen **4** 26
- dringende **4** 33
- drohende **4** 37 ff.
- erhebliche **4** 18, 31, **10** 235, **11** 22, 98
- für Leib und Leben **4** 44, **11** 98, 182, 215, **12** 73
- Gefahrenschwelle **4** 20
- gegenwärtige **4** 32, **11** 146, 157, **12** 69
- gemeine **4** 34
- im Verzug **3** 16, 31, 53, 60, 73, 75, 93, **4** 35, **10** 150, 158, 160, 384, 386, 392, 417, 425 ff., 494, 501 f., 527 f., 543, **11** 35, 121, 128, 162, 169, 235, 250, **12** 17
- konkrete **4** 28, **6** 5
- latente **4** 36
- potenzielle **4** 36
- Prognose **4** 25 f.
- Putativgefahr **4** 40
- Schadenseintritt **4** 22 f.
- Scheingefahr **4** 40
- subjektiver Gefahrbegriff **4** 25
- unmittelbar bevorstehende **4** 32, **11** 98
- Vorsorge **4** 5 f.
Gefahrbegriff, subjektiver **4** 25
Gefährderanschreiben **4** 13, **11** 61 ff.
Gefährderansprache **4** 13, **7** 3 ff., **11** 61 ff.
Gefährdete Objekte **11** 13, 29, 212, 217
Gefährdungsrisiko **10** 235
Gefahrenabwehr, Aufgaben **4** 2 ff.
Gefahrenabwehrverordnung **9** 1 ff.
Gefahrenprognose **11** 69, 72, 92 f., 98, 180, 208, 269
Gefahrenschwelle, polizeiliche **5** 6
Gefahrenverdacht **4** 45 ff., **9** 37, **14** 11
Gefahrenvorbeugende Aufgaben **4** 3 ff.
Gefahrenvorfeld **4** 3 ff.
- Befugnisse **4** 15 f.
Gefahrenvorsorge **4** 5, **6** 18 (Polizeiverfügung), **9** 37 (Polizeiverordnung), **10** 243 (Videoüberwachung)
Gefahrerforschungsmaßnahme **4** 46, **6** 14
Gefahrhundeverordnung **9** 1 ff., 15 ff.
Gefährlichkeit, Feststellung bei Hunden **9** 28 f.
Gefährlicher Hund **9** 15 ff., **11** 266, 276
Gefährlicher Ort **11** 6, 13, 26, 213, 228
Gefährliches Werkzeug **11** 214

Gegenstände der bundeseigenen Verwaltung **16** 1 (o)
Gegenüberstellung **11** 50, 304
Gegenvorstellung **3** 25
Geheime Staatspolizei (Gestapo) **1** 9
Geheimdienste, Exekutivverbot **16** 12 (o)
Geheimhaltungsrecht **10** 217
Gehweg-Beratungsangebot, aggressives, Verbot **6** 19
Geiselnahme
- Folterverbot **11** 299
- gezielter Rettungsschuss **6** 40, **12** 73
Geldforderung, Vollstreckung **12** 3
Geltungsdauer, Polizeiverordnung **9** 79
Gemeinde
- als Ortspolizeibehörde **3** 11
- als Träger von Notunterkünften **6** 50, 52
- Kostenträger **15** 3
- Vermutung der Zuständigkeit **3** 44
Gemeindegebiet, Zuständigkeit **3** 92, **9** 69
Gemeindliche Vollzugsbedienstete **3** 61 ff.
- Aufgaben **3** 62
- Befugnisse **3** 63
- Bewaffnung **3** 65
- Dienstverhältnis **3** 61
- Ermittlungspersonen der Staatsanwaltschaft **3** 64
- Rechte als Polizeibeamte **3** 64
- Zuständigkeiten **3** 61 ff.
Gemeingebrauch
- an einem Gewässer **9** 10
- bei Straßennutzung **6** 19
Gemeinsame Dateiengesetze **1** 16
Gemeinsame Zentren **1** 62
Gemeinschaftsunterkunft, Grundrechtsschutz Wohnung **11** 240
Generalermächtigung **6** 12, 18 ff., 42, **9** 7
Generalklausel, siehe Generalermächtigung
Genetische Daten, Begriff **10** 92
Genomanalyse **11** 304
Geräte- und Maschinenlärmschutzverordnung (32. BImSchV) **9** 14
Gerichtsvollzieher, Datenverarbeitung **10** 221
Gesamthaftung **5** 19
Gesamtrechtsnachfolgetatbestand **5** 32
Gesamtrechtsnachfolge
- in die Polizeipflicht **5** 32
- Vollstreckung **12** 43
Gesamtschuldnerschaft, Kostentragung **5** 44
Geschäftsbereich des Innenministeriums **3** 58 ff., **9** 62
Geschäftsfähigkeit, Adressat polizeilicher Maßnahmen **5** 2

Geschäftsherr, Verantwortlichkeit 5 18
Geschäftsräume
- Betreten 11 248
- Schutz Art. 13 GG 10 271 f., 414, 11 236
Geschäftsunfähigkeit, Bekanntgabe Verwaltungsakt 6 35
Geschwindigkeitsmessungen (Warnung) 4 53
Gesetz zur Reform der Verwaltungsstruktur 1 27, 3 18
Gesetz zur Umsetzung der Polizeistruktur 2020 1 31, 3 6 ff.
Gesetz zur Umsetzung der Polizeistrukturreform 1 29 ff., 3 6 ff.
Gesetzesvorbehalt, Grundsatz 3 46, 68, 71, 78, 6 11, 9 9, 11 1, 97, 12 1, 72
Gesetzesvorrang, Grundsatz 9 59
Gesetzgebungsbefugnis
- Annex-Kompetenz 2 6
- ausschließliche 2 3
- der Länder 2 1
- des Bundes 2 2
- für Polizeirecht 2 1 ff.
- geschriebene 2 3 ff.
- konkurrierende 2 4
- kraft Sachzusammenhangs 2 6
Gestapo 1 9
Gesundheitsdaten, Begriff 10 92
Gewahrsam 11 171 ff.
- amtlicher 12 62 f., 79
- Änderungen durch das PolG 2020 11 171
- auf eigenes Verlangen 11 183
- Aufhebung 11 199
- Begriff 11 172
- Beobachtung 10 288
- Beseitigungsgewahrsam 11 179
- Dauer 11 197
- Durchführung 11 198
- Durchsuchung 11 206
- Erfrierungstod 11 184
- Gründe 11 179 ff.
- Identitätsgewahrsam 11 188
- Ort 11 178
- Präventivgewahrsam 11 173, 179 ff.
- Rechtscharakter 11 175
- Rechtsschutz 11 200
- Richtervorbehalt 11 173, 191 ff.
- Schusswaffengebrauch 12 62
- Schutzgewahrsam 11 182 ff.
- Selbsttötung, Verhinderung 11 185 ff.
- Spontangewahrsam 11 192
- Ultima Ratio 11 174
- Unterbindungsgewahrsam 2 180 ff.
- Verbringungsgewahrsam 11 189
- Verhinderungsgewahrsam 11 179
- zur Vermeidung von Selbsttötungen 11 185 ff.
- Zuständigkeit 11 177
- Zweck 11 172, 194
Gewalt
- durch Polizeibeamte 3 37, 5 40, 12 1
- Ermächtigungsgrundlage 11 95 ff.
- Ermessensschrumpfung 6 29
- gegen Polizeibeamte 12 1
- Gewahrsamnahme 11 180
- Hilfsmittel 12 51
- häusliche 3 85, 4 60, 6 29, 11 95 ff.
- körperliche 12 1, 49
- Wohnungsverweis 11 95 ff.
Gewaltmonopol, staatliches 3 71, 12 1
Gewaltschutzgesetz (GewSchG) 11 95
Gewalttäter Sport, Datei 11 92, 13 5
Gewehr 12 54
Gewerbeaufsichtsamt 3 18
Glasbehältnisse, Verbot der Mitführung
- durch Polizeiverfügung 6 8, 19
- durch Polizeiverordnung 9 37, 85
Glaubhaftmachung 11 261
Gleichheitsgrundsatz 9 57
Gotchaspiel 4 68
GPS, Einsatz 10 376
Grenzpolizei, europäische 16 5 (o)
Grenzschutz 16 5 (o)
Grenzschutzsystem, europäisches 1 38
Grenzüberschreitende Einsätze 3 95
Grenzüberschreitende Kriminalität 11 39
- Personenfeststellung 11 39
Grenzüberschreitende Zusammenarbeit 1 38 ff.
Großveranstaltung
- Kostenersatz 15 40 ff.
- Zuverlässigkeitsprüfung für Tätigkeit bei 10 186 ff.
Grünanlage, öffentliche, Polizeiverordnung 9 1
Grunddaten 10 156, 188, 202, 343, 598 (o)
Grundnorm der Datenverarbeitung (§ 15 Abs. 1 PolG) 10 139 f.
Grundrechte, allgemein
- Abwehr- und Schutzfunktion 4 62 f.
- als objektive Wertmaßstäbe 4 64
- als subjektive Rechte 4 62
- Anspruch auf polizeiliches Einschreiten 4 63
- Maßstab für das polizeiliche Handeln 4 64
- Schutzpflicht des Staats 4 63
Grundrechte, einzelne
- auf allgemeine Handlungsfreiheit 11 82
- auf Gewährleistung der Vertraulichkeit informationstechnischer Systeme 10 3

Sachregister

- auf informationelle Selbstbestimmung **10** 2 ff., 269
- Fernmeldegeheimnis **10** 298, 341, 467, 508, 510
- freie Entfaltung der Persönlichkeit **6** 42, **11** 202
- Freiheit der Person **6** 42, **11** 173
- Freizügigkeit **6** 46 (Obdachlosigkeit), **11** 82, 89, 97
- IT-Grundrecht **10** 3
- Presse-, Funk- u. Filmfreiheit **11** 277
- Recht auf Leben **6** 42, **12** 72
- Recht auf körperliche Unversehrtheit **12** 74
- Schutz von Ehe und Familie **6** 42, **11** 97
- Unverletzlichkeit der Wohnung **10** 269 ff., 409, 414, **11** 232
- Versammlungsfreiheit **6** 15 f.
- Würde des Menschen **6** 42, **10** 409, **11** 298, **12** 57

Grundrechtsorientierte Auslegung **4** 64

Grundsatz
- der Angemessenheit **6** 31
- der Bestimmtheit **6** 32, **9** 55
- der Effektivität der Gefahrenabwehr **5** 41, 46
- der Erforderlichkeit **6** 31, **10** 51, 105, 114, 199, 220, 303, 339, 570 (o), 606 (o)
- der Formfreiheit von Verwaltungsakten **6** 22
- der Geeignetheit **6** 31
- der Gleichbehandlung **9** 57 (Polizeiverordnung)
- der hypothetischen Datenneuerhebung **10** 135 ff.,151, 156, 217, 313, 347, 572 (o), 574 (o), 576 (o), 578 (o), 581 (o), 597 (o), **16** 3, 15 (o)
- der Landesexekutive **16** 1 (o)
- der Normenklarheit **9** 55
- der Offenheit **10** 128
- der Spezialität **6** 13, 20 (Polizeiverfügung), **9** 9 (Polizeiverordnung)
- der Subsidiarität **10** 35, 56
- der Trennung von Polizei und Nachrichtendienste **16** 12 (o)
- der Unmittelbarkeit **10** 125
- der Verhältnismäßigkeit **6** 31, **9** 56
- der Zuständigkeit der Polizeibehörde **3** 41
- des bundesfreundlichen Verhaltens **3** 101
- des geringsten Eingriffs **12** 55
- des Gesetzesvorbehaltes **6** 11 (Polizeiverfügung), **9** 9 (Polizeiverordnung), **12** 1 (Polizeizwang)
- des mildesten Mittels **12** 55
- pro-rata-Grundsatz **5** 44

Grundsätze, allgemeine der Datenverarbeitung **10** 100 ff.

Grundverfügung **6** 1, 7, 40
- als Vollstreckungsgrundlage **6** 40, **12** 12 ff., 31

- bei Kostenerstattung **15** 17
- bei Standardmaßnahmen **11** 2
- fiktive bei unmittelbarer Ausführung **8** 3
- Rechtmäßigkeit **12** 31, **15** 17
- sofortige Vollziehung **12** 25
- Verkehrszeichen **8** 14

Güterabwägung **6** 31

Güterverkehr, Bundesamt **16** 11 (o)

Haftdatei (HD) **10** 325

Hahn, Haltung **6** 19

Halter, Haftung für Abschleppkosten **5** 21 ff., 27, **8** 1, 3

Halteverbotszone
- Abschleppen **8** 15
- mobile Verkehrsschilder **8** 16 ff.

Handakte, Anwendung Datenschutz **10** 72, 90

Handlung
- unvertretbare **12** 9, 11 (Beispiel)
- vertretbare **12** 9

Handlungsfähigkeit **5** 2

Handlungsfreiheit, allgemeine, Grundrecht **11** 82

Handlungsstörer **5** 3, **12** ff.

Handlungsunfähigkeit, Bekanntgabe Verwaltungsakt **6** 35

Handlungswille **5** 13

Handschelle **12** 52

Handynummer, Hinterlassen, Abschleppen **8** 23

Häufigkeit öffentlicher Störungen, Polizeiverordnung **9** 44 ff.

Hausbesetzung **3** 21, 85, **6** 29

Hausfriedensbruch **3** 85, **4** 57, 60

Haus- und Gartenarbeiten **9** 14

Häusliche Gewalt, siehe Gewalt häusliche

Häusliche Gewalt, Bekämpfung, siehe Gewalt

Hausnummer, PolVO Muster Gemeindetag **9** 1

Hausrecht **4** 54 ff.
- Abgrenzung **4** 54
- bei Antragsdelikten **4** 57
- Durchsetzung des Hausverbots **4** 58
- Schutz des privaten **4** 57
- Übertragung **4** 56

Hausverbot **4** 54 ff.
- Durchsetzung **4** 58

HD (Haftdatei) **10** 325

Heilungsvorschriften, PolVO **9** 77

Heimbetreiber als Zweckveranlasser **5** 8

Heimwerkergeräte **9** 14

Helfer, freiwillige, Entschädigung **14** 13

Hells-Angels-Bewegung **6** 14

Herausgabeanspruch **11** 261

Herrenlos
- Hund **4** 28, **8** 3

- Sache 4 28, 11 216, 226 f., 262
Hiebwaffe 12 54
Hierarchie der Ermächtigung 9 58
Hilfeleistung, Entschädigung 14 13
Hilflosigkeit
- Durchsuchung einer Sache 11 221
- Gewahrsamnahme 11 182
Hilfsmittel der körperlichen Gewalt 12 51 ff.
- psychisch wirkende 12 50
Himmelslaterne, Verbot des Aufsteigens 9 34
Hintermann, Zweckveranlasser 5 8, 20
Hochschule für Polizei 3 35
Hoheitsträger, Zuständigkeit der Polizei 3 86 ff.
Homosexualität 4 66
Hooligans
- Aufenthaltssteuerung 11 104
- Aufenthaltsverbot 11 93
- Ausreiseuntersagung 6 14
- Feststellung der Identität 11 21
- Ingewahrsamnahme 11 173
- Meldeauflage 6 19
- Störungen 5 9
Hütchenspiel, Verbot 4 61
Hunde
- abstrakte Gefahr für Erlass der HuV BW 9 18
- Ausführgebot 6 31
- Begriffe 9 19
- Beißvorfall, Dokumentation 9 17
- Beschlagnahme (Kampfhunde, gefährliche Hunde) 9 32
- Betretungsverbot, Stadtgarten 11 83
- bissige 9 18, 28, 32
- Einziehung (Kampfhunde, gefährliche Hunde) 9 33
- Erlaubnispflicht 9 23
- Gebell 4 20
- Gefährlichkeit, Feststellung 9 28 f.
- herrenlos 8 3
- Hundehaltereigenschaft 9 23
- Hundekot, Beseitigungspflicht 3 55, 9 27
- HuV BW 9 15 ff.
- Kampfhunde 9 19, 48 f.
- Kampfhundeeigenschaft 9 55 f.
- Leinenzwang 6 31 f., 9 25, 35, 55 f.
- Maßnahmen bei Kampfhunden 9 23, 25, bei gefährlichen Hunden 9 23, 26
- Maulkorbzwang 9 25 ff.
- Rassen 9 20
- Untersagung Hundehaltung 9 23 ff.
- VwVgH 9 16 f.
- Wesenstest (Kampfhunde, ggf. gefährliche Hunde) 9 27, 29
- Züchtungsverbot 2 2

Hundehaltereigenschaft 9 27
Hundeverbringungs- und Einfuhrbeschränkungsgesetz 2 2
Hypothetische Datenneuerhebung, Grundsatz 10 135 f., 137, 151, 156, 217, 313, 347, 571 f. (o), 574 (o), 576 (o), 578 (o), 581 (o), 597 (o), 16 3 (o), 15 (o)

ICPO-Interpol 1 44
Identitätsfeststellung 11 8 ff., siehe auch Personenfeststellung
- Auskunft über Identität einer Person 10 626 (o)
- Durchsuchung an Kontrollstellen 11 229
- erkennungsdienstliche Maßnahmen 11 306
- Fahrzeugdurchsuchung an Kontrollstellen 11 228
- Identitätsnachweis 10 626 (o)
- weitere Verarbeitung von Daten zur 10 156
Identitätsgewahrsam 11 188
IMEI-Nummer 10 468, 524, 541
Immissionsschutzrecht, Abgrenzung zum Polizeirecht 9 13
IMSI-Catcher 10 468, 541, 548
Inanspruchnahme Nichtverantwortlicher 5 47 ff.
- Entschädigung 5 53
- Nachrangigkeit 5 48, 50
- Verhältnismäßigkeit 5 51
- Übermaßverbot 5 51
- unmittelbar bevorstehende Störung 5 49
- zeitliches Übermaßverbot 5 52
Infektionsschutzgesetz (IfSG)
- Betretungsrecht 12 40
- Corona-Krise 1 24, 6 14
- COVID-19, Erkrankung 1 24
- Maßnahmen 3 50
- SARS-CoV-2, Virus 1 24, 6 14
- Spezialermächtigungen 6 14
- Zuständigkeit Polizeivollzugsdienst 3 50, 12 40
- Zwangsmittel 12 40
Informanten der Polizei 10 354, 379
Informationelle Selbstbestimmung
- Datenschutz 10 2 ff., 230, 243, 253, 269 f.
- elektronische Aufenthaltsüberwachung 11 150
- erkennungsdienstliche Maßnahmen 11 301
- Gefährdetenansprache 11 65, 75
- Personenfeststellung 11 9, 15, 20, 42 f.
- Schleierfahndung 11 42 f.
Informationsaustauschbehörde, siehe BKA 16 2 ff. (o)
Informationspflichten der Polizei im Datenschutz 10 616 ff. (o)
- auf der Website 10 617 (o)

Sachregister

- DSRL 2016/680 **10** 617 (o)
- Inhalt **10** 618 (o)
- Zweck **10** 617 (o)

Informationstechnische Systeme, Begriff **10** 517
Informationszugangsgesetze
- Informationsanspruch gegenüber Polizei **6** 25
- Sperrwirkung des datenschutzrechtlichen Auskunftsanspruchs **10** 625 (o)

Ingewahrsamnahme **11** 171 ff., siehe Gewahrsam
Inhaber der tatsächlichen Gewalt, Verantwortlichkeit **5** 29
Inkrafttreten, PolVO **9** 78
Innenministerium (IM)
- Fachaufsicht **3** 39
- Geschäftsbereich **3** 8
- landeseinheitliche Regelungen **3** 58
- oberste Führungsstelle **3** 28
- sonstige Zuständigkeiten **3** 59
- Wahrnehmung vollzugspolizeilicher Aufgaben **3** 58

Innere Sicherheit, Aufgabe der Polizei **4** 2
Innerhalb einer geschlossenen Ortschaft, Leinenpflicht, Bestimmtheit **6** 32
INPOL – Bund-Dateien, siehe Datei
INPOL-Sachfahndung-Datei **10** 325, 453, 549, siehe Datei
Inspekteur, Bereitschaftspolizeien **16** 9 (o)
Instanzenverschiebung **3** 16
Instanzielle Zuständigkeit der Polizeibehörden **3** 12
Integrität der Datenverarbeitung **10** 117 f.
Intensivtäter, gefährlicher **10** 206, 557
Interesse, öffentliches **4** 71
Internet-Portal-Adresse **10** 473
Internet, Überwachung **10** 467 ff.
Interpol **1** 44
Inzidente Normenkontrolle **9** 88

Jagdaufseher **3** 68
Jedermann, Datenerhebung **10** 220
Je-desto-Formel **4** 23, **10** 362 f., 487 f.
Jokersuche, Datenabgleich **10** 455
Jugendamt **3** 74
Jugendsekte, Warnung vor **4** 17
Justizbehörden, Datenschutz **10** 54 ff.
Justizvergütungs- u. Entschädigungsgesetz (JVEG) **10** 476, 503, 531, **11** 60

Kältetod **11** 184
Kameradschaftsabend, rechtsgerichteter **6** 15
Kamera-Monitor-Prinzip **10** 229
Kampfhunde **9** 15 ff., siehe Hunde
Kampfhundeverordnung **9** 15 ff.

Karavan-Synagogen-Denkmal **10** 243
Karneval, Glasmitführungsverbot **6** 8
Katastrophenschutzbehörde **3** 4
Katastrophenschutzgesetz, Spezialgesetz **6** 16
Kategorien betroffener Personen im PolG **10** 74, 207 f., 218, 591 ff. (o)
Kausalitäts-Theorien **5** 5 ff.
Kenntlichmachung subjektiver Daten, Pflicht zur **10** 112 f.
Kennzeichen, Kfz, Durchsuchung **11** 230
Kennzeichenlesesystem **10** 437 ff.
- Änderungen durch PolG 2020 **10** 437
- Begriff **10** 437 f.
- Beschränkungen des Einsatzes **10** 449
- Datenabgleich **10** 452 ff.
- Erfassung von Kennzeichen **10** 444 ff.
- Funktionsweise **10** 438
- INPOL-Abgleich **10** 453
- Jokersuche **10** 455
- Kontrollstelle, Einrichtung einer **10** 446
- Löschungspflicht **10** 458
- Nichttrefferfall **10** 448, 458
- Protokollierungspflicht **10** 450, 460
- Protokollierungsverbot **10** 459
- Recht auf Vergessenwerden **10** 459
- SIS-Abgleich **10** 453
- Trefferfall, Maßnahmen **10** 461 ff.
- Verfassungsrecht **10** 439 ff., 447, 456
- Zuständigkeit **10** 451

Kennzeichnungspflicht bei Datenspeicherung **10** 597 ff. (o)
Kernbereich privater Lebensgestaltung, Schutz **10** 8 ff., 283 f., 352, 398 ff., 431 ff., 532 ff., **11** 132, 144, 150
Kfz siehe Fahrzeug
Kinder
- erkennungsdienstliche Maßnahmen **11** 305, 307
- Schusswaffengebrauch **12** 67

Kodifikationsprinzip **13** 9
Kommunale Kriminalprävention **4** 7
Konkubinat **1** 66
Kontaktierungsversuch, Abschleppen Kfz **8** 24
Kontaktperson **10** 364 ff.
Kontaktverbot **11** 101 ff., 112 ff.
- Antragsinhalt **11** 122
- Gefahr im Verzug **11** 121
- Gerichtliche Anordnung **11** 123 f.
- Grenzen **11** 125
- Rechtsmittel **11** 126
- Richtervorbehalt **11** 117 ff.
- Strafbewehrung **11** 127 ff.
- Umfang **11** 115

- und Generalklausel 11 104
- Verhältnismäßigkeit 11 116, 125
- Voraussetzungen 11 112 ff.
- Zeitraum 11 116
- Zuständigkeit 11 113
Kontrollbereich
- Durchsuchung 11 228 f.
- Personenfeststellung 11 35 f.
Kontrolle, parlamentarische 10 623 (o)
Kontrollstelle, polizeiliche 11 30 ff., 228 f.
Koordinierungsstelle Häusliche Gewalt, Pilotprojekt 3 85
Körpergröße 11 304
Körperkameras, siehe Bodycams 10 255 ff.
körperliche Durchsuchung 11 201 ff.
- Merkmale 11 203
- Rechtscharakter 11 204
- Untersuchung 11 203
Körperöffnungen 11 202
Körperzelle 11 304
Kosten 15 1 ff.
- Abgebrochener Abschleppvorgang 8 15, 15 31
- Abschleppen Pkw 15 9
- Anhörungspflicht 15 11
- Arten 15 2
- Auswahl unter Störern 5 43 ff.
- Begriff 15 2
- der Polizei 15 1 ff.
- Ermächtigungsgrundlagen 15 7
- Ermessen 5 43, 15 13
- Ersatz bei Bestattung 15 18
- Ersatz bei Demonstrationen 15 40 f.
- Ersatz bei Ersatzvornahme 15 24, 28
- Ersatz bei Feuerwehreinsatz 15 17
- Ersatz bei Bundesliga-Fußballspielen 15 42 ff.
- Ersatz bei Großveranstaltungen 15 40
- Ersatz bei Sicherstellung 11 260
- Ersatz bei Umsetzungsmaßnahmen Kfz 15 18
- Ersatz bei unmittelbarer Ausführung 15 14 ff.
- Ersatz bei Verwahrung 15 20 ff., 35
- Ersatz bei Verwertung 15 18 f.
- Fehlalarm 15 37
- Festsetzung 15 8 ff.
- für Anwendung unmittelbaren Zwangs 15 32
- für öffentliche Leistungen (LGebG) 15 33 ff.
- für Vollstreckungshandlungen 15 23 ff.
- im Sinne des 70 Abs. 1 Satz 1 Nr. 1 VwGO 12 21
- Kostenbescheid 15 8 ff.
- Primärebene 15 17
- Schuldner 15 26
- Sekundärebene 15 9, 17, 40
- Träger 15 3 f.
- Vorauszahlung 15 19

Kostenbescheid 15 8 ff., siehe auch Kosten
- Festsetzung 15 8
- formelle Voraussetzungen 15 11
- materielle Voraussetzungen 15 12 f.
- Schuldner 15 26
- Sekundärebene 15 17
Kostenersatz bei Fußballspielen 15 42 ff.
Kostenersatz bei Großdemonstrationen 15 40 f.
Kostenersatz bei Großveranstaltungen 15 40 f.
Kostenschuldner, Auswahl 5 43 ff.
Kostenträgerschaft 15 3 f.
Kostenumfang, Begrenzung 15 16
Kostenvoranschlag 15 28
Kraftfahrzeug, siehe Fahrzeug
Kraftwerk, gefährdeter Ort 11 29
Kreispolizeibehörde 3 10, 21
- als Widerspruchsbehörde 3 42
Kreuzberg-Urteil 1 7
Kriminalität, grenzüberschreitende 11 39 ff.
Kriminalitätsbekämpfung, Anwendung Datenschutzrecht des PolG 10 85
Kriminalitätsbrennpunkt, Videoüberwachung 10 242 ff.
Kriminalitätslagebild 10 248
Kriminalpolizei 3 31
Kriminalpolizeidirektion 3 31
Kriminalprävention 4 7
Kuhglockengeläut, Verbot 6 19
Künftige Störungen, Erlass Polizeiverordnung 9 47
Kunsturhebergesetz 11 279 f.
Kuttenverbot 4 28

Ladezone, Abschleppen Kfz 8 24
Ladung, formlose 11 55
Lage, hilflose, Gewahrsam 11 182
Lageerkenntnis bei Wohnungsdursuchung 11 242
Lagern, zum Zweck des Alkoholgenusses, PolVO 9 55
Lagezentrum 3 31 (Polizeipräsidium), 3 60 (IM)
Landesamt für Verfassungsschutz
- projektbezogene gemeinsame Dateien 10 311 ff.
- Wohnraumüberwachung 10 409
- Zustimmung bei Benachrichtigungen 10 620 (o)
Landesbeauftragter für Datenschutz 10 53, 275
- Kooperationsgebot der Polizei 10 622 (o)
Landesdatenschutzgesetz
- Anpassung an das EU-Datenschutzrecht, 10 44 f.
- Anwendung im Bereich des Polizeirechts 10 88 f.
- Ergänzung der DSGVO 10 46

Sachregister

- Geltungsbereich **10** 46
- Hausrecht und Videoüberwachung **10** 50
- Landesdatenschutzbeauftragter **10** 53, 275
- Öffnungsklauseln der DSGVO **10** 45 f.
- öffentlich zugängliche Räume, Videoüberwachung **10** 51
- subsidiäre Geltung **10** 47 f.
- Übergangsregelung **10** 48
- Verhältnis zum PolG **10** 48, 65 ff., 76, 89
- Verhältnis zur DSGVO **10** 45
- Videoüberwachung **10** 49 ff.
- Wiederholungsverbot (EU-Recht) **10** 46

Landeseinheitliche Regelung (IM) **3** 58
Landesgebührengesetz **15** 33
Landesgebührenverordnung des IM **15** 36
Landesinformationsfreiheitsgesetz **6** 25
Landeskriminalamt (LKA) **3** 29, 31, 33, 39, 94
- Auskunft über Daten **10** 321
- Fachaufsicht **3** 39
- gemeinsame projektbezogene Datei **10** 311 ff.
- kriminalpolizeiliche Zentral- und Servicestelle **3** 33
- zentrale Auskunftsstelle **10** 321

Landesnichtraucherschutzgesetz **6** 16
Landespolizeibehörden **3** 8 ff.
Landespolizeiorchester **3** 36
Landespolizeipräsidentin **3** 28
Landespressegesetz **11** 277 f.
Landkreis, Kostenträger **15** 4
Landrat **3** 10
Landratsamt **3** 10
Landtag, Unterrichtspflicht der Polizei **10** 623 (o)
Landtagspräsidentin **3** 19
Langlaufloipe, Schutz **9** 10
Lärmbelästigung, Schutz vor **9** 1 ff., 13 f.
- Abgrenzung Immissionsschutz- und Polizeirecht **9** 13
- Baumaschinen **9** 14
- Heimwerkergeräte **9** 14
- Rasenmäher **9** 14
- Spielplatz **9** 5
- Tierlärm **9** 3, 17

Laserdrom **4** 68
Laserspiele **4** 68
Lastenverteilung, gerechte **5** 46
Lauschangriff **10** 408 ff.
Lautsprecher, Betrieb **6** 3
Landesbauordnung (LBO), Spezialvorschrift **6** 16
LDSG, siehe Landesdatenschutzgesetz
Leben, Recht auf **11** 214, **12** 72, 74
Lebensgefahr, gegenwärtige **4** 44, **11** 214, **12** 69, 72 f.

Lebensgestaltung, Kernbereich privater, siehe Kernbereich privater Lebensgestaltung
Lebensmittel, Warnungen vor **4** 17
Leerfahrt, Kosten **8** 15, **15** 31
Legalitätsprinzip **6** 27, **13** 1
Legende, Verdeckter Ermittler **10** 397
Leiche, Bestattung, siehe Bestattung
Leinenzwang **6** 31, 33, **9** 17, 35, 55, 58, 69, 79, 83
Leistung, öffentliche **15** 33
Leistungsbescheid, siehe Kostenbescheid
LKA, siehe Landeskriminalamt
Lichtbilder, Anfertigung **11** 279 ff.
Lieferverbot, nächtliches **5** 8
Liegefahrrad, Beschlagnahme **11** 266, 274
Liga der freien Wohlfahrtspflege **6** 41
Lissabon-Vertrag **1** 43
Löschung von Daten, siehe Datenlöschung
LPresseG **11** 277 f.
Luftfahrzeugführer **3** 68
Luftsicherheit **16** 5 (o)

Maastricht, Verträge **1** 36, 46
MAD **16** 12, 14 (o)
MADG **16** 12, 14 (o)
Malware **10** 516
Maschinengewehr, Waffe **12** 54
- -pistole, Waffe **12** 54
Maßnahme, doppelfunktionale **13** 13
Materieller Polizeibegriff **3** 4
Maulkorbzwang, Angemessenheit **6** 31
Meldeauflage **6** 19, **11** 55
Meldepflichten der Polizei im Datenschutz **10** 616 ff. (o), 621 (o)
Menschenansammlung, Verbot **6** 8
Menschenmenge
- Begriff **12** 58, 80
- Einsatz von Explosivmitteln (Verbot) **12** 80
- Polizeiverordnung zwecks Alkoholverbot **9** 48
- Schusswaffengebrauch **12** 64 f.
Menschenwürde, Maßstab **6** 56, **10** 409, **11** 132, 185, 298
Merkmale, äußerliche, Feststellung **11** 304
Messiesyndrom **6** 14
Messungen **11** 304
Militärischer Abschirmdienst (MAD) **16** 12, 14 (o)
Militärpolizei **1** 10
Minderung des Entschädigungsanspruchs **14** 6
Mindestanforderungen, Notunterkunft **6** 56
Misshandlungsverbot, siehe Folterverbot
Miteigentum, Verantwortlichkeit **5** 24
Mitführen eines Gegenstandes, Durchsuchung **11** 220

Mitgliedstaaten der EU, Datenübermittlung **10** 577 ff. (o)
Mitnahmeverbot für alkoholische Getränke
– durch Allgemeinverfügung **6** 8, **9** 12
– durch Polizeiverordnung **9** 3, 11 f., 37 f., 38 ff., 53, 86
Mittagsruhe, Schutz **9** 14
Mitteilung über das Antreffen von Personen **10** 352 ff.
Mittel der Datenerhebung, siehe besondere **10** 630 ff.
Mitverschulden, Schadensersatz **14** 6, 18
Mixed Martial Arts (MMA) **4** 68
Mobilfunk, Überwachung **10** 507 ff.
Mobilfunkteilnehmer **10** 545
Mobiltelefon, Ermittlung des Standortes **10** 541
Mobiltelefonnummer, Abschleppen **8** 23
Musterentwurf, PolG des Bundes u. der Länder **2** 8 ff.

Nachbarhilfe, grenzüberschreitende **3** 96
Nacheile, grenzüberschreitende **3** 96, 101
Nachfolgefähig **12** 43
Nachfolgetatbestand **12** 43
Nachforschungspflicht, Abschleppen **8** 23
Nachrangigkeit der Inanspruchnahme des Nichtstörers **5** 50
Nachtzeit, Durchsuchung von Wohnungen **11** 244, 246 f.
Nackter Körper, Zurschaustellung **4** 68
Nacktgehen **4** 68
Nagelgurt **12** 51
Nahaufnahmen von Polizeieinsätzen **11** 280
Nationale Stellen, Europol **1** 49
Nationales Zentralbüro **16** 2 (o)
Nationalsozialismus **1** 9
Nationalsozialistischer Untergrund (NSU) **1** 17, **16** 1, 13 (o)
Navigationsgeräte, Einsatz **10** 376
Nebelstoffe **12** 51
Nebenzwecke, weitere Datenverarbeitung **10** 567 (o)
Next Generation Prüm **1** 60
Nichtautomatisierte Datenverarbeitung **10** 72, 90, 99
Nichterreichbarkeit **3** 76
Nicht öffentlich gesprochenes Wort **10** 375
Nichtpolizeiliche Stellen **3** 74
Nichtstörer, Ansprüche **11** 283, 286, **14** 3 ff., 19 f.
Nichttrefferfall, Datenabgleich **10** 448, 458
Nichtverantwortlicher, Inanspruchnahme **5** 47 ff.
– Anspruch auf Entschädigung **5** 53, **11** 283
– Anspruch auf Folgenbeseitigung **11** 286

– Anwendungsbereich **5** 48
– Nachrangigkeit **5** 50
– Übermaßverbot **5** 52
– Ultima Ratio **11** 283
– Wohnraumüberwachung **10** 416
– Zumutbarkeitsgrenze **5** 51
Niederschrift über die Wohnungsdurchsuchung **11** 238
Normenhierarchie **9** 58
Normenkontrolle, inzidente **9** 88
Normenkontrollverfahren **9** 86 ff.
Notfallzuständigkeit des Polizeivollzugsdienstes **3** 51
Notrechtsvorbehalt **12** 74
Notstand, polizeilicher **5** 47 ff.
– bei Schusswaffengebrauch **12** 74
– Beschlagnahme einer Wohnung **11** 283
– Entschädigungsansprüche **14** 3 ff.
– Innenministerium **3** 59 f.
Notstandseingriff, Beispiel **12** 74
– Nachrangigkeit **5** 50
Notunterkunft, siehe auch Obdachlosigkeit
– Anspruch auf Einweisung **6** 48
– eigenmächtiger Bezug **4** 50
– Einweisung **6** 59
– Grundrechtsschutz Wohnung **11** 240
– Mindestanforderungen **6** 56
– öffentliche Einrichtung **4** 50
– Räumung **4** 50
– Umsetzung **6** 61
Notwehr **12** 74
Notzuständigkeit
– der Fachaufsichtsbehörde **3** 16
– der nachgeordneten allgemeinen Behörde **3** 16
– des Polizeivollzugsdienstes **3** 51 ff.
– örtliche **3** 93
– überörtliche **3** 93
NSA (National Security-Agency) **1** 19
NSU-Ausschuss **1** 17
NSU-Mordserie **1** 17, **16** 1, 13 (o)
Nutzungsdaten, Erhebung, siehe Telekommunikationsverkehrsdaten, Erhebung

Obdachlosigkeit **6** 41 ff.
– Abgrenzung zum Sozialrecht **6** 57
– Adressat **6** 48, 50
– Anschlussunterbringung von Flüchtlingen **6** 53 ff.
– Anspruch auf Einweisung **6** 48, 50 f.
– Asylbewerberstatus **6** 50
– Bedeutung, gesellschaftliche **6** 41
– Befristung **6** 57
– Benutzungsverhältnis **6** 59

Sachregister

- Bereitstellungspflicht der Gemeinde **6** 52
- Beschlagnahme von Wohnungen **6** 63, **11** 282 ff.
- Einweisungsverfügung **6** 59
- Flüchtlinge **6** 53 ff.
- Folgenbeseitigungsanspruch **6** 62
- freiwillige **6** 43
- Gefahr für die öffentliche Sicherheit **6** 42
- menschenwürdige Unterbringung **6** 56
- Mindestanforderungen an Unterkunft **6** 56
- Nationalität **6** 50
- Notunterkunft, Einrichtungszweck **9** 4
- örtliche Zuständigkeit **6** 46
- Ortspolizeibehörde, Zuständigkeit **6** 45
- Räumungsverfügung **6** 62
- Sanktionsmöglichkeiten **6** 60
- Schadensersatzansprüche **14** 3, 5, 20
- Sozialhilfeträger, Abgrenzung **6** 57
- Überbrückungscharakter **6** 57
- Umsetzungsverfügung **6** 61
- unfreiwillige **6** 42
- Vorrang der Selbsthilfe **6** 47
- Wiedereinweisung **6** 59, 62
- Zuständigkeit **6** 45
- Zweck der Einweisung **6** 59

Objekt, gefährdetes, Begriff **10** 240
Objektive Rechtsordnung, Schutz **4** 52 (Gaffen), 59 ff.
Observation, längerfristige **10** 352 ff.
- Begriff **10** 371
- Dokumentationspflicht **10** 404
- Eingriffsvoraussetzungen **10** 357 ff.
- Löschungspflicht **10** 405
- Protokollierungspflicht **10** 404, 407
- Rechtsschutz **10** 396
- Richtervorbehalt **10** 388 ff.
- Unterrichtungspflicht **10** 406
- von Straftätern „rund um die Uhr" **10** 372
- Zuständigkeit **10** 358

Offenheit, Grundsatz **10** 128
Öffentlich zugänglicher Ort **9** 39 ff.
Öffentliche Abgaben **12** 20
Öffentliche Ansammlung, Personenfeststellung **11** 16 ff.
Öffentliche Bekanntmachung, Polizeiverordnung **9** 76 f.
Öffentliche Einrichtung **4** 50, **6** 59
Öffentliche Liegenschaft, Zuverlässigkeitsprüfung für Tätigkeit in **10** 186 ff.
Öffentliche Leistung **15** 33
Öffentliche Ordnung, Schutzgut **4** 66 ff.
- als Auffangtatbestand **4** 69
- Begriff **4** 66

- Beispiele aus der Rechtsprechung **4** 68
- Gewahrsamnahme **11** 180
- Kritik **4** 69
- Platzverweis **11** 77 f.
- Rechtsextremismus **4** 67
- Reichskriegsflagge, Verbot der öffentlichen Nutzung **4** 67
- Renaissance **4** 67
- Versammlungsverbot **4** 67

Öffentliche Sicherheit **4** 48 ff.
- Begriff **4** 48
- Schutz der freiheitlichen Grundordnung **4** 49
- Schutz der kollektiven Rechtsgüter **4** 51
- Schutz der objektiven Rechtsordnung **4** 59
- Schutz der Rechte Privater **3** 79 ff., **4** 60
- Schutz des Staates **4** 49 ff.
- Schutz der subjektiven Rechte **4** 62 ff.

Öffentliche Versammlung, Personenfeststellung **11** 16 ff.
Öffentliches Interesse **4** 71
Öffentlichkeitsfahndung **10** 302
Online-Durchsuchung **10** 150, 158, 469
Opfergrenze, polizeiliche **5** 51
Opportunitätsprinzip **6** 27, 48, **13** 18
Ordnung, siehe unter öffentlicher Ordnung
Ordnungsbehördensystem **1** 11
Ordnungsdienst des Deutschen Bundestages **16** 7
(o)
Ordnungswidrigkeiten **13** 18 ff.
- Aufgabe der Polizei **13** 1, 18
- Befugnisse der Polizei **9** 83
- Begriff **13** 18
- Bußgeldbewehrung **9** 83
- Bußgeldverfahren **13** 19
- Datenschutz **10** 43, 87
- erkennungsdienstliche Maßnahmen **11** 305
- Opportunitätsprinzip **13** 18
- Schutzgut objektive Rechtsordnung **4** 61
- Standardmaßnahmen, Verhältnis **11** 3
- Verfahren **13** 19
- Verstoß gegen PolVO **9** 83
- Verwarnung **9** 83
- von erheblicher Bedeutung **11** 180
- Weisungsrecht **13** 19
- Zuständige Verwaltungsbehörde **13** 19

Ordnungswidrigkeitengesetz
- Anpassung an das EU-Datenschutzrecht **10** 43
- Verhältnis zum BDSG **10** 43
- Verhältnis zum PolG **10** 87, 89

Organisation der Polizei **3** 6 ff.
- der Polizeibehörden **3** 7 ff.
- des Polizeivollzugsdienstes **3** 28 ff.

Organisation – VwV-PolGOrg **3** 28

Organisationshandlungen, Realakte **7** 2
Organisierte Kriminalität (OrgKG) **1** 15
Organzuständigkeit **6** 45
- Polizeiverordnung **9** 64 ff.
Ort, gefährdeter **11** 29
Ort, gefährlicher **11** 26
Ort, öffentlich zugänglicher **9** 39 ff.
Ortshaftung **11** 31
Ortspolizeibehörde **3** 11 ff.
- Fachaufsicht **3** 41
- fachliche Weisungen **3** 41
- gemeindliche Vollzugsbedienstete **3** 61 ff.
- Kostenträger **15** 3
- Maßnahmen nach dem BestattG **3** 46
- Obdachlosenunterbringung **6** 2, 49
- Sachliche Zuständigkeit **3** 13 ff., 44, **6** 21, **9** 59 f.
- Weisungsrecht **3** 41
- Zuständigkeitsvermutung **3** 13, 44, **9** 59 f.
- Zuständigkeit Polizeiverordnung **9** 59 f.

PAD, Personenauskunftsdatei **10** 325
Paintballspiel **4** 68
Parallelaufsicht **3** 21, 23
Parallelzuständigkeit **3** 41, 49, **9** 59
Parkscheinautomat, Abschleppmaßnahme **8** 18
Parlamentarische Kontrolle, Datenerhebung **10** 623 (o)
Parlamentarische Kontrolle der Nachrichtendienste **16** 16 (o)
PaßG **6** 14
Peep-Show **4** 68
Person, Ausschreibung **10** 549 ff.
Personalausgaben, Kosten **15** 2
PAuswG **6** 14
Personalien, Angaben zur Person **11** 9
Personen, Durchsuchung **11** 201 ff.
- gleichen Geschlechts, Durchsuchung **11** 215
Personenauskunftsdatei (PAD) **10** 325
Personenbezogene Daten
- Begriff **10** 92
- besondere Kategorien **10** 75, 97 (Begriff), 195
- Verletzung des Schutzes **10** 621 (o)
Personenfeststellung **11** 8 ff.
- Adressat **11** 10
- an einer Kontrollstelle **11** 30 ff.
- an gefährlichen Orten **11** 26 ff.
- Änderungen durch das PolG 2020 **11** 8
- Anhalten **11** 52
- Befragung **10** 207 ff., **11** 11
- Begriff **11** 9
- doppelfunktionale Maßnahme **11** 12
- bei Durchsuchung **11** 51, 53

- bei erkennungsdienstlichen Maßnahmen **11** 302, 304
- Folgeeingriffe **11** 9
- Gefahrenabwehr **11** 12
- Gefahrenvorfeld **11** 13
- Grunddaten **11** 11
- informationelle Selbstbestimmung, Recht auf **11** 9
- innerhalb eines Kontrollbereichs **11** 35
- Kontrolle von Berechtigungsscheinen **11** 54
- Maßnahmen zur **11** 50 ff.
- öffentliche Ansammlung **11** 16 ff.
- öffentliche Versammlung **11** 16 ff.
- Pflicht sich auszuweisen **11** 9
- Rechtscharakter **11** 14
- Schleierfahndung **11** 39 ff.
- Umfang **11** 11
- zum Schutz gefährdeter Objekte **11** 29
- zur Abwehr einer konkreten Gefahr **11** 15
- zur Bekämpfung grenzüberschreitender Kriminalität **11** 39 ff.
- zur Sicherung zivilrechtlicher Ansprüche **11** 15
- Zuständigkeit **11** 7
- Zweck **11** 9
Personensorge **5** 17
Personensorgeberechtigter, Verantwortlichkeit **5** 17
Pfändung, Beschlagnahme **11** 265, 270
Pfändungsverfügung **11** 270
Pflichtaufgaben nach Weisung **3** 10, **6** 45
Pflichten, höchstpersönliche **12** 43
PIN **10** 472
PIOS-Dateien **10** 325
Pistole **12** 54, 66, 73
Plakatieren, wildes **11** 278
Platzanweisung **11** 78
Platzverweis **11** 77 ff.
POLAS-Auskunftssystem **10** 325
Politeia / politia **1** 1
Polizeiamt Europol **1** 16, 36 f., 46 ff., **10** 178
Polizeibegriff **1** 1 ff.
- geschichtliche Entwicklung **1** 1 ff.
- formeller **3** 3
- in BW **1** 12, **3** 3
- institutioneller **3** 4
- materieller **3** 4
Polizeibehörde **3** 7
- Abgrenzung Polizeivollzugsdienst **3** 44
- allgemeine **3** 7 ff.
- Arten **3** 7 ff.
- Aufsicht **3** 20 ff.
- Begriff **3** 6
- besondere **3** 17 ff.

Sachregister

- Entscheidungsvorrang 3 52
- Zuständigkeiten 3 12 ff.
- Polizeibehördensystem 1 12, 3 3
- Polizeidienst, Freiwilliger 3 66 ff.
- Polizeidienststelle 3 29 ff.
- regionale 3 30
- Polizeidirektion 3 31, 94
- Polizeieinsatz, Filmen 11 279 ff.
- Polizeifestigkeit
- Presserecht 11 277
- Versammlungsrecht 6 15, 10 232, 11 17, 34, 88
- Polizeifolter, Verbot 11 299, 12 57
- Polizeigefahr, Grundsätze 4 18 ff.
- PolG BW
- Reformbedürftigkeit 1 66 ff.
- Überblick über Änderungen 1 64 ff.
- PolG, ergänzende Heranziehung StPO 12 2
- PolG 2020
- Änderungen im Datenschutz 10 75
- Inhalte 1 35
- Polizeigewalt des Bundestagspräsidenten 16 7 (o)
- Polizeihelfer, Entschädigungsansprüche 14 13
- Polizeihubschrauberstaffel 3 32
- Polizeihund, Einsatz / Entschädigung 14 17
- Polizeihundeführer 3 32
- Polizeikessel 11 178
- Polizeikosten 15 1 ff., siehe auch Kosten
- Polizeiliche Beobachtung, siehe Beobachtung
- Polizeiliche Vorfeldtätigkeiten 4 3
- Polizeilicher Notstand, siehe Notstand
- Polizeiorganisation – VwV-PolOrg 3 28
- Polizeipflicht 5 1 ff.
- Begriff 5 1, 14 2
- Entschädigungsansprüche 14 2 ff.
- gegenüber Hoheitsträgern 3 86 ff.
- konkretisierte 5 31
- materielle 5 1
- Rechtsnachfolge 5 30 ff.
- Verjährung 5 37
- verschuldensunabhängig 5 4
- Polizeipräsidium Bildung 3 35
- Polizeipräsidium Einsatz 3 29, 31 f., 94
- Polizeirecht, ergänzende Heranziehung im Strafverfahren 13 8
- Polizeirecht im engeren Sinn 2 1
- Polizeistaat 1 4
- Polizeistrafgesetzbuch 1 6
- Polizeitätigkeit, grenzüberschreitende 3 95, 11 39
- Polizeiverfügung 6 1 ff.
- Adressat 6 26
- Allgemeinverfügung 6 7 ff.
- Anfechtungsklage 6 39
- Anhörungspflicht 6 23

- Begriff 6 1
- Begründungspflicht 6 22
- Beispiele 6 19
- Bekanntgabe 6 33 ff.
- Bestimmtheit 6 32 f.
- Einweisung von Obdachlosen 6 59
- Einzelverfügung 6 6
- Ermächtigungsgrundlagen 6 10 ff.
- Ermessen 6 27 ff.
- Form 6 22
- Formelle Rechtmäßigkeitsvoraussetzungen 6 20 ff.
- Gefahr, konkrete 4 28, 6 5
- Rechtsbehelfe 6 37 ff.
- Spezialermächtigungen 6 13 ff.
- Verfahrensgrundsätze 6 23 ff.
- Verhältnismäßigkeit 6 31
- Versammlungsrecht 6 15
- Vollstreckung 6 40
- Widerspruch 6 38
- Zuständigkeit 6 20 f.
- Zustellung 6 36
- Polizeiverordnung 9 1 ff.
- Abgrenzung zur Benutzungsordnung 9 4 f.
- Abgrenzung zur Sperrzeitverordnung 9 10
- Abgrenzung zum Verwaltungsakt 9 2 f.
- abstrakte Gefahr 9 26
- Alkoholkonsum, Verbot 9 7, 11 f, 37 ff., 50 f., 54, 56, 63
- Änderung 9 81
- Aufenthaltsverbot 9 3
- Aufhebung 9 81
- Ausfertigung 9 75
- Außerkrafttreten 9 79
- Aussetzung des Vollzugs 9 87
- Befristung 9 52
- Begriff 9 1
- Beispiele 9 1
- Bestimmtheit 9 55
- Bußgeldbewehrung 9 82 f.
- Einziehung eines Gegenstands 9 84
- Ermächtigungsgrundlage 9 6 ff.
- Formerfordernisse 9 59 ff.
- Gefahr 9 34
- Gefahrenvorsorge 9 37
- Gegenstand, Einziehung 9 84
- Geltungsbereich 9 2, 40 f., 50
- Geltungsdauer 9 79
- Geräte- und Maschinenlärm 9 14
- Gefährliche Hunde, Polizeiverordnung 9 15 ff.
- Gesetzesvorbehalt 9 9
- Glasmitführungsverbot 9 3, 37, 56, 85 f.
- Gleichbehandlung 9 57

- Häufigkeit öffentlicher Störungen 9 43 ff.
- Heilungsvorschriften 9 77
- Hundekot, Beseitigungspflicht 9 34
- Hunde, gefährliche 9 15 ff.
- HuV BW 9 15 ff.
- Immissionsschutzrecht 9 13 f.
- Inkrafttreten 9 78
- inzidente Normenkontrolle 9 88
- Kausalität, siehe Ursachenzusammenhang
- künftige Störungen 9 47
- Langlaufloipe 9 10
- Leinenzwang für Hunde 9 17, 35, 55 f., 58, 69, 79, 83, 86
- Menschenmenge 9 48
- Muster des Gemeindetags 9 1, 34
- Muster einer Polizeiverordnung gem. 18 PolG 9 54
- Normenkontrollverfahren 9 86 f.
- öffentlich zugänglicher Ort 9 40 ff.
- Prüfung der Fachaufsicht 9 80
- räumliche Begrenzung 9 50
- Rechtmäßigkeitsvoraussetzungen 9 6 ff.
- Rechtsbehelfe 9 86 ff.
- Rechtsprechungsübersicht 9 38
- Rückwirkung, Verbot 9 78
- Sollerfordernisse 9 74
- Spezialermächtigungen 9 9 f.
- Taubenfütterungsverbot 9 10
- über das Halten gefährlicher Hunde 9 15 ff.
- über Verbot des Alkoholkonsums 9 39 ff.
- über Verbot des Bettelns 9 34
- Ursachenzusammenhang 9 36
- Verhältnis zum Immissionsschutzrecht 9 13 f.
- Verhältnismäßigkeit 9 49, 56
- Verkündung 9 76
- Vorsorgemaßnahmen, Unzulässigkeit 9 37
- VwVgH 9 15 ff.
- Zeitregelung 9 51
- zum Schutz öffentlicher Grünanlagen 9 1
- zum Schutz von Skiwanderwegen 9 10
- zum Schutz vor umweltschädliches Verhalten 9 3, 14
- Zuständigkeiten 9 59 ff.

Polizeiverordnung über das Halten gefährlicher Hunde 9 15 ff.
- abstrakte Gefahr 9 18
- Begriffsbestimmungen 9 19
- Bissige Hunde 9 19, 28
- Feststellung der Gefährlichkeit 9 28 f.
- gefährliche Hunde 9 19
- Halterpflichten 9 25
- Hundehaltereigenschaft 9 27
- HuV BW 9 15 ff.

- Kampfhunde 9 19
- Leinenzwang 9 17, 25
- Maßnahmen 9 23 ff.
- Maulkorbzwang 9 25 f.
- Rechtsgrundlagen 9 16 f.
- VwVgH 9 15 f.

Polizeiverträge 1 63
Polizeivollzugsdienst
- Aufbau 3 28 ff.
- Aufgabenverteilung Polizeibehörde 3 44 ff.
- ausschließliche Zuständigkeit 3 48
- Dienstaufsicht 3 38
- DVO PolG 3 28
- Eilzuständigkeit 3 51 f.
- Einrichtungen für den 3 35 f.
- Fachaufsicht 3 39 ff.
- Innenministerium, landeseinheitliche Regelungen 3 58
- LKA 3 33
- Notfallzuständigkeit 3 51 ff.
- Örtliche Zuständigkeit 3 94
- Ortspolizeibehörde, Weisungsrecht 3 41
- Parallelzuständigkeit 3 49
- PolRG 3 6, 28 f., 31, 33
- Polizeidienststellen des Landes 3 29 ff.
- Polizeipräsidien, regionale 3 31
- Polizeipräsidium Einsatz 3 32
- regionale Polizeidienststellen 3 30 f.
- Schutzpolizei 3 31
- Vollzugshilfe 3 56
- VwV-PolOrg 3 28
- Zuständigkeit, Infektionsschutz 3 50

Polizeizwang 6 40, 12 1 ff.
- Abgrenzung zur unmittelbaren Ausführung 6 4, 7 6, 8 2
- Adressat 12 42
- Androhung 12 34 ff.
- Anwendung 12 39 f.
- Auswahl Zwangsmittel 12 47
- Begriff 12 1
- Beugemaßnahme 12 1
- Einstellung 12 48
- Ersatzvornahme 12 8 ff.
- Festsetzung 12 37 f.
- gegen Rechtsnachfolger 12 43
- Grundverfügung 12 31
- Kostenfragen 15 23 ff.
- Polizeiverfügung, Vollstreckung 6 40
- Rechtsschutz 12 41, 83 ff.
- Verfahren 12 32 ff.
- vollstreckbarer Verwaltungsakt 12 12 ff.
- Vollstreckungsbehörde 12 44 ff.
- vollstreckungsfähiger Verwaltungsakt 12 13 ff.

Sachregister

- unmittelbarer Zwang 12 11, 49 ff.
- Zwangsgeld 12 4 ff.
- Zwangshaft 12 7
- Zwangsmittel 12 2 ff.

Polizei des Bundes 16 2 ff. (o)
Polizei, europäische 1 46 ff.
Polizei im Ordnungswidrigkeitenverfahren 13 18 f.
Polizei im Strafverfahren 13 3 ff.
Polizey 1 2
Post- und Fernmeldegeheimnis 10 508
Präsident des deutschen Bundestags 16 7 (o)
Prävention 4 3, 13 1
Präventivgewahrsam 11 5, 173, 179 ff.
Pre-Recording, bei Einsatz von Bodycams, Zulässigkeit 10 276 f.
Presse und Polizei 6 6, 11 277 f.
Presseaufnahmen, Untersagung 6 6, 11 279 ff.
Presseerzeugnis 11 277
Pressefotograf 6 6, 11 280 f.
Pressefreiheit 11 277
Preußisches Allgemeines Landrecht 1 4
Preußisches Oberverwaltungsgericht 1 7
Preußisches Polizeiverwaltungsgesetz 1 8
Primärebene, Kostenbescheid 15 8
Prinzip gerechter Lastenverteilung 5 41, 44, 46
Private Empfänger, Daten 10 575 (o)
Private Lebensgestaltung, Kernbereich, siehe Kernbereich privater Lebensgestaltung
Private mit polizeilichen Aufgaben (Beliehene) 3 68, 74
Private Rechte, Schutz 3 79 ff.
Private Sicherheitsdienste 3 69 ff.
Privatisierung, Grenzen 3 70 f.
Profiling 5 40 (Racial Profiling), 10 92 (Datenschutz)
- Beurteilungsgrundlagen 4 26
- über Geschehensablauf 4 25

Projektbezogene Datei, gemeinsame, LKA 10 311 ff.
Projektbezogene Zusammenarbeit LKA 10 311 ff.
Projektdatei, LKA 10 311 ff.
Pro-rata-Grundsatz 5 44
Prostitution 4 61, 66, 68
- gefährlicher Ort 11 26 f.
- Sittenwidrigkeit 4 68

Prostitutionsgesetz 4 68
Protokollierungspflichten 10 600 ff. (o)
Prüfungsrechte 11 233
Prüm, Ratsbeschluss 1 60, 3 100
Prümer-Vertrag, EU, Datenverarbeitung 10 579 (o)
Pseudonymisierung, Daten 10 95

Public-Viewing-Veranstaltung 11 92
PUK 10 472
Punkszene
- Aufenthaltsverbot 6 8, 9 2
- Verbot von Chaos-Tagen 6 8

Putativgefahr 4 40

Quasarspiel 4 68
Quelle, allgemein zugängliche 10 125
Quellenperson 10 130
Quellen-Telekommunikationsüberwachung 10 507 ff.

Racial Profiling 1 20, 5 40, 10 595 (o)
Räumung, Wohnung, Anspruch auf 6 62
Räumungstitel, Beschlagnahme 11 284, 286
Räumungsverfügung, Wohnung 6 62, 11 286
Radarwarngerät
- Beschlagnahme 11 266
- Einziehung 11 289, 296
- Ordnungswidrigkeit 11 289
- Warnung vor 4 53

Rangverhältnis
- bei Störerauswahl 5 39 ff.
- bei Zwangsmittel 12 47
- der Ermächtigungen 6 13

Rassismus bei der Polizei 5 40
Rasterfahndung 10 333 ff.
- Anpassungen durch PolG 2020 10 333
- Anspruch auf Übermittlung der Daten 10 340
- Aussonderung von Daten 10 343
- Begriff 10 334
- Beispiel 10 334
- Benachrichtigungspflichten 10 347
- Berufs- und Amtsgeheimnis 10 341
- Datenabgleich 10 340
- Dokumentationspflicht 10 348 f.
- Erforderlichkeit 10 339
- Grunddaten 10 343
- konkrete Gefahr 10 338
- Löschungspflicht 10 347
- negative 10 335
- Pflicht zur Datenübermittlung 10 340
- positive 10 335
- Protokollierungspflichten 10 351
- Rechtscharakter 10 340
- Rechtsschutz 10 350
- Richtervorbehalt 10 344 ff.
- unverdächtige Personen 10 335
- Verfassungsmäßigkeit 10 334
- Voraussetzungen 10 336 ff.
- Zuständigkeit 10 342

Rat der EU 1 43

Rat für Justiz und Inneres **1** 43
Ratsbeschluss Europol **1** 46
Ratsbeschluss Prüm **1** 60, **3** 100, **10** 325, 579 (o)
Ratten, Fütterungsverbot **3** 14
Razzia **11** 28, 211, 226
Realakt **7** 1 ff.
- Abgrenzung zum VA **6** 4, **7** 6, **8** 2, **11**, **11** 6, 62 f., 68, 204, 217, 254
- Begriff **7** 1
- Beispiele **7** 2, **10** 296, 310, 396, 425, 500
- Gefährderansprache **7** 3 ff., **11** 61 ff.
- Rechtmäßigkeitsvoraussetzungen **7** 7 ff.
- Rechtscharakter **7** 1
- Rechtsschutz **7** 11
- Standardmaßnahme **11** 6
- Warnungen **4** 9, 17, **7** 1,2, 4, 8, 10
Recht am eigenen Bild **3** 80, **11** 267, 279 ff.
- Polizeibeamter **3** 80, 121 281 ff.
Recht am gesprochenen Wort **10** 298, 355
Recht auf Akteneinsicht **6** 24 f.
Recht auf informationelle Selbstbestimmung, siehe informationelle Selbstbestimmung **10** 2 ff., **11** 9, 15, 20, 42 f., 65, 75, 150, 301
Recht auf Vergessenwerden **10** 459
Recht des ersten Zugriffs **13** 6
Rechte, private **3** 79, 80, **4** 62
Rechte, staatsbürgerliche **4** 2
Rechtsaufsicht **3** 22, 40
Rechtsbehelfe, siehe Rechtsschutz
Rechtsbehelfsbelehrung **6** 37
Rechtsextremismus, Gefahren **1** 17
Rechtsgrundlage, Polizeiverordnung, Angabe **9** 71
Rechtsgut, kollektives **4** 51
Rechtmäßigkeit der Datenverarbeitung, Grundsatz **10** 102
Rechtsnachfolge in die Polizeipflicht **5** 30 ff.
- Vollstreckung **12** 43
Rechtsnachfolgefähigkeit **5** 32, **12** 43
Rechtsordnung, objektive, Schutz **4** 59 ff.
Rechtsschutz
- bei Polizeiverordnung **9** 86 ff.
- bei Realakten **7** 11
- bei unmittelbarer Ausführung **7** 11, **8** 11 f.
- gegen Aufzeichnung von Telefonanrufen **10** 310
- gegen Datenerhebung in / aus Wohnungen **10** 425
- gegen doppelfunktionale Maßnahme **13** 15 ff.
- gegen Einsatz Verdeckter Ermittler **10** 396
- gegen Kostenbescheid **15** 8, 10
- gegen Maßnahmen der Strafverfolgung **13** 11 ff.
- gegen Observation **10** 396

- gegen Polizeiverfügung **6** 37 ff.
- gegen Rasterfahndung **10** 350
- gegen Standardmaßnahmen **11** 4 ff., 6
- gegen Videoüberwachung **10** 296
- gegen Vollstreckungsmaßnahmen **12** 41, 83 ff.
- gegen Weisung **3** 25
Rechtsstaatsprinzip **9** 55, 76
Rechtsverordnung, siehe Polizeiverordnung **9** 1 ff., 10
Rechtsverordnung über Zuständigkeiten nach dem VersammlG **3** 93
Rechtsweg bei doppelfunktionalen Maßnahmen **13** 15 ff.
Reform der Verwaltungsstruktur (VRG) **3** 18
Regierungsbezirk **3** 92
Regierungspräsidium **3** 9
- als Landespolizeibehörde **3** 9
Registrierung, verdeckte **10** 550
Reichskriegsflagge, Verbot der öffentlichen Nutzung **4** 67
Reichskriminalpolizeiamt **1** 9
Reizstoffe **12** 51
Reizstoffgewehr **12** 54
Reizstoffsprühgerät **12** 54
Repression **13** 1
Repressive Aufgaben des Polizeirechts **13** 1 ff.
Rettungsdienst, Schutz des Einsatzes **4** 52, 61
Rettungsschuss, finaler **12** 72 ff.
Revolver, Waffe **12** 54, 66
Richterliche Entscheidung, unverzügliche **11** 193
Richtervorbehalt **10** 10, 17 ff., 269,280, 284, 296, 344 ff., 384, 388 ff., 401, 417 ff., 430, 433, 493 ff., 519 ff., 542, 620 (o), **11** 53, 101, 117 ff., 125, 130, 158 ff., 166, 173, 183, 191 ff., 235, 249 ff.
- Amtsermittlungsgrundsatz **10** 21
- Anwendung nach dem PolG **10** 18
- Anwendungsbereich **10** 17
- Ausschluss der Anfechtungsklage **10** 22
- Bekanntgabe der Gerichtsentscheidung **10** 21
- Beschwerde gegen Gerichtsentscheidung **10** 21
- FamFG **10** 21
- Notwendigkeit nach BVerfG, **10** 6, 17
- Verfahren nach dem PolG **10** 19 ff.
- Verfahrensvorgaben **10** 21
- Vorlage von Akten und Urkunden **10** 21
- weitere Beschwerde **10** 21
- Zuständigkeit **10** 20
Richtigkeit von verarbeiteten Daten **10** 107 ff.
Richtlinie (EU) 2016/680 (DSLR 2016/680) **10** 26 ff.
- Adressaten **10** 31
- Anwendungssystematik **10** 59 ff.
- Geltungsbereich **10** 27 ff.

Sachregister

- Bußgeldbehörden in BW, 10 54
- Inhalte 10 32
- Justizbehörden in BW 10 54
- lex specialis 10 27, 29
- Ordnungswidrigkeit (Anwendung auf) 10 29, 39
- Umsetzung im PolG BW 10 68, 76 ff.
- Umsetzung in nationales Recht 10 26
- unmittelbare Geltung bis Inkrafttreten des PolG 2020 10 48
- Verhältnis zur DSGVO 10 27, 29
- Ziele 10 28

Richtlinienkonforme Gesetzesanwendung / Auslegung 10 39, 40, 72, 75, 80, 86
Richtmikrofon 10 353, 412, 414
Risikoveranstaltung, Verbot 5 47
Risikoverteilung, Zustandshaftung 5 27
Roller, frisierter, Einziehung 11 296
Röntgenaufnahmen 11 304
Rückkehrverbot, Wohnung 11 95 ff.
Rückwirkung von Polizeiverordnungen 9 78
Ruf- und Sichtweite, Abschleppen 8 23
Ruhe störender Lärm 6 32
Rundumüberwachung 10 9, 372

Sachbegriff des BGB 5 22
Sache, Begriff 5 22, 11 216
- Durchsuchung 11 216 ff.
- von besonderem Wert 11 23, 73
Sachfahndungsdatei 10 453
Sachherrschaft, zivilrechtliche 5 25, 29
Sachzusammenhang, Zuständigkeit kraft 2 6
Salafistische Bestrebungen 6 14
Sammelkontrolle 11 28
Sammelunterkunft, Grundrechtsschutz Wohnung 11 240
SARS-CoV-2, Virus 1 24, 59, 6 14
Satzung
- über die Benutzung von Obdachlosenunterkünften 6 59, 9 4
- über die öffentliche Bekanntmachung 9 76
Schaden 4 20 ff.
- Begriff 4 22, 14 5
- Beurteilungsgrundlagen 4 26
- Beurteilungszeitpunkt 4 25
- Drohen 4 23
- Je-desto-Formel 4 23
- mittelbarer 14 5
- Prognose 4 25
- unmittelbarer 14 5
Schadensersatzansprüche, wegen Sicherstellung 11 256
Schaufensterwerbung, Zweckveranlasser 5 8

Scheingefahr 4 40
Scheinkäufer 10 377
Schengen-Acquis 1 42
Schengen Durchführungsübereinkommen (SDÜ) 1 43
Schengener Übereinkommen 1 38
Schengener Informationssystem „SIS I" 1 38
Schengener Informationssystem „SIS II" 1 39
Schengener Informationssystem „SIS 3.0" 1 40
Schifffahrtspolizei 16 8 (o)
Schläfer 10 334, 350
Schlagstockeinsatz 12 41, 55 f.
Schleierfahndung 11 39 ff.
Schleppnetzfahndung 13 10
Schlichtes Verwaltungshandeln, Realakt 7 1
Schock-Lähmungswaffen 12 54
Schriftform
- Einziehung 11 291
- Polizeiverfügung 6 22
Schützenfest, Glasmitführungsverbot 6 8
Schusswaffengebrauch 12 58 ff.
- abgestuftes Verfahren 12 55
- allgemeine Voraussetzungen 12 58
- Androhung 12 56, 71
- Begriff 12 58
- Beispiel 6 40
- gegen eine Menschenmenge 12 64 f.
- gegen einzelne Personen 12 59 ff.
- gegen Fahrzeuge 12 68
- gegen Kinder 12 67
- gegen Sachen 12 67 f.
- gezielter Rettungsschuss 12 72 ff.
- Notrechtsvorbehalt 12 74
- zum Anhalten einer Person 12 60 f.
- zur Sicherung amtlichen Gewahrsams 12 62
- zur Verhinderung der gewaltsamen Befreiung 12 63
- zur Verhinderung von Straftaten 12 59
Schutz des Staates 4 49 ff.
Schutz kollektiver Rechtsgüter 4 51
Schutz privater Rechte 3 79 ff., 4 60
- Antrag auf 3 81
- Aufgabe der Polizei 3 80
- bei Antragsdelikten 4 60
  Datenerhebung zum 10 88, 207, 292, 307, 441, 444
- Definition 3 80
- privates Recht 3 80
- Selbsthilfe 3 83
- subsidiäre Zuständigkeit 3 82
- vorläufige Maßnahme 3 84
Schutzgewahrsam 11 182 ff.
Schutzpflicht des Staates 4 62 ff.

Schutzpolizei **3** 31
Schutzschild **12** 51
Schwarzer Donnerstag, Stuttgart 21 **1** 18
Schweinemästerfall **4** 36 (mit Fn 87)
Schweizer Eidgenossenschaft, bilateraler Polizeivertrag **1** 63
Schwerbehindertenparkplatz **8** 8, 15
Scientology-Sekte, Warnung vor **4** 17
SDÜ **1** 38 ff.
Security **3** 69
Seeaußengrenzenverordnung **1** 58
Seeschifffahrt **16** 8 (o)
Seeuferbereich, Konstanzer Glasverbot **9** 3, 37
Sektenbroschüre, Warnung vor **4** 17
Sekundärebene, Kostenbescheid **15** 9
Selbstbelastungsfreiheit, Grundsatz der **10** 216
Selbstbestimmung, informationelle **10** 2 f., **5**, 101, 163, 186, 191, 230, 243, 253, 269, **11** 9, 15, 20, 42 f., 65, 75, 150, 301
Selbstbestimmungsrecht (Sterben) **11** 185
Selbsteintrittsrecht der Fachaufsichtsbehörde **3** 16, 26, 40, 58, **9** 62
Selbstgefährdung **11** 185
Selbsthilfe, Vorrang Obdachlosigkeit **6** 47
Selbsttötung
– Anspruch auf (Sterbehilfe-Urteil des BVerfG) **11** 185 ff.
– Schutzgewahrsam **11** 182 ff.
Selbstvornahme **12** 10
Sexualstraftäter, Observation **10** 372
Shisha-Lokal **6** 16
Sicherheit, **4** 48 ff., siehe öffentliche Sicherheit
Sicherheit in der Datenverarbeitung **10** 117, 608 ff. (o)
– Auftragsverarbeitung **10** 613 (o)
– automatisierte Entscheidungsfindung **10** 615 (o)
– Datenschutz-Folgeabschätzung **10** 609 (o)
– Datenschutzmanagementsystem **10** 116, 122, 144, 161, 170, 172, 190, 201, 349, 459, 608 (o), 610 (o)
– Mehrzahl an Verantwortlichen **10** 614 (o)
– Risikoabschätzung **10** 611 (o)
– Technikfolgenabschätzung **10** 611 (o)
– umfassende Dokumentation **10** 612 (o)
– Verzeichnis aller Verarbeitungstätigkeiten **10** 612 (o)
Sicherheitsbehörden, besondere **16** 12 ff. (o)
Sicherheitsdienste, private **3** 69 ff.
– Befugnisse **3** 70
– Erlaubnispflicht **3** 72
Sicherheitsgewerbegesetz **3** 72
Sicherheitsverwahrung, Observation **10** 372

Sicherstellung **11** 253 ff.
– Abschleppmaßnahme **8** 21
– Anfechtung **11** 254
– Aufhebung **11** 261
– Begriff **11** 253
– bei Durchsuchung von Personen **11** 207
– bei Durchsuchung von Sachen **11** 222
– bei Durchsuchung von Wohnungen **11** 243
– Ermessen **11** 254
– Kosten **11** 260
– Realakt **11** 254
– Rechtscharakter **11** 254
– Schadensersatz **11** 256
– Schutz privater Rechte **11** 253
– Unterrichtungspflicht **11** 255
– Verhältnismäßigkeit **11** 258
– Verwahrungsverhältnis **11** 256
– Verwaltungsakt **11** 254
– Verwertung **11** 259
– von Bargeld **11** 254
– von Fahrzeugen **8** 21, **11** 253, 258
– von Fundsachen **11** 262
– von Tieren **11** 262
– von Warenlager **11** 254
Sicherungseigentümer, Verantwortlichkeit **5** 24
Sieben-Länder-Abkommen Prüm **1** 60
Signalmunition, Durchsuchung **11** 208
Silvesterknaller, Umgang mit **7** 7
Silvesterrandale 2022/23 (Gewalt gegen Einsatzkräfte) **12** 1
SIM-Karte **10** 524, 541
SIRENE **1** 38
SIS **1** 38 ff., **10** 451
SIS 3.0 **1** 40
SIS-Sachfahndung-Datei **10** 325, 453, 549, 551, 552
Sistierung **11** 15, 51, 53, 188, 306
Sitzblockade, Kostenverteilung **5** 44
Skiwanderwege, Schutz **9** 10
Sondernutzungserlaubnis **6** 3
Sonderopfer **14** 2 f., 6, 13 f.
Sonderrechtsnachfolge **5** 33
Sonderrisiko, Verantwortlichkeit **5** 20
Sonn- und Feiertag **6** 19, siehe auch Feiertagsgesetz
Sorgeberechtigter, Verantwortlichkeit **5** 17
Sowjetisch besetzte Zone **1** 14
Sozialrecht, Abgrenzung zum Polizeirecht **6** 57
Speicherung von Daten, siehe Datenverarbeitung
Sperrgebietsverordnung **5** 8
Sperrgerät **12** 51
Sperrwirkung für Generalklausel **11** 1
Sperrzeitverordnung **9** 10

Sachregister

Spezialermächtigungen für Polizeiverfügungen 6 13 ff.
- bundesgesetzliche, Beispiele 6 14
- landesrechtliche, Beispiele 6 16
- Standardmaßnahmen 6 17
Spezialität, Grundsatz 6 13 ff., 9 10, 11 3
Spielplatz
- Benutzungsordnung 9 5
- Lärm 9 5
Spontangewahrsam 11 193
Sprengmittel 12 51
SS-Staat 1 9
SSD (Staatssicherheitsdienst) 1 14
Staatliche Einrichtungen, Schutz 4 49 ff.
Staatliches Gewaltmonopol 3 71
Staatsanwaltschaft 13 2, 4
- Ermittlungspersonen 13 4, 10
- Ermittlungstätigkeit 13 5
- Ermittlungsverfahren 13 2
- Übermittlung von Daten 10 557 (o), 620 (o)
- Weisungsbefugnis 13 6
Staatsbesuch, Schutz 4 52
Staatsbürgerliche Rechte, Schutz 4 64 f.
Staatshaftungsrecht 14 1
Staatsschutz 16 12 (o)
Staatssicherheitsdienst (SSD) 1 14
Staatstrojaner 10 509, 516
Stadionverbot 13 5
Stadtkreise 3 10
Stalking
- Maßnahmen 4 61
- Verstoß gegen öffentliche Sicherheit 4 61
Standardmaßnahmen 11 1 ff.
- als abschließende Spezialvorschrift 6 17, 12 2
- Aufenthaltsüberwachung, elektronische 11 130 ff.
- Aufenthaltsverbot 11 89 ff.
- Aufenthaltsvorgabe 11 101 ff., 105 ff.
- Beschlagnahme 11 263 ff.
- Betreten und Durchsuchen von Wohnungen 11 231 ff.
- Durchsuchung von Personen 11 201 ff.
- Durchsuchung von Sachen 11 216 ff.
- Einziehung 11 287 ff.
- elektronische Aufenthaltsüberwachung 11 130 ff.
- erkennungsdienstliche Maßnahmen 11 301 ff.
- Gewahrsam 11 171 ff.
- Grundverfügung 11 5
- Kontaktverbot 11 101 ff., 112 ff.
- Kontrolle Berechtigungsscheine 11 54
- Personenfeststellung 11 8 ff.
- Platzverweis 11 77 ff.

- Rechtscharakter 11 4
- Sicherstellung 11 253 ff.
- Vernehmung 11 298 ff.
- Vorladung 11 55 ff.
- Wohnungsverweis 11 95 ff.
- Zuständigkeit 11 7
Ständiger Ausschuss für die operative Zusammenarbeit (COSI) 1 43
Stasi (Staatssicherheit) 1 14
Statistik, weitere Datennutzung 10 567 ff. (o)
Stelle
- andere 3 74
- datenverarbeitende 10 84, 142 ff.
- nichtöffentliche Stelle 10 200
- öffentliche 10 199
- überstaatliche 10 578 (o)
- verantwortliche 10 143, 606 (o)
Sterbehilfe-Urteil des BVerfG 11 185 ff.
Steuerstaatsprinzip 15 5
Stichtagserhebung, Liga der freien Wohlfahrtspflege 6 41
Störer, 5 1 ff., siehe auch Adressat polizeiliche Maßnahme
- Auswahl unter Kostenpflichtigen 5 43 ff.
- Auswahl unter Polizeipflichtigen 5 41 f.
- Handlungsstörer 5 12 ff.
- Rechtsnachfolge in die Polizeipflicht 5 30 ff.
- ungeeigneter 8 5
- Zusatzverantwortlichkeit 5 17 ff.
- Zustandsstörer 5 21 ff.
- Zweckveranlasser 5 7 ff.
Störereigenschaft, Datenabgleich 10 325, 328
Störermehrheit 5 1 ff., 38 ff.
Störung
- der öffentlichen Sicherheit und Ordnung 4 70
- künftige, Polizeiverordnung 9 47
- unmittelbar bevorstehende 4 32
Strafprozessordnung 12 2, 13 6
- Anpassung an EU-Datenschutzrecht 10 41 f.
- Verhältnis zum BDSG 10 42
- Verhältnis zum PolG 10 87, 89
Strafprozessrecht, Anpassung an EU-Datenschutzrecht 10 41 f.
Straftaten
- Aufklärung 13 3, 7
- Bekämpfung 13 12
- Datenschutz bei 10 41 f., 87
- gegen Leib und Leben 11 32, 98, 182, 215
- mit erheblicher Bedeutung, Legaldefinition 10 382
- schwerwiegender Art (Schusswaffengebrauch) 12 65
- Verfolgung 13 7

- Verhütung von 4 3
- Vorbeugende Bekämpfung von 4 3 ff., 10 222 ff., 11 305, 13 12
Strafunmündigkeit 11 305, 307
Strafverfahren, Polizei im 13 1 ff.
- Abgrenzung zur Gefahrenabwehr 13 1, 11 ff.
- Abgrenzung zur Gefahrenverhütung 13 12
- Aufgaben 13 3 ff.
- Aufgabenzuweisungsnorm 13 6
- Aufklärung von Straftaten 13 3
- Befugnisse 13 10
- Beschuldigteneigenschaft 11 225
- doppelfunktionale Maßnahmen 13 13 ff.
- ergänzende Heranziehung des Polizeirechts (bei Einsatz von Zwangsmitteln) 12 2
- Legalitätsprinzip 13 1, 7
- Rechtsweg 13 16
- Verhältnis zu Standardmaßnahmen 11 3
- Vorrang des Bundesrechts (bei erkennungsdienstlichen Maßnahmen) 11 305
Straßenkriminalität 10 248
Straßenverkehrsbehörde 8 14
Straßenverkehrszulassungsordnung, Kfz-Zulassung 6 14
Streifendienst des deutschen Bundestags 16 7 (o)
Streifentätigkeit, Realakte 7 1
Strompolizei 16 8 (o)
Stuttgart 21, Polizeieinsatz 1 18, 12 53
Stuttgarter Randale-Nacht 10 257
Subjektive Rechte des Einzelnen, Schutz 4 62
Subsidiarität, Grundsatz 3 73 ff., 6 13, 9 9 ff.
Subsidiäre Zuständigkeiten der Polizei 3 73 ff.
Suizid 11 182, 185 ff., 267
- Anspruch auf Selbsttötung (Sterbehilfe-Urteil des BVerfG) 11 185 ff.
Systemdatenschutz 10 118

Tätigwerden für andere Stellen 3 73 ff.
Tätigwerden, rechtzeitiges 3 76
Tätigwerden, sofortiges 3 53
Talsperre, gefährdeter Ort 11 29
Tarnurkunde 10 377
Tatverdacht, dringender 12 61
Taube, Fütterungsverbot 9 10
Taxenstand, Abschleppen 8 15
Technikzentrum für Spezialeinheiten 3 32
Technische Mittel zur Datenerhebung 10 352 ff.
Telefonanrufe, Aufzeichnung 10 297 ff.
- Betroffenheit Dritter 10 308
- Einwilligung 10 297
- Ermächtigung 10 297
- Hinweispflicht 10 309
- Informationspflichten 10 310

- Löschung 10 305 ff.
- Notruf 10 299 ff.
- Rechtsschutz 10 310
- sachdienliche Hinweise 10 299 ff.
- Verfassungsrecht 10 298
- weitere Verarbeitung 10 305 ff.
- Zuständigkeit 10 304
Telekommunikation, Maßnahmen 10 466 ff.
- Änderungen durch das PolG 2020 10 466
- Bestandsdatenauskunft 10 470 ff.
- Erhebung von Nutzungsdaten 10 478 ff.
- Erhebung vom Telekommunikationsbestandsdaten 10 472 ff.
- Erhebung vom Telekommunikationsverkehrsdaten 10 478 ff.
- Kennungsermittlung 10 539 ff., 548
- Standortermittlung 10 538 f., 541 ff., 548
- Überwachung der Telekommunikation 10 507 ff.
- Unterbrechung von Verbindungen 10 539 f., 545 ff.
- Verfassungsrecht 10 467 ff.
- Verhinderung von Verbindungen 10 539 f., 545 ff.
Telekommunikationsanlagen 10 467
Telekommunikationsbestandsdaten, Ermittlung 10 472 ff.
Telekommunikationsdienste 10 468, 476
Telekommunikation, Überwachung 10 507 ff.
- Anpassungen durch das PolG 2020 10 507
- automatische Aufzeichnung 10 533 f.
- Befristung der Maßnahme 10 525
- Benachrichtigungspflicht der betroffenen Person 10 537
- Berichtspflicht an den Landtag 10 537
- Dokumentationspflichten 10 536
- Gefahr im Verzug 10 527 f.
- gerichtliche Anordnung 10 523 ff.
- Historie 10 507
- informationstechnische Systeme, Eingriff 10 516 f.
- Kennzeichnungspflicht der Daten 10 537
- Kernbereich privater Lebensgestaltung, Schutz 10 8 ff., 532 ff.
- Kontrolle durch Datenschutzbeauftragten 10 537
- Mitwirkungspflichten von Diensteanbietern 10 529 ff.
- Quellen-TKÜ 10 516 f.
- Protokollierungspflichten 10 536, 538
- Rechtsschutz 10 526
- Richtervorbehalt 10 519 ff., 534
- Überprüfungspflicht 10 13

Sachregister

- unbeteiligte Dritte 10 515
- Verarbeitungsverbot 10 15, 534 f.
- Verdacht einer schweren Straftat 10 513
- Verfassungsrecht 10 508 ff.
- Verhältnismäßigkeit 10 514, 517 f.
- Verwertungsverbot 10 15, 534
- Voraussetzungen 10 512 ff.
- Zielsetzung 10 507

Telekommunikationsverkehrsdaten, Erhebung 10 478 ff.
- Abbruch der Maßnahme 10 505
- Änderungen durch das PolG 2020 10 478, 480
- behördliche Anordnung 10 504
- Berichtspflicht an den Landtag 10 506
- Ermächtigung 10 481 ff.
- Gefahr im Verzug 10 501 f.
- Gefährdung der Aufgabenerfüllung 10 491
- gerichtliche Anordnung 10 497 ff.
- hilflose Person 10 504
- individuelles Verhalten 10 488
- konkrete Gefahr 10 482
- Mitwirkungspflicht des Diensteanbieters 10 503
- Nachrichtenmittler 10 489
- Nichtstörer 10 483
- Nutzung des Telefonanschlusses oder Telefons eines Dritten 10 490
- potenzieller Straftäter 10 484
- Protokollierungspflicht 10 506
- Rechtsschutz 10 500
- Richtervorbehalt 10 493 ff.
- Störer 10 483
- terroristische Straftaten 10 485
- überschaubarer Zeitraum 10 487
- unbeteiligte Dritte 10 492
- Verdacht einer schweren Straftat 10 486
- Zuständigkeit 10 479

Telemediendienste 10 476
Terroranschläge New York 1 16
Terrorismus 10 6
- islamistischer 1 16, 21 ff., 10 49, 227, 249, 334, 362 f., 507

Terrorismusabwehrzentrum (GTAZ) 1 16
Theorie der rechtswidrigen Verursachung 5 5
Tiere
- Beschlagnahme 9 32 (Kampfhund), 11 266
- Durchsuchung 11 216
- Einziehung 9 33 (Kampfhund), 11 289, 291 (Hund)
- herrenlose 8 3
- Sachbegriff 5 23
- Sicherstellung 11 262 (Hund)
- Fütterungsverbot 3 14, 4 61, 9 10

Tiergefahren, Schutz vor 6 19, 9 3
Tierlärm, Schutz vor 6 19, 9 3
Tierschutzgesetz 6 14
Tierseuchengesetz 6 14
TKG, siehe Telekommunikation 10 466 ff.
TKÜ 10 466 ff.
Todesschuss, siehe Rettungsschuss 12 72 ff.
Tonaufzeichnungen, Anfertigung 10 227 ff.
Transparenzgebot (Datenschutz)
- der Datenerhebung 10 131
- bei der Datenverarbeitung 10 119 ff.
- bei verdeckten Ermittlungen 10 120
- Erfüllung im PolG 10 121
Transport, Kosten für Begleitung 15 1, 36
Trefferfall, Datenabgleich 10 461 ff.
Trennsystem 1 11, 3 3, 6
Trennungsgebot (Polizei)
- bei gemeinsamer Projektdatei 10 311
- Strafverfahren 13 7
- Verfassungsschutz 16 12 (o)
Trennungsprinzip, siehe Trennungsgebot
Treu und Glaube in der Datenverarbeitung, Grundsatz 10 102
TREVI-Gruppe 1 36

Überbrückungscharakter, Obdachlose 6 57
Übergangstatbestand 5 32
Übermaßverbot 6 31, siehe Verhältnismäßigkeit
- beim polizeilichen Notstand 5 51 f.
- beim unmittelbaren Zwang 12 52, 55
- zeitliches 5 52
Übermittlung von Daten, siehe Datenübermittlung
Überprüfungspflicht (bei der Datenverarbeitung)
- allgemein 10 606 ff. (o)
- bei der Datenübermittlung 10 171
- bei der Datenverarbeitung 10 109
- Höchstfrist 10 604 (o)
Uferbereich, Baggersee 9 10
Ultima Ratio 10 355, 408, 413
Ultra, polizeibekannter 11 92
Ultrascene 11 92 f.
Umgehungsverbot bei Zweckänderung der Datenverwendung 10 136
Umsetzung eines Pkw 8 25
Umsetzung Obdachloser 3 56, 6 61, 12 1
Umweltschädliches Verhalten, Polizeiverordnung 9 1 ff.
Unanfechtbarkeit von Verwaltungsakten 12 16
Unaufschiebbare Maßnahmen 3 77
Unbeteiligte
- Entschädigungsansprüche 14 3 ff., 12

- Gefährdung durch Schusswaffengebrauch **12** 55, 65 f., 69, 80, 82
- Maßnahmen gegen **5** 47 ff.
Unbrauchbarmachung **11** 254, 259, 287, 295 ff.
Unfallversicherung, gesetzliche **14** 13
Unfreiwillige Obdachlosigkeit **6** 42 ff.
Unglücksfall **11** 18
Unmittelbare Ausführung **8** 1 ff.
- Abgrenzungen **8** 8
- Abschleppmaßnahmen **8** 20
- Begriff **8** 1
- Fremdvornahme **8** 9
- Kostenbescheid **8** 12
- Kostenersatz **8** 10
- pflichtgemäßes Ermessen **8** 6
- Rechtmäßigkeitsvoraussetzungen **8** 3 ff.
- Rechtscharakter **8** 2
- Rechtsschutz **8** 11 f.
- rechtzeitige Zweckerreichung **8** 5
- Selbstvornahme **8** 9
- unverzügliche Unterrichtung **8** 7
- Verhältnismäßigkeit **8** 23 ff.
- Zurückbehaltungsbefugnis **15** 38
Unmittelbare Verursachung **5** 5 ff.
Unmittelbare Wirkung der DSGVO **10** 23
Unmittelbarer Zwang **12** 11, 49 ff.
- Adressat **12** 42 f.
- Androhung **12** 34 ff., 56
- Anwendung **12** 39 f.
- Auswahl Zwangsmittel **12** 47
- Begriff **12** 1, 49
- Fesselung **12** 52
- Festsetzung **12** 37 f.
- gegen Rechtsnachfolger **12** 43
- gezielter Rettungsschuss **12** 72 f.
- Hilfsmittel der körperlichen Gewalt **12** 51
- Körperliche Gewalt **12** 50
- Kostenersatz **15** 23 ff.
- Mittel **12** 50 ff.
- Rechtscharakter **12** 41
- Rechtsschutz **12** 83 ff.
- Schlagstockeinsatz **12** 55
- Schusswaffengebrauch **12** 58 ff.
- Übermaßverbot **12** 52, 55
- Verbot der Folter **12** 57
- Verfahren **12** 32 ff.
- Vollstreckungsbehörde **12** 45 f.
- Voraussetzungen **12** 12 ff.
- Waffen **12** 54
- Wasserwerfereinsatz **12** 53
- Zuständigkeit **12** 45 f.
Unmittelbarkeit, Grundsatz **10** 125
Unterbindungsgewahrsam **11** 179 ff.

Untere Verwaltungsbehörde **3** 10
Unterlassen, Polizeipflicht **5** 13, 15
Unterrichtungspflicht
- bei Datenverarbeitung **10** 616 ff. (o)
- bei Tätigwerden für andere Stelle **3** 78
- bei unmittelbarer Ausführung **8** 7
- der Polizeibehörden **3** 27
- der Fachaufsicht **3** 40
- des Landtags BW **10** 623 (o)
Untersuchung, körperliche **11** 203
Untersuchungsausschuss
- NSA (National Security Agency) **1** 19
- NSU (Nationalsozialistischer Untergrund) **1** 17
- Stuttgart 21 **1** 18
Untunlich, Bekanntgabe Allgemeinverfügung **6** 9
Unverletzlichkeit der Wohnung **10** 269, 279, 408 f., 510, **11** 232 ff.
Unversehrtheit, körperliche **12** 56, 72 f.
Unvertretbare Handlung **12** 9, 11
Unverzüglich **3** 16, 51, 78, 93, **11** 100, 121, 125, 144 ff., 162, 166, 190 f., 195 f., 198, 252, 255, 272, **12** 33, 36, 61
Ursachenzusammenhang, Polizeiverordnung **9** 36

VAD-Anhaltesystem **12** 51
VEME PolG (Vorentwurf zur Änderung des Musterentwurfes eines Polizeigesetzes) **2** 9
Veränderung von Daten, Begriff **10** 73, 93
Verarbeitung von Daten, siehe Datenverarbeitung
Veranstalterverantwortlichkeit bei Fußballspielen **5** 9, 47, **15** 42 ff.
Veranstaltung, öffentliche, Datenerhebung, Begriff **10** 233
Veranstaltung des Staates, Schutz **4** 52
Verantwortliche Stelle im Datenschutzrecht **10** 142 ff.
Verantwortlicher im Datenschutzrecht **10** 92 (Begriff), 142 ff.
Verantwortlichkeit, polizeiliche **5** 1 ff.
Verarbeitung von Daten, siehe Datenverarbeitung
Verbot mit Erlaubnisvorbehalt **6** 3
Verbrechen **10** 154, 382
Verbringungsgewahrsam **11** 189
Verdacht, Gefahrenverursachung **4** 45 ff.
Verdachtsstörer **4** 42, **14** 10
Verdeckte Maßnahmen, Protokollierungspflicht **10** 600 ff. (o)
Verdeckter Ermittler siehe Ermittler **10** 352 ff., 377 f., 397
Vereinsgesetz **6** 14

Sachregister

Vereinsverbot 6 14
Verfahrensverzeichnis 10 320
Verfassungskonforme Auslegung 5 28
Verfassungsschutz, Bundesamt 16 13 (o)
Verfassungsschutz, siehe Landesamt für Verfassungsschutz
Verfolgung von Straftaten 4 11, 13 3 ff., 7
Verfolgungsjagd 12 60
Verfolgungspflicht 13 7
Verfügung, siehe Polizeiverfügung
Verfügungsgewalt über Sache 11 264
Vergleich von Daten 10 322 ff.
Vergessenwerden, Recht auf 10 459, 561
Verhalten 5 13, 563
Verhaltensverantwortlichkeit 5 12 ff.
– Begriff des Verhaltens 5 12
– durch Dereliktion 5 27
– für eigenes Verhalten 5 13 ff.
– für fremdes Verhalten 5 16 ff.
– für Herbeiführung eines Sonderrisikos 5 20
– Rechtsnachfolge 5 29 ff.
– Unterlassen 5 15
Verhältnismäßigkeit 6 31, 9 56, 11 1
– beim Abschleppen von Pkws 8 23 ff.
– bei Aufenthaltsverbot 11 92
– bei Aufenthaltsvorgaben 11 111, 125
– bei Beschlagnahmen 11 273, 283
– bei Durchsuchung von Personen 11 209 f.
– bei Durchsuchung von Sachen 11 216, 225
– bei Durchsuchung von Wohnungen 11 232, 244
– bei elektronischer Aufenthaltsüberwachung 11 140, 150 f., 166
– bei erkennungsdienstlichen Maßnahmen 11 307 ff.
– bei Gefährderansprache 11 65, 70, 75 f.
– bei Gewahrsam 11 173, 180
– bei Inanspruchnahme Unbeteiligter 5 51 f.
– bei Kontaktverboten 11 116, 125
– bei Maßnahmen gegen Kampfhunde und gefährliche Hunde 9 30
– bei Personenfeststellungen 11 25
– bei Polizeiverfügungen 6 31
– bei Polizeiverordnungen 9 56
– bei Sicherstellung von Fahrzeugen 11 258
– bei Wohnungsverweis 11 99
Verhinderung von Straftaten 4 3, 5
Verhütung von Straftaten 4 5
Verjährung
– Amtshaftungsanspruch 14 16
– Entschädigungsanspruch 14 8
– Polizeipflicht 5 37
Verkehrsdaten 10 18, 466, 468, 476, 478 ff., 503

Verkehrseinrichtung 8 14, siehe Verkehrszeichen
Verkehrsinformationssystem, Datenabgleich 10 332
Verkehrspolizeidirektion (frühere) 3 31
Verkehrsunfallbericht 4 15
Verkehrsunfallprävention 3 33, 4 15
Verkehrsverstöße, qualifizierte 8 24
Verkehrszeichen 8 14 ff.
– Abschleppmaßnahmen 8 14
– als Allgemeinverfügung 8 8
– Geltungsdauer 8 16
– Wegfahrgebot 8 14
– Wegfall der aufschiebenden Wirkung, Widerspruch 12 23
– Widerspruchsfrist 8 19
– Wirksamkeit durch Aufstellung 8 16
– Zuständigkeit für Vollstreckung 8 14
Verkehrszeichenrechtsprechung 8 14 ff.
Verkündung, Polizeiverordnung 9 76 f.
Verkündungsgesetz 9 76
Vermutung der Zuständigkeit der Ortspolizeibehörde 3 14 f., 44 ff.
Vernehmung 11 298 ff.
– Begriff 11 298
– Folterverbot 11 301
– Menschwürde, Grundsatz der Unantastbarkeit 11 298
Vernichtung, Sicherstellung 11 259
Vernichtung von Unterlagen 11 310
– Recht auf 11 312
Verordnung des Landes über Ermittlungspersonen 13 4
Verordnung über das Halten gefährlicher Hunde 9 15 ff.
Verordnung zur Gefahrenabwehr 9 1 ff., siehe Polizeiverordnung
Verrichtungsgehilfe 5 18
Versammlung
– Abgrenzung zu Veranstaltungen / Ansammlungen 11 17, 34
– Auflösung 6 15
– Ausgangsveranstaltung 5 11
– friedliche 5 50
– Gefährderansprache 11 65, 67 ff.
– Platzverweis 11 87 f.
– Videoaufnahmen 10 232
– vor Beginn 6 15
Versammlungsfreiheit 5 50, 11 19
Versammlungslokal, baufälliges 6 15
Versammlungsrecht
– Einkesselung 6 15
– Polizeifestigkeit 6 15, 10 232, 11 17, 34, 88
– Rechtsextremismus, Maßnahmen 4 67

- Rückgriff auf PolG **6** 15
- Videoaufnahmen **10** 232
- Zweckveranlasser **5** 11

Versammlungsverbot, präventives **6** 8
Versammlungs-ZuständigkeitsVO **3** 93
Versetzen, Pkw **8** 25
Versteigerung, öffentliche **11** 289, 295 f.
Verstrickungsbruch **11** 271
Vertrag von Amsterdam **1** 37, 42
Vertrag von Lissabon **1** 43, 52
Vertrag von Maastricht **1** 36, 46
Vertrag von Nizza **1** 37
Vertrag von Prüm **1** 60, **10** 579 (o)
Vertrag über die Arbeitsweise der Europäischen Union (AEUV) **1** 43, 47, 52 ff.
Vertrag über die Europäische Union (EUV) **1** 43
Vertrauensperson
- Einsatz zur Datenerhebung **10** 379
- Schutz bei Benachrichtigungspflichten der Polizei **10** 620 (o)

Vertraulichkeit
- der Datenverarbeitung **10** 117
- der Kommunikation **10** 216, 467

Vertretbare Handlung **12** 9
Verunreinigung von Straßen durch Hundekot **3** 55, **9** 34
Verursacher **5** 5 ff.
Verursachung, Theorie der unmittelbaren **5** 5
Verwahrungsverhältnis, öffentlich-rechtliches
- bei der Beschlagnahme **11** 271, 282 (Wohnung)
- bei der Sicherstellung **11** 256 ff.
- beim Abschleppen von Kfz **11** 258
- Kostenersatz **15** 20 ff., 35

Verwaltungsabkommen über die Bereitschaftspolizeien **16** 9 (o)
Verwaltungsakt
- Dauerverwaltungsakt **11** 99, 175, 199
- feststellender **6** 2, **12** 13
- Polizeiverfügung **6** 1 ff.
- privatrechtsgestaltender **11** 287
- rechtsgestaltender **6** 2
- vollstreckbarer **12** 14
- vollstreckungsfähiger **12** 13
- zur Duldung **11** 254 (Beispiel), 309

Verwaltungsbehörde, untere **3** 10
Verwaltungsgebühren **15** 33 ff.
Verwaltungsgebührensatzung **15** 35
Verwaltungshandeln, schlichtes **7** 1
Verwaltungskompetenzen **2** 7
Verwaltungsstruktur-Reformgesetz **1** 27, **3** 18
Verwaltungsvollstreckung **12** 1 ff.
Verwaltungsvollstreckungskostenordnung (LVwVGKO) **15** 30

Verwaltungsvorschrift des IM (VwV PolG) **1** 26
Verwaltungsvorschrift Organisation-VwVPolOrg **3** 28
Verwaltungsvorschrift über das Halten gefährlicher Hunde (VwVgH) **9** 16
Verwarnung **9** 83
Verwarnungsgeld **9** 83
Verwendungszweck, Daten **10** 135 ff.
Verwertung
- bei der Sicherstellung **11** 259
- rechtswidrig erlangter Daten **10** 102
- von Daten aus Wohnraumüberwachung **10** 147, 159, 284, 343, 403, 432

Verwertungsverbot **4** 64 (mit Fn 175), **10** 102, 216, 355, 416, 634 (o)
Verzug, Gefahr im **3** 53, 75, **4** 35, **10** 150, 158, 160, 384, 386, 392, 417, 425 ff., 494, 501 f., 527 f., 543, **11** 35, 121, 128, 162, 169, 235, 250, **12** 17
Videotelefonie **10** 517
Videoüberwachung **10** 227 ff.
- an besonders gefährdeten Orten **10** 240 f.
- Änderungen durch das PolG 2020 **10** 228, 230, 255
- Anfertigung von Bild- und Tonaufnahmen **10** 229
- automatisierte Bildauswertung **10** 249 ff.
- Bodycams **10** 255 ff., siehe auch Bodycams
- doppelfunktionale Maßnahme **10** 242
- Einwilligung **10** 230
- erhebliche Gefahr **10** 235
- Gesetzesvorbehalt **10** 231
- Hinweispflicht **10** 246, 289 f.
- Historie der offenen **10** 227 f.
- informationelle Selbstbestimmung **10** 230, 243, 254, 269
- Kernbereich privater Lebensgestaltung, Schutz **10** 8 ff., 283 f.
- Körperkameras, siehe Bodycams
- Löschungspflicht **10** 291 ff.
- offene **10** 232, 246, 289 f.
- Rechtscharakter **10** 296
- Rechtsschutz **10** 296
- Richtervorbehalt bei weiterer Datenverarbeitung **10** 280 f.
- VersammlG **10** 232
- vom Hauseingang **10** 373
- von Ansammlungen **10** 233 ff.
- von in Gewahrsam genommenen Personen **10** 288
- von Kriminalitätsbrennpunkten **10** 242 ff.
- von Veranstaltungen **10** 233 ff.
- Zuständigkeit **10** 232, 239, 241, 245, 251, 260

Virus, COVID-19 **1** 24, 59, **6** 14

Sachregister

V-Leute, zentrale Datei 16 13 (o)
Voice-over-IP 10 517
Volksfest, Aufenthaltsverbot 11 93
Volkspolizei, Deutsche 1 14
Volkspolizeigesetz 1 14
Volkszählung 4 49
Volkszählungsurteil BVerfG 4 49
Vollstreckbarer Verwaltungsakt 12 12 ff.
Vollstreckung 12 1 ff.
- Abgrenzung Realakt 8 8
- Adressat 12 42 f.
- Einstellung 12 48
- Einwendungen, Ausschluss 12 33
- Rechtmäßigkeit der Grundverfügung 12 31
- rechtsmissbräuchliche 12 31
- Verfahrensabschnitte 12 32
- Vollstreckungsbehörde 12 44 ff.
- Vollstreckungsverfahren 12 32 ff.
- Voraussetzungen 12 12 ff.
Vollstreckungsbehörde 12 44 ff.
- für unmittelbaren Zwang 12 45 f.
Vollstreckungsfähiger Verwaltungsakt 12 12
Vollstreckungshindernis 12 37, 42
Vollstreckungskostenordnung (LVwVGKO) 15 30
Vollstreckungstitel 6 40, 12 1, 12
Vollstreckungsverfahren 6 40, 12 1 ff.
Vollziehung, sofortige 12 25 ff.
Vollzugsbedienstete, gemeindliche 3 61 ff., siehe auch gemeindliche Vollzugsbedienstete
Vollzugshandlung 3 56
Vollzugshilfe 3 56 f.
- durch Gemeindevollzugsbedienstete 3 62
Vollzugsinteresse, überwiegendes 12 28
Vollzugsorgane, eigene 6 41
Vorauszahlung 15 29
Vorbehalt des Gesetzes 6 11 f., 11 97, 12 1
Vorbereitung auf die Gefahrenabwehr 4 3, 10 207
Vorbeugende Bekämpfung von Straftaten
- Befugnisnormen, Beispiele 4 16
- Begriff 4 4, 10 243
- Datenerhebung zur 10 223
- erkennungsdienstliche Behandlung 11 307
- Verarbeitung von Daten 10 87
Vorentwurf zur Änderung des Musterentwurfs eines PolG (VEME) 2 9
Vorfeldtätigkeiten 4 3 f.
Vorführung 11 59
Vorgangsverwaltung, Datennutzung 10 567 ff. (o)
Vorgehen, anonymes 10 129
Vorladung 11 55 ff.
- Begriff 11 55
- Entschädigung 11 60
- Rechtscharakter 11 55
- spezielle Regelungen 11 55
- Verfahrensbestimmungen 11 58
- Vollstreckung 11 59
- Vorladungszwecke 11 56 f.
- zwangsweise Durchsetzung 11 59
Vormund, Verantwortlichkeit 5 17
Vorrang des Gesetzes, Grundsatz 9 58
Vorrang eines Zwangsmittels 12 47
Vorratsdatenspeicherung 1 45
Vorsorgemaßnahmen 4 5, 6 5
VRG (Gesetz zur Reform der Verwaltungsstruktur) 1 27, 3 18
VwV-PolOrg 3 28
V-Personen 10 379

Wach- und Sicherheitsunternehmen 3 69 ff.
  (Einsatz für staatliche Aufgaben), 10 186 ff.
  (Zuverlässigkeitsprüfung)
Waffen 12 54
Waffengesetz 12 54
Wagenburg, Beschlagnahme 6 31
Warenlager, Sicherstellung 11 254
Warnschuss 12 70 f.
Warnung, öffentliche 4 17, 7 1 f., 8, 10
- Berufsfreiheit, Eingriff in 4 17
- Realakt 7 8
- Verhältnismäßigkeit 4 17
- vor bestimmter Computersoftware 4 17
- vor E-Zigaretten 4 17
- vor Geschwindigkeitsmessungen 4 53
- vor Jugendreligionen 4 17
- vor Lebensmitteln 4 17, 7 8
- vor polizeilichen Maßnahmen 4 53
- vor Radarfallen 4 53
- vor Rechtsextremismus 4 17
- zeitliche Begrenzung 4 17
Waschgelegenheit, Notunterkunft 6 56
Wasserpfeife 6 16
Wasserschutzpolizei 3 31 f.
Wasserwerfer 12 51, 53, 55 f., 65
Wasserwerfereinsatz 12 53, 55
Wegfahrgebot, Verkehrszeichen 8 14, 12 8
Wegfall der aufschiebenden Wirkung 12 18
Wegnahme in Sache (Beschlagnahme) 11 264
Weisungsaufgaben 3 10
Weisungsrecht 3 24 ff.
- bei Parallelzuständigkeiten 3 23
- bei Polizeiverordnungen 9 80
- der Staatsanwaltschaft 3 33, 13 6
- Form 3 24
- Rechtsschutz 3 25
- Regressansprüche 3 24
- Selbsteintrittsrecht 3 26

– über den Polizeivollzugsdienst 3 39 ff.
Weitere Verarbeitung von Daten 10 135 ff., 563 ff. (o)
– Aus- und Fortbildung 10 567 ff. (o)
– Statistik 10 567 ff. (o)
– Vorgangsverwaltung 10 567 ff. (o)
– wissenschaftliche Forschung 10 564 ff. (o)
Werkzeuge, gefährliche 11 214
Wesenstest (Kampfhunde, ggf. gefährliche Hunde) 9 27
Widerspruch, gegen Polizeiverfügungen 6 38
– Abhilfeentscheidung 6 38
– Form 6 38
– Frist 6 37 f.
– gegen Vollstreckungshandlung 12 83
Widerspruchsbehörde
– bei Polizeiverfügungen 6 38
– bei Verwaltungsakten einer Polizeidienststelle 3 42
– Fachaufsichtsbehörde als 3 42
– Kreispolizeibehörde als 3 42
Widerspruchsbescheid 6 38
Willkürverbot 5 43 f.
Wirkung, aufschiebende 12 18
Wohlfahrt 1 3
Wohnung
– Anordnungsverbot der Datenerhebung 10 13
– Begriff 10 414, 11 236
– behördliche Anordnung der Wohnungsüberwachung 10 425 ff.
– Beschlagnahme 11 266, 274, 282 ff.
– Betreten 11 231 ff., 237, 239
– Bodycam, Einsatz in Wohnung 10 263 ff., 273
– Datenerhebung in / aus 10 408 ff.
– Datenverwertungsverbot, absolutes 10 15
– Dokumentationspflichten bei Datenerhebung in / aus 10 434, 436
– Durchsuchung 11 237 ff., 244 f.
– Gefahr im Verzug bei Datenerhebung in / aus 10 426 ff.
– Geschäftsräume 10 266 ff., 414, 12 49
– Kernbereich privater Lebensgestaltung, Schutz 10 8 ff., 273, 283 f., 431 ff.
– Lauschangriff 10 408
– Niederschrift über die Durchsuchung 11 238
– Richtervorbehalt bei Datenerhebung aus 10 417 ff., 433
– Überwachung 10 410 ff.
– unbeteiligte Dritte bei Datenerhebung in / aus 10 416
– Unterbrechungsgebot bei Datenerhebung 10 14

– Unterscheidung Betreten / Durchsuchen 11 239
– Unverletzlichkeit 10 269, 279, 11 232
– weitere Datenverarbeitung 10 150, 158 ff.
Wohnungsdurchsuchung 11 233 ff.
Wohnungsinhaber 11 234, 238, 241, 251 f.
Wohnungsnot 6 41
Wohnungsverweis 11 95 ff.
– Anhörungspflicht 11 98
– Befristungen 11 99
– Begriff 11 95
– Beispiele 6 1, 11 98
– Dauerverwaltungsakt 11 96
– Einverständnis des Opfers 11 98
– Ermessensschrumpfung 11 98
– Gefahrenprognose 11 98
– Geltungsdauer 11 99
– Gewaltschutzgesetz 11 95, 100
– Grundrecht auf Freizügigkeit 11 97
– Mitteilungspflicht des Gerichts (GewSchG) 11 100
– Rechtscharakter 11 96
– Voraussetzungen 11 98
Württemberg, Polizeistrafgesetzbuch 1 6

Zählsorgetelefon, Volkszählung 4 49
Zentrale V-Leute-Datei 16 13 (o)
Zentralstelle für Auskunfts- und Nachrichtenwesen, BKA 16 2 (o)
Zentralstelle für elektronischen Datenverbund, BKA 16 2 (o)
Zeugnisverweigerungsrechte 10 216, 355
Ziviler Ungehorsam 4 20
Zollfahndungsdienstgesetz 16 10 (o)
Zollkriminalamt 16 10 (o)
Züchtungsverbot für Hunde 2 2
Zufallswissen (weitere Datenverarbeitung) 10 147
Zugriff, Recht des ersten 13 6
Zug um Zug 15 38
Zulassung, Kfz, Wegnahme nach StVZO 6 14
Zumutbarkeitsgrenze 5 51
Zurschaustellung des nackten Körpers 4 68
Zurückbehaltungsbefugnis 15 38
Zusatzverantwortlichkeit 5 17 ff.
– des Geschäftsherrn für Verrichtungsgehilfen 5 18 f.
– des Sorgeberechtigten 5 17
Zuständigkeit
– Annex-Kompetenz 2 6
– ausschließliche des Polizeivollzugsdienstes 3 48
– der Ministerien 3 46
– Eil-/Not 3 51 ff.

Sachregister

- für Polizeiverfügung **6** 20 f.
- für Polizeiverordnung **9** 59 ff.
- für Standardmaßnahmen **11** 7
- für Vollstreckungsmaßnahmen **12** 40, 44 ff.
- gegenüber Hoheitsträgern **3** 86 ff.
- instanzielle **3** 12, 14, 58, **9** 62 f.
- kraft Sachzusammenhangs **2** 6
- Organzuständigkeit **6** 45 (Polizeiverfügung), **9** 64 ff. (Polizeiverordnung)
- örtliche **3** 92 ff., **6** 21, 46, **9** 69
- Ortspolizeibehörde **3** 13 ff.
- parallele **3** 49 f., **9** 59
- primäre **3** 85
- sachliche **3** 44, **6** 21
- subsidiäre **3** 73 ff., **6** 20

Zuständigkeit des Bundes für Polizeirecht **2** 2 ff.
- ausschließliche **2** 3
- geschriebene **2** 3
- konkurrierende **2** 4 f.
- kraft Sachzusammenhangs **2** 6

Zuständigkeit der Länder für Polizeirecht **2** 1
Zuständigkeitsvermutung der Ortspolizeibehörde **3** 13 ff., 43
Zuständigkeitsverschiebung **4** 35
Zustandshaftung, Rechtsnachfolge **5** 31 ff., 35
Zustandsstörer **5** 21 ff.
Zustandsverantwortlichkeit **5** 21 ff.
- bei Eigentumsaufgabe **5** 26 f.
- des Eigentümers **5** 22 ff., **8** 4
- Eigentumsbegriff **5** 22
- Haftungsbegrenzungen **5** 25
- Rechtsnachfolge **5** 31 ff.

Zustellung, öffentliche **6** 35
Zustellung von Polizeiverfügungen **6** 35
Zustellungsmängel **6** 35
Zustellungszeitpunkt **6** 35
Zustimmungsbedürfnis, Polizeiverordnung **9** 73
Zustimmungsvorbehalt, Polizeiverordnung **9** 64
Zuverlässigkeitsprüfung
- Auskunft der Polizei, Umfang **10** 199 f.
- Datenabgleich zum Zweck der **10** 188
- Dokumentationspflichten der Polizei **10** 201
- Einwilligung in Datenverarbeitung durch Polizei **10** 186 ff., 204 ff.
- Großveranstaltungen, Tätigkeit bei **10** 186
- Hinweispflichten der Polizei **10** 199
- Löschungspflichten **10** 201 ff.
- Mitteilungspflicht einer nichtöffentlichen Stelle **10** 200
- Nachweis der Zuverlässigkeit durch ersuchende Stelle **10** 187
- öffentliche Liegenschaften, Tätigkeit in **10** 186
- Umfang der notwendigen Einwilligung **10** 190

- Verarbeitung von Daten zum Zweck der **10** 187
- Verantwortung der ersuchenden Stelle für Einwilligungserklärung **10** 189, 194
- verfassungsrechtliche Zulässigkeit **10** 184 f.
- Wiederholungsprüfung **10** 203
- Zweckbindung der übermittelten Daten **10** 198
- Zuverlässigkeit, Begriff **10** 186

Zwang, Vernehmung **11** 299
Zwangsgeld **12** 4 ff.
- als Mittel des Polizeizwangs **12** 4
- Androhung **12** 4, 34 f.
- Adressat **12** 42 f.
- Anwendung im engeren Sinn **12** 39
- Auswahl des Zwangsmittels **12** 47
- Beugemittel **12** 4
- Bestimmtheitsgrundsatz **12** 4
- Ermessen (Auswahl) **12** 47
- Festsetzung **12** 37 f.
- Frist **12** 36
- Höhe **12** 5
- Kostenersatz **15** 23, 27
- Rechtscharakter **12** 41
- Vollstreckung **12** 4, 6
- Vollstreckungsbehörde **12** 44

Zwangshaft
- als Mittel des Polizeizwangs **12** 7
- Androhung **12** 34 f.
- Vollstreckung **12** 7

Zwangsmittel **12** 2 ff.
- Adressat **12** 42 f.
- Androhung **12** 34 f.
- Anwendung **12** 39 ff.
- Festsetzung **12** 37 f.
- Rechtscharakter **13** 41
- Rechtsschutz **12** 83 ff.
- Vollstreckungsbehörde **12** 44 ff.

Zweckänderung bei der Datenverarbeitung
- bei weiterer Datenverarbeitung zu anderen Zwecken **10** 161 ff.
- bei weiterer Datenverarbeitung zu polizeilichen Zwecken **10** 151 ff.
- Grundsätze **10** 104, 125 ff.
- Nutzung zu besonderen Zwecken **10** 563 ff. (o)
- Umgehungsverbot **10** 136

Zweckbeibehaltung bei der Datenverarbeitung
- Grundsatz **10** 141
- weitere Datenverarbeitung bei **10** 147 f.

Zweckbindung bei der Datenverarbeitung, Grundsatz **10** 103 f., 135 ff.
Zweckentfremdungsverbot, Durchsetzung durch Polizeirecht **6** 19
Zweckfestlegung bei der Datenverarbeitung **10** 103 f.

Zweckerreichung, unmittelbare Ausführung 8 5
Zweckmäßigkeitsaufsicht 3 40
Zweckveranlasser 5 7 ff., 15 40
- bei Demonstrationen 5 11
- bei Facebook-Party 5 10
- bei Großveranstaltungen 5 9, 15 40
- Betreiber Lebensmittelmarkt 5 8
- Heimbetreiber 5 8
- Hintermann 5 8
- Kostenersatz 15 40
- Prostituierte 5 8
- Schaufensterwerbung 5 8
Zwickauer Terrorzelle 1 17